SAYYID SÂBIQ

Fiqh as-Sunna
L'intelligence de la norme prophétique

Tome 1

Les actes cultuels

Traduit par Rachid Barhoune
Revu par l'Équipe littéraire des Éditions Maison d'Ennour

Éditions Maison d'Ennour

21, rue Moret – 75011 Paris
Tél.-: 01-43-38-77-32
Fax-: 01-43-38-27-12
www.maisondennour.com
e-mail : maisondennour@yahoo.fr

Dépôt légal : Troisième trimestre 2015
ISBN 2-7524-0004-7

بِسْمِ اللَّهِ الرَّحْمَٰنِ الرَّحِيمِ

Au nom de Dieu, le Tout miséricorde, le Miséricordieux

Dieu a dit : {*Prenez ce que le Messager vous donne ; et ce qu'il vous interdit, abstenez-vous en*} (S. 59, V. 7).[1]

L'Envoyé de Dieu (ﷺ) a dit : « Celui à qui Dieu veut du bien, Il lui donne la faculté de comprendre les choses de la religion ».

INTRODUCTION DE L'IMÂM MARTYR HASAN AL-BANNÂ

Louange à Dieu et prière et salut sur notre maître Muhammad, sur sa famille et ses Compagnons. Dieu a dit : {*Les croyants n'ont pas à quitter tous leurs foyers. Pourquoi de chaque clan quelques hommes ne viendraient-ils pas s'instruire dans la religion pour pouvoir à leur tour, avertir leur peuple afin qu'ils soient sur leur garde*} (S. 9, V. 122).[2]

Or donc, une des meilleures manières de se rapprocher de Dieu consiste à répandre le message de l'Islam et de diffuser les préceptes religieux, surtout ceux relatifs à la jurisprudence (*fiqh*), afin que les gens sachent à quoi s'en tenir dans leur culte et dans leurs actes. Le Prophète (ﷺ) a dit : « Celui à qui Dieu veut du bien, Il lui donne la faculté de comprendre les choses de la religion ; la science s'acquiert par l'apprentissage, et les prophètes – salut et bénédiction de Dieu sur eux – n'ont pas laissé de dinars ou de dirhams en héritage, mais ils ont laissé la science ; celui qui l'acquiert, aura acquis un bien considérable ».

Parmi les méthodes les plus faciles, les plus utiles et les plus accessibles pour étudier la jurisprudence islamique – notamment les règles cultuelles et les études générales qui sont présentées à l'ensemble de la

---

1 ﴿وَمَآ ءَاتَىٰكُمُ ٱلرَّسُولُ فَخُذُوهُ وَمَا نَهَىٰكُمْ عَنْهُ فَٱنتَهُوا۟﴾

2 ﴿وَمَا كَانَ ٱلْمُؤْمِنُونَ لِيَنفِرُوا۟ كَآفَّةً فَلَوْلَا نَفَرَ مِن كُلِّ فِرْقَةٍ مِّنْهُمْ طَآئِفَةٌ لِّيَتَفَقَّهُوا۟ فِى ٱلدِّينِ وَلِيُنذِرُوا۟ قَوْمَهُمْ إِذَا رَجَعُوٓا۟ إِلَيْهِمْ لَعَلَّهُمْ يَحْذَرُونَ﴾

Communauté – il y a le fait de s'éloigner des concepts techniques et des hypothèses secondaires et de faire en sorte d'arriver au but en tirant les arguments du Coran et de la Sunna et en attirant l'attention sur la règle juridique et ses avantages chaque fois que nécessaire. Ceci, afin que les lecteurs avisés et pénétrés du sens de la jurisprudence sachent qu'ils sont liés à Dieu et à Son messager et qu'ils sont bénéficiaires dans l'au-delà et en ce bas monde. Ce sera pour eux le plus grand des stimulants afin d'augmenter leurs connaissances et aller à la recherche de la science.

Dieu a assisté notre auguste frère, le professeur et sheikh Sayyid Sâbiq, à marcher dans cette voie, et c'est ainsi qu'il a édité cette épître facile d'accès et d'une grande utilité, dans laquelle il a exposé les règles juridiques en utilisant cette méthode accomplie. Il mérite donc la récompense de Dieu – si Dieu le veut – et l'admiration de ceux qui sont dévoués à cette religion. Que Dieu le rétribue pour Sa religion, Sa Communauté et Son credo, de la meilleure des rétributions ; qu'Il fasse profiter les gens de son œuvre et qu'Il réalise, à travers lui, le bien, en sa faveur et en faveur des hommes. Amen.

Hasan Al-Bannâ.

بسم الله الرحمن الرحيم

Au nom de Dieu, le Tout Miséricorde, le Miséricordieux

INTRODUCTION DE L'AUTEUR

Louange à Dieu, Seigneur des univers, et que la prière et le salut soient sur notre maître Muhammad, le maître des premiers et des derniers, ainsi que sur sa famille, ses Compagnons et ceux qui suivent sa guidance jusqu'au Jour de la résurrection.

Cela dit, ceci est la première partie de l'ouvrage « *Fiqh As-Sunna* », ouvrage qui traite des questions de jurisprudence islamique assorties de leurs arguments tirés de l'évidence du Coran et de l'authentique de la Sunna, ainsi que du consensus de la Communauté. Ces questions sont exposées avec simplicité et regroupent tout ce dont le musulman a besoin. On a évité de citer les divergences entre les docteurs de la Loi, sauf si leur mention s'avérait nécessaire, auquel cas nous en avons fait état.

Ce livre donne une image réaliste de la jurisprudence islamique avec laquelle Dieu a envoyé Son messager et ouvre aux hommes les portes de la compréhension de ce qui émane de Dieu et de Son messager, en les rassemblant autour du Coran et de la Sunna, mettant fin aux divergences, à l'attachement sectaire aux écoles juridiques et à l'assertion qui veut que les portes de l'*ijtihâd* (effort d'interprétation) soient fermées.

Par ces travaux, nous avons voulu œuvrer au service de notre religion et de nos frères. Nous demandons à Dieu de faire profiter les gens de cette œuvre et de faire en sorte que notre travail soit dévoué à Sa noble face. Il nous suffit comme soutien et Il est le meilleur des mandataires.

Le Caire. Le 15 du mois de Sha'bân de l'an 1365 de l'Hégire.

Sayyid Sâbiq.

AVANT-PROPOS

LE MESSAGE DE L'ISLAM, SA GLOBALITÉ ET SA FINALITÉ

Dieu a envoyé Muhammad (ﷺ) muni d'une religion tolérante et d'une législation globale, lesquels garantissent aux hommes une vie digne noble et paisible qui les mènent aux plus hauts degrés du progrès et de la perfection. Tout au long des vingt-trois ans que le Messager de Dieu (ﷺ) a passé à appeler les gens à Dieu, il a réussi à transmettre la religion et à rassembler les gens autour d'elle.

La globalité de la religion

Le message de l'Islam n'est pas limité dans le temps et n'est pas particulier à une génération en dehors d'une autre ou à un peuple en dehors d'un autre, comme ce fut le cas des messages qui l'ont précédé : bien au contraire, il est un message pour l'ensemble des hommes jusqu'à ce que Dieu hérite de la terre et de ce qui s'y trouve. Ce message n'est pas réservé à un pays en dehors d'un autre ni à une époque en dehors d'une autre.

Le Très Haut a dit : {*Qu'on exalte la Bénédiction de Celui qui a fait descendre le Livre de Discernement sur Son serviteur, afin qu'il soit un avertisseur à l'univers*} (S. 25, V. 1).[1] Il a dit aussi : {*Et Nous ne t'avons envoyé qu'en tant qu'annonciateur et avertisseur pour toute l'humanité*} (S. 34, V. 28).[2] Il a dit également : {*Dis : Ô hommes ! Je suis pour vous tous le Messager de Dieu, à Qui appartient la royauté des cieux et de la terre. Pas de divinité à part Lui. Il donne la vie et Il donne la mort. Croyez donc en Dieu, en Son messager, le Prophète illettré qui croit en Dieu et en Ses paroles. Et suivez-le afin que vous soyez bien guidés*} (S. 7, V. 158).[3]

---

1 ﴿تَبَارَكَ ٱلَّذِى نَزَّلَ ٱلْفُرْقَانَ عَلَىٰ عَبْدِهِۦ لِيَكُونَ لِلْعَـٰلَمِينَ نَذِيرًا﴾

2 ﴿وَمَآ أَرْسَلْنَـٰكَ إِلَّا كَآفَّةً لِّلنَّاسِ بَشِيرًا وَنَذِيرًا﴾

3 ﴿قُلْ يَـٰٓأَيُّهَا ٱلنَّاسُ إِنِّى رَسُولُ ٱللَّهِ إِلَيْكُمْ جَمِيعًا ٱلَّذِى لَهُۥ مُلْكُ ٱلسَّمَـٰوَٰتِ وَٱلْأَرْضِ ۖ لَآ إِلَـٰهَ إِلَّا هُوَ يُحْىِۦ

Dans un *hadîth* authentique, il est dit : « Chaque prophète a été envoyé spécialement vers son peuple, tandis que moi, j'ai été envoyé vers tout homme, rouge ou noir ».

Attestent également du caractère global et général de ce message, les faits suivants :

1- Rien en ce message n'est difficile à croire ou compliqué à mettre en application. Le Très Haut a dit : {*Dieu n'impose à aucune âme une charge supérieure à sa capacité*} (S. 2, V. 286).[1] Il a dit aussi : {*Dieu veut pour vous la facilité, Il ne veut pas la difficulté pour vous*} (S. 2, V. 185.)[2] Il a dit également : {*Il ne vous a imposé aucune gêne dans la religion*} (S. 22, V. 78).[3] En outre, on trouve dans Al-Bukhârî d'après Abû Sa'îd Al-Maqburî : « Le Messager de Dieu (ﷺ) a dit : « Cette religion est de pratique aisée. Que personne ne cherche à être trop rigoureux dans l'observance de la religion, ou alors la religion le terrassera ». De même que dans le « *Sahîh* » de Muslim, on trouve : « La religion la plus aimée de Dieu est le monothéisme tolérant (*al-hanîfiya as-samha*) ».

2- Ce qui ne change pas en fonction du temps et de l'espace, comme les points de foi et les actes d'adoration, a été détaillé parfaitement et clarifié à l'aide de textes y afférents, de façon à ce que nul ne puisse rien y ajouter ou diminuer. Par contre ce qui change en fonction du temps et de l'espace, comme les intérêts publics et les affaires politiques et militaires, y est présenté d'une façon globale, afin de répondre aux intérêts des hommes en tous temps et afin que ceux d'entre eux qui détiennent l'autorité s'y conforment et établissent la vérité et la justice.

3- Tout ce que ce message contient d'enseignements ne sert en fait qu'à préserver la religion, la personne humaine, la raison, la famille et les biens. Or, il est évident que de tels enseignements concordent avec la nature innée et la raison et qu'ils sont valables en tous temps et en tous lieux. Le Très Haut a dit : {*Dis : « Qui a interdit la parure de Dieu, qu'Il a produite pour Ses serviteurs, ainsi que les bonnes nourritures ? ». Dis : « Elles sont destinées à ceux qui ont la foi, dans cette vie, et exclu-*

وَيُمِيتُ فَآمِنُوا بِاللَّهِ وَرَسُولِهِ النَّبِيِّ الْأُمِّيِّ الَّذِي يُؤْمِنُ بِاللَّهِ وَكَلِمَاتِهِ وَاتَّبِعُوهُ لَعَلَّكُمْ تَهْتَدُونَ﴾

1 ﴿لَا يُكَلِّفُ اللَّهُ نَفْسًا إِلَّا وُسْعَهَا لَهَا﴾

2 ﴿يُرِيدُ اللَّهُ بِكُمُ الْيُسْرَ وَلَا يُرِيدُ بِكُمُ الْعُسْرَ﴾

3 ﴿وَمَا جَعَلَ عَلَيْكُمْ فِي الدِّينِ مِنْ حَرَجٍ﴾

sivement à eux au Jour de la Résurrection ». Ainsi exposons-Nous clairement les versets pour les gens qui savent. Dis : « Mon Seigneur n'a interdit que les turpitudes (les grands péchés), tant apparentes que secrètes, de même que le péché, l'agression sans droit et d'associer à Dieu ce dont Il n'a fait descendre aucune preuve, et de dire sur Dieu ce que vous ne savez pas} (S. 7, V. 32-33).[1] Il a dit aussi : {*Et Ma miséricorde embrasse toute chose. Je la prescrirai à ceux qui (Me) craignent, acquittent l'aumône légale, et ont foi en Nos signes. Ceux qui suivent le Messager, le Prophète illettré qu'ils trouvent écrit (mentionné) chez eux dans la Thora et l'Évangile. Il leur ordonne le convenable et leur défend le blâmable, leur rend licites les bonnes choses, leur interdit les mauvaises, et leur ôte le fardeau et les jougs qui étaient sur eux. Ceux qui croiront en lui, le soutiendront, lui porteront secours et suivront la lumière descendue avec lui ; ceux-là seront les gagnants*} (S. 7, V. 156-157).[2]

La finalité de ce message

La finalité du message de l'Islam est la purification de l'âme par la connaissance de Dieu et Son adoration, ainsi que le renforcement des liens humains et leur établissement sur la base de l'amour, de la miséricorde, de la fraternité, de l'égalité et de la justice. De cette manière, l'homme pourra jouir du bonheur en ce bas monde et dans l'autre. Le Très Haut a dit : {*C'est Lui qui a envoyé à des gens sans Livre (les Arabes) un Messager des leurs qui leur récite Ses versets, les purifie et leur enseigne le Livre et la Sagesse, bien qu'ils étaient auparavant dans un égarement profond*} (S. 62, V. 2).[3] Il a dit aussi : {*Et Nous ne t'avons envoyé que par*

---

1 ﴿قُلْ مَنْ حَرَّمَ زِينَةَ ٱللَّهِ ٱلَّتِىٓ أَخْرَجَ لِعِبَادِهِۦ وَٱلطَّيِّبَٰتِ مِنَ ٱلرِّزْقِ ۚ قُلْ هِىَ لِلَّذِينَ ءَامَنُوا۟ فِى ٱلْحَيَوٰةِ ٱلدُّنْيَا خَالِصَةً يَوْمَ ٱلْقِيَٰمَةِ ۗ كَذَٰلِكَ نُفَصِّلُ ٱلْءَايَٰتِ لِقَوْمٍ يَعْلَمُونَ قُلْ إِنَّمَا حَرَّمَ رَبِّىَ ٱلْفَوَٰحِشَ مَا ظَهَرَ مِنْهَا وَمَا بَطَنَ وَٱلْإِثْمَ وَٱلْبَغْىَ بِغَيْرِ ٱلْحَقِّ وَأَن تُشْرِكُوا۟ بِٱللَّهِ مَا لَمْ يُنَزِّلْ بِهِۦ سُلْطَٰنًا وَأَن تَقُولُوا۟ عَلَى ٱللَّهِ مَا لَا تَعْلَمُونَ﴾

2 ﴿وَرَحْمَتِى وَسِعَتْ كُلَّ شَىْءٍ ۚ فَسَأَكْتُبُهَا لِلَّذِينَ يَتَّقُونَ وَيُؤْتُونَ ٱلزَّكَوٰةَ وَٱلَّذِينَ هُم بِـَٔايَٰتِنَا يُؤْمِنُونَ ٱلَّذِينَ يَتَّبِعُونَ ٱلرَّسُولَ ٱلنَّبِىَّ ٱلْأُمِّىَّ ٱلَّذِى يَجِدُونَهُۥ مَكْتُوبًا عِندَهُمْ فِى ٱلتَّوْرَىٰةِ وَٱلْإِنجِيلِ يَأْمُرُهُم بِٱلْمَعْرُوفِ وَيَنْهَىٰهُمْ عَنِ ٱلْمُنكَرِ وَيُحِلُّ لَهُمُ ٱلطَّيِّبَٰتِ وَيُحَرِّمُ عَلَيْهِمُ ٱلْخَبَٰٓئِثَ وَيَضَعُ عَنْهُمْ إِصْرَهُمْ وَٱلْأَغْلَٰلَ ٱلَّتِى كَانَتْ عَلَيْهِمْ ۚ فَٱلَّذِينَ ءَامَنُوا۟ بِهِۦ وَعَزَّرُوهُ وَنَصَرُوهُ وَٱتَّبَعُوا۟ ٱلنُّورَ ٱلَّذِىٓ أُنزِلَ مَعَهُۥٓ ۙ أُو۟لَٰٓئِكَ هُمُ ٱلْمُفْلِحُونَ﴾

3 ﴿هُوَ ٱلَّذِى بَعَثَ فِى ٱلْأُمِّيِّۦنَ رَسُولًا مِّنْهُمْ يَتْلُوا۟ عَلَيْهِمْ ءَايَٰتِهِۦ وَيُزَكِّيهِمْ وَيُعَلِّمُهُمُ ٱلْكِتَٰبَ وَٱلْحِكْمَةَ وَإِن كَانُوا۟ مِن قَبْلُ لَفِى ضَلَٰلٍ مُّبِينٍ﴾

miséricorde pour l'humanité} (S. 21, V. 107).[1]

La législation islamique ou le *fiqh*

La législation islamique est un des aspects les plus importants du message de l'Islam ; il représente l'aspect scientifique et intellectuel de ce message. En effet, la législation purement religieuse, à l'image des actes cultuels, n'émane que de la révélation de Dieu en direction de Son Prophète (ﷺ) laquelle est représentée par le Livre (le Coran) et la Sunna, ou de l'effort d'interprétation (*ijtihâd*) auquel Il l'avait autorisé. Et la mission du Messager ne dépasse pas les limites de la transmission et de la clarification : {*Et il ne prononce rien sous l'effet de la passion ; ce n'est rien d'autre qu'une révélation inspirée*} (S. 53, V. 3-4).[2]

Quant à la législation qui concerne les affaires de ce bas monde, comme les affaires judiciaires, politiques et militaires, Dieu a ordonné à Son messager (ﷺ) de se concerter avec les gens à leur sujet. C'est ainsi que le Prophète (ﷺ) changeait parfois d'avis au profit de celui de ses Compagnons, comme cela s'est passé à la bataille de Badr. Il reste que les Compagnons (ﷺ) revenaient toujours vers lui (ﷺ) et l'interrogeaient sur ce qu'ils ne savaient pas ; ils lui demandaient des explications sur les choses qui leur échappaient et lui exposaient ce qu'ils en avaient compris ; parfois, il approuvait leurs avis et parfois il leur montrait l'objet de leur erreur.

Cela étant, les règles générales que l'Islam a établies afin que les musulmans cheminent à leur lumière, sont les suivantes :

1- L'interdiction de demander après des choses qui n'ont pas encore eu lieu, jusqu'à ce qu'elles surviennent. Le Très Haut a dit : {*Ô les croyants ! Ne posez pas de questions sur des choses qui, si elles vous étaient divulguées, vous mécontenteraient. Et si vous posez des questions à leur sujet, pendant que le Coran est révélé, elles vous seront divulguées. Dieu vous a pardonné cela. Et Dieu est Pardonneur et Indulgent*} (S. 5, V. 101).[3] Dans un *hadîth*, il est dit que le Prophète (ﷺ) a interdit les spécu-

---

1 ﴿وَمَآ أَرۡسَلۡنَٰكَ إِلَّا رَحۡمَةٗ لِّلۡعَٰلَمِينَ﴾

2 ﴿مَا ضَلَّ صَاحِبُكُمۡ وَمَا غَوَىٰ وَمَا يَنطِقُ عَنِ ٱلۡهَوَىٰٓ﴾

3 ﴿يَٰٓأَيُّهَا ٱلَّذِينَ ءَامَنُواْ لَا تَسۡـَٔلُواْ عَنۡ أَشۡيَآءَ إِن تُبۡدَ لَكُمۡ تَسُؤۡكُمۡ وَإِن تَسۡـَٔلُواْ عَنۡهَا حِينَ يُنَزَّلُ ٱلۡقُرۡءَانُ تُبۡدَ لَكُمۡ عَفَا ٱللَّهُ عَنۡهَاۗ وَٱللَّهُ غَفُورٌ حَلِيمٞ﴾

lations intellectuelles qui n'ont aucun fondement, c'est-à-dire de parler de choses qui ne sont pas encore survenues.

2- Éviter de trop poser de questions et d'aborder des sujets complexes. Il est dit dans le *hadîth* : « Dieu abhorre que vous colportiez des on-dit (*qîl wa qâl*), que vous posiez trop de questions et que vous dilapidiez vos biens (*idâ'at-l-mâl*) ». Il a dit aussi : « Dieu a fixé des obligations, ne les négligez pas ; Il a déterminé des limites, ne les transgressez pas ; Il a interdit certaines choses, n'en usez pas ; Il s'est tu à propos d'autres, par miséricorde pour vous, non par oubli, n'en scrutez donc pas les raisons[1] ». Il a dit également : « Le plus criminel parmi les hommes est celui qui interroge sur une chose qui était licite et qui, à cause de lui, devient illicite ».

3- L'éloignement des divergences et des divisions en matière de religion. Le Très-Haut a dit : {*Cette Communauté, la vôtre, est une seule Communauté*} (S. 23, V. 52).[2] Il a dit aussi : {*Et cramponnez-vous tous ensemble à la corde de Dieu et ne soyez pas divisés*} (S. 3, V. 103).[3] Il a dit également : {*Et ne vous disputez pas, sinon vous fléchirez et perdrez votre force*} (S. 8, V. 46).[4] Et aussi : {*Ceux qui émiettent leur religion et se divisent en sectes, tu n'es en rien des leurs*} (S. 6, V. 159).[5] Et aussi : {*Et sont devenus des sectes*} (S. 30, V. 32).[6] Et de même : {*Et ne soyez pas comme ceux qui se sont divisés et se sont mis à disputer, après que les preuves leur furent venues, et ceux-là auront un énorme châtiment*} (S. 3, V. 105).[7]

4- Revenir au Livre (Coran) et à la Sunna pour les questions qui suscitent la divergence. Le Très Haut a dit : {*Si vous vous disputez en quoi que ce soit, renvoyez-le à Dieu et au Messager*} (S. 4, V. 59).[8] Il a dit aussi :

1 La règle veut que : les choses soient permises à moins qu'elles n'aient été expressément interdites.

2 ﴿وَإِنَّ هَٰذِهِۦٓ أُمَّتُكُمۡ أُمَّةٗ وَٰحِدَةٗ﴾

3 ﴿وَٱعۡتَصِمُواْ بِحَبۡلِ ٱللَّهِ جَمِيعٗا وَلَا تَفَرَّقُواْۚ﴾

4 ﴿وَلَا تَنَٰزَعُواْ فَتَفۡشَلُواْ وَتَذۡهَبَ رِيحُكُمۡۖ﴾

5 ﴿إِنَّ ٱلَّذِينَ فَرَّقُواْ دِينَهُمۡ وَكَانُواْ شِيَعٗا لَّسۡتَ مِنۡهُمۡ فِي شَيۡءٍۚ﴾

6 ﴿وَكَانُواْ شِيَعٗاۖ﴾

7 ﴿وَلَا تَكُونُواْ كَٱلَّذِينَ تَفَرَّقُواْ وَٱخۡتَلَفُواْ مِنۢ بَعۡدِ مَا جَآءَهُمُ ٱلۡبَيِّنَٰتُۚ وَأُوْلَٰٓئِكَ لَهُمۡ عَذَابٌ عَظِيمٞ﴾

8 ﴿فَإِن تَنَٰزَعۡتُمۡ فِي شَيۡءٖ فَرُدُّوهُ إِلَى ٱللَّهِ وَٱلرَّسُولِ﴾

{*Sur toutes vos divergences, le jugement appartient à Dieu*} (S. 42, V. 10).[1] Cela, parce que la religion a été détaillée dans le Coran, comme a dit le Très Haut : {*Et Nous avons fait descendre sur toi le Livre, comme un exposé explicite de toute chose*} (S. 16, V. 89).[2] Il a dit aussi : {*Nous n'avons rien omis d'écrire dans le Livre*} (S. 6, V. 38).[3] En outre, la religion a été clarifiée par la Sunna pratique (*as-sunna al-'amaliyya*), comme a dit le Très Haut : {*Et vers toi, Nous avons fait descendre le Coran, pour que tu exposes clairement aux gens ce qu'on a fait descendre pour eux*} (S. 16, V. 44).[4] Le Très Haut a dit aussi : {*Nous avons fait descendre vers toi le Livre avec la vérité, pour que tu juges entre les gens, selon ce que Dieu t'a appris*} (S. 4, V. 105).[5] Par conséquent, Son commandement s'est accompli et ses signes se sont clarifiés. Le Très Haut a dit : {*Aujourd'hui, J'ai parachevé pour vous votre religion, et accompli sur vous Mon bienfait. Et J'agrée l'Islam comme religion pour vous*} (S. 5, V. 3).[6]

Et dans la mesure où les questions religieuses ont été clarifiées de cette manière, et puisque le principe vers lequel on se tourne en cas d'arbitrage est connu, il n'y a aucune raison de diverger et les divergences n'ont aucun sens. Le Très Haut a dit : {*Ceux qui s'opposent au sujet du Livre sont dans une profonde divergence*} (S. 2, V. 176).[7] Il a dit aussi : {*Par ton Seigneur ! Ils ne seront pas croyants aussi longtemps qu'ils ne t'auront demandé de juger de leurs disputes et qu'ils n'auront éprouvé nulle angoisse pour ce que tu auras décidé, et qu'ils se soumettent complètement* (à ta sentence)} (S. 4, V. 65).[8]

C'est à la lumière de ces principes qu'ont cheminé les Compagnons

---

1 ﴿وَمَا ٱخۡتَلَفۡتُمۡ فِيهِ مِن شَيۡءٖ فَحُكۡمُهُۥٓ إِلَى ٱللَّهِۚ﴾

2 ﴿وَنَزَّلۡنَا عَلَيۡكَ ٱلۡكِتَٰبَ تِبۡيَٰنٗا لِّكُلِّ شَيۡءٖ﴾

3 ﴿مَّا فَرَّطۡنَا فِي ٱلۡكِتَٰبِ مِن شَيۡءٖۚ﴾

4 ﴿وَأَنزَلۡنَآ إِلَيۡكَ ٱلذِّكۡرَ لِتُبَيِّنَ لِلنَّاسِ مَا نُزِّلَ إِلَيۡهِمۡ﴾

5 ﴿إِنَّآ أَنزَلۡنَآ إِلَيۡكَ ٱلۡكِتَٰبَ بِٱلۡحَقِّ لِتَحۡكُمَ بَيۡنَ ٱلنَّاسِ بِمَآ أَرَىٰكَ ٱللَّهُۚ﴾

6 ﴿ٱلۡيَوۡمَ أَكۡمَلۡتُ لَكُمۡ دِينَكُمۡ وَأَتۡمَمۡتُ عَلَيۡكُمۡ نِعۡمَتِي وَرَضِيتُ لَكُمُ ٱلۡإِسۡلَٰمَ دِينٗاۚ﴾

7 ﴿وَإِنَّ ٱلَّذِينَ ٱخۡتَلَفُواْ فِي ٱلۡكِتَٰبِ لَفِي شِقَاقِۭ بَعِيدٖ﴾

8 ﴿فَلَا وَرَبِّكَ لَا يُؤۡمِنُونَ حَتَّىٰ يُحَكِّمُوكَ فِيمَا شَجَرَ بَيۡنَهُمۡ ثُمَّ لَا يَجِدُواْ فِيٓ أَنفُسِهِمۡ حَرَجٗا مِّمَّا قَضَيۡتَ وَيُسَلِّمُواْ تَسۡلِيمٗا﴾

et ceux qui sont venus après eux parmi les musulmans des siècles glorieux ; aucune divergence n'existait entre eux, sauf sur de rares questions, et dont la cause revenait aux différences de compréhension des textes, dans la mesure où certains d'entre eux connaissaient de ces textes ce qui échappait à d'autres. Puis, lorsque vinrent les quatre imâms des écoles juridiques (*madhâhib*), ceux-ci suivirent la ligne de conduite de ceux qui les avaient précédés, sauf que certains furent plus proches de la Sunna que d'autres, à l'image des gens du Hedjaz parmi lesquels il y avait de nombreux connaisseurs de la *Sunna* et transmetteurs de *hadîth*. Quant aux autres, ils privilégièrent le jugement personnel (*ar-ra'y*), à l'image des gens de l'Irak, parmi lesquels il y avait peu de connaisseurs de la Sunna, du fait de l'éloignement de leur pays du lieu de la révélation. Ces imâms fournirent le maximum de leurs efforts pour faire connaître aux gens cette religion et pour les guider vers elle ; ils déconseillèrent aux gens de les imiter, leur disant : « Il n'est permis à personne de dire ce que nous disons sans connaître nos arguments ». Ils proclamèrent aussi que leurs écoles étaient l'émanation du *hadîth* authentique, car leurs intentions n'étaient pas que les gens les imitent comme ils doivent imiter le Prophète infaillible (ﷺ), loin s'en faut, mais d'aider les gens à connaître les règles et les préceptes de Dieu.

Cependant, après leur disparition, l'ardeur des gens se relâcha, leur détermination s'affaiblit et leur penchant vers l'imitation et la conformité se mit en branle, au point que chaque groupe se contenta de suivre et d'imiter une école déterminée, se conformant à ses opinions, la défendant avec acharnement et utilisant toute son énergie pour la faire triompher et lui donner la suprématie sur les autres écoles. L'opinion de leur imâm devint celle du Législateur et aucun de leurs savants ne put se permettre de donner, sur une question donnée, un avis religieux (*fatwâ*) susceptible de contredire ce qu'a déduit leur imâm respectif. Leur confiance servile en leurs imâms et leur imitation de ceux-ci atteint un tel degré qu'Al-Karkhî alla jusqu'à dire : « Tout verset ou *hadîth* qui contredit l'opinion de nos compagnons doit être, ou bien interprété de façon à concorder avec cette opinion, ou bien considéré comme abrogé ».

Cette imitation et cet attachement sectaire aux écoles juridiques (*madhâhib*) firent perdre à la Communauté les moyens de se guider à la lumière du Coran et de la Sunna. Et c'est ainsi que fut proclamée la fermeture des portes de l'*ijtihâd* (l'effort d'interprétation personnel) et que la Loi révélée devint l'addition des paroles et des opinions des jurisconsultes (*fuqahâ'*) et vice-versa ; tous ceux dont les opinions ne concordaient pas avec celles des jurisconsultes devinrent des innovateurs dont les propos n'étaient pas pris en considération et dont les avis religieux (*fatâwâ*) étaient rejetés.

Un des facteurs qui favorisa la propagation de cet esprit défaitiste fut l'encouragement des gouvernants et des riches notables à l'édification d'écoles dans lesquelles était dispensé l'enseignement d'un seul *madhhab* ou de plusieurs *madhâhib* déterminés. Ce fut l'une des causes qui incitèrent les jurisconsultes à opter pour telle ou telle école et à délaisser l'*ijtihâd*, de peur de perdre le salaire qui leur était alloué. On rapporte qu'Abû Zar'a interrogea un jour son maître, Al-Balqînî, en ces termes : « Pourquoi le sheikh Taqiy Ad-Dîn As-Subkî s'est-il abstenu de pratiquer l'*ijtihâd* alors qu'il en avait acquis tous les outils ? ». Al-Balqînî garda le silence et ne répondit pas. Abû Zar'a ajouta alors : « Je pense que la seule raison qui l'ait empêché de le faire est la crainte de perdre les salaires qui avaient été prescrits aux jurisconsultes des quatre écoles (*madhâhib*) et dont étaient exclus ceux qui sortaient de leur cadre, lesquels étaient aussi exclus de la fonction de la magistrature, en plus du fait que les gens refusaient de suivre leurs avis religieux (*fatâwâ*) et les accusaient d'innovation blâmable ». Al-Balqînî se mit alors à sourire et approuva ses propos.

Ainsi donc, par suite de l'imitation aveugle des *madhâhib*, de l'éloignement de la guidance du Coran et de la Sunna, et de l'idée que les portes de l'*ijtihâd* étaient fermées, la Communauté tomba dans la pire des épreuves. Les conséquences en furent que la Communauté se divisa en sectes et en partis. En outre, parmi les conséquences découlant de cet état de fait, il y a la propagation des innovations blâmables, la disparition des signes de la Sunna, l'extinction du mouvement intellectuel, la cessation de l'activité spirituelle et la perte de la liberté scientifique, entraînant par la même le dépérissement de la personnalité de la Communauté, la perte de sa force productive et l'impossibilité de connaître l'essor et le progrès. Sans parler des opportunistes qui ont trouvé l'occasion et les brèches par lesquelles ils pouvaient porter atteinte à l'Islam.

Les années passèrent et les siècles se consumèrent, et, chaque fois, Dieu envoya à cette Communauté celui qui réforme sa religion, la réveille de sa léthargie et la dirige vers la vraie direction. Malheureusement, à chaque fois qu'elle était bien prête de se réveiller complètement, elle revenait à sa situation initiale, ou pire encore. La législation islamique n'échappa pas à cet état de fait. En effet, destinée par Dieu à guider la vie des hommes et à constituer un atout ici-bas et dans l'au-delà, la législation islamique tomba dans une décadence inégalée dans son histoire : s'occuper d'une telle science était devenu un acte délictueux pour la raison et l'esprit et une perte de temps qui n'est d'aucune utilité pour la religion de Dieu ni ne peut organiser la vie des gens.

Voici un exemple de ce qu'écrivit un jurisconsulte tardif : « Ibn 'Arafa définit le bail comme suit : [C'est un acte par lequel] on vend l'usufruit d'une chose pouvant être transportée, sauf les navires ou les animaux ; cette vente n'est pas possible contre une contre-valeur qui n'en résulte pas. Il suffit que cette vente se fractionne pour qu'une part en soit amputée. Mais un de ses disciples lui rétorqua que le mot part est incompatible avec le style abrégé et qu'il n'y a aucune raison de le mentionner. Le sheikh s'arrêta alors d'enseigner durant deux jours, puis répondit d'une façon superflue ».

Le *fiqh* s'arrêta à ces considérations et les savants s'en tinrent aux énoncés des livres et aux commentaires et annotations répétés d'anciens ouvrages. Pendant ce temps, l'Europe s'élançait vers l'Orient en occupant ses terres et en pillant ses richesses ; et lorsqu'il s'éveilla, il s'aperçut qu'il était à la traîne d'une civilisation en progrès constant. Il vit alors qu'il était devant un nouveau monde, marqué par l'activité, la puissance et la production, et fut stupéfait et obnubilé par ce qu'il vit. Ce fut l'occasion pour ceux qui renoncent à leur histoire et contestent leurs ancêtres, oubliant leur religion et leurs traditions, de s'écrier : « Ô vous les Orientaux ! Voici l'Europe et sa prestigieuse civilisation ! Suivez sa voie et imitez-la dans ce qu'elle a de positif et de négatif, dans sa foi et son incroyance, dans ses douceurs et son amertume ! ». Quant aux passéistes, ils prirent une attitude négative, multipliant les exclamations : « Il n'y a de force et de pouvoir qu'en Dieu ! », se repliant sur eux-mêmes et s'enfermant chez eux. Ce fut là un autre défi que voulaient nous faire relever ces prétentieux et ces obnubilés de la civilisation occidentale pour qui la législation de l'Islam ne suivrait pas le progrès et ne s'adapterait pas à l'époque moderne.

Puis ce fut la conséquence inéluctable : les lois étrangères dominèrent les sociétés orientales bien qu'elles soient incompatibles avec leur religion, leurs traditions et leurs coutumes. On vit alors les coutumes et les modes européennes envahir les demeures, les rues, les clubs, les écoles et les instituts ; leur influence fut telle que l'Orient faillit oublier sa religion et ses traditions et rompre le lien qui reliait son présent à son passé.

Cependant, la terre ne saurait être dépourvue de gens qui appellent à Dieu avec des arguments irréfutables, et les apôtres de la réforme se levèrent contre ceux qui étaient obnubilés par les Occidentaux, leur disant : « Prenez garde et cessez votre propagande, car la corruption des mœurs dans laquelle se trouvent les Occidentaux les mènera fatalement à la perdition. En outre, s'ils ne réforment pas leur nature profonde grâce à la foi authentique et s'ils ne modèrent pas leur tempérament avec les hautes valeurs morales, leur science se retournera contre eux et deviendra un outil de destruction et de dévastation. Quant à leur civilisation, elle se transformera en un feu immense qui les dévorera et les décimera définitivement. {*N'as-tu pas vu comment ton Seigneur a agi avec les 'Âd, (avec) Iram, (la cité) à la colonne remarquable, dont jamais pareille ne fut construite parmi les villes ? Et avec les Thamûd qui taillaient le rocher dans la vallée ? Ainsi qu'avec Pharaon, l'homme aux épieux ? Tous étaient des gens qui transgressaient dans (leurs) pays, et y avaient commis beaucoup de désordre. Donc, ton Seigneur déversa sur eux un fouet du châtiment. Car ton Seigneur demeure aux aguets*} (S. 89, V. 6-14).[1]

De même que les apôtres de la réforme dirent aux passéistes : « Tournez-vous vers la source pure et transparente du Livre (le Coran) et vers la noble guidance de la Sunna ! Puisez d'elle votre religion et annoncez grâce à elle la bonne nouvelle aux hommes. Alors, ce monde anxieux se laissera guider par vous et cette humanité souffrante se réjouira par vous ! ». {*En effet, vous avez dans le Messager de Dieu un excellent modèle (à suivre), pour quiconque espère en Dieu et au Jour dernier et invoque Dieu fréquemment*} (S. 33, V. 21).[2]

C'est ainsi que, par la grâce de Dieu, nombre de gens vertueux répondirent à cet appel, que des cœurs sincères l'accueillirent et que des jeunes gens l'adoptèrent, lui consacrant ce qu'ils avaient de plus pré-

---

1 ﴿أَلَمْ تَرَ كَيْفَ فَعَلَ رَبُّكَ بِعَادٍ إِرَمَ ذَاتِ ٱلْعِمَادِ ٱلَّتِي لَمْ يُخْلَقْ مِثْلُهَا فِي ٱلْبِلَٰدِ وَثَمُودَ ٱلَّذِينَ جَابُوا۟ ٱلصَّخْرَ بِٱلْوَادِ وَفِرْعَوْنَ ذِى ٱلْأَوْتَادِ ٱلَّذِينَ طَغَوْا۟ فِى ٱلْبِلَٰدِ فَأَكْثَرُوا۟ فِيهَا ٱلْفَسَادَ فَصَبَّ عَلَيْهِمْ رَبُّكَ سَوْطَ عَذَابٍ إِنَّ رَبَّكَ لَبِٱلْمِرْصَادِ﴾

2 ﴿لَّقَدْ كَانَ لَكُمْ فِى رَسُولِ ٱللَّهِ أُسْوَةٌ حَسَنَةٌ لِّمَن كَانَ يَرْجُوا۟ ٱللَّهَ وَٱلْيَوْمَ ٱلْءَاخِرَ وَذَكَرَ ٱللَّهَ كَثِيرًا﴾

cieux, dont leurs biens et leurs personnes. Dieu aurait-il ordonné à Sa lumière de briller de nouveau sur la terre ? L'homme veut-il à nouveau vivre une vie agréable, empreinte de foi, d'amour, de bienfaisance et de justice ? C'est ce dont témoignent ces versets : {*C'est Lui qui a envoyé Son messager avec la guidée et la religion de vérité (l'Islam) pour la faire triompher sur toute autre religion. Dieu suffit comme témoin*} (S. 48, V. 28). [1]{*Nous leur montrerons Nos signes dans l'univers et en eux-mêmes, jusqu'à ce qu'il leur devienne évident que c'est cela (le Coran), la vérité. Ne suffit-il pas que ton Seigneur soit témoin de toute chose ?*} (S. 41, V. 53).[2]

---

1 ﴿هُوَ ٱلَّذِىٓ أَرْسَلَ رَسُولَهُۥ بِٱلْهُدَىٰ وَدِينِ ٱلْحَقِّ لِيُظْهِرَهُۥ عَلَى ٱلدِّينِ كُلِّهِۦ ۚ وَكَفَىٰ بِٱللَّهِ شَهِيدًا﴾

2 ﴿سَنُرِيهِمْ ءَايَٰتِنَا فِى ٱلْءَافَاقِ وَفِىٓ أَنفُسِهِمْ حَتَّىٰ يَتَبَيَّنَ لَهُمْ أَنَّهُ ٱلْحَقُّ ۗ أَوَلَمْ يَكْفِ بِرَبِّكَ أَنَّهُۥ عَلَىٰ كُلِّ شَىْءٍ شَهِيدٌ﴾

LA PURIFICATION (*AT-TAHÂRA*)

Les eaux et leurs catégories

1- L'eau à l'état naturel (*al-mâ' al-mutlaq*)

L'eau à l'état naturel, ou *mâ' mutlaq*, est pure, c'est-à-dire qu'elle est pure en soi et purifie. Elle englobe les types d'eau suivants :

a- L'eau de pluie, la neige et la glace, en vertu de la parole du Très Haut : {*Nous fîmes descendre du ciel une eau pure et purifiante*} (S. 25, V. 48).[1] En vertu aussi du *hadîth* rapporté par Abû Hurayra (رضي الله عنه) dans lequel il dit : « Le Messager de Dieu (ﷺ) avait l'habitude, lorsqu'il entrait en prière, de garder le silence quelques instants avant de commencer la récitation du Coran. Je lui dis : « Ô Envoyé de Dieu, que mon père et ma mère te servent de rançon ! Que dis-tu tout bas pendant le silence que tu gardes entre le *takbîr* et la récitation (du Coran) ? – Il me répondit : Je dis : Mon Seigneur, mets entre moi et mes péchés la même distance que celle que tu as mises entre l'Orient et l'Occident. Mon Dieu, purifie-moi de mes péchés comme on purifie le linge blanc de toute tache. Seigneur, lave mes péchés avec la neige, l'eau et la grêle. »[2]

b- L'eau de mer, en vertu du *hadîth* d'Abû Hurayra (رضي الله عنه), lequel a dit : « Un homme interrogea le Messager de Dieu (ﷺ) en ces termes : Ô Messager de Dieu, Lorsque nous prenons la mer, nous prenons avec nous un peu d'eau potable. Or, quand nous nous en servons pour nos ablutions mineures (*wudû'*), nous sommes en proie à la soif. Pouvons-nous utiliser de l'eau de mer pour faire nos ablutions ? Le Messager de Dieu (ﷺ) lui répondit : Elle est pure et purifie, et les bêtes mortes qui en sont issues sont licites. »[3]

---

1 ﴿وَأَنزَلْنَا مِنَ ٱلسَّمَآءِ مَآءً طَهُورًا﴾

2 *Hadîth* rapporté par Al-Bukhârî, Muslim, Abû Dâwûd, An-Nasâ'î, Ibn Mâjah et Ahmad.

3 *Hadîth* rapporté par Abû Dâwûd, At-Tirmidhî, An-Nasâ'î, Ibn Mâjah et Ahmad. At-Tirmidhî l'a qualifié de *hasan sahîh*, ajoutant : « J'ai interrogé Muhammad Ibn Ismâ'îl Al-Bukhârî à ce sujet et il m'a répondu : C'est un *hadîth* authentique ».

c- L'eau du puits de Zamzam, en vertu du *hadîth* rapporté par 'Alî (ﷺ), lequel il a dit : « Le Messager de Dieu (ﷺ) se fit apporter un seau plein d'eau de Zamzam ; il en but et s'en servit pour faire ses ablutions mineures. »[1]

d- L'eau altérée à cause d'une longue stagnation ou du contact avec des éléments naturels avec lesquels elle se mélange habituellement, comme de la mousse et des feuilles d'arbres. Les savants s'accordent sur le fait que cette eau entre dans la catégorie de l'eau à l'état naturel, le principe voulant que toute eau à laquelle on applique le vocable d'eau à l'état naturel peut valablement servir à purifier, sans restriction aucune. Dieu – exalté soit-Il – a dit : {*Et que vous ne trouviez pas d'eau, alors recourez à la terre pure, passez-en sur vos visages et vos mains*} (S. 5, V. 6).[2]

2- L'eau déjà utilisée (*al-mâ' al-musta'mal*)

Il s'agit de l'eau recueillie à partir de ce qui reste de l'eau utilisée par celui qui fait ses ablutions mineures ou majeures. Le statut de l'eau utilisée est le même que celui de l'eau à l'état naturel : dans la mesure où elle était pure à l'origine, elle conserve sa pureté en l'absence d'une preuve qui lui enlève ce caractère.

En témoigne, le *hadîth* d'Ar-Rubayyi' Bint Mu'awwidh, lequel décrit la manière dont le Prophète (ﷺ) faisait ses ablutions : « Il essuya sa tête avec le peu d'eau qui lui restait de son ablution mineure dans le creux de ses mains ». Ce *hadîth* est rapporté par Ahmad et Abû Dâwûd. Dans la version rapportée par ce dernier, il est dit : « Le Messager de Dieu (ﷺ) essuya ses cheveux avec ce qui restait de l'eau des ablutions qu'il avait dans ses mains ».

De son côté, Abû Hurayra (ﷺ) rapporte qu'il était en état d'impureté majeure lorsqu'il rencontra l'Envoyé de Dieu (ﷺ) dans une rue de Médine : « Je m'éloignai aussitôt de lui, dit-il, et allai procéder à mes grandes ablutions. Quand je revins, le Prophète me dit : « Où étais-tu donc allé, Abû Hurayra ? – J'étais en état d'impureté majeure et n'ai pas voulu rester en ta compagnie, répondis-je, alors que je n'étais pas purifié. – Transcendance de Dieu ! dit le Prophète (ﷺ), sache que le

1 *Hadîth* rapporté par Ahmad.

2 ﴿فَلَمْ تَجِدُواْ مَآءً فَتَيَمَّمُواْ صَعِيدًا طَيِّبًا﴾

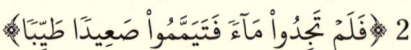

musulman n'est jamais impur. »[1] L'explication de ce *hadîth* est que si le croyant ne souille pas, il n'y a aucune raison de déclarer non purifiante l'eau qui entre en contact avec lui. Tout ce que l'on peut dire en l'occurrence, c'est qu'un corps pur en a touché un autre, or ceci n'a aucune incidence (sur le caractère purifiant de l'eau). Ibn Al-Mundhir a dit : « On rapporte que 'Alî, Ibn 'Umar, Abû Umâma, 'Atâ', Al-Hasan, Makhûl et An-Nakha'î permettaient au fidèle qui a oublié de passer la main humectée sur sa tête d'utiliser l'eau qui reste sur sa barbe à cette fin. » Puis Ibn Al-Mundhir ajoute : « Ceci indique qu'ils considéraient l'eau utilisée (une première fois dans le cadre de l'ablution) comme étant propre à purifier (une seconde fois). C'est en tout cas l'opinion que je professe, et celle que professent Mâlik et Ash-Shâfi'î, dans un des avis qui leur sont attribués. Ibn Hazm attribue cette opinion à Sufyân Ath-Thawrî, à Abû Thawr et à l'ensemble des Dhâhirites. »

3- L'eau mélangée à un corps pur

L'eau qui a été mélangée à un corps pur, comme du savon, du safran, de la farine et autres corps dont elle ne peut ordinairement être dissociée, est pure dès lors qu'elle demeure telle qu'elle était à l'état naturel (*mâ' mutlaq*). Si par contre elle change de nature, elle reste pure, mais n'est pas propre à purifier. Umm 'Atiyya (رضي الله عنها) rapporte : « L'Envoyé de Dieu (ﷺ) entra chez nous pendant que nous lavions le corps de sa fille. Il nous dit alors : « Lavez la trois fois, ou cinq fois, ou même davantage, avec de l'eau et du lotus ; au dernier lavage, mettez du camphre dans l'eau. Puis, lorsque vous aurez terminé, appelez-moi. Nous l'appelâmes donc quand nous eûmes terminé ; il nous jeta le pagne qu'il portait, en nous disant : Recouvrez-l'en. »[2] Or, le mort ne peut être lavé qu'avec ce que le vivant a permission d'utiliser pour se purifier. Ahmad, An-Nasâ'î et Ibn Khuzayma rapportent d'après Umm Hâni' : « Le Prophète (ﷺ) fit la grande ablution avec Maymûna (رضي الله عنها) en puisant de l'eau d'un même récipient : il s'agissait d'une grande écuelle contenant des traces de pâte. » Où l'on voit que dans ces deux *hadîth*, l'eau est mélangée à un corps étranger, quoique n'étant pas altérée au point de perdre sa nature initiale.

1 *Hadîth* rapporté par Al-Bukhârî, Muslim, Abû Dâwûd, At-Tirmidhî, An-Nasâ'î, Ibn Mâjah et Ahmad.

2 *Hadîth* rapporté par Al-Bukhârî, Muslim, Abû Dâwûd, At-Tirmidhî, An-Nasâ'î, Ibn Mâjah et Ahmad.

4- L'eau en contact avec une impureté

Cette eau est de deux types : soit l'impureté change le goût, la couleur ou l'odeur de l'eau, auquel cas il n'est pas permis de se purifier par son biais, selon l'avis unanime des doctes, ainsi que le rapporte Ibn Al-Mundhir et Ibn Al-Mulaqqin. Soit l'eau garde sa nature initiale et ne change ni de goût ni d'odeur ni de couleur, et elle demeure pure et purifiante, qu'elle soit en grande ou en petite quantité. La preuve de cela est le *hadîth* rapporté par Al-Bukhârî, Muslim, Abû Dâwûd, At-Tirmidhî, An-Nasâ'î, Ibn Mâjah et Ahmad d'après Abû Hurayra, disant qu'un Bédouin se leva et urina dans la Mosquée. Comme les gens se levaient pour se ruer sur lui, le Prophète (ﷺ) leur dit : « Laissez-le faire et versez ensuite un seau d'eau (*sajl*) – ou une jatte d'eau (*dhanûb*) – sur cette urine. Vous n'avez d'autre mission[1] que de rendre toute chose facile et non de rendre les choses difficiles. » Abû Sa'îd rapporte également : « On demanda : "Ô Envoyé de Dieu, peut-on utiliser l'eau du puits de Budâ'a[2] pour se purifier ?" Le Prophète répondit : "L'eau est pure et rien ne peut la souiller". »[3]

C'est l'avis d'Ibn 'Abbâs, Abû Hurayra, Al-Hasan Al-Basrî, Ibn Al-Musayyab, 'Ikrima, Ibn Abî Laylâ, Ath-Thawrî, Dâwûd le dhâhirite, An-Nakha'î, Mâlik et autres. Al-Ghazâlî a écrit à ce sujet : « J'aurais souhaité que l'avis d'Ash-Shâfi'î au sujet de la règle de l'eau de purification fût identique à celui de Mâlik ».

Quant au *hadîth* de 'Abd Allâh Ibn 'Umar (رضي الله عنه), lequel stipule que le Prophète (ﷺ) aurait dit : « Quand la quantité d'eau équivaut au volume de deux jarres, l'eau n'est pas souillée », il est rapporté par Abû Dâwûd, At-Tirmidhî, An-Nasâ'î, Ibn Mâjah et Ahmad. Ceci étant, il est *mudtarib*

1 Littéralement : « Vous n'avez été envoyés que pour… »

2 Il s'agit d'un puits de Médine. Abû Dâwûd a dit : « J'ai entendu Qutayba Ibn Sa'd dire : Je demandai à Qayyim quelle était la profondeur du puits de Budâ'a. Il me répondit que l'eau lui montait jusqu'au pubis en période haute, et en-dessous des parties intimes en période basse. » Puis Abû Dâwûd ajoute : « J'ai personnellement mesuré le puits de Budâ'â en étendant mon vêtement à sa surface : il est d'une largeur de six coudées. Je demandai ensuite à celui qui m'avait ouvert la porte de la plantation et m'avait conduit au puits si on l'avait modifié, et il me répondit que non. Je remarquai que la couleur de l'eau était altérée. »

3 *Hadîth* rapporté par Ahmad, Al-Shafi'î, Abû Dâwûd, An-Nasâ'î et At-Tirmidhî, lequel l'a jugé bon. Ahmad a dit : « Le *hadîth* ayant trait au puits de Budâ'a est authentique. » Il a également été authentifié par Yahyâ Ibn Ma'în et Abû Muhammad Ibn Hazm.

tant du point de vue de son énoncé que de sa chaîne de transmission. Ibn 'Abd Al-Barr a dit dans son « *Tamhîd* » : « L'opinion d'Ash-Shâfi'î concernant le *hadîth* des deux jarres est faible au double point de vue rationnel et traditionnel ».

L'eau altérée par la salive (*as-su'r*)

Le *su'r* est l'eau qui reste dans le récipient après qu'on ait bu dedans. Il y a différents types de *su'r* :

1- Le *su'r* de l'être humain : c'est-à-dire l'eau qui reste dans un récipient où un être humain a bu. Cette eau est pure, que le buveur soit un musulman, un mécréant, un homme en état d'impureté ou une femme ayant ses menstrues. Quant à la parole du Très Haut : {*Les polythéistes ne sont qu'impureté*} (S. 9, V. 28)[1], il faut l'entendre comme désignant la souillure morale que leurs croyances aberrantes peut représenter. D'autre part, le fait qu'ils ne prennent pas garde aux souillures et aux impuretés ne veut nullement dire que leurs personnes et leurs corps soient impurs. Au demeurant, les polythéistes fréquentaient les musulmans dans les débuts de l'Islam, de même que leurs envoyés et leurs délégués rencontraient souvent le Prophète (ﷺ) et entraient dans sa mosquée sans que celui-ci n'ait jamais ordonné de laver ce qui était en contact avec leurs corps. S'agissant de la femme en état de menstruation, Muslim rapporte d'après 'Â'isha (رضي الله عنها) ce qui suit : « Je bus dans un récipient alors que j'étais en état de menstrues et le passai au Prophète (ﷺ) qui mit ses lèvres à l'endroit même où j'avais mis les miennes ».

2- Le *su'r* de l'animal dont la chair est licite. L'eau qu'il laisse après s'être abreuvé est pure dans la mesure où la salive d'un tel animal provient d'une chair pure, raison pour laquelle elle acquiert le même statut qu'elle. Abû Bakr Ibn Al-Mundhir a dit : « Les savants sont unanimes sur le fait que le *su'r* de l'animal dont la chair est licite peut être bu et utilisé pour les ablutions mineures ».

3- Le *su'r* du mulet, de l'âne, des bêtes féroces et des oiseaux de proie. Cette eau est pure, en vertu du *hadîth* de Jâbir, dans lequel il est dit : « On interrogea le Messager de Dieu (ﷺ) en ces termes : « Pouvons-nous faire nos ablutions mineures au moyen de l'eau laissée par les bêtes ? ». Il répondit : « Oui, y compris celle laissée par les bêtes fé-

1 ﴿إِنَّمَا ٱلْمُشْرِكُونَ نَجَسٌ﴾

roces. »[1] De son côté, Ibn ‘Umar (رضي الله عنه) a dit : « Le Messager de Dieu (ﷺ) sortit un jour de nuit avec un groupe de Compagnons. Comme ils passaient devant un homme assis devant son bassin, ‘Umar lui demanda : « Les bêtes ont-elles trempé dans ton bassin cette nuit ? ». Le Prophète (ﷺ) s’adressa alors à l’homme, lui disant : « Ô propriétaire du bassin, ne lui réponds pas, car il exagère ! ». Puis Il ajouta : « A ces bêtes, appartient ce qu’elles ont emporté dans leurs ventres, et à nous de nous servir du reste pour notre boisson et notre purification. »[2] En outre, Yaḥyâ Ibn Sa‘îd rapporte que ‘Umar sortit un jour avec un groupe d’hommes parmi lesquels il y avait ‘Amr Ibn Al-‘Âṣ. En passant devant un bassin, ‘Amr dit à son propriétaire : « Des bêtes féroces se sont-elles abreuvées dans ton bassin ? ». Mais ‘Umar intervint : « Ne nous le dis pas, car nous surprenons les bêtes féroces comme elles nous surprennent. »[3]

4- Le *su’r* du chat. Cette eau est pure, en vertu du *hadîth* de Kabsha Bint Ka‘b, laquelle rapporte que son oncle Abû Qatâda était entré un jour chez elle et qu’elle lui avait apporté de l’eau pour se rafraîchir. Or, une chatte s’était précipitée sur le récipient d’eau pour s’en abreuver. Abû Qatâda inclina alors le récipient pour que la chatte puisse boire à son aise. Voyant que sa nièce le regardait avec étonnement, il lui dit : « Tu t’étonnes ma nièce ? – Oui, répondit-elle. – Alors sache, reprit-il, que l’Envoyé de Dieu (ﷺ) a dit : « Le chat n’est pas impur ; il fait partie des animaux domestiques qui vous tiennent compagnie ». Ce *hadîth* est rapporté par Abû Dâwûd, At-Tirmidhî, An-Nasâ’î, Ibn Mâjah et Aḥmad. At-Tirmidhî l’a qualifié de *hasan ṣaḥîḥ*. Al-Bukhârî et d’autres traditionnistes l’ont également authentifié.

5- Le *su’r* du chien et du porc. Il est impur et il faut obligatoirement s’en prémunir. S’agissant du *su’r* du chien, le Prophète (ﷺ) a dit : « Lorsqu’un chien lape dans un de vos récipients, lavez-le sept fois ». Dans une autre version rapportée par Aḥmad et Muslim, il est dit : « La purification du récipient dans lequel un chien a lapé consiste à le laver sept fois, dont la première fois en le nettoyant avec du sable ». Quant au *su’r* du porc, il a été interdit en raison de son impureté et de sa saleté.

---

1 *Hadîth* rapporté par Ash-Shâfi‘î, Ad-Dâraquṭnî et Al-Bayhaqî. Ce dernier a dit : « Ce *hadîth* est doté de chaînes de transmission qui se renforcent une fois réunies les unes aux autres ».

2 *Hadîth* rapporté par Ad-Dâraquṭnî.

3 *Hadîth* rapporté par Mâlik dans son « *Muwaṭṭa’* ».

L'IMPURETÉ (*AN-NAJÂSA*)

L'impureté est la souillure dont le musulman doit se prémunir et dont il doit se purifier. Le Très Haut a dit : {*Et tes vêtements purifie-les*} (S. 74, V. 4).[1] Il a dit aussi : {*Dieu aime ceux qui se repentent, et Il aime ceux qui se purifient*} (S. 2, V. 222).[2] De son côté, le Messager de Dieu (ﷺ) a dit : « La purification constitue la moitié de la foi ».

La question de l'impureté comprend plusieurs volets, que nous évoquerons comme suit :

Les différentes catégories d'impureté

1- **Les bêtes mortes (*al-mayta*)**, c'est-à-dire le cadavre de tous les animaux qui sont morts de cause naturelle et qui n'ont pas été immolés rituellement. On peut ajouter à cela tout organe d'un animal amputé de son vivant, en vertu du *hadîth* du Messager de Dieu (ﷺ) rapporté par Abû Wâqid Al-Laythî, dans lequel il est dit : « Tout ce qui est amputé d'un animal encore vivant est considéré comme une partie morte (*mayta*). »[3]

Font toutefois exception à cette règle :

- La chair morte des poissons et des sauterelles, laquelle est pure, en vertu du *hadîth* d'Ibn 'Umar (رضي الله عنهما) : « Le Messager de Dieu (ﷺ) a dit : « Il nous a été rendu licite deux chairs mortes et deux types de sangs : « Les deux chairs mortes sont celles du poisson et de la sauterelle, tandis que les deux types de sang sont ceux du foie et du pancréas ». Ce *hadîth* est rapporté par Ahmad, Ash-Shâfi'î, Ibn Mâjah, Al-Bayhaqî et Ad-Dâraqutnî. Ce *hadîth* est qualifié de faible, mais l'imâm Ahmad l'a qualifié d'authentique et l'a fait remonter jusqu'à un Compagnon, comme l'ont rappelé Abû Zar'a et Abû Hâtim. Or, un tel *hadîth* doit avoir le statut

---

1 ﴿وَثِيَابَكَ فَطَهِّرْ﴾

2 ﴿إِنَّ ٱللَّهَ يُحِبُّ ٱلتَّوَّٰبِينَ وَيُحِبُّ ٱلْمُتَطَهِّرِينَ﴾

3 Cette tradition est rapportée par Abû Dâwûd et At-Tirmidhî, lequel la qualifie de *hasan* et ajoute : « Telle est la norme en vigueur chez les doctes ».

d'un propos remontant jusqu'au Prophète (ﷺ) (*marfû'*), car le dire du Compagnon : « Il nous a rendu licite ceci et nous a interdit cela » est comme sa parole : « Il nous a ordonné et nous a interdit ». Au demeurant, nous avons vu plus haut la parole du Messager de Dieu (ﷺ) au sujet de la mer : « Son eau est purifiante et les bêtes mortes qui en sont issues sont licites ».

- Les animaux qui sont morts de cause naturelle et qui n'ont pas de sang liquide, à l'image des fourmis, des abeilles et autres. Leurs corps sont purs et s'ils tombent dans quelque chose et y meurent, ils ne le souillent pas. Ibn Al-Mundhir rapporte qu'il ne connaît aucune divergence au sujet du caractère pur de cette espèce d'animaux, sauf ce qui a été rapporté d'après Ash-Shâfi'î, dont l'opinion célèbre est que ces animaux sont impurs quand ils sont morts, mais qu'ils ne souillent pas l'eau dans laquelle ils tombent tant qu'ils ne l'ont pas altérée.

- Les os, les cornes, les griffes, les poils, les plumes, la peau des animaux morts de cause naturelle sont purs, car tel est le principe originel jusqu'à preuve du contraire. Az-Zuhrî a dit au sujet des os de bêtes mortes comme l'éléphant et autres : « J'ai rencontré des savants parmi les pieux Anciens qui les utilisaient comme peignes ou onctions, sans y voir le moindre inconvénient ». Ce dire est rapporté par Al-Bukhârî. Pour sa part, Ibn 'Abbâs (رضي الله عنهما) a dit : « J'avais donné une chèvre en aumône à une servante de Maymûna, mais celle-ci mourut. Passant devant sa dépouille, le Prophète (ﷺ) nous dit : « Pourquoi ne prenez-vous pas sa peau pour la tanner et en tirer profit ? ». On lui répondit alors : « Mais elle est morte de cause naturelle ! ». Et le Prophète de répondre : « Seule sa chair a été rendue illicite. »[1] On rapporte également qu'Ibn 'Abbâs récita la parole du Très Haut : {*Dis : « Dans ce qui m'a été révélé, je ne trouve d'interdit, à aucun mangeur d'en manger, que la bête (trouvée) morte*...}[2] jusqu'à la fin du verset, puis il fit le commentaire suivant : « Il n'a été rendu illicite que ce qui, de la bête morte, est consommable, c'est-à-dire sa chair. Quant à la peau, les dents, les os, les poils et la

1 *Hadîth* rapporté par Al-Bukhârî, Muslim, Abû Dâwûd, At-Tirmidhî, An-Nasâ'î, Ibn Mâjah et Ahmad, sauf qu'Ibn Mâjah le rapporte d'après Maymûna (رضي الله عنها), et que les versions d'Al-Bukhârî et d'An-Nasâ'î ne font pas référence au tannage de la peau de cette chèvre.

2 ﴿قُل لَّآ أَجِدُ فِي مَآ أُوحِيَ إِلَيَّ مُحَرَّمًا عَلَىٰ طَاعِمٍ يَطْعَمُهُۥٓ إِلَّآ أَن يَكُونَ مَيْتَةً أَوْ دَمًا مَّسْفُوحًا أَوْ لَحْمَ خِنزِيرٍ فَإِنَّهُۥ رِجْسٌ أَوْ فِسْقًا أُهِلَّ لِغَيْرِ ٱللَّهِ بِهِۦ ۚ فَمَنِ ٱضْطُرَّ غَيْرَ بَاغٍ وَلَا عَادٍ فَإِنَّ رَبَّكَ غَفُورٌ رَّحِيمٌ﴾

laine, ils sont licites. »[1]

Il en va de même de leur présure et leur lait, lesquels sont purs. Ainsi, lors de la conquête de l'Irak, les Compagnons mangèrent du fromage à base de présure fabriqué par les Zoroastriens, et ce bien que les animaux qu'ils immolaient fussent considérés comme des bêtes mortes et, partant, fussent considérés comme illicites. On rapporte que Salmân Al-Fârisî (رضي الله عنه) fut interrogé sur le fromage, le beurre et les fourrures, et qu'il répondit en ces termes : « Le licite est ce que Dieu a rendu licite dans Son Livre et l'illicite, ce qu'Il a rendu illicite dans Son Livre. Quant à ce qu'il a tu, il fait partie des dispenses qu'Il a accordées ». Sachant que la question ayant trait au fromage des Zoroastriens fut soulevée à l'époque où Salmân était gouverneur du Calife 'Umar à al-Madâ'in (en Perse).

2- Le sang, qu'il s'agisse du sang répandu, comme celui qui jaillit de la bête immolée, ou du sang des menstrues, à l'exception du sang en petite quantité. Ibn Jurayj a dit au sujet de la parole du Très Haut : {*Ou du sang répandu* (masfûh)}, ce qui suit : « Le sang *masfûh* est celui qui se répand en grande quantité ; quant au sang qui reste dans les veines, il n'y a aucun inconvénient le concernant ». Ce propos est cité par Ibn al-Mundhir. De son côté, Ibn Mijlaz a dit au sujet du sang qui reste dans la carotide de la bête immolée ou dans le haut de l'épaule : « Il n'y a aucun inconvénient à cela, car ce qui est interdit, c'est le sang répandu ». 'Â'isha (رضي الله عنها) a dit pour sa part : « Nous mangions de la viande alors que le sang formait des lignes sur l'épaule ». Al-Hasan Al-Basrî, cité par Al-Bukhârî, disait de son côté : « Les musulmans n'ont jamais cessé de prier dans leur sang ».On rapporte, dans cette optique, que 'Umar (رضي الله عنه) pria alors que le sang jaillissait de sa blessure.[2] Dans un même ordre d'idées, Abû Hurayra (رضي الله عنه) ne voyait aucun inconvénient à ce qu'une goutte de sang ou deux coulent pendant la prière.

Pour ce qui concerne le sang des puces et ce qui sort des furoncles, il y a dispense, conformément à ces récits. En effet, interrogé sur le pus qui tache le corps ou les vêtements, Ibn Mijlaz répondit : « Il n'y a aucun inconvénient à cela, car Dieu a mentionné le sang et n'a pas mentionné le pus ». Ibn Taymiyya a dit pour sa part : « Il est indispensable de laver son vêtement des taches de pus, de sang et de toute purulence, sachant

1 Récit rapporté par Ibn Al-Mundhir et Ibn Hâtim.

2 Récit rapporté par Al-Hâfidh Ibn Hajar dans son « *Al-Fath* ».

que cela ne prouve pas que ces éléments soient impurs. Il reste qu'il est préférable pour l'homme de s'en prémunir autant que faire se peut. »

3- La chair du porc : Dieu – glorifié soit-Il – a dit : {*Dis : « Dans ce qui m'a été révélé, je ne trouve d'interdit à aucun mangeur d'en manger, que la bête (trouvée) morte, ou le sang qu'on a fait couler, ou la chair de porc – car c'est (fa innahu) une souillure*} (S. 6, V. 145). C'est-à-dire que tout cela inspire de la répugnance aux natures saines. Il y a lieu de préciser ici que le pronom personnel dans *innahu* s'applique aux trois genres d'interdits. Ceci dit, il est permis d'utiliser les poils du porc pour en faire des savates, selon l'avis des savants le plus vraisemblable.

4- Les vomissures de l'être humain, son urine et ses rejets. Le caractère impur de ces choses est unanimement reconnu, bien qu'il y ait exception pour une petite quantité de vomissures et allégement en ce qui concerne l'urine de l'enfant qui n'a pas encore consommé de nourriture solide. Il suffira dans ce dernier cas d'humecter le vêtement taché par l'urine de l'enfant, et ce en vertu du *hadîth* d'Umm Qays (رضي الله عنها), laquelle rapporte qu'ayant emmené son fils en bas âge au Prophète (ﷺ), celui-ci urina dans les bras de ce dernier. Le Prophète demanda alors de l'eau dont il humecta la partie tachée de son vêtement, sans le laver.[1] De son côté, 'Alî (رضي الله عنه) a dit : « Le Messager de Dieu (ﷺ) a dit : « L'urine de l'enfant en bas âge doit être humectée, tandis que celle de la fillette doit être lavée ». Qatâda a dit : « Ceci dans le cas où l'un et l'autre n'ont pas encore consommé d'aliments solides ; dans le cas contraire, leur urine doit être lavée. »[2]

Ainsi n'est-il permis d'humecter l'urine de l'enfant que s'il se nourrit encore de lait ; s'il se nourrit d'aliments solides, le lavage devient alors indispensable, selon l'avis unanime des docteurs de la Loi. Par ailleurs, il est possible que la permission d'humecter et non de laver le vêtement taché par un nourrisson réponde à l'envie des gens de porter les petits enfants, et par la même, de s'exposer à être souillés. Une dérogation aurait donc été décidée étant donné la difficulté de se prémunir de leur urine.

5- Le *wady*. Il s'agit d'une eau blanchâtre et épaisse qui sort après

---

1 *Hadîth* rapporté par Al-Bukhârî.

2 *Hadîth* rapporté par Ahmad, Abû Dâwûd, At-Tirmidhî et Ibn Mâjah. La version mentionnée ici est celle d'Ahmad. Al-Hâfidh Ibn Hajar a dit dans son « *Al-Fath* » : « La chaîne de transmission de ce *hadîth* est solide ».

l'urine. Elle est impure, sans conteste. 'Â'isha (رضي الله عنها) a dit : « Pour ce qui est du *wady*, il sort après l'urine. Celui qui voit ce liquide couler de lui doit laver sa verge et ses testicules avant de procéder à ses ablutions mineures (*wudû'*) sans avoir à recourir aux ablutions majeures (*ghusl*) ». Ce *hadîth* est rapporté par Ibn Al-Mundhir. De son côté, Ibn 'Abbâs (رضي الله عنهما) a fait la distinction entre le *many* (le sperme), le *wady* et le *madhy* (deux sortes de liquides blancs sortant de l'être humain) en ces termes : « le *many* (le sperme) nécessite les ablutions majeures ; quant au *wady* et au *madhy*, ils ne nécessitent que les ablutions mineures ». Ce propos est rapporté par Al-Athram et Al-Bayhaqî, dont la version contient le rajout suivant : « Quant au *wady* et au *madhy*, tu dois en purifier ta verge – dans une variante, tes organes génitaux – et faire tes ablutions mineures (*wudû'*) comme tu le fais d'habitude pour tes prières ».

6- Le *madhy*. Il s'agit aussi d'une eau blanchâtre et visqueuse qui sort de l'être humain lorsqu'il est sous l'effet du désir ou lorsqu'il folâtre avant le coït. Ce liquide coule parfois sans que l'homme s'en aperçoive. Il existe aussi bien chez l'homme que chez la femme, bien que chez cette dernière, il soit plus fréquent. Il est impur selon l'unanimité des savants. Cependant, s'il touche le corps, il faut le laver, alors que s'il touche le vêtement, il faut l'humecter, car c'est là une souillure qu'il est difficile d'éviter, notamment pour les jeunes célibataires. C'est pourquoi il est plus à même de faire l'objet d'un allégement que l'urine du petit enfant. 'Alî (رضي الله عنه) a dit : « J'étais sujet au suintement de *madhy*. Je priai quelqu'un d'interroger le Prophète (صلى الله عليه وسلم) sur ce point à ma place, ne voulant pas le faire moi-même à cause de ma situation vis-à-vis de sa fille. Le Prophète répondit : « Fais la petite ablution et lave ta verge. »[1] De son côté, Sa'd Ibn Hanîf (رضي الله عنه) a dit : « L'écoulement du *madhy* me causait beaucoup de gêne et je faisais fréquemment mes grandes ablutions. Comme j'interrogeai un jour le Prophète (صلى الله عليه وسلم) à ce sujet, il me répondit : « Il te suffit de faire tes ablutions mineures. – Ô Messager de Dieu, répondis-je, qu'en est-il des taches qu'il laisse sur mes vêtements ? – Il te suffit, reprit-il, de prendre un peu d'eau dans le creux de la main et d'humecter la tache de ton vêtement. »[2] Il reste que dans la version d'Al-Athram (رضي الله عنه), ce *hadîth* est rapporté en ces termes : « L'écoulement du *madhy* me causant beau-

1 *Hadîth* rapporté par Al-Bukhârî et autres traditionnistes.

2 *Hadîth* rapporté par Abû Dâwûd, Ibn Mâjah et At-Tirmidhî, lequel l'a qualifié de *hasan sahîh*. Cependant, il y a dans sa chaîne de transmission le nom de Muhammad Ibn Ishâq, lequel est connu pour la faiblesse de sa transmission et pour son manque de crédibilité lorsqu'il cite les transmetteurs d'un *hadîth*, car inventant des informations.

coup de gêne, j'allai trouver le Prophète (ﷺ) pour lui en parler. Il me dit : « Il te suffit de prendre un peu d'eau dans le creux de la main et d'en humecter (ton vêtement) ».

7- Le sperme. Certains savants estiment qu'il est impur ; toutefois il semble qu'il soit pur et qu'il soit recommandé de nettoyer la tache avec de l'eau si elle est encore humide, et de la frotter si elle a séché. 'Â'isha (رضي الله عنها) a dit : « J'enlevais les taches de sperme du vêtement du Messager de Dieu (ﷺ) en les frottant lorsqu'elles étaient sèches et en les lavant lorsqu'elles étaient humides. »[1] Ibn 'Abbâs (رضي الله عنهما) a dit pour sa part : « Le Messager de Dieu (ﷺ) fut interrogé sur le sperme qui tache un vêtement, et il répondit : « Comme la morve ou la salive, il te suffit de nettoyer sa tache avec un morceau d'étoffe ou avec un bout de jonc. »[2]

8- L'urine et les excréments des animaux dont la chair est illicite. Ils sont impurs, en vertu du *hadîth* d'Ibn Mas'ûd (رضي الله عنه) qui dit : « Le Messager de Dieu (ﷺ) alla un jour aux selles et me demanda de lui apporter trois petits cailloux ; j'en trouvai deux, mais comme je n'arrivais pas à trouver le troisième, je ramenai à sa place une crotte d'animal. Le Prophète (ﷺ) prit les deux cailloux et refusa la crotte en disant : « Ceci est impur ». Ce *hadîth* est rapporté par Al-Bukhârî, Ibn Mâjah et Ibn Khuzayma ; ce dernier rapporte cet ajout : « C'est une crotte d'âne ». Font cependant exception, les petites quantités d'urine et d'excréments d'animaux, dans la mesure où il est difficile de s'en prémunir. Al-Walîd Ibn Muslim a dit : « Je demandai à Al-Awzâ'î : « Qu'en est-il de l'urine des animaux dont on ne consomme pas la chair, comme le mulet, l'âne et la jument ? ». Il me répondit : « Du temps des conquêtes, les Compagnons étaient atteints par cela, et pourtant ils ne lavaient ni leurs corps ni leurs vêtements ».

Concernant l'urine et la crotte des animaux dont la chair est licite, Mâlik, Ahmad et un groupe de savants shâfi'ites ont soutenu qu'elles étaient pures. Ibn Taymiyya a dit : « Aucun Compagnon n'a soutenu qu'elles étaient impures. L'opinion qui affirme qu'elles sont impures est une innovation qui n'a aucun fondement chez les Compagnons ». Anas (رضي الله عنه) a dit pour sa part : « Des gens de la tribu de 'Ukl – ou de

---

1 *Hadîth* rapporté par Ad-Dâraqutnî, Abû 'Uwâna et Al-Bazzâr.

2 *Hadîth* rapporté par Ad-Dâraqutnî, Al-Bayhaqî et At-Tahâwî. Cependant, il y a divergence concernant la fiabilité de sa chaîne de transmission et l'identification de son premier transmetteur.

'Urayna – qui étaient venus voir le Prophète (ﷺ) à Médine y tombèrent malades. Le Prophète (ﷺ) ordonna qu'on leur fournît des chamelles laitières et leur enjoignit d'en boire à la fois les urines et le lait. »[1] Ce *hadîth* prouve que l'urine des chameaux est pure. On peut élargir cela, par analogie, à toutes les autres bêtes dont la chair est consommable. Ibn Al-Mundhir a dit : « Celui qui prétend que cette permission est particulière à ces gens-là se trompe, car les particularisations (*al-khasâ'is*) ne sont attestées qu'en vertu d'une preuve. Au demeurant, la permission donnée par les gens de science de vendre les crottes de moutons dans les marchés de même que l'utilisation, de tous temps, de l'urine des chameaux comme remède sans aucune objection de la part des savants, sont des éléments solides qui prouvent que ces choses sont pures ». Ash-Shawkânî a dit : « Le sens apparent des textes prouve que les urines et les crottes des animaux dont on consomme la chair sont pures, conformément au principe qui veut qu'à l'origine toute chose soit pure. Quant aux impuretés, elles sont considérées comme telles en vertu d'un statut légal remettant en cause le statut qu'implique le principe originel de pureté. De ce fait, on ne peut accepter les propos de celui qui prétend que ces choses sont impures que s'il fait la preuve que ce principe est effectivement remis en cause. Or, nous n'avons pas trouvé chez ceux qui soutiennent cet avis la moindre preuve de cela ».

9- Les *jallâla*. Par ce terme, il faut entendre les camélidés, les ovins, les bovins et les volailles, comme les poules ou les oies, qui se nourrissent des immondices au point que leur odeur en est altérée. L'interdiction de monter un tel animal, d'en manger la viande ou d'en boire le lait est attestée par les textes. En effet, Ibn 'Abbâs (رضي الله عنهما) a dit : « Le Messager de Dieu (ﷺ) a interdit de boire le lait des *jallâla*. »[2] Dans la version rapportée par Abû Dâwûd, il y a ce rajout : « Et de monter les *jallâla* ». En outre, d'après 'Amr Ibn Shu'ayb, d'après son père, d'après son grand père (رضي الله عنه) : « Le Messager de Dieu (ﷺ) a interdit de consommer la viande des ânes, de même qu'il a interdit de monter les *jallâla* et d'en consommer la viande. »[3] Cependant, il y a lieu de signaler que si une bête *jallâla* est retenue un temps loin des immondices et des impuretés, que sa viande est de nouveau comestible et qu'elle se débarrasse

1 *Hadîth* rapporté par Ahmad et les deux sheikhs, Al-Bukhârî et Muslim.

2 *Hadîth* rapporté par Abû Dâwûd, An-Nasâ'î, Ahmad et At-Tirmidhî, lequel le déclare *sahîh*.

3 *Hadîth* rapporté par Ahmad, An-Nasâ'î et Abû Dâwûd.

ainsi du nom de *jallâla*, elle devient licite, car la raison de l'interdiction réside dans le fait qu'elle consomme des impuretés, or cette raison n'ayant plus lieu d'être ici, l'interdiction doit être levée.

10- L'alcool. Il est impur selon la majorité des savants, en vertu de la parole du Très Haut : {*Ô les croyants ! Le vin, le jeu de hasard, les pierres dressées, les flèches de divination ne sont qu'une impureté* (rijs), *œuvre du Diable*} (S. 5, V. 90).[1] Toutefois, un groupe de savants a émis l'opinion qu'il était pur, interprétant l'impureté mentionnée dans le verset ci-dessus comme désignant l'impureté morale, car le mot *rijs* qui est accolé ici au vin, aux jeux de hasard, aux pierres dressées et aux flèches de divinisation, ne désigne pas l'impureté sensible. Le Très Haut a dit : {*Évitez l'impureté des idoles*} (S. 22, V. 30).[2] Or, les idoles sont une impureté morale qui ne souille pas celui qui les touche. Tout au plus, ces œuvres sont-elles l'inspiration du Diable par laquelle il suscite la haine et l'animosité entre les gens et les détourne de l'évocation de Dieu et de la prière.

Dans son « *Subul As-Salâm* », [As-San'ânî] a dit : « En vérité, toute chose est pure à l'origine, et l'interdiction n'implique pas forcément l'impureté. En effet, le haschisch est illicite bien qu'il soit pur. Quant à l'impureté, elle implique l'interdiction. En d'autres termes, tout ce qui est impur est illicite, mais l'inverse n'est pas vrai. Cela, parce que la règle en matière d'impureté est qu'il est interdit de la toucher dans tous les cas. Ainsi, la règle caractérisant l'impureté de l'essence d'une chose est la même que celle qui caractérise son interdiction, contrairement à la règle qui caractérise l'interdiction d'une chose qui n'est pas impure. Par exemple, il est interdit pour l'homme de porter l'or et la soie bien qu'ils soient purs, par nécessité légale et par consensus. Cela étant, l'interdiction du vin, comme le prouvent les textes, n'implique pas nécessairement qu'il soit impur. Il faut même une preuve de son impureté sinon, le principe originel de pureté, lequel fait l'unanimité, reste de rigueur. Celui qui prétend le contraire, est tenu d'apporter la preuve de son assertion ».

11- Le chien. Il est impur et il faut laver sept fois le récipient dans lequel il a lapé, dont une fois, la première, avec du sable, en vertu du *hadîth*

---

1 ﴿يَـٰٓأَيُّهَا ٱلَّذِينَ ءَامَنُوٓاْ إِنَّمَا ٱلۡخَمۡرُ وَٱلۡمَيۡسِرُ وَٱلۡأَنصَابُ وَٱلۡأَزۡلَٰمُ رِجۡسٞ مِّنۡ عَمَلِ ٱلشَّيۡطَٰنِ﴾

2 ﴿فَٱجۡتَنِبُواْ ٱلرِّجۡسَ مِنَ ٱلۡأَوۡثَٰنِ﴾

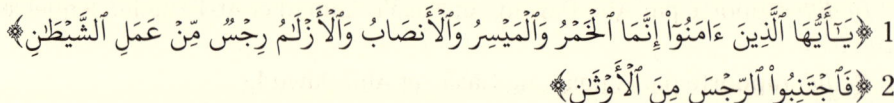

du Prophète (ﷺ) rapporté par Abû Hurayra (رضي الله عنه) qui dit : « Lorsqu'un chien lape dans un récipient vous appartenant, lavez-le sept fois, dont la première fois en le frottant avec du sable. »[1] Si un chien lape dans un récipient où se trouve une nourriture solide, il importe de jeter ce qu'il a touché et ce qui l'entoure ; quant à la partie pure, on pourra en tirer profit. S'agissant des poils du chien, il semble qu'ils soient purs, car leur impureté n'a pas été attestée.

La purification du corps et des vêtements

Lorsque le corps ou les vêtements sont atteints par une impureté, ils doivent être lavés avec de l'eau jusqu'à ce que l'impureté disparaisse si elle est visible, comme le sang, par exemple. Cependant, s'il reste, après le lavage, des traces difficiles à faire disparaître, il n'y a aucun inconvénient à les laisser. On rapporte d'après Asmâ' Bint Abî Bakr (رضي الله عنها) qu'une femme vint voir le Prophète (ﷺ) et lui dit : « Lorsque l'une de nous a ses vêtements tachés du sang des menstrues, que doit-elle faire ? ». Le Prophète (ﷺ) lui répondit : « Elle doit le frotter, nettoyer la tache et la laver avec de l'eau ; ensuite, elle pourra faire ses prières avec ce vêtement. »[2]

En outre, si une impureté souille le pan du vêtement d'une femme, son contact avec la terre le purifie. On rapporte qu'une femme dit à Umm Salama (رضي الله عنها) : « Je porte des vêtements longs et il m'arrive de marcher dans des endroits sales ». Umm Salama lui répondit : « Le Messager de Dieu (ﷺ) a dit : « Le vêtement est purifié par [les endroits propres] qui leur font suite. »[3]

La purification du sol

Si le sol est souillé par quelque impureté, il doit être purifié en versant de l'eau à sa surface, en vertu du *hadîth* d'Abû Hurayra (رضي الله عنه) qui dit : « Un bédouin se mit à uriner dans la mosquée. Les fidèles allaient l'appréhender, lorsque le Prophète (ﷺ) leur dit : « Laissez-le faire et versez ensuite un seau d'eau (*sajl*) – ou une jatte d'eau (*dhanûb*) – sur cette urine. Vous n'avez d'autre mission que de rendre toute chose facile et non de rendre les choses difficiles ». Ce *hadîth* est rapporté par

1 *Hadîth* rapporté par Muslim, Ahmad, Abû Dâwûd et Al-Bayhaqî.

2 *Hadîth* rapporté par Al-Bukhârî et Muslim.

3 *Hadîth* rapporté par Ahmad et Abû Dâwûd.

Al-Bukhârî, Abû Dâwûd, At-Tirmidhî, An-Nasâ'î, Ibn Mâjah et Ahmad.

En outre, la terre peut être purifiée par l'aridité et par le contact avec tout ce qui est solide et constitue un fondement, comme les arbres et les fondations. Abû Qulâba a dit : « L'assèchement de la terre la purifie ». De son côté, 'Â'isha (رضي الله عنها) a dit : « La terre est purifiée par son assèchement ». Ce *hadîth* est rapporté par Ibn Abî Shayba. Ceci bien sûr dans le cas où l'impureté est diffuse ; si par contre elle est localisée dans un espace déterminé, sa purification ne peut s'opérer qu'en faisant disparaître ou en déplaçant cette impureté.

La purification des graisses et de leurs dérivés

Ibn 'Abbâs rapporte d'après Maymûna (رضي الله عنها) que le Prophète (ﷺ) fut interrogé à propos de graisse dans laquelle une souris était tombée. Il répondit : « Jetez la souris et toute la graisse qui l'environne et mangez le reste. »[1] De son côté, Al-Hâfidh a dit : « Ibn 'Abd Al-Barr a rapporté l'accord unanime des savants sur le fait que lorsqu'un animal tombe dans un produit solide, il doit être jeté, ainsi que ce qui l'environne, non sans s'être assuré qu'il n'a pas touché le reste du produit. Par contre, s'il tombe dans un produit liquide, il y a divergence entre les jurisconsultes sur ce point. Si la majorité d'entre eux estime que le produit entier devient impur au seul contact de l'animal mort, un autre groupe formé entre autres d'Az-Zuhrî et Al-Awzâ'î soutient le contraire.

La purification de la peau des bêtes mortes de cause naturelle

La peau des bêtes mortes de cause naturelle doit être purifiée par tannage de son côté intérieur et extérieur, en vertu du *hadîth* d'Ibn 'Abbâs, lequel a dit : « Lorsque la peau est tannée, elle devient pure. »[2]

Le nettoyage du miroir et des objets du même genre

Le nettoyage du miroir, du couteau, de l'épée, des ongles, de l'or, du verre, des récipients vernis ou de tout autre objet à surface lisse et polie s'opérera par frottement et élimination des traces de l'impureté. C'est ainsi que les Compagnons (رضي الله عنهم), quand ils voulaient prier et que leur épée était tachée de sang, essuyaient celle-ci et se suffisaient de ce procédé comme moyen de purification.

1 *Hadîth* rapporté par Al-Bukhârî.

2 *Hadîth* rapporté par Al-Bukhârî et Muslim.

Le nettoyage des souliers

Le nettoyage des souliers et des chaussures souillés se fera en les frottant dans le sable jusqu'à disparition des traces de la souillure, et ce en vertu du *hadîth* d'Abû Hurayra (ﷺ) suivant : « Le Prophète (ﷺ) a dit : « Qui, parmi vous, touche une impureté avec ses chaussures, le sable lui servira de moyen de purification ». Ce *hadîth* est rapporté par Abû Dâwûd. Dans une autre version, il est dit : « S'il touche une impureté avec ses souliers, le sable les purifiera ». En outre, on rapporte d'après Abû Sa'îd que le Prophète (ﷺ) a dit : « Lorsque l'un de vous entre dans la mosquée, qu'il retourne ses souliers et inspecte leurs semelles ; s'il y voit une impureté, qu'il les nettoie avec de la terre puis qu'il fasse sa prière avec ». Ce *hadîth* est rapporté par Ahmad et Abû Dâwûd. Dans la mesure où les souliers sont l'endroit où, d'ordinaire, les impuretés s'accumulent, il suffira, pour les purifier, de les nettoyer avec quelque chose de dur, comme c'est le cas lorsque l'on va aux selles. On serait même tenté de dire que les souliers ont plus de raison d'être nettoyés par ce moyen (un objet dur), car la souillure des selles ne se répète que deux ou trois fois par jour.

Conseils utiles

- Il n'y a aucun inconvénient à étaler un linge propre sur une corde à linge qui a servi auparavant à faire sécher un vêtement souillé.

- Lorsque quelque chose de liquide tombe sur quelqu'un sans qu'il puisse savoir s'il s'agit d'eau ou d'urine, celui-ci ne doit pas s'enquérir à ce sujet. S'il pose des questions en ce sens, celui qui est interrogé n'est pas tenu de lui répondre, même s'il sait qu'il s'agit d'une impureté. Quoi qu'il en soit, quelle que soit la nature du liquide qui est tombé sur lui, il n'est pas obligé de se laver.

- Si quelque chose d'humide touche, pendant la nuit, le corps ou le pan des vêtements d'un homme, sans qu'il sache au juste ce qui l'a touché, il n'est pas tenu de le flairer ou de chercher à le connaître. En effet, on rapporte qu'un jour où 'Umar (ﷺ) et un de ses compagnons passaient sous une gouttière, ils reçurent des gouttes sur la tête. Son compagnon dit alors : « Ô propriétaire de la gouttière ! Ton eau est-elle pure ou impure ? ». Mais 'Umar dit à son tour : « Ô propriétaire de la gouttière ! Ne nous le dis pas ! ». Et ils repartirent.

- Il n'est pas obligatoire de laver ce qui est atteint par la boue de la rue. En effet, Kâmil Ibn Ziyâd a rapporté ce qui suit : « J'ai vu 'Alî (ﷺ) marcher dans la boue générée par la pluie, puis entrer dans la mosquée et faire sa prière sans se laver les pieds.

- Si, une fois sa prière terminée, un homme s'apprête à quitter le lieu de prière, puis remarque sur ses vêtements ou sur son corps des traces de souillure qu'il ignorait, ou dont il était au courant, mais qu'il avait oubliées, ou encore qu'il n'avait pas oubliées mais n'avait pu enlever, sa prière est valable et il n'est pas tenu de la refaire. Dieu a dit : {*Nul blâme sur vous pour ce que vous faites par erreur*} (S. 33, V. 5).[1] Au demeurant, beaucoup de Compagnons et de pieux Anciens ont délivré des avis juridiques (*fatâwâ*) en ce sens.

- Celui qui n'arrive pas à localiser précisément la trace de l'impureté qui a atteint son vêtement doit le laver entièrement, car il n'y a pas d'autre moyen de s'assurer de sa propreté que de le laver entièrement, la règle voulant que tout ce qui contribue au plein accomplissement d'un acte obligatoire, soit obligatoire.

L'accomplissement des besoins naturels

Celui qui veut faire ses besoins naturels doit respecter certaines règles de bienséance, que nous résumerons ici :

- Ne pas emporter avec soi ce qui contient le nom de Dieu, à moins de craindre de le perdre ou à moins d'être une amulette, en vertu du *hadîth* de Anas (ﷺ) : « Le Prophète (ﷺ) portait une bague sur laquelle était gravée : « Muhammad est le Messager de Dieu ». Lorsqu'il allait aux selles, il l'enlevait. »[2]

- S'éloigner et s'abriter du regard des gens, surtout lorsqu'il s'agit d'aller aux selles, afin que personne ne soit indisposé par le bruit ou l'odeur qui en découle. Jâbir (ﷺ) a dit à ce sujet : « Nous sommes partis en voyage avec le Prophète (ﷺ) et, chaque fois qu'il allait faire ses besoins, il s'éloignait de nous de sorte à disparaître de nos vues. »[3] Quant

---

1 ﴿وَلَيْسَ عَلَيْكُمْ جُنَاحٌ فِيمَا أَخْطَأْتُم بِهِۦ﴾

2 *Hadîth* rapporté par Abû Dâwûd, At-Tirmidhî, An-Nasâ'î et Ibn Mâjah. Cependant, Al-Hâfidh a dit qu'il comportait quelque faiblesse dans sa chaîne de transmission, tandis qu'Abû Dâwûd a dit qu'il était rejeté. Il reste que la première partie de ce *hadîth* est authentique.

3 *Hadîth* rapporté par Ibn Mâjah.

à la version d'Abû Dâwûd, on y trouve : « Lorsqu'il voulait aller aux lieux d'aisance, il s'éloignait jusqu'à ce que personne ne le voie ». Il a dit aussi : « Lorsque le Prophète (ﷺ) allait aux selles, il s'éloignait à une grande distance ».

- Prononcer à voix haute le nom de Dieu et invoquer Son assistance au moment d'entrer dans les lieux d'aisance et au moment de relever ses vêtements en plein air, en vertu du *hadîth* de Anas (رضي الله عنه) qui dit : « Lorsque le Prophète (ﷺ) voulait entrer dans des lieux d'aisance, il disait : « Au nom de Dieu. Seigneur, je prends refuge auprès de Toi contre les démons mâles et femelles. »[1]

- S'abstenir de prononcer des paroles, qu'il s'agisse d'évocations ou autres. C'est ainsi qu'on ne doit répondre ni aux salutations ni aux questions, sauf en cas de force majeure, comme par exemple pour guider un aveugle qui risque de tomber dans un fossé. En cas d'éternuement, on doit formuler en son for intérieur la louange de Dieu et ne pas l'exprimer à voix haute, en vertu du *hadîth* d'Ibn 'Umar (رضي الله عنهما) qui a dit : « Un homme passa devant le Prophète (ﷺ) tandis que celui-ci urinait. Il le salua, mais le Messager de Dieu (ﷺ) ne lui répondit pas. »[2] Ahmad, Abû Dâwûd et Ibn Mâjah rapportent également d'après Abû Sa'îd (رضي الله عنه) : « Lorsque deux hommes vont faire leurs besoins et qu'ils se dévoilent et discutent entre eux, Dieu abhorre ce comportement de leur part ». Ce *hadîth*, dans son sens apparent, indique qu'il est interdit de parler en tel cas, mais le consensus des savants préfère parler de réprobation plutôt que d'interdiction.

- Respecter la *qibla* (la direction de La Mecque) et ne pas lui faire face ou lui tourner le dos quand on fait ses besoins en plein air, en vertu du *hadîth* d'Abû Hurayra (رضي الله عنه) : « Le Messager de Dieu (ﷺ) a dit : « Lorsque l'un d'entre vous s'accroupit pour faire ses besoins, il ne doit pas faire face à la *qibla* ou lui tourner le dos ». Ce *hadîth* est rapporté par Ahmad et Muslim. Cette interdiction doit être comprise comme signifiant la réprobation, en vertu du *hadîth* d'Ibn 'Umar (رضي الله عنه), lequel a dit, rapportant un souvenir d'enfance : « Je suis monté un jour sur le toit de la demeure de Hafsa, et j'ai vu le Prophète (ﷺ) assis, en train de faire ses besoins,

1 *Hadîth* rapporté par Al-Bukhârî, Muslim, Abû Dâwûd, At-Tirmidhî, An-Nasâ'î, Ibn Mâjah et Ahmad.

2 *Hadîth* rapporté par Muslim, Abû Dâwûd, At-Tirmidhî, An-Nasâ'î, Ibn Mâjah et Ahmad.

la face tournée vers le Shâm (Syrie-Palestine) et le dos vers la Ka'ba ». Ce <u>h</u>adîth est rapporté par Al-Bukhârî, Muslim, Abû Dâwûd, At-Tirmidhî, An-Nasâ'î, Ibn Mâjah et A<u>h</u>mad. On peut toutefois concilier les deux récits en disant que l'interdiction s'applique à l'extérieur des maisons et la permission à l'intérieur. En effet, Marwân Al-A<u>s</u>ghar a dit : « J'ai vu Ibn 'Umar faire agenouiller sa chamelle, se tourner vers la *qibla* et faire ses besoins. Je lui demandai : « Ô Abû 'Abd Ar-Ra<u>h</u>mân, n'est-il pas interdit de faire cela ? ». Il me répondit : « Cela est interdit lorsque l'on se trouve en plein air. Par contre, s'il y a quelque chose qui s'interpose entre toi et la *qibla*, il n'y a aucun mal à cela. »[1]

- Chercher un endroit bas et mou pour éviter d'être éclaboussé par quelque impureté, en vertu du <u>h</u>adîth d'Abû Mûsâ Al-Ash'arî (﵁) qui dit : « Le Messager de Dieu (ﷺ) se retira dans un endroit aplani et sablonneux, près d'un mur, où il fit ses besoins. Puis il dit : « Lorsque l'un de vous veut faire ses besoins, qu'il trouve un endroit convenable pour cela. »[2]

- Éviter les trous susceptibles d'abriter des reptiles dangereux, en vertu du <u>h</u>adîth de Qatâda, d'après 'Abd Allâh Ibn Sarjas, lequel a dit : « le Prophète (ﷺ) a défendu qu'on urine dans les trous ». On demanda à Qatâda : « En quoi est-il répréhensible d'uriner dans les trous ? ». Il répondit : « Ce sont les habitations des *djinn* ». Cette tradition est rapportée par A<u>h</u>mad, An-Nasâ'î, Abû Dâwûd, Al-<u>H</u>âkim et Al-Bayhaqî. Par ailleurs, elle a été authentifiée par Ibn Khuzayma et Ibn As-Sakan.

- Éviter les endroits ombragés où les gens s'assoient, les lieux où ils se rencontrent et les chemins qu'ils empruntent, en vertu du <u>h</u>adîth d'Abû Hurayra (﵁) qui dit : « Le Prophète (ﷺ) a dit : « Évitez ce qui provoque les imprécations des gens ». On lui dit : « Et qu'est-ce qui provoque leurs imprécations, ô Messager de Dieu ? ». Il répondit : « C'est le fait de satisfaire ses besoins sur les chemins qu'empruntent les gens et dans les endroits où ils se mettent à l'ombre. »[3]

- Ne pas uriner à l'endroit où l'on se baigne ni dans les eaux sta-

---

1 *Hadîth* rapporté par Abû Dâwûd, Ibn Khuzayma et Al-<u>H</u>âkim ; quant à sa chaîne de transmission, elle est qualifiée de *hasan*, ainsi qu'il est mentionné dans le « *Al-Fat<u>h</u>* » [d'Al-'Asqalânî].

2 *Hadîth* rapporté par A<u>h</u>mad et Abû Dâwûd. Si un inconnu figure dans la chaîne de transmission de ce <u>h</u>adîth, il n'en demeure pas moins que son sens est juste.

3 *Hadîth* rapporté par A<u>h</u>mad, Muslim et Abû Dâwûd.

gnantes ou courantes, en vertu du *hadîth* de 'Abd Allâh Ibn Mughaffal (رضي الله عنه) suivant : « Le Prophète (ﷺ) a dit : « Qu'aucun de vous n'urine dans l'eau du bain dans lequel il veut faire ses ablutions, car la plupart des obsessions (*al-wasâwis*) viennent de là ». Ce *hadîth* est rapporté par Abû Dâwûd, At-Tirmidhî, An-Nasâ'î, Ibn Mâjah et Ahmad. Cependant, l'expression : « Dans lequel il veut faire ses ablutions », se trouve uniquement dans les versions rapportées par Ahmad et Abû Dâwûd. De son côté, Jâbir (رضي الله عنه) rapporte que le Prophète (ﷺ) a défendu qu'on urine dans l'eau stagnante. Ce *hadîth* est rapporté par Ahmad, Muslim, An-Nasâ'î et Ibn Mâjah. Toujours selon Jâbir, le Prophète (ﷺ) a défendu qu'on urine dans l'eau courante. Dans son « *Majma' Al-Zawâ'id* », [*Wa Manba' Al-Fawâ'id*, Al-Haythamî a dit] : « Ce *hadîth* a été rapporté par At-Tabarânî. Ses transmetteurs sont des gens de confiance ». Il reste que s'il y a dans le bain une sortie d'égout, il n'y a aucun mal à y uriner.

- Ne pas uriner en position debout, car cela est contraire aux règles de bienséance, si l'on craint d'être atteint par des éclaboussures. Si on peut éviter les éclaboussures, il n'y a aucun mal à uriner debout. 'Â'isha (رضي الله عنها) a dit : « Celui qui vous raconte que le Prophète (ﷺ) a uriné debout, ne le croyez pas, car il ne le faisait qu'accroupi. »[1] Il reste que les propos de 'Â'isha (رضي الله عنها) sont fondés sur sa connaissance personnelle des choses et, de ce fait, ne peuvent être en porte à faux avec ce qui a été rapporté par Hudhayfa (رضي الله عنه) qui a dit : « Le Messager de Dieu (ﷺ) se rendit auprès d'immondices qu'on avait accumulées en tas, et là, il urina debout. Comme je m'écartais de lui, il me fit signe de m'approcher. J'allai vers lui et me tins debout près de lui jusqu'à ce qu'il eût achevé d'uriner. Puis il fit ses ablutions et essuya ses sandales ». Ce *hadîth* est rapporté par Al-Bukhârî, Muslim, Abû Dâwûd, At-Tirmidhî, An-Nasâ'î, Ibn Mâjah et Ahmad. An-Nawawî a dit : « Selon moi, uriner assis est préférable, mais le faire debout est permis ». Tout cela a été attesté d'après le Messager de Dieu (ﷺ).

- Nettoyer obligatoirement les deux orifices de toute impureté, soit à l'aide de cailloux soit à l'aide de tout autre objet qui soit dur et propre et qui enlève l'impureté, mais dont l'usage n'est pas interdit, soit simplement avec de l'eau, soit avec les deux, en vertu du *hadîth* rapporté par 'Â'isha (رضي الله عنها) qui dit : « Lorsque l'un de vous va aux selles, qu'il se

1 *Hadîth* rapporté par At-Tirmidhî, An-Nasâ'î, Ibn Mâjah et Ahmad. At-Tirmidhî a dit au sujet de ce *hadîth* : « C'est le meilleur et le plus sûr *hadîth* en ce domaine ».

nettoie avec trois cailloux, car ils suffisent pour la purification. »[1] De son côté, Anas (ﷺ) a dit : « Quand l'Envoyé de Dieu (ﷺ) allait aux lieux d'aisance, un serviteur et moi nous emportions un vase rempli d'eau et une pique. L'eau était destinée aux soins de propreté. »[2] Pour sa part, Ibn 'Abbâs a rapporté que le Prophète (ﷺ), passant près d'un des jardins enclos de Médine – ou de La Mecque –, entendit deux hommes que l'on tourmentait dans leur tombeau. « Ces deux hommes, dit-il, sont tourmentés, mais non pour un fait important. » Puis il ajouta : « Loin de là ! car l'un d'eux ne se gardait point des taches de son urine, et l'autre allait colporter des médisances ». Ce *hadîth* est rapporté par Al-Bukhârî, Muslim, Abû Dâwûd, At-Tirmidhî, An-Nasâ'î, Ibn Mâjah et Ahmad. Quant à Anas, il rapporte dans un *hadîth* remontant jusqu'au Prophète (ﷺ) ce qui suit : « Purifiez-vous de l'urine, car dans la majorité des cas, le châtiment de la tombe provient d'elle ».

- Ne pas se nettoyer avec la main droite pour la préserver du contact avec des impuretés, en vertu du *hadîth* de 'Abd Ar-Rahmân Ibn Zayd qui dit : « On dit à Salmân : « Votre Prophète vous aurait donc tout appris, y compris la manière d'aller aux selles ? ». Salmân répondit : « Certes, Il nous a interdit de faire face à la *qibla* quand nous faisons nos besoins, de nous nettoyer avec la main droite, d'utiliser moins de trois cailloux et d'utiliser un objet impur ou un os. »[3] Hafsa (رضي الله عنها) rapporte de son côté que le Prophète (ﷺ) utilisait la main droite pour manger, boire, mettre ses vêtements, donner et recevoir. Il utilisait la main gauche pour le reste. »

Frotter sa main avec de la terre après avoir fait ses besoins, ou la laver avec du savon ou ce qui s'y rapporte, afin de la débarrasser des mauvaises odeurs, en vertu du *hadîth* d'Abû Hurayra (رضي الله عنه) qui dit : « Lorsque le Prophète (ﷺ) allait aux selles, je lui apportais de l'eau dans un récipient en cuivre ou dans une petite outre. Il se lavait et se frottait ensuite la main avec de la terre. »[4]

- Asperger d'eau ses parties génitales et son pantalon après avoir uriné afin d'éloigner de son esprit les mauvaises suggestions, et pour prendre la tache que l'on découvrirait comme l'effet de son aspersion.

1 *Hadîth* rapporté par Ahmad, An-Nasâ'î, Abû Dâwûd et ad-Dâraqutnî.

2 *Hadîth* rapporté par Al-Bukhârî et Muslim.

3 *Hadîth* rapporté par Muslim, Abû Dâwûd et At-Tirmidhî.

4 *Hadîth* rapporté par Abû Dâwûd, An-Nasâ'î, Al-Bayhaqî et Ibn Mâjah.

Al-Hâkim Ibn Sufyân – ou Sufyân Ibn Al-Hâkim – a dit : « Lorsque le Prophète (ﷺ) urinait, il faisait ses ablutions puis s'aspergeait d'eau ». Dans une autre version, on trouve : « J'ai vu le Messager de Dieu (ﷺ) uriner et asperger d'eau ses parties génitales ». On rapporte dans cet ordre d'idées, qu'Ibn 'Umar aspergeait ses parties génitales après avoir uriné jusqu'à mouiller son pantalon.

- Entrer du pied gauche dans les lieux d'aisance et en sortir du pied droit, puis dire : « J'implore Ton pardon Mon Dieu ! ». En effet, 'Â'isha (رضي الله عنها) a dit : « Lorsque le Prophète (ﷺ) sortait des lieux d'aisance, il disait : « J'implore Ton pardon Mon Dieu ! ». Ce *hadîth* est rapporté par Abû Dâwûd, At-Tirmidhî, Ibn Mâjah et Ahmad ; il est ce qu'il y a de plus authentique à ce sujet, comme l'a indiqué Abû Hâtim. Cependant, on rapporte par d'autres sources plus faibles, que le Prophète (ﷺ) disait en sortant des lieux d'aisance : « Louange à Dieu qui m'a débarrassé de la gêne et a préservé ma santé » et aussi : « Louange à Dieu qui m'a fait goûter Ses délices, a préservé en moi Sa puissance et m'a débarrassé de la gêne. »

Les coutumes naturelles (*sunan al-fitra*)

Dieu – qu'Il soit glorifié – a établi des coutumes à l'attention de Ses prophètes (عليهم السلام) et nous a ordonné de nous y conformer. Il a fait de ces coutumes des rites qui se répètent dans la vie de tous les jours afin de distinguer ceux qui suivent les prophètes de ceux qui ne les suivent pas. Ces coutumes sont les suivantes :

1- La circoncision. Celle-ci consiste à couper le prépuce qui entoure le gland de la verge, pour éviter que les saletés ne s'y accumulent, pour bien nettoyer la verge après avoir uriné et pour ne pas diminuer le plaisir sexuel. Abû Hurayra (رضي الله عنه) rapporte que le Prophète (ﷺ) a dit : « Abraham, l'ami du Très Miséricordieux, a été circoncis à l'âge de quatre-vingt ans, à l'aide d'une binette. »[1] Les savants ont déduit de cela que la circoncision est un rite obligatoire. Les shâfi'ites, eux, soutiennent qu'il est recommandé de la pratiquer le septième jour de la naissance. Mais Ash-Shawkânî rétorque qu'aucune date précise n'est mentionnée dans les textes et rien ne laisse entendre qu'il s'agit d'un rite obligatoire.

2- Raser les poils du pubis et s'épiler les aisselles. Ceci dit, il est permis de raser, couper ou épiler ces poils.

---

1 *Hadîth* rapporté par Al-Bukhârî.

3- Rogner les ongles et réduire les moustaches au maximum. Il s'agit là de coutumes prophétiques confirmées par des textes authentiques. En effet, dans le *hadîth* d'Ibn 'Umar (ﷺ), le Prophète (ﷺ) a dit : « Distinguez-vous des polythéistes en laissant pousser vos barbes et en réduisant au minimum vos moustaches. »[1] En outre, dans le *hadîth* d'Abû Hurayra (ﷺ), le Prophète (ﷺ) a dit : « Cinq choses font partie de la *fitra* (nature innée) : le rasage des poils du pubis, la circoncision, la réduction des moustaches, l'épilation des poils des aisselles et la rognure des ongles ». Ce *hadîth* est rapporté par Al-Bukhârî, Muslim, Abû Dâwûd, At-Tirmidhî, An-Nasâ'î, Ibn Mâjah et Ahmad. Cependant il suffit d'appliquer l'un de ces préceptes pour que soit réalisée la *sunna*. Zayd Ibn Arqam (ﷺ) a dit : « Le Prophète (ﷺ) a dit : « Celui qui ne réduit pas ses moustaches n'est pas des nôtres ». Ce *hadîth* est rapporté par Ahmad, An-Nasâ'î et At-Tirmidhî, lequel l'a authentifié. Il est recommandé de raser les poils du pubis, s'épiler les aisselles, rogner ses ongles et réduire ses moustaches chaque semaine, pour plus d'hygiène et de bien-être. En effet, lorsque les cheveux et les poils se développent démesurément sur le corps, cela provoque de la gêne et la morosité de l'âme. Le délai fixé pour procéder à ces pratiques est de quarante jours, passé ce délai, aucune excuse n'est admise. En effet, Anas (ﷺ) a dit : « Le Prophète (ﷺ) nous a fixé un délai de quarante jours pour réduire nos moustaches, nous rogner les ongles, épiler nos aisselles et nous raser les poils du pubis. »[2]

4- Laisser pousser sa barbe jusqu'à ce qu'elle devienne fournie, car c'est un signe de dignité. Il ne faut ni la réduire au point d'être rasée ni la laisser se développer au point d'être hirsute. Le mieux est d'adopter une position médiane, car c'est la meilleure position en toute chose. En outre, la barbe symbolise la virilité et l'accomplissement de la personnalité. Ibn 'Umar rapporte à ce sujet que le Prophète (ﷺ) a dit : « Distinguez-vous des polythéistes, en laissant pousser vos barbes et en réduisant au minimum vos moustaches ». Ce *hadîth* est rapporté par Al-Bukhârî et Muslim. Al-Bukhârî fait cet ajout : « Lorsque Ibn 'Umar accomplissait le grand ou le petit pèlerinage, il prenait sa barbe dans sa main et coupait ce qui en dépassait ».

5- Embellir ses cheveux quand ils sont fournis en les peignant et en les induisant d'huile et de pommade, en vertu du *hadîth* d'Abû Hu-

1 *Hadîth* rapporté par Al-Bukhârî et Muslim.

2 *Hadîth* rapporté par Ahmad, Abû Dâwûd et autres.

rayra (ﷺ), lequel rapporte que le Prophète (ﷺ) a dit : « Celui qui a des cheveux doit les soigner et les embellir ». Ce *hadîth* est rapporté par Abû Dâwûd. En outre, 'Atâ Ibn Yasâr (ﷺ) a dit : « Un homme vint trouver le Prophète (ﷺ), la barbe et les cheveux hirsutes. Le Messager de Dieu lui signifia d'aller les remettre en ordre, ce qu'il fit. Puis, le voyant arrangé, le Prophète (ﷺ) lui dit : « N'est-ce pas mieux que de venir la tête hirsute comme un diable ? ». Ce *hadîth* est rapporté par Mâlik. De son côté, Abû Qatâda (ﷺ) rapporte qu'il avait une longue chevelure et qu'il interrogea le Prophète (ﷺ) à ce sujet. Le Messager de Dieu (ﷺ) lui recommanda alors d'en prendre soin. Ce *hadîth* est rapporté par An-Nasâ'î. Dans une variante rapportée par Mâlik dans son « *Muwatta'* », il est dit : « Je demandai : Ô Messager de Dieu, j'ai une longue chevelure, dois-je l'entretenir ? ». Il répondit : « Oui, prends-en soin ». Aussi, Abû Qatâda avait l'habitude d'enduire sa chevelure jusqu'à deux fois par jour et d'en prendre soin, à cause de la parole du Prophète. Il est permis de couper ses cheveux ou de les laisser pousser à condition de bien les entretenir, en vertu du *hadîth* d'Ibn 'Umar (ﷺ), lequel rapporte que le Prophète (ﷺ) a dit : « Rasez tous vos cheveux ou gardez-les tous ». Ce *hadîth* est rapporté par Ahmad, Muslim, Abû Dâwûd et An-Nasâ'î. Quant au *qaza'*, ou rasage d'une partie seulement des cheveux, il est blâmable, en vertu du *hadîth* de Nâfi', d'après 'Ibn 'Umar (ﷺ) dans lequel il est dit : « Le Prophète (ﷺ) a défendu de pratiquer le *qaza'*. On demanda à Nâfi' : « Qu'est-ce que le *qaza'* ? ». Il répondit : « C'est le fait de raser une partie de la tête d'un garçon en laissant l'autre partie telle quelle. »[1]

6- Laisser tels quels les cheveux blancs de la tête et de la barbe, que ce soit pour l'homme ou pour la femme. On rapporte d'après 'Amr Ibn Shu'ayb, d'après son père, d'après son grand père, que le Prophète (ﷺ) a dit : « N'arrache pas tes cheveux blancs, car c'est la lumière de l'Islam ; il n'y a pas de musulman qui voit un de ses cheveux devenir blanc en Islam, sans que Dieu ne lui inscrive pour cela une bonne action, ne l'élève d'un degré et ne lui efface un péché ». Ce *hadîth* est rapporté par Ahmad, Abû Dâwûd, At-Tirmidhî, An-Nasâ'î et Ibn Mâjah. En outre, Anas (ﷺ) a dit : « Nous réprouvions qu'un homme arrache un cheveu blanc de sa tête ou de sa barbe. »[2]

7- Teindre les cheveux blancs avec du henné ou avec des teintures rouges, jaunes ou autres, en vertu du *hadîth* d'Abû Hurayra (ﷺ)

1 *Hadîth* rapporté par Al-Bukhârî et Muslim.

2 *Hadîth* rapporté par Muslim.

qui dit : « Le Messager de Dieu (ﷺ) a dit : « Les juifs et les chrétiens ne se teignent pas ; distinguez-vous donc d'eux ». Ce *hadîth* est rapporté par Al-Bukhârî, Muslim, Abû Dâwûd, At-Tirmidhî, An-Nasâ'î, Ibn Mâjah et Ahmad. En vertu aussi du *hadîth* d'Abû Hurayra (رضي الله عنه) qui dit : « Le Messager de Dieu (ﷺ) a dit : « Le meilleur moyen pour vous de changer ces cheveux blancs reste le henné ou le *katam*[1] ». Ce *hadîth* est rapporté par Abû Dâwûd, At-Tirmidhî, An-Nasâ'î, Ibn Mâjah et Ahmad. Il est vrai que certains récits tendraient à prouver que se teindre au moyen du henné est réprouvable, mais il semble que cela soit fonction de l'âge, des coutumes et des traditions. Ainsi, on rapporte que certains Compagnons déconseillaient de se teindre avec du henné, tandis que d'autres estimaient le contraire. Par ailleurs, certains utilisaient la teinture jaune, d'autres du henné, d'autres du *katam*, d'autres du safran et d'autres encore une teinture noire. Dans cette optique, Al-Hâfidh a rapporté dans « *Al-Fath* » d'après Ibn Shihâb Az-Zuhrî : « Nous utilisions de la teinture noire tant que le visage était ferme, mais une fois que le visage était ridé et que les dents commençaient à tomber, nous l'abandonnions ». On rapporte également d'après Jâbir (رضي الله عنه) : « On amena Abû Quhâfa (le père d'Abû Bakr) au Prophète le jour de la conquête de La Mecque ; il avait alors la tête blanche comme de la neige. Le Messager de Dieu (ﷺ) dit aux Compagnons : « Amenez-le à une de ses femmes pour qu'elle lui change cette couleur avec quelque chose, mais évitez le noir ». Ce *hadîth* est rapporté par Muslim, Abû Dâwûd, An-Nasâ'î, Ibn Mâjah et Ahmad. Ceci étant, ce *hadîth* rend compte d'un fait isolé, et les cas isolés n'ont pas de caractère général. En outre, il ne sied pas pour un homme comme Abû Quhâfa, dont les cheveux sont devenus blancs, d'être teint en noir.

8- L'utilisation du musc et autres parfums, lesquels réjouissent l'âme, rafraîchissent le cœur, éveillent l'esprit et donnent de la vigueur et de l'énergie au corps, en vertu du *hadîth* de Anas (رضي الله عنه) qui dit : « Le Prophète (ﷺ) a dit : « Trois choses de votre bas monde ont été rendues agréables à mon cœur : « les femmes, le parfum et la prière, qui est la prunelle de mes yeux ». Ce *hadîth* est rapporté par Ahmad et An-Nasâ'î. En vertu aussi du *hadîth* d'Abû Hurayra (رضي الله عنه) suivant : « Le Prophète (ﷺ) a dit : « Celui à qui on offre du parfum ne doit pas le refuser, car c'est un produit facile à transporter et agréable à sentir ». Ce *hadîth* est rapporté par Muslim, An-Nasâ'î et Abû Dâwûd. Et du *hadîth* d'Abû Sa'îd,

1 Plante servant à teindre les cheveux en noir.

lequel a dit : « Le Prophète (ﷺ) a dit au sujet du musc : « C'est le plus odorant des parfums ». Ce *hadîth* est rapporté par Muslim, Abû Dâwûd, At-Tirmidhî, An-Nasâ'î et Ahmad. Nâfi' a rapporté de son côté qu'Ibn 'Umar se parfumait avec un encens appelé *uluwwa* (bois d'aloès) qu'il mélangeait avec du camphre et disait : « C'est ainsi que le Messager de Dieu (ﷺ) se parfumait, avec de l'encens. »[1]

1 *Hadîth* rapporté par Muslim.

LES ABLUTIONS MINEURES (*AL-WUDÛ'*)

Le *wudû'*, ou ablutions mineures, consiste à se purifier le visage, les mains, la tête et les pieds au moyen de l'eau. Les questions se rapportant au *wudû'* sont les suivantes :

Le fondement légal des ablutions mineures

Les ablutions mineures sont fondées légalement par trois preuves :

- La première est tirée du Coran où le Très Haut dit : {*Ô les croyants ! Lorsque vous vous levez pour la prière, lavez vos visages et vos mains jusqu'aux coudes ; passez les mains mouillées sur vos têtes, et lavez-vous les pieds jusqu'aux chevilles*} (S. 5, V. 6).[1]

- La deuxième preuve est tirée de la Sunna. Abû Hurayra (رضي الله عنه) a dit : « Le Messager de Dieu (ﷺ) a dit : « Dieu n'accepte la prière de celui qui est en état d'impureté que s'il fait ses ablutions. »[2]

- La troisième preuve est tirée du consensus communautaire. En effet, les musulmans sont unanimes depuis l'époque du Prophète (ﷺ) jusqu'à nos jours sur le caractère légal des ablutions mineures. C'est pourquoi il devenu un précepte connu nécessairement comme faisant partie de l'islam.

Les mérites des ablutions mineures

De nombreux *hadîth* ont été rapportés au sujet des mérites des ablutions mineures. Nous nous contenterons d'en énumérer quelques-uns :

- D'après 'Abd Allâh As-Sunâbijî (رضي الله عنه) le Prophète (ﷺ) a dit : « Lorsque le serviteur fait ses ablutions mineures et qu'il se gargarise, les péchés sortent de sa bouche ; lorsqu'il inspire de l'eau dans le nez et l'expire,

---

1 ﴿يَٰٓأَيُّهَا ٱلَّذِينَ ءَامَنُوٓاْ إِذَا قُمۡتُمۡ إِلَى ٱلصَّلَوٰةِ فَٱغۡسِلُواْ وُجُوهَكُمۡ وَأَيۡدِيَكُمۡ إِلَى ٱلۡمَرَافِقِ وَٱمۡسَحُواْ بِرُءُوسِكُمۡ وَأَرۡجُلَكُمۡ إِلَى ٱلۡكَعۡبَيۡنِۚ﴾

2 *Hadîth* rapporté par les deux sheikhs, Al-Bukhârî et Muslim, ainsi que par Abû Dâwûd et At-Tirmidhî.

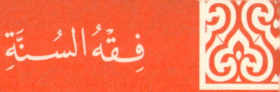

les péchés sortent de son nez ; lorsqu'il lave son visage, les péchés sortent de partout, y compris de dessous ses cils ; lorsqu'il se lave les mains, les péchés sortent de partout, y compris de dessous ses ongles ; lorsqu'il s'essuie la tête, les péchés sortent de partout, y compris de ses oreilles ; et lorsqu'il se lave les pieds, les péchés sortent de partout, y compris de dessous ses ongles de pieds. Puis ses pas en direction de la mosquée et sa prière seront des actes surérogatoires. »[1]

- D'après Anas (رضي الله عنه), le Prophète (ﷺ) a dit : « Lorsqu'un homme a de bonnes mœurs, Dieu rend bonnes toutes ses œuvres grâce à elles ; quant aux purifications auxquelles l'homme procède pour accomplir sa prière, Dieu efface grâce à elles tous ses péchés ; sa prière sera alors comme une œuvre surérogatoire. »[2]

- D'après Abû Hurayra (رضي الله عنه), le Prophète (ﷺ) a dit : « Voulez-vous que je vous informe ce par quoi Dieu efface les péchés et élève en degrés ? ». les gens dirent : « Certes, ô Messager de Dieu ! ». Il dit : « Renouveler les ablutions mineures en dépit des difficultés et des réticences de l'âme, multiplier les pas en direction des mosquées et y attendre la prière prochaine. Tel est le *ribât*, (le *jihâd*) tel est le *ribât*, tel est le *ribât* ! »[3]

- Toujours d'après Abû Hurayra, le Prophète (ﷺ) fit une visite au cimetière en disant : « Que le salut soit sur vous ô croyants qui habitent ces lieux ! Si Dieu le veut, nous allons bientôt vous rejoindre. Nous aurions bien aimé voir nos frères ! ». Les gens dirent : « Ne sommes-nous pas tes frères ô Messager de Dieu ? ». Il leur dit : « Vous êtes mes Compagnons ; quant à nos frères, ils ne sont pas encore venus au monde ». Ils dirent : « Ô Messager de Dieu ! Comment reconnaîtras-tu celui de ta Communauté qui n'est pas encore venu au monde ? ». Il répondit : Qu'en pensez-vous, si quelqu'un possède des chevaux qui ont une tache blanche sur le front, ne les reconnaîtra-t-il pas au milieu de chevaux qui ont une robe d'un noir de jais ? – Certes, ô Messager de Dieu ! répondirent-ils. – Eh bien ! reprit-il, de même, nos frères viendront le Jour de la résurrection avec des marques étincelantes sur leur front, preuves de leurs ablutions. Et moi, je serai à leur tête devant le Bassin (*al-hawd*). Ce jour-là, des hommes seront chassés de mon bassin comme on chasse un chameau perdu et je les appellerai : « Venez ! ».

---

1 *Hadîth* rapporté par Mâlik, An-Nasâ'î, Ibn Mâjah et Al-Hâkim.

2 *Hadîth* rapporté par Abû Ya'lâ, Al-Bazzâr et At-Tabarânî dans « *Al-Awsat* ».

3 *Hadîth* rapporté par Mâlik, Muslim, At-Tirmidhî et An-Nasâ'î.

Mais on me répondra : Ils ont changé après toi. Alors je dirai : Éloignez-vous, éloignez-vous, éloignez-vous ! »[1]

Les actes obligatoires des ablutions mineures

Pour être valables, les ablutions mineures doivent comprendre un certain nombre d'éléments constitutifs. Si l'un de ces éléments vient à manquer, les ablutions mineures ne sont pas valables au regard de la Loi révélée. Voyons maintenant ces éléments en détail :

Première obligation : L'intention. Elle réside dans la volonté d'accomplir les ablutions mineures en aspirant à satisfaire Dieu et à se conformer à Son ordre. On se proposera d'accomplir ses ablutions en son for intérieur. La langue ne jouera donc aucun rôle là-dedans dans la mesure où la prononciation de l'intention n'a pas été prescrite par la Loi révélée. La preuve du caractère obligatoire de l'intention est le *hadîth* de 'Umar (ﷺ) dans lequel il est dit : « Le Prophète (ﷺ) a dit : « Les actes valent par leurs intentions ; et chaque homme sera jugé en fonction de ses actes. »[2]

Deuxième obligation : Se laver une fois le visage, c'est-à-dire faire couler de l'eau dessus, car tel est le sens du mot *ghusl*. Quant aux limites du visage, elles s'étendent, verticalement, du haut du front à l'extrémité du menton et, horizontalement, du lobe de l'oreille à celui de l'autre oreille.

Troisième obligation : Se laver les bras jusqu'aux coudes compris. C'est ainsi que faisait le Prophète (ﷺ) et rien n'a été rapporté qui indique qu'il ne se lavait pas les coudes.

Quatrième obligation : Passer les mains mouillées sur la tête. Quant à mettre la main ou le doigt sur la tête, il ne veut nullement dire passer les mains mouillées sur celle-ci. En outre, le sens apparent de la parole du Très Haut : {*Et passez les mains mouillées sur la tête*}, n'implique pas de devoir les passer sur toute la tête. Plutôt on comprendra que le fait de passer les mains sur une partie de celle-ci suffit à se conformer à l'ordre divin. On rapporte d'après le Prophète (ﷺ) trois versions ayant trait au passage des mains mouillées sur la tête :

---

1 *Hadîth* rapporté par Muslim.

2 *Hadîth* rapporté par Al-Bukhârî, Muslim, Abû Dâwûd, At-Tirmidhî, An-Nasâ'î, Ibn Mâjah et Ahmad.

- Il s'essuyait toute la tête, conformément au *hadîth* de 'Abd Allâh Ibn Zayd qui dit : « Le Prophète (ﷺ) s'essuya la tête avec les deux mains, en les passant de l'avant à l'arrière de la tête, et vice-versa. Ce *hadîth* est rapporté par Al-Bukhârî, Muslim, Abû Dâwûd, At-Tirmidhî, An-Nasâ'î, Ibn Mâjah et Ahmad.

- Il essuyait uniquement son turban, conformément au *hadîth* de 'Amr Ibn Umayya (﵁) qui dit : « J'ai vu le Prophète (ﷺ) essuyer son turban et ses *khuff* ». Ce *hadîth* est rapporté par Ahmad, Al-Bukhârî et Ibn Mâjah. En outre, Bilâl (﵁) a dit : « Le Prophète (ﷺ) a dit : « Essuyez vos *khuff* et vos turbans ». Ce *hadîth* est rapporté par Ahmad. De son côté, 'Umar (﵁) a dit : « Celui que la madéfaction du turban n'arrive pas à purifier, puisse Dieu ne jamais le purifier ». On rapporte à ce sujet plusieurs *hadîth* mentionnés par Al-Bukhârî, Muslim et d'autres traditionnistes, de même qu'on rapporte d'après de nombreux gens de science qu'ils mettaient en pratique cette modalité de madéfaction.

- Il s'essuyait le toupet en plus du turban, conformément au *hadîth* d'Al-Mughîra Ibn Shu'ba (﵁) lequel a dit : « Le Prophète (ﷺ) fit ses ablutions en passant ses mains mouillées sur son toupet, son turban et ses *khuff* ». Ce *hadîth* est rapporté par Muslim. Et il n'a pas été rapporté que le Prophète (ﷺ) se limitait à essuyer une partie de sa tête comme l'implique le sens apparent du verset précité. De plus, il ne suffit pas de s'essuyer les boucles pendantes des cheveux, comme les tresses par exemple.

Cinquième obligation : se laver les pieds jusqu'aux chevilles. Tel est ce qui est attesté par des traditions multi-confirmées (*mutawâtir*) faisant état des actes et paroles du Prophète (ﷺ). 'Abd Allâh Ibn 'Amr (﵁) a dit : « Au cours d'un voyage que nous avions entrepris avec lui, le Prophète (ﷺ), qui était resté en arrière, nous rejoignit au moment où, l'heure de la prière venue nous pressant, nous étions en train de faire nos ablutions. Nous nous mîmes alors à passer nos mains mouillées sur nos pieds. A ce moment, de toutes ses forces et à deux ou trois reprises, le Prophète dit : Malheur aux talons ! qu'ils redoutent le Feu de l'Enfer ! »[1] 'Abd Ar-Rahmân Ibn Abî Laylâ a dit : « Les Compagnons du Messager de Dieu (ﷺ) convinrent de l'obligation de se laver les talons. Les obligations mentionnées plus haut sont celles qui sont citées dans la parole du Très Haut : {*Ô les croyants ! Lorsque vous vous levez pour la*

---

1 *Hadîth* rapporté par Al-Bukhârî et Muslim.

prière, lavez vos visages et vos mains jusqu'aux coudes ; passez les mains mouillées sur vos têtes ; et lavez-vous les pieds jusqu'aux chevilles} (S. 5, V. 6).[1]

Sixième obligation : L'ordonnancement, dans la mesure où Dieu a mentionné dans le verset précité les obligations des ablutions mineures avec ordre, en distinguant nettement entre l'obligation de se laver les mains et les pieds, et celle de se passer les mains mouillées sur la tête. Au demeurant, les Arabes ne font de distinction entre des termes équivalents que pour mettre en exergue quelque chose. Or dans le cas qui nous intéresse ici, il s'agit de l'ordonnancement d'actes à accomplir. En outre, le verset n'a été avancé que pour expliciter l'obligation de ces actes. Ceci est confirmé par le sens global de la parole du Prophète (ﷺ) dans le *hadîth* authentique qui dit : « Commencez par ce par quoi Dieu a commencé ». Qui plus est, la Sunna pratique s'est toujours inscrite dans cet ordonnancement entre les obligations, et il n'a jamais été rapporté du Prophète (ﷺ) qu'il a dérogé à cette règle. En effet, le *wudû'* est un acte d'adoration et, dans la mesure où l'axe de tout acte d'adoration réside dans la conformité [à la norme prophétique], il n'est permis à personne d'accomplir les ablutions mineures autrement que ce qui nous a été transmis d'après le Prophète (ﷺ), à plus forte raison quand ce qui nous est transmis tient lieu de règle constante.

Les actes recommandés (*sunan*) des ablutions mineures

Il s'agit des paroles et des actes attribués au Prophète (ﷺ) qui ne sont pas obligatoires et qui ne sont pas passibles d'un reproche si on ne les fait pas. Ces actes recommandés sont les suivants :

1- La prononciation du nom de Dieu en prélude aux ablutions mineures. Les *hadîth* rapportés à ce sujet sont faibles. Mais leur nombre élevé leur confère une solidité prouvant qu'ils ont une source authentique. Ceci, en plus du fait que cette prononciation est un acte louable en soi et légitime dans son ensemble.

2- L'utilisation du *siwâk*, ou cure-dents. Ce mot désigne à la fois le bâtonnet qui sert à se curer les dents et l'action de se curer. Le bois qui convient le mieux à cet emploi est l'*arak*, lequel provient du Hedjaz, en

---

1 ﴿يَـٰٓأَيُّهَا ٱلَّذِينَ ءَامَنُوٓا۟ إِذَا قُمْتُمْ إِلَى ٱلصَّلَوٰةِ فَٱغْسِلُوا۟ وُجُوهَكُمْ وَأَيْدِيَكُمْ إِلَى ٱلْمَرَافِقِ وَٱمْسَحُوا۟ بِرُءُوسِكُمْ وَأَرْجُلَكُمْ إِلَى ٱلْكَعْبَيْنِ﴾

Arabie. Sa particularité est de protéger les gencives, de se prémunir contre les caries, de faciliter la digestion et d'être diurétique. Il reste que la Sunna peut se réaliser en utilisant tout objet qui débarrasse les dents du tartre et nettoie la bouche, à l'exemple des brosses à dents et autres objets semblables. Abû Hurayra (ﷺ) rapporte que le Prophète (ﷺ) a dit : « N'était la crainte de causer de la gêne à ma Communauté, je leur aurais imposé l'utilisation du *siwâk* lors de chaque ablution mineure ». Ce *hadîth* est rapporté par Mâlik, Ash-Shâfi'î, Al-Bayhaqî et Al-Hâkim. De son côté, 'Â'isha (ﷺ) a dit : « Le *siwâk* est une purification pour la bouche et une satisfaction pour le Seigneur ». Ce *hadîth* est rapporté par Ahmad, An-Nasâ'î et At-Tirmidhî. Si l'utilisation du *siwâk* est recommandée en toute occurrence, elle est particulièrement recommandée dans cinq cas : Au moment de faire ses ablutions, d'accomplir sa prière, de lire le Coran, de se réveiller et lorsque la bouche est altérée par une odeur forte. Pour ce qui est du jeûneur, il peut utiliser le *siwâk* indistinctement au début ou en fin de journée, en vertu du *hadîth* que rapporte 'Âmir Ibn Rabî'a (ﷺ) qui dit : « J'ai vu le Prophète (ﷺ) se curer à plusieurs reprises les dents alors qu'il était en état de jeûne ». Ce *hadîth* est rapporté par Ahmad, Abû Dâwûd et At-Tirmidhî. Une fois le *siwâk* utilisé, la conformité à la Sunna consiste à le laver et à le rendre propre, en vertu du *hadîth* de 'Â'isha (ﷺ) dans lequel il est dit : « Lorsque le Messager de Dieu (ﷺ) s'était frotté les dents, il me donnait son *siwâk* pour le laver. Je m'en servais alors avant de le laver et de le lui remettre ». Ce *hadîth* est rapporté par Abû Dâwûd et Al-Bayhaqî. Quant à celui qui a perdu ses dents, la Sunna lui permet de se servir de ses doigts en guise de *siwâk*, en vertu du *hadîth* de 'Â'isha (ﷺ) : « Ô Messager de Dieu, l'homme qui a perdu ses dents peut-il utiliser le *siwâk* ? ». Il répondit : « Oui ». Elle ajouta : « Comment cela ? ». Il reprit : « En introduisant son doigt dans la bouche ». Ce *hadîth* est rapporté par At-Tabarânî.

3- Se laver trois fois les mains au début des ablutions mineures, en vertu du *hadîth* de Aws Ibn Aws Ath-Thaqafî (ﷺ), lequel a dit : « J'ai vu le Messager de Dieu (ﷺ) faire ses ablutions en se lavant trois fois les mains ». Ce *hadîth* est rapporté par Ahmad et An-Nasâ'î. En outre, Abû Hurayra (ﷺ) rapporte que le Prophète (ﷺ) a dit : « Lorsque l'un de vous se lève le matin, qu'il évite d'introduire sa main dans le récipient jusqu'à ce qu'il l'ait lavée trois fois, car il ne saurait dire où il l'a mise tandis qu'il dormait. »[1]

1 *Hadîth* rapporté par Al-Bukhârî, Muslim, Abû Dâwûd, At-Tirmidhî, An-Nasâ'î, Ibn Mâjah et Ahmad. Cependant, Al-Bukhârî n'a pas fait référence au nombre de trois.

4- Se rincer trois fois la bouche. Ce geste est attesté par le *hadîth* de Laqît Ibn Ṣubra (ﷺ) dans lequel il est dit : « Le Prophète (ﷺ) a dit : « Lorsque tu fais tes ablutions mineures, rince-toi la bouche ». Ce *hadîth* est rapporté par Abû Dâwûd et Al-Bayhaqî.

5- Inspirer et expirer l'eau par le nez à trois reprises : Abû Hurayra (ﷺ) rapporte que le Prophète (ﷺ) a dit : « Lorsque l'un de vous fait ses ablutions mineures, qu'il introduise de l'eau dans son nez, puis qu'il l'expire ». Cette tradition est rapportée par les deux sheikhs, Al-Bukhârî et Muslim, ainsi que par Abû Dâwûd. La Sunna consiste à inspirer en s'aidant de la main droite et à expirer en s'aidant de la main gauche, en vertu du *hadîth* de 'Alî (ﷺ) disant que celui-ci se fit apporter de l'eau pour ses ablutions mineures dont il inspira une petite quantité puis qu'il expira à l'aide de sa main gauche, répétant trois fois le même geste. A la fin, il dit : « Voilà comment se purifiait le Prophète (ﷺ). ». Ce propos est rapporté par Aḥmad et An-Nasâ'î. Le rinçage de la bouche, l'inspiration et l'expiration de l'eau peuvent se faire d'une façon ou d'une autre, mais il est rapporté dans une tradition authentique que le Prophète (ﷺ) faisait parvenir l'eau en même temps aux organes de la bouche et du nez. En effet, on rapporte d'après 'Abd Allâh Ibn Zayd que le Prophète (ﷺ) se rinça la bouche et inspira de l'eau par le nez à l'aide d'une seule main ». Ce *hadîth* est rapporté par Al-Bukhârî et Muslim. La Sunna recommande d'appuyer ce geste, sauf lorsqu'on est en état de jeûne, en vertu du *hadîth* de Laqît (ﷺ) : « Je demandai : « Ô Messager de Dieu, parle-moi des ablutions mineures ». Il me répondit : « Applique-toi à faire tes ablutions, fais passer l'eau entre tes mains et inspire fortement l'eau, sauf si tu es en état de jeûne. »[1]

6- Introduire ses doigts mouillés à l'intérieur de la barbe. On rapporte d'après 'Uthmân (ﷺ) : « Le Prophète (ﷺ) avait l'habitude, lorsqu'il faisait ses ablutions mineures, d'introduire ses mains mouillés dans sa barbe ». Ce *hadîth* est rapporté par Ibn Mâjah et At-Tirmidhî, lequel l'a authentifié. En outre, d'après Anas (ﷺ), lorsque le Prophète (ﷺ) faisait ses ablutions mineures, il prenait de l'eau dans la main et la versait sur sa barbe, puis il faisait passer ses doigts au travers et disait : « C'est ainsi que mon Seigneur – qu'Il soit glorifié – m'a ordonné de faire ». Ce *hadîth* est rapporté par Abû Dâwûd, Al-Bayhaqî et Al-Ḥâkim.

7- Faire passer de l'eau entre ses doigts : Ibn 'Abbâs (ﷺ) rapporte

---

1 *Hadîth* rapporté par Abû Dâwûd, An-Nasâ'î, Ibn Mâjah et Aḥmad.

que le Prophète (ﷺ) a dit : « Lorsque tu fais tes ablutions mineures, fait passer de l'eau entre les doigts de tes mains et ceux de tes pieds ». Ce *hadîth* est rapporté par Ahmad, At-Tirmidhî et Ibn Mâjah. De son côté, Al-Mustawrid Ibn Shaddâd (رضي الله عنه) a dit : « J'ai vu le Messager de Dieu (ﷺ) faire passer de l'eau à travers les doigts de ses pieds au moyen de son auriculaire ». Ce *hadîth* est rapporté par Abû Dâwûd, At-Tirmidhî, An-Nasâ'î et Ibn Mâjah. Dans le même ordre d'idées, certains récits indiquent qu'il est recommandé de remuer les bagues et les objets s'y rapportant comme les bracelets et autres, mais ces récits n'ont pas le même degré de fiabilité que les *hadîth* authentiques. Cependant, il est préférable de s'y conformer, car ils font partie des recommandations d'ordre général ayant trait aux ablutions mineures.

8- Répéter trois fois le même geste. C'est là une *sunna* qui est généralement appliquée, et même si l'on trouve des textes qui prouvent le contraire, ces textes ne sont là que pour montrer qu'il est permis de faire autrement. On rapporte d'après 'Amr Ibn Shu'ayb, d'après son père, d'après son grand père qu'un bédouin vint trouver le Prophète (ﷺ) pour l'interroger sur la manière dont on devait faire les ablutions mineures. Le Messager de Dieu (ﷺ) les lui expliqua en répétant chaque geste trois fois, puis il lui dit : « Telle est la manière de faire les ablutions mineures ; celui qui y ajoute quelque chose se conduit mal, outrepasse les règles et exagère ». Ce *hadîth* est rapporté par Ahmad, An-Nasâ'î et Ibn Mâjah. Par ailleurs, 'Uthmân (رضي الله عنه) rapporte que le Prophète (ﷺ) fit ses ablutions mineures en répétant trois fois chaque geste ». Ce *hadîth* est rapporté par Ahmad, Muslim et At-Tirmidhî. Cependant, il a été aussi rapporté, d'après des *hadîth* authentiques, que le Prophète (ﷺ) aurait fait ses ablutions mineures en accomplissant une ou deux fois chaque geste. Quant au fait de passer les mains mouillées une seule fois sur la tête, il recueille le plus grand nombre de versions.

9- Commencer les ablutions par le membre droit du corps, en lavant par exemple la main droite avant la main gauche et le pied droit avant le pied gauche. En effet, on rapporte d'après 'Â'isha (رضي الله عنها) que le Prophète (ﷺ) aimait commencer par la droite lorsqu'il mettait ses chaussures, se peignait, se purifiait, et ainsi de suite pour toute chose ». Ce *hadîth* est rapporté par Al-Bukhârî et Muslim. De son côté, Abû Hurayra (رضي الله عنه) a dit : « Le Prophète (ﷺ) a dit : « Lorsque vous vous habillez et lorsque vous faites vos ablutions, commencez par la droite. »[1]

1 *Hadîth* rapporté par Ahmad, Abû Dâwûd, At-Tirmidhî et An-Nasâ'î.

10- Frictionner avec sa main le membre à laver, que ce soit au moment de verser l'eau ou après. 'Abd Allâh Ibn Zayd (ﷺ) rapporte que le Prophète (ﷺ) se fit apporter le tiers d'un *mudd* (unité de mesure) d'eau et se frictionna les avant-bras ». Ce *hadîth* est rapporté par Ibn Khuzayma. Toujours d'après Ibn Zayd, le Prophète (ﷺ) fit ses ablutions mineures et dit : « C'est ainsi que l'on doit se frictionner ». Ce *hadîth* est rapporté par Abû Dâwûd At-Tayâlisî, Ahmad, Ibn Hibbân et Abû Ya'lâ.

11- Suivre immédiatement chaque geste par un autre, et ne pas rompre cette succession par un geste étranger aux ablutions qui donne l'impression, au regard de l'usage, d'un abandon des ablutions. C'est ainsi qu'a toujours consisté la Sunna et les musulmans l'ont, de tous temps, appliquée de la sorte.

12- Passer les mains mouillées sur les oreilles. La Sunna implique le nettoyage de l'intérieur des oreilles avec les index, et l'extérieur avec les pouces en utilisant la même eau que celle utilisée pour essuyer la tête, dans la mesure où les oreilles en font partie. En effet, Al-Miqdâm Ibn Ma'd Yakrib (ﷺ) rapporte qu'au cours des ablutions mineures, le Messager de Dieu (ﷺ) s'essuya la tête et l'intérieur et l'extérieur des oreilles en y introduisant les doigts ». Ce *hadîth* est rapporté par Abû Dâwûd et At-Tahâwî. Par ailleurs, Ibn 'Abbâs (ﷺ), décrivant la façon dont le Prophète (ﷺ) faisait ses ablutions mineures, a dit : « Il s'essuya la tête et les oreilles en une seule fois ». Ce *hadîth* est rapporté par Ahmad et Abû Dâwûd. Dans une autre version, il est dit : « Il s'essuya la tête et les oreilles en utilisant les pouces pour l'intérieur et les index pour l'extérieur ».

13- Laver au-delà du visage, des coudes et des pieds. C'est-à-dire laver au-delà des limites prescrites pour le visage, les coudes et les pieds, en vertu du *hadîth* d'Abû Hurayra (ﷺ) qui dit : « Le Prophète (ﷺ) a dit : « Lorsque les gens de ma Communauté seront appelés au Jour de la résurrection, ils auront au front, aux mains et aux pieds des marques brillantes, traces de leurs ablutions ». Puis Abû Hurayra ajouta : « Que celui d'entre vous qui pourra agrandir ces marques brillantes, le fasse ». Rapporté par Ahmad, Al-Bukhârî et Muslim. En outre, Abû Zar'a rapporte qu'Abû Hurayra (ﷺ) se fit apporter de l'eau pour les ablutions et accomplit celles-ci en lavant ses avant-bras au-delà des coudes, et ses pieds au-delà des chevilles. Le voyant faire cela, je lui demandai : « Qu'est-ce que cela ? ». Il me répondit : « Ceci est le comble de la parure ». Ce *hadîth* est rapporté par Ahmad. La chaîne de transmission de ce récit est authentique au regard des conditions exigées par Al-Bukhârî et Muslim.

14- Faire l'économie de l'eau, même quand on la puise dans la mer. Anas (ﷺ) rapporte que le Prophète (ﷺ) se lavait le corps avec une quantité d'eau allant du *ṣâ'* (boisseau qui sert à mesurer les grains) à cinq *mudd.* ». Ce *ḥadîth* est rapporté par Al-Bukhârî et Muslim. De son côté, 'Ubayd Allâh Ibn Abî Yazîd rapporte qu'un homme demanda à Ibn 'Abbâs (ﷺ) : « Quelle quantité d'eau faut-il pour faire mes ablutions mineures ? ». Il lui répondit : « L'équivalent d'un *mudd* ». L'homme demanda encore : « Et pour mes ablutions majeures ? ». Il lui répondit : « L'équivalent d'un *ṣâ'* ». L'homme s'exclama : « Cela ne suffit pas ! ». Il lui répondit : « Par Dieu ! Cette quantité était suffisante pour celui qui est meilleur que toi, je veux dire, Le Messager de Dieu (ﷺ). »[1] Toujours dans le même ordre d'idées, 'Abd Allâh Ibn 'Umar passa un jour devant Sa'd alors qu'il faisait ses ablutions mineures. Il lui dit : « Pourquoi ce gaspillage ô Sa'd ? ». Ce dernier répondit : « Peut-on gaspiller l'eau ? ». Il lui dit : « Oui, même si tu te trouvais au bord d'un fleuve ». Ce *ḥadîth* est rapporté par Aḥmad et Ibn Mâjah, mais sa chaîne de transmission est faible. Il reste que le gaspillage est attesté lorsqu'on utilise l'eau inutilement, comme par exemple lorsqu'on lave ses membres plus de trois fois. En effet, dans un *ḥadîth* rapporté par 'Amr Ibn Shu'ayb, d'après son père, d'après son grand père (ﷺ), il est dit : « Un bédouin alla interroger le Prophète sur la manière dont on devait faire les ablutions mineures. Il les lui expliqua en répétant trois fois chaque geste, puis il lui dit : « C'est de cette manière que l'on doit faire les ablutions ; celui qui y ajoute quelque chose se conduit mal, outrepasse les règles et exagère. »[2]

15- Par ailleurs, d'après 'Abd Allâh Ibn Mughaffal (ﷺ), le Prophète (ﷺ) a dit : « Il y aura dans cette Communauté des gens qui outrepasseront les règles en matière de purification et d'invocations ». Ce *ḥadîth* est rapporté par Aḥmad, Abû Dâwûd et Ibn Mâjah. Al-Bukhârî a dit : « Les gens de science réprouvent le fait que l'eau des ablutions mineures dépasse la quantité qu'utilisait le Prophète (ﷺ). »

1 *Ḥadîth* rapporté par Aḥmad, Al-Bazzâr et Aṭ-Ṭabarânî dans « *Al-Kabîr* » d'après une chaîne de transmission formée par de gens crédibles.

2 *Ḥadîth* rapporté par Aḥmad, An-Nasâ'î, Ibn Mâjah et Ibn Khuzayma d'après des chaînes de transmission solides.

16- Les invocations au cours des ablutions mineures. Il n'y a d'authentique, des invocations du Prophète (ﷺ) au cours des ablutions mineures, que ce *hadîth* d'Abû Mûsâ Al-Ash'arî (رضي الله عنه) suivant : « J'apportai de l'eau au Messager de Dieu (ﷺ) afin qu'il fasse ses ablutions. Il s'ablutionna et je l'entendis dire : « Ô Mon Dieu, pardonne-moi mes péchés, élargis ma demeure et bénis ma subsistance ». Je demandai alors : « Ô Messager de Dieu ! Je t'ai entendu invoquer Dieu en ces termes et je répétai ce que j'avais entendu. – Ai-je omis quelque chose dans mes invocations ? s'étonna-t-il ». Ce *hadîth* est rapporté par An-Nasâ'î et Ibn As-Sunnî d'après une chaîne de transmission solide. An-Nasâ'î a placé ce *hadîth* au chapitre : « Que dire à la fin des ablutions ». Tandis qu'Ibn Al-Sunnî l'a placé au chapitre « Que dire au cours des ablutions ». Quoi qu'il en soit, les deux interprétations sont vraisemblables, selon An-Nawawî.

17- Les invocations après les ablutions mineures. Muslim rapporte d'après 'Umar (رضي الله عنه) que le Prophète (ﷺ) a dit : « Quiconque parmi vous observe scrupuleusement les règles inhérentes aux ablutions, puis dit : « Je témoigne qu'il n'y a de dieu que Dieu, l'Unique, qui n'a pas d'associé, et je témoigne que Muhammad est Son serviteur et Son Envoyé », verra s'ouvrir devant lui les huit portes du Paradis, et y entrera par celle de son choix ». En outre, on rapporte d'après Abû Sa'îd Al-Khudrî (رضي الله عنه) que le Prophète (ﷺ) a dit : « Celui qui accomplit ses ablutions, puis dit : « Gloire à Toi Mon Dieu et Loué sois-Tu ! J'atteste qu'il n'y a de dieu que Toi ; je Te demande pardon et je me repens à Toi ! », ses paroles seront transcrites sur un parchemin et mises dans une boîte qui ne sera descellée que le Jour de la résurrection ». Ce *hadîth* est rapporté par At-Tabarânî dans son « *Al-Awsat* ». Ses transmetteurs sont des gens crédibles. Il est également rapporté par An-Nasâ'î qui ajoute : « Cette boîte sera scellée et mise sous le Trône ; elle ne sera descellée que le Jour de la résurrection ». Quant à l'invocation : « Mon Dieu fais que je sois parmi les repentis et parmi les purifiés ! », elle fait partie de la version d'At-Tirmidhî qui signale que ce *hadîth* contient des défaillances dans sa chaîne de transmission.

18- Accomplir une prière surérogatoire de deux cycles après les ablutions. Ceci, eu égard au *hadîth* d'Abû Hurayra (رضي الله عنه), lequel rapporte que le Prophète (ﷺ) dit à Bilâl : « Ô Bilâl, informe-moi de l'œuvre que tu as accomplis en Islam et dont tu attends le plus de récompense, car j'ai entendu le bruit de tes pas devant moi au Paradis ». Bilâl répondit : « Je ne crois pas avoir accompli d'œuvre dont j'attende plus que celle qui consiste à ne jamais m'ablutionner, de nuit comme de jour, sans prier en cet état ce qu'il m'a été donné de prier ». Ce <u>ḥadîth</u> est rapporté par Al-Bukhârî et Muslim. En outre, d'après 'Uqba Ibn 'Âmir (🙏), le Prophète (🙏) a dit : « Quiconque fait ses ablutions convenablement, puis accomplit une prière de deux cycles en y mettant son cœur et son être, celui-là, le Paradis lui est acquis ». Ce <u>ḥadîth</u> est rapporté par Muslim, Abû Dâwûd, Ibn Mâjah et Ibn Khuzayma dans son « *Saḥîḥ* ». Par ailleurs, Ḥimrân, le domestique de 'Uthmân Ibn 'Affan (🙏) rapporte avoir vu ce dernier se faire apporter de l'eau pour les ablutions, en verser sur la main droite et la laver trois fois ; puis puiser l'eau des ablutions avec la main droite ; puis se rincer la bouche ; puis inspirer et expirer l'eau par le nez ; puis se laver trois fois le visage, puis dire : « J'ai vu le Prophète (🙏) faire ses ablutions comme je viens de les faire. Celui qui fait ses ablutions comme je viens de les faire, puis accomplit une prière de deux cycles sans se laisser distraire, verra ses péchés passés absous ». Ce <u>ḥadîth</u> est rapporté par Al-Bukhârî et Muslim ainsi que par d'autres traditionnistes. Concernant les autres questions relevant du même domaine, comme le fait de laver les commissures des yeux, les replis du visage, de remuer la bague autour du doigt [pour faire pénétrer l'eau] et de passer la main mouillée sur le cou, nous n'avons pas voulu les traiter, car les <u>ḥadîth</u> qui en parlent n'atteignent pas un degré d'authenticité suffisant, même si, dans un but hygiénique, on les pratique.

Les actes réprouvables ayant trait aux ablutions mineures

Il est réprouvable pour celui qui fait ses ablutions de délaisser un des actes recommandés précités, cela lui valant d'être privé de la récompense divine qui y est rattachée. En effet, faire une chose réprouvable implique d'être privé de la récompense divine, or, délaisser un acte recommandé est réprouvable.

Les causes d'annulation des ablutions mineures

Certaines causes annulent les ablutions. Parmi celles-ci, citons :

1- Tout ce qui sort des deux orifices naturels de l'être humain. Cela englobe :

- L'urine et les selles. Dieu a dit : {*Ou si l'un de vous revient des lieux d'aisance…*}, faisant allusion à l'expulsion des selles et de l'urine.

- Les gaz intestinaux, en vertu du <u>ḥadîth</u> d'Abû Hurayra (🙏) lequel rapporte que le Prophète (🙏) a dit : « Dieu n'accepte la prière de celui qui est en état de *hadath* que s'il fait ses ablutions ». Un homme de Hadramawt demanda à Abû Hurayra : « Qu'est-ce que le *hadath* ô Abû Hurayra ? – ce sont, répondit-il, les pets et les vesses. »[1] Toujours selon Abû Hurayra, le Prophète (ﷺ) a dit : « Lorsque l'un de vous sent quelque chose remuer dans son ventre et n'arrive pas à savoir s'il l'a évacué ou pas, qu'il ne quitte pas la mosquée jusqu'à ce qu'il entende un bruit ou sente une odeur ». Ce *hadîth* est rapporté par Muslim. Ceci dit, ce n'est pas le fait d'entendre un bruit ou de sentir une odeur qui importe ici, mais c'est le fait d'avoir la certitude que quelque chose est sorti.

2- Le sperme, le *madhy* et le *wady*. L'émission de ces trois liquides annule les ablutions mineures, en vertu du *hadîth* du Prophète (ﷺ) au sujet du *madhy* : « Il annule les ablutions mineures ». Il en est de même de la parole d'Ibn 'Abbâs (رضي الله عنهما) : « Pour ce qui est du sperme, son émission nécessite les ablutions majeures ; concernant le *madhy* et le *wady*, il suffira de se laver les parties génitales et de faire les ablutions mineures requises pour la prière. »[2]

3- Le sommeil profond qui entraîne la perte totale de la conscience et qui empêche de rester en position assise, en vertu du *hadîth* de Safwân Ibn 'Assâl (رضي الله عنه), lequel a dit : « Le Prophète (ﷺ) nous ordonnait, lorsque nous étions en voyage, de ne pas ôter nos sandales pendant trois jours et trois nuits, sauf en cas d'impureté majeure (*janâba*), de besoins naturels ou de sommeil ». Ce *hadîth* est rapporté par An-Nasâ'î et At-Tirmidhî, qui l'a authentifié. Si par contre le dormeur demeure assis le postérieur appuyé sur le sol, ses ablutions mineures ne sont pas annulées. C'est ainsi que peut être compris le sens du *hadîth* de Anas (رضي الله عنه) dans lequel il est dit : « Les Compagnons du Prophète (ﷺ) attendaient le moment de la prière de la nuit jusqu'à ce que leurs têtes se missent à décliner. Ensuite, ils faisaient leur prière sans refaire leurs ablutions mineures ». Ce *hadîth* est rapporté par Ash-Shâfi'î, Muslim, Abû Dâwûd et At-Tirmidhî. La version que ce dernier rapporte d'après Shu'ba est la suivante : « J'ai vu les Compagnons du Prophète (ﷺ) se réveiller pour la prière après avoir entendu certains d'entre eux ronfler ; ils se levaient et faisaient leur prière sans refaire leurs ablutions mineures ». Ibn al-Mubârak a dit : « Pour nous, cela signifie qu'ils étaient assis ».

---

1 *Hadîth* rapporté par Al-Bukhârî et Muslim.

2 *Hadîth* rapporté par Al-Bayhaqî dans ses « *Sunan* ».

4- La perte de la raison pour cause de folie, d'évanouissement, d'ivresse ou de consommation de médicaments, que la durée de l'état d'inconscience soit courte ou longue, et que la personne soit assise ou non par terre, car cet état est plus profond que le sommeil. Tel est ce sur quoi les savants sont unanimes.

5- Toucher directement ses parties génitales, en vertu du *hadîth* de Busra Bint Safwân (ﷺ) qui rapporte que le Prophète (ﷺ) a dit : « Celui qui a touché son sexe ne peut prier tant qu'il n'a pas fait ses ablutions mineures. ». Ce *hadîth* est rapporté par Abû Dâwûd, An-Nasâ'î, Ibn Mâjah, Ahmad et At-Tirmidhî qui l'a authentifié. Al-Bukhârî a dit : « C'est le *hadîth* le plus authentique en cette matière. ». Il a été également rapporté par Mâlik, Ash-Shâfi'î, Ahmad et autres. Abû Dâwûd a dit : « Je dis à Ahmad : « Le *hadîth* de Busra n'est pas authentique ». Il me répondit : « Pourtant il l'est ». Dans une autre version attribuée à Ahmad et à An-Nasâ'î d'après Busra, celle-ci dit avoir entendu le Prophète (ﷺ) qui disait : « Celui qui a touché son sexe est tenu de refaire ses ablutions ». Bien sûr, ceci concerne son propre sexe et le sexe d'autrui. En outre, Abû Hurayra (ﷺ) rapporte que le Prophète (ﷺ) a dit : « Celui qui touche son sexe avec la main sans que quoi que ce soit ne s'interpose entre eux, est tenu de refaire ses ablutions mineures ». Ce *hadîth* est rapporté par Ahmad, Ibn Hibbân et Al-Hâkim qui l'a authentifié, ainsi qu'Ibn 'Abd Al-Barr. Ibn As-Sakan a dit de son côté : « Ce *hadîth* est ce qui a été rapporté de mieux en la matière ». Et dans la version d'Ash-Shâfi'î : « Lorsque l'un de vous touche son sexe de la main sans que rien ne s'interpose entre eux, qu'il refasse ses ablutions mineures. » D'autre part, on rapporte d'après 'Amr Ibn Shu'ayb, d'après son père, d'après son grand père, que le Prophète (ﷺ) a dit : « Tout homme qui touche son sexe doit refaire ses ablutions mineures et toute femme qui touche son sexe doit refaire ses ablutions mineures ». Ce *hadîth* est rapporté par Ahmad. Ibn Al-Qayyim a dit : « Al-Hâzimî a dit : « Ce *hadîth* possède une chaîne de transmission authentique ».

Cependant, pour les hanafites, toucher le sexe n'annule pas les ablutions mineures, en vertu du *hadîth* de Talq qui dit : « Un homme interrogea le Prophète (ﷺ) sur l'homme qui touche son sexe : doit-il refaire ses ablutions ? ». Il répondit : « Non, ce n'est qu'une partie de toi-même ». Ce *hadîth* est rapporté par Abû Dâwûd, At-Tirmidhî, An-Nasâ'î, Ibn Mâjah et Ahmad ; il est authentifié par Ibn Hibbân. Ibn Al-Madanî a dit : « Il est plus fiable que le *hadîth* de Busra ».

Ce qui n'annule pas les ablutions mineures

Nous voudrions mentionner ici des causes considérées à tort comme annulant les ablutions mineures alors qu'il n'en est rien, en ce sens qu'aucun élément probant n'atteste qu'elles les annulent. Ces causes sont les suivantes :

1- Toucher directement la peau d'une femme. 'Âisha (رضي الله عنها) rapporte que le Prophète (ﷺ) l'embrassa alors qu'il était en état de jeûne, puis il dit : « Le baiser n'annule pas les ablutions et ne rompt pas le jeûne ». Ce *hadîth* est rapporté par Ishâq Ibn Râhawayh et par Al-Bazzâr d'après une chaîne de transmission qualifiée de bonne. 'Abd Al-Haqq a dit : « je ne connais pas à ce *hadîth* de défaillance qui vaille qu'on l'abandonne ». Muslim et At-Tirmidhî, lequel authentifie ce *hadîth*, rapportent que 'Âisha (رضي الله عنها) a dit : « M'étant réveillée une nuit, je m'aperçus que le Prophète (ﷺ) n'était pas à mes côtés. Comme je le cherchais, je mis la main sur la plante de ses pieds dressés alors qu'il était sur son lieu de prière et disait : « Seigneur, je me réfugie en Ta satisfaction contre Ton courroux, en Ton salut contre Ton châtiment, et en Toi contre Toi-même ! Je ne saurais faire Ton éloge : Tu es tel que Tu t'es loué Toi-Même ». On rapporte, toujours d'après 'Âisha, que le Prophète (ﷺ) embrassa une de ses épouses puis alla faire sa prière sans refaire ses ablutions mineures ». Ce *hadîth* est rapporté par Ahmad, Abû Dâwûd, At-Tirmidhî, An-Nasâ'î et Ibn Mâjah d'après une chaîne de transmission formée de gens crédibles. D'après elle encore : « Je dormais devant le Prophète (ﷺ), mes pieds dans la direction de la *qibla* (la direction de La Mecque). Quand il voulait se prosterner, il me poussait de la main et je ramenais mes pieds à moi. Quand il se levait je les étendais de nouveau. »[1]

2- L'écoulement du sang par des voies autres que les voies naturelles, que ce soit pour cause de blessure, de pose de ventouses ou de saignement du nez, et quelle qu'en soit la quantité. Al-Hasan (رضي الله عنه) a dit : « Les musulmans continue jusqu'à aujourd'hui à prier dans leur sang ». Ce propos est rapporté par Al-Bukhârî. Il rapporte également : « Ibn 'Umar pressa un bouton jusqu'à faire gicler du sang, mais il ne refit pas ses ablutions mineures ». De son côté, Ibn Abî Awfâ, crachant du sang, continua sa prière. Pour sa part, 'Umar Ibn Al-Khattâb – Dieu l'agréé – fit sa prière tandis que le sang coulait de sa blessure. Quant à 'Abbâd Ibn

1 *Hadîth* rapporté par Al-Bukhârî et Muslim.

Bishr (ﷺ), il reçut une flèche tandis qu'il priait et il continua sa prière.[1]

3- Les vomissements. Qu'ils remplissent la bouche ou non, aucun *hadîth* ne prouve que les vomissements annulent les ablutions.

4- La consommation de la viande de chameau. Elle n'annule pas les ablutions selon l'avis des quatre califes bien guidés, de nombreux Compagnons ainsi que de ceux qui sont venus après eux. Cependant un *hadîth* authentique indique qu'il faut refaire les ablutions après avoir consommé la viande de chameau. Muslim et Ahmad rapportent d'après Jâbir Ibn Samura (ﷺ) qu'un homme interrogea le Prophète (ﷺ) en ces termes : « Devons-nous refaire nos ablutions après avoir mangé de la viande de mouton ? ». Il lui répondit : « Si tu veux les refaire, refais-les, et si tu ne le veux pas, il n'y a aucun mal à cela ». Il dit encore : « Devons-nous aussi refaire nos ablutions après avoir mangé de la viande de chameau ? ». Il lui répondit : « Oui, tu es tenu de les refaire après en avoir consommé ». L'homme dit encore : « Puis-je prier dans les parcs à moutons ? ». Le Prophète (ﷺ) lui répondit : « Oui ». Il ajouta : « Puis-je prier dans les parcs où on fait agenouiller les chameaux ? ». Il lui répondit : « Non ». Ce *hadîth* est rapporté par Muslim et Ahmad. En outre, d'après Al-Barâ' Ibn 'Âzib (ﷺ), on demanda au Prophète (ﷺ) s'il fallait refaire ses ablutions après avoir consommé de la viande de chameau. – Oui, répondit le Prophète, il faut refaire ses ablutions après en avoir consommé ». Puis on l'interrogea sur la consommation de la viande de mouton, à quoi il répondit : « Non, il ne faut pas refaire les ablutions après en avoir consommé ». Puis on l'interrogea sur la prière dans les parcs à moutons, et il répondit : « Oui, il est permis d'y prier, car ils contiennent une bénédiction ». Puis on l'interrogea sur la prière dans les parcs à chameaux, et il répondit : « Non, il n'est pas permis d'y prier, car ce sont des lieux où rôdent les démons ».[2] Ibn Khuzayma a dit à ce sujet : « Je ne connais aucune divergence entre les traditionnistes quant au caractère authentique de cette information du point de vue de la transmission, ses transmetteurs étant des gens crédibles ». An-Nawawî a dit de son côté : « Cet avis est celui qui repose sur l'argument le plus solide, quoique la majorité des savants ait une opinion contraire ».

5- La personne en état d'ablutions est dans l'incertitude de les avoir perdues, par exemple, par émission d'un gaz. Ce doute n'annule pas

---

1 *Hadîth* rapporté par Abû Dâwûd, Ibn Khuzayma et Al-Bukhârî.

2 *Hadîth* rapporté par Ahmad, Abû Dâwûd et Ibn Hibbân.

ses ablutions, qu'elle soit en prière ou en dehors de la prière, jusqu'à ce qu'elle soit convaincue du contraire. L'oncle de 'Abbâd Ibn Tamîm rapporte qu'un jour, devant l'Envoyé de Dieu (ﷺ) on plaignit l'homme qui s'imaginait avoir commis quelque incongruité dans la prière. « Cet homme, répondit le prophète, ne doit pas interrompre sa prière tant qu'il n'a entendu aucun bruit ni senti aucune odeur ».[1] En outre, Abû Hurayra (رضي الله عنه) rapporte que le Prophète (ﷺ) a dit : « Lorsque l'un de vous sent quelque chose remuer dans son ventre et n'arrive pas à savoir s'il l'a ou non évacuée, qu'il ne sorte pas de la mosquée tant qu'il n'a pas entendu un bruit ou senti une odeur ».[2] Il y a lieu de préciser que ce n'est pas tant le fait d'entendre un bruit ou de sentir une odeur que le fait d'en avoir la certitude qui est visé ici. Ibn Al-Mubârak a dit : « Lorsque quelqu'un est dans l'incertitude d'avoir perdu ses ablutions, il n'est pas tenu de les refaire tant qu'il n'en est pas prêt à en jurer. Par contre, s'il est certain d'avoir émis un gaz ou autre chose qui entache les ablutions mineures, et est dans l'incertitude d'être ablutionné, il est tenu de refaire ses ablutions, de l'avis unanime des musulmans.

6- Les éclats de rire pendant la prière n'annulent pas les ablutions du fidèle, car les textes rapportés à ce sujet ne sont pas authentiques.

7- Le fait de laver le mort n'implique pas l'obligation de refaire les ablutions mineures, car les preuves attestant du contraire sont faibles.

Les cas où les ablutions mineures sont obligatoires

Il est obligatoire de faire ses ablutions mineures pour accomplir les trois choses suivantes :

- **Faire la prière en général**. En effet, toute prière, qu'elle soit prescrite ou surérogatoire, et même celle faite sur le mort, doit être précédée des ablutions, en vertu de la parole du Très Haut : {*Ô les croyants ! Lorsque vous vous levez pour la prière, lavez vos visages et vos mains jusqu'aux coudes ; passez les mains mouillées sur vos têtes, et lavez-vous les pieds jusqu'aux chevilles*} (S. 5, V. 6).[3] C'est-à-dire, lorsque vous voulez accomplir votre prière alors que vous êtes en état d'impureté, faites

1 *Hadîth* rapporté par Al-Bukhârî, Muslim, Abû Dâwûd, An-Nasâ'î, Ibn Mâjah et Ahmad.

2 *Hadîth* rapporté par Muslim, Abû Dâwûd et At-Tirmidhî.

3 ﴿يَٰٓأَيُّهَا ٱلَّذِينَ ءَامَنُوٓاْ إِذَا قُمۡتُمۡ إِلَى ٱلصَّلَوٰةِ فَٱغۡسِلُواْ وُجُوهَكُمۡ وَأَيۡدِيَكُمۡ إِلَى ٱلۡمَرَافِقِ وَٱمۡسَحُواْ بِرُءُوسِكُمۡ وَأَرۡجُلَكُمۡ إِلَى ٱلۡكَعۡبَيۡنِۚ﴾

vos ablutions mineures. Citons aussi le *hadîth* du Prophète (ﷺ) suivant : « Dieu n'accepte pas la prière faite sans purification ni l'aumône faite avec des biens mal acquis. »[1]

- **Accomplir les tournées rituelles autour de la Ka'ba**, en vertu du *hadîth* d'Ibn 'Abbâs (رضي الله عنهما) qui rapporte que le Prophète (ﷺ) a dit : « Les tournées rituelles autour de la Ka'ba sont une prière, sauf que Dieu a permis de parler en les accomplissant ; que celui qui parle ne dise que du bien ».[2]

- **Toucher le saint Coran**, en vertu de ce qu'a rapporté Abû Bakr Ibn Muhammad Ibn 'Amr Ibn Hazm, d'après son père, d'après son grand père disant que le Prophète (ﷺ) envoya une lettre aux gens du Yémen dans laquelle il était écrit : « Le Coran ne peut être touché que par celui qui est purifié ». Ce propos est rapporté par An-Nasâ'î, ad-Dâraqutnî, Al-Bayhaqî et Al-Athram. Ibn 'Abd Al-Barr a dit au sujet de ce *hadîth* : « Il est pareil à un *hadîth* transmis successivement en raison de l'accueil favorable des gens en sa faveur ». De son côté, 'Abd Allâh Ibn 'Umar (رضي الله عنهما) a dit : « Le Prophète (ﷺ) a dit : « Le Coran ne peut être touché que par celui qui est purifié ». Ce *hadîth* est rapporté par Al-Haythamî dans « *Majma' Az-Zawâ'id* » qui a dit à son sujet : « Ses transmetteurs sont crédibles ». Ce *hadîth* montre donc qu'il n'est pas permis de toucher au saint Coran lorsqu'on n'est pas en état de purification. Toutefois, le mot « purification » a un sens global et commun qui peut être appliqué aussi bien à celui qui est purifié d'une impureté majeure qu'à celui qui est purifié d'une impureté mineure ; il peut être appliqué aussi bien au croyant qu'à celui qui n'a aucune souillure sur le corps. De ce fait, il est nécessaire de recourir à un autre signe pour qualifier cette purification et, par conséquent, ce *hadîth* ne peut constituer un texte qui interdit à celui qui est en état d'impureté mineure de toucher au Coran. Quant à la parole du Très Haut : {*Seuls les purifiés le touchent*} (S. 56, V. 79)[3], il semble évident que le pronom « le » dans ce verset s'applique au Livre caché, à savoir la Table gardée, car ce sens est plus proche de la trame du texte. Concernant les « purifiés » cités dans ce verset, ce sont les anges. Au demeurant, ce verset est à rapprocher de l'autre verset qui

---

1 *Hadîth* rapporté par Muslim, Abû Dâwûd, At-Tirmidhî An-Nasâ'î, Ibn Mâjah et Ahmad.

2 *Hadîth* rapporté par At-Tirmidhî et Al-Dâraqutnî et authentifié par Al-Hâkim, Ibn As-Sakan et Ibn Khuzayma.

3 ﴿لَّا يَمَسُّهُۥٓ إِلَّا ٱلْمُطَهَّرُونَ﴾

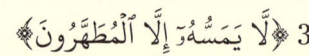

dit : {*Consigné dans des feuilles honorées, élevées, purifiées, entre les mains d'ambassadeurs nobles, obéissants*} (S. 80, V. 13-16).[1] D'ailleurs, Ibn 'Abbâs, Ash-Sha'bî, A<u>d</u>-<u>D</u>a<u>hh</u>âk, Zayd Ibn 'Alî, Al-Mu'ayyad Billâh, Dâwûd (le <u>dh</u>âhirite), Ibn <u>H</u>azm et <u>H</u>ammâd Ibn Abî Sulaymân estiment qu'il est permis à celui qui est en état d'impureté mineure de toucher au Coran. Quant au fait de le lire, sans toucher au texte, cela est admis à l'unanimité.

Les cas où les ablutions mineures sont recommandées

Il est recommandé de faire ses ablutions mineures pour accomplir les trois choses suivantes :

- Rappeler Dieu (*dhikr Allâh*) (ﷻ), en vertu du *<u>h</u>adîth* d'Al-Muhâjir Ibn Qunfudh (رضي الله عنه) disant que celui-ci salua le Prophète (ﷺ) alors qu'il s'ablutionnait, mais que ce dernier ne répondit pas à son salut jusqu'à ce qu'il eût terminé ses ablutions. Après lui avoir répondu, il lui dit : « Seule la crainte d'évoquer Dieu sans être purifié m'a empêché de te répondre ». Qatâda a dit : « C'est pourquoi Al-<u>H</u>asan [Al-Ba<u>s</u>rî] répugnait à réciter le Coran ou à évoquer Dieu sans être purifié ». Ce dire est rapporté par A<u>h</u>mad, Abû Dâwûd, An-Nasâ'î et Ibn Mâjah. En outre, Abû Juhaym Ibn Al-<u>H</u>ârith (رضي الله عنه) rapporte : « Le Prophète (ﷺ) s'avançait dans la direction de Bi'r Jamal, lorsqu'un homme le rencontrant le salua. Le Prophète ne lui rendit pas son salut, mais, arrivé au mur, il se frotta le visage et les mains, puis il rendit le salut. » Ce *<u>h</u>adîth* est rapporté par A<u>h</u>mad, Al-Bukhârî, Muslim, Abû Dâwûd et An-Nasâ'î. Cet acte relève de ce qui est recommandé car l'évocation de Dieu – exalté soit-il – est permise sans aucun inconvénient à celui qui se trouve en état de pureté comme à celui qui ne l'est pas, à celui qui est debout comme à celui qui est assis, à celui qui marche comme à celui qui est allongé, en vertu du *<u>h</u>adîth* de 'Âisha (رضي الله عنها) : « Le Messager de Dieu (ﷺ) évoquait Dieu à tout moment ». Ce *<u>h</u>adîth* est rapporté par Abû Dâwûd, At-Tirmidhî, Ibn Mâjah et A<u>h</u>mad. Il est rapporté aussi par Al-Bukhârî sans chaîne de transmission. En outre, 'Alî a dit : « Le Prophète (ﷺ) sortait des lieux d'aisance, nous faisait réciter le Coran et mangeait avec nous de la viande. Rien ne l'empêchait de réciter le Coran, sauf l'état d'impureté majeure (*janâba*). Ce *<u>h</u>adîth* est rapporté par Abû Dâwûd, At-Tirmidhî, An-Nasâ'î, Ibn Mâjah et A<u>h</u>mad. Il a été authentifié par At-Tirmidhî et Ibn As-Sakan.

---

1 ﴿فِي صُحُفٍ مُّكَرَّمَةٍ مَّرْفُوعَةٍ مُّطَهَّرَةٍ بِأَيْدِي سَفَرَةٍ كِرَامٍ بَرَرَةٍ﴾

- Se mettre au lit : D'après Al-Barâ' Ibn 'Âzib (رضي الله عنه), le Prophète (ﷺ) a dit : « Lorsque tu voudras te mettre au lit, fais des ablutions comme celles de la prière, puis couche-toi sur le côté droit ; ensuite, dis : « Ô Mon Dieu ! Je m'abandonne à Toi ; je tourne mon visage vers Toi ; je Te confie mon sort et je me réfugie auprès de Toi, par amour et crainte de Toi, car il n'y a de refuge et d'asile contre Toi qu'auprès de Toi ; Mon Dieu, je crois au Livre que Tu as révélé et à Ton Prophète, que Tu as envoyé ». Si tu meurs cette nuit-là, tu mourras selon la *fitra* (la nature innée de l'Islam). Fais que ces paroles soient les dernières que tu prononceras ». Comme je répétais ces paroles au Prophète (ﷺ), ajouta Al-Barâ', quand je fus arrivé à ces mots : « Ô mon Dieu, je crois au Livre que Tu as révélé », j'ajoutai « et à Son Envoyé. » – « Non, reprit le Prophète, dis : Et à Ton prophète, que Tu as envoyé ». Ce *hadîth* est rapporté par Ahmad, Al-Bukhârî et At-Tirmidhî.

- Ceci s'applique aussi à celui qui dort en état d'impureté majeure, en vertu du *hadîth* d'Ibn 'Umar (رضي الله عنهما), lequel a dit : « Je demandai : « Ô Messager de Dieu, l'un de nous peut-il dormir en état d'impureté majeure ? ». – « Oui, répondit le Prophète, s'il fait ses ablutions mineures ». De son côté, 'Â'isha (رضي الله عنها) a dit : « Lorsque le Messager de Dieu (ﷺ) voulait dormir alors qu'il était en état d'impureté majeure, il lavait ses parties génitales et faisait les ablutions de la prière ». Ce *hadîth* est rapporté par Ahmad, Al-Bukhârî, Muslim, Abû Dâwûd, At-Tirmidhî, An-Nasâ'î et Ibn Mâjah.

- Manger, boire ou pratiquer de nouveau le coït quand on est en état d'impureté majeure, et ceci en vertu du *hadîth* de 'Â'isha (رضي الله عنها) dans lequel il est dit : « Lorsque le Prophète était en état d'impureté majeure et qu'il voulait manger ou boire, il faisait ses ablutions mineures ». En outre, 'Ammâr Ibn Yâsir rapporte que le Prophète (ﷺ) a permis à celui qui se trouve en état d'impureté majeure et qui veut manger ou dormir, de faire des ablutions comme celles de la prière. Ce *hadîth* est rapporté par Ahmad et At-Tirmidhî, qui l'a authentifié. D'autre part, Abû Sa'îd Al-Khudhrî rapporte que le Prophète (ﷺ) a dit : « Que celui d'entre vous qui a eu commerce avec sa femme et désire revenir à elle, fasse ses ablutions mineures ». Ce *hadîth* est rapporté par Ahmad, Muslim, Abû Dâwûd, At-Tirmidhî, An-Nasâ'î et Ibn Mâjah. Il est rapporté aussi par Ibn Khuzayma, Ibn Hibbân et Al-Hâkim qui ajoute ceci : « Cela donne plus de vigueur à celui qui désire recommencer ».

- Avant de faire ses grandes ablutions (*ghusl*), que ces ablutions soient obligatoires ou recommandées, en vertu du *hadîth* de 'Â'isha (رضي الله عنها) qui dit : « Lorsque le Messager de Dieu (ﷺ) se purifiait de l'impureté majeure, il commençait par laver ses mains, puis versait de l'eau avec sa main droite sur sa main gauche et lavait sa verge. Ensuite, il faisait ses ablutions habituelles pour la prière ». Ce *hadîth* est rapporté par Ahmad, Al-Bukhârî, Muslim, Abû Dâwûd, At-Tirmidhî, An-Nasâ'î et Ibn Mâjah.

- Après avoir consommé des mets que le feu a touchés, en vertu du *hadîth* d'Ibrâhîm Ibn 'Abd Allâh Ibn Qâridh : « Je passai devant Abû Hurayra alors qu'il faisait ses ablutions mineures. Il me dit : « Sais-tu pourquoi je fais mes ablutions ? parce que j'ai mangé du lait coagulé. En effet, j'ai entendu le Prophète (ﷺ) dire : « Faites vos ablutions après avoir consommé des mets que le feu a touchés ». Ce *hadîth* est rapporté par Ahmad, Muslim, Abû Dâwûd, At-Tirmidhî, An-Nasâ'î et Ibn Mâjah. De son côté, 'Â'isha (رضي الله عنها) rapporte que le Prophète (ﷺ) a dit : « Faites vos ablutions mineures après avoir consommé ce que le feu a touché ». Ce *hadîth* est rapporté par Ahmad, Muslim, An-Nasâ'î et Ibn Mâjah. Il y a lieu de signaler que l'ordre de faire ses ablutions en tel cas a le caractère de recommandation, en vertu du *hadîth* de 'Amr Ibn Umayya Ad-Damrî (رضي الله عنه) : « J'ai vu le Prophète (ﷺ) couper l'épaule d'une chèvre et, après en avoir mangé, poser son couteau et faire sa prière sans refaire ses ablutions ». Ce *hadîth* est rapporté par Al-Bukhârî et Muslim. An-Nawawî a dit : « Ce *hadîth* prouve qu'il est permis de couper la viande avec un couteau ».

- Renouveler les ablutions mineures pour chaque prière, en vertu du *hadîth* de Burayda (رضي الله عنه) qui dit : « Le Prophète (ﷺ) avait l'habitude de faire ses ablutions mineures avant chaque prière. Mais le jour de la conquête de La Mecque, il fit ses ablutions mineures, essuya ses *khuff*, puis fit toutes ses prières avec un seul *wudû'*. 'Umar lui dit : « Ô Messager de Dieu, tu as fait une chose que tu n'as pas l'habitude de faire ». Il lui répondit : « Je l'ai faite sciemment, ô 'Umar ». Ce *hadîth* est rapporté par Ahmad, Muslim et autres. En outre, 'Amr Ibn 'Âmir Al-Ansârî (رضي الله عنه) rapporte qu'Anas Ibn Mâlik (رضي الله عنه) disait : « Le Prophète (ﷺ) faisait ses ablutions pour chaque prière ». Je lui dis : « Et vous, comment faisiez-vous ? ». Il me répondit : « Nous faisions toutes nos prières avec un seul *wudû'*, et ce tant que nous n'avions pas perdu nos ablutions. »[1] D'autre part, Abû Hurayra (رضي الله عنه) rapporte que le Prophète (ﷺ) a dit : « Si je ne

1 *Hadîth* rapporté par Ahmad et Al-Bukhârî.

craignais pas de mettre les membres de ma Communauté dans la gêne, je leur ordonnerais de faire leurs ablutions mineures à chaque prière et de se frotter les dents avec un *siwâk* après chaque ablution ». Ce *h̲adîth* est rapporté par Ah̲mad d'après une chaîne de transmission qualifiée de bonne. On rapporte de même d'après Ibn 'Umar (رضي الله عنهما), que le Prophète (ﷺ) disait : « Celui qui fait ses ablutions mineures bien qu'étant toujours en état de pureté, aura dix bonnes actions à son compte ». Ce *h̲adîth* est rapporté par Abû Dâwûd, At-Tirmidhî et Ibn Mâjah.

Quelques conseils utiles pour celui qui fait ses ablutions mineures

- Toute parole sensée dite au cours des ablutions mineures est permise, car rien dans la Sunna n'indique le contraire.

- Les invocations prononcées au fur et à mesure du lavage des membres n'ont aucun fondement. Ce qui importe, c'est de se contenter des invocations citées plus haut dans la partie réservée aux actes recommandés des ablutions mineures.

- Lorsque celui qui fait ses ablutions mineures est dans l'incertitude du nombre de lavages de l'un de ses membres, il bâtit sa certitude sur le nombre minimum de lavages qui lui vient à l'esprit.

- Quand une substance fait écran entre le membre du corps à laver et l'eau, comme de la cire par exemple, elle rend caduques les ablutions. Par contre, la teinture à l'exemple du henné, n'a aucune incidence sur les ablutions, car elle ne s'interpose pas entre la peau et l'eau.

- La femme en état de métrorragies, celui qui ne retient pas l'urine ou les gaz ou autres, feront leurs ablutions mineures pour chaque prière si leur indisposition est chronique ou impossible à maîtriser. Leur prière sera alors considérée comme valable.

- Il est permis de recourir à l'aide d'autrui pour faire ses ablutions mineures.

- Il est permis à celui qui fait ses ablutions mineures d'essuyer ses membres, que ce soit en hiver ou en été, au moyen d'une serviette ou autre.

LA MADÉFACTION DES CHAUSSONS (*AL-MASH* *'ALÂ AL-KHUFFAYN*)

La madéfaction consiste à passer sa main mouillée sur les chaussons, les sandales, les chaussettes et autres.

Le fondement légal de la madéfaction

La madéfaction est attestée par la Sunna authentique du Prophète (ﷺ). An-Nawawî a dit : « Les docteurs de la Loi sont tous d'accord pour dire qu'il est permis de passer les mains mouillées sur les *khuff* (chaussons), qu'on soit en voyage ou établi dans un pays, que ce soit pour un besoin ou autre, y compris pour la femme qui reste chez elle et pour celui qui n'arrive pas à se déplacer pour une cause ou une autre. Seuls les chi'ites et les khârijites récusent ce précepte, mais leur rejet ne peut constituer une preuve valable ».

Al-Hâfidh Ibn Hajar a dit dans son « *Al-Fath* » : « Un groupe de traditionnistes soutient que les *hadîth* ayant trait à la madéfaction sont transmis par voie multi-confirmée (*tawâtur*). Certains ont recensé les transmetteurs de ces *hadîth* et ils sont arrivés à la conclusion que leur nombre dépassait les quatre-vingt, dont dix transmetteurs parmi eux des plus célèbres ».

Le *hadîth* concernant la madéfaction le plus solide demeure celui qui a été rapporté par Ahmad, Al-Bukhârî, Muslim, Abû Dâwûd et At-Tirmidhî d'après Hammâm An-Nakha'î (رضي الله عنه) qui a dit : « Jarîr Ibn 'Abd Allâh urina puis fit ses ablutions et passa la main sur ses *khuff*. On lui dit : « Tu fais cela alors que tu viens d'uriner ? ». Il leur répondit : « Oui, car j'ai vu le Prophète (ﷺ) faire cela après avoir uriné ». Ibrâhîm a dit : « Les contemporains de Jarîr prisaient beaucoup ce *hadîth*, car Jarîr Ibn 'Abd Allâh s'était converti à l'Islam après la révélation de la sourate La Table Pourvue. C'est-à-dire que la conversion de Jarîr s'était faite la dixième année de l'Hégire, après la révélation du verset concernant les ablutions, lequel prescrit de laver les pieds et, de ce fait, son *hadîth* explicite le verset qui impose le lavage à celui qui ne porte pas de *khuff* et impose la madéfaction à celui qui les porte. Ainsi, la Sunna spécifierait (*tukhassis*) le verset ayant trait au lavage.

Le fondement légal de la madéfaction des chaussettes

Il est permis de passer les mains mouillées sur les chaussettes, car cela a été rapporté de la part de nombreux Compagnons. Abû Dâwûd a dit : « Parmi ceux qui ont pratiqué la madéfaction des chaussettes, il y a 'Alî Ibn Abî Tâlib, Ibn Mas'ûd, Al-Barâ' Ibn 'Âzib, Anas Ibn Mâlik, Abû Umâma, Sahl Ibn Sa'd, 'Amr Ibn al-Harîth. On a rapporté cela aussi d'après 'Umar Ibn Al-Khattâb et Ibn 'Abbâs ».

Citons encore 'Ammâr, Bilâl, 'Abd Allâh Ibn Abî Awfâ et Ibn 'Umar. En outre, dans son « *Tahdhîb As-Sunan* », Ibn Al-Qayyim rapporte qu'Ibn Al-Mundhir a dit : « Ahmad Ibn Hanbal a autorisé la madéfaction des chaussettes, montrant par là son objectivité et son sens de l'équité. Ahmad s'est appuyé sur les récits des Compagnons et sur l'analogie. En effet, il n'y a entre les *khuff* et les chaussettes aucune différence notoire qui permette de récuser la validité de la madéfaction des uns ou des autres, d'autant plus que leur madéfaction est admise par la plupart des savants. »

Parmi les savants qui ont autorisé la madéfaction des chaussettes, citons Sufyân Ath-Thawrî, Ibn Al-Mubârak, 'Atâ', Al-Hasan et Sa'îd Ibn Al-Musayyab. Pour leur part, Abû Yûsuf et Muhammad, estiment qu'il est permis de madéfier les chaussettes lorsqu'elles sont épaisses et ne laissent pas transparaître la peau. Quant à Abû Hanîfa, il ne tolérait pas de prime abord la madéfaction des chaussettes épaisses, mais il revint sur son avis trois ou sept jours avant sa mort. On rapporte en effet qu'étant en état de dernière maladie, il aurait passé ses mains mouillées sur ses chaussettes épaisses et aurait dit à ses visiteurs : « J'ai fait ce que j'avais interdit de faire auparavant ».

D'autre part, d'après Al-Mughîra Ibn Shu'ba, le Prophète (ﷺ) fit ses ablutions mineures et passa les mains mouillées sur ses chaussettes et ses sandales ». Ce *hadîth* est rapporté par Ahmad, At-Tahâwî, Ibn Mâjah et At-Tirmidhî, lequel a dit : « Ce *hadîth* est *hasan sahîh* ». Par contre, Abû Dâwûd l'a considéré comme faible. Quoi qu'il en soit, le but de ce *hadîth* est de prouver que la madéfaction des chaussettes est permise ; quant à la madéfaction des sandales, elle est abordée consécutivement.

De même qu'il est permis de procéder à la madéfaction des chaussettes, il est permis aussi de passer les mains mouillées sur tout ce qui couvre les pieds, comme les bandages et autres choses s'y rapportant, à savoir tout ce que l'homme met pour se protéger du froid et protéger ses blessures. Ibn Taymiyya a dit : « La vraie doctrine est qu'il est permis de procéder à la madéfaction des bandages, lesquels ont plus de raisons d'être essuyés que les *khuff* ou les chaussettes, car les bandages sont utilisés par nécessité et les enlever peut causer des préjudices : attraper froid ou souffrir de ses blessures. Par conséquent, s'il est permis d'essuyer les *khuff* et les chaussettes, les bandages sont plus à même d'être essuyés ; celui qui invoque un consensus faisant état du contraire ne possède aucune science, car il ne saurait rapporter l'avis que cette pratique est interdite, ne serait-ce de la part de dix savants célèbres ; que dire alors d'un prétendu consensus sur ce sujet. » Puis Ibn Taymiyya ajoute : « Celui qui médite les paroles du Prophète (ﷺ) et donne sa juste place à l'analogie sait bien que l'autorisation du Messager de Dieu est large en ce domaine et qu'elle fait partie des bienfaits de la Loi révélée et de la religion tolérante avec laquelle il fut envoyé (ﷺ). »

Précisons enfin que même si ces *khuff* ou ces chaussettes contiennent des trous, il n'y a aucun inconvénient à les madéfier, du moment qu'on les porte habituellement. Ath-Thawrî a dit à ce sujet : « Les Émigrants (*muhâjirûn*) et les Auxiliaires (*Anṣâr*), comme le reste des gens, avaient des trous aux *khuff* ; s'il y avait eu une interdiction à ce sujet, on l'aurait certainement rapporté d'après eux ».

Les conditions de validité de la madéfaction des *khuff* et ce qui s'y rapporte

Pour que la madéfaction des *khuff* soit valable, il faut que ceux-ci aient été enfilés après avoir fait les ablutions, en vertu du *ḥadîth* d'Al-Mughîra Ibn Shu‘ba qui rapporte ce qui suit : « Au cours d'un voyage où j'accompagnais le Prophète (ﷺ), je voulus lui enlever ses *khuff*, mais il me dit : « Laisse-les moi, j'avais fait l'ablution de mes pieds quand je les ai chaussés. » Et il passa sa main humide sur ses *khuff*. » Ce *ḥadîth* est rapporté par Aḥmad, Al-Bukhârî et Muslim. De son côté, Al-Ḥamîdî a rapporté dans son « *Musnad* » d'après le même Al-Mughîra ce qui suit : « Nous dîmes : « Ô Messager de Dieu, l'un de nous peut-il passer les mains humides sur ses *khuff* ? ». – « Oui, répondit-il, s'il les porte alors qu'il a fait ses ablutions ».

Quant aux conditions posées par certains jurisconsultes, à savoir que le chausson couvre les pieds jusqu'aux chevilles – partie qu'il faut obligatoirement laver au cours des ablutions –, qu'il tienne par lui-même sans être fixé, et qu'il supporte la marche, le sheikh Ibn Taymiyya a montré la faiblesse de tels propos dans son « Al-Fatâwâ ».

Que doit-on madéfier ?

On doit madéfier le dessus des chaussons, en vertu du *hadîth* d'Al-Mughîra (رضي الله عنه) qui a dit : « J'ai vu le Prophète (ﷺ) passer les mains sur le dessus des chaussons ». Ce *hadîth* est rapporté par Ahmad, Abû Dâwûd et At-Tirmidhî, lequel l'a authentifié. De son côté, 'Alî (رضي الله عنه) a dit : « Si la religion était bâtie sur l'opinion personnelle, le dessous du chausson serait plus à même d'être essuyé que le dessus. Or, j'ai vu le Messager de Dieu (ﷺ) passer les mains sur le dessus de ses chaussons ». Ce propos est rapporté par Abû Dâwûd et ad-Dâraqutnî ; sa chaîne de transmission est qualifiée de bonne ou d'authentique.

A dire vrai ce qui est obligatoire dans la madéfaction, c'est tout ce à quoi on applique le mot *mash*, ou madéfaction, sans qu'il y ait besoin de déterminer exactement la partie à madéfier, dans la mesure où il n'y a rien dans la Sunna authentique qui aille dans ce sens.

La durée de validité de la madéfaction

La durée de validité de la madéfaction sur les chaussons pour celui qui est établi dans un endroit fixe est d'un jour et d'une nuit, tandis que pour le voyageur, elle est de trois jours et trois nuits. Safwân Ibn 'Assâl (رضي الله عنه) a dit : « Le Prophète (ﷺ) nous ordonna de pratiquer la madéfaction de nos chaussons après avoir fait nos ablutions durant trois jours et nuits lorsque nous sommes en voyage, et durant un jour et une nuit lorsque nous sommes établis dans un lieu fixe ; il nous ordonna de ne les enlever qu'en cas d'impureté majeure ». Ce *hadîth* est rapporté par Ash-Shâfi'î, Ahmad, Ibn Khuzayma, At-Tirmidhî et An-Nasâ'î, lequel l'a authentifié. En outre, Shurayh Ibn Hâni' (رضي الله عنه) a dit : « J'interrogeai 'Â'isha à propos de la madéfaction des chaussons, et elle me répondit : « Interroge 'Alî, car il est plus savant que moi sur ce sujet ; il a beaucoup voyagé avec le Prophète (ﷺ). J'interrogeai donc 'Alî qui me répondit : « Le Prophète (ﷺ) a dit : « La durée de la madéfaction pour le voyageur est de trois jours et trois nuits, et pour celui qui est établi en un lieu fixe, d'un jour et d'une nuit ». Ce *hadîth* est rapporté par Ahmad, Muslim, At-Tirmidhî, An-Nasâ'î et Ibn Mâjah. Al-Bayhaqî a dit : « C'est le *hadîth* le plus authentique qui ait été rapporté à ce sujet ».

Il y a lieu de préciser que la durée de validité de la madéfaction commence au moment où elle est pratiquée. On a dit également qu'elle débutait au moment où il y a impureté mineure, une fois les chaussons ou les chaussettes enfilés ».

Les modalités de la madéfaction

Il est permis à celui qui a fait ses ablutions mineures et a mis ses chaussons ou ses chaussettes, de passer les mains mouillées dessus plutôt que de se laver les pieds, chaque fois qu'il désire refaire ses ablutions mineures, et ce pendant un jour et une nuit s'il est établi dans un lieu fixe, et trois jours et trois nuits s'il est en voyage. Cependant, s'il est en état d'impureté majeure, il est obligé de les enlever, conformément au *hadîth* de Safwân cité plus haut.

Ce qui annule la madéfaction

Trois causes annulent la madéfaction :

- L'expiration de la durée de madéfaction.

- L'état d'impureté majeure.

- Le fait d'enlever ses chaussons.

Lorsque la durée est expirée ou que le fidèle a enlevé ses chaussons alors qu'il était en état d'ablution, il se lavera simplement les pieds [pour prier].

LES GRANDES ABLUTIONS (*AL-GHUSL*)

Le mot *ghusl* désigne l'action de répandre de l'eau sur tout le corps, en vertu de la parole du Très Haut : [*Et si vous êtes pollués « junub », alors purifiez-vous* (par un bain)] (S. 5, V. 6).[1] Ainsi que de cet autre verset : {*Et ils t'interrogent sur la menstruation des femmes, dis : « C'est un mal. Éloignez-vous donc des femmes pendant les menstrues, et ne les approchez que quand elles sont pures. Quand elles se sont purifiées, alors cohabitez avec elles suivant les prescriptions de Dieu car Dieu aime ceux qui se repentent et Il aime ceux qui se purifient*} (S. 2, V. 222).[2]

Quand les grandes ablutions sont-elles obligatoires ?

Les ablutions majeures deviennent obligatoires dans cinq cas :

1- Après éjaculation du sperme par jouissance, que ce soit pendant le sommeil ou en état d'éveil, par l'homme ou par la femme.[3] C'est là l'avis de la plupart des jurisconsultes. En effet, Abû Sa'îd rapporte que le Prophète (ﷺ) a dit : « Il faut de l'eau pour se purifier de l'eau (du sperme *ou des sécrétions orgasmiques*) ». Ce hadîth est rapporté par Muslim. En outre, d'après Umm Salama (رضي الله عنها), Umm Sulaym a dit : « Ô Messager de Dieu, Dieu ne se gêne point de la vérité. La femme est-elle obligée de se laver lorsqu'elle fait un rêve érotique ? ». Il lui répondit : « Oui, si elle voit un liquide ». Ce *hadîth* est rapporté par les deux sheikhs, Al-Bukhârî et Muslim, et autres. D'autre part, plusieurs cas peuvent survenir. C'est pourquoi nous attirons à présent l'attention sur eux, vu leur importance :

- Lorsque le sperme sort sans jouissance, comme lorsqu'il sort à la suite d'une maladie ou du froid, il n'est pas obligatoire de faire ses ablutions majeures. En effet, dans le *hadîth* de 'Alî (رضي الله عنه), le Prophète (ﷺ) lui

---

1 ﴿وَإِن كُنتُمْ جُنُبًا فَٱطَّهَّرُوا۟﴾

2 ﴿وَيَسْـَٔلُونَكَ عَنِ ٱلْمَحِيضِ ۖ قُلْ هُوَ أَذًى فَٱعْتَزِلُوا۟ ٱلنِّسَآءَ فِى ٱلْمَحِيضِ ۖ وَلَا تَقْرَبُوهُنَّ حَتَّىٰ يَطْهُرْنَ ۖ فَإِذَا تَطَهَّرْنَ فَأْتُوهُنَّ مِنْ حَيْثُ أَمَرَكُمُ ٱللَّهُ ۚ إِنَّ ٱللَّهَ يُحِبُّ ٱلتَّوَّٰبِينَ وَيُحِبُّ ٱلْمُتَطَهِّرِينَ﴾

3 Chez la femme l'on parle de sécrétions orgasmiques plutôt que de sperme. (NDT)

dit : « Si tu éjacules du liquide séminal, alors fais tes grandes ablutions ». Ce *hadîth* est rapporté par Abû Dâwûd. Mujâhid a dit : « Nous étions – les disciples d'Ibn 'Abbâs, s'entend, c'est-à-dire Tâwûs, Sa'îd Ibn Jubayr et 'Ikrima – en cercle d'étude et Ibn 'Abbâs était debout en train de prier lorsqu'un homme vint à nous et nous demanda si quelqu'un pouvait délivrer une *fatwâ* (avis religieux) à son attention. Nous lui répondîmes : « Pose ta question ». Il dit : « A chaque fois que j'urine, cette urine est suivie par une eau blanchâtre ». Nous lui dîmes : « S'agit-il de sperme ? ». Il répondit : « Oui ». Nous lui dîmes : « Tu dois faire tes grandes ablutions ». L'homme s'apprêtait à sortir de la mosquée, répétant la formule : « Nous sommes à Dieu et à Lui nous retournerons », lorsque Ibn 'Abbâs, qui avait accéléré sa prière, demanda à 'Ikrima de le rappeler. Lorsque celui-ci revint vers nous, Ibn 'Abbâs nous dit : « Vous rendez-vous compte de l'avis juridique que vous venez de délivrer à cet homme ? Est-il issu du Livre de Dieu ? ». Nous répondîmes : « Non ». Il ajouta : « Est-il issu de la Sunna du Messager de Dieu (ﷺ) ? ». Nous répondîmes : « Non ». Il ajouta : « S'inspire-t-il de la conduite des Compagnons du Messager de Dieu (ﷺ) ? ». Nous répondîmes : « Non ». Il dit : « De quoi est-il issu alors ? ». Nous répondîmes : « De notre raisonnement personnel ». Il dit : « C'est pour cela que le Prophète (ﷺ) a dit : « Un seul érudit est plus redoutable pour Satan que mille adorateurs ! ». Ibn 'Abbâs se tourna alors vers l'homme et lui dit : « Vois-tu lorsque ce liquide sort de toi, en ressens-tu du plaisir ? ». L'homme répondit : « Non ». Il lui dit encore : « Ressens-tu une jouissance qui envahit ton corps ? ». L'homme répondit : « Non ». Il lui dit alors : « Ce n'est que la conséquence d'un refroidissement qui nécessite le renouvellement des ablutions mineures ».

- Lorsqu'une personne fait un rêve érotique mais ne trouve pas de traces de sperme sur elle, elle n'a pas à faire ses grandes ablutions. Al-Mundhirî a dit à ce sujet : « C'est là l'avis consensuel de tous les gens de science dont j'ai été l'élève ». Dans le *hadîth* d'Umm Sulaym cité plus haut, il est dit que la femme qui fait un rêve érotique accompagné de pollutions nocturnes doit faire ses grandes ablutions, dans le cas où elle voit des sécrétions orgasmiques sur elle. Ceci prouve qu'elle n'a pas à faire ses grandes ablutions si elle n'en voit pas. Mais si ce liquide est éjaculé après l'éveil, il y a obligation de faire ses ablutions majeures.

- Lorsqu'une personne se réveille et découvre que ses vêtements sont mouillés mais ne se souvient pas avoir fait un rêve érotique, si elle a la certitude que ce liquide est du sperme, elle doit faire ses grandes ablutions, car il est clair que le liquide éjaculé est dû à un rêve oublié. Par contre, si elle a des doutes et n'est pas certaine qu'il s'agisse de sperme, elle doit quand même faire ses grandes ablutions par précaution. Néanmoins, Mujâhid et Qatâda soutiennent que cette personne n'a pas à faire ses grandes ablutions tant qu'elle n'est pas certaine qu'il s'agisse de sperme, dans la mesure où la certitude représentée ici par l'état de purification ne peut disparaître par un simple doute.

-Lorsqu'une personne sent le déplacement du sperme au moment de la jouissance, mais parvient à le retenir dans sa verge de façon à ce qu'il ne sorte pas, elle n'a pas à faire ses grandes ablutions, en vertu du *hadîth* où il est dit que le Prophète (ﷺ) a conditionné l'accomplissement des grandes ablutions à la vue du sperme. Si tel n'est pas le cas, l'obligation de se laver ne s'impose pas. Cependant, si elle marche et que le sperme s'écoule, elle doit procéder aux ablutions majeures.

- Si une personne ayant fait une série de prières découvre du sperme sur ses vêtements, mais ne sait pas quand il a été émis, elle doit refaire ses prières à partir de son dernier sommeil, sauf si elle découvre un élément qui prouve que la chose est arrivée avant son sommeil, auquel cas elle devra les refaire à partir du sommeil le plus proche où elle pense avoir éjaculé.

2- La rencontre des deux organes sexuels. C'est-à-dire que le gland disparaisse dans le vagin, même s'il n'y a pas éjaculation, car Dieu a dit : {*Et si vous êtes « junub », alors purifiez-vous* (par un bain rituel)}. Ash-Shâfi'î a dit : « Le langage des Arabes indique que la *janâba* (état d'impureté majeure) s'applique au rapport sexuel, même s'il n'y a pas émission de sperme. En effet, lorsqu'on dit à un Arabe qu'un tel a eu une *janâba* avec une telle, il comprendra qu'il a eu une relation sexuelle avec elle, même s'il n'a pas éjaculé. Qui plus est, personne n'objectera que le cas de fornication qui implique le châtiment de flagellation est le rapport sexuel caractérisé, même s'il n'a pas été suivi d'une émission de sperme. Ceci est confirmé par le *hadîth* d'Abû Hurayra (رضي الله عنه) lequel rapporte que le Prophète (ﷺ) a dit : « Lorsqu'un homme s'assied entre les quatre membres d'une femme et la harasse, il est tenu de faire ses grandes ablutions, qu'il ait éjaculé ou non ». Ce *hadîth* est rapporté par Ahmad et Muslim. En outre, Sa'îd Ibn Al-Musayyab rapporte qu'Abû Mûsâ Al-Ash'arî (رضي الله عنه) dit à 'Â'isha (رضي الله عنها) : « Je voudrais t'interroger sur une chose, mais j'éprouve de la pudeur à ton égard ». Elle lui dit : « Interroge-moi et n'éprouve aucune pudeur, car je suis ta mère (la mère des croyants) ». Il l'interrogea alors sur l'homme qui pratique le coït avec sa femme sans éjaculer. Elle lui répondit que le Prophète (ﷺ) a dit : « Lorsque les deux organes sexuels se sont rencontrés, les grandes ablutions deviennent obligatoires ». Ce *hadîth* est rapporté par Aḥmad et Mâlik, selon des versions différentes. D'autre part, il faut qu'il y ait eu pénétration effective pour que les grandes ablutions s'imposent, sinon, les simples attouchements sans pénétration n'impliquent les grandes ablutions pour aucun des partenaires, et ce à l'unanimité des savants.

3- La cessation des menstrues et des lochies, en vertu de la parole du Très Haut : {*Et ne les approchez que quand elles sont pures. Quand elles se sont purifiées, alors cohabitez avec elles suivant les prescriptions de Dieu*} (S. 2, V. 222).[1] En vertu aussi du *hadîth* du Prophète (ﷺ) qui dit à Fâṭima Bint Abî Ḥubaysh (﵂) : « Laisse la prière pendant les jours de tes menstrues, ensuite purifie-toi et prie. »[2]

Si les grandes ablutions s'appliquent aux menstrues, il y a lieu de préciser qu'elles s'appliquent aussi aux lochies qui accompagnent l'accouchement, car les deux sont similaires selon l'avis unanime des Compagnons. Toutefois, lorsqu'une femme accouche et ne voit pas de sang, elle est tenue selon certains de faire ses grandes ablutions, et pour d'autres, non, en ce sens qu'il n'existe aucun texte à ce sujet.

4- La mort. Lorsqu'un musulman meurt, il y a consensus sur le fait que l'on doit procéder à ses grandes ablutions selon des détails que nous verrons plus loin.

5- La conversion de l'incroyant à l'Islam. Lorsqu'un incroyant embrasse l'Islam, il est tenu de faire ses grandes ablutions. On en a pour preuve ce *hadîth* d'Abû Hurayra (﵁) qui dit : « Lorsque Thumâma Al-Ḥanafî fut fait prisonnier, le Prophète (ﷺ) lui rendit visite et lui dit : « Qu'as-tu à dire ô Thumâma ? », il lui répondit : « Si tu tues, tu tueras un meurtrier ; si tu accordes ta grâce, tu l'accorderas à un homme reconnaissant ; si tu veux de l'argent, nous t'en donnerons autant que tu veux ! ». Or, les Compagnons du Prophète (ﷺ) qui préféraient racheter les prisonniers, dirent : « A quoi servira la mort de celui-ci ? ». Un jour que le Prophète (ﷺ) allait le voir, Thumâma embrassa l'Islam. Il le détacha alors et l'envoya dans la palmeraie d'Abû Ṭalḥa où il lui ordonna

---

1 ﴿وَلَا تَقْرَبُوهُنَّ حَتَّىٰ يَطْهُرْنَ ۖ فَإِذَا تَطَهَّرْنَ فَأْتُوهُنَّ مِنْ حَيْثُ أَمَرَكُمُ ٱللَّهُ﴾

2 *Hadîth* rapporté par Al-Bukhârî et Muslim.

de faire ses grandes ablutions. Il se lava donc et fit une prière de deux cycles. Le Messager de Dieu (ﷺ) dit alors aux Compagnons : « L'Islam de votre frère est parachevé. »[1]

Ce qui est interdit pour celui qui se trouve en état d'impureté majeure

Il est interdit à celui qui se trouve en état d'impureté majeure de faire ce qui suit :

1- La prière.

2- Les tournées rituelles (*tawâf*) autour de la Maison de Dieu. Les preuves en ce sens ont été citées dans le chapitre consacré aux obligations ayant trait aux ablutions mineures.

3- Toucher ou porter le Coran. Cette interdiction fait l'unanimité des savants de l'Islam. Aucun Compagnon n'a, d'ailleurs, émis un avis contraire. Néanmoins, Dâwûd (le dhâhirite) et Ibn Hazm ont permis à celui qui est en état d'impureté majeure de toucher ou de porter le Coran, s'appuyant en cela sur ce qui a été rapporté dans les deux « *Sahîh* », concernant le message que le Prophète (ﷺ) avait envoyé à Héraclius et qui portait l'inscription « Au nom de Dieu, le Très Miséricordieux, le Tout Miséricordieux », jusqu'à : {*Ô gens du Livre, venez à une parole commune entre nous et vous ; que nous n'adorions que Dieu, sans rien Lui associer, et que nous ne nous prenions point les uns les autres pour seigneurs en dehors de Dieu. » Puis, s'ils tournent le dos, dites : « Soyez témoins que nous, nous sommes soumis*} (S. 3. V. 64).[2]

Ibn Hazm a dit : « C'est ainsi que le Prophète (ﷺ) envoya ce message aux chrétiens dans lequel il y avait ce verset, en sachant qu'ils allaient le toucher ». Mais l'ensemble des savants a répondu qu'il s'agit là d'un message, et qu'il n'y a aucun inconvénient de toucher les versets coraniques qu'il contient, comme on le fait avec les épîtres, les ouvrages d'exégèse, de jurisprudence et autres. Même si ces ouvrages et épîtres contiennent des versets coraniques, ils ne peuvent nullement être assi-

---

1 *Hadîth* rapporté par Ahmad ; on le trouve, à l'origine, chez les deux sheikhs, Al-Bukhârî et Muslim.

2 ﴿قُلْ يَـٰٓأَهْلَ ٱلْكِتَـٰبِ تَعَالَوْا۟ إِلَىٰ كَلِمَةٍ سَوَآءٍۭ بَيْنَنَا وَبَيْنَكُمْ أَلَّا نَعْبُدَ إِلَّا ٱللَّهَ وَلَا نُشْرِكَ بِهِۦ شَيْـًٔا وَلَا يَتَّخِذَ بَعْضُنَا بَعْضًا أَرْبَابًا مِّن دُونِ ٱللَّهِ ۚ فَإِن تَوَلَّوْا۟ فَقُولُوا۟ ٱشْهَدُوا۟ بِأَنَّا مُسْلِمُونَ﴾

milés au Coran, car ne possédant pas sa sacralité.

4- Réciter le Coran. Il est interdit à celui qui est en état d'impureté majeure de réciter le Coran, ne serait-ce qu'un passage, de l'avis de la plupart des savants, en vertu du *hadîth* de 'Alî (ﷺ) qui dit : « Rien n'empêchait le Prophète (ﷺ) de réciter le Coran, sauf lorsqu'il était en état d'impureté majeure ». Ce *hadîth* est rapporté par Abû Dâwûd, An-Nasâ'î, Ibn Mâjah et At-Tirmidhî, lequel l'a authentifié, lui et d'autres traditionnistes. Al-Hâfidh a dit dans son « *Al-Fath* » : « Certains traditionnistes ont qualifié de faibles certains transmetteurs de ce *hadîth*, mais en vérité, il fait partie de la catégorie des *hadîth* bons et peut servir à l'argumentation ». 'Alî, rapporte aussi ceci : « J'ai vu le Prophète (ﷺ) faire ses ablutions, puis réciter quelque chose du Coran avant de dire : « Ceci pour celui qui n'est pas en état d'impureté majeure ; quant à celui qui est dans cet état, il lui est interdit de réciter ne serait-ce qu'un verset ». Ce *hadîth* est rapporté par Ahmad et Abû Ya'lâ à qui appartient cette version. Al-Haythamî a dit : « Ses transmetteurs sont des gens crédibles ». Ash-Shawkânî a dit : « Si ce *hadîth* s'avère authentique, il peut servir de preuve de l'interdiction. Quant au premier *hadîth*, rien en lui ne prouve l'interdiction, car tout ce que l'on peut dire le concernant est que le Prophète (ﷺ) n'a pas récité le Coran alors qu'il se trouvait en état d'impureté majeure. Or si un tel *hadîth* ne peut servir d'argument pour prouver que la chose est réprouvable, a fortiori ne peut-il servir d'argument pour prouver qu'elle est interdite ». De leur côté, Al-Bukhârî, At-Tabarânî, Dâwûd et Ibn Hazm ont estimé qu'il est permis à celui qui se trouve en état d'impureté majeure de réciter le Coran. Al-Bukhârî a dit : « Ibrâhîm a dit : « Il n'y a aucun mal à ce que la femme qui a ses menstrues récite le Coran ». Pour sa part, Ibn 'Abbâs ne voyait aucun inconvénient à ce que celui qui se trouve en état d'impureté récite le Coran. Au demeurant, le Prophète (ﷺ) évoquait Dieu à tout instant. Al-Hâfidh, commentant les propos d'Al-Bukhârî, a dit : « Pour Al-Bukhârî, aucun *hadîth* authentique ne prouve qu'il est interdit pour celui qui est en état d'impureté majeure et la femme en état de menstrues, de réciter le Coran. Et même si l'ensemble des *hadîth* rapportés à ce sujet tiennent lieu d'argument pour d'autres, la plupart d'entre eux sont sujets à interprétation ».

5- S'asseoir dans la mosquée. Il est interdit à celui qui se trouve en état d'impureté majeure de rester dans la mosquée, en vertu du *hadîth* de 'Â'isha (رضي الله عنها) qui dit : « Les demeures des Compagnons du Prophète (ﷺ) donnaient sur la mosquée. Comme le Messager de Dieu entrait un jour, il dit : « Détournez les portes de ces maisons de la mosquée ». Puis il entra un autre jour, et les Compagnons n'avaient rien fait, espérant qu'une dispense leur soit accordée par révélation. Il alla de nouveau les voir et leur dit : « Détournez vos portes de la mosquée, car je n'autorise pas à celles qui sont en état de menstrues ni à ceux qui sont en état d'impureté majeure d'y entrer ». Ce *hadîth* est rapporté par Abû Dâwûd. En outre, d'après Umm Salama (رضي الله عنها), le Prophète (ﷺ) entra un jour dans la cour de la mosquée et appela à haute voix : « La mosquée est interdite à celle qui est en état de menstrues et à celui qui est en état d'impureté majeure ». Ce *hadîth* est rapporté par Ibn Mâjah et At-Tabarânî. Ces deux *hadîth* prouvent qu'il est interdit pour ces deux catégories de personnes de s'asseoir dans la mosquée, mais qu'il leur est permis de la traverser, conformément à la parole du Très Haut : {*Ô les croyants ! N'approchez pas de la prière alors que vous êtes ivres, jusqu'à ce que vous compreniez ce que vous dites, et aussi quand vous êtes en état d'impureté (pollués) – à moins que vous ne soyez en déplacement – jusqu'à ce que vous ayez pris un bain rituel*} (S. 4, V. 43).[1] En outre, Jâbir (رضي الله عنه) a dit : « Nous traversions la mosquée alors que nous étions en état d'impureté majeure ». Ce *hadîth* est rapporté par Ibn Abî Shayba et Sa'îd Ibn Mansûr dans ses « *Sunan* ». D'autre part, Zayd Ibn Aslam a dit : « Les Compagnons du Prophète (ﷺ) marchaient dans la mosquée alors qu'ils étaient en état d'impureté majeure ». Ce propos est rapporté par Ibn Al-Mundhir. Quant à Yazîd Ibn Habîb, il a dit : « Il y avait des hommes parmi les Ansârs dont les portes des maisons donnaient sur la mosquée. Aussi, lorsqu'ils étaient en état d'impureté majeure et qu'ils voulaient aller chercher de l'eau, ils étaient obligés de passer par la mosquée pour la trouver. Dieu révéla alors : {*Quand vous êtes en état d'impureté* (pollués) – *à moins que vous ne soyez en déplacement*}. Ce *hadîth* est rapporté par Ibn Jarîr. Ash-Shawkânî, commentant cela, a dit : « Il s'agit là d'une preuve formelle et péremptoire ». En outre, 'Â'isha (رضي الله عنها) a dit : « Le Prophète (ﷺ) me demanda un jour de lui apporter une natte de la mosquée ; je lui dis : « Je suis en état de menstrues ». Il me répondit : « Ce ne sont pas tes mains qui sont en état de menstrues. »[2] Maymûna (رضي الله عنها) rapporte de son côté : « Le Prophète (ﷺ)

---

1 ﴿يَٰٓأَيُّهَا ٱلَّذِينَ ءَامَنُواْ لَا تَقۡرَبُواْ ٱلصَّلَوٰةَ وَأَنتُمۡ سُكَٰرَىٰ حَتَّىٰ تَعۡلَمُواْ مَا تَقُولُونَ وَلَا جُنُبًا إِلَّا عَابِرِي سَبِيلٍ حَتَّىٰ تَغۡتَسِلُواْ﴾

2 *Hadîth* rapporté par Muslim, Abû Dâwûd, At-Tirmidhî, An-Nasâ'î, Ibn Mâjah et Ahmad.

entrait chez l'une de nous alors qu'elle était en état de menstrues. Il mettait sa tête dans son giron et récitait le Coran alors qu'elle était dans cet état. Ensuite, l'une de nous prenait sa natte et la remettait dans la mosquée alors qu'elle était dans cet état. »[1]

Les cas où les grandes ablutions sont recommandées

Il s'agit des grandes ablutions qui ont pour conséquence une récompense divine si on les fait et ne sont pas sanctionnées par un châtiment divin si on ne les fait pas. Les grandes ablutions sont recommandées dans six cas :

1- Les grandes ablutions du Vendredi. Dans la mesure où le jour du vendredi est un jour de rassemblement pour l'adoration et la prière, le Législateur a vivement recommandé aux musulmans de faire leurs grandes ablutions afin qu'ils soient dans le meilleur état de propreté et de purification durant ce rassemblement. En effet, Abû Sa'îd Al-Khudhrî (ﷺ) rapporte que le Prophète (ﷺ) a dit : « Les grandes ablutions du Vendredi sont un devoir pour tout musulman pubère ainsi que le fait de se parfumer, dans la mesure du possible ». Ce *hadîth* est rapporté par Al-Bukhârî et Muslim. Par pubère, le *hadîth* entend celui qui est majeur, et par devoir, il entend que les grandes ablutions sont recommandées. Ceci est confirmé par le *hadîth* rapporté par Al-Bukhârî d'après Ibn 'Umar, qui a dit : « 'Umar Ibn Al-Khattâb était le jour du Vendredi, debout pour le prône, lorsqu'un homme, [il s'agit de 'Uthmân] ayant fait partie des premiers Emigrés (*muhâjirûn*) et des Compagnons du Prophète (ﷺ), entra [dans la mosquée]. 'Umar cria à cet homme : « Quoi ! à cette heure ! – J'étais occupé, répliqua l'homme ; je n'étais pas rentré chez moi quand j'ai entendu l'appel à la prière et je n'ai fait autre chose après cela que mes ablutions mineures. – Comment ! les ablutions mineures ! s'écria 'Umar, alors que tu savais que l'Envoyé de Dieu (ﷺ) ordonnait les grandes ablutions. » Ceci prouve que tous deux savaient que le fait de se laver en ce cas relève du choix personnel. Confirme également le caractère recommandé du lavage, le *hadîth* rapporté par Muslim d'après Abû Hurayra (ﷺ) disant que le Prophète (ﷺ) a dit : « Celui qui s'applique à faire ses ablutions mineures, puis va à la prière du Vendredi et écoute le prône avec attention, ses péchés lui seront pardonnés depuis le vendredi précédent, en plus de trois jours supplémentaires ». Al-Qurtubî, après avoir déduit de ce *hadîth* qu'il

1 *Hadîth* rapporté par Ahmad et An-Nasâ'î.

était recommandé et non obligatoire de faire ses grandes ablutions en tel cas, a dit : « La mention des ablutions mineures et de la rétribution divine qui en découle prouve que celles-ci suffisent pour accomplir valablement la prière du Vendredi ». De son côté, Al-Hâfidh Ibn Hajar a dit dans son « *Talkhîs* » : « C'est là l'argument le plus solide qui ait été apporté en faveur du caractère non obligatoire des grandes ablutions le jour du Vendredi ». Il y a lieu de préciser, cependant, que le caractère recommandé des grandes ablutions du Vendredi est conditionné par le fait de ne pas causer de gêne à autrui. En effet, dans le cas où ne pas les accomplir risque d'entraîner une gêne pour autrui, à cause de fortes sueurs, de mauvaises odeurs et autres nuisances, alors les grandes ablutions deviennent obligatoires et s'abstenir de les faire est illicite. Dans cette optique, un groupe de savants a soutenu que les grandes ablutions du Vendredi étaient obligatoires, même s'il n'y a pas risque de causer des nuisances en les délaissant. Ces savants se sont appuyés, dans leur argumentaire, sur le *hadîth* d'Abû Hurayra (ﷺ), lequel rapporte que le Prophète (ﷺ) a dit : « Il est du devoir de tout musulman de se laver une fois tous les sept jours, la tête comme le corps ». Ce *hadîth* est rapporté par Al-Bukhârî et Muslim. Ces savants s'en tiennent au seul sens apparent des *hadîth* rapportés à ce sujet et rejettent tout ce qui s'y oppose.

Concernant le moment durant lequel les grandes ablutions sont effectuées, il s'étend de l'aube jusqu'à l'heure de la prière du Vendredi, même s'il est recommandé de les faire juste avant d'aller à la prière. Si celui qui a fait ses grandes ablutions se retrouve en état d'impureté mineure (*hadath*) avant de se rendre à la prière du Vendredi, il lui suffira de refaire ses ablutions mineures. Al-Athram a dit : « J'interrogeai Ahmad sur le cas de celui qui a fait ses grandes ablutions et qui perd ses ablutions mineures : peut-il se suffire de renouveler ses ablutions mineures ? Il me répondit par l'affirmative, ajoutant qu'il n'avait jamais entendu meilleur *hadîth* à ce sujet que celui d'Ibn Abzâ ». Ahmad fait ici allusion au *hadîth* rapporté par Ibn Abî Shayba au moyen d'une bonne chaîne de transmission, d'après 'Abd Ar-Rahmân Ibn Abzâ, d'après son père – qui était un Compagnon du Prophète – disant que celui-ci faisait ses grandes ablutions du Vendredi, perdait ses ablutions mineures et les renouvelait sans refaire ses grandes ablutions ».

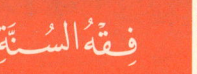

Il y a lieu de préciser que le temps imparti aux grandes ablutions s'achève avec la fin de la prière du Vendredi. Aussi, les grandes ablutions effectuées après la prière du Vendredi ne peuvent-elles être considérées comme les grandes ablutions du Vendredi et leur auteur ne sera pas considéré comme ayant appliqué ce qui lui a été ordonné, et ce en vertu du *ḥadīth* d'Ibn ‘Umar (رضي الله عنهما) qui rapporte que le Prophète (ﷺ) a dit : « Lorsque l'un de vous vient à la prière du Vendredi, qu'il fasse d'abord ses grandes ablutions ». Ce *ḥadīth* est rapporté par Al-Bukhārī, Muslim, Abū Dāwūd, At-Tirmidhī, An-Nasā'ī, Ibn Mājah et Aḥmad. Dans la version rapportée par Muslim, il est dit : « Si l'un de vous veut venir à la prière du Vendredi, qu'il fasse d'abord ses grandes ablutions ». Ibn ‘Abd Al-Barr a rapporté le consensus des savants à ce sujet.

2- Les grandes ablutions des deux fêtes (*ghusl al-‘īdayn*). Les savants ont estimé qu'il est recommandé de faire ses grandes ablutions pour les deux fêtes, mais aucun *ḥadīth* authentique ne stipule cela. Il est dit dans « Al-Badr Al-Munīr » : « Les *ḥadīth* qui parlent des grandes ablutions pour les deux fêtes sont faibles, ceci dit certains récits rapportés à ce sujet, d'après les Compagnons, sont qualifiés de bons (*jayyid*) ».

3- Les grandes ablutions pour celui qui a procédé au lavage rituel d'un mort. Pour nombre de gens de science, il est recommandé à celui qui a lavé un mort de faire ses grandes ablutions, en vertu du *ḥadīth* d'Abū Hurayra (رضي الله عنه) qui rapporte que le Prophète (ﷺ) a dit : « Celui qui lave un mort doit se laver lui-même, et celui qui l'a porté doit faire ses ablutions mineures ». Ce *ḥadīth* est rapporté par Aḥmad, Abū Dāwūd, At-Tirmidhī, An-Nasā'ī et autres traditionnistes. Cependant, les imāms ont récusé ce *ḥadīth*. En effet, ‘Alī Ibn Al-Madīnī, Aḥmad, Ibn Mundhir, Ar-Rāfi‘ī et autres, ont estimé que les traditionnistes n'ont rien authentifié à ce sujet. Toutefois, Ibn Ḥajar soutient que ce *ḥadīth* a été qualifié de *ḥasan* (bon) par At-Tirmidhī et authentifié par Ibn Ḥibbān. Au vu des voies multiples par lesquelles ce *ḥadīth* a été rapporté, le moins qu'on puisse dire est qu'il est *ḥasan*. Aussi, la récusation d'An-Nawawī du jugement d'At-Tirmidhī sur le caractère bon de ce *ḥadīth* est-elle à rejeter. Adh-Dhahabī a dit à ce sujet : « Les chaînes de transmission de ce *ḥadīth* sont plus solides que celles des *ḥadīth* utilisés comme argument par les jurisconsultes ». Quoi qu'il en soit, l'ordre stipulé dans ce *ḥadīth* doit être compris comme ayant un caractère de recommandation, en vertu du *ḥadīth* de ‘Umar (رضي الله عنه) qui dit : « Nous lavions le mort, et il y avait parmi nous celui qui se lavait après cela et celui qui ne se lavait pas ». Ce propos est rapporté par Al-Khaṭīb au moyen d'une chaîne de transmission authentique. En outre, lorsque Asmā' Ibn ‘Umays, l'épouse d'Abū Bakr (رضي الله عنه) eut procédé à la toilette mortuaire de son mari, elle sortit et interrogea ceux d'entre les Émigrés (*muhājirūn*) qui étaient présents, leur disant : « Aujourd'hui est un jour de grand froid et je suis en état de jeûne. Dois-je me laver ? » Ils lui dirent : « Non ». Ce *hadîth* est rapporté par Mâlik.

4- Les grandes ablutions en vue de l'*ihrâm* (l'état de sacralisation). D'après la majorité des savants, il est recommandé à celui qui désire se mettre en état de sacralisation pour le grand ou le petit pèlerinage de faire ses grandes ablutions, et ce en vertu du *hadîth* de Zayd Ibn Thâbit (ﷺ) qui rapporte avoir vu le Prophète (ﷺ) ôter ses vêtements et faire ses grandes ablutions pour se mettre en état de sacralisation ». Ce *hadîth* est rapporté par Ad-Dâraqutnî, Al-Bayhaqî et At-Tirmidhî, qui l'a qualifié de *hasan*. Quant à Al-'Uqaylî, il l'a qualifié de faible.

5- Les grandes ablutions avant d'entrer à La Mecque. Il est recommandé à celui qui désire entrer à La Mecque de faire ses grandes ablutions, en vertu de ce qui a été rapporté au sujet d'Ibn 'Umar, disant que celui-ci, chaque fois qu'il venait à La Mecque, passait la nuit dans un lieu appelé Dhû Tuwâ, puis entrait dans la ville en début de journée. Ibn 'Umar disait que le Prophète (ﷺ) faisait cela. Ce *hadîth* est rapporté par Al-Bukhârî et Muslim. Ceci est la version rapportée par Muslim. Ibn Al-Mundhir a dit de son côté : « Selon l'ensemble des savants, il est recommandé de faire ses grandes ablutions avant d'entrer à La Mecque, mais le fait de s'abstenir de les faire n'entraîne pas d'expiation selon eux, car les ablutions mineures pallient leur absence.

6- Les grandes ablutions avant la station de 'Arafa. Il est recommandé à celui qui désire stationner à 'Arafât durant le pèlerinage de faire ses grandes ablutions, en vertu de ce qu'a rapporté Mâlik d'après Nâfi', selon lequel 'Abd Allâh Ibn 'Umar faisait ses grandes ablutions pour se mettre en état de sacralisation, pour entrer à La Mecque et pour stationner à 'Arafa ».

Les éléments constitutifs des grandes ablutions

Pour que les grandes ablutions soient valables, il faut qu'elles remplissent deux conditions :

1- L'intention. Car c'est par elle que l'on distingue l'adoration de la simple habitude. L'intention doit être formulée en son for intérieur, elle n'implique aucune formulation verbale, comme le font à tort beaucoup de gens. En effet, il s'agit d'une innovation qui n'a pas été instituée par la Loi révélée. Le mieux est de ne pas le faire. La question de l'intention a déjà été traitée au chapitre ayant trait aux ablutions mineures.

2- Le lavage de tous les membres. Il faut laver tous ses membres, en vertu de la parole du Très Haut : {*Et si vous êtes pollués* (junub), *alors purifiez-vous* (par un bain rituel)}, c'est-à-dire, lavez-vous. En vertu aussi du verset suivant : {*Et Ils t'interrogent sur la menstruation des femmes – Dis : « C'est un mal. Éloignez-vous donc des femmes pendant les menstrues, et ne les approchez que quand elles sont pures*}, c'est-à-dire quand elles se sont lavées. Et pour montrer que la purification veut dire le lavage, citons ce que dit clairement le Coran au travers de la parole du Très Haut : {*Ô les croyants ! N'approchez pas de la prière alors que vous êtes ivres, jusqu'à ce que vous compreniez ce que vous dites, et aussi quand vous êtes en état d'impureté* (pollués) – *à moins que vous ne soyez en voyage – jusqu'à ce que vous ayez pris un bain rituel*} (S. 4, V. 43).[1]

Les actes recommandés ayant trait aux grandes ablutions

Il est recommandé à celui qui procède aux grandes ablutions de suivre les gestes du Prophète (ﷺ) lorsqu'il se lavait. Ces gestes sont les suivants :

- Laver ses mains trois fois.

- Puis laver ses organes génitaux.

- Puis faire les ablutions mineures complètes comme celles de la prière. Le fidèle pourra cependant retarder le lavage des pieds jusqu'à ce qu'il ait achevé d'accomplir ses grandes ablutions, s'il se lave dans une bassine ou autre.

- Puis verser trois fois de l'eau sur sa tête en passant ses doigts dans les cheveux pour que l'eau parvienne jusqu'aux racines.

- Puis répandre de l'eau sur la totalité du corps, en commençant par le côté droit, puis par le côté gauche. Le fidèle frottera ses aisselles, l'intérieur de ses oreilles, entre ses doigts de pieds et toutes les parties du corps qu'il peut atteindre.

Les preuves scripturaires de ce qui précède sont le hadîth rapporté par 'Â'isha (رضي الله عنها) qui dit : « Lorsque le Prophète (ﷺ) se lavait de l'im-

---

1 ﴿يَـٰٓأَيُّهَا ٱلَّذِينَ ءَامَنُوا۟ لَا تَقْرَبُوا۟ ٱلصَّلَوٰةَ وَأَنتُمْ سُكَـٰرَىٰ حَتَّىٰ تَعْلَمُوا۟ مَا تَقُولُونَ وَلَا جُنُبًا إِلَّا عَابِرِى سَبِيلٍ حَتَّىٰ تَغْتَسِلُوا۟﴾

pureté majeure, il commençait par laver ses mains, puis il versait de l'eau de sa main droite sur sa main gauche en lavant ses organes génitaux ; ensuite, il faisait des ablutions mineures semblables à celles des prières, puis il prenait de l'eau et la versait sur sa tête en introduisant ses doigts dans sa chevelure jusqu'à ce qu'il soit sûr d'avoir fait parvenir l'eau jusqu'à la racine. Ensuite, il versait de l'eau sur sa tête avec le creux de la main par trois fois, avant d'en verser sur tout le corps ». Ce *hadîth* est rapporté par Al-Bukhârî et Muslim. Dans une autre version rapportée par les deux sheikhs, il est dit : « Ensuite, il introduisait ses doigts dans sa chevelure et se frictionnait jusqu'à ce que, convaincu d'avoir mouillé la peau de son crâne, il verse trois fois de l'eau sur tout son corps ». Toujours d'après 'Â'isha (رضي الله عنها) : « Lorsque le Prophète (ﷺ) se lavait de l'impureté majeure, il demandait de l'eau, en prenait dans le creux de sa main et commençait par la verser sur la partie droite de sa tête, puis sur la partie gauche. A la fin, il prenait de l'eau dans le creux de ses mains et la versait sur sa tête ». En outre, Maymûna (رضي الله عنها), rapporte ce qui suit : « J'apportai de l'eau au Prophète (ﷺ) afin qu'il fasse ses ablutions majeures. Il commença par en verser sur ses mains, qu'il lava deux ou trois fois, puis il versa de l'eau de sa main droite dans sa main gauche et lava ses parties génitales, puis il frotta sa main par terre avant de se rincer la bouche et d'inspirer de l'eau par le nez. Ensuite, il se lava le visage et les mains, puis se lava la tête trois fois, avant de verser l'eau sur son corps et de changer de place pour se laver ses pieds ». Puis elle ajoute : « Je lui apportai une serviette, mais il la refusa, se contentant d'essuyer l'eau avec sa main ». Ce *hadîth* est rapporté par Al-Bukhârî, Muslim, Abû Dâwûd, At-Tirmidhî, An-Nasâ'î, Ibn Mâjah et Ahmad.

Les grandes ablutions de la femme

Les grandes ablutions de la femme sont les mêmes que celles de l'homme, sauf que la femme n'a pas à dénouer ses tresses si l'eau parvient jusqu'aux racines des cheveux. En effet, Umm Salama (رضي الله عنها) a dit : « Une femme dit au Messager de Dieu (ﷺ) : « Je suis une femme qui a l'habitude de maintenir ses cheveux tressés ; dois-je les dénouer pour me laver de l'impureté majeure ? ». Il lui répondit : « Non, il suffit simplement de répandre trois fois l'eau sur ta tête, puis d'en verser sur tout ton corps. Tu seras ainsi purifiée ». Ce *hadîth* est rapporté par Ahmad, Muslim et At-Tirmidhî, lequel a dit : « C'est un *hadîth hasan sahîh* ». En outre, on rapporte d'après 'Ubayd Ibn 'Umayr (رضي الله عنه) que 'Â'isha (رضي الله عنها) eut vent que 'Abd Allâh Ibn 'Umar (رضي الله عنه) ordonnait aux femmes de dénouer leurs tresses lorsqu'elles voulaient faire leurs grandes ablutions. Elle s'écria alors : « Comment ! Ibn 'Umar ordonne aux femmes de dénouer leurs tresses en se lavant ! Et pourquoi ne leur ordonne-t-il pas carrément de se raser la tête ! J'avais l'habitude de me laver avec le Prophète (ﷺ) dans une même bassine et je ne faisais pas plus que de verser de l'eau à trois reprises sur ma tête ». Ce propos est rapporté par Ahmad et Muslim.

Cela étant, il est recommandé aux femmes, lorsqu'elles se lavent des impuretés des menstrues ou des lochies, de prendre une étoffe en coton ou autre, de la parfumer avec du musc ou du parfum et de nettoyer les traces de sang, parfumer l'endroit souillé et dissiper les mauvaises odeurs. En effet, 'Â'isha (رضي الله عنها) rapporte qu'Asmâ' Bint Yazîd interrogea le Prophète (ﷺ) à propos des grandes ablutions inhérentes aux menstrues, et il lui répondit : « Prenez de l'eau et du parfum et appliquez-vous à faire vos ablutions. Puis, versez de l'eau sur votre tête en la frottant vigoureusement jusqu'à ce que l'eau atteigne la racine des cheveux. Ensuite, versez de l'eau sur votre corps, puis prenez un morceau de coton parfumé de musc et purifiez-vous à l'aide de ce morceau de coton ». Asmâ' demanda : « Comment s'y prendre pour se purifier ? ». Il lui dit : « Gloire à Dieu ! Purifie-toi à l'aide de ce morceau de coton ! » 'Â'isha dit alors à Asmâ', comme si elle voulait cacher cela : « Passe successivement ce chiffon sur toutes les traces de sang. » Elle l'interrogea aussi sur les grandes ablutions inhérentes à l'impureté majeure, et il lui répondit : « Prends de l'eau et fais convenablement tes ablutions mineures. Puis, verse de l'eau sur ta tête et frotte-la jusqu'à ce que l'eau atteigne la racine de tes cheveux, puis verse de l'eau sur tout ton corps ». 'Â'isha dit alors : « Quelles excellentes femmes que les femmes des Ansârs ! La pudeur ne les empêchait pas de s'instruire en religion ! ». Ce *hadîth* est rapporté par Al-Bukhârî, Muslim, Abû Dâwûd, An-Nasâ'î, Ibn Mâjah et Ahmad.

Quelques questions ayant trait aux grandes ablutions

- On peut valablement procéder une fois aux grandes ablutions pour se débarrasser des impuretés des menstrues et de l'impureté majeure (*janâba*) ou pour accomplir la prière du Vendredi et la prière des deux fêtes, ou pour se débarrasser de l'impureté majeure et accomplir la prière du Vendredi, en vertu de la parole du Prophète (ﷺ) : « Chacun sera jugé en fonction de ses intentions ».

- Lorsque quelqu'un se lave de l'impureté majeure (*janâba*) et ne fait pas ses ablutions mineures, le lavage de l'impureté majeure compense les ablutions mineures. 'Â'isha a dit : « Le Prophète (ﷺ) ne faisait pas d'ablutions mineures après le lavage de l'impureté majeure ». En outre, on rapporte qu'à un homme qui lui disait : « Je fais mes ablutions mineures après les grandes », 'Ibn 'Umar (رضي الله عنهما) répondit qu'il exagérait. Abû Bakr Ibn Al-'Arabî a dit à ce sujet : « Il n'y a aucune divergence entre les savants sur le fait que les ablutions mineures s'inscrivent dans les grandes ablutions et que l'intention de se purifier de l'impureté majeure pallie la purification de l'impureté mineure (*hadath*) et l'élimine. En effet, les interdits de l'impureté majeure (*janâba*) sont plus nombreux que les interdits de l'impureté mineure (*hadath*). Or ce qui est moindre est inclus dans l'intention de ce qui le dépasse et est compensé par lui. »

- Il est permis à celui qui est en état d'impureté majeure et à celle qui a ses menstrues de se couper les cheveux, de se rogner les ongles et d'aller dans les marchés et autres lieux sans encourir de reproche. 'Atâ a dit à ce sujet : « Celui qui est en état d'impureté majeure a le droit de se faire appliquer des ventouses, de couper ses ongles et ses cheveux, même s'il n'a pas fait ses ablutions mineures. »[1]

- Il n'y a aucun inconvénient à entrer dans un *hammâm*, ou bain public, du moment qu'on ne risque pas d'y voir les parties honteuses d'autrui, et vice-versa. Ahmad a dit à ce sujet : « Si tu sais que tous ceux qui sont à l'intérieur du *hammâm* sont protégés par des serviettes, tu peux y entrer. Dans le cas contraire, n'y entre pas ». Et dans le *hadîth* du Prophète (ﷺ), il est dit : « L'homme ne doit pas regarder les parties intimes d'un autre homme, et la femme ne doit pas regarder les parties intimes d'une autre femme ». Pour ce qui est de l'évocation de Dieu dans le *hammâm*, il n'y a aucun mal à cela, car l'évocation de Dieu est une bonne chose en toute circonstance, tant que rien ne l'interdit. Du reste, le Prophète (ﷺ) évoquait Dieu en toute circonstance.

- Il n'y a aucun mal à s'essuyer les membres à l'aide d'une serviette et autre après les grandes ablutions et les ablutions mineures, en été comme en hiver.

- Il est permis au mari de faire ses grandes ablutions avec le reste de l'eau que sa femme a laissé, et vice versa, de même qu'il leur est permis de se laver ensemble dans la même bassine. En effet, Ibn 'Abbâs a dit :

1 *In* Al-Bukhârî.

« Une des épouses du Prophète (ﷺ) avait fait ses grandes ablutions dans une bassine. Le Prophète voulut faire ses ablutions mineures – ou ses grandes ablutions – dedans. Son épouse lui dit alors : « Ô Messager de Dieu, j'étais en état d'impureté majeure ». Il lui répondit : « L'eau ne connaît pas d'impureté majeure. »[1] On rapporte, dans ce même ordre d'idées, que 'Â'isha se lavait avec le Messager de Dieu (ﷺ) dans la même bassine, chacun d'eux puisant de l'eau au point de faire dire à l'autre : « Laisse m'en un peu ! ».

- Il n'est pas permis de se laver nu devant les gens, car dévoiler sa nudité est interdit. Cependant, si on se dissimule derrière un voile ou quelque chose de semblable, il n'y a pas de mal à le faire. En effet, le Prophète (ﷺ) se lavait alors qu'il était protégé d'un voile par sa fille Fâtima (رضي الله عنها). De même il n'y a pas de mal à se laver nu quand on est loin des regards des gens, car le prophète Moïse (عليه السلام) s'est lavé nu, comme le rapporte Al-Bukhârî. En outre, Abû Hurayra (رضي الله عنه) rapporte que le Prophète (ﷺ) a dit : « Tandis que Job (عليه السلام) se lavait, nu, il fut envahi par une nuée de sauterelles en or. Il se mit alors à en ramasser et à en mettre dans ses vêtements. Son Seigneur l'interpella en ces termes : « Ô Job ! Ne t'ai-je pas enrichi plus que tu n'en vois ? ». Il répondit : « Oui, par Ta puissance, mais je ne peux me passer de Tes bénédictions ![2] »

1 *Hadîth* rapporté par Ahmad, Abû Dâwûd, An-Nasâ'î et At-Tirmidhî, lequel a dit de celui-ci qu'il était *hasan sahîh* ».

2 *Hadîth* rapporté par Ahmad, Al-Bukhârî et An-Nasâ'î.

LES ABLUTIONS SÈCHES (*AT-TAYAMMUM*)

Le *tayammum* consiste à faire ses ablutions avec de la terre, une pierre ou un autre objet solide issu de la terre, lorsque l'eau fait défaut ou qu'elle risque d'aggraver une maladie ou une blessure.

Définition

Étymologiquement, le mot *tayammum* signifie le dessein ou la visée ; au point de vue de la terminologie islamique, il désigne le fait de chercher un corps solide issu de la terre dans le but de s'essuyer le visage et les mains, avec l'intention de suppléer à l'eau et de rendre licite par ce biais la prière et l'adoration.

La légitimation des ablutions sèches

Le caractère légal des ablutions sèches est attesté par les textes du Coran et de la Sunna, ainsi que par le consensus.

En ce qui concerne le Coran, le Très Haut a dit : {*Si vous êtes malades ou en voyage, ou si l'un de vous revient du lieu où il a fait ses besoins, ou si vous avez touché à des femmes et que vous ne trouviez pas d'eau, alors recourez à une terre pure, et passez-vous en sur vos visages et sur vos mains. Dieu, en vérité, est Indulgent et Pardonneur*} (S. 4, V. 43).[1]

Pour ce qui est de la Sunna, Abû Umâma (رضي الله عنه) rapporte que le Prophète (ﷺ) a dit : « La terre entière a été établie oratoire de prière pour ma Communauté et moyen de purification. Aussi, partout où les membres de ma Communauté seront atteints par l'heure de la prière, ils auront à leur disposition un moyen de se purifier ». Ce *hadîth* est rapporté par Ahmad.

Quant au consensus, les musulmans sont unanimes à dire que le *tayammum* est valable et qu'il peut pallier les petites et les grandes ablutions dans certains cas.

---

1 ﴿وَإِن كُنتُم مَّرْضَىٰٓ أَوْ عَلَىٰ سَفَرٍ أَوْ جَآءَ أَحَدٌ مِّنكُم مِّنَ ٱلْغَآئِطِ أَوْ لَٰمَسْتُمُ ٱلنِّسَآءَ فَلَمْ تَجِدُوا۟ مَآءً فَتَيَمَّمُوا۟ صَعِيدًا طَيِّبًا فَٱمْسَحُوا۟ بِوُجُوهِكُمْ وَأَيْدِيكُمْ ۗ إِنَّ ٱللَّهَ كَانَ عَفُوًّا غَفُورًا﴾

Cette Communauté a été privilégiée par les ablutions sèches

Le *tayammum* fait partie des privilèges que Dieu a accordés à cette Communauté. D'après Jâbir (ﷺ), le Prophète (ﷺ) a dit : « J'ai reçu cinq faveurs que personne n'a reçues avant moi : j'ai dû à la terreur que j'inspirais [à mes ennemis] la victoire sur un parcours d'un mois de marche. Toute la terre m'a été donnée comme oratoire et la terre m'est aussi un moyen de purification ; un homme quelconque de ma Communauté peut prier partout où il est atteint pas l'heure de la prière. Il m'est permis de m'emparer du butin, ce qui n'a été permis à aucun autre avant moi. J'ai reçu le droit d'intercession. Enfin, les autres prophètes n'étaient envoyés qu'à leur peuple d'une façon spéciale, tandis que moi, j'ai été envoyé vers l'humanité tout entière. » Ce *hadîth* est rapporté par les deux sheikhs, Al-Bukhârî et Muslim.

La raison de la prescription des ablutions sèches

'Â'isha (ﷺ) rapporte ce qui suit : « Nous étions partis avec le Prophète (ﷺ) pour une de ses expéditions quand, arrivés à Al-Baydâ' – ou à Dhât Al-Jaysh – je perdis le collier que je portais. Le Prophète fit halte pour le rechercher, et tout le monde s'arrêta également. Comme on n'était pas à proximité d'un puits d'eau, les fidèles vinrent trouver Abû Bakr As-Siddîq et lui dirent : « Ne vois-tu pas ce que vient de faire 'Â'isha ; elle a obligé l'Envoyé de Dieu à s'arrêter et personne n'a apporté d'eau. » Abû Bakr alla trouver l'Envoyé de Dieu qui, la tête posée sur ma cuisse, s'était endormi. « Tu as retenu, me dit-il l'Envoyé de Dieu et tout le monde ici, et nous ne sommes pas à un point d'eau et n'avons pas d'eau avec nous. » Abû Bakr, continua 'Â'isha, m'adressa tous les reproches qu'il plut à Dieu de lui laisser dire, puis de sa main il me frappa à la taille. La place qu'occupait le Prophète sur ma cuisse était la seule raison qui m'empêchait de bouger. L'Envoyé de Dieu se leva le lendemain matin et, comme on était sans eau, Dieu révéla le verset des ablutions sèches et on fit les ablutions sèches – Ô famille d'Abû Bakr, s'écria Usayd Ibn Hudayr, ce n'est pas la première faveur céleste que vous attirez sur nous ». Alors, ajouta 'Â'isha, nous fîmes lever le chameau qui me servait de monture et nous trouvâmes le collier sous l'animal. » Ce *hadîth* est rapporté par Al-Bukhârî, Muslim, Abû Dâwûd, An-Nasâ'î, Ibn Mâjah et Ahmad.

Les causes qui rendent les ablutions sèches permises

Celui qui se trouve en état d'impureté mineure ou majeure peut valablement faire ses ablutions sèches, qu'il soit établi en un lieu fixe ou qu'il soit en voyage, pour une des causes suivantes :

1- Lorsqu'il ne trouve pas d'eau, ou qu'il n'en trouve pas suffisamment pour se purifier, en vertu du *hadîth* de 'Imrân Ibn Husayn (رضي الله عنه), lequel a dit : « Nous étions avec le Prophète (ﷺ) au cours d'un voyage. Lorsque le moment de la prière arriva, il dirigea notre prière, puis, remarquant un homme qui s'était isolé du groupe, il lui dit : « Qu'est-ce qui t'a empêché de prier ? ». L'homme répondit : « Je suis en état d'impureté majeure et il n'y a pas d'eau ». Il lui dit alors : « Cherche un corps solide issu de la terre, car il te suffira. »[1] De même, Abû Dharr (رضي الله عنه) rapporte que le Prophète (ﷺ) a dit : « La surface de la terre purifiera celui qui ne trouve pas d'eau, [dût-il ne pas en trouver] pendant dix ans. »[2] Cependant, avant de pratiquer le *tayammum*, il faut chercher l'eau chez soi ou chez ceux qui sont en sa compagnie et chez les proches en général. Si l'on est convaincu qu'il n'y en a pas ou qu'elle se trouve loin, on n'est pas obligé de partir à sa recherche.

2- Lorsque quelqu'un a une blessure ou une maladie et qu'il craint que l'utilisation de l'eau n'aggrave sa maladie ou retarde sa guérison, qu'il sache cela par son expérience personnelle ou par les conseils d'un médecin de confiance, et ce en vertu du *hadîth* de Jâbir (رضي الله عنه) qui a dit : « Nous étions en voyage lorsqu'un homme parmi nous fut atteint par une pierre qui le blessa à la tête. Puis, ayant fait un rêve érotique, l'homme demanda à ses compagnons : « Croyez-vous que j'aie licence de faire les ablutions sèches ? ». Ils lui répondirent : « Non, tant que tu peux supporter l'eau ». Or, il fit ses grandes ablutions et mourut. Une fois revenus vers le Prophète (ﷺ), celui-ci fut mis au courant de ce qui venait d'arriver. Il s'exclama : « Ils l'ont tué, que Dieu les tue ! dès lors qu'ils ignoraient ce qu'il fallait faire dans un cas pareil, pourquoi n'ont-ils pas demandé conseil ? N'est-ce pas que le remède de l'ignorant est de demander conseil pour toute chose qu'il ignore ? Il aurait suffi à cet homme de faire ses ablutions sèches, de se bander la tête et de passer les mains mouillées sur le bandage, puis de se laver le reste du corps ! »[3]

---

1 *Hadîth* rapporté par Al-Bukhârî et Muslim.

2 *Hadîth* rapporté par Abû Dâwûd, At-Tirmidhî, An-Nasâ'î et Ibn Mâjah. At-Tirmidhî a dit de ce *hadîth* qu'il était *hasan sahîh*.

3 *Hadîth* rapporté par Abû Dâwûd, Ibn Mâjah et ad-Dâraqutnî ; il a été authentifié par Ibn As-Sakan.

3- Lorsque l'eau est très froide et que l'on craint, en l'utilisant, d'encourir un préjudice, à condition de ne pas avoir la capacité matérielle de la réchauffer, même en payant pour cela, ou de ne pouvoir entrer dans un *hammâm*, en vertu du *hadîth* de 'Amr Ibn Al-'Âs (ﷺ), lequel a dit : « Je faisais partie de l'expédition de Dhât As-Salâsil, lorsque je fis un rêve érotique durant une nuit glaciale. Craignant de mourir si je me lavais, je préférai faire les ablutions sèches avant de diriger la prière de l'aube en présence de mes compagnons. Une fois revenus auprès du Prophète (ﷺ), les gens l'informèrent de ce fait. Le Prophète (ﷺ) m'appela et me dit : « Ô 'Amr ! Tu as dirigé la prière de tes compagnons alors que tu étais en état d'impureté ? ». Je lui ai répondu : « Je me suis rappelé la parole du Très Haut : {*Et ne vous tuez pas vous-mêmes. Dieu, en vérité, demeure miséricordieux envers vous*} (S. 4, V. 29)[1], et j'ai fait mes ablutions sèches, puis j'ai prié. Le Messager de Dieu (ﷺ) se mit à rire et ne fit aucune remarque ».

4- Lorsque l'eau est proche, mais que l'on craint pour sa personne, son honneur ou ses biens, ou que l'on craint de perdre ses compagnons, ou que l'on craint qu'une bête ou un homme dangereux s'interpose entre soi et l'eau, ou que l'on est emprisonné, ou incapable de puiser l'eau en l'absence d'un ustensile comme une corde et un seau – car dans un cas pareil l'existence de l'eau équivaut à son inexistence –, ou que l'on craint, en faisant ses grandes ablutions, d'être suspecté, comme celui qui passe la nuit chez un ami marié et qui se réveille en état d'impureté ; dans tous ces cas de figure, il est permis de faire les ablutions sèches.

5- Lorsque quelqu'un a besoin d'eau pour boire, immédiatement ou ultérieurement, lui ou autrui, y compris un chien – à condition qu'il ne soit pas sauvage –, ou qu'il en a besoin pour préparer un repas, ou pour enlever une souillure qu'il ne peut pas laisser, il peut faire le *tayammum* et garder l'eau qu'il a avec lui. L'imâm Ahmad a dit : « Nombreux sont les Compagnons qui ont fait le *tayammum* et gardé l'eau qu'ils avaient pour boire ». En outre, 'Alî (ﷺ) a dit : « Lorsqu'un homme se trouvant en voyage est atteint d'impureté majeure, a peu d'eau et craint de souffrir de la soif, il peut faire le *tayammum* à la place des grandes ablutions. »[2] Ibn Taymiyya a dit : « Pour celui qui souffre de rétention d'urine et ne

---

1 ﴿وَلَا تَقْتُلُوٓا۟ أَنفُسَكُمْ ۚ إِنَّ ٱللَّهَ كَانَ بِكُمْ رَحِيمًا﴾

2 *Hadîth* rapporté par ad-Dâraqutnî.

dispose pas d'eau, il est préférable de prier avec le *tayammum* et d'uriner plutôt que de garder ses ablutions mineures et de prier en se retenant ».

6- Lorsqu'on est en mesure d'utiliser de l'eau mais que l'on craint que l'heure impartie à la prière ne passe si l'on utilise cette eau pour ses ablutions mineures ou majeures, on peut faire le *tayammum* et prier, sans avoir à refaire sa prière.

Le genre de terre qui peut servir aux ablutions sèches

Il est permis de faire ses ablutions sèches avec de la terre propre et tout ce qui s'y rapporte, comme le sable, la pierre, le gypse, en vertu de la parole du Très Haut : {*Recourez à une terre pure* (*S̲a'îdan ṯayyiban*)}. Les philologues Arabes sont unanimes sur le fait que le mot *S̲a'îd* veut dire la couche supérieure de la terre, qu'elle soit du sable ou autre.

Comment faire ses ablutions sèches

Celui qui veut pratiquer les ablutions sèches doit formuler l'intention dont nous avons parlé plus haut au chapitre des ablutions mineures. Puis il prononcera le nom de Dieu – qu'Il soit glorifié –, puis il passera ses mains sur la terre pure et essuiera avec son visage et ses mains jusqu'aux poignets. Il n'y a pas, à cet égard, de *h̲adîth* plus authentique et plus évident que celui rapporté par 'Ammâr (رضي الله عنه) dans lequel il a dit : « Comme j'étais un jour en état d'impureté et que je ne trouvais pas d'eau, je me roulai dans le sable à la façon dont se roule un âne. Lorsque je racontai la chose au Prophète (ﷺ) il me dit : « Il aurait suffi de faire ceci. » Et ce disant, il frappa la paume de ses mains sur le sol, souffla dessus et essuya avec son visage et ses mains. »[1]

Dans une autre version, il est dit : « Il te suffisait pourtant de frapper le sol de tes mains, de souffler dessus et de t'essuyer le visage et les mains jusqu'aux poignets. »[2]

Ce *h̲adîth* indique que l'on peut se contenter de frapper une seule fois le sol et de n'essuyer que les mains. En outre, la Sunna recommande à celui qui fait le *tayammum* avec de la terre de souffler dans ses mains pour en enlever la poussière et ne pas s'en couvrir le visage.

---

1 *H̲adîth* rapporté par Al-Bukhârî et Muslim.

2 Variante est rapportée par ad-Dâraquṯnî.

Ce que les ablutions sèches permettent de faire

Dans la mesure où les ablutions sèches peuvent se substituer aux ablutions mineures et majeures en cas où il n'y a pas d'eau, leur accomplissement permet de faire ce que permettent les ablutions mineures et majeures, comme accomplir la prière, toucher le Coran, etc. D'autre part, la validité des ablutions sèches n'est pas conditionnée par l'entrée du temps imparti à la prière, puisque celui qui les accomplit une fois peut faire autant de prières obligatoires ou surérogatoires qu'il voudra. En effet, la règle juridique qui s'applique aux ablutions sèches est la même que celle du *wudû'*. Abû Dharr (🙵) rapporte que le Prophète (ﷺ) a dit : « La surface de la terre pure est une purification pour le musulman, même s'il ne trouve pas d'eau pendant dix ans ; mais s'il trouve de l'eau, qu'il l'utilise, car cela est mieux.»[1]

Les causes qui annulent les ablutions sèches

Les ablutions sèches sont annulées par ce qui annule les ablutions mineures, car elles se substituent à ces dernières. Elles sont annulées aussi par la présence de l'eau pour celui qui n'en avait pas ou par la capacité d'en utiliser pour celui qui en était incapable. Si quelqu'un procède aux ablutions sèches et fait sa prière, puis trouve ensuite de l'eau ou peut en utiliser, il n'a pas à refaire sa prière, même si le temps qui est imparti à cette prière n'est pas encore passé. En effet, on rapporte d'après Abû Saʿîd Al-Khudhrî (🙵) que deux hommes qui étaient partis en voyage ne trouvèrent pas d'eau au moment de faire leur prière. Ils procédèrent alors aux ablutions sèches avec de la terre propre et prièrent. Puis ils trouvèrent de l'eau avant que le temps de la prière soit passé. L'un refit sa prière tandis que l'autre se contenta de celle qu'il avait faite au moyen des ablutions sèches. Ils vinrent ensuite auprès du Prophète (ﷺ) et lui racontèrent leur histoire. Il s'adressa alors à celui qui n'avait pas refait sa prière, en lui disant : « Tu as fait ce qui est conforme à la Sunna et ta prière te suffit » et à celui qui avait refait ses ablutions mineures et sa prière, il dit : « Ta récompense sera double.»[2]

Cependant, lorsque, après que le fidèle soit entré en prière et avant qu'il l'ait achevée, il a de nouveau de l'eau à portée de main et qu'il peut l'utiliser, l'état de pureté que lui a conféré son *tayammum* est annulé

---

1 *Hadîth* rapporté par Aḥmad et At-Tirmidhî, qui l'a authentifié.

2 *Hadîth* rapporté par Abû Dâwûd et At-Tirmidhî.

et il doit se purifier avec de l'eau, en vertu du *hadîth* d'Abû Dharr cité plus haut. Quant à celui qui se trouve en état d'impureté majeure ou celle qui a ses menstrues, s'ils recourent aux ablutions sèches pour une raison légitime et prient avec ce *tayammum*, ils ne sont pas obligés de refaire leur prière ; ils devront se laver une fois qu'ils pourront utiliser de l'eau. Ceci en vertu du *hadîth* de 'Imrân (ﷺ) qui dit : « Le Prophète (ﷺ) dirigeait la prière, quand, une fois celle-ci terminée, il vit un homme isolé du groupe qui n'avait pas prié avec eux. – « Ô untel, demanda le Prophète, qu'est-ce qui t'a empêché de faire ta prière avec les gens ? ». Il répondit : « Je suis en état d'impureté majeure et je ne trouve pas d'eau ». Il lui dit : « Tu n'avais qu'à te servir de la terre propre, elle t'aurait suffi ». 'Imrân ajouta que lorsqu'ils trouvèrent ensuite de l'eau, le Prophète (ﷺ) en donna un récipient à cet homme et lui dit : « Va et verse-le sur toi.»[1]

Le passage des mains mouillées sur les pansements et autres

Il est permis de passer les mains mouillées sur un pansement et autre qui sert à attacher un membre malade, en vertu des *hadîth* qui sont rapportés à ce sujet et qui, bien qu'ils soient faibles, possèdent diverses voies de transmission qui se consolident les unes les autres, élément qui plaide en faveur de la validité du passage des mains mouillées sur les pansements. Parmi ces *hadîth*, il y a celui de Jâbir qui dit : « Nous étions en voyage, lorsqu'un homme parmi nous fut atteint par une pierre qui le blessa à la tête. Puis, ayant fait un rêve érotique, il demanda conseil à ses compagnons en ces termes : « Pensez-vous que j'aie licence de faire les ablutions sèches ? Ses compagnons répondirent : « Non, tant que tu peux supporter l'eau ». Or, il fit ses grandes ablutions et mourut. Une fois revenus vers le Prophète (ﷺ), on lui rapporta ce fait. Il s'exclama alors : « Ils l'ont tué, que Dieu les tue ! Du moment qu'ils ignoraient ce qu'il fallait faire dans un cas pareil, pourquoi n'ont-ils pas demandé conseil ? N'est-ce pas que le remède de l'ignorant est de demander conseil pour tout ce qu'il ignore ? ». Il aurait suffi à cet homme, de faire les ablutions sèches, de bander sa tête et de passer les mains sur son bandage, puis de laver tout son corps. »[2] On rapporte également qu'Ibn 'Umar passa les mains mouillées sur un bandage qu'il avait.

---

1 *Hadîth* rapporté par Al-Bukhârî.

2 *Hadîth* rapporté par Abû Dâwûd, Ibn Mâjah et ad-Dâraqutnî et authentifié par Ibn As-Sakan.

Le statut légal du passage des mains mouillées sur le pansement

Le passage des mains mouillées sur le pansement est obligatoire en cas d'ablutions mineures et majeures à la place du lavage du membre malade.

Quand le passage des mains mouillées s'impose-t-il ?

Lorsque celui qui a une blessure ou un membre cassé veut faire ses ablutions mineures ou majeures, il doit se laver les membres, même si cela implique de chauffer de l'eau. Cependant, s'il craint un préjudice qui résulterait du lavage du membre malade, comme par exemple l'aggravation de sa maladie, l'augmentation de la douleur ou le retardement de sa guérison, son obligation se limitera à passer les mains mouillées sur le membre malade. S'il craint un préjudice résultant du passage des mains mouillées sur le membre malade, il l'entourera d'un bandage et passera une seule fois les mains mouillées dessus. Il n'est pas exigé que le lavage du membre malade précède l'application du bandage ni qu'un temps particulier pour le bandage soit respecté ; on pourra passer les mains mouillées dessus chaque fois que l'on fait ses ablutions mineures ou majeures, du moment que cela est justifié.

Les cas qui annulent le passage des mains mouillées sur le bandage

Le passage des mains mouillées sur le bandage est annulé lorsque ce bandage est déplacé ou enlevé ou lorsqu'il tombe après la guérison du membre malade ou lorsque le membre malade est guéri, même si le bandage n'est pas tombé.

La prière de celui qui n'a ni eau ni terre pour faire ses ablutions

Lorsque quelqu'un est totalement privé d'eau et de terre pure, il peut prier dans l'état où il se trouve et n'a pas à refaire sa prière, en vertu du *hadîth* de 'Â'isha qui rapporte avoir emprunté à Asmâ' un collier qu'elle a ensuite égaré. Le Messager de Dieu (ﷺ) envoya alors des hommes à sa recherche. Lorsque survint le moment de la prière, ces hommes, qui n'avaient pas d'eau avec eux, prièrent sans faire leurs ablutions mineures. Une fois revenus auprès du Prophète (ﷺ) ils le mirent au courant de ce qui venait de se passer. C'est alors que fut révélé le verset des ablutions sèches. Usayd Ibn Hudayr s'écria alors : « Que Dieu te récompense en bien ! Par Dieu, à chaque fois qu'un problème se pose à toi, Dieu te ménage une issue heureuse et en fait une faveur pour les musulmans ! ». Ces Compagnons ont donc fait leur prière après qu'ils n'aient pas trouvé de moyen de se purifier. Or, lorsqu'ils s'en plaignirent au Prophète (ﷺ), celui-ci ne les désapprouva pas et ne leur ordonna pas de refaire leur prière. An-Nawawî a dit : « C'est là le récit qui constitue la plus solide des preuves ».

Les menstrues

Étymologiquement, le mot *hayd* signifie l'écoulement de quelque chose. Ici, il désigne le sang qui s'écoule du vagin de la femme en bonne santé pour une cause autre que l'accouchement ou la défloration.

A quel âge commencent les menstrues ?

Nombre de savants estiment que les menstrues ne commencent pas avant l'âge de neuf ans lunaires. Par conséquent, lorsqu'une fillette voit du sang s'écouler d'elle avant cet âge, il ne s'agit pas du sang des menstrues mais du sang causé par un mal ou un défaut physiologique susceptible de durer toute la vie. Par ailleurs, il n'y a aucune preuve que les menstrues aient un terme fixé ; Ainsi, dans le cas où une femme âgée verrait du sang s'écouler d'elle, on le considérera comme des menstrues.

La couleur des menstrues

Pour que le sang [qui s'écoule du vagin] soit considéré comme des menstrues il faut qu'il ait une des couleurs suivantes :

- Une couleur noirâtre, en vertu du *hadîth* de Fâtima Bint Abî Hubaysh qui rapporte qu'étant atteinte de métrorragies, elle interrogea le Prophète (ﷺ) à ce sujet. Celui-ci lui répondit : « Le sang des menstrues est reconnaissable à sa couleur noirâtre. S'il est tel, abstiens-toi de prier. Sinon, fais tes ablutions mineures et prie. »[1]

- Une couleur rougeâtre, car à l'origine le sang est de cette couleur.

- Une couleur jaunâtre. Comme du pus de couleur jaunâtre.

- Une couleur grisâtre, comme l'eau sale. En effet, 'Alqama Ibn Abî 'Al-

1 *Hadîth* rapporté par Abû Dâwûd, An-Nasâ'î, Ibn Hibbân et Ad-Dâraqutnî, lequel a dit que tous ses transmetteurs étaient des gens crédibles ». Quant à Al-Hâkim, il précise qu'il est rapporté d'après les conditions d'authenticité posées par Muslim.

qama rapporte, d'après sa mère Marjâna, la servante de 'Â'isha (رضي الله عنها) :
« Certaines femmes envoyaient à 'Â'isha des sachets contenant un
tampon taché de jaune et elle leur répondait : « Ne vous pressez pas,
attendez que le tampon soit blanc. » Ce *hadîth* est rapporté par Mâlik,
Muḥammad et Al-Bukhârî, qui l'a suspendu (*'allaqah*).[1]

- Il y a lieu de préciser, dans ce contexte, que le sang de couleur jaunâtre ou grisâtre est considéré comme étant des menstrues lorsqu'il
survient au cours de la période normale des règles. En revanche, il n'est
pas considéré comme tel lorsqu'il survient en dehors de cette période,
en vertu du *hadîth* d'Umm 'Aṭiyya (رضي الله عنها) qui dit : « Nous ne tenions pas
compte du sang jaunâtre et grisâtre après nous être purifiées. »[2]

La durée des menstrues

Il est impossible de déterminer une durée minimale ou maximale
pour les menstrues, car il n'y a aucune preuve sur laquelle on puisse
s'appuyer pour le faire. En fait, la femme doit calculer cela en fonction
de la régularité de ses menstrues, en vertu du *hadîth* d'Umm Salama (رضي الله عنها),
laquelle rapporte qu'ayant interrogé le Prophète (ﷺ) à propos de la
femme qui est atteinte d'une hémorragie utérine, celui-ci lui répondit :
« Qu'elle considère le nombre de jours et de nuits des menstrues qui lui
viennent chaque mois et cesse de prier pendant un nombre équivalent
de jours. Puis, qu'elle fasse ses grandes ablutions, applique un tampon
sur ses parties génitales et prie. »[3]

Si par contre sa période menstruelle n'est pas régulière, elle s'appuie-
ra sur l'indice que constitue la couleur du sang, en vertu du *hadîth* de
Fâṭima Bint Abî Ḥubaysh cité plus haut et dans lequel le Prophète (ﷺ)
dit à Fâṭima : « Le sang des menstrues est reconnaissable à sa couleur
noirâtre ». Ce *hadîth* montre donc que le sang des menstrues se distingue des autres genres de sang et que les femmes le reconnaissent.

Durée de l'état de pureté entre deux périodes de menstrues

Les savants sont d'accord sur le fait qu'il n'y a pas de durée maxi-

---

1 Le *hadîth mu'allaq* est celui dont on a retiré, du début de la chaîne, un transmetteur
ou plus qui se suivent.

2 *Hadîth* rapporté par Abû Dâwûd et Al-Bukhârî, mais la version de ce dernier ne
contient pas l'expression : « après nous être purifiées ».

3 *Hadîth* rapporté par Abû Dâwûd, An-Nasâ'î, Ibn Mâjah et Aḥmad.

male déterminée de l'état de pureté entre deux périodes de menstrues, mais ils ont divergé sur sa durée minimale. En effet, si pour les uns cette durée est de quinze jours, pour les autres elle est de treize jours. Mais à dire vrai, il n'y a aucune preuve qui détermine avec exactitude cette durée minimale et, partant, puisse servir d'argument solide en la matière.

Les lochies (*an-nifâs*)

Il s'agit du sang qui s'écoule de l'utérus de la femme à la suite d'un accouchement, y compris d'une fausse couche.

La durée des lochies

Il n'y a aucune durée minimale déterminée pour les lochies dans la mesure où elles peuvent ne durer qu'un instant. Si donc une femme a accouché et que l'écoulement du sang a cessé après son accouchement, ou qu'elle a accouché sans écoulement de sang et que son accouchement est achevé, elle est tenue de faire ce dont sont tenues les femmes purifiées, comme le fait de prier, de jeûner, etc. Quant à la durée maximale des lochies, elle est de quarante jours, en vertu du *hadîth* d'Umm Salama (ﷺ) dans lequel il est dit : « Du temps du Prophète (ﷺ), les femmes en état de lochies gardaient cet état pendant quarante jours. »[1] At-Tirmidhî, commentant ce *hadîth*, a dit : « Les doctes parmi les Compagnons du Prophète (ﷺ), ceux qui sont venus après eux et les pieux Anciens ont convenu que la femme en état de lochies doit s'abstenir de prier pendant quarante jours, sauf si elle voit, entre temps, qu'elle est purifiée, auquel cas elle doit se laver et prier. Par contre, si elle remarque du sang après quarante jours, elle ne doit pas s'abstenir de faire ses prières, selon la majorité des savants ».

Ce que les femmes en état de menstrues et de lochies n'ont pas le droit de faire

La femme qui a ses menstrues et celle qui est en état de lochies sont soumises aux mêmes interdits que ceux qui sont imposés à la personne en état d'impureté majeure (*janâba*) et que nous avons vu plus haut. Mais en plus de ces interdits, la femme qui a ses menstrues et celle en état de lochies sont soumises aux interdits suivants :

1- Le jeûne. La femme qui a ses menstrues et celle qui est en état de lochies n'ont pas le droit de jeûner ; si elles jeûnent, leur jeûne sera nul

1 *Hadîth* rapporté par Abû Dâwûd, At-Tirmidhî, Ibn Mâjah et Ahmad.

et non avenu. Cependant, elles devront s'acquitter des jours de jeûne qu'elles auront ratés durant le mois de Ramadan à cause de leur handicap. Par contre, elles n'auront pas à récupérer les prières ratées au cours du mois de Ramadan, et ce dans le but de leur éviter la gêne qui en résulterait. En effet, la prière est un acte cultuel qui se répète souvent, contrairement au jeûne, et ce en vertu du *hadîth* d'Abû Sa'îd Al-Khudrî qui dit : « Un jour de fête, c'était celle des Sacrifices – ou celle de la Rupture du jeûne – l'Envoyé de Dieu (ﷺ) sortit pour se rendre à l'oratoire, en plein air. Comme il passait auprès des femmes, il dit : « Ô vous les femmes, faites l'aumône, car on m'a fait voir que vous formiez la majeure partie des gens du Feu. – Et pourquoi cela, ô Envoyé de Dieu ? demandèrent-elles. – C'est, répondit-il, que vous multipliez vos malédictions et que vous méconnaissez le bien que vous font vos époux. Je n'ai vu personne parmi les êtres faibles en intelligence et en religion qui, mieux que l'une de vous, fasse perdre la tête à un homme énergique. – En quoi, reprirent-elles, ô Envoyé de Dieu, consiste l'infériorité de notre intelligence et de notre religion ? – Est-ce que le témoignage de la femme n'équivaut pas seulement à la moitié de celui d'un homme ? répliqua le Prophète. – Certes, oui, dirent les femmes. – Eh ! bien, ajouta le Prophète, cela tient à l'infériorité de leur intelligence. N'est-il pas vrai que quand elles ont leurs menstrues, les femmes cessent de prier et de jeûner ? – Certes, répliquèrent-elles. Eh ! bien cela qui est la cause de l'infériorité de leur religion. »[1] En outre, Mu'âdh a dit : « J'ai interrogé 'Â'isha en ces termes : « Pourquoi la femme menstruée s'acquitte-t-elle de ses jours de jeûne ratés et non de ses prières ? ». Elle m'a répondu : « Cela nous arrivait du temps du Prophète (ﷺ) et on nous ordonnait de nous acquitter des jours de jeûne et non des prières. »[2]

2- Le coït. Il est illicite en tel cas, de l'avis unanime des musulmans, en vertu des textes du Coran et de la Sunna. En effet, il est interdit d'avoir des relations sexuelles avec une femme en période de menstrues ou qui vient d'accoucher, jusqu'à ce qu'elle se purifie, en vertu du *hadîth* d'Anas, lequel a dit : « Lorsque, chez les juifs, une femme avait ses menstrues, ils ne mangeaient pas avec elle et n'avaient pas commerce avec elle. Les Compagnons interrogèrent le Prophète (ﷺ) à ce sujet et le verset suivant fut révélé : {*Et ils t'interrogent sur la menstruation des*

---

1 *Hadîth* rapporté par Al-Bukhârî et Muslim.

2 *Hadîth* rapporté par Al-Bukhârî, Muslim, Abû Dâwûd, At-Tirmidhî, An-Nasâ'î, Ibn Mâjah et Ahmad.

femmes. Dis : « C'est un mal. Éloignez-vous donc des femmes pendant les menstrues, et ne les approchez que quand elles sont pures. Quand elles se sont purifiées, alors cohabitez avec elles suivant les prescriptions de Dieu car Dieu aime ceux qui se repentent, et Il aime ceux qui se purifient} (S. 2, V. 222).[1] Le Messager de Dieu (ﷺ) dit alors : « Faites ce que vous voulez, sauf l'acte sexuel ». Et dans une autre version : « Sauf le coït. »[2]

An-Nawawî a dit : « Si le musulman prêche qu'il est licite d'avoir des relations sexuelles allant jusqu'au coït avec une femme en état de menstrues, il a dénié la religion et apostasié. Mais s'il le fait sans croire pour autant à son caractère licite, soit par oubli ou par ignorance de son interdiction ou de la survenance des menstrues, il n'aura commis aucun péché et n'aura rien à expier. Par contre, s'il le fait délibérément en étant au courant de la survenance des menstrues et de l'interdiction de cet acte, il aura commis un grand péché dont il devra se repentir. Cependant, il existe une divergence au sujet de la question de l'expiation. En effet, deux avis ont été émis à ce sujet, dont le plus plausible est celui qui soutient qu'il n'y a pas d'expiation. ».

Cela étant, il est permis de toucher une femme ayant ses menstrues au-dessus du nombril et au-dessous des genoux, et ce à l'unanimité des savants. Par contre, la plupart des savants soutiennent qu'il est interdit de toucher la femme ayant ses menstrues au-dessous du nombril et au-dessus des genoux, même en évitant le coït. Il reste qu'An-Nawawî a opté pour le caractère licite d'un tel acte, le qualifiant seulement de répréhensible. L'argument sur lequel s'est appuyé An-Nawawî est fondé sur le *hadîth* rapporté d'après les épouses du Prophète (ﷺ), disant que lorsque ce dernier voulait approcher l'une de ses épouses en état de menstrues, il couvrait d'un voile ses organes génitaux. Ce *hadîth* est rapporté par Abû Dâwûd. Al-Hâfidh a dit : « Sa chaîne de transmission est solide ». En outre, Masrûq Ibn Al-Ajda' a dit : « Je demandai à 'Â'isha (رضي الله عنها) : « Que peut faire un homme avec son épouse qui a ses menstrues ? ». Elle me répondit : « Tout, sauf le rapport charnel. »[3]

---

1 ﴿وَيَسْـَٔلُونَكَ عَنِ ٱلْمَحِيضِ ۖ قُلْ هُوَ أَذًى فَٱعْتَزِلُوا۟ ٱلنِّسَآءَ فِى ٱلْمَحِيضِ ۖ وَلَا تَقْرَبُوهُنَّ حَتَّىٰ يَطْهُرْنَ ۖ فَإِذَا تَطَهَّرْنَ فَأْتُوهُنَّ مِنْ حَيْثُ أَمَرَكُمُ ٱللَّهُ ۚ إِنَّ ٱللَّهَ يُحِبُّ ٱلتَّوَّٰبِينَ وَيُحِبُّ ٱلْمُتَطَهِّرِينَ﴾

2 *Hadîth* rapporté par Muslim, Abû Dâwûd, At-Tirmidhî, An-Nasâ'î, Ibn Mâjah et Ahmad.

3 Ce *hadîth* est rapporté par Al-Bukhârî dans son « *At-Târîkh* ».

Les métrorragies

Il s'agit de la poursuite de l'écoulement du sang et de son afflux en dehors du cycle menstruel de la femme.

Les différentes situations de la femme atteinte de métrorragies

La femme peut se trouver dans trois cas de métrorragies :

1- Soit elle connaît la durée de ses menstrues avant ses métrorragies et, dans ce cas, cette durée sera considérée comme faisant partie de la durée des menstrues et le reste comme faisant partie des métrorragies, en vertu du *hadîth* d'Umm Salama (رضي الله عنها), laquelle rapporte avoir interrogé le Prophète (ﷺ) sur la femme qui perd du sang. Celui-ci répondit : « Qu'elle considère le nombre habituel de jours et de nuits des règles dont elle est atteinte chaque mois, et qu'elle cesse de prier pendant un nombre équivalent de jours, avant de se laver, d'appliquer une serviette sur ses parties génitales et de prier. »[1] Al-Khaṭṭâbî a dit de son côté : « Tel est le statut de la femme qui a un nombre de jours connus au cours desquels elle a ses menstrues habituelles et qui est en bonne santé. Cependant, lorsqu'elle est atteinte d'hémorragie utérine et que le flux du sang ne s'arrête pas, le Prophète (ﷺ) lui a ordonné, chaque mois, de s'abstenir de faire ses prières durant un nombre de jours équivalent à celui de ses menstrues avant qu'elle ne soit atteinte par l'hémorragie utérine. Une fois ce nombre de jours achevé, elle fera une seule fois ses grandes ablutions, et la règle qui s'appliquera à elle sera celle des femmes purifiées ».

2- Soit le flux de sang persiste et elle n'a pas connaissance du nombre de jours de son cycle normal, en raison d'un oubli de sa part de sa période menstruelle ou parce qu'elle a atteint la puberté en ayant une hémorragie utérine et, de ce fait, n'arrive pas à le distinguer du sang menstruel. Dans ce cas-là, son cycle menstruel sera de six à sept jours, comme c'est le cas pour la plupart des femmes, et ce en vertu du *hadîth* de Hamna Bint Jaḥsh, laquelle a dit : « Je souffrais de violentes et de courantes hémorragies qui m'obligèrent à aller voir le Prophète (ﷺ) et à le consulter à ce sujet. J'allai donc le trouver alors qu'il était chez ma sœur Zaynab Bint Jaḥsh, et lui dit : « Ô Messager de Dieu, j'ai de

---

1 Ce *hadîth* est rapporté par Mâlik, Ash-Shâfi'î, Abû Dâwûd, An-Nasâ'î, Ibn Mâjah et Aḥmad. An-Nawawî a dit : « Sa chaîne de transmission est valide selon les conditions qu'ils ont posées ».

violentes et courantes hémorragies ; qu'en penses-tu, car elles m'empêchent de prier et de jeûner ? ». Il me répondit : « Je te recommande d'appliquer un tampon en coton, car il absorbe le sang ». Je repris : « Mais le flux est plus important que cela ». Il me répondit : « Alors applique un tampon de tissu comme un garrot ». Je rétorquai : « Mais le sang coule à flot ». Il me répondit : « Je vais t'ordonner deux choses ; si tu accomplis l'une d'elles, elle te dispensera d'accomplir l'autre ; et si tu arrives à les accomplir toutes les deux, tu en jugeras par toi-même ». Il ajouta ensuite : « Ce n'est là qu'un maléfice d'entre les maléfices de Satan ! Considère donc que ton cycle menstruel est de six à sept jours dans la science de Dieu, puis accomplis tes grandes ablutions. Lorsque tu verras que tu es purifiée, tu feras tes prières et ton jeûne pendant vingt-quatre nuits et vingt-quatre jours ou vingt-trois nuits et vingt-trois jours, car cela te suffit. C'est ainsi que tu feras chaque mois, tout comme font les femmes qui ont leurs périodes menstruelles et qui se purifient à des périodes régulières. Si tu peux retarder la prière du *dhuhr* (de midi) et avancer celle du *'asr* (de l'après-midi), puis te laver et accomplir ensemble la prière de midi et celle de l'après-midi, puis retarder la prière du *maghrib* (du coucher du soleil) et avancer celle du *'ishâ'* (de la nuit), puis te laver et faire ensemble ces deux prières, puis te laver au moment de la prière du *fajr* (l'aube) et prier, prie donc et jeûne ainsi si tu as la capacité de le faire ». Puis il ajouta : « C'est cette chose qui m'est la plus préférable des deux. »[1] Al-Khattâbî a dit pour sa part en commentant ce *hadîth* : « Il s'agissait là du cas d'une femme inexpérimentée qui n'avait pas eu de cycles menstruels jusqu'alors et qui n'arrivait pas à distinguer le sang menstruel ; le flux du sang persistait tant qu'elle était gagnée par l'inquiétude et demandait conseil au Prophète (ﷺ). Celui-ci soumit son cas à la coutume manifeste et à la règle habituelle chez les femmes, en lui recommandant de calculer son cycle menstruel une fois par mois comme c'est le cas pour toutes les femmes. Ceci est prouvé par la parole prophétique : « Tout comme font les femmes qui ont leurs périodes menstruelles et qui se purifient à des périodes régulières ». Al-Khattâbî ajoute : « C'est là le principe qui fonde le raisonnement par analogie (*qiyâs*) dans les cas spécifiques aux femmes, en matière de menstrues, de grossesse, de maternité et autres choses s'y rapportant ».

1 *Hadîth* rapporté par Ahmad, Abû Dâwûd et At-Tirmidhî, lequel a dit : « Ce *hadîth* est *hasan sahîh* » en ajoutant : « J'ai interrogé à son sujet Al-Bukhârî qui m'a répondu : « C'est un *hadîth* convenable (*hasan*) ». Ahmad Ibn Hanbal a dit de son côté : « C'est un *hadîth hasan sahîh* ».

3- Soit elle ne connaît pas de périodes menstruelles mais arrive à distinguer le sang des menstrues des autres genres de sang. Dans ce cas-là, elle doit agir selon cette distinction, en vertu du *hadîth* de Fâtima Bint Abî Hubaysh qui rapporte qu'elle était atteinte de métrorragie, et que le Prophète (ﷺ) lui dit : « S'il s'agit du sang menstruel, il est reconnaissable à sa couleur noirâtre ; si tel est le cas, abstiens-toi de prier ; s'il s'agit d'une autre couleur, alors fais tes ablutions mineures et prie, car il ne s'agit là que d'une hémorragie ».

Les règles inhérentes à la femme atteinte de métrorragies

La femme atteinte de métrorragies est soumise à un certain nombre de règles, que l'on peut résumer ainsi :

1- Elle ne doit faire ses ablutions majeures, pour la prière et pour toute autre obligation prescrite en un temps imparti, qu'une seule fois, au moment où s'arrêtent ses menstrues. C'est là l'opinion soutenue par les savants anciens et contemporains.

2- Elle est tenue de faire ses ablutions mineures pour chaque prière, en vertu du *hadîth* du Prophète (ﷺ) dans la version d'Al-Bukhârî qui dit : « Ensuite fais tes ablutions pour chaque prière ». Selon Mâlik, ses ablutions mineures pour chaque prière relèvent de la recommandation et non de l'obligation. Seule une perte de son état de purification mineure rend ses ablutions mineures obligatoires.

3- Elle est tenue de laver son vagin avant de faire ses ablutions mineures et d'y appliquer un tampon pour se débarrasser de la souillure ou pour l'en faire diminuer. Si le flux de sang ne s'arrête pas, elle appliquera un tissu sur ses parties génitales et l'attachera comme un garrot. Cela n'est pas obligatoire, mais préférable.

4- Elle ne doit pas faire ses ablutions mineures avant l'entrée du temps imparti à la prière, et ce de l'avis de la plupart des savants, car du moment que sa purification est indispensable, elle ne doit pas l'avancer avant son temps imparti.

5- Il est permis à l'époux d'une femme qui se trouve dans une telle situation de pratiquer le coït avec elle, de l'avis de la majorité des savants, car il n'y a aucune preuve qui interdit cela. Ibn 'Abbâs a dit : « Celle qui est atteinte de métrorragies peut autoriser son époux à venir à elle (pour des relations sexuelles), une fois qu'elle peut prier, car la prière est plus importante que cela. »[1] Il faut entendre par ces paroles que s'il lui est permis de prier bien que son sang s'écoule encore, ce qui est la chose la plus importante pour laquelle la purification est exigée, il est donc permis d'avoir des relations sexuelles avec elle. Dans cette optique, 'Ikrima rapporte d'après Hamna bint Jahsh qu'elle était atteinte de métrorragies et que son époux avait des relations sexuelles avec elle.[2]

6- Elle est soumise aux mêmes règles que les femmes purifiées, c'est-à-dire qu'elle peut prier, jeûner, faire des retraites spirituelles dans la mosquée, lire le Coran, le toucher, le porter ; bref, faire tous les actes d'adoration. L'unanimité des savants est établie à ce sujet.

1 *In* Al-Bukhârî

2 Ceci est rapporté par Abû Dâwûd et Al-Bayhaqî. An-Nawawî a dit que la chaîne de transmission de ce récit était bonne.

LA PRIÈRE

La prière est un acte de dévotion qui comporte des paroles et des gestes déterminés. Elle débute par la louange de Dieu et s'achève par le salut.

La place de la prière en Islam

En Islam, la prière occupe une place qu'aucun autre acte de dévotion ne peut égaler. Elle est un pilier central sans lequel la religion musulmane serait dénuée de sens. Le Prophète (ﷺ) a dit : « L'Islam est le fondement de toute chose, la prière est son pilier central et le combat sur le chemin de Dieu, son point culminant ».

En outre, la prière est le premier acte cultuel à avoir été imposé par Dieu, Lequel s'est chargé de l'enjoindre à Son Messager la nuit de l'Ascension (*mi'râj*), et ce sans aucun intermédiaire. Anas a dit à ce sujet : « La prière fut fixée à cinquante offices par jour lorsqu'elle fut imposée au Prophète (ﷺ), puis elle fut réduite à cinq prières quotidiennes. C'est alors que le Prophète (ﷺ) fut interpellé : « Ô Muhammad, Ma parole ne change pas et tes cinq prières équivaudront à cinquante. »[1]

La prière est aussi la première chose sur laquelle l'homme sera interrogé au Jour de la résurrection. On rapporte d'après 'Abd Allâh Ibn Qart, que le Prophète (ﷺ) a dit : « La prière est la première obligation dont l'homme devra rendre compte le Jour de la résurrection ; si elle a été faite convenablement, toutes ses bonnes actions seront agréées, et dans le cas contraire, elles seront toutes rejetées. »[2]

C'est aussi la dernière recommandation que le Prophète (ﷺ) a laissée à sa Communauté. En effet, avant de mourir, ses dernières paroles furent : « La prière ! La prière ! et les esclaves qui sont à votre service ».

La prière est la dernière pratique religieuse à se perdre ; si elle se perd, c'est toute la religion qui disparaîtra. Le Messager de Dieu (ﷺ)

---

1 *Hadîth* rapporté par Ahmad et An-Nasâ'î ; il a été authentifié par At-Tirmidhî.

2 *Hadîth* rapporté par At-Tabarânî.

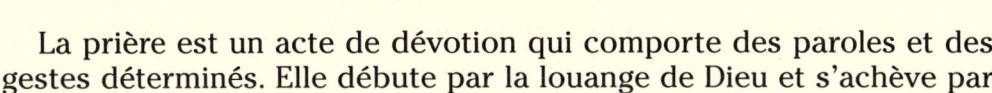

a dit : « Les liens de l'Islam se détacheront les uns après les autres. Chaque fois que l'un disparaîtra, les gens s'accrocheront au suivant. Le premier à se détacher est le pouvoir, et le dernier, la prière. »[1]

Le lecteur attentif du Coran remarquera que chaque fois que Dieu évoque la prière, Il la lie tantôt à l'évocation de Son Nom : {*La prière éloigne l'homme de la turpitude et des actions blâmables. L'évocation du nom de Dieu est ce qu'il y a de plus grand*} (S. 29, V. 45)[2] ; {*Heureux celui qui se purifie ; celui qui évoque le nom de son Seigneur et qui prie*} (S. 87, V. 14-15)[3] ; {*Observe la prière en évoquant Mon Nom*} (S. 20, V. 14)[4] ; tantôt, Il la lie à l'aumône prescrite : {*Soyez assidus à la prière ; faites l'aumône*} (S. 2, V. 110)[5] ; tantôt, Il la lie à la patience : {*Demandez l'aide de la patience et de la prière*} (S. 2, V. 45)[6] ; tantôt encore, à l'offrande faite à Dieu : {*Prie donc ton Seigneur et sacrifie*} (S. 108, V. 2)[7] ; {*Dis : En vérité, ma prière, mes actes de dévotion, ma vie et ma mort, appartiennent à Dieu, le Seigneur des univers. Il n'a pas d'associé. Voilà ce qui m'a été ordonné et je suis le premier de ceux qui se soumettent*} (S. 6, V. 162-163).[8]

Parfois, la prière introduit ou couronne les bonnes actions, comme dans la sourate 70 « *Al-Ma'ârij* » ou au début de la sourate 23 « Al-Mu'minûn » : {*Heureux les croyants qui sont humbles dans leurs prières*} jusqu'à : {*Et qui s'acquittent de leurs prières. Ceux-là sont les héritiers ; ils hériteront du paradis où ils demeureront immortels*} (S. 23, V. 1-11).[9]

---

1 *Hadîth* rapporté par Ibn Hibbân d'après Abû Umâma.

2 ﴿إِنَّ ٱلصَّلَوٰةَ تَنْهَىٰ عَنِ ٱلْفَحْشَآءِ وَٱلْمُنكَرِ وَلَذِكْرُ ٱللَّهِ أَكْبَرُ﴾

3 ﴿قَدْ أَفْلَحَ مَن تَزَكَّىٰ وَذَكَرَ ٱسْمَ رَبِّهِۦ فَصَلَّىٰ﴾

4 ﴿وَأَقِمِ ٱلصَّلَوٰةَ لِذِكْرِىٓ﴾

5 ﴿وَأَقِيمُوا۟ ٱلصَّلَوٰةَ وَءَاتُوا۟ ٱلزَّكَوٰةَ﴾

6 ﴿وَٱسْتَعِينُوا۟ بِٱلصَّبْرِ وَٱلصَّلَوٰةِ﴾

7 ﴿فَصَلِّ لِرَبِّكَ وَٱنْحَرْ﴾

8 ﴿قُلْ إِنَّ صَلَاتِى وَنُسُكِى وَمَحْيَاىَ وَمَمَاتِى لِلَّهِ رَبِّ ٱلْعَٰلَمِينَ لَا شَرِيكَ لَهُۥ وَبِذَٰلِكَ أُمِرْتُ وَأَنَا۠ أَوَّلُ ٱلْمُسْلِمِينَ﴾

9 ﴿قَدْ أَفْلَحَ ٱلْمُؤْمِنُونَ ٱلَّذِينَ هُمْ فِى صَلَاتِهِمْ خَٰشِعُونَ وَٱلَّذِينَ هُمْ عَنِ ٱللَّغْوِ مُعْرِضُونَ وَٱلَّذِينَ هُمْ لِلزَّكَوٰةِ فَٰعِلُونَ وَٱلَّذِينَ هُمْ لِفُرُوجِهِمْ حَٰفِظُونَ إِلَّا عَلَىٰٓ أَزْوَٰجِهِمْ أَوْ مَا مَلَكَتْ أَيْمَٰنُهُمْ فَإِنَّهُمْ غَيْرُ مَلُومِينَ فَمَنِ ٱبْتَغَىٰ وَرَآءَ ذَٰلِكَ فَأُو۟لَٰٓئِكَ هُمُ ٱلْعَادُونَ وَٱلَّذِينَ هُمْ لِأَمَٰنَٰتِهِمْ وَعَهْدِهِمْ رَٰعُونَ وَٱلَّذِينَ هُمْ عَلَىٰ﴾

L'importance capitale et l'attention toute particulière accordées par l'Islam à la prière sont illustrées par le fait qu'il est fait obligation aux croyants de l'observer en tout temps et toutes circonstances, que ce soit en voyage, en temps de paix ou en temps de guerre. Dieu a dit : {*Soyez assidus aux prières et à la prière du milieu du jour. Tenez-vous debout pour prier Dieu avec piété. En cas de danger, priez soit à pied, soit à cheval. Lorsque vous vous sentez en sécurité, souvenez-vous de Dieu comme Il vous l'a enseigné, alors que vous ne saviez rien*} (S. 2, V. 238-239)[1]

Décrivant la façon de prier en voyage, en cas de guerre ou de paix, Dieu a dit : {*Lorsque vous parcourez la terre, vous ne commettez pas de faute si vous abrégez la prière de crainte d'être surpris par les incrédules. Les incrédules sont vos ennemis déclarés. Lorsque tu te trouves avec les croyants et que tu diriges la prière, un groupe d'entre eux se tiendra debout avec toi pour prier, tandis qu'un autre groupe prendra les armes. Lorsque ceux qui prient se prosternent, les autres doivent se tenir derrière vous. L'autre groupe qui n'a pas encore prié viendra ensuite prier avec toi, tandis que le premier assurera la garde et prendra les armes. Les incrédules voudraient vous voir négliger vos armes et vos bagages afin de fondre sur vous d'un seul coup. Il n'y a pas de faute à vous reprocher, si vous déposez vos armes lorsque vous êtes gênés par la pluie ou lorsque vous êtes malades. Mais prenez garde ! Dieu a préparé un châtiment ignominieux pour les incrédules. Pensez encore à Dieu, debout, assis ou couchés, lorsque vous avez achevé la prière. Acquittez-vous de la prière, quand vous êtes en sécurité. La prière est prescrite aux croyants à des moments déterminés* ». (S. 4, V. 101-103)[2]

صَلَوَٰتِهِمْ يُحَافِظُونَ أُو۟لَٰٓئِكَ هُمُ ٱلْوَٰرِثُونَ ٱلَّذِينَ يَرِثُونَ ٱلْفِرْدَوْسَ هُمْ فِيهَا خَٰلِدُونَ﴾

1 ﴿حَٰفِظُوا۟ عَلَى ٱلصَّلَوَٰتِ وَٱلصَّلَوٰةِ ٱلْوُسْطَىٰ وَقُومُوا۟ لِلَّهِ قَٰنِتِينَ فَإِنْ خِفْتُمْ فَرِجَالًا أَوْ رُكْبَانًا ۖ فَإِذَآ أَمِنتُمْ فَٱذْكُرُوا۟ ٱللَّهَ كَمَا عَلَّمَكُم مَّا لَمْ تَكُونُوا۟ تَعْلَمُونَ﴾

2 ﴿وَإِذَا ضَرَبْتُمْ فِى ٱلْأَرْضِ فَلَيْسَ عَلَيْكُمْ جُنَاحٌ أَن تَقْصُرُوا۟ مِنَ ٱلصَّلَوٰةِ إِنْ خِفْتُمْ أَن يَفْتِنَكُمُ ٱلَّذِينَ كَفَرُوٓا۟ ۚ إِنَّ ٱلْكَٰفِرِينَ كَانُوا۟ لَكُمْ عَدُوًّا مُّبِينًا وَإِذَا كُنتَ فِيهِمْ فَأَقَمْتَ لَهُمُ ٱلصَّلَوٰةَ فَلْتَقُمْ طَآئِفَةٌ مِّنْهُم مَّعَكَ وَلْيَأْخُذُوٓا۟ أَسْلِحَتَهُمْ ۖ فَإِذَا سَجَدُوا۟ فَلْيَكُونُوا۟ مِن وَرَآئِكُمْ وَلْتَأْتِ طَآئِفَةٌ أُخْرَىٰ لَمْ يُصَلُّوا۟ فَلْيُصَلُّوا۟ مَعَكَ وَلْيَأْخُذُوا۟ حِذْرَهُمْ وَأَسْلِحَتَهُمْ ۗ وَدَّ ٱلَّذِينَ كَفَرُوا۟ لَوْ تَغْفُلُونَ عَنْ أَسْلِحَتِكُمْ وَأَمْتِعَتِكُمْ فَيَمِيلُونَ عَلَيْكُم مَّيْلَةً وَٰحِدَةً ۚ وَلَا جُنَاحَ عَلَيْكُمْ إِن كَانَ بِكُمْ أَذًى مِّن مَّطَرٍ أَوْ كُنتُم مَّرْضَىٰٓ أَن تَضَعُوٓا۟ أَسْلِحَتَكُمْ ۖ وَخُذُوا۟ حِذْرَكُمْ ۗ إِنَّ ٱللَّهَ أَعَدَّ لِلْكَٰفِرِينَ عَذَابًا مُّهِينًا فَإِذَا قَضَيْتُمُ ٱلصَّلَوٰةَ فَٱذْكُرُوا۟ ٱللَّهَ قِيَٰمًا وَقُعُودًا وَعَلَىٰ جُنُوبِكُمْ ۚ فَإِذَا ٱطْمَأْنَنتُمْ فَأَقِيمُوا۟ ٱلصَّلَوٰةَ ۚ إِنَّ ٱلصَّلَوٰةَ كَانَتْ عَلَى ٱلْمُؤْمِنِينَ كِتَٰبًا مَّوْقُوتًا﴾

En outre, Dieu a prédit un châtiment sévère à ceux qui négligent la prière ou refusent de s'en acquitter. Dieu a dit : {*Leurs successeurs après eux délaissèrent la prière et suivirent leurs passions. Ils trouveront l'égarement total*} (S. 19, V. 59).[1] Il a dit aussi : {*Malheur à ceux qui prient tout en étant négligents dans leurs prières*} (S. 107, V. 4-5).[2]

C'est parce que la prière est un acte qui procède d'un haut degré de piété et de dévotion, qu'Abraham (ﷺ) demanda à son Seigneur de l'aider, ainsi que sa postérité, à l'observer sans relâche : {*Mon Seigneur, fais que je m'acquitte de la prière, moi, ainsi que ma descendance. Exauce ma prière, ô notre Seigneur !*} (S. 14, V. 40).[3]

Le statut légal de celui qui délaisse la prière

L'abandon de la prière par abjuration ou reniement est considéré comme une apostasie et un déni de la religion musulmane, et ce, de l'avis unanime des musulmans. Quant à celui qui croit en la prière et est convaincu de son caractère obligatoire, mais s'abstient de l'accomplir, soit par paresse, soit par distraction, ce qui est inacceptable du point de vue religieux, celui-là plusieurs *hadîth* le déclarent apostat et prévoient même sa mise à mort comme châtiment. Les *hadîth* qui le déclarent apostat sont les suivants :

- Selon Jâbir, le Prophète (ﷺ) a dit : « Entre l'homme et l'incroyance, il y a l'abandon de la prière. »[4]

- Selon Burayda, le Prophète (ﷺ) a dit : « Le pacte qu'il y a entre eux et nous, c'est la prière ; celui qui l'abandonne a apostasié. »[5]

- Selon 'Abd Allâh Ibn 'Amr Ibn Al-'Âs, le Prophète (ﷺ) a dit au sujet de la prière : « Celui qui persévère dans la prière, elle sera pour lui une lumière, une preuve et une planche de salut le Jour de la résurrection : celui qui la néglige, elle ne lui sera d'aucun secours, et il sera, le Jour de

---

1 ﴿فَخَلَفَ مِنۢ بَعۡدِهِمۡ خَلۡفٌ أَضَاعُواْ ٱلصَّلَوٰةَ وَٱتَّبَعُواْ ٱلشَّهَوَٰتِۖ فَسَوۡفَ يَلۡقَوۡنَ غَيًّا﴾

2 ﴿فَوَيۡلٞ لِّلۡمُصَلِّينَ ٱلَّذِينَ هُمۡ عَن صَلَاتِهِمۡ سَاهُونَ﴾

3 ﴿رَبِّ ٱجۡعَلۡنِي مُقِيمَ ٱلصَّلَوٰةِ وَمِن ذُرِّيَّتِيۚ رَبَّنَا وَتَقَبَّلۡ دُعَآءِ﴾

4 *Hadîth* rapporté par Ahmad, Muslim, Abû Dâwûd, At-Tirmidhî et Ibn Mâjah.

5 *Hadîth* rapporté par Ahmad et d'autres traditionnistes.

la résurrection, avec Qârûn, Pharaon, Hâmân et Ubayy Ibn Khalaf. »[1] Le fait que celui qui abandonne la prière soit le compagnon des tenants de l'incroyance dans l'au-delà implique son apostasie. Ibn Al-Qayyim a dit : « Celui qui s'abstient d'accomplir sa prière le fait parce qu'il est occupé, soit par son argent, soit par son royaume, soit par une haute responsabilité, soit par son commerce. Celui qui la délaisse pour l'argent sera le compagnon de Qârûn ; celui qui la délaisse pour un royaume, sera le compagnon de Pharaon ; celui qui la délaisse pour une haute responsabilité, sera le compagnon de Hâmân, et celui qui la délaisse pour son commerce, sera le compagnon de Ubayy Ibn Khalaf ».

- Selon 'Abd Allâh Ibn Shaqîq Al-'Uqaylî : « Pour les Compagnons du Prophète (ﷺ) seul l'abandon de la prière entraînait l'apostasie. »[2]

Muhammad Ibn Nasr Al-Marûzî a dit : « J'ai entendu Ishâq dire : « Il est établi que pour le Prophète (ﷺ) celui qui délaissait la prière était un apostat ». C'est là aussi l'avis des gens de science dans l'entourage du Prophète (ﷺ), lesquels considéraient que celui qui n'accomplit pas sa prière dans le temps qui lui est imparti sans excuse valable est un apostat ».

Ibn Hazm a dit : « On rapporte d'après 'Umar, 'Abd Ar-Rahmân Ibn 'Awf, Mu'âdh Ibn Jabal, Abû Hurayra et d'autres Compagnons que celui qui délaisse volontairement ne serait-ce une seule prière et ne l'accomplit pas dans le temps imparti et sans raison valable est un apostat ». Nous ne connaissons pas d'avis contradictoire à celui-ci dans l'entourage du Prophète (ﷺ). Ceci est rapporté par Al-Mundhirî dans son « *At-Targhîb wa At-Tarhîb* ». Al-Mundhirî ajoute : « Certains Compagnons du Prophète et certains de leurs disciples ont été jusqu'à qualifier d'athée celui qui délaisse délibérément la prière et ne l'accomplit pas à temps. Parmi eux : 'Umar Ibn Al-Khattâb, 'Abd Allâh Ibn Mas'ûd, 'Abd Allâh Ibn 'Abbâs, Mu'âdh Ibn Jabal, Jâbir Ibn 'Abd Allâh et Abû Ad-Dardâ'. Outre les Compagnons, on peut citer Ahmad Ibn Hanbal, Ishâq Ibn Râhawayh, 'Abd Allâh Ibn Al-Mubârak, An-Nakha'î, Al-Hakam Ibn 'Utayba, Abû Dâwûd As-Sikhtiyânî, Abû Dâwûd At-Tayâlisî, Abû Bakr Ibn Abî Shayba, Zuhayr Ibn Harb et d'autres encore ».

Quant aux *hadîth* qui stipulent la mise à mort de celui qui délaisse la

1 *Hadîth* rapporté par Ahmad, At-Tabarânî et Ibn Hibbân.

2 Récit rapporté par At-Tirmidhî et Al-Hâkim, lequel l'a authentifié conformément aux conditions posées par les deux sheikhs, Al-Bukhârî et Muslim.

prière, citons :

- Selon Ibn 'Abbâs, le Prophète (ﷺ) a dit : « Les principes essentiels et les règles sur lesquels repose l'Islam sont au nombre de trois ; celui qui en néglige ou en délaisse une seule est un mécréant dont le châtiment sera la mort : La profession de foi, la prière prescrite et le jeûne du Ramadan. »[1] Dans une autre version, il est dit : «Celui qui délaisse l'une d'elles est un mécréant ; ni ses pratiques obligatoires ni ses pratiques surérogatoires ne seront acceptées de lui, et son sang et ses biens seront licites ».

- Selon Ibn 'Umar, le Prophète (ﷺ) a dit : « Il m'a été ordonné de combattre les gens jusqu'à ce qu'ils témoignent qu'il n'y a de dieu que Dieu et que Mu<u>h</u>ammad est le Messager de Dieu, qu'ils fassent la prière et s'acquittent de l'aumône légale. S'ils le font, ils épargneront leur vie et leurs biens et ne seront comptables devant Dieu que de leurs actions. »[2]

- Selon Umm Salama (رضي الله عنها), le Prophète (ﷺ) a dit : « Il arrivera que vous soyez dirigés par des gouvernants injustes, que vous reconnaîtrez ou que vous rejetterez. Celui qui rejettera sauvera son âme et celui qui désapprouvera échappera au châtiment, mais celui qui acceptera et les suivra... ». Ils dirent : « Ô Messager de Dieu, doit-on les combattre ? ». Il répondit : « Non, tant qu'ils font la prière. »[3] Ainsi, il a ordonné de ne point combattre les gouvernants injustes tant qu'ils accomplissent la prière. Ce propos est rapporté par Muslim.

- Selon Abû Sa'îd Al-Khudhrî : « Alors qu'il était au Yémen, 'Alî envoya une pièce d'or au Prophète qui la coupa en quatre parties. Un homme s'exclama alors : « Ô Messager de Dieu, crains Dieu ! ». Le Prophète lui dit : « Malheur à toi, ne suis-je pas, parmi les gens, le plus en droit de craindre Dieu ? ». Sitôt que l'homme fut parti, Khâlid Ibn Al-Walîd dit : « Ô Messager de Dieu, laisse-moi lui couper le cou ! ». Le Prophète lui répondit : « Non, peut-être s'acquitte-t-il de la prière ? ». Khâlid répliqua : « Combien d'hommes disent le contraire de ce qu'ils pensent ». Mais le Prophète de lui répondre : « Il ne m'a pas été demandé d'explorer le cœur des gens ni d'ouvrir leurs poitrines. »[4] Là aussi, la prière est

---

1 *<u>H</u>adîth* rapporté par Abû Ya'lâ d'après une bonne chaîne de transmission.

2 *<u>H</u>adîth* rapporté par Al-Bukhârî et Muslim.

3 Ce *<u>h</u>adîth* est rapporté par Muslim.

4 Extrait d'un *<u>h</u>adîth* rapporté par Al-Bukhârî et Muslim.

le critère pour interdire de tuer ; où l'on comprend que le fait de ne pas prier peut avoir pour châtiment la mort.

L'avis de certains savants

Il ressort du sens apparent des *hadīth* précités que l'abandon de la prière entraîne l'apostasie et, partant, la mort. Cependant, plusieurs savants parmi les pieux Anciens et ceux qui vinrent après eux, à l'image d'Abû Hanīfa, Ash-Shâfi'ī et Mâlik, considèrent, qu'avant de déclarer apostat celui qui abandonne la prière, on doit d'abord l'assimiler à un égaré qu'il faut remettre sur le droit chemin ; s'il refuse de faire pénitence, la mort sera son châtiment. Tel est l'avis de Mâlik, Ash-Shâfi'ī et autres. Quant à Abû Hanīfa, il plaide pour un châtiment sévère et pour l'emprisonnement du réfractaire jusqu'à ce qu'il fasse pénitence. Ses partisans pensent que l'apostasie concerne le renégat ou celui qui trouve licite l'abandon de la prière. Ils s'appuient en cela sur des textes de portée générale, tel le verset coranique où Dieu dit : {*Dieu ne pardonne pas qu'on Lui associe quoi que ce soit. A part cela, Il pardonne à qui Il veut. Quiconque donne des associés à Dieu s'égare très loin dans l'égarement*} (S. 4, V. 116).[1] Ils s'appuient aussi sur le *hadīth* rapporté par Ahmad et Muslim d'après Abû Hurayra, disant que le Prophète (ﷺ) a dit : « Tout prophète a une prière exaucée. Tous les prophètes se sont empressés de la faire ; quant à moi, j'ai réservé ma demande (ou invocation) pour le Jour de la résurrection, afin d'intercéder en faveur de ma Communauté. Ce sera – si Dieu le veut – ma gratification pour tous ceux qui n'associent rien à Dieu ». Toujours selon Abû Hurayra, le Prophète (ﷺ) a dit : « Celui qui sera le plus heureux de mon intercession est celui qui proclame qu'il n'y a de dieu que Dieu, sincèrement et de tout cœur. »[2]

Controverse au sujet du cas de celui qui ne fait pas la prière

As-Subkī rapporte qu'Ahmad et Ash-Shâfi'ī ont divergé à ce sujet. Au cours de l'une de leurs discussions, Ash-Shâfi'ī dit à Ahmad : « Es-tu convaincu que c'est un apostat ? ». Il répondit : « Oui ». Ash-Shâfi'ī reprit : « Si tel est le cas, comment devient-il musulman ? ». Ahmad répondit : « En prononçant la profession de foi ». Ash-Shâfi'ī demanda : « Et s'il

---

1 ﴿ إِنَّ ٱللَّهَ لَا يَغۡفِرُ أَن يُشۡرَكَ بِهِۦ وَيَغۡفِرُ مَا دُونَ ذَٰلِكَ لِمَن يَشَآءُۚ وَمَن يُشۡرِكۡ بِٱللَّهِ فَقَدۡ ضَلَّ ضَلَٰلَۢا بَعِيدًا ﴾

2 *Hadīth* rapporté par Al-Bukhârī.

ne cesse pas de la répéter ? ». Ahmad répondit : « C'est en priant qu'il fait la preuve de son islamité ». Ash-Shâfi'î lui rétorqua alors : « Mais la prière de l'incroyant n'est pas acceptée et elle ne saurait lui donner la qualité de musulman ». Sur quoi Ahmad se tut.

Le commentaire d'Ash-Shawkânî

Ash-Shawkânî (le zaydite) a dit à ce sujet : « En vérité, c'est un cas d'apostasie dont le châtiment doit être la mort. Cette apostasie ressort des *hadîth* et des avis jurisprudentiels qui qualifient celui qui ne pratique pas la prière d'incroyant et qui font de la pratique de la prière une condition de l'Islam ».

Qui est redevable de la prière ?

La prière est une obligation pour tout musulman adulte, sain d'esprit, d'après le *hadîth* rapporté par 'Â'isha (رضي الله عنها) où le Prophète (صلى الله عليه وسلم) dit : « Trois personnes ne sont pas comptables de leurs actes : le dormeur, jusqu'à ce qu'il se réveille, l'enfant, jusqu'à ce qu'il atteigne sa puberté et l'aliéné mental jusqu'à ce qu'il recouvre sa raison. »[1]

La prière de l'enfant

Même si l'enfant n'est pas redevable de la prière, il convient que son père lui ordonne de la pratiquer dès l'âge de sept ans et qu'il le réprimande s'il ne s'en acquitte pas à partir de l'âge de dix ans, dans le but de lui apprendre à prier dès sa première enfance et de l'habituer à la pratiquer dès sa puberté. Selon 'Amr Ibn Shu'ayb, qui le tient de son père, qui le tient, à son tour, de son grand père, le Prophète (صلى الله عليه وسلم) a dit : « Ordonnez à vos enfants de faire la prière dès l'âge de sept ans, et réprimandez-les s'ils ne s'en acquittent pas à l'âge de dix ans, et séparez les garçons des filles dans les lits. »[2]

Le nombre des prières obligatoires

Elles sont au nombre de cinq, réparties entre le jour et la nuit. Ibn Muhayrîz rapporte qu'un homme de la tribu de Kinâna, du nom d'Al-

---

1 *Hadîth* rapporté par Ahmad et les traditionnistes, ainsi que par Al-Hâkim qui conditionne son authenticité à l'aval des deux sheikhs, Al-Bukhârî et Muslim, de même que par At-Tirmidhî qui l'a authentifié.

2 *Hadîth* rapporté par Ahmad, Abû Dâwûd et Al-Hâkim, qui conditionne son authenticité à l'aval de Muslim.

Makhdajî entendit un homme dénommé Abû Muhammad dire que la prière impaire (*al-witr*) était obligatoire. Il se rendit alors chez ‘Ubâda Ibn As-Sâmit et l’informa de ce qu’il venait d’apprendre. Il lui dit : « Abû Muhammad a menti, car j’ai entendu le Prophète (ﷺ) dire : « Dieu a prescrit cinq prières à Ses serviteurs. Celui qui les accomplit entièrement, sans en négliger aucune, Dieu lui promet le Paradis, et celui qui ne les accomplit pas, n’a aucune promesse venant de Dieu ; Il peut le châtier comme Il peut lui pardonner. »[1] Dans une autre version il est dit : « Celui qui viendra avec des prières insuffisantes, par négligence de sa part ».

Selon Talha Ibn ‘Ubayd Allâh, un nomade aux cheveux ébouriffés vint au Prophète (ﷺ) et lui dit : « Dis-moi, ô Messager de Dieu, ce que Dieu m’a prescrit comme prières ? Le Prophète répondit : « Cinq prières quotidiennes, à moins que tu ne veuilles ajouter des prières surérogatoires à titre volontaire ». L’homme ajouta : « Dis-moi ce que Dieu m’a prescrit comme jeûne ? ». Le Prophète répondit : « Le mois de Ramadan, à moins que tu ne veuilles en ajouter à titre volontaire ». Il demanda encore : « Dis-moi ce que Dieu m’a prescrit comme aumône légale ? ». Le Prophète (ﷺ) lui rappela alors l’ensemble des prescriptions de l’Islam. Le nomade s’exclama alors : « Par Celui qui t’a honoré, je n’ajouterai rien à titre volontaire, et ne diminuerai rien de ce que Dieu m’a prescrit ! ». Le Prophète dit alors : « Cet homme récoltera le succès s’il tient parole », et dans une autre version : « Cet homme entrera au Paradis s’il tient parole. »[2]

1 Récit rapporté par Ahmad, Abû Dâwûd, An-Nasâ’î et Ibn Mâjah.

2 Récit rapporté par Al-Bukhârî et Muslim.

LES HORAIRES DES PRIÈRES

La prière s'accomplit à des moments précis. Dieu a dit : {*La prière est prescrite aux croyants à des moments déterminés*} (S. 4, V. 103).[1] C'est-à-dire qu'il s'agit d'une prescription absolue établie par le saint Coran. Il est dit dans celui-ci : {*Acquittez-vous de la prière, le matin, le soir, et à certaines heures de la nuit. Les bonnes actions dissipent les mauvaises. Ceci est un rappel pour ceux qui se souviennent*} (S. 11, V. 114).[2] Dans la sourate « Al-Isrâ' », il est dit : {*Acquitte-toi de la prière au déclin du soleil, jusqu'à l'obscurité de la nuit, fais aussi une lecture à l'aube, car la lecture de l'aube a des témoins*} (S. 17, V. 78).[3] Dieu a dit aussi : {*Célèbre les louanges de ton Seigneur avant le lever du soleil et avant son coucher. Célèbre-les durant la nuit ainsi qu'à l'aube et au crépuscule. Peut-être seras-tu agréé*} (S. 20, V. 130).[4]

Les louanges avant le lever du soleil signifient la prière du *subh* et celles d'avant le coucher du soleil désignent la prière du '*asr* si l'on en juge par le *hadîth* rapporté par al-Bukhârî et Muslim, d'après Jarîr Ibn 'Abd Allâh al-Bajalî, lequel a dit : « Nous étions chez le Prophète (ﷺ) une nuit de pleine lune, lorsqu'il regarda la lune et dit : « Vous verrez votre Seigneur comme vous voyez cette lune, et vous ne ressentirez aucune gêne dans Sa vision ; si vous pouvez faire en sorte de ne pas rater une prière avant le lever du soleil et avant son coucher, faites-le, puis il donna lecture du verset ci-dessus. ».

Dans la Sunna, on trouve également plusieurs *hadîth* indiquant les horaires exacts des prières.

- Selon 'Abd Allâh Ibn 'Amr, le Prophète (ﷺ) a dit : « L'horaire de la

1 ﴿إِنَّ ٱلصَّلَوٰةَ كَانَتۡ عَلَى ٱلۡمُؤۡمِنِينَ كِتَٰبٗا مَّوۡقُوتٗا﴾

2 ﴿وَأَقِمِ ٱلصَّلَوٰةَ طَرَفَيِ ٱلنَّهَارِ وَزُلَفٗا مِّنَ ٱلَّيۡلِۚ إِنَّ ٱلۡحَسَنَٰتِ يُذۡهِبۡنَ ٱلسَّيِّـَٔاتِۚ ذَٰلِكَ ذِكۡرَىٰ لِلذَّٰكِرِينَ﴾

3 ﴿أَقِمِ ٱلصَّلَوٰةَ لِدُلُوكِ ٱلشَّمۡسِ إِلَىٰ غَسَقِ ٱلَّيۡلِ وَقُرۡءَانَ ٱلۡفَجۡرِۖ إِنَّ قُرۡءَانَ ٱلۡفَجۡرِ كَانَ مَشۡهُودٗا﴾

4 ﴿وَسَبِّحۡ بِحَمۡدِ رَبِّكَ قَبۡلَ طُلُوعِ ٱلشَّمۡسِ وَقَبۡلَ غُرُوبِهَاۖ وَمِنۡ ءَانَآيِٕ ٱلَّيۡلِ فَسَبِّحۡ وَأَطۡرَافَ ٱلنَّهَارِ لَعَلَّكَ تَرۡضَىٰ﴾

prière du *dhuhr* (milieu de la journée) correspond au moment où le soleil décline de la méridienne jusqu'à ce que l'ombre de l'homme égale sa taille et s'étend jusqu'à l'entrée du moment de la prière du '*asr* (milieu de l'après-midi). Le temps de la prière du '*asr* dure jusqu'à ce que le soleil commence à pâlir. Le temps de la prière du *maghrib* (coucher du soleil) dure jusqu'à la disparition du crépuscule du soir. L'horaire de la prière du *'ishâ'* s'étend jusqu'au milieu de la première tranche de la nuit. L'horaire de la prière du *subh* s'étend depuis l'aurore jusqu'au lever du soleil. Lorsque le soleil se lève, abstenez-vous de prier, parce qu'il se lève entre les cornes d'un démon. »[1]

- Selon Jâbir Ibn 'Abd Allâh, le Prophète (ﷺ) vit apparaître l'Ange Gabriel qui lui dit : « Lève-toi et accomplis ta prière ; le Prophète se leva et accomplit la prière du *dhuhr* au moment où le soleil commençait à décliner de la méridienne. Puis l'Ange revint au moment de la prière du '*asr* et lui dit : « Lève-toi et accomplis la prière ». Le Prophète accomplit la prière au moment où l'ombre de toute chose était égale à sa taille exacte. Puis il vint à lui au crépuscule et lui dit : « Lève-toi et accomplis la prière ». Le Prophète accomplit la prière du *maghrib* au moment du coucher du soleil. Puis il revint au moment du '*ishâ'* et lui dit : « Lève-toi et accomplis-la ». Le Prophète se leva et accomplit la prière du '*ishâ'* à la tombée de la nuit. Puis il vint à lui à l'aurore et lui dit : « Lève-toi et prie ». Le lendemain, L'Ange Gabriel revint au moment du *dhuhr* et lui dit de prier au moment où l'ombre de toute chose était égale à sa réelle dimension ; il revint à lui au moment du '*asr*, que le Prophète accomplit au moment où toute chose était égale au double de son ombre. Quant au *maghrib*, il revint au même moment que la veille et il se présenta pour le *'ishâ'* après l'écoulement de la moitié de la nuit – ou du tiers. Enfin, il revint au moment de l'aurore, et le Prophète accomplit la prière du *fajr* en disant : « Entre ces deux temps, il y a un temps de prière précis. »[2]

L'horaire du *dhuhr* (prière du milieu de la journée)

A la lumière des deux *hadîth* précédents, il est clair que l'horaire de la prière du *dhuhr* commence au moment où le soleil entame sa déclinaison du milieu du ciel et s'étend jusqu'au moment où l'ombre de

1 *Hadîth* rapporté par Muslim.

2 *Hadîth* rapporté par Ahmad, An-Nasâ'î et At-Tirmidhî. Al-Bukhârî ajoute à ce sujet : « C'est la tradition la plus fiable concernant l'horaire des prières » voulant parler de la prière conduite par l'Ange Gabriel ».

toute chose égale sa réelle dimension. Cependant, il est recommandé de retarder la prière en période de chaleur excessive par souci de préserver leur méditation à ceux qui l'accomplissent, et de l'accomplir au plus tôt en d'autres circonstances.

- Selon Anas : « Le Prophète (ﷺ) commençait tôt la prière par temps froid et la retardait au moment des grandes chaleurs. »[1]

- Abû Dharr a dit : « Nous étions en compagnie du Prophète au cours d'un voyage, lorsque le muezzin voulut appeler à la prière du dhuhr. Le Prophète lui dit alors : « Attends que la chaleur baisse ». Quelque temps plus tard, le muezzin voulut appeler, mais le Prophète lui dit d'attendre encore ; deux fois, puis trois, jusqu'à l'apparition de l'ombre des collines suite à la déclinaison du soleil. Il dit alors : « L'excès de chaleur émane de l'Enfer ; lorsqu'il fait très chaud, retardez la prière. »[2]

La limite du retardement de la prière

Al-Hâfidh a écrit dans son « *Fath Al-Bârî* » : « Les savants ont divergé en ce qui concerne la limite du retardement de la prière. Pour certains, on peut la retarder jusqu'à ce que l'ombre atteigne une coudée après l'ombre de la méridienne ; d'autres l'évaluent au quart de la taille, au tiers ou encore à la moitié ; etc. Cependant, si l'on s'en tient aux principes généraux, ceci doit dépendre des circonstances, à condition que la prière ne soit pas retardée jusqu'à la limite du temps réglementaire ».

L'horaire de la prière du *'asr* (prière du milieu de l'après-midi)

L'horaire du *'asr* débute lorsque l'ombre de toute chose devient son égale, après l'ombre de la méridienne, et s'étend jusqu'au coucher du soleil. Selon Abû Hurayra, le Prophète (ﷺ) a dit : « Celui qui parvient à accomplir un cycle de prière (*rak'a*) du *'asr* avant le coucher du soleil, a accompli sa prière. »[3]

L'horaire de prière indifférent et réprouvable

La marge horaire de prière indifférente (*ikhtiyârî*) du *'asr* prend fin lorsque le soleil commence à pâlir. C'est ce que l'on comprend des deux

1 *In* Al-Bukhârî.

2 *In* Muslim et Al-Bukhârî.

3 *In* Al-Bukhârî, Muslim, Abû Dâwûd, At-Tirmidhî, An-Nasâ'î, Ibn Mâjah et Ahmad.

hadîth précédemment cités rapportés respectivement par Jâbir et 'Abd Allâh Ibn 'Amr.

Quant au retardement de la prière jusque après le jaunissement du soleil, il est réprouvable sans raison valable, mais permis. Anas a dit : « J'ai entendu le Prophète (ﷺ) dire : « C'est là la prière de l'hypocrite. Il attend que le soleil soit entre les deux cornes du démon pour l'accomplir à la hâte, n'invoquant Dieu que très peu. »[1]

Dans son commentaire de Muslim, An-Nawawî écrit : « Nos compagnons [les shâfi'ites] soutiennent qu'il y a cinq temps pour la prière du '*asr* :

- Un temps recommandé : c'est le début de l'horaire de la prière.

- Un temps indifférent : il s'étale jusqu'à ce que l'ombre de toute chose égale son double.

- Un temps permis sans qu'il soit réprouvable qui s'étend jusqu'à ce que le soleil pâlisse.

- Un temps permis mais réprouvable, qui s'étend jusqu'au crépuscule.

- Un temps toléré qui consiste à rassembler le *dhuhr* et le '*asr* en un seul temps pour cause de voyage ou de pluie.

La prière du '*asr* accomplie dans l'un de ces temps sera considérée comme ayant été acquittée en son heure. Si par contre elle est accomplie après le coucher du soleil, elle sera assimilée à une dette dont on doit s'acquitter. »

Il est vivement recommandé de hâter l'accomplissement du '*asr* par temps pluvieux

Burayda Al-Aslamî a dit : « Nous étions avec le Prophète (ﷺ) lors d'une expédition lorsqu'il nous dit : « Hâtez-vous d'accomplir la prière par temps de pluie ; celui qui rate la prière du '*asr* voit toutes ses bonnes actions amoindries. »[2] Selon Ibn Al-Qayyim, le délaissement de la prière est de deux sortes : un délaissement total qui annule toute

1 *Hadîth* rapporté par Muslim, Abû Dâwûd, At-Tirmidhî, An-Nasâ'î et Ahmad.

2 *Hadîth* rapporté par Ahmad et Ibn Mâjah.

bonne action et un délaissement partiel et momentané qui annule les bonnes actions de la journée.

La prière du ‘a<u>s</u>r est la prière médiane

Dieu a dit : {*Soyez assidus aux prières et à la prière médiane. Tenez-vous debout pour prier Dieu avec piété* ». (S. 2, V. 238).[1] Plusieurs *<u>h</u>adîth* authentiques sont venus confirmer que la prière du *‘a<u>s</u>r* est bien la prière médiane.

- Selon ‘Alî, le Prophète (ﷺ) a dit le jour de la bataille des Coalisés : « Puisse Dieu emplir leurs tombes et leurs maisons de feu pour nous avoir occupés et obligés de décaler la prière médiane jusqu'au coucher du soleil. »[2] Pour Muslim, A<u>h</u>mad et Abû Dâwûd, la prière médiane visée par ce *<u>h</u>adîth* est la prière du *‘a<u>s</u>r*.

- Selon Ibn Mas‘ûd, les païens empêchèrent le Prophète (ﷺ) de prier le *‘a<u>s</u>r* jusqu'au crépuscule. Il dit alors : « Ils nous ont empêché d'accomplir la prière médiane, en l'occurrence la prière du *‘a<u>s</u>r* ; puisse Dieu emplir de feu leurs entrailles et leurs tombes. »[3]

L'horaire de la prière du *maghrib* (coucher du soleil)

Le temps imparti ou le délai de la prière du *maghrib* commence au moment où le soleil se couche et disparaît à l'horizon et il s'étend jusqu'à la fin du crépuscule, d'après le *<u>h</u>adîth* rapporté par ‘Abd Allâh Ibn ‘Amr où le Prophète (ﷺ) a dit : « L'horaire du *maghrib* commence avec le coucher du soleil, avant la tombée du crépuscule. »[4] On rapporte aussi d'après Abû Mûsâ qu'un homme demanda les horaires des prières au Prophète qui lui répondit par ce dire, puis lui demanda d'accomplir la prière du *maghrib* au moment où le soleil se couche. Le lendemain, il retarda la prière du *maghrib* jusqu'à la tombée du crépuscule, puis il dit : « Le délai du *maghrib* s'étend entre ces deux temps ».

Dans son commentaire du « *<u>S</u>a<u>h</u>î<u>h</u>* » de Muslim, An-Nawawî écrit : « Nos compagnons [les shâfi‘ites] autorisent le retardement de la prière du *maghrib* tant que le crépuscule n'est pas tombé tout à fait, comme

---

1 ﴿حَٰفِظُواْ عَلَى ٱلصَّلَوَٰتِ وَٱلصَّلَوٰةِ ٱلْوُسْطَىٰ وَقُومُواْ لِلَّهِ قَٰنِتِينَ﴾

2 *<u>H</u>adîth* rapporté par Al-Bukhârî et Muslim.

3 *<u>H</u>adîth* rapporté par A<u>h</u>mad, Muslim et Ibn Mâjah.

4 *<u>H</u>adîth* rapporté par Muslim.

son accomplissement au tout début de l'horaire légal, sans que ce retardement n'occasionne un péché. Telle est la vraie et seule doctrine. » Quant au *hadîth* de Gabriel qui dit que celui-ci accomplit la prière du Maghrib deux jours de suite au même moment, il indique la préférence d'en hâter l'accomplissement, ainsi que le prouvent les *hadîth* suivants :

- Selon As-Sâ'ib Ibn Yazîd, le Prophète (ﷺ) a dit : « Ma Communauté préservera son bon sens naturel tant que les gens s'acquitteront de la prière du *maghrib* avant l'apparition des étoiles dans le ciel. »[1]

- Selon Abû Ayyûb Al-Ansârî – dans le « *Musnad* » [d'Ahmad] –, le Prophète (ﷺ) a dit : « Acquittez-vous de la prière du *maghrib* dès la rupture du jeûne et devancez l'apparition des étoiles ».

- Dans le « *Sahîh* » de Muslim, Râfi' Ibn Khadîj a dit : « Nous accomplissions la prière du *maghrib* derrière le Prophète, et lorsque nous nous dispersions à la fin de la prière, on pouvait encore observer les traits du coucher du soleil ».

- Selon Salama Ibn Al-Akwa', le Prophète (ﷺ) accomplissait la prière du *maghrib* au moment où le soleil se couchait et disparaissait à l'horizon ».

L'horaire de la prière du *'ishâ'* (la prière de la nuit)

Le temps imparti à la prière du '*ishâ'* commence avec la disparition de la couleur rougeâtre du crépuscule et s'étend jusqu'au milieu de la nuit. 'Â'isha a dit : « Ils s'acquittaient de la prière du '*ishâ'* entre la disparition du crépuscule et l'écoulement du premier tiers de la nuit. »[2] Selon Abû Hurayra, le Prophète (ﷺ) a dit : « Si je ne craignais pas de mettre ma Communauté dans la gêne, je demanderais aux gens de retarder la prière du *'ishâ'* jusqu'au tiers, voire jusqu'à la moitié de la nuit. »[3] De son côté, Abû Sa'îd a dit : « Un soir, nous attendîmes le Prophète (ﷺ) pour prier le *'ishâ'* jusqu'au tiers de la nuit. Lorsqu'il arriva, il dirigea la prière, puis il nous dit : « Restez à vos places, car les gens se sont mis dans leurs couches ; vous êtes considérés comme étant en état de prière tant que vous l'attendez. Et n'était la faiblesse du faible, l'infirmité de l'infirme et le besoin du nécessiteux, j'aurais ordonné de retarder cette prière jusqu'au

1 *Hadîth* rapporté par Ahmad et At-Tabarânî.

2 *Hadîth* rapporté par Al-Bukhârî.

3 *Hadîth* rapporté par Ahmad, Ibn Mâjah et At-Tirmidhî, qui l'a authentifié.

tiers de la nuit. »[1] Il s'agit là du temps indifférent ; quant au temps où il est permis d'accomplir la prière du *'ishâ'* en cas de nécessité (*idtirâr*), il s'étend jusqu'à l'aube, comme l'indique le *hadîth* rapporté par Abû Qatâda selon lequel le Prophète (ﷺ) a dit : « Il n'y a point de dissipation dans le sommeil, mais la négligence consiste à omettre une prière jusqu'à ce qu'arrive l'horaire de la prière suivante. »[2]

Le *hadîth* évoqué précédemment, et qui traite des horaires des prières, montre que l'horaire de chaque prière s'étend jusqu'à l'entrée de l'horaire de la prière suivante, sauf pour ce qui est de la prière du *fajr* dont l'horaire ne s'étend pas jusqu'à l'horaire de la prière du *dhuhr*, mais jusqu'au lever du soleil, ainsi que les savants sont unanimes à le dire.

Il est recommandé de retarder la prière du *'ishâ'*

Il est recommandé de retarder la prière du *'ishâ'* jusqu'au milieu de la nuit, dans le dernier délai du temps indifférent. 'Â'isha rapporte : « Un soir, le Prophète (ﷺ) accomplit la prière du *'ishâ'* très tard, au point que les gens de la mosquée s'endormirent. Après avoir accompli la prière, il dit : « C'est là le temps opportun, n'était-ce chose pénible pour ma Communauté. »[3]

Nous avons déjà vu le récit d'Abû Hurayra et celui d'Abû Sa'îd qui confirment tous les deux le sens du *hadîth* rapporté par 'Â'isha, en ce sens qu'ils recommandent le retardement de la prière du *'ishâ'* et indiquent que le Prophète (ﷺ) n'y recourait pas fréquemment afin que ce retard ne soit pas consacré, compte tenu de son caractère pénible. Le Prophète (ﷺ) agissait en fonction de l'état des croyants, avançant tantôt l'heure de la prière ou la retardant. Jâbir a dit : « Le Prophète (ﷺ) faisait la prière du *dhuhr* au milieu de la journée, juste après le déclin du soleil de la méridienne, puis du *'asr* lorsque le soleil devenait net, puis du *maghrib* lors du coucher du soleil ; quant à la prière du *'ishâ'*, tantôt il l'avançait, tantôt il la retardait. Si les gens se regroupaient rapidement, il l'avançait, sinon il la retardait. Pour la prière du *subh* (la prière de l'aurore), le Prophète (ﷺ) l'accomplissait durant le dernier voile de la nuit. »[4]

---

1 *Hadîth* rapporté par Ahmad, Abû Dâwûd, Ibn Mâjah, An-Nasâ'î et Ibn Khuzayma.

2 *Hadîth* rapporté par Muslim.

3 *Hadîth* rapporté par Muslim et An-Nasâ'î.

4 Récit rapporté par Al-Bukhârî et Muslim.

Il est réprouvable de dormir avant la prière du *'ishâ'* et d'engager une conversation après l'avoir accomplie

D'après Abû Barza Al-Aslamî, le Prophète (ﷺ) aimait que l'on retarde la prière du *'ishâ'* et ne se laissait pas gagner par le sommeil avant de l'avoir accomplie. En outre, il ne tenait pas de conversation après la prière. »[1] Ibn Mas'ûd rapporte à ce sujet : « Le Prophète (ﷺ) nous a vivement déconseillé les causeries nocturnes à l'issue de la prière du *'ishâ'*. »[2]

La raison semble tenir au fait que le sommeil peut emporter le dormeur au-delà de l'horaire conseillé pour la prière en groupe et que les longues veillées sont une perte de temps et ne sont d'aucun intérêt, sauf si le fidèle est en compagnie de quelqu'un qui peut le réveiller pour la prière ou si la discussion porte sur un sujet d'intérêt général. Ibn 'Umar a dit : « Le Prophète (ﷺ) veillait longuement chez Abû Bakr lorsqu'il était question de choses importantes pour les musulmans, veillée que je partageais avec eux. »[3] Ibn 'Abbâs rapporte pour sa part : « J'ai passé la nuit chez Maymûna, une nuit où le Prophète (ﷺ) s'y trouvait afin de le voir dans sa prière nocturne. Le Prophète échangea – avec son épouse – quelques propos durant une heure environ, après la prière du *'ishâ'*, puis il s'endormit. »[4]

L'horaire de la prière du subh (la prière de l'aurore)

Il commence dès les premières lueurs de l'aurore et s'étend jusqu'au lever du soleil, comme il est décrit plus haut.

Il est vivement recommandé de s'acquitter de la prière du subh dès l'avènement de son heure. Abû Mas'ûd Al-Ansârî rapporte que le Prophète (ﷺ) s'acquitta une fois de la prière du subh aux premières lueurs de l'aube, une autre fois au lever de l'aurore, puis par la suite il s'en acquitta à l'aurore, et ce jusqu'à sa mort. »[5] 'Âisha rapporte pour sa part : « Nous étions des femmes croyantes ; nous accomplissions derrière le Prophète la prière du subh, couvertes de nos voiles. Lorsqu'à la fin de la prière, nous regagnions nos demeures, personne ne pouvait

1 Fait rapporté par Al-Bukhârî, Muslim, Abû Dâwûd, At-Tirmidhî, An-Nasâ'î, Ibn Mâjah et Ahmad.

2 *Hadîth* rapporté par Ibn Mâjah.

3 Récit rapporté par Ahmad et At-Tirmidhî.

4 Récit rapporté par Muslim.

5 *Hadîth* rapporté par Abû Dâwûd et Al-Bayhaqî.

nous reconnaître à cause de l'obscurité. »[1]

Quant au *hadîth* rapporté par Râfi' Ibn Khadîj selon lequel le Prophète (ﷺ) a dit : « Faites la prière du *subh* jusqu'au lever du jour ; votre récompense n'en sera que plus grande » et dans une autre version : « Accomplissez la prière du *fajr* jusqu'à l'aurore, car cela fera augmenter votre récompense »[2], il signifie qu'il est recommandé d'atteindre le lever du jour à la fin de la prière et non au début, c'est-à-dire qu'il est conseillé de prolonger le temps de lecture du Coran jusqu'à la fin du temps imparti, comme le faisait le Prophète (ﷺ), lequel lisait entre soixante et cent versets au cours de sa prière du *subh*. Il se peut aussi que le but en est de s'assurer du lever de l'aube (*al-fajr*), auquel cas, et en cas de doute insistant, il ne devra pas prier.

L'orant fait un cycle de prière complet avant que le temps imparti ne soit écoulé

L'orant qui fait au moins un cycle de prière avant que l'horaire prescrit ne soit passé a accompli sa prière dans son temps, comme l'indique le *hadîth* rapporté par Abû Hurayra, lequel a dit : « Celui qui fait un cycle de prière a fait sa prière dans son temps. »[3] Cette règle est valable pour toutes les prières de la journée. Dans un autre *hadîth* cité par Al-Bukhârî, il est dit : « Que celui d'entre vous qui fait un cycle de la prière du *'asr* avant que le soleil ne se soit couché termine sa prière ; que celui d'entre vous qui fait un cycle de prière du *subh* avant que le soleil ne se soit levé termine sa prière ».

Il ressort de ces *hadîth* que celui qui accomplit un cycle de la prière de l'aube ou de l'après-midi n'aura pas commis un acte répréhensible (*makrûh*) en priant au lever du soleil ou à son coucher, bien que ces moments soient des moments où il est répréhensible (*makrûh*) de prier. Ainsi, quand au moins un cycle de prière a été effectué au cours de l'horaire prescrit, la prière est considérée comme ayant été accomplie en son temps, quoiqu'il ne soit pas permis de la retarder volontairement jusqu'à ces horaires.

---

1 *Hadîth* rapporté par Al-Bukhârî, Muslim, Abû Dâwûd, At-Tirmidhî, An-Nasâ'î, Ibn Mâjah et Ahmad.

2 *Hadîth* rapporté par Abû Dâwûd, At-Tirmidhî, An-Nasâ'î, Ibn Mâjah et Ahmad.

3 *Hadîth* rapporté par Al-Bukhârî, Muslim, Abû Dâwûd, At-Tirmidhî, An-Nasâ'î, Ibn Mâjah et Ahmad.

L'orant s'endort avant de prier ou oublie de prier

Celui qui dort jusqu'à ce que l'horaire imparti à la prière soit passé ou celui qui oublie de s'en acquitter, doit l'accomplir dès qu'il se réveille ou s'en rappelle. Abû Qatâda rapporte que des gens firent part au Prophète (ﷺ) de leur omission d'une prière à cause du sommeil, et il leur répondit : « Le sommeil n'est pas négligence ; il n'y a négligence qu'en état d'éveil. Si vous dormez ou oubliez une prière, acquittez-vous en dès que vous vous en rappellerez. »[1] Dans le même sens, Anas rapporte que le Prophète (ﷺ) a dit : « Celui qui oublie une prière doit s'en acquitter dès qu'il s'en rappelle. Il n'y a point d'autre expiation que celle-là. »[2] 'Imrân Ibn Husayn a dit : « Nous étions en voyage avec le Prophète (ﷺ), lorsque, vers la fin de la nuit, nous nous assoupîmes et ne fûmes réveillés que par la chaleur du soleil. Nous nous levâmes alors, étourdis, chacun de nous s'inquiétant de son état de pureté. Le Prophète nous demanda de nous calmer, puis nous reprîmes notre voyage jusqu'au lever du soleil. A ce moment, le Prophète fit ses ablutions et demanda à Bilâl d'appeler à la prière, puis il accomplit la prière [surérogatoire] qui précède celle du *fajr*, puis nous priâmes [le *fajr*]. Nous demandâmes au Prophète : « Ne doit-on pas la refaire (la prière) demain matin ? ». Il nous répondit : « Est-il concevable que Dieu vous interdise l'usure, puis l'accepte de vous ? »[3]

Les horaires où il est interdit de prier

Il est interdit de prier entre le subh et le lever du soleil, puis depuis le lever du soleil jusqu'à ce qu'il atteigne la hauteur d'une lance, puis entre la fin de la prière de l'après-midi (*'asr*) jusqu'au coucher du soleil. Selon Abû Sa'îd, le Prophète (ﷺ) a dit : « Point de prière après la prière de l'après-midi (*'asr*) jusqu'au coucher du soleil ; point de prière après la prière de l'aurore (*fajr*) jusqu'au lever du soleil. »[4] 'Amr Ibn 'Absa rapporte qu'il avait demandé au Prophète (ﷺ) : « Ô Messager de Dieu, parle-moi de la prière ». Il lui répondit : « Acquitte-toi de la prière du subh, puis abstiens-toi de toute prière jusqu'à ce que le soleil soit haut dans le ciel, car le soleil se lève entre les deux cornes du Diable et c'est ce moment-là que choisissent les mécréants pour se prosterner

1 *Hadîth* rapporté par An-Nasâ'î et At-Tirmidhî.

2 *Hadîth* rapporté par Al-Bukhârî et Muslim.

3 *Hadîth* rapporté par Ahmad et d'autres traditionnistes.

4 *Hadîth* rapporté par Al-Bukhârî et Muslim.

en signe d'adoration. Ensuite, tu peux prier, car ta prière se fera en présence des Anges, jusqu'à ce que l'ombre atteigne la grandeur d'une lance. Ensuite, ne prie pas, car c'est le moment où la Géhenne s'embrase ; mais lorsque l'ombre survient (après la méridienne), prie, car ta prière se fera en présence des Anges, jusqu'à ce que tu accomplisses la prière de l'après-midi. Ensuite, abstiens-toi de prier, jusqu'à ce que le soleil se couche, car il se couche entre les deux cornes du Diable, et c'est alors que les mécréants se prosternent devant lui. »[1]

Dans ce même ordre d'idées, 'Uqba Ibn 'Âmir a dit : « Le Prophète (ﷺ) nous a interdit de prier et d'inhumer nos morts à trois moments : depuis le lever du soleil jusqu'à ce qu'il soit haut dans le ciel ; durant la méridienne, et enfin au moment où le soleil s'incline vers l'horizon jusqu'à ce qu'il soit couché entièrement. »[2]

L'avis des jurisconsultes concernant le fait de prier après le *subh* (la prière de l'aube) et le *'asr* (la prière de l'après-midi)

Les jurisconsultes musulmans considèrent qu'il est permis de faire sa prière obligatoire après le *subh* ou le *'asr* lorsque celle-ci n'a pas été accomplie à temps, s'appuyant en cela sur un *hadîth* du Prophète (ﷺ) dans lequel il est dit : « Que celui qui oublie une prière l'accomplisse dès qu'il s'en rappelle. »[3] Quant aux prières surérogatoires, il est déconseillé d'en accomplir durant ces moments selon 'Alî, Ibn Mas'ûd, Zayd Ibn Thâbit, Abû Hurayra et Ibn 'Umar d'entre les Compagnons. Quant à 'Umar, il frappait tous ceux qui accomplissaient leur prière surérogatoire après le *'asr*, et il n'a jamais été désavoué en cela par les autres Compagnons du Prophète. Khâlid Ibn Al-Walîd faisait de même.

Parmi les disciples de la deuxième et troisième génération qui désapprouvaient de prier après le *'asr*, citons Al-Hasan [Al-Basrî] et Sa'îd Ibn Al-Musayyab, et, parmi les imâms fondateurs de rites, Abû Hanîfa et Mâlik. Quant à Ash-Shâfi'î, il tolère certaines prières surérogatoires, comme celle du « salut de la mosquée », ainsi que la *sunna* des ablutions, durant ces intervalles, conformément à la pratique du Prophète (ﷺ) lequel accomplissait la prière de la *sunna* du midi après la prière de l'après-

1 *Hadîth* rapporté par Ahmad et Muslim.

2 *Hadîth* rapporté par Muslim, Abû Dâwûd, At-Tirmidhî, An-Nasâ'î, Ibn Mâjah et Ahmad.

3 *Hadîth* rapporté par Al-Bukhârî et Muslim.

midi. Quant aux hanbalites, ils interdisent d'accomplir une prière surérogatoire durant ces intervalles, même s'il y a une raison pour cela, sauf pour ce qui est des deux cycles de prière du *tawâf* (circuit autour de la Ka'ba), à raison du *hadîth* de Jubayr Ibn Mut'im selon lequel le Prophète (ﷺ) a dit : « Ô peuple de Manâf, n'empêchez personne de faire ses processions autour de la Ka'ba et de prier à n'importe quel moment de la journée ou de la nuit. »[1]

Les avis des jurisconsultes concernant le fait de prier au moment du lever du soleil, de la méridienne, et de son coucher

En droit hanafite, toute prière accomplie durant ces moments est nulle et non avenue, qu'il s'agisse d'une prière obligatoire ou surérogatoire, sauf la prière du '*asr*, qu'elle soit faite dans son temps ou hors de celui-ci, sauf s'il s'agit de la prière de l'après-midi du même jour ou de la prière des morts (*janâza*), auquel cas celles-ci peuvent-être accomplies à tout moment, de même que les prosternations de la récitation du Coran. Abû Yûsuf exclut aussi la prière surérogatoire le vendredi, à l'heure de midi.

L'école shâfi'ite, quant à elle, désapprouve toute prière surérogatoire n'ayant pas une cause déterminée durant ces moments. Quant aux prières obligatoires et surérogatoires revêtant une raison valable, comme le vendredi à l'heure de midi ou la prière dans la grande mosquée de La Mecque, elles sont toutes tolérées.

L'école mâlikite, de son côté, déclare interdite toute prière surérogatoire, quelle qu'elle soit, de même que les prosternations de la récitation du Coran et la prière des morts, au lever comme au coucher du soleil, même si elle répond à une raison valable, sauf lorsqu'on craint pour elles une variation. Dans ce cas-là, on peut les accomplir. Cette école tolère seulement l'accomplissement et le rattrapage des prières obligatoires de la journée, de même qu'elle tolère l'accomplissement de la prière d'une façon générale, qu'elle soit obligatoire ou surérogatoire, à midi. Dans son commentaire du « *Muwatta'* » et du « *Mabsût* », Al-Bâjî rapporte d'après Ibn Wahb : « Questionné au sujet de la prière au milieu de la journée, l'imâm Mâlik répondit : « J'ai vu les gens prier le vendredi, au milieu de la journée, alors que certains *hadîth* interdisent cette pratique. Or, ma démarche consiste à ne pas interdire une pratique que

1 *Hadîth* rapporté par Al-Bukhârî, Muslim, Abû Dâwûd, At-Tirmidhî, An-Nasâ'î, Ibn Mâjah et Ahmad ; il a été authentifié par Ibn Khuzayma et At-Tirmidhî.

les gens accomplissent couramment ; cela ne veut pas dire pour autant que j'approuve une pratique dont l'interdiction est établie ».

Les hanbalites, pour leur part, réprouvent toute prière surérogatoire durant ces moments, qu'il y ait une raison ou autre à cela, que cela se passe à La Mecque ou non, un jour de vendredi ou autre, sauf pour ce qui est de la prière du « salut de la mosquée », le vendredi, dont ils tolèrent la pratique, à midi ou durant la *khutba* (prône). Par contre, ils interdisent la prière des morts durant ces moments, sauf s'ils craignent pour elle une variation, auquel cas, ils la permettent sans aucun inconvénient. Ils permettent aussi le rattrapage des prières obligatoires, des deux cycles de prière avant la procession rituelle autour de la Ka'ba, même si c'est dans un but surérogatoire, durant ces trois moments.

Les prières surérogatoires après l'aube et avant la prière du *subh*

Yasâr, le serviteur d'Ibn 'Umar, rapporte que ce dernier, l'ayant surpris en train de prier après le lever de l'aube, lui dit : « Nous voyant prier après l'aube, le Prophète (ﷺ) a dit : « Que les présents informent les absents qu'après le lever de l'aube, une seule prière de deux cycles est tolérée. »[1] Bien que ce *hadîth* soit faible, il n'en demeure pas moins qu'il présente d'autres voies de transmission qui se fortifient les unes les autres et qui autorisent qu'on s'en serve comme argument pour prouver le caractère répréhensible de l'accomplissement de plus de deux cycles de prière après l'aube. C'est là l'avis d'Ash-Shawkânî (le zaydite).

De leur côté, Al-Hasan, Ash-Shâfi'î et Ibn Hazm (le dhâhirite) ont opté pour la permission des prières surérogatoires à ce moment sans aucune répréhension. Quant à Mâlik, il n'a permis cela que pour celui qui a raté la prière de la nuit pour une raison valable. Il a rapporté à ce sujet que 'Abd Allâh Ibn 'Abbâs, Al-Qâsim Ibn Muhammad et 'Abd Allâh Ibn 'Âmir Ibn Rabî'a ont accompli la prière du *witr* (impair) après l'aube. Il a rapporté aussi que 'Abd Allâh Ibn Mas'ûd a dit : « Il m'est indifférent que la prière du *subh* soit célébrée alors que j'accomplis le *witr* ». De son côté, Yahyâ Ibn Sa'îd a dit : « 'Ubâda Ibn As-Sâmit sortait un jour pour diriger la prière du *subh*, lorsque le muezzin commença à appeler à la prière. 'Ubâda le fit taire jusqu'à ce qu'il eut accompli la prière impaire (*witr*), puis il dirigea la prière du *subh*. » Sa'îd Ibn Jubayr rapporte qu'une nuit,

1 *Hadîth* rapporté par Ahmad et Abû Dâwûd.

Ibn ‘Abbâs s’endormit, puis s’éveilla. Ayant alors perdu la vue, il dit à son serviteur d’aller voir ce que les gens faisaient. Le serviteur alla à la mosquée, puis il revint et lui dit : « Les gens viennent de se disperser après la prière du subh ». Ibn ‘Abbâs se leva alors, fit la prière impaire, puis la prière du subh.

L’orant accomplit une prière surérogatoire au moment de l’appel dit *iqâma*

Lorsque l’appel à la prière dit *iqâma* a été fait, il est réprouvé d’accomplir une prière surérogatoire. Abû Hurayra rapporte que le Prophète (ﷺ) a dit : « Lorsque l’appel dit *iqâma* a été fait, il n’y a point d’autre prière que celle qui a été prescrite. »[1] De son côté, ‘Abd Allâh Ibn Sarjas a dit : « Un homme entra dans la mosquée tandis que le Prophète (ﷺ) faisait la prière du subh. Il fit une prière de deux cycles dans un coin de la mosquée, puis il accomplit la prière du subh derrière le Prophète (ﷺ). Lorsque le Messager de Dieu eut terminé les salutations finales, il interpella cet homme en ces termes : « Ô un tel ! Sur quelle prière as-tu compté ? Sur ta prière individuelle ou sur la prière en notre compagnie ? »[2] Le reproche du Prophète (ﷺ) à l’adresse de cet homme sans qu’il lui ait ordonné de refaire sa prière constitue une preuve que la prière à ce moment de la nuit est valable, même si cela reste déconseillé (*makrûh*).

De son côté, Ibn ‘Abbâs a dit : « J’étais en train de prier, lorsque le muezzin se mit à faire l’appel dit *iqâma* ; le Prophète me tira alors par le bras, me disant : « ne prierais-tu pas le subh quatre cycles de prières ? »[3] Pour sa part, Abû Mûsâ Al-Ash‘arî (رضي الله عنه) rapporte que le Prophète (ﷺ) vit un homme prier deux cycles de prière tandis que le muezzin faisait l’appel dit *iqâma*. Il le tira alors par l’épaule en lui disant : « Ne fait-on pas ceci avant cela ? »[4]

---

1 *Hadîth* rapporté par Ahmad et Muslim, Abû Dâwûd, At-Tirmidhî, An-Nasâ’î et Ibn Mâjah.

2 *Hadîth* rapporté par Muslim, Abû Dâwûd et An-Nasâ’î.

3 *Hadîth* rapporté par Al-Bayhaqî, At-Tabarânî, Abû Dâwûd At-Tayâlisî, Abû Ya‘lâ et Al-Hâkim, lequel a dit qu’il répondait aux conditions d’authenticité posées par les des deux sheikhs, Al-Bukhârî et Muslim.

4 *Hadîth* rapporté par At-Tabarânî ; Al-‘Irâqî a qualifié sa chaîne de transmission de bonne.

L'APPEL À LA PRIÈRE DIT ADHÂN

L'*adhân* consiste à indiquer l'entrée du temps de chaque prière par des termes spécifiques. C'est par son biais que les musulmans sont invités à prier en commun, et que les rites de l'Islam sont rendus visibles. L'appel à la prière est obligatoire. Al-Qur<u>t</u>ubî et d'autres commentateurs considèrent que l'appel à la prière – bien qu'il ait été conçu en des termes concis – renferme les questions inhérentes à la foi religieuse en ce qu'il débute par l'évocation de la grandeur de Dieu (*al-akbariyya*), laquelle implique que Dieu existe et qu'Il est parfait. Puis il appelle à l'unicité de Dieu et lui réfute tout associé. Puis il confirme la véracité du message dont Mu<u>h</u>ammad (ﷺ) est porteur. Puis il appelle à l'obéissance suite au témoignage de la véracité du message, lequel ne peut être connu que par le Messager. Puis il invite au salut (*al-falâ<u>h</u>*) qui est l'existence éternelle et qui évoque le retour à Dieu dans l'au-delà. Puis il répète ces formules à titre de confirmation.

Les mérites de l'appel à la prière

Plusieurs *<u>h</u>adîth* montrent les mérites de l'appel à la prière et du muezzin :

- Abû Hurayra rapporte que le Prophète (ﷺ) a dit : « Si les gens savaient le mérite de l'appel à la prière et du premier rang dans la prière, ils rivaliseraient de piété ; s'ils savaient le mérite qu'il y a à se rendre tôt à la prière, ils s'y rendraient en courant ; s'ils savaient les bienfaits du '*ishâ'* et du *<u>s</u>ub<u>h</u>*, ils s'y rendraient en rampant. »[1]

- Mu'âwiya rapporte que le Prophète (ﷺ) a dit : « C'est le muezzin qui aura le cou le plus long le Jour de la résurrection. »[2]

- Al-Barâ' Ibn 'Âzib rapporte que le Prophète (ﷺ) a dit : « Dieu et les Anges bénissent le premier rang. Le pardon accordé au muezzin couvre la distance que parcourt sa voix ; toute chose qui l'entend, qu'elle soit verte ou sèche, ajoute foi à ses paroles. Il aura la même récompense

1 *<u>H</u>adîth* rapporté par Al-Bukhârî et d'autres traditionnistes.

2 *<u>H</u>adîth* rapporté par A<u>h</u>mad, Muslim et Ibn Mâjah.

que ceux qui prient avec lui. »[1]

- D'après Abû Ad-Dardâ', le Prophète (ﷺ) a dit : « J'ai entendu le Prophète dire : « Lorsque trois personnes sont ensemble et qu'elles n'appellent pas à la prière et ne prient pas, le Diable les domine. »[2]

- Abû Hurayra rapporte que le Prophète (ﷺ) a dit : « L'imâm est un garant et le muezzin un commis : Puisse Dieu guider l'imâm et pardonner les erreurs du muezzin ».

- 'Uqba Ibn 'Âmir a dit : « J'ai entendu le Prophète (ﷺ) dire : « Dieu aime regarder le berger, isolé sur sa montagne, appeler à la prière puis prier. Dieu dit : "Regardez comme Mon serviteur appelle à la prière, puis s'en acquitte par crainte de Moi ! Je lui pardonne ses péchés et l'admet dans Mon Paradis". »[3]

L'institution de l'appel à la prière

L'appel à la prière a été institué durant la première année de l'Hégire. Les causes de son institution sont évoquées dans les *hadîth* suivants :

- Selon Nâfi', Ibn 'Umar disait : « Les musulmans évaluaient l'horaire des prières approximativement avant de se regrouper, mais personne n'appelait à la prière. Au cours d'un débat sur la question, certains dirent : Utilisons une cloche comme les chrétiens. D'autres proposèrent le cor à la manière des juifs. 'Umar dit alors : Pourquoi ne pas charger un homme d'appeler à la prière ? Sur ce, le Prophète (ﷺ) intervint et ordonna à Bilâl d'appeler à la prière. »[4]

- Selon 'Abd Allâh Ibn Zayd Ibn 'Abd Rabbih : « Lorsque le Prophète (ﷺ) ordonna d'utiliser une cloche pour appeler les croyants à la prière – dans une version, en dépit de son aversion pour cette pratique chrétienne – je vis en songe un homme avec une cloche à la main ; Je lui demandai de me la vendre et lui expliquai ce que je comptais en faire. Il me proposa une meilleure pratique. Je demandai : "Quelle est-elle ?" Il répondit : "Tu diras : Dieu est le plus grand, quatre fois. Puis tu diras : Je professe qu'il n'y a de dieu que Dieu, deux fois, puis : Je professe

---

1 *Hadîth* rapporté par Ahmad et An-Nasâ'î.

2 *Hadîth* rapporté par Ahmad.

3 *Hadîth* rapporté par Ahmad, An-Nasâ'î et Abû Dâwûd.

4 *Hadîth* rapporté par Ahmad et Al-Bukhârî.

que Muḥammad est l'Envoyé de Dieu, deux fois. Puis tu diras : Venez à la prière, deux fois, Venez au salut, deux fois ; Dieu est le plus grand, deux fois ; Il n'y a de dieu que Dieu, une fois. Puis il s'arrêta un moment avant de reprendre : Au moment d'accomplir la prière, dis : Dieu est le plus grand, deux fois ; Je professe qu'il n'y a de dieu que Dieu, une fois ; Je professe que Muḥammad est l'Envoyé de Dieu, une fois ; La prière est annoncée, deux fois ; Dieu est le plus grand, deux fois ; il n'y a de dieu que Dieu, une fois.' Le lendemain, je racontai mon rêve au Prophète (ﷺ) qui me dit : "C'est là une vision véridique, si Dieu le veut ; va raconter à Bilâl ce que tu as vu et dis-lui d'appeler à la prière selon ce que tu as appris en rêve, car il a une voix plus porteuse que la tienne." Après que Bilâl eut terminé l'appel, 'Umar, après l'avoir entendu, arriva en courant, et dit au Prophète : "Par Dieu, c'est aussi ce que j'ai vu et entendu en rêve." Le Prophète dit alors : "Dieu soit loué !"[1]

Comment faire l'appel à la prière

Trois façons de faire l'appel à la prière ont été retenues :

- Une première façon comporte quinze expressions : Dieu est le plus grand, quatre fois ; J'atteste qu'il n'y a de dieu que Dieu, deux fois ; J'atteste que Muḥammad est l'Envoyé de Dieu, deux fois ; Venez à la prière, deux fois ; Venez au salut, deux fois. Dieu est le plus grand, deux fois ; Il n'y a de dieu que Dieu, une fois.

- La deuxième façon de procéder comporte dix neufs expressions, soit quatre de plus que la première ; elle consiste à répéter à voix basse la profession de foi : J'atteste qu'il n'y a de dieu que Dieu ; J'atteste que Muḥammad est l'Envoyé de Dieu, deux fois chacune. En effet, on rapporte d'après Abû Maḥdhûra que le Prophète (ﷺ) lui a appris la formule de l'appel à la prière et que celle-ci comportait dix-neuf expressions.[2]

- Enfin la troisième façon de faire est conforme à la deuxième, sauf que le début, à savoir « Dieu est le plus grand » est répété deux fois au lieu de quatre, d'après le _ḥadîth_ d'Abû Maḥdhûra.

---

1 _Ḥadîth_ rapporté par Aḥmad, Abû Dâwûd, Ibn Mâjah, Ibn Khuzayma et At-Tirmidhî, lequel dit que c'est un _ḥadîth ḥasan ṣaḥîḥ_.

2 Récit rapporté par Abû Dâwûd, At-Tirmidhî, An-Nasâ'î, Ibn Mâjah et Aḥmad. At-Tirmidhî a dit que c'était un _ḥadîth_ authentique.

Le rajout de la formule : « La prière vaut mieux que le sommeil »

Il est permis au muezzin, durant l'appel à la prière du subh, d'ajouter la formule : « La prière vaut mieux que le sommeil ». Abû Mahdhûra a dit : « Ô Messager de Dieu, apprends-moi comment faire l'appel à la prière ». Le Prophète (ﷺ) le lui apprit donc, puis il ajouta : « Lorsque tu fais l'appel à la prière du *subh*, dis : « La prière vaut mieux que le sommeil ! La prière vaut mieux que le sommeil ! Dieu est le plus grand ! Dieu est le plus grand ! Il n'y a de dieu que Dieu ! »[1] Il est à préciser que cette formule n'est valable que pour la prière du *subh*.

Comment procéder à l'annonce du début de l'office de la prière (*al-iqâma*)

Il y a également trois façons de procéder à l'appel dit *iqâma* :

- Répéter quatre fois : « Dieu est le plus grand », et tout le reste, deux fois, à l'exception de la dernière formule, à savoir : « Il n'y a de dieu que Dieu » que l'on prononcera une fois seulement. Ce qui fait dix-sept formules. Cela donne : « Dieu est le plus grand », quatre fois ; « J'atteste qu'il n'y a de dieu que Dieu », deux fois ; « J'atteste que Muhammad est l'Envoyé de Dieu », deux fois ; « Venez à la prière », deux fois ; « Venez au salut », deux fois ; « La prière va commencer », deux fois ; « Dieu est le plus grand », deux fois ; « Il n'y a de dieu que Dieu », une fois.[2]

- La deuxième façon de procéder est réduite à onze formules : « Dieu est le plus grand », deux fois ; « J'atteste que Muhammad est l'Envoyé de Dieu », une fois ; « Venez à la prière », une fois ; « Venez au salut », une fois ; « La prière va commencer », deux fois ; « Dieu est le plus grand », deux fois ; « Il n'y a de dieu que Dieu », une fois.

- La troisième est exactement la même que la seconde, sauf que la formule : « La prière va commencer », est citée une fois au lieu de deux, ce qui donne dix formules. C'est là l'avis de Mâlik, parce que c'est la façon de faire des gens de Médine. Cependant, Ibn Al-Qayyim a dit que la formule : « La prière va commencer », une fois n'est pas attribuée de façon formelle au Prophète (ﷺ).

---

1 *Hadîth* rapporté par Ahmad et Abû Dâwûd.

2 Cette façon de faire est rapportée par Abû Dâwûd, At-Tirmidhî, An-Nasâ'î, Ibn Mâjah et Ahmad.

Les invocations lors de l'appel du muezzin

Il est recommandé, pour celui qui entend l'appel du muezzin, de faire les invocations suivantes :

- Répéter mot à mot ce que dit le muezzin, sauf qu'après l'expression : « Venez à la prière ; Venez au salut », il y a lieu de dire : « Il n'y a de force et de puissance qu'en Dieu ». Abû Sa'îd Al-Khudrî rapporte que le Prophète (ﷺ) a dit : « Quand vous entendez l'appel à la prière, répétez ce que dira le muezzin. »[1] Le calife 'Umar rapporte directement du Prophète (ﷺ) les paroles suivantes : « Quand le muezzin dit : « Dieu est le plus grand ! Dieu est le plus grand ! » que chacun répète après lui : « Dieu est le plus grand ! Dieu est le plus grand ! » Puis, quand il dit : « J'atteste qu'il n'y a de dieu que Dieu », que chacun répète après lui : « Il n'y a de dieu que Dieu ». Puis, quand il dit : « J'atteste que Muhammad est l'Envoyé de Dieu », que chacun dise après lui : « J'atteste que Muhammad est l'Envoyé de Dieu ». Puis, quand le muezzin poursuit en disant : « Venez à la prière », à vous de dire : « Il n'y a de force et de puissance qu'en Dieu ». Puis, lorsqu'il ajoute : « Venez au salut », à vous de dire une fois encore : « Il n'y a de force et de puissance qu'en Dieu ». Enfin, il sera répété après le muezzin : « Dieu est le plus grand ! Dieu est le plus grand ! Il n'y a de dieu que Dieu ». Celui qui aura répété ces formules de cette façon après le muezzin entrera au Paradis. »[2]

An-Nawawî a dit à ce sujet : « Nos compagnons (les shâfi'ites, s'entend) pensent qu'il est recommandé de répéter ce que dit le muezzin pour exprimer son agrément et son accord ; quant à l'expression : « Venez à la prière, venez au salut », il ne convient pas à d'autres qu'au muezzin de la prononcer. Par ailleurs, il est établi dans les « *Sahîh* » d'Al-Bukhârî et Muslim d'après Abû Mûsâ Al-Ash'arî que le Prophète (ﷺ) a dit : « La formule : "Il n'y a de force et de puissance qu'en Dieu", est un des trésors du Paradis ». Puis An-Nawawî poursuit en affirmant qu'il est recommandé de suivre le muezzin dans son appel, que l'on soit en état de pureté ou d'impureté, même majeure, que l'on soit grand ou petit, homme ou femme, même indisposée.

Répéter les propos du muezzin est une façon d'évoquer Dieu. Il faut signaler que ceux qui se trouvent en situation de prière, dans les lieux

1 *Hadîth* rapporté par Al-Bukhârî, Muslim, Abû Dâwûd, At-Tirmidhî, An-Nasâ'î, Ibn Mâjah et Ahmad.

2 *Hadîth* rapporté par Muslim et Abû Dâwûd.

d'aisance ou en cours d'ébats amoureux sont dispensés de répéter ce que dit le muezzin. Si la personne qui entend le muezzin est en passe de prêcher ou de lire ou d'évoquer Dieu, il est recommandé d'interrompre son prêche, sa lecture ou son évocation pour les reprendre à la fin de l'appel. Ash-Shâfi'î et ses disciples disent que celui qui se trouve en pleine prière obligatoire ou surérogatoire ne doit pas répéter ce que dit le muezzin jusqu'à ce qu'il ait terminé sa prière. Dans le « *Mughnî* » [d'Ibn Qudâma], il est dit : « Il est recommandé à celui qui entre dans la mosquée et entend le muezzin appeler à la prière, de répéter ses propos et attendre qu'il ait terminé afin d'allier deux vertus. S'il commence malgré tout à prier, il n'y a aucun mal à cela. C'est là l'avis de Ahmad ».

- Demander à Dieu d'accorder Sa bénédiction et Sa miséricorde à Son Prophète (ﷺ) à l'issue de l'appel à la prière. La formulation de cette invocation est précisée dans le *hadîth* suivant rapporté par 'Abd Allâh Ibn 'Amr qui dit : « Quand vous entendez l'appel à la prière, dites exactement ce que dit le muezzin. Ensuite, invoquez Dieu de m'accorder Sa bénédiction et Sa miséricorde et (sachez) que celui qui invoquera Dieu pour me bénir sera récompensé par Lui, qui le bénira dix fois plus. Ensuite, demandez à Dieu de m'accorder la *wasîla*, qui est un degré au Paradis ne convenant qu'à un seul des serviteurs de Dieu. J'espère que je serai celui-là. Celui qui invoquera pour moi la *wasîla* méritera mon intercession en sa faveur auprès de Dieu. »[1] Al-Bukhârî rapporte que le Prophète (ﷺ) a dit : « Celui qui dira, à l'issue de l'appel à la prière : Mon Dieu, Maître de cette invocation achevée et de cette prière qui s'accomplit, accorde à Muhammad la *wasîla* et le mérite, et réserve-lui le rang honorable que Tu lui as promis, celui-là méritera mon intercession le Jour de la résurrection ».

L'invocation après l'appel du muezzin

Le temps qui s'écoule entre l'appel et l'accomplissement de la prière est un moment où le fidèle espère que Dieu exaucera ses invocations. Aussi est-il recommandé de multiplier les invocations. Anas rapporte à ce sujet le *hadîth* suivant : « L'invocation exprimée entre l'appel à la prière et l'accomplissement de celle-ci ne peut être rejetée. »[2] A la question posée par des Compagnons : « Que devons-nous dire ô Envoyé de Dieu ? », le Prophète (ﷺ) répondit : « Demandez à Dieu le pardon et

1 *Hadîth* rapporté par Muslim.

2 *Hadîth* rapporté par Abû Dâwûd, An-Nasâ'î et At-Tirmidhî.

la paix ici-bas et dans l'au-delà. » 'Abd Allâh Ibn 'Amr rapporte qu'un homme s'adressa au Prophète (ﷺ) en disant : « Ô Envoyé de Dieu, les muezzins nous surpassent en mérites ! ». Et le Prophète de répondre : « Dis ce qu'ils disent et quand tu auras fini, demande et il te sera donné. »[1] En outre, Sahl Ibn Sa'd a dit : « Deux invocations ne sauraient être rejetées : L'invocation formulée après l'appel à la prière et celle prononcée au cœur de la bataille. »[2] De son côté, Umm Salama (رضي الله عنها) a dit : « Le Prophète (ﷺ) m'a appris à dire, à l'occasion de l'appel à la prière du *maghrib* : « Mon Dieu, voici qu'arrive ta nuit et que recule ton jour avec les voix de ceux qui T'invoquent ; pardonne-moi ».

Les invocations à prononcer au moment de l'appel dit *iqâma*

Il est recommandé à celui qui entend l'appel dit *iqâma* de répéter ce que dit celui qui fait l'appel, sauf lorsqu'il dit : La prière va s'accomplir, où il est recommandé de dire : Dieu l'accomplisse et la pérennise. Des Compagnons du Prophète (ﷺ) rapportent que Bilâl commençait à faire l'appel dit *iqâma* lorsque, arrivant au passage : La prière va s'accomplir, le Prophète (ﷺ) dit : « Que Dieu l'accomplisse et la pérennise ». Puis, arrivant au passage : Venez à la prière ; Venez au salut, il dit : « Il n'y a de force et de puissance qu'en Dieu ».

Quelles sont les conditions auxquelles le muezzin doit satisfaire ?

Il est recommandé que le muezzin réponde aux conditions suivantes :

1- Qu'il ne demande aux gens aucun salaire et qu'il ne recherche, par son appel à la prière, que la satisfaction de Dieu. 'Uthmân Ibn Abî Al-'Âs rapporte ceci : « Je demandai : Ô Envoyé de Dieu, désigne-moi comme imâm de ta Communauté ! ». Il me répondit : « Tu es leur imâm ; tâche de présider la prière comme si tu étais le plus faible d'entre eux, et prends comme muezzin celui qui ne prend pas de salaire. »[3] La plupart des gens de science sont de cet avis et estiment qu'il est préférable pour le muezzin de ne pas prendre de salaire et de rechercher la satisfaction de Dieu au travers de cette pratique.

- Qu'il ne soit pas en état d'impureté majeure ou mineure. Plusieurs

1 *Hadîth* rapporté par Ahmad et Abû Dâwûd.

2 *Hadîth* rapporté par Abû Dâwûd.

3 *Hadîth* confirmé par Abû Dâwûd, An-Nasâ'î, Ibn Mâjah et At-Tirmidhî.

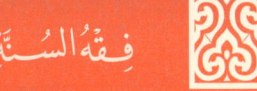

exégètes citent à ce sujet le *hadîth* suivant rapporté par Muhâjir Ibn Qunfudh qui dit : « Le Prophète (ﷺ) a dit : « Rien ne m'empêche de rendre le salut, mais il me répugne d'évoquer Dieu en état d'impureté ». Toutefois, l'appel en état d'impureté demeure valable, bien que réprouvé par les shâfi'ites. Les hanbalites et les hanafites, quant à eux, n'y voient aucune réprobation.

- Qu'il soit debout, face à la *qibla* (La Mecque). Ibn Al-Mundhir estime que cette condition est unanimement admise et établie, et qu'elle fait partie de la Sunna, car en étant debout, sa voix porte plus, dans la mesure où les muezzins du Prophète s'y conformaient.

- Qu'il se retourne de tout son buste vers la droite (de la *qibla*), quand il dit : « Venez à la prière », et vers la gauche, quand il dit : « Venez au salut ». An-Nawawî a dit à ce sujet : « C'est la manière la plus juste de faire. » Abû Juhayfa a dit pour sa part : « Bilâl appela à la prière, et je me mis à suivre sa bouche par-ci et par-là, à droite et à gauche, lequel disait : « Venez à la prière, Venez au salut. »[1] Quant au fait qu'il doive se tourner, Al-Bayhaqî a dit que rien n'a été rapporté d'authentique confirmant cela. Dans le « *Mughnî* » [d'Ibn Qudâma], il est dit selon Ahmad qu'il ne doit tourner la tête que lorsqu'il se trouve sur un minaret et qu'il veut faire entendre les gens des deux côtés.

- Qu'il se bouche les oreilles avec ses deux doigts. Bilâl a dit : « Je mis le doigt dans mon oreille et j'entamai l'appel. »[2]

- Qu'il élève la voix quand il appelle, même s'il est isolé dans le désert. 'Abd Ar-Rahmân Ibn Abî Sa'sa'a rapporte d'après son père, qu'Abû Sa'îd Al-Khudhrî a entendu le Prophète (ﷺ) dire : « Je vois que tu aimes les moutons et la campagne ; quand tu es en campagne avec tes moutons, élève la voix lorsque tu appelles à la prière, car aucun génie, aucun humain ni aucune autre chose n'entendra la voix du muezzin sans qu'ils témoignent de cela le Jour de la résurrection ». Abû Sa'îd a dit : « Je l'ai entendu de la bouche du Prophète (ﷺ). »[3]

- Qu'il exécute l'appel à la prière dit *adhân* avec lenteur en marquant

---

1 *Hadîth* rapporté par Ahmad et les deux sheikhs, Al-Bukhârî et Muslim.

2 *Hadîth* rapporté par Abû Dâwûd et Ibn Hibbân. Quant à At-Tirmidhî, il estime que les gens de science recommandent au muezzin de mettre ses deux doigts dans les oreilles au cours de l'appel à la prière.

3 *Hadîth* rapporté par Al-Bukhârî, Ahmad, An-Nasâ'î et Ibn Mâjah.

des arrêts après chaque mot, et l'appel dit *iqâma*, rapidement.

- Qu'il ne parle pas au cours de l'appel dit *iqâma*. Quant au fait de parler au cours de l'appel dit *adhân*, les avis sont partagés au sujet du caractère permis de la chose. Une partie des exégètes parmi les gens de science considère que cela est réprouvé. Abû Dâwûd demanda à Ahmad : « Peut-on parler au cours de l'appel dit *adhân* ? ». Il répondit que oui. A la question de savoir s'il est également permis de parler durant l'appel dit *iqâma* ? Il répondit : « Non, parce qu'il est recommandé de le dire rapidement ».

L'appel au début et avant le temps de prière

L'appel à la prière doit se faire à son heure exacte, ni avant son délai, ni après, sauf dans la prière du *fajr*, où il est permis de le devancer sur son horaire exact, s'il est possible de distinguer entre le premier et le deuxième appel à la prière, afin qu'il n'y ait pas d'ambiguïté. Dans le *hadîth* rapporté par Ibn 'Umar, le Prophète (ﷺ) a dit : « Lorsque Bilâl vous appelle de nuit, mangez et buvez, jusqu'à ce que Ibn Umm Maktûm vous appelle à son tour. »[1]

La raison pour laquelle il a été permis de devancer l'appel à la prière du *fajr* sur son horaire est corroborée par le *hadîth* rapporté par Ahmad et d'autres traditionnistes selon Ibn Mas'ûd, lequel a dit que le Prophète (ﷺ) avait dit : « Que l'appel à la prière de Bilâl n'empêche personne parmi vous de prendre son repas de l'aube. Il appelle pour rappeler ceux qui sont debout et éveiller ceux qui sont endormis ». Il va de soi que Bilâl ne pouvait faire l'appel sans utiliser les expressions de *l'adhân*. At-Tahâwî et An-Nasâ'î rapportent que le temps entre l'appel de Bilâl et celui d'Ibn Umm Maktûm équivalait au fait, pour le premier, de descendre (de la terrasse de la mosquée), et pour le second, d'y monter.

La séparation entre l'appel à la prière dit *adhân* et celui dit *iqâma*

Il est demandé de n'attendre entre les deux appels que le temps nécessaire pour se préparer et assister à la prière. L'appel à la prière n'est-il pas établi pour cela ? Sinon quelle serait l'utilité de cet appel ? Le délai précis n'est pas connu et les *hadîth* rapportés à ce sujet sont

1 *Hadîth* rapporté par Al-Bukhârî et Muslim.

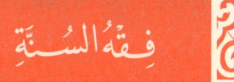

faibles. D'ailleurs, Al-Bukhârî a intitulé un des chapitres de son « *Sahîh* » : « Quelle est la durée entre l'appel à la prière dit *adhân* et celui dit *iqâma* ? », sans pour autant donner d'estimation exacte. Ibn Battâl a dit pour sa part qu'il n'y a aucune estimation à ce sujet, sauf l'entrée de l'heure et le regroupement des fidèles. De son côté, Jâbir Ibn Samura a dit : « Le muezzin du Prophète (ﷺ) faisait l'appel à la prière puis observait une petite halte sans faire d'*iqâma*, jusqu'à ce qu'il voie le Prophète (ﷺ) entrer dans la mosquée. Alors, le voyant, il faisait *l'iqâma.* »[1]

Celui qui fait l'adhân, fait l'*iqâma*

Tel est ce qui est recommandé, mais il n'y a pas d'inconvénient à ce qu'une autre personne que le muezzin fasse l'appel de l'*iqâma*. Ash-Shâfi'î a dit à ce sujet : « Lorsqu'un homme fait l'appel à la prière, je préfère que ce soit lui qui fasse l'*iqâma* ». At-Tirmidhî a dit de son côté que la plupart des gens de science soutiennent qu'il est préférable que ce soit celui qui a fait l'appel à la prière qui fasse l'*iqâma*.

A quel moment doit-on se lever pour accomplir la prière ?

Mâlik a dit dans le « *Muwatta'* » : « Je n'ai pas connaissance d'un moment précis où les gens doivent se lever pour la prière, après que l'*iqâma* ait été fait. Cela dépend selon moi de la capacité des gens, certains parmi eux étant indolents, d'autres agiles. De son côté, Ibn Al-Mundhir rapporte d'après Anas que celui-ci se levait dès qu'il entendait le muezzin dire : « Venez à la prière ».

Peut-on sortir de la mosquée après l'appel à la prière ?

Abû Hurayra rapporte du Prophète (ﷺ) l'interdiction de se dérober à l'appel du muezzin et de sortir de la mosquée après l'*adhân*, sauf pour une raison valable ou dans l'intention d'y revenir. D'après lui, le Prophète (ﷺ) a dit : « Si vous êtes dans la mosquée et qu'on appelle à la prière, aucun de vous ne doit sortir avant d'avoir fait sa prière ». Ce *hadîth* est rapporté par Ahmad. En outre, d'après Abû Ash-Sha'thâ', d'après son père, Abû Hurayra vit quelqu'un sortir de la mosquée après que le muezzin ait appelé à la prière. Il dit alors : « Quant à celui-ci, il a désobéi à Abû Al-Qâsim (au Prophète (ﷺ), s'entend). »[2] Par ailleurs, dans un autre *hadîth* rapporté par Mu'âdh Al-Juhanî, le Prophète (ﷺ)

1 *Hadîth* rapporté par Ahmad, Muslim, Abû Dâwûd et At-Tirmidhî.

2 *Hadîth* rapporté par Muslim, Abû Dâwûd, At-Tirmidhî, An-Nasâ'î et Ibn Mâjah.

a dit : « Est dur de cœur, mécréant et hypocrite, celui qui, entendant l'appel de Dieu l'invitant au salut, n'y répond pas ». Ce *hadîth* est rapporté par Ahmad et At-Tabarânî.

At-Tirmidhî a dit à ce sujet : « On rapporte d'après un grand nombre de Compagnons du Prophète que la prière de celui qui entend l'appel à la prière et n'y répond pas de suite est nulle ».

De leur côté, certains, parmi les gens de science, ont dit qu'il n'est permis à personne de s'abstenir de la prière collective, sauf pour une raison valable.

L'appel de l'*adhân* et de l'*iqâma* pour les prières à récupérer

Il est convenu que celui qui laisse passer l'heure de la prière par omission ou parce qu'il dormait, peut valablement faire l'*adhân* et l'*iqâma* lorsqu'il désire rattraper sa prière. Abû Dâwûd rapporte que le Prophète (ﷺ) avait dormi, lui et ses Compagnons, jusqu'au lever du soleil. A son réveil, il demanda à Bilâl de faire l'appel à la prière dit *adhân* et celui dit *iqâma*, et la prière fut accomplie.

Si plusieurs prières ont été ratées, il est recommandé de procéder une seule fois à l'appel de la prière dit *adhân* et de répéter l'*iqâma* avant chaque prière de la journée à rattraper. Al-Athram a dit à ce sujet : « J'ai entendu Abû 'Abd Allâh (Ahmad, s'entend), alors qu'on lui demandait comment faire l'*adhân* quand on rattrape des prières, répondre en rapportant le *hadîth* de Hâshim, d'après Abû Az-Zubayr, d'après Nâfi' Ibn Jubayr, d'après Abû 'Ubayda Ibn 'Abd Allâh d'après son père, lequel a dit : « Les polythéistes avaient empêché le Prophète (ﷺ) de faire quatre prières lors de la bataille du Fossé (*al-khandaq*). Après qu'une bonne partie de la nuit fût passée, il ordonna à Bilâl d'appeler à l'*iqâma* de la prière du midi, qu'il fit avec ses Compagnons ; il en fit ainsi avec la prière de l'après-midi, du coucher du soleil et de la nuit ».

L'adhân et l'*iqâma* des femmes

Selon Ibn 'Umar, les femmes ne sont pas chargées de faire l'appel dit *adhân* ni celui dit *iqâma*. Ce dire est rapporté par Al-Bayhaqî. C'est aussi l'avis de Anas, Al-Hasan, Ibn Sîrîn, An-Nakha'î, Ath-Thawrî, Mâlik, Abû Thawr et des partisans du *ra'y* (de la déduction personnelle). De leur côté, Ash-Shâfi'î et Ishâq disent que si elles font le *adhân* et l'*iqâma*, il n'y a aucun inconvénient à cela. C'est aussi l'avis de l'imâm Ahmad. On rapporte, d'ailleurs, que 'Â'isha (رضي الله عنها) faisait l'appel à la prière dit *adhân*, et celui dit *iqâma*, puis dirigeait la prière des femmes ; elle se tenait au milieu d'elles. Ce récit est rapporté par Al-Bayhaqî.

Entrer dans la mosquée après que la prière ait été accomplie

D'après l'auteur du « *Mughnî* », [Ibn Qudâma Al-Maqdisî] celui qui entre dans une mosquée où la prière vient d'être accomplie peut faire l'appel dit *adhân* et celui dit *iqâma*. Ce dire est rapporté par Ahmad d'après le récit d'Al-Athram, citant Sa'îd Ibn Mansûr, qui rapporte qu'Anas entra dans une mosquée où la prière venait d'être accomplie. Il commanda à un homme de faire l'appel dit *adhân* et celui dit *iqâma*, puis il dirigea la prière des gens présents.

Ceci dit, [celui qui entre dans la mosquée où la prière vient d'être accomplie] peut prier, s'il le désire, sans *adhân* ni *iqâma*. En effet, 'Urwa a dit : « Lorsque tu entres dans une mosquée où les gens ont fait l'*adhân*, l'*iqâma* et ont accompli la prière, leur appel est valable pour ceux qui viendront après eux. C'est là l'avis d'Al-Hasan, An-Nakha'î et Ash-Sha'bî, bien qu'Al-Hasan précise qu'il est préférable de faire *l'adhân* et l'*iqâma* à voix basse, afin de ne pas induire les gens en erreur sur l'horaire de la prière.

Le laps de temps séparant l'*iqâma* de l'accomplissement de la prière

Il est permis de parler à ce moment et l'appel de l'*iqâma* ne sera pas recommencé. Anas Ibn Mâlik a dit : « L'appel de l'*iqâma* venait d'être achevé, que le Prophète (ﷺ) se confiait à quelqu'un à côté de la mosquée. Les gens attendirent son retour pour accomplir la prière ». Ce *hadîth* est rapporté par Al-Bukhârî. On rapporte également que le Prophète (ﷺ) se rappela, après l'appel de l'*iqâma*, qu'il était en état d'impureté majeure. Il se précipita chez lui, procéda aux grandes ablutions et retourna présider la prière sans pour autant reprendre l'appel de l'*iqâma*.

L'appel de toute autre personne que le muezzin attitré

Il n'est permis à personne d'autre que le muezzin attitré de faire l'appel à la prière, sauf autorisation de sa part ou s'il est en retard et qu'on veuille éviter de laisser l'heure passer.

Ce qui est surajouté à l'appel à la prière et qui n'en fait pas partie

L'appel à la prière est une forme d'adoration que nous devons pratiquer sans y ajouter ou en retrancher quoi que ce soit. Le *hadîth* authentique affirme : « Celui qui rajoute dans notre religion ce qui n'en fait pas partie, verra ce rajout rejeté ».

Il y a lieu de signaler que plusieurs choses illégales ont été reprises par un grand nombre de personnes à tel point qu'il a paru à quelques-uns qu'elles faisaient partie intégrante de la religion. Citons quelques exemples :

- Il est établi qu'il n'y a pas lieu d'ajouter « notre maître Muhammad » à la formule : « J'atteste que Muhammad est l'Envoyé de Dieu ».

- S'essuyer les yeux avec l'intérieur des index au moment où le muezzin dit : « J'atteste que Muhammad est l'Envoyé de Dieu ». Le sheikh Ismâ'îl Al-'Ajlûnî a dit dans « *Kashf Al-Khafâ'* » : « S'essuyer les yeux avec l'intérieur des index après les avoir embrassés en entendant le muezzin dire : J'atteste que Muhammad est l'Envoyé de Dieu » et répondre : « J'atteste que Muhammad est Son serviteur et Son messager ; je me satisfais de Dieu comme Seigneur, de l'Islam comme religion et de Muhammad comme Prophète » est rapporté par Ad-Daylamî, d'après Abû Bakr. Il est dit dans le *hadîth* : « Lorsqu'Abû Bakr entendit le muezzin dire : « J'atteste que Muhammad est l'Envoyé de Dieu », il répéta la même formule puis embrassa l'intérieur de ses index et essuya ses yeux avec. Le voyant faire, le Prophète (ﷺ) dit : « Celui qui fait comme mon ami intime, aura mérité mon intercession ». Cependant, il est dit dans les « *Maqâsid* » qu'il n'y a rien d'authentique à ce sujet. D'autres formules d'invocation ont été citées, mais il semble qu'il conviendrait de ne pas les retenir, parce que rien de ce qui remonte jusqu'au Prophète (ﷺ) à ce sujet n'est sûr.

- Chanter en faisant l'appel à la prière de telle sorte qu'on ajoute une lettre ou une voyelle courte ou longue. Cela est réprouvé, voire interdit, si le sens de l'appel est altéré ou devient confus. On rapporte qu'Ibn 'Umar dit à un homme : « Je te déteste (en Dieu). Puis il se tourna vers ses compagnons et leur dit : « Il chante quand il fait l'*adhân* et qui plus est, il se fait payer ».

- Les formules de glorification (*tasbîh*) prononcées avant la prière de l'aube et les implorations à haute voix du haut des minarets est une innovation (*bid'a*) qui n'était connue ni du temps du Prophète (ﷺ) ni du temps des Compagnons qui ont vécu après lui. Dans le livre « *Tablîs Iblîs* » de 'Abd Ar-Rahmân Ibn Al-Jawzî, il est dit : « J'ai vu celui qui se lève une grande partie de la nuit, montant sur le minaret pour exhorter les gens et réciter des sourates du Coran à voix haute. Cela empêche les gens de dormir et induit en erreur ceux qui passent leur nuit en prière. Tout cela est répréhensible et désavouable ». Al-Hâfidh a dit dans « *Al-Fath* » : « Les louanges et les évocations qui sont prononcées avant la prière du *subh* et avant celle du vendredi, de même que les prières sur le Prophète (ﷺ) qui sont faites à ce moment-là, n'ont rien à voir avec l'appel à la prière ni sur le plan linguistique ni sur le plan légal ».

Les prières faites à voix haute sur le Prophète (ﷺ) après l'appel à la prière

Ces prières ne sont pas valables, elles sont même une innovation réprouvée. Ibn Hajar (Al-Haythamî) a dit dans ses « *Al-Fatâwâ Al-Kubrâ* » : « On interrogea nos maîtres à propos de la prière et du salut adressés au Prophète après l'*adhân* par certains muezzins, et ils répondirent que le principe d'adresser une prière et le salut sur le Prophète en tel cas relève de la Sunna, mais que cette manière de faire est une innovation ».

Muhammad 'Abduh[1], le muftî d'Egypte, a condamné cette pratique, disant : « Il est dit dans le livre « *Al-Khâniya* » que l'*adhân* n'est prescrit que pour les prières obligatoires, il y est dit aussi que celui-ci est composé de quinze formules, dont la dernière est pour nous : Il n'y a de dieu que Dieu. Tout ce qui est dit avant ou après l'*adhân* est une innovation blâmable qui a été inventée uniquement pour donner une mélodie à l'appel. Personne ne peut dire que cette mélodie est permise et il n'y a aucun crédit à accorder à celui qui dit que cela est une innovation méritoire, car toute innovation en matière de culte est à rejeter. En outre, celui qui prétend que cela n'est pas de la mélodie est un menteur. ».

1 1849-1905.

LES CONDITIONS DE VALIDITÉ DE LA PRIÈRE (*SHURÛ<u>T</u> A<u>S</u>-<u>S</u>ALÂT*)

Il s'agit des conditions sans lesquelles la prière est nulle.

1- Connaître l'horaire des prières. Il suffit de connaître l'heure probable de la prière. Il est permis à celui qui présume que l'heure de la prière est arrivée, de l'accomplir et ce, quelle que soit l'origine de l'information reçue : qu'elle ait été reçue de la part d'un muezzin de confiance ou bien suite à un effort de réflexion personnel ou par le biais de tout autre moyen induisant la science.

2- Ne pas être en état d'impureté mineure ou majeure. En raison d'une part, du verset suivant : {*Ô croyants, quand vous vous levez pour la prière, lavez-vous le visage et les mains jusqu'aux coudes, passez les mains sur la tête et lavez-vous les pieds jusqu'aux chevilles. Si vous êtes souillés par l'acte sexuel, faites les grandes ablutions*} (S. 5, V. 6)[1], et, d'autre part, du *<u>h</u>adîth* rapporté par Muslim, Abû Dâwûd, At-Tirmidhî, An-Nasâ'î, Ibn Mâjah et A<u>h</u>mad, dans lequel il est dit : « Dieu n'accepte pas de prière sans pureté, ni d'aumône faite avec de l'argent volé. »

3- Le corps, les vêtements et l'endroit où l'on fait la prière doivent être propres, loin de toute souillure ou impureté matérielle. Si l'orant est en état d'impureté et qu'il est incapable de s'en débarrasser, il lui est alors permis de faire sa prière.

Quant à la propreté du corps, un *<u>h</u>adîth* rapporté par Anas en parle en ces termes : « Évitez d'être souillés par l'urine, car l'ensemble des tourments de la tombe provient d'elle ». Ce *<u>h</u>adîth* est rapporté par Ad-Dâraqu<u>t</u>nî. 'Alî a dit de son côté : « J'étais embarrassé par des sécrétions de *madhy* et, ayant honte du Prophète (ﷺ) qui était mon beau-père, j'envoyai un homme l'interroger à ce sujet. Il lui répondit : « Fais tes ablutions mineures après avoir lavé ta verge ». Ce *<u>h</u>adîth* est rapporté par Al-Bukhârî et autres. On rapporte aussi d'après 'Â'isha (رضي الله عنها)

---

1 ﴿يَـٰٓأَيُّهَا ٱلَّذِينَ ءَامَنُوٓاْ إِذَا قُمْتُمْ إِلَى ٱلصَّلَوٰةِ فَٱغْسِلُواْ وُجُوهَكُمْ وَأَيْدِيَكُمْ إِلَى ٱلْمَرَافِقِ وَٱمْسَحُواْ بِرُءُوسِكُمْ وَأَرْجُلَكُمْ إِلَى ٱلْكَعْبَيْنِ ۚ وَإِن كُنتُمْ جُنُبًا فَٱطَّهَّرُواْ﴾

cet autre *hadîth* : « Le Prophète (ﷺ) dit à une femme réglée : Lave-toi de ton sang et fais ta prière ».

Quant à la pureté des vêtements, elle est mentionnée dans le verset suivant : {*Tes vêtements, purifie-les*} (S. 74, V. 4).[1] Dans cette optique, un homme interrogea le Prophète (ﷺ) en ces termes : « Puis-je faire ma prière dans les vêtements que je porte quand j'ai commerce avec mon épouse ? ». Le Prophète (ﷺ) répondit : « Oui, sauf si tu constates quelque chose (sur ton vêtement), auquel cas tu dois le laver ». Ce *hadîth* est rapporté par Ahmad et Ibn Mâjah. En outre, on rapporte que Mu'âwiyya a dit : « Je demandai à Umm Habîba (رضي الله عنها) : « Le Prophète (ﷺ) faisait-il sa prière dans les vêtements qu'il avait porté lors de ses rapports sexuels ? ». Elle répondit : « Oui, tant qu'il ne constatait pas de souillures sur ceux-ci ». Ce récit est rapporté par Ahmad, Abû Dâwûd, At-Tirmidhî, An-Nasâ'î et Ibn Mâjah. Par ailleurs, Abû Sa'îd rapporte que le Prophète (ﷺ) pria et enleva ses sandales. Le voyant faire ainsi, les Compagnons firent de même. Comme le Prophète leur demandait ensuite la raison de leur geste, ils lui répondirent que, le voyant enlever ses sandales, ils firent de même. Il leur dit alors : « Gabriel m'est apparu et m'a informé que mes sandales étaient souillées. Lorsque l'un de vous vient à la mosquée, qu'il retourne ses sandales et regarde si elles ne sont pas souillées. S'il remarque quelque souillure, qu'il l'enlève avec de la terre, puis qu'il prie avec. »[2] D'autres *hadîth* abondent dans le même sens et indiquent que lorsque le fidèle s'aperçoit en cours de prière qu'il est en état d'impureté ou qu'il porte une souillure, il lui faut s'en débarrasser et reprendre sa prière là où elle a été interrompue.

Quant à l'endroit choisi pour la prière, il doit être propre et nettoyé en cas de souillure. Abû Hurayra rapporte le *hadîth* suivant : « Un bédouin se leva et urina dans la mosquée ; les fidèles voulurent le molester, mais le Prophète (ﷺ) leur dit : « Laissez-le et versez un seau d'eau sur son urine ; vous avez été envoyés pour faciliter les choses et non pour les rendre difficiles. »[3]

Ash-Shawkânî, après avoir discuté les arguments de ceux qui estiment que la purification des vêtements est obligatoire, a dit : « Si les

---

1 ﴿وَثِيَابَكَ فَطَهِّرْ﴾

2 *Hadîth* rapporté par Ahmad, Abû Dâwûd, Al-Hâkim, Ibn Hibbân et Ibn Khuzayma.

3 *Hadîth* rapporté par Al-Bukhârî, Abû Dâwûd, At-Tirmidhî, An-Nasâ'î, Ibn Mâjah et Ahmad.

arguments que nous avons présentés se confirment, sache qu'ils ne font rien que de nous apprendre qu'il est obligatoire de purifier ses vêtements. Aussi, celui qui prie avec des souillures sur ses vêtements a délaissé un acte obligatoire. Mais dire que sa prière est nulle et non avenue parce que l'une de ses conditions de validité fait défaut, est une affirmation que nous ne pouvons prendre à notre compte. » Dans le livre « *Ar-Rawda An-Nadiyya* », il est dit : « La majorité des savants penche pour l'avis que la pureté du corps, des vêtements et du lieu de prière est obligatoire. Un autre groupe de savants estime qu'il s'agit d'une des conditions de validité de la prière. D'autres soutiennent que c'est une *sunna*. Mais l'avis le plus juste est qu'elle est une obligation. En conclusion, celui qui aura fait sa prière volontairement dans des conditions d'impureté, aura manqué à une obligation mais sa prière demeurera valable ».

4- Se couvrir les parties intimes. Dieu – qu'Il soit exalté – a dit : {*Ô fils d'Adam ! Portez vos habits d'apparat pour chaque lieu de prière*} (S. 7, V. 31).[1] Dans ce verset, l'*apparat* signifie ce qui couvre les parties intimes du corps ; autrement dit, le sens du verset est : Couvrez-vous les parties intimes pour chaque prière. En outre, on rapporte d'après Salama Ibn Al-Akwa' qu'un Compagnon du Prophète (ﷺ) demanda : « Ô Envoyé de Dieu, puis-je faire la prière vêtu de ma tunique (*qamîs*) ? ». Il lui répondit : « Oui, mais agrafe-la, ne serait-ce qu'avec une épine. »[2]

La limite des parties intimes de l'homme

Quand un homme désire prier, il est tenu de couvrir ses parties génitales et son postérieur. Quant à couvrir le nombril, les cuisses et les genoux, les avis sont partagés à ce sujet. Les uns disent que ces parties du corps entrent également dans le cadre des parties intimes ; d'autres jurisconsultes pensent le contraire.

Arguments de ceux qui pensent que ces parties ne sont pas *'awra*

Les jurisconsultes qui pensent que ni le nombril ni les cuisses ni les genoux ne sont des parties intimes s'appuient sur les *hadîth* suivants :

- La mère des croyants, 'Âisha (رضي الله عنها), rapporte que le Prophète (ﷺ)

---

1 ﴿يَٰبَنِيٓ ءَادَمَ خُذُواْ زِينَتَكُمۡ عِندَ كُلِّ مَسۡجِدٖ﴾

2 *Hadîth* rapporté par Al-Bukhârî.

était assis, la cuisse découverte, lorsqu'Abû Bakr demanda la permission d'entrer ; le Prophète (ﷺ) acquiesça sans pour autant changer de position. Ensuite, 'Umar demanda la permission d'entrer et le Prophète acquiesça sans non plus changer de position. Enfin, 'Uthmân demanda à son tour la permission d'entrer, mais à ce moment, le Prophète couvrit sa cuisse à l'aide de son vêtement. Quand ils partirent, je demandai au Prophète pourquoi, à l'entrée d'Abû Bakr et de 'Umar, il n'avait pas recouvert sa cuisse, alors qu'à l'entrée de 'Uthmân, il l'avait fait. Il me répondit : « Ô 'Â'isha, je rougis de pudeur devant un homme à l'égard duquel les Anges eux-mêmes font preuve de pudeur ! »[1]

- Anas raconte que le jour de Khaybar, le Prophète (ﷺ) avait relevé son vêtement et découvert sa cuisse à tel point que j'apercevais la blancheur de sa peau ». Ce récit est rapporté par Ahmad et Al-Bukhârî. Ibn Hazm déduit de cela que la cuisse n'entre pas dans le cadre des parties intimes. « Si elle entrait dans ce cadre, dit-il, Dieu n'aurait pas permis qu'Anas Ibn Mâlik ni qui que ce soit d'autre ne l'aperçoive du Prophète, car celui-ci a été préservé par Dieu, y compris dans son enfance et avant la prophétie. En outre, on rapporte dans les deux « *Sahîh* » d'après Jâbir que lors de la reconstruction de la Ka'ba, le Prophète (ﷺ) porta des pierres avec les habitants de La Mecque, vêtu d'un tablier. Son oncle Al-'Abbâs lui dit alors : « Ô fils de mon frère, pourquoi ne dénoues-tu pas ton tablier et ne le mets-tu pas sur les épaules afin de ne pas être blessé par les pierres ? ». Le Prophète suivit les conseils de son oncle, mais il tomba de suite évanoui. A partir de ce jour, on ne vit plus une seule partie de son intimité. »

- Muslim rapporte d'après Abû Al-'Âliyya Al-Barâ' les faits suivants : « 'Abd Allâh Ibn As-Sâmit me frappa sur la cuisse et me dit : J'ai interrogé Abû Dharr qui m'a donné une frappe sur la cuisse comme je viens de le faire sur la tienne. Ensuite, il m'a informé qu'il avait posé la même question à l'Envoyé de Dieu (ﷺ), que celui-ci lui avait donné une frappe sur la cuisse comme celle que je viens de donner sur la tienne, et avait dit : « Accomplis ta prière à son heure prescrite ». Le commentaire d'Ibn Hazm est que si la cuisse était considérée comme des parties intimes, le saint Prophète (ﷺ) ne l'aurait pas touchée. On n'imaginerait pas un musulman donner une frappe sur les parties génitales ou sur le dos d'un autre homme, même vêtu, ni donner une frappe sur le corps d'une femme étrangère ». Ibn Hazm cite ensuite, d'après sa propre chaîne de

---

1 *Hadîth* rapporté par Ahmad.

transmission, un dire remontant jusqu'à Jâbir Ibn Al-Huwayrith qui affirme que celui-ci dit avoir regardé la cuisse d'Abû Bakr alors qu'elle était découverte, et que Anas Ibn Mâlik vint trouver Qays Ibn Shammâs alors que ses cuisses étaient découvertes.

Les arguments de ceux qui soutiennent que les cuisses sont des parties intimes

Deux *hadîth* sont cités à l'appui de leurs arguments :

- Muhammad Ibn Jahsh rapporte : « Le Prophète (ﷺ) passa devant Ma'mar (Ibn 'Abd Allâh) dont les cuisses étaient dénudées, et il lui dit : « Ô Ma'mar, couvre-toi les cuisses, car elles relèvent des parties intimes. »[1]

- Jarhad[2] rapporte également que le Prophète (ﷺ) passa devant lui alors qu'il portait une tunique. Sa cuisse se dévoila et le Prophète lui dit : « Couvre-toi les cuisses, car elles sont des parties intimes. »[3]

Tels sont les arguments avancés par chacune des deux parties. Il appartient au musulman de choisir le meilleur de ces avis. En tout état de cause, il paraît sage de prendre ses précautions et de se couvrir, autant que faire se peut, le nombril, les cuisses et les genoux. Al-Bukhârî conclut pour sa part en disant que le *hadîth* d'Anas est plus appuyé et que celui de Jarhad répond à toutes les précautions utiles.

La limite des parties intimes de la femme

Est considérée comme partie intime que l'on doit couvrir, tout le corps de la femme, à l'exception du visage et des mains. A ce sujet, le verset coranique est très clair : {*Et elles ne montrent de leur parure que ce qui en paraît*} (S. 24, V. 31).[4] C'est-à-dire qu'elles ne doivent laisser apparaître de leurs charmes que le visage et les mains, comme il est indiqué dans ce *hadîth* rapporté par 'Â'isha : « Dieu n'accepte la prière d'une femme pubère que si sa tête est couverte. »[5] En outre, Umm Salama,

---

1 *Hadîth* rapporté par Ahmad, Al-Hâkim et Al-Bukhârî.

2 Selon *Hilyat al-Awliyâ'*, il s'agirait de Jarhad Ibn Khuwaylid ou Ibn Ruzâh Al-Aslamî.

3 *Hadîth* rapporté par Mâlik, Ahmad, Abû Dâwûd et At-Tirmidhî.

4 ﴿وَلَا يُبْدِينَ زِينَتَهُنَّ إِلَّا مَا ظَهَرَ مِنْهَا﴾

5 *Hadîth* rapporté par At-Tirmidhî, qui a dit qu'il était bon.

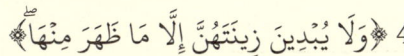

l'épouse du Prophète (ﷺ) interrogea celui-ci en lui disant : « La femme peut-elle prier habillée d'une tunique et d'un châle sur la tête ? ». Il lui répondit : « Oui, si la tunique est assez ample pour couvrir ses pieds. »[1] Dans le même ordre d'idées, on demanda à 'Â'isha (رضي الله عنها) : « Dans combien de vêtements la femme doit-elle faire la prière ? ». « Posez la même question à 'Alî, répondit-elle, et revenez me voir ». 'Alî, interrogé sur ce point, répondit : « Un châle et une tunique ample ». Puis l'auteur de la question retourna chez 'Â'isha et l'informa de la réponse de 'Alî. Elle répondit : « C'est juste ».

Les vêtements que la femme est tenue de porter et ceux pour lesquels elle a libre choix

Le but recherché dans l'habillement est de cacher les parties intimes. Si un habit est étroit et met en valeur les parties intimes, ou s'il est transparent et laisse apparaître la couleur de la peau, il ne convient nullement pour la prière.

Par ailleurs, il est permis de faire la prière dans un seul vêtement, tel que rapporté par Muslim et Mâlik. En effet, interrogé sur la prière dans un seul vêtement, le Prophète (ﷺ) répondit : « Est-ce que chacun de vous possède deux vêtements ? ». Pourtant il est recommandé d'être habillé de deux vêtements et plus dans sa prière. Ibn 'Umar rapporte, pour sa part, ce *hadîth* : « Quand l'un de vous s'apprête à accomplir sa prière (qu'il sache) que Dieu est plus digne qu'on se pare pour Lui ; si vous ne possédez pas deux habits, prenez un seul voile et ne vous enveloppez pas à la manière des juifs ». Ce *hadîth* est rapporté par At-Tabarânî et Al-Bayhaqî.

'Abd Ar-Razzâq rapporte que Ubayy Ibn Ka'b et 'Abd Allâh Ibn Mas'ûd divergèrent à ce sujet : Ubayy soutenait qu'il n'est pas répréhensible d'accomplir la prière avec un seul habit, alors qu'Ibn Mas'ûd soutenait le contraire, faisant valoir que ceci est valable seulement pour celui qui n'a pas d'autre habit. 'Umar s'adressa alors aux musulmans du haut de la chaire de la mosquée en disant : « L'avis le plus juste est celui de Ubayy, mais Ibn Mas'ûd n'a pas complètement tort ». Puis il ajouta : « Lorsque Dieu est généreux envers vous, soyez généreux envers vous-mêmes ; si vous avez la possibilité de prier dans une tunique et un man-

1 *Hadîth* rapporté par Abû Dâwûd.

teau ou dans un pantalon (*sirwâl*) et un manteau, faites-le. »[1]

Cependant, il est rapporté d'après Burayda le *hadîth* suivant : « Le Prophète (ﷺ) a interdit aux hommes de faire leurs prières dans un voile qu'ils n'endossent pas entièrement, comme il a interdit qu'on fasse la prière habillé d'un pantalon et sans porter d'autre vêtement ». Ce *hadîth* est rapporté par Abû Dâwûd et Al-Bayhaqî. On rapporte dans cette optique, qu'Al-Hasan Ibn 'Alî s'employait à se vêtir de ses meilleurs habits pour prier ; comme il était interrogé sur cette habitude, il répondit : « Dieu est beau et Il aime ce qui est beau. Or, je dois m'embellir pour Dieu ».

La prière, tête nue

Ibn 'Abbâs rapporte que le Prophète (ﷺ) ôtait parfois sa coiffe et la déposait devant lui. Il est établi chez les hanafites qu'il n'y a aucun empêchement à accomplir la prière tête nue, et que cela est même souhaitable si cela aide à gagner en humilité. Quoi qu'il en soit, aucune preuve n'existe qui donne l'avantage à la prière faite avec une coiffe.

L'orientation vers la *qibla*

Tous les exégètes sont unanimes à dire que le fidèle doit s'orienter vers la Mosquée sacrée lorsqu'il désire accomplir sa prière, et ce en réponse à l'ordre divin : {*Tourne la face vers la mosquée sacrée et là où vous vous trouvez, tournez la face vers elle* (la Ka'ba)} (S. 2, V. 144).[2] Al-Barâ' a dit : « Nous priâmes avec le Prophète (ﷺ) pendant seize ou dix-sept mois en direction du Quds (Jérusalem) puis nous nous tournâmes ensuite vers la Ka'ba. »[3]

Celui qui voit la Ka'ba et celui qui ne la voit pas

Celui qui voit la Ka'ba doit s'orienter vers son centre et celui qui ne la voit pas s'orientera dans sa direction, sachant que nul n'est chargé de surpasser ses propres moyens. Abû Hurayra rapporte du Prophète (ﷺ) ce *hadîth* : « Entre l'Orient et l'Occident, se trouve la *qibla*. »[4] Ceci est valable pour les gens de Médine et ceux des environs, tels les

1 *Hadîth* rapporté par Al-Bukhârî.

2 ﴿فَوَلِّ وَجْهَكَ شَطْرَ ٱلْمَسْجِدِ ٱلْحَرَامِ ۚ وَحَيْثُ مَا كُنتُمْ فَوَلُّوا۟ وُجُوهَكُمْ شَطْرَهُۥ﴾

3 *Hadîth* rapporté par Muslim.

4 *Hadîth* rapporté par Ibn Mâjah et At-Tirmidhî.

Syriens, les habitants d'Arabie et ceux d'Irak.

Quant aux Égyptiens, leur *qibla* se situera entre l'Orient et le Sud ; pour ce qui concerne le Yémen, l'Orient se trouvera à la droite de celui qui fait la prière et l'Occident, à sa gauche. Enfin, concernant l'Inde, l'Orient se trouvera derrière le fidèle et l'Occident devant lui.

Comment connaître la *qibla* ?

Chaque pays a ses moyens de déterminer la *qibla*, laquelle se trouve, au demeurant, indiquée par les *mihrâb* des mosquées, et que l'on peut connaître en utilisant une boussole.

La direction de la *qibla* n'est pas perceptible

Dans ce cas, il appartient au fidèle de demander aux gens la direction de la *qibla*, sinon il devra exercer des efforts pour se guider et s'orienter dans sa prière, laquelle sera valable, même s'il s'aperçoit par la suite qu'il s'était trompé. S'il découvre son erreur au cours de l'accomplissement de sa prière, il la corrigera immédiatement, en continuant de prier. Ces indications sont clairement exposées dans le *hadîth* rapporté par Ibn 'Umar, lequel a dit : « Pendant qu'on accomplissait à Qubâ' la prière du matin (*as-subh*), un homme arriva et dit : « Des versets du Coran ont été révélés cette nuit au Prophète (ﷺ) qui commandent de s'orienter vers la Ka'ba ». Et tous les fidèles qui étaient tournés vers le Shâm s'orientèrent alors vers la Ka'ba. »

Si on s'oriente vers une direction qu'on a choisie après un effort personnel, le même effort devra être fourni pour la prière suivante.

Dans quel cas l'orientation vers la Ka'ba n'est-elle pas requise ?

L'orientation vers la *qibla* est une obligation qui ne peut être annulée que dans les cas suivants :

- Lors de la prière surérogatoire pour celui qui se trouve sur une monture. Il est donc permis de prier surérogatoirement sur sa monture en marche. La direction de prière de l'orant sera la direction prise par sa monture. Al-Bukhârî cite à ce sujet ce *hadîth* rapporté par Ibn Rabî'a : « J'ai vu le Prophète (ﷺ) prier sur sa monture, laquelle prenait la direction qu'elle voulait ». Et Al-Bukhârî d'ajouter que le Prophète se prosternait en inclinant simplement la tête, ce qu'il ne faisait pas à l'occasion des prières obligatoires. Ahmad, Muslim et At-Tirmidhî rapportent que le Prophète (ﷺ) accomplissait une prière surérogatoire alors qu'il se trouvait assis sur sa monture venant de La Mecque et se dirigeant vers Médine, lorsque le verset suivant fut révélé : {*Là où vous vous tourniez, c'est là la Face* (ou la direction) *de Dieu*} (S. 2, V. 144).[1] Ibrâhîm An-Nakha'î a dit : « Ils priaient sur leurs montures là où elles allaient ». Ibn Hazm ajoute qu'il s'agit des Compagnons et de ceux qui sont venus après eux, et ils faisaient cela aussi bien en voyage que dans leurs villes et villages.

- Lors de la prière de ceux qui se trouvent en état de contrainte, de maladie ou de peur. Ceux-là peuvent accomplir leur prière sans s'orienter vers la *qibla* s'ils sont incapables de le faire. Dans ce sens, le Prophète (ﷺ) a dit : « Si on vous commande de faire une chose, faites-la selon vos moyens ». Quant au verset suivant : {*Si vous craignez quelque danger, faites votre prière en marchant ou sur vos montures*}, 'Umar y ajoute le commentaire suivant : « Que vous soyez ou non face à la *qibla*. »[2]

---

1 ﴿فَأَيْنَمَا تُوَلُّوا۟ فَثَمَّ وَجْهُ ٱللَّهِ﴾

2 *Hadîth* rapporté par Al-Bukhârî.

LES MODALITÉS DE LA PRIÈRE (*KAYFIYAT AS-SALÂT*)

Plusieurs catégories de *hadîth* déterminent la manière dont on doit prier. Il nous suffit d'en citer seulement deux catégories : la première se rapporte aux faits et gestes du Prophète (ﷺ) faisant sa prière ; la seconde, aux propos du Prophète concernant les modalités de la prière :

- On rapporte qu'Abû Mâlik Al-Ash'arî rassembla sa tribu et leur dit : « Ô tribu d'Ash'ar, rassemblez-vous avec vos femmes et vos enfants pour apprendre comment le Prophète (ﷺ) nous enseignait la prière à Médine. Une fois que les gens de sa tribu se fussent rassemblés, il fit ses ablutions en lavant tous ses membres et lorsqu'il s'en retourna, il se leva et appela à la prière. Les hommes furent alignés dans un premier rang, les enfants dans un second rang derrière eux, et les femmes dans un troisième rang derrière les enfants. Ensuite, il fit l'appel de l'*iqâma*, leva les mains et entra en prière, disant : « Dieu est le plus grand ». Il entama immédiatement la lecture de la première sourate du Coran, la *fâtiha*, puis il poursuivit sa lecture par une sourate facile. Après quoi, il dit : « Dieu est le plus grand », et il se prosterna en disant : « Gloire à Dieu et qu'Il soit loué (trois fois) puis, il se releva en disant : « Dieu entend celui qui Le loue ; après cela, il répéta : « Dieu est le plus grand » et il se prosterna. En levant sa tête, il répéta : « Dieu est le plus grand ». Ensuite, il accomplit une deuxième prosternation en disant : « Dieu est plus grand ». Après cela, il se releva en citant toujours la formule : « Dieu est plus grand ». Il répéta donc six fois au cours du premier cycle de prière : « Dieu est le plus grand ». Après quoi, il fit les mêmes gestes au cours du deuxième cycle de prière, disant à chaque fois : « Dieu est le plus grand ». Puis, quand il eut terminé sa prière, il se mit face aux gens et leur dit : « Apprenez de moi comment exalter la grandeur de Dieu, comment se prosterner et accomplir les prosternations. Telle est la prière du Prophète (ﷺ) telle qu'il l'accomplissait avec nous chaque jour. »

En outre, On rapporte qu'après avoir terminé sa prière, le Prophète (ﷺ) se mit face aux gens et leur tint le propos suivant : « Ô gens, entendez et raisonnez, et sachez qu'il existe auprès de Dieu des personnes qui ne sont ni prophètes, ni martyrs, mais dont la place auprès de Lui sera enviée par ces derniers. ». A cet instant, un bédouin venue d'une contrée éloignée s'approcha du Messager de Dieu, lui toucha la main et lui demanda : « Ô Prophète de Dieu, des personnes parmi d'autres, qui ne sont ni prophètes, ni martyrs, et dont la place rapprochée de Dieu serait enviée par ces derniers ? Décris-les-nous ». Le visage du Prophète s'illumina de joie à la question posée par le bédouin et il dit : « Ce sont des gens obscurs dont personne ne connaît ni l'origine ni la famille, et qui viennent de tribus différentes ; aucun lien de parenté ne les rapproche, mais ils se sont aimés en Dieu, sincèrement. Dieu leur donnera le Jour de la résurrection des chaires de lumière sur lesquelles ils s'assoiront. Leurs visages ainsi que leurs vêtements seront de lumière. Tous les humains seront effrayés le Jour de la résurrection, sauf eux. Ce sont les amis de Dieu ; ceux qui n'auront ni peur ni chagrin. »[1]

Abû Hurayra rapporte le *hadîth* suivant – appelé « *hadîth* de celui qui a fait mal sa prière » : « Un homme entra dans la mosquée et fit sa prière. Une fois qu'il l'eût terminée, il alla vers le Prophète (ﷺ) et le salua. Celui-ci lui rendit le salut et lui dit : « Retourne et refais ta prière, car c'est comme si tu ne l'avais pas faite ». Il refit ainsi sa prière trois fois et, revenant vers le Prophète, il lui avoua : « Par Celui qui t'a envoyé en toute vérité et en toute justice, je ne peux faire mieux ; apprends-moi à la faire ». Le Prophète (ﷺ) lui dit : « Lorsque tu te lèves pour accomplir ta prière, prononce la *takbîra* (Dieu est plus grand). Puis récite ce que tu peux du Coran. Puis incline-toi un temps. Puis relève-toi et tiens-toi droit. Puis prosterne-toi un temps. Puis prosterne-toi de nouveau un temps. Puis refais tout cela dans toute ta prière. »[2]

Telles sont globalement les modalités de la prière selon les faits, les gestes et les paroles du Prophète (ﷺ). Cependant, il convient de distinguer entre les actes obligatoires et les actes recommandés par le Prophète (ﷺ).

---

1 *Hadîth* rapporté par Ahmad.

2 *Hadîth* rapporté par Al-Bukhârî et Muslim.

LES OBLIGATIONS DE LA PRIÈRE (*FARÂ'I<u>D</u> A<u>S</u>-<u>S</u>ALÂT*)

La prière comporte des obligations et repose sur des fondements sans lesquels elle serait nulle et sans effet. Ces obligations sont les suivantes :

1- L'intention

C'est ce qu'indique le verset coranique qui dit : {*On ne leur avait pourtant ordonné que d'adorer Dieu, de Lui consacrer à Lui seul, toute leur dévotion*} (S. 98, V. 5).[1] L'importance de l'intention est indiquée aussi dans ce *<u>h</u>adîth* : « Les actions ne valent que par l'intention (qui les soutient) et chacun n'a pour lui que ce qu'il a eu réellement l'intention de faire. Celui qui s'est exilé par amour de Dieu et de Son messager, son exil sera pour Dieu et Son messager, et celui qui s'est exilé pour s'attribuer des biens de ce bas monde ou pour épouser une femme, son exil sera pour la raison qui l'y a poussé. »[2]

Doit-on prononcer l'intention expressément ?

Ibn Al-Qayyim définit ainsi l'intention : « L'intention est l'objectif et la résolution de faire (ou de ne pas faire) une chose. Elle se situe dans le cœur et n'a aucun lien avec le langage. C'est pourquoi il n'a jamais été rapporté du Prophète (ﷺ) ni de ses Compagnons la moindre expression en matière d'intention. Quant à ces expressions innovées qu'on récite avant les ablutions et avant la prière, elles ne sont rien d'autre que des susurrements inspirés par le diable et que les gens répètent et se fatiguent à réciter sans pour autant que ces susurrements aient un quelconque lien avec les ablutions ou la prière. »

2- La formule de sacralisation (*i<u>h</u>râm*) « Dieu est le plus grand »

La formule de sacralisation *Allâhu akbar* est tirée du *<u>h</u>adîth* du Pro-

1 ﴿وَمَآ أُمِرُوٓاْ إِلَّا لِيَعۡبُدُواْ ٱللَّهَ مُخۡلِصِينَ لَهُ ٱلدِّينَ حُنَفَآءَ وَيُقِيمُواْ ٱلصَّلَوٰةَ وَيُؤۡتُواْ ٱلزَّكَوٰةَۚ وَذَٰلِكَ دِينُ ٱلۡقَيِّمَةِ﴾

2 *<u>H</u>adîth* rapporté par Al-Bukhârî.

phète (ﷺ) qui dit : « La clé de la prière est la purification ; sa sacralisation, la glorification de Dieu ; et sa conclusion, les salutations. »[1] Il en est ainsi de la pratique du Prophète et de ses paroles, comme nous l'avons vu dans les deux *hadîth* précédents. La prononciation de la formule « Dieu est le plus grand » est donc exigée, en vertu aussi du *hadîth* d'Abû Humayd qui dit : « Lorsque le Prophète (ﷺ) se levait pour prier, il se mettait debout, puis levait les mains et disait : « Dieu est le plus grand ». Ce *hadîth* est rapporté par Ibn Mâjah et authentifié par Ibn Khuzayma et Ibn Hibbân. Il y a aussi le *hadîth* rapporté par Al-Bazzâr d'après 'Alî qui dit : « Lorsque le Prophète (ﷺ) se levait pour la prière, il disait : « Dieu est le plus grand ».

3- Se tenir debout dans les prières obligatoires

Selon le Coran, la Sunna et le consensus des savants, c'est un devoir pour le croyant de se tenir debout pour accomplir la prière, sauf incapacité. Cette position est prescrite dans le verset de la sourate La Vache qui dit : {*Observez avec assiduité vos prières et la prière médiane. Tenez-vous debout, devant Dieu, en toute soumission et humilité*}.[2]

En outre, 'Imrân Ibn Husayn a dit : « Comme je souffrais d'hémorroïdes, je demandai au Prophète (ﷺ) comment accomplir la prière. Il me répondit : « Accomplis ta prière debout ; si tu ne le peux pas, fais-la assis, et si tu ne le peux pas encore, fais-la en étant appuyé sur le côté. »[3] C'est sur cet avis que se sont entendus les savants, de même qu'ils se sont entendus sur le fait qu'il est préférable d'écarter les pieds en étant dans cette position.

Se tenir debout dans les prières surérogatoires

Il est permis de faire les prières surérogatoires en étant assis, même si le fidèle est capable de les accomplir debout, étant bien entendu que celui qui les fait debout est mieux récompensé que celui qui les fait assis. Par ailleurs, Ibn 'Umar rapporte avoir été informé que le Messager de Dieu (ﷺ) a dit : « La prière du fidèle qui est assis équivaut à la moitié d'une prière. »[4]

---

1 *Hadîth* rapporté par Ash-Shâfi'î, Ahmad, Abû Dâwûd, Ibn Mâjah et At-Tirmidhî.

2 ﴿حَٰفِظُواْ عَلَى ٱلصَّلَوَٰتِ وَٱلصَّلَوٰةِ ٱلۡوُسۡطَىٰ وَقُومُواْ لِلَّهِ قَٰنِتِينَ﴾

3 *Hadîth* rapporté par Al-Bukhârî.

4 *Hadîth* rapporté par Al-Bukhârî et Muslim.

L'incapacité de se tenir debout dans les prières obligatoires

Celui qui se trouve dans l'incapacité de faire sa prière obligatoire debout, l'accomplira comme il le pourra. En effet, Dieu ne charge une âme que selon ses capacités. En outre, sa récompense sera totale et ne sera pas diminuée. Al-Bukhârî rapporte, d'après Abû Mûsâ, que le Prophète (ﷺ) a dit : « Quand le serviteur de Dieu est malade ou en voyage, Dieu rétribue ses actes comme s'il était en bonne santé et en état de résidence ».

4- La récitation de la *fâti<u>h</u>a* durant chaque cycle de prière est exigée pour les prières obligatoires et surérogatoires

Les *<u>h</u>adîth* authentiques se rapportant à la récitation obligatoire de la *fâti<u>h</u>a* dans chaque cycle de prière sont clairs et ne supposent aucune controverse. Citons-en quelques-uns :

- « Pas de prière valable pour celui qui ne récite pas l'Ouverture du Livre (*fâti<u>h</u>at-l-kitâb*) ». Ce *<u>h</u>adîth* est rapporté par Al-Bukhârî, Muslim, Abû Dâwûd, At-Tirmidhî, An-Nasâ'î, Ibn Mâjah et A<u>h</u>mad.

- « Celui qui accomplit une prière sans réciter l'Ouverture du Livre, sa prière est incomplète ». Ce *<u>h</u>adîth* est rapporté par les deux sheikhs, Al-Bukhârî et Muslim.

- « Une prière au cours de laquelle l'Ouverture du Livre n'est pas récitée, ne sera pas récompensée ». Ce *<u>h</u>adîth* est rapporté par Ibn <u>H</u>ibbân et Abû <u>H</u>âtim.

- « La prière au cours de laquelle la *fâti<u>h</u>a* n'est pas récitée, ne sera pas récompensée ». Ce *<u>h</u>adîth* est rapporté par Ad-Dâraqu<u>t</u>nî.

- On rapporte d'après Abû Sa'îd : « Il nous a été ordonné de réciter l'Ouverture du Livre, ainsi que ce qui nous est aisé (du Coran) ». Ce *<u>h</u>adîth* est rapporté par Abû Dâwûd.

En outre, il est établi que le Prophète (ﷺ) récitait la *fâti<u>h</u>a* durant chaque cycle des prières obligatoires et surérogatoires, alors que le contraire n'a jamais été établi. Or, la règle, en matière de dévotion est de suivre ce que faisait le Prophète (ﷺ). Qui plus est, le Messager de Dieu (ﷺ) a dit : « Priez comme vous me voyez prier. »[1]

---

1 *In* Al-Bukhârî.

La prononciation de la *basmala* (Au nom de Dieu, le Très Miséricordieux, le Tout Miséricordieux)

Les jurisconsultes sont unanimes à dire que la *basmala* est un verset de la sourate Les Fourmis. Quant à la *basmala* qui se trouve au début de chaque sourate, elle fait l'objet de controverses qui ont abouti à trois avis notoires :

- La *basmala* est un verset à part entière de l'Ouverture du Livre, ou *fâtiha*, ainsi que de toutes les autres sourates. Aussi est-il obligatoire de la lire, au même titre que la *fâtiha*, secrètement comme à haute voix. Cet avis est fondé sur un *hadîth* rapporté par Nu'aym Al-Mujmir, lequel a dit : « J'accomplis la prière derrière Abû Hurayra. Il lut : Au nom de Dieu, le Très Miséricordieux, le Tout Miséricordieux, puis il récita la *fâtiha* ». Ce *hadîth* est rapporté par An-Nasâ'î et d'autres traditionnistes. Al-Hâfidh a dit que c'est le *hadîth* ayant trait à la *basmala* à haute voix le plus authentique.

- La *basmala* est un verset indépendant des autres qui sert à marquer la séparation entre les sourates. Sa lecture avec la *fâtiha* est permise, voire recommandée, mais non à haute voix. La preuve invoquée est représentée par le *hadîth* rapporté par An-Nasâ'î, Ibn Hibbân et At-Tahâwî d'après Anas qui dit : « J'ai fait la prière derrière le Prophète (ﷺ) ainsi que derrière Abû Bakr, 'Umar et 'Uthmân et aucun d'entre eux ne lisait la *basmala* à haute voix ».

- La *basmala* n'est pas un verset de la *fâtiha*, ni des autres sourates, et, par conséquent, sa lecture est déconseillée dans les prières obligatoires, secrètement ou à haute voix, à l'exception des prières surérogatoires. Ce dernier avis n'est pas le plus fondé.

Ibn Al-Qayyim a concilié les deux premiers avis en disant que le Prophète (ﷺ) lisait parfois la *basmala* à haute voix, mais qu'il la lisait le plus souvent à voix basse. Et il ne fait pas de doute qu'il ne la lisait pas à voix haute durant toutes les prières en sorte que cela échappe aux quatre califes, à l'ensemble de ses Compagnons et aux gens de son pays.

Ceux qui ne maîtrisent pas la lecture obligatoire de la *fâtiha*

Al-Khattâbî a dit : « Le principe est que la prière n'est récompensée que si la *fâtiha* y est récitée, étant entendu que cette lecture concerne celui qui la maîtrise. Quant à celui qui ne la maîtrise pas, il devra la remplacer par sept versets d'une autre sourate. S'il ne connaît rien du Coran pour quelque raison (incapacité naturelle ou mémoire défaillante ou bien langue étrangère pour le fidèle, etc.), le meilleur rappel après le Coran consiste à se conformer à l'enseignement suivant du Messager de Dieu (ﷺ) : « Le meilleur rappel après les paroles de Dieu, c'est de dire : Gloire à Dieu, louange à Dieu, il n'y a de dieu que Dieu et Dieu est le plus grand ».

Ceci est confirmé par un autre *hadîth* du Prophète (ﷺ) qui, s'adressant à un homme pour lui apprendre la prière selon ses possibilités, lui dit : « Si tu as appris (quelques sourates) du Coran récite-les ; sinon dis : « Louange à Dieu, Dieu est le plus grand, et il n'y a de dieu que Dieu. Ensuite, prosterne-toi ». Ce *hadîth* est rapporté par Abû Dâwûd et At-Tirmidhî.

5- L'inclination (*ar-rukû'*)

L'inclination est obligatoire, de l'avis unanime des docteurs de la Loi, compte tenu du verset coranique suivant : {*Ô vous qui avez cru, inclinez-vous et prosternez-vous*}.

Comment s'accomplit le *rukû'* ?

Il s'accomplit en inclinant le buste, en mettant les mains sur les genoux et en restant dans cette position un laps de temps. Le Prophète Muhammad (ﷺ) nous éclaire sur la manière de s'incliner et de se prosterner à travers le *hadîth* rapporté par Ahmad et At-Tabarânî et Ibn Khuzayma, dans lequel il est dit : « Le pire des voleurs est celui qui vole une partie de sa prière. – Comment peut-on voler de sa prière, ô Envoyé de Dieu ? lui demanda-t-on. –En accomplissant l'inclination et la prosternation de façon inachevée, répondit le Prophète ». Un autre *hadîth* apporte la précision suivante : « La prière du fidèle qui ne maintient pas son dos droit dans son inclination et sa prosternation, n'est pas récompensée. »[1] En outre, Al-Bukhârî rapporte que Hudhayfa vit un homme ne pas se maintenir droit (un laps de temps minimum) au cours de son inclination et de sa prosternation. Il lui adressa alors un avertissement, lui disant : « Tu n'as pas accompli ta prière et si tu mourais maintenant, tu mourrais selon une autre religion que celle de Muhammad ».

1 *Hadîth* rapporté par Abû Dâwûd, At-Tirmidhî, An-Nasâ'î, Ibn Mâjah et Ahmad.

6- Se redresser après l'inclination en se tenant droit un laps de temps

Citons parmi les nombreux *hadîth* authentiques se rapportant à ce sujet, ceux rapportés par Al-Bukhârî, Muslim et Ahmad.

- Le premier, selon Humayd, décrit la prière du Prophète (ﷺ) en ces termes : « Quand il (le Prophète) levait la tête (à l'issue de l'inclination) il se maintenait droit au point que chaque vertèbre reprenait sa place. »[1]

- Le deuxième, rapporté par 'Â'isha, la mère des croyants, dit : « Quand il levait la tête après l'inclination, il ne se prosternait qu'après s'être maintenu droit ». Ce *hadîth* est rapporté par Muslim.

- Le troisième, rapporté par Ahmad d'après Abû Hurayra, dit : « Dieu n'accorde aucune attention à la prière d'un homme dont l'épine dorsale ne se redresse pas entre sa génuflexion et sa prosternation ».

7- La prosternation

Nous avons vu que la prosternation est obligatoire en vertu du verset 77 de la sourate 22, Le Pèlerinage, cité précédemment et du *hadîth* « de celui qui fait mal sa prière », dont on conclut que chaque cycle de prière comporte une première prosternation après laquelle on relève la tête et une deuxième prosternation, le tout durant un laps de temps. Cette façon de faire est exigée dans les prières aussi bien obligatoires que surérogatoires.

Limite du temps de pause (*tuma'nîna*) entre chaque geste de prière

La *tuma'nîna* consiste à immobiliser les membres du corps un laps de temps. Les savants ont évalué ce laps de temps à la durée d'un *tasbîh*, à savoir le temps de dire : « Gloire à Dieu ».

Les membres du corps concernés par la prosternation

Ces membres sont : Le visage, les paumes des deux mains, les deux genoux et les deux pieds. Al-'Abbâs Ibn 'Abd Al-Muttalib a entendu le Prophète (ﷺ) dire : « Quand le serviteur de Dieu se prosterne, sept membres de son corps se prosternent avec lui : son visage, ses deux

1 *In* Al-Bukhârî et Muslim.

paumes des mains, ses deux genoux et ses deux pieds ». Ce *hadîth* est rapporté par Muslim, Abû Dâwûd, At-Tirmidhî, An-Nasâ'î, Ibn Mâjah et Ahmad. En outre, d'après Ibn 'Abbâs : « Le Prophète (ﷺ) a ordonné de se prosterner au moyen de sept parties du corps, en évitant de rassembler ses habits et ses cheveux et de les inclure dans la prosternation. Ces parties sont le front, le nez, les paumes des deux mains, les deux genoux et les deux pieds ». Ce *hadîth* est rapporté par Muslim et Ahmad. Abû Humayd apporte une précision en disant que le Prophète (ﷺ), quand il se prosternait, plaquait son nez et son front au sol ». Ce récit est rapporté par Abû Dâwûd et At-Tirmidhî qui a ajouté que c'est l'avis prôné par les gens de science, à savoir que le fidèle doit se prosterner sur le front et sur le nez. Quant au fait de se prosterner seulement sur le front, certains ont dit que cela était valable, tandis que d'autres soutiennent le contraire.

8- La dernière posture assise (*al-qu'ûd al-akhîr*) et la lecture du *tashahhud* dans cette posture

Ce qui est bien établi des enseignements du Prophète (ﷺ), c'est qu'au cours de la dernière posture assise de la prière, il récitait le *tashahhud*. Par ailleurs, dans le *hadîth* « de celui qui fait mal sa prière », le Prophète (ﷺ) lui enseigne : « Relève la tête après ta dernière prosternation, assieds-toi le temps de réciter le *tashahhud*, et tu auras parfaitement accompli ta prière ». Ibn 'Abbâs a dit : « Avant que le *tashahhud* ne fut prescrit, nous disions : Salut à Dieu de la part de Ses créatures, salut à Gabriel, salut à Mikhaïl (Mîkhâ'îl). Mais il fut mis un terme à cette formulation par le Prophète (ﷺ) lorsque celui-ci nous dit : « Ne dites pas : Salut à Dieu, mais dites plutôt : Salutations à Dieu (*at-tahiyyâtu lillâh*). » Ce *hadîth* indique clairement que le *tashahhud* a été prescrit de façon obligatoire alors qu'il ne l'était pas avant.

Les formulations les plus authentiques du *tashahhud*

La formulation la plus authentique est celle mentionnée par Ibn Mas'ûd, lequel a dit : « Quand on s'asseyait dans notre prière avec l'Envoyé de Dieu (ﷺ), on disait : « Salut à Dieu de la part de Ses créatures, salut à untel, salut à untel ». Jusqu'à ce que le Prophète nous dise : « Ne dites pas : "Salut à Dieu", car Dieu est Lui-même Salut, mais quand l'un de vous prend la position assise (dans la prière), qu'il dise : "Salutations à Dieu, prières et bontés ; salut à toi ô Prophète ; que Dieu t'accorde Sa miséricorde et Sa bénédiction ; salut sur nous et sur les pieux serviteurs de Dieu." Si vous dites cela, tout homme vertueux dans le ciel et sur la terre – ou entre le ciel et la terre – sera touché (par ce salut). "J'atteste qu'il n'y a de dieu que Dieu et j'atteste que Mu<u>h</u>ammad est Son serviteur et Son Envoyé." Ensuite, que chacun de vous choisisse la formule d'invocation et de prière qui lui plaît pour invoquer Dieu ». Ce *<u>h</u>adîth* est rapporté par Al-Bukhârî, Muslim, Abû Dâwûd, At-Tirmidhî, An-Nasâ'î, Ibn Mâjah et A<u>h</u>mad. Muslim affirme, pour sa part, que tous les fidèles s'accordent à admettre le *tashahhud* rapporté par Ibn Mas'ûd, car ses disciples ne divergent pas entre eux à ce sujet, alors que les partisans des autres rapporteurs de *tashahhud* divergent entre eux. Cet avis est partagé par At-Tirmidhî, Al-Kha<u>tt</u>âbî, Ibn 'Abd Al-Barr et Ibn Al-Mundhir.

Ensuite, on trouve le *tashahhud* rapporté par Ibn 'Abbâs, lequel a dit : « Le Prophète (ﷺ) nous apprenait le *tashahhud* comme il nous apprenait le Coran ; il disait : « Les salutations bénies, les prières et les bontés (sont adressées) à Dieu ; salut à toi, ô Prophète, et que la miséricorde et la bénédiction te soient accordées ; salut à nous et à tous les pieux serviteurs de Dieu ; j'atteste qu'il n'y a de dieu que Dieu et que Mu<u>h</u>ammad est Son serviteur et Son Envoyé ». Ce *<u>h</u>adîth* est rapporté par Muslim et d'autres. Ash-Shâfi'î a opté pour le *tashahhud* d'Ibn 'Abbâs parce que, a-t-il dit, de tous les *tashahhud* qu'il a rapporté, celui d'Ibn 'Abbâs est le plus complet et le plus parfait.

Un troisième *tashahhud* est rapporté par Mâlik et est mentionné dans son fameux ouvrage « *Al-Muwa<u>tt</u>a'* ». Il cite 'Abd Ar-Ra<u>h</u>mân Ibn 'Abd Al-Qârî qui dit avoir entendu 'Umar Ibn Al-Kha<u>tt</u>âb enseigner aux gens ce *tashahhud* du haut de la chaire : « Dites : les Salutations sont à Dieu, ainsi que les paroles pures et les prières ! Salut à toi, ô Prophète, et que la miséricorde et la bénédiction te soient accordées ; salut à nous et à tous les pieux serviteurs de Dieu. J'atteste qu'il n'y a de dieu que Dieu et que Mu<u>h</u>ammad est Son serviteur et Son Envoyé ». An-Nawawî a dit : « Tous ces *<u>h</u>adîth* sur le *tashahhud* sont authentiques, mais le plus authentique de tous, de l'avis unanime des traditionnistes, est le *<u>h</u>adîth* d'Ibn Mas'ûd, puis celui d'Ibn 'Abbâs. Pour Ash-Shâfi'î, toutes ces formulations sont valables et justes.

9- Le salut final (*As-Salâm*)

L'obligation de formuler le salut est établie en vertu des paroles et des gestes du Prophète (ﷺ), lequel a dit : « La clé de la prière réside dans la purification (les ablutions), sa sacralisation (*ta<u>h</u>rîm*) est la formule de glorification de Dieu et sa conclusion est le salut ». Ce *hadîth* est rapporté par Ahmad qui cite par ailleurs le père de 'Âmir Ibn Sa'd, disant : « Je vis le Prophète (ﷺ) saluer en tournant la tête à droite, puis à gauche, au point qu'on remarquait la blancheur de sa joue ». Par ailleurs, Abû Dâwûd rapporte d'après Wâ'il Ibn Hujar : « Je fis la prière derrière le Prophète (ﷺ) qui formula le salut en tournant la tête à droite et en disant : Salut à vous et que la miséricorde et la bénédiction vous soient accordées. Puis en tournant la tête à gauche et en disant la même chose ».

Saluer une fois est obligatoire, saluer deux fois est recommandé

L'ensemble des jurisconsultes s'accorde à dire que le premier salut à droite est obligatoire et que le second, lequel se fait à gauche, est simplement recommandé. L'absence du deuxième salut n'affecte nullement la validité du premier. Cependant, Ibn Qudâma, considère dans son « *Mughnî* » que le salut deux fois de la part du Prophète est davantage établi, sans pour autant affirmer le caractère obligatoire du deuxième. Ce qui renforce cet avis est sa parole dans une version : « Deux saluts sont préférables pour moi ». Par contre, 'Â'isha (رضي الله عنها), l'épouse du Prophète (ﷺ) ainsi que Salama Ibn Al-Akwa' et Sahl Ibn Sa'd rapportent que le Prophète (ﷺ) rendait un seul salut (à l'issue de la prière). Ainsi, la justesse de ce consensus, cité par Ibn Al-Mundhir est confirmée et il n'y a aucune raison de s'en départir. An-Nawawî a dit de son côté : « L'avis d'Ash-Shâfi'î et de l'ensemble des docteurs anciens et récents est qu'il est recommandé de saluer à deux reprises. Pour Mâlik et un groupe de savants, un seul salut est recommandé. Ceux-ci se fondent sur des *hadîth* faibles qui ne résistent pas devant ces *hadîth* authentiques. »

LES ACTES RECOMMANDÉS DE LA PRIÈRE (*SUNAN AS-SALÂT*)

La prière comporte des actes qu'il est recommandé à l'orant de mettre en pratique afin d'en tirer une rétribution (dans l'au-delà). Énumérons donc ces pratiques :

1- Lever les mains

Il est recommandé de lever les mains dans quatre cas : lors de la prononciation de la formule de sacralisation : « Dieu est le plus grand ». L'ensemble des jurisconsultes est unanime pour rapporter que le Prophète (ﷺ) levait ses mains quand il débutait la prière. Cet acte fait l'objet d'un consensus formé par cinquante Compagnons, dont les dix Compagnons à qui le Paradis a été promis. Al-Bayhaqî rapporte d'après Al-Hâkim ce qui suit : « Nous ne connaissons aucun acte recommandé qui ait gagné l'adhésion des quatre califes, des dix Compagnons à qui le Paradis a été promis et des autres Compagnons, malgré leur dispersion dans différents pays, comme celui-là ».

Comment lever les mains ?

Plusieurs façons de lever les mains sont mentionnées ; cependant, celle qui recueille l'avis de la majorité consiste à lever les mains au niveau des épaules, de telle sorte que les bouts des doigts se rapprochent du haut des oreilles, que les pouces des mains se situent tout près des lobes des oreilles, et que les paumes des mains soient à hauteur des épaules. C'est de cette façon qu'Ash-Shâfi'î a réuni les différents *hadîth* cités en la matière et cette initiative a été appréciée par tout le monde. Cependant, Abû Hurayra précise que le Prophète (ﷺ), quand il débutait la prière, levait les mains en les avançant et en les étendant.

A quel moment doit-on lever les mains ?

Il convient de lever les mains au moment où l'on prononce : « Dieu est le plus grand » pour débuter la prière, ou de les lever avant. Ibn 'Umar rapporte que le Prophète (ﷺ) levait les mains en même temps qu'il disait : « Dieu est le plus grand », jusqu'à ce que ses mains fussent à hauteur de ses épaules, ou tout près. Quant au fait de lever les mains avant de prononcer : « Dieu est le plus grand », Al-Bukhârî et Muslim rapportent, d'après Ibn 'Umar, que le Prophète (ﷺ), lorsqu'il débutait sa prière, levait les mains jusqu'à hauteur de ses épaules et, ensuite, il disait : « Dieu est le plus grand ».

Ceci dit, selon Mâlik Ibn Al-Huwayrith, le Prophète (ﷺ) prononçait : « Dieu est le plus grand », puis il levait les mains. »[1] Al-Hâfidh a dit : « Je ne connais personne qui ait dit que la prononciation de la formule : « Dieu est le plus grand » devançait le lever des mains ».

Le lever des mains une deuxième et troisième fois

Il est recommandé de lever les mains avant et après l'inclination (*rukû'*), compte tenu du témoignage de vingt-deux Compagnons du Prophète (ﷺ) qui ont témoigné que ce dernier faisait ainsi. Ibn 'Umar rapporte que le Prophète (ﷺ), lorsqu'il débutait la prière, levait les mains à hauteur des épaules ; puis, il disait : « Dieu est plus grand ». Quand il voulait ensuite s'incliner, il les levait une seconde fois et quand il relevait de nouveau la tête et se redressait, il les levait une troisième fois en disant : « Dieu a entendu celui qui l'a loué ; notre Seigneur à Toi la louange ». Ce *hadîth* est rapporté par Al-Bukhârî.

A noter que le Prophète (ﷺ) ne levait pas les mains lors des prosternations (*sujûd*) ni avant ni après ni entre les deux prosternations. Al-Bayhaqî ajoute que telle fut sa prière jusqu'à ce qu'il meure. Ibn Al-Madâ'inî estime que ce *hadîth* est un argument probant et qu'à ce titre, quiconque le connaît doit l'appliquer, parce que ses références ne sont pas contestables. En outre, Al-Bukhârî a réservé à ce sujet toute une partie dans laquelle il rapporte, selon Al-Hasan, que les Compagnons du Prophète (ﷺ) levaient les mains dans les trois cas mentionnés plus haut.

Quant aux hanafites, ils affirment qu'on ne doit lever les mains qu'une seule fois au moment du début de la prière, lors de la prononciation de la formule : « Dieu est le plus grand ». Ils se réfèrent, en cela à un *hadîth* d'Ibn Mas'ûd qui dit : « Certes, je vais vous montrer la prière qu'accomplissait le Prophète (ﷺ) ; or, il accomplit la prière et ne leva les mains qu'une seule fois ». Ce point de vue n'est pas solide, parce qu'il contredit un nombre important de spécialistes illustres en matière de *hadîth*.

1 *In* Muslim

Ibn Hibbân a dit que c'était là le meilleur des récits. Les gens de Kûfa se sont appuyés sur ce récit pour rejeter le lever des mains dans la prière, avant et après l'inclination. Or, c'est là une preuve faible sur laquelle on ne peut s'appuyer, car il y a de nombreuses autres preuves qui l'annulent. Et à supposer qu'il soit authentique, comme le soutient At-Tirmidhî, il ne peut s'opposer aux *hadîth* authentiques qui sont notoirement connus. L'auteur du « *Tanqîh* » estime qu'il est possible qu'Ibn Mas'ûd ait oublié le lever des mains, comme l'ont oublié d'autres Compagnons. Az-Zayla'î a écrit dans son « *Nasb Ar-Râya* », citant l'auteur du « *Tanqîh* » : « Il n'y a rien d'étonnant à ce qu'Ibn Mas'ûd ait oublié cela ; n'a-t-il pas oublié, du Coran ce sur quoi les musulmans n'ont jamais divergé, à savoir les deux sourates préservatrices « *al-mu'awwidhatân* » ? N'a-t-il pas oublié ce que les savants musulmans ont été unanimes à considérer comme abrogé, à l'exemple du *tatbîq* (le fait de mettre les mains sur les parois intérieures des cuisses en faisant des inclinations) ? N'a-t-il pas oublié la manière dont doivent s'aligner deux personnes derrière l'imâm ? N'a-t-il pas oublié ce sur quoi les savants n'ont jamais divergé, à savoir que le Prophète (ﷺ) avait accompli la prière de l'aube du jour du sacrifice à son horaire prescrit ? N'a-t-il pas oublié la manière dont le Prophète (ﷺ) avait réuni entre deux prières à 'Arafât ? N'a-t-il pas oublié ce sur quoi les savants n'ont jamais divergé, à savoir mettre les coudes et les avant-bras sur la terre lors des prosternations ? N'a-t-il pas oublié comment le Prophète récitait : {*Et Il n'a créé le mâle et la femelle...*}. Aussi, si Ibn Ma'sûd a pu oublier de telles choses dans la prière, pourquoi n'aurait-il pas pu oublier le lever des mains ? »

Le quatrième lever des mains au moment de se relever pour entreprendre le troisième cycle de prière

Ce quatrième lever des mains est également recommandé, compte tenu du fait qu'Ibn 'Umar levait les mains quand il se relevait après les deux premiers cycles de prière et que l'imam 'Alî, quand il décrivit la prière du Prophète (ﷺ), dit : « Quand il (le Prophète) se relevait après les deux prosternations, il levait les deux mains à hauteur de ses épaules et disait : « Dieu est le plus grand. »[1]

Cette pratique est applicable autant pour la femme que pour l'homme

Ash-Shawkânî a dit : « Sache que cette *sunna* concerne aussi bien l'homme que la femme et aucune information n'existe qui établisse une

1 *Hadîth* rapporté par Abû Dâwûd et Ahmad.

différence entre eux. Le nombre de fois où l'on lève les mains dans les cas précisés est le même pour chacun des hommes et des femmes ».

2- Poser la main droite sur la main gauche

Il est recommandé de mettre la main droite sur la main gauche au cours de la prière. Quelques vingt *hadîth* rapportés par dix-huit Compagnons et ceux qui les ont suivis mettent l'accent sur cette pratique. Citons, parmi ces *hadîth*, celui rapporté par Sahl Ibn Sa'd, lequel a dit : « Il fut ordonné aux gens de poser la main droite sur l'avant-bras gauche au cours de la prière ». Abû Hâzim a dit : « Cela ne peut être attribué qu'au Prophète (ﷺ) ». Ce propos est rapporté par Al-Bukhârî et Mâlik. On rapporte aussi : « Il nous a été prescrit, à nous, communauté des prophètes, de hâter la rupture du jeûne et de retarder le dernier repas de la nuit (*suhûr*) ainsi que de poser la main droite sur la main gauche durant la prière ». En outre, Ahmad et d'autres traditionnistes rapportent, d'après Jâbir, que le Prophète (ﷺ) passa un jour devant un homme qui faisait sa prière, la main gauche posé sur la droite. Il lui déplaça les mains et mit la droite sur la gauche. Tous les *hadîth* en la matière sont réputés authentiques et cette pratique fait l'objet d'un consensus entre les savants.

L'endroit où l'on pose les mains

Al-Kamâl Ibn Al-Humâm note qu'aucun *hadîth* authentique n'oblige les fidèles à poser les mains au-dessous du thorax ou du nombril. Cependant, il est courant chez les hanafites de poser les mains sous le nombril, tandis que les shâfi'ites les posent sous le thorax. En tout état de cause, Ahmad admet que les deux positions sont valables l'une et l'autre. Cependant, on note certaines réserves que d'autres jurisconsultes précisent par référence à d'autres sources.

Citons Hulb At-Tâ'î qui dit : « J'ai vu le Prophète (ﷺ) poser la main droite sur la main gauche à hauteur de la poitrine et à l'endroit du poignet (de la main gauche) ». Ce propos est rapporté par Ahmad et qualifié de bon par At-Tirmidhî. Par ailleurs, Wâ'il rapporte : « J'ai fait la prière avec le Prophète (ﷺ) et j'ai vu qu'il posait la main droite sur la main gauche, sur sa poitrine ». Ce *hadîth* est rapporté par Ibn Khuzayma qui l'a authentifié. Abû Dâwûd et An-Nasâ'î l'ont rapporté aussi selon cette version : « Ensuite, il mit sa main droite sur le dos de sa main gauche, sur l'articulation située entre la main et l'avant-bras ».

L'invocation du début de prière (*al-istiftâh*)

Il est recommandé au fidèle d'invoquer Dieu par une des formules que récitait le Prophète (ﷺ) au début de la prière, après avoir prononcé « Dieu est plus grand » et avant la lecture du Coran. Citons quelques-unes de ces invocations :

- Abû Hurayra a dit que le Prophète (ﷺ) débutait la prière en disant : « Dieu est plus grand ». Puis il se taisait un petit moment avant d'entreprendre la lecture du Coran. Je lui demandai : « Ô Envoyé de Dieu, j'ai remarqué que tu observes un silence entre le moment de dire « Dieu est le plus grand » et celui de la lecture du Coran ; que dis-tu durant cet arrêt ? – Voilà ce que je dis, répondit-il : « Mon Dieu, éloigne-moi de mes péchés aussi loin que Tu as éloigné l'Orient de l'Occident ! Mon Dieu, lave-moi de mes péchés comme sont lavés les vêtements blancs de leurs saletés ! Mon Dieu, nettoie-moi de mes péchés par la neige, l'eau et la grêle ». Ce *hadîth* est rapporté par Al-Bukhârî et Muslim.

- Le calife 'Alî rapporte que le Prophète (ﷺ) disait, lors de l'accomplissement de la prière : « Dieu est le plus grand ! ». Ensuite, il invoquait Dieu ainsi : « J'oriente mon visage vers Celui qui a créé les cieux et la terre, en tant que pur monothéiste et musulman, et je ne fais pas partie des associateurs. Ma prière, ma dévotion, ma vie et ma mort sont pour Dieu, Seigneur et Maître des univers ; Nul n'est associé à Lui. Voilà ce qui m'a été ordonné et je suis le premier des musulmans. Mon Dieu, Tu es le Maître et il n'y a de divinité que Toi ; Tu es Mon Seigneur et je suis Ton serviteur ; j'ai été injuste envers moi-même ; je reconnais ma culpabilité ; pardonne-moi donc tous mes péchés, car personne d'autre que Toi ne pardonne les péchés. Guide-moi vers les meilleures mœurs, car personne d'autre que Toi ne peut y guider ; épargne-moi les mauvaises mœurs, car personne d'autre que Toi ne peut me les épargner ; je demeure obéissant à Tes ordres et je poursuis constamment l'application de Ta religion. Tout le bien est entre Tes mains et le mal ne T'est pas attribué ; je n'existe que par Toi et ne finis que vers Toi. Sois béni, Mon Dieu, et exalté ; j'implore Ton pardon et me repens à Toi. »[1]

- Selon 'Umar, une autre invocation consiste à dire : « Mon Dieu, soit exalté et loué ! Béni soit Ton nom et exaltées Ta toute-puissance et Ta

---

1 *Hadîth* rapporté par Ahmad, Muslim et d'autres traditionnistes.

grandeur ; il n'y a de divinité que Toi ! »[1] Ibn Al-Qayyim a authentifié ce *hadîth*, disant que 'Umar lui-même débutait la prière en récitant cette invocation à haute voix pour l'enseigner aux gens. L'imam Ahmad a dit à ce sujet : « Quant à moi, je partage l'avis attribué à 'Umar ; et même si un homme débute sa prière par quelque chose de ce qui a été rapporté, il n'y a aucun inconvénient à cela ».

- 'Âsim Ibn Humayd a dit : « J'interrogeai 'Â'isha, la Mère des croyants, sur la manière dont le Prophète (ﷺ) invoquait durant la nuit. Elle me dit : « C'est une question que personne ne m'a posée auparavant. Le Prophète (ﷺ) disait dix fois au début de la prière chacune des formules suivantes : « Dieu est le plus grand ! Louange à Dieu ! Dieu soit exalté ! Il n'y a d'autre dieu que Dieu ! Seigneur, j'invoque Ton pardon ». Ensuite, il continuait en disant : « Mon Dieu, accorde-moi Ton pardon et guide-moi ; procure-moi ma subsistance, accorde-moi le salut (ou la santé), et préserve-moi de l'étroitesse le Jour de la résurrection. »[2] D'autres invocations sont rapportées par 'Abd Ar-Rahmân Ibn 'Awf, Nâfi' Ibn Jubayr et Ibn 'Abbâs.

- Ainsi, 'Abd Ar-Rahmân Ibn 'Awf a dit : « Je demandai à 'Â'isha par quoi le Prophète (ﷺ) débutait-il sa prière lorsqu'il se levait la nuit ? Elle me répondit : « Lorsqu'il se levait pour prier la nuit, il débutait sa prière par cette formule : « Mon Dieu, Seigneur de Gabriel, de Michel et d'Isrâfîl, le Concepteur des cieux et de la terre, le Connaissant de ce qui est invisible et apparent ; c'est Toi qui juge entre Tes serviteurs à propos de leurs divergences ; guide-moi vers la vérité par Ta permission, car Tu guides qui Tu veux vers la droite voie ». Ce *hadîth* est rapporté par Muslim, Abû Dâwûd, At-Tirmidhî, An-Nasâ'î et Ibn Mâjah.

- Nâfi' Ibn Jubayr a rapporté, d'après son père : « J'ai entendu le Prophète (ﷺ) dire dans une prière surérogatoire : « Dieu est grand » trois fois, puis : « Louange à Dieu en abondance » trois fois, puis : « Gloire à Dieu, matin et soir » trois fois. Ensuite, il disait : « Mon Dieu, je me mets sous Ta protection contre le Diable banni, contre ses suggestions, ses inspirations et ses séductions ». Je demandai : « Que sont les suggestions du Diable, ses inspirations et ses séductions, ô Messager de Dieu ? ». Il me répondit : « Ses suggestions, ce sont les paroles qu'il essaye d'inspirer à celui qui se trouve à l'agonie ; ses inspirations, ce sont

1 *Hadîth* rapporté par Muslim.

2 *In* Abû Dâwûd, An-Nasâ'î et Ibn Mâjah.

l'orgueil et l'arrogance, alors que ses séductions, c'est la poésie. »[1]

- De son côté, Ibn 'Abbâs a dit : « Lorsque le Prophète (ﷺ) se levait la nuit pour prier, il disait : « Mon Dieu, à Toi la louange, Toi qui soutiens les cieux, la terre et tout ce qui s'y trouve. A Toi la louange, Toi, la lumière des cieux, de la terre, et de tout ce qui s'y trouve. A Toi la louange, Toi, le Souverain des cieux et de la terre, et de tout ce qui s'y trouve. A Toi la louange ; Tu es la vérité et Ta promesse est la vérité, Ta rencontre est vraie, Ta parole est la vérité, le Paradis est vrai, l'Enfer est vrai, les prophètes sont la vérité, Muhammad est la vérité et (la venue de) l'Heure est vraie. Mon Dieu, à Toi je me suis soumis, en Toi j'ai cru, en Toi j'ai mis ma confiance, à Toi je me suis repenti, pour Toi j'ai lutté et c'est à Ton jugement que je m'en remets. Pardonne-moi mes péchés antérieurs et à venir, ceux que j'ai gardé secrets et ceux que j'ai commis au grand jour. Tu es Celui qui fait avancer et Celui qui diffère l'ordre des choses. Il n'y a de dieu que Toi, et il n'y a de force et de puissance qu'en Dieu ». Ce *hadîth* est rapporté par Al-Bukhârî et Muslim.

4- Se mettre sous la protection de Dieu (*al-isti'âdha*)

Il est recommandé au fidèle, après le début de la prière et avant la lecture du Coran, de se réfugier auprès de Dieu, conformément au verset coranique suivant : {*Quand tu veux lire le Coran, demande à Dieu de te préserver contre le démon lapidé*}. Le Prophète (ﷺ) confirme cela en disant, d'après Nâfi' Ibn Jubayr : « Mon Dieu préserve-moi du démon lapidé ». Ibn Al-Mundhir rapporte également que le Prophète (ﷺ) disait : « Je me réfugie auprès de Dieu contre le démon lapidé ».

Invoquer la protection de Dieu dans son for intérieur

Il est de l'ordre de la Sunna de se mettre sous la protection de Dieu contre le démon lapidé ; on fera cela dans son for intérieur et non à haute voix, bien que Ash-Shâfi'î estime que le fidèle a le choix entre invoquer secrètement ou à haute voix.

Cette invocation est de règle dans le premier cycle de prière

Cette invocation est prescrite dans le premier cycle de prière, en raison du témoignage d'Abû Hurayra rapporté en ces termes : « Quand le Prophète (ﷺ) se levait (de sa prosternation) pour le deuxième cycle de prière, il disait : "Louange à Dieu, Maître des Univers, sans observer

---

1 *Hadîth* rapporté par Ahmad, Abû Dâwûd, At-Tirmidhî et Ibn Mâjah.

de silence". »[1]

Cependant, Ibn Al-Qayyim relève une divergence de points de vue entre les jurisconsultes à ce sujet. Le point de désaccord réside dans le fait de savoir si le moment de se lever pour les autres cycles de prière est l'endroit indiqué pour réciter l'invocation de se préserver contre le démon lapidé, après être tombés d'accord sur le fait que ce n'est pas le lieu de l'invocation dite de l'ouverture de la prière (*istiftâh*). Il y a, à ce sujet, ajoute Ibn Al-Qayyim, deux avis rapportés d'après Ahmad. Les compagnons d'Ahmad en ont déduit que la récitation dans la prière peut être une seule récitation et, par conséquent, une seule formule de préservation (*isti'âdha*) du démon suffit, ou bien la récitation de chaque cycle de prière est autonome de l'autre, et dans ce cas l'invocation intervient au début de chaque cycle. Cependant, il n'y a aucune divergence entre eux sur le fait que la formule d'ouverture de la prière (*istiftâh*) doit concerner l'ensemble de cette prière et que la récitation de la formule de préservation (*isti'âdha*) une seule fois est plus conforme au *hadîth* authentique rapporté à ce sujet.

Ibn Al-Qayyim, citant le *hadîth* d'Abû Hurayra, ajoute : « En vérité, une seule formule d'ouverture suffit, car aucun moment de silence n'était marqué par le Prophète (ﷺ) au début du deuxième cycle de prière. Par conséquent, c'est le premier avis qui semble prévaloir. » Aussi, Ash-Shawkânî conclut-il qu'il est plus prudent de se limiter à une seule invocation de préservation contre le démon avant la lecture du Coran et au début du premier cycle de prière.

5- Dire : Amen

Il est recommandé à chaque fidèle de dire : « Amen », qu'il préside la prière ou qu'il prie seul, après la récitation dite de l'Ouverture (*al-fâtiha*). Cette formule (Amen) est prononcée à haute voix dans les prières où la lecture se fait à haute voix (prière du matin, du coucher du soleil et de la nuit), et à voix basse dans les prières où la lecture est faite à voix basse. Tous les témoignages sont unanimes pour confirmer la prononciation de cette formule (Amen) à l'issue de la lecture de la *fâtiha*. Un Compagnon, Nu'aym Al-Mujmir a dit : « J'ai fait la prière derrière Abû Hurayra. Celui-ci récita : « Au Nom de Dieu, le Très Miséricordieux, le Tout Miséricordieux ». Puis, il récita la *fâtiha* entièrement, après quoi il dit : « Amen », et les gens répétèrent après lui : « Amen ». Après les

---

1 *Hadîth* rapporté par Muslim.

salutations finales, Abû Hurayra s'adressa aux fidèles et leur dit : « Par Celui qui tient mon âme entre Ses mains, Je suis celui dont la prière ressemble le plus à celle du Prophète (ﷺ). »[1]

D'autres Compagnons témoignent que le Prophète (ﷺ) disait Amen, ou bien qu'ils le disaient eux-mêmes, et que la Communauté des croyants répétait à l'unisson, leurs voix s'élevant très haut dans la mosquée. 'At̲â' relève que le fait de dire Amen revient à invoquer Dieu. On rapporte qu'Ibn Az-Zubayr et ceux qui priaient derrière lui disaient : « Amen » au point que cela résonnait dans la mosquée. Nâfi' a dit de son côté qu'Ibn 'Umar ne l'oubliait jamais et n'incitait pas les gens à le dire. Abû Dâwûd, Ibn Mâjah, Al-H̲âkim et ad-Dâraqut̲nî rapportent, d'après Abû Hurayra, que lorsque le Prophète (ﷺ) arrivait au verset de la *fâtih̲a* : « Et non de ceux qui ont encouru Ta colère ni des égarés », il disait : « Amen » de sorte à être entendu par ceux qui se trouvaient au premier rang.

Par ailleurs, Wâ'il rapporte que dès que le Prophète (ﷺ) récitait : « Et non de ceux qui ont encouru Ta colère ni des égarés », il prononçait : « Amen » en prolongeant les syllabes tout haut et non tout bas ». Ce témoignage est considéré comme authentique et ses références sont sérieuses. Enfin, l'épouse du Prophète (ﷺ), 'Â'isha (رضي الله عنها), rapporte les paroles suivantes de l'Envoyé de Dieu (ﷺ) : « Les juifs ne vous jalousent que pour le salut que vous vous rendez et pour la formule : « Amen » que vous dites après l'imâm. »[2]

Il est recommandé de dire « *Amen* » en même temps que l'imâm

Le fidèle qui suit l'imâm dans la prière ne doit prononcer la formule « Amen » ni avant ni après l'imâm. Abû Hurayra rapporte les paroles suivantes du Prophète (ﷺ) : « Quand l'imâm dit : « Et non de ceux qui ont encouru Ta colère ni des égarés », dites Amen. Celui dont les paroles concorderont avec celles des Anges, verra ses péchés passés pardonnés ». Ce *h̲adîth* est rapporté par Al-Bukhârî.

Dans le même sens, Al-Bukhârî, Muslim, Abû Dâwûd, At-Tirmidhî, An-Nasâ'î, Ibn Mâjah et Ah̲mad rapportent le *h̲adîth* suivant : « Quand l'imâm dit Amen, dites Amen. Celui qui dira Amen en même temps que les Anges, ses péchés passés lui seront pardonnés ». Ce *h̲adîth* est rap-

1 *H̲adîth* rapporté par Al-Bukhârî, sans citer sa chaîne de transmission, ainsi que par d'autres traditionnistes.

2 *H̲adîth* rapporté par Ah̲mad.

porté par Al-Bukhârî.

Le sens du mot Amen

La lettre *alif* du mot « Amen » peut être écourtée (*amîn*) comme elle peut être allongée (*âmîn*). Le mot Amen ne fait pas partie de la *fâti<u>h</u>a*. Il exprime une invocation, dont le sens est : « Seigneur, réponds-nous ».

6- Réciter le Coran après la *fâti<u>h</u>a*

Il est recommandé de lire une sourate ou quelques versets du Coran après la *fâti<u>h</u>a* et ce, dans les deux cycles de prière de l'aube (*<u>s</u>ub<u>h</u>*) et du Vendredi, ainsi qu'au cours des deux premiers cycles de prière de midi (*<u>dh</u>uhr*), de l'après-midi (*'a<u>s</u>r*), du coucher du soleil (*maghrib*) et de la nuit (*'ishâ'*) et enfin au cours de tous les cycles des prières surérogatoires. A ce sujet, Abû Qatâda rapporte : « Le Prophète (ﷺ) lisait pendant la prière du midi (*<u>dh</u>uhr*) et plus précisément lors des deux premiers cycles de prière, la *fâti<u>h</u>a* et deux sourates ; quant aux deux derniers cycles de prière, il lisait seulement la *fâti<u>h</u>a*. Il nous faisait entendre souvent le verset et il lisait davantage dans le premier cycle de prière que dans le second. Il faisait la prière de l'après-midi (*'a<u>s</u>r*) de la même façon et également la prière de l'aube (*<u>s</u>ub<u>h</u>*) ». Ce *<u>h</u>adîth* est rapporté par Al-Bukhârî, Muslim et Abû Dâwûd, qui ajoute cette précision : « Nous pensons que le Prophète (ﷺ), en prolongeant la lecture au cours du premier cycle de prière, voulait donner aux gens le temps de le rattraper ».

De son côté, Jâbir Ibn Samura rapporte que les gens de Kûfa se plaignirent de Sa'd auprès de 'Umar. Celui-ci le destitua de son poste de gouverneur et le remplaça par 'Ammâr. Les gens se plaignirent, entre autres, du fait qu'il ne savait pas faire la prière convenablement. 'Umar le convoqua donc et lui dit : « Ces gens prétendent que tu ne sais pas faire la prière convenablement, ô Abû Is<u>h</u>âq ! ». – « Quant à moi, répondit-il, par Dieu, je dis que la prière que je dirigeais pour eux était conforme à la prière du Prophète (ﷺ) et que je n'en ai rien diminué ; je faisais la prière de la nuit en prolongeant les deux premiers cycles de prière et en allégeant les deux derniers ». 'Umar lui dit : « Ce ne sont là que des conjectures, ô Abû Is<u>h</u>âq ». 'Umar envoya alors avec lui un homme (ou des hommes) à Kûfa pour interroger les gens à son sujet. Ils ne laissèrent aucune mosquée sans y entrer et interroger les gens. Toutes les personnes interrogées dirent du bien de Sa'd et firent son éloge. Mais en entrant dans une mosquée des Banû 'Abs, un homme du nom de Usâma Ibn Qatâda dit : « Si vous voulez savoir la vérité, Sa'd ne partait pas avec nous en expédition, il ne faisait pas un partage équitable des revenus et ne jugeait pas avec justice ». Sa'd s'exclama alors : « Par Dieu, je vais faire trois invocations contre toi : Mon Dieu, si ton serviteur que voici profère des mensonges contre moi pour se mettre en valeur et se faire une réputation, prolonge sa vie, accentue sa pauvreté et expose-le aux tentations ». Plus tard, on entendit cet homme dire : « Je suis un vieillard soumis à la tentation, suite à l'invocation de Sa'd ». 'Abd Al-Mâlik a dit : « Je l'ai vu moi-même, les sourcils tombant sur les yeux de vieillesse, faisant des clins d'œil aux jeunes filles ». Ce *hadîth* est rapporté par Al-Bukhârî. Celui-ci rapporte : « Abû Hurayra lisait (le Coran) dans chaque prière ; ce que nous faisait entendre le Prophète, nous vous le faisons entendre, et ce qu'il nous taisait, nous vous le taisons ; si tu ne lis que la *fâtiha*, tu en seras récompensé et si tu lis davantage, ce sera mieux. »

Les modalités de lecture du Coran après la *fâtiha*

Il est permis de lire n'importe quel passage du Coran après la *fâtiha*. Abû Hurayra rapporte ceci : « Nous avons conquis le Khurâsân avec trois cents guerriers d'entre les Compagnons et, quand l'un de nous dirigeait la prière, il lisait quelques versets d'une sourate, puis il s'inclinait (*rukû'*) ». Il est rapporté également qu'Ibn 'Abbâs lisait la *fâtiha*, puis la faisait suivre par un verset de la sourate La Vache dans chaque cycle de prière ». Ce récit est rapporté par ad-Dâraqutnî, qui l'a étayé par de fortes références. Par ailleurs, Al-Bukhârî a donné ce titre : « Grouper deux sourates dans un cycle de prière, lire la fin des sourates et lire une sourate avant une autre ». Il est cité par référence à Ibn As-Sâ'ib que le Prophète (ﷺ) lut la sourate 23, Les Croyants, au cours de la prière de l'aube (*subh*) jusqu'au moment où, citant Moïse et Aaron ou Jésus, il fut pris d'un accès de toux et fit l'inclinaison ». On rapporte également que le calife 'Umar lut cent vingt versets de la sourate La Vache dans le premier cycle de prière et une sourate d'entre les *mathânî* dans le second.

Quant à Al-Ahnaf, il lut la sourate 18, La Caverne, dans le premier cycle de prière et celle de Jonas (sourate 10) ou de Joseph (sourate 12) dans le second. On rapporte également que ce même Al-Ahnaf accomplit la prière du *subh* en présence du calife 'Umar en récitant les sourates la Caverne et Jonas, ou Joseph. Par ailleurs, Qatâda lut les mêmes sourates dans les premier et deuxième cycles de prière.

Ibn Thâbit rapporte par référence à Anas qu'un homme parmi les Ansârs dirigeait la prière dans la mosquée de Qubâ' et, dans chaque cycle de prière, il commençait par lire la sourate du Monothéisme Pur (*al-ikhlâs*) : {*Dis : C'est Lui Dieu, l'Unique ...*}, jusqu'à la fin de celle-ci. Ensuite, il poursuivait avec une autre sourate. Ses compagnons lui firent remarquer que la sourate du Monothéisme Pur suffisait et le dispensait de lire après elle d'autres sourates dans le même cycle de prière. Il leur répondit : « Je ne cesserai jamais de lire cette sourate ; si vous voulez que je dirige la prière de cette façon, je continuerai, sinon je vous laisse. Or ils répugnèrent à se séparer de lui car il était le meilleur parmi eux. Quand le Prophète (ﷺ) arriva chez eux, ils l'informèrent de cet incident. Le Prophète (ﷺ) demanda à l'homme en question : « Ô untel, qu'est-ce qui t'empêche de faire ce que t'ordonnent tes compagnons ? Qu'est-ce qui t'oblige à lire cette sourate dans chaque cycle de prière ? » et lui, de répondre : « J'aime cette sourate ». Le Prophète (ﷺ) lui dit alors : « Ton amour pour elle te fera entrer au Paradis ».

Enfin, un homme originaire de Juhayna rapporte avoir entendu le Prophète (ﷺ) lire dans la prière du *subh* : {*Quand la terre sera secouée...*} (la sourate 99) et ce, dans le premier et deuxième cycle de prière. Le rapporteur ajoute : « Je ne sais pas si le Prophète (ﷺ) a fait cela par oubli ou volontairement. »[1]

La manière dont le Prophète (ﷺ) récitait le Coran après la *fâtiha*

Citons, à ce propos, le résumé d'Ibn Al-Qayyim concernant la manière dont le Prophète (ﷺ) lisait le Coran après la *fâtiha* dans la prière : « Quand il (le Prophète) achevait de lire la *fâtiha*, il entamait une autre sourate, parfois longue, parfois courte, pour cause de voyage ou autre, mais le plus souvent, sa lecture était de longueur moyenne ».

La lecture de la prière de l'aube (*fajr*)

Au cours de la prière de l'aube, le Prophète (ﷺ) lisait entre soixante et cent versets. Dans cette même prière, il lisait parfois la sourate 50, Qâf, et celle des Romains (la sourate 30), suivie par celle de l'Extinction (la sourate 81): {*Quand le soleil sera condensé en une sphère*}[2] suivie par celle du Tremblement (*az-zalzala*), dans les deux cycles de prière comme cité plus haut, ou bien encore les deux dernières sourates : « L'Aurore

1 *Hadîth* rapporté par Abû Dâwûd.

2 ﴿إِذَا ٱلشَّمْسُ كُوِّرَتْ﴾

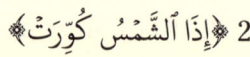

Éclatante (*al-falaq*) et « Les Hommes » (*an-nâs*), en particulier durant les voyages. Le vendredi, il lisait les sourates 32, La Prosternation, ou bien la sourate 76, L'homme, en entier. Il ne faisait pas ce que font de nombreuses personnes aujourd'hui, à savoir lire une partie de cette sourate et une partie de l'autre. Quant aux ignorants qui prétendent que la prière de l'aube, le jour du Vendredi, comporte une préférence marquée pour la sourate de la prosternation (*as-sajda*), ceux-là se trompent lourdement. C'est pourquoi certains imâms répugnent à lire cette sourate en ce lieu. Il y a lieu de préciser que le Prophète (ﷺ) lisait les sourates La Prosternation et L'Homme en raison des récits qu'elles comportent sur le commencement de l'univers ainsi que sur son devenir, sur la création d'Adam, de l'entrée au Paradis et en Enfer et de tout ce qui fut et adviendra le jour du Vendredi. Il récitait cela, à l'aube de ce jour, pour rappeler aux musulmans les faits de ce jour, de même qu'il récitait lors des grands événements, comme les deux fêtes et le vendredi, les sourates 50 (Qâf), 54 (La lune), 87 (Le Très Haut) et 88 (L'enveloppante).

La lecture du Coran au cours de la prière de midi (*dhuhr*)

Durant cette prière de midi, la lecture du Coran, après celle de la *fâtiha*, était longue, à tel point qu'Abû Sa'îd a dit : « quelqu'un pouvait partir jusqu'au cimetière d'Al-Baqî', régler ses affaires, retourner chez lui, faire ses petites ablutions et rattraper le Prophète (ﷺ) dans son premier cycle de prière de midi tant il prolongeait sa lecture ». Ce récit est rapporté par Muslim. Parfois, il pondérait sa lecture et récitait soit la sourate La Prosternation, soit la sourate le Très Haut (*al-a'lâ*), soit La Nuit (*al-layl*), soit La sourate 85, les Constellations (*al-burûj*), soit la sourate 86, l'Astre Nocturne (*at-târiq*).

La lecture du Coran durant la prière de l'après-midi (*'asr*)

Durant cette prière, il est recommandé de réciter la moitié de ce que l'on a lu durant la prière de midi quand la lecture était longue, et à peu près la même quantité quand elle était courte.

La lecture du Coran durant la prière du coucher du soleil (*maghrib*)

Au cours de cette prière, le Prophète (ﷺ), à la différence des autres prières, récitait des sourates longues, de moins longues, des courtes et des moins courtes. Des exemples réputés authentiques sont rapportés par ses Compagnons indiquant qu'il récitait quelque fois la sourate

7 (*Al-A'râf*) dans les deux premiers cycles de prière, une autre fois la sourate 52 (*at-Tûr*), et une autre fois la sourate 77 (*Al-Mursalât*). Abû 'Umar Ibn 'Abd Al-Barr a dit : « Il a été rapporté que le Prophète (ﷺ) a récité la sourate *Al-A'râf* durant la prière du coucher du soleil, qu'il a récité aussi les sourates 37 (*As-Saffât*), 44 (*Ad-Dukhân*), 87 (*Al-A'lâ*), 95 (*At-Tîn*), 113-114 (*al-Mu'awwidhatân*), ou encore la sourate 77 (*Al-Mursalât*). On rapporte aussi qu'il récitait des sourates plus courtes.

Cependant, la thèse selon laquelle il récitait constamment des sourates courtes durant cette prière est une opinion et un acte propres à Marwân Ibn Al-Hakam. Et c'est pour cela que Zayd Ibn Thâbit a contesté cette opinion en disant à ce dernier : « Pourquoi récites-tu des prières courtes durant la prière du *maghrib*, alors que j'ai entendu le Prophète (ﷺ) réciter des sourates longues ? » Marwân lui demanda : « Et quelle est l'une de ces sourates ? ». Zayd répondit : « La sourate « Al-A'râf » ». Ce *hadîth* a été rapporté par Abû Dâwûd, At-Tirmidhî, An-Nasâ'î et Ibn Mâjah. An-Nasâ'î a rapporté de son côté selon 'Â'isha (رضي الله عنها) que le Prophète (ﷺ) avait récité dans la prière du *maghrib* la sourate *Al-A'râf* qu'il avait divisée en deux parties sur deux cycles de prière. Ainsi, le fait de ne réciter que les sourates et les versets les plus courts durant la prière du *maghrib* va à l'encontre de la Sunna. C'est un acte qui remonte à Marwân Ibn Al-Hakam.

La lecture du Coran durant la prière du soir (*'ishâ'*)

Au cours de cette prière, le Prophète (ﷺ) lisait At-Tîn. On rapporte qu'il désigna pour Mu'âdh les sourates 91 (*Ash-Shams*), 87 (*Al-A'lâ*), 92 (*Al-Layl*) et autres. Il lui reprocha, un jour, le fait d'avoir récité la sourate 2 (*Al-Baqara*) après avoir prié derrière lui. Or Mu'âdh, après être allé chez les Banû 'Amr, avait récité cette sourate après qu'une partie de la nuit fut passée. Le Prophète (ﷺ) lui dit alors : « Ô Mu'âdh ! serais-tu un fauteur de troubles ? ». Les auteurs critiques se sont attachés à cette remarque et ne se sont pas préoccupés de ce qui était dit avant et après.

La lecture du Coran au cours de la prière du Vendredi

Le jour du vendredi, le Prophète (ﷺ) récitait en entier la sourate du Vendredi (S. 62) ou celle des Hypocrites (S. 63), ou encore l'Enveloppante (S. 88) et Le Très Haut (S. 87). Quant à se limiter à la seule lecture de la fin des deux sourates qui commencent par : {*Ô vous qui avez cru*...}, c'est contraire à la guidance du Prophète (ﷺ).

La lecture du Coran au cours de la prière des deux fêtes (celle de la rupture du jeûne et du sacrifice)

Quant à la lecture du Coran au cours de la prière des deux fêtes, on rapporte que le Prophète (ﷺ) récitait tantôt la sourate Qâf et la Lune en entier et tantôt *Al-A'lâ* (S. 87) et *Al-Ghâshiya* (S. 88). Telle est la voie suivie par le Prophète (ﷺ) jusqu'à sa mort, et celle reprise par les quatre califes après lui. Il est avéré qu'Abû Bakr lut la sourate Al-Baqara en entier durant la prière de l'aube et la termina peu avant le lever du soleil. Comme ses compagnons lui firent remarquer que le soleil était près de se lever avant la fin de la prière, il répondit : « Si le soleil s'était levé, il ne nous aurait pas surpris inattentifs ». Quant à 'Umar, il récitait dans la prière de l'aube, le jour des deux fêtes, les sourates *Yûsuf* (S. 12), *An-Nahl* (S. 16), *Hûd*, *Al-Isrâ'* (S. 17) et autres.

D'autre part, si les longues lectures du Prophète (ﷺ) avaient été abrogées, ses Compagnons l'auraient su, ainsi que les critiques. Cependant, Muslim rapporte d'après Jâbir Ibn Samura que le Prophète (ﷺ) lisait au cours de la prière de l'aube la sourate Qâf, et après, il limitait la longueur de sa lecture. Il faut entendre par sa parole « après », après la prière de l'aube, c'est-à-dire qu'il prolongeait la prière de l'aube plus que les autres, et que les prières qui suivaient étaient écourtées. Ce qui prouve cela, c'est la parole d'Umm Al-Fadl qui, ayant entendu Ibn 'Abbâs, réciter la sourate *Al-Mursalât*, lui dit : « Ô mon fils, tu m'as rappelé, en récitant cette sourate, qu'elle est la dernière que j'ai entendue de la bouche du Prophète (ﷺ) durant la prière du *maghrib* ».

Il reste que des *hadîth* attribués au Prophète (ﷺ) et considérés comme authentiques incitent à abréger la prière. Ce sont, entre autres : « Quiconque parmi vous dirige la prière, doit l'alléger ».

De son côté, Anas a rapporté que personne n'écourtait autant sa prière que le Prophète (ﷺ). Cependant, l'allégement est une chose relative qui doit se référer à ce que faisait le Prophète (ﷺ) et non au bon vouloir de ceux qui suivent l'imâm dans la prière.

En tout état de cause, le Prophète (ﷺ) n'ordonnait jamais de faire une chose puis de faire son contraire et il savait que derrière lui, dans la prière, se trouve des vieillards, des faibles et des gens pressés par quelque besoin.

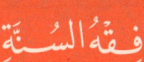

Ainsi donc, il est établi que la prière écourtée était de règle chez le Prophète (ﷺ) dans la prière en commun. Ceci est confirmé par le *hadîth* rapporté par An-Nasâ'î d'après Ibn 'Umar (رضي الله عنهما) qui dit : « Le Prophète (ﷺ) nous ordonnait d'alléger la prière et, lorsqu'il dirigeait notre prière, il récitait la sourate 37, *As-Saffât* ». Ainsi, la récitation de la sourate 37 fait partie de l'allégement qu'il ordonnait de pratiquer.

La lecture d'une même sourate

Le Prophète (ﷺ) ne récitait pas constamment la même sourate dans la prière, sauf dans les prières du Vendredi et des deux fêtes. Abû Dâwûd rapporte qu'il n'est pas de courte ou de longue sourate qui ne fut récitée par le Prophète (ﷺ) au cours des prières obligatoires qu'il dirigeait. De même qu'il récitait en entier une sourate dans un même cycle de prière, il pouvait la réciter aussi dans deux cycles de prière ; il arrivait également qu'il récite le début d'une sourate et non son milieu, ou qu'il récite ses derniers versets.

Quant à la lecture de deux sourates dans un même cycle de prière, il le faisait dans les prières surérogatoires, mais pas dans les prières obligatoires. Par ailleurs, le *hadîth* d'Ibn Mas'ûd qui dit connaître les sourates pareilles à celles que récitait le Prophète (ﷺ) par couple, dans chaque cycle de prière, à savoir *Ar-Rahmân* (S. 55) et *An-Najm* (S. 53) dans un cycle de prière, *Al-qamar* (S. 54) et *Al-Hâqqa* (S. 69) dans un cycle, *At-Tûr* (S. 52) dans un cycle et *Adh-Dhâriyyât* (S. 51) dans un autre, ou encore *Al-Wâqi'a* (S. 56) dans un cycle et *Nûn* (S. 68) dans un autre, ce *hadîth*, dis-je, ne précise pas si cela était dans les prières obligatoires ou surérogatoires. C'est donc un *hadîth* qui emporte la probabilité.

Quant à dire que le Prophète (ﷺ) récitait une même sourate dans deux cycles de prières, c'est là un fait qu'il faisait rarement. Cependant, Abû Dâwûd rapporte qu'on a entendu le Prophète (ﷺ) réciter *Az-Zalzala* (S. 99) dans la prière du matin au cours des deux cycles de prières, or celui qui a rapporté ce fait précise qu'il ne sait pas s'il s'agit là d'une omission de la part du Prophète (ﷺ) ou d'un fait volontaire de sa part.

Le prolongement du premier cycle de la prière du matin (*subh*)

Le Prophète (ﷺ) prolongeait le premier cycle de prière plus que le second dans la prière du matin, en particulier, et dans chaque prière, en général. La raison en est que la lecture du Coran, à l'aube, est une lecture dont témoignent les Anges et que Dieu prend à témoins. On dit aussi que la récitation de l'aube est attestée par les Anges de la nuit et ceux du jour en même temps.

Les deux interprétations sont fondées sur le fait que Dieu se rapproche de Ses créatures durant la nuit, et on ne sait pas si ce rapprochement dure jusqu'à l'achèvement de la prière du matin ou bien jusqu'à l'arrivée de l'aube. Les deux points de vue sont également valables.

La prière du matin est prolongée pour plusieurs raisons : parce qu'elle ne comporte que deux cycles de prières ; parce qu'elle intervient à l'issue d'un sommeil réparateur et que les gens sont généralement reposés ; ou parce qu'ils n'ont pas encore entrepris leur journée de labeur ; ou en raison du fait qu'à cet instant de l'aube, une harmonie s'établit entre l'écoute, le parler et le cœur, loin des préoccupations de la vie quotidienne. Aussi, à ce moment-là, la compréhension du Coran est aisée et la réflexion sur le sens des versets est facilitée. Il se peut aussi que cette prière du matin soit prolongée parce qu'elle est un prélude au travail. Aussi a-t-elle été avantagée par une attention particulière.

Comment le Prophète (ﷺ) récitait-il le Coran ?

Ibn al-Qayyim a décrit cette récitation en disant que les syllabes longues étaient prolongées, qu'il s'arrêtait à la fin de chaque verset et que sa voix se prolongeait sur la dernière syllabe des versets.

Ce qui est apprécié au cours de la lecture du Coran

Il est recommandé de rendre sa voix agréable au cours de la lecture du Coran. Le Prophète (ﷺ) a dit à ce sujet : « Embellissez vos voix par la lecture du Coran ». Il a dit aussi : « Celui qui ne chante[1] pas le Coran n'est pas des nôtres. » Il a dit également : « Le meilleur des récitateurs du Coran est celui qui vous paraît craindre Dieu lorsque vous l'écoutez ». Enfin il a dit : « Dieu n'aime rien autant[2] qu'entendre un prophète doué d'une belle voix chanter le Coran à voix haute. »

An-Nawawî signale qu'il est recommandé à celui qui récite le Coran dans ou en dehors de la prière, d'invoquer Dieu et Lui demander de lui accorder Ses bienfaits chaque fois que le passage de la récitation comporte un verset relatif à Sa miséricorde. De même le lecteur demandera

1 Le terme *taghannâ*, « chanter », pose problème aux commentateurs : il s'agirait de déclamer le Coran en en respectant les règles de récitation.

2 Autre sens possible : « Dieu ne prête l'oreille à rien comme il prête l'oreille à… ».

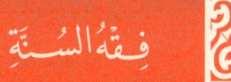

la protection de Dieu contre le Feu, le châtiment, le mal et le blâmable, chaque fois qu'il passera par un verset qui évoque le supplice. S'il passe par un verset qui exalte Dieu, qu'il dise : « Que Dieu soit exalté » ou « Que Dieu soit béni, le Maître des univers » ou une autre invocation semblable.

Muslim rapporte d'après Hudhayfa Ibn Al-Yamân : « Je priais une nuit derrière le Prophète (ﷺ) et celui-ci commença par réciter la sourate La Vache. Je me dis alors : Il va s'arrêter au centième verset pour s'incliner, mais il continua sa lecture. Je me dis encore : « Il va achever la récitation de toute la sourate dans le premier cycle de prière », mais il poursuivit sa lecture par la sourate La Famille de 'Imrân qu'il acheva pour entamer la sourate Les Femmes qu'il récita entièrement. Chaque fois qu'il passait par un verset d'exaltation, il exaltait Dieu ; chaque fois qu'il passait par un verset d'invocation, il invoquait Dieu ; chaque fois qu'il passait par un verset incitant à demander la protection de Dieu, il Lui demandait Sa protection et un refuge auprès de Lui. »

Ainsi, il est établi que le récitateur du Coran dans la prière ou en dehors de celle-ci exalte, demande et cherche refuge auprès de Dieu. Ceci est recommandé pour celui qui préside la prière aussi bien que pour celui qui le suit ou encore pour celui qui la fait isolément, car il s'agit d'une invocation égale pour tout le monde, comme celle qui consiste à dire « Amen ».

Au demeurant, il est recommandé à celui qui récite {*Dieu n'est-Il pas le plus sage des juges ?*} (S. 95, V. 8)[1] de dire : « Certes, et j'en suis témoin » ; à celui qui récite : {*Cela* (ne prouve-t-il pas) *que Dieu est capable de ressusciter les morts ?*} (S. 75, V. 40)[2], de dire : « Certes, et j'en suis témoin » ; à celui qui récite : {*En quel message, après lui, vont-ils croire ?*}, de dire : « Je crois en Dieu » ; à celui qui récite le verset : {*Glorifie le nom de ton Seigneur, le Sublime*} (S. 56, V. 96)[3], de dire : « Gloire à mon Seigneur, le Sublime ». Le fidèle dira ces formules au cours de la prière ou en tout autre circonstance.

---

1 ﴿أَلَيْسَ ٱللَّهُ بِأَحْكَمِ ٱلْحَٰكِمِينَ﴾

2 ﴿أَلَيْسَ ذَٰلِكَ بِقَٰدِرٍ عَلَىٰٓ أَن يُحْـِۧىَ ٱلْمَوْتَىٰ﴾

3 ﴿فَسَبِّحْ بِٱسْمِ رَبِّكَ ٱلْعَظِيمِ﴾

La lecture à voix haute ou à voix basse dans les prières

Il est recommandé à l'orant de lire à haute voix au cours des deux cycles de la prière du matin et du Vendredi, ainsi qu'au cours des deux premiers cycles de la prière du coucher du soleil (*maghrib*) de la nuit (*'ishâ'*), des deux fêtes (rupture du jeûne et sacrifice), de l'éclipse et de la demande de pluie.

Par contre, la récitation est secrète dans les deux prières de midi (*dhuhr*) et de l'après-midi (*al-'asr*), dans le troisième cycle de la prière du coucher du soleil et dans les deux derniers cycles de la prière de la nuit.

Quant aux prières surérogatoires, il est recommandé pour celles du jour de ne pas les faire à haute voix ; quant à celles de la nuit, le choix est laissé aux fidèles de les réciter à voix haute ou à voix basse. Cependant, il semble préférable de rechercher le juste milieu à ce sujet. On rapporte que le Prophète (ﷺ) passa un jour devant Abû Bakr qui priait à voix basse et il passa devant 'Umar qui priait à voix haute. Quand ils furent réunis tous deux devant lui, il leur dit : Ô Abû Bakr, je suis passé devant toi, et tu priais à voix basse ». Abû Bakr répondit : « J'ai fait entendre Celui que j'implorais, ô Messager de Dieu ! ». Il se tourna ensuite vers 'Umar et dit : « Je suis passé devant toi et tu priais à voix haute ». 'Umar répondit : « C'est pour réveiller l'endormi et chasser le démon ». Et le Prophète (ﷺ) de leur dire : « Ô Abû Bakr, élève un peu plus ta voix, et toi 'Umar, baisse un peu la tienne ». Cette tradition est rapportée par Ahmad et Abû Dâwûd.

S'il arrive que le fidèle oublie d'élever la voix quand il le faut ou de lire secrètement au bon moment, la prière demeure valable ; s'il se le rappelle au cours de sa lecture, qu'il se corrige immédiatement.

La récitation derrière l'imâm

Le principe veut que la prière ne soit valable que si la *fâtiha* a été lue dans chaque cycle de prière, qu'elle soit obligatoire ou surérogatoire. Cependant, celui qui suit l'imâm n'est pas tenu de réciter la *fâtiha*, mais il doit écouter et faire silence dans les prières faites à haute voix et ce, en application du verset suivant : {*Quand le Coran est récité, écoutez-le et faites silence, peut-être vous sera-t-il fait miséricorde*} (S. 7, V.

204).[1] Par référence aussi à la parole du Prophète (ﷺ) : « Quand l'imâm commence la prière et dit : « Dieu est le plus grand », dites après lui : « Dieu est le plus grand », et quand il récite le Coran, prêtez l'oreille ». Ce *hadîth* est rapporté par Muslim.

Dans cette optique, on cite le *hadîth* suivant : « Celui qui suit un imâm (dans la prière), la récitation de celui-ci compensera la sienne » C'est-à-dire que la lecture de l'imâm dispense le fidèle qui le suit de lire à haute voix dans la prière.

Cependant, dans les prières faites à voix basse, le fidèle qui suit l'imâm est tenu de réciter la *fâtiha* ; cette récitation est également obligatoire dans les prières faites à haute voix si le fidèle qui suit l'imâm n'arrive pas à entendre ce dernier. Abû Bakr Ibn Al-'Arabî estime que ce qui prévaut, c'est de réciter dans les prières faites secrètement ; quant aux prières faites à haute voix, la lecture, pour celui qui suit l'imâm, n'y est pas autorisée pour trois raisons :

- La première est que cette pratique était courante chez les habitants de Médine et que c'est une prescription coranique déterminée dans le verset suivant : {*Quand le Coran est récité, écoutez-le et faites silence*} (S. 7, V. 204).[2] Enfin, cette pratique est étayée par la tradition et plus précisément par deux *hadîth*, dont celui de 'Imrân Ibn Husayn qui rapporte que le Prophète (ﷺ), entendant un homme lire derrière lui : {*Glorifie le nom de ton Seigneur, le Sublime*}, lui dit : « J'ai su que quelques-uns parmi vous me disputent la récitation de cette sourate ».

- La deuxième raison réside dans le verset qui stipule : {*Quand le Coran est récité, écoutez-le*}.

- La troisième est qu'il n'y a pas lieu de lire en même temps que l'imâm. – Mais quand la récitation se fait-elle ? Si on nous dit qu'elle a lieu durant le silence de l'imâm, nous rétorquerons que l'imâm ne se tait pas ; d'ailleurs, comment peut-on bâtir une obligation sur ce qui ne l'est pas, d'autant plus qu'une solution existe dans les prières à haute voix, consistant à réciter dans son for intérieur en réfléchissant et en raisonnant. Cela est conforme au Coran, au *hadîth* du Prophète (ﷺ), à la sauvegarde du culte de l'Islam, à l'application de la tradition (Sunna)

---

1 ﴿وَإِذَا قُرِئَ ٱلْقُرْءَانُ فَٱسْتَمِعُواْ لَهُۥ وَأَنصِتُواْ لَعَلَّكُمْ تُرْحَمُونَ﴾

2 ﴿وَإِذَا قُرِئَ ٱلْقُرْءَانُ فَٱسْتَمِعُواْ لَهُۥ وَأَنصِتُواْ﴾

et, enfin, au principe de préférence. Tel est l'avis d'Az-Zuhrî, Mâlik, Ahmad, etc.

6- Dire : « Dieu est le plus grand » en changeant de position au cours de la prière

On dit : « Dieu est le plus grand » chaque fois qu'on s'incline, qu'on se prosterne, qu'on se relève ou qu'on s'assied, sauf quand on se relève de l'inclinaison, auquel cas on dit : « Dieu a entendu celui qui L'a loué ». Ibn Mas'ûd (ﷺ) rapporte à ce sujet qu'il a vu le Prophète (ﷺ) dire : « Dieu est le plus grand » chaque fois qu'il s'inclinait, se relevait, se mettait debout ou s'asseyait. ». Ce *hadîth* est rapporté par Ahmad qui ajoute que les quatre califes ont fait la même chose, ainsi que les Compagnons et ceux qui vinrent après eux parmi les pieux Anciens et l'ensemble des exégètes. Abû Hurayra (ﷺ) décrit ainsi la prière du Prophète (ﷺ) : « Quand il voulait accomplir la prière il disait : « Dieu est le plus grand ». Il répétait : « Dieu est le plus grand » au moment où il s'inclinait. Ensuite, en se redressant, il disait : « Dieu a entendu celui qui L'a loué » et, avant de se prosterner, il disait, tout en se tenant droit : « Seigneur, à Toi la louange ». Après quoi, il se prosternait en disant : « Dieu est le plus grand » ; en relevant la tête, il répétait : « Dieu est le plus grand ». Il se prosternait une seconde fois, en répétant : « Dieu est le plus grand » et également en se relevant pour se mettre debout, il disait : « Dieu est le plus grand ». Il en faisait de même dans chaque cycle de prière ». Abû Hurayra termina sa description de la prière du Prophète (ﷺ) en disant qu'il s'agissait de la prière que le Prophète (ﷺ) accomplit jusqu'à la fin de ses jours.[1] Al-Bukhârî et Ahmad rapportent que le Compagnon 'Ikrima dit un jour à Ibn 'Abbâs qu'il avait fait la prière derrière un vieillard stupide qui avait répété la formule « Dieu est le plus grand » vingt-deux fois ; il la répéta chaque fois qu'il se prosternait ou qu'il relevait la tête. Et Ibn 'Abbâs de lui répondre : « Telle était effectivement la prière d'Abû Al-Qâsim (le Prophète (ﷺ)). Par ailleurs, il est préférable de prononcer la formule « Dieu est le plus grand » au moment où l'on change de position.

7- De la manière dont on s'incline dans la prière

En matière de *rukû'*, ou encore d'inclinaison, il faut simplement se

1 *Hadîth* rapporté par Ahmad, Al-Bukhârî, Muslim et Abû Dâwûd.

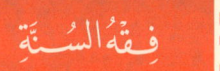

courber de façon à joindre les deux mains aux deux genoux. Cependant, la tradition (*Sunna*) détermine cette inclinaison en précisant que la tête doit se trouver sur la même ligne que le postérieur, que les mains doivent être appuyées sur les genoux, que les bras doivent être écartés des flancs, que les doigts des mains doivent être écartés sur les genoux et que le dos doit être bien tendu (horizontalement). Ahmad, Abû Dâwûd et An-Nasâ'î rapportent que 'Uqba Ibn 'Âmir s'inclina en écartant ses mains de ses flancs, puis il appuya ses mains sur ses genoux, avant d'écarter les doigts des mains autour de ses genoux en disant : « C'est ainsi que j'ai vu le Prophète (ﷺ) prier ».

En outre, d'après Humayd, le Prophète (ﷺ) se courbait de façon équilibrée ; il ne penchait pas la tête vers le bas et ne la levait pas vers le haut ; ses mains étaient posées sur ses genoux qu'il semblait empoigner ». Ce propos est rapporté par An-Nasâ'î.

En outre, Muslim rapporte d'après 'Â'isha (رضي الله عنها) que lorsque le Prophète (ﷺ) se courbait, il ne dressait pas sa tête et ne l'ajustait pas ; mais il prenait une position intermédiaire.

De son côté, 'Alî Ibn Abî Tâlib, décrivant l'inclinaison avec plus de détail, rapporte : « Si l'on avait voulu poser une tasse remplie d'eau sur le dos du Prophète (ﷺ) alors qu'il était en position inclinée, elle n'aurait pas bougée ». Ce *hadîth* est rapporté par Ahmad et Abû Dâwûd.

8- Les invocations à formuler au cours de l'inclinaison

Il est recommandé d'invoquer en ces termes : « Gloire et pureté à mon Seigneur le Sublime ». Cette évocation est confirmée par le *hadîth* rapporté par Abû Dâwûd qui précise les circonstances de la recommandation de cette évocation : « Quand le verset {*Proclame donc la gloire et la pureté du nom de ton Seigneur, le Très Grand*} fut révélé, le Prophète (ﷺ) dit : « Récitez cette invocation dans votre inclinaison ». Quant à l'expression : « Gloire et pureté à Dieu, le Sublime et qu'Il soit loué », elle est rapportée par différentes voies considérées dans leur ensemble comme des sources faibles. Toutefois, Ash-Shawkânî estime que ces différentes voies se renforcent les unes les autres et celui qui se limite à glorifier simplement Dieu sans Le louer est autant dans la bonne direction que celui qui prononce d'autres formules d'invocation, dont celles-ci :

- 'Alî Ibn Abî Tâlib rapporte que le Prophète (ﷺ), quand il s'inclinait, disait : « Mon Dieu, c'est pour Toi que je m'incline ; en Toi j'ai cru ; à Toi je me soumets ; Tu es mon Dieu et je me recueille humblement devant Toi qui est le Maître des univers, avec mon ouïe, mon regard, ma moelle, mes os, ma moelle, et tout ce que supportent mes pieds. » Ce *hadîth* est rapporté par Ahmad, Muslim et Abû Dâwûd.

- 'Â'isha, la mère des croyants (رضي الله عنها), rapporte quant à elle : « Le Prophète (ﷺ) disait au cours de son inclinaison : « Ô Toi qui est exempt de toute imperfection, Très Saint, ô Toi qui est le Seigneur des Anges et de l'Esprit (Gabriel). »

- 'Awf Ibn Mâlik Al-Ashja'î rapporte qu'une nuit il accomplit la prière nocturne (*qiyyâm*) avec le Prophète (ﷺ) et celui-ci récita la sourate La Vache. Au cours de son inclinaison, il dit : « Gloire à Celui qui détient la toute-puissance, la souveraineté absolue et qui se réserve exclusivement l'orgueil et la grandeur ». Ce dire est rapporté par Abû Dâwûd, An-Nasâ'î et At-Tirmidhî.

- Selon 'Â'isha (رضي الله عنها) également, le Prophète (ﷺ) disait souvent dans son inclinaison et sa prosternation : « Gloire et pureté à Toi mon Dieu, notre Seigneur et par Ta louange ». Elle ajoute que le Prophète (ﷺ) appliquait en cela les paroles de Dieu dans le verset suivant : {*Proclame la gloire et la louange de ton Seigneur et prie-Le de t'absoudre*} (S. 110, V. 3).[1] Ce *hadîth* est rapporté par Ahmad et Al-Bukhârî.

9- Les invocations à prononcer au moment de se relever de l'inclinaison

Il est recommandé pour quiconque prie, en dirigeant la prière, en suivant l'imâm ou bien en priant seul, de dire en se relevant de l'inclinaison : « Dieu a entendu celui qui L'a loué ». Une fois debout et droit, il prononcera : « Dieu soit loué » ou bien : « Dieu, notre Seigneur, soit loué ». Al-Bukhârî et Muslim rapportent, en se référant à Abû Hurayra, que le Prophète (ﷺ) disait quand il redressait son dos après l'inclinaison : « Dieu a entendu celui qui L'a loué ». Ensuite, il disait, après s'être mis debout : « Notre Seigneur, à Toi la louange ». Al-Bukhârî rapporte d'après Anas ce qui suit : « Quand l'imâm prononce à haute voix : « Dieu a entendu celui qui L'a loué », dites après lui : « Mon Dieu, notre Seigneur, à Toi la louange. »

---

1 ﴿فَسَبِّحْ بِحَمْدِ رَبِّكَ وَٱسْتَغْفِرْهُ﴾

Certains savants pensent que celui qui suit l'imâm dans la prière n'est pas tenu de prononcer la formule : « Dieu a entendu celui qui L'a loué ». Mais il doit dire : « Dieu, Notre Seigneur soit loué », lorsqu'il entend l'imâm dire : « Dieu a entendu celui qui L'a loué ». Ces précisions sont conformes au *hadîth* rapporté par Ahmad d'après Abû Hurayra qui dit : « Le Prophète (ﷺ) a dit : « Quand l'imâm dit : Dieu a entendu celui qui L'a loué », dites à votre tour : « A Toi la louange notre Seigneur », et sachez que celui qui prononce cette invocation en même temps que les Anges, verra tous ses péchés passés pardonnés ».

Il y a lieu de noter une différence d'interprétation entre les jurisconsultes en ce qui concerne le fait, pour celui qui suit l'imâm, de dire après lui : « Dieu a entendu celui qui L'a loué » et dire ensuite : « Notre Seigneur, à Toi la Louange ». Les uns préconisent de grouper ces deux invocations qui seront prononcées par le fidèle en prière derrière l'imâm, et ce en raison de l'injonction contenue dans le *hadîth* authentique suivant : « Priez comme vous me voyez prier ». D'autres jurisconsultes ne permettent pas le groupement de ces deux invocations en tel cas. Leur argument réside dans le fait que la formulation : « Dieu a entendu celui qui L'a loué », est prononcée par l'imâm à haute voix, tandis que la formulation suivante : « Notre Seigneur, à Toi la louange » est prononcée secrètement par l'imâm. Aussi, ces jurisconsultes pensent-ils que celui qui suit l'imâm n'est tenu que par une seule invocation, c'est-à-dire celle qui consiste à dire après l'imâm : « Notre Seigneur, à Toi la louange ». Cependant, l'attention est attirée sur la possibilité de louer Dieu en formulant, en plus, d'autres invocations de louanges après s'être redressé de l'inclinaison. Voici quelques *hadîth* se rapportant à cela :

- Rifâ'a Ibn Râfi' a dit : « Nous fîmes la prière derrière le Messager de Dieu (ﷺ). Dès qu'il se releva de sa prosternation, il dit : « Dieu a entendu celui qui L'a loué ». Aussitôt après, un homme dit : « Que Dieu soit loué par des louanges nombreuses, bonnes et bénies ». A la fin de la prière, le Prophète (ﷺ) demanda : « Qui a parlé tout à l'heure ? ». L'homme répondit : « C'est moi, ô Envoyé de Dieu ». Le Messager de Dieu (ﷺ) lui dit alors : « J'ai vu entre trente-trois et quarante anges se précipiter, chacun voulant être le premier à transcrire cette formule ». Ce *hadîth* est rapporté par Ahmad, Al-Bukhârî et d'autres.

- Alî Ibn Abî Tâlib rapporte que lorsque le Prophète (ﷺ) se relevait de l'inclinaison, il disait : « Dieu a entendu celui qui L'a loué ! Seigneur, c'est à Toi que revient la louange, autant de fois que les cieux comportent de créatures, autant de fois que la terre en comporte et autant de fois que Tu le désires en plus de cela ». Ce *hadîth* est rapporté par Ahmad, Muslim, Abû Dâwûd et At-Tirmidhî.

- D'après 'Abd Allâh Ibn Abî Awfâ, lorsque le Prophète (ﷺ) se redressait après l'inclinaison, il faisait cette invocation : « Dieu soit loué autant de fois que les cieux comportent de créatures, autant de fois que la terre en comporte et autant de fois que Tu le désires en plus de cela. Mon Dieu, purifie-moi par la neige, la grêle et l'eau fraîche ! Mon Dieu, purifie-moi des péchés et lave-moi de ces péchés comme on lave le linge blanc de ses saletés ».Ce *hadîth* est rapporté par Ahmad, Muslim, Abû Dâwûd et Ibn Mâjah.

- Abû Sa'îd Al-Khudrî a dit : « Lorsque le Prophète (ﷺ) disait : « Dieu a entendu celui qui L'a loué », il ajoutait : « A Toi la louange, notre Seigneur, autant de fois que les cieux comportent de créatures, autant de fois que la terre en comporte et autant de fois que Tu le désires en plus de cela. Tu es digne d'éloges et digne d'être glorifié. Ce sont les paroles les plus vraies qu'un adorateur puisse proférer, et nous sommes tous Tes adorateurs. Ô mon Dieu, rien ne peut faire obstacle à ce que Tu as donné, nul ne peut donner ce que Tu retiens, et la fortune de l'homme riche ne lui sera d'aucune utilité [s'il vient à Dieu sans piété et sans morale]. » Cette tradition est rapportée par Muslim, Ahmad et Abû Dâwûd.

- Un *hadîth* authentique rapporte qu'après avoir dit : « Dieu a entendu celui qui L'a loué », le Prophète (ﷺ) disait : « Louange à Mon Dieu, louange à Mon Dieu », de façon à égaliser la durée de l'inclinaison avec celle de la position debout.

10- Comment s'agenouiller avant la prosternation et se relever après la prosternation

La majorité des savants préconise que l'orant pose les genoux à terre avant les mains (lorsqu'il se prosterne). Ibn Al-Qayyim confirme cela en disant que le Prophète (ﷺ) posait ses genoux avant ses mains, suivies par son front et son nez. Telle est l'information réelle rapportée de source sûre, ainsi que celle de Wâ'il Ibn Hujr qui témoigne en disant : « J'ai vu l'Envoyé de Dieu (ﷺ) poser ses genoux avant ses mains en se prosternant et lever ses mains avant ses genoux en se relevant ».

Cependant, des jurisconsultes illustres comme Mâlik, Al-Awzâ'î et Ibn Hazm (le dhâhirite) entendent le contraire et affirment qu'il convient de poser les mains à terre avant les genoux. C'est là un récit rapporté de la part d'Ahmad. Al-Awzâ'î a dit : « J'ai rencontré des gens qui posaient leurs mains avant leurs genoux. Ibn Abî Dâwûd estime que c'est là l'avis des traditionnistes ».

Quant à la manière de se relever de la prosternation pour entamer un deuxième cycle de prière, il y a également divergence en cette matière : l'avis qui prévaut chez la majorité des savants est qu'il est recommandé de se relever en commençant par les mains, puis par les genoux, tandis que pour d'autres, c'est le contraire.

11- De la manière dont on se prosterne

Il est recommandé d'observer les points suivants en matière de prosternation :

- Toucher le sol du nez, du front et des deux mains, lesquelles doivent être écartées des flancs. Wâ'il rapporte que le Prophète (ﷺ) posait le front entre ses deux mains lors de la prosternation et écartait les bras. Par ailleurs, At-Tirmidhî rapporte cet autre *hadîth* presque identique au premier qui dit : « Lorsqu'il se prosternait, le Prophète (ﷺ) touchait le sol de son nez et de son front ; il écartait les bras de ses flancs et posait ses paumes au niveau de ses épaules ».

- Placer les paumes des mains au niveau des oreilles ou des épaules. L'une et l'autre modalités sont valables et admises. Cependant, certains jurisconsultes ont concilié les deux avis en préconisant de placer les pouces au niveau des oreilles et les paumes au niveau des épaules.

- Poser les mains sur le sol, les doigts allongés et serrés les uns contre les autres. Al-Hâkim et Ibn Hibbân rapportent que le Prophète (ﷺ) avait coutume d'écarter les doigts dans l'inclinaison, et de les serrer dans la prosternation.

- Orienter les doigts vers la *qibla*. Al-Bukhârî, citant Abû Humayd, rapporte que dans sa prosternation, le Prophète (ﷺ) n'avait les doigts ni allongés ni repliés et qu'il avait les orteils dirigés vers la *qibla*.

12- Le temps nécessaire à l'exécution de la prosternation et les invocations qui s'y rattachent

Il est recommandé, lors de chaque prosternation, de dire : « Gloire à Dieu le Très-Haut ». D'après 'Uqba Ibn 'Âmir, lorsque fut révélé le verset coranique : {*Chante gloire à Ton Seigneur le Très-Haut*} (S. 87, V. 1)[1], le Prophète (ﷺ) ordonna aux fidèles : « Employez (ce verset) dans vos prosternations. »[2]

D'après Hudhayfa, le Prophète (ﷺ) se prosternait en disant : « Gloire à Dieu le Très-Haut. »[3]

Aussi bien dans l'inclinaison que dans les prosternations, il convient que ces *tasbîh* (ou formules d'exaltation) ne comptent pas moins de trois formules. At-Tirmidhî affirme : « Telle est la norme en vigueur chez les docteurs de la Loi ; ils recommandent, lors de l'inclinaison et des prosternations, que le nombre des *tasbîh* ne soit pas inférieur à trois formules ». Quant au nombre minimal requis en matière de *tasbîh*, la majorité des doctes estiment que le temps nécessaire à l'exécution de chaque inclinaison et de chaque prosternation ne doit pas être inférieur à un *tasbîh*. En effet, on a vu plus haut que l'observation d'un temps d'arrêt (*tuma'nîna*) était obligatoire (entre chaque geste de prière) et que l'on évaluait ce temps d'arrêt à la formulation d'un *tasbîh*.

Pour que le *tasbîh* soit considéré comme parfait, certains docteurs estiment qu'il doit compter dix formules. Qu'on en juge par ce propos de Sa'îd Ibn Jubayr, citant Anas : « Je n'ai vu personne faire la prière de façon aussi analogue à celle du Prophète (ﷺ) que ce garçon (il faisait allusion à 'Umar Ibn 'Abd Al-'Azîz). Nous avons évalué à dix le nombre des *tasbîh* dans les inclinaisons comme dans les prosternations. » Ce propos est rapporté par Ahmad, Abû Dâwûd et An-Nasâ'î, d'après une chaîne de transmetteurs qualifiée de *jayyid* (bonne). Et Ash-Shawkânî de préciser : « On a dit qu'il s'agissait là d'une preuve pour qui soutient que la perfection consiste à prononcer dix fois la formule du *tasbîh* (dans les inclinaisons comme dans les prosternations). Le plus vraisemblable cependant est que celui qui prie seul peut à loisir accroître le nombre de ces formules ; plus il en prononcera, meilleure sera sa prière. C'est ce qu'énoncent les *hadîth* authentiques à ce propos. Il en va de même pour celui qui préside la prière, à condition que cet allongement ne soit pas trop lourd et, partant, porte préjudice à ceux qui

---

1 ﴿سَبِّحِ ٱسۡمَ رَبِّكَ ٱلۡأَعۡلَى﴾

2 Ce *hadîth* est rapporté par Ahmad, Abû Dâwûd, Ibn Mâjah et Al-Hâkim ; sa chaîne de transmetteurs est qualifiée de *jayyid* (bonne).

3 Ce *hadîth* est rapporté par Ahmad, Muslim, Abû Dâwûd, At-Tirmidhî, An-Nasâ'î et Ibn Mâjah. At-Tirmidhî le qualifie de *hasan sahîh*.

prient derrière lui ».

Ibn 'Abd Al-Barr affirme : « Toute personne qui préside la prière est tenue de l'alléger ; c'est une recommandation du Prophète (ﷺ). Qui préside la prière est tenu d'observer cette règle, quand bien même il saurait que les orants (qui prient derrière lui) sont assez solides pour endurer un long office. Car il peut toujours leur arriver quelque incident ; ils peuvent avoir des préoccupations quelconques, un besoin à satisfaire, etc.

D'après Ibn Al-Mubârak, il est préférable pour celui qui préside la prière de prononcer cinq formules de *tasbîh* afin de permettre aux orants (qui prient derrière lui) d'en dire trois. Il est également recommandé que l'orant ne s'en tienne pas à ces *tasbîh*, mais qu'il y ajoute autant d'invocations qu'il voudra. Dans un *hadîth* authentique, le Prophète (ﷺ) affirma : « Jamais on n'est plus proche de son Seigneur que quand on est prosterné. Multipliez donc les invocations. » Il a dit également : « Il m'a été interdit de lire des versets lors de l'inclinaison et de la prosternation. Inclinés, magnifiez le Seigneur ; prosternés, multipliez les invocations, elles seront dignes d'être exaucées ». Ce *hadîth* est rapporté par Ahmad et Muslim. Nombreux sont les *hadîth* qui abondent dans ce sens, dont les suivants :

- 'Alî Ibn Abî Tâlib (رضي الله عنه) raconte que le Prophète (ﷺ) disait en se prosternant : « Seigneur, c'est devant Toi que je me prosterne, c'est en Toi que je crois, c'est à Toi que je me soumets. Mon visage se prosterne en direction de Celui qui l'a créé et qui lui a donné la meilleure image, qui l'a doté d'yeux et d'oreilles. Béni soit Dieu, le meilleur des créateurs. » ce *hadîth* est rapporté par Ahmad et Muslim.

- Dans sa description de la prière que le Prophète (ﷺ) accomplissait de nuit (*tahajjud*), Ibn 'Abbâs (رضي الله عنه) dit : « Il sortit prier, puis il dit dans sa prière – ou dans sa prosternation : « Seigneur, mets une lumière dans mon cœur, une lumière dans mon ouïe, une lumière dans ma vue, une lumière à ma droite, une lumière à ma gauche, une lumière au-dessous de moi ; fais de moi une lumière ». Shu'ba ajoute : « Ou bien il a dit : « Donne-moi une lumière ». Ce *hadîth* est rapporté par Ahmad, Muslim et autres traditionnistes. An-Nawawî a dit : « Selon les docteurs de la Loi, si le Messager de Dieu (ﷺ) a sollicité une lumière pour toutes les parties de son corps et pour toutes les directions qui l'entourent, c'est en tant qu'il demandait d'accéder à la vérité et d'être guidé vers elle. »

- 'Â'isha (رضي الله عنها) rapporte qu'un jour, ne trouvant pas le Prophète (ﷺ) couché à ses côtés, elle tâtonna de la main et le trouva qui se prosternait, disant : Mon Seigneur, accorde à mon âme la piété et purifie-la ; Toi seul est à même de la purifier ; Tu es son Patron et son Maître ». Cette tradition est rapportée par Ahmad.

- D'après Abû Hurayra, le Prophète (ﷺ) avait coutume, dans ses prosternations, de prononcer les invocations suivantes : « Seigneur, pardonne tous mes péchés, les graves comme les véniels, les premiers comme les derniers, les manifestes comme les secrets ». Ce *hadîth* est rapporté par Muslim, Abû Dâwûd et Al-Hâkim.

- 'Â'isha (رضي الله عنها), ayant remarqué l'absence du Prophète (ﷺ), le trouva dans la mosquée, prosterné, les pieds dressés, disant : « Seigneur ! Je Te demande de me protéger de Ton agrément contre Ton courroux, de Ton salut contre Ton châtiment et je me réfugie en Ta miséricorde contre Ta rigueur. Je ne puis recenser les éloges qui Te reviennent. Tu es tel que Tu T'es Toi-même glorifié. » Cette tradition est transmise par Muslim, Abû Dâwûd, At-Tirmidhî, An-Nasâ'î et Ibn Mâjah.

- Comme 'Â'isha (رضي الله عنها) ne trouvait pas le Prophète (ﷺ) à côté d'elle au cours de la nuit, elle pensa qu'il s'était rendu chez une autre épouse. Tâtant autour d'elle, elle le trouva qui priait, incliné – ou prosterné –, disant : « Seigneur ! gloire à Toi, louange à Toi. Il n'est d'autre divinité en dehors de Toi ». Par Dieu, dit-elle, tes préoccupations sont loin d'être les miennes ». Cette tradition est rapportée par Ahmad, Muslim et An-Nasâ'î.

- On rapporte que le Prophète (ﷺ) avait coutume d'invoquer Dieu dans ses prosternations en ces termes : « Seigneur ! pardonne mon péché et mon ignorance, mes écarts et mes excès, et tout ce que Tu sais bien mieux que moi. Seigneur ! pardonne-moi les fautes que je commets en plaisantant ou en parlant sérieusement, mes erreurs et mes fautes intentionnelles. Tout cela est inhérent à mon être. Seigneur ! pardonne mes actes antérieurs et mes actes postérieurs, mes actes tangibles et mes actes secrets. Tu es mon Seigneur, il n'est d'autre divinité en dehors de Toi. »

13- La position assise entre deux prosternations

Il est recommandé (*sunna*) de s'asseoir en position dite *iftirâsh* (entre deux prosternations), c'est-à-dire s'asseoir sur la plante du pied gauche et poser la face intérieure des orteils du pied droit sur le sol, orientée vers la *qibla*.

D'après 'Â'isha (ﷺ), le Prophète (ﷺ) s'asseyait sur le pied gauche et dressait la base du pied droit. Ce *hadîth* est rapporté par Al-Bukhârî et Muslim.

Ibn 'Umar, cité par An-Nasâ'î, a dit : « Entre autres actes relevant de la Sunna dans la prière, il y a le fait de dresser la base du pied droit et d'orienter les orteils du même pied vers la *qibla* ».

D'après Nâfi', lorsque Ibn 'Umar faisait la prière, tous les membres de son corps était orientés vers la *qibla*, y compris ses sandales. Ce propos est rapporté par Al-Athram.

Abû Humayd, faisant la description de la prière du Prophète (ﷺ), a dit : « Puis il s'assit sur le pied gauche, la jambe repliée sous lui, et redressa son dos jusqu'à ce que chaque os revienne à sa place ; puis il se prosterna une seconde fois ». Ce *hadîth* est rapporté par Ahmad, Abû Dâwûd et At-Tirmidhî, qui l'a authentifié.

Il est également recommandé, ainsi qu'il est rapporté dans certains *hadîth*, de s'asseoir en position dite *iq'â'*, laquelle consiste à coucher le dos des pieds sur le sol et à s'asseoir sur les talons. Abû 'Ubayda soutient que c'est l'opinion des traditionnistes. Abû Az-Zubayr rapporte qu'il a entendu Tâwûs tenir les propos suivants : « Nous interrogeâmes Ibn 'Abbâs sur la position assise dite *iq'â'*. – C'est la tradition (Sunna), répondit-il ». Comme nous lui disions : « Cela nous semble inconvenant pour un homme », il répondit une seconde fois : « C'est la tradition de notre Prophète (ﷺ). » Ce *hadîth* est rapporté par Muslim.

On rapporte que lorsque Ibn 'Umar avait relevé la tête après la première prosternation, il s'asseyait sur la pointe des pieds ; il disait que c'était là une *sunna*. Dans le même sens, Tâwûs affirme avoir vu les trois 'Abd Allâh (Ibn 'Abbâs, Ibn 'Umar et Ibn Az-Zubayr) s'asseoir en position dite *iq'â'*. Ces deux derniers propos ont été transmis par Al-Bayhaqî. Al-Hâfidh précise que ces propos reposent sur une chaîne de transmetteurs qualifiée d'authentique.

Quant à s'asseoir en posant le derrière sur le sol, les cuisses écartées, voilà qui est répréhensible de l'avis unanime des docteurs de la Loi. Abû Hurayra affirme : « Le Prophète (ﷺ) m'a interdit trois choses : picorer le sol à la manière du coq, m'asseoir à la manière du chien, et regarder de côté à la manière du renard. ». Cette tradition est transmise par A<u>h</u>mad, Al-Bayhaqî, A<u>t</u>-<u>T</u>abarânî et Abû Ya'lâ ; sa chaîne de transmission est jugée *<u>h</u>asan* (bonne).

En outre, il est recommandé à qui s'assoit entre les deux prosternations de poser la main droite sur la cuisse droite, la main gauche sur la cuisse gauche, les doigts allongés, légèrement écartés, arrivant jusqu'aux genoux, et orientés vers la *qibla*.

L'invocation entre les deux prosternations

Il est recommandé de dire et de répéter, si l'on veut, les invocations suivantes entre les deux prosternations. D'après An-Nasâ'î et Ibn Mâjah, citant <u>H</u>udhayfa (رضي الله عنه), le Prophète (ﷺ) disait entre deux prosternations : « Seigneur, pardonne-moi ; Seigneur, pardonne-moi ».

Abû Dâwûd rapporte ce propos qu'il tient d'Ibn 'Abbâs (رضي الله عنهما) : « Le Prophète (ﷺ) implorait Dieu en ces termes : « Seigneur ! pardonne-moi, sois miséricordieux à mon égard, donne-moi santé, guidance et moyens de subsistance ».

14- La position assise, dite de repos

La position de repos dite *istirâ<u>h</u>a* consiste en une légère pause que l'orant s'offre en s'asseyant après la deuxième prosternation du premier cycle de prière (*rak'a*) et la deuxième prosternation du troisième cycle de prière, ou encore avant de se mettre debout pour accomplir le second et le quatrième cycle de prière. Les docteurs ont divergé sur ce point, d'autant que les *<u>h</u>adîth* qui s'y rapportent sont eux-mêmes divergents.

Voici la présentation abrégée qu'Ibn Al-Qayyim en fait : « Les docteurs de la Loi, dit-il, ont divergé sur le point de savoir s'il s'agissait d'une *sunna* qu'il convient à chacun d'observer, ou bien d'un acte ne relevant pas de la *sunna*, auquel cas on n'y a recours qu'en cas de besoin. On attribue deux avis à A<u>h</u>mad (رحمه الله) sur cette question. Al-Khallâl a dit : « A<u>h</u>mad, se référant au propos de Mâlik Ibn Al-<u>H</u>uwayrith concernant la position assise dite *istirâ<u>h</u>a*, affirma : « Yûsuf Ibn Mûsâ m'informa qu'Abû Umâma fut interrogé sur la manière de se mettre debout après la prosternation ; il répondit : « En s'appuyant sur l'avant des pieds ». Par ailleurs, nombre de Compagnons qui ont décrit la prière du Prophète (ﷺ) affirment qu'il ne marquait pas de pause avant de se mettre debout ; cette pause a été mentionnée uniquement par Abû <u>H</u>umayd et

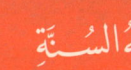

Mâlik Ibn Al-Huwayrith. S'il s'agissait d'une *sunna,* elle aurait été décrite comme telle dans la prière du Prophète (ﷺ). D'autre part, le simple fait que le Prophète (ﷺ) l'ait observée quelques fois ne signifie pas nécessairement qu'il s'agisse d'une des *sunna* de la prière tant que l'on n'a pas démontré qu'il l'a observée en tant que *sunna*, auquel cas il conviendrait de s'y conformer. De même, si l'on considère que le Prophète a observé cette pause en réponse à un besoin quelconque, on ne saurait en tirer la preuve qu'il s'agit d'une des *sunna* de la prière ».

15- La manière de s'asseoir pour prononcer le *tashahhud*

Quand on s'assoit pour prononcer le *tashahhud*, il convient d'observer les actes suivants :

a- Disposer les mains comme décrit ci-dessous :

- D'après Ibn 'Umar (ﷺ), lorsque le Prophète (ﷺ) se mettait en position assise pour prononcer le *tashahhud*, il mettait les mains sur les genoux, repliait tous les doigts, sauf le pouce et l'index qu'il allongeait ensemble. Dans une autre version, il repliait tous les doigts, sauf l'index, qu'il allongeait. Ce propos est rapporté par Muslim.

- Wâ'il Ibn Hujr rapporte que le Prophète (ﷺ) posait la paume de la main gauche sur la cuisse et le genou gauches, mettait son coude droit sur la cuisse droite, serrait les doigts en les arrondissant (dans une autre version, il décrivait un rond avec le pouce et le majeur), et allongeait l'index, qu'il remuait en invoquant Dieu. Ce *hadîth* est rapporté par Ahmad. Al-Bayhaqî a dit : « On peut aussi comprendre *remuer l'index* par le fait de l'allonger sans le remuer plusieurs fois, et ce afin de concilier ce *hadîth* avec celui rapporté par Ibn Az-Zubayr, lequel déclare que le Prophète (ﷺ) allongeait le doigt lorsqu'il invoquait sans le remuer ». Ce propos est rapporté par Abû Dâwûd, d'après une chaîne de transmission authentique. Il est également rapporté par An-Nawawî.

- Az-Zubayr (ﷺ) rapporte que le Prophète (ﷺ), lorsqu'il était assis pour prononcer le *tashahhud*, mettait les mains sur les cuisses, et indiquait de l'index en gardant le regard fixé dessus. Ce *hadîth* est rapporté par Ahmad, Muslim et An-Nasâ'î. Il ressort de cette tradition que poser la main droite sur la cuisse droite et allonger l'index droit est suffisant et qu'il n'est pas nécessaire de replier les autres doigts. Il ressort également qu'il est recommandé à l'orant de faire de son index le point de mire de son regard.

Ces trois manières de faire sont authentiques et valides.

b- Allonger l'index droit en le baissant un peu jusqu'à la prononciation de la formule de clôture de la prière.

- Numayr Al-Khuzâ'î a dit : « Je vis le Messager de Dieu (ﷺ) assis en prière. Il avait le bras droit sur la cuisse droite, l'index allongé et légèrement baissé. Ce hadîth est rapporté, par Ahmad, Abû Dâwûd, An-Nasâ'î, Ibn Mâjah et Ibn Khuzayma sur la base d'une chaîne de transmission qualifiée de *jayyid* (bonne).

- Anas Ibn Mâlik (رضي الله عنه) raconte que le Prophète (ﷺ), ayant vu Sa'd invoquer Dieu en allongeant deux doigts dans sa prière, lui ordonna : « Ô Sa'd, allonge seulement un doigt ». Ce *hadîth* est rapporté par Ahmad, Abû Dâwûd, An-Nasâ'î et Al-Hâkim.

Interrogé sur le cas de l'orant qui invoque en remuant l'index, Ibn 'Abbâs répondit : « Ce geste, c'est l'*ikhlâs* (le culte sincère) ». Pour Anas Ibn Mâlik il s'agit du *tadarru'* (l'humilité). Mujâhid estime quant à lui que c'est une façon de réprimer Satan. Pour les shâfi'ites, il convient d'allonger une seule fois l'index lorsque l'on prononce l'expression « en dehors de Dieu » dans la profession de foi (Il n'est d'autre divinité en dehors de Dieu). Ce même geste doit coïncider avec *la négation*, de l'avis des hanafites ; alors que pour l'*affirmation*, il faut baisser le doigt. Pour les Mâlikites, l'orant remuera l'index de droite à gauche et vice-versa jusqu'à la fin de la prière. Concernant la doctrine hanbalite, ses tenants estiment qu'il faut allonger l'index – sans le remuer – chaque fois qu'est prononcé le nom du Très-Haut, en signe de monothéisme.

c- S'asseoir en position dite de l'*iftirâsh* lors du premier *tashahhud*, et s'asseoir la jambe gauche repliée sous le corps, la face intérieure des orteils du pied droit contre le sol (*tawarruk*) lors du dernier *tashahhud*. Décrivant la prière du Prophète (ﷺ), Abu Humayd précise : « Quand il s'asseyait pour le premier *tashahhud*, il s'asseyait sur le pied gauche et gardait le pied droit tendu. En revanche lors du dernier *tashahhud*, il avançait le pied gauche, tendait le pied droit et se tenait sur son derrière. Ce propos est rapporté par Al-Bukhârî.

16- Le premier *tashahhud*

La plupart des docteurs de la Loi estiment que le premier *tashahhud* est un acte recommandé ; qu'on en juge par le propos de 'Abd Allâh Ibn Buhayna selon lequel le Prophète (ﷺ) se mit une fois debout au milieu de l'office de midi (*dhuhr*) alors qu'il devait rester assis. Il allait achever sa prière lorsqu'il fit deux prosternations (de l'oubli) et prononça pour chacune d'elle un *takbîr* (en disant : « Dieu est Grand ») en position assise ; puis il prononça le salut qui clôt la prière. Les orants en firent autant. C'est ainsi que le Prophète (ﷺ) compensa le premier *tashahhud* manqué. »[1]

Dans son ouvrage « *Subul As-Salâm* », [As-San'ânî le zaydite] a dit : « Ce *hadîth* prouve que les prosternations dites de l'oubli pallient le premier *tashahhud* omis. Quant à cet autre *hadîth* : « Faites votre prière de la façon dont vous me voyez procéder », il prouve le caractère obligatoire du premier *tashahhud*. Le fait de le compenser (par les prosternations dites de l'oubli) indique que même s'il s'agit d'une obligation, les prosternations de l'oubli pallient le premier *tashahhud*. On ne saurait arguer de la compensation pour affirmer le caractère non obligatoire du premier *tashahhud* ; pour cela il faudrait prouver qu'une obligation manquée par omission ne peut être compensée ».

Dans son ouvrage « *Al-Fath* », Al Hâfidh, citant Ibn Battâl, affirme : « La preuve que les prosternations de l'oubli ne compensent pas une obligation est que la formule d'entrée en prière : « Dieu est grand » (*takbîrat al-ihrâm*) ne peut être compensée. Il devrait donc en être de même pour le *tashahhud*. D'autre part, puisque le *tashahhud* se ramène à des expressions de louange et d'exaltation dites à voix basse, il demeure facultatif de l'avis de certains, comme l'invocation dite de l'*istiftâh*. D'autres considèrent en revanche qu'il n'en est rien, le Prophète (ﷺ) ayant exhorté les gens à lui emboîter rigoureusement le pas dans sa manière de faire la prière après avoir appris qu'ils tendaient à négliger délibérément cette composante de l'office. En somme, cette question reste sujette à caution.

Parmi ceux qui se prononcent pour son caractère obligatoire, figurent Al-Layth Ibn Sa'd, Ishâq et Ahmad (selon l'avis le plus connu qui lui est attribué). C'est aussi l'avis d'Ash-Shâfi'î, ainsi que des hanafites, selon une version. At-Tabarî allègue, pour en prouver le caractère impératif, le fait que la prière (canonique) avait été d'abord fixée à deux cycles, suivis d'un *tashahhud* obligatoire. Or, le fait que le nombre des cycles de prière ait augmenté par la suite ne signifie pas nécessairement que

1 Ces propos sont transmis par Al-Bukhârî, Muslim, Abû Dâwûd, At-Tirmidhî, An-Nasâ'î, Ibn Mâjah et Ahmad.

ce caractère obligatoire doive être annulé ».

Il est préférable d'alléger le *tashahhud*

D'après Ibn Mas'ûd, lorsque le Prophète (ﷺ) s'asseyait après les deux premiers cycles de prière, c'est comme s'il était sur des charbons ardents.[1]

Ibn Al-Qayyim a dit : « Concernant le premier *tashahhud,* il ne nous a point été transmis que l'usage du Prophète (ﷺ) consistât à prier sur sa personne et sur sa famille, ni à implorer Dieu de le préserver contre le supplice de la tombe, contre le supplice de l'Enfer, contre les tentations de la vie terrestre, contre les tourments de la mort ou contre la sédition de l'Antéchrist. Quant à ceux qui estiment louable de prononcer ces supplications (lors du premier *tashahhud*), ils s'inspirent d'énoncés généraux qui concernent uniquement le dernier *tashahhud*, ainsi qu'il a été établi ».

17- La prière sur le Prophète (ﷺ)

Lors du dernier *tashahhud*, il est recommandé à l'orant de prier sur le Prophète (ﷺ) en prononçant l'une des formules suivantes :

- Abû Mas'ûd rapporte ce propos : « Bashîr Ibn Sa'd interrogea le Prophète (ﷺ) en ces termes : « Ô Messager de Dieu, le Seigneur nous a enjoints de prier sur toi. Comment y procéder ? » Après un bref silence, le Prophète (ﷺ) répondit : « Dites : "Seigneur, prie sur notre Prophète Mu<u>h</u>ammad et sa famille, comme Tu as prié sur la famille d'Ibrâhîm ; bénis Mu<u>h</u>ammad et sa famille comme Tu as béni la famille d'Ibrâhîm dans les univers, Toi, le digne de louange et de gloire." Puis saluez comme d'habitude. » Ce *<u>h</u>adîth* est rapporté par Muslim et A<u>h</u>mad.

- Ka'b Ibn 'Ujra a dit : « Nous demandâmes : « Ô Messager de Dieu, maintenant que nous savons comment prononcer le salut sur ta personne, dis-nous comment prier sur toi. » Le Prophète répondit : Dites : "Seigneur, prie sur notre Prophète Mu<u>h</u>ammad et sur sa famille, comme Tu as prié sur la famille d'Ibrâhîm dans les univers, Toi, le digne de

1 Ce propos est rapporté par A<u>h</u>mad, Abû Dâwûd, At-Tirmidhî, An-Nasâ'î et Ibn Mâjah. At-Tirmidhî qualifie cette tradition de *<u>h</u>asan* (bonne), sauf que 'Ubayda (Ibn 'Abd Allâh Ibn Mas'ûd, rapporteur de ce propos) ne l'a point entendue de son père Mas'ûd. Et At-Tirmidhî de préciser : « C'est la norme en usage chez les doctes ; ils optent pour que l'orant ne s'attarde pas dans le premier *tashahhud* et n'y ajoute rien. »

louange et de gloire ; bénis Muhammad et sa famille comme Tu as béni la famille d'Ibrâhîm dans les univers, Toi, le digne de louange et de gloire." » Ce *hadîth* est rapporté par Al-Bukhârî, Muslim, Abû Dâwûd, At-Tirmidhî, An-Nasâ'î, Ibn Mâjah et Ahmad.

La prière sur le Prophète (ﷺ) sans être obligatoire, est recommandée. Ainsi, At-Tirmidhî – lequel qualifie cette tradition de *sahîh* – Ahmad et Abû Dâwûd rapportent ce propos de Fudâla Ibn 'Ubayd : « Le Prophète (ﷺ), ayant entendu un homme invoquer dans l'office sans prier sur sa personne, dit : « Cet homme est bien pressé ». Puis il le fit appeler et conseilla cet homme – ou un autre – en ces termes : « Quand vous priez, commencez par louanger et exalter Dieu, puis priez sur le Prophète (ﷺ) ; ensuite invoquez Dieu et implorez comme bon vous semble. »

D'après l'auteur du « *Muntaqâ* », ceci constitue la preuve que la prière sur le Prophète (ﷺ) n'est pas une obligation ; en effet, en cas d'omission, l'orant n'est pas enjoint de refaire la prière. Cet argument est étayé par ce propos du Prophète (ﷺ) rapporté par Ibn Mas'ûd : « L'orant a toute latitude de procéder comme bon lui semble ». Ash-Shawkânî (le zaydite) a dit : « Je n'ai trouvé aucun élément qui tende à prouver que cette prière est obligatoire ».

18- L'invocation prononcée après le dernier *tashahhud* et avant le salut de clôture

Cette invocation est louable, l'orant ayant loisir de solliciter les biens de la vie temporelle et de la vie éternelle. D'après 'Abd Allâh Ibn Mas'ûd, le Prophète (ﷺ) leur ayant appris le *tashahhud*, leur dit : « Nous pouvons ensuite implorer comme bon nous semble ». Ce *hadîth* est rapporté par Muslim. Invoquer en ce lieu est recommandable dans l'absolu, qu'il s'agisse de formules tirées de la tradition prophétique ou d'expressions improvisées, les premières étant toutefois privilégiées. En voici quelques exemples :

- D'après Abû Hurayra, le Prophète (ﷺ) a dit : « Lorsque l'un d'entre vous a terminé le dernier *tashahhud*, qu'il prie Dieu en ces termes : Seigneur, préserve-moi de quatre méfaits : du supplice de l'Enfer, du supplice de la tombe, des tentations de la vie terrestre, des tourments de la mort, ainsi que des séditions de l'Antéchrist ». Ce *hadîth* est rapporté par Muslim.

- Selon ʿÂʾisha (رضي الله عنها), dans les invocations qu'il prononçait lors de ses prières, le Prophète (ﷺ) disait : « Seigneur, je cherche refuge auprès de Toi contre le supplice de la tombe, contre les séditions de l'Antéchrist, contre les tentations de la vie terrestre et les tourments de la mort ; Seigneur, je cherche refuge auprès de Toi contre le péché et les dettes ». Ce *hadîth* est rapporté par Al-Bukhârî et Muslim.

- ʿAlî (رضي الله عنه) raconte que le Prophète (ﷺ) avait coutume de prononcer les invocations suivantes entre le *tashahhud* et le salut final de la prière : « Seigneur, pardonne mes péchés antérieurs et postérieurs, mes péchés manifestes et mes péchés secrets ; pardonne mes abus et mes excès, ainsi que tout ce que Tu sais et que j'ignore. Tu es celui qui fait avancer et qui diffère (l'ordre des choses). Il n'est d'autre divinité en dehors de Toi. » Ce *hadîth* est rapporté par Muslim.

- D'après ʿAbd Allâh Ibn ʿAmr, Abû Bakr demanda au Prophète (ﷺ) de lui apprendre quelque invocation pour ses prières. Le Prophète répondit : « Tu diras : Seigneur, j'ai été fort injuste envers moi-même ; il n'est que Toi qui pardonne les péchés. Accorde-moi donc Ton pardon et Ta miséricorde. C'est Toi le Pardonneur, le Miséricordieux ». Ce *hadîth* est rapporté par Al-Bukhârî et Muslim.

- Citant Miḥjan Ibn Al-Adraʿ, Ḥandhala Ibn ʿAlî raconte : « Comme le Prophète (ﷺ) entrait dans la mosquée, il trouva un homme qui, sur le point d'achever sa prière, implorait Dieu en ces termes : « Seigneur, ô Dieu Unique, Dieu Absolu, Qui n'a jamais engendré, non plus qu'il n'a été engendré, et à Qui nul n'est égal, je Te demande de pardonner mes péchés. C'est Toi le Pardonneur, le Miséricordieux. » Et le Prophète (ﷺ) de lui dire à trois reprises : « Il t'a pardonné. » Ce *hadîth* est rapporté par Aḥmad et Abû Dâwûd.

- D'après Shaddâd Ibn Aws, le Prophète (ﷺ) disait dans ses prières : « Seigneur, je te prie de me rendre ferme et assuré dans mes affaires, déterminé et persévérant dans la sagesse, reconnaissant envers Tes bienfaits, fervent d'adoration pour Toi. Je T'implore de me donner un cœur paisible et une langue véridique. Je Te demande de me fournir le meilleur de ce que Tu sais, de me protéger contre le pire de ce que Tu sais, et de me pardonner pour tout ce que Tu sais. » Ce *hadîth* est rapporté par An-Nasâʾî.

- Abû Mijlaz raconte : « ʿAmmâr Ibn Yâsir (رضي الله عنه) ayant présidé la prière, fut prompt à l'achever. Aux orants qui lui reprochaient cette hâte, il fit remarquer : N'ai-je pas accompli les inclinaisons et les prosternations d'usage ? – Si, dirent-ils. – Eh bien ! reprit-il, j'ai dit une invocation que le Prophète (ﷺ) avait coutume de prononcer ; la voici : « Seigneur, de par Ton omniscience, de par Ta toute-puissance à créer, donne-moi la vie aussi longtemps qu'elle me sera bénéfique, donne-moi la mort si elle est meilleure pour moi. Fais que je Te craigne dans le visible et l'invisible, que je sois véridique dans la colère comme dans la joie, que je sois modéré dans la gêne comme dans l'opulence. Accorde-moi le bonheur de contempler Ton visage et suscite en moi le désir de Te rencontrer. Puisses-Tu me préserver de l'adversité et du malheur, de la tentation et de l'égarement. Seigneur, puisses-Tu nous embellir par les merveilles de la foi, et nous guider vers la bonne voie. » Ce propos est rapporté par Ahmad et An-Nasâ'î, d'après une chaîne qualifiée de *jayyid* (bonne). Abû Sâlih raconte, citant un des Compagnons, que le Prophète (ﷺ) demanda un jour à un homme : « Qu'est-ce que tu dis dans tes prières ? – Après le *tashahhud*, répondit l'homme, je dis : Seigneur, je Te prie de m'accorder l'accès au Paradis et de me préserver de l'Enfer. Ô Messager de Dieu, je ne sais guère les invocations que tu marmottes, ni celles que marmotte Mu'âdh. – Nous marmottons des invocations pareilles aux tiennes, répondit le Prophète (ﷺ). » Ce *hadîth* est rapporté par Ahmad et Abû Dâwûd.

- Abû Mas'ûd affirme avoir appris du Prophète (ﷺ) cette autre invocation : « Seigneur, je Te prie d'unir nos cœurs et concilier nos âmes, de nous guider vers les chemins de la paix, de nous sauver des ténèbres pour nous mener vers les lumières. Éloigne-nous des turpitudes, qu'elles soient latentes ou patentes ; bénis nos yeux, nos oreilles et nos cœurs, nos épouses et nos enfants. Pardonne-nous, c'est Toi le Pardonneur, le Miséricordieux. Je te prie de nous rendre reconnaissants envers Tes bienfaits, sans cesse disposés à accepter et vanter Tes grâces, dont je Te prie de nous combler. » Ce *hadîth* est rapporté par Ahmad et Abû Dâwûd.

- « J'étais assis en présence du Prophète (ﷺ), raconte Anas. Un homme était en train de faire la prière. Il dit ces invocations après le *tashahhud* : « Seigneur, je T'implore, Toi à qui je rends grâce ; Il n'est d'autre divinité en dehors de Toi, le Bienfaiteur, le Créateur des cieux et de la terre, ô Toi, Être plein de majesté et de munificence, le Vivant, l'Absolu, c'est Toi que j'implore. » Et le Prophète de demander à ses Compagnons : « Savez-vous par quoi il a imploré Dieu ? – Dieu et Son Messager, répondirent-ils, le savent mieux que quiconque. – Par Dieu qui détient l'âme de Muhammad, il a appelé Dieu par Son Nom Sublime ; et quiconque appelle Dieu par ce nom voit ses vœux exaucés ». Ce *hadîth* est rapporté par An-Nasâ'î.

- 'Umayr Ibn Sa'd a dit : « Lorsqu'il nous apprenait le *tashahhud*, Ibn Mas'ûd ajoutait : « Une fois achevé le *tashahhud*, vous direz : « Seigneur, je te prie de me prodiguer tout le bien, celui qui m'est connu et celui qui m'est inconnu, et de me préserver de tout le mal, celui que je connais et celui que j'ignore. Seigneur, puisses-Tu m'offrir le meilleur de ce que Tes pieux serviteurs Te demandent, et m'épargner le pire de ce contre quoi ils implorent Ta protection. Notre Seigneur, donne-nous belle part ici-bas, belle part dans l'au-delà et préserve-nous du supplice de l'Enfer. » Et 'Umayr Ibn Sa'd de conclure : « Toute invocation prononcée par un prophète ou par un pieux relève nécessairement de celle-ci ». Ce propos est rapporté par Ibn Abî Shayba et Sa'îd Ibn Mansûr.

19- Les invocations après le salut de clôture

Il nous est parvenu du Prophète (ﷺ) un ensemble de formules invocatoires qu'il convient de dire après le salut final de la prière. Il s'agit des invocations suivantes :

- D'après Thawbân (رضي الله عنه), après sa prière, le Prophète (ﷺ) avait coutume d'implorer trois fois le pardon de Dieu, puis de dire : « Seigneur, c'est Toi la Paix suprême, c'est de Toi qu'émanent la paix et la quiétude ; béni sois-Tu, Être plein de majesté et de munificence ». Ce *hadîth* est rapporté par Muslim, Abû Dâwûd, At-Tirmidhî, An-Nasâ'î, Ibn Mâjah et Ahmad. Muslim ajoute : « Al-Walîd a dit : « Je demandai à Al-Awzâ'î : « Comment implore-t-on le pardon de Dieu ? il me répondit : « On dit à trois reprises : J'implore le pardon de Dieu ».

- Mu'âdh Ibn Jabal raconte que le Prophète (ﷺ) lui prit un jour la main et lui dit : « Ô Mu'âdh, je te chéris. – puissent mon père et ma mère te servir de rançon, moi aussi je te chéris, ô Messager de Dieu, lui répondis-je. – Je t'invite, ô Mu'âdh, à ne pas omettre d'invoquer Dieu à la fin de chaque prière en ces termes : « Seigneur, aide-moi à T'implorer, à Te rendre hommage, à Te louanger, ainsi qu'à T'adorer convenablement ». Ce *hadîth* est rapporté par Ahmad, Abû Dâwûd, An-Nasâ'î, Ibn Khuzayma, Ibn Hibbân et Al-Hâkim. Celui-ci ajoute : « Ce *hadîth* est authentique, sur la foi des deux sheikhs, Al-Bukhârî et Muslim ». Selon Abû Hurayra, le Prophète (ﷺ) a dit : « Si vous voulez invoquer, dites : « Seigneur, aide-nous à T'implorer, à Te rendre hommage, à Te louanger, ainsi qu'à T'adorer convenablement. ». Ce *hadîth* est rapporté par Ahmad, d'après une chaîne qualifiée de *jayyid* (bonne).

- D'après 'Abd Allâh Ibn Az-Zubayr, une fois prononcé le salut final de la prière, le Prophète (ﷺ) disait : « Il n'est d'autre divinité en dehors de Dieu, l'Unique, Qui n'a point d'associé ; à Lui la Royauté et la louange et Il est Tout-puissant. Il n'y a de force et de puissance qu'en Dieu. C'est Lui seul que nous adorons. A Lui la grâce, les bienfaits, la louange et la beauté. Il n'est d'autre divinité en dehors de Dieu. A Lui nous témoignons notre foi sincère contre le gré des mécréants ». Cette tradition est rapportée par Ahmad, Muslim, Abû Dâwûd et An-Nasâ'î.

- Al-Mughîra Ibn Shu'ba rapporte qu'au terme de la prière obligatoire, le Prophète (ﷺ) invoquait Dieu en disant : « Il n'est d'autre divinité en dehors de Dieu, l'Unique, qui n'a point d'associé ; à Lui la Royauté et la louange et Il est tout-puissant. Seigneur, nul ne saurait empêcher tes dons, ni donner ce que Tu refuses. La fortune de l'homme riche ne lui sera d'aucune utilité [s'il vient à Dieu sans piété et sans morale]. » Ce *hadîth* est rapporté par Ahmad, Al-Bukhârî et Muslim.

- 'Uqba Ibn 'Âmir a dit : « Le Prophète (ﷺ) m'a ordonné de réciter, au terme de la prière, les deux sourates L'Aurore et Les Gens (les deux dernières sourates du Coran). Ahmad et Abû Dâwûd y ajoutent une troisième sourate (la sourate 112). Ce propos est rapporté par Ahmad, Al-Bukhârî et Muslim.

- D'après Abû Umâma, le Prophète (ﷺ) a dit : « Celui qui lit le verset du Trône après chaque prière, Dieu le fera accéder au Paradis dès qu'il trépasse.» Cette tradition est rapportée par An-Nasâ'î et At-Tabarânî. A ce propos, 'Alî affirme que le Prophète (ﷺ) a dit : « Celui qui lit le verset du Trône à la fin de chaque prière obligatoire jouira de la protection de Dieu jusqu'à la prière suivante » Cette tradition est rapportée par At-Tabarânî d'après une chaîne jugée bonne.

- Abû Hurayra rapporte ce *hadîth* du Prophète (ﷺ) : « Celui qui achève sa prière en prononçant trente-trois fois chacune les formules suivantes : « Dieu soit exalté », « Louange à Dieu », et « Dieu est Grand », en aura dit quatre-vingt-dix-neuf. S'il y ajoute cette centième invocation : « Il n'est d'autre divinité en dehors de Dieu, l'Unique, Qui n'a point d'associé ; à Lui la Royauté et la louange et Il est Tout-puissant », celui-là verra pardonnés tous ses péchés, fussent-ils aussi abondants que l'écume de la mer. » Ce *hadîth* est rapporté par Ahmad, Al-Bukhârî, Muslim et Abû Dâwûd.

- D'après Ka'b Ibn 'Ujra, le Prophète (ﷺ) a dit : « L'orant qui clôt sa prière en disant à trente-trois reprises le *tasbîh* (exaltation de Dieu), puis la louange, puis trente-quatre fois le *takbîr* (proclamation de la grandeur de Dieu), cet orant-là ne connaîtra jamais de déception. » Ce *hadîth* est rapporté par Muslim.

- Citant Abû Hurayra, Sumayy rapporte ce propos qu'il tient d'Abû Sâlih (Dhakwân As-Sammân) : « Les pauvres parmi les Émigrants (*muhâjirûn*) vinrent un jour dire au Prophète (ﷺ) : « Les riches se sont emparés des rangs éminents et de la félicité perpétuelle. – Comment donc ? s'enquit le Prophète. – Ils font la prière comme nous, répondirent-ils, ils pratiquent le jeûne autant que nous, mais ils font la charité, affranchissent des esclaves, alors que nous ne pouvons le faire. – Voulez-vous connaître une chose qui vous permettra d'atteindre ceux qui vous devancent, de distancer ceux qui vous suivent, et de n'être inférieurs à personne, excepté les gens qui feront de même que vous ? – Certes, ô Messager de Dieu, s'écrièrent-ils. – Alors au terme de chaque prière, vous direz trente-trois fois chacune des formules suivantes : « Dieu soit Exalté, louange à Dieu, et Dieu est Grand ». Quelque temps plus tard, ces gens revinrent auprès du Prophète (ﷺ), lui disant : « Nos frères fortunés ont eu vent de ce que nous faisions, et procèdent de la même façon. – C'est, conclut le Prophète, la grâce de Dieu qu'Il prodigue à qui Il veut. » Sumayy poursuivit : « J'ai parlé de ce *hadîth* à l'un des miens, qui me rétorqua aussitôt : « Tu te trompes ! Ce que l'on t'a dit, c'est de prononcer à trente-trois reprises : Dieu soit Exalté, louange à Dieu » et à trente-quatre reprises : Dieu est Grand ». Je consultai de nouveau Abû Sâlih, qui me prit la main et dit : Il convient de dire chacune de ces expressions : Dieu est Grand, Dieu soit Exalté, Louange à Dieu, trente-trois fois ». Ce propos est rapporté par Al-Bukhârî et Muslim.

- Il est tout aussi valable de dire à vingt-cinq reprises chacune de ces locutions, auxquelles on ajoutera, multipliée par le même nombre, l'expression : « Il n'est d'autre divinité en dehors de Dieu, l'Unique, qui n'a point d'associé ; à Lui la Royauté et la louange et Il est Tout-puissant ».

- D'après 'Abd Allâh Ibn 'Umar, le Prophète (ﷺ) a dit : « Il est deux actes cultuels qui donnent accès au Paradis pour quiconque les accomplit ; ils sont fort simples, mais rares sont ceux qui s'y attellent. – Quels sont ces actes ? lui demanda-t-on. – Louanger Dieu, proclamer Sa grandeur et prononcer le *tasbîh* à dix reprises au terme de chaque prière obligatoire, et une centaine de fois avant de dormir. La somme sera de deux cent cinquante expressions proférées, et de deux mille cinq cents posées sur la balance (sachant que chaque bonne action est multipliée par dix). Qui donc parmi vous peut commettre, en un jour et une nuit, deux mille cinq cent mauvaises actions ? – Pourquoi sont-ils rares, lui demanda-t-on de nouveau – ceux qui observent cet usage ? – C'est que Satan vient vous distraire : pendant vos prières, il vous rappelle telle ou telle affaire ; et pendant le sommeil, il vous fait oublier ces formules d'exaltation ». Et 'Abd Allâh Ibn 'Umar d'ajouter : « J'ai vu le Prophète (ﷺ) prononcer ces locutions d'exaltation en les comptant avec les doigts ». Ce propos est rapporté par Abû Dâwûd et At-Tirmidhî, lequel le qualifie de *hasan sahîh*.

- 'Alî raconte que s'étant adressés, lui et Fâtima (رضي الله عنها) au Prophète (ﷺ) pour solliciter l'aide de quelque valet qui les assiste dans leurs besognes, ils ne reçurent point son approbation. – Voulez-vous que je vous informe d'une solution bien meilleure ? leur proposa-t-il. – Certes, répondirent-ils – Voici des mots que m'a appris l'Archange Gabriel – salut sur lui : dites dix fois au terme de chaque prière : « Dieu soit Exalté, louange à Dieu et Dieu est Grand. Et quand vous allez au lit, dites-les à trente-trois reprises. » Et 'Alî de conclure : « Par Dieu, ces formules, je ne les ai jamais omises depuis que le Prophète (ﷺ) me les a apprises. »

- 'Abd Ar-Rahmân Ibn Ghanam rapporte cet autre *hadîth* du Prophète (ﷺ) : « Celui qui dira après l'office du matin et celui du coucher du soleil : Il n'est d'autre divinité en dehors de Dieu, l'Unique, qui n'a point d'associé ; à Lui la Royauté et la louange ; Il détient tout le bien ; Il donne la vie et la mort et Il est tout-puissant, et cela à dix reprises, celui-là aura à son actif dix bonnes actions, il sera débarrassé de dix mauvaises actions et il sera exhaussé de dix rangs. Ces paroles pieuses lui tiendront lieu de protection contre tout mal, ainsi que contre l'ascendant de Satan le maudit. Excepté le fait d'associer à Dieu, nul péché ne sera susceptible de causer sa perdition. Il sera meilleur que tous les autres de par son œuvre, et ne sera devancé que d'un seul homme : celui qui en dira plus que lui. » Ce *hadîth* est rapporté par Ahmad. Sachant que dans la version proposée par At-Tirmidhî ne figure pas l'expression : « Il détient tout le bien ».

- D'après Ahmad et Abû Dâwûd, Muslim Ibn Al-Hârith tient de son père Al-Hârith la tradition suivante : « Le Prophète (ﷺ) m'a dit : « Quand tu fais la prière du matin, dis sept fois avant de parler à quiconque : « Seigneur, préserve-moi de l'Enfer » ; si tu meurs le jour même, Dieu le Très-Haut te protégera contre l'Enfer. De même, quand tu fais la prière du coucher du soleil, dis sept fois avant de parler à quiconque : « Seigneur, je Te prie de me prodiguer la récompense du Paradis et de m'épargner l'Enfer ». Si tu meurs cette nuit-là, Dieu le Très-Haut t'accordera protection contre l'Enfer. »

- D'après Abû Hâtim, le Prophète (ﷺ) avait coutume de dire, une fois achevée sa prière : « Seigneur, je Te prie de rendre meilleure ma religion, qui est mon refuge et mon havre de paix, et d'améliorer mon existence terrestre, où Tu as disposé ma vie et ma subsistance. Seigneur, je Te prie de me préserver par Ta satisfaction à mon égard contre Ta colère, par Ton pardon contre Ton châtiment ; par Ta miséricorde contre Ton supplice ; nul ne saurait empêcher Tes dons, ni donner ce que Tu refuses. Les autres dons ne peuvent être bénéfiques, c'est de Toi seul que viennent honneur, bonheur et fortune. »

- D'après Al-Bukhârî et At-Tirmidhî, Sa'd Ibn Abî Waqqâs apprenait à ses enfants des expressions invocatoires comme le maître enseigne l'écriture à ses élèves. Il leur disait : « Au terme de chaque prière, le Prophète (ﷺ) implorait la protection de Dieu en ces termes : « Seigneur, puisses-Tu me préserver de l'avarice et de la couardise, puisses-Tu me préserver des maux de la vieillesse, des tentations de la vie ainsi que du supplice de la tombe. »

- Abû Dâwûd et Al-Hâkim racontent que le Prophète (ﷺ) avait coutume de dire à la fin de chaque prière : « Seigneur, je Te prie de préserver mon corps, mon ouïe, ma vue. Seigneur, j'implore ta protection contre l'impiété et l'indigence ; j'implore ta protection contre le supplice de la tombe. Il n'est d'autre divinité en dehors de Toi. »

- L'imâm Ahmad, Abû Dâwûd et An-Nasâ'î ont rapporté, à partir d'une chaîne de transmission faible dans laquelle figure Dâwûd At-Tafâwî, d'après Zayd Ibn Arqam, la tradition suivante : « Le Prophète (ﷺ) avait l'habitude d'invoquer Dieu en ces termes à la fin de chaque prière : « Mon Dieu, Toi qui est notre Seigneur et le Seigneur de toute chose, je suis témoin que Muhammad est Ton serviteur et Ton messager. Mon Dieu, Toi qui est notre Seigneur et le Seigneur de toute chose, je suis témoin que tous Tes adorateurs sont frères. Mon Dieu, notre Seigneur et le Seigneur de toute chose, fais que je te sois dévoué, ainsi que ma famille, à tout moment de la vie temporelle autant que de la vie éternelle.

Ô Toi, qui es plein de majesté et de munificence, exauce nos vœux. Dieu est Grand, Dieu est Grand, Lumière des cieux et de la terre. Dieu est Grand, Dieu est Grand. Dieu me suffit ; Il est la meilleure garantie. Dieu est Grand, Dieu est Grand. »

- Enfin, Ahmad, Ibn Shayba et Ibn Mâjah rapportent d'après Umm Salama (رضي الله عنها) cette tradition (dont un des rapporteurs est inconnu) : « Après le salut final de la prière de l'aube, le Prophète (ﷺ) disait : « Seigneur, puisses-Tu me nantir d'une science bienfaisante et d'une existence prospère. Puisses-Tu rendre acceptable mon œuvre. »

LES PRIÈRES SURÉROGATOIRES (*AT-TATAWWU'*)

1- La légitimité des prières surérogatoires

Les prières surérogatoires ont été instituées pour compenser les éventuelles déficiences dans l'accomplissement des prières obligatoires. D'autant que la prière jouit d'un privilège considérable par rapport aux autres actes cultuels. Abû Dâwûd rapporte, d'après Abû Hurayra, que le Prophète (ﷺ) a dit : « Le premier des actes dont les gens devront rendre compte le Jour de la résurrection sera la prière. Notre Seigneur dira à Ses anges, Lui qui est Omniscient : « Considérez la prière de Mon serviteur, vérifiez si elle est complète ou incomplète. » Si le serviteur a à son actif des prières surérogatoires, Dieu ordonnera : « Compensez donc ses prières obligatoires manquées par ses prières surérogatoires. Ses autres actions seront jugées de la même manière. »

Selon Abû Umâma, le Prophète (ﷺ) a dit : « Parmi toutes les choses que Dieu a permises à son serviteur, il n'en est aucune qui soit meilleure qu'une prière (surérogatoire) de deux cycles. C'est que la vertu se répand sur la tête du serviteur tant qu'il est en prière. » Ce *hadîth* est rapporté par Ahmad et At-Tirmidhî ; il est authentifié par As-Suyûtî.

Dans son « *Muwatta'* », Mâlik affirme : « On m'a rapporté ce *hadîth* du Prophète (ﷺ) : « Veillez à être droits, intègres, et sachez que la prière est ce qu'il y a de meilleur dans vos œuvres. Il n'est que le croyant qui se maintient dans la pureté de ses ablutions. »

Rabî'a Ibn Mâlik Al-Aslamî a relaté à Muslim le dialogue suivant : « Le Prophète (ﷺ) s'adressa à moi en ces termes : « Demande quelque chose. – Je veux t'accompagner au Paradis, répondis-je. – Rien de plus ? – Rien de plus. – Aide-moi contre toi-même en multipliant les prosternations. »

2- Il est recommandé d'effectuer les prières surérogatoires chez soi

D'après Ahmad et Muslim, citant Jâbir, le Prophète (ﷺ) a dit : « Tout en préférant la mosquée pour vos prières, vous prendrez soin de réserver à votre maison une part de ces offices. Car Dieu le Très-Haut fait de cette prière une bénédiction pour votre foyer. »

Ahmad rapporte d'après 'Umar que le Prophète (ﷺ) a dit : « C'est une vraie lumière que la prière surérogatoire effectuée à la maison. Illuminez donc vos demeures. »

Selon 'Abd Allâh Ibn 'Umar, le Prophète (ﷺ) a déclaré : « Faites une partie de vos prières dans vos demeures. Ne faites pas de vos foyers des tombes.» Ce *hadîth* est rapporté par Ahmad et Abû Dâwûd.

Citant Zayd Ibn Thâbit, Abû Dâwûd a transmis, d'après une chaîne authentique, ce *hadîth* : « La prière que l'homme célèbre chez lui est meilleure que celle accomplie dans ma mosquée, exception faite des prières obligatoires. »

Il ressort de ces *hadîth* qu'il est préférable d'effectuer les prières surérogatoires à la maison plutôt qu'à la mosquée. « Une telle exhortation, souligne An-Nawawî, s'explique par le fait qu'une prière surérogatoire faite à la maison est autrement plus discrète, plus écartée de toute hypocrisie, plus imperméable aux comportements qui annulent les œuvres pies. De même, ce culte supplémentaire est de nature à envelopper de bénédiction le foyer, à y faire descendre la miséricorde et les anges autant qu'à en chasser Satan. »

3- Il vaut mieux rester longtemps debout que de multiplier les prosternations dans les prières surérogatoires

L'ensemble des doctes, excepté Abû Dâwûd, ont transmis ce propos d'après Al-Mughîra Ibn Shu'ba : « Le Prophète (ﷺ) avait coutume de prier debout jusqu'à ce que ses pieds commençassent à enfler. Comme on lui en faisait le reproche, le Prophète (ﷺ) répondit : Ne me dois-je pas d'être un serviteur reconnaissant ? »

Pour sa part, citant 'Abd Allâh Ibn Habashî Al-Khath'amî, Abû Dâwûd rapporte ce *hadîth* : « On interrogea le Prophète (ﷺ) : « Laquelle des œuvres est la meilleure ? – de longues prières, répondit-il. – Laquelle des charités est la meilleure ? – Celle offerte par un homme dans la gêne. – Lequel des renoncements est le meilleur ? – Celui qui consiste à renoncer à ce que Dieu a interdit. – Lequel des combats est le meilleur ? – Celui de l'homme qui combat les mécréants en sacrifiant ses biens et sa personne. – Lequel des trépas est le plus honorable ? – Celui de l'homme dont le sang a été versé et dont le cheval a été tué.»

Il est permis d'effectuer les prières surérogatoires en position assise

Il est loisible d'accomplir les prières surérogatoires en position assise quand bien même on serait capable de se tenir debout ; il est tout aussi loisible de prier tantôt en se tenant assis, tantôt en restant debout, y compris au cours d'un seul et même cycle de prière ; peu importe si on fait avant ou après l'une ou l'autre de ces postures, toutes ces possibilités étant offertes. On peut s'asseoir comme on veut ; cependant il est préférable de se tenir les jambes croisées.

Muslim rapporte ce propos d'après 'Alqama : « J'ai demandé à 'Âisha (رضي الله عنها) : Comment le Prophète (ﷺ) s'y prenait pour effectuer ses deux cycles de prière en position assise ? – Il récitait (le Coran), puis lorsqu'il voulait faire son inclinaison, il se levait pour cela. »

Citant également 'Âisha (رضي الله عنها), Ahmad, Abû Dâwûd, At-Tirmidhî, An-Nasâ'î et Ibn Mâjah rapportent ce propos : « Je n'ai jamais vu le Prophète (ﷺ) se tenir assis dans ses prières nocturnes, jusqu'à ce qu'il fût avancé en âge. Il demeurait assis à lire le Coran jusqu'à ce qu'il lui restât une trentaine ou une quarantaine de versets, auquel cas il se mettait debout pour les réciter avant de se prosterner. »

Les différentes catégories de prières surérogatoires

On distingue les prières surérogatoires indéfinies (*mutlaq*) et les prières surérogatoires définies (*muqayyad*).

S'agissant tout d'abord des prières surérogatoires indéfinies, elles consistent simplement à formuler l'intention de prier, sans plus de précisions. An-Nawawî affirme : « Si l'on s'apprête à accomplir une prière surérogatoire sans se fixer un nombre déterminé de cycles de prière, on a toute latitude de finir cette prière au bout d'un, deux, trois, cent, ou même mille cycles... Il est également permis – de l'avis unanime des doctes, et d'après Ash-Shâfi'î dans son ouvrage « *Al-Imlâ'* » – d'achever une prière surérogatoire (indéfinie) sans savoir le nombre de cycles accomplis.

Al-Bayhaqî rapporte – par le biais de sa propre chaîne de transmetteurs – qu'Abû Dharr (رضي الله عنه) s'étant livré à une très longue prière, puis ayant prononcé le salut de clôture, Al-Ahnaf Ibn Qays lui demanda :

« Sais-tu si tu as achevé tes cycles de prière en nombre pair ou impair ? – Si je ne le sais pas, répondit Abû Dharr, Dieu le sait. J'ai entendu mon bien-aimé Abû Al-Qâsim, le Prophète (ﷺ) dire – Et Abû Dharr de fondre en pleurs, puis de reprendre : – J'ai entendu mon cher ami Abû Al-Qâsim, le Prophète (ﷺ) dire : « Il n'est pas de serviteur qui fasse une prosternation pour Dieu sans que Dieu le rehausse d'un rang et efface un de ses péchés. »[1]

Quant aux prières surérogatoires définies, elles se subdivisent en prières surérogatoires allant de pair avec les prières obligatoires, et que l'on appelle *sunan râtiba*, et en prières surérogatoires autres. Les *sunan râtiba* sont celles qui vont de pair avec les prières obligatoires de l'aube, de midi, de l'après-midi, du coucher du soleil et de la nuit. En voici à présent l'explication détaillée :

La prière surérogatoire allant de pair avec l'office obligatoire de l'aube

1- Le mérite de la prière surérogatoire de l'aube

On dispose de nombreux *h̲adîth* mettant en exergue l'importance de l'observance de cette tradition prophétique. En voici quelques exemples :

- 'Â'isha (رضي الله عنها) raconte que le Prophète (ﷺ) qualifiait comme suit les deux cycles de prière précédant l'office de l'aube : « Elles me sont plus chères que la vie entière. » Cette tradition est rapportée par Ah̲mad, Muslim et At-Tirmidhî.

- D'après Abû Hurayra, le Prophète (ﷺ) a affirmé : « Ne négligez pas les deux cycles de prière (surérogatoires) de l'aube quand bien même vous seriez poursuivis par l'ennemi. » Ce *h̲adîth* est rapporté par Ah̲mad, Abû Dâwûd, Al-Bayhaqî et At̲-T̲ah̲âwî.

- Selon 'Â'isha (رضي الله عنها), de toutes les prières surérogatoires, celle à laquelle le Prophète (ﷺ) s'appliquait avec la plus grande sollicitude, c'était la prière précédant l'office (obligatoire) de l'aube. Ce propos est rapporté par les deux sheikhs, Al-Bukhârî et Muslim, ainsi que par Ah̲mad et Abû Dâwûd.

1 Ce propos est rapporté par Ad-Dârimî dans son « *Musnad* », à partir d'une chaîne de rapporteurs authentique, quoique la probité de l'un d'entre eux soit douteuse.

- D'après 'Â'isha (رضي الله عنها), le Prophète (ﷺ) a dit : « Les deux cycles de prière (surérogatoires) de l'aube valent mieux que toutes les richesses du monde ». Ce *hadîth* est rapporté par Ahmad, Muslim, At-Tirmidhî et An-Nasâ'î.

- Ahmad et Muslim ont transmis ce propos de 'Â'isha (رضي الله عنها) : « De tous les bienfaits, celui auquel le Prophète (ﷺ) était le plus prompt à se livrer, c'était celui des deux cycles de prière précédant (l'office obligatoire de) l'aube. »

2- Il est recommandé d'alléger la prière surérogatoire de l'aube

On sait que l'un des enseignements du Prophète (ﷺ) consiste à abréger la récitation du Coran lors des deux cycles de prière préalables à l'office de l'aube.

- D'après Hafsa (l'épouse du Prophète), lorsque le Messager de Dieu (ﷺ) accomplissait chez elle la prière (surérogatoire) précédant l'office de l'aube, il le faisait de manière rapide. Nâfi' précise que 'Abd Allâh (Ibn 'Umar) en faisait autant. Cette tradition est rapportée par Ahmad et les deux sheikhs, Al-Bukhârî et Muslim.

- 'Â'isha (رضي الله عنها) raconte : « Le Prophète (ﷺ) allégeait tellement les deux cycles de prière précédant (la prière obligatoire de) l'aube que j'en arrivais à douter s'il avait récité le *Prologue* (la *fâtiha*) du Livre Saint. » Cette tradition est rapportée par Ahmad, entre autres traditionnistes.

- Elle affirme aussi : « Lors de la prière précédant l'office de l'aube, le Messager de Dieu (ﷺ) restait debout un temps aussi bref que celui équivalent à la lecture du *Prologue*. Ce *hadîth* est rapporté par Ahmad, An-Nasâ'î, Al-Bayhaqî, Mâlik et At-Tahâwî.

3- Les versets à réciter lors de la prière surérogatoire de l'aube

Lors des deux cycles de prière antérieurs à l'office de l'aube, il est recommandé de réciter les versets que le Prophète (ﷺ) avait l'habitude de psalmodier dans ce cas. On rapporte à ce sujet les *hadîth* suivants :

- Selon 'Â'isha (رضي الله عنها), le Prophète (ﷺ) lisait les sourates 109 et 112 : {*Dis : « Ô mécréants ! »*} ; {*Dis : « Lui, Dieu, est Unique »*}. Il les disait en son for intérieur. Ce propos est rapporté par Ahmad et At-Tahâwî. Il récitait ces sourates après la *fâtiha*, car, comme il a été signalé supra, il n'est pas de prière sans *fâtiha*.

- S'agissant de ces mêmes sourates, 'Â'isha (رضي الله عنها) rapporte ce *hadîth* du Prophète (ﷺ) : « Quelles admirables sourates que celles-là ! Le Prophète les psalmodiait toujours lors des deux cycles de prière antérieurs à l'office de l'aube. » Cette tradition est rapportée par Ahmad et Ibn Mâjah.

- Jâbir raconte qu'ayant commencé la prière antérieure à l'office de l'aube, un homme lut dans le premier cycle la sourate : {*Dis : « Ô mécréants ! »*}. L'ayant remarqué, le Prophète (ﷺ) dit : « Voilà un homme qui connaît son Seigneur ! ». Lors du second cycle de prière, l'homme récita : {*Dis : « Lui, Dieu, est Unique »*}. Et le Prophète (ﷺ) de constater : « Voilà un homme qui croit en son Seigneur ». Talha affirma : « Depuis lors, j'aime à psalmodier ces deux sourates lors de ces deux cycles de prière. » Cette tradition est rapportée par Ibn Hibbân et At-Tahâwî.

- D'après Ibn 'Abbâs, le Messager de Dieu (ﷺ) récitait lors des deux cycles de prière précédant l'office de l'aube : {*Dites : « Nous croyons en Dieu et en ce qu'on nous a fait descendre »*} (S. 2, V. 136)[1] ; puis le verset 64 de la sourate La Famille de 'Imrân : {*Venez-en à un dire qui soit commun entre nous et vous*}.[2] Ce *hadîth* est rapporté par Muslim. Autrement dit, il lisait en premier lieu, après la *fâtiha* : {*Dites : « Nous croyons en Dieu et en ce qu'on nous a fait descendre, et en ce qu'on a fait descendre vers Abraham et Ismaël et Isaac et Jacob et les Tribus, et en ce qui a été donné à Moïse et à Jésus, et en ce qui a été donné aux prophètes de la part de leur Seigneur : nous ne faisons de différence entre aucun d'eux. Et à Lui nous sommes soumis.*} (S. 2, V. 136).[3] Lors du second cycle de prière, il récitait : {*Dis : « O gens du Livre, venez-en à un dire qui soit commun entre nous et vous : que nous n'adorions que Dieu, sans rien Lui associer, et que parmi nous nul n'en prenne d'autres pour seigneurs en dehors de Dieu. – Puis s'ils tournent le dos, eh bien, dites : « Soyez témoins que, oui, c'est nous qui sommes les Soumis. »*} (S. 3, V. 64).[4]

---

1 ﴿قُولُوٓاْ ءَامَنَّا بِٱللَّهِ وَمَآ أُنزِلَ إِلَيۡنَا﴾

2 ﴿قُلۡ يَٰٓأَهۡلَ ٱلۡكِتَٰبِ تَعَالَوۡاْ إِلَىٰ كَلِمَةٖ سَوَآءِۢ بَيۡنَنَا وَبَيۡنَكُمۡ﴾

3 ﴿قُولُوٓاْ ءَامَنَّا بِٱللَّهِ وَمَآ أُنزِلَ إِلَيۡنَا وَمَآ أُنزِلَ إِلَىٰٓ إِبۡرَٰهِـۧمَ وَإِسۡمَٰعِيلَ وَإِسۡحَٰقَ وَيَعۡقُوبَ وَٱلۡأَسۡبَاطِ وَمَآ أُوتِيَ مُوسَىٰ وَعِيسَىٰ وَمَآ أُوتِيَ ٱلنَّبِيُّونَ مِن رَّبِّهِمۡ لَا نُفَرِّقُ بَيۡنَ أَحَدٖ مِّنۡهُمۡ وَنَحۡنُ لَهُۥ مُسۡلِمُونَ﴾

4 ﴿قُلۡ يَٰٓأَهۡلَ ٱلۡكِتَٰبِ تَعَالَوۡاْ إِلَىٰ كَلِمَةٖ سَوَآءِۢ بَيۡنَنَا وَبَيۡنَكُمۡ أَلَّا نَعۡبُدَ إِلَّا ٱللَّهَ وَلَا نُشۡرِكَ بِهِۦ شَيۡـٔٗا وَلَا يَتَّخِذَ بَعۡضُنَا بَعۡضًا أَرۡبَابٗا مِّن دُونِ ٱللَّهِۚ فَإِن تَوَلَّوۡاْ فَقُولُواْ ٱشۡهَدُواْ بِأَنَّا مُسۡلِمُونَ﴾

- D'après le même Ibn 'Abbâs, cette fois selon la version présentée par Abû Dâwûd, le Messager de Dieu (ﷺ) lisait, lors du premier cycle de prière : {*Dites : « Nous croyons en Dieu »*}; et dans le second : {*Quand Jésus sentit de la mécréance de leur part, il dit : « Qui sont mes secoureurs en Dieu ? – Les apôtres dirent : « Nous sommes les secoureurs de Dieu. Nous croyons en Dieu. Et sois témoin que, certes, nous sommes des Soumis. »*} (S. 3, V. 52).[1]

- L'orant peut se contenter de la seule *fâti<u>h</u>a*, à en juger par le <u>h</u>*adîth* de 'Â'isha (رضي الله عنها) selon lequel le Messager de Dieu (ﷺ) restait debout un temps aussi bref que celui équivalent à la lecture de la *fâti<u>h</u>a*.

4- Les invocations à prononcer après la prière surérogatoire de l'aube

Dans son ouvrage « *Al-Adhkâr* », An-Nawawî affirme : « Nous avons précisé dans l'ouvrage d'Ibn Al-Sunnî, qu'Abû Al-Malî<u>h</u> – dont le vrai nom est 'Âmir Ibn Usâma – avait rapporté ce propos qu'il tenait de son père : « Alors que je faisais la prière d'avant l'(office obligatoire de l') aube, le Prophète (ﷺ) effectua tout près de moi deux brefs cycles de prière. Il s'assit au terme de sa prière et je l'entendis implorer Dieu, à trois reprises, en ces termes : « Seigneur, Seigneur de Gabriel (Jibrîl), d'Isrâfîl, de Mikhaïl (Mîkhâ'îl) ainsi que du Prophète Mu<u>h</u>ammad (ﷺ), je Te prie de me préserver de l'Enfer. »

Nous avons également transmis, d'après Anas, cette tradition du Prophète (ﷺ) : « Celui qui dira à trois reprises chaque vendredi avant l'office de l'aube : « J'implore le pardon de Dieu ; il n'est d'autre divinité en dehors de Lui, le Vivant, l'Absolu, et j'exprime mon repentir » – celui-là, Dieu pardonnera tous ses péchés, fussent-ils aussi nombreux que l'écume de la mer.»

5- Se recoucher après la prière surérogatoire de l'aube

'Â'isha (رضي الله عنها) a dit : « Le Prophète (ﷺ), une fois effectuée la prière surérogatoire de l'aube, se couchait sur le flanc droit. » Ce propos est rapporté par Al-Bukhârî, Muslim, Abû Dâwûd, At-Tirmidhî, An-Nasâ'î, Ibn Mâjah et A<u>h</u>mad. On attribue également à 'Â'isha (رضي الله عنها) ce propos :

---

1 ﴿فَلَمَّآ أَحَسَّ عِيسَىٰ مِنْهُمُ ٱلْكُفْرَ قَالَ مَنْ أَنصَارِىٓ إِلَى ٱللَّهِ قَالَ ٱلْحَوَارِيُّونَ نَحْنُ أَنصَارُ ٱللَّهِ ءَامَنَّا بِٱللَّهِ وَٱشْهَدْ بِأَنَّا مُسْلِمُونَ﴾

« Lorsque le Prophète (ﷺ) avait achevé la prière surérogatoire de l'aube, il se couchait quand j'étais endormie, mais si j'étais éveillée, il me parlait. »

Ce détail a soulevé force divergence. Le plus probable est que le retour au sommeil est préférable pour l'orant qui accomplit la prière surérogatoire de l'aube chez lui, non à la mosquée. Dans son ouvrage « *Al-Fath* », Al-Ḥâfidh affirme : « Les prédécesseurs l'ont jugé préférable quand la prière surérogatoire est accomplie à la maison, non à la mosquée. On attribue le même avis à Ibn 'Umar. Ce propos est mentionné par Ibn Abî Shayba. »

On s'enquit auprès de l'imam Aḥmad sur cette question, lequel répondit : « Je ne le fais pas ; mais qui désire le faire, fera bien. »

6- Doit-on récupérer la prière surérogatoire de l'aube ?

D'après Abû Hurayra, le Prophète (ﷺ) a dit : « Que celui qui, jusqu'au lever du soleil, n'a pas effectué les deux cycles surérogatoires de l'aube, le fasse. » Ce *ḥadîth* est rapporté par Al-Bayhaqî ; sa chaîne de transmetteurs est jugée bonne (*jayyid*) par An-Nawawî.

Qays Ibn 'Umar raconte qu'étant sorti pour la prière (obligatoire) du matin, il trouva le Prophète (ﷺ) qui s'apprêtait à accomplir cet office. Or Qays, qui n'avait pas encore fait les deux cycles surérogatoires de l'aube, fit la prière du matin avec le Prophète (ﷺ). Ensuite il se leva pour accomplir les deux cycles surérogatoires de l'aube. Le Messager de Dieu, ayant remarqué cela, lui dit : « Qu'est-ce que c'est que cette prière ? ». Quand Qays l'en informa, il se tut et ne fit aucune remarque.[1]

Aḥmad et les deux sheikhs, Al-Bukhârî et Muslim, racontent, citant 'Imrân Ibn Ḥusayn, que le Prophète (ﷺ) lors de quelque voyage fut pris par le sommeil, lui et ses Compagnons, manquant ainsi la prière (obligatoire) de l'aube. Lorsqu'ils se réveillèrent sous les rayons ardents du soleil, ils se déplacèrent un peu, le temps que le soleil se levât davantage. Puis le Prophète (ﷺ) ordonna au muezzin d'annoncer la prière. Il fit les deux cycles de prière surérogatoires d'avant l'office de l'aube, puis il effectua l'office de l'aube.

---

1 Ce propos est rapporté par Aḥmad, Ibn Khuzayma, Ibn Hibbân, Abû Dâwûd, At-Tirmidhî et Ibn Mâjah. Sa chaîne de transmission est jugée *hasan*, de l'avis d'Al-'Irâqî.

Ces *hadîth* semblent montrer que cette pratique cultuelle peut être observée aussi bien avant qu'après le lever du soleil. Peu importe si l'omission de cette prière a un motif ou non, si elle a été manquée seule ou avec l'office (obligatoire) du matin.

La prière surérogatoire de l'office de midi (*adh-dhuhr*)

S'agissant de la prière surérogatoire de midi, il est établi qu'elle consiste en quatre, six ou huit cycles de prière, selon les différentes versions. En voici le détail :

Les versions qui font état de quatre cycles de prière

- Ibn 'Umar a dit : « D'après ce que j'ai appris du Prophète (ﷺ) dix cycles de prière surérogatoires sont de mise : deux avant l'office de midi et deux après ; deux après l'office du coucher du soleil à la maison, deux après l'office de nuit, également à la maison, et deux avant l'office du matin. » Ce propos est rapporté par Al-Bukhârî.

- Al-Mughîra Ibn Sulaymân affirme avoir entendu Ibn 'Umar dire : « Le Prophète (ﷺ) veillait à ne point omettre deux cycles de prière avant l'office de midi et deux après, deux après l'office du coucher du soleil, deux après l'office de nuit, et deux avant celui du matin. » Ce propos est rapporté par Ahmad, d'après une chaîne de transmission qualifiée de bonne (*jayyid*).

Les versions qui font état de six cycles de prière

'Abd Allâh Ibn Shaqîq raconte : « Ayant interrogé 'Â'isha (رضي الله عنها) sur la prière du Prophète (ﷺ), je reçus d'elle la réponse suivante : « Il effectuait quatre cycles de prière avant l'office de midi et deux après. » Ce propos est rapporté par Ahmad et Muslim, entre autres traditionnistes.

Selon Umm Habîba (رضي الله عنها), fille d'Abû Sufyân, le Prophète (ﷺ) a dit : « Accomplir douze cycles de prière en un jour et une nuit, c'est se construire une demeure en Paradis : quatre cycles avant l'office de midi et deux après, deux après l'office du coucher du soleil, deux après l'office de nuit, et enfin deux avant la prière de l'aube. » Ce *hadîth* a été rapporté par At-Tirmidhî, qui le juge *hasan sahîh*. Il est également rapporté par Muslim, mais sous une forme abrégée.

Les versions qui font état de huit cycles de prière

D'après Umm Ḥabîba (﵇), le Prophète (ﷺ) a dit : « Celui qui effectue quatre cycles de prière avant l'office de midi et quatre après, Dieu rendra sa chair inaccessible au feu de l'Enfer.» Ce *hadîth* est rapporté par Aḥmad, Abû Dâwûd, At-Tirmidhî, An-Nasâ'î et Ibn Mâjah ; il est authentifié par At-Tirmidhî.

Le mérite des quatre cycles de prière antérieurs à l'office de midi

- Abû Ayyûb Al-Anṣârî raconte qu'il avait coutume de faire quatre cycles de prière avant l'office de midi. On lui demanda : « Pourquoi fais-tu toujours cette prière ? – J'ai vu, répondit-il, le Prophète (ﷺ) en faire autant et j'ai voulu savoir pourquoi. Il me dit : « C'est une heure à laquelle les portes du ciel se trouvent ouvertes. Je tiens donc à ce qu'une bonne action soit à mon actif et soit élevée au ciel à ce moment. » Ce *hadîth* est rapporté par Aḥmad, d'après une excellente chaîne de transmission.

- D'après 'Â'isha (﵂), le Prophète (ﷺ) ne manquait jamais de faire quatre cycles de prière avant l'office de midi, et deux avant l'office de l'aube. Ce propos est rapporté par Aḥmad et Al-Bukhârî. On rapporte également d'après 'Â'isha (﵂) qu'avant l'office de midi, le Prophète (ﷺ) avait l'habitude d'accomplir quatre cycles de prière pendant lesquels il restait longtemps debout, puis se courbait et se prosternait en se recueillant avec ferveur.

Il n'est point de contradiction entre la version d'Ibn 'Umar selon laquelle le Prophète (ﷺ) effectuait deux cycles de prière avant l'office de midi, et les autres *hadîth*, qui parlent de quatre cycles. Dans son ouvrage « *Al-Fath* », Al-Ḥâfidh affirme : « Il est plus vraisemblable d'envisager les deux cas : tantôt il faisait quatre cycles de prière, tantôt il en faisait deux. » Certains ont avancé qu'il se contentait de deux cycles de prière à la mosquée, et que chez lui il en effectuait quatre. D'autres estiment qu'il en accomplissait deux à la maison et deux à la mosquée. Aussi 'Umar n'a-t-il vu que les deux de la mosquée, alors que 'Â'isha (﵂) était informée de toutes ces prières.

Un argument à l'appui des quatre cycles de prière est le propos rapporté par Aḥmad et Abû Dâwûd, citant 'Â'isha (﵂), à savoir que le Prophète (ﷺ) avant l'office de midi, faisait chez lui une prière de quatre cycles de prières surérogatoires puis sortait. Abû Ja‘far At-Tabarî a dit : « Dans la majorité des cas, il s’agissait de quatre cycles de prière. Dans d’autres cas, plus rares, il s’agissait de deux seulement. »

Si l’orant opte pour quatre cycles de prière, qu’ils soient antérieurs ou postérieurs à la prière de midi, il est préférable qu’il fasse le salut de clôture après chaque paire de cycles. Le Prophète (ﷺ) affirme : « Les prières (surérogatoires) de la nuit et du jour se font deux par deux. » Cette tradition est rapportée par Abû Dâwûd, d’après une chaîne qualifiée d’authentique. Mais il est permis de les enchaîner d’un seul trait et de clore la prière par un seul salut.

A quel moment accomplir les deux prières surérogatoires de l’office de midi

‘Â’isha (رضي الله عنها) rapporte que le Prophète (ﷺ), lorsqu’il lui arrivait de ne pas faire les quatre cycles de prière d’avant l’office de midi, prenait soin de les effectuer après cet office. Ce *hadîth* est rapporté par At-Tirmidhî, qui le juge singulier (*gharîb*). Citant la même ‘Â’isha (رضي الله عنها), Ibn Mâjah précise : « Lorsque le Prophète (ﷺ) manquait les quatre cycles de prière d’avant l’office de midi, il les rattrapait après les deux cycles postérieurs à cet office. »

Ainsi en est-il du temps de la prière surérogatoire antérieure. Pour ce qui est de la prière postérieure, il nous est parvenu ce *hadîth* rapporté par Ahmad, citant Umm Salama : « Le Prophète (ﷺ) ayant fait la prière de midi, on lui apporta une somme d’argent. Il resta à compter cet argent jusqu’au moment où le muezzin annonça l’office de l’après-midi (*‘asr*). Il accomplit cette prière puis il vint chez moi – c’était mon jour –. Il effectua ensuite deux brefs cycles de prière. Intrigués, nous lui demandâmes : « Pourquoi ces deux cycles de prière, ô Messager de Dieu ? Est-ce une injonction que tu exécutes ? – Non, répondit-il, il s’agit d’une prière que je devais accomplir après l’office de midi, et que j’ai omis de faire à cause de cet argent que je comptais. J’ai donc voulu la rattraper après l’office de l’après-midi. ». Ce *hadîth* est rapporté en d’autres termes par Al-Bukhârî, Muslim et Abû Dâwûd.

La prière surérogatoire de l’office du coucher du soleil

La tradition prophétique consiste à accomplir une prière de deux cycles de prière après l’office du coucher du soleil, à en juger par les propos d’Ibn ‘Umar (voir supra) selon lesquels cette surérogation relevait des pratiques cultuelles que le Prophète (ﷺ) ne manquait jamais.

Ce qui est recommandé dans la prière surérogatoire du coucher du soleil

Après la récitation de la *fâti<u>h</u>a*, il convient de lire les sourates : {*Dis : « O mécréants »*} et {*Dis : « Lui, Dieu, est Unique. »*}. En effet, Ibn Mas'ûd affirme avoir entendu à d'innombrables reprises le Prophète (ﷺ) psalmodier, lors des deux cycles de prière (surérogatoires) postérieurs à l'office du coucher du soleil et celles antérieures à l'office de l'aube, les sourates : {*Dis : « O mécréants »*} et {*Dis : « Lui, Dieu, est Unique. »*}. Ce *<u>h</u>adîth* est rapporté par Ibn Mâjah, ainsi que par At-Tirmidhî, qui l'a jugé bon (*<u>h</u>asan*).

Il est également préférable que cette prière soit accomplie à la maison. Qu'on en juge par ce propos transmis par Ma<u>h</u>mûd Ibn Labîd : « Le Prophète (ﷺ) se rendit un jour chez les Banû 'Abd Al-Ashhal. Lorsqu'il eut fini de célébrer l'office du coucher du soleil, il leur enjoignit : « Faites les deux cycles de prière chez vous. » Ce *<u>h</u>adîth* est rapporté par A<u>h</u>mad, Abû Dâwûd, At-Tirmidhî et An-Nasâ'î. Il a d'ailleurs été précisé plus haut que le Prophète (ﷺ) les effectuait chez lui.

La prière surérogatoire postérieure à l'office de nuit

Nombre de *<u>h</u>adîth* précédemment mentionnés confèrent un caractère de recommandation aux deux cycles de prière consécutifs à la prière de la nuit.

Les prières surérogatoires dont l'observance n'est pas vivement recommandée

Les prières surérogatoires mises en lumière jusqu'à présent sont des pratiques dont l'observance est fortement recommandée (*mu'akkad*). D'autres prières surérogatoires liées aux offices canoniques (*sunan râtiba*) sont facultatives. Ce sont les prières suivantes :

1- Les deux ou quatre cycles de prière avant l'office de l'après-midi

Nombre de *<u>h</u>adîth*, quoiqu'étant parfois sujets à caution mais se recoupant néanmoins, ont été rapportés à ce propos. Considérons ce *<u>h</u>adîth* attribué à Ibn 'Umar : « Le Messager de Dieu (ﷺ) a dit : « Dieu prodigue Sa miséricorde à tout homme qui accomplit quatre cycles de prière avant l'office de l'après-midi. » Ce *hadîth* est rapporté par Aḥmad, Abû Dâwûd et At-Tirmidhî, et jugé bon par Ibn Ḥibbân, qui l'a authentifié, tout comme Ibn Khuzayma.

De même, ʿAlî affirme que le Prophète (ﷺ) avait coutume de faire quatre cycles de prière avant l'office de l'après-midi, chaque paire étant achevée par le salut de clôture dans lequel il saluait les anges proches, les prophètes ainsi que les croyants et les musulmans qui ont suivi leur enseignement. Ce *hadîth* est rapporté par Aḥmad, An-Nasâ'î, Ibn Mâjah et At-Tirmidhî, qui l'a jugé bon.

Pour ce qui est de s'en tenir à deux cycles de prière, c'est là un acte qui trouve sa légitimité dans cette affirmation générale du Prophète (ﷺ) : « Entre deux annonces de prière, il y a toujours une prière. »

2- Les deux cycles de prière avant l'office du coucher du soleil

D'après Al-Bukhârî, citant ʿAbd Allâh Ibn Mughaffal, le Prophète (ﷺ) a dit : « Priez avant l'office du coucher du soleil, priez avant l'office du coucher du soleil ». A la troisième, il ajouta : « Si bon vous semble », de crainte que les gens n'érigent cet usage en véritable *sunna*.

Dans une version transmise par Ibn Ḥibbân, on apprend que le Prophète (ﷺ) a effectué deux cycles de prière avant l'office du coucher du soleil. D'après Muslim, Ibn ʿAbbâs a raconté : « Nous faisions une prière de deux cycles de prière avant l'office du coucher du soleil, le Prophète (ﷺ) nous regardait faire sans nous le recommander ni nous l'interdire. »

Al-Ḥâfidh a dit dans son « *Al-Fath* » : « A en juger par l'ensemble des arguments disponibles, il est recommandé d'alléger cette prière, à l'image de celle précédant l'office de l'aube. »

3- Les deux cycles de prière avant l'office nocturne

Pour s'en convaincre, il suffit de considérer ce *hadîth*, rapporté par Al-Bukhârî, Muslim, Abû Dâwûd, At-Tirmidhî, An-Nasâ'î, Ibn Mâjah et Aḥmad, d'après ʿAbd Allâh Ibn Mughaffal, relatant que le Prophète (ﷺ) a dit : « Entre deux annonces de prière, il y a toujours une prière. » Il répéta cette phrase puis ajouta : « Si bon vous semble ».

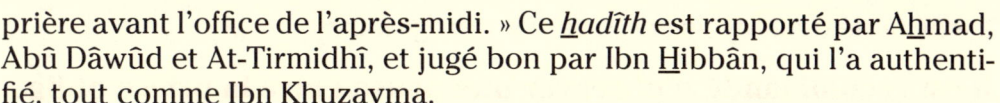

Pour sa part, Ibn Ḥibbân rapporte ce *hadîth* qu'il tient de Az-Zubayr : « Le Prophète (ﷺ) a dit : « Il n'est point de prière prescrite qui ne soit assortie de deux cycles de prière surérogatoires. »

Il est recommandé d'observer une pause entre la prière obligatoire et la prière surérogatoire

Il est recommandé d'observer un temps de pause équivalent à une prière entre la prière obligatoire et la prière surérogatoire. En effet, d'après un des Compagnons du Prophète (ﷺ), celui-ci ayant célébré un jour l'office de l'après-midi, un homme se leva aussitôt et se mit en devoir de prier. 'Umar, le voyant, lui ordonna de s'asseoir et lui dit : « Les gens du Livre n'ont péri que parce qu'ils ne séparaient point leurs prières. » Et le Prophète (ﷺ) de constater : « 'Umar a raison. » Cette tradition est rapportée par Ahmad d'après une chaîne authentique.

La prière impaire (*al-witr*)

1- Son mérite et son statut

Le *witr*, ou prière impaire, est une prière surérogatoire fortement recommandée à laquelle le Prophète (ﷺ) a exhorté avec insistance. Selon 'Alî (رضي الله عنه) : « l'observance du *witr* n'est pas aussi impérative que celle de vos prières obligatoires, mais le Messager de Dieu (ﷺ) veillait à pratiquer cette prière impaire. » Et 'Alî d'ajouter : « Ô gens du Coran, faites la prière impaire. Car, étant unique, Dieu aime l'impair. »[1]

Or, l'opinion affichée par Abû Hanîfa, alléguant le caractère obligatoire du *witr*, demeure faible et fort contestable. « Je ne connais personne qui ait souscrit à l'opinion d'Abû Hanîfa », déclare Ibn Al-Mundhir.

D'après Ahmad, Abû Dâwûd, An-Nasâ'î et Ibn Mâjah, Al-Makhdijî, un homme de la tribu des Banû Kinâna, apprit de la part d'un Ansâr, un certain Abû Muhammad, que le *witr*, ou prière impaire, est obligatoire. Al-Makhdijî se rendit alors chez 'Ubâda Ibn As-Sâmit et lui fit part de ce qu'on lui avait dit. 'Ubâda rétorqua : « Abû Muhammad a tort ; j'ai entendu le Prophète (ﷺ) affirmer : « Il est cinq prières que Dieu le Très-Haut a prescrites aux serviteurs : celui qui les accomplira et prendra soin de n'en manquer et n'en négliger aucune, obtiendra de Dieu la promesse de le faire accéder au Paradis. Et celui qui ne les observera pas n'obtiendra nulle promesse. Dieu peut, à Son gré, lui infliger le supplice

---

1 Ce propos est rapporté par Ahmad, Abû Dâwûd, At-Tirmidhî, An-Nasâ'î et Ibn Mâjah ; il est qualifié de bon (*hasan*) par At-Tirmidhî ; il est également transmis et authentifié par Al-Hâkim.

comme Il peut lui pardonner. »

Selon Al-Bukhârî et Muslim, citant un *hadîth* rapporté par Talha Ibn 'Ubayd Allâh, le Prophète (ﷺ) a dit : « Il est cinq prières que Dieu le Très-Haut a prescrites de jour et de nuit ». Un bédouin lui demanda alors : « Dois-je y ajouter quelque prière ? – Non, répondit le Prophète, à moins que tu veuilles prier en surérogation. »

2- A quel moment effectuer la prière impaire ?

Les doctes sont unanimes à considérer que le moment de cette prière échoit après l'office de nuit et se prolonge jusqu'à l'aube. Selon Abû Tamîm Al-Jayshânî (رضي الله عنه) : « 'Amr Ibn Al-'Âs déclara un jour dans le prêche du Vendredi : « Abû Basra m'a informé que le Prophète (ﷺ) a dit : « Dieu vous a ajouté une autre prière : le *witr* ; faites-la entre l'office de nuit et celui de l'aube. »

Abû Tamîm dit : « Abû Dharr me prit par la main et m'emmena à la mosquée où nous trouvâmes Abû Basra (رضي الله عنه). Il lui demanda : « Est-il exact que tu aies entendu le Prophète (ﷺ) dire ce que dit 'Amr ? – Oui, rétorqua Abû Basra, j'ai entendu cela du Messager de Dieu (ﷺ). » Ce propos est rapporté par Ahmad, d'après une chaîne authentique.

Abû Mas'ûd Al-Ansârî (رضي الله عنه) raconte que le Prophète (ﷺ) avait coutume d'accomplir la prière impaire, au début, au milieu et à la fin de la nuit. Ce propos est rapporté par Ahmad par le biais d'une chaîne de transmission authentique.

'Abd Allâh Ibn Abî Qays a dit : « J'interrogeai 'Â'isha (رضي الله عنها) sur la prière impaire du Messager de Dieu (ﷺ). Elle me répondit : « Il l'effectuait tantôt au début, tantôt à la fin de la nuit. – Sa lecture, demandai-je, était-elle silencieuse ou à voix haute ? – Il faisait les deux, selon les cas. Par ailleurs, tantôt il se lavait avant d'aller se coucher, tantôt il faisait ses ablutions [après le rapport sexuel, s'entend] puis allait au lit. » Ce propos est rapporté par Abû Dâwûd, Ahmad, Muslim et At-Tirmidhî.

3- Il est recommandé d'avancer cette prière si l'on pense ne pas pouvoir se réveiller à la fin de la nuit, et recommandé de la retarder si l'on pense pouvoir se réveiller

D'après Jâbir (رضي الله عنه), le Prophète (ﷺ) a dit : « Que celui d'entre vous qui estime ne pas pouvoir se réveiller à la fin de la nuit, fasse la prière impaire à son début. Et celui qui s'estime capable de se réveiller, qu'il l'effectue à la fin. Car la prière en fin de nuit a ceci de méritoire que les anges y assistent. Elle est donc plus valorisée. »[1]

Le même Jâbir raconte que le Prophète (ﷺ) demanda à Abû Bakr : « Quand fais-tu la prière impaire ? – Au début de la nuit, répondit-il, après l'office nocturne. – Et toi, 'Umar ? – A la fin de la nuit ». Et le Prophète de dire : « Tu as opté pour la prudence, ô Abû Bakr. Quant à toi, ô 'Umar, tu as opté pour la détermination. »[2]

Le Prophète (ﷺ) en vint à se livrer à cette prière peu avant l'aube. 'Â'isha (رضي الله عنها) rapporte : « Le Prophète (ﷺ) effectuait la prière impaire à tous les moments de la nuit, tant au début, au milieu, qu'à la fin. Or, il finit par l'accomplir peu avant l'aube. » Ce propos est rapporté par Al-Bukhârî, Muslim, Abû Dâwûd, At-Tirmidhî, An-Nasâ'î, Ibn Mâjah et Ahmad.

Néanmoins, il a exhorté certains de ses Compagnons à ne se coucher qu'après avoir accompli la prière impaire, par précaution. Sa'd Ibn Abî Waqqâs, qui était habitué à faire l'office nocturne dans la mosquée du Messager de Dieu (ﷺ) y ajoutait un seul cycle de prière surérogatoire. On lui fit remarquer : « Tu fais la prière impaire en accomplissant un seul cycle de prière, ô Abû Ishâq, et tu n'y ajoutes rien de plus ? – En effet, répondit Sa'd. J'ai entendu le Messager de Dieu (ﷺ) dire : « Celui qui ne va point se coucher avant d'avoir effectué le *witr*, celui-là est un homme sérieux ». Ce propos est rapporté par Ahmad, dont les sources sont dignes de foi.

4- Le nombre de cycles de prière dans la prière impaire

At-Tirmidhî a dit : « On raconte que le Prophète (ﷺ) a affirmé que la prière impaire pouvait compter aussi bien treize cycles de prière, que onze, neuf, sept, cinq, trois ou un seul ». D'après Ishâq Ibn Ibrâhîm, le fait que le Prophète (ﷺ) effectuait treize cycles dans cette prière signifie qu'il s'agit de treize cycles surérogatoires nocturnes, y compris le cycle impair. Aussi la prière de la nuit fut-elle associée au *witr*.

Dans cette prière, on peut effectuer les cycles de prière deux par deux, puis ajouter un seul cycle assorti du *tashahhud* (profession de

---

1 *Hadîth* rapporté par Ahmad, Muslim, At-Tirmidhî et Ibn Mâjah.

2 *Hadîth* rapporté par Ahmad, Abû Dâwûd et Al-Hâkim, qui affirme : « Ce texte est authentique selon les conditions posées par Muslim ».

foi) et du salut final. On peut également achever la prière par deux *tashahhud* et un salut : dans ce cas, l'orant enchaînera les cycles de prière et ne dira le *tashahhud* qu'à l'avant-dernier cycle, après lequel il se lèvera pour le dernier cycle, qu'il terminera par le *tashahhud* et le salut de clôture. On peut encore se contenter, pour l'ensemble de la prière, d'un seul *tashahhud* et d'un seul salut de clôture, à placer dans le dernier cycle de prière. Toutes ces manières de faire sont valables et font partie des coutumes constatées chez le Prophète (ﷺ). Ibn Al-Qayyim affirme que la tradition prophétique authentique, dans sa forme explicite et exacte, consiste en une prière impaire de cinq ou de sept cycles de prière ininterrompus. Pour preuve, ce *hadîth* d'Umm Salama (رضي الله عنها) : « Le Prophète (ﷺ), dans sa prière impaire, effectuait sept ou cinq cycles de prière qu'il ne séparait par aucun salut, par aucune parole. » Ce *hadîth* est rapporté par Ahmad, An-Nasâ'î et Ibn Mâjah, d'après une chaîne de transmission qualifiée de bonne (*jayyid*).

Considérons cet autre propos, attribué à 'Âisha (رضي الله عنها), selon lequel le Prophète (ﷺ) accomplissait pendant la nuit treize cycles de prière ; il ne s'asseyait qu'au bout de cinq cycles. Ce propos est rapporté par Al-Bukhârî et Muslim. Et cet autre propos de 'Âisha (رضي الله عنها) : « Le Prophète (ﷺ) effectuait pendant la nuit neuf cycles de prière ; il ne restait assis qu'à partir du huitième cycle : il louait alors Dieu et l'invoquait, puis se levait sans saluer. Ce n'est qu'au neuvième cycle qu'il prononçait le *tashahhud*, puis le salut de clôture à voix haute. A cela, il ajoutait deux cycles de prière avant de conclure par le salut en position assise. Voilà qui fait onze cycles. »

Dans une autre version de ce *hadîth* de 'Âisha (رضي الله عنها), lorsque le Prophète (ﷺ) prit de l'âge et de l'embonpoint, il se mit à faire sept cycles de prière, ne restant assis qu'au sixième et septième cycle, et ne saluant qu'au septième.

Une autre version avance qu'il accomplissait sept cycles de prière et ne restait en position assise qu'au dernier cycle. Ce *hadîth* est mentionné par Al-Bukhârî, Muslim, Abû Dâwûd, At-Tirmidhî, An-Nasâ'î, Ibn Mâjah et Ahmad. Il est à souligner que tous ces *hadîth* sont authentiques et explicites, et ne sont infirmés que par cette assertion du Prophète (ﷺ) : « Les prières de nuit se font deux par deux. » Ce *hadîth* est authentique ; cependant, il est confirmé que le Prophète (ﷺ) pratiquait la prière impaire par cinq ou sept cycles de prière. Du reste, toutes ces traditions sont aussi authentiques les unes que les autres.

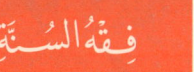

C'est que le Prophète (ﷺ) a répondu à celui qui l'interrogeait sur la prière surérogatoire de nuit et sa répartition en paires, non sur la prière impaire. Parler de sept cycles de prière, de cinq, de neuf ou d'un seul cycle, c'est parler de la prière impaire, sachant que le terme "impair" (*witr*) désigne aussi bien le seul cycle séparé de celui qui le précède, que les cinq, sept ou neuf cycles ininterrompus, et ce de la même manière que le terme *maghrib*, ou office du coucher du soleil, désigne trois cycles de prière continus. S'il arrive que les cinq ou sept cycles se voient séparés par deux saluts de clôture, comme c'est le cas pour les onze cycles, le mot impair dénomme désormais le cycle de prière dissocié des autres. Qu'on en juge par l'affirmation du Prophète (ﷺ) : « Les prières de nuit s'opère deux par deux. Si l'orant craint que l'échéance de l'office matinal n'arrive, il effectuera alors un cycle de prière en guise de clôture de la prière surérogatoire accomplie ». On voit ainsi toute la concordance et l'harmonie qui unissent les propos et les actes du Prophète (ﷺ).

5- La récitation du Coran lors de la prière impaire

Après la lecture de la *fâtiha*, on a le loisir de réciter n'importe quel verset du Coran. D'après 'Alî, il n'y a rien dans le Coran qui soit à délaisser. Aussi, l'orant peut-il faire la prière impaire avec les versets coraniques qu'il voudra. Il est toutefois préférable, s'il s'agit de trois cycles de prière, de réciter lors du premier cycle – après la *fâtiha* – la sourate 87 : {*Chante pureté du nom de ton Seigneur le Très-Haut*} (S. 87)[1] ; lors du second cycle, la sourate 109 : {*Dis : « O mécréants ! »*} ; et lors du troisième la sourate 112 : {*Dis : « Lui, Dieu, est Unique »*}, ainsi que les sourates 113-114 : L'aurore et Les Gens. A telle enseigne que Ahmad, Abû Dâwûd et At-Tirmidhî ont rapporté ce propos – jugé bon par At-Tirmidhî – attribué à 'Â'isha (رضي الله عنها) : « Le Prophète (ﷺ) récitait dans le premier cycle de prière : {*Chante pureté du nom de ton Seigneur le Très-Haut*} (S. 87) ; dans le second cycle, il disait : {*Dis : « O mécréants ! »*, et dans le troisième cycle : {*Dis : « Lui, Dieu, est Unique »*} ainsi que les sourates La Pureté et Les Gens.»

6- L'imploration dite *qunût* dans la prière impaire

L'imploration dite *qunût* a été instituée par la tradition prophétique. Qu'on en juge par le propos rapporté par Ahmad, Abû Dâwûd, At-Tir-

---

1 ﴿سَبِّحِ ٱسْمَ رَبِّكَ ٱلْأَعْلَى﴾

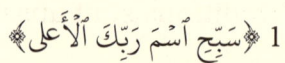

midhî, An-Nasâ'î et Ibn Mâjah, entre autres traditionnistes, citant Al-Hasan Ibn 'Alî (ﷺ) : « Le Prophète (ﷺ) m'a appris ces paroles lors de la prière impaire : « Seigneur, puisses-Tu me guider entre ceux que Tu as guidés, puisses-Tu me prodiguer la santé comme ceux que Tu as gratifiés de ce bien, puisses-Tu me couvrir de Ta protection, parmi ceux que Tu as couverts. Bénis ce que Tu m'as donné, et préserve-moi de la rigueur de ce que Tu as décrété. C'est Toi qui décides et nul ne saurait décider contre Toi. Celui que Tu soutiens ne saurait souffrir d'avilissement ; de même, à quiconque devient Ton ennemi, l'honneur est chose inaccessible. Tu es le Béni, le Très-Haut. Et prière et salut de Dieu sur le Prophète Muhammad. »

At-Tirmidhî juge bon (*hasan*) ce *hadîth* et précise qu'il n'est rien de meilleur que l'on ait attribué au Prophète (ﷺ) en cette matière. An-Nawawî juge authentique la chaîne de ce *hadîth*. Quant à Ibn Hazm, tout en doutant de l'authenticité et du caractère probant de ce *hadîth*, il considère qu'il est unique en son genre. Or, un *hadîth*, quoique faible, demeure toujours préférable à l'opinion pure et simple, affirme-t-il. C'est d'ailleurs la position d'Ibn Hanbal ainsi que de nombreux doctes, tels Ibn Mas'ûd, Abû Mûsâ, Ibn 'Abbâs, Al Barâ', Anas, Al Hasan Al-Basrî, 'Umar Ibn 'Abd Al-'Azîz, Ath-Thawrî, Ibn Al-Mubârak et les hanafites. C'est ce qu'on rapporte également d'après Ahmad. Selon An-Nawawî, il s'agit d'une source ayant une grande force probante.

Ash-Shâfi'î soutient, pour sa part, qu'on ne doit dire cette imploration que dans la seconde moitié du Ramadan ; à telle enseigne que, selon Abû Dâwûd, 'Umar Ibn Al-Khattâb réunit un jour les gens autour de Ubayy Ibn Ka'b pour célébrer les prières nocturnes de Ramadan ; or celui-ci ne disait l'imploration du *qunût* que durant les dix derniers jours de ce mois. Muhammad Ibn Nasr raconte avoir interrogé Sa'îd Ibn Jubayr sur le moment où cette imploration a été instituée dans les prières impaires. Il reçut la réponse suivante : « 'Umar Ibn Al-Khattâb envoya une armée pour quelque mission, mais ayant constaté, avec appréhension, que ses hommes étaient en difficulté, il se mit, lors de la dernière partie du Ramadan, à implorer Dieu pour eux. »

7- A quel moment fait-on l'imploration dite du *qunût* ?

Il est loisible d'implorer Dieu après la récitation du Coran et avant de s'incliner. On peut le faire également en se relevant de l'inclinaison. Humayd a dit : « J'interrogeai Anas sur le moment de l'imploration du *qunût* : est-ce avant ou après l'inclinaison ? Il me répondit : « Nous faisions les deux, tantôt nous la faisions avant, tantôt après. »[1]

Si l'orant fait l'imploration avant de s'incliner, il dira : « Dieu est Grand » en levant les mains, et ce aussi bien après la récitation du Coran qu'après l'imploration. C'est ce que l'on rapporte d'après les Compagnons. Certains doctes ont estimé préférable de lever les mains lors de l'imploration, d'autres ne l'ont pas jugé tel.

Pour ce qui est de passer les mains sur le visage, Al-Bayhaqî affirme qu'il vaut mieux ne pas procéder ainsi et s'en tenir à l'usage des Prédécesseurs (ﷺ) qui se contentaient de lever simplement les mains.

8- L'invocation après l'imploration dite du *qunût*

Une fois prononcé le salut qui achève la prière impaire, il est recommandé de dire trois fois, en élevant la voix à la troisième reprise : « Gloire et pureté au Roi, au Très Saint, Seigneur des Anges et de l'Esprit (Gabriel) ». Abû Dâwûd et An-Nasâ'î rapportent en effet ce *hadîth*, qu'ils tiennent de Ubayy Ibn Ka'b : « Lors de la prière impaire, le Prophète (ﷺ) récitait les sourates : {*Chante pureté du nom de ton Seigneur le Très-Haut*} (S. 87), et : {*Dis : «Ô mécréants ! »*} (S. 109), et {*Dis : « Lui, Dieu, est Unique »*} (S. 112). Puis, lorsqu'il prononçait le salut de clôture, il disait à trois reprises, en élevant la voix et en allongeant l'intonation la dernière fois : « Gloire et pureté au Roi, au Très Saint, Seigneur des Anges et de l'Esprit (Gabriel). » A cette version, présentée par an-Nasâ'î, ad-Dâraqutnî y ajoute encore l'expression : « Seigneur des anges et de l'Esprit » ainsi que cette invocation – rapportée par Ahmad, Abû Dâwûd, At-Tirmidhî, An-Nasâ'î et Ibn Mâjah, que 'Alî attribue au Prophète (ﷺ) : « Seigneur ! Je Te demande de me protéger de Ton agrément contre Ton courroux, de Ton salut contre Ton châtiment et je me réfugie en Ta miséricorde contre Ta rigueur. Je ne puis recenser les éloges qui Te reviennent. Tu es tel que Tu T'es Toi-même glorifié. »

9- On ne peut effectuer deux prières impaires durant la même nuit

Si l'orant, ayant fait la prière impaire, s'avise de prier de nouveau, il peut le faire mais ne peut procéder à une autre prière impaire. Pour preuve, ce *hadîth* rapporté par Abû Dâwûd, An-Nasâ'î et At-Tirmidhî,

1 Ce propos est rapporté par Ibn Mâjah et Muhammad Ibn Nasr. Dans son « *Fath* », Al-Hâfidh juge solide la chaîne de transmission de ce *hadîth*.

qui l'a jugé bon (<u>h</u>*asan*) : 'Alî raconte : « Le Prophète (ﷺ) a dit : « On ne peut faire deux *witr* durant la même nuit.»

D'après 'Â'isha (رضي الله عنها), le Prophète (ﷺ), au terme de sa prière, prononçait le salut à haute voix, après quoi il faisait deux cycles de prière en position assise. Ce propos est rapporté par Muslim. Abondant dans le même sens, Umm Salama raconte : « Le Prophète (ﷺ) après sa prière impaire, avait coutume d'accomplir deux cycles de prière en restant assis. » Ce propos est rapporté par A<u>h</u>mad, Abû Dâwûd et At-Tirmidhî, entre autres traditionnistes.

10- Comment compenser la prière impaire ?

La majorité des docteurs de la Loi estiment qu'il est légitime de compenser la prière impaire, alléguant ce <u>h</u>*adîth* attribué à Abû Hurayra et rapporté par Al-Bayhaqî et Al-<u>H</u>âkim, lequel le juge authentique selon les règles posées par les deux sheikhs, Al-Bukhârî et Muslim : « Le Prophète (ﷺ) a dit : « Si le jour se lève et que l'un de vous n'a pas encore effectué la prière impaire, qu'il la fasse. »

Abû Dâwûd rapporte, d'après Abû Sa'îd Al-Khudrî, que le Prophète (ﷺ) a dit : « Celui qui s'endort en oubliant sa prière impaire, qu'il la fasse dès qu'il s'en rappelle ». La chaîne de transmission de ce <u>h</u>*adîth* est authentique selon Al-'Irâqî.

A<u>h</u>mad et A<u>t</u>-<u>T</u>abarânî rapportent, d'après une chaîne jugée bonne (<u>h</u>*asan*), qu'il arrivait au Prophète (ﷺ) de rattraper, le matin, la prière impaire. Il y a cependant divergence sur le moment d'accomplir ce rattrapage : pour les <u>h</u>anafites, il faut s'y atteler hors des moments déconseillés. Pour les shâfi'ites, on peut s'en acquitter à n'importe quelle heure du jour ou de la nuit. En revanche, Mâlik et A<u>h</u>mad considèrent qu'il faut le faire après l'aube, tant que l'office du matin n'a pas encore été accompli.

Le *qunût* dans les cinq prières canoniques

Il est permis de prononcer à voix haute l'imploration du *qunût* dans les cinq prières canoniques en cas de grand malheur. Ibn 'Abbâs affirme : « Le Prophète (ﷺ) a pratiqué le *qunût* durant tout un mois, à la fin des prières de midi, de l'après-midi, du coucher du soleil, de la nuit et de l'aube. Ainsi, après avoir dit, dans le dernier cycle de prière : « Dieu entend celui qui Le loue », il prononça des formules imprécatoires contre certains quartiers des Banû Sulaym, contre Ri'l, Dhakwân et 'Usayya. » Les orants derrière lui disaient Amen. » Ce *hadîth* est rapporté par Abû Dâwûd et Ahmad ; celui-ci y ajoute : « Il leur envoya des gens chargés de les appeler à l'Islam, mais ils les tuèrent. » 'Ikrima note : « C'est à ce moment que le *qunût* fut institué ».

Abû Hurayra rapporte que lorsque le Prophète (ﷺ) voulait invoquer Dieu en faveur de quelqu'un ou, au contraire, proférer une imprécation contre lui, il faisait le *qunût* après l'inclinaison. Ainsi, après la formule : « Dieu entend celui qui Le loue ; notre Seigneur, à Toi la louange », il disait par exemple : « Seigneur, je Te prie de prodiguer Ton secours à Al-Walîd Ibn Al-Walîd, à Salama Ibn Hishâm, à 'Ayyâsh Ibn Rabî'a, ainsi qu'à tous les déshérités parmi les croyants. Seigneur, fais que la tribu des Mudar vive dans le malaise et la misère, et que leur existence soit aussi accablante que les années de détresse vécues par (les gens à l'époque de) Joseph. » Et Abû Hurayra d'ajouter : « Ces formules, il les prononçait à voix haute dans certaines prières ». Dans celle de l'aube, il lui arrivait de dire à l'encontre de tel groupe, de tel clan parmi les Arabes : « Seigneur, maudis un tel et un tel ». Il en fut ainsi jusqu'à ce que Dieu révélât le verset suivant : {*Tu n'es pour rien dans l'affaire, - soit qu'Il accepte leur repentance, soit qu'Il les châtie. Car ce sont bien des prévaricateurs !*} (S. 3, V. 128).[1] Ce propos est rapporté par Ahmad et Al-Bukhârî.

Le *qunût* dans la prière de l'aube

Le *qunût* n'a point été institué dans cette prière, si ce n'est en situation de malheur, auquel cas il devient permis dans toute prière, comme on l'a signalé plus haut. Ahmad, An-Nasâ'î, Ibn Mâjah et At-Tirmidhî, lequel l'a authentifié, rapportent ce *hadîth* d'après Abû Mâlik Al-Ashja'î : « Mon père était âgé de seize ans lorsqu'il pria derrière le Messager de Dieu (ﷺ). Il pria aussi derrière Abû Bakr, 'Umar et 'Uthmân. – Faisaient-ils le *qunût* ? lui demandai-je. – Non, c'est une innovation, ô mon fils. »

Citant Anas, Ibn Hibbân, Al-Khatîb et Ibn Khuzayma rapportent ce *hadîth* – lequel a été authentifié par ce dernier : « Le Prophète (ﷺ) n'avait pas l'habitude de dire le *qunût* dans l'office du matin, sauf lorsqu'il voulait invoquer Dieu pour tel groupe ou proférer des imprécations contre tel autre. Az-Zubayr, ainsi que les trois Successeurs (Abû Bakr, 'Umar et 'Uthmân), affirment qu'ils n'effectuaient point le *qunût* lors de la prière

---

1 ﴿لَيْسَ لَكَ مِنَ ٱلْأَمْرِ شَيْءٌ أَوْ يَتُوبَ عَلَيْهِمْ أَوْ يُعَذِّبَهُمْ فَإِنَّهُمْ ظَٰلِمُونَ﴾

de l'aube. C'est d'ailleurs l'opinion adoptée par les hanafites, les hanbalites, Ibn Al-Mubârak, Ath-Thawrî et Ishâq.

Les shâfi'ites estiment pour leur part que c'est un acte recommandé que de faire le *qunût* au cours de l'office du matin, précisément après l'inclinaison du deuxième cycle de prière. A telle enseigne que l'ensemble des docteurs de la Loi, excepté At-Tirmidhî, rapportent, citant Ibn Sîrîn, qu'Anas Ibn Mâlik, étant interrogé à propos du *qunût* en ces termes : « Le Prophète (ﷺ) effectuait-il le *qunût* lors de l'office du matin ? », répondit par l'affirmative. – Avant l'inclinaison ou après ? lui demanda-t-on. – Après, reprit-il. »

De même, Ahmad et Al-Bazzâr, ainsi que Ad-Dâraqutnî, Al-Bayhaqî et Al-Hâkim rapportent ce *hadîth*, lequel a été authentifié par ce dernier, citant également Ibn Anas : « Jusqu'à son décès, le Prophète (ﷺ) n'eut cesse d'effectuer le *qunût* durant la prière de l'aube. »

Dans les citations ci-dessus, il convient de souligner que le *qunût* dont il est question est celui mis en application lors des malheurs, comme le montrent explicitement la version d'Al-Bukhârî et celle de Muslim. Quant au second *hadîth*, on trouve dans sa chaîne Abû Ja'far Ar-Râzî, or ce transmetteur n'est pas considéré comme fiable (*laysa bi al-qawî*). Ce *hadîth* n'a donc pas force de loi ; outre le fait qu'il soit inconcevable que le Prophète (ﷺ) se soit évertué, sa vie durant, à faire le *qunût* dans la prière de l'aube, et que les sages Successeurs aient délaissé cette pratique après lui. Mieux, Anas lui-même n'a point accompli cette imploration dans l'office de l'aube, comme il a été établi. A supposer que ledit *hadîth* soit authentique, le *qunût* pourrait alors être interprété comme suit : jusqu'à la fin de sa vie, le Prophète (ﷺ) aimait à rester debout un certain temps après l'inclinaison, et ce pour invoquer et louanger Dieu ; c'est d'ailleurs là une des significations du *qunût*, la plus plausible en l'occurrence. Quoi qu'il en soit, pareille divergence demeure acceptable, dans la mesure où se valent en elle l'observance et l'inobservance de la pratique du *qunût*. En somme, le meilleur exemple à suivre est celui de Muhammad (ﷺ).

La prière surérogatoire nocturne (*qiyâm al-layl*)

Le mérite attribué à cette prière

- Dieu a recommandé cette prière au Prophète (ﷺ) en ces termes : {*Et la nuit, fais vigile, à titre de surérogation de ta part : il se peut que ton*

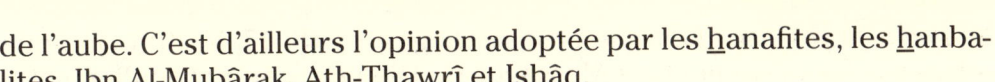

Seigneur te ressuscite en une posture de gloire}. (S. 17, V. 79).[1] Quoique adressée apparemment au Messager de Dieu (ﷺ) en particulier, cette injonction concerne bel et bien l'ensemble des musulmans, du moment qu'ils sont censés suivre l'exemple du Prophète (ﷺ).

- Dieu a montré que ceux qui s'y appliquent avec assiduité sont les gens bienfaisants qui méritent Ses grâces et Sa miséricorde : {*Oui, les pieux sont parmi des Jardins et des sources, prenant ce que leur Seigneur leur apporte. Oui, ils ont été, auparavant, bienfaisants : ils dormaient peu, la nuit, et à chaque aube ils imploraient pardon*}. (S. 51, V. 15-17).[2]

- Ceux-là, Dieu les vante et les classe parmi Ses serviteurs obéissants et déférents : {*Et voici quels sont les serviteurs du Très Miséricordieux : ils marchent humblement sur terre ; et lorsque les ignorants s'adressent à eux, ils disent : « Paix », et ils passent les nuits prosternés et debout devant leur Seigneur*} (S. 25, V. 63-64).[3]

- Ceux-là, Dieu témoigne qu'ils croient en Ses signes : {*Rien d'autre, en vérité : en Nos signes croient ceux qui, lorsqu'on les leur rappelle, tombent prosternés et, par la louange de leur Seigneur, chantent pureté, tandis qu'ils ne s'enflent pas d'orgueil. Leurs flancs s'arrachent à leurs lits pour invoquer leur Seigneur, par crainte autant que par avidité ; et ils font largesses sur ce que Nous leur attribuons. Pourtant, nul ne sait ce qui leur est réservé de fraîcheur des yeux, en paiement de ce qu'ils œuvraient*} (S. 32, V. 15-17).[4]

- Enfin, Il refuse de les assimiler aux autres, à ceux qui ne présentent pas les mêmes qualités : {*Quoi ! celui qui, aux heures de la nuit, reste en dévotion, prosterné et debout, prenant garde à l'au-delà et espérant*

---

1 ﴿وَمِنَ ٱلَّيْلِ فَتَهَجَّدْ بِهِۦ نَافِلَةً لَّكَ عَسَىٰٓ أَن يَبْعَثَكَ رَبُّكَ مَقَامًا مَّحْمُودًا﴾

2 ﴿إِنَّ ٱلْمُتَّقِينَ فِى جَنَّٰتٍ وَعُيُونٍ ءَاخِذِينَ مَآ ءَاتَىٰهُمْ رَبُّهُمْ ۚ إِنَّهُمْ كَانُوا۟ قَبْلَ ذَٰلِكَ مُحْسِنِينَ كَانُوا۟ قَلِيلًا مِّنَ ٱلَّيْلِ مَا يَهْجَعُونَ وَبِٱلْأَسْحَارِ هُمْ يَسْتَغْفِرُونَ﴾

3 ﴿وَعِبَادُ ٱلرَّحْمَٰنِ ٱلَّذِينَ يَمْشُونَ عَلَى ٱلْأَرْضِ هَوْنًا وَإِذَا خَاطَبَهُمُ ٱلْجَٰهِلُونَ قَالُوا۟ سَلَٰمًا وَٱلَّذِينَ يَبِيتُونَ لِرَبِّهِمْ سُجَّدًا وَقِيَٰمًا﴾

4 ﴿إِنَّمَا يُؤْمِنُ بِـَٔايَٰتِنَا ٱلَّذِينَ إِذَا ذُكِّرُوا۟ بِهَا خَرُّوا۟ سُجَّدًا وَسَبَّحُوا۟ بِحَمْدِ رَبِّهِمْ وَهُمْ لَا يَسْتَكْبِرُونَ ۩ تَتَجَافَىٰ جُنُوبُهُمْ عَنِ ٱلْمَضَاجِعِ يَدْعُونَ رَبَّهُمْ خَوْفًا وَطَمَعًا وَمِمَّا رَزَقْنَٰهُمْ يُنفِقُونَ فَلَا تَعْلَمُ نَفْسٌ مَّآ أُخْفِىَ لَهُم مِّن قُرَّةِ أَعْيُنٍ جَزَآءًۢ بِمَا كَانُوا۟ يَعْمَلُونَ﴾

la miséricorde de son Seigneur… - Dis : ‘Est-ce qu’ils sont égaux, ceux qui savent, et ceux qui ne savent pas ? Rien d’autre : se rappellent les gens doués d’intelligence} (S. 39, V. 9).[1]

Ce sont là quelques versets coraniques mettant en exergue le mérite de la prière surérogatoire nocturne. S’agissant de la Sunna du Messager de Dieu (ﷺ), voici quelques traditions se rapportant à ce sujet :

- ‘Abd Allâh Ibn Salâm rapporte : « Dès que le Prophète (ﷺ) arriva à Médine, les gens accoururent vers lui. J’étais parmi eux. En étudiant sa physionomie, je compris aussitôt que ce n’était pas là la mine d’un menteur. Voici les premières paroles que j’ai entendues de lui : « Ô gens, saluez autrui ; prodiguez-lui nourriture ; entretenez les liens de parenté ; faites la prière la nuit lorsque les autres sommeillent. Vous aurez ainsi un accès paisible au Paradis. » Cette tradition est rapportée par Al-Hâkim, Ibn Mâjah et At-Tirmidhî, lequel fait ce commentaire : « Ce *hadîth* est *hasan sahîh*. »

- Salmân Al-Fârisî rapporte que le Prophète (ﷺ) a dit : « Je vous conseille de vous mettre debout la nuit pour la prière ; car c’était l’usage constant des vertueux qui vous ont précédés. C’est aussi le moyen de vous rapprocher de votre Seigneur, de racheter vos péchés, de vous détourner de la turpitude, et d’écarter tout mal de votre corps. »

- Sahl Ibn Sa‘d rapporte que l’ange Gabriel vint dire au Prophète (ﷺ) : « Ô Muhammad, vis aussi longtemps que tu voudras, tu es voué à mourir. Fais comme bon te semble, tu en seras récompensé. Aime celui que tu voudras, tu t’en sépareras inexorablement. Sache que l’honneur du croyant, c’est la prière nocturne ; sache que sa dignité, c’est de pouvoir se passer des gens. »

- Enfin, Abû Ad-Dardâ’ rapporte que le Prophète (ﷺ) a dit : « Il est trois hommes à qui Dieu sourit, qui Lui sont source de joie : celui qui, lorsqu’un groupe de combattants se trouve affaibli, s’engage stoïquement dans la lutte, sacrifiant son âme pour la cause de Dieu le Très-Haut ; celui-là, soit il mourra, soit il triomphera grâce à l’assistance de Dieu le Très-Haut, qui lui sera suffisante. Dieu dira alors : « Regardez mon serviteur ! regardez comme il a su tenir patience pour Ma cause ».

---

1 ﴿أَمَّنْ هُوَ قَٰنِتٌ ءَانَآءَ ٱلَّيْلِ سَاجِدًا وَقَآئِمًا يَحْذَرُ ٱلْءَاخِرَةَ وَيَرْجُوا۟ رَحْمَةَ رَبِّهِۦ ۗ قُلْ هَلْ يَسْتَوِى ٱلَّذِينَ يَعْلَمُونَ وَٱلَّذِينَ لَا يَعْلَمُونَ ۗ إِنَّمَا يَتَذَكَّرُ أُو۟لُوا۟ ٱلْأَلْبَٰبِ﴾

Le second est celui qui, quoiqu'ayant une femme belle et un lit douillet, se lève la nuit pour prier ; Dieu dira alors : « Il renonce à son plaisir pour Me rappeler et M'invoquer, alors qu'il aurait pu rester couché ». Le troisième est celui qui, lors d'un voyage, ayant veillé avec ses compagnons de route, prend soin de se réveiller à l'aube pour la prière alors que les autres sont plongés dans le sommeil. »

2- Les convenances à observer en matière de prière surérogatoire nocturne

Il est recommandé à quiconque se propose d'accomplir la prière nocturne d'observer les convenances suivantes :

- Concevoir l'intention de prier la nuit, avant de se coucher. En effet, Abû Ad-Dardâ' rapporte que le Prophète (ﷺ) a dit : « Quiconque rejoint sa couche avec l'intention de se réveiller la nuit pour la prière et plonge dans le sommeil jusqu'au matin, son intention sera tenue pour un acte accompli, et son sommeil sera considéré comme une aumône offerte par Dieu » Ce *hadîth* est rapporté par An-Nasâ'î et Ibn Mâjah, et assorti d'une chaîne de transmission authentique.

- Se laver la figure après le réveil, se curer les dents, regarder le ciel et prononcer cette invocation transmise d'après le Prophète (ﷺ) : « Il n'est d'autre divinité en dehors de Toi, gloire à Toi. J'implore Ton pardon et Ta miséricorde. Seigneur, donne-moi davantage de savoir ; préserve mon âme de l'égarement après m'avoir guidé vers la bonne voie ; accorde-moi une part de Ta miséricorde, c'est Toi le Donneur par excellence. Louange à Dieu qui nous fait revivre après notre mort, et vers Lequel nous retournerons. » Puis il récitait les dix derniers versets de la sourate La Famille de 'Imrân, à partir de : {*Oui, dans la création des cieux et de la terre, et dans l'alternance de la nuit et du jour, il y a vraiment des signes pour les doués d'intelligence*} (S. 3, V. 190).[1] Après quoi il invoquait Dieu en ces termes : « Seigneur, à Toi la louange, Tu es la Lumière des cieux, de la terre et de tout ce qu'ils recèlent. A Toi la louange, Tu es le Maître des cieux, de la terre et de tout ce qu'ils recèlent. A Toi la louange, Tu es Vérité, Ta promesse est vérité, Ta rencontre est vérité, le Paradis est vérité, l'Enfer est vérité, les prophètes sont vérité, Muhammad est vérité, l'Heure du Jugement est vérité. Seigneur, c'est à Toi que je me soumets, c'est en Toi que je crois, à Toi que je m'en remets, vers

---

1 ﴿إِنَّ فِي خَلْقِ ٱلسَّمَٰوَٰتِ وَٱلْأَرْضِ وَٱخْتِلَٰفِ ٱلَّيْلِ وَٱلنَّهَارِ لَءَايَٰتٍ لِّأُو۟لِى ٱلْأَلْبَٰبِ﴾

Toi que je m'incline ; c'est pour Toi que je combats les ennemis ; c'est à Ton jugement que je m'en tiens. Pardonne donc mes fautes antérieures et mes fautes postérieures, mes péchés secrets et mes péchés manifestes. C'est Toi Dieu, il n'est d'autre divinité en dehors de Toi. »

- Commencer la prière par deux cycles de prière légers puis en effectuer autant qu'on voudra. D'après 'Â'isha (رضي الله عنها), dans sa prière surérogatoire nocturne, le Prophète (ﷺ) effectuait au préalable deux brefs cycles de prière. Abû Hurayra rapporte que le Prophète (ﷺ) a dit : « Si vous vous levez la nuit pour la prière, commencez par deux cycles de prière légers. » Cette tradition est rapportée par Muslim.

- Réveiller les siens. Abû Hurayra rapporte que le Prophète (ﷺ) a dit : « Dieu accorde Sa miséricorde à tout homme qui se lève la nuit, qui réveille son épouse, et qui, si elle refuse, n'hésite pas à lui asperger de l'eau sur le visage. De même, Dieu accorde Sa miséricorde à toute femme qui se lève la nuit, qui réveille son époux, et qui, s'il refuse, n'hésite pas à lui asperger de l'eau sur le visage. » D'après le même Abû Hurayra, le Prophète (ﷺ) a dit : « Quand un homme réveille son épouse pendant la nuit, et qu'ils effectuent ensemble deux cycles de prière, ils sont rangés dans la classe des dévots et des dévotes qui se rappellent Dieu. » Ce *hadîth* est rapporté par Abû Dâwûd, assorti d'une chaîne authentique. Umm Salama (رضي الله عنها) rapporte que le Prophète (ﷺ), s'étant réveillé une nuit, déclara : « Une nuit, l'Envoyé de Dieu (ﷺ) se réveilla tout troublé en disant : « Que de trésors Dieu a fait descendre du ciel, que de troubles Il a fait descendre. Qui donc éveillera les habitantes de ces appartements, – il voulait dire par-là ses femmes afin qu'elles fassent la prière. Peut-être que celle qui est bien vêtue ici-bas sera nue dans l'autre monde. » Ce *hadîth* est rapporté par Al-Bukhârî. 'Alî rapporte qu'un jour, le Prophète (ﷺ) vint frapper à sa porte ; il lui demanda ainsi qu'à son épouse Fâtima : « Ne priez-vous point ? – Ô Messager de Dieu, répondirent-ils, nos âmes sont entre les mains de Dieu. S'Il veut nous réveiller, Il le fera. A ces paroles, le Prophète (ﷺ) s'en alla. Je l'entendis qui disait, tout en se frappant la cuisse : « L'homme est la créature la plus encline à polémiquer. » Ce *hadîth* est rapporté par Al-Bukhârî et Muslim.

- Laisser la prière et se coucher, si l'on se sent vaincu par le sommeil, jusqu'à ce que l'on se sente dispos. 'Â'isha (رضي الله عنها) rapporte en effet que le Prophète (ﷺ) a dit : « Si vous vous levez la nuit pour prier, et que vous sentiez que votre langue a du mal à réciter le Coran, le mieux que vous ayez à faire est de vous recoucher. » Cette tradition est rapportée par Muslim. Anas rapporte : « En entrant un jour à la mosquée, le Prophète (ﷺ) trouva une corde étendue entre deux piliers : « Qu'est-ce que c'est ? demanda-t-il. – C'est Zaynab qui fait la prière, répondit-on, lorsqu'elle se sent languissante ou lasse, elle saisit cette corde. – Déliez cette corde, ordonna le Prophète. Que chacun prie tant qu'il est dispos ; s'il est alangui ou fatigué, qu'il aille se coucher. » Ce *hadîth* est rapporté par Al-Bukhârî et Muslim.

- Ne pas se donner trop de peine ; il est préférable de se lever la nuit autant que l'on peut, d'observer assidûment cet usage et de n'y renoncer qu'en cas de force majeure. 'Â'isha (رضي الله عنها) rapporte : « Le Prophète (ﷺ) faisait cette recommandation : « De toutes les œuvres, accomplissez celle que vous êtes en mesure de faire. Par Dieu ! Dieu ne saurait se lasser tant que vous ne vous lassez pas vous-mêmes. » Ce *hadîth* est rapporté par Al-Bukhârî et Muslim.

- Al-Bukhârî et Muslim rapportent, citant également 'Â'isha (رضي الله عنها), qu'ayant été interrogé sur les œuvres les plus aimées de Dieu le Très-Haut, le Prophète (ﷺ) répondit : « La plus assidue, aussi infime soit-elle. » Citant la même 'Â'isha (رضي الله عنها), Muslim rapporte : « Les actes du Prophète (ﷺ) se caractérisaient par la constance. Lorsqu'il faisait quelque chose, il le faisait avec ténacité. » 'Abd Allâh Ibn 'Umar rapporte : « Le Prophète (ﷺ) m'a recommandé : « Ô 'Abd Allâh, ne sois pas comme ces gens qui avaient coutume de prier la nuit et qui ont renoncé à le faire. » Ce *hadîth* est rapporté par Al-Bukhârî et Muslim. Citant Ibn Mas'ûd, Al-Bukhârî et Muslim rapportent : « Un jour qu'on évoquait auprès du Prophète (ﷺ) un homme qui avait cédé au sommeil jusqu'au matin : « C'est là un homme, s'exclama-t-il, dans l'oreille duquel Satan a uriné – dans une autre version : « dans l'oreille duquel Satan a parlé ». Enfin, citant Sâlim Ibn 'Abd Allâh Ibn 'Umar, qui tient ce *hadîth* de son père, Al-Bukhârî et Muslim rapportent : « Le Prophète (ﷺ) a dit : « Quel homme de bien serait 'Abd Allâh, s'il s'appliquait à faire la prière nocturne. » Depuis lors, affirma Sâlim, 'Abd Allâh ne dormit que fort peu la nuit.

3- A quel moment accomplit-on la prière surérogatoire nocturne ?

Il est permis d'effectuer cette prière au début, au milieu ou à la fin de la nuit, sachant qu'elle doit avoir lieu après l'office de nuit (*al-'ishâ'*). Anas (رضي الله عنه) décrit en ces termes la prière du Prophète (ﷺ) : « Chaque fois que nous voulions le voir prier la nuit, nous le voyions immanquablement ; et lorsque nous voulions le voir préférer le sommeil, nous le voyions le faire également. Jeûnait-il, on aurait dit qu'il ne romprait le jeûne aucun des jours du mois ; ne jeûnait-il pas, on aurait dit qu'il ne jeûnerait aucun des jours du mois. » Ce *hadîth* est rapporté par Ahmad, Al-Bukhârî et An-Nasâ'î. Al-Hâfidh précise : « Loin d'assigner à ses prières nocturnes un moment précis, Le Prophète (ﷺ) procédait librement, en faisant autant qu'il pouvait. »

4- Le meilleur moment pour accomplir la prière surérogatoire nocturne

Il est recommandé de la remettre jusqu'au dernier tiers de la nuit :

- Abû Hurayra (رضي الله عنه) rapporte que le Messager de Dieu (ﷺ) a dit : « Au cours du dernier tiers de la nuit, notre Seigneur, le Très-Haut, l'Exalté, descend vers le ciel d'ici-bas et dit : « Qui M'invoque, j'exaucerai ses vœux, qui demande Mes grâces, je lui en prodiguerai, qui implore Mon pardon, je le lui accorderai » Ce *hadîth* est rapporté par Al-Bukhârî, Muslim, Abû Dâwûd, At-Tirmidhî, An-Nasâ'î, Ibn Mâjah, et Ahmad.

- 'Amr Ibn 'Absa rapporte : « J'ai entendu le Prophète (ﷺ) dire : « Il n'est point de moment où le serviteur se trouve plus proche du Seigneur que celui de la dernière partie de la nuit. Si tu peux être du nombre de ceux qui évoquent Dieu à cette heure-là, sois-en. » Ce *hadîth* est rapporté par Al-Hâkim, qui précise : « Il est conforme aux conditions d'authenticité posées par Muslim », et par At-Tirmidhî qui le juge *hasan sahîh*, ainsi que par An-Nasâ'î et Ibn Khuzayma.

- Abû Muslim interrogea Abû Dharr en ces termes : « Laquelle des prières de la nuit est la meilleure ? – Je m'en suis enquis, répondit-il, auprès du Messager de Dieu (ﷺ), tout comme tu le fais maintenant. Il me répondit : « Celle du milieu de la nuit, de sa moitié restante, mais rares sont ceux qui s'y attellent. » Ce *hadîth* est rapporté par Ahmad ; il est assorti d'une chaîne de transmission qualifiée de bonne (*jayyid*).

- 'Abd Allâh Ibn 'Umar rapporte que le Prophète (ﷺ) a déclaré : « Le jeûne privilégié de Dieu est celui de Dâwûd (David) ; la prière privilégiée de Dieu est également celle de Dâwûd : de la nuit, celui-ci dormait la moitié, priait le tiers, puis se rendormait durant la sixième partie. Il avait coutume de jeûner un jour sur deux. » Cette tradition est rapportée par Al-Bukhârî, Muslim, Abû Dâwûd, At-Tirmidhî, An-Nasâ'î, Ibn Mâjah, et Ahmad.

5- Le nombre de cycles de prière requis dans la prière surérogatoire nocturne

Cette pratique cultuelle n'est point délimitée par un nombre défini de cycles de prière ; elle peut même se ramener au seul cycle de prière du *witr*, qui est postérieure à l'office de nuit (*al-'ishâ'*).

- Samura Ibn Jundab (رضي الله عنه) rapporte : « Le Prophète (صلى الله عليه وسلم) nous a recommandé de prier peu ou prou durant la nuit, et d'achever notre prière par le *witr*. Ce propos est rapporté par At-Tabarânî et Al-Bazzâr.

- On rapporte, citant Anas (رضي الله عنه) que le Prophète (صلى الله عليه وسلم) a dit : « Une prière dans ma mosquée vaut dix mille prières ; une prière dans la Mosquée Sacrée équivaut à cent mille prières ; dans le campement des combattants, elle en vaut un million. Mais, bien meilleures que tout cela sont les deux cycles de prière accomplis par le serviteur de Dieu au milieu de la nuit. » Ce *hadîth* est rapporté par Abû Ash-Shaykh et Ibn Hibbân dans son ouvrage « *Ath-Thawâb* » ; il n'est point mentionné dans le livre d'Al-Mundhirî : « *At-Targhîb wa at-Tarhîb* ».

- Iyâs Ibn Mu'âwiya Al-Muzanî (رضي الله عنه) rapporte que le Messager de Dieu (صلى الله عليه وسلم) a déclaré : « Il convient de se livrer à quelque prière pendant la nuit, si brève fût-elle. Or, tout ce qui est postérieur à l'office nocturne (*al-'ishâ'*) fait partie de la nuit. » Ce *hadîth* est rapporté par At-Tabarânî ; ses transmetteurs sont dignes de foi, hormis Muhammad Ibn Ishâq.

- Ibn 'Abbâs (رضي الله عنهما) évoqua un jour la prière de la nuit. « Le Messager de Dieu, lui précisa-t-on alors, a affirmé : « Sa moitié, son tiers, son quart valent le temps de traire une chamelle ou une brebis ».

- On rapporte, citant également Ibn 'Abbâs : « Le Messager de Dieu (صلى الله عليه وسلم) nous a recommandé de nous appliquer à la prière de la nuit ; il nous y a exhorté avec insistance, en affirmant : « Prenez soin de faire la prière de la nuit, ne serait-ce qu'en faisant un cycle de prière. Cette tradition est rapportée par At-Tabarânî dans ses traités : « *Al-Kabîr* » et « *Al-Awsat* ».

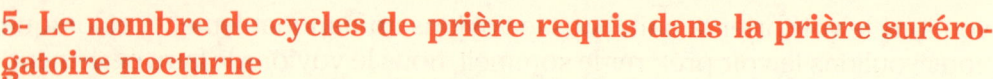

Il est préférable de faire onze ou treize cycles de prière, l'orant ayant toute latitude de procéder de façon continue ou discontinue. 'Â'isha (رضي الله عنها) raconte que le Messager de Dieu (صلى الله عليه وسلم), aussi bien pendant le Ramadan qu'en d'autres périodes, ne dépassait jamais les onze cycles de prière. Il en faisait d'abord quatre : tu ne saurais imaginer combien elles étaient longues, belles, ferventes, puis quatre autres, tout aussi longues, belles et ferventes. Enfin trois cycles. 'Â'isha (رضي الله عنها) relate : « Je demandai : Ô Messager de Dieu, rejoindrais-tu ta couche avant de faire le *witr* ? – Ô 'Â'isha, me répondit-il ; si mes yeux s'endorment, mon cœur ne s'endort point. » Ce dernier *hadîth* a été rapporté par Al-Bukhârî et Muslim, lesquels rapportent également, citant Al-Qâsim Ibn Muhammad : « J'ai entendu 'Â'isha (رضي الله عنها) dire : « La prière que le Messager de Dieu (ﷺ) accomplissait pendant la nuit consistait en dix cycles, auxquels s'ajoutait un cycle en guise de *witr*. »

6- Comment rattraper la prière surérogatoire nocturne ?

Muslim rapporte, citant 'Â'isha (رضي الله عنها), que le Messager de Dieu (ﷺ), lorsqu'il lui arrivait de manquer la prière nocturne à cause d'un embarras, se livrait pendant le jour à une prière de douze cycles.

Muslim, Abû Dâwûd, At-Tirmidhî, An-Nasâ'î, Ibn Mâjah, et Ahmad rapportent, citant 'Umar, que le Prophète (ﷺ) a dit : « Celui qui s'endort sans avoir récité sa part du Coran, ou quelques versets, et qui s'en acquitte entre l'office de l'aube et celui de midi, sera considéré comme ayant accompli ce culte pendant la nuit. »

La prière surérogatoire nocturne du Ramadan

1- Son fondement légal

Il est recommandé autant aux hommes qu'aux femmes d'accomplir la prière surérogatoire nocturne du Ramadan, ou *tarâwîh*. Cette prière se fait après l'office de nuit et avant le *witr*, et ce, deux cycles par deux cycles. Il est loisible de l'accomplir après le *witr*, mais cette option n'est pas la meilleure. Force est de signaler que le temps de cette pratique cultuelle se prolonge jusqu'à la fin de la nuit. L'ensemble des docteurs de la Loi rapporte, citant Abû Hurayra, que le Messager de Dieu (ﷺ) exhortait à pratiquer la prière surérogatoire nocturne du Ramadan, mais sans insister. Il disait : « Quiconque fait la prière surérogatoire nocturne du Ramadan, avec foi et sincérité, tous ses péchés antérieurs seront pardonnés ».

Al-Bukhârî, Muslim, Abû Dâwûd, An-Nasâ'î, Ibn Mâjah et Ahmad rapportent encore, citant 'Â'isha (رضي الله عنها) : « Le Prophète (ﷺ) fit une nuit la prière à la mosquée, suivi de nombreux orants. Le lendemain, il en fit autant et le nombre des orants s'accrut. Or, la troisième nuit, le Prophète (ﷺ) ne se rendit pas à la mosquée, alors que les gens s'y étaient rassemblés et l'attendaient. Le matin, il leur déclara : « Je sais que vous étiez là. Ne m'a empêché de vous rejoindre que la crainte que cette prière ne devienne pour vous une obligation.»

2- Le nombre de cycles requis dans la prière surérogatoire nocturne du Ramadan

Al-Bukhârî, Muslim, Abû Dâwûd, At-Tirmidhî, An-Nasâ'î, Ibn Mâjah, et Ahmad rapportent, citant 'Â'isha (رضي الله عنها), que le Prophète (ﷺ), ne dépassait point les onze cycles de prière, tant durant Ramadan qu'en d'autres mois. Dans leurs « *Sahîh* », Ibn Khuzayma et Ibn Hibbân rapportent, citant Jâbir, que Le Prophète (ﷺ), en dirigeant les gens dans la prière surérogatoire nocturne, fit huit cycles suivis du *witr*, et qu'il ne vint pas la nuit suivante alors qu'ils l'attendaient. Citant également Jâbir, Abû Ya'lâ et At-Tabarânî rapportent, suivant une chaîne de transmission jugée bonne : « Ubayy Ibn Ka'b vint trouver le Messager de Dieu (ﷺ) une nuit de Ramadan et lui dit : « Ô Messager de Dieu, j'ai fait quelque chose de particulier cette nuit. – Quoi donc ? demanda le Prophète. – Des femmes de ma maisonnée m'ont dit : « Nous ne lisons pas le Coran. Pouvons-nous te suivre dans ta prière ? ». J'ai donc dirigé ces femmes dans la prière, en faisant huit cycles suivis du *witr*. A ces mots, le Prophète (ﷺ) ne dit rien, en signe d'approbation. » Telle est la tradition authentique et exclusive héritée du Prophète (ﷺ). Il est tout aussi vrai que les gens, du temps de 'Umar, 'Uthmân et 'Alî, faisaient vingt cycles de prière. C'est d'ailleurs l'opinion adoptée par la majorité des juristes hanafites, hanbalites ainsi que par Dâwûd (le dhâhirite). At-Tirmidhî affirme à ce titre : « La majorité des docteurs de la Loi s'alignent sur l'usage consacré par 'Umar et 'Alî, entre autres Compagnons du Prophète (ﷺ), à savoir accomplir la prière (surérogatoire nocturne du Ramadan) en vingt cycles de prière. A cette opinion adhèrent également Ath-Thawrî, Ibn Al-Mubârak et Ash-Shâfi'î, lequel a dit : « J'ai constaté que les gens en faisaient autant à La Mecque. »

Certains docteurs estiment qu'il est recommandé d'accomplir onze cycles de prière assortis du *witr*, tout ajout étant louable, bien entendu.

Al-Kamâl Ibn Al-Humâm commente : « S'agissant des vingt cycles de prière, il convient, selon toute vraisemblance, de s'en tenir à la coutume du Prophète (ﷺ), qui s'est avisé de renoncer à en effectuer un nombre supplémentaire – ajout qui demeure préférable – de crainte d'en faire une pratique prescrite. Or, il est établi, comme le montrent les deux « *Sahîh* » (celui d'Al-Bukhârî et de Muslim), que cette prière compte onze cycles incluant le *witr*. La tradition consiste donc, en vertu des fondements entérinés par nos docteurs, en huit cycles, sachant que c'est un choix toujours louable que d'en faire douze. »

3- La célébration en commun de la prière surérogatoire nocturne du Ramadan

Il est loisible d'accomplir cette prière en commun ou individuellement. Toutefois, sa célébration en commun à la mosquée demeure préférable, de l'avis de la majorité des doctes. Il a été signalé plus haut que le Prophète (ﷺ) a bel et bien présidé cette prière, et qu'il a pris soin de ne pas en faire un usage quotidien de peur qu'elle ne se transforme en prescription. Il advint par la suite que 'Umar regroupa les musulmans autour d'un imâm pour la réalisation de cette pratique cultuelle. 'Abd Ar-Rahmân Ibn 'Abd Al-Qârî raconte : « Ayant accompagné 'Umar à la mosquée une nuit de Ramadan, nous trouvâmes les gens dispersés, les uns priant seuls, les autres célébrant ce culte en commun. Et 'Umar de déclarer : « Il me semble qu'il serait bien mieux de regrouper ces orants autour d'un seul récitant. » Sitôt dit, sitôt fait. L'imâm désigné fut 'Ubayy Ibn Ka'b. Une autre nuit, je me rendis avec lui à la mosquée. Les gens suivaient la prière de leur récitant. Et 'Umar de s'exclamer : « Quelle belle innovation que celle-là ! Ceux qui sommeillent en la délaissant valent mieux que les orants qui s'y attellent », voulant dire par là qu'il vaut mieux l'effectuer à la fin de la nuit. Ce propos est rapporté par Al-Bukhârî, Muslim, Ibn Khuzayma, Al-Bayhaqî, entre autres traditionnistes.

4- La récitation du Coran dans la prière surérogatoire nocturne du Ramadan

Pour la prière surérogatoire nocturne du Ramadan, il n'est point de tradition consacrée se rapportant à la récitation du Coran. On rapporte que les pieux Anciens récitaient deux cents versets et s'appuyaient sur des bâtons tellement ils restaient debout. Ils ne s'en allaient que peu de temps avant l'aube ; aussi exigeaient-ils de leurs valets promptitude et célérité dans la présentation du repas, de crainte que le jour ne se lève. La sourate La Vache était habituellement récitée en huit cycles de prière ; si on le faisait en douze cycles, la prière était jugée allégée.

Ibn Qudâma rapporte, citant Ahmad : « Pendant le mois de Ramadan, l'imâm récitera, en fait de Coran, ce qui est de nature à ne pas lasser les orants, notamment dans les nuits courtes. »

Al-Qâḏî 'Iyâḏ affirme : « Il n'est point recommandé d'écourter la lecture du Coran durant ce mois, car il convient que les gens entendent réciter la totalité du Coran. L'imâm ne devra pas non plus allonger la récitation outre mesure, pour ne pas fatiguer les orants. Il convient de prendre en compte l'état et la disposition des gens. Ce serait une chose idéale que de voir un groupe d'orants s'accorder à célébrer une prière longue. Qu'on en juge par cette affirmation d'Abû Dharr : « Une nuit, nous avons prié longuement en compagnie du Prophète (ﷺ), si longuement que nous avons cru manquer le repas de l'aube. Le récitant lisait le Coran en passages de deux cent versets. »

La prière surérogatoire du matin (*aḏ-ḏuḥâ*)

1- Le mérite attribué à la prière du matin

Nombre de *ḥadîth* ont été rapportés concernant les mérites de la prière du matin, dont les suivants :

- Abû Dharr (رضي الله عنه) rapporte que le Messager de Dieu (ﷺ) a déclaré : « Chaque matin, tout musulman doit une aumône pour chaque articulation de son corps ; chaque exaltation (*tasbîḥa*) est une aumône ; chaque louange (*taḥmîda*) est une aumône ; attester qu'il n'y a de dieu que Dieu (*tahlîla*) est une aumône ; chaque proclamation de la grandeur de Dieu (*takbîra*) est une aumône, recommander le bien est une aumône ; condamner le répréhensible est une aumône. Or, tout cela, deux cycles de prière faits le matin peuvent le remplacer. »[1]

- Aḥmad et Abû Dâwûd rapportent, citant Burayda, que le Prophète (ﷺ) a dit : « Le corps humain comprend trois cent soixante articulations. Pour chacune d'entre elles, l'homme doit faire une aumône. – Qui peut faire autant d'aumônes, ô Messager de Dieu ? lui demanda-t-on alors. – Il suffit, répondit-il, d'enlever une tâche dans une mosquée, ou d'écarter de la route un objet embarrassant. Autrement, on peut compter sur les deux cycles de prière du matin. »

Ash-Shawkânî constate : « Ces deux *ḥadîth* montrent combien est considérable le mérite de ces deux cycles de prière, comment est entérinée leur légitimité, comment elles équivalent à trois cent soixante

1 Ce *ḥadîth* est rapporté par Aḥmad, Muslim et Abû Dâwûd.

aumônes. En tant que telles, elles sont dignes qu'on s'y applique avec ténacité et régularité. Ces deux textes montrent également qu'il est hautement légitime et recommandable de réitérer l'exaltation, la louange, la proclamation de l'Unicité de Dieu, ainsi que d'œuvrer à la recommandation du bien, à la condamnation du répréhensible, et à des pratiques aussi saines et bienfaisantes que celle d'enlever saletés et objets nuisibles du chemin des passants, entre autres marques d'obéissance qui exemptent l'homme des aumônes nécessaires pour chaque jour. »

- An-Nawwâs Ibn Sam'ân (رضي الله عنه) rapporte que le Prophète (ﷺ) a dit : « Dieu le Très-Haut, le Très Exalté, a dit : « Ô fils d'Adam, si tu ne renonces pas, par paresse, à faire quatre cycles de prière au début de la journée, j'en ferai ta suffisance à la fin de la journée. »[1] La version d'At-Tirmidhî est la suivante : « Le Prophète (ﷺ) a rapporté cette parole de Dieu le Très-Haut : « Ô fils d'Adam, fais pour Moi quatre cycles de prière au début de la journée, j'en ferai ta suffisance à la fin de la journée. »

- 'Abd Allâh Ibn 'Amr rapporte que le Prophète (ﷺ) envoya une troupe en mission. Ses combattants furent prompts à remporter la victoire et à rebrousser chemin. La rumeur publique ne manqua pas de chanter la rapidité de leur triomphe et leur retour ainsi que l'abondance de leur butin. Le Prophète déclara alors : « Voulez-vous que je vous montre de quoi obtenir un triomphe et un retour plus prompts et un butin plus abondant ? Faire ses ablutions et se rendre à la mosquée pour la prière du matin. » Ce propos est rapporté par A<u>h</u>mad et A<u>t</u>-<u>T</u>abarânî. Il est rapporté en les mêmes termes par Abû Ya'lâ.

- Abû Hurayra (رضي الله عنه) rapporte : « Mon bien-aimé, le Messager de Dieu (ﷺ) m'a recommandé trois choses : jeûner trois jours par mois, accomplir les deux cycles de prière du matin, ainsi que celle du *witr* avant de me coucher. » Ce propos est rapporté par Al-Bukhârî et Muslim.

Anas (رضي الله عنه) rapporte que lors d'un voyage, il a vu le Prophète (ﷺ) effectuer huit cycles à l'occasion de la prière surérogatoire du matin. Une fois la prière achevée, le Prophète (ﷺ) dit : « J'ai fait ma prière mû par le désir et par la crainte : j'ai formulé trois vœux à mon Seigneur ; Il en a exaucé deux. Je L'ai prié de ne point affliger ma Communauté par la

---

1 Ce *<u>h</u>adîth* a été rapporté par Al-<u>H</u>âkim et A<u>t</u>-<u>T</u>abarânî ; ses transmetteurs sont dignes de foi. Il a été également rapporté par A<u>h</u>mad, At-Tirmidhî, Abû Dâwûd et An-Nasâ'î, citant Nu'aym Al-Gha<u>t</u>afânî ; sa chaîne de transmission est qualifiée de bonne (*jayyid*).

sécheresse ; il en sera ainsi. Je L'ai prié de ne pas soutenir les ennemis de ma Communauté ; il en sera ainsi. Je L'ai prié de ne pas la laisser se désunir et se disperser en plusieurs clans ; Il a refusé mon imploration. » Ce *hadîth* est rapporté par Ahmad, An-Nasâ'î, Al-Hâkim et Ibn Khuzayma, et authentifié par ces deux derniers.

2- Le statut de la prière surérogatoire du matin

Il s'agit d'une prière recommandée. Quiconque désire obtenir la rétribution correspondante a le loisir de s'y atteler, son omission n'étant nullement répréhensible. Abû Sa'îd (ﷺ) a dit : « Le Prophète (ﷺ) s'appliquait à la prière du matin avec tant de zèle que nous le croyions incapable de la négliger. En revanche, Il la délaissait parfois, tant et si bien qu'on le croyait prêt à y renoncer. » Ce *hadîth* est rapporté par At-Tirmidhî, qui l'a jugé bon (*hasan*).

3- A quel moment faire la prière surérogatoire du matin ?

Le temps de cette prière commence une fois que le soleil est haut dans le ciel, et il expire à midi. Il est cependant préférable de retarder un peu cette prière et de s'y atteler une fois que la chaleur est accrue. Zayd Ibn Al-Arqam (ﷺ) rapporte : « Le Prophète (ﷺ), s'étant rendu un jour chez les habitants de Qubâ', les trouva en train de faire la prière du matin : « La prière de ceux qui reviennent à Dieu, affirma-t-il, s'accomplit au moment où les chamelons commencent à souffrir de la chaleur. » C'est-à-dire lorsque le soleil est haut dans le ciel et que la chaleur est intense. Ce *hadîth* est rapporté par Ahmad, Muslim et At-Tirmidhî.

4- Le nombre de cycles requis dans la prière surérogatoire du matin

Comme le montre le *hadîth* susmentionné d'après Abû Dharr, le minimum requis en la matière est de deux cycles de prière. Or, il s'avère, à en juger par les actes du Prophète (ﷺ), que le maximum était le plus souvent de huit cycles de prière, et de douze, si l'on en juge par ses paroles. Certains – dont Abû Ja'far At-Tabarî, et les shâfi'ites Al-Hulaymî et Ar-Ruyânî - estiment qu'il n'est point de limite maximale à cette surérogation. Dans sa glose sur les « *Sunan* » d'At-Tirmidhî, Al-'Irâqî affirme n'avoir point reçu d'un quelconque Compagnon ou Successeur une tradition préconisant douze cycles de prière comme nombre limite. As-Suyûtî abonde dans le même sens.

Sa'îd Ibn Man<u>s</u>ûr rapporte : « On demanda à Al-<u>H</u>asan : Les Compagnons du Messager de Dieu (ﷺ) faisaient-ils cette prière ? – Oui, répondit-il, certains faisaient deux cycles de prière, d'autres quatre, d'autres encore prolongeaient cette prière jusqu'à midi. »

Ibrâhîm An-Nakha'î raconte qu'un homme interrogea Al-Aswad Ibn Yazîd : « Combien de cycles de prière dois-je effectuer dans la prière du *<u>d</u>u<u>h</u>â* ? – Autant que tu voudras, lui répondit-il. »

Umm Hâni' rapporte que le Prophète (ﷺ) effectuait cette prière en huit cycles, en prononçant le salut de clôture au terme de chaque paire. Ce *<u>h</u>adîth* est rapporté par Abû Dâwûd, assorti d'une chaîne de transmission authentique.

'Â'isha (رضي الله عنها) affirme : « Le Prophète (ﷺ) avait coutume d'accomplir la prière du matin en quatre cycles, qu'il augmentait à loisir. » Ce propos est rapporté par A<u>h</u>mad, Muslim et Ibn Mâjah.

La prière de la consultation (*<u>s</u>alât al-istikhâra*)

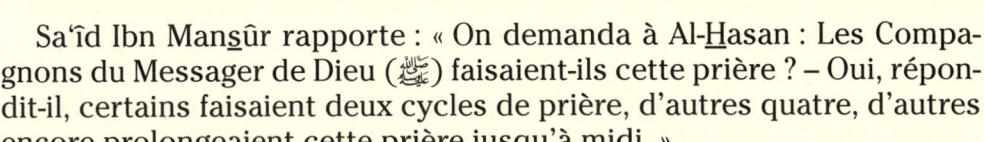

Il est recommandé pour celui qui désire réaliser un dessein licite, mais qui nourrit des doutes sur le bien que recèlerait un tel dessein, d'effectuer deux cycles de prière pendant la nuit ou le jour, y compris les deux cycles de prière attenants aux offices canoniques (*as-sunan ar-râtiba*) ou les deux cycles de la prière de salut de la mosquée. Il s'agit de réciter, après la *fâti<u>h</u>a*, les versets coraniques que l'on voudra, de louanger Dieu, de prier sur son Prophète (ﷺ), puis de prononcer cette invocation rapportée par Al-Bukhârî, citant Jâbir (رضي الله عنه), lequel relate : « Le Messager de Dieu (ﷺ) nous apprenait à faire la prière de la consultation (*al-istikhâra*) pour toutes les affaires de la vie, comme il nous enseignait les sourates du Coran. Il nous disait : « Si vous avez une décision à prendre, faites deux cycles de prière surérogatoires et dites : « Seigneur, puisses-Tu me conduire vers le bien de par Ton omniscience, me soutenir de par Ta toute-puissance, et me prodiguer Ta grâce immense. Tu peux et je ne puis point ; Tu sais et je ne sais point ; c'est Toi le connaisseur des Mystères. Seigneur, si Tu sais que cette affaire me sera bénéfique, qu'elle le sera tant pour ma foi, pour mon existence temporelle que pour mon devenir – ou, selon une autre version, dans le présent immédiat comme à l'avenir –, je te prie de la sceller dans mon destin, de me la rendre facile et de la bénir. Et si Tu sais que cette affaire me sera pernicieuse, qu'elle le sera tant pour ma foi, pour mon existence temporelle que pour mon devenir – ou, selon une autre version, dans le présent immédiat comme à l'avenir –, je te prie de l'éloigner de moi et de m'en détourner ; je te prie de me réserver le bien où qu'il soit, et de m'en rendre satisfait » et Jâbir d'ajouter : « Et on précisera la question dont il s'agit après la formule : « Seigneur, si Tu sais que cette affaire... »

Concernant la récitation du Coran lors de cette pratique cultuelle, nul verset ou sourate n'ont été préconisés en particulier. De même, il n'a point été établi qu'il soit recommandé de la réitérer.

An-Nawawî note : « Il convient de choisir, après la prière de la consultation, ce qui trouve notre agrément ; et il ne convient pas de se fier aux sentiments qui trouvaient notre agrément avant d'avoir fait cette prière. Voire, il convient à celui qui fait la prière de la consultation d'abandonner totalement son pouvoir de décision, à défaut de quoi on ne saurait dire qu'il demande conseil à Dieu, qu'il demande le mieux, qu'il se dissocie de toute science, de toute capacité et qu'il attribue ces qualificatifs à Dieu seul. Si par contre il est sincère, il se sera dissocié de toute force et de tout pouvoir de décision et sera exempté de la responsabilité de son choix. »

La prière de l'exaltation (*s̲alât at-tasbîh̲*)

'Ikrima rapporte, citant Ibn 'Abbâs : « Le Messager de Dieu (ﷺ) s'adressa à Al-'Abbâs ibn 'Abd Al-Mut̲t̲alib en ces termes : « Ô 'Abbâs, ô mon oncle, que ne t'offrirai-je, que ne te prodiguerai-je, que ne te montrerai-je dix actes pieux à observer ? Si tu t'y appliques, Dieu pardonnera l'ensemble de tes péchés, des premiers aux derniers, des anciens aux nouveaux, qu'ils soient involontaires ou délibérés, véniels ou graves, commis en cachette ou en public. Les voici : faire quatre cycles de prière en récitant dans chacune la *fâtih̲a*, suivie d'une sourate quelconque. Une fois achevée la récitation du premier cycle, tu diras à quinze reprises, en position debout : « Gloire à Dieu, louange à Dieu ; il n'est d'autre divinité en dehors de Dieu ; Dieu est grand. » En t'inclinant, tu diras ces formules à dix reprises ; en te relevant, tu les prononceras dix fois également. Ce même nombre, tu le diras lors de la prosternation, en relevant la tête, en faisant une nouvelle prosternation, et en relevant encore la tête. Cela fait soixante-quinze exaltations dans chaque cycle de prière, lequel acte se répétera à quatre reprises. Si tu peux procéder ainsi une fois par jour, fais-le ; sinon tu le feras une fois chaque vendredi, sinon une fois par an, sinon une fois dans ta vie. » Ce *h̲adîth* est rapporté par Abû Dâwûd, Ibn Mâjah, Ibn Khuzayma dans son « *S̲ah̲îh̲* », ainsi que par At-T̲abarânî.

Al-<u>H</u>âfi<u>dh</u> commente : « Ce *hadîth* a été rapporté à travers des chaînes de garants diverses, ainsi que de la part d'un groupe de Compagnons. La meilleure version est celle de 'Ikrima, présentée ci-dessus, laquelle a été validée par une pléiade de traditionnistes, dont Al-<u>H</u>âfi<u>dh</u> Abû Bakr Al-Âjurî, notre maître Abû Mu<u>h</u>ammad 'Abd Ar-Ra<u>h</u>îm Al-Mi<u>s</u>rî, notre maître Al-<u>H</u>âfi<u>dh</u> Abû Al-<u>H</u>asan Al-Maqdisî – que Dieu les ait en Sa miséricorde. Ibn Al-Mubârak constate : « La prière de l'exaltation est recommandée ; il convient de s'y atteler et de ne point l'omettre. »

La prière du besoin (*salât al-<u>h</u>âja*)

Citant Abû Ad-Dardâ', A<u>h</u>mad rapporte ce *hadîth* assorti d'une chaîne authentique : « Le Prophète (ﷺ) a dit : « Celui qui fait ses ablutions selon les règles, puis effectue dûment deux cycles de prière, aura de Dieu ce qu'il a sollicité, que ce soit dans l'immédiat ou plus tard ».

La prière du repentir (*salât at-tawba*)

Abû Bakr (﷜) rapporte : « J'ai entendu le Messager de Dieu (ﷺ) dire : « Tout homme qui, ayant commis un péché, s'avise de faire ses ablutions, de prier et d'implorer le pardon de Dieu, verra ses péchés pardonnés par Dieu.» Puis Il récita ce verset : {*Et pour ceux qui, s'ils ont commis quelque turpitude ou prévariqué contre eux-mêmes, se souviennent de Dieu et demandent pardon de leurs péchés, – et qui est-ce qui pardonne les péchés sinon Dieu ? – et qui ne s'entêtent pas, en ce qu'ils ont fait, alors qu'ils savent. Ceux-là ont pour paiement le pardon de la part de leur Seigneur, ainsi que les Jardins, sous quoi coulent les ruisseaux, d'y demeurer éternellement.* » (S. 3, V. 135-136).[1] Ce *hadîth* est rapporté par Abû Dâwûd, An-Nasâ'î, Ibn Mâjah, Al-Bayhaqî et At-Tirmidhî, qui le juge bon (*hasan*).

Citant Abû Ad-Dardâ', A<u>t</u>-Tabarânî rapporte dans son traité « *Al-Kabîr* » ce *hadîth* assorti d'une chaîne de transmission jugée bonne (*hasan*) : « Le Prophète (ﷺ) a déclaré : « Celui qui fait ses ablutions en veillant à les accomplir selon les règles, puis effectue deux ou quatre cycles de prière, prescrites ou non, en s'inclinant et en se prosternant dûment, et qui implore le pardon de Dieu, celui-là verra son vœu exaucé. »

---

1 ﴿وَٱلَّذِينَ إِذَا فَعَلُواْ فَٰحِشَةً أَوْ ظَلَمُوٓاْ أَنفُسَهُمْ ذَكَرُواْ ٱللَّهَ فَٱسْتَغْفَرُواْ لِذُنُوبِهِمْ وَمَن يَغْفِرُ ٱلذُّنُوبَ إِلَّا ٱللَّهُ وَلَمْ يُصِرُّواْ عَلَىٰ مَا فَعَلُواْ وَهُمْ يَعْلَمُونَ أُوْلَٰٓئِكَ جَزَآؤُهُم مَّغْفِرَةٌ مِّن رَّبِّهِمْ وَجَنَّٰتٌ تَجْرِى مِن تَحْتِهَا ٱلْأَنْهَٰرُ خَٰلِدِينَ فِيهَا﴾

La prière de l'éclipse (*salât al-kusûf*)

Les docteurs de la Loi s'accordent à dire que la prière de l'éclipse est une *sunna* fortement recommandée, aussi bien pour les hommes que pour les femmes. Ils considèrent qu'elle doit être, de préférence, célébrée en commun, sans pour autant que cela soit obligatoire. On appelle à cette prière par la formule : « (venez à) la prière en commun ». Elle consiste, selon la majorité des doctes, en deux cycles de prière comprenant chacun deux inclinaisons. On rapporte, citant 'Â'isha (رضي الله عنها), que du vivant du Prophète (ﷺ), le soleil s'éclipsa. Le Prophète (ﷺ) se rendit alors à la mosquée, prononça le *takbîr* de sacralisation (*Allâhu akbar*) et présida la prière. Il fit une longue récitation du Coran, prononça de nouveau un *takbîr*, s'inclina longuement, mais moins longuement qu'il ne le fit lors de la précédente récitation. En relevant la tête, il dit : « Dieu entend celui qui le louange. Seigneur, à Toi la louange ». Ensuite, il se mit debout et répéta les mêmes actes, mais de manière un peu plus brève, suivis de la louange évoquée ci-dessus, puis de la prosternation. Après quoi il se releva pour le second cycle de prière ; il en fut ainsi jusqu'à ce qu'il acheva le quatrième cycle de prière, faisant de la sorte quatre inclinaisons et quatre prosternations. Le soleil brilla de nouveau, avant que le Prophète (ﷺ) ne quitte la mosquée. Il prononça alors, devant les orants, un discours dans lequel il loua Dieu comme il se doit, avant d'ajouter : « Le soleil et la lune sont deux des signes du Très-Haut. Ils ne sauraient s'éclipser en raison de la mort d'untel ou de sa vie. Si vous voyez une éclipse, recourez donc à la prière. » Ce *hadîth* est rapporté par Al-Bukhârî et Muslim.

Citant Ibn 'Abbâs, Al-Bukhârî et Muslim rapportent également : « Il advint un jour que le soleil s'éclipsât ; le Prophète (ﷺ) célébra alors une prière dans laquelle il resta longtemps debout, le temps que dure la récitation de la sourate La Vache, puis il s'inclina longuement. En se relevant, il resta un long moment – mais moins long que lors de la lecture précédente – à réciter le Coran, puis il fit une inclinaison un peu plus brève que la première, se releva et se prosterna. Il répéta ensuite les mêmes actes en diminuant légèrement la durée de chacun. Quand il quitta la mosquée, le soleil brillait de nouveau. Il dit alors : « Le soleil et la lune sont deux des signes du Très-Haut. Ils ne sauraient s'éclipser en raison de la mort d'un tel ou de sa vie. Si vous voyez une éclipse, mentionnez donc Dieu. »

Ibn 'Abd Al-Barr fait le commentaire suivant : « Ces deux *hadîth* sont parmi les textes les plus authentiques rapportés en cette matière. » Ibn Al-Qayyim note : « S'agissant de la prière de l'éclipse, la *sunna* authentique, explicite et incontestable consiste à répéter deux fois l'inclinaison lors de chaque cycle de prière. Qu'on en juge par le *hadîth* rapporté par 'Â'isha (رضي الله عنها), Ibn 'Abbâs, Jâbir, Ubayy Ibn Ka'b, 'Abd Allâh Ibn 'Amr Ibn Al-'Âs et Abû Mûsâ Al-Ash'arî. Tous ont confirmé que le Prophète (ﷺ) s'inclinait deux fois lors de chaque cycle de prière. Force est de signaler, d'ailleurs, que ceux qui ont rapporté ce détail sont plus nombreux, plus estimés et plus proches du Prophète (ﷺ).

Telle est l'opinion de Mâlik, d'Ash-Shâfi'î et d'Ahmad. Abû Hanîfa, quant à lui, considère que la prière de l'éclipse consiste en deux cycles de prière pareils à ceux des prières de fête (*al-'îd*) et du Vendredi. Pour preuve, ce *hadîth* rapporté par An-Nu'mân Ibn Bashîr : « Le Prophète (ﷺ) présida la prière lors d'une éclipse ; il procéda comme on le fait dans les prières ordinaires, en effectuant par paires inclinaisons et prosternations, en invoquant Dieu, et ce jusqu'au moment où le soleil réapparut. »

Qubaysa Al-Hilâlî rapporte, de son côté, que le Prophète (ﷺ) a dit : « Si vous voyez cela (entendre : l'éclipse), célébrez la prière conformément à la dernière prière prescrite que vous aurez accomplie » Ce propos est rapporté par Ahmad et An-Nasâ'î.

La récitation de la *fâtiha* est impérative dans les deux cycles de prière, l'orant étant libre par la suite de lire ce que bon lui semble en fait de Coran. Il est permis de réciter à voix haute ou en silence. Al-Bukhârî estime toutefois que la récitation à voix haute est préférable.

Le temps de cette prière commence au début de l'éclipse et expire avec la réapparition du soleil.

La prière de l'éclipse lunaire est analogue à celle de l'éclipse du soleil. Al-Hasan Al-Basrî raconte : « La lune s'éclipsa une nuit. Ibn 'Abbâs, gouverneur de Basra à l'époque, se rendit à la mosquée et présida la prière : il fit deux cycles de prière, chacun comprenant deux inclinaisons. Puis il chevaucha sa monture et déclara : « Je m'en suis tenu dans ma prière à ce que j'ai vu du Prophète (ﷺ). » Ce propos est rapporté par Ash-Shâfi'î dans son traité « *Al-Musnad* ».

Il est recommandé de proclamer la grandeur de Dieu, de L'invoquer, de faire l'aumône (*tasadduq*) et d'implorer Son pardon. A telle enseigne qu'Al-Bukhârî et Muslim ont rapporté ce *hadîth*, citant 'Â'isha (ﵴ) : « Le Prophète (ﷺ) affirma : « Le soleil et la lune sont deux des signes du Très-Haut. Ils ne sauraient s'éclipser en raison de la mort d'un tel ou de sa vie. Si vous voyez une éclipse, invoquez donc Dieu, proclamez Sa grandeur, faites l'aumône et priez. »

Citant Abû Mûsâ, Al-Bukhârî et Muslim rapportent que le soleil s'étant éclipsé, le Prophète (ﷺ) procéda à la prière et déclara : « Si vous voyez cela (entendre : l'éclipse), mentionnez aussitôt Dieu, invoquez-Le et implorez Son pardon. »

La prière des rogations (*salât al-istisqâ'*)

L'*istisqâ'*, qui, étymologiquement, consiste à demander de l'eau, signifie ici prier Dieu pour obtenir la pluie en temps de sécheresse. Cette prière s'effectue selon l'une des modalités suivantes :

1- L'imâm préside une prière de deux cycles à un moment quelconque en dehors des moments déconseillés. Lors du premier cycle, il récite, à voix haute, la *fâtiha* et la sourate 87 : {*Chante pureté du nom de ton Seigneur*} ; lors du second, la *fâtiha* suivie de la sourate 88, L'enveloppant. Il fera un sermon, soit avant, soit après la prière. Une fois le sermon achevé, les orants changeront la disposition de leurs vêtements, ce qui était à droite sera désormais à gauche et vice-versa. Ils se tiendront dans le sens de la *qibla* et lèveront les mains pour invoquer Dieu le Très-Haut avec ferveur. Ibn 'Abbâs a dit : « Le Prophète (ﷺ) sortit de chez lui avec une allure modeste, portant des habits de travail. Tout ferveur et recueillement, il accomplit deux cycles de prière pareils à ceux de la prière de la fête, sans faire ce sermon que vous faites. » Ce *hadîth* est rapporté par Abû Dâwûd, At-Tirmidhî, An-Nasâ'î, Ibn Mâjah et Ahmad ; il est authentifié par At-Tirmidhî, ainsi que par Abû 'Uwâna et Ibn Hibbân.

'Â'isha (ﵴ) raconte que les gens ayant exprimé au Prophète (ﷺ) leur plainte au sujet de la sécheresse, il ordonna qu'on disposât une tribune, puis fixa un jour où ils sortiraient ensemble implorer la pluie. Le jour venu, il sortit quand le soleil fut levé, s'assit sur la tribune, proclama la grandeur de Dieu, ainsi que la louange et déclara : « Vous vous êtes plaints de la sécheresse. Dieu vous a enjoints de L'invoquer et vous a promis d'exaucer vos prières. » Et d'ajouter : « Louange à Dieu, Seigneur des mondes, le Très Miséricordieux, le Tout Miséricordieux, Maître du jour de la Rétribution. Il n'est d'autre divinité en dehors de Dieu ; Il fait ce qu'Il veut. Seigneur, il n'est d'autre divinité en dehors de

Toi. Tu es le Riche et nous les pauvres. Puisses-Tu faire tomber Ta pluie sur nous, puisses-Tu faire de ce bien une force et un appui qui nous soulageront pour quelque temps. » Puis il leva les bras et se mit à invoquer longtemps, si longtemps que l'on pouvait voir la blancheur de ses aisselles. Après quoi il tourna le dos aux gens et mit son habit à l'envers en levant les bras. C'est alors qu'il se tourna vers les orants, descendit de la tribune et célébra la prière. Dieu le Très-Haut voulut à ce moment-là que se formât un gros nuage, qui se déclencha en tonnerre et en éclair avant de se déverser par la grâce de Dieu. Voyant la pluie tomber à flots et les gens accourir vers leurs maisons, il sourit avec béatitude et déclara : « Je témoigne que Dieu est Tout-Puissant, et que je suis Son serviteur et Son Messager. » Ce *hadîth* est rapporté par Al-Hâkim et authentifié par Abû Dâwûd qui note : « Ce *hadîth* est singulier (*gharîb*), mais assorti d'une chaîne de transmission jugée bonne (*jayyid*). »

Citant son oncle paternel 'Abd Allâh Ibn Zayd Al-Mâzinî, 'Abbâd Ibn Tamîm rapporte : « Le Prophète (ﷺ) sortit implorer la pluie, accompagné d'une foule de gens. Il présida une prière de deux cycles, dans lesquels il récita le Coran à haute voix. » Ce *hadîth* est rapporté par Al-Bukhârî, Muslim, Abû Dâwûd, At-Tirmidhî, An-Nasâ'î, Ibn Mâjah et Ahmad. Abû Hurayra rapporte : « Un jour, Le Messager de Dieu (ﷺ) sortit implorer la pluie ; il nous dirigea dans un office de deux cycles, sans appels à la prière dits *adhân* et *iqâma*. Ensuite il prononça un sermon, invoqua Dieu, tourna le visage vers la *qibla* en levant les bras, puis il changea la disposition de son vêtement, en mettant le côté gauche à droite et inversement. » Rapporté par Ahmad, Ibn Mâjah et Al-Bayhaqî.

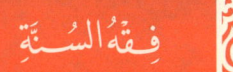

2- Lors du prêche du Vendredi, l'imâm prononce des invocations auxquelles les orants répliquent par des *amen*. Qu'on en juge par ce propos rapporté par Al-Bukhârî et Muslim, d'après Anas : « Un vendredi, un homme entra dans la mosquée et se dirigea vers l'Envoyé de Dieu (ﷺ) qui était debout et lui dit : « Ô Envoyé de Dieu, les troupeaux périssent, les chemins sont déserts ; invoque Dieu pour qu'il fasse pleuvoir. » L'Envoyé de Dieu (ﷺ) éleva alors ses deux mains et dit par trois fois : « Ô mon Dieu, fais pleuvoir. » A ce moment, ajoute Anas, par Dieu ! Nous ne voyions pas dans le ciel le moindre nuage, la moindre brume et cependant aucune tente, aucune maison ne nous dérobait la vue du Sal'. Bientôt on vit s'élever derrière cette montagne un nuage semblable à un bouclier. Arrivé au milieu du ciel, ce nuage s'étendit, puis la pluie tomba. Par Dieu ! Nous ne vîmes pas le soleil durant six jours. Ensuite, le vendredi, c'est-à-dire le vendredi suivant, un homme pénétra par la même porte (que l'homme précédent), tandis que l'Envoyé de Dieu (ﷺ), debout, faisait le prône. Alors faisant face au Prophète qui était debout, cet homme dit : « Ô Envoyé de Dieu, les troupeaux périssent, les chemins sont déserts ; invoque Dieu pour qu'il arrête la pluie. » L'Envoyé de Dieu (ﷺ) leva les mains et dit : « Ô mon Dieu, (fais qu'il pleuve) autour de nous, non sur nous, ô mon Dieu, (fais qu'il pleuve) sur les tertres, les collines, le fond des vallées et les lieux où croissent les arbres ! » Aussitôt la pluie s'arrêta et nous sortîmes marchant au soleil. »

3- On peut s'en tenir à une simple invocation le jour du Vendredi, sans prière aucune à la mosquée ou ailleurs. A telle enseigne que Ibn Mâjah et Abû 'Uwâna rapportent, citant Ibn 'Abbâs, qu'un bédouin vint un jour trouver le Prophète (ﷺ) – et lui tint le langage suivant : « Ô Messager de Dieu, je viens de chez un groupe de gens dont les bergers ne trouvent nul pâturage, et dont les bœufs remuent à peine la queue tant ils sont chétifs. Le Prophète (ﷺ) se hissa alors sur la tribune, louangea Dieu et dit : « Seigneur, puisses-Tu nous arroser par une pluie qui nous porte secours, qui soit bienfaisante et féconde, répandue partout et abondante, immédiate et non tardive. » Puis il descendit de la tribune. Aussitôt après, il n'y eut pas de visiteur venu le voir de telle ou telle contrée qui ne manquât d'affirmer : « Nous avons été arrosés. »[1]

Shurahbîl Ibn As-Simt raconte avoir demandé une fois à Ka'b Ibn Murra : « O Ka'b, parle-nous du Messager de Dieu (ﷺ). – J'ai entendu, dit-il, le Prophète (ﷺ) tenir ces propos à un homme qui lui demandait d'implorer la pluie en faveur de la tribu de Mudar : « Tu es bien hardi, lui dit le Prophète, est-ce pour Mudar ? – Ô Messager de Dieu, rétorqua l'homme, tu as demandé soutien et victoire à Dieu le Très-Haut et Il t'a soutenu ; tu l'as invoqué et Il a exaucé tes prières. Le Messager de Dieu (ﷺ) leva alors les bras vers le ciel en disant : « Seigneur, puisses-Tu nous arroser par une pluie qui nous porte secours, qui soit bienfaisante et féconde, répandue partout et abondante, immédiate et non tardive, utile et non nocive » Cette prière fut bientôt exaucée. Mais ces gens ne tardèrent pas à venir déplorer une quantité surabondante de précipitations : « Nos maisons se sont écroulées », dirent-ils. Le Messager de Dieu (ﷺ) leva alors les bras vers le ciel et pria Dieu : « Seigneur, déverse-la autour de nous, non sur nous-mêmes. » Les nuages commen-

---

1 Ce *hadîth* est rapporté par Ibn Mâjah et Abû 'Uwâna – dont les rapporteurs sont dignes de foi – mais non mentionné par Al-Hâfidh dans son traité « *At-Talkhîs* ».

cèrent alors à se disperser en tous sens.[1]

Ash-Sha'bî rapporte : 'Umar sortit solliciter la pluie et se contenta d'implorer le pardon de Dieu. On lui demanda : « On voit que tu n'as pas demandé la pluie. – J'ai imploré la pluie en demandant pardon à Dieu. Puis il lut ce verset : {*Implorez pardon, de votre Seigneur, – Il reste grand pardonneur, vraiment, – pour qu'Il vous envoie la nuée qui tombe abondamment en pluie*} (S. 71, V. 10-11)[2] ; et cet autre verset : {*Implorez pardon, de votre Seigneur, puis repentez-vous à Lui*} (S. 11, V. 3).[3] Ce propos est rapporté par Sa'îd dans ses « *Sunan* », ainsi que par 'Abd Ar-Razzâq, Al-Bayhaqî et Ibn Abî Shayba.

Voici quelques formules invocatoires puisées dans la tradition prophétique :

- Selon Ash-Shâfi'î, certains ont rapporté, citant Sâlim Ibn 'Abd Allâh, lequel tient ce propos de son père 'Abd Allâh, que le Prophète (ﷺ) invoqua Dieu en ces termes : « Seigneur, puisses-Tu nous arroser par une pluie qui nous porte secours, qui soit bienfaisante et féconde, répandue partout et abondante, régulière et continue. Seigneur, nous te prions de nous abreuver par la pluie. Fais que nous ne soyons pas de ceux qui se laissent vaincre par le désespoir. Seigneur, le pays, les gens, le bétail et toutes les créatures vivent dans le malaise, la disette, la misère. Et ce n'est qu'à Toi que nous exprimons notre mal et notre souffrance. Seigneur, fais pousser pour nous les récoltes, rends fécondes et productives les bêtes. Arrose-nous par les biens bénis du ciel. Fais pousser pour nous les biens bénis de la terre. Seigneur, débarrasse-nous de la gêne et du malaise, de la faim et du dénuement. Épargne-nous le malheur et l'adversité que nul autre que Toi ne saurait nous épargner. Seigneur, nous implorons Ton pardon ; c'est Toi le Pardonneur. Déverse sur nous les eaux du ciel en abondance. » Puis Ash-Shâfi'î commente : « J'aime à entendre les imâms prononcer cette invocation ».

- Sa'd rapporte que le Prophète (ﷺ) fit cette invocation pour demander la pluie : « Seigneur, couvre-nous d'une nue épaisse, massive, im-

---

1 Ce *hadîth* est rapporté par Ahmad, Ibn Mâjah, Al-Bayhaqî, Ibn Abî Shayba et Al-Hâkim ; celui-ci commente : « Ce *hadîth* est bon, sa chaîne de transmission est authentique selon les règles posées par les deux sheikhs, Al-Bukhârî et Muslim.

2 ﴿فَقُلْتُ ٱسْتَغْفِرُواْ رَبَّكُمْ إِنَّهُۥ كَانَ غَفَّارًا يُرْسِلِ ٱلسَّمَآءَ عَلَيْكُم مِّدْرَارًا﴾

3 ﴿وَأَنِ ٱسْتَغْفِرُواْ رَبَّكُمْ ثُمَّ تُوبُوٓاْ إِلَيْهِ﴾

pétueuse, accompagnée d'éclairs, qui se déverse en bruine, en pluie plus fine, et qui soit régulière, ô Seigneur, plein de majesté et de munificence. » Ce *hadîth* est rapporté par Abû 'Uwâna dans son « Sahîh ».

- D'après 'Amr Ibn Shu'ayb, citant son père et son grand-père, le Messager de Dieu (ﷺ) avait coutume d'invoquer Dieu en ces termes pour demander la pluie : « Seigneur, puisses-Tu abreuver Tes serviteurs et Ton bétail ; puisses-Tu déployer Ta miséricorde et régénérer Ta terre morte. » Cette tradition est rapportée par Abû Dâwûd.

Il est préférable, lors de l'invocation pour la pluie, de tourner vers le ciel le dos de la main. Qu'on en juge par le propos de Muslim, citant Anas, selon lequel le Prophète (ﷺ) procéda de cette manière lorsqu'il fit cette invocation.

De même, il est recommandé de dire, en voyant tomber la pluie : « Seigneur, fais que ce soit une pluie bienfaisante. » Ce disant, on découvrira une partie de son corps pour qu'elle soit touchée par la pluie.

Si, la pluie se faisant abondante, on craint quelque désastre, on dira : « Seigneur, fais que ce soit une pluie de miséricorde, non une pluie entraînant souffrance et malheur, destruction et inondation. Déverse-la, Seigneur, sur les collines et les plantations, autour de nous et non sur nous-mêmes. » Toutes ces formules invocatoires font partie de la tradition prophétique authentique.

La prosternation de la récitation (*sujûd at-tilâwa*)

Il est recommandé pour quiconque récite ou entend réciter un verset de prosternement d'effectuer une prosternation précédée et suivie d'un *takbîr* (*Allâhu akbar*). Cet acte, qui s'appelle « prosternation de la récitation », ne requiert point de *tashahhud* ni de salut final.

En effet, Nâfi' rapporte, citant Ibn 'Umar : « Le Prophète (ﷺ) nous récitait le Coran. Lorsqu'il arrivait à un verset de prosternement, il prononçait aussitôt le *takbîr* et se prosternait ; nous faisions de même. » Ce *hadîth* est rapporté par Abû Dâwûd, Al-Bayhaqî et Al-Hâkim ; ce dernier constate : « Ce *hadîth* est authentique selon les conditions posées par les deux sheikhs, Al-Bukhârî et Muslim. »

Abû Dâwûd affirme, citant 'Abd Ar-Razzâq, que ce *hadîth* plaisait fort à Ath-Thawrî ; il lui plaisait, précise-t-il, en raison de la prononciation du *takbîr*. 'Abd Allâh Ibn Mas'ûd note : « Si tu récites un verset de prosternement, prononce le *takbîr* et prosterne-toi. Une fois la tête relevée, répète le *takbîr*. »

1- Son mérite

Abû Hurayra rapporte que le Prophète (ﷺ) déclara : « Lorsque le fils d'Adam récite un verset de prosternement et se prosterne aussitôt, Satan se met à l'écart en pleurant et en s'exclamant : « Malheur ! On lui a ordonné de se prosterner et il a obéi ; il est donc voué au Paradis. Alors que moi, j'ai reçu l'ordre de me prosterner et j'ai désobéi ; je suis donc voué à l'Enfer. » Ce *hadîth* est rapporté par Ahmad, Muslim et Ibn Mâjah.

2- Son statut légal

La majorité des doctes estime que la prosternation de la récitation tient lieu d'acte recommandé (*sunna*) pour le récitant et l'auditeur du Coran. Al-Bukhârî rapporte qu'un vendredi, 'Umar ayant lu sur la tribune la sourate 16, Les Abeilles, il arriva à un verset de prosternement. Il descendit alors de sa chaire et se prosterna ; les fidèles le suivirent. Le vendredi suivant, il récita un verset de prosternement. Et 'Umar de dire aux fidèles : « Ô gens, nous n'avons point été enjoints de nous prosterner. Celui qui le fera, tant mieux ; autrement, nul mal à ne pas le faire.» Dans une autre variante : « Dieu ne nous a point imposé le prosternement. Libre à nous de choisir. »

Al-Bukhârî, Muslim, Abû Dâwûd, At-Tirmidhî, An-Nasâ'î et Ahmad rapportent, citant Zayd Ibn Thâbit : « J'ai récité pour le Prophète (ﷺ) la sourate 53, L'Étoile. Or, il ne se prosterna point, et nul d'entre nous ne le fit. » Ce propos est rapporté par Ad-Dâraqutnî.

Al-Hâfidh soutient dans son « *Al-Fath* » qu'il est probable que ce renoncement au prosternement était destiné à montrer le caractère facultatif de cet acte cultuel. Cette même opinion est affirmée par Ash-Shâfi'î ; elle se trouve entérinée par ce propos transmis par Al-Bazzâr et Ad-Dâraqutnî, citant Abû Hurayra : « Le Prophète (ﷺ) se prosterna lors de la récitation de la sourate L'Étoile et nous en fîmes autant. » Al-Hâfidh commente (*dans son Fath*) : « Les rapporteurs de ce *hadîth* sont dignes de foi. »

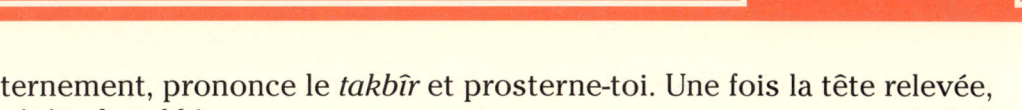

Ibn Mas'ûd rapporte que le Prophète (ﷺ) récita une fois la sourate L'Étoile et se prosterna, suivi par les fidèles qui étaient avec lui. Mais un vieillard de Quraysh prit une poignée de cailloux ou de terre et la leva vers son front, en disant : « Cela me suffit ». 'Abd Allâh ajoute : « Je l'ai vu par la suite ; il a été tué mécréant. » Ce propos est rapporté par Al-Bukhârî et Muslim.

3- Les versets de prosternement

Le Coran comprend quinze versets entraînant prosternement. 'Amr Ibn Al-Âs raconte que le Prophète (ﷺ) lui fit réciter quinze passages coraniques de prosternation, dont deux figurent dans la sourate 22, Le Pèlerinage, et treize dans le reste du Livre Sacré. Ce *hadîth* est rapporté par Abû Dâwûd, Ibn Mâjah, Al-Hâkim, Ad-Dâraqutnî, et jugé bon (*hasan*) par Al-Mundhirî et An-Nawawî. Ces versets sont les suivants :

1. {*Oui, ceux qui sont auprès de ton Seigneur ne s'éloignent pas de Son adoration en s'enflant d'orgueil : ils chantent pureté de Lui, et devant Lui se prosternent.*}(S. 7, V. 206).[1]

2. {*Et devant Dieu se prosternent, bon gré mal gré, tous ceux qui sont dans les cieux et la terre, et aussi leurs ombres les matins et les après-midi*} (S. 13, V. 15).[2]

3. {*Et devant Dieu se prosterne tout ce qu'il y a dans les cieux et tout ce qu'il y a d'animaux sur la terre ; et les anges aussi, lesquels cependant ne s'enflent pas d'orgueil.*} (S. 16, V. 49).[3]

4. {*Dis : « Croyez-y ou ne croyez pas. Ceux à qui science a été donnée avant cela, lorsqu'on le leur récite, oui, tombent sur le menton, prosternés »*} (S. 17, V. 107).[4]

5. {*Quand les versets du Très Miséricordieux leur sont récités, ils tombent, prosternés, et pleurent.*} (S. 19, V. 58).[5]

6. {*N'as-tu pas vu que c'est devant Dieu que se prosternent tous ceux qui sont dans les cieux et, tous ceux qui sont sur la terre, et le soleil, et la lune, et les étoiles, et les montagnes, et les arbres, et les animaux, ainsi*

---

1 ﴿إِنَّ ٱلَّذِينَ عِندَ رَبِّكَ لَا يَسْتَكْبِرُونَ عَنْ عِبَادَتِهِۦ وَيُسَبِّحُونَهُۥ وَلَهُۥ يَسْجُدُونَ۩﴾

2 ﴿وَلِلَّهِ يَسْجُدُ مَن فِى ٱلسَّمَٰوَٰتِ وَٱلْأَرْضِ طَوْعًا وَكَرْهًا وَظِلَٰلُهُم بِٱلْغُدُوِّ وَٱلْءَاصَالِ۩﴾

3 ﴿وَلِلَّهِ يَسْجُدُ مَا فِى ٱلسَّمَٰوَٰتِ وَمَا فِى ٱلْأَرْضِ مِن دَآبَّةٍ وَٱلْمَلَٰٓئِكَةُ وَهُمْ لَا يَسْتَكْبِرُونَ﴾

4 ﴿قُلْ ءَامِنُوا۟ بِهِۦٓ أَوْ لَا تُؤْمِنُوٓا۟ ۚ إِنَّ ٱلَّذِينَ أُوتُوا۟ ٱلْعِلْمَ مِن قَبْلِهِۦٓ إِذَا يُتْلَىٰ عَلَيْهِمْ يَخِرُّونَ لِلْأَذْقَانِ سُجَّدًا﴾

5 ﴿إِذَا تُتْلَىٰ عَلَيْهِمْ ءَايَٰتُ ٱلرَّحْمَٰنِ خَرُّوا۟ سُجَّدًا وَبُكِيًّا۩﴾

que beaucoup de gens ? Il y en a aussi beaucoup contre qui le châtiment s'avère. Et quiconque Dieu avilit n'a personne qui l'honore. Dieu fait ce qu'Il veut, vraiment.} (S. 22, V. 18).[1]

7. {*Ho les gens ! Inclinez-vous, et prosternez-vous, et adorez votre Seigneur, et faites le bien. Peut-être serez-vous gagnants.*} (S. 22, V. 77).[2]

8. {*Et quand on leur dit : « Prosternez-vous devant le Très Miséricordieux », ils disent : « Et qu'est-ce que c'est que le très miséricordieux ? Allons-nous nous prosterner devant qui tu nous commandes ? » - Et cela accroît leur répulsion.*} (S. 25, V. 60).[3]

9. {*Que ne se prosternent-ils devant Dieu, qui fait sortir ce qui est caché dans les cieux et la terre, et qui sait ce que vous cachez et aussi ce que vous divulguez ?*} (S. 27, V. 25).[4]

10. {*Rien d'autre, en vérité : en Nous croient ceux qui, lorsqu'on les leur rappelle, tombent prosternés et, par la louange de leur Seigneur, chantent pureté, tandis qu'ils ne s'enflent pas d'orgueil.*} (S. 32, V. 15).[5]

11. {*Et David pensa que Nous l'avions mis à l'épreuve. Rien d'autre. Il demanda donc pardon à son Seigneur, et tomba à genoux, et s'inclina.*} (S. 38, V. 24).[6]

12. {*Et sont de Ses signes la nuit et le jour et le soleil et la lune : ne vous prosternez ni devant le soleil ni devant la lune, mais prosternez-vous devant Dieu qui les a créés, si c'est Lui que vous voulez adorer*} (S. 41, V. 37).[7]

---

1 ﴿أَلَمْ تَرَ أَنَّ ٱللَّهَ يَسْجُدُ لَهُۥ مَن فِى ٱلسَّمَٰوَٰتِ وَمَن فِى ٱلْأَرْضِ وَٱلشَّمْسُ وَٱلْقَمَرُ وَٱلنُّجُومُ وَٱلْجِبَالُ وَٱلشَّجَرُ وَٱلدَّوَآبُّ وَكَثِيرٌ مِّنَ ٱلنَّاسِ ۖ وَكَثِيرٌ حَقَّ عَلَيْهِ ٱلْعَذَابُ ۗ وَمَن يُهِنِ ٱللَّهُ فَمَا لَهُۥ مِن مُّكْرِمٍ ۚ إِنَّ ٱللَّهَ يَفْعَلُ مَا يَشَآءُ ۩﴾

2 ﴿يَٰٓأَيُّهَا ٱلَّذِينَ ءَامَنُوا۟ ٱرْكَعُوا۟ وَٱسْجُدُوا۟ وَٱعْبُدُوا۟ رَبَّكُمْ وَٱفْعَلُوا۟ ٱلْخَيْرَ لَعَلَّكُمْ تُفْلِحُونَ ۩﴾

3 ﴿وَإِذَا قِيلَ لَهُمُ ٱسْجُدُوا۟ لِلرَّحْمَٰنِ قَالُوا۟ وَمَا ٱلرَّحْمَٰنُ أَنَسْجُدُ لِمَا تَأْمُرُنَا وَزَادَهُمْ نُفُورًا ۩﴾

4 ﴿أَلَّا يَسْجُدُوا۟ لِلَّهِ ٱلَّذِى يُخْرِجُ ٱلْخَبْءَ فِى ٱلسَّمَٰوَٰتِ وَٱلْأَرْضِ وَيَعْلَمُ مَا تُخْفُونَ وَمَا تُعْلِنُونَ﴾

5 ﴿إِنَّمَا يُؤْمِنُ بِـَٔايَٰتِنَا ٱلَّذِينَ إِذَا ذُكِّرُوا۟ بِهَا خَرُّوا۟ سُجَّدًا وَسَبَّحُوا۟ بِحَمْدِ رَبِّهِمْ وَهُمْ لَا يَسْتَكْبِرُونَ ۩﴾

6 ﴿وَظَنَّ دَاوُۥدُ أَنَّمَا فَتَنَّٰهُ فَٱسْتَغْفَرَ رَبَّهُۥ وَخَرَّ رَاكِعًا وَأَنَابَ ۩﴾

7 ﴿وَمِنْ ءَايَٰتِهِ ٱلَّيْلُ وَٱلنَّهَارُ وَٱلشَّمْسُ وَٱلْقَمَرُ ۚ لَا تَسْجُدُوا۟ لِلشَّمْسِ وَلَا لِلْقَمَرِ وَٱسْجُدُوا۟ لِلَّهِ ٱلَّذِى

13. {*Mais prosternez-vous devant Dieu et adorez*} (S. 53, V. 62).[1]

14. {*Et quand le Coran est récité devant eux, à ne pas se prosterner*} (S. 84, V. 21).[2]

15.{*Prosterne-toi et rapproche-toi*} (S. 96, V. 19).[3]

4- Les conditions qui sont assorties à la prosternation de la récitation

S'agissant du prosternement de la récitation, les conditions posées par la majorité des doctes sont exactement celles stipulées pour la prière : être en état d'ablution, se mettre en direction de la *qibla*, cacher ses parties intimes. Ash-Shawkânî (le zaydite) constate qu'il n'y a point, dans les *hadîth* se rapportant à cette pratique cultuelle, de texte qui rende impératif l'état d'ablution et que les fidèles présents avec le Prophète (ﷺ) lors de la récitation de l'un des versets en question se prosternaient à sa suite sans que le Messager de Dieu leur enjoignît – à en croire les propos rapportés – de faire une ablution préalable. « Il est d'ailleurs improbable, poursuit Ash-Shawkânî, que tous aient été en état d'ablution dans ces moments-là. En outre, on sait que les associants se prosternaient avec le Prophète bien qu'étant impurs et n'étant pas habilités à se purifier. »

Al-Bukhârî rapporte, tout comme Ibn Abî Shayba, qu'Ibn 'Umar se prosternait sans être nécessairement en état de pureté. Quant au *hadîth* que rapporte Al-Bayhaqî : « Il n'y a qu'en état de pureté qu'un homme peut se prosterner », (Al-Hâfidh), dans son traité *Al-Fath*, le qualifie de *sahîh*. Or, on peut concilier cette thèse avec la précédente en alléguant l'interprétation avancée par Al-Hâfidh, selon laquelle c'est la grande ablution qui est concernée, laquelle est obligatoire, ou que la petite ablution a ici un caractère facultatif. Il s'avère donc que les *hadîth* n'évoquent point le caractère impératif de la pureté des habits et du lieu.

Pour ce qui est de cacher les parties intimes et de se tourner vers la

---

﴿خَلَقَهُنَّ إِن كُنتُمْ إِيَّاهُ تَعْبُدُونَ﴾

1 ﴿فَٱسْجُدُوا۟ لِلَّهِ وَٱعْبُدُوا۟﴾

2 ﴿وَإِذَا قُرِئَ عَلَيْهِمُ ٱلْقُرْءَانُ لَا يَسْجُدُونَ﴾

3 ﴿كَلَّا لَا تُطِعْهُ وَٱسْجُدْ وَٱقْتَرِب﴾

qibla quand c'est possible, ce sont là deux points qui font l'unanimité. On lit dans le « *Fath* » : « Hormis Ash-Sha'bî, nul n'a adhéré à l'opinion d'Ibn 'Umar selon laquelle il est permis de se prosterner sans être ablutionné. » Ce propos est mentionné par Ibn Abî Shayba, citant Ibn 'Umar, d'après une chaîne authentique. Citant également Abû 'Abd Ar-Rahmân As-Sulamî, Ibn Abî Shayba rapporte qu'Ibn 'Umar, lorsqu'il arrivait à l'endroit de la prosternation dans sa récitation coranique, se prosternait sans être ablutionné, et sans être tourné vers la *qibla*. Quand il marchait, il se contentait de mimer le prosternement.

Il convient de préciser que parmi ceux qui, faisant partie de la famille du Prophète (ﷺ), étaient acquis à l'opinion d'Ibn 'Umar, figurent Abû Tâlib et Al-Mansûr Billâh.

5- Les invocations qui ont trait à la prosternation de la récitation

Lorsqu'on effectue la prosternation de la récitation, on a loisir de dire les invocations que l'on voudra. De l'ensemble de la tradition prophétique, un seul *hadîth* se rapportant à ce sujet a été authentifié, celui de 'Â'isha (رضي الله عنها) : « Le Messager de Dieu (ﷺ) disait lors de la prosternation de la récitation : « Mon visage se prosterne devant Celui qui l'a créé, Celui qui, de par Sa puissance et Sa force, l'a doté de la vue et de l'ouïe. Béni soit Dieu le Meilleur des créateurs. » Ce *hadîth* est rapporté par Abû Dâwûd, At-Tirmidhî, An-Nasâ'î et Ahmad ; il est rapporté également par Al-Hâkim, et authentifié par At-Tirmidhî et Ibn As-Sakan, qui ajoute : « A la fin de la prosternation, il convient de dire à trois reprises : « Gloire à mon Seigneur le Très-Haut. »

6- Le prosternement de la récitation lors des prières

Il est permis à l'imâm, ainsi qu'à l'orant qui prie seul, de lire le verset de la prosternation, tant dans les prières à haute voix que dans les prières silencieuses, et de se prosterner aussitôt après sa lecture.

Al-Bukhârî et Muslim rapportent ce propos d'Abû Râfi' : « J'ai prié un jour l'office de nuit en compagnie d'Abû Hurayra. Il récita la sourate 84 : {*Quand le ciel se déchirera*}[1] et se prosterna au cours de sa lecture. Comme je lui demandais : « Pourquoi cette prosternation ? », il me répondit : « Je me prosternais à cet endroit derrière Abû Al-Qâsim (entendre : le Prophète (ﷺ)) ; et je continuerai de le faire jusqu'au

---

1 ﴿إِذَا ٱلسَّمَآءُ ٱنشَقَّتۡ﴾

jour où je le rencontrerai. »

Citant Ibn ‘Umar, Al-Hâkim rapporte ce propos – qu'il juge authentique selon les conditions posées par les deux sheikhs, Al-Bukhârî et Muslim : « Une fois, le Prophète (ﷺ) se prosterna dans le premier cycle de la prière de midi. Ses Compagnons constatèrent qu'il avait lu un verset de prosternation (précisément, celui qui se trouve dans la sourate {*Alif lâm mîm, la révélation*} (S. 32) ». An-Nawawî commente : « A notre sens, il n'est pas déconseillé, tant pour l'imâm que pour l'orant qui prie seul, de réciter un verset de prosternation, que la prière soit à haute voix ou silencieuse. Chaque fois qu'un tel verset sera récité, on prendra soin de se prosterner. Pour Mâlik, cela est absolument déconseillé. Pour Abû Hanîfa, cela est déconseillé seulement dans le cas des prières silencieuses. L'auteur du « *Al-Bahr* » estime quant à lui qu'il est préférable pour l'imâm de retarder cette prosternation jusqu'à la fin de la prière, afin de ne pas confondre les orants.

7- Cas où un verset de prosternement est lu plusieurs fois de suite

On procédera à une seule prosternation si le récitant lit un verset de prosternation et le répète, ou que l'orant l'entend plus d'une fois dans la même mosquée, à condition qu'il retarde le prosternement correspondant pour la dernière récitation. S'il s'est prosterné après la première récitation, cela suffit, estiment certains (ce sont les hanafites) ; pour d'autres (en l'occurrence, Ahmad, Mâlik et Ash-Shâfi‘î), il faudra répéter la prosternation, son motif s'étant reproduit.

8- Quand effectuer la prosternation de la récitation

La majorité des doctes s'accordent à considérer qu'il est recommandé de procéder au prosternement aussitôt qu'on lit ou qu'on entend le verset correspondant. Si l'on remet à plus tard le prosternement, il sera valide tant que l'intervalle du temps n'est pas exagérément long. Si le retard est trop grand, il n'y a plus lieu d'accomplir cet acte cultuel.

La prosternation du remerciement

De l'avis de la plupart des doctes, il est recommandé d'accomplir la prosternation du remerciement pour quiconque se voit nanti d'un bien ou préservé d'un mal.

Abû Bakra rapporte que le Prophète (ﷺ), chaque fois qu'il recevait une nouvelle heureuse, tombait prosterné en signe de remerciement à Dieu le Très-Haut. Cette tradition est rapportée par Abû Dâwûd, Ibn Mâjah et At-Tirmidhî, qui l'a jugée bonne (*hasan*).

Pour sa part, Al-Bayhaqî rapporte ce *hadîth* assorti d'une chaîne de transmission répondant aux conditions d'authenticité posées par Al-Bukhârî : « 'Alî (رضي الله عنه) ayant écrit au Prophète (ﷺ) pour l'informer de la conversion à l'Islam de la tribu des Hamdân, celui-ci se jeta à genoux et se prosterna, puis il releva la tête et dit par deux fois : « Paix sur Hamdân. »

'Abd Ar-Rahmân Ibn 'Awf rapporte : « Le Messager de Dieu (ﷺ) étant sorti un jour dans les parages, je le suivis. Il s'engagea dans une palmeraie et se prosterna longuement, si longuement que je craignis qu'il fût trépassé. Je m'approchai et le vis relever la tête. « Qu'as-tu, ô 'Abd Ar-Rahmân ? », me demanda-t-il. Je lui fis part de mes inquiétudes. « L'archange Gabriel, reprit-il, m'a confié : « Veux-tu que je t'apprenne une bonne nouvelle ? Dieu – le Très-Haut, le Très Exalté – te dit : « Celui qui prie sur toi, Je prierai sur lui ; celui qui te saluera, Je le saluerai ». Aussi me suis-je prosterné devant Dieu pour Le remercier.» Ce *hadîth* est rapporté par Ahmad, ainsi que par Al-Hâkim, lequel commente : « Ce *hadîth* est authentique selon les conditions posées par les deux sheikhs, Al-Bukhârî et Muslim ; à mon sens, s'agissant de prosternement du remerciement, il n'est point de texte plus authentique. »

Al-Bukhârî rapporte que Ka'b Ibn Mâlik se prosterna lorsqu'il eut reçu l'heureuse nouvelle que Dieu avait accepté son repentir.

Ahmad rapporte que 'Alî se prosterna lorsqu'il sut qu'un certain Ath-Thudayya figurait parmi les victimes Khârijites. Abû Bakr en fit autant – rapporte Sa'îd Ibn Mansûr – en apprenant que Musaylima avait été tué.

Pour être effectué, le prosternement du remerciement doit répondre aux mêmes conditions que celui de la prière. Ce n'est pas une condition, affirment certains, car il ne s'agit point d'une prière. On lit dans le « *Fath Al-'Allâm* » : « Cet avis est le plus vraisemblable. » Ash-Shawkânî (le zaydite) commente : « Dans les *hadîth* relatifs à ce chapitre, on ne trouve point d'indication que les ablutions, la pureté des habits et du lieu soient une condition impérative pour un tel prosternement. C'est précisément l'opinion affichée par l'imam Yahyâ et par Abû Tâlib. Le *takbîr* (*Allâhu akbar*) n'est pas non plus mentionné. L'auteur du « *Al-Bahr* » soutient cependant qu'il faut le prononcer. Selon l'imam Yahyâ, on ne saurait faire la prosternation du remerciement dans la prière, ni dire la moindre formule, car un tel acte ne relève point de la prière. »

Les prosternations dites de l'oubli

Il est avéré qu'il est arrivé au Prophète (ﷺ) de faire des omissions dans sa prière, et qu'il a déclaré : « Je ne suis qu'un être humain, qui peut oublier comme vous oubliez. Si j'ai un oubli, alors rappelez-le-moi. »

Il a donc institué des règles à observer en cette matière, que nous résumerons comme suit :

1- Comment accomplir les prosternations de l'oubli

La compensation d'une omission dans la prière consiste en deux prosternations que l'orant fera avant ou après le salut de clôture, les deux options ayant été constatées tour à tour chez le Prophète (ﷺ). En effet, on lit dans le « *Sa<u>h</u>î<u>h</u>* » qu'Abû Sa'îd Al-Khudrî a dit : « Le Prophète (ﷺ) a tenu le propos suivant : « S'il arrive à l'un de vous de concevoir des doutes sur sa prière, de ne savoir s'il a effectué trois cycles ou quatre, qu'il se départe de son indécision en s'appuyant sur une certitude, et fasse deux prosternations avant de saluer. » Dans les deux « *Sa<u>h</u>î<u>h</u>* », ceux d'Al-Bukhârî et de Muslim, on apprend, à travers le récit de Dhû al-Yadayn, que c'est après le salut que le Prophète (ﷺ) se prosterna.

Il est préférable de se conformer aux traditions rapportées à ce sujet et de se prosterner avant le salut quand celles-ci le requièrent, et après quand celles-ci le recommandent. Autrement, l'orant aura loisir de faire à sa guise. Ash-Shawkânî note : « Le meilleur que l'on puisse dire sur ce chapitre est qu'il convient d'observer les propos et les actes du Prophète (ﷺ) qui déterminent si le prosternement de l'omission sera avant ou après le salut. Pour tel motif entraînant un prosternement antérieur, on s'astreindra à un tel prosternement, et de même pour le prosternement postérieur. Dans les autres cas, qu'il y ait ajout ou omission dans la prière, on aura la liberté de choisir l'une ou l'autre option. Qu'on en juge par ce *<u>h</u>adîth* mentionné par Muslim dans son « *Sa<u>h</u>î<u>h</u>* », citant Ibn Mas'ûd : « Le Prophète (ﷺ) a dit : « Si l'orant ajoute ou omet quelque chose dans sa prière, qu'il fasse deux prosternations. »

2- Les différents cas où les prosternations de l'oubli sont requises

Il s'agit des cas suivants :

a- L'orant prononce le salut de clôture avant d'achever la prière. Pour preuve, ce *hadîth* rapporté par Ibn Sîrîn, citant Abû Hurayra : « Lors de l'un des offices du jour (celui de midi ou de l'après-midi), le Prophète (ﷺ) présida la prière. Or, il fit deux cycles de prière et salua. Puis il se leva et alla s'appuyer, l'air furieux, sur une planche de bois qui se trouvait dans un coin de la mosquée. Il mit la main droite sur la gauche, croisa les doigts et posa la joue sur l'extérieur de la main gauche. Les orants les plus prompts à quitter la mosquée s'interrogèrent : « La prière a-t-elle été raccourcie ? ». Abû Bakr et 'Umar étaient là qui hésitaient à lui parler. Parmi les fidèles, il y avait un certain Dhû Al-Yadayn (litt. : « l'homme aux deux mains ») qui s'adressa au Prophète (ﷺ) en ces termes : « Ô Messager de Dieu (ﷺ), est-ce un oubli ou bien la prière a été raccourcie ? – Ni l'un ni l'autre ! » répondit le Prophète. Puis il demanda : « Dhû Al-Yadayn a-t-il dit vrai ? – Oui », répondirent les fidèles. A ces mots, le Prophète (ﷺ) accomplit deux cycles de prière supplémentaires pour compenser son omission. Après le salut, il dit le *takbîr*, se prosterna aussi longuement que d'habitude, ou plus, releva la tête et prononça encore le *takbîr*. Puis il fit la même chose une seconde fois dans le même ordre. Ce *hadîth* est rapporté par Al-Bukhârî et Muslim.

'Atâ' rapporte qu'une fois, Ibn Az-Zubayr accomplit l'office du coucher du soleil et fit le salut final au bout de deux cycles. Il se leva alors et voulut saluer la Pierre noire. Les gens dirent : « Dieu soit exalté. – Qu'arrive-t-il ? s'enquit-il. » Puis, prenant conscience de son inadvertance, il fit le cycle de prière restant et se prosterna à deux reprises. 'Atâ' poursuit : « Je fis part de cela à Ibn 'Abbâs, qui me déclara : « Il ne s'est point écarté de la tradition du Prophète (ﷺ). » Ce propos est rapporté par Ahmad, Al-Bazzâr et At-Tabarânî.

b- Lors d'un ajout dans la prière. En effet, Al-Bukhârî, Muslim, Abû Dâwûd, At-Tirmidhî, An-Nasâ'î, Ibn Mâjah et Ahmad, citant Ibn Mas'ûd, rapportent que le Prophète (ﷺ) effectua un jour une prière de cinq cycles. « Le nombre des cycles de prière aurait-il été augmenté ? s'enquit-on. – De quoi parlez-vous ? demanda le Prophète. – Tu as fait cinq cycles de prière, lui répondit-on. Sur ce, le Prophète (ﷺ) se prosterna à deux reprises après le salut final.

c- En cas d'omission du premier *tashahhud* ou de l'un des actes recommandés de la prière dits *sunan*. Al-Bukhârî, Muslim, Abû Dâwûd, At-Tirmidhî, An-Nasâ'î, Ibn Mâjah et Ahmad rapportent en effet, citant Ibn Buhayna, que le Prophète (ﷺ), dans l'une de ses prières, se releva après les deux premiers cycles (sans dire le '*tashahhud*'). Les orants dirent alors : « Dieu soit Exalté ». Or, il continua la prière, et ce n'est qu'à son terme qu'il se prosterna à deux reprises puis fit le salut. Selon une tradition prophétique, celui qui oublie le premier repos assis et s'en avise avant de se mettre complètement debout, celui-là peut y retourner. En revanche, il doit y renoncer s'il s'est mis complètement debout. A telle enseigne qu'Ahmad, Abû Dâwûd, Ibn Mâjah rapportent, citant Al-Mughîra Ibn Shu'ba, que le Messager de Dieu (ﷺ) a dit : « Si l'un d'entre vous se relève après les deux premiers cycles de prière, qu'il s'assoie s'il ne s'est pas mis complètement debout ; s'il s'est mis complètement debout, qu'il poursuive sa prière et fasse à la fin les deux prosternations de l'oubli. »

d- En cas de doute sur la prière. 'Abd Ar-Rahmân Ibn 'Awf affirme avoir entendu le Messager de Dieu (ﷺ) dire : « S'il arrive à l'un d'entre vous de concevoir des doutes sur sa prière, de ne pas savoir s'il a effectué un cycle ou deux cycles, qu'il se dise qu'il en a fait un. S'il hésite entre deux et trois cycles, qu'il décide qu'il en a fait deux. S'il hésite entre trois ou quatre cycles, qu'il décide qu'il en a fait trois. Puis, à la fin de sa prière, avant le salut, qu'il effectue deux prosternations en position assise. » Ce *hadîth* est rapporté par Ahmad, Ibn Mâjah et At-Tirmidhî ; celui-ci le juge authentique. Dans une autre version, 'Abd Ar-Rahmân Ibn 'Awf a dit : « J'ai entendu le Messager de Dieu (ﷺ) déclarer : « Celui qui, dans sa prière, soupçonne qu'il y a quelque lacune, devra prier encore jusqu'à présumer qu'il y a ajout. » Abû Sa'îd Al-Khudrî rapporte que le Messager de Dieu (ﷺ) a dit : « S'il arrive à l'un d'entre vous de concevoir des doutes sur sa prière, de ne pas savoir s'il a effectué trois cycles ou quatre, qu'il se départe de son indécision en s'appuyant sur une certitude quelconque, et qu'il fasse deux prosternations avant de saluer. S'il a accompli cinq cycles de prière, les deux prosternations rachèteront sa prière. S'il en a effectué quatre, les deux prosternations seront une humiliation pour Satan. » Cette tradition est rapportée par Ahmad et Muslim. Ces deux *hadîth* corroborent l'opinion de la majorité des doctes selon laquelle l'orant, en cas de doute concernant le nombre de cycles de prière accomplis, fondera sa décision sur le minimum certain, puis procédera à la prosternation de l'oubli.

LA PRIÈRE EN COMMUN (<u>S</u>ALÂT AL-JAMÂ'A)

La prière en commun est une *sunna* fortement recommandée ; son mérite est mis en exergue par maints *<u>h</u>adîth*, dont les suivants :

- Ibn 'Umar (رضي الله عنهما) rapporte que le Prophète (ﷺ) a dit : « La prière en commun surpasse de vingt-sept degrés la prière faite par l'orant qui prie seul » Ce *<u>h</u>adîth* est rapporté par Al-Bukhârî et Muslim.

- Abû Hurayra (رضي الله عنه) rapporte que le Prophète (ﷺ) a dit : « Pour tout homme, la prière en commun est vingt-cinq fois meilleure que celle accomplie chez lui ou dans son commerce. Car s'il fait dûment ses ablutions et sort en direction de la mosquée, animé uniquement par le zèle de la prière, tout pas qu'il fera l'exhaussera d'un degré et effacera l'un de ses péchés. L'office accompli, les anges prieront sur lui tant qu'il sera dans la mosquée, tant qu'il y sera en état de pureté : « Seigneur, prie sur lui, diront-ils, Seigneur, accorde-lui Ta miséricorde ». Tant qu'il attendra la prière suivante, il sera considéré comme étant toujours en prière. » Ce *<u>h</u>adîth* est rapporté par Al-Bukhârî et Muslim ; la version mentionnée ici est celle d'Al-Bukhârî.

- Abû Hurayra (رضي الله عنه) rapporte qu'un homme aveugle vint trouver un jour le Prophète (ﷺ) : « Ô Messager de Dieu, lui dit-il, je n'ai personne qui me conduise à la mosquée ». Et il demanda au Prophète (ﷺ)l'autorisation de faire la prière à la maison. Lorsqu'il s'éloigna, le Prophète (ﷺ) l'appela et lui demanda : « Entends-tu l'appel à la prière ? – Oui, répondit l'homme. – Réponds-y donc », conclut le Prophète. Ce *<u>h</u>adîth* est rapporté par Muslim.

- Abû Hurayra (رضي الله عنه) rapporte que le Prophète (ﷺ) a dit : « Par Celui qui tient mon âme entre Ses mains, je pensais demander qu'on m'apporte du bois, et charger quelqu'un de présider la prière ; puis m'en aller trouver les gens (qui ne viennent pas à la mosquée) et les brûler dans leurs demeures. » Ce *<u>h</u>adîth* est rapporté par Al-Bukhârî et Muslim.

- Ibn Mas'ûd (رضي الله عنه) a dit : « Que celui qui désire faire la rencontre de Dieu en tant que musulman veille à faire les cinq prières dès qu'on y appelle. Car Dieu a édicté pour votre Prophète des *sunan* de guidance ; or ces prières relèvent bel et bien des *sunan* de la guidance. Si vous priez dans vos maisons comme le font les insouciants, vous aurez enfreint la *sunna* de votre Prophète. Et si vous délaissez la *sunna* de votre Prophète, vous serez voués à l'égarement. Or, vous le savez, il n'est que l'hypocrite avéré qui la délaisse. On en est arrivé même à amener tel ou tel, porté par deux hommes, pour le mettre dans le rang des orants. » Ce *hadîth* est rapporté par Muslim, qui propose dans une autre version : « Le Messager de Dieu (ﷺ) nous a enseigné les *sunan* de la guidance : faire la prière dans la mosquée où l'appel est effectué. »

- Abû Ad-Dardâ' (رضي الله عنه) affirme avoir entendu le Messager de Dieu (ﷺ) dire : « Tout groupe au sein duquel on n'appelle pas à la prière, qu'il s'agisse de trois personnes dans un hameau ou d'un groupe de bédouins, est inexorablement dominé par Satan. Faites la prière en commun, car ce sont les brebis isolées que dévore le loup. » Ce *hadîth* est rapporté par Abû Dâwûd, assorti d'une chaîne jugée bonne (*hasan*).

1- La présence des femmes aux prières collectives de la mosquée et le mérite qu'il y a pour elles à prier à la maison

Les femmes ont le droit de se rendre à la mosquée pour la prière en commun à condition d'éviter tout ce qui, en fait d'apparence, d'habits et de senteurs, est de nature à exciter et stimuler les tentations. En effet, Ibn 'Umar rapporte que le Prophète (ﷺ) a dit : « N'empêchez pas les femmes de se rendre à la mosquée. Mais leurs demeures restent meilleures (pour la prière). »

Abû Hurayra (رضي الله عنه) rapporte que le Prophète (ﷺ) a dit : « N'empêchez pas les femmes d'aller à la mosquée. Mais, qu'elles s'y rendent sans être parfumées. » Ces deux *hadîth* ont été rapportés par Ahmad et Abû Dâwûd. D'après Abû Hurayra également, le Prophète (ﷺ) a dit : « Toute femme parfumée se doit d'éviter de faire avec nous le dernier office de la nuit. » Ce *hadîth* est rapporté par Muslim, Abû Dâwûd et An-Nasâ'î, et est assorti d'une bonne chaîne de transmission.

Il est préférable que les femmes accomplissent la prière chez elles. A telle enseigne qu'Ahmad et At-Tabarânî rapportent qu'un jour, Umm Humayd vint trouver le Messager de Dieu (ﷺ) et lui dit : « Ô Messager de Dieu, j'aime faire la prière en ta compagnie. – Je le sais, répliqua-t-il. Mais la prière dans ta chambre vaut mieux que celle célébrée dans la mosquée où prient les tiens ; et celle-ci vaut mieux que celle célébrée dans la mosquée cathédrale (*masjid al-jama'a*). »

2- Il est recommandé de prier dans la mosquée la plus éloignée et la plus fréquentée

Pour preuve, Muslim rapporte, citant Abû Mûsâ : « Le Messager de Dieu (ﷺ) a dit : « Les gens dont la prière sera la mieux rétribuée sont ceux dont le parcours vers la mosquée est le plus long. »

Citant Jâbir, il rapporte également : « Les alentours de la mosquée étant restés inoccupés, les Banû Salama voulurent s'y installer. Ayant eu vent de leur décision, le Messager de Dieu (ﷺ) leur déclara : « J'ai appris que vous vouliez vous installer à proximité de la mosquée. – Oui, ô Messager de Dieu, répondirent-ils. – Ô Banû Salama, reprit le Prophète, demeurez sur votre territoire, et vos traces vous seront comptés. » Ce même *hadîth* a été mentionné par les deux sheikhs, Al-Bukhârî et Muslim, entre autres traditionnistes.

Ubayy Ibn Ka'b rapporte : « Le Messager de Dieu (ﷺ) a dit : « La prière accomplie par deux hommes ensemble est meilleure (en rétribution et en purification) que la prière d'un orant seul. Celle de trois hommes est meilleure que celle de deux. Plus la prière est célébrée par un nombre élevé d'orants, meilleure elle est auprès de Dieu le Très-Haut. »[1]

3- Il est recommandé de cheminer vers la mosquée en toute sérénité

Il convient de se déplacer vers la mosquée avec sérénité et dignité, sans précipitation et sans effort. Car l'homme est considéré comme étant un orant dès qu'il sort pour la prière.

Abû Qatâda raconte : « Nous étions en train de prier en compagnie du Prophète (ﷺ) lorsque nous entendîmes un brouhaha venant d'un groupe d'hommes. « Qu'est-ce qui vous arrive ? demanda le Prophète. – Nous nous précipitions, dirent-ils, de crainte de manquer la prière. – Ne faites pas cela, rétorqua le Prophète. Si vous allez à la prière, allez-y posément et sereinement. Les parties de la prière que vous n'avez pas manquées, vous les ferez ; les autres, vous les rattraperez.» Ce *hadîth* est rapporté par Al-Bukhârî et Muslim.

---

1 Ce *hadîth* est rapporté par Ahmad, Abû Dâwûd, An-Nasâ'î et Ibn Mâjah ; il est authentifié par Ibn As-Sakan, Al-'Uqaylî et Al-Hâkim.

Abû Hurayra rapporte que le Prophète (ﷺ) a dit : « Lorsque vous entendez l'appel à la prière, marchez vers la mosquée avec une allure sereine et digne ; ne vous hâtez point. Les parties de la prière que vous n'aurez pas manquées, vous les effectuerez ; les autres, vous les rattraperez. »[1]

4- Il est recommandé à l'imâm d'alléger la prière

Pour preuve, ce *hadîth* transmis par Abû Hurayra : « Le Prophète (ﷺ) a dit : « Quand l'un d'entre vous préside la prière, qu'il l'allège ; car parmi les orants, il y a des gens faibles, malades ou vieux. S'il fait la prière tout seul, il pourra l'allonger autant qu'il voudra. » Cette tradition est rapportée par Al-Bukhârî, Muslim, Abû Dâwûd, At-Tirmidhî, An-Nasâ'î, Ibn Mâjah et Ahmad. Une autre preuve est ce *hadîth* rapporté par Anas : « Le Prophète (ﷺ) a dit : « Je m'engage dans la prière avec l'envie de l'allonger. M'arrive-t-il d'entendre pleurer un petit enfant, j'allège de suite la prière, conscient du tracas que ces pleurs suscitent chez la mère. »

Citant le même Anas, Al-Bukhârî et Muslim rapportent : « Je n'ai jamais fait la prière derrière un imâm qui y procédait d'une manière aussi légère et aussi parfaite que le Prophète (ﷺ). »

Abû 'Umar Ibn 'Abd Al-Barr commente : « Le fait, pour un imâm d'alléger la prière est un choix dont le caractère recommandé fait l'unanimité des doctes. Il représente cependant le degré minimal de la perfection (dans la prière). Quant à supprimer quelque partie de la prière, voilà qui est impensable. Le Prophète (ﷺ) avait défendu qu'on effleure seulement le sol en se prosternant. Ayant vu un homme se courber sans faire dûment son inclinaison, il lui dit : « Refais ta prière, car tu n'as point prié.» Et le Prophète d'ajouter : « Dieu renonce à regarder celui qui, dans sa prière, ne se tient pas le dos droit en s'inclinant et en se prosternant. »

Puis Abû 'Umar Ibn 'Abd Al-Barr poursuit : « Il n'est point, que je sache, de divergence entre les doctes sur le caractère recommandé de l'allégement de la prière, à condition que celle-ci soit dûment accomplie. Qu'on en juge par ce propos attribué à 'Umar : « Ne poussez pas les gens à concevoir de l'aversion envers Dieu à force d'allonger la prière

1 Ce *hadîth* est rapporté par Al-Bukhârî, Muslim, Abû Dâwûd, An-Nasâ'î, Ibn Mâjah et Ahmad.

jusqu'à la rendre pénible aux orants.»

5- Il est recommandé à l'imâm d'allonger le premier cycle de prière et d'attendre ceux qui entrent dans la mosquée pour qu'ils accomplissent la prière collectivement

L'imâm a loisir d'allonger le premier cycle de prière afin de permettre aux retardataires de bénéficier du mérite de la prière en commun, ou bien d'attendre les fidèles qui pénètrent dans la mosquée. Il peut procéder de même lors du dernier repos assis, avant le salut final. Abû Qatâda rapporte, en effet, que le Prophète (ﷺ) s'attardait longuement dans le premier cycle de prière. « Nous avons pensé, précise-t-il, qu'il voulait de la sorte permettre aux gens d'accomplir ce premier cycle. » Abû Sa'îd abonde dans le même sens et affirme : « On annonçait la prière. Or, le fidèle pouvait aller à la selle, faire ses ablutions et rejoindre la mosquée : le Messager de Dieu (ﷺ) n'en était qu'au premier cycle de prière, tellement il l'allongeait. » Ce *hadîth* est rapporté par Ahmad, Muslim, Ibn Mâjah et An-Nasâ'î.

6- Il est obligatoire de suivre l'imâm et interdit de le devancer

Il est obligatoire de suivre l'imâm et défendu de le précéder. Qu'on en juge par ce *hadîth* d'Abû Hurayra : « Le Prophète (ﷺ) déclara : « L'imâm est fait pour qu'on le suive. Ne vous démarquez donc pas de lui. S'il prononce le *takbîr*, faites de même ; s'il s'incline, inclinez-vous. S'il dit : « Dieu entend celui qui le loue », répliquez : « Notre Seigneur, à Toi la louange ». S'il se prosterne, prosternez-vous. S'il prie en position assise, faites tous de même. » Cette tradition est rapportée par Al-Bukhârî et Muslim.

Dans la version présentée par Ahmad et Abû Dâwûd, on lit : « L'imâm est fait pour qu'on le suive. S'il proclame la grandeur de Dieu (le *takbîr*), faites de même, mais ne le faites pas avant lui. S'il s'incline, inclinez-vous, mais ne le faites pas avant lui. S'il se prosterne, prosternez-vous, mais non avant lui. »

Abû Hurayra (رضي الله عنه) rapporte que le Prophète (ﷺ) a dit : « L'un d'entre vous ne craint-il pas, s'il relève la tête avant l'imâm, de la voir métamorphosée par Dieu en tête d'âne, et de se retrouver lui-même avec un corps d'âne ? » Ce *hadîth* est rapporté par Al-Bukhârî, Muslim, Abû Dâwûd, At-Tirmidhî, An-Nasâ'î, Ibn Mâjah et Ahmad.

Anas rapporte : « Le Messager de Dieu (ﷺ) déclara : « Ô gens, je suis votre imâm. Ne me devancez donc point dans l'inclinaison, ni dans le prosternement, ni lorsque je me mets debout, ni lorsque je m'assieds, ni lorsque je termine la prière. » Cette tradition est rapportée par Ahmad et Muslim.

Enfin, Al-Barâ' Ibn 'Âzib a dit : « Nous accomplissions la prière avec le Prophète (ﷺ). Lorsqu'il disait : « Dieu entend celui qui le loue », nous restions debout jusqu'à l'instant précis où il touchait le sol du front. » Ce *hadîth* est rapporté par Al-Bukhârî, Muslim, Abû Dâwûd, At-Tirmidhî, An-Nasâ'î, Ibn Mâjah et Ahmad.

7- La prière est considérée comme ayant été accomplie en commun lorsque l'imâm est accompagné, ne serait-ce que d'un seul orant

La prière en commun se réalise s'il y a un seul orant avec l'imâm, quand bien même l'un d'eux serait un enfant ou une femme. On rapporte qu'Ibn 'Abbâs a dit : « J'ai passé la nuit chez ma tante Maymûna. Au milieu de la nuit, le Prophète (ﷺ) se réveilla pour la prière. J'en fis autant. Je me mis à sa gauche ; il me prit alors par la tête et me plaça à sa droite. » Ce propos est rapporté par Al-Bukhârî, Muslim, Abû Dâwûd, At-Tirmidhî, An-Nasâ'î, Ibn Mâjah et Ahmad.

Abû Sa'îd et Abû Hurayra rapportent que le Messager de Dieu (ﷺ) a dit : « Si un homme se réveille et réveille son épouse pendant la nuit, et qu'ils effectuent ensemble deux cycles de prière, ils seront tous rangés dans la classe des dévots et des dévotes qui évoquent Dieu avec zèle. » Ce *hadîth* est rapporté par Abû Dâwûd.

Abû Sa'îd raconte qu'un homme, en entrant à la mosquée, trouva que le Messager de Dieu (ﷺ) avait déjà terminé la prière avec ses Compagnons. « Qui veut faire à cet homme la charité de partager avec lui la prière ? » demanda le Messager de Dieu. Sitôt dit, sitôt fait : un fidèle se leva et fit la prière avec le retardataire. Ce *hadîth* est rapporté par Ahmad, Abû Dâwûd et At-Tirmidhî, qui l'a jugé bon (*hasan*).

Ibn Abî Shayba raconte que cet homme n'était autre qu'Abû Bakr. Force est de signaler qu'At-Tirmidhî invoque ce *hadîth* pour montrer qu'il est permis à un groupe d'orants de faire la prière en commun dans une mosquée où elle vient d'être célébrée. Il note : « C'est l'opinion d'Ahmad et d'Ishâq ».

D'autres érudits, tels Sufyân, Mâlik, Ibn Al-Mubârak et Ash-Shâfi'î, estiment en revanche que ces orants se doivent de faire une prière individuelle.

8- Il est permis que l'imâm cède sa place à un autre et devienne un simple orant

L'imâm peut laisser sa place (et devenir un des orants) si un imâm titulaire se présente. Pour preuve, ce *hadîth* rapporté par Al-Bukhârî et Muslim, citant Sahl Ibn Sa'd : « Le Messager de Dieu (ﷺ) se rendit chez les Banû 'Amr Ibn 'Awf pour les réconcilier et résoudre quelque différend qui les opposait. Sur ces entrefaites, le temps de la prière arriva. Le muezzin vint demander à Abû Bakr de bien vouloir la présider. Alors que ce dernier célébrait l'office, le Messager de Dieu (ﷺ) entra dans la mosquée et se tint dans le rang des orants. Pour prévenir Abû Bakr de la présence du Prophète (ﷺ), les fidèles se mirent à frapper des mains. En vain, car Abû Bakr ne se retourna point pendant la prière. Il dut le faire cependant, tant les frappements de mains s'étaient fait retentissants. Il vit le Messager de Dieu (ﷺ), qui lui faisait signe de rester à sa place. Abû Bakr leva les bras et rendit grâce à Dieu pour cet ordre que lui intimait le Prophète. Puis il se mit à reculer jusqu'à ce qu'il se trouvât aligné dans le rang des premiers fidèles. Le Prophète (ﷺ) fit alors un pas en avant et présida la suite de la prière. Quand il eut fini, il dit à Abû Bakr : « Ô Abû Bakr, qu'est-ce qui t'a empêché de rester à ta place alors que je te l'ai ordonné ? – Le fils d'Abû Quhâfa (Abû Bakr, s'entend) ne saurait présider la prière en présence du Messager de Dieu (ﷺ). » Et le Prophète (ﷺ) de reprocher alors aux fidèles : « Je ne sais pourquoi vous battez des mains avec une telle ardeur. L'orant à qui quelque chose arrive pendant la prière se doit de prononcer la formule : « Dieu soit Exalté » pour qu'on se tourne vers lui. Les frappements de mains, c'est pour les femmes. »

9- Rattraper l'imâm

Celui qui rattrape l'imâm en prière dira, en position debout : « Dieu est grand » (soit : la *takbîra* d'entrée en prière) puis entrera dans la prière selon la position adoptée par l'imâm. Il ne comptera un cycle de prière que s'il s'est incliné, que cette inclinaison se soit réalisée complètement et simultanément avec l'imâm, ou qu'elle soit brève, l'essentiel étant que l'orant arrive à se courber en touchant les genoux des mains avant que l'imâm ne relève la tête. Abû Hurayra rapporte que le

Messager de Dieu (ﷺ) a dit : « Quand vous venez faire la prière et que vous nous trouvez prosternés, prosternez-vous et ne comptez point cet acte. Si vous rattrapez l'inclinaison, vous avez rattrapé la prière. » Ce *hadîth* est rapporté par Abû Dâwûd, par Ibn Khuzayma dans son « *Sahîh* » ainsi que par Al-Hâkim – qui le juge authentique - dans son ouvrage « *Al-Mustadrak* ».

L'orant devancé procède comme l'imâm : il s'assoit pour le dernier repos assis et prononce des invocations. Il ne doit se lever qu'après le salut final. Il prononce alors le *takbîr* et achève les parties manquées de sa prière.

10- Les motifs légaux qui justifient le manquement à la prière en commun

Il est permis de se soustraire à la prière en commun dans les cas suivants :

a- Froid, pluie. Ibn 'Umar rapporte que le Prophète (ﷺ) ordonnait au muezzin de dire en annonçant la prière : « Si vous êtes en voyage, faites la prière dans vos demeures pendant les nuits froides et pluvieuses » Ce *hadîth* est rapporté par Al-Bukhârî et Muslim. Jâbir raconte : « Un jour que nous étions en voyage avec le Messager de Dieu (ﷺ), la pluie se mit à tomber. » Il nous dit alors : « Que chacun fasse la prière dans son camp, s'il le veut.» Ce *hadîth* est rapporté par Ahmad, Muslim, Abû Dâwûd et At-Tirmidhî.

On rapporte qu'Ibn 'Abbâs dit à son muezzin un jour de pluie : « Une fois que tu auras dit (dans l'appel à la prière) : « Je témoigne que Muhammad est le Messager de Dieu », tu diras : « Priez dans vos maisons », au lieu de proclamer : « Allez à la prière ». Les gens trouvèrent cela répréhensible, constate Ibn 'Abbâs, qui leur dit : « Cela vous semble étrange ? Eh bien, un homme autrement meilleur que moi en a fait autant : le Prophète (ﷺ). Certes, la prière en commun est de rigueur. Mais je n'ai pas voulu vous sortir de vos demeures et vous astreindre à marcher dans la boue. » Ce propos est rapporté par Al-Bukhârî et Muslim. Une variante présentée par Muslim signale qu'Ibn 'Abbâs intima cet ordre à son muezzin un jour de vendredi où il pleuvait. S'il en est ainsi du froid, il en va de même de circonstances telles que la chaleur étouffante, l'obscurité, la peur d'une agression… Ibn Battâl a dit : « Les doctes s'accordent à considérer qu'il est légitime de manquer à la prière en commun en cas de pluie abondante, d'obscurité, de tempête, entre autres intempéries. »

b- Être en train de se restaurer. Pour preuve, ce *hadîth* cité par Ibn 'Umar : « Le Prophète (ﷺ) a dit : « Si l'un d'entre vous se trouve à table, qu'il se restaure à loisir quand bien même on annoncerait la prière. » Ce *hadîth* est rapporté par Al-Bukhârî.

c- Être pressé de faire ses besoins naturels. 'Â'isha (رضي الله عنها) raconte avoir entendu le Prophète (ﷺ) dire : « Il n'est point de prière en présence d'un repas, ni pour celui qui s'efforce de réprimer ses besoins naturels. » Cette tradition est rapportée par Ahmad, Muslim et Abû Dâwûd. Abû Ad-Dardâ' rapporte que le Messager de Dieu (ﷺ) a dit : « L'homme sensé s'avise de faire d'abord ses besoins pour entreprendre ensuite la prière le cœur bien aise et serein. » Ce *hadîth* est rapporté par Al-Bukhârî.

11- Les gens les plus dignes de l'imamat

Le plus digne d'être imâm est le plus versé dans la récitation du Livre Sacré ; si les hommes se valent en cela, cet honneur sera alors au plus docte en *Sunna* ; s'ils se valent, il est alors au plus ancien d'entre eux à avoir émigré (vers Médine) ; s'ils se valent, il est alors au plus âgé.

- Abû Sa'îd rapporte que le Messager de Dieu (ﷺ) a dit : « S'ils sont trois, que l'un d'eux préside la prière. Le plus digne de cela est le plus versé en récitation », c'est-à-dire celui qui maîtrise le plus le Coran au niveau de la mémorisation. Ce propos est rapporté par Ahmad, Muslim et An-Nasâ'î. Qu'on en juge par ce *hadîth* mentionné par 'Amr Ibn Salama : « Le plus docte en Coran est le mieux indiqué pour vous diriger dans la prière. »

- Abû Dâwûd rapporte, d'après Ibn Mas'ûd, que le Prophète (ﷺ) déclara : « Se charge de diriger les fidèles dans la prière, celui qui est le plus versé dans le Livre Sacré ; s'ils sont pareils en cette qualité, c'est alors au plus docte en Sunna ; s'ils sont pareils en maîtrise de la Sunna , c'est alors au plus ancien d'entre eux à avoir émigré (vers Médine) ; s'ils sont pareils en cela, c'est alors au plus âgé. L'invité ne saurait, à moins d'y avoir été invité, officier d'imâm pour le sultan ou l'amphitryon, ni s'installer sur le sofa du maître de la maison. » On lit dans une autre version : « L'invité ne saurait être imâm pour l'homme qui se trouve parmi les siens, ou dans son domaine. » Ce *hadîth*, rapporté par Ahmad et Muslim, a été également mentionné par Sa'îd Ibn

Mansûr, qui le présente comme suit : « « L'invité ne saurait tenir lieu d'imâm pour l'homme qui se trouve dans son domaine, à moins d'avoir sa permission. Il ne peut non plus s'installer sur le sofa du maître de la maison, à moins d'avoir sa permission. » Autrement dit, le sultan (ou le maître d'un domaine), l'amphitryon, le chef d'une réunion sont les mieux indiqués pour présider la prière, sauf s'ils en donnent l'autorisation à un tiers. Abû Hurayra rapporte que le Messager de Dieu (ﷺ) a dit : « Il n'est point légitime pour un homme qui croit en Dieu et au Jour du jugement dernier de diriger des gens dans la prière sans leur permission, ou bien de jouir d'une invitation à titre exclusif ; ce serait les trahir que d'agir ainsi. »

12- Les gens habilités à être imâms

Ce sont, l'adolescent raisonnable, l'aveugle, l'orant sain dirigeant le handicapé, l'orant handicapé dirigeant l'orant sain, l'orant qui accomplit une prière obligatoire dirigeant celui qui accomplit une prière surérogatoire et inversement ; celui qui a fait dûment ses ablutions dirigeant celui qui a fait une ablution sans eau (une ablution sèche, s'entend), et vice-versa ; le voyageur dirigeant l'orant sédentaire et inversement ; l'orant au statut inférieur dirigeant quelqu'un qui lui est supérieur. De fait, étant âgé de six ou sept ans, 'Amr Ibn Salama présida la prière accompagné des siens. A Médine, le Messager de Dieu (ﷺ) en vint, à deux reprises, à se faire substituer comme chef de prière par l'aveugle Ibn Umm Maktûm. De même, lors de la maladie qui allait entraîner son décès, le Messager de Dieu (ﷺ) - fit la prière en position assise, derrière Abû Bakr. Il lui arriva également de prier chez lui, malade qu'il était, de le faire assis, suivi par des orants qui restèrent debout et à qui il fit signe de s'asseoir. Une fois l'office achevé, il leur dit : « L'imâm est fait pour qu'on le suive ; s'il s'incline, inclinez-vous ; s'il se relève, faites de même ; s'il prie en position assise, faites de même.» Pour sa part, Mu'âdh Ibn Jabal effectuait l'office de nuit en compagnie du Prophète (ﷺ), puis il rejoignait les siens et présidait cette même prière : pour lui, il s'agissait d'une surérogation, alors que pour eux, il s'agissait d'une obligation.

Mihjan Ibn Al-Adra' raconte : « Je rejoignis une fois le Messager de Dieu (ﷺ) à la mosquée. Vint le temps de la prière. Il la célébra et je ne la fis point. « Tu ne pries pas ? s'enquit-il. – Ô Messager de Dieu, répondis-je, j'ai fait la prière à la maison avant de venir. – Dans ce cas, reprit le Prophète, tu peux partager la prière avec les orants et la considérer comme surérogatoire. »

D'autre part, le Prophète (ﷺ) vit un jour un homme prier tout seul et dit : « Quelqu'un veut-il faire à cet homme la charité de partager avec lui la prière ?

'Amr Ibn Al-'Âs présida un jour la prière tout en ayant fait une ablution sèche (*tayammum*) et le Messager de Dieu (ﷺ) l'approuva.

De même, le Messager de Dieu (ﷺ) dirigea la prière à La Mecque au jour de sa conquête, et ce par deux cycles dans tous les offices, excepté la prière du coucher du soleil. Il dit alors : « Ô Mecquois, appliquez-vous à accomplir deux autres cycles de prière. Quant à nous, nous sommes en situation de voyage. »

Si le voyageur effectue une prière présidée par un résident, il fera quatre cycles de prière, quand bien même il accomplirait avec cet imâm moins d'un cycle. A telle enseigne qu'ayant reçu cette question : « Pourquoi le voyageur fait-il deux cycles de prière s'il est seul, et quatre s'il est derrière un imâm résident ? », Ibn 'Abbâs répondit : « C'est la Sunna. » Dans une autre version, on rapporte que Mûsâ Ibn Salama lui fit ce commentaire : « Lorsque nous prions en votre compagnie, nous effectuons quatre cycles de prière. Et lorsque nous prenons le chemin du retour, nous en faisons deux. » Ibn 'Abbâs rétorqua alors : « C'est la *Sunna* d'Abû Al-Qâsim (entendre : le Prophète (ﷺ)). » Ce propos est rapporté par Ahmad.

13- Les gens non habilités à être imâms

La majorité des érudits considèrent qu'il n'est pas permis à un imâm indisposé de diriger un orant non indisposé ni un orant indisposé par un autre mal. Les mâlikites estiment, quant à eux, que cet imâm peut, le cas échéant, diriger un orant non indisposé.

14- Il est recommandé qu'une femme officie d'imâm pour les orantes

A telle enseigne que 'Â'isha (رضي الله عنها) présidait la prière pour les femmes en se tenant dans le même rang qu'elles. De même fit Umm Salama. Mieux, le Messager de Dieu (ﷺ) assigna un muezzin à Umm Waraqa, à laquelle il ordonna de diriger les siens dans les prières obligatoires.

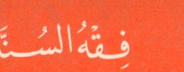

15- Un homme préside la prière pour des femmes

Abû Ya'lâ et At-Tabarânî rapportent dans le livre « *Al-Awsat* » ce *hadîth* assorti d'une chaîne de transmission jugée bonne (*hasan*) : « Ubayy Ibn Ka'b vint trouver le Prophète (ﷺ) – et lui dit : « Ô Messager de Dieu, cette nuit, j'ai fait quelque chose de singulier. – Quoi donc ? demanda le Prophète. – Il y a chez moi des femmes qui me dirent : « Tu sais réciter le Coran, pas nous. Préside donc la prière pour nous. » Chose dite, chose faite : j'ai effectué huit cycles de prière, ainsi que le *witr*. A ces mots, le Prophète (ﷺ) se tut. – Nous avons donc interprété son silence comme un acquiescement, conclut Ubayy. »

16- Il est déconseillé de conférer l'imamat au libertin et à l'hérétique

Al-Bukhârî rapporte qu'Ibn 'Umar faisait la prière derrière Al-Hajjâj. Muslim rapporte qu'Abû Sa'îd Al-Khudrî accomplit la prière de la fête derrière Marwân (Ibn Al-Hakam). Ibn Mas'ûd le fit derrière Al-Walîd Ibn 'Uqba Ibn Abî Mu'ayt, qui s'adonnait à la boisson, et qui, une fois, effectua la prière du matin en quatre cycles, ce qui lui coûta la flagellation de la part de 'Uthmân. Les Compagnons et les Successeurs accomplissaient la prière présidée par Ibn Abî 'Ubayd, qui, autrefois, passait pour un athée et un prédicateur de l'égarement. Or, il est un principe auquel adhèrent les doctes : celui dont la prière pour soi est valide, sa prière pour autrui est également valide. Sauf qu'ils ont déconseillé la prière présidée par un libertin ou un hérétique. Pour preuve, ce propos rapporté par Abû Dâwûd et Ibn Hibbân – mais non mentionné par Al-Mundhirî –, citant As-Sâ'ib Ibn Khallâd : « Un homme qui présidait la prière cracha dans la direction de la *qibla*. Le Prophète (ﷺ), qui s'était aperçu de cela, dit plus tard aux fidèles : « Que cet homme ne préside plus la prière. » Or, ce même individu voulut par la suite faire office d'imâm. Les gens refusèrent et lui firent part de l'injonction du Prophète (ﷺ). Il alla s'enquérir auprès de ce dernier, qui lui déclara : « En effet, tu as offensé Dieu et son Messager. »

17- Il est permis d'abandonner, pour un motif plausible, la prière célébrée par l'imâm

L'orant qui a entamé une prière avec l'imâm peut en sortir délibérément pour l'achever tout seul au cas où l'imâm allongerait trop cette prière. Il en va de même des cas suivants : malaise ou maladie soudains, la peur de perdre de l'argent, le risque de détérioration de quelque bien, la crainte de manquer quelque chose ou quelqu'un, sommeil irrésistible, etc. En effet, Al-Bukhârî, Muslim, Abû Dâwûd, At-Tirmidhî, An-Nasâ'î, Ibn Mâjah et A<u>h</u>mad rapportent, citant Jâbir : « Mu'âdh Ibn Jabal effectuait l'office de nuit en compagnie du Prophète (ﷺ), puis rejoignait les siens et présidait cette même prière. Or une nuit, le Prophète (ﷺ) retarda l'office nocturne ; Mu'âdh attendit et fit cette prière avec le Prophète. Quand il retourna chez les siens, il célébra la prière en tant qu'imâm. Il s'avisa de réciter la sourate La Vache. Un des orants n'hésita pas à reculer pour prier seul. « Tu agis en faux dévot ! » lança-t-on à cet homme. – Non point ! rétorqua-t-il. Je vais me renseigner auprès du Prophète (ﷺ). » Ayant appris ce qui s'était passé, le Prophète (ﷺ) se tourna vers Mu'âdh : « Serais-tu un fauteur de troubles, ô Mu'âdh ; serais-tu un fauteur de troubles, ô Mu'âdh ; il fallait réciter telle sourate ou telle autre. »

18- Les traditions qui se rapportent à l'accomplissement d'une prière en commun qui a déjà été accomplie une première fois

Al-Yazîd Ibn Al-Aswad rapporte : « Alors que nous faisions la prière avec le Prophète (ﷺ) à Minâ, deux hommes s'approchèrent sur leurs montures et demeurèrent coi. Sur injonction du Prophète (ﷺ), on les amena. Ils étaient transis de peur. « Qu'est-ce qui vous a empêché de faire la prière avec les fidèles ? N'êtes-vous pas musulmans ? s'enquit le Prophète. – Si, ô Messager de Dieu, répondirent-ils. Mais nous avons déjà fait la prière chez nous. – Si vous l'avez faite dans vos demeures et que vous rejoigniez l'imâm, priez alors avec lui. Ce sera pour vous une surérogation. » Ce *<u>h</u>adîth* est rapporté par A<u>h</u>mad et Abû Dâwûd. An-Nasâ'î et At-Tirmidhî en fournissent la version suivante : « Si vous avez fait la prière dans vos demeures et que vous rejoigniez les fidèles dans une mosquée, priez alors avec eux. Ce sera pour vous une surérogation. » At-Tirmidhî commente : « Ce *<u>h</u>adîth* est *<u>h</u>asan <u>s</u>a<u>h</u>î<u>h</u>* ». Ibn As-Sakan l'a jugé authentique.

Ce *<u>h</u>adîth* prouve qu'il est légitime de refaire la prière avec une intention de surérogation pour quiconque a accompli, seul ou avec un groupe, l'office obligatoire, et ce au cas où il rejoindrait un autre groupe d'orants dans une mosquée. On rapporte à cet égard que <u>H</u>udhayfa refit les prières de midi, de l'après-midi et du coucher du soleil, alors qu'il les avait déjà accomplies avec un groupe d'orants. On rapporte également qu'Anas fit la prière du matin avec Abû Mûsâ dans l'aire à sécher les dattes. Les deux se rendirent ensuite à la grande mosquée, où on célébra l'office. Ils prièrent alors derrière Al-Mughîra Ibn Shu'ba.

Quant à ce *hadîth* authentique du Prophète (ﷺ) : « Ne faites pas une prière deux fois le même jour », Ibn 'Abd Al-Barr en dit : « De l'avis d'Ahmad et Ishâq, ce *hadîth* signifie qu'on ne saurait accomplir une prière obligatoire puis la refaire en tant que telle. On peut en revanche la refaire avec le groupe avec une intention de surérogation, conformément à la tradition prophétique, laquelle exhorte à cela. Dans ce cas, refaire la prière ne contraste nullement avec le *hadîth* susmentionné, étant donné qu'il ne s'agit point d'une répétition, la première prière étant obligatoire, la seconde surérogatoire. »

19- Il est recommandé à l'imâm de se tourner à droite ou à gauche après le salut final, puis de quitter le lieu de prière

On rapporte à ce titre, citant Qabîsa Ibn Hulb, qui tient ce propos de son père : « Le Prophète (ﷺ) présidait la prière et lorsqu'il l'achevait, il se tournait des deux côtés, soit à droite, soit à gauche. » Ce *hadîth* est rapporté par Abû Dâwûd, Ibn Mâjah et At-Tirmidhî, qui l'a jugé bon (*hasan*). Les érudits estiment que l'orant peut se tourner du côté qu'il voudra. Il est à signaler que les deux démarches ont été constatées tour à tour chez le Prophète (ﷺ).

Par ailleurs, 'Â'isha (رضي الله عنها) rapporte que le Prophète (ﷺ), lorsqu'il prononçait le salut final ne demeurait assis que le temps de dire : « Seigneur, c'est Toi la Paix, de Toi émane la paix. Béni sois-Tu, Seigneur de la Majesté et la Munificence. » Ce propos est rapporté par Ahmad, Muslim, At-Tirmidhî et Ibn Mâjah.

Citant Umm Salama, Ahmad et Al-Bukhârî rapportent : « Lorsque le Prophète (ﷺ) prononçait le salut final, il demeurait à sa place quelque temps tandis que les orantes se levaient pour quitter les lieux. Nous pensons – mais Dieu en sait davantage – qu'il procédait ainsi afin de laisser sortir les femmes avant que les hommes ne les rejoignent. »

20- L'imâm se tient dans une position plus haute que celle des orants et inversement

Il est réprouvable que l'imâm se place dans une position plus haute que celle du ou des fidèle (s). Abî Mas'ûd Al-Ansârî a dit : « Le Messager de Dieu (ﷺ) a interdit que l'imâm se tienne sur un support élevé par rapport aux orants qui sont derrière lui. » Ce *hadîth* est rapporté par

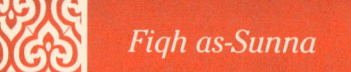

Ad-Dâraqutnî ; il n'est pas mentionné par Al-Hâfidh dans son « *Talkhîs* ».

Humâm Ibn Al-Hârith rapporte que Hudhayfa entreprit un jour, à Al-Madâ'in (ancienne ville d'Iraq), de présider la prière sur un monticule. Abû Mas'ûd le tira alors par son vêtement. Une fois la prière achevée, il lui dit : « Ne sais-tu pas qu'ils interdisaient cela ? – Si, répondit-il, je me le suis rappelé lorsque tu m'as tiré. » Ce *hadîth* est rapporté par Abû Dâwûd, Ash-Shâfi'î, Al-Bayhaqî, et authentifié par Al-Hâkim Ibn Khuzayma et Ibn Hibbân.

Si l'imâm choisit une position élevée à tel ou tel dessein, sa décision ne sera point réprouvée. Sahl Ibn Sa'd Al-Sâ'idî rapporte à cet égard : « La première fois qu'on disposa la tribune dans la mosquée, je vis le Prophète (ﷺ) s'y asseoir, proclamer la grandeur de Dieu (prononcer le *takbîr*), s'incliner, puis descendre à reculons. Il se prosterna à la base de la tribune puis remonta s'asseoir. Après l'office, il dit aux fidèles : « Ô gens, si j'ai disposé cette tribune, c'est pour que vous me preniez pour imâm et que vous appreniez ma prière. » Ce *hadîth* est rapporté par Ahmad, Al-Bukhârî et Muslim.

D'autre part, que l'orant se tienne dans un emplacement élevé par rapport à l'imâm, voilà qui est permis. Qu'on en juge par ce propos mentionné par Sa'îd Ibn Mansûr, Ash-Shâfi'î et Al-Bayhaqî, ainsi que par Al-Bukhârî dans les rubriques (de son « *Sahîh* »), d'après Abû Hurayra, propos selon lequel ce dernier a effectué, sur la terrasse de la mosquée, une prière présidée par un imâm.

On rapporte qu'Anas faisait la prière dans la maison d'Abû Nâfi', à Basra, laquelle était située du côté droit de la mosquée et dans laquelle il y avait une chambre au plafond aussi haut que la taille d'un homme. C'est précisément dans cette chambre, qui avait une porte donnant sur la mosquée, qu'Anas effectuait la prière, présidé par un imâm. Or, les Compagnons ne remirent pas en cause l'agissement d'Anas. Ce propos a été rapporté par Sa'îd Ibn Mansûr dans ses « *Sunan* ».

Ash-Shawkânî commente : « Que l'orant se tienne dans un emplacement élevé, c'est une chose prohibée si la hauteur est excessive, comme de dépasser les trois cents coudées, auquel cas l'orant se trouverait dans l'incapacité de savoir ce que fait l'imâm. En principe, la position élevée de l'orant est permise, jusqu'à preuve du contraire. Ce principe se voit corroboré par l'acte précité d'Abû Hurayra, lequel ne rencontra point de désapprobation. »

21- L'orant imite l'imâm malgré l'existence d'un obstacle qui les sépare

Il est permis que l'orant suive l'imâm quand bien même ils seraient séparés par quelque barrière, à condition que le premier puisse percevoir les actes du second par la vue ou l'ouïe. Al-Bukhârî rapporte, citant Al-Hasan : « Nul blâme à ce que vous fassiez la prière séparés par une rivière. » Abû Mijlaz déclare : « On peut prier derrière l'imâm même si l'on se trouve séparé de lui par une route ou un mur ; il suffit seulement d'entendre la *takbîra* initiale. » D'ailleurs, on a vu plus haut que le Prophète (ﷺ) a présidé la prière alors que les orants qui le suivaient se trouvaient dans une chambre située en arrière.

22- Peut-on prier derrière un imâm qui a omis une prière obligatoire

Est jugé valide, l'imamat de celui qui a manqué à une obligation cultuelle si l'orant – qui le suit – a accompli les siennes et ignore l'omission de l'imâm. Pour preuve, ce *hadîth* d'Abû Hurayra : « Le Prophète (ﷺ) a dit : « Ils (entendre : les imâms) vous dirigent dans la prière ; s'ils agissent correctement, ils en auront le mérite ainsi que vous ; s'ils se trompent, vous aurez toujours du mérite alors qu'ils démériteront. » Cette tradition est rapportée par Al-Bukhârî et Muslim.

Sahl affirme avoir entendu le Messager de Dieu (ﷺ) dire : « L'imâm est un garant. S'il agit bien, il en aura le mérite autant que les orants ; s'il agit mal, lui seul déméritera. » Ce propos est rapporté par Ibn Mâjah. On rapporte d'après un propos authentique que 'Umar présida une fois la prière alors qu'il était impur à son insu. Il dut refaire sa prière, pas les orants.

23- Se faire substituer en tant qu'imâm

Si l'imâm se voit dans l'impossibilité de poursuivre la prière pour tel ou tel motif (par exemple, il se rappelle qu'il n'est pas en état de pureté ou qu'il a cessé de l'être), il peut se faire substituer par quelqu'un qui se charge d'achever la prière à sa place. 'Amr Ibn Maymûn raconte : « J'étais en prière. Entre 'Umar, qui était imâm, et moi, il n'y avait que 'Abd Allâh Ibn 'Abbâs. Dès que 'Umar eût prononcé le *takbîr*, je l'entendis crier : « Il m'a tué ! le chien ! » Il venait d'être poignardé. Il saisit alors 'Abd Ar-Rahmân Ibn 'Awf et le poussa en avant pour qu'il terminât l'office ; ce dernier présida la prière, qu'il fit légère. »[1]

Abû Ruzayn rapporte qu'un jour, 'Alî, qui présidait la prière, fut pris d'un saignement du nez. Il prit aussitôt un homme par la main, le mit en avant et s'en alla.» Ce propos est rapporté par Sa'îd Ibn Man<u>s</u>ûr.

A<u>h</u>mad constate : « Si l'imâm s'avise de se faire substituer, c'est que 'Umar et 'Alî l'ont déjà fait. Si les orants continuent seuls leur prière, c'est que les fidèles l'ont déjà fait lorsque Mu'âwiya fut poignardé, achevant ainsi leur prière. »

24- Celui qui tient lieu d'imâm pour des gens qui l'abhorrent

Nombre de *<u>h</u>adîth* interdisent qu'un homme dirige des orants qui ont de l'aversion pour lui. L'aversion dont il est question ici est censée être justifiée par des motifs religieux et légaux. Qu'on en juge par ce *<u>h</u>adîth* transmis par Ibn 'Abbâs : « Le Messager de Dieu (ﷺ) déclara : « Il est trois personnes dont la prière ne se hisse pas d'un pan au-dessus de leur tête : un homme qui préside la prière pour des gens qui le rejettent, une épouse qui passe la nuit en ayant provoqué le mécontentement de son mari, et deux frères ennemis. » Ce *<u>h</u>adîth* est rapporté par Ibn Mâjah ; sa chaîne de transmetteurs est jugée bonne par Al-'Irâqî.

'Abd Allâh Ibn 'Amr rapporte que le Messager de Dieu (ﷺ) a dit : « Il est trois personnes dont Dieu n'accepte point la prière : celui qui préside la prière pour des gens qui le rejettent, celui qui fait la prière trop tard et celui qui asservit son esclave après l'avoir affranchi. » Ce *<u>h</u>adîth* est rapporté par Abû Dâwûd et Ibn Mâjah.

At-Tirmidhî commente : « Certains désapprouvent qu'un homme préside la prière pour des gens qui le rejettent. Cependant, si cet imâm indésirable n'est point malhonnête, la faute est alors imputable à ceux qui ont de l'aversion contre lui. »

La posture de l'imâm et de l'orant

1- S'il y a un seul orant avec l'imâm, il est recommandé qu'il se tienne à droite de celui-ci ; s'il y en a deux ou plus, ils se tiendront de préférence derrière lui

Pour preuve, ce *<u>h</u>adîth* transmis par Jâbir : « Le Messager de Dieu (ﷺ)

1 *In* Al-Bukhârî.

se leva pour la prière. Je le rejoignis et me mis à sa gauche. Il me prit alors par la main, me fit pivoter et me plaça à sa droite. Vint ensuite Jâbir Ibn Sakhr qui se tint à gauche du Messager de Dieu (ﷺ). Aussitôt, ce dernier nous saisit tous deux par la main et nous fit reculer vers l'arrière. » Cette tradition est rapportée par Muslim et Abû Dâwûd.

Si une femme participe à la prière collective, elle doit se tenir seule derrière les hommes. Toutefois, si elle se met dans le même rang qu'eux, sa prière est jugée valide selon l'opinion de la majorité des doctes. Al-Bukhârî et Muslim rapportent qu'Anas a dit : « Nous avons fait la prière, un orphelin et moi, derrière le Prophète (ﷺ), dans notre maison. Ma mère, Umm Sulaym, était derrière nous. » On lit dans une autre version : « Nous étions alignés, l'orphelin et moi, derrière le Prophète (ﷺ) ; derrière nous se tenait la vieille.»

2- Il est recommandé à l'imâm de se tenir dans un emplacement symétrique au milieu du rang, près des gens les plus sages

Qu'on en juge par ce *hadîth* transmis par Abû Hurayra : « Le Prophète (ﷺ) ordonna : « Placez l'imâm au milieu et colmatez les brèches » Ce *hadîth* est rapporté par Abû Dâwûd ; il n'est pas mentionné par Al-Mundhirî.

D'après Ibn Mas'ûd, le Prophète (ﷺ) déclara : « Que les gens les plus sensés et les plus sages se tiennent près de moi, puis ceux qui s'apparentent à eux, et ainsi de suite. Et prenez garde au brouhaha des marchés. » Ce *hadîth* est rapporté par Ahmad, Muslim, Abû Dâwûd et At-Tirmidhî.

Anas rapporte que, dans la prière, le Messager de Dieu (ﷺ) préférait être directement suivi par les Émigrés (*muhâjirûn*) ainsi que par ses Partisans médinois (al-Ansâr), et ce afin qu'ils apprennent de lui. Ce propos est rapporté par Ahmad et Abû Dâwûd. S'il est préférable que ces fidèles soient dans les premiers rangs, c'est parce qu'ils sont les mieux indiqués pour tirer enseignement de son exemple, pour l'aviser s'il venait à se tromper, ou pour le remplacer le cas échéant.

3- Où doivent se tenir les enfants et les femmes par rapport aux hommes

Le Messager de Dieu (ﷺ) plaçait les hommes au-devant des enfants, et les femmes derrière les enfants. Ce propos est rapporté par Ahmad et Abû Dâwûd.

Muslim, Abû Dâwûd, At-Tirmidhî, An-Nasâ'î, Ibn Mâjah et A<u>h</u>mad rapportent, citant Abû Hurayra, que le Messager de Dieu (ﷺ) a dit : « Le meilleur rang pour les hommes, c'est le premier ; le pire, c'est le dernier. En revanche, le meilleur rang pour les femmes, c'est le dernier ; le pire, c'est le premier. »

Si le dernier rang est assigné aux femmes, c'est pour éviter toute promiscuité entre elles et les hommes.

4- L'orant se tient seul derrière un rang

Est jugé valide, l'office de celui qui prononce la *takbîra* d'entrée en prière en se tenant seul derrière le rang des orants, mais qui s'aligne avant que se termine l'inclinaison (de l'imâm). On rapporte qu'Abû Bakra, ayant rattrapé le Prophète (ﷺ) au moment où celui-ci était incliné, s'inclina avant de parvenir au rang. Lorsqu'il en fit part au Prophète (ﷺ), ce dernier lui dit : « Puisse Dieu te rendre plus vigilant. Évite de refaire cela. » Cette tradition est rapportée par A<u>h</u>mad, Al-Bukhârî, Abû Dâwûd et An-Nasâ'î.

De l'avis de la majorité des docteurs de la Loi, est jugée également valide, quoique non recommandée, la prière de celui qui reste seul derrière le rang. Cependant, A<u>h</u>mad, Is<u>h</u>âq, <u>H</u>ammâd, Ibn Abî Laylâ, Wakî', Al-<u>H</u>asan Ibn <u>S</u>âli<u>h</u>, An-Nakha'î et Ibn Al-Mundhir, déclarent nulle la prière de quiconque fait un cycle de prière complet derrière le rang. Wâbi<u>s</u>a rapporte en effet que le Messager de Dieu (ﷺ), ayant vu un jour un homme prier seul derrière le rang, lui intima aussitôt l'ordre de refaire sa prière. Ce propos est rapporté par Al-Bukhârî, Muslim, Abû Dâwûd, At-Tirmidhî, Ibn Mâjah et A<u>h</u>mad. Selon la version d'A<u>h</u>mad, on interrogea le Prophète (ﷺ) à propos d'un homme qui avait fait la prière seul derrière le rang. Il répondit : « Il doit refaire la prière. » Ce *<u>h</u>adîth* est jugé bon par At-Tirmidhî ; la chaîne de transmetteurs utilisée par A<u>h</u>mad est qualifiée de *jayyid*.

'Alî Ibn Shaybân rapporte qu'ayant vu un orant faire la prière seul derrière le rang, le Messager de Dieu (ﷺ) attendit qu'il terminât son office, puis il lui dit : « Tu dois améliorer ta prière : nulle est la prière de l'orant qui se tient seul derrière le rang. » Ce *<u>h</u>adîth* est rapporté par A<u>h</u>mad, Ibn Mâjah et Al-Bayhaqî ; A<u>h</u>mad constate : « Ce *<u>h</u>adîth* est bon (*<u>h</u>asan*) » ; Ibn Sayyid An-Nâs commente : « Les transmetteurs de ce *<u>h</u>adîth* sont notoirement dignes de foi. Or, la majorité des doctes privilégient le *hadîth* d'Abû Bakra. Il a effectué, affirment-ils, une partie de la prière derrière le rang et n'a point, pour autant, reçu du Prophète (ﷺ) l'injonction de refaire la prière. Al-Kamâl Ibn Al-Humâm (d'obédience hanafite) note : « Nos docteurs ont interprété le *hadîth* de Wâbisa comme ayant un caractère de recommandation, et celui d'Ibn Shaybân comme étant la négation de la perfection, et ce afin de concilier ces deux textes avec le *hadîth* d'Abû Bakra, dont le sens explicite est que la répétition n'est pas obligatoire, faute d'injonction s'y rapportant. S'agissant du cas où l'on n'arriverait pas à trouver d'emplacement dans le rang, certains doctes considèrent que l'on doit se tenir seul derrière, et que ce serait une chose déconseillée que d'attirer vers soi un orant (pour obtenir un rang minimal de deux orants). D'autres pensent que l'on peut, après la *takbîra* d'entrée en prière, attirer quelqu'un à soi en connaissance de cause. Il est alors recommandé que ce dernier acquiesce.

5- Bien disposer les rangs et colmater les brèches

Il est recommandé à l'imâm d'ordonner que les rangs soient bien alignés et que les brèches soient colmatées avant d'entrer en prière. Anas (ﷺ) rapporte : « Le Prophète (ﷺ), avant de prononcer la *takbîra* d'entrée en prière, se tenait face à nous et déclarait : « Alignez-vous d'une manière compacte et égale.» Ce *hadîth* est rapporté par Al-Bukhârî et Muslim, lesquels mentionnent cet autre *hadîth*, citant encore Anas : « Égalisez vos rangs, car cela relève de la perfection de la prière. »

An-Nu'mân Ibn Bashîr rapporte : « Le Messager de Dieu (ﷺ) veillait à nous aligner en rangs tout comme on dispose des gobelets. Tant et si bien que nous finîmes par assimiler cet enseignement. Or, un jour, il se mit en face de nous (au début de la prière) et remarqua qu'un homme se tenait la poitrine en avant. Et le Prophète de dire : « Ordonnez bien vos rangs, sinon Dieu sèmera la discorde entre vous. » Ce *hadîth* est rapporté par Al-Bukhârî, Muslim, Abû Dâwûd, At-Tirmidhî, An-Nasâ'î, Ibn Mâjah et Ahmad ; il est authentifié par At-Tirmidhî.

Ahmad et At-Tabarânî rapportent ce *hadîth* – assorti d'une chaîne acceptable – qu'ils tiennent d'Abû Umâma : « Le Messager de Dieu (ﷺ) affirma : « Ordonnez bien vos rangs. Touchez-vous les épaules. Soyez bienveillants et attentionnés envers vos frères. Et colmatez les brèches ; car Satan s'insinue entre vous dans les interstices les plus infimes. »

Citant Anas, Abû Dâwûd, An-Nasâ'î et Al-Bayhaqî rapportent que le

Prophète (ﷺ) ordonna : « Complétez les rangs : d'abord le premier, puis le second et ainsi de suite. Si lacune il y a, qu'elle soit dans le dernier rang. »

Al-Bazzâr a rapporté ce *hadîth* – assorti d'une chaîne jugée bonne – qu'il tient d'Ibn 'Umar : « Le Prophète (ﷺ) déclara : « Il n'est point de pas mieux rétribué que celui qu'un orant fait pour colmater une brèche dans un rang. »

An-Nasâ'î, Al-Hâkim et Ibn Khuzayma rapportent, citant également Ibn 'Umar : « Le Messager de Dieu (ﷺ) a dit : « Celui qui comble un vide dans un rang, Dieu le comblera de faveurs, et celui qui laisse une place vide dans un rang, Dieu se détournera de lui. »

Enfin, Muslim, Abû Dâwûd, An-Nasâ'î, Ibn Mâjah et Ahmad rapportent ce *hadîth* qu'ils tiennent de Jâbir : « Le Messager de Dieu (ﷺ) s'adressa à nous en ces termes : « Que ne vous rangez-vous pas comme le font les anges devant leur Seigneur ? – Et comment font-ils, ô Messager de Dieu ? lui demanda-t-on. – Ils complètent, reprit le Prophète (ﷺ), le premier rang et se tiennent serrés les uns contre les autres. »

6- L'exhortation à occuper le premier rang et la partie droite des rangs

Nous avons mentionné plus haut cette tradition du Messager de Dieu (ﷺ) : « Si les gens connaissaient la valeur de l'appel à la prière et du premier rang, et qu'ils ne trouvent, pour toute solution, que de se les disputer, ils se les disputeraient immanquablement. »

Abû Sa'îd Al-Khudrî rapporte qu'ayant vu ses Compagnons tarder à occuper le premier rang, le Messager de Dieu (ﷺ) leur enjoignit : « Avancez et suivez ma prière. Ceux qui se tiennent derrière vous vous suivront. Il est des gens qui ne cesseront de reculer jusqu'à ce que Dieu, le Très-haut, le Très Exalté, leur assigne le dernier rang. » Ce *hadîth* est rapporté par Muslim, An-Nasâ'î, Abû Dâwûd et Ibn Mâjah. Ces deux derniers traditionnistes rapportent, citant 'Â'isha (رضي الله عنها) : « Le Messager de Dieu (ﷺ) a dit : « Dieu et Ses anges prient sur les orants qui se tiennent dans la partie droite des rangs. »

Citant Abû Umâma, Ahmad et At-Tabarânî rapportent, d'après une chaîne de transmission authentique, que le Prophète (ﷺ) a dit : « Dieu et Ses anges prient sur les orants qui se tiennent dans le premier rang.

– Qu'en est-il du second rang, ô Messager de Dieu ? lui demanda-t-on alors. – Dieu et Ses anges, reprit le Prophète, prient sur les orants qui se tiennent dans le premier rang. – Et qu'en est-il du second rang, ô Messager de Dieu ? redemanda-t-on. – Ils prient également sur les orants du second rang », répondit-il.

7- Communiquer les paroles de l'imâm

Il est recommandé de répéter les paroles de l'imâm quand cela s'avère nécessaire : par exemple lorsque les orants n'arrivent pas à entendre la voix de l'imâm. Par contre cette répétition est une innovation répréhensible lorsque la voix de l'imâm est perceptible par l'ensemble des orants, de l'avis unanime des doctes.

LES MOSQUÉES

Un des bienfaits dont Dieu a gratifié spécialement cette Communauté est qu'Il a fait de la terre un lieu pur sur lequel on peut prier. Où que le musulman se trouve, il peut faire la prière le moment venu. Abû Dharr rapporte qu'il demanda au Messager de Dieu (ﷺ) : « Ô Messager de Dieu, quelle est la première mosquée à avoir été édifiée sur terre ? - La Mosquée Sainte, répondit-il. – Et ensuite ? demandai-je. – La mosquée de Jérusalem. – Combien d'années séparent leur édification ? – Quarante ans, répondit-il. » Puis il ajouta : « Où que tu sois, tu peux faire la prière, le moment venu. Ce lieu est une mosquée. » Dans une autre version, on lit : « Tous les lieux sont une mosquée ».

1- Le mérite de la construction des mosquées

'Uthmân rapporte que le Prophète (ﷺ) a déclaré : « Celui qui bâtit une mosquée pour l'amour de Dieu, Dieu lui assignera une demeure en Paradis. » Ce *hadîth* est rapporté par Al-Bukhârî et Muslim. Citant Ibn 'Abbâs, Ahmad, Ibn Hibbân et Al-Bazzâr rapportent ce *hadîth* assorti d'une chaîne de transmission jugée authentique : « Le Prophète (ﷺ) a dit : « Celui qui bâtit une mosquée pour la cause de Dieu, si petite soit-elle (litt : ne serait-ce que de la taille d'un nid d'oiseau), Dieu lui assignera une demeure au Paradis. »

2- L'invocation à prononcer lorsqu'on prend le chemin de la mosquée

Lorsqu'on prend le chemin de la mosquée, il est recommandé de prononcer les invocations mentionnées dans les traditions prophétiques suivantes :

- Umm Salama raconte que le Messager de Dieu (ﷺ), lorsqu'il quittait la maison pour aller prier, disait : « Au nom de Dieu. Je m'en remets à Dieu. Seigneur, je cherche refuge auprès de Toi ; puisses-Tu me préserver du risque de m'égarer ou d'être égaré, de me tromper ou d'être trompé, d'être injuste ou de subir l'injustice, de montrer ignorance et déraison ou de les subir de la part d'autrui. » Ce *hadîth* est rapporté par Abû Dâwûd, At-Tirmidhî, An-Nasâ'î et Ibn Mâjah ; il est authentifié par

At-Tirmidhî. De même, Abû Dâwûd, At-Tirmidhî et An-Nasâ'î ont rapporté ce *hadîth* – jugé bon (*hasan*) par At-Tirmidhî – d'après Anas : « Le Messager de Dieu (ﷺ) a dit : « Celui qui dit en sortant de chez lui : « Au nom de Dieu. Je m'en remets à Dieu. Il n'est de force et de puissance qu'en Dieu », on lui répondra : « Que cela te suffise !...tu es guidé, tu es préservé, tu es désormais protégé ». Et Satan s'écartera alors de lui. »

- Al-Bukhârî et Muslim rapportent, citant Ibn 'Abbâs, que le Prophète (ﷺ) sortit pour faire la prière et dit : « Seigneur, puisses-Tu mettre dans mon cœur une lumière, dans ma vue une lumière, dans mon ouïe une lumière, à ma droite une lumière, derrière moi une lumière, dans mes nerfs une lumière, dans ma chair une lumière, dans mes larmes une lumière, dans mes cheveux une lumière, sur ma peau une lumière. » Dans la version de Muslim, on lit : « Seigneur, puisses-Tu mettre dans mon cœur une lumière, sur ma langue une lumière, dans mon ouïe une lumière, dans ma vue une lumière, derrière moi une lumière, devant moi une lumière, au-dessus de moi une lumière, au-dessous de moi une lumière. Seigneur donne-moi une lumière. »

- Ahmad, Ibn Khuzayma et Ibn Mâjah ont rapporté ce *hadîth* – jugé bon (*hasan*) par Al-Hâfidh - qu'ils tiennent d'Abû Sa'îd : « Le Prophète (ﷺ) a dit : « Celui qui, en quittant sa demeure pour aller prier, dit : « Seigneur, je T'implore au nom des fidèles qui T'invoquent, ainsi qu'au nom de ce chemin que je parcours. En sortant, je ne puis concevoir une quelconque ingratitude ; je ne saurais être mû par l'hypocrisie ou par le désir de l'ostentation. Plutôt, je sors pour me prémunir de Ta colère et rechercher Ta satisfaction. Je Te prie de me préserver de l'Enfer, de pardonner mes péchés ; il n'est que Toi qui pardonnes les péchés. » Celui qui dit cela obtiendra que Dieu lui assigne soixante milles anges, qui imploreront pour lui le pardon ; et Dieu se tournera vers lui jusqu'à ce qu'il achève sa prière. »

3- Les invocations à prononcer à l'entrée et à la sortie de la mosquée

Il est recommandé, lorsqu'on s'apprête à franchir le seuil de la mosquée, d'entrer du pied droit et de dire : « Je cherche refuge auprès de Dieu le Magnifique, auprès de Son visage Magnanime et de Sa puissance éternelle, contre Satan le lapidé. Au nom de Dieu. Seigneur, prie sur Muhammad. Seigneur, puisses-Tu pardonner mes péchés et ouvrir pour moi les portes de Ta miséricorde. » En sortant, on dira : « Au nom de

Dieu. Seigneur, prie sur Mu<u>h</u>ammad. Seigneur, puisses-Tu pardonner mes péchés et ouvrir pour moi les portes de Ta grâce. Seigneur, préserve-moi de Satan le lapidé. »

4- Le mérite de celui qui se rend à la mosquée et de celui qui y reste

- A<u>h</u>mad, Al-Bukhârî et Muslim rapportent, citant Abû Hurayra, que le Prophète (ﷺ) a dit : « Quant à celui qui va à la mosquée, chaque fois qu'il s'y rendra et en reviendra, Dieu lui réservera une demeure au Paradis. »

- A<u>h</u>mad, Ibn Mâjah, Ibn Khuzayma, Ibn <u>H</u>ibbân et At-Tirmidhî rapportent ce *<u>h</u>adîth* – lequel est jugé bon par ce dernier et validé par Al-<u>H</u>âkim – d'après Abû Sa'îd : « Le Prophète (ﷺ) a dit : « Si vous voyez un homme fréquenter la mosquée, témoignez alors qu'il est croyant. » Dieu le Très-Haut, le Très-Exalté, a dit : {*Rien d'autre, en vérité : que peuplent les mosquées de Dieu ceux qui croient en Dieu et au Jour dernier*}. (S. 9, V. 18)[1]

- Muslim rapporte, citant Abû Hurayra, que le Prophète (ﷺ) a dit : « Celui qui se purifie chez lui puis se rend à une des demeures de Dieu pour accomplir une des obligations prescrites par Dieu, chacun des pas qu'il fera sur son chemin servira tantôt à diminuer ses péchés, tantôt à rehausser son rang. »

- A<u>t</u>-<u>T</u>abarânî et Al-Bazzâr, s'appuyant sur une chaîne authentique, rapportent ce *<u>h</u>adîth* transmis par Abû Ad-Dardâ' : « Le Prophète (ﷺ) a dit : « La mosquée est la demeure de tout dévot. Aux fidèles qui font de la mosquée leur foyer, Dieu garantira quiétude, miséricorde, ainsi qu'un passage sur le *<u>s</u>irâ<u>t</u>* (pont jeté au-dessus des abîmes de l'Enfer) menant vers l'agrément de Dieu : vers le Paradis.

- Il convient de rappeler cet autre *<u>h</u>adîth*, mentionné plus haut : « Voulez-vous que je vous montre ce grâce à quoi Dieu effacera vos péchés et rehaussera votre rang ?... »

5- La prière d'entrée à la mosquée

Al-Bukhârî, Muslim, Abû Dâwûd, At-Tirmidhî, An-Nasâ'î, Ibn Mâjah et A<u>h</u>mad rapportent, citant Abû Qatâda, que le Prophète (ﷺ) a dit : « Lorsque l'un d'entre vous entrera à la mosquée, qu'il fasse une prière

---

1 ﴿إِنَّمَا يَعْمُرُ مَسَٰجِدَ ٱللَّهِ مَنْ ءَامَنَ بِٱللَّهِ وَٱلْيَوْمِ ٱلْءَاخِرِ﴾

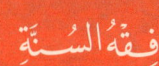

de deux cycles avant de s'asseoir. »

6- Les meilleures mosquées

- Citant Jâbir, Al-Bayhaqî rapporte que le Prophète (ﷺ) a dit : « Une prière dans la Mosquée Sainte (de La Mecque) vaut cent milles prières ; une prière dans ma mosquée (celle de Médine) en vaut mille ; dans la mosquée de Jérusalem, elle en vaut cinq cents. »

- Ahmad rapporte que le Prophète (ﷺ) a dit : « Une prière dans ma mosquée vaut mieux que mille prières dans tout autre mosquée, excepté la Mosquée Sainte. Et une prière dans cette dernière est cent fois meilleure qu'une prière dans ma mosquée. »

- Al-Bukhârî, Muslim, Abû Dâwûd, At-Tirmidhî, An-Nasâ'î, Ibn Mâjah et Ahmad rapportent que le Prophète (ﷺ) a dit : « On ne fait ses malles que pour se rendre à l'une de ces trois mosquées : la Mosquée Sainte, ma mosquée, et la mosquée de Jérusalem. »

7- L'ornementation des mosquées

- Ahmad, Abû Dâwûd, An-Nasâ'î et Ibn Mâjah rapportent ce *hadîth* qu'ils tiennent d'Anas – et jugé bon par Ibn Hibbân : « La fin du monde ne surviendra pas avant que les gens ne se soient mis à rivaliser de jactance au sujet des mosquées ». De ce *hadîth*, Ibn Khuzayma présente la version suivante : « Il viendra un temps où les gens se mettront à se targuer des mosquées alors qu'ils ne les fréquenteront guère. »

- Abû Dâwûd et Ibn Hibbân rapportent, dans un *hadîth* authentifié par ce dernier, et qu'ils tiennent d'Ibn 'Abbâs : « Le Messager de Dieu (ﷺ) a dit : « Je n'ai point reçu l'ordre d'élever les mosquées très haut.» A ce *hadîth*, Abû Dâwûd ajoute : « Ibn 'Abbâs a dit : « Vous vous livrez à l'ornementation des mosquées, comme le faisaient les juifs et les chrétiens. »

- Ibn Khuzayma rapporte, dans un *hadîth* qu'il juge authentique, que 'Umar donna l'ordre de bâtir des mosquées, tout en précisant : « Essayez d'abriter les gens de la pluie. Et évitez ornementations et couleurs, ce qui risque de distraire et détourner les esprits. »

8- Nettoyer et embaumer les mosquées

Ahmad, Abû Dâwûd, At-Tirmidhî, Ibn Mâjah et Ibn Hibbân rapportent, d'après une chaîne qualifiée de *jayyid*, d'après 'Â'isha (رضي الله عنها), que le Prophète (ﷺ) enjoint que des oratoires de prière soient aménagés au sein des maisons, et qu'ils soient régulièrement nettoyés et embaumés. Abû Dâwûd ajoute la version suivante : « Le Prophète (ﷺ) nous ordonnait d'aménager des oratoires de prière chez nous, de leur donner une belle forme et de les nettoyer. 'Abd Allâh, lorsqu'il s'asseyait sur la tribune, faisait répandre de l'encens dans la mosquée. »

Anas rapporte que le Messager de Dieu (ﷺ) a dit : « Les rétributions de ma Communauté, jusqu'aux plus insignifiantes, m'ont été montrées, telle la récompense d'un homme qui enlève une souillure infime d'une mosquée. » Ce *hadîth* est mentionné par Abû Dâwûd et At-Tirmidhî ; il est authentifié par Ibn Khuzayma.

9- L'entretien des mosquées

En tant que lieux de culte, les mosquées doivent faire l'objet d'un entretien minutieux, d'un soin particulier contre toute saleté, contre toute mauvaise odeur. Muslim rapporte que le Prophète (ﷺ) a dit : « Les mosquées ne sauraient être un lieu de souillures, celles-ci étant destinées à l'évocation Dieu et à la récitation du Coran. »

Ahmad rapporte, d'après une chaîne authentique, que le Prophète (ﷺ) a dit : « En expectorant, l'un d'entre vous prendra soin de ne pas toucher la peau ou le vêtement de quelque fidèle. »

Ahmad et Al-Bukhârî rapportent, citant Abû Hurayra, que le Prophète (ﷺ) a dit : « Si l'un d'entre vous se met debout pour la prière, qu'il évite de cracher devant soi ; car tant que l'orant est en prière, il communique avec le Très-haut, le Très Exalté. Il ne crachera pas non plus du côté droit, car un ange s'y trouve. Qu'il crache donc à gauche, ou bien sous son pied pour dissimuler son crachat. »

Citant Jâbir, Al-Bukhârî et Muslim rapportent dans un *hadîth* que le Prophète (ﷺ) a dit : « Celui qui a mangé de l'ail, de l'oignon ou du poireau, qu'il n'approche point notre mosquée. Car les anges répugnent aux mêmes choses que ce à quoi répugnent les humains. »

Dans un prêche du vendredi, 'Umar déclara : « Vous mangez des deux plantes que je trouve mauvaises : l'ail et l'oignon. J'ai vu le Messager de Dieu (ﷺ) enjoindre à ceux qui sentaient l'odeur de ces plantes de sortir au Baqî' (un lieu situé à Médine). Aussi, pour les manger, neutralisez leur odeur en les cuisinant. »[1]

10- A la mosquée, il est déconseillé de publier la perte d'un objet, d'exercer le commerce et de dire des poésies

Abû Hurayra rapporte que le Messager de Dieu (ﷺ) a dit : « Celui qui entend un homme s'enquérir sur un objet perdu, qu'il lui dise : Que Dieu ne te rende pas cette chose, car les mosquées n'ont pas été faites pour cela. » Cette tradition est rapportée par Muslim.

Abû Hurayra rapporte également que le Prophète (ﷺ) a dit : « Si vous voyez quelqu'un vendre ou acheter au sein de la mosquée, dites-lui : Que Dieu ne fasse point prospérer ton commerce. » Ce *hadîth* est cité par An-Nasâ'î et At-Tirmidhî, qui l'a jugé bon.

'Abd Allâh Ibn 'Umar a dit : « Le Messager de Dieu (ﷺ) a interdit toute transaction à la mosquée. Il en va autant de la récitation de poèmes et de la publication d'objets perdus. Il a également prohibé la formation de cercles avant la prière du vendredi. » Ce *hadîth* est rapporté par Al-Bukhârî, Muslim, Abû Dâwûd, At-Tirmidhî, An-Nasâ'î, Ibn Mâjah et Ahmad ; il est authentifié par At-Tirmidhî.

La poésie prohibée est celle qui consiste à faire la satire d'un musulman, l'éloge d'un tyran ou à dire quelque insanité. Elle sera en revanche permise si elle consiste en des sagesses, des propos laudatifs à l'adresse de l'Islam ou des discours édifiants et moralisateurs. 'Umar, raconte Abû Hurayra, ayant trouvé un jour Hassân qui disait quelque poésie au sein de la mosquée, lui jeta un regard désapprobateur. « Je scandais des vers, se défendit Hassan, en ce lieu et en présence d'un homme meilleur que toi (le Prophète, s'entend). » Puis, s'adressant à Abû Hurayra : « Au nom de Dieu, je t'en adjure, n'as-tu pas entendu le Messager de Dieu (ﷺ) dire : "Réponds en mon nom. Seigneur ! Soutiens-le par l'Esprit de sainteté ?" – Si, répondit Abû Hurayra. » Ce *hadîth* est rapporté par Al-Bukhârî et Muslim.

11- La mendicité à la mosquée

Le « sheikh de l'Islam », Ibn Taymiyya, a dit : « En principe, la mendicité est prohibée, que ce soit à la mosquée ou ailleurs, sauf en cas de nécessité extrême. Celui qui demande la charité pourra alors le faire à

1 Propos rapporté par Ahmad, Muslim et An-Nasâ'î.

la mosquée, mais sans embarrasser les gens (en passant par exemple par-dessus les têtes), sans proférer de mensonges dans ses plaintes, et sans élever la voix d'une manière gênante lorsque les fidèles écoutent le discours de l'orateur ou quelque conférence religieuse. »

12- Élever la voix à la mosquée

Il est défendu d'élever la voix à la mosquée au point de gêner les orants, même lorsqu'il s'agit de réciter le Coran. Il y a une seule exception à cette règle : les conférences religieuses, scientifiques et autres. Ibn 'Umar raconte que le Prophète (ﷺ) entra à la mosquée et y trouva un grand tumulte : les gens se livraient à la prière en récitant le Coran à voix haute. « L'orant communique avec Dieu le Très-haut, le Très Exalté, déclara-t-il. Aussi doit-il prendre garde à ce qu'il Lui communique. N'élevez pas la voix les uns les autres en récitant le Coran. » Ce propos est rapporté par Ahmad, d'après une chaîne authentique.

On rapporte, citant Abû Sa'îd Al-Khudrî, que le Prophète (ﷺ), lors d'une retraite spirituelle qu'il faisait à la mosquée, entendit les fidèles lire à haute voix, chacun de leur côté. Il se montra alors et déclara : « Chacun d'entre vous est en train de communiquer avec son Seigneur. Aussi ne vous gênez pas les uns les autres ; n'élevez pas la voix plus que les autres lors de la récitation. » Ce *hadîth* est rapporté par Abû Dâwûd, An-Nasâ'î, Al-Bayhaqî, ainsi que par Al-Hâkim qui constate : « Ce *hadîth* est authentique selon les conditions posées par les deux sheikhs, Al-Bukhârî et Muslim.

13- Converser dans la mosquée

An-Nawawî affirme qu'il est permis de causer des affaires temporelles et autres dans la mosquée ; on ne se refusera pas non plus le plaisir de rire ou de plaisanter dans les limites de la décence. Qu'on en juge par le *hadîth* de Jâbir Ibn Samura : « Le Messager de Dieu (ﷺ), rapporte-t-il, ne quittait pas la mosquée – où il avait accompli l'office du matin – avant le lever du soleil. Ses Compagnons restaient à bavarder sur l'époque préislamique, s'égayaient et le Prophète leur souriait. » Cette tradition est mentionnée par Muslim.

14- Se restaurer et dormir dans la mosquée

Ibn 'Umar a dit : « Du temps du Prophète (ﷺ) et durant notre jeunesse, nous faisions la sieste et dormions à la mosquée. »

An-Nawawî note : « Il est établi que *les gens de la banquette*, les gens de 'Urayn, 'Alî, Safwân Ibn Umayya ainsi qu'un groupe de Compagnons, couchaient à la mosquée ; que Thumâma y a passé la nuit avant de se convertir à l'Islam. Tout cela se produisit du vivant du Messager de Dieu (ﷺ). »

Ash-Shâfi'î a dit dans son « *Al-Umm* » : « Si l'associant peut coucher à la mosquée (comme dans l'exemple de Thumâma), a fortiori, le musulman peut le faire aussi. Il est dit dans le « *Mukhtasar* » : « Il n'y a aucun mal à ce que l'associant dorme à la mosquée, quelle que soit-elle, exception faite de la Mosquée Sainte. »

'Abd Allâh Ibn Al-Hârith raconte : « Du temps du Prophète (ﷺ), nous avions coutume de nous restaurer à la mosquée, d'y manger pain et viande. »[1]

15- Croiser les doigts dans la mosquée

Il est déconseillé de croiser les doigts quand on se rend à la mosquée, ainsi que dans la mosquée lorsqu'on attend le moment de la prière. Autrement, ce geste n'est point réprouvable, même dans la mosquée. Ka'b rapporte que le Messager de Dieu (ﷺ) a dit : « Lorsque l'un d'entre vous fait dûment ses ablutions et prend le chemin de la mosquée, qu'il ne croise pas les doigts, car il est en prière. » Ce *hadîth* est rapporté par Ahmad, Abû Dâwûd, et At-Tirmidhî.

Abû Sa'îd Al-Khudrî raconte : « J'entrai à la mosquée en compagnie du Messager de Dieu (ﷺ). Nous trouvâmes un homme accroupi au milieu de la mosquée, les doigts entrelacés. Le Prophète (ﷺ) lui fit un signe dont il ne s'avisa point. Le Messager de Dieu (ﷺ) se retourna alors et déclara : « Lorsque l'un d'entre vous est à la mosquée, qu'il ne croise pas les doigts ; c'est là un geste propre à Satan. Vous êtes en prière tant que vous vous trouvez à l'intérieur de la mosquée. » Ce *hadîth* est rapporté par Ahmad.

16- La prière entre les colonnes de la mosquée

L'imâm, ainsi que l'orant qui prie seul, peuvent faire la prière entre des colonnes, à en juger par ce *hadîth* rapporté par Al-Bukhârî et Muslim, citant Ibn 'Umar : « Ayant pénétré dans la Ka'ba, le Prophète (ﷺ)

1 *Hadîth* rapporté par Ibn Mâjah ; il est assorti d'une chaîne de transmission qualifiée de bonne.

accomplit la prière entre deux colonnes. » A cet égard, Sa'îd Ibn Jubayr, Ibrâhîm At-Taymî et Suwayd Ibn Ghafala présidaient la prière en se tenant entre des colonnes. Quant aux orants, il leur est déconseillé d'en faire autant quand ils disposent d'un espace suffisant, car les colonnes signifient la rupture des rangs. Mais si l'espace est insuffisant, il n'est point déconseillé de se tenir entre des colonnes. Anas a dit : « On nous défendait de prier entre des colonnes ; on nous interrompait dans une telle prière. » Ce *hadîth* est rapporté par Al-Hâkim, qui l'a jugé authentique.

Abondant dans le même sens, Mu'âwiya Ibn Qurra rapporte, citant son père : « Du temps du Messager de Dieu (ﷺ), on nous interdisait de nous aligner entre des colonnes ; on nous interrompait de manière catégorique dans une telle prière. »[1]

Dans ses « *Sunan* », Sa'îd Ibn Mansûr rapporte que la chose est interdite d'après Ibn Mas'ûd, Ibn 'Abbâs et Hudhayfa. Ibn Sayyid An-Nâs constate que nul Compagnon n'a divergé avec ces derniers sur ce point.

Les endroits où il est interdit de prier

Il est interdit de prier :

- Dans les cimetières. Citant 'Â'isha (رضي الله عنها), Ahmad et An-Nasâ'î rapportent que le Prophète (ﷺ) a dit : « Que Dieu maudisse les juifs et les chrétiens ; ils ont utilisé les tombes de leurs prophètes comme lieux de prière ». Citant Abû Marthad Al-Ghanawî, Ahmad et Muslim rapportent que le Prophète (ﷺ) a dit : « Ne priez pas sur les tombes et ne vous assoyez pas dessus ». Ils rapportent également ce *hadîth*, qu'ils tiennent de Jundub Ibn 'Abd Allâh Al-Bajalî : « Cinq jours avant son décès, j'ai entendu le Prophète (ﷺ) dire : « Ceux qui vous ont précédé ont utilisé comme lieux de prière les tombes de leurs prophètes et de leurs saints. Ne prenez donc pas les tombes comme lieux de prière, je vous l'interdis. » D'après 'Â'isha (رضي الله عنها), Umm Salama parla au Messager de Dieu (ﷺ) d'une église, nommée Marie, qu'elle avait vue en Abyssinie. Elle lui décrivit les icônes dont regorgeait cette église. Et le Messager de Dieu (ﷺ) de déclarer : « Ce sont des gens qui, lorsqu'un homme vertueux, un dévot d'entre les leurs vient à trépasser, élèvent sur son tombeau un lieu de prière qu'ils garnissent de ces images. Ces

1 Ce *hadîth* est rapporté par Ibn Mâjah ; sa chaîne de transmission présente un transmetteur inconnu.

gens sont les piètres créatures au regard de Dieu » Ce *hadîth* est rapporté par Al-Bukhârî, Muslim et An-Nasâ'î. On rapporte également que le Messager de Dieu (ﷺ) a dit : « Que Dieu maudisse les visiteuses des tombes ainsi que ceux qui y aménagent mosquées et qui s'installent dessus ». Nombre de docteurs ont interprété cet interdiction comme ayant le caractère de réprobation, que le cimetière se trouve devant le lieu de prière ou derrière lui. Les dhâhirites estiment cependant qu'il s'agit d'une interdiction formelle, et que cette prière est nulle. Pour les hanbalites, il en est ainsi quand le cimetière comprend trois tombes ou plus ; s'il ne compte que deux tombes ou une seule, la prière est valide, quoique déconseillée au cas où l'orant se mettrait dans la direction de la tombe. Autrement, elle n'est point réprouvable

- Dans les églises et les synagogues. Abû Mûsâ Al-Ash'arî et 'Umar Ibn 'Abd Al-'Azîz ont fait la prière dans une église. Ash-Sha'bî, 'Atâ' et Ibn Sîrîn estiment que la chose n'est pas répréhensible. Al-Bukhârî constate : « Ibn 'Abbâs consentait à effectuer la prière dans une synagogue, mais à la condition qu'elle soit dépourvue de statues. A ce titre, des musulmans écrivirent à 'Umar, lui signalant qu'ils n'avaient pas trouvé d'endroit plus propre et plus commode (pour prier) qu'une synagogue. « Aspergez-la d'eau, répondit-il, mettez-y une natte et priez ». De l'avis des hanafites et des shâfi'ites, prier dans les églises et les synagogues est déconseillé dans l'absolu.

- Dans les dépotoirs, les abattoirs, sur la chaussée, dans l'enclos des chameaux, dans les salles de bain, au-dessus de la Ka'ba. Zayd Ibn Jabîra rapporte, citant Dâwûd Ibn Husayn, lequel tient ce *hadîth* d'Ibn 'Umar, que le Prophète (ﷺ) a interdit de prier dans sept endroits : « dans un dépotoir, un abattoir, un cimetière, sur la chaussée, dans l'enclos des chameaux, dans les lieux d'aisance, et au-dessus de la maison de Dieu. » Ce *hadîth* est rapporté par Ibn Mâjah, 'Abd Ibn Humayd, ainsi que par At-Tirmidhî, lequel estime que sa chaîne de transmetteurs n'est pas forte. La prohibition concernant l'abattoir et le dépotoir s'explique par le fait que ces lieux sont immondes. Aussi, prier dans ces lieux sans y étendre un tapis est-il interdit. Si l'on y étend un tapis, la prière devient déconseillée de l'avis de la majorité des doctes, et toujours prohibée, de l'avis d'Ahmad et des dhâhirites. La prohibition touchant le parc des chameaux est motivée par le fait que ces lieux ont été créés pour les djinns. Mais d'autres raisons ont également été invoquées. Prier sur la chaussée est prohibé en raison du tumulte des passants, de l'agitation qui y règne habituellement, ce qui ne manque pas de distraire l'orant et de l'arracher à son recueillement et à sa ferveur. Prier sur la terrasse de la Ka'ba est interdit car l'orant, n'étant pas tourné vers la maison de Dieu, serait placé au-dessus de ce lieu sacré, ce qui va à l'encontre de l'injonction divine. Voilà pourquoi nombre de doctes concluent à la nullité de cette prière. Les hanafites considèrent, par contre, que pareille prière est valable, mais déconseillée, car constituant une marque d'irrespect vis-à-vis de ce lieu. En tant que lieu de souillures, le cabinet d'aisances, quant à lui, est déconseillé s'il ne contient pas de saletés, selon l'opinion de la majorité des doctes. La prière n'y est point valide, de l'avis d'Ahmad, d'Abû Thawr et des dhâhirites.

La prière dans la Ka'ba

Qu'elle soit obligatoire ou surérogatoire, la prière accomplie dans la Ka'ba est valide. Ibn 'Umar rapporte : « Le Messager de Dieu (ﷺ) pénétra à l'intérieur de la Ka'ba, accompagné de Usâma Ibn Zayd, de Bilâl et de 'Uthmân Ibn Talha. Puis ils fermèrent la porte. Lorsqu'ils l'ouvrirent, je fus le premier à entrer. J'abordai Bilâl et lui demandai : « Le Messager de Dieu (ﷺ) a-t-il prié ici ? – Oui, répondit-il, entre les deux colonnes d'agate. » Ce *hadîth* est rapporté par Ahmad ainsi que par les deux sheikhs, Al-Bukhârî et Muslim.

LA CLOISON DEVANT L'ORANT (*AS-SUTRA*)

a- Le statut légal de cette pratique

Il est recommandé à l'orant de disposer devant lui une sorte de cloison afin d'éviter que l'on passe sur l'endroit où il prie et pour ne pas être distrait par ce qu'il y a au-delà. Pour preuve, ce *hadîth* rapporté par Abû Sa'îd : « Le Messager de Dieu (ﷺ) a dit : « Lorsque l'un d'entre vous fait la prière, qu'il mette devant lui une cloison et qu'il s'en rapproche. » Ce *hadîth* est mentionné par Abû Dâwûd et Ibn Mâjah.

Ibn 'Umar rapporte que le Prophète (ﷺ) avait coutume, lorsqu'il sortait pour la prière pendant les jours de fête, d'ordonner qu'on place devant lui une lance. Il priait alors en face de cette lance, les orants se tenant derrière. Il en faisait autant lors de ses voyages. Puis les princes adoptèrent cet usage. Ce propos est rapporté Al-Bukhârî, Muslim et Abû Dâwûd.

Les hanafites et les mâlikites estiment que l'utilisation de cette cloison est préférable si l'orant craint que l'on passe devant lui. Sinon, ce n'est pas recommandé. Qu'on en juge par ce *hadîth* d'Ibn 'Abbâs : « Le Prophète (ﷺ) pria dans un espace libre sans rien mettre vis-à-vis de lui. » Ce *hadîth* est rapporté par Ahmad et Abû Dâwûd, ainsi que par Al-Bayhaqî, qui constate : « Il existe, d'après Al-Fadl Ibn 'Abbâs, un *hadîth* témoin appuyé par une chaîne de transmetteurs plus authentique que celui-ci.

b- Qu'est-ce qui tient lieu de cloison ?

Elle se fait avec tout objet que l'orant mettra devant lui, ne serait-ce qu'un bout d'étoffe. Sabra Ibn Ma'bad rapporte : « Le Prophète (ﷺ) a dit : « Lorsque l'un d'entre vous fait la prière, qu'il dispose une cloison devant lui, ne fût-ce qu'une flèche. »[1]

---

1 Ce *hadîth* est rapporté par Ahmad et Al-Hâkim ; celui-ci le juge authentique selon les conditions posées par les deux sheikhs, Al-Bukhârî et Muslim. Al-Haythamî remarque que les transmetteurs d'Ahmad sont dignes de foi.

Abû Hurayra rapporte : « Abû Al-Qâsim (entendre, le Prophète (ﷺ)) a dit : « Lorsque l'un d'entre vous fait la prière, qu'il mette quelque chose vis-à-vis de lui, qu'il dresse un bâton. Faute de bâton, qu'il trace une ligne, peu importe après cela si l'on passe devant lui.» Cette tradition est rapportée par Aḥmad, Abû Dâwûd ainsi que par Ibn Ḥibbân, qui l'a jugée authentique ; Aḥmad et Al-Madînî la jugent telle eux aussi. Al-Bayhaqî constate : « Ce *hadîth* est acceptable sur cet article. »

On rapporte que le Prophète (ﷺ) faisait la prière aussi bien devant la colonne qui se dressait dans sa mosquée, devant un arbre, devant le lit où s'étendait 'Â'isha (﵂), que devant sa monture, ou devant la partie postérieure du bât de l'animal.

Talḥa rapporte : « Nous faisions la prière lorsque des bêtes circulèrent devant nous. Comme on évoquait la chose devant le Prophète (ﷺ), celui-ci déclara : « Vous pouvez disposer devant vous la partie postérieure du bât et peu importe après cela si quelque chose ou quelqu'un passent devant. » Ce *hadîth* est rapporté par Aḥmad, Muslim, Abû Dâwûd, Ibn Mâjah et At-Tirmidhî ; celui-ci constate : « Ce *hadîth* est *hasan ṣaḥîḥ*. »

c- La cloison de l'imâm est une pour l'orant

'Amr Ibn Shu'ayb rapporte, citant son père, lequel tient ce propos également de son père : « Nous descendions du chemin dit Adhâkhir en compagnie du Prophète (ﷺ), lorsque le temps de la prière arriva. Le Prophète (ﷺ) présida la prière en se tenant devant un mur dont il fit sa *qibla* pendant que nous le suivions derrière. Un chamelon s'approcha alors et chercha à passer devant le Prophète (ﷺ) ; celui-ci se mit en devoir de le repousser doucement, tant et si bien qu'il en vint à effleurer le mur du ventre, et que la bête finit par passer derrière lui. » Ce propos est rapporté par Aḥmad et Abû Dâwûd.

Ibn 'Abbâs rapporte : « Je circulais sur le dos d'une ânesse étant adolescent, lorsque je trouvai le Prophète (ﷺ) en train de célébrer la prière à Minâ. Je passai devant une partie du rang des orants, puis envoyai ma bête paître tout près. Je m'alignai ensuite parmi les orants sans que personne ne dénonçât ma conduite. » Ce *hadîth* est rapporté par Al-Bukhârî, Muslim, Abû Dâwûd, At-Tirmidhî, An-Nasâ'î, Ibn Mâjah et Aḥmad.

Il ressort de ces *hadîth* qu'il est permis de passer au-devant des orants, et que la cloison n'est préconisée que pour l'imâm ou l'orant qui effectue une prière individuelle.

d- Il est préférable de se tenir près de la cloison

Al-Baghawî a dit : « Les érudits recommandent à l'orant de se rapprocher de la cloison de manière à ne laisser que l'espace nécessaire pour le prosternement. Dans la disposition des rangs, on doit observer le même usage. « Qu'il s'en rapproche », recommande également le *hadîth* cité plus haut.

Bilâl rapporte que le Prophète (ﷺ) fit la prière en laissant quelque trois coudées d'écart entre lui et le mur. Ce *hadîth* est rapporté par Ahmad et An-Nasâ'î ; Cette version est attribuée à Al-Bukhârî.

Sahl Ibn Sa'd rapporte : « Le lieu de prière du Messager de Dieu (ﷺ) occupait un intervalle à peine suffisant pour le passage d'une brebis. » Ce propos est rapporté par Al-Bukhârî et Muslim.

e- Il est défendu de passer entre l'orant et la cloison

A la lumière des *hadîth*, il est avéré que passer entre l'orant et sa cloison est un acte interdit, voire un péché grave. Busr Ibn Sa'îd raconte que Zayd Ibn Khâlid l'envoya s'enquérir auprès d'Abû Juhaym sur ce qu'il avait entendu du Messager de Dieu (ﷺ) à propos de celui qui passe entre l'orant et sa cloison. Abû Juhaym dit en guise de réponse : « Le Prophète (ﷺ) a dit : « Si celui qui passe devant un orant savait ce qu'il encourt, il jugerait préférable de rester debout à attendre quarante[1]... plutôt que de passer devant lui. » Cette tradition est rapportée par Al-Bukhârî, Muslim, Abû Dâwûd, At-Tirmidhî, An-Nasâ'î, Ibn Mâjah et Ahmad.

Zayd Ibn Khâlid rapporte que le Prophète (ﷺ) a dit : « Si celui qui passe devant un orant savait ce qu'il encourt, il jugerait préférable de rester debout à attendre quarante automnes plutôt que de passer devant lui.» Ce *hadîth* est rapporté par Al-Bazzâr, d'après une chaîne authentique.

Ibn Al-Qayyim rapporte, citant Ibn Hibbân, entre autres traditionnistes : « L'interdiction signalée dans le *hadîth* concerne le cas où l'orant utilise une cloison ; sinon, le passage devant lui n'est pas chose défen-

1 Abû An-Nasr rapporte que Busr a dit : « Je ne sais s'il s'agit de quarante jours, quarante mois ou de quarante années. »

due. Comme argument à l'appui de cette opinion, Abû Hâtim invoque ce récit qu'il présente dans son « *Sahîh* » et qu'il tient d'Al-Muttalib Ibn Abî Wadâ'a : « J'ai remarqué, dit celui-ci, que le Prophète (ﷺ), ayant achevé le tour de la Ka'ba, se tint sur le bord du chemin et fit une prière de deux cycles que rien ne séparait des fidèles qui effectuaient les pérégrinations. C'est là une preuve tangible, poursuit Abû Hâtim, qu'il est permis de passer devant l'orant qui prie sans cloison ; et que la sanction d'un pareil écart concerne uniquement le cas où l'on passerait devant un orant qui utilise une cloison. Et le récit susmentionné montre que, dans cette prière, il n'y avait point de cloison entre le Prophète (ﷺ) et les fidèles en pérégrination.

Abû Hâtim ajoute ce propos qu'il tient encore d'Al-Muttalib : « J'ai vu le Prophète (ﷺ) prier à côté de l'angle de la Ka'ba appelé *al-rukn al-aswad* sans cloison, pendant que femmes et hommes circulaient devant lui.

On lit dans l'ouvrage « *Ar-Rawda An-Nadiyya* » d'As-San'ânî (le zaydite) : « Si l'orant fait la prière sans cloison ou bien avec, mais qu'il s'en éloigne, le plus plausible est qu'il ne doit pas repousser le passant, la faute étant imputable à l'orant. Dans ce cas, il n'est pas prohibé de passer devant lui, mais il demeure préférable de s'en abstenir. »

f- Où il est légitime pour l'orant de repousser celui qui passe devant lui

Pour l'orant qui utilise une cloison, il est permis de repousser l'animal ou l'humain qui passe devant lui. Ce n'est pas le cas s'il ne dispose pas d'une cloison, le fait de passer devant lui n'étant point préjudiciable en tel cas.

Humayd Ibn Hilâl rapporte : « Alors que je m'entretenais avec un de mes amis, Abû Sâlih As-Sammân me dit : « Je te ferai part de propos et d'actes que j'ai entendus et vus de la part d'Abû Sa'îd Al-Khudrî. Nous étions ensemble un vendredi. Pendant qu'il présidait la prière devant une cloison dont il se servait pour s'abriter, un jeune homme de la tribu des Banû Mu'ayt entra et voulut passer devant lui. Abû Sa'îd, pour l'en empêcher, lui mit la main devant la gorge et le poussa. Le jeune homme chercha un passage mais n'en trouva aucun. Il essaya de nouveau de se faufiler devant Abû Sa'îd. Celui-ci le repoussa plus fort qu'auparavant. L'autre se dressa et déversa sur Abû Sa'îd un flot d'insultes. Les gens s'attroupèrent. Le jeune homme entra chez Marwân et lui conta l'affront qu'il avait essuyé. Puis ce fut le tour d'Abû Sa'îd. « Qu'est-ce qui t'es arrivé avec le fils de ton frère qui vient de formuler des griefs contre toi ? demanda Marwân. – J'ai entendu le Prophète (ﷺ) dire : « Si l'un d'entre vous fait la prière devant une cloison pour s'abriter des gens, et que quelqu'un tente de passer devant lui, qu'il le pousse ; si ce passant revient à la charge, qu'il lui livre alors combat. Car c'est un démon. » Ce propos est rapporté par Al-Bukhârî et Muslim.

g- La prière ne saurait être interrompue

'Alî, 'Uthmân, Ibn Al-Musayyab, Ash-Sha'bî, Mâlik, Ash-Shâfi'î, Sufyân Ath-Thawrî et les hanafites considèrent que la prière ne peut être interrompue, à telle enseigne qu'Abû Dâwûd a rapporté, citant Abû Al-Waddâk : « Un jeune Qurayshite passa devant Abû Sa'îd qui était en prière. Celui-ci le poussa une fois ; l'autre revint à la charge et Abû Sa'îd le poussa une deuxième fois, puis une troisième fois. Et Abû Sa'îd de déclarer à la fin de sa prière : « Le Messager de Dieu (ﷺ) a dit : « Repoussez (le passant) autant que vous le pourrez, car il s'agit d'un démon. »

[illegible] qu'il avait [illegible]. Puis ce fut le tour d'Abû Ya'lâ [illegible] qu'est-ce que tes [illegible] avec que ils devant Lui, un verset de formuler des [illegible] Ibn al-Marwazî : J'ai entendu [illegible] dire qu'il l'un d'entre vous fait sa prière devant une [illegible] pour se couvrir des passants, que celui qui [illegible] de passer devant lui, qu'il le repousse, et si ce passant revient à la charge, qu'il lui livre alors combat, car c'est un démon. » Ce propos est rapporté par al-Bukhârî et Muslim.

g- La prière ne saurait être interrompue

398. [illegible] ibn Al-Musayyab, ash-Sha'bî, Mâlik, ash-Shâfi'î, [illegible] Abû Thawr et les hanafites considèrent que la prière ne peut être interrompue. [illegible] le propos de Abû Dâwûd d'après [illegible] Abû Al-Wadd[illegible] : « Un jour que [illegible] passa devant [illegible] qui était en prière. Celui-ci le repoussa une fois. [illegible] revint à la charge et Abû Sa'îd le repoussa une deuxième fois, puis une troisième fois. [illegible] Abû Sa'îd [illegible] la fin de sa prière, [illegible] : « Le Messager de Dieu (ﷺ) a dit : « Repoussez-le autant que vous le pourrez, car il s'agit d'un démon. »

CE QUI EST PERMIS DANS LA PRIÈRE
(MÂ YUBÂHU FÎ AS-SALÂT)

1- Pleurer, sangloter, gémir. Tout cela est permis, que ce soit par crainte de Dieu ou pour une autre raison : douleur, malheur ; et cela tant que cette réaction est incontrôlée et inévitable. Dieu le Très-Haut a dit en effet : {*Quand les versets du Très Miséricordieux leur sont récités, ils tombent, prosternés, et pleurent*} (S. 19, V. 58).[1] Ce verset, on le voit, englobe les orants ainsi que les autres. 'Abd Allâh Ibn Ash-Shikhkhîr rapporte : « J'ai vu le Messager de Dieu (ﷺ) sangloter, la poitrine dégageant un gémissement pareil au bouillonnement d'une marmite.» Ce *hadîth* est rapporté par Ahmad, Abû Dâwûd, An-Nasâ'î et At-Tirmidhî ; celui-ci le juge authentique. 'Alî raconte : « Le jour de la bataille de *Badr*, il n'y avait parmi nous d'autre cavalier qu'Al-Miqdâd Ibn Al-Aswad. J'ai constaté qu'entre nous tous, seul le Messager de Dieu (ﷺ) se tint debout sous un arbre, priant, pleurant jusqu'au matin. » Ce propos est rapporté par Ibn Hibbân. 'Â'isha (﵂) rapporte, dans le *hadîth* relatif à la maladie qui allait aboutir au décès du Messager de Dieu (ﷺ), que celui-ci déclara : « Ordonnez à Abû Bakr de présider la prière. » – Ô Messager de Dieu, lui répliqua 'Â'isha, Abû Bakr est un homme si doux, si sensible que lorsqu'il lit le Coran, il n'arrive pas à contenir ses larmes. » 'Â'isha (﵂) ajouta : « Je n'ai dit cela que de peur que les gens tirent mauvais augure d'Abû Bakr, celui-ci étant le premier à remplacer le Messager de Dieu (ﷺ) au poste d'imâm. » – Ordonnez à Abû Bakr de présider la prière ! répéta le Prophète (ﷺ). Vous autres les femmes, vous êtes pareilles aux dames qui s'adressèrent à Joseph. » Ce *hadîth* est rapporté par Ahmad, Abû Dâwûd, Ibn Hibbân et At-Tirmidhî ; ce dernier le juge authentique. Il s'avère donc qu'en insistant pour qu'Abû Bakr se charge de présider la prière, tout en sachant que ce dernier cède aux pleurs lors de la récitation, le Prophète (ﷺ) a laissé entendre que cela était permis. Un jour qu'il célébrait l'office du matin, 'Umar récita la sourate de Joseph. Lorsqu'il arriva au verset : {*Rien d'autre :*

---

1 ﴿إِذَا تُتۡلَىٰ عَلَيۡهِمۡ ءَايَٰتُ ٱلرَّحۡمَٰنِ خَرُّواْ سُجَّدٗا وَبُكِيّٗا۩﴾

je me plains à Dieu de mon malheur et mon affliction} (S. 12, V. 86)[1], on l'entendit sangloter. Ce propos est rapporté par Al-Bukhârî, Sa'îd Ibn Mansûr et Ibn Al-Mundhir. En vérité, cette attitude de 'Umar, son gémissement, constituent une réponse à ceux qui estiment que les pleurs invalident la prière s'ils sont accompagnés de l'articulation de deux lettres ; peu importe alors s'ils sont motivés par la ferveur, la crainte de Dieu ou par autre chose. Or, c'est une opinion non fondée que d'affirmer que les pleurs deviennent des paroles si deux lettres au minimum sont prononcées. Car pleurer est une chose et parler en est une autre.

2- Tourner la tête au besoin. Ibn 'Abbâs (رضي الله عنهما) rapporte : « Dans sa prière, il arrivait au Prophète (ﷺ) de regarder à gauche et à droite, mais sans retourner la tête en arrière. » Ce *hadîth* est rapporté par Ahmad. Abû Dâwûd rapporte que le Prophète (ﷺ) se mit à prier tout en se tournant du côté de la vallée, où il avait envoyé un garde de nuit. Anas Ibn Sîrîn raconte avoir vu Anas Ibn Mâlik lever les yeux vers quelque chose pendant la prière. Ce propos est rapporté par Ahmad. Si ce geste n'est pas nécessaire, il est alors déconseillé de le faire, car il contraste avec la ferveur et le recueillement requis. Qu'on en juge par ce que rapporte 'Â'isha (رضي الله عنها) : « J'interrogeai le Messager de Dieu (ﷺ) sur le fait de tourner la tête pendant la prière. – C'est Satan qui dérobe quelque fragment de la prière du serviteur de Dieu », me répondit-il. Ce *hadîth* est rapporté par Ahmad, Al-Bukhârî, An-Nasâ'î et Abû Dâwûd. Abû Ad-Dardâ' (رضي الله عنه) rapporte que le Prophète (ﷺ) a dit : « Ô gens, prenez garde de ne pas tourner la tête pendant la prière. Nulle est la prière de celui qui agit ainsi. Si vous y cédez lors de la prière surérogatoire, ne le faites pas dans la prière obligatoire.» Cette tradition est rapportée par Ahmad. Anas (رضي الله عنه) rapporte que le Messager de Dieu (ﷺ) lui dit : « Prends garde de ne pas te retourner pendant la prière ; c'est là un acte fort préjudiciable. On peut le faire, le cas échéant, dans la prière surérogatoire, mais non dans la prière obligatoire. » Ce *hadîth* est rapporté et authentifié par At-Tirmidhî. Al-Hârith Al-Ash'arî rapporte que le Prophète (ﷺ) a dit : « Dieu a enjoint Yahyâ (Jean), fils de Zakariyyâ (Zacharie), d'observer cinq consignes et d'en ordonner l'observance aux fils d'Israël. Parmi ces consignes, il y avait : « Dieu vous ordonne de faire la prière. Et lorsque vous priez, évitez de tourner la tête ; car Dieu met Son visage face au visage de Son serviteur pendant la prière tant que celui-ci ne tourne pas la tête. » Ce *hadîth* est rapporté par Ahmad et

---

1 ﴿إِنَّمَآ أَشۡكُواْ بَثِّي وَحُزۡنِيٓ إِلَى ٱللَّهِ﴾

An-Nasâ'î. Abû Dharr rapporte que le Prophète (ﷺ) a dit : « Dieu reste face à Son serviteur lorsqu'il se livre à la prière aussi longtemps que ce dernier ne tourne pas la tête. S'il la tourne, Dieu le quittera. »[1] Ainsi en est-il du fait de tourner la tête. Quant à faire une virevolte avec le corps tout entier en s'écartant de la direction de la *qibla*, enfreignant par là une règle essentielle, voilà un acte qui invalide la prière, selon l'opinion unanime des docteurs de la Loi.

3- Tuer un serpent, un scorpion, un bourdon, entre autres créatures nocives, quand bien même cet acte supposerait beaucoup d'effort. Abû Hurayra rapporte que le Prophète (ﷺ) a dit : « Tuez les deux bêtes noires, serpent et scorpion, quand vous êtes en prière. » Ce *hadîth* est *hasan sahîh* ; il a été rapporté par Ahmad, Abû Dâwûd, At-Tirmidhî, An-Nasâ'î et Ibn Mâjah.

4- Faire quelques pas pour une nécessité quelconque. 'Âi'sha rapporte : « Le Prophète (ﷺ) était en train de prier à la maison, la porte fermée. J'arrivai et demandai que l'on m'ouvrît la porte. Il fit alors quelques pas, m'ouvrit et regagna son lieu de prière.» 'Â'isha (رضي الله عنها) précise que la porte était du côté de la *qibla*. Ce *hadîth* est rapporté par Ahmad, Abû Dâwûd, An-Nasâ'î, ainsi que par At-Tirmidhî, qui l'a jugé bon (*hasan*). Dire que la porte était du côté de la *qibla*, revient à dire que le Prophète (ﷺ), en allant ouvrir puis en reculant, ne s'est nullement détourné de cette direction. Un argument en faveur de cela est le récit de la même 'Â'isha (رضي الله عنها) selon lequel le Prophète (ﷺ), quand quelqu'un demandait qu'on lui ouvrît la porte, s'avançait pour le faire tant que la porte se trouvait située dans le sens de la *qibla* ou bien à droite ou à gauche du Prophète (ﷺ), mais jamais quand il fallait tourner le dos à la *qibla*. Ce propos est rapporté par Ad-Dâraqutnî. Al-Azraq Ibn Qays rapporte : « Abû Barza Al-Aslamî se trouvait à Al-Ahwâz (localité en Irak) au bord d'une rivière. En faisant la prière, il saisit la bride de sa monture. La bête ayant commencé à reculer, il recula doucement avec elle. Un Khârijite le vit qui s'exclama : « Seigneur ! maudis ce sheikh qui prie de cette manière ! » Une fois sa prière achevée, Al-Aslamî déclara : « J'ai entendu vos propos. Il se trouve que j'ai accompagné le Messager de Dieu (ﷺ) à six, sept ou huit reprises dans ses batailles et j'ai vu avec quelle commodité et quelle aisance il procédait. Reculer avec ma bête m'a semblé moins pénible que de l'abandonner et la laisser regagner

---

1 Ce *hadîth* est rapporté par Ahmad et Abû Dâwûd, qui constate qu'il s'agit d'un *hadîth* assorti d'une chaîne authentique.

son lieu habituel. » Sur ce, il effectua la prière de l'après-midi en deux cycles. » Ce propos est rapporté par Ahmad, Al-Bukhârî et Al-Bayhaqî.

Quant au fait de marcher longuement, voici ce qu'en dit Al-Hâfidh dans son « *Fath* » : « Les docteurs de la Loi sont unanimes à dire que marcher longuement pendant la prière est un acte qui rend celle-ci invalide. Aussi, doit-on comprendre du *hadîth* d'Abû Barza qu'il s'agit d'un déplacement très court. »

5- Porter un petit enfant et le laisser accroché à soi. Abû Qatâda rapporte que le Prophète (ﷺ) a effectué la prière tout en portant sa petite-fille Umâma, fille de Zaynab. En s'inclinant, il la déposait à terre ; en se relevant du prosternement, il la reprenait. 'Âmir a dit : « Je ne lui ai pas demandé quelle prière c'était. » Or, Ibn Jurayj rapporte : « Zayd Ibn Abî 'Itâb me dit, citant 'Amr Ibn Sulaym, que c'était la prière du matin. »[1] Al-Fâkihânî commente : « En portant Umâma pendant la prière, le Prophète (ﷺ) semble avoir voulu éradiquer le sentiment d'aversion qu'éprouvaient les Arabes pour les filles et leur répugnance à les porter. Il aurait choisi la prière pour corriger ce mode de pensée, sachant que la pédagogie par les actes peut être plus agissante que par la parole. »

'Abd Allâh Ibn Shaddâd rapporte ce *hadîth* qu'il tient de son père : « Lors d'une prière du jour (celle de midi ou celle de l'après-midi), le Messager de Dieu (ﷺ) vint nous trouver à la mosquée, portant sur lui Al-Hasan ou Al-Husayn. Il s'avança, posa l'enfant par terre et prononça la *takbîra* d'entrée en prière. Durant la prière, il fit une longue prosternation, si longue que je relevai la tête et vis, à ma surprise, qu'il portait l'enfant sur son dos. Je retournai aussitôt à mon prosternement. Quand le Messager de Dieu (ﷺ) eut achevé la prière, les gens dirent : « Ô Messager de Dieu, tu as fait une prosternation si longue que nous avons cru qu'il s'était passé quelque chose, ou que tu recevais quelque révélation. – Il n'en est rien, rétorqua le Prophète. Seulement, mon enfant avait envie de faire de moi sa monture et je n'ai pas voulu achever la prière avant de lui avoir donné entière satisfaction. » Cette tradition est rapportée par Ahmad, An-Nasâ'î et Al-Hâkim. An-Nawawî commente : « Cela vient corroborer l'opinion d'Ash-Shâfi'î (رحمه الله) et de ceux qui y adhèrent, opinion selon laquelle il est permis, tant pour l'imâm que pour l'orant qui le suit, et aussi bien dans la prière obligatoire que dans la

---

1 'Abd Ar-Rahmân précise que selon Ibn Jurayj, la chaîne des transmetteurs de ce dernier *hadîth* – qui parle de la prière de l'aube – est excellente. Ce propos est rapporté par Ahmad et An-Nasâ'î, entre autres traditionnistes.

prière surérogatoire, de porter un petit garçon, une petite fille, bref tout enfant propre. Les disciples de Mâlik (رحمه الله) estiment que cela est permis exclusivement dans la prière surérogatoire. C'est là une interprétation erronée, dans la mesure où l'indication que le Prophète (ﷺ) dirigeait les orants dans la prière montre de manière explicite ou quasi explicite qu'il s'agissait d'une prière obligatoire. On a vu d'ailleurs que cela s'était passé lors de l'office du matin. »

« Certains mâlikites, poursuit An-Nawawî, prétendent que cette tradition a été abrogée ; d'autres, qu'elle est exclusive au Prophète (ﷺ) ; d'autres encore, qu'il s'agissait d'un cas de force majeure. Or, toutes ces allégations sont oiseuses et dépourvues de fondement, le *hadîth* étant authentique et explicite quant au caractère permis de l'acte en question, et ne s'écartant en rien des règles de la loi religieuse. C'est que l'être humain est pur : d'une part, ce qu'il renferme dans ses entrailles n'est pas jugé impur tant qu'il se trouve en lui ; d'autre part, les habits des enfants sont également considérés comme purs à en juger par les énoncés de la loi religieuse ; enfin le fait de bouger dans la prière n'annule pas celle-ci tant que les mouvements de l'orant sont peu nombreux ou qu'ils sont espacés. Et si le Prophète (ﷺ) s'est permis de telles libertés, c'est pour en montrer le caractère permis autant que pour mettre en exergue les règles précitées.

Ceci infirme les présomptions de l'imâm Abû Sulaymân Al-Khattâbî selon lesquelles cet acte serait vraisemblablement non délibéré, le Prophète (ﷺ) ayant porté la petite parce qu'elle s'accrochait à lui. Il ne l'a pas écartée ; aussi en se levant, l'aurait-il maintenu attachée à son corps. Or, poursuit Al-Khattâbî, on ne saurait imaginer qu'il l'ait portée exprès une autre fois. Car ce serait un acte non négligeable et, partant, de nature à distraire l'esprit. D'ailleurs, si un tissu rayé a pu distraire le Prophète (ﷺ) dans sa prière, comment en serait-il autrement pour cet acte ?

Telles sont les assertions d'Al-Khattâbî (رحمه الله), assertions absolument fausses. Un contre-argument à ces dires est ce qui est rapporté dans le « *Sahîh* » de Muslim : « Lorsqu'il se relevait, il la portait » et « lorsqu'il se relevait du prosternement, il la reprenait » ; de même, ce qu'il affirme ailleurs : « Le Prophète (ﷺ) vint nous rejoindre à la mosquée, portant Umâma sur lui. Il fit ensuite la prière, etc. »

Quant au tissu rayé, il s'avère qu'il distrait l'esprit sans utilité aucune. Porter la petite Umâma, en revanche, n'entraîne pas forcément une telle distraction, et même si c'était le cas, il n'en reste pas moins que ce geste recèle des avantages et des enseignements aussi édifiants que ceux mentionnés ci-dessus. C'est précisément dans ces vertus qu'un tel acte trouve sa raison d'être. Par conséquent, la vérité incontournable est que ce *hadîth* est ainsi conçu qu'il sert à autoriser l'acte en question de même qu'à mettre en lumière ses avantages. Aussi constitue-t-il, pour nous musulmans, une permission et une législation permanente jusqu'au Jour du Jugement dernier. Mais Dieu en sait davantage. »

6- Répondre par un signe à quelqu'un qui salue. Jâbir Ibn 'Abd Allâh rapporte : « Le Messager de Dieu (ﷺ) m'envoya pour quelque besogne alors qu'il se rendait chez les Banû Al-Mustaliq. De retour, je le trouvai en train de prier sur sa monture. Je lui adressai quelques mots et il me fit un signe de la main. Je lui parlai à nouveau et il refit le même geste. Entre-temps, il récita (le Coran) tout en me faisant signe avec la tête. Lorsqu'il eut terminé sa prière, il se tourna vers moi : « Qu'en est-il du travail que je t'ai envoyé faire ? Je n'ai pu te répondre que parce que je priais. » Ce propos est rapporté par Ahmad et Muslim. 'Abd Allâh Ibn 'Umar rapporte que Suhayb a dit : « J'ai rejoint le Prophète (ﷺ) alors qu'il était en train de prier. Je l'ai salué et il m'a répondu par un geste. » Je crois qu'il a dit, précise Ibn 'Umar : « Un geste du doigt. »[1] 'Abd Allâh Ibn 'Umar rapporte également : « J'ai interrogé Bilâl : « Comment le Prophète (ﷺ) répondait-il à vos salutations lorsqu'il était en prière ? – Il nous faisait signe de la main », répondit-il.[2] Anas affirme également qu'il arrivait parfois au Prophète (ﷺ) de faire quelque signe lors de la prière.[3] Peu importe dans pareils cas si le signe est fait avec le doigt, la main ou la tête, tous ces modes d'expression ayant été constatés chez le Prophète (ﷺ).

7- Dire : « *subhân Allâh* » ou frapper des mains. Il est permis aux hommes de dire : « *subhân Allâh* » et aux femmes de frapper des mains lorsqu'il advient quelque incident dans la prière : par exemple, prévenir l'imâm lorsqu'il se trompe, donner à quelqu'un la permission d'entrer, avertir un aveugle, etc. Sahl Ibn Sa'd As-Sâ'idî rapporte en effet que le Prophète (ﷺ) a dit : « L'orant à qui il advient quelque chose pendant

---

1 *Hadîth* rapporté par Ahmad et At-Tirmidhî, qui le juge authentique.

2 *Hadîth* rapporté par Ahmad, Abû Dâwûd, At-Tirmidhî, An-Nasâ'î et Ibn Mâjah ; il est authentifié par At-Tirmidhî.

3 Ce *hadîth* est rapporté par Ahmad, Abû Dâwûd et Ibn Khuzayma ; sa chaîne de transmission est authentique.

la prière se doit de prononcer : « *subhân Allâh* » pour qu'on se tourne vers lui. Le frappement de mains, c'est pour les femmes. » Ce *hadîth* est rapporté par Ahmad, Abû Dâwûd et An-Nasâ'î.

8- Rectifier la récitation de l'imâm. S'il arrive que l'imâm oublie un verset coranique, l'orant qui le suit s'avisera de le lui rappeler, que l'imâm ait lu le minimum exigé ou non. Ibn 'Umar rapporte : « Lors d'une prière, le Prophète (ﷺ) se confondit en récitant le Coran. Quand il eut achevé la prière, il demanda à mon père : « T'es-tu rendu compte de mon erreur ? – Oui, répondit, 'Umar. – Qu'est-ce qui t'a empêché, reprit le Prophète, de rectifier ma récitation ? ». Ce *hadîth* est rapporté par Abû Dâwûd, ainsi que par d'autres traditionnistes ; ses transmetteurs sont dignes de foi.

9- Louer Dieu lors d'un éternuement ou pour le remercier d'un bienfait. Rifâ'a Ibn Râfi' rapporte : « Pendant que je priais derrière le Messager de Dieu (ﷺ), j'éternuai et dis aussitôt : « Louange à Dieu, une louange aussi réitérée, aussi bénéfique, aussi bénie que notre Seigneur l'aime et l'approuve. » Une fois la prière achevée, le Prophète (ﷺ) demanda : « Qui a parlé au cours de la prière ? ». Il répéta sa question plusieurs fois sans qu'on lui répondît. A la troisième reprise, je dis : « C'est moi, ô Messager de Dieu. – Par Celui qui tient en Sa main l'âme de Muhammad, jura alors le Prophète, plus de trente anges se sont disputés cette bonne action, chacun voulant devancer l'autre pour l'élever au ciel. » Ce *hadîth* est rapporté par An-Nasâ'î et At-Tirmidhî ; Al-Bukhârî l'a rapporté en d'autres termes.

10- Se prosterner sur ses vêtements ou son turban. Ibn 'Abbâs rapporte que le Prophète (ﷺ) fit la prière dans un seul vêtement ; il se protégeait de la chaleur comme de la froideur du sol grâce à un pan de son vêtement. »[1] Dépourvu d'une justification plausible, cet usage n'est pas recommandé.

11- Les autres actes autorisés dans la prière. De certains actes que le Messager de Dieu (ﷺ) se permettait dans la prière, Ibn Al-Qayyim présente le résumé suivant : « Il arrivait au Prophète (ﷺ) de faire la prière alors que 'Â'isha (رضي الله عنها) se tenait entre lui et la *qibla*. En se prosternant, il la touchait de la main pour qu'elle retire son pied. Puis, lorsqu'il se relevait, elle étendait de nouveau son pied. Il lui arrivait aussi de prier et de voir Satan qui cherchait à interrompre sa prière ; il le saisissait et l'étouf-

1 *Hadîth* rapporté par Ahmad ; il est assorti d'une chaîne de transmission authentique.

fait au point d'avoir la main souillée par la bave du démon. Il lui arrivait également d'effectuer la prière sur la chaire, de s'incliner, et, le moment du prosternement venu, de descendre à reculons jusqu'au bas de la tribune, de se prosterner à même le sol, puis de remonter. On rapporte également que le Prophète priait face à un mur quand une bête s'approcha et chercha à passer devant lui ; il se mit alors en devoir de la repousser doucement, tant et si bien qu'il en vint à effleurer le mur du ventre, et que la bête finit par passer derrière lui. Un jour qu'il accomplissait la prière, deux servantes – des Banû 'Abd Al-Muttalib – vinrent auprès de lui, puis se bagarrèrent avec acharnement. Il intervint et les sépara de la main alors qu'il était en prière. Selon la version d'Ahmad, elles le saisirent par le genou, et il les sépara sans interrompre sa prière. Une autre fois, un enfant voulut passer devant lui ; il se vit repousser d'un geste de la main et s'abstint de passer. Mais lorsqu'une servante voulut en faire autant, le Prophète (ﷺ) lui fit signe de passer. Une fois la prière achevée, il déclara : « Les femmes ont la priorité ». Ce *hadîth* est rapporté par l'imâm Ahmad et mentionné dans les « *Sunan* ». On rapporte également que le Prophète (ﷺ) soufflait pendant sa prière. Quant au *hadîth* : « Souffler dans la prière, c'est dire des paroles », rien n'indique qu'il soit attribué au Messager de Dieu (ﷺ). Il a été plutôt rapporté par Sa'îd, dans ses « *Sunan* », citant Ibn 'Abbâs (رضي الله عنهما) : « Le Prophète (ﷺ) pleurait, sanglotait dans ses prières. » 'Alî Ibn Abî Tâlib (رضي الله عنه) rapporte : « Il était une heure à laquelle je venais toujours trouver le Messager de Dieu (ﷺ). En arrivant, je demandais la permission d'entrer. Lorsqu'il se trouvait en prière, il toussotait à dessein. » Ce *hadîth* est cité par An-Nasâ'î et Ahmad ; celui-ci en propose la version suivante : « J'avais coutume d'entrer chez le Messager de Dieu (ﷺ) à une heure fixe du jour et de la nuit. Lorsque je le trouvais en train de faire la prière, il toussotait. » Ahmad, qui a rapporté ce *hadîth*, a pris soin de l'appliquer, d'autant, disait-il, que le toussotement ne saurait invalider la prière. Par ailleurs, le Prophète priait tantôt pieds nus, tantôt chaussé. 'Abd Allâh Ibn 'Umar rapporte : « Il ordonna que l'on fasse la prière en portant des chaussures, pour se démarquer des juifs. » Enfin, il priait vêtu d'une seule étoffe, et, le plus souvent, de deux.

12- Réciter le Coran à partir d'un recueil dans la prière. Pendant le Ramadan, Dhakwân, le domestique de 'Â'isha (رضي الله عنها), avait coutume de diriger celle-ci dans la prière en récitant à partir du Livre Sacré. Ce propos est rapporté par Mâlik. Les shâfi'ites sont partisans de cette opinion. An-Nawawî a dit : « Si, parfois, l'orant tourne les pages (du recueil coranique) au cours de la prière, elle sera toujours valide. Elle sera tout aussi valide s'il regarde un écrit autre que le Coran et qu'il répète son contenu en son for intérieur, quand bien même il s'y attarderait longtemps, mais ce cas de figure n'est point recommandé. Cet usage est approuvé par Ash-Shâfi'î dans son ouvrage « *Al-Imlâ'* ».

13- Avoir la conscience absorbée par autre chose que la prière. Abû Hurayra rapporte que le Prophète (ﷺ) a dit : « Lorsque la prière est annoncée, Satan s'en va en lâchant des vents pour ne pas entendre l'appel à la prière. A peine cet appel terminé, il revient. Au moment de la *takbîra* d'entrée en prière il s'esquive, pour revenir aussitôt après. Il s'insinue alors dans la conscience de l'orant et se met à lui dire : « Rappelle-toi ceci, rappelle-toi cela. Tant et si bien que l'orant finit par douter du nombre de cycles de prière accomplis. Si l'un d'entre vous ne sait plus s'il a fait trois ou quatre cycles de prière, qu'il fasse deux prosternations en position assise.» Ce *hadîth* est rapporté par Al-Bukhârî et Muslim. Al-Bukhârî rapporte que 'Umar a dit : « Moi, je prépare mon armée alors que je suis en prière ». Quoi que pareille prière soit valide et suffisante, il n'en reste pas moins que l'orant est censé se tourner vers Dieu et L'adorer avec une âme fervente, en chassant toute préoccupation de son esprit. Pour ce faire, il doit méditer sur la signification des versets coraniques, ainsi que sur le sens de chacun des actes constitutifs de la prière. Car de toute prière, ce qui compte à l'actif de l'orant, ce sont précisément les actes et les paroles qu'il aura vécus et sentis en toute conscience, en toute lucidité. A telle enseigne qu'Abû Dâwûd, An-Nasâ'î et Ibn Hibbân rapportent ce *hadîth* qu'ils tiennent de 'Ammâr Ibn Yâsir : « J'ai entendu le Messager de Dieu (ﷺ) dire : « L'orant se distrait bel et bien ; de l'ensemble de sa prière, il ne lui est alors compté que le dixième, le neuvième, le huitième, le septième, le sixième, le cinquième, le quart, le tiers, ou la moitié. »

Al-Bazzâr rapporte, citant Ibn 'Abbâs, que le Prophète (ﷺ) a dit : « Dieu le Très-Haut, le Très Exalté a dit : « Je n'accepte la prière que de celui qui, à travers elle, s'humilie devant Ma Magnificence, et s'abstient de toute hauteur et de toute jactance envers Mes créatures ; de celui qui, la nuit, ne se couche pas obstiné à Me désobéir, et qui passe le jour à M'évoquer avec persévérance ; de celui qui se montre clément envers le pauvre, la veuve, le voyageur et envers tout être sinistré. Celui-là, sa lumière sera pareille à celle du Soleil. Celui-là, Je l'entourerai de Ma protection et de Ma sollicitude, Je le confierai aux soins attentionnés de Mes anges. Celui-là, Je lui prodiguerai lumière dans les ténèbres et magnanimité dans l'ignorance. Il est à Mes créatures ce qu'est le *Fir-*

daws[1] au Paradis. »

Abû Dâwûd rapporte, citant Zayd Ibn Khâlid, que le Prophète (ﷺ) a dit : « Celui qui fait ses ablutions selon les règles, puis effectue deux cycles de prière en évitant de se laisser distraire, tous ses péchés antérieurs lui seront pardonnés. » Muslim rapporte ce *hadîth* qu'il tient de 'Uthmân Ibn Abî Al-'Âs : « J'ai dit au Prophète (ﷺ) : « Ô Messager de Dieu, Satan s'est mis à gêner ma prière et à brouiller ma récitation. – Il s'agit là d'un démon nommé *Khunzub*. Si tu le sens venir, cherche refuge contre lui auprès de Dieu et crache trois fois à ta gauche. » Sitôt dit, sitôt fait. Dieu l'éloigna immédiatement de moi. »

On rapporte, d'après Abû Hurayra, que le Messager de Dieu (ﷺ) a dit : « Dieu le Très-Haut, le Très Exalté a dit : « J'ai réparti les versets du Prologue du Coran (la *fâtiha*) en deux parts, l'une pour Moi et l'autre pour Mon serviteur ; et celui-ci verra ses vœux exaucés. Lorsqu'il dit : {*Louange à Dieu, Seigneur des mondes*}, Dieu le Très-Haut, le Très Exalté affirmera : « Mon serviteur M'a loué. » Lorsqu'il dit : {*le Très Miséricordieux, le Tout Miséricordieux*}, le Très-Haut, le Très Exalté affirmera : « Mon serviteur M'a exalté.» Lorsqu'il dit : {*Maître du jour de la Rétribution*}, le Très-Haut, le Très Exalté affirmera : « Mon serviteur M'a glorifié, Mon serviteur s'en est remis à Moi. » Lorsqu'il dit : {*C'est Toi que nous adorons et c'est Toi dont nous implorons secours*}, le Très-Haut, le Très Exalté affirmera : « Cela est partagé entre Moi et Mon serviteur, et celui-ci verra ses vœux exaucés ». Lorsqu'il dit : {*Guide-nous dans le chemin droit, le chemin de ceux que Tu as comblés de bienfaits, non pas de ceux qui ont encouru colère, ni de ceux qui s'égarent*}, le Très-Haut, le Très Exalté affirmera : « Cela est pour Mon serviteur, il verra ses vœux exaucés. ».

1 Il s'agit du plus haut degré du Paradis.

LES ACTES RÉPROUVABLES DANS LA PRIÈRE (*MAKRÛHÂT A<u>S</u>-<u>S</u>ALÂT*)

Il est réprouvable pour l'orant de négliger l'un des actes recommandés (*sunan*) précités. Il lui est également déconseillé de :

1- Tripoter ses vêtements ou les parties de son corps, sauf en cas de besoin, auquel cas de tels actes sont permis. Mu'ayqib rapporte : « Je demandai au Prophète (ﷺ) si l'orant pouvait faire rouler des pierres tout en priant. – Ne fais pas cela, m'enjoignit-il, à moins que tu ne les disposes en les ajustant. » Ce *<u>h</u>adîth* est rapporté par Al-Bukhârî, Muslim, Abû Dâwûd, At-Tirmidhî, An-Nasâ'î, Ibn Mâjah et A<u>h</u>mad. Abû Dharr rapporte que le Prophète (ﷺ) a dit : « Lorsque l'un d'entre vous se met debout pour la prière, c'est la Miséricorde qu'il a vis-à-vis de lui. Qu'il ne fasse pas rouler des pierres (dans sa main). » Cette tradition est mentionnée par A<u>h</u>mad, Abû Dâwûd, At-Tirmidhî, An-Nasâ'î et Ibn Mâjah. Umm Salama rapporte que le Prophète (ﷺ) dit à un jeune domestique appelé Yasâr, lequel venait de souffler au cours de la prière : « Ton visage se couvre de poussière pour Dieu. » Ce *<u>h</u>adîth* est rapporté par A<u>h</u>mad, assorti d'une chaîne qualifiée d'excellente.

2- Mettre les mains sur les hanches pendant la prière. Abû Hurayra rapporte que le Prophète (ﷺ) a interdit cette posture dans la prière. Ce *<u>h</u>adîth* est rapporté par Abû Dâwûd.

Regarder vers le ciel. Abû Hurayra rapporte que le Prophète (ﷺ) a dit : « Que les gens qui regardaient vers le ciel pendant la prière s'abstiennent de le faire, ou bien leurs yeux seront aveuglés. » Ce *<u>h</u>adîth* est rapporté par A<u>h</u>mad, Muslim et An-Nasâ'î.

Regarder quelque chose qui distrait l'attention. 'Âisha (رضي الله عنها) rapporte que le Prophète (ﷺ), ayant fait la prière vêtu d'une étoffe noire imprimée de motifs, dit ensuite : « Les motifs de cette étoffe m'ont distrait. Rendez-la à Abû Jahm et apportez-moi son vêtement de *Manbij*.[1] » Ce *<u>h</u>adîth* est rapporté par Muslim et Al-Bukhârî. Al-Bukhârî rapporte, citant Anas : « 'Âisha utilisait un rideau léger pour voiler un côté de sa

1 Etoffe grossière et rude au toucher qui vient de la ville de Manbij (Syrie).

maison. Le Prophète (ﷺ) lui dit : « Ôte ton rideau, car les images qu'il y a dessus ne cessent de m'importuner pendant la prière. » Ce dernier *hadîth* prouve que le déchiffrage d'une écriture au cours de la prière n'invalide pas cette dernière.

3- Fermer les yeux. Certains docteurs de la Loi ont déconseillé ce geste, d'autres l'ont jugé permis sans être déconseillé. Or le *hadîth* rapporté qui le déconseille est loin d'être authentique. Ibn Al-Qayyim commente : « Le plus juste est de dire qu'il est préférable d'ouvrir les yeux si cet acte n'affecte pas la ferveur de l'orant ; si par contre il empêche le recueillement et la ferveur de l'orant, à cause des motifs et des ornements qui se profilent dans sa *qibla*, il n'est pas réprouvable alors de fermer les yeux. Mieux, estimer que cela est préférable serait plus en harmonie avec les fondements et les finalités de la loi religieuse. »

4- Faire signe des mains lors du salut final. Jâbir Ibn Samura rapporte : « Nous étions en train de prier derrière le Prophète (ﷺ). A la fin de la prière, il déclara : « Mais qu'ont-ils donc ces orants, à faire signe des mains lors du salut ? On dirait des queues de chevaux effarouchés. Alors qu'il suffit, pour chacun, de poser la main sur la cuisse et de dire : « Paix sur vous, paix sur vous. » Ce *hadîth* est rapporté par An-Nasâ'î dont c'est la version, ainsi que par d'autres traditionnistes.

5- Se couvrir la bouche et déployer son vêtement jusqu'au sol (*as-sadl*). Abû Hurayra rapporte que le Prophète (ﷺ) a interdit que l'on déploie son vêtement jusqu'au sol et que l'on se couvre la bouche au cours de la prière. Ce *hadîth* est rapporté par Abû Dâwûd, At-Tirmidhî, An-Nasâ'î, Ibn Mâjah et Ahmad, ainsi que par Al-Hâkim ; celui-ci le dit authentique selon les conditions posées par Muslim. Al-Khattâbî précise : « *As-sadl* consiste à laisser tomber son tissu jusqu'au sol. » Al-Kamâl Ibn Al-Humâm a dit : « Cela vaut également pour le pardessus lorsqu'il est porté sans que les mains soient introduites dans les manches. »

6- Faire la prière en présence d'un repas. 'Â'isha (رضي الله عنها) rapporte que le Prophète (ﷺ) a dit : « Quand le dîner est servi et qu'on annonce la prière, commencez par vous restaurer. » Cette tradition est rapportée par Ahmad et Muslim. Nâfi' rapporte qu'Ibn 'Umar avait coutume, lorsque l'heure du repas coïncidait avec l'annonce de la prière, de se restaurer d'abord, alors qu'il entendait déjà la récitation de l'imâm, puis de se livrer à la prière. Ce propos est rapporté par Al-Bukhârî. Al-Khattâbî constate : « Si le Prophète (ﷺ) a recommandé que la priorité soit accordée au repas, c'est pour que l'appétit de l'orant se trouve assouvi, lui permettant d'entrer dans la prière en toute sérénité, l'âme paisible et rassasiée, loin de toute promptitude qui l'amènerait à ne pas s'acquitter dûment de la prière. »

7- Réprimer ses besoins naturels, entre autres préoccupations susceptibles de distraire l'orant. Pour preuve, ce *hadîth* rapporté par Ahmad, Abû Dâwûd et At-Tirmidhî – et que ce dernier tient pour bon (*hasan*) : « Thawbân affirme que le Prophète (ﷺ) a dit : « Il est trois actes que nul ne doit perpétrer : d'abord, diriger des orants dans la prière et prononcer des invocations exclusivement pour soi-même, car ce serait les trahir que d'agir ainsi. Ensuite, regarder à l'intérieur d'une maison avant de demander la permission (d'entrer), car le faire, c'est comme si on y était déjà entré. Enfin, faire la prière tout en réprimant ses besoins naturels ; il faut d'abord se soulager de cette gêne. » Ahmad, Muslim et Abû Dâwûd rapportent ce *hadîth* de 'Â'isha (رضي الله عنها) : « J'ai entendu le Messager de Dieu (ﷺ) dire : « Que nul ne prie en présence du repas, non plus qu'en réprimant ses besoins naturels. »

8- Prier en luttant contre le sommeil. 'Â'isha (رضي الله عنها) rapporte que le Prophète (ﷺ) a dit : « Quand l'un d'entre vous se voit gagné par le sommeil, qu'il se couche jusqu'à ce que la somnolence disparaisse. Car s'il prie en sommeillant, peut-être en viendrait-il à proférer des injures contre lui-même là où il pensait implorer le pardon. » Ce *hadîth* est rapporté par Al-Bukhârî, Muslim, Abû Dâwûd, At-Tirmidhî, An-Nasâ'î, Ibn Mâjah et Ahmad. Abû Hurayra rapporte que le Prophète (ﷺ) a dit : « Si l'un d'entre vous se lève la nuit pour faire la prière et qu'il ne récite le Coran que péniblement et confusément, qu'il regagne alors sa couche. » Cette tradition est rapportée par Ahmad et Muslim.

9- Prendre un lieu fixe dans la mosquée. 'Abd Ar-Rahmân Ibn Shibl rapporte : « Le Messager de Dieu (ﷺ) a prohibé que l'on pique le sol comme un corbeau, qu'on s'assoie comme un lion et qu'on s'assigne un endroit fixe à la mosquée, telle la bête qui s'attache à son lieu habituel. » Ce *hadîth* est rapporté par Ahmad, Ibn Khuzayma, Ibn Hibbân et Al-Hâkim ; ce dernier l'a authentifié.

LES ACTES QUI INVALIDENT LA PRIÈRE (*MUBTILÂT AS-SALÂT*)

La prière est nulle et ses finalités manquées si l'on fait un des actes suivants :

- Boire et manger délibérément. Ibn Al-Mundhir affirme : « Les docteurs de la Loi s'accordent à considérer que l'orant qui boit ou mange de façon volontaire doit refaire sa prière. De l'avis de la majorité des doctes, il en va autant pour la prière surérogatoire ; car ce qui invalide une obligation invalide également une surérogation. »

- Tenir délibérément des propos sans rapport avec la prière. Zayd Ibn Arqam rapporte : « Nous parlions au cours de la prière ; l'orant pouvait s'entretenir avec son voisin, jusqu'à ce que fût révélé le verset coranique : {*Et absorbés, tenez-vous debout devant Dieu*} (S. 2, V. 238).[1] Il nous fut dès lors enjoint de nous taire. Ce propos est rapporté par Al-Bukhârî, Muslim, Abû Dâwûd, At-Tirmidhî, An-Nasâ'î, Ibn Mâjah et Ahmad. Ibn Mas'ûd rapporte : « Nous saluions le Prophète (ﷺ) pendant qu'il faisait la prière et il nous rendait notre salut. Mais, quand nous revînmes de chez le Négus et que nous le saluâmes, il ne nous rendit pas le salut et nous dit : « Il y a dans la prière de quoi occuper (suffisamment). » Ce *hadîth* est rapporté par Al-Bukhârî et Muslim. Cependant la prière de l'orant qui parle par inadvertance ou par ignorance de cette règle, est jugée valable.

Mu'âwiya Ibn Al-Hakam As-Sulamî rapporte : « Pendant que je faisais la prière en compagnie du Messager de Dieu (ﷺ), un des orants éternua. « Que Dieu t'accorde Sa miséricorde », lui dis-je. Les gens me dévisagèrent. – Par Dieu ! m'écriai-je, qu'avez-vous à me regarder ainsi ? Ils se mirent à frapper des mains sur leurs cuisses pour que je garde le silence. Je voulus parler mais je finis par me taire. Lorsque le Prophète (ﷺ) eut terminé la prière, je n'ai jamais vu, puissent mon père et ma mère lui servir de rançon, de pédagogue plus ingénieux ni d'enseignant plus fin que lui : loin de me gronder ou de me dévisager

---

1 ﴿وَقُومُواْ لِلَّهِ قَٰنِتِينَ﴾

avec une quelconque animosité, il se contenta d'affirmer : « La prière n'est point propice aux propos des gens. Elle consiste uniquement en exaltation (*tasbîh*), en proclamation de la grandeur de Dieu (*takbîr*) et en récitation du Coran.» Ce *hadîth* est rapporté par Ahmad, Muslim, Abû Dâwûd et An-Nasâ'î. L'on voit que Mu'âwiya Ibn Al-Hakam As-Sulamî ayant parlé au cours de la prière parce qu'il ignorait la norme, le Prophète (ﷺ) ne lui ordonna point de refaire la prière. Pour ce qui est de la validité de la prière quand bien même s'y mêlent les paroles d'autrui, elle trouve son argument dans ce *hadîth* d'Abû Hurayra : « Le Prophète (ﷺ) nous dirigea dans la prière de midi ou de l'après-midi. Lorsqu'il eut prononcé le salut final, Dhû Al-Yadayn s'adressa à lui en ces termes : « Ô Messager de Dieu, aurais-tu oublié quelque chose ou est-ce la prière qui a été raccourcie ? – Ni l'un ni l'autre, répondit le Prophète. – Pourtant tu as oublié quelque chose, ô Messager de Dieu. – Est-ce vrai, ce que dit Dhû Al-Yadayn ? demanda-t-il. – Oui, répondirent les fidèles. A ces mots, Le Prophète (ﷺ) fit une prière de deux cycles, suivie de deux prosternations pour compenser son omission. Ce *hadîth* est rapporté par Al-Bukhârî et Muslim.

Les mâlikites considèrent qu'il est loisible de parler au cours de la prière dès lors qu'il s'agit de la rectifier, à condition que ces paroles ne soit pas fréquentes au point de faire jurisprudence et s'ériger en coutume, et qu'elles ne soient pas entendues comme une exaltation. Al-Awzâ'î constate : « La prière de l'orant qui profère délibérément quelque parole destinée à la rectifier n'est point nulle. » Al-Awzâ'î émet un jugement tout aussi favorable sur le cas de l'homme qui, effectuant la prière de l'après-midi en récitant à voix haute, entend quelqu'un derrière lui le prévenir qu'il s'agit de la prière de l'après-midi. »

- Faire plusieurs mouvements (extérieurs à la prière) de propos délibéré. Les doctes divergent sur la détermination du critère de la quantité, les uns estimant que plusieurs mouvements, quantitativement parlant, sont ceux qui, vu de loin, apparaîtront avec certitude comme étant autre chose qu'une prière. Mis à part ce cas, tout le reste est pris pour des mouvements sans importance. Certains affirment que l'auteur de nombreux mouvements laisse imaginer qu'il n'est point en prière. An-Nawawî commente : « Tout acte qui, ne relevant pas de la prière, est fait en quantité est un acte qui invalide cette prière, de l'avis unanime des doctes. S'il reste faible en termes de quantité, il est jugé, à l'unanimité aussi, comme n'entraînant point la nullité de cette prière. Telle est la norme à suivre. Mais les doctes ont divergé sur la détermination d'une faible quantité et d'une grande quantité. » Quatre cas ont été alors envisagés, dont An-Nawawî retient le dernier, qu'il qualifie sur un ton catégorique de « valide et notoire ». Selon la majorité des doctes, il convient de s'en remettre à l'usage en cette matière : n'invalideraient pas la prière, les gestes qui passent pour être anodins, comme de rendre le salut, ôter ses souliers, enlever ou ajuster son turban, mettre ou ôter une étoffe légère, prendre un petit enfant et le poser, repousser doucement un passant, frictionner son habit avec de la salive, etc. Parmi les actes que les gens estiment comme nombreux, et, partant, de nature à invalider la prière, le fait de marcher en faisant plusieurs pas successifs, d'exécuter certains gestes de manière continue. An-Nawawî constate : « On s'est accordé à estimer que les actes de l'orant rendent nulle sa prière s'ils sont successifs. Épars çà et là, tel le fait de faire un pas, de s'arrêter, puis de refaire un pas après un laps de temps, ces actes ne seraient point graves, de l'avis unanime des doctes. S'agissant des gestes banals (remuer les doigts lors du *tas-bîh*, par exemple, se frotter légèrement, faire ou défaire un nœud), ce qui est d'une validité notoire, c'est qu'ils ne sauraient rendre nulle la prière quand bien même ils seraient fréquents et successifs. Il n'en demeure pas moins qu'ils sont déconseillés. D'après Ash-Shâfi'î – que Dieu l'ait en Sa sainte miséricorde –, si l'orant compte avec les doigts les versets coraniques qu'il récite, sa prière ne sera point invalidée. Toujours est-il qu'il est préférable d'éviter de tels gestes. »

- Négliger sciemment et sans motif un élément constitutif de la prière. Al-Bukhârî et Muslim rapportent à cet égard que le Prophète (ﷺ) dit au bédouin qui n'avait pas fait sa prière correctement : « Va refaire ta prière, car tu n'as point prié » Ce *hadîth* est cité plus haut. Ibn Rushd commente : « On s'accorde à considérer que l'orant qui, délibérément ou par inadvertance, fait la prière en état d'impureté, ou bien tourné vers une direction autre que la *qibla*, est tenu de refaire sa prière. En somme, quiconque vient à manquer à l'une des règles essentielles de la prière est appelé à la recommencer. »

- Sourire et rire au cours de la prière. Ibn al-Mundhir rapporte que les doctes sont unanimes à juger invalide toute prière dans laquelle l'orant aura ri. An-Nawawî constate : « Cela s'applique à l'orant qui rit d'une manière exagérée. La majorité des doctes affirment qu'il n'est grave de sourire que si l'orant se voit dominé par le rire et ne peut y résister, sa prière sera valide tant que ce rire reste léger. Autrement, elle sera nulle. Précisément, quantité et degré d'intensité sont à déterminer à l'aune de la coutume. »

RATTRAPER LA PRIÈRE (*QADÂ' AS-SALÂT*)

Les docteurs de la Loi sont unanimes à dire que le rattrapage de la prière est chose obligatoire pour celui qui l'a négligée par oubli ou à cause du sommeil. Qu'on en juge par ce *hadîth* du Prophète (ﷺ) : « Dans le sommeil, il ne saurait y avoir de manquement. Celui-ci se produit à l'état d'éveil. Aussi, celui qui oublie une prière ou s'endort sans l'accomplir doit-il s'en acquitter quand il s'en rappellera. »

Pour une personne évanouie, le rattrapage n'est point impératif. Il ne le devient que si cette personne retrouve la conscience à un moment propice pour faire les ablutions et entrer à temps dans la prière. 'Abd Ar-Razzâq rapporte, citant Nâfi', qu'Ibn 'Umar se plaignit une fois d'avoir perdu la conscience de sorte à manquer la prière. En se réveillant, il n'effectua point la prière manquée. Ibn Jurayj rapporte, citant Ibn Tâwûs, qui cite son père : « Le malade qui se réveille après avoir perdu connaissance n'est pas tenu de refaire la prière. » Ma'mar a dit : « J'ai interrogé Az-Zuhrî sur le cas de la personne évanouie. « Elle ne doit point rattraper la prière manquée », me répondit-il.

Hammâd Ibn Salama rapporte, citant Yûnus Ibn 'Ubayd, qu'Al-Hasan Al-Basrî et Muhammad Ibn Sîrîn affirmaient : « L'homme évanoui ne refait point la prière qu'il a manquée en cet état. »

Quant à celui qui néglige délibérément une prière, l'opinion de la majorité des doctes est qu'il a commis un péché, et qu'il est obligé de la rattraper. Ibn Taymiyya constate, pour sa part : « Pour celui qui manque délibérément une prière, il n'est pas valide de la rattraper ; il doit plutôt multiplier les prières surérogatoires. »

Ibn Hazm (le dhâhirite) ayant étudié à fond cette question, nous résumerons, dans ce qui suit, ses constatations : « Celui qui manque une prière de manière délibérée jusqu'à expiration du temps de cette prière, celui-là ne peut nullement la rattraper. Aussi, devra-t-il s'appliquer avec zèle à faire le bien et à multiplier les surérogations afin d'améliorer sa balance le Jour de la résurrection ; et qu'il se repente et implore le pardon de Dieu le Très-Haut, le Très Exalté. »

« Abû Ḥanîfa, Mâlik et Ash-Shâfi'î, poursuit Ibn Ḥazm, estiment qu'il doit rattraper cette prière après expiration de son terme. Mâlik et Abû Ḥanîfa, en particulier, considèrent que celui qui délaisse volontairement une ou plusieurs prières, doit l'effectuer avant celle dont le moment est arrivé ; et cela si les prières manquées sont au nombre de cinq au maximum. Si ce nombre dépasse les cinq, il commencera par la prière présente. Pour preuve, ce verset coranique : {*Malheur, donc, aux célébrateurs d'Office qui sont négligents dans leur Office*} (S. 107, V. 4-5)[1] ; et cet autre verset : {*Puis leur succédèrent des successeurs qui perdirent l'Office et suivirent les désirs. Ils auront tôt fait de rencontrer la perdition*} (S. 19, V. 59).[2]

« Ainsi, si celui qui néglige volontairement une prière pouvait la rattraper (après expiration de son échéance), il ne serait point passible d'encourir malheur ni égarement, et ce au même titre que celui qui la diffère aux instants ultimes avant son expiration, alors qu'il pouvait s'en acquitter bien avant.

D'ailleurs, Dieu le Très-Haut a assigné à chaque prière obligatoire un temps dont les limites, soit son début soit sa fin, sont nettes. Autant dire qu'il n'est point de différence entre celui fait la prière avant terme et celui qui s'en acquitte trop tard, les deux ayant également transgressé les limites fixées par Dieu le Très-Haut. De fait, on lit dans le Coran : {*Quiconque cependant transgresse les bornes de Dieu se manque alors à lui-même*} (S. 65, V. 1).[3]

« En outre, le rattrapage est censé être une obligation dictée par la Loi religieuse. Or, cette dernière n'est valable qu'émanant de Dieu le Très-Haut par le truchement de Son Messager (ﷺ). Aussi, sommes-nous fondés à nous adresser à ceux qui préconisent le rattrapage de la prière de la part de celui qui l'a négligée volontairement, et de leur demander : cette prière dont vous prônez le rattrapage, est-ce celle que Dieu lui a ordonné de faire ou bien est-ce une autre ? S'ils disent que c'est celle-là même que Dieu lui a ordonné de faire, nous rétorquerons : « Celui qui

---

1 ﴿فَوَيْلٌ لِّلْمُصَلِّينَ ٱلَّذِينَ هُمْ عَن صَلَاتِهِمْ سَاهُونَ﴾

2 ﴿فَخَلَفَ مِنۢ بَعْدِهِمْ خَلْفٌ أَضَاعُوا۟ ٱلصَّلَوٰةَ وَٱتَّبَعُوا۟ ٱلشَّهَوَٰتِ فَسَوْفَ يَلْقَوْنَ غَيًّا﴾

3 ﴿وَمَن يَتَعَدَّ حُدُودَ ٱللَّهِ فَقَدْ ظَلَمَ نَفْسَهُۥ﴾

l'a négligée ne serait point un désobéissant, dans la mesure où il aura procédé selon l'injonction divine. Vos propos ne seraient alors point répréhensibles, et ce ne serait point une chose condamnable que de délaisser la prière jusqu'à expiration de son terme. Or, pareils propos ne sauraient venir de la bouche d'un musulman. »

« Et s'ils répondent qu'il ne s'agit point de la prière telle que Dieu le Très-Haut nous l'a ordonnée, nous dirons : « Vous avez raison. » Et cela suffit, car ils auront alors préconisé ce que Dieu a recommandé.

« Nous les interrogerons ensuite sur celui qui s'est avisé délibérément de manquer à l'accomplissement d'une prière en son temps : est-ce une obéissance de sa part ou une désobéissance ?

« S'ils répondent que c'est un acte d'obéissance, ils se seront, de ce fait, écartés du consensus incontestable de la Communauté musulmane, autant que du Coran et des traditions (*sunan*) avérées.

« S'ils jugent qu'il s'agit là d'un acte d'insoumission, ils seront dans le vrai. Et il est hors de question qu'une insoumission puisse tenir lieu d'obéissance. Dieu le Très-Haut a fixé les moments impartis à la prière, et ce à travers les enseignements de Son Messager (ﷺ). A chaque prière sont assignés un début sur lequel on ne saurait anticiper et un terme après lequel il n'est plus temps d'effectuer cette prière. C'est là une certitude que nul musulman ne conteste. S'il était permis de s'en acquitter après coup, la détermination, par le Prophète (ﷺ), du moment de son expiration serait dénuée de sens, et ses paroles en viendraient à être pur verbiage. Tout travail est d'ailleurs délimité par un temps défini hors des frontières duquel il perd sa valeur et sa raison d'être. Autrement, à quoi bon se mettrait-on à lui assigner tel moment ou telle durée ? Cela va de soi. »

« Puis, après de longues spéculations, Ibn Hazm (le dhâhirite) affirme : « Si le rattrapage après coup de la prière manquée délibérément était un acte obligatoire, Dieu le Très-Haut et Son Messager (ﷺ) n'auraient nullement omis de l'énoncer, ni ne se seraient avisés sciemment de nous éprouver par une telle omission. {*Ton Seigneur, cependant, n'est pas oublieux*}. Or, Toute législation n'émanant pas du Coran et de la Sunna demeure sans fondement. On rapporte, par le biais d'une chaîne authentique, que le Prophète (ﷺ) a dit : « Celui qui manque la prière de l'après-midi, c'est comme s'il avait été atteint dans sa famille et dans ses biens. » C'est dire que ce qui a été manqué ne saurait être récupéré ; et même si l'on tentait de le faire, il serait trop tard. Voilà qui est indéniable. A cet égard, la Communauté musulmane entière s'accorde à considérer que la prière est dite révolue une fois que son temps a expiré. C'est là un consensus incontestable. Et s'il était possible de rattraper une telle prière et de s'en acquitter, ce serait alors un mensonge et une fausseté que de dire que son temps était passé. Aussi, est-il établi de science certaine que son rattrapage est chose exclue. Parmi les sommités qui partagent notre opinion figurent 'Umar Ibn Al-Khaṭṭâb, son fils 'Abd Allâh, Sa'd Ibn Abî Waqqâṣ, Salmân Al-Fârisî, Ibn Mas'ûd, Al-Qâsim Ibn Muḥammad Ibn Abî Bakr, Budayl Al-'Uqaylî, Muḥammad Ibn Sîrîn, Muṭarrif Ibn 'Abd Allâh, 'Umar Ibn 'Abd Al-'Azîz, entre autres doctes.

« Dieu le Très-Haut n'a point laissé aux fidèles enjoints de faire la prière le loisir d'invoquer une quelconque excuse pour en remettre l'accomplissement à un temps ultérieur, quand bien même ils seraient engagés dans une bataille, ou bien en proie à la peur, à la maladie, ou encore en voyage. Dieu le Très-Haut dit : {*Et lorsque tu te trouves parmi eux et que tu leur établis l'Office, qu'un groupe d'entre eux se mette debout en ta compagnie*} (S. 4, V. 103).[1] ; Il a dit aussi : {*Si vous êtes en péril, alors priez, à pied ou montés*} (S. 4, V. 103).[2]

« Même au fidèle gravement malade, Dieu a défendu d'effectuer la prière après coup. Il a recommandé néanmoins qu'en cas d'incapacité, on fasse la prière en position assise, et, si cela est impossible, en se couchant sur un côté. De même, si l'eau est déconseillée pour le malade, les ablutions se feront avec une pierre ou du sable, faute de quoi il pourra s'en passer.

« D'où vient donc que l'on juge permis de délaisser la prière jusqu'à expiration de son temps et qu'on ordonne ensuite sa réalisation après coup ? Ce faisant, on apprendrait à l'orant inappliqué qu'une telle prière, ainsi retardée, ferait son affaire et serait digne de rétribution. Et tout cela sans référence aucune ni au Coran ni à la Sunna, qu'elle soit authentique ou non, ni aux propos de tel ou tel Compagnon ni à une quelconque approche analogique (*qiyâs*). »

Et Ibn Ḥazm de poursuivre : « Concernant notre affirmation selon

---

1 ﴿وَإِذَا كُنتَ فِيهِمْ فَأَقَمْتَ لَهُمُ ٱلصَّلَوٰةَ فَلْتَقُمْ طَآئِفَةٌ مِّنْهُم مَّعَكَ﴾

2 ﴿فَإِنْ خِفْتُمْ فَرِجَالًا أَوْ رُكْبَانًا﴾

laquelle l'auteur d'un tel manquement se doit de se racheter en implorant pardon et en multipliant les surérogations, elle trouve sa justification dans ce verset coranique : {*Puis leur succédèrent des successeurs qui perdirent l'Office et suivirent les désirs. Ils auront tôt fait de rencontrer la perdition. Sauf celui qui se repent et croit et œuvre le bien : ils entreront donc au Paradis, - et ils ne seront lésés en rien*} (S. 19, V. 59-60).[1] Et dans ces autres paroles de Dieu le Très-Haut : {*Et pour ceux qui, s'ils ont commis quelque turpitude ou prévariqué contre eux-mêmes se souviennent de Dieu et demandent pardon de leurs péchés*} (S. 3, V. 135)[2] ; {*Quiconque fait un bien du poids d'un atome, le verra, et quiconque fait un mal du poids d'un atome, le verra*} (S. 99, V. 6-8)[3] ; {*Au Jour de la résurrection, Nous poserons les balances justes et nulle âme, donc, ne sera lésée*} (S. 21, V. 47).[4]

A la lumière des enseignements énoncés dans les textes, la Communauté est unanime à considérer que la surérogation, tout comme les cultes obligatoires, recèle une part de bien dont Dieu connaît la valeur mieux que quiconque. Il est donc impératif qu'une part suffisante de surérogation vienne combler les lacunes constatées dans les pratiques cultuelles prescrites afin de parfaire ces dernières. Dieu le Très-Haut nous apprend précisément qu'Il ne saurait négliger l'œuvre d'un fidèle et que les bonnes actions font disparaître les mauvaises.

---

1 ﴿فَخَلَفَ مِنۢ بَعْدِهِمْ خَلْفٌ أَضَاعُوا۟ ٱلصَّلَوٰةَ وَٱتَّبَعُوا۟ ٱلشَّهَوَٰتِ ۖ فَسَوْفَ يَلْقَوْنَ غَيًّا إِلَّا مَن تَابَ وَءَامَنَ وَعَمِلَ صَٰلِحًا فَأُو۟لَٰٓئِكَ يَدْخُلُونَ ٱلْجَنَّةَ وَلَا يُظْلَمُونَ شَيْـًٔا﴾

2 ﴿وَٱلَّذِينَ إِذَا فَعَلُوا۟ فَٰحِشَةً أَوْ ظَلَمُوٓا۟ أَنفُسَهُمْ ذَكَرُوا۟ ٱللَّهَ فَٱسْتَغْفَرُوا۟ لِذُنُوبِهِمْ﴾

3 ﴿فَمَن يَعْمَلْ مِثْقَالَ ذَرَّةٍ خَيْرًا يَرَهُۥ وَمَن يَعْمَلْ مِثْقَالَ ذَرَّةٍ شَرًّا يَرَهُۥ﴾

4 ﴿وَنَضَعُ ٱلْمَوَٰزِينَ ٱلْقِسْطَ لِيَوْمِ ٱلْقِيَٰمَةِ فَلَا تُظْلَمُ نَفْسٌ شَيْـًٔا ۖ﴾

LA PRIÈRE DU MALADE (<u>S</u>ALÂT AL-MARÎ<u>D</u>)

Celui qui se voit incapable, en raison d'un malaise ou d'une maladie, de se tenir debout pour la prière obligatoire a latitude de prier assis. S'il ne peut le faire ainsi, il lui est alors permis de s'étendre sur un côté et de faire des signes en remuant doucement la tête en guise d'inclinaison et de prosternement. Ce faisant, il baissera davantage la tête lors du prosternement. Qu'on en juge par ce verset coranique : {*Rappelez-vous Dieu, debout, assis, couchés*} (S. 4, V. 103).[1]

'Imrân Ibn <u>H</u>u<u>s</u>ayn rapporte qu'ayant souffert d'hémorroïdes, il interrogea le Prophète (ﷺ) sur la façon dont il devait prier. « Fais la prière debout, répondit le Prophète (ﷺ) ; si tu ne le peux pas, fais-la assis ; sinon, sur le côté » Ce *<u>h</u>adîth* est rapporté par Al-Bukhârî, Muslim, Abû Dâwûd, At-Tirmidhî, An-Nasâ'î, Ibn Mâjah et A<u>h</u>mad ; An-Nasâ'î ajoute : « Si tu ne le peux pas, alors allonge-toi. »

Dieu le Très-Haut a dit : {*Dieu n'oblige une personne que selon sa capacité*} (S. 2, V. 286).[2]

Jâbir rapporte que le Prophète (ﷺ) ayant rendu visite à un malade, il le trouva en train de prier sur un coussin. Il prit alors ce coussin et le mit de côté. « Prie à terre si tu peux, sinon fais des signes (avec la tête) en prenant soin de baisser davantage la tête lors du prosternement que lors de l'inclinaison. » Ce *<u>h</u>adîth* est rapporté par Al-Bayhaqî ; sa chaîne de transmission est authentifiée par Abû <u>H</u>âtim.

On entend par *incapacité* le fait de ressentir malaise ou peine à réaliser les actes de la prière, de redouter que la maladie ne s'aggrave ou ne se prolonge, de craindre le vertige, etc.

L'orant qui ne peut se tenir debout devra, en échange, s'asseoir les jambes croisées. 'Â'isha (رضي الله عنها) rapporte : « J'ai vu le Prophète (ﷺ) prier

---

1 ﴿فَاذْكُرُوا اللَّهَ قِيَامًا وَقُعُودًا وَعَلَىٰ جُنُوبِكُمْ﴾

2 ﴿لَا يُكَلِّفُ اللَّهُ نَفْسًا إِلَّا وُسْعَهَا﴾

assis, les jambes croisées. » Ce *hadîth* est rapporté par An-Nasâ'î et authentifié par Al-Hâkim. Il est également permis de s'asseoir comme on le fait lorsqu'on prononce le *tashahhud*.

Pour l'orant qui se voit incapable de célébrer la prière debout ou en position assise, il est recommandé de prier sur le côté. S'il ne le peut pas, qu'il s'étende, la plante des pieds dirigée autant que possible vers la *qibla*. Ibn Al-Mundhir penche pour cette dernière option. Un *hadîth* jugé faible a été rapporté à ce propos. 'Alî rapporte que le Prophète (ﷺ) a dit : « Le malade prie debout s'il le peut ; s'il ne le peut pas, il priera en position assise : s'il ne peut pas se prosterner, il fera des signes avec la tête en prenant soin de la baisser davantage lors du prosternement que lors de l'inclinaison. Faute de pouvoir se tenir en position assise, il se couchera sur le flanc droit en se tenant en direction de la *qibla* ; sinon, qu'il s'étende, la plante des pieds dirigée vers la *qibla*.» Cette tradition est rapportée par Ad-Dâraqutnî. Certains estiment que le malade a latitude de prier de la manière la plus commode possible.

Il est à souligner enfin que les différents *hadîth* semblent préconiser qu'à défaut de pouvoir faire des signes, le malade est exempté de la prière.

LA PRIÈRE DE LA PEUR (*SALÂT AL-KHAWF*)

Les doctes sont unanimes à considérer que la prière de la peur est légitime à en juger par la parole de Dieu le Très-Haut : {*Et lorsque tu te trouves parmi eux et que tu leur établis l'Office, qu'un groupe d'entre eux se mette debout en ta compagnie, et prenne ses armes. Puis lorsqu'il a fait la prostration, qu'il passe derrière vous et que vienne l'autre groupe, celui qui n'a pas célébré l'Office ; à celui-ci de célébrer alors l'Office avec toi et de prendre la garde et ses armes ; – les mécréants aimeraient vous voir négliger vos armes et vos bagages ; ils tomberaient sur vous tout d'une tombée ; – on ne vous fera pas grief, si vous êtes incommodés par la pluie, ou malades, de déposer les armes, mais prenez la garde. Dieu vraiment a préparé pour les mécréants un châtiment avilissant*} (S. 4, V. 102).[1]

L'imâm Ahmad constate : « A propos de la prière de la peur, six ou sept *hadîth* ont été attestés. L'orant pourra valablement mettre en application celui d'entre eux qu'il veut. » Ibn Al-Qayyim affirme à ce titre : « Les principes régissant cette prière sont au nombre de six, auxquels ont été ajoutés d'autres principes de la part de certains doctes. Ces derniers, au fur et à mesure que les transmetteurs différaient dans leurs versions de la tradition et apportaient quelque particularité, s'avisaient d'ajouter des aspects en conséquence, tant et si bien que ces principes furent au nombre de dix-sept. Les actes du Prophète (ﷺ) peuvent nonobstant s'imbriquer ; cela procéderait de la diversité des relations faites par les transmetteurs. Al-Hâfidh affirme : « Voici les principes établis en cette matière :

1- L'ennemi se trouve dans une direction autre que celle de la *qibla*.

---

1 ﴿وَإِذَا كُنتَ فِيهِمْ فَأَقَمْتَ لَهُمُ ٱلصَّلَوٰةَ فَلْتَقُمْ طَآئِفَةٌ مِّنْهُم مَّعَكَ وَلْيَأْخُذُوٓاْ أَسْلِحَتَهُمْ فَإِذَا سَجَدُواْ فَلْيَكُونُواْ مِن وَرَآئِكُمْ وَلْتَأْتِ طَآئِفَةٌ أُخْرَىٰ لَمْ يُصَلُّواْ فَلْيُصَلُّواْ مَعَكَ وَلْيَأْخُذُواْ حِذْرَهُمْ وَأَسْلِحَتَهُمْ وَدَّ ٱلَّذِينَ كَفَرُواْ لَوْ تَغْفُلُونَ عَنْ أَسْلِحَتِكُمْ وَأَمْتِعَتِكُمْ فَيَمِيلُونَ عَلَيْكُم مَّيْلَةً وَٰحِدَةً وَلَا جُنَاحَ عَلَيْكُمْ إِن كَانَ بِكُمْ أَذًى مِّن مَّطَرٍ أَوْ كُنتُم مَّرْضَىٰٓ أَن تَضَعُوٓاْ أَسْلِحَتَكُمْ وَخُذُواْ حِذْرَكُمْ إِنَّ ٱللَّهَ أَعَدَّ لِلْكَٰفِرِينَ عَذَابًا مُّهِينًا﴾

Lors des prières binaires, l'imâm dirige un premier groupe de combattants avec qui il effectue un seul cycle de prière, puis il attend qu'ils terminent seuls l'autre cycle et s'en aillent faire face à l'ennemi. Vient ensuite le second groupe pour effectuer avec l'imâm le second cycle de prière (qui sera le premier pour eux). Aussitôt celui-ci achevé, l'imâm attend qu'ils accomplissent eux-mêmes leur deuxième cycle de prière ; puis il fait le salut final pour l'ensemble des orants. Sâlih Ibn Khawât rapporte, citant Sahl Ibn Abî Khaythama : « Un groupe fit la prière en compagnie du Prophète (ﷺ) alors qu'un autre faisait face à l'ennemi. Le Messager de Dieu fit d'abord un cycle de prière avec le premier groupe, puis il se tint debout en attendant que les combattants terminent seuls leur prière et partent faire face à l'ennemi. Vint ensuite le deuxième groupe de combattants, que le Prophète dirigea dans le deuxième cycle restant de sa propre prière ; après quoi celui-ci resta assis jusqu'à ce que ce groupe finisse sa prière ; enfin, il fit le salut final pour tout le monde. » Ce *hadîth* est rapporté par Al-Bukhârî, Muslim, Abû Dâwûd, An-Nasâ'î et Ahmad.

2- L'ennemi se trouve dans une direction autre que celle de la *qibla*. L'imâm dirige un premier groupe de combattants, l'autre groupe se tenant face à l'ennemi. Le premier groupe effectue un cycle de prière avec l'imâm puis va se mettre en vis-à-vis de l'ennemi. C'est alors que vient le second groupe, qui fait un cycle de prière en compagnie de l'imâm. Puis chacun des groupes s'acquitte seul du cycle de prière restant. Ibn 'Umar rapporte que le Prophète (ﷺ) procéda exactement de cette manière ; il précise que celui-ci prononça le salut et c'est alors que chaque groupe accomplit son cycle de prière restant. Ce *hadîth* est rapporté par Ahmad et les deux sheikhs, Al-Bukhârî et Muslim. Selon toute vraisemblance, il ressort de ce *hadîth* que le second groupe achève sa prière juste après le salut final de l'imâm ; il n'y a donc point d'interruption entre ses deux cycles de prière. Par contre, le premier groupe ne s'acquitte du second cycle de prière qu'une fois que son homologue est parti prendre sa relève. Pour preuve, ce que rapporte Ibn Mas'ûd : « Puis il prononça le salut et le second groupe se leva, effectua seul un cycle de prière et fit le salut. »

3- L'imâm effectue avec chaque groupe deux cycles de prière. De ses quatre cycles de prière de l'imâm, les deux premiers seront obligatoires, les deux autres surérogatoires. On sait qu'un orant livré à une surérogation peut suivre un imâm s'acquittant d'une obligation. Jâbir rapporte que le Prophète (ﷺ) a procédé de cette manière, effectuant avec chaque groupe deux cycles de prière, puis prononçant le salut final. Ce *hadîth* est rapporté par Ash-Shâfi'î et An-Nasâ'î. Dans une version proposée par Ahmad, Abû Dâwûd et An-Nasâ'î, le même Jâbir dit : « Le Prophète (ﷺ) présida la prière de la peur : il fit deux cycles de prière avec un premier groupe de Compagnons et prononça le salut. Ce groupe se retira pour laisser place à un deuxième groupe. Le Prophète (ﷺ) refit la même chose. Ainsi, le Prophète fit quatre cycles de prière, alors que les orants n'en firent que deux. » Dans la version proposée par Ahmad, Al-Bukhârî et Muslim – citant toujours Jâbir –, on lit : « Nous étions avec le Prophète (ﷺ) à Dhât Ar-Riqâ' quand fut annoncée la prière. Il fit deux cycles de prière avec un premier groupe, lequel se retira ensuite pour laisser place à un deuxième groupe. Le Prophète (ﷺ) refit la même chose. Ainsi, le Prophète fit quatre cycles de prière, alors que les orants en firent deux. »

4- L'ennemi se trouve dans la direction de la *qibla*. L'imâm célèbre la prière en dirigeant les deux groupes de combattants, l'un et l'autre étant chargés de la surveillance. Ils le suivent dans tous les actes canoniques de la prière, excepté le prosternement : ici, un groupe se prosterne tandis que l'autre attend qu'il se relève pour se prosterner à son tour. Une fois le premier cycle de prière achevé, le premier groupe recule pour céder sa place au second, qui s'avance. Jâbir rapporte : « J'ai assisté une fois à la prière de la peur en compagnie du Prophète (ﷺ). Il nous disposa en deux rangs alignés derrière lui, alors que l'ennemi se trouvait entre nous et la *qibla*. Le Prophète prononça le *takbîr* et nous fîmes de même ; puis il s'inclina, et nous fîmes de même ; puis il se releva et nous de même. Lorsqu'il se baissa et se prosterna, le rang situé juste derrière lui en fit autant, alors que le rang suivant se mit face à l'ennemi. Quand le Prophète (ﷺ) eut achevé sa prosternation, ce second rang se prosterna à son tour et se releva. Après quoi le premier groupe se mit en arrière et le second s'avança. Le Prophète s'inclina alors, suivi de l'ensemble des orants. Il en fut ainsi lorsqu'il releva la tête. Mais quand il se prosterna, ce fut cette fois le second groupe qui le suivit, le premier s'étant mis vis-à-vis de l'ennemi. Quand le Prophète (ﷺ) eut achevé sa prosternation, ce fut ce premier rang qui se prosterna à son tour. Le Prophète prononça enfin le salut final, suivi de tous les combattants. » Ce *hadîth* est rapporté par Ahmad, Muslim, An-Nasâ'î, Ibn Mâjah et Al-Bayhaqî.

5- Les deux groupes participent ensemble à la prière présidée par l'imâm. Puis l'un d'entre eux se met face à l'ennemi, pendant que l'autre fait un cycle de prière avant d'aller à la rencontre de l'ennemi. Le premier vient faire seul un cycle de prière tandis que l'imâm se tient debout ; puis il fait avec eux le second cycle de prière. Le second groupe – qui était face à l'ennemi – vient en faire autant, pendant que l'imâm et le premier groupe se tiennent assis. Enfin, l'imâm fait le salut final, suivi de l'ensemble des orants. Abû Hurayra rapporte : « J'ai fait la prière de la peur avec le Messager de Dieu (ﷺ) lors de la bataille de Najd : il entama la prière de l'après-midi, suivi d'un groupe d'orants pendant qu'un second groupe, le dos tourné à la *qibla*, se tenait face à l'ennemi. Le Prophète (ﷺ) prononça le *takbîr* et tout le monde (les deux groupes) en fit autant ; il fit alors un cycle de prière avec le premier groupe, puis se prosterna, suivi de celui-ci. Lorsqu'il se releva, ce groupe alla se dresser face à l'ennemi tandis que le second vint, s'inclina et se prosterna. Entre-temps, le Messager de Dieu se tenait debout. Quand le second groupe se fut relevé, le Prophète fit un autre cycle de prière et une autre prosternation, imité chaque fois par ce second groupe. Vint ensuite l'autre groupe – qui était face à l'ennemi –, qui s'inclina et se prosterna seul, tandis que le Messager de Dieu (ﷺ) et les orants présents avec lui se tenaient assis. Puis ce fut le moment du salut final, que le Prophète prononça, ainsi que l'ensemble des fidèles. Ainsi, le Prophète et chacun des deux groupes effectuèrent deux cycles de prière. Ce *h̲adîth* est rapporté par Ah̲mad, Abû Dâwûd et An-Nasâ'î.

6- Chacun des deux groupes se contente d'effectuer un cycle de prière avec l'imâm. Celui-ci aura de la sorte accompli deux cycles de prière là où les deux groupes en auront fait un chacun. Ibn 'Abbâs (رضي الله عنهما) rapporte que le Prophète (ﷺ), lors d'une prière faite à Dhû Qird, disposa les orants en deux rangs, l'un derrière lui, l'autre face à l'ennemi. Il effectua un cycle de prière avec le premier rang, lequel se retira aussitôt pour prendre la place du second ; celui-ci vint alors et fit un seul cycle de prière avec le Messager de Dieu (ﷺ). Ce *h̲adîth* est rapporté par An-Nasâ'î et Ibn H̲ibbân, qui l'a jugé authentique. On rapporte, citant également Ibn 'Abbâs : « Dieu a recommandé à votre Prophète (ﷺ) de faire la prière en effectuant quatre cycles de prière en situation de résidence, deux en cas de voyage et une seule en situation de peur » Ce *h̲adîth* est rapporté par Ah̲mad, Muslim, Abû Dâwûd et An-Nasâ'î.

Tha'laba Ibn Zahdam rapporte : « Nous étions en compagnie de Sa'îd Ibn Al-Âs̲ à T̲abaristân. – Lesquels d'entre vous ont fait la prière de la peur avec le Messager de Dieu (ﷺ) ? nous demanda-t-il. – Moi, dit H̲udhayfa, il fit un cycle de prière avec les uns et un autre cycle avec les autres. Et les deux groupes ne rattrapèrent pas le cycle de prière restant. » Ce propos est rapporté par Abû Dâwûd et An-Nasâ'î.

Comment accomplir la prière du coucher du soleil en situation de peur

La prière du coucher du soleil ne peut être raccourcie. Or, parmi les *hadîth* rapportés qui ont trait à la prière de la peur, aucun n'aborde la question de la prière du coucher du soleil et son mode de réalisation. De là, la divergence qui sépare les doctes : pour les hanafites et les mâlikites, l'imâm doit effectuer deux cycles de prière avec le premier groupe, et un seul avec le second. Ash-Shâfi'î et Ahmad, eux, considèrent que l'imâm a latitude de faire un cycle de prière avec le premier groupe, et deux avec le second. On rapporte à cet égard que 'Alî – que Dieu honore sa face – a procédé de cette manière.

La prière en cas de peur intense

Si la situation devient critique, que la peur est intense et que la bataille fait rage, chacun effectuera la prière selon sa capacité et sa disposition : il le fera à pied ou sur sa monture, tourné vers la *qibla* ou non ; il fera des signes en guise d'inclinaison et de prosternement, en veillant à se baisser davantage dans ce dernier acte. Il sera dispensé des actes canoniques dont il ne peut s'acquitter. Ibn 'Umar rapporte que le Prophète (ﷺ) décrivit en ces termes la prière de la peur : « En cas de peur intense, faites la prière à pied ou sur vos montures. »

De ce *hadîth*, Al-Bukhârî présente la version suivante : « En cas de peur intense, priez debout, à pied ou sur vos montures, tournés ou non vers la *qibla*. »

Selon la version de Muslim, Ibn 'Umar a dit : « En cas de grande peur, prie sur ta monture ou à pied en faisant des signes. »

La prière du poursuivant et du poursuivi

Celui qui poursuit un ennemi et craint de le manquer peut prier en faisant des signes, quand bien même il marcherait dans une direction autre que la *qibla*. Il en va de même pour la personne poursuivie, ainsi que pour quiconque se voit empêché par l'ennemi d'effectuer les inclinaisons et les prosternations de la prière, ou craint pour sa personne, sa famille ou ses biens face au péril d'un ennemi, d'un voleur ou d'un prédateur. Celui-là accomplira la prière par le biais de signes, en s'en tenant à la direction dans laquelle il se trouve.

Al-'Irâqî constate : « Pareille prière est permise dans le cas d'une fuite légitime, parce que inévitable, motivée par la menace d'un torrent, d'un incendie. Il en va autant pour la personne endettée, qui, insolvable, se voit inapte à justifier de son incapacité. Elle craint donc d'encourir l'emprisonnement au cas où son créancier apparaîtrait et n'admettrait point ses justifications.

C'est le cas aussi pour celui qui, sanctionné par une punition, prétend en être absous si, par son absence, il parvenait à apaiser la colère qu'il aura provoquée par son délit. »

'Abd Allâh Ibn Unays rapporte : « Le Prophète (ﷺ) m'envoya chercher Khâlid Ibn Sufyân Al-Hudhalî, qui se trouvait dans les environs du mont 'Arafât. « Va et tue-le », m'enjoignit le Messager de Dieu (ﷺ). Sitôt dit, sitôt fait. Or, j'aperçus cet individu au moment précis où la prière de l'après-midi arrivait. « Je crains, me dis-je, qu'il se passe entre lui et moi des choses propres à retarder la prière. » Je me mis à marcher vers lui tout en priant par des signes. Il me demanda lorsque je l'abordai : « Qui es-tu ? – Un Arabe. J'ai appris que tu mobilisais des combattants pour livrer bataille à cet homme (entendre : au Prophète). Je suis venu pour cela. – C'est ce que je fais, en effet, répondit-il. Je marchai, une heure durant, à côté de cet homme. Puis je lui assénai un coup d'épée qui le mit hors d'état de nuire. » Ce *hadîth* est rapporté par Ahmad et Abû Dâwûd ; Al-Hâfidh juge bonne sa chaîne de transmetteurs.

LA PRIÈRE DU VOYAGEUR (*S̲ALÂT AL-MUSÂFIR*)

La prière du voyageur est régie par les règles suivantes :

a- Le raccourcissement de la prière quaternaire. Dieu le Très-Haut a dit : {*Et quand vous vous lancez de par le monde, on ne vous fera pas grief de raccourcir l'Office si vous craignez que les mécréants vous mettent à l'épreuve*} (S. 4, V. 101).[1] Il est à signaler que la restriction relative à la situation de crainte n'est pas de rigueur. Ya'lâ Ibn Umayya rapporte : « J'ai dit à 'Umar Ibn Al-Khat̲t̲âb : « Tu as vu comment les gens tendent à raccourcir la prière alors que le Très-Haut, le Très Exalté a dit : {*si vous craignez que les mécréants vous mettent à l'épreuve*}. Or, ce jour-là est révolu. – C'est une chose, répondit 'Umar, que j'ai moi-même trouvée étrange. Aussi en ai-je parlé au Messager de Dieu (ﷺ), qui m'a dit : « C'est une aumône que Dieu vous offre. Acceptez-la donc. » Ce *h̲adîth* est rapporté par Al-Bukhârî, Muslim, Abû Dâwûd, At-Tirmidhî, An-Nasâ'î, Ibn Mâjah et Ah̲mad. Ibn Jarîr rapporte, citant Abû Munîb Al-Jurashî : « On récita devant Ibn 'Umar le verset : {*Et quand vous vous lancez de par le monde*…}, puis on lui dit : « Nous sommes aujourd'hui en paix, à l'abri de toute appréhension ; pouvons-nous toujours raccourcir la prière ? – Vous avez, répondit Ibn 'Umar, en la personne du Prophète un exemple édifiant. » 'Â'isha (رضي الله عنها) rapporte : « Les prières avaient été prescrites à raison de deux cycles chacune, et ce, à La Mecque. Lorsque le Messager de Dieu (ﷺ) s'installa à Médine, il ajouta à chaque prière deux autres cycles sauf celle du *maghrib* (coucher du soleil) qui était une prière impaire composée de trois cycles et celle de l'aube où il récitait de longues sourates. Et lorsqu'il voyageait, il ne faisait que la prière originelle, soit celle prescrite à La Mecque. »[2] Ibn Al-Qayyim commente : « Le Prophète (ﷺ) réduisait à deux cycles la prière quaternaire dès qu'il partait en voyage et jusqu'au moment où il regagnait Médine.

---

1 ﴿وَإِذَا ضَرَبْتُمْ فِي ٱلْأَرْضِ فَلَيْسَ عَلَيْكُمْ جُنَاحٌ أَن تَقْصُرُوا۟ مِنَ ٱلصَّلَوٰةِ إِنْ خِفْتُمْ أَن يَفْتِنَكُمُ ٱلَّذِينَ كَفَرُوٓا۟﴾

2 Ce *h̲adîth* est rapporté par Ah̲mad, Al-Bayhaqî, Ibn H̲ibbân, ainsi que par Ibn Khuzayma ; ses transmetteurs sont dignes de foi.

Il n'a point été constaté qu'il ait accompli en entier cette prière quaternaire. C'est là une tradition qui est rapportée par Al-Bukhârî, Muslim, Abû Dâwûd, At-Tirmidhî, An-Nasâ'î, Ibn Mâjah et Aḥmad. Ces derniers ont toutefois divergé sur le statut de cette réduction de la prière : là où ʿAmr, ʿAlî, Ibn Masʿûd, Ibn ʿAbbâs, Ibn ʿUmar et Jâbir la considèrent obligatoire, à l'image des ḥanafites, les mâlikites la conçoivent comme étant une *sunna* fortement recommandée, davantage que la prière en commun. Si le voyageur ne trouve pas un autre voyageur qui lui fasse office d'imâm, il fera seul la prière raccourcie. Il lui est déconseillé de suivre un résident dans la prière. Les ḥanbalites, quant à eux, jugent le raccourcissement loisible et meilleur que l'achèvement de la prière. C'est également l'opinion des shâfiʿites qui stipulent qu'une certaine distance doit être atteinte pour pouvoir réduire la prière.

La distance requise pour pouvoir raccourcir la prière

Il ressort du verset coranique susmentionné que tout voyage, qu'il soit court ou long, constitue un motif pour lequel on peut réduire la prière et la regrouper, de la même manière que l'on peut rompre le jeûne pendant le Ramadan. A cette règle générale, on ne trouve point de restriction dans la Sunna. Ibn Al-Mundhir, entre autres traditionnistes, a rapporté une vingtaine de propos se rapportant à cette question, dont voici les énoncés les plus authentiques :

Aḥmad, Muslim, Abû Dâwûd et Al-Bayhaqî rapportent, citant Yaḥyâ Ibn Yazîd : « J'ai interrogé Anas Ibn Mâlik sur la réduction de la prière. Il me répondit : « Lorsque le Prophète (ﷺ) avait parcouru une distance de trois miles ou de trois *farsakh*, il faisait deux cycles dans sa prière (quaternaire). Dans son ouvrage « *Al-Fath* », Al-Ḥâfidh Ibn Ḥajar commente : « Il s'agit là du *hadîth* le plus authentique et le plus explicite sur cette question. »

L'équivoque entre les miles et les *farsakh* se trouve levée par ce que rapporte Abû Saʿîd Al-Khudrî : « Dans ses voyages, le Messager de Dieu (ﷺ) raccourcissait la prière s'il traversait un *farsakh*. Ce *hadîth* est rapporté par Saʿîd Ibn Manṣûr, cité par Al-Ḥâfidh dans le « *Talkhîṣ* », qui l'a attesté en se passant de tout commentaire à son sujet. Or on sait qu'un *farsakh* équivaut à trois miles. Ainsi le *hadîth* d'Abû Saʿîd vient-il lever la confusion que présente le *hadîth* d'Anas. Il montre en effet que la distance minimale à laquelle le Prophète (ﷺ) raccourcissait la prière est de trois miles, sachant qu'un *farsakh* équivaut à 5541 mètres et un mile à 1748. Or, à en juger par les propos rapportés, la distance requise pour le raccourcissement des prières est d'un mile au minimum. Ce *hadîth* a été rapporté par Ibn Abî Shayba, qui cite Ibn 'Umar, par le biais d'une chaîne authentique. Ibn Hazm souscrit à cela et justifie le non raccourcissement des prières en deçà du mile, alléguant que le Prophète (ﷺ) sortit bien des fois en direction du Baqî' pour des enterrements sans pour autant raccourcir les prières. Il en fut autant lorsqu'il sortit dans la nature pour faire ses besoins.

Quant aux affirmations des doctes posant comme condition la longueur du voyage, qui doit comporter un minimum de deux étapes selon certains, de trois selon d'autres, nous nous contenterons d'y répondre en nous référant à l'imâm Abû Al-Qâsim Al-Khiraqî. On lit dans son « *Mughnî* » : « Je trouve dépourvue de preuves l'opinion adoptée par ces érudits. C'est que les assertions des Compagnons sont divergentes, antagonistes. Étant donné leur différence, elles ne sauraient avoir de force probante. On rapporte, citant Ibn 'Umar et Ibn 'Abbâs, des faits sans rapport avec les arguments avancés par ces doctes. Au reste, quand bien même il n'en serait pas ainsi, la prise de position de ces derniers est loin d'être concluante en regard des paroles et des actes du Prophète (ﷺ). Leur thèse non établie, il serait exclu qu'on se réfère aux estimations qu'ils ont proposées. Et ce à deux égards : d'abord parce qu'elles contrastent avec la tradition prophétique précitée, autant qu'avec le sens explicite du Coran, lequel énonce que le raccourcissement des prières est autorisé à quiconque se lance de par le monde, à en juger par la parole de Dieu le Très-Haut : {*Lorsque vous vous lancez de par le monde*}.

Sachant que la condition de la peur a été annulée en vertu de la tradition citée plus haut (attribuée à Ya'lâ Ibn Umayya), il s'avère désormais que la signification explicite de ce verset englobe tout déplacement.

A cet égard, l'affirmation du Prophète (ﷺ) : « Le voyageur fait l'ablution pulvérale (*tayammum*) durant trois jours », laquelle est destinée à mettre en lumière la durée préconisée pour ce genre d'ablution, ne saurait être invoquée ici comme argument. D'autant qu'on peut traverser une petite distance en trois jours. Ce fait, le Prophète (ﷺ) lui a assigné le nom de *voyage*, et ce lorsqu'il a dit : « A une femme qui croit en Dieu et au jour du Jugement dernier, il n'est pas permis de voyager seule durant un jour, à moins qu'elle ne soit accompagnée d'un proche parent (interdit au degré prohibé). »

Le deuxième aspect est que pareille estimation relève par définition d'une injonction péremptoire et incontestable. Partant, elle ne saurait être le fruit d'une simple opinion, a fortiori si cette dernière ne se fonde sur aucune source reconnue, ni sur un cas analogue qui lui serve de parangon. Or, la preuve concluante, on la trouve bel et bien chez ceux qui ont autorisé le raccourcissement des prières à tout voyageur ; à moins que ne se réalise un consensus venant préconiser le contraire.

Cela s'applique aussi bien au voyage par avion, par train qu'au voyage ayant un but licite. Pour ce qui est des personnes dont la profession suppose des déplacements continus (marins, muletiers, chameliers…), il leur est autorisé de raccourcir la prière, ainsi que de rompre le jeûne (pendant le Ramadan), car ils sont considérés comme étant des voyageurs.

Le moment où le raccourcissement de la prière devient autorisé

La majorité des docteurs estime que le raccourcissement de la prière est permis dès que le voyageur quitte la ville ou la localité où il réside ; c'est là une condition essentielle. De retour, il peut toujours réduire ses prières jusqu'à ce qu'il arrive aux premières maisons de sa localité. Ibn Al-Mundhir affirme : « Que je sache, le Prophète (ﷺ) n'a raccourci (la prière) dans ses voyages qu'une fois sorti de Médine. »

Anas rapporte : « J'ai fait la prière de midi en compagnie du Prophète (ﷺ) ; il effectua quatre cycles de prière à Médine, et deux à Dhû Al-Hulayfa. »[1]

Certains prédécesseurs vont plus loin encore : d'après eux, celui qui conçoit l'intention d'entreprendre un voyage a loisir de raccourcir sa prière, même à partir de chez lui.

Quand le voyageur doit-il compléter la prière

Aussi longtemps qu'il est en voyage, le fidèle pourra raccourcir la prière. S'il réside quelque part pour un certain temps afin de faire quelque besogne, il raccourcira également la prière, car étant considéré comme un voyageur, dût-il rester des années dans un même lieu. S'il conçoit l'intention d'y résider pour une durée déterminée, ce séjour, qu'il soit court ou long, est tenu, estime Ibn Al-Qayyim, pour une composante inhérente au statut du voyage, tant que ce voyageur ne s'ins-

1 Ce *hadîth* est rapporté par Al-Bukhârî, Muslim, Abû Dâwûd, At-Tirmidhî, An-Nasâ'î, Ibn Mâjah et Ahmad.

talle pas définitivement dans la localité en question.

Nombreuses sont les opinions affichées par les docteurs de la Loi sur cette question. Ibn Al-Qayyim les a résumées avant de proposer sa propre thèse : « Le Prophète (ﷺ), affirme-t-il, ayant séjourné pendant vingt jours à Tabûk, a raccourci ses prières sans dire à la Communauté que le fidèle ne doit pas raccourcir au cas où il séjournerait pendant une durée plus longue. Or, il se trouve que le Prophète (ﷺ) est demeuré là-bas durant cette période. »

En cas de voyage, un tel séjour, qu'il soit court ou long, n'en relève pas moins du statut du voyage, à condition que l'individu ne soit pas définitivement installé dans ce lieu ou ait l'intention de le faire.

Prédécesseurs (*salaf*) et Successeurs (*khalaf*) ont avancé à ce propos des opinions fort divergentes. On lit dans le « *Sa<u>h</u>îh* » d'Al-Bukhârî : Ibn 'Abbâs rapporte : « Dans l'un de ses voyages, le Prophète (ﷺ) séjourna dans un lieu dix-neuf jours, durant lesquels il effectua deux cycles de prière (au lieu de quatre). Nous aussi, nous en faisons autant quand nous séjournons quelque part dix-neuf jours. Si la période est plus longue, nous complétons la prière ».

Les propos d'A<u>h</u>mad semblent indiquer qu'Ibn 'Abbâs faisait allusion au séjour du Prophète (ﷺ) à l'époque de la conquête de La Mecque, lorsqu'il a dit : « Le Messager de Dieu (ﷺ) est resté dix-huit jours à La Mecque lors de sa conquête. Il voulait se rendre à <u>H</u>unayn et n'avait donc pas l'intention de résider à La Mecque. » C'est de ce séjour qu'il s'agit dans le récit d'Ibn 'Abbâs. D'autres considèrent que celui-ci parlait de son séjour à Tabûk. A ce titre, Jâbir Ibn 'Abd Allâh rapporte : « Le Prophète (ﷺ) est demeuré vingt jours à Tabûk pendant lesquels il raccourcit la prière. » Ce propos est rapporté par l'imâm A<u>h</u>mad dans son « *Musnad* ».

Al-Miswar Ibn Makhrama rapporte : « Nous sommes restés quarante nuits dans certains villages de Syrie en compagnie de Sa'd. Celui-ci raccourcissait la prière alors que nous la complétions. »

Nâfi' rapporte : « Durant les six mois où il résida en Azerbaïdjân, Ibn 'Umar fit la prière en deux cycles. La neige l'avait empêché de rentrer. »

<u>H</u>af<u>s</u> Ibn 'Ubayd Allâh rapporte : « Anas Ibn Mâlik demeura deux ans en Syrie, pendant lesquels il effectuait la prière du voyageur. »

Anas rapporte : « Durant les sept mois où ils résidèrent à Râm Hurmuz, les Compagnons du Prophète (ﷺ) raccourcirent leurs prières. »

Al-Hasan rapporte : « J'ai séjourné deux années à Kâbûl, en compagnie de 'Abd Ar-Rahmân Ibn Samura, lequel raccourcissait la prière, mais ne la regroupait point.»

Ibrâhîm rapporte qu'il arrivait aux Compagnons du Prophète (ﷺ) d'effectuer des séjours d'un an et plus à Rayy, de deux ans à Sijjistân ; or, ils veillaient toujours à procéder de cette manière.

Telle est donc la tradition du Prophète (ﷺ) et de ses Compagnons. Tel est l'usage le plus judicieux.

Concernant les opinions des gens, l'imâm Ahmad affirme : « Si le voyageur décide de résider quatre jours quelque part, il complétera ses prières. S'il opte pour une durée inférieure, il les raccourcira. »

Ce disant, il invoque le fait que le Prophète (ﷺ) et ses Compagnons n'avaient point l'intention de séjourner là où ils l'ont fait. Ils se disaient chaque fois qu'ils partiraient le lendemain. Or, c'est là un point de vue sujet à caution. Car le Prophète (ﷺ) conquit La Mecque étant ce qu'elle était : il devait y rester pour jeter les bases de l'Islam, saper les fondements du polythéisme, ainsi que pour mettre de l'ordre dans la situation des Arabes alentour. Autant dire qu'une entreprise d'une telle ampleur ne saurait être menée à bien en un jour ou deux. Il en va de même de son séjour à Tabûk : il fallait attendre l'ennemi pour mener des négociations. Ces dernières s'annoncèrent – on ne le sait que trop – lentes, ardues, et réclamèrent plus de quatre jours avant qu'un accord fût conclu. Ibn 'Umar, qui demeura six mois à raccourcir la prière en Azerbaïdjân, ne pouvait faire autrement en raison de la neige. Or, il va de soi qu'on ne saurait s'attendre à voir une neige ainsi amoncelée fondre en quatre jours et s'ouvrir de nouveau chemins et sentiers. Il en va de même du séjour de deux ans effectué par Anas en Syrie, de celui de sept mois effectué par les Compagnons à Râm Hurmuz. De toute évidence, un tel combat, un tel siège ne pouvait prendre fin en quatre jours.

Les partisans d'Ahmad affirment : « Si l'on réside quelque part pour affronter un ennemi, parce qu'on a été emprisonné par le détenteur de l'autorité ou à cause d'une maladie, on raccourcira la prière, quelle que soit la longueur de la durée estimée nécessaire pour la guérison ou pour l'accomplissement de l'entreprise en question. » C'est là un point de vue judicieux.

Ils ont cependant stipulé une condition dont on ne trouve trace ni dans le Coran ni dans la Sunna ni dans le consensus des doctes ni dans les actes des Compagnons : c'est que l'affaire en question doit être réalisée en moins de quatre jours, durée qui n'annule pas le statut du voyage.

On peut se demander à quoi bon cette condition alors que le Prophète (ﷺ), ayant séjourné plus de quatre jours à La Mecque et à Tabûk, et ayant raccourci de ce fait la prière, ne fit nulle recommandation à ses Compagnons et ne leur montra point qu'il n'avait pas décidé de séjourner plus de quatre jours, car il les savait toujours prêts à suivre son exemple en fait de prière, à la raccourcir durant la période de son séjour. Il ne leur ordonna point de ne pas raccourcir la prière au-delà de quatre nuits. C'est là un point fondamental à souligner. De même, ses Compagnons, lui emboîtant le pas, évitèrent de faire une telle injonction aux orants qui priaient avec eux.

Mâlik et Ash-Shâfi'î déclarent : « Si le voyageur conçoit l'intention de séjourner quelque part plus de quatre jours, il achèvera la prière. Autrement, il la raccourcira. »

Abû Hanîfa (رحمه الله) affirme : « Si le voyageur conçoit l'intention de séjourner quelque part durant quinze jours, il achèvera la prière ; moins de quinze jours, il la raccourcira. » A cette opinion adhère Al-Layth Ibn Sa'd ; on rapporte qu'elle fut également adoptée par trois Compagnons : 'Umar, son fils et Ibn 'Abbâs.

Sa'îd Ibn Al-Musayyab déclare : « Si tu séjournes quatre (jours), fais une prière de quatre (cycles). » On attribue également à Sa'îd l'opinion affichée par Abû Hanîfa (رحمه الله).

'Alî Ibn Abî Tâlib (رضي الله عنه) a dit : « S'il séjourne dix (jours) quelque part, qu'il achève la prière. » Ce propos est rapporté par Ibn 'Abbâs.

Al-Hasan affirme : « Le voyageur raccourcira tant qu'il n'aura pas atteint quelque localité.»

'Â'isha (رضي الله عنها) a dit qu'il procédera ainsi aussi longtemps qu'il n'aura pas déposé ses bagages.

Les quatre imâms (رحمهم الله) s'accordent à estimer que le voyageur raccourcira la prière s'il séjourne quelque part afin d'accomplir un travail ou régler une affaire et qu'il s'attend à partir à tout instant. Seul Ash-Shâfi'î se démarque de cette opinion dans l'un de ses deux jugements : d'après lui, le voyageur ne raccourcira point au-delà de dix-sept ou dix-huit jours.

Enfin, Ibn Al-Mundhir affirme dans son ouvrage « *Al-Ishrâf* » : « Les docteurs s'accordent à dire que le voyageur peut raccourcir la prière aussi longtemps qu'il n'aura pas décidé de s'installer, dût-il passer des années dans cette situation. »

Les prières surérogatoires lors du voyage

Selon la majorité des docteurs, la surérogation, toutes prières et toutes *sunan* confondues, n'est pas déconseillée pour le voyageur qui raccourcit la prière.

Al-Bukhârî et Muslim rapportent, en effet, que le Prophète (ﷺ) se lava dans la maison d'Umm Hâni', le jour de la conquête de La Mecque, et effectua huit cycles de prière surérogatoires.

Ibn 'Umar rapporte que le Prophète (ﷺ) effectuait la prière sur sa monture en faisant des signes de la tête.

Al-Hasan rapporte : « Lors de leurs voyages, les Compagnons du Messager de Dieu (ﷺ) accomplissaient des surérogations avant et après la prière obligatoire. »

Ibn 'Umar estime, ainsi que d'autres Compagnons, qu'il n'est pas permis de faire la surérogation conjointement avec la prière obligatoire (raccourcie), ni avant ni après elle, exception faite du milieu de la nuit. Ayant vu des gens faire de telles surérogations après la prière prescrite, il leur déclara : « Si j'avais à faire des surérogations, j'aurais plutôt opté pour compléter ma prière (obligatoire). Ô mon neveu, j'ai accompagné le Messager de Dieu (ﷺ) : jusqu'au moment de son décès, il n'a jamais fait plus de deux cycles de prière ; j'ai accompagné Abû Bakr : il n'a jamais fait plus de deux cycles de prière ; de même pour 'Umar et 'Uthmân. Dieu le Très-Haut a dit : {*Vous avez dans le Messager de Dieu un bon exemple à* suivre} (S. 33, V. 21).[1] » Ce propos est rap-

---

1 ﴿لَّقَدْ كَانَ لَكُمْ فِي رَسُولِ اللَّهِ أُسْوَةٌ حَسَنَةٌ﴾

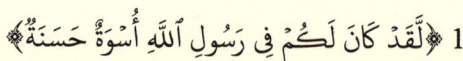

porté par Al-Bukhârî.

Ibn Qudâma concilie les propos d'Al-Hasan et ceux d'Ibn 'Umar : « Le *hadîth* du premier, précise-t-il, montre qu'il est acceptable d'effectuer cette surérogation ; celui du second, qu'il est acceptable d'y renoncer. »

Voyager le vendredi

Il est permis de voyager le vendredi, mais hors du temps de la prière du Vendredi. Ayant entendu un homme dire : « N'était aujourd'hui un vendredi, je serais parti en voyage », 'Umar lui répliqua : « Vas-y, le vendredi ne t'empêche point de voyager. » Abû 'Ubayda partit en voyage un vendredi sans attendre que soit célébrée la prière. Az-Zuhrî ayant voulu voyager un vendredi matin, on lui reprocha cette décision. « Le Prophète (ﷺ) a bel et bien voyagé le vendredi », rétorqua-t-il.

LE REGROUPEMENT DE DEUX PRIÈRES (*AL-JAM‘ BAYNA AS-SALÂTAYN*)

Il est permis à l'orant de regrouper, en les avançant ou en les retardant, les prières de midi et de l'après-midi, ainsi que celles du coucher du soleil et de la nuit, et ce dans l'un des cas suivants :

a- A ‘Arafa et à Muzdalifa

Les doctes sont unanimes à considérer qu'à Arafa, on doit effectuer ensemble, en les avançant dans le temps de la première prière, l'office de midi et celui de l'après-midi ; et qu'à Muzdalifa, on doit regrouper, en les retardant dans le temps de la deuxième prière, l'office du coucher du soleil et celui de la nuit. C'est suivre la tradition prophétique que de procéder ainsi.

b- Lors d'un voyage

De l'avis de la plupart des érudits, il est permis, en cas de voyage, d'accomplir ensemble deux prières au moment fixé pour l'une d'entre elles, que le voyageur soit en route ou réside quelque part. Mu‘âdh Ibn Jabal rapporte que lors de la bataille de Tabûk, le Prophète (ﷺ) regroupait les prières de midi et de l'après-midi en les avançant quand le soleil s'inclinait (par rapport à la méridienne), et avant qu'il ne prenne le chemin. Quand il se mettait en route avant que le soleil ne s'incline, il retardait la prière de midi pour l'effectuer conjointement avec celle de l'après-midi. Il en était de même pour la prière du coucher du soleil : lorsque le soleil disparaissait avant le départ, le Prophète (ﷺ) regroupait, en les avançant, les prières du coucher du soleil et celle de la nuit. Autrement, il retardait la prière du coucher du soleil pour l'effectuer conjointement avec celle de la nuit. Ce *hadîth* est rapporté par Abû Dâwûd et At-Tirmidhî ; celui-ci le juge bon. On rapporte que Kurayb Ibn ‘Abbâs dit à des gens : « Voulez-vous savoir comment était la prière du Messager de Dieu (ﷺ) lorsqu'il voyageait ? – Certes, dirent-ils. – Eh bien ! reprit-il, lorsque le soleil s'inclinait et que le Messager de Dieu (ﷺ) se trouvait encore chez lui, il s'acquittait de la prière de midi et de celle de l'après-midi avant d'enfourcher sa monture. Autrement, il se mettait en route, puis, une fois venue la prière de l'après-midi, il faisait halte et regroupait les deux prières ensemble. D'autre part, si la prière du coucher du soleil le trouvait encore chez lui, il l'effectuait simultanément avec celle de la nuit. Sinon, c'était plus tard, au moment fixé pour la prière nocturne, qu'il s'arrêtait et accomplissait les deux prières ensemble. » Ce *hadîth* est rapporté par Ahmad et Ash-Shâfi'î dans son « *Musnad* ». Ash-Shâfi'î précise : « Lorsqu'il faisait du chemin avant que le soleil ne s'inclinât, il retardait la prière de midi pour l'effectuer avec celle l'après-midi au moment fixé pour celle-ci. » Ce *hadîth* est rapporté par Al-Bayhaqî, assorti d'une chaîne excellente. Al-Bayhaqî affirme : « Le fait de regrouper deux prières pour cause de voyage est un usage reconnu et notoire parmi les Compagnons et les Successeurs.

Dans son « *Muwatta'* », Mâlik rapporte, citant Mu'âdh Ibn Jabal, que, lors de la bataille de Tabûk, le Prophète (ﷺ) retarda un jour la prière puis sortit et effectua conjointement les prières de midi et de l'après-midi. Cela, il le fit alors qu'il était en situation de résidence. » Dans son « *Mughnî* », Ibn Qudâma mentionne ce *hadîth*, puis constate : « Ibn 'Abd Al-Barr le juge authentique et assorti d'une chaîne valide. Les auteurs des *siyar*, ou biographies du Prophète (ﷺ), précisent que la bataille de Tabûk eut lieu en l'an neuf de l'Hégire. Le *hadîth* précité offre un contre-argument on ne peut plus concluant pour répliquer à ceux qui prétendent que le regroupement de la prière ne s'opère que lorsqu'on est en route. Car le Prophète (ﷺ) procédait de cette manière alors qu'il se trouvait installé sous sa tente, dont il sortait pour prier et qu'il regagnait ensuite. Ce *hadîth*, on le retrouve dans le « *Sahîh* » de Muslim : « Le Prophète (ﷺ) accomplissait ensemble les prières de midi et de l'après-midi, ainsi que celles du coucher du soleil et de la nuit. » Il est par conséquent impératif d'observer les enseignements de ce *hadîth*, d'autant qu'il présente un caractère authentique et véhicule un jugement explicite et incontestable. D'ailleurs, un tel regroupement figure une des licences inhérentes au voyage ; il ne se trouve point ramené à la seule situation du déplacement, comme ce pourrait être le cas pour le raccourcissement ou l'ablution sans eau. Il convient toutefois de signaler qu'il est préférable de retarder les deux prières regroupées. »

L'intention n'est point requise en matière de regroupement et de raccourcissement des prières. Ibn Taymiyya affirme : « C'est l'opinion de la majorité des doctes. Lorsqu'il dirigeait ses Compagnons dans des prières qu'il voulait raccourcir et regrouper, le Prophète (ﷺ) n'ordonnait à aucun d'entre eux de formuler l'intention de faire la prière selon ce mode. Il sortit de Médine vers La Mecque et fit deux cycles de prière sans regroupement. Puis il présida la prière de midi à 'Arafa sans prévenir ses Compagnons qu'il allait aussitôt effectuer celle de l'après-midi. Ainsi, firent-ils un regroupement avancé sans en avoir conçu l'intention. Il en fut de même lorsqu'il quitta une autre fois Médine et célébra la prière en deux cycles à Dhû Al-Hulayfa : il ne songea point à leur ordonner de concevoir l'intention du raccourcissement.

Concernant la succession des deux prières, Ibn Taymiyya affirme que l'opinion la plus valide est que ce n'est point une condition à observer, ni au moment de la première ni à celui de la seconde, la Loi religieuse n'ayant point édicté une règle de ce genre. De surcroît, avec une telle condition, la finalité même de la licence en question serait vidée de son sens. Ash-Shâfi'î a dit : « Si l'orant fait chez lui la prière du coucher du soleil avec l'intention de la regrouper avec celle de la nuit, puis se rend à la mosquée et effectue celle-ci, sa prière sera valide. » La même opinion a été attribuée à Ahmad.

c- Le regroupement en cas de pluie

Dans ses « *Sunan* », Al-Athram rapporte, citant Abû Salama Ibn 'Abd Ar-Rahmân : « En vertu de la Sunna, il convient, si le jour est pluvieux, d'effectuer conjointement les prières du coucher du soleil et de la nuit. »

« Pendant une nuit pluvieuse, rapporte Al-Bukhârî, le Prophète (ﷺ) effectua conjointement les prières du coucher du soleil et de la nuit.»

Selon la doctrine shâfi'ite, il est permis au résident de regrouper, mais seulement en les avançant, les prières de midi et de l'après-midi ainsi que celles du coucher du soleil et de la nuit, à la condition qu'il pleuve au moment de la *takbîra* initiale de la première prière, lors de son achèvement autant qu'au début de la seconde.

De l'avis de Mâlik, il est permis de regrouper d'avance, à la mosquée, les prières du coucher du soleil et de la nuit, et ce pour cause de pluie, que cette dernière tombe déjà ou soit prévue. Il en va de même s'il y a obscurité et que l'on risque de s'empêtrer dans la boue, en particulier si la boue est tellement lourde et massive qu'elle empêche d'ordinaire les gens de se déplacer. Dans cette optique mâlikite, il est déconseillé de regrouper, à cause de la pluie, les prières de midi et de l'après-midi.

Pour les hanbalites, il est permis de regrouper les prières du coucher du soleil et de la nuit, mais seulement en les avançant. Pour les retarder ensemble, il faut qu'il y ait des entraves et des intempéries telles que la neige, la glace, la boue, un froid intense, une pluie propre à tremper les habits. Cette licence est exclusive à celui qui se rend à une mosquée éloignée pour faire la prière collective et qui, partant, se voit handicapé par de telles difficultés. Quant à celui qui se trouve à l'intérieur d'une mosquée, qui fait une prière collective dans son foyer, ou bien qui se rend à la mosquée bien couvert, ou encore qui habite tout près, celui-là ne peut jouir de la licence du regroupement.

d- Le regroupement pour cause de maladie ou pour un autre motif

L'imâm Ahmad, les shâfi'ites, Al-Qâdî Husayn, Al-Khattâbî et Al-Mutawallî considèrent qu'il est permis de regrouper les prières, en les avançant ou en les retardant, pour cause de maladie, car la gêne que celle-ci provoque est plus pénible que celle provoquée par la pluie. An-Nawawî constate : « Ce motif constitue un argument fort probant. On lit dans le « *Mughnî* » : « La maladie qui rend légitime le regroupement des prières est celle qui, si chaque prière était accomplie en son temps, entraînerait gêne, épuisement ou affaiblissement.»

Les hanbalites ont élargi ce champ, jugeant légitime le regroupement, avancé ou différé, des prières pour les personnes ayant des excuses plausibles. C'est le cas de la personne en proie à la peur, de la nourrice qui a du mal à se laver chaque fois les habits, de la femme indisposée, de celui qui souffre d'incontinence d'urine, de celui qui ne peut se purifier, ainsi que de celui qui craint pour sa personne, ses biens, sa dignité, ou ses moyens de subsistance.

Ibn Taymiyya affirme : « La doctrine qui favorise le plus amplement le regroupement des prières est celle d'Ahmad, qui admet le motif professionnel. Dans ce sens, An-Nasâ'î rapporte, en se référant au Prophète (ﷺ), que le regroupement est autorisé au cuisinier, au boulanger, entre autres personnes qui encourent des risques financiers.

e- Le regroupement motivé par le besoin

An-Nawawî a dit dans sa glose sur Muslim : « Selon un groupe d'imâms, il est permis de regrouper les prières en situation de résidence pour toute personne qui en ressent le besoin et qui en fait une habitude. Cette opinion a été affichée par Ibn Sîrîn et Ashhab, le mâlikite. Elle a été rapportée par Al-Khattâbî qui cite Al-Qaffâl et Ash-Shâshî Al-

Kabîr, tous deux disciples d'Ash-Shâfi'î ; on l'attribue également à Abû Ishâq Al-Marûzî ainsi qu'à un groupe de traditionnistes. Ibn Al-Mundhir adhère à ce point de vue, qui se trouve étayé par cette assertion d'Ibn 'Abbâs de par sa signification explicite : « Le Prophète (ﷺ) n'a pas voulu mettre sa Communauté dans la gêne et l'embarras. C'est pourquoi il n'a pas justifié le regroupement des prières par la seule maladie ou par un motif en particulier.»

Le *hadîth* d'Ibn 'Abbâs auquel fait allusion Muslim est le suivant : « Le Prophète (ﷺ) fit ensemble les prières de midi et de l'après-midi, puis celles du coucher du soleil et de la nuit ; cela à Médine, et en l'absence de motifs telles que la peur ou la pluie. »

On demanda à Ibn 'Abbâs : « Quelle était son intention ? – Il ne voulait pas mettre sa Communauté dans la gêne et l'embarras, répondit-il. »

Al-Bukhârî et Muslim rapportent, citant également Ibn 'Abbâs, qu'il arriva au Prophète (ﷺ) de faire à Médine sept et huit cycles de prière, soit : les prières de midi et de l'après-midi, et celles du coucher du soleil et de la nuit.

Muslim rapporte, citant 'Abd Allâh Ibn Shaqîq : « Un jour, Ibn 'Abbâs nous fit un sermon après la prière de l'après-midi. Il s'étendit tellement que le soleil vint à se coucher et que les étoiles apparurent dans le ciel. Les gens commencèrent à dire : « A la prière, à la prière ». Un homme des Banu Taym ne cessa de répéter cette expression. Ibn 'Abbâs se tourna vers lui : « Serais-tu en train de m'apprendre la Sunna ? s'exclama-t-il. J'ai vu le Prophète (ﷺ) regrouper les prières de midi et de l'après-midi, ainsi que celles du coucher et de la nuit. » « Cela troubla mon âme, poursuit Ibn Shaqîq. Je suis donc allé trouver Abû Hurayra pour en avoir le cœur net. Il confirma le propos d'Ibn 'Abbâs. »

Éclaircissement

On lit dans le « *Mughnî* » : « Si l'orant achève les deux prières dans le temps de la première et que le motif du regroupement disparaît avant échéance de la seconde prière, il n'est point tenu de refaire cette dernière. Car sa prière est valide, suffisante, dûment accomplie ; il en est donc acquitté. De plus, c'est au moment où le motif existait bel et bien qu'il a accompli son obligation. Aussi celle-ci ne saurait-elle être invalidée par la disparition ultérieure du motif en question. Un cas analogue est celui de l'orant qui a fait ses ablutions sans eau et qui ne trouve de l'eau qu'après la prière. »

La prière à bord d'un bateau, d'un train ou d'un avion

Il est permis d'accomplir la prière à bord d'un bateau, d'un train et d'un avion. Cette prière, nullement déconseillée, se fera selon les dispositions et les possibilités de l'orant. Ibn 'Umar rapporte : « Ayant été interrogé sur la prière à bord d'un bateau, le Prophète (ﷺ) ordonna : « Fais la prière debout, à moins que tu ne craignes de te noyer. »[1]

'Abd Allâh Ibn Abî 'Utba rapporte : « Je voyageai sur un bateau en compagnie de Jâbir Ibn 'Abd Allâh, Abû Sa'îd Al-Khudrî et Abû Hurayra. Ils firent la prière debout, en commun. L'un d'entre eux servit d'imâm. Ils étaient près de la côte. » Ce propos est rapporté par Sa'îd Ibn Man<u>s</u>ûr.

Les invocations relatives au voyage

Il est recommandé au voyageur de dire, en quittant sa demeure : « Au nom de Dieu. Je m'en remets à Dieu. Il n'y a de force et de puissance qu'en Dieu. Seigneur, je cherche refuge auprès de Toi, puisses-Tu me préserver du risque de m'égarer ou d'être égaré, de me tromper ou d'être trompé, d'être injuste ou de subir l'injustice, de montrer ignorance et déraison ou de les subir de la part d'autrui. »

Il choisira ensuite à loisir une des invocations consacrées par l'usage, dont voici un échantillon :

- 'Alî Ibn Rabî'a rapporte : « On apporta un jour à 'Alî (رضي الله عنه) une monture qu'il devait enfourcher. Lorsqu'il mit le pied sur l'étrier, je l'entendis dire : « Au nom de Dieu. » Une fois installé sur le dos de l'animal, il dit : « Louange à Dieu » et récita le verset : {*Pureté à Celui qui nous a assujetti cela quand nous n'étions point à même de le dominer ! Oui, et c'est vers notre Seigneur que nous nous tournons*} (S. 43, V. 13-14).[2] Puis il prononça trois fois la louange et le *takbîr* avant de dire : « Gloire à Toi, il n'est d'autre divinité en dehors de Toi. J'ai été injuste envers moi-même ; pardonne-moi donc. Il n'est que Toi qui pardonnes les péchés. » Et il se mit à rire. – Qu'est-ce qui te fait rire, ô Commandeur des croyants ? lui demandai-je. – J'ai vu, répondit-il, le Messager de Dieu (ﷺ) faire ce

---

1 Ce <u>h</u>*adîth* est rapporté par Ad-Dâraqu<u>t</u>nî et Al-<u>H</u>âkim, selon les conditions d'authenticité posés par les des deux sheikhs, Al-Bukhârî et Muslim.

2 ﴿سُبۡحَٰنَ ٱلَّذِي سَخَّرَ لَنَا هَٰذَا وَمَا كُنَّا لَهُۥ مُقۡرِنِينَ وَإِنَّآ إِلَىٰ رَبِّنَا لَمُنقَلِبُونَ﴾

que je viens de faire et rire. Je lui demandai : « Qu'est-ce qui te fait rire, ô Messager de Dieu ? » Il me répondit : « Le Seigneur s'étonne de voir Son serviteur implorer son pardon ; Il dit alors : Mon serviteur sait qu'il n'est que Moi qui pardonne les péchés. » Ce *hadîth* est rapporté par Ahmad, Ibn Hibbân et Al-Hâkim ; celui-ci le juge authentique selon les conditions posées par Muslim.

- Al-Azdî rapporte qu'Ibn 'Umar lui apprit que le Messager de Dieu (ﷺ) avait coutume, lorsqu'il s'installait sur sa monture pour partir en voyage, de proclamer le *takbîr* à trois reprises avant de dire : {*Pureté à Celui qui nous a assujetti cela quand nous n'étions point à même de le dominer ! Oui, et c'est vers notre Seigneur que nous nous tournons*} (S. 43, V. 13-14). « Seigneur, puisses-Tu faire que ce voyage soit imprégné de dévotion et de piété, ainsi qu'une œuvre que Tu trouves réjouissante. Seigneur, rends aisé notre voyage, et raccourcis-en la distance. Seigneur, Tu es le compagnon de voyage, le Successeur qui protège la famille. Seigneur, je cherche refuge auprès de Toi contre les rigueurs du voyage, les tristesses du retour, le mauvais aspect des miens et des biens (ou la souffrance des miens et les ennuis matériels). » De retour, il réitérait cette invocation et y ajoutait : « Nous revenons repentis, adorant et louant avec ferveur notre Seigneur. » Ce *hadîth* est cité par Ahmad et Muslim.

- Ibn 'Abbâs rapporte que lorsqu'il s'apprêtait à partir en voyage, le Prophète (ﷺ) disait : « Seigneur, Tu es le compagnon de voyage, le Successeur qui prend soin de la famille. Seigneur, je cherche refuge auprès de Toi contre la mauvaise compagnie, contre le chagrin du retour. Seigneur, raccourcis la distance et rends aisé notre voyage. » Lorsqu'il se disposait à rentrer, il disait : « « Nous revenons repentis, adorant et louant avec ferveur notre Seigneur. » Et en entrant chez les siens, il disait : « Contrition, contrition. Retour vers notre Seigneur, qui effacera tous nos péchés. »[1]

- 'Abd Allâh Ibn Sarjas rapporte que, lorsqu'il s'apprêtait à entreprendre un voyage, le Prophète (ﷺ) disait : « Seigneur, je cherche refuge auprès de Toi contre les rigueurs du voyage, contre les tristesses du retour, contre le vice qui succède à la vertu, contre l'imprécation de l'opprimé, ainsi que contre le mauvais aspect des miens et des biens (ou

1 Ce *hadîth* est rapporté par Ahmad, At-Tabarânî et Al-Bazzâr, par le biais d'une chaîne dont les transmetteurs sont ceux du « *Sahîh* ».

la souffrances des miens et les ennuis matériels).»

- Ibn 'Umar rapporte que le Messager de Dieu (ﷺ) disait, lorsqu'il partait en voyage ou pour le combat, et que la nuit tombait : « Ô terre, c'est Dieu, mon Seigneur et le tien. Je cherche refuge auprès de Dieu contre ton mal et contre le mal que tu recèles, le mal de ce qui a été créé et de ce qui traîne sur ta face. Je cherche refuge auprès de Dieu contre tout lion, tout serpent et tout scorpion, contre le mal des habitants de la contrée, contre le mal des géniteurs et des progénitures. » Ce *hadîth* est rapporté par Ahmad et Abû Dâwûd.

- Khawla Bint Hakîm As-Sulamiyya rapporte que le Prophète (ﷺ) a dit : « Celui qui s'installe dans une demeure et dit : « De par les paroles parfaites de Dieu, je cherche refuge contre le mal de ce qu'Il a créé », celui-là sera prémuni de tout mal jusqu'à ce qu'il quitte ce lieu. » Cette tradition est rapportée par Muslim, At-Tirmidhî, An-Nasâ'î, Ibn Mâjah et Ahmad.

-'Atâ' Ibn Abî Marwân rapporte, citant son père, lequel tient ce propos de Ka'b ; celui-ci lui a juré, par celui qui a fendu la mer devant Moïse, que Suhayb lui a dit : « Dès qu'il apercevait un village où il se disposait à entrer, le Prophète (ﷺ) disait : « Seigneur, Maître des sept cieux et de ce qu'ils couvrent ; Maître des sept terres et de ce qu'elles renferment ; Maître des démons et de ceux qu'ils égarent ; Maître des vents et de ce qu'ils dispersent. Je Te prie de m'offrir le meilleur de ce village, le meilleur de ses habitants et de ce qu'il renferme, et de me protéger contre le mal de ce village, le mal de ses habitants et de ce qu'il renferme. »[1]

- Ibn 'Umar rapporte : « Nous accompagnions parfois le Messager de Dieu (ﷺ) dans ses voyages. Or, lorsqu'il apercevait un village où il voulait se rendre, il disait à trois reprises : « Seigneur, bénis cette terre pour nous » et ajoutait : « Seigneur, pourvois-nous de sa récolte ; fais que nous soyons aimés de ses habitants et que nous aimions les vertueux parmi eux. »[2]

- 'Â'isha (رضي الله عنها) rapporte : « En s'approchant d'une localité dans laquelle il voulait entrer, le Messager de Dieu (ﷺ) implora Dieu en ces

---

1 Ce *hadîth* est rapporté par An-Nasâ'î, Ibn Hibbân et Al-Hâkim ; ces deux derniers l'ont authentifié.

2 Cette tradition est rapportée par At-Tabarânî dans le « Awsat », par le bais d'une chaîne excellente.

termes : « Seigneur, je Te prie de me prodiguer le bien de cette terre et de ce que Tu y as rassemblé et de me protéger du mal de cette terre et de ce que Tu y as rassemblé. Seigneur, pourvois-nous de sa récolte ; préserve-nous de ses fléaux ; fais que nous soyons aimés de ses habitants et que nous aimions les vertueux parmi eux. » Ce *hadîth* est rapporté par Ibn As-Sunnî.

- Abû Hurayra (ﷺ) rapporte que le Prophète (ﷺ), lorsqu'il se trouvait en voyage et que la nuit touchait à sa fin, disait : « Un témoin atteste que nous louons Dieu et les bienfaits dont Il nous comble. Seigneur, sois notre compagnon, notre bienfaiteur et notre protecteur contre l'Enfer.» Ce *hadîth* est rapporté par Muslim.

LE VENDREDI (*AL-JUMU'A*)

Les mérites du vendredi

Il est rapporté que le vendredi est le meilleur jour de la semaine. Abû Hurayra (ﷺ) rapporte que le Messager de Dieu (ﷺ) a dit : « Le meilleur jour où le soleil s'est levé est le vendredi : c'est en ce jour qu'Adam (ﷺ) fut créé ; c'est en ce jour qu'il fut introduit au Paradis et qu'il en sortit. Et c'est un vendredi qu'aura lieu la résurrection. » Ce *hadîth* est rapporté par Muslim, Abû Dâwûd An-Nasâ'î et At-Tirmidhî ; celui-ci l'a authentifié.

Abû Lubâba Al-Badrî (ﷺ) rapporte que le Messager de Dieu (ﷺ) a dit : « Pour Dieu le Très-Haut, le vendredi est le meilleur et le plus sublime des jours. Ce jour est, pour Dieu, meilleur que les deux fêtes : le *fitr* et l'*adhâ*. Il présente cinq caractéristiques : Dieu le Très-Haut y a créé Adam (ﷺ) ; Dieu le Très-Haut y a fait descendre Adam sur terre ; en ce jour, Dieu le Très-Haut a ôté l'âme d'Adam. En ce jour, il est un moment où le musulman ne saurait demander une chose à Dieu sans que son vœu ne soit exaucé, à moins qu'il ne s'agisse de quelque chose d'illicite. Et c'est en ce jour qu'aura lieu la résurrection. Les anges les plus appréciées, le ciel, la terre, les vents, les mers, les montagnes : tout dans l'univers redoute le jour du vendredi. » Ce *hadîth* est rapporté par Ahmad et Ibn Mâjah ; sa chaîne est bonne (*hasan*) de l'avis d'Al-'Irâqî.

L'invocation pendant le vendredi

Il convient au fidèle de multiplier les invocations à la dernière heure du vendredi. 'Abd Allâh Ibn Salâm (ﷺ) rapporte en effet : « J'ai dit devant le Messager de Dieu (ﷺ), lequel était assis près de moi : « D'après le Livre Sacré, il est une heure précise du vendredi où le serviteur ne saurait demander une chose à Dieu sans que son vœu ne soit exaucé. » – Ou bien une partie d'une heure, précisa le Messager de Dieu (ﷺ). – C'est exact, dis-je. Une partie d'une heure. De quelle heure s'agit-il ? – La dernière des heures du jour, répondit le Prophète. – Ce n'est pas une heure de prière, m'enquis-je. - Si, répliqua-t-il, lorsque le serviteur fait la prière puis se tient assis, il n'est que la prière qui le retient ainsi. Il est donc en prière. » Ce *hadîth* est rapporté par Ibn Mâjah.

Abû Sa'îd et Abû Hurayra (ﷺ) rapportent que le Prophète (ﷺ) a dit : « Il est une heure précise du vendredi où le musulman ne saurait demander un bien à Dieu le Très-Haut, sans que son vœu ne soit exaucé : cette heure est ultérieure à la prière du *'asr* (ou la prière de l'après-midi).» Ce *hadîth* est rapporté par Ahmad et jugé authentique par Al-'Irâqî.

Jâbir (ﷺ) rapporte que le Prophète (ﷺ) a dit : « Le jour du vendredi comprend douze heures, dont une heure durant laquelle un musulman ne saurait demander quelque chose à Dieu le Très-Haut sans que son vœu ne soit exaucé : cette heure, cherchez-la au dernier moment après la prière du *'asr* (ou prière de l'après-midi). » Ce *hadîth* a été rapporté par An-Nasâ'î, Abû Dâwûd et Al-Hâkim. Ce dernier, dans son « Mustadrak », le juge authentique selon les conditions posées par Muslim. Dans le « Fath », Al-Hâfidh juge bonne la chaîne de ce *hadîth*.

Abû Salama Ibn 'Abd Ar-Rahmân (ﷺ) rapporte qu'un jour, un groupe de Compagnons du Messager de Dieu (ﷺ) se réunit et évoqua cette heure particulière du vendredi. Or, lorsqu'ils se séparèrent, ils furent unanimes à considérer qu'il s'agissait de la dernière heure du vendredi. Ce *hadîth* est rapporté par Sa'îd dans ses « *Sunan* » et authentifié par Al-Hâfidh dans son ouvrage « *Al-Fath* ».

Ahmad Ibn Hanbal commente : « S'agissant de l'heure où les vœux sont censés être exaucés, la plupart des *hadîth* la situent après la prière de l'après-midi, ou après la méridienne. »

Muslim et Abû Dâwûd rapportent qu'Abû Mûsâ (ﷺ) affirme avoir entendu le Prophète (ﷺ) décrire en ces termes l'heure particulière du vendredi : « Elle se situe entre le moment où l'imâm monte en chaire et celui où la prière prend fin. »[1]

Il est recommandé de multiplier les formules de prière et de paix sur le Prophète pendant la nuit et la journée du vendredi

Pour preuve, Aws Ibn Aws (ﷺ) rapporte que le Messager de Dieu (ﷺ) a dit : « Le vendredi figure parmi les meilleurs de vos jours : c'est en ce jour qu'Adam fut créé et c'est en ce jour qu'il rendit l'âme ; c'est en ce jour qu'aura lieu le Souffle (annonçant la fin du monde) ainsi que la Foudre. Aussi multipliez les formules de prière et de paix sur ma

1 *Hadîth* sujet à caution, car étant taxé de discontinuité (*inqitâ'*) et de précarité (*idtirâb*).

personne, car votre prière me sera présentée. – Ô Messager de Dieu, comment notre prière te serait-elle présentée alors que ton corps sera désagrégé ? lui demandèrent les gens. – Dieu le Très-Haut, le Très Exalté, répondit-il, a refusé à la terre de ronger la dépouille des prophètes.» Ce *hadîth* est rapporté par Al-Bukhârî, Muslim, Abû Dâwûd, An-Nasâ'î, Ibn Mâjah et Ahmad.

Ibn Al-Qayyim constate : « Il est recommandé de prononcer à maintes reprises, pendant la nuit et la journée du vendredi, la formule de la prière sur le Prophète (ﷺ), à en juger par son injonction : « Multipliez les formules de prière et de paix sur ma personne pendant la nuit et le jour du vendredi. »

Le Messager de Dieu (ﷺ) étant l'être humain le plus noble de tous, le vendredi étant le meilleur de tous les jours, la prière sur le Prophète en ce jour acquiert un mérite et une valeur inégalés.

A cela s'ajoute un autre enseignement : tout le bien dont la Communauté musulmane jouit dans la vie temporelle comme dans la vie éternelle, elle l'a acquis grâce à l'œuvre du Prophète (ﷺ). Ainsi, Dieu a-t-il réuni pour la Communauté de Muhammad les biens d'ici-bas et ceux de l'au-delà. Tous les bonheurs, tous les enchantements qu'ils vivent, c'est le vendredi que les musulmans les reçoivent. Ce jour-là, ils seront ressuscités et installés dans leurs demeures et leurs palais au milieu du Paradis. Ce jour-là, ils obtiendront davantage de rétributions dans le Paradis. Ce jour-là est une fête qui égaye leur vie terrestre. C'est un moment précieux au cours duquel leurs prières se voient exaucées, Dieu le Très-Haut ne refusant point de répondre à leurs demandes et de pourvoir à leurs besoins. Autant d'avantages et de satisfactions dont ils se voient comblés à la faveur de l'apport et de l'intervention du Prophète. Aussi, convient-il, en guise de reconnaissance, de multiplier en ce jour les formules de prière et les expressions élogieuses à l'égard de sa noble personne.

Il est recommandé de réciter la sourate 18, *La Grotte*, pendant la nuit et la journée du vendredi

Abû Sa'îd Al-Khudrî rapporte que le Prophète (ﷺ) a dit : « Celui qui récite la sourate 18 (La Grotte) le vendredi, se verra entourer de lumière entre deux vendredis. »[1]

1 *Hadîth* rapporté par An-Nasâ'î, Al-Bayhaqî et Al-Hâkim.

Ibn 'Umar rapporte que le Prophète (ﷺ) a dit : « Celui qui récite la sourate la Caverne le vendredi verra jaillir une lumière qui, s'étendant de la plante de ses pieds jusqu'à la voûte céleste, l'éclairera le Jour de la Résurrection. De plus, tous ses péchés commis entre les deux vendredis seront pardonnés. » Ce *hadîth* est rapporté par Ibn Mardawayh, par le biais d'une chaîne de transmission jugée acceptable.

Il est déconseillé de réciter à haute voix la sourate *la Caverne* à l'intérieur de la mosquée

Le Sheikh Muhammad 'Abduh a émis une fatwa en ces termes : « Concernant la récitation de la sourate la Caverne le vendredi, il est dit dans « *Al-Ashbâh* » au chapitre des actes déconseillés : « Il est déconseillé de jeûner uniquement le vendredi, de consacrer la seule nuit du vendredi aux prières surérogatoires, ainsi que de lire dans la mosquée la sourate la Caverne. D'autant que celle-ci doit toujours être récitée avec une modulation musicale de la voix, et que les fidèles se mettent à bavarder et renoncent à écouter. En outre, le récitateur finit souvent par gêner les orants dans leur prière. Aussi est-il prohibé de la réciter de cette manière. »

Faire la grande ablution surérogatoire, se faire élégant, se curer les dents, se parfumer pour les rencontres et les réunions, et notamment pour la prière du vendredi

Il est recommandé à quiconque veut se rendre à la prière du Vendredi, à une rencontre ou à une réunion, qu'il soit âgé ou non, voyageur ou résident, de se présenter de la manière la plus élégante possible ; aussi veillera-t-il à faire sa toilette, à mettre des habits propres, à se parfumer et à se curer les dents. Qu'on en juge par les textes suivants :

- Abû Sa'îd (ﷺ) rapporte que le Prophète (ﷺ) a dit : « Tout musulman est tenu de faire sa grande ablution le jour du vendredi, de porter ses meilleurs habits et, s'il a du parfum, d'en mettre. » Ce *hadîth* est rapporté par Al-Bukhârî et Muslim.

- Ibn Salâm (ﷺ) affirme avoir entendu le Prophète (ﷺ) dire un vendredi, depuis sa tribune : « L'un d'entre vous n'aura point tort s'il s'achète pour le vendredi deux habits autres que ceux du travail. » Ce *hadîth* est rapporté Abû Dâwûd et Ibn Mâjah.

- Salmân Al-Fârisî (ﷺ) rapporte que le Prophète (ﷺ) a dit : « Sera affranchi de ses péchés commis entre un vendredi et le suivant tout fidèle qui fait sa grande ablution le vendredi, qui fait sa toilette aussi soigneusement que possible, qui arrange et embellit ses cheveux, qui se parfume, qui se dirige vers la mosquée, qui ne sème pas la discorde entre deux personnes, qui accomplit la prière et qui écoute le prêche de l'imâm. » Ce *hadîth* est rapporté par Ahmad et Al-Bukhârî. Abû Hurayra disait en guise de précision : « [entre un vendredi et le suivant], plus trois autres jours [ce qui fait dix jours]. Car Dieu multiplie par dix chaque bonne action. » Sachant que l'affranchissement des péchés en ce jour ne vaut que pour les péchés véniels, à en juger par le propos rapporté par Ibn Mâjah, citant Abû Hurayra : « Tant qu'il ne commettra pas de péchés majeurs.»

- Ahmad rapporte, par le biais d'une chaîne authentique, que le Prophète (ﷺ) a dit : « Il est du devoir de tout musulman de faire la grande ablution, de se parfumer et de se curer les dents le vendredi. »

- Dans ses ouvrages « *Al-Awsat* » et « *Al-Kabîr* », At-Tabarânî rapporte ce *hadîth*, d'après une chaîne formée de transmetteurs dignes de foi, qu'il tient d'Abû Hurayra : « Le Prophète (ﷺ) dit un certain vendredi : « Ô musulmans ! Dieu a fait de ce jour une fête pour vous. Faites donc votre grande ablution et prenez soin de vous curer les dents [à l'aide du *siwâk*] ».

Se rendre de bonne heure à la prière du Vendredi

Il est recommandé à l'ensemble des fidèles, excepté l'imâm, de se rendre de bonne heure à la prière du Vendredi. 'Alqama a dit : « Je me rendis à la prière du Vendredi en compagnie de 'Abd Allâh Ibn Mas'ûd. Il trouva que trois fidèles l'avaient devancé. Et de déclarer : « Le quatrième ! Il n'est point éloigné de Dieu, le quatrième ! J'ai entendu le Messager de Dieu (ﷺ) affirmer : « Les gens s'assoient le Jour de la résurrection rangés en fonction de leur assiduité à la prière du Vendredi : d'abord le premier, puis le second, puis le troisième, puis le quatrième. Or, le quatrième n'est point éloigné de Dieu. » Cette tradition est rapportée par Ibn Mâjah et Al-Mundhirî.

Abû Hurayra rapporte que le Messager de Dieu (ﷺ) a dit : « Celui qui, le jour du vendredi, fait une grande ablution semblable à celle que l'on fait lorsque l'on est en état d'impureté majeure, puis se rend à la mosquée à la première heure, c'est comme s'il avait fait don d'un chameau. Celui qui s'y rend à la deuxième heure, c'est comme s'il avait fait don d'une vache. Celui qui s'y rend à la troisième heure, c'est comme s'il avait fait don d'un bélier cornu. Celui qui s'y rend à la quatrième heure, c'est comme s'il avait fait don d'une poule. Celui qui s'y rend à la cinquième heure, c'est comme s'il avait fait don d'un œuf. Lorsque l'imâm se présente, les anges viennent écouter l'évocation de Dieu. » Ce *hadîth* est rapporté par Al-Bukhârî, Muslim, Abû Dâwûd, At-Tirmidhî, An-Nasâ'î et Ahmad.

Ash-Shâfi'î, ainsi qu'un groupe d'érudits, estiment qu'il s'agit là des heures du jour ; ils exhortent les fidèles à gagner la mosquée dès le lever du jour. De son côté, Mâlik parle des parties d'une seule heure, celle qui se situe avant et après le milieu du jour. Selon d'autres opinions, il s'agit des parties de l'heure qui précède midi. « C'est le plus vraisemblable, estime Ibn Rushd, car il est obligatoire de se rendre à la mosquée passée l'heure de midi. »

Il est réprouvable de passer entre les gens

At-Tirmidhî rapporte que les érudits désapprouvent, avec force insistance, que l'on passe entre les gens lors de la prière du Vendredi. Pour preuve, 'Abd Allâh Ibn Busr (ﷺ) rapporte : « Un vendredi, un homme entra dans la mosquée et se mit à passer entre les gens pendant que le Messager de Dieu (ﷺ) prononçait son prêche. « Assieds-toi, lui ordonna le Prophète (ﷺ), tu déranges et tu tardes. »[1]

Cette règle ne s'applique pas à l'imâm ni à celui qui trouve devant lui un espace qu'il ne peut atteindre autrement qu'en passant entre les gens, ni à celui qui veut regagner la place qu'il avait quittée pour une raison quelconque, à condition qu'il se garde de gêner les autres.

'Uqba Ibn Al-Hârith (ﷺ) rapporte : « J'ai fait la prière derrière le Messager de Dieu (ﷺ) un après-midi à Médine. Soudain, il se leva en sursaut, se fraya rapidement un passage entre les gens et gagna quelque chambre où se trouvaient ses épouses. Quand il revint un instant plus tard, il trouva les gens stupéfaits de son mouvement si rapide. « Je me suis rappelé que j'avais de l'or qui était chez nous et je n'ai pas voulu que la prière m'empêche de m'en occuper. Aussi ai-je ordonné qu'il soit réparti. » Ce *hadîth* est rapporté par Al-Bukhârî et An-Nasâ'î.

1 *Hadîth* rapporté par Abû Dâwûd, An-Nasâ'î et Ahmad ; il a été authentifié par Ibn Khuzayma entre autres traditionnistes.

La légitimité de la prière surérogatoire avant la prière du Vendredi

Il est recommandé d'accomplir des prières surérogatoires avant la prière du Vendredi tant que l'imâm n'est pas arrivé, exception faite de la prière dite du salut (de la mosquée), laquelle peut être effectuée durant le prêche ; il convient cependant de l'alléger. Mais si le prêche touche à sa fin, on s'en abstiendra, faute de temps. Qu'on en juge par les traditions suivantes :

- Ibn 'Umar (رضي الله عنهما) rapporte qu'il avait coutume de se livrer longuement à des prières surérogatoires avant la prière du Vendredi et d'ajouter deux cycles de prière après celle-ci. Il précise que le Messager de Dieu (ﷺ) en faisait autant. Ce propos est rapporté par Abû Dâwûd.

- Abû Hurayra (رضي الله عنه) rapporte que le Prophète (ﷺ) a dit : « Celui qui fait sa grande ablution le vendredi, qui se rend à la mosquée, prie autant qu'il peut, écoute attentivement l'imâm jusqu'à ce qu'il achève son prêche, puis fait la prière avec l'imâm, celui-là obtiendra le pardon de toutes les fautes qu'il a commises entre ce vendredi et le suivant, et trois jours en plus. » Cette tradition est rapportée par Muslim.

- Jâbir (رضي الله عنه) rapporte : « Un vendredi, un homme entra à la mosquée alors que le Prophète (ﷺ) prononçait son prêche. – As-tu prié ? lui demanda le Messager de Dieu (ﷺ). – Non, répondit l'homme. – Fais donc deux cycles de prière, reprit le Prophète. » Ce *hadîth* est rapporté par Al-Bukhârî, Muslim, Abû Dâwûd, At-Tirmidhî, An-Nasâ'î, Ibn Mâjah et Ahmad. On lit dans une autre version : « Si l'un d'entre vous vient à la mosquée le vendredi et qu'il trouve l'imâm en train de prononcer son prêche, qu'il effectue deux cycles de prière légers. » Ce *hadîth* est rapporté par Ahmad, Muslim et Abû Dâwûd. Une autre variante de ce même *hadîth* est la suivante : « Si l'un d'entre vous vient à la mosquée le vendredi et qu'il trouve l'imâm en train de prêcher, qu'il effectue deux cycles de prière. »[1]

Que celui qui se voit vaincu par le sommeil change de place

Il est recommandé au fidèle qui, assis à la mosquée, se voit gagner par le sommeil, de changer de place, ce déplacement étant propre à le

---

1 *Hadîth* rapporté par Al-Bukhârî, Muslim, Abû Dâwûd, At-Tirmidhî, An-Nasâ'î, Ibn Mâjah et Ahmad.

maintenir éveillé. Cela vaut aussi bien pour le vendredi que pour les autres jours de la semaine. Ibn 'Umar rapporte que le Prophète (ﷺ) a dit : « Si l'un d'entre vous se voit gagné par le sommeil à la mosquée, alors qu'il cherche une autre place.» Ce *hadîth* est rapporté par Ahmad, Abû Dâwûd, Al-Bayhaqî et At-Tirmidhî ; ce dernier le juge *hasan sahîh*.

Le caractère obligatoire de la prière du Vendredi

Les doctes sont unanimes à considérer que la prière du Vendredi est une obligation d'ordre individuel, *fard 'ayn*. Il s'agit de deux cycles de prière. Dieu le Très-Haut a dit : {*Ho les croyants ! Quand est fait l'appel à l'Office du jour du vendredi, alors empressez-vous au rappel de Dieu et laissez tout négoce. C'est mieux, pour vous, si vous savez*} (S. 62, V. 9).[1]

- Qu'on en juge aussi par ce *hadîth* rapporté par Al-Bukhârî et Muslim, citant Abû Hurayra (رضي الله عنه) : « Nous sommes les derniers (au point de vue chronologique), les premiers le Jour de la résurrection, même si d'autres ont reçu les Écritures avant nous et que nous avons reçu le Livre après eux. Ce jour, il leur a été prescrit de le célébrer, mais ils ont divergé à son sujet, alors que nous, Dieu nous a guidés. Ainsi, les gens ont consacré des jours postérieurs au nôtre : les juifs le lendemain et les chrétiens le surlendemain. »

- Ibn Mas'ûd (رضي الله عنه) rapporte que le Prophète (ﷺ) dit à des gens qui tendaient à forfaire à la prière du Vendredi : « J'ai songé un moment à charger quelqu'un de présider la prière, puis à m'en aller trouver les gens qui manquent à la prière du Vendredi et les brûler dans leurs demeures. » Ce *hadîth* est rapporté par Al-Bukhârî et Muslim.

- Abû Hurayra et Ibn 'Umar rapportent avoir entendu le Prophète (ﷺ) déclarer de sa chaire : « Que certaines gens cessent résolument de forfaire aux Vendredis ou Dieu scellera leurs cœurs et les rendra imperméables à toute vertu, à toute guidance ; ils seront alors du nombre des imprévoyants.» Ce *hadîth* est rapporté par Muslim, ainsi que par Ahmad et An-Nasâ'î, qui le tiennent d'Ibn 'Umar et d'Ibn 'Abbâs.

- Abû Al-Ja'd Ad-Damrî rapporte ce *hadîth* qu'il tient de certains Compagnons : « Le Messager de Dieu (ﷺ) a dit : « Celui qui manque

---

1 ﴿يَٰٓأَيُّهَا ٱلَّذِينَ ءَامَنُوٓاْ إِذَا نُودِيَ لِلصَّلَوٰةِ مِن يَوۡمِ ٱلۡجُمُعَةِ فَٱسۡعَوۡاْ إِلَىٰ ذِكۡرِ ٱللَّهِ وَذَرُواْ ٱلۡبَيۡعَۚ ذَٰلِكُمۡ خَيۡرٞ لَّكُمۡ إِن كُنتُمۡ تَعۡلَمُونَ﴾

trois (prières du) vendredi par négligence, Dieu scellera son cœur. »[1]

Les personnes pour lesquelles la prière du Vendredi est obligatoire et celles qui en sont dispensées

La prière du Vendredi est une obligation pour tout musulman affranchi, sensé, pubère, résident, capable de se rendre à la mosquée pour l'accomplir, ainsi que pour tout musulman qui n'en est pas dispensé pour un motif valable. Quant aux personnes pour qui elle n'est pas obligatoire, ce sont :

- Les femmes.

- Les enfants.

- Le malade pour qui il est malaisé de se rendre à la mosquée, ou qui redoute l'aggravation de son mal ou le ralentissement de sa guérison. Au malade, s'ajoute toute personne chargée de prendre soin de lui au cas où il ne pourrait se passer de ses services. Târiq Ibn Shihâb (ﷺ) rapporte que le Prophète (ﷺ) a dit : « La prière en commun du Vendredi est une obligation que doit accomplir tout musulman, exception faite de quatre personnes : l'esclave, la femme, l'enfant et le malade. » An-Nawawî atteste que la chaîne de ce *hadîth* est authentique selon les conditions posées par Al-Bukhârî et Muslim. Al-Hâfidh note : « Plus d'un traditionniste a validé ce *hadîth*. »

- Le voyageur. Si une personne est en voyage au moment où est célébrée la prière du Vendredi, il en demeure dispensé, de l'avis de la plupart des érudits. A telle enseigne que, lorsqu'il se trouvait en voyage le jour du vendredi, le Prophète (ﷺ) n'effectuait pas la prière spécifique du Vendredi ; il se contentait de regrouper, en les avançant, les prières de midi et de l'après-midi. De même firent les Successeurs et les doctes après lui.

- La personne insolvable qui craint d'être incarcérée.

- La personne poursuivie par un gouvernant oppresseur. Ibn 'Abbâs (ﷺ) rapporte que le Prophète (ﷺ) a dit : « Celui qui entend l'appel à la prière (du Vendredi) et n'y répond pas, sa prière est nulle, à moins

---

1 Ce *hadîth* est rapporté par Al-Bukhârî, Muslim, Abû Dâwûd, At-Tirmidhî, An-Nasâ'î, Ibn Mâjah et Ahmad. Ahmad et Ibn Mâjah rapportent un énoncé analogue, transmis par Jâbir. Ce *hadîth* a été validé par Ibn As-Sakan.

qu'il ait une excuse. – Et quelle est donc cette excuse, ô Messager de Dieu ? lui demanda-t-on. – La peur ou la maladie, répondit-il. »[1]

- Toute personne gênée par quelque handicap ou quelque entrave qui l'empêche de faire la prière en commun : pluie, chemin boueux, froid intense, etc. Ibn 'Abbâs raconte avoir dit à son muezzin, lors d'un jour pluvieux : « Lorsque tu auras dit (dans l'appel à la prière) : « J'atteste que Muhammad est le Messager de Dieu », ne dis pas : « Venez à la prière », mais dis plutôt : « Priez chez vous ». Comme les gens désapprouvèrent cela, Ibn 'Abbâs leur dit : « Celui qui est meilleur que moi (le Prophète, s'entend) a procédé ainsi. Certes, la prière du Vendredi est une obligation ; mais je n'ai pas voulu vous faire sortir de vos demeures et vous astreindre à marcher dans la boue glissante. » Abû Malîh rapporte que son père lui dit : « J'étais en compagnie du Prophète (ﷺ) un vendredi quand la pluie se mit à tomber sur nous sans pourtant mouiller nos semelles. Le Messager de Dieu (ﷺ) nous enjoignit alors de faire la prière dans nos maisons. » Ce *hadîth* est rapporté par Abû Dâwûd et Ibn Mâjah. Cependant, celui d'entre eux qui effectuera la prière spécifique du Vendredi aura accompli une pratique cultuelle valide et se sera acquitté de l'office de midi. Par ailleurs, du temps du Prophète (ﷺ), les femmes se rendaient à la mosquée pour accomplir avec lui la prière du Vendredi.

Le temps de la prière du Vendredi

De l'avis de la majorité des Compagnons et des Successeurs, le moment de cette prière correspond à midi. Pour preuve, Ahmad, Al-Bukhârî, Abû Dâwûd, At-Tirmidhî et Al-Bayhaqî rapportent, citant Anas (رضي الله عنه), que le Prophète (ﷺ) célébrait la prière du Vendredi une fois que le soleil avait commencé à s'incliner après la méridienne.

Ahmad et Muslim rapportent qu'Ibn Al-Akwa' a dit : « Nous faisions la prière du Vendredi avec le Prophète (ﷺ) au moment où le soleil avait quitté le méridien. Ensuite nous cherchions de l'ombre. »

Al-Bukhârî affirme : « Le temps de la prière du Vendredi correspond au moment où le soleil quitte le méridien. On retrouve la même opinion dans des propos attribués à 'Umar, à 'Alî, à An-Nu'mân Ibn Bashîr et à 'Umar Ibn Hurayth (رضي الله عنهم) »

1 *Hadîth* rapporté par Abû Dâwûd, assorti d'une chaîne de transmission authentique.

Ash-Shâfi'î affirme que le Prophète (ﷺ), et à sa suite Abû Bakr, 'Umar, 'Uthmân ainsi que les imâms qui leur succédèrent, célébraient la prière du Vendredi peu après le milieu de la journée.

Les hanbalites, ainsi qu'Ishâq, estiment que le temps de cet office commence au début du temps imparti à la prière de la fête et se prolonge jusqu'au dernier moment du temps de la prière de midi. Ce disant, ils invoquent les propos rapportés par Ahmad, Muslim et An-Nasâ'î. Jâbir raconte : « Le Messager de Dieu (ﷺ) présidait la prière du Vendredi. Après quoi nous laissions reposer nos chameaux, une fois que le soleil a dépassé le méridien. » C'est là une affirmation explicite qu'ils ont fait cette prière avant que le soleil ne dépassât le méridien.

Un autre *hadîth* qu'ils ont invoqué est celui transmis par 'Abd Allâh Ibn Sîdân As-Sulamî (رضي الله عنه) : « J'ai assisté, dit-il, à la prière du Vendredi célébrée par Abû Bakr : son prêche et sa prière avaient lieu avant midi. J'ai ensuite assisté à la même prière, mais dirigée cette fois par 'Umar : son prêche et sa prière avait lieu presque à midi. Je l'ai faite encore avec 'Uthmân : son prêche et sa prière avaient lieu peu après le milieu de la journée. Or, je n'ai entendu personne critiquer ou condamner de tels usages. » Ce *hadîth* a été rapporté par Ad-Dâraqutnî et l'imâm Ahmad (celui-ci est cité dans la version transmise par son fils 'Abd Allâh).

L'imâm Ahmad, qui invoque ce *hadîth* comme preuve, affirme par ailleurs : « On rapporte qu'Ibn Mas'ûd, Jâbir, Sa'îd et Mu'âwiya ont effectué cette prière avant midi, sans que nul ne s'avisât de critiquer cet usage. Aussi cet avis fut-il considéré comme faisant l'objet d'un consensus. »

La plupart des doctes ont répliqué que le *hadîth* de Jâbir laisse entendre que l'on s'empressait de faire la prière après-midi, sans attendre que la chaleur diminue. Il en ressort également que la prière et le repos accordé aux chameaux avaient usuellement lieu après le milieu de la journée.

Au *hadîth* de 'Abd Allâh Ibn Sîdân, ils ont objecté qu'il péchait par faiblesse. A propos de cet homme, Al-Hâfidh Ibn Hajar affirme : « Il s'agit d'un grand Successeur, mais dont l'intégrité n'est pas établie. Ibn 'Adî constate : Il est presque inconnu. Al-Bukhârî précise : Son *hadîth* ne peut servir d'appui ; il est contredit par des versions d'une validité plus forte. En effet, Ibn Abî Shayba rapporte que Suwayd Ibn Ghafala lui a affirmé avoir effectué la prière du Vendredi en compagnie d'Abû Bakr, puis de ‘Umar, au moment où le soleil quittait le méridien.[1]

Le nombre d’orants nécessaire pour que la prière du Vendredi soit valide

L’ensemble des doctes s’accorde à considérer que pour être valide, la prière du Vendredi doit être célébrée en commun. Qu’on en juge par le *hadîth* de Târiq Ibn Shihâb : « Le Prophète (ﷺ) a dit : « La prière en commun du Vendredi est une obligation que doit accomplir tout musulman. »

Ils divergent cependant sur le nombre d’orants indispensables à cette prière. A ce propos, on a recensé jusqu’à quinze opinions différentes, qu’Al-Hâfidh a exposées dans son ouvrage « *Al-Fath* ».

L’opinion la plus plausible est qu’elle est valable avec un minimum de deux orants. A telle enseigne que le Messager de Dieu (ﷺ) a dit : « Avec deux orants et plus, la prière est collective.»

Ash-Shawkânî a dit : « Les érudits sont unanimes à considérer que toutes les prières sont valides – en tant que prières collectives - avec deux orants. Or, la prière du Vendredi étant collective, elle ne saurait faire l’objet d’un statut différent, à moins qu’il y ait un argument probant sous forme de texte préconisant un nombre supérieur d’orants. ‘Abd Al-Haqq constate l’absence de *hadîth* relatifs au nombre d’orants indispensables à cette prière. As-Suyûtî abonde en ce sens : « On ne trouve point dans le *hadîth* un quelconque énoncé spécifiant un nombre déterminé d’orants », affirme-t-il. Cette opinion est partagée par At-Tabarî, Dâwûd (le dhâhirite), An-Nakha‘î et Ibn Hazm.

Où célébrer la prière du Vendredi

Il est permis de célébrer la prière du Vendredi dans un endroit quelconque, dans un village, dans une mosquée, dans les constructions et les lieux annexes, entre autres lieux. ‘Umar (رضي الله عنه) écrivit aux habitants de Bahrayn : « Célébrez la prière du Vendredi où que vous soyez. » De ce propos, transmis par Ibn Abî Shayba, Ahmad dit : « Sa chaîne de transmission est excellente ; cette recommandation englobe milieu rural et milieu urbain. »

Ibn ‘Abbâs a dit : « La première prière du Vendredi à avoir eu lieu

1 La chaîne de transmission de ce *hadîth* est jugée forte.

après celle célébrée à la Mosquée du Messager de Dieu (ﷺ) à Médine, c'est celle qui se fit à Jawâthâ (village du Ba<u>h</u>rayn). » Ce propos est rapporté par Al-Bukhârî et Abû Dâwûd.

Al-Layth Ibn Sa'd rapporte que les habitants d'Egypte et de son littoral célébraient en commun la prière du Vendredi au temps de 'Umar et de 'Uthmân, sur leur injonction. Or, parmi eux se trouvaient certains Compagnons.

Ibn 'Umar rapporte qu'il voyait les *gens des eaux* célébrer la prière du Vendredi entre La Mecque et Médine. Or, il ne leur fit aucun reproche. Ce propos est rapporté par 'Abd Ar-Razzâq, par le biais d'une chaîne de transmission authentique.

Critique des conditions stipulées par les doctes en matière de prière du Vendredi

On a vu plus haut que la prière du Vendredi était une obligation pour tout homme affranchi, non malade, résident, capable de se rendre à la mosquée pour l'accomplir, bref, pour qui n'est pas dispensé pour un motif légitime. Il a été également précisé qu'une des conditions requises pour sa validité est qu'elle soit célébrée en commun. Ainsi en est-il des recommandations explicitées par la Sunna et des règles que Dieu nous a prescrites.

Quant aux conditions que certains doctes se sont avisés d'ajouter, elles sont dépourvues de tout fondement et de toute référence. Il suffit à cet égard de citer les affirmations de l'auteur du « *Ar-Raw<u>d</u>a an-Nadiyya* », (A<u>s</u>-<u>S</u>an'ânî le zaydite) : « Elle est pareille aux autres prières. Elle ne saurait en différer faute de texte prouvant cela. » C'est là une objection aux dires selon lesquelles la prière du Vendredi devrait impérativement se faire avec un imâm suprême, avec un nombre déterminé de fidèles ainsi que dans une localité regroupant les gens. Il n'est point d'argument probant attestant que ces composantes soient recommandées, a fortiori nécessaires, encore moins qu'elles constituent de vraies conditions. Autant dire que si deux hommes font ensemble la prière du Vendredi dans un lieu retiré du monde, ils auront accompli leur devoir. Si, de surcroît, l'un d'entre eux prononce un prêche, la Sunna sera alors respectée. Autrement, tout au plus s'agirait-il d'une *sunna*, point d'une obligation. N'était le *<u>h</u>adîth* rapporté par <u>T</u>âriq Ibn Shihâb, lequel préconise que la participation à la célébration collective de cette prière est chose impérative pour tout musulman ; n'était le fait que du vivant du Prophète (ﷺ), elle ne fut jamais célébrée autrement qu'en commun, son accomplissement par l'orant isolé aurait été aussi valide qu'il l'est pour les autres prières. Quant aux présomptions selon lesquelles il faudrait qu'il y ait « quatre orants en plus des responsables », elles ne tiennent en rien, de l'avis des doctes versés en ces matières, du discours prophétique, ni des propos des Compagnons et des contemporains du Messager de Dieu (ﷺ). Il s'agit seulement de propos tenus par Al-Hasan Al-Basrî. Quiconque se livre à un examen attentif des présomptions tendancieuses, des affirmations oiseuses et des interprétations fausses se rapportant à cette pratique cultuelle sublime, à cette prière du Vendredi dont Dieu a fait un devoir hebdomadaire et un des rites les plus importants du culte musulman, quiconque se livre à cet examen ne manquerait pas de rester sidéré, tellement les absurdités sont monstrueuses. Ainsi, d'aucuns prétendent que le prêche équivaut à deux cycles de prière : le manquer, c'est voir sa prière invalidée. Ils semblent ignorer, entre autres arguments d'autorité, ce *hadîth* rapporté d'après des versions, des voies de transmission différentes, dont les unes viennent étayer les autres : « Celui qui manque un des deux cycles de prière du Vendredi, qu'il y ajoute un cycle et voilà sa prière parachevée. » Certains disent que la prière du Vendredi n'est valide que si elle est célébrée par trois personnes avec l'imâm ; quatre personnes avec l'imâm, estiment d'autres ; sept, selon d'autres encore ; neuf ; douze ; vingt ; trente ; quarante ; cinquante ; soixante-dix ; entre ces deux limites, a-t-on pu entendre dire. Certains avancent encore qu'il faut une multitude sans restriction de nombre…

« Selon certaines opinions, il est impératif que la prière du Vendredi soit célébrée dans une localité regroupant du monde : quelques milliers d'habitants, aux dires des uns ; une localité dotée d'un hammam et d'une mosquée, aux dires des autres ; dotée de telles ou telles structures, a-t-on pu préconiser. Celui qui présidera la prière sera, à en croire d'autres allégations, exclusivement l'imâm suprême. Autrement – en l'absence de ce dernier, ou si son intégrité laisse à désirer d'une manière ou d'une autre –, la prière sera jugée invalide. Ainsi en est-il de ces présomptions et de maintes autres qui, étrangères à toute approche scientifique, ne trouvent de support ni dans le Livre de Dieu le Très-Haut ni dans la Sunna de Son Messager (ﷺ). Nulle indication, en effet, qu'il puisse s'agir là de conditions, d'obligations ou de composantes canoniques indispensables pour la validité de cette prière. En tout état de cause, pour que soient départagés les serviteurs, il suffit de s'en remettre au Livre

Sacré et à la Sunna du Messager de Dieu (ﷺ). Dieu le Très-Haut a dit : {*Si vous vous disputez en quoi que ce soit, renvoyez-le devant Dieu et le messager*} (S. 4, V. 59)[1] ; {*Rien d'autre : la parole des croyants, quand on les appelle vers Dieu et Son messager, - pour que celui-ci juge parmi eux, - c'est : « Nous entendons et nous obéissons*} (S. 24, V. 51)[2] {*Mais non ! Par ton Seigneur ! Ils ne seront pas croyants, qu'ils ne t'aient nommé juge de ce qui était leurs disputes, puis qu'ils n'aient éprouvé nulle gêne de ce que tu auras décidé, et qu'ils se soient soumis de soumission*} (S. 4, V. 65).[3] Ces versets offrent la preuve la plus concluante qu'en cas de désaccord, il faut se référer au jugement de Dieu le Très-Haut, énoncé dans Son livre Sacré, et à la parole de Son Messager (ﷺ), explicitée après son décès par la seule Sunna. Hormis ces sources, Dieu n'a point conféré à quiconque, quelle que soit l'étendue de son savoir, le loisir de légiférer en préconisant des choses inédites, sans fondement aucun dans le Coran et la Sunna. Et si le *mujtahid* (docte livré à l'effort de recherche personnel) a le loisir de s'en remettre à son propre jugement faute de textes concluants, autrui n'est point habilité à suivre ce jugement et cette opinion, quelle qu'en soit la valeur. »

Le prêche du Vendredi

Son statut légal

La plupart des érudits jugent obligatoire le prêche du Vendredi ; à telle enseigne qu'il a été attesté à maintes reprises, d'après des hadîth authentiques, que le Prophète (ﷺ) prêchait chaque vendredi. Une autre preuve en est son injonction : « Faites la prière comme vous me la voyez faire » autant que la parole divine : {*Ho, les croyants ! Quand est fait appel à l'Office du jour du vendredi, alors empressez-vous au rappel de Dieu*} (S. 62, V. 9).[4]

C'est là une injonction de s'empresser au rappel de Dieu ; s'empresser au rappel de Dieu est donc obligatoire, car on n'est pas tenu de

---

1 ﴿فَإِن تَنَٰزَعۡتُمۡ فِي شَيۡءٖ فَرُدُّوهُ إِلَى ٱللَّهِ وَٱلرَّسُولِ﴾

2 ﴿إِنَّمَا كَانَ قَوۡلَ ٱلۡمُؤۡمِنِينَ إِذَا دُعُوٓاْ إِلَى ٱللَّهِ وَرَسُولِهِۦ لِيَحۡكُمَ بَيۡنَهُمۡ أَن يَقُولُواْ سَمِعۡنَا وَأَطَعۡنَاۚ﴾

3 ﴿فَلَا وَرَبِّكَ لَا يُؤۡمِنُونَ حَتَّىٰ يُحَكِّمُوكَ فِيمَا شَجَرَ بَيۡنَهُمۡ ثُمَّ لَا يَجِدُواْ فِيٓ أَنفُسِهِمۡ حَرَجٗا مِّمَّا قَضَيۡتَ وَيُسَلِّمُواْ تَسۡلِيمٗا﴾

4 ﴿يَٰٓأَيُّهَا ٱلَّذِينَ ءَامَنُوٓاْ إِذَا نُودِيَ لِلصَّلَوٰةِ مِن يَوۡمِ ٱلۡجُمُعَةِ فَٱسۡعَوۡاْ إِلَىٰ ذِكۡرِ ٱللَّهِ﴾

s'empresser à ce qui n'est point obligatoire. Or, les doctes ont interprété le rappel comme étant le prêche, dans la mesure où le second englobe le premier.

Ash-Shawkânî (le zaydite) discute ces arguments. S'agissant du premier argument, il précise que l'acte pur et simple du Prophète (ﷺ) n'est pas synonyme d'obligation. Au second argument (« comme vous me la voyez faire »), il réplique que l'ordre concerne uniquement l'accomplissement de la prière à la manière du Prophète. Or, le prêche n'est point une prière. Concernant le troisième argument, il dit que le rappel objet de l'injonction est bel et bien la prière. Et si hésitation il y a, tout au plus se situe-t-elle entre prêche et prière. Or, la prière est par définition obligatoire ; c'est là un constat qui fait l'unanimité. Mais le désaccord touchant le caractère obligatoire ou non du prêche en particulier, ce dernier argument perd toute force probante. Selon toute vraisemblance, et comme l'affirment Al-H̲asan Al-Bas̲rî, Dâwûd (le dh̲âhirite) et Al-Juwaynî, le prêche est simplement recommandé.

Il est recommandé que l'imâm salue les fidèles lorsqu'il monte en chaire, que l'appel à la prière commence au moment où l'imâm s'assoit et que les fidèles se tiennent en face de lui

Jâbir (رضي الله عنه) rapporte que lorsqu'il montait en chaire, le Prophète (ﷺ) avait coutume de saluer les fidèles. Ce *h̲adîth* est rapporté par Ibn Mâjah, dont la chaîne de transmission comprend un certain Ibn Lahî'a. Al-Athram, citant Ash-Sha'bî, a transmis ce *h̲adîth* relâché (*mursal*) dans ses « *Sunan* » : « Lorsque le Prophète (ﷺ) montait en chaire, il se tournait vers les gens et leur disait : « Que la paix soit sur vous ». On retrouve ce texte dans les *h̲adîth* relâchés de 'At̲â' entre autres. Ash-Sha'bî précise qu'Abû Bakr et 'Umar procédaient de la même façon.

As-Sâ'ib Ibn Yazîd (رضي الله عنه) affirme : « L'appel à la prière du Vendredi commence lorsque l'imâm s'assoit sur la chaire. Ainsi en était-il au temps du Prophète (ﷺ), d'Abû Bakr et de 'Umar. A l'époque de 'Uthmân, le nombre des fidèles s'étant multiplié, on ajouta un troisième appel. Le Prophète (ﷺ) disposait d'un seul muezzin. » Ce *h̲adîth* a été rapporté par Al-Bukhârî, An-Nasâ'î et Abû Dâwûd.

Ces derniers rapportent, dans une autre version : « Avec l'avènement de 'Uthmân, le nombre des fidèles ayant proliféré, le Calife 'Uthmân ordonna qu'un troisième appel soit lancé le Vendredi, à l'intention des habitants des terres lointaines. Cet usage s'est perpétué depuis lors. »

Selon une version rapportée par Ahmad et An-Nasâ'î, Bilâl, le muezzin, prononçait l'appel dit *adhân* au moment où le Prophète (ﷺ) s'asseyait sur la chaire ; il prononçait l'appel dit *iqâma* lorsque ce dernier descendait de la chaire.

Citant son père, lequel cite également son propre père, 'Ad Ibn Thâbit rapporte : « Lorsque le Prophète (ﷺ) montait en chaire, ses Compagnons se mettaient face à lui. » Ce propos est rapporté par Ibn Mâjah.

Quoique ce *hadîth* soit sujet à caution, il n'en reste pas moins que, selon At-Tirmidhî, érudits et Compagnons du Prophète (ﷺ) estiment louable l'usage consistant à se tenir en face de l'imâm lorsqu'il prononce son prêche.

Il est recommandé que le prêche du Vendredi comprenne la louange à Dieu le Très-Haut, l'éloge du Messager de Dieu (ﷺ), l'exhortation d'usage et la récitation du Coran

Abû Hurayra (رضي الله عنه) rapporte : « Le Prophète (ﷺ) a dit : « Tout propos qui ne commence pas par la louange à Dieu est un propos galeux ». Ce *hadîth* est rapporté par Abû Dâwûd, ainsi que par Ahmad, qui le mentionne en des termes différents.

Dans une autre variante, on lit : « Tout prêche qui ne comporte pas de *shahâda* (de profession de foi) est pareil à une main lépreuse. »[1]

Ibn Mas'ûd (رضي الله عنه) rapporte : « Lorsque le Prophète (ﷺ) prononçait la profession de foi, il disait : « Louange à Dieu. Nous implorons Son aide et Son pardon. Nous cherchons refuge auprès de Dieu contre le mal qui est en nous. Celui que Dieu guide, nul ne saurait l'égarer ; et celui que Dieu voue à l'égarement, nul ne saurait le guider. Je témoigne qu'il n'est de dieu que Dieu, et que Muhammad est Son serviteur et Son Messager, qu'Il a envoyé en tant que porteur affable du Vrai avant l'Heure indiquée. Est bien guidé, celui qui obéit à Dieu le Très-Haut et à Son Messager. Celui qui leur désobéit, c'est à lui-même qu'il nuit et non à Dieu le Très-Haut. »

Ibn Shihâb (رضي الله عنه) rapporte qu'ayant été interrogé sur le *tashahhud* du Prophète (ﷺ) le jour du Vendredi, il répondit qu'il ajoutait au discours ci-dessus cette phrase : « Celui qui leur désobéit donne dans l'égare-

1 *Hadîth* rapporté par Ahmad, Abû Dâwûd et At-Tirmidhî ; celui-ci utilise le terme *tashahhud* au lieu de *shahâda*.

ment. » Ces deux derniers *hadîth* ont été rapportés par Ahmad.

Jâbir Ibn Samura (ﷺ) rapporte que le Messager de Dieu (ﷺ) prêchait debout, s'asseyait lors de la pause séparant les deux sermons, récitait des versets coraniques et adressait rappels et conseils aux gens. Ce *hadîth* est rapporté par Muslim, Abû Dâwûd, An-Nasâ'î, Ibn Mâjah et Ahmad.

Jâbir Ibn Samura (ﷺ) rapporte également que le Prophète (ﷺ) ne faisait pas de longues exhortations le jour du Vendredi. Il s'en tenait toujours à des propos brefs. Ce propos est rapporté par Abû Dâwûd.

Umm Hishâm, fille de Hâritha Ibn An-Nu'mân (رضي الله عنها) rapporte : « J'ai appris la sourate {*Qâf. Par le glorieux Coran*} de la bouche même du Messager de Dieu (ﷺ), qui la récitait chaque vendredi dans le prêche qu'il adressait aux fidèles. » Ce *hadîth* est rapporté par Ahmad, Muslim, An-Nasâ'î et Abû Dâwûd.

Ya'lâ Ibn Umayya rapporte : « J'ai entendu le Messager de Dieu (ﷺ) réciter en chaire : {*Et ils crieront : « Ô Malik! »*}. Ce *hadîth* est rapporté par Al-Bukhârî et Muslim.

Ibn Mâjah, citant Ubayy, rapporte que le Messager de Dieu (ﷺ) a récité, le jour du vendredi, la sourate La Royauté (*tabâraka*) pendant qu'il se tenait debout, prodiguant conseils et exhortations.

On lit dans le « *Rawda An-Nadiyya* » (de As-San'ânî le zaydite) : « Ensuite, sache que le prêche le plus valide est celui que pratiquait couramment le Messager de Dieu (ﷺ), lequel consistait à exhorter les fidèles au bien et à les dissuader du mal. Telle est, à vrai dire, la quintessence du prêche et sa raison d'être. Or, poser comme condition la louange à Dieu, la prière sur le Prophète ou la récitation de versets coraniques, c'est s'écarter du propos essentiel assigné au prêche. Que ces composantes figurent dans le sermon du Messager de Dieu (ﷺ) ne signifie point qu'ils constituent une fin en soi, une condition sine qua non pour le prêche. Nul doute, pour tout esprit équitable, que l'objectif majeur assigné au prêche est davantage l'exhortation morale que les formules liminaires de louange à Dieu et de prière sur Son Messager. D'ailleurs, les Arabes avaient coutume, lorsqu'il s'agissait de prendre la parole en public, de commencer par la louange à Dieu et l'éloge de Son Messager. Tant mieux. Mais ce n'est pas là l'essentiel : c'est la suite qui constitue la pierre angulaire du discours. Autrement, il s'agirait d'un pur verbiage, d'un discours vidé de tout contenu et, partant, réfractaire au bon goût.

Il en ressort que la clé du prêche du Vendredi, c'est l'exhortation morale. Si l'imâm s'y astreint, il aura accompli son devoir. S'il prend soin d'y ajouter les formules d'exaltation de Dieu et de Son Messager, ou bien le garnit de versets coraniques à l'appui de son enseignement, son prêche n'en sera que plus riche et plus éloquent. »

De la légitimité, pour l'imâm, de se tenir debout lors des deux sermons et de s'asseoir durant la pause qui les sépare

Ibn 'Umar (رضي الله عنهما) rapporte : « Lors de son prêche du Vendredi, le Prophète (ﷺ) se tenait debout, puis s'asseyait un temps avant de se remettre debout, comme c'est l'usage de nos jours. » Ce *hadîth* est rapporté par Al-Bukhârî, Muslim, Abû Dâwûd, At-Tirmidhî, An-Nasâ'î, Ibn Mâjah et Ahmad.

Jâbir Ibn Samura (رضي الله عنه) rapporte : « Le Prophète (ﷺ) prêchait debout, puis s'asseyait avant de se remettre debout pour continuer son prêche. Or, quiconque affirme qu'il prêchait assis est un menteur. Par Dieu, j'ai prié plus de deux milles fois en compagnie du Prophète (ﷺ). » Ce *hadîth* est rapporté par Ahmad, Muslim et Abû Dâwûd.

Citant Tâwûs, Ibn Abî Shayba rapporte : « Le Messager de Dieu (ﷺ) prêchait debout. Ainsi procédaient Abû Bakr, 'Umar et 'Uthmân. Le premier qui s'assit sur la chaire fut Mu'âwiya.» On rapporte, citant Ash-Sha'bî, que Mu'âwiya prêcha en position assise quand il prit de l'embonpoint.

Certains imâms s'astreignent à l'obligation de se tenir debout lors du prêche et de s'asseoir lors de la pause par référence à la pratique coutumière du Prophète (ﷺ) et de ses Compagnons. Toutefois, les actes du Prophète n'ont pas en eux-mêmes un caractère d'obligation.

Il est recommandé de prononcer le prêche en élevant la voix, de l'abréger et de le préparer avec sollicitude

'Ammâr Ibn Yâsir (رضي الله عنه) rapporte avoir entendu le Prophète (ﷺ) dire : « La longueur de la prière et la concision du prêche sont des marques de savoir et de sagacité. Allongez donc la prière et raccourcissez le prêche. » Ce *hadîth* est rapporté par Ahmad et Muslim. Le respect de ces normes est révélateur de la perspicacité de l'imâm, dans la mesure où le bon orateur est celui qui maîtrise l'art rhétorique, celui qui sait dire beaucoup de choses en peu de mots.

Jâbir Ibn Samura rapporte : « La prière, ainsi que le prêche du Messager de Dieu (ﷺ), étaient caractérisés par la mesure et la sobriété. » Ce propos est rapporté par Muslim, At-Tirmidhî, An-Nasâ'î, Ibn Mâjah et Ahmad.

'Abd Allâh Ibn Abî Awfâ (رضي الله عنه) rapporte : « Le Messager de Dieu (ﷺ) allongeait la prière et raccourcissait le prêche. » Ce *hadîth* est rapporté par An-Nasâ'î, par le biais d'une chaîne authentique.

Jâbir (رضي الله عنه) rapporte : « Lorsque le Messager de Dieu (ﷺ) prêchait, ses yeux devenaient rouges, sa voix retentissait, et sa colère s'accentuait. On aurait dit un chef militaire qui galvanise les troupes en les avertissant : « L'ennemi vous assaillira matin et soir ». Ce propos est rapporté par Muslim et Ibn Mâjah.

An-Nawawî commente : « Il est recommandé que le prêche soit prononcé dans un style éloquent, châtié, clair et précis, bien structuré, exempt de délayage et de remplissage. Loin d'être triviaux et ressassés, au risque de ne point rendre l'effet recherché ni agir sur les consciences, les termes seront évocateurs, expressifs. Loin d'être insolites et ésotériques, au risque de ne point livrer l'objectif assigné au prêche, ils seront clairs et éloquents. »

Ibn Al-Qayyim constate : « Ainsi était le prêche du Prophète (ﷺ) : il consistait à expliciter les assises de la foi en Dieu, en Ses anges, en Ses Écritures, en Ses Messagers et au Jour du jugement dernier, à évoquer le Paradis et l'Enfer, avec les merveilles que Dieu a réservées à Ses Saints et à Ses fervents adorateurs, et le supplice qui attend Ses ennemis, ainsi que tous les gens réfractaires aux instructions divines. Ce prêche, ainsi structuré, emplissait les cœurs de ferveur et de dévotion, imprégnait les esprits de monothéisme, de connaissance de Dieu et de Ses bienfaits. Rien à voir avec les prêches prononcés par autrui, lesquels se bornent à rabâcher des affaires communes aux gens, à se lamenter sur la vie d'ici-bas, à inspirer la crainte de la mort, choses qui, somme toute, ne sauraient susciter dans les cœurs ni croyance en Dieu, ni sentiment de Son Unicité, ni connaissance de Son unicité, ni rappel de Ses grâces, ni amour de Son Etre, ni désir de le rencontrer. Aussi, les auditeurs quittent-ils la mosquée sans tirer d'autre enseignement édifiant que de savoir qu'ils vont trépasser, que leurs biens seront répartis, et que leurs dépouilles seront désagrégées. Par Dieu ! quelle foi, quelle Unicité divine et quelle science utile peut-on dégager d'un pareil bavardage ! »

« A considérer les prêches du Prophète (ﷺ) et de ses Compagnons, on ne manque pas de constater combien ils sont dignes de mettre en lumière l'essence de la guidance et de l'Unicité, avec quelle éloquence ils décrivent les Attributs divins, exposent les fondements généraux et les assises de la foi, exhortent à la religion de Dieu, évoquent Ses Signes dans l'univers. De quoi inspirer aux fidèles l'amour du Seigneur autant que la crainte de perdre Ses faveurs et d'encourir Sa colère. De même, de tels prêches enjoignent-ils à évoquer et à louer constamment Dieu, à mentionner Sa grandeur et Sa majesté, Ses Attributs et Ses Noms, à observer Ses enseignements… ce qui aboutit à développer chez les fidèles l'amour du Seigneur. Aussi, les auditeurs s'en vont-ils imprégnés d'un amour ardent du Très-Haut, amour d'ailleurs réciproque.

Or, les temps et les époques se succédant, le rayonnement de la prophétie perdant en vigueur, les lois, les règles et les ordres divins devinrent des formalités dictées sans considération aucune de leur vérité et de leurs finalités. Façonnées d'une certaine manière, embellies à loisir, ces formalités et ces usages en vinrent à s'ériger en vraies *sunan* dont l'observance est désormais impérative, au préjudice des véritables finalités auxquelles on ne saurait forfaire. Ainsi les prêches devinrent des morceaux de bravoure à la rhétorique émaillée d'assonances et d'allitérations, de rimes et de maints autres ornements et artifices langagiers. Conséquence : les cœurs et les esprits n'en tirèrent désormais guère d'enseignement, voire nul enseignement, ce qui rend vains et inopérants de tels discours. »

L'imâm interrompt le prêche à cause d'un incident

Abû Burayda (رضي الله عنه) rapporte : « Le Messager de Dieu (ﷺ) prononçait devant nous son prêche lorsque Al-Hasan et Al-Husayn se présentèrent dans la mosquée, vêtus de chemises rouges, et commencèrent à marcher en trébuchant. Le Prophète descendit alors de la chaire, prit les deux enfants, les posa dans son giron et déclara : « Dieu dit vrai, ainsi que Son Messager : {*vos biens et vos enfants ne sont que tentation*} (S. 64, V. 15).[1] Ayant vu ces deux enfants chanceler et trébucher en marchant, je n'ai pu patienter. J'ai donc interrompu mon discours pour les

---

1 ﴿إِنَّمَآ أَمْوَٰلُكُمْ وَأَوْلَٰدُكُمْ فِتْنَةٌ﴾

relever. » Ce *hadîth* est rapporté par Al-Bukhârî, Muslim, Abû Dâwûd, At-Tirmidhî, An-Nasâ'î, Ibn Mâjah et Ahmad.

Abû Rifâ'a Al-'Adawî (ﷺ) rapporte : « Je me suis adressé au Messager de Dieu (ﷺ) alors qu'il prêchait : « Ô Messager de Dieu, dis-je, je suis un étranger qui ignore sa religion et qui cherche à la connaître. » Faisant abstraction de son prêche, le Prophète vint alors vers moi, prit une chaise en bois avec des pieds en fer, s'assit dessus et commença à m'apprendre une part des préceptes que Dieu le Très-Haut lui a appris. Après quoi il retourna terminer son prêche. » Ce propos est rapporté par Muslim et An-Nasâ'î.

Ibn Al-Qayyim affirme : « Il arrivait au Prophète (ﷺ) d'interrompre son prêche pour un motif quelconque, pour répondre à quelque question posée par l'un de ses Compagnons. Il lui arrivait même de quitter la chaire, comme lorsqu'il prit dans ses bras Al-Hasan et Al-Husayn et les hissa avec lui sur la chaire avant d'achever son prêche. Il n'était pas rare non plus de le voir, au milieu du prêche, s'adresser à quelqu'un, lui ordonnant de s'asseoir, de faire la prière, tenir tel propos improvisé selon la situation. »

Du fait qu'il est interdit de parler pendant le prêche

La majorité des doctes estiment qu'il faut écouter le prêche et s'abstenir de parler au cours de celui-ci, quand bien même il s'agirait de recommander une chose louable ou de réprouver une chose blâmable, que l'individu se concentre sur le prêche ou non. Ibn 'Abbâs rapporte que le Messager de Dieu (ﷺ) a dit : « Celui qui parle le jour du vendredi pendant que l'imâm prêche, celui-là est pareil à un âne portant des livres ; et celui qui l'enjoint de se taire aura manqué la prière du Vendredi. »[1]

'Abd Allâh Ibn 'Umar rapporte que le Prophète (ﷺ) a dit : « Trois types d'hommes viennent accomplir la prière du Vendredi : le premier bavarde : il n'en tire que ce bavardage futile. Le second formule des vœux : c'est un homme qui invoque Dieu ; selon Sa volonté, Dieu exaucera ses vœux ou non. Le troisième écoute et se tait, se garde de passer par-dessus une tête, évite de gêner autrui : pour lui, cette prière sera

1 *Hadîth* rapporté par Ahmad, Ibn Abî Shayba, Al-Bazzâr et At-Tabarânî. Dans son ouvrage « *Bulûgh Al-Marâm* », Al-Hâfidh juge acceptable la chaîne des transmetteurs de ce *hadîth*.

un rachat des fautes jusqu'au vendredi suivant, et trois jours en plus. C'est que Dieu le Très-Haut, le Très-Exalté a dit : {*Celui qui accomplit une bonne action la verra multipliée par dix*}. » Ce *hadîth* est rapporté par Ahmad et Abû Dâwûd ; il est assorti d'une chaîne jugée excellente.

Abû Hurayra (ﷺ) rapporte que le Prophète (ﷺ) a dit : Lorsque, le jour du vendredi, pendant que l'imam prêche vous dites à votre voisin : Tais-toi, vous avez rompu le silence (*laghawta*). » Ce *hadîth* est rapporté par Al-Bukhârî, Muslim, Abû Dâwûd, At-Tirmidhî, An-Nasâ'î et Ahmad.

Abû Ad-Dardâ' rapporte : « Le Prophète (ﷺ) s'assit sur la chaire, et, en prononçant son prêche, récita un verset coranique. Je demandai alors à Ubayy Ibn Ka'b, qui se tenait assis à côté de moi : « Quand ce verset a-t-il été révélé ? » mais il ne proféra mot. Je répétai ma question. Point de réponse. Quand le Messager de Dieu (ﷺ) eut quitté la chaire, Ubayy me dit : « De ton vendredi, tu n'auras obtenu que ton bavardage futile.» J'allai trouver le Messager de Dieu (ﷺ) et lui fit part de cela : « Ubayy a raison, affirma-t-il, lorsque tu entends ton imâm faire son prêche, prête-lui l'oreille jusqu'à ce qu'il ait fini son sermon. » Ce *hadîth* est rapporté par Ahmad et At-Tabarânî.

On rapporte qu'Ash-Shâfi'î et Ahmad ont établi une distinction entre les personnes capables d'écouter et les personnes incapables de le faire, estimant que pour les premières, il est interdit de parler pendant le prêche. Pour les secondes, il est recommandé de prêter l'oreille.

At-Tirmidhî rapporte, citant Ahmad et Ishâq, qu'il est permis, pendant le prêche de l'imâm, de répondre au salut d'autrui, ainsi que de dire la formule : « Dieu te prodigue Sa miséricorde », que l'on adresse à celui qui éternue.

Ash-Shâfi'î a dit : « Si un homme éternue et qu'un autre lui dit : « Dieu te prodigue Sa miséricorde », je trouve cela louable, car cet acte constitue une *sunna*. Mais si un homme en salue un autre pendant le prêche de l'imâm, je trouve cet acte inopportun, sachant que la réponse à un salut est une obligation alors que le salut initial est simplement recommandé. »

Quant à la conversation en dehors du temps du prêche, elle est autorisée. Tha'laba Ibn Abî Mâlik rapporte que le vendredi, les fidèles échangeaient des propos au moment où 'Umar se tenait assis sur la chaire. Le muezzin ayant achevé son appel, 'Umar se levait pour prêcher et, alors, nul ne proférait mot jusqu'à ce qu'il eût achevé ses deux sermons. Ce n'est que lorsque 'Umar descendait de la chaire pour la prière que les fidèles pouvaient parler. Ce *hadîth* est rapporté par Ash-Shâfi'î dans son « *musnad* ».

Ahmad rapporte par le biais d'une chaîne de transmission authentique qu'au moment où il se tenait sur la chaire et où le muezzin annonçait la prière, 'Uthmân Ibn 'Affân avait coutume de s'enquérir sur les affaires des gens, sur le commerce, les prix, etc.

Du fait d'accomplir (avec l'imâm) un cycle ou moins de la prière du Vendredi

De l'avis de la plupart des érudits, celui qui accomplit un seul cycle de prière avec l'imâm doit simplement y ajouter un deuxième cycle. Ibn 'Umar rapporte que le Prophète (ﷺ) a dit : « Que celui qui a accompli un cycle de la prière du Vendredi y ajoute un deuxième cycle et il verra sa prière parachevée. » Ce *hadîth* a été rapporté par An-Nasâ'î, Ibn Mâjah et Ad-Dâraqutnî ; dans son « *Bulûgh Al-Marâm* », Al-Hâfidh le dit assorti d'une chaîne authentique. Cependant, Abû Hâtim le juge relâché (*mursal*).

Abû Hurayra rapporte que le Prophète (ﷺ) a dit : « Celui qui accomplit un cycle de prière (dans son temps) aura accompli toute sa prière (dans son temps). » Ce *hadîth* est rapporté par Al-Bukhârî, Muslim, Abû Dâwûd, At-Tirmidhî, An-Nasâ'î, Ibn Mâjah et Ahmad.

Par contre, accomplir moins d'un cycle de prière (avec l'imâm) signifie avoir manqué la prière du Vendredi et devoir effectuer les quatre cycles de prière de midi, selon l'opinion de la majorité des doctes. Ibn Mas'ûd a dit : « Celui qui accomplit un cycle de prière du vendredi (avec l'imâm), qu'il y ajoute un deuxième cycle ; et celui qui manque les deux cycles de prière, qu'il en fasse quatre. » Ce *hadîth* est rapporté par At-Tabarânî par le biais d'une chaîne qualifiée de bonne (*hasan*).

« Si tu accomplis un cycle de la prière du Vendredi (avec l'imâm), a dit Ibn 'Umar, ajoutes-y un deuxième cycle. Si tu trouves les orants assis, alors fais quatre cycles de prière. » Ce *hadîth* est rapporté par Al-Bayhaqî.

Telle est la thèse des shâfi'ites, des mâlikites, des hanbalites et de Muhammad Ibn Al-Hasan. Pour leur part, Abû Hanîfa et Abû Yûsuf considèrent que celui qui prononce le *tashahhud* avec l'imâm aura accompli la prière du Vendredi (en commun). Aussi devra-t-il, pour parachever sa prière, effectuer seulement deux cycles après le salut de l'imâm.

La prière en cas d'affluence

Ahmad et Al-Bayhaqî rapportent ce *hadîth* qu'ils tiennent de Sayyâr : « J'ai entendu 'Umar dire dans son prêche : « Le Messager de Dieu (ﷺ) a bâti cette mosquée. Nous étions tous à ses côtés, nous, les Emigrés (*muhâjirûn*) ainsi que les Partisans (médinois, les Ansârs). Si la foule des fidèles est trop nombreuse, prosternez-vous sur le dos de votre frère. » Ayant vu des gens prier sur la chaussée, il leur ordonna de le faire dans la mosquée.

La surérogation avant et après la prière du Vendredi

Il est recommandé d'effectuer quatre cycles de prière ou deux après la prière du Vendredi. Abû Hurayra rapporte que le Prophète (ﷺ) a dit : « Si l'un d'entre vous prie après l'office du Vendredi, qu'il fasse quatre cycles de prière. » Ce *hadîth* est rapporté par Muslim, Abû Dâwûd et At-Tirmidhî.

Ibn 'Umar rapporte que chaque vendredi, le Messager de Dieu (ﷺ) accomplissait deux cycles de prière chez lui. Ce *hadîth* est rapporté par Al-Bukhârî, Muslim, Abû Dâwûd, At-Tirmidhî, An-Nasâ'î, Ibn Mâjah et Ahmad.

Ibn Al-Qayyim affirme : « Aussitôt achevée la prière du Vendredi, le Prophète (ﷺ) regagnait sa maison et effectuait deux cycles de prière. Il ordonnait ensuite à ceux qui avaient fait de même d'effectuer quatre autres cycles. Notre sheikh Ibn Taymiyya a dit : « Si l'orant effectue cette surérogation à la mosquée, quatre cycles de prière sont alors de mise, et seulement deux cycles si c'est à la maison. » C'est ce que préconisent les différents *hadîth* ; c'est le cas du *hadîth* mentionné par Abû Dâwûd, citant Ibn 'Umar : « A la mosquée, le Prophète (ﷺ) effectuait quatre cycles de prière ; à la maison, il en faisait deux. »

Dans les deux « *Sahîh* », il est signalé, dans un *hadîth* transmis par Ibn 'Umar, que le Prophète (ﷺ) avait coutume de faire deux cycles de prière (surérogatoires) chez lui après la prière du Vendredi. »

S'il lui arrivait d'en effectuer quatre, c'était d'une manière continue, selon une version, ou bien discontinue (soit, en faisant deux cycles de prière suivis du salut, puis deux autres cycles) selon une autre version.

Il est en tout cas préférable que cette surérogation ait lieu à la maison. S'il l'accomplit à la mosquée, l'orant veillera à le faire dans un endroit autre que celui où il s'est acquitté de la prière obligatoire.

Quant à la prière surérogatoire précédant l'office du Vendredi, Ibn Taymiyya, « le sheikh de l'Islam », en dit : « Avant la prière du Vendredi, le Prophète (ﷺ) ne priait point lorsque s'achevait l'appel du muezzin. D'ailleurs nul ne lui a attribué un tel usage. Aussitôt fait l'appel dit *adhân*, le Prophète s'asseyait sur la chaire. Puis il prononçait les deux prônes. Après quoi Bilâl faisait l'appel dit *iqâma* et le Prophète présidait la prière. Il est exclu que le Prophète (ﷺ) ait prié après l'appel dit *adhân*, ni lui ni aucun des musulmans qui accomplirent ce culte avec lui. De même, nul n'a raconté l'avoir vu prier chez lui avant de se rendre à l'office du Vendredi ni l'avoir entendu fixer expressément un moment précis pour une quelconque surérogation antérieure à la prière du Vendredi. Les propos du Prophète se bornent à exhorter à la prière les fidèles qui se rendent le vendredi à la mosquée, sans spécification temporelle aucune, comme on le voit dans son *hadîth* relatif à la rétribution de « Celui qui se rend tôt à la mosquée, qui y va à pied et non sur sa monture, et qui effectue à loisir quelques prières… » D'ailleurs, tel était l'usage consacré par les Compagnons : à peine entraient-ils dans la mosquée le jour du vendredi qu'ils accomplissaient chacun un nombre indifférent de cycles de prière : les uns dix cycles, les autres douze, huit, ou un nombre inférieur…

Voilà pourquoi la grande majorité des doctes s'accorde à considérer qu'il n'est point préconisé de surérogation déterminée par un moment précis ou par un nombre fixe de cycles de prière avant celle du Vendredi. Il faudrait pour cela un propos ou un acte avéré de la part du Prophète (ﷺ). Ce qui n'est pas le cas. »

Cas où la prière de la fête coïncide avec le jour du vendredi

Si la fête coïncide avec le jour du vendredi, quiconque accomplit la prière de la fête sera dispensé d'accomplir celle du Vendredi. Zayd Ibn Arqam rapporte que le Prophète (ﷺ) accomplit la prière de la fête et dispensa d'accomplir celle du vendredi, affirmant : « Celui qui veut prier, qu'il le fasse.»[1]

1 Ce *hadîth* est rapporté par Al-Bukhârî, Muslim, Abû Dâwûd, At-Tirmidhî, An-Nasâ'î, Ibn Mâjah et Ahmad ; il est authentifié par Ibn Khuzayma et Al-Hâkim.

Abû Hurayra rapporte que le Prophète (ﷺ) a dit : « En ce jour, deux fêtes sont réunies pour vous. Chacun peut, à son gré, se contenter de la prière de la fête. Quant à nous, nous accomplirons la prière du Vendredi.» Ce *hadîth* est rapporté par Abû Dâwûd.

Il est recommandé à l'imâm de célébrer la prière du Vendredi, afin qu'y assistent et ceux qui le voudront et ceux qui ont manqué la prière de la fête. Pour preuve, l'expression du Prophète (ﷺ) : « Nous accomplirons la prière du Vendredi. »

Pour les hanbalites, celui qui, ayant effectué la prière de la fête, a manqué à celle du Vendredi, est tenu d'accomplir l'office de midi. Or, le plus vraisemblable est qu'il ne s'agit pas d'une obligation. Qu'on en juge par ce propos rapporté par Abû Dâwûd, citant Ibn Az-Zubayr : « Deux fêtes, dit ce dernier, ont coïncidé le même jour. Le Prophète les a regroupées en faisant deux prières de deux cycles, auxquelles il n'ajouta rien jusqu'à l'office de l'après-midi.»

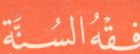

LA PRIÈRE DES DEUX FÊTES (*SALÂT AL-'ÎDAYN*)

La prière des deux fêtes a été instituée durant la première année de l'Hégire. Il s'agit d'une *sunna* fortement recommandée, que le Prophète (ﷺ) a observée avec assiduité, et qu'il a enjoint hommes et femmes d'observer. De cette prière, nous examinerons succinctement les aspects suivants :

Il est recommandé de faire sa grande ablution, de se parfumer, de mettre ses plus beaux habits

Ja'far Ibn Muhammad rapporte, citant son père, lequel tient ce *hadîth* de son père : « Le Prophète (ﷺ) portait durant chaque fête un manteau de *hibara*.» Ce propos est rapporté par Ash-Shâfi'î et Al-Baghawî.

Al-Hasan, le petit-fils du Prophète (ﷺ), rapporte : « Lors des deux fêtes, le Messager de Dieu (ﷺ) nous enjoignait de mettre nos plus beaux vêtements, nos meilleurs parfums, et de sacrifier la plus précieuse des victimes. »[1]

Ibn Al-Qayyim affirme : « Le Prophète (ﷺ) portait pour ses deux petits-fils le vêtement le plus beau. Et il avait une tenue réservée aux deux fêtes et aux Vendredis.»

Du fait de se restaurer avant de se rendre à la prière de la rupture du jeûne et non avant de se rendre à la prière du sacrifice

Il est recommandé de prendre quelques dattes, en nombre impair, avant de se rendre à la prière de la rupture du jeûne. Concernant la fête du sacrifice, il convient de se restaurer au retour de la mosquée ; le fidèle pourra alors manger du mouton offert en sacrifice, s'il en dispose. Anas a dit : « Le Prophète (ﷺ) ne se rendait à la prière de la rupture du jeûne qu'après avoir mangé un nombre impair de dattes.» Ce propos est rapporté par Ahmad et Al-Bukhârî.

1 Ce *hadîth* a été rapporté par Al-Hâkim ; dans sa chaîne de transmission, figure Ishâq Ibn Buzurj ; jugé faible par Al-Azdî, ce texte est néanmoins authentifié par Ibn Hibbân.

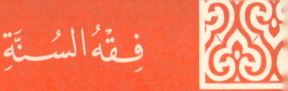

Burayda rapporte : « Le Prophète (ﷺ) ne se rendait à la prière de la rupture du jeûne qu'après avoir mangé. En revanche le jour du sacrifice, il ne mangeait qu'à son retour (de la prière). » Ce *hadîth* est rapporté par At-Tirmidhî, Ibn Mâjah et Ahmad ; celui-ci ajoute : « Et il mangeait du mouton qu'il avait sacrifié.»

On lit dans le « *Muwatta'* » ce *hadîth* transmis par Sa'îd Ibn Al-Musayyab : « Les gens recevaient l'ordre de manger avant de se rendre à la prière de la rupture du jeûne. »

Dans ce sens, Ibn Qudâma constate : « Que je sache, il est communément admis qu'il est préférable de se restaurer au plus tôt le jour de la rupture du jeûne. »

Le départ vers le lieu de prière (*al-musallâ*)

La prière de la fête peut être accomplie à la mosquée, mais il est préférable de la célébrer dans un lieu de prière situé hors de la localité où l'on réside, à moins qu'il y ait un empêchement (pluie, intempérie). En effet, c'était l'usage du Prophète (ﷺ) que de se rendre au Musallâ, un lieu situé à l'entrée orientale de Médine. Le Prophète ne célébra la prière de la fête dans sa mosquée qu'une seule fois, en raison de la pluie. Abû Hurayra rapporte qu'un jour de fête où il pleuvait, le Messager de Dieu (ﷺ) présida la prière à la mosquée. Ce *hadîth* est rapporté par Abû Dâwûd, Ibn Mâjah et Al-Hâkim ; sa chaîne de transmission présente un rapporteur inconnu (*majhûl*). Dans son « *Talkhîs* », Al-Hâfidh juge faible cette chaîne de transmission. Pour sa part, Adh-Dhahabî dit de ce *hadîth* qu'il est contestable (*munkar*).

La sortie des femmes et des enfants en direction du lieu de prière le jour de la fête

Il est permis aux enfants de se rendre au lieu de prière le jour de fête, ainsi que les femmes, qu'elles soient vierges ou non, jeunes ou vieilles, indisposées ou non. Pour preuve, le *hadîth* d'Umm 'Atiyya (رضي الله عنها) : « Il nous a été enjoint, les jours de fête, d'emmener au lieu de prière les femmes vierges et indisposées, afin qu'elles assistent à ces moments solennels et écoutent les invocations prononcées en faveur des musulmans. Sauf que les femmes indisposées étaient tenues hors du lieu de prière. » Ce *hadîth* est rapporté par Al-Bukhârî et Muslim.

Ibn 'Abbâs rapporte que lors des deux fêtes, le Messager de Dieu (ﷺ)

emmenait hors de la maison ses épouses et ses filles. Ce propos est rapporté par Ibn Mâjah et Al-Bayhaqî.

Le même Ibn 'Abbâs rapporte : « Je suis sorti en compagnie du Prophète (ﷺ) le jour de la rupture du jeûne ou du sacrifice. Il présida la prière, prêcha, puis s'adressa aux femmes, les exhortant à la vertu, leur rappelant les enseignements divins, leur recommandant de faire l'aumône. Ce propos est rapporté par Al-Bukhârî.

Prendre un autre chemin au retour de la prière

La plupart des érudits jugent qu'il est recommandé, aussi bien pour l'imâm que pour l'orant, de se rendre à la prière de la fête par un chemin et d'en revenir par un autre. Jâbir (رضي الله عنه) rapporte que le Prophète (ﷺ) procédait ainsi le jour de la fête. Ce propos est rapporté par Al-Bukhârî.

Abû Hurayra rapporte que le jour de la fête, le Prophète (ﷺ) se rendait au lieu de prière par un chemin et revenait par un autre. Ce *hadîth* est rapporté par Ahmad, Muslim et At-Tirmidhî.

Il est néanmoins permis de prendre le même chemin en revenant chez soi. En effet, Abû Dâwûd, Al-Hâkim et Al-Bukhârî – dans son « *Târîkh* » – rapportent ce *hadîth* qu'ils tiennent de Bakr Ibn Mubashshir, lequel affirme : « Je me rendais, le jour de la rupture du jeûne et celui du sacrifice, avec les Compagnons du Messager de Dieu (ﷺ) au Musallâ. Nous traversions le val de Bathân, faisions la prière avec le Messager de Dieu (ﷺ) puis regagnions nos demeures par la même route. » Ibn As-Sakan note : « La chaîne de transmission de ce *hadîth* est bonne ».

Le temps de la prière de la fête

Le temps de la prière de la fête va du moment où le soleil s'élève dans le ciel à une hauteur de trois mètres jusqu'à midi, à en juger par ce *hadîth* de Jundub, cité par Ahmad Ibn Hasan Al-Bannâ' : « Le Prophète (ﷺ) présidait pour nous la prière de la rupture du jeûne lorsque le soleil se trouvait à une hauteur de deux lances. Il célébrait la prière du sacrifice au moment où le soleil se trouvait à une hauteur d'une lance. »

A propos de ce texte, Ash-Shawkânî affirme qu'il est le meilleur *hadîth* rapporté à propos du temps de la prière des deux fêtes. Il en ressort qu'il est recommandé de hâter la prière du sacrifice et de retarder celle de la rupture du jeûne. Ibn Qudâma a dit : « Il est recommandé de hâter la prière du sacrifice afin de laisser un temps plus large pour l'immolation du mouton, et de retarder la prière de la rupture du jeûne afin de laisser un temps plus long pour le versement de l'aumône légale du *fiṯr*. A ce que nous en savons, ce point fait l'unanimité des légistes. »

Les appels à la prière dit *adhân* et *iqâma* lors des deux fêtes

Ibn Al-Qayyim affirme : « Lorsque le Prophète (ﷺ) se rendait au Muṣallâ, il commençait l'office sans que soient faits les appels à la prière dit *adhân* et *iqâma* et sans que soit dite la formule : « la prière en commun ! ». Telle est la pratique prophétique. »

Ibn 'Abbâs et Jâbir rapportent : « La prière n'était point annoncée par le muezzin les jours de la rupture du jeûne et du sacrifice. » Ce *ḥadîth* est rapporté par Al-Bukhârî et Muslim.

Muslim rapporte, citant 'Aṯâ' : « Jâbir m'a informé qu'on ne fait point l'appel dit *adhân* le jour de la fête de la rupture du jeûne, ni avant ni après l'arrivée de l'imâm. De même qu'on ne fait pas l'appel dit *iqâma*. »

Sa'd Ibn Abî Waqqâṣ rapporte que le Prophète (ﷺ) célébra la prière de la fête sans appels dit *adhân* et *iqâma*. Il faisait son prêche debout, en deux sermons séparés par une pause assise. Ce *ḥadîth* est rapporté par Al-Bazzâr.

Les *takbîr* dans la prière des deux fêtes

La prière de la fête consiste en deux cycles. Avant la récitation du Coran dans le premier cycle de prière, l'orant prononce à sept reprises le *takbîr* (*Allâhu akbar*), outre le *takbîr* d'entrée en prière, et cinq dans le deuxième cycle, abstraction faite du *takbîr* de levée (après la seconde prosternation du premier cycle de prière), et ce en veillant chaque fois à lever les mains.

On rapporte que 'Amr Ibn Shu'ayb, citant son père, a dit : « Au cours d'une prière de fête, le Prophète (ﷺ) prononça douze *takbîr*, dont sept pour le premier cycle de prière, et cinq pour le deuxième cycle. Cette prière ainsi accomplie, il ne fit rien de plus, ni avant ni après. » Ce propos est rapporté par Aḥmad et Ibn Mâjah.

Aḥmad affirme qu'il s'aligne sur cette opinion et cet usage. Dans la version proposée par Abû Dâwûd et Ad-Dâraquṯnî, on apprend que le Prophète (ﷺ) a dit : « Dans la prière de la rupture du jeûne, on prononce le *takbîr* à sept reprises lors du premier cycle, et à cinq reprises lors du dernier cycle. Après quoi on récite le Coran dans les deux cycles. »

Il s'agit là de la plus vraisemblable des assertions en cette matière, de celle à laquelle adhèrent la majorité des doctes parmi les Compagnons, les Successeurs et les différents imâms.

Ibn 'Abd Al-Barr affirme : « On rapporte, par des voies fort appréciables, que le Prophète (ﷺ) proclama le *takbîr* à sept reprises lors du premier cycle de prière, et à cinq reprises lors du deuxième cycle, à en juger par les propos d'Ibn 'Amr, d'Ibn 'Umar, de Jâbir, de 'Â'isha (رضي الله عنها), d'Abû Wâqid et de 'Amr Ibn 'Awf Al-Muzanî. Or, il n'est point de version, qu'elle relève d'une chaîne de transmission forte ou faible, qui vienne préconiser le contraire de cet usage, lequel fut le premier à être appliqué. »

On rapporte qu'entre un *takbîr* et un autre, le Prophète (ﷺ) se contentait d'observer un bref silence, sans invocation aucune. Toutefois, At-Tabarânî et Al-Bayhaqî rapportent, par le biais d'une chaîne forte, en se référant aux propos et aux actes d'Ibn Mas'ûd, que ce dernier, entre un *takbîr* et un autre, avait coutume de louanger Dieu et de prier sur le Prophète (ﷺ). Le même usage a été attribué à Hudhayfa ainsi qu'à Abû Mûsâ.

Ce *takbîr* constitue un acte recommandé. Omis délibérément ou par inadvertance, il ne saurait, partant, invalider la prière. Ibn Qudâma affirme : « Il n'est point de désaccord là-dessus, de ce que nous sachions ». Dans le même sens, Ash-Shawkânî (le zaydite) déclare que l'orant qui néglige les *takbîr* n'est point tenu de les compenser par le prosternement de l'omission.

Y a-t-il des surérogations rattachées à la prière de la fête avant ou après celle-ci ?

Il n'a point été établi que telle ou telle prière surérogatoire ait été observée avant ou après la prière de la fête. En arrivant au Musallâ, le Prophète (ﷺ), ainsi que ses Compagnons, ne se livraient à aucune prière, ni avant ni après celle de la fête. 'Ibn Abbâs rapporte : « Un jour de fête, le Messager de Dieu (ﷺ) effectua deux cycles de prière ; il ne fit aucune autre prière ni avant ni après. » Ce *hadîth* est rapporté par Al-Bukhârî, Muslim, Abû Dâwûd, At-Tirmidhî, An-Nasâ'î, Ibn Mâjah et Ahmad. Ibn 'Umar affirme avoir procédé de même et attribue cet usage au Prophète (ﷺ).

Al-Bukhârî rapporte qu'Ibn 'Abbâs a déconseillé toute prière avant celle de la fête. Quant à la surérogation pure et simple, Al-Hâfidh Ibn Hajar affirme qu'elle ne fait point l'objet d'une quelconque interdiction énoncée par tel ou tel texte spécifique, exception faite des temps ordinairement déconseillés le reste des jours de l'année.

Pour qui la prière de la fête est-elle valide

La prière de la fête est valide pour tous les fidèles, tous âges et sexes confondus, qu'ils soient sédentaires ou en voyage, seuls ou en groupe, que ce soit à la maison, à la mosquée ou au *musallâ* (lieu de prière). Celui qui manque la prière en commun effectuera deux cycles. Qu'on en juge par le chapitre consacré par Al-Bukhârî aux fidèles qui ont manqué la prière de la fête : ils doivent accomplir deux cycles. Il en est ainsi des femmes, de ceux qui restent à la maison ou qui vivent dans des campagnes éloignées. A telle enseigne que le Prophète (ﷺ) a dit : « C'est notre fête, nous gens de l'Islam ».

Anas Ibn Mâlik ordonna à son valet Ibn Abî 'Utba de célébrer la prière de la fête à *Zâwiya* en compagnie de son épouse et de ses enfants. Chose dite, chose faite : on fit cette prière selon l'usage consacré en ville.

'Ikrima affirme : « Les gens de la banlieue se réuniront le jour de la fête et feront deux cycles, comme l'imâm. »

Selon 'Atâ', quiconque manque la prière de la fête est censé la compenser par deux cycles de prière.

Le prêche de la fête

Le prêche postérieur à la prière de la fête est une *sunna*. Son audition l'est également. Abû Sa'îd rapporte, en effet : « Le Prophète (ﷺ) se rendait le jour de la rupture du jeûne et du sacrifice au *Musallâ*. Il faisait d'abord la prière, puis se tournait vers les gens, assis en rangs devant lui. Il leur prodiguait conseils et exhortations. Il saisissait cette occasion pour envoyer telle troupe vers telle ou telle région, ou pour communiquer d'autres ordres. Puis il s'en allait. Cet usage se consacra, poursuit Abû Sa'îd, jusqu'au jour, un jour de rupture de jeûne ou de sacrifice, où je me rendis au Musallâ en compagnie de Marwân (Ibn Al-Hakam), qui était alors gouverneur de Médine. Arrivés au *Musallâ*, nous trouvâmes qu'une tribune y avait été bâtie par Kathîr Ibn As-Salt. Marwân voulut monter en chaire avant la prière. Je le tirai par son vêtement pour l'en empêcher. Mais il ne céda point. Il monta et fit son prêche. – Par Dieu, vous avez changé l'usage, dis-je. – Ô Abû Sa'îd, l'usage que tu connais n'est plus de mise. – Par Dieu, répliquai-je, celui que je connais est bien meilleur que celui que j'ignore. – C'est que les gens, expliqua-t-il, ne voulaient plus rester à nous écouter après la prière. Voilà pourquoi j'ai avancé le prêche. » Ce *hadîth* est rapporté par Al-Bukhârî et Muslim.

'Abd Allâh Ibn As-Sâ'ib rapporte : « J'ai assisté à une prière de fête dirigée par le Prophète (ﷺ). Une fois sa prière achevée, il déclara : « Nous faisons à présent notre prêche et les fidèles ont loisir de l'écouter ou de s'en aller.» Ce *hadîth* est rapporté par An-Nasâ'î, Abû Dâwûd et Ibn Mâjah.

Or, tous les énoncés scripturaires qui avancent que, pour la fête, il y a deux sermons que l'imâm sépare par une pause, tous ces énoncés, dis-je, sont faibles. An-Nawawî constate : « Nul texte ne vient attester de la nécessité de recommencer le sermon. Il est recommandé d'entamer le prêche en faisant la louange de Dieu le Très-Haut. Nul autre usage n'a été constaté chez le Prophète (ﷺ). » Ibn Al-Qayyim, abondant dans ce sens, précise : « Le Prophète (ﷺ) commençait ses prêches par la louange de Dieu le Très-Haut. On ne lui a attribué aucun *hadîth* en vertu duquel il aurait eu l'habitude d'ouvrir son sermon par le *takbîr*. Dans ses « *Sunan* », Ibn Mâjah rapporte, citant Sa'îd, le muezzin du Prophète (ﷺ), que celui-ci prononçait maintes fois le *takbîr* au milieu du prêche de la fête. Or, ceci ne veut pas dire que le Prophète commençait son prêche par des *takbîr*.

Les gens ont divergé sur l'ouverture des prêches de la fête et de *l'istisqâ'* (demande de pluie) : d'aucuns avancent qu'on les commence par le *takbîr* ; d'autres que le prêche de *l'istisqâ'* est à commencer par l'imploration du pardon divin ; d'autres encore que dans les deux cas, c'est par la louange qu'est censé débuter le sermon. C'est le choix le plus judicieux, de l'avis de Taqiy Ad-Dîn Ibn Taymiyya, « le sheikh de l'Islam », qui précise : « Car le Prophète (ﷺ) a dit : « Est déficiente, toute affaire importante qu'on ne commence par la louange à Dieu.» Et c'est ainsi qu'il entamait l'ensemble de ses prêches. Quant aux allégations de certains doctes selon lesquelles c'est par l'imploration du pardon divin que le Prophète (ﷺ) ouvrait le prêche de l'*istisqâ',* et par le *takbîr* qu'il commençait celui des deux fêtes, elles ne reposent sur aucun texte relevant de la tradition prophétique. Loin s'en faut : en vertu de celle-ci, c'est la louange qui prévaut au début de tous les prêches. »

Rattraper la prière de la fête

Abû 'Umayr Ibn Anas rapporte : « Mes oncles parmi les An<u>s</u>âr, partisans médinois du Messager de Dieu (ﷺ), m'ont raconté : « N'ayant pu voir le croissant de lune indiquant le premier jour de Shawwâl (et donc le jour de la fête de la rupture du jeûne), nous avons maintenu le jeûne ce matin-là. Or, des gens vinrent en fin de journée qui nous informèrent que la veille, ils avaient vu le croissant en compagnie du Messager de Dieu (ﷺ). Ce dernier leur ordonna alors de ne pas jeûner le lendemain et de faire la fête. Ce *<u>h</u>adîth* est rapporté par A<u>h</u>mad, An-Nasâ'î et Ibn Mâjah, par le biais d'une chaîne authentique. Ce *<u>h</u>adîth* confirme la thèse selon laquelle si, pour une raison ou une autre, un groupe de gens manquait la prière de la fête, il serait alors invité à s'acquitter de cette pratique cultuelle le jour suivant.

Jeu, divertissement, chant et bonne chère pendant les jours de fête

Parmi les usages que la Loi divine nous a recommandés à l'occasion des fêtes, figurent les activités ludiques licites, les divertissements décents et les chants bienséants. Il s'agit là de détente, de délassement pour l'esprit et d'exercice pour le corps. Anas rapporte : « Le Prophète (ﷺ) vint à Médine. Les gens avaient deux jours réservés au jeu et à l'amusement. Il leur déclara : « Dieu vous a assigné à la place de ces deux jours, deux autres jours bien meilleurs : le *fi<u>t</u>r* et *l'a<u>dh</u>â.* » Ce *<u>h</u>adîth* est rapporté par An-Nasâ'î et Ibn <u>H</u>ibbân ; il est assorti d'une chaîne authentique.

'Â'isha (رضي الله عنها) rapporte : « Un jour de fête, les Abyssins se livrèrent, chez le Messager de Dieu (ﷺ), à des jeux divers. Celui-ci se baissa et me hissa sur son épaule afin que je puisse regarder leur spectacle. Une fois mon envie de regarder assouvie, je me retirai. » Ce *<u>h</u>adîth* a été mentionné par A<u>h</u>mad, Al-Bukhârî et Muslim, lesquels rapportent cet autre *<u>h</u>adîth*, citant également 'Â'isha (رضي الله عنها) : « Abû Bakr, raconte-t-elle, nous rendit visite un jour de fête et trouva chez nous deux servantes qui évoquaient le jour de *Bu'âth* où périrent les plus vaillants combattants des tribus des *Aws* et des *Khazraj*. Et Abû Bakr de dire à trois reprises : « Ô serviteurs de Dieu. C'est le refrain de Satan ! – Ô Abû Bakr, rétorqua le Prophète, chaque communauté a une fête et c'est aujourd'hui la nôtre. »

On lit dans la version présentée par Al-Bukhârî : « 'Â'isha (رضي الله عنها) rapporte : « Un jour que le Messager de Dieu (ﷺ) venait me voir, il trouva chez moi deux servantes qui chantaient la bataille de *Bu'âth.* Il s'étendit alors sur le lit et détourna le visage. Abû Bakr (père de 'Â'isha) entra alors et se mit à me gronder : « Les flûtes de Satan dans le foyer du Prophète ! – Laisse-les, ordonna le Prophète (ﷺ). Un instant plus tard, je fis signe aux deux filles, qui se retirèrent aussitôt. Un autre jour de fête, des Abyssins jouèrent avec des boucliers et des lances. Le Prophète (ﷺ) me demanda si je voulais voir. – Volontiers, répondis-je. Il me plaça alors derrière lui, sa joue contre la mienne, puis il dit : Allez-y, ô fils d'*Arfada.* Lorsque je fus rassasiée du spectacle, il me demanda : Cela te suffit-il ? – Oui, répondis-je, et je me retirai. »

Dans son « *Fath* », Al-Hâfidh a dit : « Ibn As-Sarrâj rapporte, d'après le rapport fait par Abû Az-Zinâd, qui tient ce *hadîth* de 'Urwa, lequel cite 'Â'isha (رضي الله عنها) : « Le Prophète (ﷺ) affirma ce jour-là : « Que les juifs de Médine sachent que notre religion laisse une marge à la détente. J'ai été envoyé pour prôner la tolérance et l'indulgence. »

Selon Ahmad et Muslim, qui citent Nubaysha, le Prophète (ﷺ) a dit : « Les jours de *tashrîq* (les trois jours de *l'adhâ* : le jour du sacrifice et les deux qui suivent) sont des jours de bonne chère et d'évocation de Dieu le Très-Haut, le Très Exalté. »

Le mérite des œuvres pies pendant les dix premiers jours de Dhû Al-Hijja

Ibn 'Abbâs rapporte que le Prophète (ﷺ) a dit : « Pour les œuvres pies, il n'est pas de jours plus chers à Dieu que ces jours-ci.» (Entendre, les dix premiers de Dhû Al-Hijja). – Ô Messager de Dieu, lui demanda-t-on, même le combat pour la cause de Dieu ? – Même le combat pour la cause de Dieu, répondit-il, exception faite de l'homme qui, en partant pour le combat, se décide à sacrifier sa vie et ses biens ou, à son retour, se trouve démuni de tout. » Ce *hadîth* est rapporté par Al-Bukhârî, Abû Dâwûd, At-Tirmidhî, Ibn Mâjah et Ahmad.

Citant Ibn 'Umar, Ahmad et At-Tabarânî rapportent que le Prophète (ﷺ) a dit : « Il n'est point de jours plus appréciés, point de jours où les actes de bienfaisance sont plus aimés de Dieu, le Très Exalté, que ces dix jours. Aussi, multipliez le *tahlîl* [soit, la formule : Il n'est de dieu que Dieu], le *takbîr* et la louange durant ces jours. »

Ibn ‘Abbâs interprète le verset coranique : {*Et qu'ils rappellent le nom de Dieu, pendant quelques jours bien connus*} (S. 22, V. 28)[1] comme une allusion à ces dix jours.

Ibn ‘Umar et Abû Hurayra se rendaient au marché durant ces dix jours et y proclamaient le *takbîr* (la grandeur de Dieu) ; la foule en faisait autant. Ce propos est rapporté par Al-Bukhârî.

Pour sa part, Sa‘îd Ibn Jubayr avait coutume, lorsque arrivaient ces dix jours, de se livrer à un effort spirituel si intense et si éprouvant qu'il trouvait du mal à le poursuivre.

Al-Awzâ‘î déclare : « J'ai appris qu'un acte pieux accompli pendant l'un de ces dix jours est aussi méritoire qu'une bataille pour la cause de Dieu dans laquelle le fidèle s'engagerait en jeûnant le jour, en surveillant la nuit. Un seul sacrifice est plus éminent : le martyr. Cet enseignement m'a été confié par un homme de la tribu de Makhzûm, qui le tient du Prophète (ﷺ) lui-même.»

Abû Hurayra rapporte que le Prophète (ﷺ) a dit : « Il n'est point de jours où les actes d'adoration et les pratiques cultuelles sont plus aimés de Dieu que les dix jours de Dhû al-Hijja. Le jeûne de chacun de ces jours équivaut à celui de toute une année. La prière en chacune de ces nuits équivaut à celle de la nuit du Destin. » Ce *hadîth* est rapporté par At-Tirmidhî, Ibn Mâjah et Al-Bayhaqî.

Il est recommandé de féliciter les gens durant les fêtes

Jubayr Ibn Nafîr rapporte : « Lorsqu'ils se rencontraient les jours de fête, les Compagnons du Messager de Dieu (ﷺ) échangeaient ces civilités : « Que Dieu agrée vos actes et les nôtres. » Selon Al-Hâfidh, la chaîne de transmission de ce *hadîth* est bonne (*hasan*).

Le *takbîr* lors des jours de fête

Pendant les jours de fête, le *takbîr* constitue une *sunna.* Concernant la fête de la rupture du jeûne, Dieu le Très-Haut dit : {*Il ne veut pas pour vous la difficulté, mais que vous en accomplissiez bien le nombre et proclamiez la grandeur de Dieu pour ce qu'Il vous a guidés. Peut-être*

---

1 ﴿وَيَذْكُرُواْ ٱسْمَ ٱللَّهِ فِيٓ أَيَّامٍ مَّعْلُومَٰتٍ﴾

serez-vous reconnaissants !} (S. 2, V. 185).[1] Concernant celle de *l'adhâ*, on lit dans le Saint Coran : {*Et souvenez-vous de Dieu pendant les jours comptés*}. Il en va de même du verset : {*Ainsi vous les a-t-Il assujettis, afin que vous proclamiez la grandeur de Dieu parce qu'Il vous a guidés*} (S. 22, V. 37).[2]

La plupart des érudits considèrent que pour le jour de la rupture du jeûne, *le takbîr* est à prononcer depuis le moment du départ pour la prière (de la fête) jusqu'au début du prêche. Cet usage est affirmé par certains *hadîth* jugés faibles, mais il existe une version authentique attribuée à Ibn 'Umar ainsi qu'à d'autres Compagnons. Al-Hâkim affirme qu'il s'agit là d'une *sunna* transmise et consacrée par les traditionnistes. Cette même opinion est avancée par Mâlik, Ahmad, Ishâq et Abû Thawr.

Certains soutiennent qu'il est recommandé de prononcer le *takbîr* depuis la vue du croissant de lune la veille de la rupture du jeûne, jusqu'au départ pour la prière et l'arrivée de l'imâm.

Concernant la fête du sacrifice, on prononcera les *takbîr* dès la journée de '*Arafa* et on continuera de le faire jusqu'au temps de la prière de l'après-midi du dernier jour de *tashrîq*, à savoir les onzième, douzième et treizième jours de Dhû Al-Hijja. Dans son « *Fath* », Al-Hâfidh affirme : « Nul *hadîth* émanant du Prophète (ﷺ) n'a été établi qui préconise cela. Parmi les propos les plus véridiques transmis par les Compagnons, figurent ceux de 'Alî et d'Ibn Mas'ûd, selon lesquels cet usage commence le matin du jour de 'Arafa et se poursuit jusqu'au temps de la prière de l'après-midi du dernier des jours consacrés au rituel de Minâ. Ce propos est rapporté par Ibn Al-Mundhir entre autres traditionnistes. A ce point de vue, adhèrent Ash-Shâfi'î, Ahmad, Abû Yûsuf et Muhammad ; c'est aussi l'opinion de 'Umar et Ibn 'Abbâs.

Tout au long des jours de *tashrîq*, le *takbîr* est de mise ; il n'est point recommandé pour tel ou tel moment particulier. Al-Bukhârî rapporte : « 'Umar (رضي الله عنه) proclamait le *takbîr* depuis son dôme à Minâ. Les fidèles de la mosquée l'entendaient et lui emboîtaient aussitôt le pas. De même, faisaient les gens du marché ; tant et si bien que le *takbîr* retentissait

---

1 ﴿يُرِيدُ ٱللَّهُ بِكُمُ ٱلْيُسْرَ وَلَا يُرِيدُ بِكُمُ ٱلْعُسْرَ وَلِتُكْمِلُوا۟ ٱلْعِدَّةَ وَلِتُكَبِّرُوا۟ ٱللَّهَ عَلَىٰ مَا هَدَىٰكُمْ وَلَعَلَّكُمْ تَشْكُرُونَ﴾

2 ﴿كَذَٰلِكَ سَخَّرْنَٰهَا لَكُمْ لَعَلَّكُمْ تَشْكُرُونَ﴾

dans tout Minâ.

Pendant ces jours, Ibn 'Umar proclamait à tout moment le *takbîr* à Minâ : après la prière, sur sa couche, dans sa demeure, dans ses conseils et ses réunions, dans ses promenades...

Maymûna (عنها) procédait de même le jour du sacrifice. Il en va autant des femmes : dans la mosquée, pendant les nuits de *tashrîq*, en compagnie des hommes, elles proclamaient la grandeur de Dieu, sous la direction de Abân Ibn 'Uthmân et de 'Umar Ibn 'Abd Al-'Azîz.

Selon Al-Ḥâfidh, ces textes témoignent de l'observance du *takbîr* pendant ces jours, aussi bien après la prière que dans les différentes situations qui se présentent. Or c'est là un sujet controversé : certains doctes estiment que le *takbîr* est exclusif aux moments postérieurs à la prière ; d'autres qu'il convient de s'y atteler uniquement après les prières prescrites ; d'autres le disent spécifique aux hommes, au groupe, non au fidèle esseulé ; aux prières accomplies ponctuellement, non à celles rattrapées ultérieurement ; aux fidèles sédentaires non aux voyageurs ; aux citadins, non aux campagnards.

Selon toute vraisemblance, le texte d'Al-Bukhârî indique que cette règle englobe toutes ces catégories, sans discrimination aucune, ainsi qu'on peut en juger par les illustrations qu'il a fournies.

Quant à l'énoncé du *takbîr*, il embrasse plusieurs formulations possibles : la plus authentique est ce que rapporte 'Abd Ar-Razzâq, citant Salmân par le biais d'une chaîne valide : « Proclamez, dit ce dernier, la grandeur de Dieu ; dites : Dieu est Grand, Dieu est Grand, Dieu est Grand, tout Grand. »

On a également rapporté cette formulation, attribuée à 'Umar et à Ibn Mas'ûd : « Dieu est Grand ; il n'est de dieu que Dieu ; Dieu est Grand, Dieu est Grand ; à Dieu la louange. »

L'AUMÔNE LÉGALE (*AZ-ZAKÂT*)

Le terme *zakat* désigne les biens que l'homme donne aux pauvres afin de s'acquitter de l'obligation qu'il a envers Dieu le Très-Haut. Le vocable *zakat* signifie accroissement, foisonnement, mais aussi purification, compte tenu de la bénédiction qu'on en espère, et de ce qu'elle suppose en termes de purification de l'âme, de perfectionnement de l'être, et de foisonnement des biens.

Dieu le Très-Haut a dit : {*Prends sur leurs biens un impôt par quoi tu les purifies et les purges*} (S. 9, V. 103).[1] La *zakat* est l'un des cinq piliers de l'Islam. Elle est citée conjointement avec la prière dans quatre-vingt-deux versets coraniques. Dieu le Très-Haut l'a imposée par le biais de Son Livre, de la Sunna de Son Messager et du consensus de Sa Communauté.

L'ensemble des doctes rapportent, citant Ibn 'Abbâs (رضي الله عنهما) qu'ayant délégué Mu'âdh Ibn Jabal (رضي الله عنه) en tant que gouverneur ou juge au Yémen (en l'an dix de l'Hégire), le Prophète (ﷺ) lui déclara : « Tu te rends chez des gens du Livre. Appelle-les donc à témoigner qu'il n'est de dieu que Dieu, et que je suis le Messager de Dieu. S'ils obtempèrent, tu leur apprendras que Dieu le Très-Haut, le Très Exalté, leur a prescrit cinq prières chaque jour et nuit. S'ils obtempèrent, tu leur apprendras que Dieu le Très-Haut a prescrit un impôt sur leurs biens qui sera prélevé aux riches parmi eux et destiné aux pauvres. S'ils obtempèrent, prends garde de ne pas toucher aux plus précieux de leurs biens. Fais attention à l'imprécation de l'opprimé, car ses vœux sont exaucés. »

Dans le « *Awsat* » et « *As-Saghîr* », At-Tabarânî rapporte, citant 'Alî – que Dieu honore sa face –, que le Prophète (ﷺ) a dit : « Dieu a prescrit aux musulmans riches qu'une partie de leurs biens soit versée aux pauvres, proportionnellement aux besoins à satisfaire. Si les déshérités vivent dans la misère et le dénuement, le ventre affamé, le corps couvert de haillons, ce sera précisément en proportion de l'avarice des riches. Or, ces derniers seront soumis à un jugement sévère, dans le-

1 ﴿خُذْ مِنْ أَمْوَالِهِمْ صَدَقَةً تُطَهِّرُهُمْ وَتُزَكِّيهِم بِهَا﴾

quel Dieu leur demandera des comptes rigoureux. Et un supplice atroce leur sera infligé. » At-Tabarânî note : « Ce *hadîth* a été rapporté exclusivement par Thâbit Ibn Muhammad Az-Zâhid, homme dont Al-Hâfidh dit qu'il est véridique et digne de foi, qu'il a transmis maints *hadîth* à Al-Bukhârî, ainsi qu'à d'autres traditionnistes, et que ses transmetteurs sont acceptables.

Au début de l'Islam, et en particulier à La Mecque, la *zakat* était une obligation non délimitée, non spécifiée par une quelconque détermination des sommes et des valeurs à verser. Cela était laissé à la discrétion des musulmans, qui pouvaient y contribuer au gré de leur sentiment et de leur générosité. Ce n'est que vers la deuxième année de l'Hégire – selon l'opinion communément admise – que seront fixées des quantités et des valeurs sur les différents types de biens. La *zakat* fut désormais l'objet d'une spécification détaillée.

L'exhortation à l'acquittement de la zakat

Dieu le Très-Haut a dit : {*Prends sur leurs biens un impôt par quoi tu les purifies et les purges*} (S. 9, V. 103). Autrement dit, « prélève, ô Messager de Dieu, sur les biens des croyants un impôt spécifié, telle la *zakat* obligatoire, ou non spécifié, telle l'aumône surérogatoire ». {*Un impôt par quoi tu les purifies et les purges*} : c'est-à-dire qui purifie de la fange de l'avarice et de la cupidité, et ôte de leurs âmes bassesse, vilenie et cruauté – entre autres vices – à l'égard des démunis et des misérables. *Les purger* signifie exhausser leurs âmes et les anoblir à travers la charité, la bénédiction et les biens d'ordre moral aussi bien que matériel, de quoi les rendre dignes du bonheur terrestre comme de la félicité éternelle.

Dieu le Très-Haut a dit : {*Oui, les pieux sont parmi des Jardins et des sources prenant ce que leur Seigneur leur apporte. Oui, ils ont été, auparavant, bienfaisants : ils dormaient peu, la nuit, et à chaque aube ils imploraient pardon ; et dans leurs biens le mendiant et le déshérité avaient un droit*} (S. 51, V. 15-19).[1] Ainsi, Dieu a-t-il fait de l'*ihsân* (de la bienfaisance) un des traits les plus caractéristiques des pieux ; une manifestation en est la prière nocturne, l'imploration à l'aube du pardon, signe d'adoration et de fervent attachement à Dieu. De même, une telle bienfaisance

---

1 ﴿إِنَّ ٱلْمُتَّقِينَ فِى جَنَّٰتٍ وَعُيُونٍ ءَاخِذِينَ مَآ ءَاتَىٰهُمْ رَبُّهُمْ ۚ إِنَّهُمْ كَانُوا۟ قَبْلَ ذَٰلِكَ مُحْسِنِينَ كَانُوا۟ قَلِيلًا مِّنَ ٱلَّيْلِ مَا يَهْجَعُونَ وَبِٱلْأَسْحَارِ هُمْ يَسْتَغْفِرُونَ وَفِىٓ أَمْوَٰلِهِمْ حَقٌّ لِّلسَّآئِلِ وَٱلْمَحْرُومِ﴾

trouve son illustration la plus tangible dans le respect des droits du démuni, dans la commisération et la philanthropie affichées à son égard.

Dieu le Très-Haut a dit : {*Les croyants et les croyantes sont amis les uns des autres. Ils commandent le convenable, et interdisent le blâmable, et établissent l'Office, et acquittent l'impôt et obéissent à Dieu et à Son Messager. Voilà ceux à qui Dieu va faire miséricorde*} (S. 9, V. 71).[1] En d'autres termes, le groupe que Dieu entoure de Sa bénédiction et de Sa miséricorde, c'est celui qui croit en Lui, celui dont les membres entretiennent des liens de solidarité et d'affection réciproque, commandent le convenable et interdisent le répréhensible. Ce sont également ceux qui font de la prière un pont qui les relie à Dieu et qui, par le biais de la *zakat,* renforcent leurs liens mutuels.

Dieu le Très-Haut a dit : {*A ceux qui, si Nous leur donnons la puissance sur terre, établiront l'Office, et acquitteront l'impôt, et ordonneront le convenable, et interdiront le blâmable. Cependant, la finale des affaires est à Dieu*} (S. 22, V. 41).[2] Il en ressort que le paiement de la *zakat* représente une des finalités de la puissance et de la domination sur terre.

At-Tirmidhî rapporte, citant Abû Kabsha Al-Anmârî, que le Prophète (ﷺ) a dit : « Il est trois choses dont je vous parlerai et sur lesquelles je jure avec force. Apprenez-les par cœur : jamais charité n'a signifié diminution des ressources. Tout serviteur opprimé qui sait endurer l'iniquité, ne s'en verra, par la grâce de Dieu, que pourvu d'une dignité et d'un honneur plus considérables. Et tout serviteur qui ouvre la voie de la mendicité verra que Dieu lui ouvrira la voie de la pauvreté. »

Citant Abû Hurayra, A<u>h</u>mad et At-Tirmidhî, lequel le juge authentique, rapportent ce *<u>h</u>adîth* : « Le Messager de Dieu (ﷺ) a dit : Dieu le Très-Haut, le Très Exalté, accepte la charité, qu'Il saisit par la main droite, qu'Il développe et amplifie à votre intention de la même façon que vous élevez votre poulain. Tant et si bien qu'une bouchée devient aussi énorme que le mont U<u>h</u>ud. » Wakî' constate : « La preuve en est cette parole divine : {*Ne savent-ils pas que, oui, c'est Dieu qui accueille le repentir de Ses servi-*

1 وَٱلْمُؤْمِنُونَ وَٱلْمُؤْمِنَٰتُ بَعْضُهُمْ أَوْلِيَآءُ بَعْضٍ يَأْمُرُونَ بِٱلْمَعْرُوفِ وَيَنْهَوْنَ عَنِ ٱلْمُنكَرِ وَيُقِيمُونَ ٱلصَّلَوٰةَ وَيُؤْتُونَ ٱلزَّكَوٰةَ وَيُطِيعُونَ ٱللَّهَ وَرَسُولَهُۥٓ أُوْلَٰٓئِكَ سَيَرْحَمُهُمُ ٱللَّهُ ﴾

2 ﴿ ٱلَّذِينَ إِن مَّكَّنَّٰهُمْ فِى ٱلْأَرْضِ أَقَامُوا۟ ٱلصَّلَوٰةَ وَءَاتَوُا۟ ٱلزَّكَوٰةَ وَأَمَرُوا۟ بِٱلْمَعْرُوفِ وَنَهَوْا۟ عَنِ ٱلْمُنكَرِ وَلِلَّهِ عَٰقِبَةُ ٱلْأُمُورِ ﴾

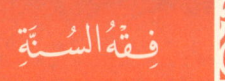

teurs et qui agrée les aumônes} (S. 9, V. 104).[1] Et cet autre verset : {*Dieu anéantit l'intérêt et fait fructifier les aumônes*} (S. 2, V. 276).[2] »

Ahmad rapporte par le biais d'une chaîne authentique, citant Anas (ﷺ), qu'un homme de la tribu de Tamîm vint trouver le Messager de Dieu (ﷺ) – et lui dit : « Ô Messager de Dieu, je suis un homme fort aisé. J'ai une famille et beaucoup de gens à qui j'offre l'hospitalité. Dis-moi comment procéder et comment dépenser mon argent. – Tu dois, répondit le Prophète, prélever la *zakat* sur tes biens. Elle te servira de purification. Tu dois entretenir des liens constants avec tes parents et tes proches Tu dois également respecter les droits du pauvre, du voisin et du quémandeur. »

On rapporte que 'Â'isha (رضي الله عنها) a dit : « Le Messager de Dieu (ﷺ) a dit : « Il est trois choses sur lesquels je jure avec force. Dieu ne saurait faire de celui qui a un fragment d'Islam l'équivalent de celui qui n'en a pas. Or, les trois fragments de l'Islam sont : la prière, le jeûne et la *zakat*. Dieu ne saurait prendre soin d'un homme dans la vie d'ici-bas et le confier aux soins d'autrui le Jour de la résurrection. Un homme aime-t-il un groupe de gens que Dieu le rangera parmi eux. Quant au quatrième précepte, j'espère ne pas pécher en le jurant : Dieu ne saurait protéger un homme dans la vie d'ici-bas sans en faire autant le Jour de la résurrection. »

At-Tabarânî rapporte dans son « *Awsat* », citant Jâbir (رضي الله عنه) : « Un homme demanda au Prophète (ﷺ) : « Ô Messager de Dieu, qu'en est-il de l'homme qui acquitte l'impôt sur ses biens ? – Celui qui acquitte l'impôt sur ses biens, répondit le Prophète (ﷺ), est un homme qui se prémunit du mal que recèlent ces biens.»

Al-Bukhârî et Muslim rapportent que Jarîr Ibn 'Abd Allâh dit : « J'ai prêté serment devant le Messager de Dieu (ﷺ) de faire la prière, d'acquitter la *zakat* et de prodiguer conseil à tout musulman. »

Les textes qui dissuadent les gens de forfaire à la *zakat*

- Dieu le Très-Haut dit : {*A ceux qui thésaurisent l'or et l'argent et ne les dépensent pas dans le sentier de Dieu, eh bien, annonce-leur un châtiment*

---

1 ﴿أَلَمْ يَعْلَمُوٓا۟ أَنَّ ٱللَّهَ هُوَ يَقْبَلُ ٱلتَّوْبَةَ عَنْ عِبَادِهِۦ وَيَأْخُذُ ٱلصَّدَقَٰتِ﴾

2 ﴿يَمْحَقُ ٱللَّهُ ٱلرِّبَوٰا۟ وَيُرْبِى ٱلصَّدَقَٰتِ﴾

douloureux, le jour où ces trésors seront surchauffés au feu de la Géhenne, et que ces gens en seront cautérisés, front, flancs et dos – « C'est là ce que vous avez thésaurisé ? Goûtez donc de ce que vous thésaurisiez !} (S. 9, V. 34-35).[1]

- Dieu le Très-Haut dit : {*Que ceux qui sont avares de ce que Dieu leur donne de par Sa grâce ne comptent point que ce soit bon pour eux ; au contraire, c'est mauvais pour eux : bientôt, au jour de la Résurrection, on leur attachera en guise de collier ce dont ils sont avares*} (S. 3, V. 180).[2]

- Ahmad, Ishâq et les deux sheikhs, Al-Bukhârî et Muslim, rapportent, citant Abû Hurayra : « Le Messager de Dieu (ﷺ) a dit : « Tout homme qui, thésaurisant de l'argent, ne s'acquitte pas de la *zakat*, verra cet argent chauffé au feu de la Géhenne et transformé en plaques brûlantes qui lui seront appliquées sur les flancs et sur le front, et ce jusqu'à ce que Dieu dicte Sa sentence à Ses serviteurs, en un jour qui dure cinquante mille ans. Puis sera arrêté son sort : Paradis ou Enfer. Tout homme qui, possédant des chameaux, ne s'acquitte pas de la *zakat* prescrite sera étendu dans une vaste vallée et sur son corps courront ces chameaux, qui le piétineront incessamment. Aussitôt que le dernier sera passé, le premier reviendra sur lui, et ce jusqu'à ce que Dieu dicte sa sentence à Ses serviteurs, en un jour qui dure cinquante mille ans. Puis sera arrêté le sort de cet homme : Paradis ou Enfer. Tout homme qui, possédant des ovins, ne s'acquitte pas de la *zakat* correspondante sera étendu dans une vaste vallée où ces bêtes le piétineront de leurs sabots et le transperceront à coups de cornes. Nulle bête parmi elles n'a des cornes enroulées ; nulle n'est dépourvue de cornes. Aussitôt que la dernière sera passée, la première reviendra sur lui, et ce jusqu'à ce que Dieu dicte sa sentence à Ses serviteurs, en un jour qui dure cinquante mille ans. Puis sera arrêté le sort de cet homme : Paradis ou Enfer. – Qu'en est-il des chevaux ? demanda-t-on. – Cela dépend de leur toupet, répondit le Prophète. – ou bien il a dit : sur le toupet des chevaux est marqué le bien jusqu'au Jour de la résurrection. Ils sont de

---

1 ﴿وَٱلَّذِينَ يَكْنِزُونَ ٱلذَّهَبَ وَٱلْفِضَّةَ وَلَا يُنفِقُونَهَا فِى سَبِيلِ ٱللَّهِ فَبَشِّرْهُم بِعَذَابٍ أَلِيمٍ يَوْمَ يُحْمَىٰ عَلَيْهَا فِى نَارِ جَهَنَّمَ فَتُكْوَىٰ بِهَا جِبَاهُهُمْ وَجُنُوبُهُمْ وَظُهُورُهُمْ هَٰذَا مَا كَنَزْتُمْ لِأَنفُسِكُمْ فَذُوقُوا۟ مَا كُنتُمْ تَكْنِزُونَ﴾

2 ﴿وَلَا يَحْسَبَنَّ ٱلَّذِينَ يَبْخَلُونَ بِمَآ ءَاتَىٰهُمُ ٱللَّهُ مِن فَضْلِهِۦ هُوَ خَيْرًا لَّهُم بَلْ هُوَ شَرٌّ لَّهُمْ سَيُطَوَّقُونَ مَا بَخِلُوا۟ بِهِۦ يَوْمَ ٱلْقِيَٰمَةِ﴾

trois sortes : pour tout homme, ils représentent soit une rétribution, soit une protection, soit un fardeau et un péché. Ils représentent une rétribution pour celui qui s'en sert pour la cause de Dieu et qui les nourrit à cet effet : dès lors, tout ce que ces bêtes introduisent dans leurs ventres, tout ce qu'elles broutent dans les pâturages, est une rétribution que Dieu assigne à cet homme. Chaque goutte d'eau qu'elles boivent dans une rivière et qu'elles introduisent dans leurs ventres est également une rétribution pour cet homme. Il en va de même de toute chose qui s'y rapporte : de leur urine comme de leur crottin. Mieux, si elles gagnent une colline, chaque pas que cet homme y fera lui vaudra une rétribution. Quant aux chevaux qui font figure de voile protecteur, ce sont ceux que leur propriétaire entoure de force attentions : il prend soin de leur beauté comme de leur nourriture, n'oubliant ainsi ni leur aspect extérieur ni leur aspect intérieur, que ce soit dans la fortune ou dans l'adversité. Quant aux chevaux qui tiennent lieu de fardeau et de péché, ce sont ceux dont le propriétaire cherche une réjouissance extrême, et trouve du plaisir dans l'apparat, la vanité et l'ostentation devant autrui. – Qu'en est-il des ânes, ô Messager de Dieu, lui demanda-t-on. – Nulle parole divine afférente à leur sujet ne m'a été révélée, excepté ce verset, qui est certes d'une éloquence rare et d'une portée exhaustive : {*Quiconque fait un bien du poids d'un atome, le verra, et quiconque fait un mal du poids d'un atome, le verra*} (S. 99, V. 7-8).[1] Al-Bukhârî et Muslim rapportent, citant Abû Hurayra, que le Prophète (ﷺ) a dit : « Celui à qui Dieu prodigue des biens et qui ne verse pas la zakat correspondante, ce bien se présentera à lui le jour de la Résurrection sous la forme d'un serpent mâle, redoutable et venimeux, avec deux trous noirs au-dessus des yeux. L'animal l'étreindra, lui saisira les mâchoires et lui dira : « C'est moi ton trésor, c'est moi ton argent. » Et le Messager de Dieu de réciter ce verset coranique : {*Que ceux qui sont avares de ce que Dieu leur donne de par Sa grâce ne comptent point que ce soit bon pour eux*} (S. 3, V. 180).[2]

- Ibn Mâjah, Al-Bazzâr, et Al-Bayhaqî (ce dernier étant le rapporteur de cette version) mentionnent, citant Ibn 'Amr (رضي الله عنهما) : « Le Messager de Dieu (ﷺ) a dit : « Ô gens de l'Exode, il y a cinq tares à éviter, dont j'implore Dieu de vous préserver : si le dévergondage apparaît parmi un groupe de gens, ils se verront immanquablement assaillis par toute

---

1 ﴿فَمَن يَعْمَلْ مِثْقَالَ ذَرَّةٍ خَيْرًا يَرَهُۥ وَمَن يَعْمَلْ مِثْقَالَ ذَرَّةٍ شَرًّا يَرَهُۥ﴾

2 ﴿وَلَا يَحْسَبَنَّ ٱلَّذِينَ يَبْخَلُونَ بِمَآ ءَاتَىٰهُمُ ٱللَّهُ مِن فَضْلِهِۦ هُوَ خَيْرًا لَّهُم﴾

sorte de maux qui étaient inédits chez leurs prédécesseurs. Si un groupe de gens pratique la fraude dans la balance et la mesure, il sera en proie à la misère et la disette, ainsi qu'à l'oppression de son gouverneur. S'il refuse d'acquitter la *zakat* sur ses biens, lui sera alors refusée la pluie du ciel ; n'était son bétail, il ne verrait pas une goutte de pluie. Il ne saurait forfaire au Pacte de Dieu et de Son Messager sans que lui soit envoyé un ennemi extérieur qui s'empare d'une partie de ses richesses. Et si ses imams jugent et légifèrent autrement qu'en référence au Livre Sacré, ces gens se verront alors tourmentés par les guerres intestines. »

- Al-Bukhârî et Muslim rapportent qu'Al-Ahnaf Ibn Qays a dit : « J'étais en compagnie d'un groupe de gens de Quraysh quand un homme se présenta, les cheveux raides, les vêtements et l'aspect dénués de tout raffinement. Il salua et dit : « A ceux qui thésaurisent, dis-leur qu'ils auront droit à des pierres surchauffées au feu de la Géhenne, qui, introduites par le bout de leurs seins, sortiront par le haut de leurs épaules, et qui, introduites par le haut de leurs épaules, sortiront par le bout de leurs mamelons. Ils seront saisis de toute une secousse. » Sur ce, il s'éloigna et s'assit, le dos à une colonne. Je le suivis et m'assis à côté de lui sans savoir qui il était. – Il est certain que ces gens n'ont pas apprécié vos propos, remarquai-je. – Ils manquent complètement de sagacité, dit-il. Mon bien-aimé m'a confié… – Qui est ton bien-aimé ? demandai-je. – Le Prophète (ﷺ). Il me dit un jour : « Vois-tu Uhud ? » Je jetai un coup d'œil au soleil, afin de voir ce qui restait du jour. Il me semblait que le Messager de Dieu (ﷺ) m'envoyait pour quelque besogne. – Oui, je le vois, répondis-je. – Combien j'aimerais posséder une quantité d'or aussi grande que le mont Uhud pour la dépenser entièrement dans la charité. Je n'en garderais que trois dinars. – Ces gens-là sont dénués de discernement. Ils amassent les richesses de ce monde. Par Dieu, je ne les interrogerai sur leur vie terrestre ni sur leur foi que lorsque je rencontrerai Dieu le Très-Haut, le Très Exalté. »

Le statut légal de celui qui refuse de s'acquitter de la *zakat*

La *zakat* est une obligation qui fait l'objet d'un consensus de la Communauté. Elle est devenue si notoire qu'elle s'est érigée en une des composantes essentielles de la religion. Tant et si bien que quiconque s'avise d'en nier le caractère normatif est jugé comme étant un apostat ; il peut même risquer sa vie pour impiété, à moins qu'il ne s'agisse d'un novice en Islam, auquel cas on ne lui tiendra pas rigueur, eu égard à sa méconnaissance de la législation musulmane.

Cependant, celui qui se refuse à verser la *zakat* tout en la jugeant obligatoire par conviction, celui-là est considéré comme un pécheur, non comme un apostat. Dans ce cas, il incombe au gouvernant de lui prélever cet impôt de manière coercitive et de lui infliger des sanctions, tout en prenant soin de ne pas lui enlever plus que ce qui est dû.

Par contre, Ash-Shâfi'î, dans son ancien avis, et Ahmad soutiennent qu'en plus des sommes à prélever en guise de *zakat*, l'autorité doit lui infliger une sanction consistant en la saisie de la moitié de ses biens. Qu'on en juge par ce *hadîth*, rapporté par Ahmad, An-Nasâ'î, Abû Dâwûd, Al-Hâkim et Al-Bayhaqî, citant Buhz Ibn Hakîm, lequel cite son père, qui le tient à son tour de son père : « J'ai entendu le Messager de Dieu (ﷺ) affirmer : « De tout troupeau de chameaux, il faut donner une bête de pâturage. De tout troupeau de quarante chamelles laitières, on n'exceptera aucune bête dans le décompte : celui qui les offrira en aspirant à la rétribution divine aura cette rétribution à son actif. Quant à celui qui refuse de s'acquitter de cette obligation, nous nous chargerons de lui enlever les sommes dues, ainsi que la moitié de ses biens ; c'est là un droit à observer vis-à-vis de Notre Seigneur le Béni, le Très-Haut. La famille de Muhammad n'a pas droit à la plus infime partie de ces biens. » Interrogé sur la chaîne de transmission de ce *hadîth*, Ahmad la qualifie de plausible (*sâlih al-isnâd*). De Buhz, Al-Hâkim dit que son *hadîth* est authentique.

Par ailleurs, si un groupe de gens se refuse à payer cette aumône légale tout en étant convaincu de son caractère obligatoire, et que ce groupe soit puissant et difficile à soumettre, il devient alors impératif de le combattre jusqu'à ce qu'il obtempère. Pour preuve, Al-Bukhârî et Muslim rapportent, citant Ibn 'Umar (رضي الله عنهما) que le Prophète (ﷺ) a dit : « Il m'a été ordonné de livrer bataille aux gens jusqu'à ce qu'ils témoignent qu'il n'est d'autre divinité en dehors de Dieu, et que Muhammad est Son messager, qu'ils accomplissent la prière et acquittent la *zakat*. S'ils suivent ces enseignements, ils auront évité que soit versé leur sang et confisqués leurs biens, sauf pour ce qui relève du droit de l'Islam. C'est à Dieu que ces gens sont comptables.»

Une autre preuve en est le récit rapporté par Al-Bukhârî, Muslim, Abû Dâwûd, At-Tirmidhî, An-Nasâ'î, Ibn Mâjah et Ahmad, qui citent Abû Hurayra : « Après le décès du Messager de Dieu (ﷺ), lorsqu'Abû Bakr fut investi du califat et qu'apparurent des renégats parmi les Arabes, 'Umar reprocha à Abû Bakr : « Comment livrerais-tu bataille à ces gens alors que le Messager de Dieu(ﷺ) a dit : « Il m'a été ordonné de livrer bataille aux gens jusqu'à ce qu'ils témoignent qu'il n'est de dieu que Dieu. Celui qui professera cela aura évité sa propre perte, préservant ses biens et sa vie contre mes représailles, sauf pour ce qui relève du droit de l'Islam. C'est devant Dieu que cet homme est comptable. » Et Abû Bakr de rétorquer : « Par Dieu, je combattrai avec acharnement quiconque sépare prière et aumône légale. Celle-ci est une obligation sur les biens. Par Dieu, si les gens me refusaient un chevreau qu'ils doivent acquitter au Messager de Dieu (ﷺ), je m'en prendrais à eux ! »

« Par Dieu, jura 'Umar, quand je vis qu'Abû Bakr était à ce point disposé au combat, je sus de science certaine qu'il était dans le vrai. »

Dans la version de Muslim, d'Abû Dâwûd et d'At-Tirmidhî, est employé le vocable *corde* (*'iqâl*) au lieu de *chevreau* (*'inâq*).

Qui est astreint à l'aumône légale ?

La *zakat* est une obligation pour tout musulman affranchi et possédant le seuil minimal (ou *niṣâb*) de l'un des biens concernés par cet impôt. Le seuil minimal de ces biens doit remplir les conditions suivantes :

1- Être excédentaire par rapport aux besoins essentiels de l'individu (boisson, nourriture, vêtement, habitat, moyen de transport, matériel de travail).

2- Avoir duré une année lunaire révolue, cette année débutant le jour où l'on dispose de ce seuil minimal. Celui-ci doit être entier durant toute cette période ; s'il accuse quelque diminution, le compte ne recommencera que depuis le jour où ce minimum sera complet. An-Nawawî constate dans son « *Al-Majmû'* » : « Notre opinion, que partagent également Mâlik, Aḥmad, autant que la plupart des érudits, est que, pour les biens sur lesquels l'acquittement de la *zakat* est obligatoire, et sur lesquels s'applique la règle de la durée d'une année – cas de l'or, de l'argent et du bétail -, il est impératif que le seuil minimal soit maintenu durant toute l'année. Si celui-ci vient à diminuer à un moment de cette période, le décompte de la durée sera à établir depuis l'instant où le *niṣâb* sera entier. Selon Abû Ḥanîfa, ce qui est pris en compte, c'est que le seuil minimal soit disponible au début et à la fin de l'année. Peu importe s'il se trouve entamé entre-temps. Si l'individu possède deux cents dirhams et qu'au cours de l'année, il perd toute cette somme à l'exception d'un dirham ; de même, s'il dispose de quarante brebis et qu'au cours de l'année, il perd tout le troupeau à l'exception d'une brebis ; et si au bout d'une année, il possède de nouveau les deux cents dirhams ou les quarante brebis, il est alors de son devoir d'acquitter l'impôt correspondant. De cette condition est exclue la *zakat* sur les fruits des récoltes et des cueillettes, cette *zakat* étant à acquitter immédiatement. Dieu le Très-Haut a dit : {*Acquittez-en les droits, le jour de la récolte*} (S. 6, V. 141).

Dans ce sens, Al-'Abdarî affirme : « Les biens assujettis à la *zakat* sont de deux sortes : les uns sont par définition déjà développés, tout prêts, tels les céréales et les fruits ; étant disponibles, leur *zakat* est à verser sur le champ. Les autres, argent, capitaux, articles de commerce, bétail, sont destinés à se développer. Aussi la *zakat* imposable sur leur seuil minimal ne doit-elle être versée qu'au bout d'une année. C'est l'opinion unanime des juristes. »

L'aumône légale sur les biens de la pupille et du fou

Le tuteur d'une pupille ou d'un fou est tenu de verser l'impôt correspondant à leurs biens si ces derniers atteignent le seuil minimal représentant l'assiette de la *zakat*. 'Amr Ibn Shu'ayb a transmis ce *hadîth*, citant son père, lequel a cité également son père, qui le tient de 'Abd Allâh Ibn 'Amr : « Le Messager de Dieu (ﷺ) a dit : « Le tuteur d'une pupille possédant des biens se doit d'investir cet argent dans quelque commerce et ne pas le laisser jusqu'à ce qu'il soit anéanti par la *zakat*. » La chaîne de transmission de ce *hadîth* est faible. Al-Hâfidh note qu'il y a une version relâchée (*mursal*) de ce texte chez Ash-Shâfi'î. Ce dernier l'a entériné par le fait que l'ensemble des *hadîth* juge absolument obligatoire la *zakat* dans pareils cas. Pour preuve, le fait que 'Â'isha (رضي الله عنها) ait veillé à verser la *zakat* imposable à des pupilles dont elle était responsable.

Selon At-Tirmidhî, ce point fait l'objet d'un désaccord entre les érudits. Plus d'un parmi les Compagnons du Prophète (ﷺ), dont 'Umar, 'Alî, 'Â'isha, Ibn 'Umar, auxquels s'ajoutent Mâlik, Ash-Shâfi'î, Ahmad et Ishâq, estiment que les biens de la pupille sont assujettis à la *zakat*. D'autres, à l'image de Sufyân et Ibn Al-Mubârak, considèrent, par contre, qu'il n'en est rien.

Le contribuable endetté

Celui qui possède des biens assujettis à la *zakat*, mais qui se trouve endetté est tenu de s'acquitter d'abord de ses dettes, puis de verser la *zakat* s'il dispose du seuil minimal ; autrement, il en est exonéré, car il serait jugé nécessiteux. Le Messager de Dieu (ﷺ) affirme, en effet : « Il n'est d'aumône [entendre : d'aumône légale] qu'en situation d'aisance. » Ce *hadîth* est rapporté par Ahmad, et mentionné par Al-Bukhârî dans un en-tête (de son *Sahîh*). Le Messager de Dieu (ﷺ) parle d'ailleurs d'« un impôt sur leurs biens qui sera prélevé aux riches parmi eux et destiné aux pauvres. »

Sont pareilles en cela, la dette de l'individu envers Dieu et celle qu'il aura contractée envers les humains. Mieux, le *hadîth* préconise, comme on le verra plus loin que « l'acquittement de la dette envers Dieu est prioritaire.»

Le cas de la personne décédée sans avoir acquitté la *zakat*

Au cas où une personne trépasse sans avoir acquitté la *zakat*, celle-ci sera perçue sur sa succession : seront d'abord payés ses créanciers, puis réglés le testament et la répartition des biens entre héritiers, à en juger par cette parole divine relative aux lois successorales : {*après exécution du testament qu'il aurait fait ou paiement d'une dette*} (S. 4, V. 12).[1] La *zakat* représente une dette contractée envers Dieu. A telle enseigne qu'Ibn 'Abbâs (رضي الله عنهما) rapporte qu'un homme vint trouver le Messager de Dieu (ﷺ) et lui demanda : « Ma mère est décédée sans s'être acquittée du jeûne d'un mois. Dois-je l'accomplir à sa place ? – Si ta mère était endettée, s'enquit le Messager de Dieu, paierais-tu ses dettes ? – Certes, répondit l'homme. – Eh bien, répondit le Messager de Dieu, la dette que l'on a envers Dieu est plus à même d'être réglée.»[2]

L'intention est une condition de validité du paiement de la *zakat*

Étant un acte cultuel, la *zakat* doit être assortie de l'intention pour être valide. Ainsi, en l'acquittant, l'assujetti doit avoir comme finalité d'agir pour la cause de Dieu, d'aspirer à Sa rétribution, avec la ferme conviction qu'il s'agit là d'une obligation. Dieu le Très-Haut dit : {*Il ne leur a été commandé, cependant, que d'adorer Dieu, en purifiant pour Lui*

---

1 ﴿مِنۢ بَعۡدِ وَصِيَّةٍ يُوصَىٰ بِهَآ أَوۡ دَيۡنٍ﴾

2 *Hadîth* rapporté par Al-Bukhârî et Muslim.

la religion, en sincères} (S. 98, V. 5).[1]

On lit, dans le « Sa*h*î*h* », que le Prophète (ﷺ) a dit : « Les actes ne valent que par l'intention qui les motive. Chacun ne fait que ce qu'il a conçu l'intention de faire. »

L'intention, Mâlik et Ash-Shâfi'î en font une condition essentielle lors du versement de la *zakat*. Pour Abû Hanîfa, l'intention doit exister au moment du paiement ou bien lorsque l'on met de côté les sommes dues. Ahmad, pour sa part, estime que l'intention peut être formulée peu avant le moment du paiement.

Le paiement de la *zakat* au moment où elle est due

Dès que le paiement devient impératif, il faut l'effectuer. Il est prohibé de le retarder, à moins qu'il soit impossible de l'effectuer, pour une raison quelconque. Pour preuve, ce propos de 'Uqba Ibn Al-Hârith rapporté par Ahmad et Al-Bukhârî : « J'ai fait la prière de l'après-midi en compagnie du Messager de Dieu (ﷺ). Ayant prononcé le salut final, il se leva rapidement et alla trouver l'une de ses épouses. Lorsqu'il revint, et voyant l'étonnement qui se lisait sur nos visages, il déclara : « Je me suis rappelé au milieu de la prière une certaine quantité d'or dont nous disposions. Redoutant que ce bien ne reste chez nous la nuit, j'ai ordonné qu'il soit aussitôt réparti.»

Ash-Shâfi'î et Al-Bukhârî – dans son « *Târîkh* » – rapportent, citant 'Â'isha (رضي الله عنها) : « Le Prophète (ﷺ) a dit : « L'aumône [entendre la *zakat*] se trouve-t-elle mélangée à un autre argent qu'elle ne manquera pas de provoquer sa perte. » Ce *hadîth* est rapporté par Al-Humaydî, qui ajoute, en guise d'explication : « Une partie de ton argent doit nécessairement être destinée à la *zakat*. Tu manques à son acquittement et voilà que le licite se voit détruit par l'illicite. »

Acquitter la *zakat* avant terme

Il est permis de verser la *zakat* un ou deux ans avant terme. Az-Zuhrî affirme : « Il n'y a aucun mal à ce que l'assujetti paie son dû un an plus tôt. »

Interrogé sur un homme qui avait acquitté par avance la *zakat* correspondant à trois ans, Al-Hasan répondit que cela était valable. Ash-

---

1 ﴿وَمَآ أُمِرُوٓاْ إِلَّا لِيَعۡبُدُواْ ٱللَّهَ مُخۡلِصِينَ لَهُ ٱلدِّينَ﴾

Shawkânî précise qu'à cette opinion, adhèrent Ash-Shâfi'î, Ahmad, Abû Hanîfa, de même qu'Al-Hâdî et Al-Qâsim. « Cette option est la meilleure », note Al-Mu'ayyad Billâh.

En revanche, d'autres estiment que cela n'est point valide ; il faut pour cela que l'année s'achève. C'est l'opinion de Mâlik, de Rabî'a, de Sufyân Ath-Thawrî, de Dâwûd, d'Abû 'Ubayd Ibn Al-Hârith, et, parmi les *ahl al-bayt*, d'An-Nâsir. Ce disant, ils invoquent les *hadîth* susmentionnés selon lesquels il est impératif de verser la *zakat* au bout d'un an depuis la possession du minimum imposable. Cependant, cet argument ne contredit point l'opinion préconisant le paiement avancé, sachant que dans tous les cas, l'obligation porte sur le critère de la durée d'un an, critère qui fait l'unanimité. Le désaccord concerne uniquement le caractère valide ou non du versement anticipé.

Ibn Rushd commente : « Le point clé de ce désaccord est la question de savoir s'il s'agit là d'une pratique cultuelle ou d'une obligation envers les pauvres. Ceux qui optent pour la première réponse assimilent la *zakat* à la prière et interdisent donc qu'elle soit acquittée avant terme. Quant à ceux qui l'identifient à une obligation à terme, ils considèrent qu'il est licite de s'en acquitter précocement, en guise de surérogation. Ash-Shâfi'î a étayé son point de vue par le *hadîth* de 'Alî (ﷺ) selon lequel le Prophète(ﷺ) demanda à Al-'Abbâs de verser sa *zakat* avant échéance. »

L'invocation en faveur de la personne qui acquitte la *zakat*

Il est recommandé de prononcer des invocations en faveur du donateur de la *zakat* au moment où on la recueille. Dieu le Très-Haut dit à ce sujet : {*Prélève une aumône sur leurs biens afin de les purifier et de les rendre meilleurs. Prie sur eux, car tes prières leur sont un apaisement*} (S. 9, V. 103).[1]

'Abd Allâh Ibn Abî Awfâ rapporte que chaque fois qu'il recueillait une aumône légale, le Messager de Dieu (ﷺ) adressait à Dieu cette invocation : « Seigneur, prie sur eux. » « Mon père, poursuit 'Abd Allâh, étant venu lui verser sa part, le Messager de Dieu (ﷺ) implora Dieu en ces termes : « Seigneur, prie sur la famille d'Abû Awfâ. » Ce *hadîth* est rapporté par Ahmad, entre autres traditionnistes.

Citant Wâ'il Ibn Hujr, An-Nasâ'î rapporte : « le Messager de Dieu (ﷺ)

---

1 ﴿خُذْ مِنْ أَمْوَٰلِهِمْ صَدَقَةً تُطَهِّرُهُمْ وَتُزَكِّيهِم بِهَا وَصَلِّ عَلَيْهِمْ إِنَّ صَلَوٰتَكَ سَكَنٌ لَّهُمْ﴾

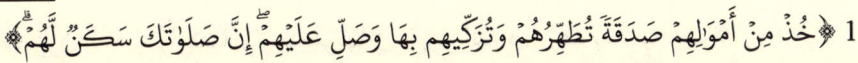

dit à propos d'un homme qui avait envoyé une bonne chamelle en guise de *zakat* : « Seigneur bénis cet homme ainsi que ses chameaux. »

Ash-Shâfi'î précise : « Il est recommandé à l'imâm, lorsqu'il recueille la *zakat* du contribuable, de lui dire l'invocation suivante : « Dieu te rétribue pour ce que tu as donné, et bénisse ce qui te reste. »

Les biens assujettis à l'aumône légale

L'Islam a prescrit la *zakat* sur l'or, l'argent, les récoltes, les cueillettes, les articles de commerce, le bétail, les minerais et les trésors.

La *zakat* sur l'or et l'argent

Son caractère obligatoire

On lit dans le Saint Coran : {*A ceux qui thésaurisent l'or et l'argent et ne les dépensent pas dans le sentier de Dieu, eh bien, annonce-leur un châtiment douloureux, le jour où ces trésors seront surchauffés au feu de la Géhenne, et que ces gens en seront cautérisés, front, flancs et dos – « C'est là ce que vous avez thésaurisé ? Goûtez donc de ce que vous thésaurisiez !*} (S. 9, V. 34).[1]

L'or et l'argent sont soumis à la *zakat*, qu'ils soient sous forme de pièces de monnaie, de lingots ou de matière brute, à condition que soit disponible le seuil minimal, que ce seuil perdure un an et qu'il ne soit pas assujetti à des dettes ou destiné à des besoins essentiels.

Le minimum de la quotité imposable en matière d'or

Il n'est point de *zakat* sur l'or tant que sa quantité disponible n'a pas atteint la valeur de vingt dinars. Si elle atteint cette assiette, et qu'elle dure une année entière, on en versera le quart du dixième, soit : un demi dinar. Au-delà de vingt dinars, la contribution est également le quart du dixième. Qu'on en juge par ce que rapporte 'Alî (ﷺ) d'après le Prophète (ﷺ) : « Tu es exempt de toute contribution, à moins que tu ne possèdes durant une année entière une valeur de vingt dinars (or), auquel cas tu dois acquitter un demi dinar. Au-delà de cette valeur, tu verseras la *zakat* à proportion de ce que tu possèdes. La monnaie n'est point assujettie à la *zakat* tant qu'elle n'a pas accompli une année lunaire » Ce *hadîth* est rapporté par Ahmad, Abû Dâwûd et Al-Bayhaqî ;

---

1 ﴿وَٱلَّذِينَ يَكْنِزُونَ ٱلذَّهَبَ وَٱلْفِضَّةَ وَلَا يُنفِقُونَهَا فِى سَبِيلِ ٱللَّهِ فَبَشِّرْهُم بِعَذَابٍ أَلِيمٍ﴾

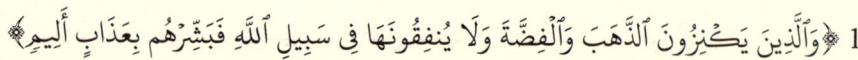

Al-Bukhârî l'a authentifié et Al-Hâfidh l'a jugé bon.

Zurayq, le client des Banû Fizâra rapporte que lorsqu'il devint gouverneur, il reçut de 'Umar Ibn 'Abd Al-'Azîz la lettre suivante : « Des commerçants musulmans qui viendront te trouver, tu prendras – sur les sommes qu'ils utilisent dans leur commerce – un dinar sur quarante. En deçà de cette somme, tu prélèveras le taux correspondant, jusqu'à en arriver à vingt dinar. Si la contribution est inférieure au tiers d'un dinar, alors renonces-y. Prends soin de leur consigner par écrit un acquit, qui servira jusqu'à la même date de l'année suivante. » Ce propos est rapporté par Ibn Abî Shayba.

Dans son *Muwatta'*, Mâlik constate : « La Sunna qui ne soulève point de divergence est que l'assiette de la *zakat* doit être de vingt dinars ou deux cents dirhams, les vingt dinars équivalant à vingt-huit dirhams égyptiens. »

Le minimum de la quotité imposable en matière d'argent

Il n'est point de *zakat* sur l'argent tant que sa quantité n'a pas atteint la valeur de deux cents dirhams. Si elle atteint cette assiette, on en versera le quart du dixième. Au-delà de ce niveau, que la quantité soit grande ou petite, la contribution sera également le quart du dixième. Car dans la *zakat* sur la monnaie, il n'est point d'exonération dès que le seuil minimal est atteint. 'Alî (ﷺ) rapporte que le Prophète (ﷺ) a dit : « Je vous ai exempté de la *zakat* sur les chevaux et les esclaves. Payez donc celle de l'argent : sur tous les quarante dirhams, on paiera un dirham ; rien à acquitter sur les sommes de cent quatre-vingt-dix dirhams. Mais lorsque la somme atteindra les deux cents dirhams, la contribution sera alors de cinq dirhams. » Ce *hadîth* est rapporté par les auteurs des « *Sunan* », (Abû Dâwûd, At-Tirmidhî, An-Nasâ'î et Ibn Mâjah) ; At-Tirmidhî affirme avoir interrogé Al-Bukhârî sur ce *hadîth*, il lui confirma son authenticité. De l'avis des érudits, explique At-Tirmidhî, en deçà de cinq onces, il n'y a point de *zakat*, l'once équivalant à quarante dirhams, donc, cinq onces, à cent dirhams. Cette dernière somme vaut vingt-huit réaux et cinq cent cinquante-cinq écus égyptiens.

Joindre l'or et l'argent

Si un homme possède en fait d'or, ainsi qu'en fait d'argent, moins du seuil minimal, il ne sera pas tenu de joindre l'un à l'autre pour obtenir l'assiette de l'impôt. Car il s'agit de deux espèces distinctes, comme c'est le cas pour les bovins et les ovins. Ainsi, s'il dispose de cent quatre-vingt-dix dirhams et de dix-neuf dinars, il sera exonéré d'impôt.

La *zakat* sur les dettes

Les dettes présentent deux cas :

1- Le débiteur reconnaît sa dette et se montre solvable. A ce propos, nombreuses sont les opinions des érudits :

- La *zakat* sur la dette incombe au créancier, mais il doit attendre de toucher les sommes dues pour acquitter la *zakat* correspondante, et ce pour toute la période écoulée. C'est l'opinion de 'Alî, d'Ath-Thawrî, d'Abû Thawr, des hanafites ainsi que des hanbalites.

- Le créancier est tenu de verser la *zakat* immédiatement, quand bien même il n'aurait pas recouvré sa dette. C'est qu'il est en mesure de reprendre son argent et de le gérer à sa guise. Aussi, doit-il verser l'impôt comme s'il eût été question d'un bien confié en dépôt. C'est l'opinion de 'Uthmân, d'Ibn 'Umar, de Jâbir, de Tâwûs, d'An-Nakha'î, d'Al-Hasan, d'Az-Zuhrî, de Qatâda ainsi que d'Ash-Shâfi'î.

- Cette somme n'est pas imposable, car elle ne produit pas de bénéfices, tout comme les articles objet d'une acquisition. Telle est l'opinion de 'Ikrima ; cette opinion est également attribuée à 'Â'isha et à Ibn 'Umar (ﷺ).

- Si le créancier recouvre sa dette, il ne doit payer que la contribution correspondant à une seule année. C'est l'opinion affichée par Sa'îd Ibn Al-Musayyab et par 'Atâ' Ibn Abî Rabâh.

2- Second cas : le débiteur est insolvable, il nie la dette ou bien il tergiverse. Dans ce cas, on a avancé que la somme de la dette n'était pas assujettie à la *zakat*, car il s'agit d'un bien dont on ne peut jouir. Tel est le point de vue de Qatâda, d'Ishâq, d'Abû Thawr, ainsi que des hanafites. Certains érudits, dont Ath-Thawrî et Abû 'Ubayd, disent que le créancier est tenu, s'il touche sa dette, d'en acquitter la *zakat* pour la période écoulée. Car c'est désormais un bien dont il dispose et qu'il peut gérer à loisir. Cet avoir est donc imposable pour toute la période écoulée, tout comme la dette contractée par une personne opulente. Ces deux dernières thèses ont été attribuées à Ash-Shâfi'î. Selon l'opinion de 'Umar Ibn 'Abd Al-'Azîz, d'Al-Hasan, d'Al-Layth, d'Al-Awzâ'î et de Mâlik, le créancier s'en tiendra à la contribution d'une seule année.

Les billets de banque et les bons du Trésor

Ces documents représentant des emprunts garantis sont assujettis à la *zakat* ; ils le sont toutes les fois que leur valeur atteint le seuil minimal. Car il est toujours loisible de verser immédiatement leur valeur en argent.

La *zakat* sur les bijoux

Les docteurs sont unanimes à considérer que les diamants et les pierres précieuses (rubis, corail, topaze, émeraude, etc.) ne sont pas imposables, à moins qu'ils soient utilisés à des fins commerciales.

Cependant ils divergent concernant les bijoux en or et en argent à usage féminin : les uns, tels Abû Hanîfa et Ibn Hazm, jugent qu'ils doivent être assujettis à la *zakat* si le seuil minimal est atteint. Ils invoquent à ce titre le *hadîth* rapporté par 'Amr Ibn Shu'ayb, qui cite son père, lequel tient ce propos également de son père : « Deux femmes vinrent trouver le Prophète (ﷺ), les bras ornées de bracelets d'or : « Voulez-vous, leur dit-il, que Dieu vous mette des bracelets de feu le Jour de la résurrection ? – Non, répondirent-elles. – Alors, reprit-il, acquittez donc la contribution portant sur ce qu'il y a sur vos mains. »

Asmâ', fille de Yazîd, rapporte : « J'entrai en compagnie de ma tante chez le Prophète (ﷺ), chacune de nous ayant des bracelets en or au poignet. – Payez-vous la *zakat* sur cet or ? nous demanda-t-il. – Non, répondîmes-nous. – Ne craignez-vous pas que Dieu vous applique des bracelets de feu ? Acquittez donc sa *zakat*. » Selon Al-Haythamî, ce *hadîth* a été rapporté par Ahmad, assorti d'une chaîne jugée bonne.

'Âisha (رضي الله عنها) rapporte : « Le Messager de Dieu (ﷺ) entra chez moi et vit des bagues en argent à mes doigts. – Qu'est-ce que c'est, ô 'Âisha ? me demanda-t-il. – Des bagues que j'ai fait fabriquer pour que tu me trouves belle. – Acquittes-tu la *zakat* sur ces bagues ? s'enquit-il. – Non, ou si ce n'est ce que Dieu veut, répondis-je. – Ce sera ta part du Feu (à moins que tu verses la *zakat* dessus). »[1]

Quant à Mâlik, Ash-Shâfi'î et Ahmad, ils estiment que les bijoux de la femme ne sont point imposables, quelle que soit leur valeur. Al-Bayhaqî rapporte en effet que Jâbir Ibn 'Abd Allâh, ayant été questionné en ces termes : « Les bijoux sont-ils assujettis à la *zakat* ? », répondit par la

1 *Hadîth* rapporté par Abû Dâwûd, Ad-Dâraqutnî et Al-Bayhaqî.

négative. « Même s'ils valent mille dinars ? lui demanda-t-on. – Même s'ils valent plus encore, trancha-t-il. »

Al-Bayhaqî rapporte également qu'Asmâ', fille d'Abû Bakr, parait ses filles de bijoux en or. Or, elle ne versait point de *zakat* dessus, eussent-ils valu cinquante mille dirhams.

On lit dans le « *Muwatta'* » : « 'Abd Ar-Rahmân Ibn Al-Qâsim rapporte, citant son père, que 'Â'isha (رضي الله عنها) avait la tutelle de ses nièces (filles de son frère) orphelines. Or, 'Â'isha ne versait point de *zakat* sur leurs bijoux. Il en va de même de 'Abd Allâh Ibn 'Umar, qui offrait des parures en or à ses filles et à ses esclaves et n'acquittait point de *zakat* sur cet or.

Al-Khattâbî commente : « A en juger par le sens explicite du Livre Sacré, c'est la thèse préconisant l'obligation de payer la *zakat* sur les bijoux qui se trouve confortée. La tradition est là aussi pour l'entériner. L'opinion contraire reste sujette à caution, de même qu'une partie de la tradition. Le plus prudent serait d'acquitter la *zakat*. »

Si la divergence concerne ici les bijoux dont le port est licite pour la femme, il est à souligner que sont jugées interdites les parures inconvenantes – les parures masculines par exemple, tel le port d'une épée pour une femme. Dans ce cas, la *zakat* est obligatoire. Il en va de même des ustensiles en or et en argent.

La *zakat* sur la dot de la mariée

Selon Abû Hanîfa, la dot est exonérée de la *zakat* tant que l'épouse n'en a pas pris possession. Car la dot représente autre chose que la seule monnaie. Aussi, n'est-elle imposable qu'après sa prise de possession en espèces, comme c'est le cas pour les dettes consignées. Une fois touché cet argent, il doit atteindre le seuil minimal constituant l'assiette de la *zakat* et être entre les mains de l'épouse durant un an ; à moins que la femme ne possède un *nisâb* (seuil minimal) autre que celui de la dot, auquel cas elle le joindra à celui-ci et paiera la *zakat* correspondante après expiration d'un an.

Ash-Shâfi'î estime que la femme est tenue de verser la *zakat* sur la dot qu'elle aura perçue, et ce après écoulement d'une année. L'ensemble de la dot est imposable au bout d'un an, même au cas où la femme n'aurait pas encore rejoint le foyer conjugal. Peu importe si la dot est exposée à être restituée pour cause de séparation, de rupture ou que la moitié de la dot le soit pour cause de divorce.

Pour les hanbalites, la dot est une dette du mari envers la mariée. Son statut est pareil à celui des autres dettes. Si donc le mari est un homme aisé, l'acquittement de la *zakat* correspondant à la période écoulée est obligatoire dès que l'épouse perçoit sa dot. S'il s'agit d'un homme insolvable ou qui désavoue cette dette, la *zakat* est également impérative, selon l'avis d'Al-Khiraqî. Et peu importe si l'épouse rejoint le foyer conjugal avant ou après le versement. Si la dot se trouve réduite à la moitié pour divorce avant l'installation dans le foyer conjugal, et que la femme ait perçu cette moitié, elle se doit alors de payer la *zakat* proportionnellement à ce qu'elle a touché. De même, si le versement de la totalité de la dot est annulé avant d'être perçu par la femme suite à une résiliation du mariage pour faute de sa part, il n'y a point de *zakat*.

La *zakat* sur le loyer retardé des maisons

Selon Abû Hanîfa et Mâlik, le propriétaire qui loue une maison ne mérite pas le prix du loyer en vertu du contrat de location, mais en vertu de l'écoulement de la période de la location. Autant dire qu'il ne doit payer la *zakat* correspondante qu'après perception du loyer et écoulement d'une année, et à condition que la valeur de ce loyer atteigne le *nisâb*, ou seuil minimal.

Pour les hanbalites, le propriétaire détient le prix du loyer dès établissement du contrat. Aussi ce loyer est-il imposable s'il atteint le *nisâb* et accomplit une année. C'est que le propriétaire peut à loisir disposer du prix de son loyer. Et le fait que la location soit susceptible de résiliation et d'annulation – à l'image de la dot avant l'accès au foyer conjugal – ne signifie point que la *zakat* perde son caractère obligatoire. Le loyer touché, le propriétaire versera la *zakat* correspondante. Autrement, ce loyer tient lieu de dette ; il est donc soumis aux mêmes dispositions régissant la dette, que son remboursement soit immédiat ou différé.

Par ailleurs, on lit dans le « *Majmû'* » d'An-Nawawî : « Si le propriétaire donne sa maison à loyer ou change de locataire, et qu'il touche son loyer, l'opinion unanime est qu'il se doit d'acquitter la *zakat* correspondante. »

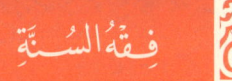

La *zakat* sur le commerce

Son statut légal

La grande majorité des doctes parmi les Compagnons, les Successeurs et les juristes apparus ultérieurement, s'accordent à estimer obligatoire la *zakat* sur les articles de commerce. Pour preuve, ce *hadîth* rapporté par Abû Dâwûd et Al-Bayhaqî, citant Samura Ibn Jundub : « Or donc, le Prophète (ﷺ) nous enjoignait d'acquitter l'impôt sur les produits destinés à la vente. »

Ad-Dâraqutnî et Al-Bayhaqî rapportent, citant Abû Dharr : « Le Prophète (ﷺ) a dit : « Sont assujettis à la *zakat*, chameaux, ovins, bovins, ainsi que les meubles de maison. »

Ash-Shâfi'î, Ahmad, Abû 'Ubayd, Ad-Dâraqutnî, Al-Bayhaqî et 'Abd Ar-Razzâq rapportent, citant Abû 'Amr Ibn Hamâs, lequel tient ce *hadîth* de son père : « Je vendais, raconte celui-ci, le cuir et les carquois. Un jour, passa auprès de moi 'Umar Ibn Al-Khattâb (رضي الله عنه) qui m'enjoignit : « Tu dois payer la *zakat* sur tes biens. – Ce n'est que du cuir, ô Commandeur des croyants, dis-je. – Estimes-en la valeur, répliqua 'Umar, puis verse la contribution correspondante. »

L'auteur du « *Mughnî* » commente : « Il y a maints textes notoires analogues à ce récit et ceux-ci n'ont soulevé aucune objection. Aussi, ce récit tient-il lieu de consensus. »

Pour les dhâhirites, les articles commerciaux ne sont pas assujettis à la *zakat*. Ibn Rushd constate : « Leur divergence au sujet du caractère obligatoire on non de la *zakat* tient à l'analogie. Elle touche également à l'authenticité du *hadîth* de Samura et celui d'Abû Dharr. Pour ce qui est de l'analogie adoptée par la plupart des doctes, elle se fonde sur l'idée que les marchandises constituent un bien destiné à être développé, ce qui l'assimile aux trois types de biens imposables qui font l'unanimité, soit : les récoltes, le bétail, l'or et argent. »

L'auteur du « *Manâr* » précise : « Les doctes de la Communauté, pour la plupart, considèrent que les marchandises sont assujetties à la *zakat*. Or, il n'est point de texte du Coran ou de la Sunna qui soit catégorique sur ce sujet. Il existe certes des relations dont les unes confirment les autres et qui ne s'écartent pas de l'idée maîtresse implicitement véhiculée par les textes, à savoir que les marchandises destinées à l'exploitation commerciale représentent de la monnaie. Elles ne diffèrent point des dirhams et des dinars qui en représentent la valeur et le prix, à cette différence près que le *niṣâb* (le seuil minimal) oscille ici entre deux natures : celle de la monnaie (du prix) et celle de la marchandise (de ce qui est apprécié). Si la *zakat* sur le commerce n'était pas obligatoire, tous les riches, ou la plupart d'entre eux, pourraient commercer avec la monnaie, tout en veillant à ce que le seuil minimal en or ou en argent n'accomplisse jamais la durée d'un an. Ce qui les rendrait exonérés de la *zakat* sur ces biens.

La clé de la question, la finalité majeure, c'est que Dieu a prescrit un impôt sur les biens des riches afin d'alléger le malaise des pauvres et des nécessiteux, et que ses richesses soient au service de l'intérêt général. De même, il s'agit pour les nantis de se purifier de l'avarice, d'exhausser leur âme par les vertus de la solidarité et la commisération à l'égard des déshérités, des infortunés et de toute âme en proie aux vicissitudes de l'existence, ainsi que d'œuvrer au profit de l'intérêt général de la Communauté et d'aider l'État en ce domaine. Ce faisant, on évitera bien des excès et des abus, dont l'inflation monétaire et le monopole des richesses par une minorité. C'est précisément contre un tel monopole que Dieu nous met en garde dans ce verset coranique relatif au partage du butin : {*afin que cela ne reste pas dans le cercle des riches d'entre vous*} La Mobilisation, 7. S'il en est ainsi, serait-il concevable que de tous ces enseignements, de toutes ses finalités de la Loi religieuse, soient exclus les commerçants, lesquels détiennent précisément la majeure partie des richesses de la nation ? »

Quand les produits deviennent-ils des articles de commerce ?

L'auteur du « *Mughnî* » affirme : « Le produit devient objet de commerce à deux conditions :

1- On doit l'avoir en sa possession, comme de l'acquérir par contrat de vente, de mariage, par résiliation de mariage par *khul'*, acceptation d'un don, testament, répartition du butin, par possession de biens licites. Car les biens sur lesquels la *zakat* est prescrite du fait qu'ils sont une propriété ne sont point imposables en vertu de la seule intention de les avoir, tout comme le jeûne (dont la validité ne dépend pas de la seule intention). Peu importe si l'on possède ce bien avec ou sans contrepartie, du moment qu'on le possède effectivement. Il est en cela pareil à un héritage.

2- Une fois l'objet en sa possession, l'individu doit avoir conçu l'intention de le destiner au commerce. Autrement, ce bien ne sera point assigné au commerce, quand bien même on aurait cette intention ultérieurement. Si l'individu, ayant recueilli tel ou tel bien en héritage, décide de le destiner au commerce, il ne peut en faire un objet de commerce, car, à l'origine, il s'agit d'une acquisition. Le commerce étant quelque chose d'adventice, on ne peut y orienter le bien en question de par la seule intention. Il en va de même du sédentaire qui conçoit l'intention d'entreprendre un voyage : il ne peut être déclaré en voyage que s'il part vraiment en voyage. Cependant, si l'individu achète un produit pour le commercialiser, puis décide d'en faire une acquisition, l'objet sera tel et deviendra alors exonéré de la *zakat.* »

Modalités de versement de la *zakat* sur les articles de commerce

Quiconque possède, durant une année entière, le seuil minimal en articles de commerce est tenu d'évaluer ces marchandises au bout de cette période et d'acquitter la *zakat* correspondante, soit : le quart du dixième de leur valeur. Le commerçant procédera ainsi au bout de chaque année. Le décompte de cette durée ne commence que lorsque les quantités disponibles constituent un seuil minimal. S'il possède des marchandises dont la valeur est inférieure à ce *nisâb*, et qu'une partie de l'année s'écoule ainsi ; si, ensuite, ces articles font prospérer le commerce, ou que les prix flambent, ce qui conduirait ces articles à atteindre le seuil minimal ou à être vendus à des prix équivalents à ce seuil, c'est à ce moment précis, et non auparavant, que doit commencer le décompte de la durée annuelle. Il en va de même si le commerçant obtient au cours de l'année une autre marchandise ou des valeurs propres à atteindre le *nisâb*. C'est là la thèse d'Ath-Thawrî, des hanafites, d'Ash-Shâfi'î, d'Ishâq, d'Abû 'Ubayd, d'Abû Thawr et d'Ibn Al-Mundhir.

Si le seuil minimal accuse quelque diminution au milieu de l'année, mais se trouve entier à ses deux bouts, la durée annuelle ne sera point interrompue, selon l'opinion d'Abû Hanîfa, sachant qu'à chaque instant, on doit déterminer la valeur de la marchandise pour savoir si elle atteint ou non le minimum imposable à ce moment précis, ce qui constitue une tâche d'une extrême difficulté.

Pour les hanbalites, si la marchandise diminue au cours de l'année, puis augmente jusqu'à atteindre le seuil minimal, le décompte commencera à partir de là, étant donné que la durée annuelle aura été interrompue à cause de la diminution précitée.

La *zakat* sur les récoltes et les cueillettes

Son caractère obligatoire

Dieu le Très-Haut a prescrit ce type de *zakat* : {*Ho les croyants ! Faites largesse du meilleur de ce que vous avez gagné et de ce que Nous avons pour vous fait sortir de terre*} (S. 2, V. 267).[1] La *zakat* est ici appelée largesse (*nafaqa*).

Dieu le Très-Haut a dit : {*C'est Lui qui a créé les jardins treillagés et les non treillagés ; et les dattiers et la culture aux récoltes diverses ; l'olive et la grenade, semblables et pourtant pas ressemblantes ; - mangez-en du fruit lorsqu'il fructifie, et acquittez-en les droits, le jour de la récolte*} (S. 6, V. 141).[2]

Ibn 'Abbâs précise que ces « *droits* » sont la *zakat* prescrite. « Le dixième, dit-il, et la moitié du dixième ».

Les produits agricoles assujettis à la *zakat* au temps du Prophète (ﷺ)

Du temps du Prophète (ﷺ), la *zakat* portait sur le blé, l'orge, les dattes et les raisins secs. Abû Burda rapporte, citant Abû Mûsâ et Mu'âdh (رضي الله عنهما), que le Messager de Dieu (ﷺ) les envoya tous deux au Yémen où ils devaient instruire les gens en matière religieuse. Il leur ordonna de ne recueillir la *zakat* que sur quatre produits : le blé, l'orge, les dattes et les raisins secs. Ce *hadîth* est rapporté par Ad-Dâraqutnî, Al-Hâkim, At-Tabarânî et Al-Bayhaqî ; de ce *hadîth*, ce dernier dit que ses rapporteurs sont dignes de foi et que sa chaîne de transmission est liée.

Ibn Al-Mundhir et Ibn 'Abd Al-Barr notent : « Les doctes sont unanimes à considérer que la *zakat* sur le blé, l'orge, les dattes et les raisins secs est obligatoire. Dans une version présentée par Ibn Mâjah, on lit : « Le Messager de Dieu (ﷺ) n'a imposé la *zakat* que sur le blé, l'orge, les dattes, les raisins secs et le maïs. » Dans la chaîne de ce *hadîth* figure un certain Muhammad Ibn 'Ubayd Allâh Al-'Arzamî, rapporteur non agréé (*matrûk*).

---

1 ﴿يَٰٓأَيُّهَا ٱلَّذِينَ ءَامَنُوٓاْ أَنفِقُواْ مِن طَيِّبَٰتِ مَا كَسَبۡتُمۡ وَمِمَّآ أَخۡرَجۡنَا لَكُم مِّنَ ٱلۡأَرۡضِۖ﴾

2 ﴿وَهُوَ ٱلَّذِيٓ أَنشَأَ جَنَّٰتٖ مَّعۡرُوشَٰتٖ وَغَيۡرَ مَعۡرُوشَٰتٖ وَٱلنَّخۡلَ وَٱلزَّرۡعَ مُخۡتَلِفًا أُكُلُهُۥ وَٱلزَّيۡتُونَ وَٱلرُّمَّانَ مُتَشَٰبِهٗا وَغَيۡرَ مُتَشَٰبِهٖۚ كُلُواْ مِن ثَمَرِهِۦٓ إِذَآ أَثۡمَرَ وَءَاتُواْ حَقَّهُۥ يَوۡمَ حَصَادِهِۦۖ﴾

Les produits agricoles qui n'étaient pas assujettis à la *zakat*

Parmi les produits agricoles qui n'étaient pas imposables, figurent les légumes et les fruits, excepté les raisins et les dattes.

'Aṯâ' Ibn Mûsâ rapporte qu'ayant voulu recueillir la *zakat* sur les légumes que Mûsâ Ibn Ṯalḫa avait récolté sur ses terres, 'Abd Allâh Ibn Al-Mughîra reçut de ce dernier l'objection suivante : « Tu n'as pas le droit de le faire. Le Messager de Dieu (ﷺ) a dit : « Ces produits ne sont pas assujettis à la *zakat*.» Ce *ḫadîth* est rapporté par Ad-Dâraquṯnî, Al-Ḫâkim et Al-Athram dans ses « *Sunan* » ; il s'agit d'un texte relâché (*mursal*) jugé fort (*qawî*).

Mûsâ Ibn Talḫa précise : « La tradition qui nous est parvenue du Messager de Dieu (ﷺ) parle de cinq denrées imposables : le blé, l'orge, le *soult*, les dattes, les raisins secs et le maïs. Le reste des produits de la terre n'est point assujetti à la *zakat*. Mu'âdh, poursuit-il, n'a point perçu d'impôt sur les cultures maraîchères. »

« Tous ces *ḫadîth* sont relâchés (*mursal*), constate Al-Bayhaqî. Cependant, émanant de sources diverses, ces textes se recoupent, les uns entérinant les autres. Ils sont d'ailleurs étayés par les propos de Compagnons tels 'Umar, 'Alî ou encore 'Â'isha (رضي الله عنه).

Al-Athram rapporte qu'un des gouverneurs délégués par 'Umar écrivit à ce dernier, l'informant que certains fruits, comme les prunes et les grenades, présentaient une production dix fois plus abondante que celle des vignes. 'Umar lui répondit que ces produits n'étaient pas imposables.

At-Tirmidhî commente : « La plupart des érudits s'alignent sur cette opinion selon laquelle les légumes ne sont pas imposables. Al-Qurṯubî affirme : « La *zakat* porte sur l'ensemble des denrées, hormis certaines cultures maraîchères et fruitières. Il se trouvait à Aṯ-Ṯâ'if des grenades, des prunes, du cédrat. Or, il n'a jamais été constaté que le Prophète (ﷺ), ou l'un de ses Successeurs, eût recueilli la *zakat* sur ces denrées.

Ibn Al-Qayyim a dit : « Le Prophète (ﷺ) ne recueillait pas la *zakat* sur les chevaux, les esclaves, les mulets, les ânes, les légumes, les pastèques. Il ne la recueillait pas non plus sur les fruits qu'on ne peut ni mesurer ni stocker. Seuls le raisin et les dattes étaient assujettis à la *zakat*, qu'ils soient secs ou non. »

L'opinion des juristes

La *zakat* portant sur les récoltes et les fruits demeure obligatoire selon l'opinion unanime des doctes. Ces derniers divergent uniquement sur les types de denrées imposables. Voici un aperçu global de leurs différents points de vue :

- La thèse d'Al-Hasan Al-Basrî, d'Ath-Thawrî et d'Ash-Sha'bî : seuls sont imposables les produits agricoles spécifiés par les énoncés scripturaires, à savoir : le blé, l'orge, le maïs, les dattes et les raisins secs, les autres produits n'étant point signalés par un texte. « C'est l'opinion la plus judicieuse », estime Ash-Shawkânî.

- La thèse d'Abû Hanîfa : tout fruit de la terre doit être imposable, sans distinction entre les légumes et les autres denrées, à condition que leur culture soit destinée à exploiter la terre et la faire prospérer. Sont exclus, les cannes de terre, les bûches, les herbes sèches et les arbres infructueux. Celui-ci invoque cette affirmation générale du Prophète (ﷺ) selon laquelle : « Sur ce que le ciel arrose, il faut verser le dixième.» Car par ces produits, on cherche à faire fructifier la terre, comme c'est le cas pour les céréales.

- La thèse d'Abû Yûsuf et de Muhammad : tout produit de la terre doit être imposable, à condition qu'il dure une année et qu'il ne requière pas beaucoup de soins. Peu importe le mode de détermination du poids et de la mesure de ces denrées, lequel mode varie selon qu'il s'agit de céréales, de sucre ou de coton. Ces produits sont exonérés de *zakat* s'ils arrivent à maturité en moins d'un an (comme c'est le cas des pastèques, des melons, des concombres, des concombres d'Egypte, entre autres fruits et légumes).

- La thèse de Mâlik : pour être imposables, les produits de la terre doivent pouvoir perdurer, sécher et servir de semence, qu'il s'agisse de produits de base, tels le blé et l'orge, ou non, comme le carthame et le sésame. Ne sont point assujettis à la *zakat* les légumes et les fruits, telles les grenades, les figues ou les pommes...

- La thèse d'Ash-Shâfi'î : la *zakat* porte sur tous les fruits de la terre, à condition qu'ils relèvent des produits de base, qu'ils soient comestibles, susceptibles d'être stockés et puissent servir de semence, à l'image du blé et de l'orge. An-Nawawî affirme : « Notre opinion est que seuls sont assujettis à la *zakat*, les dattes et les raisins parmi les arbres fruitiers, ainsi que les céréales comestibles qui peuvent être stockées. Point de *zakat* sur les légumes. Pour Ah̲mad, tout ce que Dieu fait sortir de la terre est obligatoirement assujetti à la *zakat* : céréales, fruits, et toutes les denrées qui sèchent, qui perdurent, qui sont mesurables et qui servent de semence pour les humains. Entrent indistinctement dans cette catégorie les céréales, les légumineuses, les plantes aromatiques (coriandre, carvi), les graines de lin, le concombre, le concombre d'Egypte, les plantes dicotylédones (carthame et sésame). Ah̲mad considère déclare également imposables les fruits secs réunissant les caractéristiques susmentionnées (dattes, raisins secs, abricots secs, figues sèches, amendes, noix, pistaches). Sont exonérés, les autres fruits : prunes, poires, pommes, de même que les abricots et les figues non séchés. Il en va autant des légumes tels le navet, les carottes, les aubergines, etc. »

La *zakat* sur les olives

An-Nawawî affirme : « Pour ce qui est des olives, l'avis qui nous semble le plus judicieux est qu'elles ne sont point imposables. C'est également l'opinion d'Al-H̲asan, Ibn S̲âlih̲ et d'Ibn Abî Laylâ. Par contre, Az-Zuhrî, Al-Awzâ'î, Al-Layth, Mâlik, Ath-Thawrî, Abû H̲anîfa et Abû Thawr estiment qu'elles sont assujetties à la *zakat*. Selon Az-Zuhrî et Al-Layth, il faut pressurer les olives et en acquitter l'impôt sous forme d'huile. Pour Mâlik, on en prélèvera le dixième après les avoir pressées, à condition que la quantité obtenue atteigne cinq charges. »

Les causes du désaccord

Selon Ibn Rushd, à la source de la divergence entre les doctes qui ont restreint la *zakat* aux produits agricoles communément reconnus et ceux qui l'ont étendue aux produits comestibles et susceptibles de se garder, se trouve la question de déterminer si les quatre types principaux sont imposables en eux-mêmes ou pour une cause qu'ils comportent, à savoir d'être comestibles. Ceux qui optent pour la première réponse préconisent que seules ces denrées sont obligatoirement assujetties à la *zakat*. En revanche, ceux qui invoquent la raison nutritive étendent le caractère obligatoire de la *zakat* à tous les produits comestibles.

Il en va de même du désaccord entre les tenants de la thèse selon laquelle seuls les produits comestibles sont imposables et ceux qui élargissent la *zakat* obligatoire à tout fruit de la terre (excepté les plantes communément dites non imposables tels le bois sec, les roseaux et l'herbe sèche).

L'analogie fondée sur l'acception générale d'un mot

Une formule recouvrant une signification générale est celle que l'on trouve dans l'affirmation du Prophète (ﷺ) : « Sur ce que le ciel arrose, il faut verser le dixième. Et sur ce que l'on irrigue, la moitié d'un dixième. » On sait que le relatif *ce que* est une expression ayant un caractère général.

On trouve une autre formulation générale dans le verset coranique : {*C'est Lui qui a créé les jardins treillagés et les non treillagés ; et les dattiers et la culture aux récoltes diverses ; l'olive et la grenade, semblables et pourtant pas ressemblantes ; - mangez-en du fruit lorsqu'il fructifie, et acquittez-en les droits, le jour de la récolte*} (S. 6, V. 141).[1]

L'analogie en question, c'est que la *zakat* est principalement conçue pour atténuer l'indigence, pour combler un manque, chose qui ne se réalise, le plus souvent, que par un apport en nourriture. Ainsi, celui qui, par le biais de l'analogie, ramène l'expression généralisante à ce sens spécifique, celui-là optera pour exonérer de la *zakat* tout ce qui n'est pas comestible. Par contre, celui qui fait prévaloir le sens général des textes assujettira également à cette contribution les autres produits agricoles, exception faite de ceux dont l'exonération fait l'unanimité.

Par ailleurs, ceux qui se sont accordés à estimer imposables les produits agricoles comestibles ont divergé sur certains de ces produits : sont-ils comestibles ou non ? Doit-on ou non les juger par analogie avec ceux qui font l'unanimité ? Il en est ainsi du désaccord entre Mâlik et Ash-Shâfi'î à propos des olives, le premier les ayant jugées imposables, le second contredisant cette opinion dans sa dernière thèse exposée en terre d'Egypte. Le motif de leur discorde n'est autre que la question : s'agit-il ou non d'une nourriture ?

Le seuil minimal pour la *zakat* des récoltes et des fruits

La majorité des érudits considère que les récoltes et les fruits demeurent exonérés de la *zakat* tant que leur quantité n'a pas atteint cinq charges (*awsuq*) après enlèvement de l'écorce et de la paille. Si ces pro-

1 ﴿وَهُوَ ٱلَّذِىٓ أَنشَأَ جَنَّٰتٍ مَّعْرُوشَٰتٍ وَغَيْرَ مَعْرُوشَٰتٍ وَٱلنَّخْلَ وَٱلزَّرْعَ مُخْتَلِفًا أُكُلُهُۥ وَٱلزَّيْتُونَ وَٱلرُّمَّانَ مُتَشَٰبِهًا وَغَيْرَ مُتَشَٰبِهٍ ۚ كُلُوا۟ مِن ثَمَرِهِۦٓ إِذَآ أَثْمَرَ وَءَاتُوا۟ حَقَّهُۥ يَوْمَ حَصَادِهِۦ﴾

duits restent munis de leurs enveloppes, le seuil minimal est alors de dix charges.

Abû Hurayra (ﷺ) rapporte que le Prophète (ﷺ) a dit : « Il n'est point de *zakat* sur ce qui est en deçà de cinq charges. » Ce *hadîth* est rapporté par Ahmad et Al-Bayhaqî, par le biais d'une chaîne jugée excellente.

Abû Sa'îd Al-Khudrî (ﷺ) rapporte que le Prophète (ﷺ) a dit : « En matière de dattes et de céréales, Il n'est point de *zakat* sur ce qui est en deçà de cinq charges. » Le *wasaq* (singulier de *awsuq*) est l'équivalent de soixante boisseaux, de l'avis unanime des doctes. Cette précision figure dans le *hadîth* – interrompu certes – transmis par Abû Sa'îd. Pour Abû Hanîfa et Mujâhid, la *zakat* est obligatoire quelle qu'en soit la quantité. Ceux-ci s'appuient sur l'affirmation du Prophète (ﷺ) : « Sur ce que le ciel arrose, il faut verser le dixième » et allèguent l'opinion que la durée annuelle n'étant pas prise en compte pour un bien, le seuil minimal n'a pas à l'être non plus. Ibn Al-Qayyim discute cet avis en ces termes : « la Sunna authentique, formelle et explicite, fixe à cinq *awsuq* le seuil minimal des biens imposables sur lesquels on verse le dixième. En témoignent, les variantes apparentées au *hadîth*, comme : « Sur ce que le ciel arrose, il faut verser le dixième. Et sur ce que l'on irrigue, la moitié du dixième. »

On a prétendu que cet énoncé englobait indifféremment toutes sortes de quantités, et qu'il était en opposition avec un énoncé ayant un caractère particulier. Or, la signification d'un énoncé général est aussi péremptoire que celle d'un énoncé particulier. Si donc ces deux énoncés se contredisent, il convient de donner la priorité à l'option la plus circonspecte, soit celle préconisant l'obligation.

Nous dirons qu'il faut observer l'enseignement véhiculé par ces deux *hadîth*, et qu'il n'est pas loisible d'infirmer l'un par l'autre, ni d'abroger totalement l'un d'entre eux. L'obéissance au Prophète (ﷺ) est impérative dans l'un comme dans l'autre texte. Mieux, il n'existe en aucune façon une quelconque contradiction entre eux, Dieu soit loué. Le *hadîth* : « Sur ce que le ciel arrose, il faut verser le dixième », se propose d'établir une distinction entre les cas où il faut verser le dixième et ceux où la contribution est fixée à la moitié du dixième. Les deux catégories sont mentionnées, avec l'énoncé de la différence relative à la valeur du versement respectif imposé. Quant à la valeur du seuil minimal, elle est passée sous silence ici, mais se trouve énoncée textuellement dans l'autre *hadîth*. Comment donc peut-on renoncer à un texte explicite, formel et péremptoire, à un énoncé qui ne se prête à aucune autre interprétation que la première, laquelle interprétation est claire et nette, pour se prévaloir d'un texte au sens global et équivoque, un texte dont le caractère généralisant aurait dû faire l'objet d'une spécification par des indications particulières et péremptoires, bref d'un éclairage par des textes de portée particulière, comme c'est l'usage avec toutes les assertions de portée générale ? »

Selon Ibn Qudâma, l'affirmation du Prophète : « Il n'est point de *zakat* sur ce qui est en deçà de cinq charges » est un énoncé qui fait l'unanimité. Il s'agit d'un énoncé de portée particulière, qu'il faut mettre en avant, spécifiant et restreignant ainsi les textes de portée générale rapportés à ce propos. Et ce, de la même manière qu'on a restreint le *hadîth* : « Sur tout chameau en pâturage il faut acquitter la *zakat* » par cet autre *hadîth* : « Il n'est point de *zakat* sur ce qui est en deçà de cinq chamelles » ; et ce *hadîth* : « Sur le pain, il faut verser le quart du dixième » par cet autre : « Il n'est point de *zakat* sur ce qui est en deçà de cinq onces. » Un tel avoir étant assujetti à la *zakat*, celle-ci ne saurait porter sur des quantités faibles ; c'est le cas pour tous les biens imposables.

Quant à la règle de la durée annuelle, elle n'est pas prise en compte dans la mesure où ces produits ne rapportent, ne croissent que s'ils sont récoltés, non s'ils restent dans la terre. Par contre, elle s'applique à tous les autres biens, parce que cette durée est censée permettre la réalisation de bénéfices et de croissance.

Pour ce qui est du seuil minimal, il est préconisé afin que la contribution atteigne un niveau suffisant pour soulager les déshérités et atténuer la gêne des nécessiteux. En témoigne le fait que la *zakat* est un devoir qui incombe aux riches. Or, on ne saurait parler de richesse sans *nisâb* ; il en va ainsi de tous les biens assujettis à la *zakat*.

Par ailleurs, le boisseau (*sâ'*) équivaut à un *qadah* (ou godet) et un tiers de *qadah*. Le seuil minimal représente cinquante fois cette capacité. Si l'assiette ne se prête pas à la mesure, qu'on s'en remette alors à l'affirmation d'Ibn Qudâma : « Le *nisâb* en safran, en coton, et en autres produits au poids mesurable qui s'y rattachent, est estimé à mille six cents livres (*ritl*) iraqiennes. Leur poids servira donc de parangon. »

Abû Yûsuf affirme : « Si le produit concerné ne se prête pas à la mesure, il ne sera assujetti à la *zakat* que si sa quantité atteint la valeur du *nisâb* du minimum mesurable parmi ces produits. Ainsi, la *zakat* sur le coton ne devient obligatoire que si sa valeur atteint les cinq *awsuq* d'un produit de mesure minimale, comme c'est le cas pour l'orge. Ne pouvant être évalué en lui-même, le produit est alors estimé à l'aune d'un autre produit. Il en est ainsi des articles de commerce, qui sont évalués sur la base du *nis̲âb* minimal correspondant à deux valeurs. »

Mu<u>h</u>ammad (Ibn Al-<u>H</u>asan) affirme quant à lui : « Pour constituer l'assiette de la *zakat*, le produit doit atteindre une capacité cinq fois supérieure à la plus grande mesure appliquée aux produits du même genre. Ainsi, le coton n'est pas imposable si sa quantité est estimée à cinq quintaux. Évaluer au moyen du *wasaq* un produit qui est censé être toujours mesuré selon cette unité, c'est se référer à la plus grande unité de mesure appliquée à son genre. »

La contribution à verser

L'assiette de la *zakat* sur les produits agricoles varie selon la nature de l'irrigation : sur les cultures arrosées manuellement, sans utilisation de machines, on acquittera le dixième ; la moitié du dixième si, pour l'irrigation, on se sert de machines ou d'une eau qu'on achète.

Mu'âdh Ibn Jabal (ﷺ) rapporte que le Prophète (ﷺ) a dit : « Sur ce que le ciel arrose, sur les cultures non irriguées et celles qui sont servies par des cours d'eau, il faut verser le dixième. Et sur ce que l'on irrigue, la moitié du dixième. » Ce *<u>h</u>adîth* est rapporté par Al-Bayhaqî et Al-<u>H</u>âkim, lequel a authentifié ce texte.

Ibn 'Umar (ﷺ) rapporte que le Prophète (ﷺ) a dit : « Sur ce que le ciel arrose, sur les cultures que les sources arrosent et celles qui ne sont pas irriguées, il faut verser le dixième. Et sur ce que l'on irrigue, la moitié du dixième. » Ce *<u>h</u>adîth* est rapporté par Al-Bukhârî et par d'autres traditionnistes. Si l'irrigation se fait tantôt à l'aide d'une machine, tantôt manuellement, et qu'il y ait parité entre les deux modes d'irrigation, la contribution sera alors estimée aux trois quarts. Ibn Qudâma a dit : « A ce que je sache, ce point ne soulève aucune divergence. Si l'un des modes d'irrigation est plus fréquent que l'autre, c'est la valeur s'y rapportant qui prévaudra, de l'avis d'Abû <u>H</u>anîfa, A<u>h</u>mad et Ath-Thawrî ; c'est également l'une des deux opinions affichées par Ash-Shâfi'î. Quant aux dépenses nécessaires à la culture (moisson, entretien, transport, vannage), elles relèvent de l'argent brut du propriétaire et sont exclues de l'assiette de la *zakat*.

Ibn 'Abbâs et Ibn 'Umar (رضي الله عنهما) soutiennent l'opinion suivante : le contribuable doit compter ce qu'il a emprunté pour sa culture et sa récolte. Jâbir Ibn Zayd, abordant la question du cultivateur qui contracte des dettes afin de subvenir aux besoins de sa culture et de sa famille, rapporte, citant Ibn 'Abbâs et Ibn 'Umar (رضي الله عنهما) : « Ibn 'Umar a dit : Il commencera par rembourser ses dettes puis versera la *zakat* sur la base des quantités restantes. Ibn 'Abbâs, abondant dans le même sens, a dit : « Le cultivateur paiera les dettes dépensées pour la récolte, puis acquittera la *zakat* sur le restant. » Ce *hadîth* est rapporté par Yaḥyâ Ibn Âdam dans « *Al-Kharâj* ».

Citant 'Aṭâ', Ibn Ḥazm affirme : « Le cultivateur défalquera les dépenses qu'il a faites. S'il reste une assiette, il versera la *zakat* correspondante. Sinon, il en sera exonéré. »

La *zakat* sur les terres de *kharâj* (ou impôt foncier)

Les terres sont de deux types :

- Décimales : Il s'agit des terres dont les propriétaires se sont convertis volontairement à l'Islam, ou de celles qui, conquises par la force, ont été réparties entre les conquérants ou bonifiées par les musulmans.

- Soumises au *kharâj* : ce sont les terres conquises par la force, et laissées entre les mains de leurs propriétaires en contrepartie d'une contribution déterminée, dite *kharâj*.

La *zakat* porte aussi bien sur les terres décimales que sur celles de *kharâj*. Si le propriétaire d'une terre de *kharâj* embrasse l'Islam, ou qu'elle soit achetée par un musulman, elle se trouvera à la fois assujettie au dixième et au *kharâj*, les deux cas ne s'excluant pas mutuellement sous le rapport de leur caractère obligatoire. Ibn Al-Mundhir précise qu'il s'agit là de l'opinion de la majorité des doctes. Parmi les tenants de cette thèse, figurent 'Umar Ibn 'Abd Al-'Azîz, Rabî'a, Az-Zuhrî, Yaḥyâ Al-Anṣârî, Mâlik, Al-Awzâ'î, Al-Ḥasan Ibn Ṣâliḥ, Ibn Abî Laylâ, Al-Layth, Ibn Al-Mubârak, Aḥmad, Isḥâq, Abû 'Ubayd, Dâwûd…

Ce disant, ils invoquent des preuves émanant du Coran, de la Sunna, ainsi que de la déduction rationnelle, c'est-à-dire du raisonnement analogique (*qiyâs*).

Dans le Coran, ils citent le verset coranique : {*Ho, les croyants ! Faites largesses du meilleur de ce que vous avez gagné et de ce que nous avons pour vous fait sortir de la terre*} (S. 2, V. 267).[1] Aussi est-il prescrit de verser des contributions sur la terre sans restriction aucune, qu'elle soit décimale ou de *kharâj*.

Dans la Sunna, ils s'appuient sur le *hadîth* : « Sur ce que le ciel arrose, il faut verser le dixième », qui s'étend également aux différentes catégories de terres.

Quant au raisonnement analogique, il est fondé sur l'idée que la *zakat* et *le kharâj* représentent deux obligations dues à des motifs distincts, qui incombent à des contribuables distincts, et dont l'une n'exclut pas l'autre, comme c'est le cas pour le pèlerin sacralisé qui tue un gibier appartenant à autrui.

Étant donné que le dixième a été prescrit en vertu d'un énoncé scripturaire, il ne saurait être abrogé par le *kharâj*, qui a été prescrit par voie d'*ijtihâd* (effort personnel de recherche et d'interprétation).

De l'avis d'Abû Hanîfa, les terres de *kharâj* ne doivent pas être assujetties au dixième, mais uniquement au *kharâj*, telles qu'elles l'étaient au départ. Pour que le dixième soit obligatoire, il faut que la terre ne soit pas assujettie au *kharâj*.

Exposé et discussion des preuves d'Abû Hanîfa

L'imâm Abû Hanîfa invoque pour lui les arguments suivants :

- Ibn Mas'ûd rapporte que le Prophète (ﷺ) a dit : « Le dixième et le *kharâj* ne peuvent être cumulés sur la terre d'un musulman.» Or, que ce *hadîth* soit faible, c'est là une opinion qui fait l'unanimité. Il a été mentionné uniquement par Yahyâ Ibn 'Anbasa, d'après Abû Hanîfa, d'après Hammâd, d'après Ibrâhîm An-Nakha'î, d'après 'Alqama, d'après Ibn Mas'ûd, qui l'attribue au Prophète (ﷺ). Al-Bayhaqî affirme, dans « *Ma'rifat As-Sunan wa Al-Âthâr* » : « Cet énoncé n'est rapporté par Abû Hanîfa que sur la base des propos de Hammâd, d'après Ibrâhîm. Yahyâ l'a rapporté en tant que remontant jusqu'au Prophète (ﷺ). Or, ce Yahyâ Ibn 'Anbasa est connu pour être un garant faible rapportant de la part de transmetteurs dignes de foi des propos apocryphes. Cette remarque

---

1 ﴿يَٰٓأَيُّهَا ٱلَّذِينَ ءَامَنُوٓاْ أَنفِقُواْ مِن طَيِّبَٰتِ مَا كَسَبۡتُمۡ وَمِمَّآ أَخۡرَجۡنَا لَكُم مِّنَ ٱلۡأَرۡضِۖ﴾

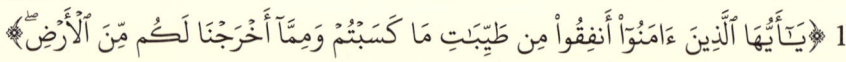

est confirmée par Abû Ahmad Ibn 'Udayy Al-Hâfidh, ainsi que par Abû Sa'îd Al-Mâlînî. » Ce *hadîth* est également jugé faible par Al-Kamâl Ibn Al-Humâm, un des imâms hanafites.

- Ahmad, Muslim et Abû Dâwûd rapportent, citant Abû Hurayra, que le Prophète (ﷺ) a dit : « L'Iraq a refusé son boisseau et son dirham, la Syrie a refusé son *muid* et son dinar, l'Egypte, son arrobe et son dinar. Vous êtes retournés au point de départ (il dit cela à trois reprises). En sont témoins la chair et le sang d'Abû Hurayra. » Or, rien n'indique dans ce *hadîth* que la terre de *kharâj* ne soit pas imposable. Les doctes expliquent ce *hadîth* comme suit : les propriétaires se convertissant à l'Islam, ils seraient exonérés du tribut (de la *jizya*). Peut-être y voient-ils également une allusion au désordre, aux troubles qui se manifesteront vers la fin des temps à cause des forfaits et de l'inobservance d'obligations telles que la *zakat,* la *jizya*, etc. Ces deux interprétations, An-Nawawî les commente comme suit : « Si ce *hadîth* avait la signification qu'ils ont avancée, il faudrait alors que ne soit point obligatoire la *zakat* portant sur la monnaie et le commerce. Or, c'est là une assertion que nul ne saurait soutenir. »

- On a rapporté la tradition suivante : « Lorsque le roi Dihqân Buhar embrassa l'Islam, 'Umar ordonna qu'on lui cédât une terre et qu'on prélevât le *kharâj* correspondant. C'est là une injonction explicite se rapportant à la perception du *kharâj* et ne faisant pas mention du dixième. » Or, ce récit se propose de montrer que le *kharâj* ne se trouve pas aboli du fait que l'individu concerné ait embrassé l'Islam, et que sa conversion à la foi musulmane ne l'exonère pas nécessairement du dixième. Si le *kharâj* a été mentionné ici, c'est parce que l'on risque de penser – à tort – qu'en raison de la conversion à l'Islam, on en est désormais exonéré, tout comme on l'est de la *jizya*. Quant au dixième, il est notoire qu'il est prescrit au seul musulman libre. Aussi sa mention dans l'injonction de 'Umar n'est-elle pas nécessaire. Le même mutisme est constaté en ce qui concerne la *zakat* portant sur le bétail, l'or et l'argent, entre autres. Et puis, peut-être que Dihqân ne possédait pas l'assiette assujettie au dixième.

- « Les gouverneurs et les imâms n'associaient pas le dixième et le *kharâj* ». Or, cette assertion est fausse à en juger par l'affirmation d'Ibn Al-Mundhir, selon laquelle 'Umar Ibn 'Abd Al-'Azîz a associé ces deux contributions.

- « Le *kharâj* est distinct du dixième, le premier étant une obligation qui correspond à une sanction, le second une obligation faisant figure de culte et d'adoration. Ainsi conçus, ils ne sauraient être réunis en une seule personne sous forme d'obligations à accomplir conjointement. » Si, dans un premier temps, ce cumul est valide, il ne peut néanmoins perdurer. Par ailleurs, la force et la coercition ne sont pas la règle dans toutes les manifestations du *kharâj* ; il est des cas où la contrainte est exclue : par exemple, lorsque la terre est attenante à celle du *kharâj* ou qu'elle est bonifiée et arrosée par des cours d'eau.

- « La raison d'être du *kharâj* et du dixième est une : le caractère productif de la terre, qu'il le soit de fait ou le fait de la terre. A telle enseigne que s'il s'agissait d'une terre marécageuse et infructueuse, les deux contributions s'annuleraient d'elles-mêmes. Si la raison est une, les deux impôts ne sauraient être cumulés sur une même terre. Car une même raison d'être ne peut être rattachée à deux obligations du même genre, de la même manière que n'est pas tenu de verser deux *zakat*, celui qui, durant une année entière, possède un seuil minimal en bétail de pâturage destiné au commerce. » Réponse : il n'en est pas ainsi. Car la raison d'être du dixième, c'est le fruit de la terre, alors que celle du *kharâj*, c'est la terre en elle-même, qu'elle soit cultivée ou non. Or, à supposer qu'il y ait unité au niveau causal, rien n'empêche que deux fonctions soient reliées à une même cause, à savoir la terre, comme l'affirme Al-Kamâl Ibn Al-Humâm.

La *zakat* portant sur la récolte de la terre donnée à bail

Selon la majorité des doctes, l'acquittement de la *zakat* incombe à celui qui prend une terre à bail et la cultive, et non au propriétaire.

Abû Hanîfa affirme, au contraire, que c'est le propriétaire qui est tenu de verser la *zakat*.

Pour Ibn Rushd, le motif de la divergence tient à la question suivante : le dixième est-il un droit sur la terre ou sur la récolte ? Étant communément admis qu'il s'agit nécessairement d'un droit sur l'un ou l'autre de ces composants, on a divergé sur la détermination de celui qui est prioritairement imposable lorsque les deux appartiennent à une même personne. La majorité considère que c'est le rapport de la terre qui est imposable. Pour sa part, Abû Hanîfa estime que ce qui doit être assujetti à la *zakat*, c'est la base de l'obligation, à savoir la terre.

Ibn Qudâma privilégie l'opinion de la majorité : « L'obligation de la *zakat* porte sur la récolte. Aussi, le propriétaire de cette dernière doit-il verser la contribution correspondante, au même titre que la *zakat* sur sa valeur s'il destine cette production au commerce, et au même titre que le dixième imposable sur la terre s'il en est le propriétaire. A cet égard, on ne saurait prétendre, comme le font certains, que cette contribution relève des charges de la terre, car alors celle-ci serait imposable sans même être cultivée, à l'image du *kharâj*, et les gens du Livre (*ahl adh-dhimma*) seraient assujettis, *kharâj* oblige également. De même, dans ce cas, la valeur de la contribution serait estimée en fonction de la terre et non de la récolte ; et elle devrait être dépensée à titre de butin, non en sa qualité de *zakat*. »

Du fait de calculer le seuil minimal pour les palmiers et les vignes par estimation approximative et non par unité de mesure

Lorsque les palmiers et les vignes portent leurs fruits, on calcule le seuil minimal représentant l'assiette de la *zakat* en procédant à une estimation approximative. Renonçant aux unités de mesure, le cultivateur avisé et intègre se livrera à l'évaluation du rapport en dattes et en raisin afin de déterminer la valeur de la *zakat* à acquitter. Une fois les fruits séchés, il en prélèvera la contribution antérieurement évaluée.

Abû Humayd As-Sâ'idî (رضي الله عنه) rapporte : « Nous étions en compagnie du Prophète (صلى الله عليه وسلم) lors de la bataille de Tabûk. Arrivés à la vallée d'Al-Qurâ, nous trouvâmes une femme dans son champ. Le Messager de Dieu (صلى الله عليه وسلم) nous enjoignit : « Faites une évaluation approximative (des dattes). » Le Messager de Dieu (صلى الله عليه وسلم) ayant estimé les fruits à dix *awsuq*, il ordonna à la femme : « Calcule donc la *zakat* à acquitter sur cette quantité. »[1]

Telle est la tradition prophétique. Tel est également l'usage observé par les Compagnons et les Successeurs. Telle est aussi la doctrine de la majorité des érudits.

Les hanafites ont cependant un autre avis : l'estimation approximative, affirment-ils, n'est que présomption et conjecture. Elle ne saurait donc servir de base à un jugement.

Or, la Sunna du Prophète est plus éclairée et plus sagace. Car l'estimation approximative ne tient en rien de la présomption. Loin s'en faut : c'est un *ijtihâd*, un effort centré sur l'évaluation des fruits recueillis,

---

1 *Hadîth* rapporté par Al-Bukhârî.

tout comme celui centré sur le calcul des dégâts subis.

La raison d'être d'un tel procédé est que les fruits sont, habituellement, consommés une fois qu'ils sont mûrs. Aussi est-il indispensable d'en évaluer la quantité imposable avant leur cueillette et leur consommation, cela afin que leurs propriétaires puissent en disposer à leur guise et préserver la partie destinée à la *zakat*. Il est à souligner qu'en établissant l'assiette de la *zakat*, le percepteur est tenu de faire abstraction du tiers ou du quart de la production, en guise de facilité accordée aux propriétaires, lesquels auront besoin de manger de ces biens, ainsi que leurs hôtes ou leurs voisins. D'ailleurs, les fruits sont exposés à maints aléas, vicissitudes et agressions, tels l'action des oiseaux, des passants, les dégâts causés par les vents. Autant dire que les propriétaires seraient lésés si le percepteur établissait la *zakat* sur la base de la totalité de la production.

Qu'on en juge par ce *hadîth* : « Sahl Ibn Abî Hathma rapporte que le Prophète (ﷺ) a dit : « En procédant à l'estimation approximative, laissez de côté le tiers des fruits ; autrement, laissez le quart. » Ce *hadîth* a été rapporté par Ahmad, Abû Dâwûd, At-Tirmidhî et An-Nasâ'î. Il a été également rapporté et authentifié par Al-Hâkim et Ibn Hibbân. At-Tirmidhî précise : « Le *hadîth* de Sahl fait autorité chez la plupart des doctes. »

Bashîr Ibn Yasâr a dit : « 'Umar Ibn Al-Khattâb (رضي الله عنه) envoya Abû Hathma Al-Ansârî faire une estimation des biens des musulmans et lui ordonna : « Si tu trouves les gens installés sous leurs palmiers pendant l'automne, tu leur laisseras, pour la consommation, une partie des fruits que tu excluras de ton estimation.»

Makhûl rapporte : « Lorsque le Messager de Dieu (ﷺ) déléguait un percepteur, il lui recommandait : « Allégez le fardeau des gens ; car leurs biens sont affectés de maints préjudices : l'action des intempéries, des passants et de nombreux autres mangeurs. »

Consommer une partie de la récolte

Le propriétaire a loisir de manger de sa production. A ce titre, n'entrent pas en ligne de compte, les quantités qu'il aura consommées avant la moisson. Car, d'une part, tel est l'usage consacré ; et d'autre part, les quantités consommées demeurent insignifiantes. Ces quantités équivalent en cela à ce que les propriétaires mangent de leur propre cueillette. La moisson et le vannage effectués, on établira la *zakat* sur la base de la récolte obtenue. En effet, interrogé sur la quantité que les propriétaires de la récolte peuvent consommer en fait de blé vert, Ahmad répondit que ce n'était point un acte répréhensible de consommer ce dont on avait besoin. C'est également l'opinion de Ash-Shâfi'î, d'Al-Layth et d'Ibn Hazm.

Faire le cumul des produits agricoles pour calculer le montant de la *zakat*

Les érudits s'accordent à considérer que les différentes récoltes d'un même fruit de la terre peuvent être réunies ensemble pour le calcul du montant de la *zakat*. Ainsi, on réunira ensemble les dattes récoltées, abstraction faite de la qualité de chaque récolte, afin de calculer la quantité imposable. Il en va de même des autres récoltes et produits de la terre, tels les raisins secs, les céréales, etc. Les érudits conviennent également de ce que les valeurs de commerce peuvent s'ajouter aux valeurs réelles et vice-versa. Ash-Shâfi'î considère pour sa part que ces valeurs ne peuvent être ajoutées qu'au seul cumul des produits qu'elles auront servi à acheter, étant donné que la valeur imposable est comptabilisée sur la base du produit et non des valeurs. De même, les érudits conviennent de ce que des produits de nature différente ne sauraient être additionnés les uns aux autres pour le calcul de la valeur imposable, non plus que des bêtes, lesquelles ne peuvent être réunies les unes aux autres si elles sont de races différentes.

Ils divergent cependant en ce qui concerne les céréales. Pour la plupart d'entre eux, les différents genres ne devraient pas être cumulés, étant donné que leurs valeurs respectives sont différentes. C'est l'opinion privilégiée par la majorité des érudits, dont Ahmad. Ibn al-Mundhir commente pour sa part : « Ils (les érudits) sont d'accord pour considérer que les différentes espèces de produits de la terre ne sauraient être additionnées les unes aux autres. Ceux qui prétendent le contraire n'ont aucune preuve qui étaye leur thèse. »

Quand la *zakat* des produits de la terre devient-elle effective ?

La *zakat* devient obligatoire pour les céréales dès que les graines ont pris de la consistance. Pour les fruits, elle s'impose dès qu'ils commencent à mûrir. Cependant, les quantités données en *zakat* ne doivent être prélevées qu'une fois que le grain aura été sassé et les dattes séchées. Si le propriétaire vend le produit de sa terre avant la récolte, la *zakat* sera à son compte, non à celui de l'acheteur, étant donné que la *zakat* est calculée sur la base de la propriété initiale.

De la nécessité de donner à titre de *zakat* le meilleur de ce que l'on possède

Dieu – que Son Nom soit glorifié – ordonne que l'on ne donne en *zakat* que le meilleur de ce que l'on possède : {*Ô vous qui avez cru ! Dépensez du meilleur de ce que Nous vous avons accordé comme subsistance et de ce que Nous faisons jaillir du sol pour vous. Ne donnez pas de ce que vous-mêmes seriez incapables de consommer à moins de le faire en détournant les yeux. Sachez que Dieu est au-dessus de tout besoin, et qu'Il est digne de louanges*} (S. 2, V. 267).[1]

Abû Dâwûd, An-Nasâ'î – entre autres traditionnistes – rapportent, citant Sahl Ibn Hunayf, que le père de ce dernier a dit : « Le Prophète (ﷺ) défendit de donner à titre de *zakat* les moins bonnes qualités de dattes. Comme les gens avaient pour habitude de choisir leurs moins bonnes récoltes pour en donner à titre de *zakat*, Dieu révéla : {*Ne donnez pas de ce que vous-mêmes seriez incapables de consommer à moins de le faire en détournant les yeux*}.

On rapporte également, citant Al-Barâ', à propos de l'interprétation de ce verset : « Il fut révélé à notre sujet, nous les Ansâr. Comme nous avions des palmiers, nous choisissions les rameaux les plus maigres, que nous allions suspendre à la mosquée, à l'intention des pauvres et des démunis. C'est à ce moment que fut révélé ce verset nous reprochant d'offrir aux pauvres ce que nous n'aurions point accepté s'il nous avait été offert, à moins de le faire en détournant les yeux. Dès lors, nous prîmes soin de n'offrir que le meilleur de ce que nous avions. » Ce *hadîth* est cité par At-Tirmidhî, qui le tient pour *hasan sahîh* et pour *gharîb* (singulier). Ash-Shawkânî commente : « Il en découle l'interdiction pour le propriétaire de donner du mauvais à titre de *zakat* due pour du bon – interdiction textuelle concernant les dattes, mais valable par analogie pour tous les biens imposables – de même que l'interdiction pour le bénéficiaire d'accepter une telle *zakat*.

1 ﴿يَـٰٓأَيُّهَا ٱلَّذِينَ ءَامَنُوٓاْ أَنفِقُواْ مِن طَيِّبَـٰتِ مَا كَسَبْتُمْ وَمِمَّآ أَخْرَجْنَا لَكُم مِّنَ ٱلْأَرْضِ ۖ وَلَا تَيَمَّمُواْ ٱلْخَبِيثَ مِنْهُ تُنفِقُونَ وَلَسْتُم بِـَٔاخِذِيهِ إِلَّآ أَن تُغْمِضُواْ فِيهِ ۚ وَٱعْلَمُوٓاْ أَنَّ ٱللَّهَ غَنِىٌّ حَمِيدٌ﴾

La récolte du miel est-elle assujettie à la *zakat* ?

La majorité des érudits tend à penser qu'une telle récolte n'est pas imposable. Al-Bukhârî commente pour sa part : « Rien ne nous est parvenu (de la tradition) qui permette de déduire que la récolte du miel soit imposable. » Quant à Ash-Shâfi'î, il a dit que « du moment que le miel n'est pas spécifié parmi les biens imposables, il convient selon moi de considérer que c'est là une omission volontaire, et de dispenser ce bien de l'imposition. » De même, Ibn al-Mundhir conclut : « Nulle tradition crédible ne nous est parvenue qui impose la *zakat* sur les récoltes de miel, non plus qu'un consensus : nous en concluons qu'aucune *zakat* n'est due sur ces récoltes. »

Pour Ahmad et Abû Hanîfa par contre, la récolte de miel est assujettie à la *zakat*, car bien que n'étant pas nommément spécifié, le miel est un produit qui vient des fleurs et autres fruits de la terre, qui se récolte et s'emmagasine, et est donc assimilable aux autres produits du sol, au même titre que les céréales et les fruits. D'autant plus que son prix de revient est d'habitude moins élevé que celui de ces produits. Les érudits divergent cependant en ce qui concerne l'origine du miel assujetti à la *zakat*, certains d'entre eux posant comme condition qu'il soit récolté sur une terre non soumise à la taxe de capitation. De même, ils divergent sur la question de la quotité soumise à la *zakat*, les uns désignant un minimum imposable (variant entre 10 et 36 livres), les autres jugeant que la *zakat* doit être prélevée, quelle que soit la quantité récoltée.

La *zakat* sur les animaux

De nombreux *hadîth* tenus pour authentiques nous sont parvenus, attestant de l'obligation de la *zakat* sur les chameaux, bovins, ovins et caprins.

Elle devient obligatoire si les trois conditions suivantes sont réunies : Il faut que la quotité légale soit atteinte ; il faut que les animaux aient accompli une année entière en la possession de leur propriétaire ; et il faut que les animaux sur lesquels doit être prélevé le montant de la *zakat* aient pu paître gratuitement dans les prés durant la plus grande partie de l'année.

La majorité des érudits posent cette dernière condition, à l'exception de Mâlik et Al-Layth, qui jugent que la *zakat* reste obligatoire, quelle que soit la manière dont les bêtes sont nourries et qu'elles soient employées aux travaux ou non. Cependant, les *hadîth* qui nous sont parvenus spécifient textuellement que seuls les animaux paissant gratuitement dans les prés durant la plus grande partie de l'année sont soumis à la *zakat*, ce qui implique logiquement que les autres ne le sont pas, sinon les spécifications en question seraient dénuées de sens, ce qui est inconcevable. Ibn 'Abd Al-Barr commente justement : « Nul autre érudit que Mâlik et Al-Layth n'a, à ma connaissance, abondé dans ce sens. »

La *zakat* sur les chameaux

Le minimum imposable pour les chameaux est de 5 têtes. Ainsi, on est exempt de *zakat* si on a entre 1 et 4 chameaux ayant pu paître gratuitement dans les prés durant la plus grande partie de l'année ; entre 5 et 9 chameaux, la valeur de la *zakat* est d'un ovin ; entre 10 et 14, deux ovins ; entre 15 et 19, trois ovins ; entre 20 et 24, quatre ovins ; entre 25 et 35, une chamelle d'un an ; entre 36 et 45, une chamelle de deux ans ; entre 46 et 60, une chamelle de trois ans ; entre 61 et 75, une chamelle de quatre ans ; entre 76 et 90, deux chamelles de deux ans ; enfin entre 91 et 120, deux chamelles de quatre ans. Au-delà, on comptera une chamelle de deux ans pour chaque quarantaine de têtes, et une de trois ans pour chaque cinquantaine. Si le propriétaire est redevable d'une chamelle de quatre ans et qu'il n'en possède qu'une de trois, il pourra la donner à titre de *zakat*, et y ajouter, s'il le peut, deux ovins ou leur équivalent en argent. Par contre, s'il est redevable d'une chamelle de trois ans, mais n'en a qu'une de quatre, il pourra la donner à titre de *zakat*, celui qui en bénéficie lui étant alors redevable de deux ovins ou de leur équivalent en argent. Il en va de même entre la chamelle de deux ans et celle de trois, la différence entre les deux étant également évaluée à deux ovins. Par contre, le propriétaire redevable d'une chamelle de deux ans mais qui n'en a qu'une d'un an donnera cette dernière sans être obligé de combler la différence.

Ce sont là les taux appliqués par Abû Bakr As-Siddîq, en présence des Compagnons du Prophète (ﷺ), et aucun d'eux ne les a jamais contestés. Az-Zuhrî rapporte en effet, citant Sâlim, que le père de ce dernier a dit : « Le Prophète (ﷺ) avait fait consigner par écrit les taux de la *zakat*, mais il mourut avant d'en avoir diffusé le contenu parmi ses gouverneurs. A son avènement, Abû Bakr (رضي الله عنه) diffusa cet écrit et appliqua les dispositions qui y étaient prévues, suivi en cela par 'Umar (رضي الله عنه) qui l'appliqua jusqu'à sa mort. »

La *zakat* sur les bovins

Le minimum imposable est de 30 têtes. De 30 à 40 têtes, la *zakat* prescrite est d'une génisse d'un an ; de 40 à 60, une génisse de deux ans ; de 60 à 70, deux génisses d'un an ; de 70 à 80, une génisse de deux ans et une d'un an ; de 80 à 90, deux génisses de deux ans ; de 90 à 100, trois génisses d'un an ; de 100 à 110, une génisse de deux ans et deux d'un an ; de 110 à 120, deux génisses de deux ans et une d'un an ; et ainsi de suite, à raison d'une génisse d'un an pour chaque trentaine de tête, et une de deux ans pour chaque quarantaine.

La *zakat* sur les ovins et les caprins

Le minimum imposable est de 40 têtes, pour lesquelles le propriétaire doit une tête à titre de *zakat*, et ce jusqu'à 120 têtes. Entre 121 et 200 têtes, il est tenu de deux ovins ; entre 201 et 300 têtes, trois ovins. Au-delà, le taux est d'un ovin pour chaque centaine de têtes. Les caprins peuvent également être donnés à titre de *zakat*. Le caprin donné à titre de *zakat* doit cependant avoir deux ans, contre un an pour les ovins. Les mâles peuvent être donnés à titre de *zakat*, mais la préférence reste aux femelles, si on a le choix.

Du statut des têtes intermédiaires

Il s'agit des têtes excédant une tranche donnée, et dont le nombre n'atteint pas la tranche suivante. Pour la majorité des érudits, elles sont exemptes d'impôt. Il est établi en effet que le Prophète (ﷺ) dit à propos des chameaux : « Une chamelle d'un an est due si le nombre des bêtes atteint les 25 et 35 têtes, et une de deux ans si leur nombre oscille entre 36 et 45 têtes. » Concernant les bovins : « Une génisse d'un an si le troupeau fait entre 30 et 39 têtes, et une de deux ans si leur nombre dépasse les quarante. » Enfin, concernant les ovins et les caprins, il a dit : « Une bête est due pour le troupeau comptant entre 40 et 120 têtes. » Il n'a rien spécifié concernant les têtes intermédiaires entre ces chiffres, qui sont donc exemptes d'impôt.

Des bêtes qui ne peuvent être données à titre de *zakat*

Lors de la désignation des bêtes destinées à être données à titre de *zakat*, il faut éviter de léser le propriétaire en lui prenant le meilleur de ses bêtes, sauf s'il décide de lui-même qu'il en soit ainsi. Il faut également éviter de léser le bénéficiaire en lui donnant une bête à l'évidence malade ou en mauvais état. L'équité consiste à prendre des bêtes de la moyenne du troupeau, à moins que le propriétaire ne décide lui-même de donner du meilleur de ce qu'il a.

On peut en effet lire dans l'écrit d'Abû Bakr : « Ne doivent pas être données à titre de *zakat*, les bêtes édentées ou borgnes, non plus que les boucs. »

On rapporte, d'après Sufyân Ibn ʿAbd Allâh Ath-Thaqafî, que ʿUmar (ﷺ) défendit aux bénéficiaires de prendre toute brebis stérile, gardée pour son lait ou sur le point d'accoucher, ainsi que tout mâle reproducteur.

On rapporte, citant ʿAbd Allâh Ibn Muʿâwiya Al-Ghâdirî, que le Prophète (ﷺ) a dit : « Il est trois choses qui font goûter la douceur de la foi à quiconque les fait : Adorer Dieu seul, ne Lui donner aucun associé, et donner la *zakat* sur son bien en le faisant de bon cœur et en évitant de donner toute bête édentée, galeuse, en mauvaise condition ou ne donnant pas du bon lait. Donnez de la moyenne de ce que vous avez ; Dieu ne vous demande pas de donner le meilleur, ni ne vous ordonne de donner le plus mauvais. » Ce *ḥadîth* est cité par Abû Dâwûd et At-Tabarânî ; il est assorti d'une chaîne de transmission jugée bonne (*ḥasan*).

Doit-on verser la *zakat* pour les autres bêtes que celles dites *anʿâm* ?

Aucune *zakat* n'est exigée pour les chevaux, les mules et les ânes, à moins que ces bêtes ne soient utilisées à des fins de commerce. On rapporte en effet, citant ʿAlî (ﷺ) que le Prophète (ﷺ) a dit : « Je vous dispense de la *zakat* sur les esclaves, les chevaux et les bêtes de trait. » Cette tradition est citée par Aḥmad et Abû Dâwûd ; elle est assortie d'une bonne chaîne de transmission. On rapporte également, citant Abû Hurayra, que le Prophète (ﷺ), interrogé au sujet de la *zakat* sur les ongulés, répondit : « Rien ne m'a été révélé à ce sujet, à l'exception de ce verset : « *Quiconque fait le moindre bien le verra ; quiconque fait le moindre mal le verra.* » (S. 99, V. 7-8)[1] Ce *ḥadîth* est cité par Aḥmad. Hâritha Ibn Muḍarrib, rapporte qu'il accompagnait ʿUmar (ﷺ) lors d'un pèlerinage, lorsque celui-ci fut abordé par les nobles du Shâm qui lui dirent : « Ô Commandeur des croyants, nous avons acquis des esclaves

---

1 ﴿فَمَن يَعْمَلْ مِثْقَالَ ذَرَّةٍ خَيْرًا يَرَهُ وَمَن يَعْمَلْ مِثْقَالَ ذَرَّةٍ شَرًّا يَرَهُ﴾

et des bêtes, et voudrions que tu prélèves sur ces biens une aumône qui les purifie et nous comptée comme une bonne œuvre ! » ‘Umar leur répondit : « C’est là une chose que ne firent point mes deux prédécesseurs (le Prophète et Abû Bakr), mais laissez-moi consulter les gens à ce propos. » Ce dire est cité par Al-Haythamî qui commente : « Ce propos est cité par Ahmad et At-Tabarânî dans « *Al-Kabîr* » ; il est assorti d'une chaîne de rapporteurs fiables. » Az-Zuhrî rapporte pour sa part une autre version du même *hadîth*, selon laquelle les gens du Shâm seraient venus trouver Abû ‘Ubayda Ibn Al-Jarrâh (gouverneur de ‘Umar) et lui auraient proposé de prélever une aumône sur les biens qu’ils avaient acquis. Il refusa et écrivit à ‘Umar, qui refusa également. Mais ils revinrent à la charge ; ‘Umar finit par ordonner à son gouverneur de prélever sur leurs biens une part et de les distribuer aux pauvres du même pays. » Ce propos est cité par Mâlik et Al-Bayhaqî.

La *zakat* sur les petits de la bête

Les têtes de bétail qui naissent dans l’année sont comptabilisées lors du calcul de la *zakat*. C’est l’opinion adoptée par la majorité des érudits, qui cite ce *hadîth* rapporté par Mâlik et Ash-Shâfi‘î, d’après Sufyân At-Thawrî, d’après ‘Abd Allâh Ath-Thaqafî : « ‘Umar Ibn Al-Khattâb a dit : “Ne comptez pas (pour le calcul du montant de la *zakat*) les petits que le berger porte sur ses épaules, et ne prenez pas ces petits. Ne prenez pas non plus toute brebis stérile, gardée pour son lait ou sur le point d’accoucher, pas plus que tout mâle reproducteur. Prenez les bêtes d’un et deux ans : vous serez ainsi assurés de ne prendre ni du meilleur ni du plus mauvais.” »

Pour Abû Hanîfa, Ash-Shâfi‘î et Abû Thawr, les petits ne doivent pas être comptabilisés, sauf lorsque le nombre des bêtes adultes a atteint le minimum imposable. Abû Hanîfa ajoute : « Les petits sont comptabilisés avec les grands, qu’ils en soient issus ou non. » Ash-Shâfi‘î pose pour sa part comme condition, pour qu’ils puissent être décomptés, que les petits en question soient nés de bêtes dont le nombre ait atteint le minimum imposable avant la fin de l’année en cours. Pour Abû Hanîfa, Muhammad, Dâwûd, Ash-Sha‘bî et Ahmad (selon une version retenue de lui), nulle *zakat* n’est exigée pour les petits qui constituent à eux seuls un nombre imposable. En effet, Ahmad, Abû Dâwûd, An-Nasâ’î, Ad-Dâraqutnî et Al-Bayhaqî rapportent, citant Suwayd Ibn Ghafala, qu’Abû Bakr (ﷺ) a dit : « Dans notre pacte, il est défendu de prendre des bêtes de lait. » Dans la chaîne de ce *hadîth*, figure cependant Hilâl

Ibn Ḥubâb, tenu pour crédible par certains, et contesté par d'autres. Pour Mâlik par contre – et Aḥmad selon une version retenue de lui –, les petits sont soumis à la *zakat* au même titre que les adultes : comme ils peuvent être comptés avec ces derniers, il n'y a aucune raison de ne pas le faire si leur nombre atteint le minimum imposable. Ash-Shâfi'î et Abû Yûsuf précisent que des petits du même âge doivent être choisis pour être donnés à titre de *zakat* pour un troupeau de petits.

Séparer et réunir les bêtes

On rapporte, citant Suwayd Ibn Ghafala, qu'Abû Bakr (ﷺ) a dit : « Nous ne prenons jamais de bête de lait ni ne séparons des bêtes réunies ni ne réunissons des bêtes séparées. » Un jour, un homme vint offrir une chamelle en excellent état de santé à titre de *zakat* : Abû Bakr refusa de l'accepter de lui, car elle était visiblement la meilleure bête du troupeau que cet homme possédait. Ce propos est cité par Aḥmad, Abû Dâwûd et An-Nasâ'î.

Anas rapporte pour sa part qu'Abû Bakr lui fit un jour parvenir un écrit expliquant les taux et modalités de la *zakat*, tels que fixés par le Prophète (ﷺ). On pouvait y lire : « Il est défendu de réunir des bêtes séparées et de séparer des bêtes réunies, afin d'éluder la *zakat*. Si un troupeau imposable se trouve être en copropriété, les partenaires doivent assumer ensemble le montant de la *zakat*, en proportion de la part de chacun. » Ce propos est cité par Al-Bukhârî.

On peut lire dans le « *Muwaṭṭa'* » de Mâlik : « Il s'agit des cas de fraude possibles : trois hommes possédant chacun un troupeau de 40 ovins, et pour lesquels la *zakat* est donc exigée, peuvent par exemple avoir l'idée de réunir les trois troupeaux afin de n'avoir qu'une brebis à donner pour eux trois, au lieu d'une chacun. De même, deux associés possédant en commun 201 ovins, pour lesquels ils sont redevables de 3 brebis, peuvent avoir l'idée de séparer les deux troupeaux, afin de n'avoir qu'une seule bête à donner chacun. De même, celui qui fait le compte pour les bénéficiaires pourrait avoir l'idée de jouer sur les additions, afin de totaliser le plus grand nombre de têtes imposables. Les deux pratiques sont frauduleuses et totalement prohibées.

Les troupeaux en copropriété

Les personnes qui possèdent un troupeau en commun doivent comptabiliser toutes les têtes en leur possession et payer solidairement la *zakat* dont le taux est ainsi calculé. Par contre, si les troupeaux, bien que paissant ensemble et étant tout le temps mélangés, sont distingués en propriété, chaque propriétaire devra compter ses propres bêtes et verser individuellement le montant calculé. C'est l'avis des mâlikites, qui ajoutent qu'en cas d'association, les biens appartenant en exclusivité à l'un des associés doivent être comptabilisés avec les biens communs, chacun versant ensuite un montant correspondant à sa part. Les shâfi'ites ajoutent que les biens possédés en commun doivent être comptabilisés ensemble, que cela aboutisse à imposer, augmenter ou à diminuer les taux calculés.

Comme exemple d'imposition, deux hommes possédant chacun 20 brebis n'auraient rien à verser chacun pris à part, mais sont tenus de donner solidairement une brebis à titre de *zakat* s'ils possèdent ces bêtes en copropriété. Comme exemple d'augmentation, deux hommes possédant chacun 100 brebis n'auraient à donner qu'une seule brebis chacun, mais sont tenus d'en donner 3 solidairement si les deux troupeaux sont comptés ensemble. Enfin, comme exemple de diminution : trois hommes possédant chacun 40 bêtes : s'ils les réunissent, ils n'auront à donner qu'une seule brebis à eux trois, mais s'ils comptent chacun de son côté, ils auront à donner une brebis chacun. Les érudits posent comme conditions pour que les troupeaux puissent être comptabilisés ensemble :

- Que les associés soient imposables ;
- Que les biens en copropriété constituent un minimum imposable ;
- Qu'ils soient en leur possession depuis au moins un an ;
- Que les bêtes appartenant à des propriétaires différents ne soient pas distinguées les unes des autres dans l'écurie, ni dans les prés ni dans la nourriture ni dans la mulsion ;
- Que les mâles reproducteurs soient en contact avec toutes les autres bêtes, sans distinction.

Pour sa part, Ahmad abonde dans le même sens que les shâfi'ites, mais en restreignant ces mesures aux seules bêtes, à l'exclusion de tout autre genre de biens.

De la *zakat* sur les trésors (*rikâz*) et les métaux précieux

Les érudits définissent le trésor (*rikâz*) comme étant un bien enfoui dans le sol depuis l'époque préislamique, et que l'on découvre par hasard, sans avoir fourni pour cela d'effort considérable ni encouru de risque. Quant aux métaux, Mâlik les définit comme étant toute matière qui sort de la terre sans être de la nature de cette dernière, ce qui inclut tous les métaux que nous connaissons.

Pour que la *zakat* soit due, Mâlik pose comme condition que la quantité extraite du sol atteigne, en nature ou en valeur, le minimum imposable.

Pour Abû Hanîfa, la *zakat* ne peut être imposée que sur les métaux qui fondent au feu, et qui sont solides à l'état naturel. Ainsi par exemple, le naphte, produit liquide, et le zircon, matière qui ne fond pas au feu, ne sont-ils pas imposables. Par ailleurs, Abû Hanîfa ne détermine pas de quantité imposable : pour lui, il faut donner le cinquième du bien, quelle qu'en soit la quantité.

Pour Mâlik et Ash-Shâfi'î, de même que pour Ahmad comme on vient de le voir, il y a un minimum imposable, qui est de 20 *mithqâl* (500 grammes environ, le *mithqâl* faisant à peu près 25 grammes) pour l'or, et deux cents deniers pour l'argent. Les quatre imâms s'accordent par ailleurs à considérer qu'à l'image de la *zakat* sur les graines, la *zakat* sur les métaux ne dépend d'aucun délai temporaire : elle devient obligatoire dès lors que l'on entre en possession du bien. Pour les trois imâms cités plus haut, le taux est d'un quarantième, et les bénéficiaires sont ceux de la *zakat* des autres biens. Pour Abû Hanîfa par contre, les bénéficiaires sont ceux du butin dit *fay'*.

De la légitimité de la *zakat* sur les métaux

Elle s'appuie essentiellement sur ce *hadîth* cité par Al-Bukhârî, Muslim, Abû Dâwûd, At-Tirmidhî, An-Nasâ'î, Ibn Mâjah et Ahmad, d'après Abû Hurayra (ﷺ), selon lequel le Prophète (ﷺ) a dit : « Le propriétaire d'un animal, celui d'un puits, celui d'une mine, ne sont pas responsables des accidents. Le *rikâz* (les trésors enfouis dans le sol) doit payer le cinquième. » Ibn Al-Mundhir commente : « Nul docte, à notre connaissance, ne conteste la teneur de ce *hadîth*, à l'exception d'Al-Hasan, qui distingue les trésors découverts en terre ennemie de ceux découverts en terre arabe, le taux étant, à son sens, du cinquième pour les premiers, et du quarantième (celui de la *zakat* ordinaire) pour les seconds. » Ibn Al-Qayyim commente : « De l'expression du Prophète (ﷺ) – *al-ma'din jabâr*, on en fait deux interprétations :

- La première est que nulle compensation n'est exigée dans le cas où un ouvrier a été chargé par autrui de creuser une mine à la recherche d'un gisement et est tué dans celle-ci : c'est la raison pour laquelle le Prophète (ﷺ) assimile ce dommage à celui que peut causer une bête.

- La deuxième interprétation est que les métaux extraits du sol ne sont pas imposables, la preuve en est qu'il spécifie que « les trésors découverts sont imposables à hauteur du cinquième », distinguant de fait les trésors (que l'on découvre et acquiert sans grand-peine) des métaux que l'on extrait du sol avec difficulté.

De la nature des trésors imposables

Pour les hanafites et les hanbalites, ainsi que pour Ishâq, Ibn Al-Mundhir, Mâlik – selon une version retenue de lui –, ainsi qu'Ash-Shâfi'î – selon l'une des deux versions retenues de lui – on limite le taux du cinquième uniquement à l'or et à l'argent.

De l'endroit où le trésor est découvert

De trois choses l'une, ou bien le trésor est découvert :

- Dans une terre qui n'a pas de propriétaire connu, sur une route non fréquentée ou dans les ruines d'un village inhabité, auquel cas le cinquième de la valeur du bien acquis doit être versé à titre de *zakat*, les quatre cinquièmes restants revenant de droit à la personne ayant découvert le trésor. An-Nasâ'î rapporte à ce propos, citant 'Amr Ibn Shu'ayb, d'après son propre père, d'après son grand-père, que le Prophète (ﷺ), interrogé au sujet du bien trouvé ou découvert, répondit : « Gardez le bien que vous trouvez sur un chemin fréquenté ou dans une ville habitée, durant un an en en faisant la publication. Si, au bout de l'année, nul ne s'est présenté pour le réclamer, il devient vôtre. Par contre, ce que vous trouvez sur un chemin non fréquenté ou dans les ruines d'une ville inhabitée est à vous dès que vous l'avez découvert, pour peu que vous en versiez le cinquième à titre de *zakat*. »

- Enfoui dans un terrain que l'on vient d'acquérir : dans ce cas également, le bien revient au nouveau propriétaire. En effet, le bien enfoui dans le sol ne s'acquiert pas à l'achat de ce dernier, mais à sa découverte. Il est, à ce titre, assimilable au bois, fourrage et gibier vivant sur ce sol : de même que ces choses se transmettent avec le terrain, à moins que l'ancien propriétaire ne spécifie le contraire, de même les biens découverts dans le sol reviennent au nouveau propriétaire, à moins que l'ancien ne déclare qu'ils lui appartiennent. Si par contre le bien est transmis par voie d'héritage et que les héritiers conviennent de ce que le bien n'était pas en la propriété du défunt de son vivant, il revient de droit au premier propriétaire ayant été en possession du terrain en question. Si ce dernier ne peut être identifié, le bien est alors assimilable au bien sans propriétaire. Abû Hanîfa et Muhammad (Ibn Al-Hasan) jugent qu'il revient au premier propriétaire ou à ses héritiers s'ils sont connus, faute de quoi il revient à la propriété publique.

- Dans la propriété d'un musulman ou d'un *dhimmî* (non musulman vivant en terre d'Islam). Pour Abû Hanîfa et Muhammad, ainsi qu'Ahmad, selon une version retenue de lui, il revient au propriétaire du terrain. On rapporte aussi dans une autre version retenue d'Ahmad qu'il est à qui le découvre. C'est l'opinion adoptée par Al-Hasan Ibn Sâlih et Abû Thawr, et préférée par Abû Yûsuf, étant donné que le trésor enfoui dans le sol ne fait pas partie de la propriété objet de la transaction, à moins que l'ancien propriétaire déclare avoir été en possession du bien enfoui, auquel cas il lui revient. Sinon, il revient à celui qui le trouve. C'est également l'opinion adoptée par Ash-Shâfi'î.

Le montant de la *zakat* en matière de trésors

Concernant les trésors, le cinquième doit être versé à titre de *zakat*, les quatre autres cinquièmes revenant au plus ancien propriétaire connu ou à ses héritiers s'il a des héritiers reconnus comme tels, faute de quoi il devient propriété publique. C'est l'opinion adoptée par Abû Hanîfa, Mâlik, Ash-Shâfi'î et Muhammad. Pour Ahmad et Abû Yûsuf, il appartient à qui le trouve, à moins que le propriétaire ne déclare l'avoir en sa propriété, auquel cas il lui revient, de l'avis de tous les érudits. Le cinquième du bien trouvé doit être versé au trésor public, quelles qu'en soient la quantité et la valeur : c'est là l'avis adopté par Abû Hanîfa, Ahmad, ainsi que la version la plus crédible retenue d'après Mâlik. Pour Ash-Shâfi'î par contre, il est nécessaire que le bien atteigne un minimum de valeur imposable pour que la *zakat* puisse être exigée. Par ailleurs, les érudits s'accordent à considérer que la *zakat* devient exigible dès que le bien est acquis, sans délai.

De qui le cinquième légal est-il exigible ?

La majorité des érudits s'accorde à dire que quiconque trouve un trésor en terre d'Islam doit en verser le cinquième à la trésorerie publique, qu'il soit musulman ou *dhimmî*, enfant ou adulte, doué de raison ou non, le tuteur de l'enfant et de l'aliéné se chargeant de calculer et verser le montant dû. Ibn al-Mundhir commente : « Tous les maîtres de qui nous détenons notre savoir s'accordent à considérer que le *dhimmî* doit verser le cinquième du bien qu'il trouve. » C'est en effet l'opinion adoptée par Mâlik et les érudits de Médine, ainsi que par At-Thawrî, Al-Awzâ'î, les érudits d'Iraq, ainsi que par nombre d'autres érudits, à l'exception d'Ash-Shâfi'î qui juge que ce cinquième étant donné à titre de *zakat*, il ne peut être exigé que de ceux qui sont assujettis à cette dernière, ce qui n'est pas le cas des *dhimmî*.

A qui le cinquième perçu sur les biens trouvés doit-il profiter ?

Pour Ash-Shâfi'î, il doit être versé aux bénéficiaires de la *zakat*. Ahmad et Al-Bayhaqî rapportent en effet, citant Bishr Al-Khath'amî, qu'un homme de la tribu de Bishr tomba un jour, dans un vieux couvent abandonné, sur une jarre contenant quatre mille dirhams. « Je pris la jarre, rapporte l'homme, et me rendis auprès de 'Alî (ﷺ) pour la lui soumettre. Il me demanda de répartir la somme en cinq parties, en garda une et me remit le reste. Comme j'allais partir, il me rappela et me demanda : « Y a-t-il parmi tes voisins des gens nécessiteux ? » Lui répondant par l'affirmative, il me remit la part qu'il avait prise et me dit : « Alors partage ce cinquième entre eux. »

Pour Abû Hanîfa, Mâlik et Ahmad, le cinquième doit être distribué aux musulmans à l'image du butin de guerre. Ils citent à ce propos Ash-Sha'bî, qui rapporte qu'un homme ayant trouvé mille dinars enfouis hors de Médine les prit et vint les soumettre à 'Umar Ibn Al-Khattâb (ﷺ), qui en préleva le cinquième, remit le reste à l'homme et distribua les deux cents dinars parmi les présents, jusqu'à ce qu'il ne lui en restât que quelques-uns. Là, il demanda où était l'homme qui avait trouvé l'argent. Quand ce dernier se présenta à lui, il les lui mit dans la main et lui dit : « C'est à toi. »

Dans « *Al-Mughnî* » on peut lire : « S'il s'était agi d'une *zakat*, il n'en aurait pas remis au propriétaire du bien. Ceci confirme que le cinquième peut être prélevé sur le bien trouvé par un *dhimmî* non assujetti à la *zakat*. »

La *zakat* sur les produits de la mer

La majorité des érudits juge que les produits de la mer – poissons, perles, coraux, ambre, topaze, etc. – ne sont soumis à aucune *zakat*. Deux opinions font cependant exception. La première, retenue d'A<u>h</u>mad, pose comme condition que le produit en question atteigne une valeur minimale imposable. Abû Yûsuf adopte la même opinion en ce qui concerne l'ambre et les perles. La seconde opinion est émise par 'Abd Allâh Ibn 'Abbâs (رضي الله عنهما) qui a dit : « L'ambre ne saurait être soumis à l'impôt : ce n'est là qu'un corps que la mer rejette. » Il est soutenu en cela par Jâbir qui juge que l'ambre, corps rejeté par la mer, est un bien licite pour qui le trouve.

Des biens que l'on a fait fructifier

Si le fruit d'un bien a accompli une année en la possession de son propriétaire, il est soumis à la *zakat*. De même, si le bien initial n'atteignait pas le minimum imposable, mais que le fruit vienne le compléter, le décompte de l'année de *zakat* commencerait alors, et cette dernière deviendrait effective au bout de cette même année. Si le propriétaire possède déjà le minimum imposable, le fruit est soit :

a- Issu du bien, tel un commerce ou un troupeau de bêtes : dans ce cas, et de l'avis de tous les érudits, on fait le cumul du capital et du bénéfice, et on calcule le montant de la *zakat* correspondant, et ce dès qu'une année entière s'est écoulée après la constitution du minimum imposable.

b- De même nature que le bien, mais sans en être issu. C'est le cas des biens acquis par achat, don ou héritage. Pour Abû <u>H</u>anîfa, le nouveau fruit s'ajoute au bien initial et le montant de la *zakat* est calculé sur cette base. Pour Ash-Shâfi'î et A<u>h</u>mad, le montant de la *zakat* se calcule séparément pour chacun des biens – initial et acquis – au bout d'une année. Mâlik abonde pour sa part dans le sens d'Abû <u>H</u>anîfa concernant le bétail, mais opte pour l'opinion des deux autres imâms pour le reste.

c- D'une nature différente du bien initial : dans ce cas, les deux biens ne sauraient être réunis : chacun est considéré à part et le montant de la *zakat* se calcule l'un indépendamment de l'autre. C'est l'opinion adoptée par la majorité des érudits.

De ce que la *zakat* est imputable à la personne et non au bien

Selon les quatre imâms, la *zakat* est imputable au bien et non au propriétaire du bien. Cependant, selon deux autres versions retenues d'A<u>h</u>mad et Ash-Shâfi'î, elle est imputable à la personne qui possède le bien.

La pertinence de cette divergence apparaît à la lumière de l'exemple suivant. Supposons qu'une personne possédant exactement le minimum imposable ne verse pas la *zakat* due sur cette somme pendant deux ans : pour les adeptes de la première opinion, la *zakat* ne pourra être exigée que sur la deuxième année, car la première étant révolue, la somme théoriquement prélevée aurait diminué d'autant le montant, le rendant dès lors non imposable. Par contre, pour les adeptes de la deuxième opinion, la personne en question est tenue de verser deux fois le montant de la *zakat* due, sans tenir compte de la somme restante après prélèvement du premier montant.

Ibn Hazm penche lui aussi pour cette dernière opinion, qu'il était ainsi : « Nul dans notre Communauté, depuis l'époque du Prophète (ﷺ) jusqu'à nos jours, ne conteste le fait que toute personne redevable de la *zakat* sur un bien quelconque en sa possession – céréales, bétail, métaux précieux, etc. – est libre de s'en acquitter en en prélevant le montant sur le bien concerné ou sur tout autre bien en sa possession. Il en résulte que la *zakat* est imputable au propriétaire lui-même, non au bien, car autrement, on exigerait que la *zakat* sur le blé soit de même nature que le blé, de même que pour tous les autres biens, et l'on interdirait de faire le contraire, comme il est par exemple interdit à un associé de donner à son partenaire – à titre de bénéfice ou de compensation en voulant défaire la société – un bien qui n'est pas issu des possessions communes, à moins que le partenaire l'accepte, et que les valeurs soient calculées comme on le ferait pour la vente. »

« Par ailleurs, si l'on considère que la *zakat* est imputable au bien lui-même, soit elle est nécessairement incluse dans chaque partie du bien, soit elle est contenue seulement dans une de ses parties à l'exclusion des autres. Dans le premier cas, il serait alors prohibé au propriétaire de disposer de la moindre partie de son bien ou d'en consommer seul, les bénéficiaires de la *zakat* étant tous ses associés en toute partie de son bien, ce qui est totalement absurde. Dans le second cas, le propriétaire serait obligé, à chaque fois qu'il voudrait disposer d'une partie de son bien, d'en calculer la valeur et verser la part des bénéficiaires de la *zakat* sur tout ce qu'il consomme – exactement comme font les associés – étant donné qu'il ne sait jamais si la part qu'il consomme n'est pas celle contenant la part des bénéficiaires. Il en découle logiquement que la *zakat* est imputable à la personne et non au bien. »

Cas où tout ou partie du bien a été détruit avant que ne soit versée la *zakat* qui est due

En pareil cas, le propriétaire reste redevable de la *zakat*, qu'il soit ou non tenu pour responsable de cette destruction. C'est là encore une preuve que la *zakat* est imputable à la personne et non au bien. C'est l'opinion adoptée par Ibn Hazm, et c'est l'opinion la plus célèbre retenue d'Ahmad. Pour Abû Hanîfa, si le propriétaire n'est pas tenu pour responsable de la destruction du bien, la *zakat* sera annulée si celle-ci est totale, et sera diminuée en proportion si elle est partielle. Par contre, si la responsabilité du propriétaire est établie, la *zakat* restera due en totalité, quel que soit le degré de la destruction. Pour Ash-Shâfi'î, Al-Hasan, Ibn Sâlih, Ishâq, Abû Thawr et Ibn Al-Mundhir, c'est le minimum imposable qui est à considérer : s'il vient à être entamé par la destruction avant qu'elle soit versée, la *zakat* est maintenue, sinon, elle est annulée. C'est l'opinion privilégiée par Ibn Qudâma, qui commente : « Le plus logique serait que la *zakat* soit annulée si le bien est détruit ou gravement endommagé – à moins que négligence soit établie – car étant prescrite dans un esprit d'entraide et de commisération, elle ne saurait être exigée d'un homme qui, se trouvant ruiné par la catastrophe, a lui-même besoin d'être consolé. »

Par « négligence », il faut entendre le fait d'avoir volontairement ajourné le versement de la *zakat* tout en étant capable de la verser. Mais si le propriétaire du bien a été empêché de le faire – pour cause de distance, de défaut de fonds, de promesse de vente, etc. – il ne saurait être tenu pour négligeant. Par ailleurs, si la *zakat* est exigible de lui mais qu'il se trouve temporairement dans l'impossibilité de s'en acquitter du fait de la catastrophe, il a droit à l'ajournement. En effet, du moment qu'une dette due à l'humain doit être ajournée si le débiteur est dans l'impossibilité de l'honorer, celle due à Dieu doit l'être à plus forte raison.

Si, après avoir été isolé du capital, le montant de la *zakat* vient à être perdu ou détruit, le propriétaire reste redevable de la totalité du montant en question, étant donné qu'il est tenu, non seulement de le prélever sur son capital, mais aussi – et surtout – de le faire parvenir à ceux à qui Dieu lui a prescrit de le remettre. Ibn Hazm commente : « Nous retenons d'après Ibn Abî Shayba, d'après Hafs Ibn Ghayyâth, Jarîr, Al-Mu'tamir Ibn Sulaymân At-Taymî, Zayd Ibn Al-Hubâb et 'Abd Al-Wahhâb Ibn 'Atâ'. Hafs rapporte d'après Hishâm Ibn Hassân, d'après Al-

Hasan Al-Basrî. Jarîr rapporte d'après Al-Mughîra, d'après ses maîtres. Al-Mu'tamir rapporte, lui, d'après Ma'mar Ibn Hammâd. Zayd rapporte d'après Shu'ba, d'après Al-Hakam. Enfin, 'Abd Al-Wahhâb rapporte d'après Hammâd, d'après Ibrâhîm An-Nakha'î. Tous conviennent de ce que la perte du montant de la *zakat* avant qu'il parvienne à destination ne dispense point le propriétaire du bien de la *zakat* dont il est redevable. Mais nous apprenons également, d'après 'Atâ', qu'il en est dispensé en pareil cas. »

L'ajournement n'annule pas la *zakat*

Une personne n'ayant pas versé la *zakat* des années durant, est tenue de s'acquitter de la totalité des montants cumulés, indépendamment du fait qu'il ait su ou non qu'il les devait, et qu'il réside ou non en pays d'Islam – selon Ash-Shâfi'î. Ibn Al-Mundhir commente : « Si les habitants d'une contrée se refusent à verser la *zakat* et que le calife parvienne à se rendre maître de leur pays, il doit leur prendre la totalité des sommes dues pour toute la période de rébellion. » C'est l'opinion adoptée par Mâlik, Ash-Shâfi'î et Abû Thawr. »

Peut-on payer la *zakat* en valeur au lieu de la payer en nature ?

Il n'est pas permis de verser la *zakat* en valeurs numéraires, sauf si l'on ne peut faire autrement. En effet, la *zakat* étant une forme d'adoration, elle doit être accomplie de la manière indiquée par le Législateur (Dieu, s'entend), afin que les pauvres puissent jouir d'une partie des biens dont jouissent les riches. Mu'âdh Ibn Jabal rapporte que le Prophète (ﷺ) lui dit en l'envoyant au Yémen : « Prends des graines pour la *zakat* sur les graines, des brebis pour la *zakat* sur les ovins, des chameaux pour la *zakat* sur les chameaux et des génisses pour la *zakat* sur les ovins. » Ce *hadîth* est cité par Abû Dâwûd, Ibn Mâjah, Al-Bayhaqî et Al-Hâkim ; sa chaîne de transmission est cependant interrompue, vu que 'Atâ' n'était pas contemporain de Mu'âdh.

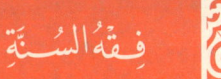

Pour Ash-Shawkânî également, le montant de la *zakat* doit être versé en nature et non en espèces, à moins d'une excuse valable. Abû Hanîfa estime pour sa part qu'il est possible de verser en espèces le montant de la *zakat*, même si l'on a la possibilité de le faire en nature, la *zakat* étant un droit dû aux pauvres et aux démunis, pour qui le profit reste le même, indépendamment des modalités de payement. Al-Bukhârî rapporte également dans un hadîth suspendu (*mu'allaq*)[1] en termes de certitude, que Mu'âdh Ibn Jabal dit aux Yéménites : « Apportez-moi (à titre de zakat) des étoffes de soie (alors spécialité du pays) ou de laine, au lieu du maïs et du blé : ce sera moins pénible pour vous, et d'autant meilleur pour les Compagnons du Prophète (ﷺ) à Médine. »

De la *zakat* due sur un bien détenu en copropriété

Si le bien est détenu en copropriété par deux personnes et plus, la *zakat* n'est exigible que de ceux d'entre eux dont la part atteint le minimum imposable, selon l'opinion adoptée par la plupart des érudits. Cela exclut évidemment la copropriété du bétail et la divergence des érudits à cet égard, comme nous l'avons explicité plus haut.

Éluder la *zakat*

Pour Mâlik, Ahmad, Al-Awzâ'î, Ishâq et Abû 'Ubayd, celui qui possède un minimum imposable, mais qui, pour se soustraire à la *zakat*, recourt à des procédés tels que de vendre, de détruire partiellement ou de faire don d'une partie de son bien, reste redevable de la totalité du montant de la *zakat*. Elle sera exigée de lui s'il a recouru à ce procédé à la fin de l'année fiscale considérée. S'il y recourt au début de l'année, la *zakat* ne saurait être exigée de lui, faute de preuve de sa mauvaise intention.

Pour Abû Hanîfa, la *zakat* est annulée, étant donné que le minimum imposable est dans ce cas entamé avant la fin de l'année fiscale. L'auteur d'un tel procédé se rend cependant coupable de désobéissance à l'égard de Dieu. On cite à ce propos le verset suivant : {*Nous les éprouvâmes comme nous avions éprouvé ces gens qui, propriétaires d'un verger, s'étaient jurés d'en récolter les fruits dès le matin, mais ne dirent pas « Si Dieu le veut bien » Alors un fléau envoyé par ton Seigneur frappa leur verger pendant qu'ils dormaient, le rendant noir comme la nuit sombre*} (S. 68, V. 17-20).[2]

Comme on le voit, Dieu a sévi contre ces gens qui cherchaient à se soustraire à la *zakat*. La mauvaise intention étant établie, l'obligation est maintenue. C'est exactement comme le cas de celui qui répudie sa

---

1 Voir la définition donné de ce terme dans la page 100.

2 ﴿إِنَّا بَلَوْنَـٰهُمْ كَمَا بَلَوْنَآ أَصْحَـٰبَ ٱلْجَنَّةِ إِذْ أَقْسَمُوا۟ لَيَصْرِمُنَّهَا مُصْبِحِينَ وَلَا يَسْتَثْنُونَ فَطَافَ عَلَيْهَا طَآئِفٌ مِّن رَّبِّكَ وَهُمْ نَآئِمُونَ فَأَصْبَحَتْ كَٱلصَّرِيمِ﴾

femme en se sachant atteint d'un mal incurable, ou qui assassine une personne dont il attend l'héritage : le Législateur le punit en l'excluant de l'héritage de sa victime.

A qui les fonds de la *zakat* doivent-ils profiter ?

Il est évident que les fonds collectés pour la *zakat* reviennent aux personnes désignées par Dieu dans le verset suivant : {*Les aumônes sont aux pauvres, aux nécessiteux, à ceux qui sont chargés de les recueillir et de les répartir, aux sympathisants (de l'Islam), à l'affranchissement des captifs, aux faillis, pour la cause de Dieu et aux voyageurs démunis. C'est là un arrêt de Dieu ; Dieu est Omniscient et Sage*} (S. 9, V. 60).[1] On rapporte que Ziyâd Ibn Al-Hârith a dit : « Je venais de faire allégeance au Prophète (ﷺ) et d'adhérer à l'Islam quand un homme vint le trouver et lui dit : « Donne-moi une part des aumônes recueillies ! » Le Prophète (ﷺ) lui répondit : « Dieu, se refusant à confier aux prophètes et au reste des hommes la répartition des fonds de l'aumône légale, y veilla Lui-même, définissant huit catégories de gens à qui ces fonds doivent être versés. Si tu appartiens à l'une de ces catégories, je te donnerai la part qui te reviendra. » Ce *hadîth* est cité par Abû Dâwûd ; cependant sa chaîne de transmission comprend 'Abd Ar-Rahmân Al-Ifrîqî, rapporteur contesté. Voici à présent l'explicitation des huit catégories précitées :

1- Les pauvres et les nécessiteux

Ce sont les démunis qui ne possèdent pas de quoi se nourrir suffisamment ni de quoi se vêtir décemment, par opposition à ceux qui ne souffrent d'aucun besoin matériel. Nous avons déjà vu que le seuil défini par l'Islam comme étant celui de la pauvreté est déterminé par l'aptitude de l'individu à subvenir à ses besoins quotidiens – nourriture, habillement, logement, transport, outils du travail, etc. – pour soi-même et pour sa famille. Quiconque se trouve dans l'incapacité de remplir ces besoins est compté parmi les pauvres ayant droit à une part des aumônes légales. Dans le *hadîth* rapporté par Mu'âdh, il est spécifié que les aumônes doivent être « recueillies auprès des riches pour être remises aux pauvres. » Toute personne possédant un bien excédant ce qu'il faut pour remplir les besoins énumérés plus haut est ainsi astreinte à l'aumône légale, dont le montant revient de droit à

---

1 ﴿إِنَّمَا ٱلصَّدَقَٰتُ لِلْفُقَرَآءِ وَٱلْمَسَٰكِينِ وَٱلْعَٰمِلِينَ عَلَيْهَا وَٱلْمُؤَلَّفَةِ قُلُوبُهُمْ وَفِى ٱلرِّقَابِ وَٱلْغَٰرِمِينَ وَفِى سَبِيلِ ٱللَّهِ وَٱبْنِ ٱلسَّبِيلِ فَرِيضَةً مِّنَ ٱللَّهِ وَٱللَّهُ عَلِيمٌ حَكِيمٌ﴾

toute personne se trouvant dans l'impossibilité de remplir ces besoins. Quant à la différence entre « pauvre » et « nécessiteux », on peut probablement la déduire de ce *hadîth*, rapporté par Al-Bukhârî et Muslim, d'après Abû Hurayra : « Le véritable nécessiteux n'est pas celui qui reçoit une datte ou deux par-ci, une bouchée ou deux par-là, mais bien celui que l'amour-propre empêche de tendre la main aux gens. Si vous en voulez la démonstration, lisez : {*Jamais ils ne sollicitent les gens avec insistance*} (S. 2, V. 273).[1]

Combien faut-il donner à chaque pauvre ?

La finalité de la Loi révélée étant d'aider les pauvres à subvenir à leurs besoins et à ceux de leur famille, il convient de donner à chacun ce qui est propre à couvrir ses besoins, ce qui diffère évidemment selon les cas. On retient à ce propos que 'Umar (ﷺ) a dit : « Si vous donnez (l'aumône) aux gens, donnez-leur jusqu'à couvrir leurs besoins. » Al-Qâdî 'Abd Al-Wahhâb commente pour sa part : « Mâlik ne pose point de limite à cela ; selon lui, il est permis de donner, même à une personne possédant un minimum indispensable tels que logement, domestique et monture. On retient de la tradition que le pauvre est alloué à demander de l'aide jusqu'à ce qu'il soit assuré d'être à l'abri du besoin. On rapporte en effet que Qabîsa Ibn Mukhâriq Al-Hilâlî a dit : « Je m'étais trouvé engagé à assumer une dette pour quelqu'un ; j'allai donc trouver le Prophète (ﷺ) pour lui demander de me venir en aide. Alors il me dit : « Reste ici en attendant que les donateurs viennent déposer quelque aumône, et que nous puissions t'en donner une partie. » Puis il me dit : « Ô Qabîsa, La mendicité n'est permise qu'à trois personnes : un homme qui, ayant contracté une dette à la place d'un autre, se trouve incapable d'honorer son engagement et est donc autorisé à mendier jusqu'à rassembler de quoi l'honorer, suite à quoi il est tenu d'arrêter. Un homme dont les biens ont été frappés d'une catastrophe et qui, lui aussi, est autorisé à mendier jusqu'à ce qu'il puisse trouver un moyen de subsistance. Enfin, un homme qui se trouve atteint de dénuement au point que trois personnes dignes de foi de son entourage disent : Untel est vraiment devenu indigent ! Lui aussi est autorisé à mendier jusqu'à ce qu'il puisse trouver un moyen de subsistance. Toute mendicité en-dehors de ces conditions, ô Qabîsa, est absolument prohibée, et son fruit interdit. » Ce *hadîth* est cité par Ahmad, Muslim, Abû Dâwûd et

---

1 ﴿لَا يَسْـَٔلُونَ ٱلنَّاسَ إِلْحَافًا﴾

An-Nasâ'î.

L'individu fort et capable de gagner sa vie peut-il prétendre à une part de la *zakat* ?

On rapporte que 'Ubayd Allâh Ibn 'Adî Ibn Al-Khiyâr a dit : « Deux hommes m'informèrent qu'ayant rejoint le Prophète (ﷺ) durant le pèlerinage de l'Adieu et le trouvant en train de distribuer les fonds de la *zakat*, ils lui demandèrent de leur en donner. « Il leva les yeux sur nous, me dirent-ils, et voyant que nous étions en bonne condition physique, nous dit : « Je vous en donne si vous le voulez ; mais sachez que le riche et l'homme capable de gagner sa vie n'y ont nul droit. » Ce *hadîth* est cité par Abû Dâwûd et An-Nasâ'î. Pour sa part, Al-Khattâbî commente : « On déduit de ce *hadîth* qu'il est permis de considérer comme nécessiteuse, toute personne à qui nul ne connaît de patrimoine ni de revenu, et que la bonne condition physique ne suffit pas à considérer une personne comme étant capable de bien gagner sa vie. On peut en effet être fort mais maladroit, et être de ce fait incapable de fournir un travail utile et rémunéré. »

On rapporte également, citant Rayhân Ibn Yazîd, d'après 'Abd Allâh Ibn 'Amr, que le Prophète (ﷺ) a dit : « Il est interdit à tout homme fort et capable de gagner sa vie de recevoir l'aumône. » Ce *hadîth* est cité par Abû Dâwûd et At-Tirmidhî, qui le tient pour authentique. C'est également l'opinion adoptée par Ash-Shâfi'î, Ishâq, Abû 'Ubayd et Ahmad. Pour les hanafites, un individu en bonne santé est alloué à bénéficier de l'aumône s'il ne possède pas un minimum de 200 dirhams. An-Nawawî ajoute pour sa part qu'Al-Ghazâlî, interrogé à propos de celui qui, tout en étant en bonne santé, est de noble naissance, et ne peut donc fournir un travail manuel, répondit : « Oui, il y a droit : il ne pourra en être privé que dans le cas où, un travail convenable lui ayant été proposé, il refuse de l'exercer. »

De l'individu qui, bien que possédant le minimum imposable, n'arrive pas à pourvoir à ses besoins à cause d'une famille nombreuse ou d'une inflation

Cet individu est considéré comme étant riche, du fait qu'il possède le minimum imposable, mais il est en retour considéré comme pauvre, du fait qu'il est incapable de subvenir à ses propres besoins. Il est donc alloué à recevoir une part des fonds de l'aumône légale, au même titre que le pauvre démuni. An-Nawawî ajoute : « Une personne qui possède un bien immobilier, mais qui n'a pas de moyens suffisants pour vivre décemment, a droit à une part des fonds de l'aumône légale, et nul ne peut lui imposer de vendre son bien pour vivre ». On peut également lire dans « *Al-Mughnî* » d'après Al-Maymûnî : « Je consultai Ibn Hanbal à propos d'un tel qui, bien que possédant le minimum imposable, n'arrivait pas à couvrir ses propres besoins et ceux de sa famille : a-t-il droit à une part des fonds de l'aumône légale ? Il répondit : « Oui, car ne possédant pas de quoi subvenir à ses besoins, il est assimilable à qui ne possède pas le minimum imposable. »

2- Ceux qui sont chargés de recueillir et répartir l'aumône légale

Il s'agit des personnes que l'imâm ou un de ses adjoints nomme pour la collecte des fonds de la *zakat* auprès des personnes imposables. Cette catégorie inclut également les trésoriers à qui est confiée la garde des sommes recueillies, les personnes qui se chargent du transport des collecteurs, ainsi que les scribes chargés de tenir les listes et les comptes. Ils doivent tous être musulmans et ne pas être de la famille du Prophète (ﷺ) à qui l'aumône légale est interdite. On rapporte à ce propos, citant Al-Muttalib Ibn Al-Hârith Ibn 'Abd Al-Muttalib : « Nous nous rendîmes, Al-Fadl Ibn 'Abbâs et moi-même, auprès du Prophète (ﷺ) et lui dîmes : « Si tu nous affectais à la collecte des aumônes légales, nous en profiterions comme en profitent ceux qui y sont affectés, et t'en remettrions une part comme ils le font. » Il répondit : « Il ne sied point à Muhammad ni aux siens de recevoir l'aumône légale : ce n'est là que saleté dont les gens se débarrassent. » Ce *hadîth* est cité par Ahmad et Muslim. Les collecteurs des aumônes légales peuvent par ailleurs être riches, sans que cela ne les empêche de toucher la part qui leur revient sur les fonds récoltés. On rapporte en effet, citant Abû Sa'îd, que le Prophète (ﷺ) a dit : « L'aumône ne devient licite à l'homme qui n'est pas dans le besoin que dans cinq cas : s'il est affecté à la collecte des aumônes légales ; s'il a acheté de son propre argent un bien destiné à être donné en aumône ; s'il se trouve en situation de faillite, s'il est sur le pied de guerre, et enfin si un pauvre, ayant reçu une aumône, lui fait cadeau d'une partie de ce qu'il a reçu. »[1]

En fait, la part que ces gens reçoivent n'est pas une aumône, mais

1 *Hadîth* cité par Ahmad, Abû Dâwûd, Ibn Mâjah et Al-Hâkim, qui commente : « Ce *hadîth* est authentique selon les conditions posées par les deux sheikhs, Al-Bukhârî et Muslim. »

bien la rémunération du travail qu'ils fournissent. On rapporte en effet que 'Umar Ibn al-Khaṯṯâb (ﷺ), dit un jour à 'Abd Allâh As-Sa'dî : « J'ai été informé que tu refusais de percevoir les sommes qui te reviennent en rémunération des collectes que tu fournis au service de la Communauté. » 'Abd Allâh lui répondit : « C'est vrai. Je possède des chevaux et des esclaves, et je voudrais faire aumône du travail que je fournis. » Alors 'Umar lui dit : « J'avais exactement la même idée que toi. A chaque fois que le Prophète (ﷺ) voulait me remettre de l'argent, je lui répondais : « Donne donc cela à plus pauvre que moi. » Comme je lui disais cela un jour, il me répondit : « Ce que Dieu – que Son Nom soit glorifié – te donne sans que tu aies eu à le mendier ni à te montrer empressé de l'avoir, prends-le et fais-en ce que tu veux. Mais garde-toi de suivre des yeux ou du cœur ce que Dieu ne t'a point accordé. » Ce *ḫadîth* est cité par Al-Bukhârî et An-Nasâ'î.

Par ailleurs, la rémunération doit être à la mesure du besoin, sans le dépasser. On rapporte en effet, citant Al-Mustawrid Ibn Shaddâd, que le Prophète (ﷺ) a dit : « Que ceux d'entre vous qui sont chargés de la collecte et qui n'ont pas de demeure en acquièrent une ; s'ils n'ont pas d'épouse, qu'ils se marient ; s'ils n'ont pas de domestique, qu'ils en engagent un ; s'ils n'ont pas de monture, qu'ils s'en achètent une. Quiconque va au-delà de ces limites aura abusé. » Cette tradition est citée par Aḫmad et Abû Dâwûd ; elle est assortie d'une chaîne de transmission jugée bonne (*Ṣâliḫ*). Al-Khaṯṯâbî commente : « Il en découle deux conclusions : la première est que la personne affectée à la collecte des aumônes légales est appelée à satisfaire les besoins précédemment énumérés en utilisant uniquement la rémunération de son travail, sans rien y adjoindre. La deuxième est que cette personne est en droit d'être pourvue des avantages cités : un domestique doit être mis à son service aux frais de la Trésorerie publique, et une demeure doit être mise à sa disposition aussi longtemps qu'elle sera en exercice. »

3- Les sympathisants (de la cause de l'Islam)

Il s'agit de ceux dont il convient d'entretenir la loyauté ou la sympathie afin de consolider leur foi, épargner aux musulmans leur hostilité et leur agression éventuelles, ou s'assurer leur aide et leur soutien. Les jurisconsultes les répartissent en deux catégories : musulmans et non musulmans. Parmi les premiers, ils distinguent quatre classes :

a- Les gens qui ont un haut rang dans la société, tels 'Adî Ibn Ḫâtim, Az-Zibriqân Ibn Badr, tous deux bons musulmans, sincèrement attachés à la foi.

b- Les chefs de tribu ou de clan qui ont la foi vacillante, afin que le pouvoir dont ils jouissent parmi les leurs profite aux musulmans. C'est le cas des Mecquois qui – pourtant fraîchement relaxés par le Prophète (ﷺ), qui avait répugné à punir leurs méfaits et leur longue hostilité – reçurent une bonne part sur le butin de la bataille de Hawâzin, alors que parmi eux, il y avait des hypocrites et des gens de faible foi, mais qui finirent, pour la plupart, par adhérer solidement à la cause de l'Islam.

- Les musulmans qui, vivant aux frontières de la terre d'Islam, sont en contact permanent avec l'ennemi. Dans le « *Tafsîr Al-Manâr* », il est dit : « Ceux-là sont assimilables à ceux qui prennent part au combat sur la voie de Dieu. Une part des aumônes légales doit leur être réservée pour les aider et les soutenir, tout comme doivent être aidés et soutenus ceux d'entre les musulmans qui, de nos jours, sont soumis à la tentation des infidèles, désireux de les détourner de leur foi. En effet, les pays colonialistes prélèvent sur leurs budgets des sommes qu'ils consacrent à soudoyer certains musulmans, leur faisant abandonner leur foi, ou du moins les encourageant à se mettre sous la protection de ces nations conquérantes aux dépends de leur propre pays et de l'unité des pays islamiques. Les musulmans ne sont-ils pas censés être les premiers à s'occuper de ces gens et à les préserver contre de telles tentations ? »

- Les musulmans dont on a besoin pour collecter l'aumône et user de force contre ceux qui cherchent à s'y soustraire.

Quant aux non musulmans, ils se répartissent en deux groupes :

a- Les gens que l'on espère gagner à la cause de l'Islam. C'est le cas, par exemple, de Safwân Ibn Umayya, à qui le Prophète (ﷺ) laissa la vie sauve lors de la conquête de La Mecque, et qui fut présent, aux côtés des musulmans, à la bataille de Hunayn, sans pourtant prendre part aux combats. On rapporte que le Prophète (ﷺ) lui emprunta son arme pour cette bataille et qu'il lui donna à la fin des hostilités tellement de chameaux chargés de butin qu'il dit lui-même : « Par Dieu ! le Prophète (ﷺ) me donna tant que l'homme que je haïssais le plus au monde devint celui que j'aimais le plus au monde ! »

b- Les gens dont on craint l'hostilité et dont il sied de gagner la sympathie. Ibn 'Abbâs rapporte à ce propos : « Des gens venaient trouver le Prophète (ﷺ) : quand il leur donnait assez, ils disaient du bien de l'Islam ; dans le cas contraire, ils s'en retournaient en médisant. Parmi eux, il y avait Abû Sufyân Ibn Harb, Al-Aqra' Ibn Hâbis et 'Uyayna Ibn Hisn. Le Prophète (ﷺ) leur donna un jour à chacun cent chameaux ». Pour les hanafites, les *sympathisants* ne peuvent plus prétendre à aucune part des aumônes après que l'Islam a triomphé. On rapporte en effet qu'Al-Aqra' Ibn Hâbis et 'Uyayna Ibn Hisn vinrent trouver Abû Bakr (après la mort du Prophète) et lui demandèrent leur part des fonds de l'aumône légale. Abû Bakr leur rédigea un papier à l'adresse de 'Umar – alors affecté à la Trésorerie. Mais quand ils vinrent trouver ce dernier, il leur prit le papier des mains et le déchira, disant : « C'était là une faveur que le Prophète (ﷺ) vous avait faite afin de gagner votre sympathie. Aujourd'hui, les choses ont changé : soit vous affirmez votre Islam, ou alors ce sera à l'épée de trancher entre nous ! » Puis il récita : {*Dis : la Vérité est de votre Seigneur : libre à qui voudra de croire ou de mécroire !*} (S. 18, V. 29).[1] Mécontents, les trois hommes vinrent trouver Abû Bakr une nouvelle fois et lui dirent : « Nous avons remis ton papier à 'Umar qui l'a tout simplement mis en pièces ! Qui donc, de toi ou de lui, est le calife ? » Abû Bakr répondit : « Lui, pour peu qu'il le veuille ! » Certains érudits en déduisent qu'il n'est plus besoin de consacrer une part des aumônes aux *sympathisants*, étant donné qu'Abû Bakr n'a pas récusé le jugement de 'Umar et qu'aucun Compagnon n'eut rien à y redire, d'autant plus que 'Uthmân et 'Alî en firent de même.

Or, cette opinion est récusable. En effet, c'était là un effort d'interprétation propre à 'Umar, qui jugea inutile de continuer à verser des fonds à des gens dont on n'avait plus à craindre l'hostilité : conjoncture qui peut évidemment changer avec le temps, conduisant l'imâm à prendre une décision différente. Mais quoi qu'il en soit, le Livre et la Sunna restent la référence dont il ne sied point de s'écarter. Ahmad et Muslim rapportent en effet à ce propos, citant Anas, que « le Prophète (ﷺ) ne lésinait jamais lorsqu'il s'agissait de soutenir la cause de l'Islam. Un jour, un homme se présenta à lui, demandant à recevoir une part de l'aumône légale. Le Prophète (ﷺ) lui donna un troupeau d'ovins si grand qu'il emplissait la vallée. L'homme s'en retourna parmi les siens et leur dit : « Adhérez donc à l'Islam, car seul un homme qui ne craint point le besoin peut se montrer généreux comme l'est Muhammad ! » Ash-Shawkânî commente :

---

1 ﴿وَقُلِ ٱلْحَقُّ مِن رَّبِّكُمْ فَمَن شَآءَ فَلْيُؤْمِن وَمَن شَآءَ فَلْيَكْفُرْ﴾

« Les érudits divergent à ce propos. Pour les uns, il est permis de gagner la sympathie d'un musulman jugé de faible foi, mais non d'un non musulman. Pour d'autres, cette pratique n'a plus de raison d'être après que l'Islam a triomphé. Pour d'autres enfin, il revient à l'Imâm de la communauté d'en juger, car il se peut qu'il soit conduit à le faire pour éviter une révolte ou une confrontation. » On peut lire dans « *Al-Manâr* » : « C'est là, à notre sens, l'opinion qu'il faut adopter, l'Imâm ayant le devoir de consulter les érudits afin de prendre la décision adéquate, qui doit toujours être celle dont résulte le moindre mal. »

4- L'affranchissement des captifs

Il englobe l'affranchissement et la délivrance des esclaves et des captifs. On rapporte en effet, citant Al-Barâ', qu'un homme vint trouver le Prophète (ﷺ) et lui dit : « Indique-moi une bonne action qui puisse me valoir le Paradis. » Le Prophète (ﷺ) lui répondit : « Affranchis un esclave ou délivre un captif. » L'homme demanda alors : « Ô Envoyé de Dieu, n'est-ce pas du pareil au même ? » et le Prophète (ﷺ) de répondre : « Non, ce n'est point la même chose : on affranchit un esclave en achetant sa liberté pour la lui rendre, et on délivre un captif en prenant part à la rançon qui est demandée en échange de sa libération. » Cette tradition est citée par A<u>h</u>mad et Ad-Dâraqu<u>t</u>nî ; elle est assortie d'une chaîne de rapporteurs tous parfaitement crédibles. On rapporte de même, citant Abû Hurayra, que le Prophète (ﷺ) a dit : « Trois personnes acquièrent auprès de Dieu le droit d'être aidés : un homme qui s'apprête à partir pour le combat sur la voie de Dieu, un homme endetté qui a dû hypothéquer sa liberté contre ses dettes et un célibataire qui désire se marier afin de se prémunir contre le péché. » Ce *<u>h</u>adîth* est cité par A<u>h</u>mad, Abû Dâwûd, At-Tirmidhî, An-Nasâ'î et Ibn Mâjah ; il est tenu pour *<u>h</u>asan <u>s</u>a<u>h</u>î<u>h</u>* par At-Tirmidhî.

Ash-Shawkânî ajoute : « Les érudits divergent concernant le sens à donner à *l'affranchissement des captifs*. Pour les uns, il s'agit des personnes endettées ayant été amenées à hypothéquer leur liberté contre leurs dettes. Pour d'autres, cette appellation englobe également l'affranchissement des esclaves, car les premiers sont assimilables aux insolvables et n'auraient donc point eu besoin d'être nommément spécifiés. Par ailleurs, Al-Bukhârî et Ibn Al-Mundhir jugent que la priorité est à l'esclave, qui acquiert sa totale liberté dès l'affranchissement, tandis que le captif endetté ne recouvre pas la condition d'homme libre tant qu'il reste redevable de la moindre somme. Enfin, Az-Zuhrî juge que cette dénomination comprend l'esclave et le captif, et que d'affranchir l'un ou d'aider l'autre à recouvrer sa liberté sont deux actions que Dieu approuve et qui éloignent leur auteur de l'Enfer et le rapprochent du Paradis.

5- Les insolvables

Il s'agit des gens qui, soit pour avoir contracté une dette personnelle ou endossé celle d'autrui, soit pour avoir expié un péché, se trouvent dans l'incapacité d'honorer leurs engagements. Ceux-là sont alloués à percevoir une part sur les fonds de l'aumône légale, dans la limite du règlement de leurs dettes. Ahmad, Abû Dâwûd, Ibn Mâjah et At-Tirmidhî, lequel tient ce *hadîth* pour bon, rapportent, citant Anas (ﷺ), que le Prophète (ﷺ) a dit : « Seules trois personnes sont autorisées à demander et recevoir l'aumône : un homme nécessiteux, incapable de subvenir à ses besoins ; un homme obéré et incapable d'honorer ses dettes et un homme chargé d'une lourde dette de sang ». Muslim rapporte, citant Abû Sa'îd Al-Khudrî (ﷺ) : « Du temps du Prophète (ﷺ), un homme fit faillite. Le Prophète (ﷺ) ordonna alors : « Faites-lui l'aumône » Les gens obéirent, mais la somme réunie ne suffit pas à couvrir les sommes dues. Alors le Prophète (ﷺ) dit aux créanciers de l'homme : « Prenez ce que vous trouverez et contentez-vous-en. »

6- Pour la cause de Dieu

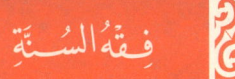

On définit ainsi tout acte physique ou moral qui plaît à Dieu. Les érudits conviennent cependant que ce terme désigne plus particulièrement les gens qui partent pour le combat sur la voie de Dieu sans percevoir aucun salaire de l'État. Ceux-là ont droit à l'aumône légale, qu'ils soient riches ou pauvres. Nous avons en effet cité le *hadîth* : « L'aumône légale ne devient licite à l'homme qui n'est pas dans le besoin que dans cinq cas : (...) s'il s'apprête à partir pour le combat sur la voie de Dieu (...) » Notons que le pèlerinage n'est pas compté parmi les actes ainsi nommés, car c'est un devoir pour les seules personnes capables de l'accomplir. « Il est cependant permis, peut-on lire dans *Al-Manâr*, de prélever sur les fonds de la *zakat* les sommes nécessaires pour entretenir les routes menant aux Lieux saints ou pour pourvoir les pèlerins en eau et en nourriture, si aucun autre moyen n'est disponible. Il va sans dire que les meilleures dépenses qui puissent être faites à cet égard sont celles qui vont dans le sens de l'intérêt général de la Communauté. Or, le plus urgent à faire est de consolider les capacités défensives de la Communauté, par l'achat d'armes et l'équipement des armées. Cela dit, les biens qui ne sont pas nécessairement périssables – telles les armes et les montures – doivent être restitués dès que l'on vient à perdre la qualité en vertu de quoi on les avait reçus. Le combattant sur la voie de Dieu est ainsi, à l'exception des autres bénéficiaires de l'aumône légale, le seul à qui il est demandé de restituer un bien perçu. »

« Citons également parmi les actes qui plaisent à Dieu, celui consistant à former des prédicateurs et à les envoyer appeler à l'Islam dans les pays non islamiques, à l'exemple de ce que font les chrétiens, par exemple. De même, l'argent des aumônes légales peut servir à l'entretien des écoles et des enseignants qui n'ont pas d'autre travail lucratif, sachant que le savant qui n'est pas dans le besoin ne doit rien percevoir en échange de ce qu'il enseigne aux gens. »

7- Le voyageur démuni

Les érudits s'accordent à considérer que le voyageur se trouvant éloigné de son pays et sans ressources a le droit de recevoir de quoi achever son voyage et retourner chez lui. Ils posent cependant comme condition que le but escompté du voyage ne soit pas réprouvable, et divergent en ce qui concerne le voyage d'agrément. A ce propos, les shâfi'îtes jugent que le voyageur n'ayant d'autre but que l'agrément a également droit à l'aumône légale. Ils distinguent deux sortes de *voyageurs démunis* : le voyageur qui effectue un voyage à l'intérieur de son propre pays et l'étranger qui ne fait que traverser le pays. Tous deux ont droit à l'aumône légale, même s'ils trouvent à qui emprunter l'argent nécessaire pour le retour et qu'ils aient chez eux de quoi payer leurs dettes. Pour Mâlik et Ahmad cependant, seul l'étranger de passage a droit à l'aumône légale, et à condition qu'il ne trouve personne pour lui prêter l'argent nécessaire ou qu'il n'ait pas de quoi rembourser à son retour chez lui.

La répartition des fonds de l'aumône légale parmi les différents bénéficiaires

Nous venons de voir qui étaient les huit bénéficiaires des fonds de l'aumône légale. Les érudits divergent quant à la priorité à accorder à chacun d'entre eux. Ainsi, Ash-Shâfi'î précise par exemple que si la distribution est effectuée par le propriétaire lui-même ou par un de ses agents, la part revenant à *ceux qui sont chargés de recueillir les aumônes et de les répartir* est redistribuée aux sept autres bénéficiaires ou à ceux d'entre eux que l'on trouve, sachant que tous doivent recevoir leur part. Ibrâhîm An-Nakha'î juge pour sa part que l'on ne doit procéder à la répartition que si les fonds recueillis sont suffisamment importants ; dans le cas contraire, il vaut mieux verser une somme substantielle à une seule personne plutôt que de donner des sommes insignifiantes à plusieurs personnes. Pour Ahmad, la répartition est préférable dans tous les cas. Pour Mâlik, la répartition doit se faire en fonction des besoins réels et des personnes se trouvant dans le besoin. Enfin pour les hanafites et Sufyân Ath-Thawrî, le propriétaire est libre de verser l'aumône légale à qui il veut d'entre les bénéficiaires désignés.

Pourquoi cette divergence entre les érudits ?

Leur divergence tient à la façon dont chacun interprète le verset définissant les bénéficiaires de l'aumône. Pour les uns – la majorité – ces derniers sont énumérés afin d'être reconnus. Pour les autres, dont Ash-Shâfi'î, cette énumération signifie que les aumônes légales doivent nécessairement être réparties entre eux sans exception. Rappelons à ce propos le *hadîth* cité plus haut, et qui semble confirmer l'opinion adoptée par Ash-Shâfi'î : « Dieu, se refusant à confier aux prophètes ou à quiconque la répartition des fonds de l'aumône légale, y veilla Lui-même, définissant huit catégories de gens à qui ces fonds doivent être versés. Si tu appartiens à l'une de ces catégories, je te donnerai la part qui te revient. »

L'opinion de la majorité prévaut sur celle d'Ash-Shâfi'î

On peut lire, dans « *Ar-Rawda An-Nadiyya* » (d'As-San'ânî) : « Il semble que Dieu – que Son Nom soit glorifié – ait énuméré ces huit bénéficiaires afin de signifier qu'ils sont les seuls à avoir droit à une part des aumônes. Mais les définir ainsi ne signifie point qu'il faille nécessairement les faire tous bénéficier de ces fonds ; cela signifie seulement que ce sont là les personnes à qui l'aumône doit être versée : quiconque calcule le montant dû sur ses biens puis le remet à l'une de ces personnes ou le répartit parmi elles, se sera acquitté de son devoir à l'égard de Dieu. Par ailleurs, ce serait trop contraindre le donateur que d'exiger qu'il répartisse son aumône parmi les huit bénéficiaires, sans oublier que le montant en question peut être modeste, et ne plus être d'aucune utilité s'il est divisé en huit parties.

De plus, rien ne nous est parvenu qui puisse être invoqué pour preuve de la nécessité de répartir les fonds de l'aumône légale entre les huit catégories de bénéficiaires. Le *hadîth* selon lequel le Prophète (ﷺ) ordonna à Mu'âdh Ibn Jabal de percevoir l'aumône des riches du Yémen pour la remettre aux pauvres de ce même pays, ne saurait non plus être considéré comme une preuve de cette nécessité, car il s'agissait là de biens perçus d'un groupe de donateurs et redistribués à des gens inclus dans les catégories indiquées. De même, si la répartition était obligatoire en terme de quantité, elle devrait l'être aussi en terme de qualité, ce qui est inconcevable. Il en ressort que les aumônes légales doivent être remises aux bénéficiaires selon l'urgence des besoins de chacun.

Certes, si l'Imâm a pu rassembler les aumônes légales de tous les pays se trouvant sous son autorité, et si des gens des huit catégories sont présents, chacun a sans conteste le droit d'exiger la part qui lui revient. L'Imâm n'est toutefois pas tenu de répartir les fonds à égalité parmi eux, ni à leur en donner à tous : à lui de décider de la part que chacun recevra, selon l'intérêt de l'Islam et des musulmans. A titre d'exemple, si l'heure est au combat sur la voie de Dieu, l'Imâm est alloué à décider de donner la priorité aux combattants, quitte à ce que cela épuise la totalité des fonds recueillis. Il en va de même selon la priorité qui se présente. »

A qui l'aumône légale est-elle interdite ?

Voici ceux qui n'ont nullement droit à l'aumône légale :

a- Les infidèles et les mécréants : les érudits sont unanimes là-dessus. Le Prophète (ﷺ) a bien spécifié que les aumônes légales doivent être recueillies auprès des plus riches pour être distribuées aux plus pauvres d'entre les musulmans. Exception faite des *sympathisants* décrits plus haut, aucun non musulman ne peut bénéficier des fonds collectés à titre d'aumône légale. Les *dhimmî* (les tributaires) n'y ont pas droit non plus, mais ils peuvent bénéficier des aumônes volontaires. Le Coran spécifie en effet, en parlant des croyants, qu'ils {*donnent de leur nourriture – pourtant si chère – au pauvre, à l'orphelin et au captif*} ce dernier ne pouvant bien évidemment être que non musulman. De même, on retient le *hadîth* selon lequel le Prophète (ﷺ) dit à Asmâ' : « Fais aumône à ta mère », or la mère en question était non musulmane.

b- Les Hâshimites : Ce sont les descendants de 'Alî, 'Aqîl, Ja'far, Al-'Abbâs et Al-Hârith. Ibn Qudâma commente à ce propos : « A notre connaissance, nul ne conteste que les Hâshimites ne sont pas autorisés à bénéficier des fonds de l'aumône légale. » Par ailleurs, nous avons vu plus haut que le Prophète (ﷺ) a dit : « Il ne sied point à Muḥammad ni aux siens de recevoir l'aumône légale : ce n'est là que saleté dont les gens se débarrassent. » Ce *ḥadîth* est cité par Muslim. On rapporte également, citant Abû Hurayra : « Un jour, Al-Ḥasan (alors enfant) prit une datte dans un lot déposé à titre d'aumône légale. Le voyant faire, le Prophète (ﷺ) lui ordonna de la jeter, lui disant : « Ne sais-tu point que l'aumône légale nous est interdite ? » Ce *ḥadîth* est rapporté par Al-Bukhârî et Muslim.

Les érudits divergent en ce qui concerne les autres descendants de 'Abd Al-Muṭṭalib. Pour Ash-Shâfi'î, ils n'y ont pas droit, au même titre que les Hâshimites. Il rapporte à ce propos, tout comme le font Aḥmad et Al-Bukhârî, d'après Jubayr Ibn Muṭ'im : « A l'issue de la bataille de Khaybar, le Prophète (ﷺ) remit aux Hâshimites et aux Muṭṭalibites la part du butin destinée à *la famille du Prophète*, sans rien en donner aux Banû Nawfal et aux Banû 'Abd Shams (Nawfal et 'Abd Shams étant tous deux des frères de 'Abd Al-Muṭṭalib). Alors nous allâmes le trouver, 'Uthmân Ibn 'Affân et moi-même, et nous lui dîmes : « Ô Envoyé de Dieu, nous ne renions point aux Hâshimites l'honneur que leur vaut le fait d'être tes proches parents. Mais qu'en est-il de nos cousins Muṭṭalibites que tu préfères à nous alors que nous sommes au même degré de parenté ? » Le Prophète (ﷺ) nous répondit : « Nous ne saurions nous séparer, les Banû 'Abd Al-Muṭṭalib et nous-mêmes, ni avant ni après l'Islam. » En disant cela, il croisa les doigts de ses mains. »

Ibn Ḥazm commente : « Il en découle qu'il ne sied point de considérer séparément les deux familles. Le Prophète (ﷺ) les ayant lui-même déclarées unies, les deux familles ne font plus qu'une, et les Banû 'Abd Al-Muṭṭalib sont, de ce fait, aussi interdits de *zakat* que le sont les Hâshimites. Pour Abû Ḥanîfa par contre, les Muṭṭalibites y ont droit. Par ailleurs, et tout comme le Prophète (ﷺ) interdit l'aumône aux Hâshimites, il l'interdit également à leurs esclaves affranchis. On rapporte en effet que Râfi' – esclave affranchi du Prophète (ﷺ) a dit : « Le Prophète (ﷺ) avait chargé un homme des Banû Makhzûm de collecter l'aumône légale. Cet homme vint me trouver et me dit : « Accompagne-moi donc : tu pourras ainsi avoir une part de ce que nous collecterons. » Je demandai à consulter le Prophète (ﷺ) et me rendis auprès de lui pour m'enquérir de son avis. Mis au fait de la question, il me répondit : « L'aumône nous est interdite ; or, l'affranchi d'une famille est membre de cette famille. »[1]

Les érudits divergent également concernant l'aumône volontaire. Ash-Shawkânî résume ainsi les opinions formulées à ce propos : « Selon le sens apparent de l'expression *l'aumône nous est interdite*, toute aumône est interdite aux Hâshimites. Un groupe d'érudits, dont Al-Khattâbî, s'accorde à dire que les deux sortes d'aumône sont interdites au Prophète (ﷺ), sachant que de nombreux rapporteurs citent une opinion différente émise par Ash-Shâfi'î. » Ibn Qudâma commente pour sa part : « Ce qui est rapporté d'après le Prophète (ﷺ) à ce propos n'est pas explicite. » Les descendants de la famille du Prophète (ﷺ) sont donc autorisés à bénéficier des aumônes volontaires, étant donné que le Prophète (ﷺ) a précisé qu'il répugnait à recevoir *la saleté des gens*. Or ceci s'applique à l'aumône légale, non à l'aumône volontaire. » Enfin dans « *Al-Bahr* », on peut lire : « Pour Abû Yûsuf et Abû Al-'Abbâs, l'aumône volontaire est aussi interdite aux Hâshimites que ne l'est l'aumône légale, étant donné que les arguments scripturaires ne font pas de différence entre l'une et l'autre. »

c- Les ascendants et les descendants de l'imposable : les érudits s'accordent à dire qu'il n'est pas permis à l'imposable de remettre le montant de la *zakat* à ses parents, ses grands-parents, ses fils et ses petits-fils. En effet, il est légalement tenu d'entretenir ses parents et descendants qui se trouvent dans le besoin et qu'il est en mesure d'entretenir. Cependant, si l'un de ses parents part pour le combat sur la voie de Dieu, il lui est possible de lui verser la part de la *zakat* destinée à cette catégorie. Il en va de même pour qui est endetté parmi eux – étant donné qu'il n'est pas tenu légalement de lui payer ses dettes – ou qui participe à la collecte des aumônes légales.

d- L'épouse : Ibn al-Mundhir dit à ce propos : « Les érudits sont unanimes à considérer que le mari n'a pas le droit de donner à son épouse une part des sommes qu'il destine à la *zakat*, étant donné qu'il est légalement tenu d'entretenir sa femme. Par contre, il lui est possible de l'aider à s'acquitter d'une dette qu'elle a contractée ; car n'étant pas tenu de lui payer ses dettes, il peut l'inclure dans la catégorie des *endettés*. »

1 Propos cité par Ahmad, Abû Dâwûd et At-Tirmidhî qui le tient pour authentique.

Peut-on dépenser les fonds de l'aumône légale pour d'autres œuvres pies ?

Il n'est pas permis de dépenser les fonds de l'aumône légale pour un autre but que celui indiqué par le Coran : {*Les aumônes sont aux pauvres, aux nécessiteux...*} Ainsi, ces fonds ne pourront être utilisés à des fins telles que la construction de mosquées ou de ponts, l'entretien des routes, les réceptions, les funérailles, etc. Abû Dawûd rapporte : « J'entendis Ahmad qui, interrogé au sujet des funérailles (s'il est permis d'en prélever les frais sur les fonds de l'aumône légale), répondit par la négative. Il eut la même réponse à propos des dettes d'un défunt, contrairement à celles contractées par une personne encore en vie. »

Qui doit se charger de la répartition des fonds de l'aumône légale ?

De son vivant, le Prophète (ﷺ) envoyait ses agents collecter les fonds de l'aumône légale, dont il supervisait personnellement la redistribution aux bénéficiaires. Abû Bakr et 'Umar firent de même, suivis par 'Uthmân qui, constatant que le calcul du montant dû sur les commerces et autres biens dits *cachés* (tels les joyaux et métaux précieux) pouvait être gênant pour l'intimité des gens, décida de laisser aux imposables le soin de calculer eux-mêmes les montant de ces fonds et de les redistribuer aux bénéficiaires. Les érudits sont depuis lors unanimes là-dessus. Il citent à ce propos As-Sâ'ib Ibn Yazîd qui dit : « J'entendis 'Uthmân Ibn 'Affân qui, sermonnant les gens du haut de la chaire du Prophète (ﷺ), leur dit : « Voici le mois des aumônes légales qui s'annonce. Réglez donc vos dettes afin de pouvoir calculer convenablement le montant de votre *zakat.* » Ce propos est cité par Al-Bayhaqî ; il est assorti d'une chaîne qualifiée d'authentique, et tenu par An-Nawawî pour unanimement admis.

Par ailleurs, les opinions divergent s'agissant de savoir s'il vaut mieux, pour le donateur de *zakat* sur un bien *caché*, procéder lui-même à la distribution du montant de son aumône légale, ou plutôt en confier le soin à l'Imâm. Les shâfi'îtes optent pour cette deuxième solution – pour peu que l'Imâm soit reconnu comme étant juste – tandis que les hanbalites choisissent la première option, tout en autorisant la seconde. Concernant les biens dits *patents* (immobilier, bétail, terres arables, etc.), Mâlik et Abû Hanîfa jugent qu'il revient à l'Imâm et à ses représentants d'en collecter et d'en redistribuer le montant, tandis que

Ash-Shâfi'î et Ahmad conservent à ce propos la même opinion que pour les biens *cachés*.

La responsabilité du donateur est dégagée dès lors qu'il a remis le montant de son aumône légale à l'Imâm

Le musulman vivant sous l'autorité d'un Imâm musulman est autorisé à verser le montant de sa *zakat* à l'Imâm – que ce dernier soit juste ou non – et sera alors dégagé de toute responsabilité personnelle. Cependant, s'il est avéré que l'Imâm est injuste et qu'il ne remettra pas la *zakat* aux bénéficiaires auxquels elle est due, il lui est tout à fait loisible de procéder lui-même à la distribution des fonds, à moins que l'Imâm ou son représentant ne lui signifie par demande expresse de les lui remettre.

En effet, on rapporte, citant Anas : « Un homme des Tamîm vint un jour trouver le Prophète (ﷺ) et lui dit : « Ô Envoyé de Dieu, suis-je dégagé de toute responsabilité en remettant le montant de mon aumône légale à ton représentant ? » Le Prophète (ﷺ) lui répondit : « Oui, ta responsabilité est dégagée. Tu en seras récompensé, tandis que celui à qui tu l'as remis en portera la charge s'il ne le remet pas à son tour à ceux à qui il est destiné. » Ce *hadîth* est cité par Ahmad.

On rapporte aussi, d'après Ibn Mas'ûd (رضي الله عنه) : « Le Prophète (ﷺ) a dit : « Il viendra après moi un temps où les gens se montreront égoïstes et commettront des actes que vous réprouverez. » On demanda : « Que devrons-nous faire alors, ô Envoyé de Dieu ? » Le Prophète (ﷺ) répondit : « Acquittez-vous de ce que vous devez, et demandez à Dieu ce qui vous revient. » Ce *hadîth* est cité par Al-Bukhârî et Muslim.

On rapporte également, citant Wâ'il Ibn Hijr : « Un homme demanda au Prophète (ﷺ) : « Que devons-nous faire si nous nous retrouvons sous l'autorité d'un prince qui nous refuse notre dû et exige que nous lui remettions le sien ? » Le Prophète (ﷺ) répondit : « Obéissez-lui : vous aurez à rendre compte de vos engagements envers lui, et lui des siens envers vous. » Ce *hadîth* est cité par Muslim. Pour sa part, Ash-Shawkânî commente : « Les érudits déduisent des *hadîth* retenus à ce propos qu'il est permis de remettre le montant de la *zakat* à un Imâm injuste, et que la récompense qui en découle pour le donateur ne s'en trouve ni affectée ni diminuée.

De la recommandation de remettre les fonds de l'aumône légale à qui en fera bon usage

En principe, les musulmans appartenant aux huit catégories nommées ont tous le droit de recevoir une part de la *zakat*, qu'ils se conforment ou non aux préceptes de l'Islam, sauf si l'on est certain que le bénéficiaire en fera mauvais usage, auquel cas on peut l'exclure par mesure préventive. Cependant, il est recommandé de verser les fonds de l'aumône légale à ceux dont on sait qu'ils en feront meilleur usage. On rapporte en effet, citant Abû Sa'îd Al-Khudrî (ﷺ) que le Prophète (ﷺ) a dit : « Le croyant s'écarte de sa foi comme le bon cheval s'écarte de son étable : il peut s'en éloigner, mais il finit toujours par y revenir. Aussi, faites en sorte que vos dons puissent profiter aux croyants et à ceux qui craignent Dieu. » Ce *hadîth* est cité par Ahmad ; il est assorti d'une bonne chaîne de transmission et tenu pour bon par As-Suyûtî. Pour sa part, Ibn Taymiyya précise : « S'il s'agit d'une personne méritant la *zakat*, mais qui néglige un précepte aussi important que la prière, elle doit être privée de sa part jusqu'à ce qu'elle se soit repentie. Seront assimilés à cette personne les dépravés, les débauchés, ainsi que tous ceux dont les consciences sont mortes et chez qui le sens du bien s'est émoussé. Tous ceux-là doivent être privés de la *zakat*, à moins que ce ne soit pour les aider à abandonner la déchéance morale et regagner le droit chemin. »

De l'interdiction, pour le donateur, de racheter un bien versé à titre de *zakat*

Le Prophète (ﷺ) a interdit au donateur de racheter le bien qu'il a versé à titre de *zakat*, afin de ne pas de reprendre à Dieu ce qui Lui a été abandonné. C'est d'ailleurs dans le même esprit qu'il interdit aux Émigrés de revenir s'installer à La Mecque après qu'ils l'aient quittée pour la cause de Dieu. On rapporte que 'Umar (ﷺ), ayant donné un cheval à autrui à titre d'aumône, retrouva plus tard le même cheval que l'on proposait à la vente. Comme il avait envie de le racheter, il s'en enquit auprès du Prophète (ﷺ), qui lui répondit : « Ne le rachète pas, et ne reviens jamais sur ce que tu as donné en aumône. » Cette tradition est citée par Al-Bukhârî, Muslim et An-Nasâ'î. Pour sa part, An-Nawawî commente : « C'est là une exhortation à éviter de commettre un tel acte, jugé indigne d'un bon croyant, plutôt qu'une franche interdiction. » Ibn Battâl ajoute : « La majorité des érudits déconseille – en citant ce *hadîth* – que l'on rachète un bien qu'on a auparavant donné à titre de *zakat*. »

Ibn al-Mundhir rapporte pour sa part qu'Al-Hasan, 'Ikrima, Rabî'a et Al-Awzâ'î jugent qu'il est permis de racheter un tel bien. Ibn Hazm penche lui aussi pour cette opinion, citant le *hadîth* : « L'aumône ne devient licite à l'homme qui n'est pas dans le besoin que dans cinq cas : s'il est affecté à la collecte des aumônes, s'il a acheté avec son propre argent un bien destiné à être donné en aumône, s'il se trouve en situation de faillite, s'il s'apprête à partir pour le combat sur la voie de Dieu, et enfin si un pauvre, ayant reçu une aumône, lui fait cadeau d'une partie de ce qu'il a reçu. »

De la recommandation, pour la femme, de remettre le montant de son aumône légale à son époux ou à ses propres parents, s'ils sont dans le besoin

Une femme qui est propriétaire d'un bien atteignant le minimum imposable a le droit de remettre à son époux le montant de sa *zakat* si ce dernier appartient à l'une des huit catégories citées plus haut, étant donné qu'elle n'est pas tenue légalement de le faire vivre, même si elle est plus riche que lui. Selon les érudits, la récompense qui lui échoit est alors plus grande que celle qu'elle aurait eue si elle en avait fait profiter un étranger. Abû Sa'îd Al-Khudrî rapporte en effet à ce propos que l'épouse de 'Abd Allâh Ibn Mas'ûd vint un jour trouver le Prophète (ﷺ) et lui dit : « Ô Messager de Dieu, tu nous as ordonné de verser les aumônes légales dont nous sommes redevables. Or, comme j'ai quelques bijoux dont la valeur atteint le minimum imposable, mon époux prétend que lui-même et nos enfants sont plus en droit de recevoir l'aumône légale que je compte verser. » Le Prophète (ﷺ) lui répondit : « Ibn Mas'ûd a raison : ton époux et tes enfants sont plus en droit de bénéficier de ton aumône légale. » Ce *hadîth* est cité par Al-Bukhârî. C'est l'opinion adoptée par Ash-Shâfi'î, Ibn Al-Mundhir, Abû Yûsuf, Muhammad et les dhâhirites.

Abû Hanîfa, ainsi que d'autre doctes, jugent au contraire qu'il ne sied point à la femme de donner à son époux de la *zakat* légale. Par contre, poursuivent-ils, elle est allouée à lui donner de son aumône volontaire, comme c'est le cas de l'épouse d'Ibn Mas'ûd.

Pour Mâlik, l'époux est autorisé à accepter une telle donation à condition qu'il n'en dépense pas pour l'entretien de sa famille. En revanche, tous les autres parents sont autorisés à recevoir cette donation, pour peu qu'ils soient dans le besoin. C'est l'opinion adoptée par la majorité des érudits, qui citent à ce propos ce *hadîth* rapporté par Ahmad, An-Nasâ'î et At-Tirmidhî, qui le tient pour bon : « Le Prophète (ﷺ) a dit : « L'aumône faite à un pauvre vaut pour une aumône ; celle faite à un parent vaut pour deux : la première en tant qu'aumône ; la seconde en tant qu'entretien du lien du parenté. »

De l'exhortation à verser une part de la *zakat* aux étudiants et non aux ascètes

An-Nawawî dit à ce propos : « L'étudiant à qui il sied de donner une part des fonds d'aumône est celui qui, tout en étant capable de gagner sa vie, est obligé de consacrer son temps à l'apprentissage. Cependant, ce privilège ne doit point être accordé à celui qui n'apprend rien, dût-il résider en permanence à l'école. Il en va de même de celui qui consacre la totalité de son temps aux prières surérogatoires, car ses prières ne profitent qu'à lui, contrairement à l'étudiant, dont le savoir est censé profiter également à autrui. »

Est-il permis de déduire le montant de la *zakat* d'une dette envers autrui ?

Dans « *Al-Majmû'* » d'An-Nawawî, on peut lire : « Deux opinions sont à retenir à ce propos : la première – la plus plausible à notre sens – est que cela peut se faire, étant donné que le montant reste exigible de lui tant qu'il ne l'aura pas versé.

Selon la deuxième opinion, celle adoptée par Al-Hasan Al-Basrî, cela est possible, étant donné que s'il versait le montant au bénéficiaire dont il est en même temps créancier, cela ne lui interdirait point de reprendre le même bien si le bénéficiaire décidait de l'utiliser pour s'acquitter en totalité ou en partie de sa dette. Cependant, le donataire n'a pas le droit de poser comme condition que le montant versé à titre de *zakat* lui soit restitué pour couvrir en totalité ou en partie la dette en question. S'il le fait, il reste redevable du montant de la *zakat*, tandis que la dette ne saurait être considérée comme effacée. Si par contre les deux ont escompté le faire, mais sans pour autant se le dire l'un l'autre avant que la *zakat* soit versée, leur transaction est considérée comme légale.

Transporter les fonds de l'aumône légale d'un pays à un autre

Les érudits sont unanimes à autoriser le transport de ces fonds d'un pays à l'autre pour y être distribués aux pauvres. Ils posent cependant comme condition que les habitants du pays de provenance n'aient pas besoin de ces biens. Dans le cas contraire, les fonds doivent être distribués aux pauvres du pays de provenance. 'Imrân Ibn Husayn rapporte en effet qu'ayant été chargé de la collecte des aumônes, il revint les mains vides. Quand on lui demanda où étaient les fonds qu'il avait collectés, il répondit : « M'avez-vous expédié afin que je vous rapporte de l'argent ? Nous avons recueilli les aumônes auprès des donateurs et les avons redistribuées aux pauvres qui vivent parmi eux, exactement comme nous le faisions du temps du Prophète (ﷺ) » Ce propos est cité par Abû Dâwûd et Ibn Mâjah. De manière générale, les érudits conviennent de ce que les aumônes légales d'un pays donné doivent être versées aux pauvres de ce même pays, et ne peuvent être transportées ailleurs que si les gens du pays de provenance n'en ont pas besoin.

On rapporte en effet que Mu'âdh Ibn Jabal, qui avait été nommé – gouverneur de la province du Yémen – par le Prophète (ﷺ) et que les deux premiers califes reconduisirent à son poste – envoya un jour le tiers des aumônes légales de ce pays à 'Umar. Mécontent, celui-ci lui fit dire : « Je ne t'ai point envoyé collecter les tributs, mais je t'ai envoyé collecter les aumônes légales auprès des riches afin de les redistribuer aux pauvres ! » Mu'âdh lui répondit : « C'est bien ce que j'ai fait ; je n'ai rien envoyé qui eût trouvé ici preneur ! » L'année suivante, il lui envoya la moitié des fonds recueillis. Quand 'Umar lui en fit la remarque, il lui dit qu'il n'avait pas non plus trouvé preneur pour ce qu'il envoyait. » L'année suivante encore, c'était la totalité des fonds qu'il envoya, ne trouvant plus aucun preneur.

Par ailleurs, si le donateur vit dans un pays autre que celui où se trouvent ses biens, c'est dans le pays où ils se trouvent que l'aumône doit être distribuée aux pauvres. De même, s'il a des biens dans des pays différents, l'aumône calculée sur le montant des biens détenus dans un pays donné doit être redistribuée aux pauvres de ce même pays. La raison en est que la *zakat* est liée aux biens, non à la personne. Par contre, la *zakat* du *fitr* (de la rupture du jeûne) doit être distribuée dans le pays où se trouve la personne, car cette *zakat* est liée à la personne et non aux biens qu'elle possède.

Qu'advient-il lorsque le donateur se trompe en donnant la *zakat* et la remet à une personne à qui elle est interdite ?

Les érudits divergent en ce qui concerne la validité d'une telle *zakat*. Pour Abû Ḥanîfa, Muhammad, Al-Ḥasan et Abû 'Ubayd, elle est acceptée, comme le prouve ce *hadîth* rapporté par Ma'n Ibn Yazîd : « Comme mon père avait déposé quelques dinars chez un vieil homme à la mosquée à titre de *zakat*, je pris les dinars de l'homme et les rapportai sans savoir qu'ils venaient de mon propre père. Quand ce dernier apprit ce qui s'était passé, il se rendit auprès du Prophète (ﷺ) pour s'en plaindre auprès de lui. Mis au fait de l'événement, le Prophète (ﷺ) nous dit : « Tu seras récompensé pour ton intention, Yazîd ; quant à toi, Ma'n, ce que tu as rapporté est à toi ; garde-le. » Ce *hadîth* est cité par Aḥmad et Al-Bukhârî.

Les érudits citent également le *hadîth* suivant, rapporté par Abû Hurayra : « Le Prophète (ﷺ) a dit : « Un jour, un homme décida de faire une aumône. Comme il sortait à la recherche d'une personne à qui la remettre, il tomba sur une prostituée à qui il la donna. Le lendemain matin, les mauvaises langues dirent : « Il a fait l'aumône à une prostituée ! » Les entendant dire cela, l'homme répliqua : « Dieu soit loué pour cette prostituée ! Je ferai une nouvelle aumône » Comme il sortait à la recherche d'une personne à qui la remettre, il tomba sur un homme riche, à qui il la donna. Le lendemain matin, les mauvaises langues dirent : « Il a fait l'aumône à un homme riche ! » Les entendant dire cela, l'homme répliqua : « Dieu soit loué pour cet homme riche ! Je ferai une nouvelle aumône » Comme il sortait à la recherche d'une personne à qui la remettre, il tomba sur un voleur, à qui il la donna. Le lendemain matin, les mauvaises langues dirent : « Il a fait l'aumône à un voleur ! » Les entendant dire cela, l'homme répliqua : « Dieu soit loué pour la prostituée, l'homme riche et le voleur ! » On vint alors lui dire : « Ton aumône a été agréée trois fois. S'agissant de la prostituée, tu peux espérer qu'elle lui aura épargné de se livrer ce soir-là à son activité dégradante ; pour ce qui est du riche, tu peux espérer qu'elle l'aura incité à donner en aumône une part de ce dont Dieu l'a nanti ; Enfin, en ce qui concerne le voleur, tu peux espérer qu'elle l'aura dissuadé de son activité malhonnête. » Ce *hadîth* est cité par Aḥmad, Al-Bukhârî et Muslim.

Pour Mâlik, Ash-Shâfi'î, Abû Yûsuf, Ath-Thawrî et Ibn Al-Mundhir, la *zakat* versée à une personne à qui elle est interdite est valide tant que le donateur ne s'est pas aperçu de son erreur. S'il s'en rend compte, il est de nouveau redevable du montant de la *zakat*, qu'il doit alors reverser

Doit-on faire l'aumône légale nécessairement en secret ?

Ce n'est pas nécessaire, mais l'aumône faite en secret est bien meilleure, car elle ôte tout soupçon d'ostentation et évite de heurter l'amour-propre du bénéficiaire. Dieu a dit en effet : {*Si vous donnez les aumônes ouvertement, c'est bien ; mais si vous les tenez secrètes pour les donner aux pauvres, c'est mieux pour vous, et cela efface une part de vos mauvaises actions*} (S. 2, V. 271).[1]

Par ailleurs, Ahmad, Al-Bukhârî et Muslim rapportent que le Prophète (ﷺ) a dit : « Sept hommes seront abrités à l'ombre de Dieu le Jour où il n'y aura nulle autre ombre que la Sienne : un *imâm* juste et intègre, un jeune homme qui a grandi dans la piété, un homme qui ne quittait la mosquée qu'à regret, deux hommes qui se sont aimé en Dieu pendant leur rencontre et après leur séparation, un homme qu'une femme belle et riche a appelé à elle et qui lui a répondu : « Non, je crains Dieu ! », un homme qui, en faisant l'aumône, le faisait discrètement de façon que jamais sa main gauche ne sache ce que sa droite a donné, et un homme qui, évoquant Dieu sans penser à rien d'autre, en a eu les larmes aux yeux. »

1 ﴿إِن تُبْدُوا۟ ٱلصَّدَقَٰتِ فَنِعِمَّا هِىَ ۖ وَإِن تُخْفُوهَا وَتُؤْتُوهَا ٱلْفُقَرَآءَ فَهُوَ خَيْرٌ لَّكُمْ ۚ وَيُكَفِّرُ عَنكُم مِّن سَيِّـَٔاتِكُمْ ۗ﴾

LA *ZAKAT* DE LA RUPTURE DU JEÛNE (*ZAKÂT AL-FITR*)

Il s'agit de l'aumône légale qu'il faut verser lors de la rupture du jeûne de Ramadan. Elle est imposée à tous les musulmans, qu'ils soient enfants ou adultes, mâles ou femelles. En effet, Al-Bukhârî et Muslim rapportent que 'Umar (رضي الله عنه) a dit : « Le Prophète (ﷺ) prescrit pour la *zakat* de la rupture du jeûne un boisseau de dattes ou d'orge, aumône à laquelle tout musulman – homme ou femme, enfant ou adulte, libre ou esclave – est tenu. »

La finalité de la *zakat* de la rupture du jeûne

Cette *zakat* a été prescrite durant le mois de Sha'bân de l'an deux de l'Hégire, afin de servir à racheter les péchés véniels éventuellement commis durant le mois sacré, et afin d'aider les pauvres à assumer les frais de la fête. On rapporte par ailleurs qu'Ibn 'Abbâs a dit : « La *zakat* de la rupture du jeûne est agréée en tant qu'aumône légale si elle est versée avant la prière de la fête, et en tant que simple aumône si elle est versée après. »

Qui est assujetti à la *zakat* de la rupture du jeûne ?

Elle est exigible de tout musulman libre, ayant en sa possession un boisseau excédant les besoins des siens pour une journée et une nuit. Il est tenu, dans la limite du possible, de verser cette *zakat* pour lui-même, ainsi que pour tous ceux dont il a la charge, englobant sa famille, les domestiques qui vivent chez lui et tout autre parent dont il assume l'entretien.

Quelle quantité faut-il donner ?

La quantité légale est d'un boisseau de dattes, de blé, de maïs, d'orge, de riz ou de toute autre céréale. Pour Abû Hanîfa, il est permis de donner cette *zakat* en valeur ou en nature. Par ailleurs, les érudits sont unanimes à considérer que la quantité doit être la même pour les dattes et toutes les autres céréales, à l'exception du blé, pour lequel un demi boisseau sera considéré comme suffisant.

Quand doit-on s'en acquitter ?

Les érudits sont unanimes à considérer qu'elle échoit à la fin du Ramadan, mais ils divergent concernant le moment précis où il sied qu'elle soit versée. Selon Ath-Thawrî, Ahmad, Ishâq, Ash-Shâfi'î – selon l'ancien avis qu'il a émis – et une version retenue de Mâlik, ce moment se situe au coucher du dernier jour du Ramadan, étant donné que ce moment coïncide avec la rupture définitive du jeûne. Pour Abû Hanîfa, Al-Layth, Ash-Shâfi'î – selon le nouvel avis qu'il a émis –, ainsi que la deuxième version retenue de Mâlik, c'est plutôt au lever du soleil du jour de la fête de rupture. La pertinence de cette distinction apparaît, par exemple, lorsqu'il s'agit de savoir si un bébé qui naît cette nuit-là est imposable ou non : il l'est en effet selon la première opinion, et en est exempt selon la deuxième.

Peut-on verser la *zakat* avant son échéance ?

La majorité des érudits considère qu'il est permis d'anticiper d'un ou deux jours le versement de la *zakat*. 'Abd Allâh Ibn 'Umar (رضي الله عنهما) a dit : « Le Prophète (ﷺ) nous ordonna de verser la *zakat* de la rupture du jeûne avant la prière de la fête. » Nâfi' ajoute : « Ibn 'Umar avait l'habitude de verser sa *zakat* un ou deux jours avant la fête. »

Les érudits divergent cependant sur le point de savoir s'il est permis d'anticiper de plus de deux jours le versement de la *zakat*. Pour Abû Hanîfa, il est permis d'en verser le montant avant le début du Ramadan ; Ash-Shâfi'î juge que l'on peut y procéder dès le début du mois sacré ; enfin, selon Ahmad et la version la plus connue d'après Mâlik, l'anticipation du versement ne doit point excéder deux jours.

En outre, les doctes s'accordent à considérer que la *zakat* due ne se trouve jamais annulée : on en reste redevable jusqu'à la fin de sa vie. Ils s'accordent également à dire qu'il n'est pas permis de retarder son versement au-delà du jour de la fête de la rupture du jeûne. Ibn Sîrîn et An-Nakha'î font cependant exception, jugeant qu'il est possible de le faire. Ibn Raslân commente cependant : « C'est incontestablement interdit, car la *zakat* étant un acte d'adoration, elle est assimilable à la prière au point de vue du péché consécutif à son ajournement. Nous avons vu plus haut le *hadîth* « La *zakat* de la rupture du jeûne est agréée en tant que *zakat* si elle est versée avant la prière de la fête, et en tant qu'aumône si elle est versée après. »

Les bénéficiaires de la *zakat* de la rupture du jeûne

Les bénéficiaires de la *zakat* de la rupture du jeûne sont les mêmes que ceux des aumônes légales, c'est-à-dire les huit catégories définies plus haut. Les pauvres et les démunis restent cependant les plus privilégiés, vu la conjoncture de la fête et les dépenses que cette dernière occasionne habituellement. On rapporte en effet, citant 'Abd Allâh Ibn 'Umar (رضي الله عنهما) que le Prophète (ﷺ) à plusieurs reprises : « Faites en sorte d'épargner à vos pauvres de mendier en ce jour (de fête) pour se nourrir. » Ce hadîth est cité par Ad-Dâraqutnî et Al-Bayhaqî.

Donner la *zakat* de la rupture du jeûne au *dhimmî* (tributaire non musulman)

Az-Zuhrî, Abû Hanîfa, Muhammad et Ibn Shibrima jugent qu'il est permis de donner la *zakat* de la rupture du jeûne aux *dhimmî* qui résident avec les musulmans en terre d'Islam. En effet, Dieu a dit : {*Dieu ne vous interdit pas de bien traiter ceux qui ne vous ont pas combattus en votre religion et qui ne vous ont point chassés hors de vos terres, ni ne vous ont interdit de vous montrer juste envers eux ; Dieu aime véritablement les justes*} (S. 60, V. 8).[1]

Est-on tenu de prélever sur ses biens, pour les donner en aumône, d'autres sommes que le montant de la *zakat* ?

L'Islam considère les biens matériels avec objectivité et voit l'argent comme constituant le nerf de la vie sociale et le cœur des activités humaines. Dieu déconseille d'ailleurs de confier des biens à qui ne saurait en faire bon usage : {*Ne confiez pas à ceux d'entre vous qui sont sots les biens dont Dieu vous a pourvus*} (S. 4, V. 5).[2] Ceci nécessite évidemment que les biens soient équitablement répartis, afin d'assurer la subsistance de chacun et que nul ne soit laissé dans le besoin. Or quel meilleur moyen pour réaliser cet équilibre que d'imposer aux plus aisés de verser aux plus démunis une part du bien que Dieu leur a donné ?

A cet égard, il ne faut pas oublier que la *zakat* n'est point un don volontaire que les riches font aux pauvres, mais bien une obligation

1 ﴿لَّا يَنْهَىٰكُمُ ٱللَّهُ عَنِ ٱلَّذِينَ لَمْ يُقَٰتِلُوكُمْ فِى ٱلدِّينِ وَلَمْ يُخْرِجُوكُم مِّن دِيَٰرِكُمْ أَن تَبَرُّوهُمْ وَتُقْسِطُوٓا۟ إِلَيْهِمْ ۚ إِنَّ ٱللَّهَ يُحِبُّ ٱلْمُقْسِطِينَ﴾

2 ﴿وَلَا تُؤْتُوا۟ ٱلسُّفَهَآءَ أَمْوَٰلَكُمُ ٱلَّتِى جَعَلَ ٱللَّهُ لَكُمْ قِيَٰمًا﴾

qu'ils ont l'ordre de remplir vis-à-vis d'eux. C'est là qu'apparaît la véritable vision de l'Islam : les biens n'appartiennent qu'à Dieu ; c'est Lui qui les confie aux humains, à charge pour eux d'en faire bon usage. Par ailleurs, la finalité de la *zakat* étant d'assurer à tous un minimum acceptable pour vivre, il en découle que si les fonds récoltés à titre de *zakat* ne parviennent pas à couvrir les besoins de tous les pauvres d'un pays donné, les riches de ce pays sont appelés – quoique à titre volontaire – à faire en sorte que ces besoins soient couverts. S'ils ne s'y décident pas d'eux-mêmes, l'Imâm doit les y obliger. De même, si un fléau frappe les terres d'Islam, les fonds de la *zakat* doivent être investis à pallier ses effets, mais s'ils n'y suffisent pas, les riches doivent également être mis à contribution. Mâlik ajoute également l'obligation de racheter la liberté des captifs, quitte à dépenser la totalité des biens disponibles.

Par ailleurs, Dieu exhorte tout croyant qui a en sa possession ne serait-ce qu'un seul pain excédant ses besoins et ceux des personnes dont il a la charge, à faire don – en dehors de l'aumône légale – de cet excédent aux personnes qui en ont besoin. En tête de ces personnes, figurent les proches et les parents. En effet, on comprend aisément qu'il ne sied pas à un croyant de savourer les joies de la vie tout en sachant que certains de ses proches ou de ses parents vivent dans la misère et dans le besoin.

Viennent ensuite les orphelins, qui ont perdu le parent qui assurait leur subsistance. Les entretenir est un devoir qui incombe aux gens aisés, d'abord par esprit de solidarité humaine et islamique, et ensuite par mesure de prévention, car mal entretenus et privés de l'éducation adéquate, ces orphelins pourraient, en grandissant, devenir un danger tant pour eux-mêmes que pour la société.

Parmi les gens que le croyant aisé a le devoir de secourir, figure également l'étranger de passage qui, frappé de quelque malheur, se retrouve dans l'incapacité d'assurer les frais du retour dans son pays.

Viennent enfin les mendiants, que le Législateur place à la fin de la liste, la mendicité étant prohibée par l'Islam, sauf en cas d'extrême nécessité.

Enfin, les croyants aisés sont appelés à aider les captifs à racheter leur liberté, étant donné que l'homme naît libre et que l'état d'esclavage est considéré par l'Islam comme une aberration que l'on est récompensé de combattre.

Précisons que ces dons volontaires ne sont limités ni en terme de qualité ni en terme de quantité. Ils ne sont pas non plus à mettre en rapport avec la fortune du donateur, mais plutôt avec le degré de compassion qu'il ressent pour le pauvre et l'urgence du besoin dans lequel se trouve ce dernier.

Rappelons enfin ce verset : {*Faites du bien avec vos deux parents géniteurs et avec le proche, les orphelins, les nécessiteux, le voisin proche et lointain, l'épouse, l'étranger de passage et tous vos esclaves et autres personnes à votre charge*} (S. 4, V. 36).[1] Cette injonction à faire *du bien* suppose pour le moins que l'on n'admette point de vivre dans l'aisance tout en sachant que l'une de ces personnes vit dans le besoin. Quiconque faillit à ce devoir risque le châtiment de Dieu : {*On leur demanda : Qu'est-ce qui vous a donc précipités dans le feu de Saqar ? Ils répondirent : C'est que nous n'accomplissions pas la prière, et que nous n'étions point généreux à l'égard des pauvres*} (S. 74, V. 42-44).[2] Remarquons que les deux omissions sont citées ensemble, ce qui signifie qu'elles ont le même degré de gravité. On rapporte par ailleurs, en différents contextes, que le Prophète (ﷺ) a dit : « Quiconque n'éprouve pas de commisération pour les gens ne doit pas s'attendre à bénéficier de la miséricorde de Dieu. »

On rapporte aussi, citant 'Abd Allâh Ibn 'Umar (رضي الله عنهما), que le Prophète (ﷺ) a dit : « Le musulman est frère du musulman : il ne doit ni le léser ni l'abandonner. »

Or, laisser autrui endurer la faim et le besoin quand on est à même de l'aider, n'est-ce pas l'abandonner ?

On rapporte également, citant Abû Sa'îd Al-Khudrî (رضي الله عنه), que le Prophète (ﷺ) a dit : « Que ceux d'entre vous qui ont un excédent de nourriture en fassent don à qui n'en a pas suffisamment. »

Les Compagnons et les érudits sont tous unanimes là-dessus. D'ailleurs, les textes coraniques et les *hadîth* sont nombreux à exhorter à aider les pauvres et nécessiteux.

---

1 ﴿وَبِالْوَالِدَيْنِ إِحْسَانًا وَبِذِي الْقُرْبَىٰ وَالْيَتَامَىٰ وَالْمَسَاكِينِ وَالْجَارِ ذِي الْقُرْبَىٰ وَالْجَارِ الْجُنُبِ وَالصَّاحِبِ بِالْجَنبِ وَابْنِ السَّبِيلِ وَمَا مَلَكَتْ أَيْمَانُكُمْ﴾

2 ﴿مَا سَلَكَكُمْ فِي سَقَرَ قَالُوا لَمْ نَكُ مِنَ الْمُصَلِّينَ وَلَمْ نَكُ نُطْعِمُ الْمِسْكِينَ﴾

On rapporte également que 'Umar (ﷺ) a dit : « Si j'avais su au début (de mon mandat) ce que je sais maintenant, je n'aurais pas hésité à prélever l'excédent des biens des plus riches pour le redistribuer aux pauvres d'entre les Émigrés. »

De même, on rapporte que 'Alî (ﷺ) a dit : « Dieu a prescrit aux riches de céder une part de leurs biens aux pauvres et aux nécessiteux. Si ces derniers souffrent de froid ou de faim, les riches en seront tenus pour responsables et auront à en assumer les conséquences devant Dieu. »

'Abd Allâh Ibn 'Umar (ﷺ) a dit pour sa part : « Dans les biens de chacun, il y a une part – en dehors de la *zakat* légale – qui revient à ceux qui en ont besoin. »

On rapporte aussi que 'Â'isha, Al-Hasan Ibn 'Alî et 'Abd Allâh Ibn 'Umar (ﷺ) disaient à qui leur tendait la main : « Si tu es un homme nécessiteux, incapable de subvenir à tes besoins, un homme obéré et incapable d'honorer ses dettes, un homme chargé d'une lourde dette de sang, nous te devons de l'aide. »

Par ailleurs, il est établi qu'un groupe de trois cents Compagnons, conduit par Abû 'Ubayda Ibn Al-Jarrâh, se retrouvèrent un jour à court de provisions. Ibn Al-Jarrâh leur ordonna alors de rassembler ce qui leur restait, et ils firent table commune jusqu'à ce qu'ils ne fussent plus dans le besoin.

Ce sont là des principes établis que nul Compagnon ni aucun érudit n'a jamais contesté.

Il en ressort que le musulman se trouvant dans l'extrême besoin n'est pas autorisé à consommer un aliment illicite si un seul musulman de son pays possède le moindre excédent de nourriture licite. S'il refuse de lui en céder, il est en droit de le combattre, comme Abû Bakr combattit les tribus apostates qui refusaient de lui verser la *zakat* après la mort du Prophète (ﷺ).

Est-il nécessaire de dire qu'à la lumière de ces textes (dont, pourtant, nous n'avons cité qu'une infime partie), l'Islam apparaît, concernant la question de la solidarité humaine, bien en avance sur toutes les lois et conventions que les hommes ont pu jusqu'à ce jour inventer dans ce sens…

DE L'AUMÔNE VOLONTAIRE (*S̲ADAQAT AT-TAT̲AWWU'*)

L'Islam appelle à la générosité et use, à cette fin, de procédés rhétoriques d'une sublime beauté. Admirons ces quelques versets :

{*Ceux qui dépensent leur argent pour plaire à Dieu sont assimilables à un grain qui fait germer sept épis portant chacun cent grains. Dieu décuple la récompense pour qui Il veut ; Dieu est plein de largesses et de savoir*} (S. 2, V. 261).[1] {*Jamais vous n'atteindrez le degré de bienfaisance tant que vous n'aurez pas dépensé de ce que vous aimez*} (S. 3, V. 92).[2] {*…dépensez de ce dont Dieu vous a confié la lieutenance, car ceux d'entre vous qui auront cru et dépensé en seront généreusement récompensés*} (S. 57, V. 7).[3]

Retenons également ces quelques *h̲adîth* du Prophète (ﷺ) :

- « L'aumône atténue la colère du Seigneur et préserve de la mauvaise fin. » Ce *h̲adîth* est cité par At-Tirmidhî, qui le tient pour bon (*h̲asan*).

- « L'aumône faite par un musulman prolonge la vie, préserve de la mauvaise fin et Dieu en fait un rempart contre l'orgueil et la vanité. »

- « Il ne se passe pas un jour sans que deux anges descendent du ciel, l'un implorant : « Seigneur ! Restitue à l'homme charitable, en le lui décuplant, le bien qu'il a dépensé ! », l'autre implorant : « Seigneur ! Anéantis les biens de l'homme non charitable ! » Ce *h̲adîth* est cité par Muslim.

Les différents genres d'aumône volontaire

Le mot *aumône* englobe tout le bien que l'on peut faire à autrui. Toute bonne action est par principe une aumône. Voici quelques *h̲adîth* qui vont dans ce sens :

---

1 ﴿مَّثَلُ ٱلَّذِينَ يُنفِقُونَ أَمْوَٰلَهُمْ فِى سَبِيلِ ٱللَّهِ كَمَثَلِ حَبَّةٍ أَنۢبَتَتْ سَبْعَ سَنَابِلَ فِى كُلِّ سُنۢبُلَةٍ مِّا۟ئَةُ حَبَّةٍ ۗ وَٱللَّهُ يُضَٰعِفُ لِمَن يَشَآءُ ۗ وَٱللَّهُ وَٰسِعٌ عَلِيمٌ﴾

2 ﴿لَن تَنَالُوا۟ ٱلْبِرَّ حَتَّىٰ تُنفِقُوا۟ مِمَّا تُحِبُّونَ ۚ﴾

3 ﴿وَأَنفِقُوا۟ مِمَّا جَعَلَكُم مُّسْتَخْلَفِينَ فِيهِ ۖ فَٱلَّذِينَ ءَامَنُوا۟ مِنكُمْ وَأَنفَقُوا۟ لَهُمْ أَجْرٌ كَبِيرٌ﴾

- Le Prophète (ﷺ) a dit : « Tout Musulman se doit de faire l'aumône. – Et s'il n'en a pas les moyens ? lui demanda-t-on. – Qu'il travaille de ses mains, répondit le Prophète. Il pourra ainsi se suffire à lui-même et avoir de quoi faire l'aumône, répondit-il. – Et s'il n'en a pas la force ? lui demanda-t-on encore. – Qu'il aide alors une personne en détresse. – Et s'il n'a aucun moyen de le faire ? – Qu'il ordonne le bien et condamne le mal. – Et s'il ne le fait pas ? – Alors qu'il s'abstienne de faire le mal, conclut le Prophète, car c'est faire aumône que de s'en abstenir. »

- Le Prophète (ﷺ) a dit : « Chaque jour, le Musulman est tenu de faire l'aumône pour chacune des articulations que compte son corps. (...) C'est faire aumône que de rendre équitablement justice, aider son prochain à monter sur le dos de sa monture ou à la charger. (...) Toute parole affable que le croyant prononcera est une aumône, de même que chaque pas qu'il fera en direction de la mosquée pour prier et chaque geste par lequel il enlève un quelconque obstacle de la voie publique. » Ce *hadîth* est cité par Ahmad, entre autres traditionnistes.

- « Dieu vous a offert maintes voies pour faire l'aumône. Une aumône vous est comptée chaque fois que vous glorifiez le Saint Nom de Dieu, que vous Lui rendez grâce, que vous attestez de Son Unicité, que vous ordonnez le bien, que vous condamnez le mal, que vous ôtez un obstacle du chemin qu'empruntent les gens, et même à chaque fois que vous faites œuvre de chair avec vos épouses. » Ce *hadîth* est cité par Ahmad (les termes étant de lui) et par Muslim, en substance. Muslim ajoute : « On demanda : « Ô Envoyé de Dieu ! Est-il possible que nous soyons agréés pour avoir satisfait notre désir charnel ? » Le Prophète (ﷺ) répondit : « N'est-il pas vrai que si le fidèle satisfait ce désir d'une manière illicite, un péché est compté à son passif ? De même, s'il le satisfait d'une manière licite, une bonne œuvre est comptée à son actif. »

- « Au Jour du jugement dernier, Dieu dira : « Ô homme ! J'étais souffrant, et tu ne m'as point rendu visite ! – Comment T'aurais-je rendu visite, Toi, le Seigneur des mondes ? – Pourtant mon serviteur un tel était souffrant, et tu ne lui as point rendu visite ! Ne savais-tu pas qu'en le faisant, tu M'aurais trouvé chez lui ? » Puis le Seigneur dira : « Ô homme ! Je t'ai demandé de quoi me nourrir, et tu ne M'as rien donné ! – Comment T'aurais-je donné de quoi te nourrir, Toi le Seigneur des mondes ? – Pourtant mon serviteur un tel t'a demandé de le nourrir et tu as refusé ! Ne savais-tu donc qu'en lui donnant quelque nourriture, tu l'aurais retrouvée auprès de Moi ? » Puis le Seigneur dira : « Ô homme ! Je t'ai demandé de me donner à boire, et tu as refusé ! – Comment t'aurais-je donné à boire, Toi, le Seigneur des mondes ? – Pourtant, mon serviteur un tel t'a demandé de le désaltérer, et tu as refusé ! Ne savais-tu pas qu'en lui donnant une gorgée d'eau, tu l'aurais retrouvée auprès de Moi ? »

- « Quiconque d'entre vous trouve une occasion de se préserver du Feu de l'Enfer – ne serait-ce qu'en offrant la moitié d'une datte – qu'il le fasse sans hésiter ! »

- « Tout homme qui plante une pousse ou sème un grain dont le fruit profite à un homme, un animal ou à toute autre créature, en aura la récompense d'une aumône. » Ce *hadîth* est cité par Al-Bukhârî.

- « Toute bonne action est une aumône ; c'est une bonne action que de te montrer affable à l'égard de ton prochain et de verser de ton récipient plein dans le sien qui est vide. »

A qui faire l'aumône en priorité ?

Les enfants, les parents et les proches du donateur ont à ce propos la priorité sur toute autre personne. Il n'est pas permis de faire aumône à un étranger en sachant un proche dans le besoin.

- Jâbir (﵁) rapporte que le Prophète (ﷺ) a dit : « Commencez par vous faire aumône à vous-mêmes si vous êtes dans le besoin ; s'il vous reste un excédent, faites-en aumône à vos femme et à vos enfants ; s'il vous reste encore un excédent, faites-en aumône à vos proches ; s'il vous reste encore un excédent, vous trouverez bien ici ou là quelqu'un qui en a besoin. » Ce *hadîth* est cité par Ahmad et Muslim.

- Un jour, le Prophète (ﷺ) dit : « Faites l'aumône ! – J'ai un dinar, dit un homme dans l'assistance. – Fais-en aumône à toi-même, répondit le Prophète (ﷺ). – J'en ai un autre, dit-t-il encore. – Fais-en aumône à ton épouse. – J'en ai encore un autre. – Fais-en aumône à tes enfants. – J'en ai encore un autre. – Fais-en aumône à ton domestique. – J'en ai encore un autre. – Celui-là, fais-en ce que tu veux. » Ce *hadîth* est cité par Abû Dâwûd et An-Nasâ'î, qui le tient pour authentique.

- « Qu'il suffise, en fait de péché, de laisser volontairement dans le besoin ceux dont on assume la subsistance. »

- « La meilleure des aumônes est celle que l'on fait à un parent qui vous tient rigueur pour quelque raison. »[1]

Les actes qui annulent l'aumône volontaire

Il est interdit au donateur de rappeler au bénéficiaire ses bienfaits sur lui, de blesser son amour-propre et de se vanter de ce qu'il lui a donné. En effet, Dieu dit : {*Ô vous qui avez cru ! N'annulez pas vos aumônes par les rappels et les vexations, à l'image de celui qui dépense son argent par pure ostentation*} (S. 2, V. 264).[2]

Par ailleurs, le Prophète (ﷺ) a dit : « Trois hommes ne recevront aucun agrément de Dieu au Jour du jugement dernier : un homme qui, par orgueil, porte des habits longs ; un donateur qui aime à rappeler ce qu'il a donné et un commerçant qui n'hésite pas à se rendre coupable de parjure pour vendre sa marchandise. »

De l'aumône d'un bien illicitement acquis

Il ne sied point de faire aumône d'un bien qui n'est pas licitement acquis :

- Le Prophète (ﷺ) a dit : « Ô gens ! Sachez que Dieu est bon et qu'Il n'agrée que ce qui est bon. Dieu ordonne aux croyants ce qu'Il a ordonné à Ses messagers : {*Ô messagers ! Mangez de ce qui est licite et agréable, et faites de bonnes œuvres. Je suis parfaitement au fait de tout ce que vous entreprenez*} (S. 23, V. 51)[3] ; {*Ô vous qui avez cru ! Mangez de ces bonnes choses que Nous vous avons octroyées*} (S. 2, V. 172).[4]

- Le Prophète (ﷺ) a dit aussi : « Voyez-vous un homme qui, hirsute et poussiéreux au retour d'un long voyage, lève les bras au ciel, invoquant Dieu, alors que sa nourriture, sa boisson, ses vêtements et toute sa subsistance sont illicites ! Comment un tel homme peut-il se figurer que ses voeux aient la moindre chance d'être exaucés ? »

- « A chaque fois que l'un de vous offre une aumône prélevée d'un

---

1 *H̲adîth* cité par At̲-T̲abarânî et Al-H̲âkim, qui le tient pour authentique.

2 ﴿يَـٰٓأَيُّهَا ٱلَّذِينَ ءَامَنُوا۟ لَا تُبْطِلُوا۟ صَدَقَـٰتِكُم بِٱلْمَنِّ وَٱلْأَذَىٰ كَٱلَّذِى يُنفِقُ مَالَهُۥ رِئَآءَ ٱلنَّاسِ﴾

3 ﴿يَـٰٓأَيُّهَا ٱلرُّسُلُ كُلُوا۟ مِنَ ٱلطَّيِّبَـٰتِ وَٱعْمَلُوا۟ صَـٰلِحًا ۖ إِنِّى بِمَا تَعْمَلُونَ عَلِيمٌ﴾

4 ﴿يَـٰٓأَيُّهَا ٱلَّذِينَ ءَامَنُوا۟ كُلُوا۟ مِن طَيِّبَـٰتِ مَا رَزَقْنَـٰكُمْ﴾

bien licitement gagné – et Dieu n'agrée jamais que l'aumône prélevée d'un bien licite – Dieu reçoit son aumône de Sa dextre. S'agit-il d'une seule datte, elle augmentera de volume dans la Main de Dieu – exactement comme vous voyez grandir vos bêtes – jusqu'à atteindre la taille d'une montagne, voire davantage. » Ce *hadîth* est cité par Al-Bukhârî.

Est-il permis à l'épouse de faire aumône d'une partie du bien de son mari ?

La femme est autorisée à le faire si elle sait pertinemment que son époux n'en serait pas mécontent ni lésé. On rapporte en effet, citant 'Â'isha (رضي الله عنها), que le Prophète (ﷺ) a dit : « Quand une femme fait l'aumône de la nourriture de son ménage sans gaspillage, elle aura une récompense pour la charité qu'elle a faite ; son mari aura une récompense à raison de l'argent du ménage qu'il a gagné. Le gardien des provisions aura également une part et la part de l'un ne diminuera en aucune façon la part des autres. » Ce *hadîth* est cité par Al-Bukhârî.

On rapporte par ailleurs que Asmâ' Bint Abî Bakr vint un jour trouver le Prophète (ﷺ) et lui dit : « Ô Envoyé de Dieu, Az-Zubayr est un homme particulièrement parcimonieux ; suis-je habilitée à faire aumône d'une partie du bien qu'il gagne, sans lui demander son avis ? » Le Prophète (ﷺ) lui répondit : « Dépense sans abuser, et ne thésaurise jamais, car si tu le faisais, Dieu ferait de même de ce qu'Il te consacre. » Ce *hadîth* est cité par Al-Bukhârî et Muslim.

Est-il permis de donner en aumône tout ce que l'on possède ?

Il est permis à l'homme fort et capable de gagner sa vie de le faire. On rapporte que 'Umar (رضي الله عنه) a dit : « Comme le Prophète (ﷺ) nous ordonnait de faire aumône un jour que j'avais un excédent de biens, je me dis : « C'est là une occasion de battre Abû Bakr, lui que jamais je n'ai pu battre ! » Me rendant alors chez moi, je pris la moitié de mes biens et les apportai au Prophète (ﷺ), qui me demanda : « Qu'as-tu laissé aux tiens ? » Je répondis : « La moitié de ce que je possède ». Puis Abû Bakr arriva, apportant son aumône. Le Prophète (ﷺ) lui demanda à son tour : « Qu'as-tu laissé aux tiens ? », et Abû Bakr, de répondre : « Je ne leur ai rien laissé d'autre que Dieu et Son Messager ! » Alors je me tournai vers lui et lui dis : « Jamais plus je ne te tiendrai tête en quoi que ce soit ! »

Les érudits posent cependant comme condition pour qui désire faire aumône de tout ce qu'il possède, qu'il soit en bonne santé, capable de gagner sa vie et qu'il n'ait personne à charge. Si ces conditions ne sont pas vérifiées, une telle aumône est alors déconseillée.

On rapporte en effet que Jâbir (ﷺ) a dit : « Comme nous étions en compagnie du Prophète (ﷺ), un homme se présenta, portant une grosse pépite d'or ; il la donna au Prophète en disant : « C'est là tout ce que je possède et je voudrais en faire aumône. » le Prophète (ﷺ) se détourna de lui, comme s'il ne l'avait pas entendu. L'homme revint à la charge, et le Prophète de se détourner une nouvelle fois de lui. Comme l'homme insistait encore, il lui prit la pépite de la main et la lui jeta au visage – le ratant de peu –, disant : « Il ne sied point que l'on fasse aumône de tout ce que l'on possède pour mendier ensuite de quoi vivre ! Donnez en aumône ce dont vous n'avez pas un besoin urgent. »[1]

De l'aumône faite aux *dhimmî* et aux étrangers non musulmans

Ce genre d'aumône est recommandé et récompensé. Nous avons vu comment Dieu loue les croyants qui {*donnent de leur nourriture – pourtant si chère – au pauvre, à l'orphelin et au captif*}. Or, un captif ne peut être qu'un étranger non musulman. Nous avons vu également ce verset : {*Dieu ne vous interdit pas de bien traiter ceux qui ne vous ont pas combattus en votre religion et qui ne vous ont point chassés hors de vos terres, ni ne vous interdit de vous montrer justes envers eux ; Dieu aime véritablement les justes*}.

Par ailleurs, Asmâ' Bint Abî Bakr vint un jour trouver le Prophète (ﷺ) et lui dit : « Ô Envoyé de Dieu, ma mère est venue me rendre visite ; or, elle n'est pas croyante. Ai-je le droit de lui faire aumône de ce que je peux ? » Le Prophète (ﷺ) lui répondit : « Fais aumône à ta mère. »

De l'aumône faite à un animal

- Al-Bukhârî et Muslim rapportent que le Prophète (ﷺ) a dit : « Un homme tenaillé par la soif marchait dans le désert. Rencontrant un puits sur son chemin, il y descendit et s'y désaltéra. Comme il en remontait, il trouva un chien tellement assoiffé qu'il en léchait le sol. Le voyant dans cet état, l'homme se dit : « Cet animal est au moins aussi assoiffé que je l'étais moi-même ! » Redescendant alors dans le puits, il puisa de l'eau

---

1 *Hadîth* cité par Abû Dâwûd et Al-Hâkim, qui le tient pour authentique selon les critères de Muslim.

avec l'une de ses chaussures, la remonta en la tenant entre ses dents et donna à boire au chien. C'est ainsi que Dieu lui pardonna tous ses péchés. » On demanda alors : « Ô Envoyé de Dieu, serons-nous récompensés pour le bien que nous faisons aux bêtes ? » Le Prophète (ﷺ) répondit : « Tout acte de bienfaisance à l'égard d'un animal au foie tendre sera récompensé. »

- Al-Bukhârî et Muslim rapportent également que le Prophète (ﷺ) a dit : « Un chien errait dans le désert, mort de soif. Une prostituée israélite, le voyant dans cet état, enleva sa chaussure, l'emplit d'eau et lui donna à boire. C'est ainsi que Dieu pardonna à cette femme tous ses péchés. »

De l'aumône durable

Ahmad et Muslim rapportent que le Prophète (ﷺ) a dit : « Lorsqu'un individu vient à décéder, toutes ses actions terrestres prennent fin, excepté trois choses : une aumône durable, un savoir qui profite aux gens et une descendance pieuse qui implore pour lui la miséricorde de Dieu. »

Se montrer reconnaissant

- Abû Dâwûd et An-Nasâ'î rapportent, citant 'Abd Allâh Ibn 'Umar (رضي الله عنهما), d'après une chaîne de transmission jugée bonne, que le Prophète (ﷺ) a dit : « Quiconque demande refuge auprès de Dieu, donnez-le lui ; quiconque vous demande la charité au nom de Dieu, faites-lui aumône ; quiconque vous fait une faveur, rendez-lui la pareille : si vous en êtes incapable, implorez en sa faveur les bienfaits de Dieu jusqu'à ce que vous jugiez que vous l'avez suffisamment récompensé. »

- Ahmad rapporte, citant Al-Ash'ath Ibn Qays, – d'après une chaîne de rapporteurs tous parfaitement crédibles – que le Prophète (ﷺ) a dit : « N'est point reconnaissant envers Dieu, celui qui ne l'est pas envers les hommes. »

- At-Tirmidhî rapporte, en tenant ce *hadîth* pour bon, d'après Usâma Ibn Zayd (رضي الله عنهما), que le Prophète (ﷺ) a dit : « Quiconque dit, après avoir reçu une faveur de quelqu'un : « Puisse Dieu t'en récompenser en bien ! », celui-là se sera montré reconnaissant. »

LE JEÛNE (*AS-SIYÂM*)

En Islam, le mot *siyâm* désigne le fait de s'abstenir de tout ce qui rompt le jeûne du lever de l'aube jusqu'au coucher du soleil, en en ayant formulé l'intention préalable.

Les mérites du jeûne

- On rapporte, citant Abû Hurayra, que le Prophète (ﷺ) a dit : « Dieu – que Son Nom soit glorifié – a dit : Toutes les actions des humains sont portées à leur actif, à l'exception du jeûne : J'en prends la charge et il M'incombe en propre de le récompenser. Le jeûne est une cure physique et spirituelle : gardez-vous, en jeûnant, de blasphémer, d'élever la voix ou de proférer des obscénités. Si quelqu'un vous cherche querelle, évitez-le et dites à deux reprises : « Je suis en état de jeûne ! » Sachez que l'haleine du jeûneur est, pour Dieu – au Jour du jugement dernier – d'un meilleur parfum que le musc. Par ailleurs, le croyant qui a accompli dûment le jeûne a droit à deux moments de joie : celui où il rompt son jeûne, et celui où il se tiendra devant son Seigneur. » Cette tradition est citée par Ahmad, Muslim et An-Nasâ'î.

- On rapporte, citant 'Abd Allâh Ibn 'Amr, que le Prophète (ﷺ) a dit : « Le jeûne et le Coran intercèdent en faveur de l'homme au Jour du jugement dernier. Le premier dira : « Seigneur, je le privais de se nourrir et de satisfaire ses envies pendant le jour. Autorise-moi donc à intercéder en sa faveur ! » Le second dira : « Seigneur, je le privais de sommeil pendant la nuit. Autorise-moi donc à intercéder en sa faveur ! » Alors Dieu le leur permettra. »[1]

- On rapporte qu'Abû Umâma (رضي الله عنه) a dit : « J'allai un jour trouver le Prophète (ﷺ) et je lui dis : « Ordonne-moi une action qui puisse me faire gagner l'accès au Paradis ! » Il me répondit : « Je te conseille le jeûne, car rien n'y équivaut. » Je vins le trouver une deuxième fois et lui posai la même question. Il me répondit encore : « Je te conseille le jeûne. »

1 *Hadîth* cité par Ahmad ; il est assorti d'une chaîne de transmission authentique.

- On rapporte, citant Abû Sa'îd Al-Khudrî (ﷺ), que le Prophète (ﷺ) a dit : « Chaque jour qu'un homme jeûne pour plaire à Dieu, il se trouve éloigné du Feu de l'Enfer d'une distance de soixante-dix années de marche. » Ce *hadîth* est cité par Al-Bukhârî, Muslim, At-Tirmidhî, An-Nasâ'î, Ibn Mâjah et Ahmad.

- On rapporte, citant Sahl Ibn Sa'd, que le Prophète (ﷺ) a dit : « Il est un portail du Paradis nommé *Ar-Rayyân* (« le désaltérant »). Au Jour du jugement dernier, on appellera : « Où sont ceux qui accomplissaient le jeûne ? » Quand le dernier d'entre eux sera entré, le portail se refermera derrière lui. »

Les différentes catégories de jeûne

Le jeûne est de deux sortes : prescrit et volontaire. Le premier se subdivise ensuite en trois genres :

1- Le jeûne du Ramadan ;

2- Le jeûne expiatoire ;

3- Le jeûne votif.

Dans ce qui suit, nous évoquerons le jeûne du Ramadan et le jeûne volontaire ; les autres genres de jeûne seront évoqués plus loin.

Le jeûne du Ramadan

Le statut du jeûne de Ramadan

Le jeûne de Ramadan est une obligation religieuse en vertu du Coran, de la Sunna et du consensus communautaire.

Concernant le Coran, Dieu a dit : {*Ô vous qui avez cru ! Le jeûne vous a été prescrit comme il a été prescrit à ceux qui vous ont précédés ; peut-être vous montrerez-vous pieux*} (S. 2, V. 183).[1] Il a dit aussi : {*Le mois du Ramadan, mois du jeûne, en lequel le Coran commença à être révélé, guidance pour les gens et preuve de bonne direction et de discernement. Que ceux d'entre vous qui sont présents à l'annonce du mois sacré y accomplissent le jeûne !*} (S. 2, V. 185).[2]

---

1 ﴿يَـٰٓأَيُّهَا ٱلَّذِينَ ءَامَنُوا۟ كُتِبَ عَلَيْكُمُ ٱلصِّيَامُ كَمَا كُتِبَ عَلَى ٱلَّذِينَ مِن قَبْلِكُمْ لَعَلَّكُمْ تَتَّقُونَ﴾

2 ﴿شَهْرُ رَمَضَانَ ٱلَّذِىٓ أُنزِلَ فِيهِ ٱلْقُرْءَانُ هُدًى لِّلنَّاسِ وَبَيِّنَـٰتٍ مِّنَ ٱلْهُدَىٰ وَٱلْفُرْقَانِ ۚ فَمَن شَهِدَ مِنكُمُ

Concernant la Sunna, le Prophète (ﷺ) a dit : « L'Islam est bâti sur cinq piliers : reconnaître qu'il n'y a d'autre divinité en dehors de Dieu et que Muhammad est l'Envoyé de Dieu, s'acquitter de la prière et de l'aumône légale, observer le jeûne du Ramadan, et accomplir le pèlerinage à La Mecque pour qui le peut. » On rapporte également, citant Talha Ibn 'Ubayd Allâh : « Un homme vint trouver le Prophète (ﷺ) et lui dit : « Ô Envoyé de Dieu, indique-moi le jeûne que Dieu m'a prescrit. – Il s'agit du mois de Ramadan, répondit le Prophète. – Suis-je tenu de jeûner durant d'autres jours de l'année ? demanda l'homme. – Non, répondit le Prophète, à moins que tu ne le fasses de manière volontaire. »

Enfin, les érudits s'accordent à considérer que le jeûne de Ramadan est un élément constitutif de la religion qui est avéré et dont la remise en cause équivaut à une apostasie. Il a été prescrit le lundi 3 du mois de Sha'bân de l'an 2 de l'Hégire.

Des mérites du Ramadan et des bonnes actions accomplies durant ce mois

- Abû Hurayra rapporte que lorsque le mois de Ramadan arriva, le Prophète (ﷺ) dit : « Un mois béni vous est venu, son jeûne vous est prescrit en tant qu'obligation, les portes du Paradis y sont ouvertes, celles de l'Enfer fermées, et les démons sont enchaînés ; ce mois compte une nuit qui est meilleure que mille mois ; quiconque est privé des mérites de cette nuit est privé d'un grand bien. » Ce *hadîth* est rapporté par Ahmad, An-Nasâ'î et Al-Bayhaqî.

- 'Arfaja rapporte : « J'étais chez 'Utba Ibn Farqad – qui tenait une discussion au sujet de Ramadan – lorsqu'un Compagnon entra. Quand 'Utba l'aperçut, il se tut par égard pour lui. Alors celui-ci se mit à rapporter des *hadîth* à propos de Ramadan et dit : « J'ai entendu le Prophète (ﷺ) dire au sujet du Ramadan : «...les portes du Paradis y sont ouvertes, celles de l'Enfer fermées, et les démons sont enchaînés. » Puis il ajouta : « Un ange interpelle tout au long de ce mois : « Ô désireux du bien, réjouis-toi ! Ô désireux du mal abstiens-toi ! »[1]

- Abû Hurayra rapporte que le Prophète (ﷺ) a dit : « Les cinq prières

---

ٱلشَّهۡرَ فَلۡيَصُمۡهُۖ

1 Propos rapporté par Ahmad et An-Nasâ'î ; sa chaîne de transmission est jugée bonne (*hasan*).

obligatoires, la prière du Vendredi et le jeûne de Ramadan rachètent les péchés véniels commis durant le temps qui sépare chacune de ces pratiques. » Ce *hadîth* est rapporté par Muslim.

- Abû Saʿîd Al-Khudrî (🙶) rapporte que le Prophète (🙶) a dit : « Quiconque aura jeûné Ramadan en en observant correctement les prescriptions et en s'abstenant de tout ce dont il doit s'abstenir durant ce mois, se trouvera absout de ses péchés antérieurs. »[1]

- Abû Hurayra rapporte que le Prophète (🙶) a dit : « Quiconque jeûne le mois de Ramadan avec foi et en comptant sur la récompense de Dieu, celui-là sera absout de ses péchés antérieurs ». Ce *hadîth* est rapporté par Aḥmad, Abû Dâwûd, At-Tirmidhî, An-Nasâʾî et Ibn Mâjah.

Des menaces adressées à l'encontre de quiconque rompt le jeûne de Ramadan sans raison valable

- Ibn ʿAbbâs rapporte que le Prophète (🙶) a dit : « Les fondements de la religion, ceux sur lesquelles l'Islam est bâti, sont au nombre de trois : attester qu'il n'existe nulle divinité en dehors de Dieu, s'acquitter des prières obligatoires et observer le jeûne de Ramadan. Quiconque en viole délibérément un, est un mécréant et un apostat dont il est permis de verser le sang. »[2]

- Abû Hurayra rapporte que le Prophète (🙶) a dit : « Quiconque rompt le jeûne de Ramadan ne sera jamais complètement démis de ce péché, dût-il jeûner toute sa vie durant pour se racheter. » Ce *hadîth* est rapporté par Abû Dâwûd, Ibn Mâjah et At-Tirmidhî. Al-Bukhârî note qu'Abû Hurayra le rapporte en tant que *hadîth* remontant jusqu'au Prophète, dans cette variante : « Le jeûne de toute une vie ne saurait racheter le péché consécutif à la rupture volontaire – que ne justifie nulle raison valable ou maladie – du jeûne d'une seule journée de Ramadan. » C'est cette même version que rapporte Ibn Masʿûd. Adh-Dhahabî a dit à ce propos : « Les croyants s'accordent à considérer que le péché consécutif à la rupture du jeûne de Ramadan – si nulle raison légale ne justifie cette rupture – est pire que celui résultant de l'adultère ou de l'ivrognerie. Ils mettent même en doute la foi de celui qui se rend coupable d'une

---

1 Cette tradition est rapportée par Aḥmad, et Al-Bayhaqî ; elle est assortie d'une chaîne de transmission jugée bonne (*jayyid*).

2 Ce *hadîth* est rapporté par Abû Yaʿlâ et Ad-Daylamî ; il a été authentifié par Adh-Dhahabî.

telle rupture ; il est à leurs yeux taxé d'impiété et de décadence.»

Comment la nouvelle lune de Ramadan est-elle confirmée ?

La nouvelle lune de Ramadan est confirmée par la vue du croissant annonçant le début du mois – constat pouvant, le cas échéant, être attesté par un seul homme digne de confiance. A défaut, on entamera le Ramadan le lendemain du trentième jour de Sha'bân.

- Ibn 'Umar (ﷺ) rapporte : « Comme les gens se montraient le croissant de lune les uns les autres, je le vis moi-même et en informai le Prophète (ﷺ), qui entama alors le jeûne et ordonna aux gens d'en faire autant. » Ce propos est cité par Abû Dâwûd et authentifié par Al-Hâkim et Ibn Hibbân.

- Abû Hurayra rapporte que le Prophète (ﷺ) a dit : « Entamez le jeûne à la vue du croissant, et rompez-le à sa vue. Si l'état du ciel ne vous permet pas de vous en assurer, achevez les trente jours de Sha'bân, puis entamez le jeûne. » Ce *hadîth* est rapporté par Al-Bukhârî et Muslim.

At-Tirmidhî souligne : « La grande majorité des érudits s'accorde à dire que le jeûne peut être entamé sur la foi d'un seul témoin visuel. Ibn Al-Mubârak, Ash-Shâfi'î et Ahmad abondent dans ce sens, ainsi qu'An-Nawawî, lequel privilégie cette opinion. Il en va de même de la vue du croissant annonçant le début de Shawwâl : si la vue du croissant s'avère impossible à cause des mauvaises conditions climatiques, il faut achever les trente jours de Ramadan avant de rompre le jeûne. Cependant, pour la majorité des érudits, la rupture ne saurait reposer sur le témoignage d'une seule personne : il faut qu'au moins deux personnes dignes de foi déclarent avoir vu le croissant. Abû Thawr se démarque de la majorité à ce sujet, déclarant que pour lui, les deux croissants (celui de Ramadan et celui de Shawwâl) se valent, et qu'il n'y a aucune raison de ne pas accepter pour le second le témoignage d'une seule personne digne de foi, quand il est valable pour le premier. Ibn Rushd (Averroès) a dit à ce propos : « le point de vue d'Abû Bakr Ibn Al-Mundhir est celui d'Abû Thawr, et, paraît-il, celui de tous les dhâhirites. Ibn Al-Mundhir rappelle, pour étayer son opinion, que du moment que l'accord est établi sur la validité d'un seul témoignage pour entamer le mois du jeûne, il n'y a aucune raison de ne pas en faire de même pour la fin de ce mois, l'apparition du croissant étant dans les deux cas un repère distinguant la période du jeûne de celle de la rupture. »

Ash-Shawkânî (le zaydite) précise pour sa part : « Nul cas ne nous est parvenu qui atteste de la nécessité de deux témoignages concordants pour rompre le jeûne. Il semble donc que le témoignage d'une seule personne digne de foi soit admis comme il est admis pour commencer le jeûne. Par ailleurs, il n'y a aucune raison de récuser le témoignage d'une seule personne, étant donné que les actes de dévotion peuvent reposer sur un tel témoignage, à moins que le contraire soit expressément spécifié, tel le cas des témoignages concernant les biens. Il semble donc que l'opinion d'Abû Thawr soit la bonne. »

La différence des débuts de lunaisons selon les lieux

La plupart des érudits s'accordent à considérer que la différence des débuts de lunaisons n'est pas à prendre en considération. Ainsi, quand les habitants d'un seul pays aperçoivent le croissant, ce constat engage tous les autres pays, dont les habitants sont alors tous appelés à jeûner. On cite à ce propos le *hadîth* : « Entamez le jeûne à la vue du croissant et rompez-le à sa vue », qui de toute évidence s'adresse à toute la Communauté, et engage la responsabilité de tous ses membres dès lors que l'un d'eux a aperçu le croissant.

Pour leur part 'Ikrima, Al-Qâsim Ibn Muhammad, Sâlim, et Ishâq adoptent une opinion contraire privilégiée par les hanafites et adoptée par les shâfi'ites, selon laquelle les habitants de chaque pays sont seuls concernés par la vision effectuée dans leur région. Ils citent à ce propos Kurayb qui dit : « Une année, Ramadan arriva alors que j'étais au Shâm, et je me souviens avoir vu moi-même le croissant un jeudi soir. Un mois plus tard, je regagnai Médine. Comme je rencontrais Ibn 'Abbâs, il m'interrogea sur mon voyage, et on en vint à parler du croissant de Ramadan. Il me demanda alors : « Quand avez-vous aperçu le croissant ? Je répondis : Nous l'avons vu un jeudi soir. Il me demanda encore : L'as-tu vu toi-même ? Je répondis : Oui, ainsi que beaucoup d'autres gens. Ils entamèrent le jeûne et Mu'âwiya fit de même ». Il me dit : « Mais, ici, ce n'est que vendredi soir que nous l'avons vu. Nous continuerons donc notre jeûne jusqu'à ce que nous apercevions la nouvelle lune ou que nous achevions les trente jours de Ramadan ». Je demandai : « Tu ne te suffis donc pas du constat fait en Syrie ? » Il me répondit : « Non, car c'est ce que nous a ordonné l'Envoyé de Dieu (ﷺ). »[1] Les érudits dé-

1 Propos cité par Ahmad, Muslim et At-Tirmidhî. At-Tirmidhî commente : « C'est là un *hadîth* jugé *hasan sahîh* et insolite (*gharîb*).

duisent de ce *<u>h</u>adîth* que les habitants de chaque contrée sont concernés par l'observation effectuée dans leur pays. De même, on peut lire dans le « *Fat<u>h</u> Al-'Allâm, Shar<u>h</u> Bulûgh Al-Marâm* » : « Le plus logique est que les habitants de chaque pays se conforment – eux-mêmes et ceux des contrées environnantes – à l'observation faite dans leur pays. »

De celui qui se trouve seul à voir le croissant de la nouvelle lune

Les jurisconsultes s'accordent à dire que quiconque se trouve seul à voir le croissant de la nouvelle lune, est tenu d'entamer le jeûne. 'A<u>t</u>â' fait exception, soutenant qu'il ne doit le faire que si une autre personne a vu elle aussi le croissant. Cependant, les opinions divergent concernant l'observateur unique du croissant de Shawwâl. Or, la logique veut qu'il rompe le jeûne, comme le préconisent Ash-Shâfi'î et Abû Thawr. Le Prophète (ﷺ) a en effet subordonné jeûne et rupture du jeûne à l'observation de la nouvelle lune, dès lors que celle-ci repose sur la certitude. Or, il s'agit là d'une question qui, reposant sur la perception sensible de chacun, n'a nul besoin qu'autrui y prenne part pour la valider.

Les piliers du jeûne du mois de Ramadan

Ces piliers sont au nombre de deux :

1- S'abstenir de tout ce qui fait rompre le jeûne, depuis la pointe de l'aube jusqu'au coucher du soleil, conformément au propos de Dieu Tout Puissant : {*...désormais, fréquentez-les (vos femmes), et tenez-vous à ce que Dieu vous a prescrit ; mangez et buvez jusqu'à ce que se distingue pour vous le fil blanc du fil noir, puis accomplissez le jeûne jusqu'à la nuit*} (S. 2, V. 187).[1] Le « *fil blanc* » et le « *fil noir* » signifient respectivement la première lueur de l'aube et le clair-obscur de la fin de la nuit. De fait, Al-Bukhârî et Muslim rapportent que 'Adî Ibn <u>H</u>âtim a dit : « Lorsque fut révélé : {*...jusqu'à ce que se distingue pour vous le fil blanc du fil noir*}, je pris deux cordelettes, l'une blanche et l'autre noire, que je disposai sous mon oreiller et que j'observai la nuit durant, mais sans parvenir à déterminer le moment précis où je pus les distinguer. J'allai alors trouver le Prophète (ﷺ) et m'enquis de cela auprès de lui. Il me répondit : « Il s'agit de la lueur de l'aube et du clair-obscur de la fin de la nuit. »

---

1 ﴿فَٱلْـَٔـٰنَ بَـٰشِرُوهُنَّ وَٱبْتَغُوا۟ مَا كَتَبَ ٱللَّهُ لَكُمْ ۚ وَكُلُوا۟ وَٱشْرَبُوا۟ حَتَّىٰ يَتَبَيَّنَ لَكُمُ ٱلْخَيْطُ ٱلْأَبْيَضُ مِنَ ٱلْخَيْطِ ٱلْأَسْوَدِ مِنَ ٱلْفَجْرِ ۖ ثُمَّ أَتِمُّوا۟ ٱلصِّيَامَ إِلَى ٱلَّيْلِ﴾

2- L'intention, conformément au propos de Dieu : {*Pourtant, il ne leur a été commandé que d'adorer Dieu en Lui vouant un culte exclusif*} (S. 98, V. 5).[1] Conformément, aussi, à la tradition du Prophète (ﷺ) : « Les actes ne valent que par l'intention qui y préside et chacun n'est récompensé qu'en fonction de ses intentions » Il est à préciser que l'intention doit être formulée avant l'aube de chaque jour de Ramadan. On cite à ce propos le *hadîth* rapporté par Hafsa qui déclare que le Prophète (ﷺ) a dit : « Nul jeûne n'est agréé si l'intention n'en est pas formulée avant l'aube. »[2] L'intention peut être formulée à n'importe quel moment de la nuit. Sa formulation verbale n'est pas obligatoire, étant donné qu'il s'agit là d'un acte de foi intérieur, n'ayant aucun lien avec la langue, mais dicté par la seule volonté de se conformer aux préceptes de Dieu et de se rapprocher de Lui. Ainsi, est considéré comme ayant légalement formulé l'intention de jeûner, quiconque prend le repas dit *suhûr* (habituellement pris avant l'appel à la prière de l'aube). De même, quiconque décide sincèrement de s'abstenir de tout ce qui fait rompre le jeûne est considéré comme ayant conçu l'intention de jeûner, quand bien même il n'aurait pas pris le repas du *suhûr*. La majorité des jurisconsultes considère que l'intention conçue après le lever de l'aube est valide dans le cas du jeûne volontaire mais à condition de n'avoir rien mangé depuis l'aube. A ce propos, 'Â'isha (رضي الله عنها) rapporte : « Le Prophète (ﷺ) entra un jour chez moi et dit : « Avez-vous quelque chose (à manger) ? » Nous répondîmes que non. Alors il dit : « J'observerai donc le jeûne ». Ce *hadîth* est rapporté par Muslim. Les hanafites posent comme condition que l'intention (du jeûne volontaire) soit conçue avant le début de l'après-midi. C'est d'ailleurs le point de vue adopté par Ash-Shâfi'î. Toutefois, Ibn Mas'ûd et Ahmad soutiennent que l'intention est valide qu'elle soit conçue avant ou après le début de l'après-midi.

Pour qui le jeûne est-il obligatoire ?

Les jurisconsultes sont unanimes à dire que le jeûne de Ramadan est obligatoire pour tout musulman pubère, jouissant de ses facultés mentales, en bonne santé et résident. La femme doit être pure des menstrues et des lochies. Ne sont pas tenus de jeûner, l'impie, l'aliéné mental, l'enfant impubère, le voyageur, la femme en état de menstrues ou de lochies, le vieillard, la femme enceinte et la nourrice. Certaines de ces personnes

---

1 ﴿وَمَآ أُمِرُوٓا۟ إِلَّا لِيَعْبُدُوا۟ ٱللَّهَ مُخْلِصِينَ لَهُ ٱلدِّينَ﴾

2 Tradition citée par Ahmad, Abû Dâwûd, At-Tirmidhî, An-Nasâ'î et Ibn Mâjah ; elle a été authentifiée par Ibn Khuzayma et Ibn Hibbân.

sont exemptes de jeûne de façon absolue, entendre l'impie et l'aliéné mental. Pour d'autres, il incombe à leur tuteur de leur ordonner de jeûner. D'autres encore sont obligées de rompre le jeûne, de le remettre à plus tard et de jeûner autant de jours (en dehors de ce mois). Enfin, d'autres personnes sont autorisées à rompre le jeûne, mais sont tenues de verser une compensation. Exposons à présent ces différents cas :

1- L'impie et l'aliéné mental

Le jeûne étant une pratique cultuelle proprement islamique, il n'est pas obligatoire pour le non musulman ni pour l'aliéné mental, la salubrité de la raison constituant la condition *sine qua non* pour être astreint à la Loi révélée. 'Alî (﵁) rapporte que le Prophète (ﷺ) a dit : « Trois (individus) ne sont pas tenus responsables de leurs actes : l'aliéné mental jusqu'à ce qu'il recouvre la raison, l'homme endormi jusqu'à ce qu'il se réveille et le jeune enfant jusqu'à ce qu'il atteigne la puberté. » Ce *hadîth* est rapporté par Aḥmad, Abû Dâwûd et At-Tirmidhî.

2- Le jeune enfant impubère

Bien que le jeûne ne soit pas une obligation pour l'impubère, son tuteur est tenu de lui ordonner de jeûner afin qu'il s'y habitue dès son plus jeune âge, dès lors qu'il en est capable. A ce propos, Ar-Rubayyi' Bint Mu'awwidh rapporte que le Prophète (ﷺ) envoya un messager, le matin de *'âshûrâ'*, proclamer dans les quartiers des Anṣâr : « Que celui parmi vous qui s'est réveillé en état de jeûne parachève le jeûne (de sa journée), et que celui qui s'est réveillé sans observer le jeûne s'abstienne de manger et parachève le reste de la journée en jeûnant. » Depuis lors nous prîmes l'habitude de jeûner cette journée et d'ordonner à nos enfants non encore pubères de faire de même. Nous allions à la mosquée, confectionnions pour eux des jouets en laine et dès que l'un d'eux pleurait de faim, nous l'occupions avec ces jouets jusqu'au moment de la rupture du jeûne. » Ce propos est rapporté par Al-Bukhârî et Muslim.

3- Ceux à qui il est permis de ne pas jeûner mais qui sont obligés de verser la compensation

Il est permis au vieillard, (homme ou femme), au malade incurable, aux personnes accomplissant des travaux forcés et qui n'ont d'autre source de subsistance que ces travaux, de rompre le jeûne de Ramadan. Pour toutes ces catégories, il est permis de rompre le jeûne s'il les accable et leur est insupportable, et ce durant toutes les saisons de l'année. En contrepartie, elles devront nourrir un pauvre pour chaque jour rompu à hauteur d'un s̲â' (d'un demi s̲â' ou d'un *mudd* (muid) selon les différentes interprétations des jurisconsultes, l'estimation n'ayant pas été détaillée par la tradition prophétique). Ibn 'Abbâs a dit : « Il est permis au vieillard de rompre le jeûne, mais il doit nourrir pour chaque jour un pauvre, sans obligation pour lui de remettre à plus tard le jeûne des jours qu'il a rompus » Ce propos est rapporté et authentifié par Ad-Dâraqut̲nî et Al-H̲âkim. Al-Bukhârî rapporte d'après 'At̲â' : « J'ai entendu Ibn 'Abbâs réciter : {*Ceux qui ne peuvent le supporter qu'avec grande difficulté, doive nt nourrir, en compensation, un pauvre pour chaque jour de jeûne rompu*} (S. 2, V. 184).[1] Puis il dit : « Ce verset n'a pas été abrogé, il s'applique aux personnes âgées (hommes ou femmes) qui, à cause de leur âge avancé, ne peuvent observer le jeûne, et en compensation doivent nourrir chaque jour un pauvre. De même, le malade incurable que le jeûne accable est assimilable à l'homme âgé. Il en est de même des ouvriers qui exercent des travaux pénibles. »

Muh̲ammad 'Abduh a dit à ce propos : « Ceux auxquels s'applique le verset : {*Ceux qui ne peuvent le supporter qu'avec grande difficulté*} sont les vieillards affaiblis par l'âge, les malades incurables atteints d'une maladie chronique, les ouvriers qui gagnent leur pain quotidien en exerçant des travaux pénibles, tels les mineurs de fond, les forçats à perpétuité, s'ils sont réellement incapables de jeûner et qu'ils possèdent de quoi verser la compensation d'usage, les femmes enceintes, les nourrices, si elles craignent que la faim ne leur porte préjudice, à elles mêmes ou à leur enfant. Tous ceux-là, selon Ibn 'Abbâs et Ibn 'Umar, sont tenus de verser une compensation sans avoir à remettre à plus tard le jeûne des jours qu'ils n'ont pas observés. Abû Dâwûd rapporte d'après 'Ikrima qu'Ibn 'Abbâs a dit à propos du verset : {*Ceux qui ne peuvent le supporter qu'avec grande difficulté*...} : « C'est là une licence accordée aux personnes âgées capables d'observer le jeûne : elles peuvent le rompre mais doivent nourrir un pauvre pour chaque jour manqué.

Il en est de même pour la femme enceinte et pour la nourrice – si elles craignent pour leur enfant à cause du jeûne –, auxquelles il est permis de ne pas observer le jeûne, mais de nourrir, en compensation, pour chaque jour manqué un pauvre. » Ce propos est rapporté par Al-

---

1 ﴿وَعَلَى ٱلَّذِينَ يُطِيقُونَهُۥ فِدۡيَةٞ طَعَامُ مِسۡكِينٖۖ﴾

Bazzâr, qui ajoute : « Ibn 'Abbâs s'adressa à une de ses épouses qui était enceinte en ces termes : « Tu es de la catégorie de ceux qui ne peuvent le supporter qu'avec grande difficulté, tu dois verser la compensation d'usage sans avoir à jeûner plus tard les jours manqués. »[1] Nâfi' rapporte qu'on interrogea Ibn 'Umar à propos de la femme enceinte qui craint de porter préjudice à son enfant en jeûnant. Celui-ci répondit qu'elle pouvait rompre le jeûne, mais qu'elle devait compenser en nourrissant un pauvre pour chaque jour manqué. Ce propos est rapporté par Mâlik et Al-Bayhaqî. D'ailleurs, dans un *hadîth*, le Prophète (ﷺ) a dit : « Dieu a déchargé le voyageur de l'obligation du jeûne et de la moitié de la prière ; de même, la femme enceinte ou la nourrice est déchargée de l'obligation du jeûne ». Les hanafites, Abû 'Ubayd et Abû Thawr soutiennent quant à eux que ces deux dernières doivent jeûner plus tard le nombre des jours manqués et ne sont pas tenues de nourrir un pauvre en compensation pour chaque jour. Ahmad et Ash-Shâfi'î affirment pour leur part que si elles rompent le jeûne uniquement par crainte pour leur enfant, elles doivent jeûner plus tard les jours non observés, et verser en plus la compensation, mais si elles le font par crainte pour leur propre santé, ou pour leur propre santé et celle de leur enfant, il leur est permis de remettre le jeûne à plus tard sans pour autant devoir verser la compensation d'usage.

4- Ceux à qui il est permis de rompre le jeûne de Ramadan, mais qui doivent jeûner plus tard les jours manqués

Il est permis au malade qui a espoir de guérir ainsi qu'au voyageur de rompre le jeûne de Ramadan et de remettre à plus tard le jeûne des jours qu'ils ont manqués durant ce mois. Dieu Tout Puissant a dit : {*Quiconque parmi vous aura été empêché de jeûner car malade ou en voyage, devra jeûner, plus tard, un nombre égal de jours de jeûne non observé*} (S. 2, V. 185).[2]

Ahmad, Abû Dâwûd et Al-Bayhaqî rapportent ce *hadîth*, lequel est assorti d'une bonne chaîne de transmission, d'après Mu'âdh : « Dieu a prescrit le jeûne au Prophète (ﷺ) et a révélé : {*Ô croyants le jeûne vous est prescrit comme il a été prescrit à ceux qui vous ont précédés…*}, jusqu'au verset : {*Ceux qui ne peuvent le supporter qu'avec grande difficulté, doivent nourrir, en compensation, un pauvre* (pour chaque jour de

---

1 La chaîne de transmission de ce dire est authentifiée par Ad-Dâraqutnî.

2 ﴿وَمَن كَانَ مَرِيضًا أَوْ عَلَىٰ سَفَرٍ فَعِدَّةٌ مِّنْ أَيَّامٍ أُخَرَ﴾

jeûne non observé)}. (S. 2, V. 182-183).[1] Suite à la révélation de ce verset, les croyants, chacun à son gré, jeûnaient ou compensaient en nourrissant un pauvre pour chaque jour de jeûne non observé. Puis, Dieu Tout Puissant révéla cet autre verset : {*Le mois de Ramadan, au cours duquel le Coran a été révélé*} jusqu'au verset : {*Quiconque parmi vous aura aperçu la nouvelle lune de ce mois devra en observer le jeûne*}.[2] Dès lors, le jeûne devint une obligation pour tout musulman résident et en bonne santé. »

Le voyageur et le malade sont autorisés à remettre le jeûne à plus tard. Quant au vieillard affaibli par l'âge, il lui est permis de rompre le jeûne, à charge pour lui de nourrir un pauvre pour chaque jour de jeûne non observé. Cela étant, le type de maladie qui autorise la rupture est celle que le jeûne aggrave ou dont il retarde la guérison. A ce propos, l'auteur de l'ouvrage « *Al-Mughnî* » (Ibn Qudâma Al-Maqdisî) a dit : « On rapporte d'après certains Prédécesseurs qu'il est permis au malade de ne pas observer le jeûne, quel que soit le degré de sa maladie – dût-il s'agir d'une simple douleur au doigt ou aux dents – et ce, en raison du caractère global du verset invoqué à ce sujet, et par analogie au cas du voyageur auquel il est permis de rompre le jeûne, quand bien même il serait capable de l'observer. C'est là la position adoptée par Al-Bukhârî, 'Aṯâ' et les dhâhirites. Par ailleurs, l'homme en bonne santé qui craint de contracter une maladie à cause du jeûne est, à l'instar du malade, autorisé à rompre le jeûne. En outre, celui qui, accablé par la faim ou la soif, craint le pire, est tenu de rompre le jeûne même s'il est en bonne santé et résident, et de remettre à plus tard le jeûne du jour manqué. Dieu Tout Puissant dit : {*N'attentez pas à vos jours, car Dieu est Plein de Miséricorde à votre égard*} (S. 4, V. 29).[3] Dans un autre verset, Dieu explique : {*Il ne vous a imposé aucune gêne concernant votre religion*} (S. 22, V. 78).[4] Toutefois, si le malade décide de jeûner et sup-

---

1 ﴿يَٰٓأَيُّهَا ٱلَّذِينَ ءَامَنُواْ كُتِبَ عَلَيۡكُمُ ٱلصِّيَامُ كَمَا كُتِبَ عَلَى ٱلَّذِينَ مِن قَبۡلِكُمۡ لَعَلَّكُمۡ تَتَّقُونَ ١٨٣ أَيَّامٗا مَّعۡدُودَٰتٖۚ فَمَن كَانَ مِنكُم مَّرِيضًا أَوۡ عَلَىٰ سَفَرٖ فَعِدَّةٞ مِّنۡ أَيَّامٍ أُخَرَۚ وَعَلَى ٱلَّذِينَ يُطِيقُونَهُۥ فِدۡيَةٞ طَعَامُ مِسۡكِينٖۖ﴾

2 ﴿شَهۡرُ رَمَضَانَ ٱلَّذِيٓ أُنزِلَ فِيهِ ٱلۡقُرۡءَانُ هُدٗى لِّلنَّاسِ وَبَيِّنَٰتٖ مِّنَ ٱلۡهُدَىٰ وَٱلۡفُرۡقَانِۚ فَمَن شَهِدَ مِنكُمُ ٱلشَّهۡرَ فَلۡيَصُمۡهُۖ﴾

3 ﴿وَلَا تَقۡتُلُوٓاْ أَنفُسَكُمۡۚ إِنَّ ٱللَّهَ كَانَ بِكُمۡ رَحِيمٗا﴾

4 ﴿وَمَا جَعَلَ عَلَيۡكُمۡ فِي ٱلدِّينِ مِنۡ حَرَجٖۚ﴾

porter la difficulté en dépit de sa maladie, son jeûne est valide, mais il aura commis un acte blâmable du fait qu'il aura manqué de profiter d'une dérogation agréée par Dieu, d'autant plus qu'en jeûnant, il pourrait exposer sa santé à un éventuel danger.

Du temps du Prophète (ﷺ), les Compagnons observaient le jeûne ou le rompaient pendant leurs voyages, chacun à son gré, se référant en cela aux propos du Prophète (ﷺ). A ce sujet, Hamza Al-Aslamî dit un jour : « Ô Envoyé de Dieu ! je me sens capable de jeûner pendant le voyage ; me chargerais-je d'un blâme si j'observais le jeûne ? » Le Prophète (ﷺ) lui répondit : « C'est là une dérogation qui vous est accordée par Dieu. Quiconque en profite aura bien fait ; quiconque préfère jeûner n'en subira aucun préjudice ». Ce *hadîth* est rapporté par Muslim. De même, Abû Sa'îd Al-Khudrî (رضي الله عنه) a dit : « Nous voyageâmes avec le Prophète (ﷺ) en état de jeûne en direction de La Mecque. Arrivés à un certain endroit, le Prophète (ﷺ) s'adressa aux gens, leur disant : « Désormais vous êtes à proximité de vos ennemis, et vous serez plus forts si vous rompez le jeûne ». Son propos fut alors pris pour une dérogation. Aussi, certains Compagnons rompirent-ils le jeûne et d'autres continuèrent-ils à l'observer. Peu après, nous atteignîmes un autre lieu et le Prophète (ﷺ) nous enjoignit : « Demain matin, vous rencontrerez votre ennemi, et vous serez plus forts si vous rompez le jeûne, rompez-le donc. » Nous prîmes alors ses propos pour un ordre et nous rompîmes le jeûne. Mais par la suite, il nous arrivait de voyager avec le Prophète (ﷺ) tout en observant le jeûne. » Ce *hadîth* est rapporté par Ahmad, Muslim et Abû Dâwûd. Abû Sa'îd Al-Khudrî (رضي الله عنه) rapporte : « Nous partions en expédition avec l'Envoyé de Dieu (ﷺ) pendant le mois de Ramadan. Certains parmi nous observaient le jeûne, d'autres le rompaient, sans que les uns ne reprochassent jamais rien aux autres. Les Compagnons considéraient que quiconque observe le jeûne parce qu'il se sent assez fort pour l'accomplir, opte pour le bon choix, et que quiconque rompt le jeûne parce qu'il se sent trop faible pour le supporter, opte de même pour le bon choix. » Ce *hadîth* est rapporté par Ahmad et Muslim.

Les positions des jurisconsultes divergent quant au meilleur choix à adopter à ce sujet. Abû Hanîfa, Ash-Shâfi'î et Mâlik estiment que l'observance du jeûne est meilleure pour qui se sent assez fort pour le supporter, et que la rupture du jeûne est meilleure pour qui est incapable de jeûner. Pour sa part, Ahmad soutient que la rupture est meilleure. Quant à 'Umar Ibn 'Abd Al-'Azîz, il estime que la meilleure solution est celle qui semble la plus aisée : ainsi, l'observance du jeûne est-elle meilleure que de remettre à plus tard les jours de jeûne non observés pour celui qui ne rencontre aucune difficulté à jeûner durant le mois de Ramadan. Considérant de plus près la question, Ash-Shawkânî estime que la rupture du jeûne est meilleure pour qui rencontre des difficultés à jeûner, car il nuirait à sa santé s'il observait le jeûne, ou pour celui qui refuse d'accepter la dérogation de rompre le jeûne ou pour quiconque craint de verser dans la fatuité et la cagoterie en jeûnant pendant le voyage. Hormis ces cas, l'observance du jeûne est meilleure. S'il advient que le voyageur conçoive, au cours de la nuit, l'intention de jeûner et qu'il en entame l'observance, il lui est permis de rompre le jeûne pendant la journée si bon lui semble. En effet, Jâbir Ibn 'Abd Allâh (ﷺ) rapporte que le Prophète (ﷺ) sortit pour La Mecque, l'année de la Conquête, ses Compagnons observant le jeûne avec lui. Lorsqu'ils eurent atteint un lieu appelé Al-Ghamîm, on lui dit que le jeûne avait exténué les gens qui suivaient son exemple. Alors, après la prière de l'après- midi, il se fit apporter un récipient rempli d'eau et en but pendant que les gens l'observaient. Certains rompirent aussitôt le jeûne, tandis que d'autres continuèrent à l'observer. Lorsqu'on lui apprit que certains jeûnaient encore, il répondit : « Ceux-là sont les désobéissants. »[1]

Concernant le cas de celui qui conçoit l'intention de jeûner en situation de résidence puis entreprend un voyage pendant la journée, la majorité des jurisconsultes soutient qu'il ne lui est pas permis de rompre le jeûne. Toutefois, A<u>h</u>mad et Is<u>h</u>âq l'autorisent, conformément à la tradition rapportée et authentifiée par At-Tirmidhî, d'après Mu<u>h</u>ammad Ibn Ka'b : « Un jour de Ramadan, j'allai trouver Anas Ibn Mâlik qui s'apprêtait à voyager. Sa monture était préparée et lui prêt à partir. Il se fit apporter de la nourriture et en mangea. Je l'interrogeai : « Est-ce une tradition ? » et il me répondit : « Oui, c'en est une », puis il partit. Par ailleurs, 'Ubayd Ibn Jubayr dit : « Je quittai l'Egypte en bateau durant le mois de Ramadan avec Abû Ba<u>s</u>ra Al-Ghifârî. Il fit avancer le bateau, déballa son repas et me demanda de m'approcher. Je lui fis remarquer que nous étions encore en pleine agglomération. Il me répondit : « Refuserais-tu la tradition du Prophète (ﷺ) ? »[2] Ash-Shawkânî souligne : « Les deux *<u>h</u>adîth* signifient qu'il est permis au voyageur de rompre le jeûne avant de quitter le lieu où il se trouve. » Puis Ash-Shawkânî cite ce

1 *<u>H</u>adîth* rapporté par Muslim, An-Nasâ'î et At-Tirmidhî ; ce dernier l'a authentifié.

2 Propos rapporté par A<u>h</u>mad et Abû Dâwûd ; les rapporteurs qui constituent sa chaîne de transmission son dignes de foi.

propos d'Ibn Al-'Arabî : « Quant au *hadîth* d'Anas, il est authentique et implique qu'il est permis de rompre le jeûne au moment de voyager. » Puis il ajoute que le type de voyage qui autorise la rupture du jeûne est celui qui autorise le raccourcissement de la prière, et que la durée pendant laquelle il est permis au voyageur de rompre le jeûne est celle durant laquelle il lui est permis de raccourcir la prière, comme nous l'avons déjà explicité plus haut.

Ahmad, Abû Dâwûd, Al-Bayhaqî et At-Tahâwî rapportent d'après Mansûr Al-Kalbî que Dihya Ibn Khalîfa sortit un jour de Ramadan d'un faubourg de Damas, parcourut une certaine distance (évaluée à celle qui sépare Al-Fustât de 'Aqaba) puis rompit le jeûne avec certains de ses compagnons, alors que d'autres refusèrent de le faire. Revenu dans son faubourg, il dit : « j'ai assisté aujourd'hui à un événement que je ne comptais jamais voir arriver : des gens se sont détournés de la tradition du Prophète (ﷺ) et de ses Compagnons (entendant par-là ceux qui avaient continué à observer le jeûne pendant le voyage), après quoi il ajouta : « Seigneur ! rappelle-moi à toi ». Tous les transmetteurs de ce *hadîth* sont dignes de foi, hormis Mansûr Al-Kalbî ; ceci étant, Al-'Ijlî le déclare fiable.

5- De ceux qui sont tenus de rompre le jeûne et de s'acquitter plus tard du jeûne des jours manqués

Les jurisconsultes sont unanimes à dire que la femme en état de menstrues ou de lochies doit obligatoirement rompre le jeûne ; si elle l'observe, son jeûne n'est pas agréé et elle doit remettre à plus tard le jeûne des jours manqués. Al-Bukhârî et Muslim rapportent que 'Â'isha (رضي الله عنها) déclara : « Nous avions nos règles du temps du Prophète (ﷺ), et celui-ci nous ordonnait de nous acquitter plus tard du jeûne du nombre des jours manqués et non des prières (manquées).

Les jours qu'il est interdit de jeûner

1- Les deux jours de fête (le jour de la rupture du jeûne et celui du Sacrifice)

Les jurisconsultes sont unanimes à déclarer qu'il est formellement interdit de jeûner les deux jours de fête, que le jeûne envisagé soit prescrit ou volontaire. A ce propos, 'Umar (رضي الله عنه) a dit : « l'Envoyé de Dieu (ﷺ) a interdit de jeûner ces deux jours, le jour de la rupture du jeûne étant une occasion pendant laquelle vous rompez le jeûne de Ramadan, et le jour du sacrifice étant celui pendant lequel vous mangez de vos offrandes. » Ce propos est rapporté par A<u>h</u>mad, Abû Dâwûd, At-Tirmidhî, An-Nasâ'î et Ibn Mâjah.

2- Les trois jours de *tashrîq* (qui suivent immédiatement le jour du Sacrifice pour les pèlerins)

Il n'est pas permis de jeûner les trois jours qui suivent immédiatement le jour du Sacrifice. A ce sujet, Abû Hurayra rapporte que le Prophète (ﷺ) envoya 'Abd Allâh Ibn <u>H</u>udhâfa proclamer à Minâ : « N'observez pas le jeûne pendant ces trois jours, car ce sont des jours pour boire, manger et adorer. » Ce *<u>h</u>adîth* est rapporté par A<u>h</u>mad ; il est assorti d'une chaîne de transmission jugée bonne. De même, A<u>t</u>-<u>T</u>abarânî rapporte dans « *Al-Awsa<u>t</u>* » d'après Ibn 'Abbâs (رضي الله عنهما), que le Prophète (ﷺ) fit proclamer : « Ne jeûnez pas pendant ces jours, car ils sont réservés à la boisson, à la nourriture et au plaisir conjugal ». Toutefois, les shâfi'ites considèrent qu'il est permis de jeûner pendant les jours de *tashrîq* dans le cas où le jeûne est motivé par une raison valable établie, tel le jeûne votif, expiatoire ou prescrit remis à plus tard. Ils y appliquent, par analogie, le cas de la prière qui, pour une raison valide est accomplie aux moments où il est déconseillé de s'en acquitter.

3- Jeûner le vendredi

Le vendredi est une fête hebdomadaire pour les musulmans. Aussi, est-il recommandé de ne pas jeûner ce jour. Mais la majorité des jurisconsultes soutiennent que l'injonction de ne pas jeûner le vendredi a un caractère blâmable et non prohibitif, à moins que le fidèle jeûne un jour avant le vendredi ou un jour après, ou que le jeûne du vendredi coïncide avec une habitude que le fidèle a prise, ou que le jour de 'Arafa ou le jour de 'Âshûrâ' tombe un vendredi, auquel cas il n'y a aucun blâme à le jeûner. 'Abd Allâh Ibn 'Umar rapporte que le Prophète (ﷺ) rentra chez Juwayriya Bint Al-<u>H</u>ârith (رضي الله عنها) et la trouva observant le jeûne un jour de vendredi. « As-tu jeûné hier ? lui demanda-t-il. – Non, répondit-elle. – Comptes-tu jeûner demain ? reprit le Prophète. – Non, répondit-elle encore. – Alors romps ton jeûne, lui ordonna-t-il. » Ce *<u>h</u>adîth* est rapporté par Al-Bazzâr ; il est assorti d'une chaîne de transmission jugée bonne. 'Alî (رضي الله عنه) a dit : « Que celui parmi vous qui voudrait accomplir un jeûne volontaire le fasse le jeudi et non le vendredi, car le vendredi est un jour de boire, de manger et d'adoration. » Ce *<u>h</u>adîth* est rapporté par Ibn Abî Shayba ; il est assorti d'une chaîne de transmission jugée bonne. Al-Bukhârî et Muslim rapportent, citant Jâbir (ﷺ) que le Prophète (ﷺ) a dit : « Ne jeûnez le vendredi que si vous observez le jeûne un jour avant ou un jour après ». Dans une variante, Muslim rapporte : « Ne réservez pas la nuit du vendredi à l'adoration et au jeûne, à moins qu'elle ne coïncide avec une habitude prise par l'un d'entre vous. »

4- Le jeûne spécifique du samedi

Busr As-Sulamî rapporte, citant sa sœur As-Sammâ', que le Prophète (ﷺ) a dit : « Ne jeûnez le samedi que pour vous acquitter d'un jeûne prescrit ; si vous ne trouvez rien à manger ce jour-là, mâchez ne serait-ce que la peau d'un raisin ou une pousse d'arbre pour rompre le jeûne. » Ce *hadîth* est rapporté par Ahmad, Abû Dâwûd, At-Tirmidhî, An-Nasâ'î, Ibn Mâjah et Al-Hâkim, lequel considère qu'il répond aux conditions d'authenticité posées par Muslim. At-Tirmidhî, le considérant pour sa part comme authentique, ajoute : « La raison pour laquelle il est blâmable de jeûner spécifiquement le samedi réside dans le fait que les juifs glorifient ce jour. » Ceci étant, Umm Salama rapporte que le Prophète (ﷺ) jeûnait plus souvent le samedi et le dimanche et disait : « Ce sont deux jours de fête chez les polythéistes et il m'agrée de déroger à leurs habitudes. » Ce *hadîth* est rapporté par Ahmad, Al-Bayhaqî, Al-Hâkim et Ibn Khuzayma, ces deux derniers l'ayant authentifié. Les hanafites, les shâfi'ites et les hanbalites blâment le jeûne spécifique du samedi pour les mêmes raisons. Mâlik fait exception et considère que le jeûne spécifique du samedi est permis et non blâmable. Le *hadîth* cité plus haut demeure une preuve contre lui.

5- Le jour du doute (le trentième jour de Sha'bân)

'Ammâr Ibn Yâsir (ﷺ) a dit : « Quiconque jeûne le jour du doute aura désobéi à Abû Al-Qâsim (entendre le Prophète (ﷺ)). » Ce *hadîth* est rapporté par Abû Dâwûd, At-Tirmidhî, An-Nasâ'î et Ibn Mâjah ; At-Tirmidhî souligne que ce *hadîth* est *hasan sahîh*. C'est également la position de la majorité des savants. Sufyân Ath-Thawrî, Mâlik Ibn Anas, 'Abd Allâh Ibn Al-Mubârak, Ash-Shâfi'î, Ahmad et Ishâq adoptent ce *hadîth* et blâment le jeûne du jour du doute. La plupart d'entre eux soutiennent que si quelqu'un observe le jeûne en ce jour, son jeûne doit être remis, à moins qu'il l'ait jeûné parce qu'il coïncide avec une habitude prise par lui. A ce propos, Abû Hurayra rapporte que le Prophète (ﷺ) a dit : « Ne devancez Ramadan ni d'une journée ni de deux, à moins que ce ne soit à cause d'une habitude prise. » Cette tradition est rapportée par Ahmad, Abû Dâwûd, At-Tirmidhî, An-Nasâ'î, Ibn Mâjah, Al-Bukhârî et Muslim ; At-Tirmidhî souligne : « C'est un *hadîth hasan sahîh*. L'ensemble des jurisconsultes blâme le fait de devancer Ramadan pour le compte de ce même mois, Toutefois, il est permis de jeûner le jour précédant immédiatement le début de Ramadan si ce jeûne coïncide avec une habitude prise par le fidèle. »

6- Le jeûne tous les jours de l'année (*sawm ad-dahr*)

Il est formellement interdit de jeûner une année entière y compris les jours pendant lesquels le Législateur a défendu d'observer le jeûne, et ce, conformément aux directives du Prophète (ﷺ), lequel a dit : « Puisse Dieu ne pas agréer le jeûne de celui qui l'observe en permanence ». Cette tradition est rapportée par Ahmad, Al-Bukhârî et Muslim. Par contre, si le jeûne est rompu pendant les deux jours de fête et les trois jours de *tashrîq*, le caractère blâmable du jeûne le reste des jours de l'année est alors levé pour qui se sent la force nécessaire de le faire. At-Tirmidhî a dit : « Certains, parmi les doctes, considèrent blâmable le jeûne permanent si celui qui l'entreprend ne le rompt pas le jour du *fitr*, du Sacrifice et pendant les trois jours de *tashrîq*. Mais si le jeûne est rompu lors de ces jours, il ne revêt plus aucun caractère blâmable et n'est plus considéré comme permanent. » Telle est l'opinion rapportée d'après Mâlik, Ash-Shâfi'î, Ahmad et Ishâq. De fait, le Prophète (ﷺ) approuva le jeûne de Hamza Al-Aslamî lorsqu'il lui enjoignit : « Observe le jeûne ou romps-le, à ton gré ». Il est toutefois meilleur d'observer le jeûne un jour et de le rompre le jour suivant, car tel est le jeûne le plus agréé par Dieu, comme nous allons l'expliciter plus loin.

7- L'interdiction, pour la femme, de jeûner en présence de son mari, à moins qu'il n'y consente

Le Prophète (ﷺ) a interdit à la femme d'observer un jeûne (volontaire) en présence de son mari tant que celui-ci n'y consent pas. A ce propos, Abû Hurayra rapporte que le Prophète (ﷺ) a dit : « Une femme ne peut observer un jeûne en présence de son mari que si celui-ci y consent, sauf le jeûne de Ramadan. » Ce *hadîth* est rapporté par Ahmad, Al-Bukhârî et Muslim. Les jurisconsultes interprètent cette interdiction comme une prohibition expresse et permettent à l'époux d'annuler le jeûne de son épouse autre que celui de Ramadan si elle l'observe sans sa permission, car elle empiète sur son droit, ainsi qu'il ressort du *hadîth* ci-dessus. Par contre, il lui est permis de jeûner sans le consentement de son époux si celui-ci est absent. S'il rentre de voyage, il lui est permis d'annuler le jeûne de sa femme. De même, les jurisconsultes soutiennent qu'à l'instar de l'absence, la maladie de l'époux ou son incapacité à avoir des rapports charnels avec sa femme autorise celle-ci à jeûner sans lui demander son consentement.

8- L'interdiction du jeûne ininterrompu (*wis̲âl as̲-s̲awm*)

Abû Hurayra rapporte que le Prophète (ﷺ) a dit : « N'observez pas le jeûne ininterrompu », réitérant trois fois la même injonction. Les Compagnons rétorquèrent : « Mais tu jeûnes sans interruption, ô Envoyé de Dieu ! – Mon cas, reprit le Prophète, est différent du vôtre : la nuit, mon Seigneur me fait boire et manger (entendre, lui donne la force de celui qui a bu et mangé) ; n'entreprenez que ce dont vous êtes capables. » Ce *h̲adîth* est rapporté par Al-Bukhârî et Muslim. Les jurisconsultes interprètent l'interdiction du Prophète d'observer le jeûne ininterrompu comme une réprobation. Toutefois, Ah̲mad, Ishâq et Ibn Al-Mundhir considèrent qu'il est permis de prolonger le jeûne jusqu'au moment du *sah̲ar* (repas pris avant l'aube), tant que celui qui l'observe n'en souffre pas et ce, conformément au *h̲adîth* rapporté par Al-Bukhârî d'après Abû Sa'îd Al-Khudrî qui déclare que le Prophète (ﷺ) a dit : « N'observez pas le jeûne ininterrompu ; si malgré cela quelqu'un parmi vous désire le faire, qu'il le prolonge uniquement jusqu'au *sah̲ar* ».

Le jeûne volontaire

Le Prophète (ﷺ) a vivement recommandé de jeûner les jours suivants :

1- Les six jours du mois de Shawwâl : Ah̲mad, Abû Dâwûd, At-Tirmidhî, Ibn Mâjah et Muslim rapportent d'après Abû Ayyûb Al-Ans̲ârî que le Prophète (ﷺ) a dit : « Quiconque observe le jeûne de Ramadan et le fait suivre de six jours de Shawwâl, est comme celui qui a jeûné en permanence. » Ah̲mad explique que les six jours peuvent être jeûnés indistinctement à la suite ou séparément au long du mois ; alors que les h̲anafites et les shâfi'ites soutiennent qu'il est préférable de les jeûner les uns à la suite des autres immédiatement après la fête de la rupture du jeûne.

2- Les dix premiers jours de Dhû Al-H̲ijja, et en particulier le jeûne du jour de 'Arafa, sauf pour le pèlerin. Abû Qatâda (رضي الله عنه) rapporte que le Prophète (ﷺ) a dit : « Le jeûne du jour de 'Arafa expie les péchés de deux années, celle qui précède et la suivante, alors que le jeûne du jour de 'Âshûrâ' expie seulement les péchés de l'année qui précède. » Hafsa a dit : « Le Prophète (ﷺ) n'omettait jamais d'accomplir quatre actes : le jeûne de 'Âshûrâ', celui des dix premiers jours de Dhû Al-Hijja, celui des trois jours de chaque mois, et deux cycles de prière avant l'office de midi » Ce propos est rapporté par Ahmad et An-Nasâ'î. 'Uqba Ibn 'Âmir rapporte que le Prophète (ﷺ) a dit : « Les jours de 'Arafa, du Sacrifice, de *tashrîq* sont nos jours de fête, nous autres les musulmans. Ce sont des jours de boire et de manger. » Ce *hadîth* est rapporté par Ahmad, Abû Dâwûd, At-Tirmidhî et Ibn Mâjah ; il est authentifié par At-Tirmidhî. Abû Hurayra a dit : « Le Prophète (ﷺ) a défendu (au pèlerin) de jeûner à 'Arafât. » Ce propos est rapporté par Ahmad, Abû Dâwûd, An-Nasâ'î et Ibn Mâjah. At-Tirmidhî ajoute : « Les traditionnistes considèrent qu'il est recommandé d'observer le jeûne de 'Arafa, sauf à 'Arafât. » Umm Al-Fadl rapporte : « Comme les Compagnons ne savaient pas si le Prophète (ﷺ) jeûnait le jour de 'Arafa, je lui envoyai du lait qu'il but en prononçant son discours sur le Mont 'Arafa. » Cette tradition est rapportée par Al-Bukhârî et Muslim.

3- Le jeûne du mois de Muharram, et en particulier du dixième jour de ce mois, appelé *'Âshûrâ'*, ainsi que celui qui le précède et le jour qui suit. Abû Hurayra rapporte qu'on demanda au Prophète (ﷺ) quelle était la meilleure prière outre celles qui sont prescrites. Celui-ci répondit : « Celle accomplie pendant le dernier tiers de la nuit ». Puis, on lui demanda quel était le meilleur jeûne après celui de Ramadan, et il répondit : « Celui du mois sacré que vous dénommez Al-Muharram. » Ce *hadîth* est rapporté par Ahmad, Muslim et Abû Dâwûd. Mu'âwiya Ibn Abî Sufyân rapporte avoir entendu le Prophète (ﷺ) dire : « Ceci est le jour de 'Âshûrâ' ; il ne vous a pas été prescrit de jeûner durant ce jour, et pourtant moi, je le jeûne ; qui donc veut le faire, le fasse ; et qui ne le veut pas, ne le fasse pas. » Ce *hadîth* est rapporté par Al-Bukhârî et Muslim. 'Â'isha (رضي الله عنها) a dit : « A l'époque antéislamique, Les gens de Quraysh jeûnait le jour de 'Âshûrâ', et avec eux, le Prophète (ﷺ). Lorsqu'il arriva à Médine, il jeûna pendant ce jour et ordonna aux gens de le jeûner ; mais dès que Ramadan fut prescrit, le Prophète laissa libre choix aux musulmans de jeûner ce jour ou de ne pas le jeûner. » Ce *hadîth* est rapporté par Al-Bukhârî et Muslim. Ibn 'Abbâs rapporte que le Prophète (ﷺ) arriva à Médine et remarqua que les juifs jeûnaient le jour de 'Âshûrâ', alors il s'en enquit et ceux-ci lui répondirent : « C'est un jour béni au cours duquel Dieu sauva Moïse et les fils d'Israël de leur ennemi, raison pour laquelle Moïse le jeûna.» Et le Prophète de s'exclamer :

« Je suis plus en droit de Moïse que vous ». Depuis lors, il prit l'habitude de jeûner ce jour et ordonna aux musulmans de le jeûner. » Cette tradition est rapportée par Al-Bukhârî et Muslim. Abû Mûsâ Al-Ash'arî (ﷺ) a dit : « Les juifs vénéraient le jour de 'Âshûrâ' et en faisaient un jour de fête, alors le Prophète (ﷺ) nous ordonna : « A vous de jeûner ce jour.» Ce *hadîth* est cité par Al-Bukhârî et Muslim. Ibn 'Abbâs (ﷺ) a dit : « Lorsque le Prophète (ﷺ) jeûna le jour de 'Âshûrâ' et ordonna aux musulmans de le jeûner, les Compagnons dirent : « Ô Envoyé de Dieu, c'est un jour que les juifs et les chrétiens vénèrent… ». Le Prophète leur répondit : « L'année prochaine – s'il plait à Dieu – nous jeûnerons le neuvième jour (en plus du dixième). » Le rapporteur ajoute : « Mais le Prophète (ﷺ) décéda entre temps ». Ce *hadîth* est rapporté par Muslim et Abû Dâwûd. Dans une autre version, le Prophète (ﷺ) a dit : « S'il m'est donné d'être encore en vie l'année prochaine, je jeûnerai le neuvième jour du mois (en plus du dixième, qui est celui de 'Âshûrâ', pour se distinguer des juifs et des chrétiens). » Ce *hadîth* est rapporté par Ahmad et Muslim. Par ailleurs, les savants estiment que le jeûne de 'Âshûrâ' est de trois sortes : le jeûne du neuvième, dixième et onzième jour de Muharram ; le jeûne du neuvième et dixième jour de ce mois ; le jeûne du dixième jour de ce mois.

Dépenser généreusement en faveur des siens le jour de 'Âshûrâ'

Jâbir Ibn 'Abd Allâh (ﷺ) rapporte que le Prophète (ﷺ) a dit : « A quiconque se montre généreux envers soi-même et envers les siens le jour de 'Âshûrâ', Dieu prodiguera Ses largesses l'année durant.» Ce *hadîth* est rapporté par Al-Bayhaqî dans « *Ash-Shu'ab* » et Ibn 'Abd Al-Barr. Il existe d'autres variantes de ce *hadîth*, mais toutes sont faibles. Toutefois, en les conjuguant les unes aux autres, ces différentes versions deviennent plus consistantes, comme l'explique As-Sakhâwî.

4- Le jeûne de la majeure partie du mois de Sha'bân : L'Envoyé de Dieu (ﷺ) avait l'habitude de jeûner la majeure partie de Sha'bân. A ce sujet, 'Â'isha (ﷺ) a dit : « Je n'ai jamais vu le Prophète (ﷺ) observer le jeûne pendant un mois complet hormis celui de Ramadan, et je ne l'ai jamais vu jeûner autant durant un mois que durant celui de Sha'bân. » Ce *hadîth* est rapporté par Al-Bukhârî et Muslim. Par ailleurs, Usâma Ibn Zayd (ﷺ) a dit : « Je demandai au Prophète (ﷺ) : « Ô Envoyé de Dieu, je ne t'ai jamais vu jeûner autant que tu ne le fais durant le mois de Sha'bân ! » Il me répondit : « C'est un mois que les gens négligent, car étant placé entre Rajab et Ramadan. Or c'est un mois pendant lequel les actions sont élevées jusque devant le Maître de l'Univers, et j'aime que mes actions soient élevées au moment où je jeûne. » Ce *hadîth* est rapporté par Abû Dâwûd et An-Nasâ'î ; il est authentifié par Ibn Khuzayma. Quant à considérer le jeûne de la première partie de ce mois comme ayant plus de mérite que d'autres jours de l'année, voilà qui n'est étayé par aucun texte authentique.

5- Le jeûne des mois sacrés : Les mois sacrés sont : Dhû Al-Qa'da, Dhû Al-Hijja, Muharram, et Rajab. Il est louable de jeûner régulièrement durant ces mois. Un homme de la tribu de Bâhila vint trouver le Prophète (ﷺ) et lui demanda : « Ô Envoyé de Dieu, c'est moi qui suis venu te voir l'année dernière. – Que t'est-il donc arrivé, répondit le Prophète, tu avais si bonne mine ! – Depuis que je t'ai quitté, reprit l'homme, je n'ai goûté de nourriture qu'une fois la nuit tombée. – Pourquoi te torturer ainsi ? s'exclama le Prophète (ﷺ), observe donc le jeûne pendant le mois de l'endurance (le mois de Ramadan, s'entend), puis jeûne un jour par mois. – Ordonne-moi plus que cela, car je me sens capable de jeûner davantage. – Alors jeûne deux jours par mois. – Ordonne-m'en davantage ! – Alors observe le jeûne durant les mois sacrés, puis romps-le ! Observe le jeûne durant les mois sacrés, puis romps-le ! Observe le jeûne durant les mois sacrés, puis romps-le ! Et le Prophète de plier les trois doigts de la main et de les étendre, lui signifiant par-là de jeûner trois jours et de rompre trois jours, et ainsi de suite. » Ce *hadîth* est rapporté par Ahmad, Abû Dâwûd, Ibn Mâjah et Al-Bayhaqî ; il est assorti d'une chaîne de transmission jugée bonne. En outre, le jeûne de Rajab n'a pas plus de mérite que celui des autres mois, si ce n'est qu'il compte parmi les mois sacrés. Dans la tradition, on ne relève nul mérite qui soit plausible en sa faveur. Ibn Hajar a dit : « Rien ne nous est parvenu qui soit une preuve tangible de ses mérites ou exhortant à le jeûner ou à en jeûner spécifiquement une partie ou à en réserver une quelconque nuit à l'adoration. »

6- Le jeûne du lundi et du jeudi : Abû Hurayra rapporte que le Prophète (ﷺ) jeûnait le plus souvent le lundi et le jeudi. Lorsqu'on s'en enquit auprès de lui, il répondit : « Les actions (des humains) sont exposées (devant Dieu) chaque lundi et jeudi, et Dieu pardonne à tout musulman ou à tout croyant, hormis ceux qui ont rompu leur relation. Concernant ceux-là, Dieu dit : « Remets-les à plus tard. » Cette tradition est rapportée par Ahmad ; elle est assortie d'une chaîne de transmission jugée bonne. Dans son « *Sahîh* », Muslim rapporte que le Prophète (ﷺ), interrogé sur le jeûne du lundi, répondit : « C'est le jour où je suis né et où j'ai reçu la Révélation. »

7- Le jeûne de trois jours chaque mois : Abû Dharr Al-Ghifârî (ﷺ) rapporte : « Le Prophète (ﷺ) nous ordonna de jeûner trois jours par mois : les nuits de pleine lune (le treizième, le quatorzième et le quinzième jour du mois lunaire). » Puis il ajouta : « Leur jeûne équivaut au jeûne permanent ». Ce *hadîth* est rapporté par An-Nasâ'î et authentifié par Ibn Hibbân. De même, on rapporte que durant un mois, le Prophète (ﷺ) jeûnait les samedis, les dimanches et les lundis, et un autre mois, il jeûnait les mardis, les mercredis et les jeudis ; il jeûnait aussi les trois jours de pleine lune, le premier jeudi du mois et les deux lundis suivants.

8- Observer le jeûne un jour et le rompre le jour suivant : Abû Salama Ibn 'Abd Ar-Rahmân rapporte d'après 'Abd Allâh Ibn 'Umar que le Prophète (ﷺ) dit à ce dernier : « Il m'a été dit que tu priais la nuit en guise d'adoration et que tu jeûnais le jour ! – C'est vrai, ô Envoyé de Dieu ! lui répondis-je. – Observe le jeûne, reprit-il, puis romps-le ; accomplis la prière, puis couche-toi, car tu es redevable envers ton corps, ton épouse et ton hôte, de leur droit. D'ailleurs, il t'est amplement suffisant de jeûner trois jours chaque mois. » Ibn 'Umar ajouta : « J'insistai pour qu'il m'en ordonnât davantage et augmentât le nombre de jours. – Je me sens assez fort, lui dis-je. » Il me répondit : « Jeûne donc trois jours par semaine. » J'insistai encore, lui répétant que je me sentais assez fort pour en accomplir davantage, alors il augmenta le nombre des jours et me dit : « Jeûne comme le faisait le prophète David, sans excès. » Je lui demandai : « Ô Envoyé de Dieu ! quel était le jeûne du prophète David (عليه السلام) ? – Il observait le jeûne un jour et il le rompait le suivant ». Ce *hadîth* est rapporté par Ahmad et d'autres traditionnistes. On rapporte de même que 'Abd Allâh Ibn 'Amr déclara : « Le Prophète (ﷺ) a dit : « Le jeûne que Dieu agrée le plus est le jeûne de David ; et la prière qui Lui agrée le plus est la prière de David : Il réservait la moitié de la nuit au sommeil, le tiers à la prière d'adoration et le sixième restant au sommeil, et il observait le jeûne un jour et le rompait le jour suivant. »

Il est permis à celui qui jeûne de façon volontaire de rompre son jeûne

- Umm Hâni' (رضي الله عنها) rapporte que le Prophète (ﷺ) entra chez elle le jour de la conquête de La Mecque. « On lui apporta un breuvage, relatet-elle. Il en but, puis me tendit le récipient. Je l'informai que j'étais en état de jeûne. Alors il me dit : « Celui qui observe un jeûne volontaire est maître de soi-même. Tu es libre de continuer à jeûner ou de rompre ton jeûne » Ce *hadîth* est rapporté par Ahmad, Ad-Dâraqutnî et Al-Bayhaqî. Al-Hâkim l'a également rapporté et a jugé sa chaîne de transmission bonne. Dans la variante qu'il rapporte, il est dit : « Celui qui observe un jeûne volontaire est maître de soi ; il peut, à son gré continuer son jeûne ou le rompre. »

- Abû Juhayfa a dit : « Le Prophète (ﷺ) avait établi des liens de fraternité entre Salmân et Abû Ad-Dardâ'. Salmân rendit visite à Abû Ad-Dardâ' et trouva Umm Ad-Dardâ' (l'épouse d'Abû Ad-Dardâ') inquiète. Il lui demanda quelle en était la raison. Elle lui dit : « Ton frère Abû Ad-Dardâ' s'est détourné de ce bas monde. Abû Ad-Dardâ' vint, prépara de la nourriture et invita Salmân à manger. Celui-ci lui répondit : « Je n'y goûterai que si tu manges avec moi. Alors Abû Ad-Dardâ' mangea. La nuit, Abû Ad-Dardâ' s'en alla prier en guise d'adoration. Salmân lui enjoignit de dormir. Alors il s'en alla dormir. Au dernier tiers de la nuit, Salmân le réveilla et les deux amis accomplirent leur prière, puis il lui dit : « Tu es redevable envers ton Seigneur, envers toi-même et envers les tiens de leur droit ; acquitte-toi donc envers chacun de son droit ! ». Abû Ad-Dardâ' alla s'enquérir de cela auprès du Prophète (ﷺ) qui lui répondit : « Salmân a dit vrai ». Ce *hadîth* est rapporté par Al-Bukhârî et At-Tirmidhî.

- Abû Sa'îd Al-Khudrî (رضي الله عنه) rapporte : « J'avais préparé à manger au Prophète (ﷺ) et celui-ci vint avec certains de ses Compagnons. Lorsque la nourriture fut servie, l'un d'eux dit : « J'observe un jeûne. » Le Prophète (ﷺ) dit : « Votre frère vous a invités et a dépensé pour vous » puis il ajouta : « Romps le jeûne et compense-le un autre jour si tu le désires.»[1] La plupart des doctes estiment que la rupture est permise à qui observe un jeûne volontaire et considèrent louable qu'il compense le jeûne du jour manqué, conformément à ces *hadîth* jugés bons et explicites.

Les bienséances du jeûne

Il est louable que celui qui jeûne observe les bienséances suivantes :

1- Le *suhûr* (repas pris avant le lever de l'aube) : La Communauté

---

1 *Hadîth* rapporté par Al-Bayhaqî ; il est assorti d'une chaîne de transmission jugée bonne, comme le souligne Al-Hâfidh.

est unanime à le considérer louable, sans que son omission implique un quelconque péché. Anas (ﷺ) rapporte à ce propos que le Prophète (ﷺ) a dit : « Prenez le repas du *suhûr*, car le repas du *suhûr* est béni » Ce *hadîth* est rapporté par Al-Bukhârî et Muslim. Al-Miqdâm Ibn Ma'd Yakrib rapporte que le Prophète (ﷺ) a dit : « Attachez-vous au repas du *suhûr*, car il est nourriture bénie. » Ce *hadîth* est rapporté par An-Nasâ'î ; il est assorti d'une chaîne de transmission jugée excellente. La raison pour laquelle la nourriture du *suhûr* est bénie est qu'elle fortifie, stimule et aide à supporter le jeûne.

Comment se fait le repas du *suhûr*

Le *suhûr* consiste à prendre un repas, qu'il soit copieux ou frugal, quand bien même il s'agirait d'une seule gorgée d'eau. Ahmad rapporte qu'Abû Sa'îd Al-Khudrî (ﷺ) a dit : « Le repas du *suhûr* est béni, n'omettez pas de le prendre, ne serait-ce en prenant une gorgée d'eau, car Dieu et Ses Anges prient sur ceux qui prennent le repas du *suhûr.* »

Le moment de prendre le repas du *suhûr*

Le moment de prendre ce repas s'étend de la moitié de la nuit jusqu'à la lueur de l'aube. Mais il est préférable de le retarder peu avant l'aube. A ce propos, Zayd Ibn Thâbit (ﷺ) a dit : « Nous prenions le repas du *suhûr* avec l'Envoyé de Dieu (ﷺ) puis nous nous levions pour accomplir la prière (de l'aube). » Je demandai à Zayd : « Combien de temps se passait-il entre ces deux événements ? – Le temps, répondit-il, de réciter cinquante versets. » Ce *hadîth* est rapporté par Al-Bukhârî et Muslim. Par ailleurs, 'Amr Ibn Maymûn a dit : « Les Compagnons de Muhammad étaient les plus prompts à rompre le jeûne et les plus tardifs à prendre le repas du *suhûr.* » Ce *hadîth* est rapporté par Al-Bayhaqî ; il est assorti d'une chaîne de transmission jugée bonne. Abû Dharr Al-Ghifârî rapporte le *hadîth* suivant en tant qu'il remonte jusqu'au Prophète (ﷺ) : « Les membres de ma Communauté demeureront dans le bien tant qu'ils se hâteront de rompre le jeûne et seront appliqués à retarder le repas du *suhûr.* »[1]

Le doute concernant l'apparition de l'aube

Si le jeûneur doute de l'apparition de la lueur de l'aube, il lui est

1 Dans la chaîne de transmission de ce *hadîth*, figure un certain Sulaymân Ibn Abî 'Uthmân, qui est inconnu.

permis de continuer à manger et à boire jusqu'à ce qu'il se soit assuré de son apparition, car Dieu tout puissant a décrété qu'il fallait s'abstenir de boire et de manger à compter du moment où l'on s'est assuré de l'apparition de l'aube et non au moment où l'on doute de son apparition. C'est ainsi qu'Il a dit : {*Mangez et buvez jusqu'à ce que se distingue pour vous le fil blanc du fil noir*} (S. 2, V. 187).[1] A ce propos, un homme dit à Ibn 'Abbâs : « Il m'arrive, en prenant mon repas du *suhûr* de douter et aussitôt de m'abstenir» alors Ibn 'Abbâs lui répondit : « Continue à manger tant que tu doutes, jusqu'à ce que ton doute soit dissipé. » Abû Dâwûd rapporte qu'Abû 'Abd Allâh (entendre Ahmad Ibn Hanbal) a dit : « Si le jeûneur doute de l'apparition de l'aube, qu'il continue à manger jusqu'à ce qu'il se soit assuré de son apparition.» C'est la position d'Ibn 'Abbâs, de 'Atâ', d'Al-Awzâ'î et d'Ahmad. An-Nawawî ajoute : « Les adeptes d'Ash-Shâfi'î sont unanimes à déclarer qu'il est permis à celui qui doute de l'apparition de l'aube, de continuer à manger. »

2- Hâter la rupture du jeûne : Il est louable pour le jeûneur de hâter la rupture du jeûne aussitôt le soleil couché. Sahl Ibn Sa'd rapporte à ce propos que le Prophète (ﷺ) a dit : « Les gens demeureront dans le bien tant qu'ils hâteront la rupture du jeûne. » Ce *hadîth* est rapporté par Al-Bukhârî et Muslim. Quant à la rupture du jeûne, il est préférable qu'elle se fasse avec des dattes prises en nombre impair, ou, si l'on ne peut s'en procurer, avec quelques gorgées d'eau. A ce propos, Anas (رضي الله عنه) rapporte que le Prophète (ﷺ) rompait le jeûne en prenant des dattes fraîches avant de procéder à la prière du coucher du soleil, sinon des dattes sèches, faute de quoi il buvait quelques gorgées d'eau. Ce *hadîth* est rapporté par Abû Dâwûd et Al-Hâkim qui l'a authentifié, et par At-Tirmidhî, qui l'a déclaré bon (*hasan*). Par ailleurs, Sulaymân Ibn 'Âmir rapporte que le Prophète (ﷺ) a dit : « Que celui parmi vous qui observe le jeûne le rompe avec des dattes ; s'il n'en trouve pas, qu'il le rompe avec de l'eau, car l'eau est une boisson purifiante. » Ce *hadîth* est rapporté par Ahmad et At-Tirmidhî, lequel le considère *hasan sahîh*. Le *hadîth* signifie qu'il est préférable de rompre le jeûne avant de procéder à la prière du coucher du soleil, puis de manger à satiété après la prière, à moins que la nourriture soit prête, auquel cas il est préférable de manger avant la prière. Anas rapporte que le Prophète (ﷺ) a dit : « Si le dîner est servi, prenez-le

---

1 ﴿وَكُلُوا۟ وَٱشْرَبُوا۟ حَتَّىٰ يَتَبَيَّنَ لَكُمُ ٱلْخَيْطُ ٱلْأَبْيَضُ مِنَ ٱلْخَيْطِ ٱلْأَسْوَدِ مِنَ ٱلْفَجْرِ﴾

avant la prière du coucher du soleil, et ne retardez pas votre dîner. » Cette tradition est rapportée par Al-Bukhârî et Muslim.

3- Les invocations à formuler au moment de la rupture du jeûne et pendant le jeûne : Ibn Mâjah rapporte, d'après 'Abd Allâh Ibn 'Amr Ibn Al-'Âs, que le Prophète (ﷺ) a dit : « Au moment de rompre le jeûne, le jeûneur est gratifié d'une invocation qui ne saurait être refusée. » Aussi 'Abd Allâh avait-il l'habitude de dire avant la rupture du jeûne : « Seigneur ! je Te prie, au nom de Ta Miséricorde qui emplit toute chose, de me pardonner. » De sources sûres, on rapporte que le Prophète (ﷺ) disait : « La soif a été étanchée, les veines se sont humectées et la récompense a été accordée, s'il plait à Dieu le Très Haut. » Dans un *hadîth* relâché, on rapporte que le Prophète (ﷺ) disait : « Seigneur, pour Toi j'ai jeûné, et par ta subsistance j'ai rompu le jeûne. » Par ailleurs, At-Tirmidhî rapporte ce *hadîth*, lequel est assorti d'une chaîne de transmission jugée bonne, dans lequel le Prophète (ﷺ) dit : « Trois personnes ne sauraient voir leur invocation refusée : le jeûneur jusqu'à ce qu'il rompe son jeûne, l'Imâm équitable et l'homme victime d'une injustice »

4- S'abstenir de tout ce qui est contraire à la morale du jeûne : Le jeûne est un des meilleurs actes d'adoration qui rapprochent de Dieu. Le Très Haut l'a prescrit pour éduquer les âmes et les habituer au bien. Aussi, convient-il au jeûneur de se préserver des actes qui sont susceptibles de remettre en cause son jeûne, afin que son jeûne lui profite et qu'il accède à la piété tel que Dieu le mentionne dans Son propos : {*Ô vous qui croyez, le jeûne vous a été prescrit comme il a été prescrit à ceux qui vous ont précédés, ainsi atteindriez-vous la piété*} (S. 2, V. 185).[1] En effet, le jeûne ne se réduit pas à l'abstinence du boire et du manger, mais il comprend également le fait de se conformer à toutes les prescriptions divines. A ce propos, Abû Hurayra rapporte que le Prophète (ﷺ) a dit : « Le jeûne ne consiste pas à s'abstenir du boire et du manger, mais il consiste à s'abstenir des propos futiles et obscènes ; s'il advient que quelqu'un t'injurie ou se montre impudent à ton égard, dis-lui : J'observe un jeûne ! J'observe un jeûne ! » Cette tradition est rapportée par Ibn Khuzayma, Ibn Hibbân et Al-Hâkim ; elle est considérée comme bonne par Muslim. Al-Bukhârî, Abû Dâwûd, At-Tirmidhî, An-Nasâ'î, Ibn Mâjah et Ahmad rapportent, citant Abû Hurayra, que le Prophète (ﷺ) a dit : « S'abstenir du boire et du manger n'a nul valeur auprès de Dieu si le jeûneur ne s'abstient pas de prêter des faux ser-

---

1 ﴿يَـٰٓأَيُّهَا ٱلَّذِينَ ءَامَنُواْ كُتِبَ عَلَيۡكُمُ ٱلصِّيَامُ كَمَا كُتِبَ عَلَى ٱلَّذِينَ مِن قَبۡلِكُمۡ لَعَلَّكُمۡ تَتَّقُونَ﴾

ments. » Abû Hurayra rapporte de même que le Prophète (ﷺ) a dit : « Tel jeûneur ne récolte de son jeûne que la faim ; et tel autre qui passe sa nuit à prier ne recueille de ses prières que la veille. » Ce *hadîth* est rapporté par An-Nasâ'î, Ibn Mâjah et Al-Hâkim, lequel le déclare authentique selon les conditions posées par Al-Bukhârî.

5- L'utilisation du *siwâk* : Il est louable pour le jeûneur de se curer les dents pendant le jeûne, que ce soit en début ou en fin de journée. At-Tirmidhî rapporte : « Ash-Shâfi'î ne voyait aucun inconvénient à se curer les dents en début ou en fin de journée. » D'ailleurs, le Prophète (ﷺ) avait l'habitude de se curer les dents pendant qu'il jeûnait. Cette question a déjà été explicitée plus haut.

6- Dépenser généreusement et étudier le Coran : Faire montre de générosité et s'adonner à l'étude du Coran sont des actes louables en toute occurrence. Toutefois, ils le sont davantage pendant le mois de Ramadan. Al-Bukhârî rapporte d'après Ibn 'Abbâs que le Prophète (ﷺ) était le plus généreux d'entre les gens et sa générosité augmentait au mois de Ramadan, lorsque Gabriel le rencontrait. De fait, il le rencontrait chaque nuit pendant le mois de Ramadan et étudiait avec lui le Coran. Le Prophète (ﷺ) s'en trouvait plus prompt à la générosité (que le vent qui amène la pluie). »

7- S'appliquer à l'adoration pendant les dix derniers jours de Ramadan : Al-Bukhârî et Muslim rapportent d'après 'Â'isha (رضي الله عنها) que lors des dix derniers jours de Ramadan, le Prophète (ﷺ) passait la nuit en adoration, réveillait les siens et « serrait son pagne » (c'est-à-dire qu'il s'abstenait de toute relation sexuelle). Dans une version, Muslim rapporte : « Il s'appliquait (à l'adoration) les dix derniers jours plus qu'il ne le faisait à n'importe quel autre moment. » At-Tirmidhî rapporte, citant 'Alî (رضي الله عنه), que le Prophète (ﷺ) avait l'habitude de réveiller les siens pendant les dix derniers jours de Ramadan et « serrait son pagne ». At-Tirmidhî déclare ce *hadîth* authentique.

Les actes permis en état de jeûne

1- Verser de l'eau sur soi ou s'immerger. Abû Bakr Ibn 'Abd Ar-Rahmân rapporte qu'un Compagnon du Prophète (ﷺ) lui dit : « J'ai vu le Prophète (ﷺ) verser de l'eau sur sa tête pendant qu'il jeûnait tellement il était accablé par la soif – ou la chaleur. » Ce *hadîth* est rapporté par Ahmad, Mâlik et Abû Dâwûd ; il est assorti d'une chaîne de transmission jugée bonne. Dans les deux « *Sahîh* », on rapporte d'après 'Â'isha (رضي الله عنها)

que le Prophète (ﷺ) « se réveillait parfois à l'aube en observant le jeûne alors qu'il était en état d'impureté majeure (pour cause de relation sexuelle). Puis Il procédait à la grande ablution. » Ceci étant, si par mégarde le jeûneur avale de l'eau, son jeûne demeure valide.

2- Appliquer du khôl, mettre du collyre ou toute autre substance au niveau des yeux, que l'on en ressente le goût au niveau du gosier ou non, car l'organe de la vue n'est pas une issue directe vers l'estomac. On rapporte que Anas mettait du khôl pendant qu'il jeûnait. C'est aussi la position des shâfi'ites et celle de 'Atâ', Al-Hasan, An-Nakha'î, Al-Awzâ'î, Abû Hanîfa, et Abû Thawr, ainsi que le rapporte Al-Mundhirî. On rapporte le même avis d'après Ibn 'Umar, Anas, Ibn Abî Awfâ parmi les Compagnons. Dâwûd (le dhâhirite) adoptait également cette position. « Toutefois, nulle tradition jugée authentique d'après le Prophète (ﷺ), ne nous est parvenue à ce propos », rapporte At-Tirmidhî.

3- Donner un baiser, pour celui qui est capable de maîtriser ses instincts. De fait, on rapporte de source fiable que 'Â'isha (رضي الله عنها) a dit : « Le Prophète (ﷺ) embrassait et abordait ses femmes pendant qu'il jeûnait, mais il maîtrisait son désir charnel mieux que quiconque. » 'Umar (رضي الله عنه) a dit : « Un jour que j'avais l'esprit enjôleur, j'embrassai (une de mes femmes) pendant mon jeûne. J'allai donc trouver le Prophète (ﷺ) et lui dis : « J'ai commis aujourd'hui un grave péché : j'ai embrassé ma femme pendant mon jeûne. » Il me répondit : « Vois-tu, si tu te rinçais la bouche en état de jeûne, (y aurait-il un mal à cela ?) » Je lui répondis que non. « Alors pourquoi t'en faire ? » conclut le Prophète. Ibn Al-Mundhir a dit : « Ont déclaré permis le baiser (en état de jeûne), 'Umar, Ibn 'Abbâs, Abû Hurayra, 'Â'isha, 'Atâ', Ash-Sha'bî, Al-Hasan, Ahmad et Ishâq. Les hanafites et les shâfi'ites considèrent blâmable le baiser en état de jeûne pour celui qui craint que son appétit sexuel soit aiguisé ; quant à celui qui ne le craint pas, cela n'est pas blâmable, le mieux étant toutefois de s'en abstenir. D'autre part, il n'y a nulle différence en cela entre le jeune homme et le vieil homme, seules l'excitation du désir et la crainte d'éjaculer comptent. C'est pourquoi il est préférable d'y renoncer, que ce soit un baiser donné sur la joue, sur les lèvres ou ailleurs. Les caresses avec la main et les étreintes ont le même statut que le baiser.

4- Les injections sous toutes leurs formes, qu'elles servent à nourrir ou répondent à une autre raison, qu'elles soient intraveineuses ou intramusculaires, car bien qu'elles atteignent le système digestif, elles n'y parviennent pas par les voies habituelles.

5- Les saignées. On rapporte que le Prophète (ﷺ) pratiquait la saignée pendant qu'il jeûnait. Mais lorsque la saignée affaiblit le jeûneur, elle est blâmable. A ce propos, Thâbit Al-Bunânî dit à Anas : « Blâmiez-vous le jeûneur à qui on pratique une saignée, du temps du Prophète (ﷺ) ? – Non, répondit-il, sauf quand elle affaiblit. » Ce *hadîth* est rapporté par Al-Bukhârî et autres traditionnistes. Notons par ailleurs que la phlébotomie a le même statut que la saignée.

6- Les gargarismes et l'inspiration de l'eau par le nez, mais il est blâmable d'exagérer. Laqît Ibn Subra rapporte que le Prophète (ﷺ) a dit : « Lorsque tu procèdes au rinçage du nez, aspire de l'eau profondément, à moins que tu ne sois en état de jeûne. » Ce *hadîth* est rapporté par Abû Dâwûd, At-Tirmidhî, An-Nasâ'î, Ibn Mâjah et Ahmad ; At-Tirmidhî le juge *hasan sahîh*. Les doctes réprouvent l'injection de médicaments par le nez pendant le jeûne et estiment que cela fait rompre le jeûne. D'ailleurs, le *hadîth* cité ci-dessus corrobore leur point de vue. Ibn Qudâma a dit : « Si, en aspirant de l'eau pour le rinçage de la bouche ou du nez lors de l'ablution, le jeûneur constate que de l'eau s'est infiltrée dans sa gorge à son insu et sans avoir exagéré intentionnellement l'aspiration, il ne s'ensuit aucun mal. C'est là la position d'Al-Awzâ'î, d'Ishâq, et d'Ash-Shâfi'î dans l'un de ses deux avis. De même, cela a été rapporté d'après Ibn 'Abbâs. Mâlik et Abû Hanîfa soutiennent qu'en tel cas, le jeûne est rompu car le jeûneur a fait parvenir de l'eau dans son estomac en sachant qu'il était en état de jeûne ; il a donc rompu le jeûne au même titre que s'il l'avait fait intentionnellement. » Cependant, Ibn Qudâma, faisant prévaloir la première position, souligne que l'eau s'étant infiltrée dans la gorge du jeûneur sans qu'il le veuille et sans qu'il ait exagéré en aspirant, son cas est similaire à celui où un insecte, par exemple, se serait envolé et aurait pénétré dans sa gorge. Où l'on voit que son cas est différent de celui qui rompt le jeûne intentionnellement.

7- Avaler sa salive, des particules de poussière, de la farine lors du criblage, des glaires et autres substances du genre. Ibn 'Abbâs ajoute qu'il n'y a pas de mal à goûter la saveur de la nourriture lors de la cuisson, ou d'autres matières avec l'intention d'en acheter. Pour sa part, Al-Hasan mâchait les noix pour son petit-fils, pendant qu'il jeûnait, et Ibrâhîm n'y voyait pas d'inconvénient. Par ailleurs, il est blâmable de mastiquer de la gomme lorsqu'il ne s'en détache pas des particules. Telle est la position d'Ash-Sha'bî, d'An-Nakha'î, des hanafites, des shâfi'ites et des hanbalites. Cependant 'Â'isha (رضي الله عنها) et 'Atâ' ont considéré qu'il est permis de la mastiquer, car la gomme ne s'introduit pas dans l'estomac et ressemble à un caillou que l'on ferait tourner dans la bouche. Toutefois si des particules se désintègrent de la gomme et parviennent dans l'estomac, le jeûne est rompu. D'autre part, Ibn Taymiyya a dit : « Il n'y a pas de mal à ce que le jeûneur respire des bonnes odeurs. Quant au khôl, aux injections, aux gouttes appliquées dans l'œil ou dans le nez, à la médication des blessures de la tête et ailleurs, ce sont des cas sujets à controverse entre les doctes. De fait, certains parmi eux estiment qu'aucune de ces pratiques ne fait rompre le jeûne ; d'autres considèrent qu'elles le font toutes rompre à part le khôl ; d'autres encore soutiennent qu'elles font toutes rompre le jeûne à part les gouttes, alors que d'autres avancent que toutes ces pratiques, hormis le khôl et les gouttes, font rompre le jeûne. » Ibn Taymiyya ajoute, faisant prévaloir la première position : « Il semble qu'aucune de ces pratiques n'entraîne la rupture du jeûne, car le jeûne est une des prescriptions de l'Islam dont tout un chacun doit connaître les règles. Si les faits que nous avons cités avaient été illicites et avaient altéré le jeûne, le Prophète (ﷺ) n'aurait pas manqué de l'expliciter, et s'il l'avait fait, les Compagnons l'auraient su et transmis à la Communauté tel qu'ils ont transmis les autres prescriptions. Aussi, dès lors que personne parmi les doctes n'a rapporté d'après le Prophète (ﷺ) le moindre *hadîth* concernant ces faits, bon, faible, appuyé ou relâché soit-il, on considère que le Prophète n'en a interdit aucune. Si les prescriptions qui touchent la majorité des gens doivent être explicitées par le Prophète (ﷺ), la Communauté est tenue de transmettre ces prescriptions aux générations suivantes. En effet, le khôl, les produits cosmétiques, la purification, l'encens et les parfums comptent parmi les pratiques les plus répandues. Si elles avaient été de nature à faire rompre le jeûne, le Prophète (ﷺ) l'aurait explicité comme il a procédé pour d'autres actes qui le font rompre. Certes, l'encens, les parfums, les produits cosmétiques sont connus pour leurs effets stimulants et peuvent même procurer une certaine vitalité au corps, mais le Prophète (ﷺ) n'ayant point recommandé au jeûneur de s'en abstenir, cela signifie que leur utilisation pendant le jeûne est permise. D'ailleurs, du temps du Prophète (ﷺ), il arrivait aux musulmans de se blesser à la tête ou ailleurs (dans les organes intérieurs) pendant le *jihâd* ou en d'autres situations, et ils pratiquaient toutes sortes de médications à l'aide de certains de ces produits. Or, si leur utilisation avait fait rompre le jeûne, le Prophète (ﷺ) le leur aurait fait savoir. » Puis Ibn Taymiyya ajoute : « Qui plus est, le khôl n'est nullement nutritif et nul ne saurait l'introduire dans son estomac ni par le nez ni par la bouche. Il en est de même pour les clystères introduits dans l'organisme, lesquels ne nourrissent pas. Leur effet est donc tel celui d'un purgatif dont on sent l'odeur ou tel celui que la peur produit lorsqu'elle saisit une personne au point de lui faire évacuer ce qu'elle a dans les entrailles. En outre, le médicament qui, lorsqu'on s'en sert pour soigner les blessures internes ou celle subies à la tête, parvient dans l'estomac, n'est nullement semblable à la nourriture. Or, Dieu, Gloire à Lui, a dit : {*Le jeûne vous a été prescrit comme il a été prescrit à ceux qui vous ont précédés*} (S. 2, V. 185).[1] Et le Prophète (ﷺ) a dit : « Le jeûne est une préservation », tout comme il a dit : « Satan circule à travers le corps du fils d'Adam en empruntant les voies de la circulation sanguine ; rendez-lui donc les voies étouffantes par la faim et le jeûne. » De fait, le jeûneur est appelé à s'abstenir de manger et de boire car une telle abstinence implique la piété. C'est de la nourriture que se produit une énorme quantité de sang, substance à travers laquelle Satan circule, et non d'une simple injection ni d'une poussière de khôl ni de gouttelettes ou d'un quelconque médicament utilisé pour soigner une blessure interne ou externe. »

8- Il est permis au jeûneur de boire, de manger et de satisfaire son plaisir charnel jusqu'à la pointe de l'aube. Si, à la pointe de l'aube, il est encore en train de manger, il doit aussitôt cracher la nourriture qui se trouve dans sa bouche, et s'il se trouve en plein acte sexuel, il doit l'arrêter immédiatement. Si par contre il avale sa bouchée ou prolonge l'acte sexuel, son jeûne est rompu. Al-Bukhârî et Muslim rapportent d'après 'Â'isha (رضي الله عنها) 'Â'isha, que le Prophète (ﷺ) a dit : « Bilâl (le muezzin) appelle tôt (à la prière de l'aube) ; continuez à manger et à boire jusqu'à entendre l'appel d'Ibn Umm Maktûm. »

9- Il est permis au jeûneur de se réveiller le matin en état d'impureté majeure (causée par une éventuelle relation sexuelle accomplie la nuit). Nous avons déjà cité le *hadîth* rapporté par 'Â'isha (رضي الله عنها) à ce propos.

10- Dans le cas de la femme en état de menstrues ou de lochies, si l'écoulement s'interrompt la nuit, il lui est permis de reporter la grande ablution au lendemain matin, tout en observant le jeûne. Puis, le matin, elle devra se purifier pour la prière.

Les actes annulant le jeûne

Deux catégories d'actes sont à distinguer : ceux qui annulent le jeûne et impliquent la récupération du nombre des jours manqués en les jeû-

---

1 ﴿يَـٰٓأَيُّهَا ٱلَّذِينَ ءَامَنُواْ كُتِبَ عَلَيۡكُمُ ٱلصِّيَامُ كَمَا كُتِبَ عَلَى ٱلَّذِينَ مِن قَبۡلِكُمۡ﴾

nant plus tard, et ceux qui annulent le jeûne et impliquent, outre la récupération du nombre des jours manqués, l'expiation.

Les actes annulant le jeûne et impliquant récupération sont :

1- Manger ou boire intentionnellement. Si le jeûneur mange ou boit par oubli ou par mégarde ou parce qu'il y a été contraint, il n'est pas tenu de procéder à la récupération ni à l'expiation. A ce propos, Abû Hurayra rapporte que le Prophète (ﷺ) a dit : « Que celui qui, en état de jeûne, mange ou boit par oubli continue à jeûner, car c'est Dieu Qui l'a gratifié du boire et du manger. » Ce *hadîth* est rapporté par Al-Bukhârî, Muslim, Abû Dâwûd, At-Tirmidhî, An-Nasâ'î, Ibn Mâjah et Ahmad. At-Tirmidhî ajoute que c'est là la position de la plupart des jurisconsultes, ainsi que celle adoptée par Sufyân Ath-Thawrî, Ash-Shâfi'î, Ahmad et Ishâq. Par ailleurs, Ad-Dâraqutnî, Al-Bayhaqî et Al-Hâkim rapportent ce *hadîth*, qu'ils considèrent authentique selon les conditions posées par Muslim, d'après Abû Hurayra, où le Prophète (ﷺ) a dit : « Quiconque rompt le jeûne par oubli pendant Ramadan n'est pas tenu de récupérer ni d'expier.» Ibn Hajar souligne que la chaîne de transmission de ce *hadîth* est authentique. D'autre part, Ibn 'Abbâs (رضي الله عنهما), rapporte que le Prophète (ﷺ) a dit : « Dieu a déchargé ma Communauté des fautes qu'elle commet par mégarde, par oubli ou par contrainte. » Ce *hadîth* est rapporté par Ibn Mâjah, At-Tabarânî et Al-Hâkim.

2- Vomir intentionnellement. Si le jeûneur est pris de vomissement, il n'est tenu de procéder ni à réparation ni à expiation. En effet, Abû Hurayra rapporte que le Prophète (ﷺ) a dit : « Celui qui est pris de vomissement n'est pas tenu de récupérer ; par contre, quiconque se fait vomir intentionnellement est tenu de jeûner le nombre de jours manqués. » Ce *hadîth* est rapporté et authentifié par Ahmad, Abû Dâwûd, At-Tirmidhî, Ibn Mâjah, Ibn Hibbân, Ad-Dâraqutnî et Al-Hâkim. En outre, Al-Khattâbî dit ne pas avoir entendu parler d'un quelconque désaccord entre les doctes à ce sujet.

3- Les menstrues et les lochies, même un instant avant le coucher du soleil. C'est la position unanime des doctes.

4- L'émission volontaire de sperme, que ce soit en embrassant sa femme, en la serrant contre soi ou suite à des attouchements. Tout cela fait rompre le jeûne et nécessite la récupération du jour manqué. Si par contre l'émission de sperme est due à un simple regard, le jeûne reste valide et n'implique aucune récupération. De même que l'émission de *madhy* (liquide prostatique émis par la verge pendant les caresses amoureuses ou à leur souvenir…) n'a nullement d'effet sur la validité du jeûne, quelle que soit la quantité émise.

5- Absorber par les voies digestives habituelles une substance non nutritive, telle une quantité de sel. La majorité des doctes soutient que cela fait rompre le jeûne.

6- Concevoir l'intention de rompre le jeûne au cours de son observation. Cela annule le jeûne, quand bien même il n'y aurait pas absorption de nourriture, car l'intention est un des piliers du jeûne qui, lorsqu'elle est annulée intentionnellement, entraîne la rupture du jeûne.

7- Manger, boire ou accomplir un acte sexuel en croyant que le soleil s'est couché ou que l'aube n'a pas encore point, puis s'apercevoir du contraire. Ceci implique la récupération du jour manqué. Telle est la position de l'ensemble des doctes parmi lesquels les quatre imâms, Abû Hanîfa, Mâlik, Ash-Shâfi'î et Ahmad. Quant à Ishâq, Dâwûd, Ibn Hazm, 'Atâ', 'Urwa, Al-Hasan Al-Basrî et Mujâhid, ils estiment pour leur part que le jeûne est valide en tel cas et qu'il n'est pas nécessaire de procéder à la récupération du jour manqué. Ils invoquent en cela le verset : {*Nul grief ne vous sera tenu de vos erreurs non intentionnelles mais des fautes que vous commettez délibérément*} (S. 33, V. 5)[1], et le *hadîth* déjà cité : « Dieu a déchargé ma Communauté des erreurs qu'elle commet par mégarde… » 'Abd Ar-Razzâq rapporte, citant Ma'mar, d'après Al-A'mash, que Zayd Ibn Wahb a dit : « Du temps de 'Umar Ibn Al-Khattâb, les gens rompirent un jour le jeûne et je vis d'énormes récipients que l'on faisait sortir de chez Hafsa et dont les gens burent. Peu après, le ciel se dégagea et le soleil réapparut. Alors, les gens en furent accablés et décidèrent de réparer le jeûne de ce jour-là plus tard. 'Umar intervint alors et dit : « Pourquoi donc le jeûner ? Par Dieu, je jure que nous n'avons pas opté pour le péché. » Par ailleurs, Al-Bukhârî rapporte que Asmâ' Bint Abî Bakr (رضي الله عنها) a dit : « Du temps du Prophète (ﷺ), nous rompîmes le jeûne un jour de Ramadan alors que le ciel était couvert de nuages. Peu après, le soleil réapparut. » Ibn Taymiyya commente : « Cela signifie deux choses : premièrement, qu'il n'est pas louable, lorsque le ciel est couvert de nuages, de retarder la rupture du jeûne jusqu'à ce que l'on se soit assuré du coucher du soleil, car les Compagnons n'ont pas procédé ainsi ; de même que le Prophète ne leur recommanda pas de retarder la

---

1 ﴿وَلَيْسَ عَلَيْكُمْ جُنَاحٌ فِيمَآ أَخْطَأْتُم بِهِۦ وَلَٰكِن مَّا تَعَمَّدَتْ قُلُوبُكُمْ﴾

rupture du jeûne. D'autant plus que les Compagnons étaient bien plus au fait de la religion et obtempéraient bien mieux aux ordres de Dieu et de Son Prophète que tous ceux qui sont venus après eux, le Prophète ayant été parmi eux. Deuxièmement, que la récupération du jeûne du jour en question n'est pas obligatoire, car si le Prophète la leur avait recommandée, une telle recommandation aurait été diffusée parmi les gens comme le fut la question de la rupture du jeûne ce jour-là. »

Les actes qui annulent le jeûne et impliquent récupération et expiation

Quant aux actes qui annulent le jeûne et impliquent récupération et expiation, la majorité des doctes les limitent exclusivement à l'acte sexuel. A ce propos, Abû Hurayra rapporte : « Un homme vint trouver le Prophète (ﷺ) et lui dit : « Je suis perdu, ô Envoyé de Dieu ! – Quel péché as-tu donc commis ? demanda le Prophète. – J'ai eu, répondit l'homme, une relation sexuelle avec mon épouse pendant le jeûne de Ramadan. – As-tu de quoi affranchir un esclave ? reprit le Prophète. – Non, répondit l'homme. – Alors, as-tu de quoi nourrir soixante pauvres ? – Non, dit l'homme. » Le Prophète s'assit, quand on lui apporta une once de dattes. Le Prophète (ﷺ) la lui donna et lui dit : « Offre-la en aumône ». L'homme lui dit : « Y a-t-il plus pauvre que nous ? Je jure qu'il n'y a pas, dans tout Médine, de foyer plus nécessiteux que le mien !» Le Prophète (ﷺ) se mit à alors rire au point de laisser apparaître ses molaires, puis il lui dit : « Vas et nourris-en les tiens ». Ce *hadîth* est rapporté par Al-Bukhârî, Muslim, Abû Dâwûd, At-Tirmidhî, An-Nasâ'î, Ibn Mâjah et Ahmad. La majorité des jurisconsultes considère que l'homme et la femme sont passibles de l'expiation du moment qu'ils ont procédé délibérément à l'acte sexuel pendant le jeûne de Ramadan. Si la relation sexuelle a eu lieu par oubli ou par contrainte et sous la menace, aucun d'eux n'est tenu de procéder à l'expiation. Si la femme y a été contrainte par le mari, ou qu'elle est en rupture de jeûne pour une excuse valable, l'homme seul est obligé de procéder à l'expiation. Ash-Shâfi'î soutient que dans tous ces cas, la femme est exempte de l'expiation, mais qu'elle est tenue de récupérer plus tard le jeûne du jour manqué. An-Nawawî (d'obédience shâfi'ite) a dit : « La doctrine la plus plausible, c'est que seul l'homme est tenu de procéder à l'expiation pour lui-même alors que sa femme en est exempte ; en effet, il s'agit là d'une obligation financière qui a trait à l'acte sexuel, or seul l'homme est concerné par cela. Ce cas est similaire à celui de la dot que l'homme verse et non la femme. » Abû Dâwûd a dit : « On interrogea Ahmad au sujet de celui qui a commerce avec son épouse un jour de Ramadan : son épouse est-elle tenue de procéder à l'expiation ou non ? » Celui-ci répondit qu'on n'avait jamais entendu que la femme était passible d'expiation en pareil cas. Dans « *Al-Mughnî* », (Ibn Qudâma, d'obédience hanbalite,) commente : « Cela s'explique du fait que le Prophète (ﷺ) ordonna à l'homme qui avait eu commerce avec sa femme un jour de Ramadan et non à cette dernière d'affranchir un esclave, et ce bien qu'il sache qu'elle avait participé à l'acte. »

Selon la majorité des doctes, l'expiation doit être effectuée suivant l'ordre des actes mentionnés dans le *hadîth,* à savoir, en premier lieu affranchir un esclave, ou, à défaut, jeûner deux mois consécutifs, ou, à défaut, nourrir soixante pauvres en offrant à chacun d'eux un repas tel qu'il le prend lui-même habituellement en famille. La majorité des doctes estime également qu'il n'est pas permis de déroger à l'ordre des types d'expiations cités, sauf en cas d'incapacité. Toutefois, les mâlikites – tout comme le confirme un avis d'Ahmad – estiment que le jeûneur a le choix entre les trois types d'expiations, et ce, conformément à une tradition, rapportée par Mâlik et Ibn Jurayj d'après Humayd Ibn 'Abd Ar-Rahmân, d'après Abû Hurayra, relatant qu'un homme rompit le jeûne pendant le Ramadan. Le Prophète (ﷺ) lui ordonna de procéder à l'expiation en affranchissant un esclave ou en jeûnant deux mois consécutifs ou en nourrissant soixante pauvres. Ce propos est rapporté par Muslim. Il serait donc possible de choisir entre ces différentes options, à l'instar de l'expiation du serment. Ash-Shawkânî a dit à ce propos : « Les traditions rapportées à ce sujet mentionnent le respect de l'ordre comme elles mentionnent la liberté de choix, toutefois, les traditions mentionnant le respect de l'ordre sont plus nombreuses. » Al-Muhallab et Al-Qurtubî, considèrent pour leur part que les deux solutions sont identiques du moment que l'événement objet de la tradition est multiple. Mais Al-Hâfidh y voit une interprétation douteuse, car l'histoire relatée est unique. Certains savants considèrent à leur tour l'ordre comme étant prioritaire et la liberté de choix comme étant permise ; alors que d'autres optent pour une position contraire. »

Celui qui accomplit un acte sexuel un jour de Ramadan sans procéder à l'expiation, puis récidive un autre jour, est tenu, selon les hanafites et selon un avis d'Ahmad, d'effectuer une seule expiation pour les deux actes, car, estiment-ils, il s'agit d'un même forfait dont la cause s'est répétée avant expiration du délai, raison pour laquelle les deux actes fusionnent. Pour leur part, Mâlik, Ash-Shâfi'î et Ahmad, dans un autre avis, soutiennent qu'il est passible de deux expiations indépendantes, car chaque jour de jeûne est un acte d'adoration indépendant. Ils s'accordent donc à dire qu'en tel cas, le jeûneur est tenu de procéder à deux expiations différentes. Ils s'accordent de même à soutenir que celui qui accomplit deux actes le même jour sans expier est passible d'une seule expiation. Telle est la position de la majorité des doctes. Toutefois, pour Ahmad, s'il expie le premier forfait et qu'il récidive le même jour, il est passible d'une deuxième expiation.

L'ajournement des jours de jeûne manqués pendant Ramadan

Il n'est pas obligatoire de jeûner les jours manqués pendant Ramadan immédiatement après expiration de ce mois. Il en est de même pour l'expiation. On rapporte de source authentique que Â'isha jeûnait ses jours manqués de Ramadan pendant le mois de Sha'bân suivant, c'est-à-dire qu'elle n'accomplissait pas les jours de jeûne manqués dès qu'elle en avait la capacité. Par ailleurs, le jeûne manqué est à l'image du jeûne de Ramadan, jour pour jour. Toutefois dans le jeûne manqué, il n'est pas obligatoire de jeûner successivement et sans interruption. Dieu Tout Puissant a dit : {*Quiconque parmi vous aura été empêché de jeûner car malade ou en voyage, devra jeûner, plus tard, un nombre égal de jours de jeûne non observé*} (S. 2, V. 185)[1], c'est-à-dire qu'il doit jeûner, de suite, ou séparément, autant de jours manqués. Ad-Dâraqutnî rapporte d'après Ibn 'Umar, que le Prophète (ﷺ) a dit concernant le jeûne des jours de Ramadan manqués : « A lui de les jeûner de suite ou séparément ». Si le mois de Ramadan suivant arrive avant qu'il ait accompli les jours de jeûne manqués de l'année passée, il procédera d'abord au jeûne de Ramadan en cours et reportera à plus tard les jeûnes manqués, sans pour autant devoir expier, que le retard soit dû à une raison valable ou non. Telle est la doctrine des hanafites et d'Al-Hasan Al-Basrî. La position de Mâlik, Ash-Shâfi'î, Ahmad et Ishâq concorde avec celle des hanafites concernant la décharge de l'expiation lorsque le retard est motivé par une raison valable. Mais leurs positions divergent dans le cas contraire, les quatre derniers soutenant qu'il doit aussi verser en compensation pour chaque jour manqué un *mudd* de nourriture à offrir aux pauvres. Cependant, aucune preuve ne vient étayer leur position. Aussi, la position des hanafites est plus plausible, car nul précepte ne saurait être appliqué sans texte authentique à l'appui.

---

1 ﴿وَمَن كَانَ مَرِيضًا أَوْ عَلَىٰ سَفَرٍ فَعِدَّةٌ مِّنْ أَيَّامٍ أُخَرَ﴾

De celui qui meurt en ayant des jours de jeûne à sa charge

Les doctes sont unanimes à considérer que le tuteur de celui qui meurt sans s'être acquitté de prières manquées ne saurait les accomplir pour lui. Il en est de même de celui qui se trouve dans un état d'incapacité qui l'empêche de s'acquitter d'un jeûne ajourné : personne ne saurait, de son vivant, le jeûner pour lui. S'il meurt avant de l'avoir accompli alors qu'il en était capable, les avis des doctes divergent à son sujet : la majorité d'entre eux, dont Abû Ḥanîfa, Mâlik, et Ash-Shâfi'î estiment que son tuteur ne saurait jeûner pour lui mais offrira en son nom un *muid* de nourriture pour chaque jour manqué. Toutefois, chez les shâfi'ites, il est préférable que son tuteur jeûne pour lui, considérant qu'ainsi, il s'en trouvera acquitté et son cas ne nécessitera plus de compenser en nourrissant des pauvres. Par tuteur, on désigne un proche parent, quel que soit son degré de parenté. Si un étranger à la famille jeûne pour lui, son jeûne est valide, à condition que le tuteur y consente. Pour étayer leur position, ils allèguent comme preuve le *ḥadîth* rapporté par Aḥmad, Al-Bukhârî et Muslim d'après 'Â'isha (رضي الله عنها), relatant que le Prophète (ﷺ) a dit : « Si quelqu'un meurt en ayant à charge un jeûne ajourné, son tuteur peut jeûner pour lui ». Dans une variante, Al-Bazzâr ajoute : « s'il le veut ». Aḥmad, Abû Dâwûd, At-Tirmidhî, An-Nasâ'î et Ibn Mâjah rapportent d'après Ibn 'Abbâs (رضي الله عنهما) qu'un homme vint trouver le Prophète (ﷺ) et lui dit : « Ô Envoyé de Dieu, ma mère est morte en ayant à dette le jeûne d'un mois ; puis-je l'accomplir pour elle ? – Si ta mère avait contracté une dette d'argent, lui répondit le Prophète, aurais-tu remboursé cette dette ? » – Certes, répondit l'homme. « Eh bien ! la dette qu'elle a envers Dieu est plus digne d'être remboursée », conclut le Prophète. An-Nawawî ajoute : « Tel est le propos authentique que nous adoptons et que les doctes parmi les jurisconsultes ont validé. »

De l'estimation de la durée du jeûne dans les contrées géographiques aux journées très longues et aux nuits très courtes

Les jurisconsultes divergent au sujet des contrées aux journées très longues, aux nuits très courtes et inversement. Certains pensent qu'il faut estimer la durée des jours de jeûne en fonction de celle en vigueur dans les contrées à durée moyenne qui ont connu l'application de la législation islamique, telles La Mecque et Médine ; d'autres soutiennent qu'il faut estimer cette durée en fonction de la contrée à durée moyenne la plus proche.

La Nuit du destin

C'est la meilleure nuit de toute l'année, comme l'indique le verset : {*Nous l'avons certes révélé (le Coran) pendant la nuit de la Destinée. Et quelle merveilleuse nuit que la nuit de la Destinée ! La nuit de la Destinée vaut bien mieux que mille mois réunis*} (S. 97, V. 1-3).[1] C'est-à-dire que la valeur des actes d'adoration qui sont accomplis au cours de cette nuit telles les prières, la récitation du Coran et les invocations, surpasse celle des actes accomplis en mille autres mois en dehors de cette nuit.

De ce qu'il est louable de chercher à la découvrir

Il est louable de la quêter dans les nuits impaires des dix derniers jours du mois de Ramadan, le Prophète (ﷺ) s'étant appliqué à la découvrir durant ces jours. De fait, lors des dix dernières nuits de Ramadan, il passait la nuit à prier et à adorer Dieu, réveillait les siens pour qu'ils prient avec lui et s'abstenait de tout rapport sexuel.

De quelle nuit s'agit-il ?

Les points de vue des savants divergent à ce sujet. Certains pensent que c'est la nuit du vingt et un du mois de Ramadan ; d'autres soutiennent que c'est celle du vingt-trois ; pour d'autres encore celle du vingt-cinq ; alors que d'autres estiment que c'est celle du vingt-neuf. Certains avancent que d'année en année, elle coïncide avec l'une des dix dernières nuits impaires du mois. Mais la plupart d'entre eux estiment que c'est la nuit du vingt-sept. Ahmad rapporte, à l'aide d'une chaîne de transmission authentique, d'après Ibn 'Umar (رضي الله عنهما), que le Prophète (ﷺ) a dit : « Que celui qui cherche à la découvrir la quête durant la nuit du vingt-sept ». Par ailleurs, Muslim, Ahmad, Abû Dâwûd et At-Tirmidhî, lequel l'a authentifié, rapportent ce *hadîth* : « Ubayy Ibn Ka'b a dit : « Par Dieu, c'est une nuit de Ramadan. Par Dieu, je sais de quelle nuit il s'agit : c'est la nuit que le Prophète (ﷺ) nous avait recommandé de veiller en prière et en adoration, à savoir la nuit du vingt-sept de Ramadan. On la reconnaît à son lever de soleil blanchâtre et sans rayonnement. »

La prière et l'invocation pendant cette nuit

Al-Bukhârî et Muslim rapportent d'après Abû Hurayra que le Pro-

---

1 ﴿إِنَّآ أَنزَلْنَٰهُ فِى لَيْلَةِ ٱلْقَدْرِ وَمَآ أَدْرَىٰكَ مَا لَيْلَةُ ٱلْقَدْرِ لَيْلَةُ ٱلْقَدْرِ خَيْرٌ مِّنْ أَلْفِ شَهْرٍ﴾

phète (ﷺ) a dit : « Quiconque passe la Nuit du destin à prier et à adorer Dieu avec foi et comptant sur la récompense divine, sera absout de ses péchés antérieurs. » Ahmad, Ibn Mâjah et At-Tirmidhî – qui l'a authentifié – rapportent le *hadîth* suivant : « 'Â'isha (رضي الله عنها) dit au Prophète (ﷺ) : Ô Envoyé de Dieu, si je découvre quelle est la Nuit du destin, que dois-je dire ? – Dis : Ô Seigneur, Tu es Clément et Tu aimes à pardonner, pardonne-moi ! », lui répondit le Prophète (ﷺ).

LA RETRAITE PIEUSE (*AL-I'TIKÂF*)

Étymologiquement, le mot *i'tikâf* signifie s'attacher à une chose, bonne ou mauvaise, et s'y consacrer totalement. Dieu Tout Puissant a dit : {*Qu'est-ce que ces statues auxquelles vous vouez tant d'attachement ?*} (S. 21, V. 52)[1], c'est-à-dire, « que vous adorez ». Au point de vue de la terminologie islamique, l'*i'tikâf* signifie résider à la mosquée dans l'intention de se rapprocher de Dieu – Gloire à Lui.

Le fondement légal de la retraite pieuse

Les doctes sont unanimes à déclarer que la retraite pieuse est légale. De fait, le Prophète (ﷺ) se consacrait à la retraite pieuse pendant les dix derniers jours de Ramadan de chaque année. L'année où il décéda, il s'y consacra vingt jours d'après une tradition rapportée par Al-Bukhârî, Abû Dâwûd et Ibn Mâjah. De même, ses Compagnons et ses épouses procédèrent à la retraite pieuse avec lui et après lui. Quoique la retraite pieuse soit une pratique qui rapproche de Dieu, aucun *hadîth* authentique n'est rapporté à son sujet. Abû Dâwûd demanda à Ahmad – que Dieu l'ait en Sa sainte Miséricorde : « Sais-tu quelque chose concernant les mérites de la retraite pieuse ? – Rien, répondit-il, sinon des propos faibles. »

Les différents types de retraite pieuse

La retraite pieuse est soit louable soit obligatoire. La retraite louable est celle que le croyant accomplit volontairement dans l'intention de se rapprocher de Dieu, espérant sa récompense et prenant en exemple le Prophète (ﷺ). Ce type de retraite a lieu dans les dix derniers jours de Ramadan. La retraite obligatoire, elle, est celle que le croyant s'impose à lui-même, que ce soit par un vœu sans condition, tel que de dire : « Je m'engage devant Dieu à me consacrer à une retraite pieuse pendant tant de jours », ou par un vœu soumis à condition, tel que de dire : « Si Dieu guérit mon malade, je m'engage à accomplir une retraite pieuse pendant tant de jours ». Dans son « *Sahîh* », Al-Bukhârî rapporte que le

---

1 ﴿مَا هَٰذِهِ ٱلتَّمَاثِيلُ ٱلَّتِيٓ أَنتُمۡ لَهَا عَٰكِفُونَ﴾

Prophète (ﷺ) a dit : « Quiconque formule le vœu d'obéir à Dieu, qu'il Lui obéisse. » Il rapporte de même que 'Umar (رضي الله عنه) dit au Prophète (ﷺ) : « Ô Envoyé de Dieu, j'ai fait vœu de me consacrer à la retraite pieuse, une nuit, dans la mosquée Sacrée ! – Honore ton vœu », lui répondit le Prophète.

Le moment d'accomplir la retraite pieuse

La retraite pieuse obligatoire s'accomplit en fonction des termes du vœu qui a été formulé. La retraite louable n'a pas de temps déterminé. Elle se réalise par un séjour à la mosquée avec l'intention de s'y retirer pieusement pour un temps, aussi long ou court soit-il. Celui qui s'y consacre bénéficie de la récompense divine tant qu'il reste à la mosquée. S'il en sort, puis y revient, il doit reformuler son intention s'il veut continuer à se retirer pieusement pour un temps déterminé. Ya'lâ Ibn Umayya a dit : « Je reste souvent un moment à la mosquée avec l'intention de m'y retirer pieusement ». 'Aṯâ' a dit : « On est en retraite pieuse tant qu'on demeure à la mosquée. Si l'on demeure à la mosquée comptant bénéficier d'une bonne œuvre, c'est une retraite pieuse ; sinon, il n'en est rien. »

Celui qui se consacre à la retraite pieuse a toute liberté de l'interrompre quand il le désire, avant même d'avoir achevé la durée qu'il s'était fixé. A ce propos, 'Â'isha (رضي الله عنها) rapporte que lorsque le Prophète (ﷺ) décidait d'entrer en retraite pieuse, il accomplissait la prière de l'aube, puis gagnait son lieu de retraite. Un jour qu'il s'était décidé à se consacrer à la retraite pieuse pendant les dix derniers jours de Ramadan, il ordonna qu'on lui dressât une tente à l'intérieur de la mosquée. 'Â'isha (رضي الله عنها) ajouta : « Lorsque je m'en aperçus, je fis de même. Puis, les autres épouses du Prophète (ﷺ) en firent autant. Lorsqu'il se fut acquitté de la prière, il regarda les tentes et dit : « Qu'est-ce que c'est ? Est-ce la piété que vous recherchez ? ». Alors il ordonna de défaire sa tente, ses épouses firent de même et il reporta la retraite pieuse aux dix premiers jours de Shawwâl. C'est là une preuve qu'il est possible de rompre la retraite pieuse après l'avoir entamée.

On rapporte dans les traditions prophétiques qu'un homme peut interdire à sa femme d'entrer en retraite pieuse sans sa permission. C'est la position adoptée par la plupart des doctes. Toutefois, ils divergent concernant le cas d'un homme qui a permis à sa femme d'entrer en retraite pieuse : peut-il ensuite l'en faire sortir s'il le désire ? Ash-Shâfi‘î, Aḥmad et Abû Dâwûd estiment qu'il est en droit de lui interdire de continuer sa retraite volontaire.

Les conditions ayant trait à la retraite pieuse

Celui ou celle qui se consacre à la retraite pieuse doit être musulman, jouir de ses facultés mentales, être purifié de toute souillure majeure, des menstrues et des lochies. La retraite pieuse n'est pas agréée d'un impie ni d'un enfant ni d'un insensé ni de celui qui est en état d'impureté majeure ni de la femme en état de menstrues ou de lochies.

Les éléments constitutifs de la retraite pieuse

La retraite pieuse signifie séjourner à la mosquée avec l'intention de se rapprocher de Dieu – Gloire à Lui. Sans ces deux conditions, la retraite n'est pas valable. L'intention y est obligatoire, conformément au propos de Dieu Tout Puissant : {*On ne leur a recommandé que d'adorer Dieu en Lui vouant un culte exclusif*} (S. 98, V. 5)[1], et à la tradition du Prophète (ﷺ) suivante : « Les intentions président aux actes, et à tout un chacun ce dont il a formulé l'intention ». Séjourner à la mosquée est une condition de validité de la retraite pieuse, conformément au verset : {*Ne fréquentez pas vos femmes durant votre retraite pieuse dans les mosquées*} (S. 2, V. 187)[2]. Ce qui signifie que si la retraite pieuse dans un autre lieu que la mosquée avait été valable, le verset n'aurait point spécifié que tout rapport avec son épouse dans la mosquée est interdit.

Les opinions des jurisconsultes concernant le type de mosquée où la retraite pieuse doit être accomplie

Les avis divergent concernant la mosquée où la retraite pieuse est déclarée valable. Abû Ḥanîfa, Aḥmad, Isḥâq et Abû Thawr estiment qu'elle est valable dans toute mosquée où se tiennent les cinq prières en groupe, et ce, conformément au propos rapporté d'après le Prophète (ﷺ) qui dit : « Toute mosquée possédant un muezzin et un imâm peut servir de lieu de retraite pieuse. »[3] Mâlik, Ash-Shâfi‘î et Dâwûd déclarent que la retraite pieuse est valable dans toute mosquée, du

---

1 ﴿وَمَآ أُمِرُوٓاْ إِلَّا لِيَعْبُدُواْ ٱللَّهَ مُخْلِصِينَ لَهُ ٱلدِّينَ﴾

2 ﴿وَلَا تُبَٰشِرُوهُنَّ وَأَنتُمْ عَٰكِفُونَ فِي ٱلْمَسَٰجِدِّ﴾

3 *Ḥadîth* rapporté par Ad-Dâraquṭnî. Mais c'est là un *ḥadîth* relâché et faible ne constituant pas une preuve valide.

moment qu'aucun *hadîth* explicite n'a été rapporté qui distingue une mosquée d'une autre. Les shâfi'ites, quant à eux, estiment qu'il est préférable que la retraite se tienne dans la mosquée où se réunit le plus grand nombre de croyants pour la prière collective du Vendredi, car c'était là que le Prophète (ﷺ) accomplissait sa retraite pieuse. Outre cela, dans une telle mosquée, on est sûr de ne pas rater la prière du Vendredi.

Par ailleurs, celui qui se consacre à la retraite pieuse peut procéder à l'appel à la prière en se rendant dans le minaret si la porte qui y introduit donne sur la mosquée. Il peut aussi monter sur la terrasse, car elle fait partie de la mosquée. Cependant, si la porte du minaret se trouve à l'extérieur de la mosquée, y aller délibérément annule la retraite pieuse. En revanche, selon les hanafites, les shâfi'ites et un avis d'Ahmad, la cour de la mosquée en fait partie. Mais selon Mâlik et un avis d'Ahmad, elle n'en fait pas partie ; et donc celui qui se consacre à la retraite pieuse n'a pas à s'y rendre. Sur un autre plan, la majorité des doctes estime qu'il n'est pas valable que la femme procède à la retraite pieuse chez elle dans le lieu réservé à la prière, car ce lieu n'est pas une mosquée, d'autant plus que le lieu de prière de la maison est un bien qui peut être vendu. De sources authentiques, les épouses du Prophète (ﷺ) procédèrent à la retraite pieuse dans la mosquée du Prophète, à Médine.

Le jeûne pendant la retraite pieuse

Il est louable de jeûner pendant la retraite pieuse, mais la non-observance du jeûne pendant cette période ne constitue nullement un forfait. Al-Bukhârî rapporte d'après Ibn 'Umar (رضي الله عنهما) que 'Umar dit au Prophète (ﷺ) : « Ô Envoyé de Dieu, j'avais fait vœu, à l'époque antéislamique, de me consacrer pendant une nuit à la retraite pieuse dans la Mosquée Sacrée ». Alors le Prophète (ﷺ) lui répondit : « Honore ton vœu. » La recommandation d'honorer un vœu est une preuve que le jeûne n'est pas une condition nécessaire à la validité de la retraite pieuse, car le jeûne ne s'observe pas de nuit. Par ailleurs, Sa'îd Ibn Mansûr rapporte qu'Abû Sahl a dit : « Une femme parmi les miens devait se consacrer à une retraite pieuse, alors je m'en enquis auprès de 'Umar Ibn 'Abd Al-'Azîz qui me dit qu'elle n'avait pas à jeûner, à moins que ce ne soit de sa propre volonté. ». De son côté, Az-Zuhrî a dit : « Il n'y a pas de retraite pieuse sans jeûne. – Le tiens-tu du Prophète (ﷺ) ? », lui demanda 'Umar Ibn 'Abd Al-'Azîz. – Non, répondit Az-Zuhrî. – D'Abû

Bakr alors ? – Non plus. – Alors, de ‘Umar ? ». – Non plus. » Abû Sahl ajoute qu’il croit l’avoir entendu lui demander s’il le tenait de ‘Uthmân et qu’Az-Zuhrî aurait répondu par la négative. Puis Abû Sahl relate : « Alors je sortis de chez lui et rencontrai ‘Atâ’ et Tâwûs et je m’enquis de ce sujet auprès d’eux. Tâwûs répondit qu’un tel estimait qu’elle n’avait pas à jeûner, à moins qu’elle le veuille de son propre gré, et ‘Atâ’ dit de même. » Al-Khattâbî ajoute que les avis divergent à ce sujet. Ainsi, Al-Hasan Al-Basrî a dit : « S’il se consacre à la retraite pieuse sans jeûne, son action est valable » ; c’est aussi la position d’Ash-Shâfi‘î. Par ailleurs, on rapporte que ‘Alî et Ibn Mas‘ûd disaient que celui qui observe une retraite peut, à son gré, jeûner ou rompre le jeûne, alors qu’Al-Awzâ‘î et Mâlik soutiennent qu’il n’y a point de retraite pieuse sans jeûne, et c’est également le point de vue des partisans du *ra’y*, tel qu’on le rapporte d’après Ibn ‘Umar, Ibn ‘Abbâs et ‘Â’isha (رضي الله عنهم). C’est de même le point de vue d’Ibn Al-Musayyab et de ‘Urwa Ibn Az-Zubayr.

Le moment d’entrer en retraite et de l’achever

Il a déjà été signalé que la retraite pieuse recommandée n’a pas de temps déterminé. Dès lors que quelqu’un entre dans la mosquée avec l’intention de s’y retirer pieusement pour se rapprocher de Dieu, il est considéré comme étant en retraite pieuse jusqu’à ce qu’il en sorte. S’il décide d’entrer en retraite durant les dix derniers jours de Ramadan, il doit entrer en retraite avant le coucher du soleil. En effet, Al-Bukhârî rapporte d’après Abû Sa‘îd, que le Prophète (ﷺ) a dit : « Quiconque veut entrer avec moi en retraite, qu’il y procède les dix derniers jours du mois (de Ramadan) » Le numéral cardinal dix réfère bien entendu aux nuits, et la première de ces dix nuits est celle du vingt ou du vingt et un. On rapporte également que lorsque le Prophète (ﷺ) voulait entrer en retraite, il accomplissait la prière de l’aube, puis il entrait dans son lieu de retraite. Ce qui signifie qu’il entrait dans le lieu qu’il aménageait à dessein à l’intérieur de la mosquée. Quant au moment d’entrer à la mosquée, il correspond à la nuit tombante. Celui qui a accompli sa retraite pendant les dix derniers jours de Ramadan en sortira après le coucher du dernier jour du mois. C’est là la position d’Abû Hanîfa et Ash-Shâfi‘î, alors que Mâlik et Ahmad estiment que s’il sort après le coucher du dernier jour, sa retraite est valable, mais il est préférable selon eux qu’il y reste jusqu’à ce qu’il ait accompli la prière de la rupture du jeûne. Al-Athram rapporte, citant Abû Ayyûb d’après Abû Qulâba qu’il passait la nuit de la rupture du jeûne à la mosquée puis se rendait, le matin, à la prière de la fête. Lors de sa retraite, il n’usait ni de tapis ni de carpette de prière, mais se tenait assis à l'instar des autres qui venaient prier. Le rapporteur ajouta : « Le jour de la rupture, j'allai le voir et je trouvai avec lui une jeune enfant parée que je crus l'une de ses filles, alors qu'elle était une de ses esclaves. Il l'affranchit et s'en alla à la prière de la fête. » Ibrâhîm a dit : « Ils agréaient pour celui qui entre en retraite pieuse lors des dix derniers jours de Ramadan qu'il passât la nuit de la rupture du jeûne à la mosquée et qu'il en sortît pour accomplir la prière du *fitr*. »

Par ailleurs, celui qui formule le vœu d'entrer en retraite pour des jours déterminés doit y procéder avant l'apparition de la lueur de l'aube, et sortir de sa retraite après la disparition totale du disque solaire, que ce soit pendant le mois de Ramadan ou en dehors de ce mois. Celui qui formule le vœu de se retirer pieusement pour une ou plusieurs nuits déterminées, devra commencer sa retraite avant la disparition totale du disque solaire et devra en sortir après que la lueur de l'aube soit apparue clairement. Ibn Hazm explique cela par le fait que la nuit commence après le coucher du soleil et s'achève avec l'apparition de la lueur de l'aube, alors que le jour commence avec l'apparition de l'aube et s'achève avec le coucher du soleil. Aussi, à chacun ce dont il a formulé l'intention et à propos de quoi il s'est engagé. Si quelqu'un conçoit le vœu de procéder à la retraite pieuse pendant un mois ou décide de l'accomplir volontairement, il devra l'entamer dès la première nuit du mois avant la disparition totale du disque solaire et en sortir le dernier jour après la disparition totale du disque solaire, que ce soit pendant le mois de Ramadan ou durant un autre mois.

Ce qui est louable et ce qui est blâmable pour celui qui est en retraite pieuse

Il est louable d'accomplir autant d'actes surérogatoires que possible, de passer son temps à prier, à réciter le Coran, à glorifier Dieu et à Le louer, à invoquer Son pardon, à prier sur Son Envoyé (ﷺ) et à accomplir toutes les œuvres qui rapprochent de Dieu. Sont apparentées à ces actes, l'étude du *fiqh* et la lecture des livres explicitant le Coran, traitant de la tradition prophétique, relatant la vie des prophètes et des saints. Il est aussi louable de s'installer dans un lieu de la mosquée caché des regards, comme le faisait le Prophète (ﷺ). En revanche, il est blâmable pour le fidèle de s'occuper de ce qui ne le regarde pas, conformément à ce que rapporte At-Tirmidhî et Ibn Mâjah, d'après Abû Basra, à savoir que le Prophète (ﷺ) a dit : « Parmi les signes qui montrent qu'un individu est un bon musulman, il y a le fait qu'il se détourne de ce qui ne le regarde pas. » Il est également blâmable pour le fidèle de s'abstenir de parler aux gens en croyant que cela le rapproche de Dieu – Gloire à Lui. A ce propos, Al-Bukhârî, Abû Dâwûd et Ibn Mâjah rapportent qu'Ibn 'Abbâs a dit : « Pendant que le Prophète (ﷺ) prononçait un discours, il remarqua qu'un homme se tenait debout. Lorsqu'il s'enquit à son sujet, on lui apprit qu'il s'appelait Abû Isrâ'îl et qu'il avait conçu le vœu de rester debout, de ne pas s'asseoir, de ne point se mettre à l'ombre, de ne prononcer mot et d'observer le jeûne. Alors, le Prophète (ﷺ) ordonna : « Dites-lui de parler, de se mettre à l'ombre, de s'asseoir et de parachever son jeûne. » Par ailleurs, Abû Dâwûd rapporte d'après 'Alî (رضي الله عنه), que le Prophète (ﷺ) a dit : « On n'est plus appelé *yatîm* (orphelin) après la puberté ; garder le mutisme une journée durant est interdit. »

Ce qui est permis pendant la retraite pieuse

- Sortir de son lieu de retraite pour faire ses adieux aux siens. Safiyya a dit : « Le Prophète (ﷺ) était en retraite pieuse, et je vins, de nuit, lui rendre visite. Je m'entretins avec lui, puis je me levai pour m'en retourner. Alors il se leva pour m'accompagner – elle habitait la maison de Usâma Ibn Zayd. A ce moment, deux hommes des Ansâr passèrent par là. En apercevant le Prophète (ﷺ), ils hâtèrent le pas. Alors, le Prophète (ﷺ) leur dit : « Ne vous empressez pas, c'est Safiyya Ibn Huyay. – Transcendance de Dieu, ô Envoyé de Dieu ! », répondirent les deux hommes (insinuant par là qu'ils ne cultivaient aucun soupçon). « Satan a grande emprise sur l'être humain, reprit le Prophète ; j'ai craint qu'il ne vous inspire quelque mauvaise pensée », leur répondit le Prophète (ﷺ). Ce *hadîth* est rapporté par Al-Bukhârî, Muslim et Abû Dâwûd.

- Se peigner ou se couper les cheveux, se rogner les ongles, se laver le corps, porter de beaux vêtements et se parfumer. 'Â'isha (رضي الله عنها) a dit à ce propos : « Il arrivait que le Prophète (ﷺ) se consacrât à la retraite pieuse dans la mosquée. Il me tendait la tête que je lavais – dans une variante, Musaddad rapporte : « que je peignais » – alors que j'étais en période de menstrues. » Ce *hadîth* est rapporté par Al-Bukhârî, Muslim et Abû Dâwûd.

- Sortir pour satisfaire un besoin pressant. 'Â'isha (رضي الله عنها) rapporte : « Il arrivait que le Prophète (ﷺ) se consacrât à la retraite pieuse dans la mosquée ; il me tendait sa tête et je la peignais. Il ne rentrait à la maison que pour satisfaire un besoin pressant. » Ce *hadîth* est rapporté par Al-Bukhârî, Muslim et d'autres traditionnistes. Par ailleurs, Ibn Al-Mundhir a dit : « Les doctes sont unanimes à déclarer que celui qui est en retraite pieuse peut sortir du lieu de sa retraite pour satisfaire ses besoins. Par analogie, il lui est aussi permis de sortir pour se procurer de la nourriture s'il n'y a personne qui puisse lui en apporter. De même qu'il lui est permis de sortir s'il vient à être pris par le vomissement. En somme, il lui est permis de sortir pour tout besoin qu'il ne peut satisfaire dans la mosquée, tel que de sortir pour se purifier de l'impureté majeure, ou laver son vêtement d'une souillure. Sa retraite reste valide tant que sa sortie à l'extérieur de la mosquée n'est pas longue. » Sa'îd Ibn Mansûr rapporte que 'Alî Ibn Abî Tâlib a dit : « L'homme qui entre en retraite pieuse participera à la prière collective du Vendredi, à la prière du mort, rendra visite au malade, rentrera chez les siens pour leur demander, tout en restant debout, ce dont il a besoin. » On rapporte également que 'Alî donna à son neveu sept cents dirhams de sa propre poche pour l'aider à acheter un serviteur, mais son neveu l'informa qu'il était en retraite pieuse. Alors, il lui dit : « Tu peux aller au marché sans nul forfait ». De sa part, Qatâda rapporte qu'il était permis à celui qui est en retraite pieuse de suivre le convoi funèbre et de rendre visite au malade, sans s'asseoir. De même, Ibrâhîm An-Nakha'î rapporte qu'ils (les doctes) agréaient de celui qui désire entrer en retraite pieuse de stipuler les choses suivantes – sachant qu'elles lui sont permises, quand bien même il ne les stipulerait pas : rendre visite au malade sans entrer à l'intérieur d'un logis, sauf par nécessité ; participer à la prière collective du Vendredi et à celle du mort, et partir satisfaire ses besoins pressants. Al-Khattâbî rapporte de son côté qu'un groupe de légistes soutient que le croyant en retraite pieuse peut sortir pour participer à la prière collective du Vendredi, rendre visite à un malade et accompagner un convoi funèbre. Ce propos est rapporté d'après 'Alî (رضي الله عنه) ; c'est aussi la position de Sa'îd Ibn Jubayr, d'Al-Hasan Al-Basrî et d'An-Nakha'î. Abû Dâwûd rapporte d'après 'Â'isha (رضي الله عنها) que le Prophète (ﷺ) quand il était en retraite pieuse et passait par un chemin où se trouvait un malade, demandait de ses nouvelles sans rentrer chez lui. Où il faut comprendre que le Prophète (ﷺ) ne sortait pas délibérément de son lieu de retraite pour aller rendre visite à un malade. Mais quand il lui arrivait de passer près de chez un malade, il demandait de ses nouvelles auprès des siens, sans rentrer le voir.

- Celui qui est en retraite pieuse peut manger, boire et dormir à la mosquée tout en respectant la propreté des lieux. Il lui est également permis d'y conclure un contrat, tel un contrat de mariage, de vente ou d'achat…

Les actes qui annulent la retraite pieuse

La retraite pieuse est annulée par l'un des actes suivants :

- Sortir délibérément de la mosquée sans nécessité, même durant un instant, car séjourner à la mosquée est un des éléments constitutifs de la retraite pieuse.

- L'apostasie : car elle est contraire à l'adoration, conformément au propos de Dieu – Gloire à Lui : {*si tu donnes un associé à Dieu, toutes tes œuvres seront réduites à néant*} (S. 39, V. 65).[1]

- Perdre la raison pour cause de démence ou d'ivresse.

- Être en période de menstruation ou de lochies pour les femmes.

- Coïter, conformément au propos de Dieu : {*Ne fréquentez pas vos femmes durant votre retraite pieuse dans les mosquées. Telles sont les limites que Dieu vous impose ; ne les transgressez donc pas*} (S. 2, V. 187).[2] Toutefois, il n'y a pas de mal à toucher sa femme sans désir, car on rapporte qu'une des femmes du Prophète (ﷺ) lui peignait les cheveux pendant qu'il était en retraite pieuse. Quant au baiser et aux attouchements sensuels, Abû Hanîfa et Ahmad disent que celui qui s'y adonne aura mal fait, car il aura transgressé un interdit, mais sa retraite restera valide tant qu'il n'émet pas de liquide spermatique. Alors que Mâlik soutient que sa retraite est annulée, parce qu'il aura transgressé un interdit, de la même manière que s'il avait émis du liquide spermatique. Quant à Ash-Shâfi'î, on lui attribue deux avis conformes à ceux qui précèdent. Ibn Rushd a dit : « La cause de leur divergence revient à la polysémie du terme coranique : « fréquenter » dans le verset : {*Ne fréquentez pas vos femmes durant votre retraite pieuse dans les mosquées*}. De fait, ceux qui donnent à ce terme la signification de « rapport sexuel », optent pour l'annulation de la retraite, alors que ceux qui lui attribuent la signification de « toucher » sans aller jusqu'à l'acte, penchent pour la validité de la retraite. »

S'acquitter de la retraite ajournée

Il convient au fidèle qui entame une retraite pieuse volontaire, puis

---

1 ﴿لَئِنْ أَشْرَكْتَ لَيَحْبَطَنَّ عَمَلُكَ وَلَتَكُونَنَّ مِنَ ٱلْخَـٰسِرِينَ﴾

2 ﴿وَلَا تُبَـٰشِرُوهُنَّ وَأَنتُمْ عَـٰكِفُونَ فِى ٱلْمَسَـٰجِدِ ۗ تِلْكَ حُدُودُ ٱللَّهِ فَلَا تَقْرَبُوهَا ۗ﴾

l'interrompt, de l'accomplir plus tard. Certains disent même que cela est obligatoire. At-Tirmidhî ajoute : « Les avis des doctes divergent concernant celui qui entame une retraite pieuse, puis l'interrompt avant d'avoir achevé le nombre de jours qu'il a conçu l'intention de remplir. Mâlik soutient qu'il faut l'accomplir plus tard. Il invoque en cela le fait que le Prophète (ﷺ) sortit de sa retraite pieuse, puis procéda à une retraite pieuse de dix jours durant Shawwâl. Ash-Shâfi'î a dit : « S'il n'a pas à sa charge un vœu ni une retraite qu'il s'est imposée à lui-même, mais qu'il est en retraite volontaire et l'interrompt, il n'a pas à l'accomplir plus tard, à moins qu'il ne le veuille de son propre gré. En effet, le fidèle n'est pas tenu de récupérer un acte qu'il lui est permis de ne pas accomplir outre le petit et le grand pèlerinage. » Quant à celui qui formule le vœu de se consacrer à une retraite pieuse pendant un ou plusieurs jours, qui l'entame, puis l'annule, celui-là doit obligatoirement la récupérer plus tard quand il en sera capable. Telle est la position unanime des imâms. S'il vient à mourir avant de l'avoir accomplie, il n'est pas nécessaire de l'accomplir pour lui. Toutefois, Ahmad estime que son tuteur doit l'accomplir en son nom. 'Abd Ar-Razzâq rapporte d'après 'Abd Al-Karîm Ibn Umayya qu'il entendit 'Abd Allâh Ibn 'Abd Allâh Ibn 'Utba dire : « Notre mère décéda, ayant à sa charge une retraite pieuse, alors je m'en enquis auprès d'Ibn 'Abbâs qui me dit : « Accomplis une retraite pieuse et jeûne pour elle. » Par ailleurs, Sa'îd Ibn Mansûr rapporte que 'Â'isha (رضي الله عنها) accomplit une retraite pieuse pour son frère après la mort de ce dernier.

Cas où celui qui entre en retraite pieuse s'installe en un lieu de la mosquée et y dresse une tente

Ibn Mâjah rapporte d'après Ibn 'Umar (رضي الله عنهما) que le Prophète (ﷺ) entrait en retraite pieuse pendant les dix derniers jours de Ramadan. Nâfi' ajoute qu'Ibn 'Umar lui montra la place où le Prophète (ﷺ) s'y consacrait. On rapporte que lorsque le Prophète (ﷺ) entrait en retraite pieuse, on lui disposait un tapis ou un lit derrière la Colonne du repentir. On rapporte d'après Abû Sa'îd Al-Khudrî que le Prophète (ﷺ) accomplit une retraite pieuse dans une alcôve turque avec une natte suspendue en guise de battant de porte.

Le vœu d'accomplir une retraite pieuse dans une mosquée déterminée

Celui qui conçoit le vœu d'accomplir une retraite pieuse dans la mosquée Sacrée ou dans celle du Prophète ou encore dans celle de Jérusalem, doit honorer son vœu dans le lieu qu'il a déterminé, et ce, conformément au propos du Prophète (ﷺ) : « Ne prenez la peine de vous déplacer en voyage que vers ces trois mosquées : la Mosquée sacrée, celle de Jérusalem et celle que voici (entendre, la mosquée du Prophète à Médine) ». Si le fidèle conçoit le vœu de se consacrer à une retraite pieuse dans une mosquée autre que ces trois-là, il n'est pas tenu de l'accomplir dans la mosquée qu'il a déterminée et peut y procéder dans toute autre mosquée qu'il désire, car Dieu (عز وجل) n'a pas déterminé de lieu spécifique pour Son adoration, outre qu'aucune mosquée n'a plus de mérites qu'une autre, exception faite des trois mosquées citées ci-dessus. En effet, le Prophète (ﷺ) a dit : « Une prière dans ma mosquée est meilleure que mille autres prières accomplies ailleurs, hormis la Mosquée sacrée, une prière dans cette dernière étant meilleure que cent prières accomplies dans la mienne. » Par ailleurs, si quelqu'un conçoit le vœu d'accomplir une retraite pieuse dans la mosquée du Prophète (ﷺ), il lui est permis de l'accomplir à la Mosquée sacrée, car elle la surpasse en mérite.

LES FUNÉRAILLES (*AL-JANÂ'IZ*)

L'éthique de la tradition prophétique concernant la maladie et les pratiques médicales

Plusieurs *hadîth* énoncent explicitement que la maladie expie les mauvaises œuvres et absout les péchés :

-Al-Bukhârî et Muslim rapportent d'après Abû Hurayra que le Prophète (ﷺ) a dit : « Dieu éprouve (par la maladie) celui auquel Il veut du bien. »

- Al-Bukhârî et Muslim rapportent, toujours d'après Abû Hurayra, que le Prophète (ﷺ) a dit : « Tout ce que le musulman endure de fatigue, de maladie, de souci, de peine et de malheur, ne serait-ce être éraflé par une épine, est à son avantage : Dieu expie par-là ses forfaits ».

- Al-Bukhârî rapporte qu'Ibn Mas'ûd a dit : « J'entrai chez le Prophète (ﷺ) alors qu'il souffrait d'une forte fièvre et je lui dis : « Ô Envoyé de Dieu, tu souffres terriblement ! » Il me répondit qu'il endurait une souffrance deux fois plus intense que celle que l'un d'entre nous peut supporter. « C'est parce que ta récompense est double », lui dis-je encore. « De fait, me dit-il, c'est ainsi, de tout musulman qui souffre ne serait-ce que d'une épine, Dieu expie les mauvaises actions, tel un arbre dont les feuilles tombent. »

- On rapporte d'après Abû Hurayra que le Prophète (ﷺ) a dit : « Le croyant est tel une herbe délicate : d'où que le vent arrive, il la renverse, et à peine assure-t-elle son équilibre, qu'elle est de nouveau soumise à l'épreuve ; le libertin quant à lui est tel un cèdre fermement dressé : Dieu le brisera quand Il le voudra. »

Faire preuve d'endurance lors de la maladie

Le malade doit faire preuve d'endurance face aux souffrances et aux douleurs, car l'endurance est une grande vertu.

- Muslim rapporte d'après Suhayb Ibn Sinân que le Prophète (ﷺ) a dit : « Étonnante est la situation du croyant : tout est source de bien pour lui – faveur dont il bénéficie exclusivement. Est-il gratifié d'un bien, il en rend grâce à Dieu et c'est là un bien pour lui ; est-il frappé d'un malheur, il l'endure et c'est là aussi un bien pour lui. »

- Al-Bukhârî rapporte que Anas déclare avoir entendu le Prophète (ﷺ) dire : « Dieu a dit : Si Je mets à l'épreuve Mon serviteur en le privant de ses yeux et qu'il endure, Je le gratifierai, en échange, du Paradis. »

- Al-Bukhârî et Muslim rapportent d'après 'Aṯâ' Ibn Rabâḫ qu'Ibn 'Abbâs a dit : « Veux-tu que je te montre l'une des hôtes du Paradis ? – Certes, répondit-il. – Vois cette femme noire. Elle vint trouver le Prophète (ﷺ) et lui dit : Il m'arrive d'avoir des accès d'épilepsie et de me découvrir, invoque Dieu pour moi ! ». Alors le Prophète (ﷺ) lui répondit : « Si tu veux endurer ton mal, tu bénéficieras (en échange) du Paradis ; sinon, j'invoquerai Dieu pour qu'Il te guérisse. – Alors j'endurerai ! » répondit-elle. Puis elle reprit : « Il m'arrive de me découvrir, invoque donc Dieu pour que cela n'arrive plus !», et il agréa à sa demande.

Les plaintes du malade

Il est permis au malade de se plaindre auprès du médecin ou d'un ami de ses souffrances sans toutefois exprimer son indignation ou son appréhension. Nous avons déjà évoqué le propos du Prophète (ﷺ) lorsqu'il dit : « J'endure une souffrance deux fois plus intense que celle que l'un de vous peut supporter. » 'Â'isha (رضي الله عنها) se plaignit et dit au Prophète (ﷺ) : « Ah, ma tête ! » et lui de répondre : « C'est à moi de dire cela !». 'Abd Allâh Ibn Az-Zubayr demanda pour sa part à Asmâ', qui était souffrante, comment elle se sentait, et elle répondit : « Souffrante ». D'autre part, il est recommandé au malade de rendre grâce à Dieu avant de raconter ce qu'il ressent. Ibn Mas'ûd a dit : « Si une plainte est précédée de la louange de Dieu, elle n'est plus une plainte. » De même que se plaindre à Dieu est légitime. Jacob a dit : {*C'est à Dieu seul que je confie ma tristesse et ma douleur*} (S. 12, V. 86)[1], et le Prophète (ﷺ) a dit : « Seigneur ! C'est à toi que je confie la faiblesse de mes moyens ! »

On porte à l'actif du malade les œuvres qu'il accomplissait étant en bonne santé

Al-Bukhârî rapporte d'après Abû Mûsâ Al-Ash'arî que le Prophète (ﷺ) a dit : « Lorsque le serviteur de Dieu est malade ou part en voyage, on

---

1 ﴿إِنَّمَآ أَشْكُواْ بَثِّي وَحُزْنِيٓ إِلَى ٱللَّهِ﴾

porte à son actif les mêmes œuvres que celles qu'il accomplissait en étant résident et en bonne santé. »

Rendre visite au malade

L'éthique de l'Islam incite à rendre visite aux malades et à s'enquérir de leur santé en vue de les réconforter et de leur prouver nos sentiments de reconnaissance envers eux. Ibn 'Abbâs a dit : « Rendre visite à un malade la première fois est une tradition ; ensuite, c'est un acte volontaire. » Par ailleurs, Al-Bukhârî rapporte d'après Abû Mûsâ Al-Ash'arî que le Prophète (ﷺ) a dit : « Donnez à manger à l'affamé, rendez visite au malade et libérez le détenu ». Al-Bukhârî et Muslim rapportent que le Prophète (ﷺ) a dit : « Le musulman a six obligations à remplir vis-à-vis de son frère musulman ». On s'enquit de ces obligations et le Prophète répondit : « Le saluer lorsque tu le rencontres, satisfaire à sa demande s'il t'invite, lui prodiguer conseil s'il te le demande, invoquer pour lui la Miséricorde divine s'il éternue et adresse la louange à Dieu, lui rendre visite lorsqu'il est malade et suivre son convoi funèbre s'il vient à mourir »

Ses mérites

- Ibn Mâjah rapporte d'après Abû Hurayra que le Prophète (ﷺ) a dit : « Lorsque l'un d'entre vous rend visite à un malade, on proclame au ciel : Heureux sois-tu ! Heureux soit ton déplacement ! A toi une place de choix au Paradis ! »

- Muslim rapporte d'après Abû Hurayra que le Prophète (ﷺ) a dit : « Le Jour de la résurrection, Dieu (عز وجل) dira : Ô fils d'Adam, J'étais souffrant et tu ne M'as pas rendu visite ! – Seigneur, et comment Te rendre visite alors que Tu es le Maître des deux mondes ? – Ne savais-tu pas que Mon serviteur untel était malade ? Pourtant, tu ne lui as pas rendu visite. Ne savais-tu pas que si tu lui avais rendu visite, tu M'aurais trouvé auprès de lui ? Ô fils d'Adam, Je t'ai demandé de la nourriture et tu ne M'en as pas donné. – Seigneur, comment T'offrir à manger alors que Tu es le Maître des deux mondes ? – Ne savais-tu pas que Mon serviteur untel te demandait à manger ? Pourtant, tu ne lui en a pas donné. Ne savais-tu pas que si tu lui avais offert à manger, tu aurais trouvé une telle nourriture auprès de Moi ? Ô fils d'Adam, Je t'ai demandé à boire et tu ne M'en as pas offert ! – Seigneur, et comment T'offrir à boire alors que Tu es le Maître des deux mondes ? – Mon serviteur t'a demandé à boire et tu ne lui en as pas offert. Ne savais-tu pas que si tu lui en avais offert, tu aurais trouvé la même chose auprès de Moi ? »

- Par ailleurs, Thawbân rapporte que le Prophète (ﷺ) a dit : « Le musulman qui rend visite à son frère musulman cueille des fruits du Paradis jusqu'à ce qu'il retourne chez lui. »

- 'Alî (رضي الله عنه) dit avoir entendu le Prophète (ﷺ) tenir le propos suivant : « Lorsqu'un musulman rend visite à un autre musulman le matin, soixante-dix mille anges prient pour lui jusqu'au soir ; et s'il lui rend visite le soir, un nombre équivalent d'anges font de même jusqu'au matin ; des fruits lui sont réservés au Paradis. »[1]

De la bienséance à observer lors de la visite d'un malade

Il est louable que le visiteur souhaite une prompte guérison au malade, l'exhorte à l'endurance et lui prodigue des propos réconfortants et encourageants, car on rapporte que le Prophète (ﷺ) a dit : « Lorsque vous entrez chez un malade, suscitez en lui l'espoir d'une longue vie ; cela ne change rien à son destin, mais c'est un réconfort pour lui. » Lorsqu'il entrait chez un malade pour lui rendre visite, le Prophète (ﷺ) disait : « Il n'y a pas de mal, c'est une purification pour toi, s'il plait à Dieu ». De même, il est louable d'alléger les visites et de les limiter afin de ne pas déranger le malade, à moins que cela lui fasse plaisir.

La visite des femmes aux hommes

Dans son chapitre sur la visite des femmes aux hommes, Al-Bukhârî a dit : « Umm Ad-Dardâ' rendit visite à un homme des Ansâr ; de même, on rapporte que 'Â'isha a dit : « Lorsque le Prophète (ﷺ) arriva à Médine, Abû Bakr et Bilâl tombèrent malades. J'entrai les voir et leur dis : Ô mon père, comment te sens-tu ? Ô Bilâl, comment te sens-tu ? » Puis 'Â'isha (رضي الله عنها) ajouta : « Lorsqu'Abû Bakr était pris de fièvre, il disait :

De tout homme réveillé entre les siens, la mort est plus près que le fil de ses sandales.

Quant à Bilâl, il exprimait sa nostalgie de La Mecque. » Puis 'Â'isha (رضي الله عنها) reprit : « J'allai trouver le Prophète (ﷺ) et l'informai de cela, alors il se mit à invoquer Dieu en ces termes : « Seigneur ! Fais-nous aimer Médine comme nous aimons La Mecque, et même davantage ; Seigneur ! rends-la salubre, bénis ses ressources et éloigne d'elle

---

1 *Hadîth* rapporté par At-Tirmidhî qui le considère bon (*hasan*).

la fièvre jusqu'à al-Juhfa. »

La visite d'un musulman à un impie

Il n'y a pas de mal à ce qu'un musulman rende visite à un impie, comme le soutient Al-Bukhârî dans son chapitre sur la visite rendue à un polythéiste. De même, on rapporte d'après Anas qu'un jeune domestique juif qui était au service du Prophète (ﷺ) tomba malade. Le Prophète (ﷺ) alla lui rendre visite et lui dit : « Convertis-toi à l'Islam », et le domestique juif embrassa l'Islam. Par ailleurs, Sa'îd Ibn Al-Musayyab a dit : « Lorsqu'Abû Tâlib fut à l'agonie, le Prophète (ﷺ) alla lui rendre visite. »

La visite d'un malade atteint d'ophtalmie

Abû Dâwûd rapporte que Zayd Ibn Arqam a dit : « Le Prophète (ﷺ) me rendit visite pour une affection de l'œil ».

Solliciter des invocations de la part du malade

Ibn Mâjah rapporte d'après 'Umar (رضي الله عنه) que le Prophète (ﷺ) a dit : « Lorsque tu visites un malade, demande lui qu'il formule des invocations en ta faveur, car son invocation est comme celle des anges. »[1]

La médication

Plusieurs *hadîth* incitent à la médication.

- Ahmad, Abû Dâwûd, At-Tirmidhî, An-Nasâ'î et Ibn Mâjah rapportent que Usâma Ibn Sharîk a dit : « Je vins trouver le Prophète (ﷺ) et constatai que ses Compagnons étaient immobiles et muets (par respect). Je saluai donc et allai m'asseoir. Des bédouins affluèrent alors de toute part, demandant : « Ô Envoyé de Dieu, pouvons-nous avoir recours aux médicaments pour nous soigner ? – Soignez-vous, leur répondit-il, car il n'est de mal que Dieu ait institué sans qu'Il ait prescrit son remède, hormis la vieillesse. » Ce *hadîth* est authentifié par At-Tirmidhî.

- An-Nasâ'î, Ibn Mâjah et Al-Hâkim rapportent un *hadîth,* citant Ibn Mas'ûd, que le Prophète (ﷺ) a dit : « Dieu n'a décrété nul mal sans

1 Le rapporteur ajoute que la chaîne de transmission de ce *hadîth* est authentique et ses rapporteurs des hommes dignes de foi. Toutefois c'est un *hadîth* interrompu (*munqati'*).

avoir prescrit son remède. Soignez-vous donc ! »[1]

- Muslim rapporte d'après Jâbir que le Prophète (ﷺ) a dit : « A toute maladie son remède ; si le remède est le bon, la maladie sera soignée, grâce à Dieu. »

La médication par des produits illicites

La majorité des doctes soutient qu'il est interdit de se soigner avec des produits illicites, tels l'alcool et autres produits dont la consommation est interdite aux musulmans. Ils allèguent à ce sujet plusieurs *hadîth*, dont les suivants :

- Muslim, Abû Dâwûd et At-Tirmidhî rapportent d'après Wâ'il Ibn Hujr Al-Hadramî que Târiq Ibn Suwayd interrogea la Prophète (ﷺ) à propos de l'alcool fabriqué pour un usage thérapeutique, et il lui répondit : « Cela n'est pas un remède, mais un mal. »

- Al-Bayhaqî rapporte d'après Umm Salama (رضي الله عنها) que le Prophète (ﷺ) a dit : « Dieu n'a point fait dépendre votre guérison de produits dont Il vous a interdit la consommation. »[2]

- Abû Dâwûd rapporte d'après Abû Ad-Dardâ' que le Prophète (ﷺ) a dit : « Dieu a fait descendre parmi vous des maladies et des traitements, et a prescrit pour toute maladie un remède ; soignez-vous donc, mais évitez de recourir à l'usage de produits illicites ». Dans la chaîne de transmission de ce *hadîth*, figure Ismâ'îl Ibn Ayyâsh. Or, il est digne de confiance chez les traditionnistes du Shâm, et considéré comme un rapporteur faible chez les traditionnistes du Hedjaz.

- Ahmad, Muslim, At-Tirmidhî et Ibn Mâjah rapportent qu'Abû Hurayra a dit : « Le Prophète (ﷺ) a déconseillé que l'on recoure au médicament pernicieux, entendre le poison ».

Toutefois, l'usage d'une quantité infime de gouttelettes imperceptibles qui, mélangées avec d'autres composants médicamenteux n'enivrent pas, n'est pas interdit, et ce, de la même manière qu'une petite quantité de soie dans un vêtement n'est pas non plus illicite. Ce propos est mentionné dans « Al-Manâr ».

---

1 Al-Hâkim a authentifié ce *hadîth*.

2 *Hadîth* est cité par Al-Bukhârî d'après Ibn Mas'ûd ; il est authentifié par Ibn Hibbân.

Le médecin impie

Dans son livre intitulé « *Fi Al-Âdâb Ash-Shar'iyya* », Ibn Muflih rapporte : « Le sheikh Taqiy Ad-Dîn (Ibn Taymiyya) a dit : « Si un médecin juif ou chrétien est compétent et digne de confiance, il est permis de recourir à ses services pour soigner un musulman, tout comme il est permis de déposer auprès de lui un bien quelconque et d'établir des relations avec lui. Dieu Tout Puissant a dit : {*Il en est, parmi les Gens des Écritures, à qui tu peux confier un quintal d'or, et qui se ferait un devoir de te le restituer. Cependant, il en est d'autres à qui tu ne confierais même pas un denier, car pour le récupérer, il faudrait les harceler sans répit*} (S. 3, V. 75).[1] Dans la tradition, lorsque le Prophète (ﷺ) immigra, il engagea à son service un polythéiste digne de confiance et lui confia la responsabilité de veiller sur ses biens et sur sa sécurité. De même, les gens de la tribu de Khuzâ'a, musulmans et impies, étaient toujours au service du Prophète (ﷺ). On rapporte que le Prophète (ﷺ) ordonna de recourir aux services du médecin Al-Hârith Ibn Kilda, alors que celui-ci était impie. »

« Cependant, lorsque les services d'un musulman sont suffisants, il faut y recourir au lieu de s'adresser à ceux d'un non musulman. En somme, dans le besoin, il est permis de recourir aux services des « gens du Livre », car de telles relations ne sont pas interdites. De même qu'il est préférable d'être courtois en discutant avec eux, car Dieu Tout Puissant a dit : {*Ne discutez avec les Gens du Livre que de manière courtoise*} (S. 29, V. 46).[2] Dans le *hadîth* sur le pacte d'Al-Hudaybiyya, Abû Al-Khattâb rapporte que le Prophète (ﷺ) envoya un vigile de Khuzâ'a et agréa les informations qu'il lui rapportait. Preuve qu'il faut accréditer le diagnostic et le traitement d'un médecin impie dès lors qu'il est digne de confiance. »

Il est permis qu'un homme soigne une femme

Dans le besoin, il est permis qu'un homme soigne une femme ou qu'une femme soigne un homme. A ce propos, Al-Bukhârî rapporte d'après Ar-Rubayyi' Bint Mu'awwidh Ibn 'Afrâ' : « Il nous arrivait de partir en expédition avec le Prophète (ﷺ). Nous servions à boire aux gens, restions à leur service et ramenions les morts et les blessés à Médine. »

---

1 ﴿وَمِنۡ أَهۡلِ ٱلۡكِتَٰبِ مَنۡ إِن تَأۡمَنۡهُ بِقِنطَارٍ يُؤَدِّهِۦٓ إِلَيۡكَ وَمِنۡهُم مَّنۡ إِن تَأۡمَنۡهُ بِدِينَارٍ لَّا يُؤَدِّهِۦٓ إِلَيۡكَ إِلَّا مَا دُمۡتَ عَلَيۡهِ قَآئِمٗاۗ﴾

2 ﴿وَلَا تُجَٰدِلُوٓاْ أَهۡلَ ٱلۡكِتَٰبِ إِلَّا بِٱلَّتِي هِيَ أَحۡسَنُ﴾

Par ailleurs, dans son livre « *Al-Fath* », Al-Hâfidh a dit : « Il est permis, en cas de nécessité, de se faire soigner par un étranger. Celui-ci pourra observer les parties qu'il est indispensable d'ausculter à la main ou avec un outil. » Dans son ouvrage « *Al-Âdâb Ash-Shar'iyya* », Ibn Muflih a dit : « Si une femme tombe malade et ne trouve à consulter qu'un homme, il est permis à celui-ci d'observer toutes les parties du corps de la malade qu'il est indispensable d'ausculter, y compris les parties génitales. De même qu'il est permis au médecin de procéder ainsi avec un homme malade. » Ibn Hamdân ajoute : « Si un homme malade ne trouve à consulter qu'une femme, celle-ci peut observer toutes les parties du corps du malade qu'il est indispensable d'ausculter, y compris les parties génitales. » De son côté, Al-Qâdî 'Iyâd a dit : « En cas de nécessité, il est permis au médecin d'observer les parties intimes d'une femme, tout comme il est permis à un homme ou à une femme d'observer les parties intimes d'un homme. »

Le recours aux pratiques incantatoires et aux invocations pour se faire soigner

Il est licite de se soigner à l'aide de pratiques incantatoires et d'invocations, si celles-ci consistent à évoquer Dieu dans une expression arabe claire et explicite, car toutes les paroles incompréhensibles risquent de verser dans l'associationnisme (*ash-shirk*). 'Awf Ibn Mâlik a dit : « Avant l'Islam, nous avions l'habitude de recourir aux pratiques incantatoires pour nous soigner. Nous demandâmes au Prophète (ﷺ) ce qu'il en pensait et il nous répondit : « Faites-moi part de vos pratiques. Il n'y a pas de mal à en user à condition qu'elles ne versent pas dans l'associationnisme (*ash-shirk*) ». Ce *hadîth* est rapporté par Muslim et Abû Dâwûd. Par ailleurs, Ar-Rabî' a dit : « J'interrogeai Ash-Shâfi'î à propos des pratiques incantatoires et il me répondit : « Il n'y a aucun mal à se faire soigner en recourant au Livre Saint (le Coran) et à l'invocation de Dieu. » Je lui demandai s'il est permis que les Gens du Livre usent de telles pratiques pour soigner les musulmans, et il répondit : « Oui, à condition qu'ils usent de formules connues dans le Livre Saint (le Coran) et d'invocations adressées à Dieu. »

Certaines invocations en usage à ce propos

- Al-Bukhârî et Muslim rapportent d'après 'Â'isha (رضي الله عنها) que le Prophète (ﷺ) avait l'habitude d'invoquer le secours de Dieu pour certains membres de sa famille en passant sa main sur leur corps et en disant :

« Seigneur des humains, dissipe le mal, fais grâce d'un rétablissement total. Tu es Seul à guérir, il n'est nulle guérison en dehors de la Tienne. »

- Muslim rapporte que 'Uthmân Ibn Abî Al-'Âs se plaignit auprès du Prophète (ﷺ) d'un mal qu'il ressentait, alors il lui dit : « Pose ta main sur la partie douloureuse de ton corps et dis : Au Nom de Dieu, puis répète sept fois : Auprès de la Majesté de Dieu et Sa Puissance, je me réfugie contre ce que je ressens et ce que je crains ». 'Uthmân ajouta : « Je réitérai ces formules plusieurs fois et Dieu dissipa mes douleurs. Depuis, je n'eus de cesse de les conseiller aux miens et aux autres. »

- At-Tirmidhî rapporte d'après Muhammad Ibn Sâlim, que Thâbit Al-Bunânî lui a dit : « Ô Muhammad, quand tu souffres, pose ta main sur l'endroit de ton corps qui te fait souffrir et dis : Au Nom de Dieu. Auprès de la Majesté de Dieu, je me réfugie contre la douleur que je ressens, puis enlève ta main et répète la même chose un nombre de fois impair, car Anas Ibn Mâlik m'a rapporté que le Prophète (ﷺ) lui avait appris à faire comme cela. »

- Ibn 'Abbâs rapporte que le Prophète (ﷺ) a dit : « Si celui qui rend visite à un malade dont le terme n'a pas encore expiré répète auprès de lui sept fois : J'invoque Dieu le Souverain du trône sublime qu'Il te guérisse, Dieu dissipera sa maladie. »[1]

- Al-Bukhârî rapporte qu'Ibn 'Abbâs a dit : « Le Prophète (ﷺ) invoquait la protection de Dieu pour Al-Hasan et Al-Husayn en disant : « J'invoque pour vous la protection de Dieu en vertu des Propos sublimes de Dieu, contre tout démon, toute créature pernicieuse et tout mauvais œil », puis il ajoutait : « Votre père (entendre, Ibrâhîm) usait de cette formule pour protéger Ismâ'îl et Ishâq contre tout mal. »

- Muslim rapporte d'après Sa'd Ibn Abî Waqqâs, que le Prophète (ﷺ) lui rendit visite alors qu'il était malade et dit : « Seigneur ! guéris Sa'd ; Seigneur ! guéris Sa'd ; Seigneur ! guéris Sa'd ».

L'interdiction de porter les amulettes

Le Prophète (ﷺ) a interdit de porter des amulettes.

- 'Uqba Ibn 'Âmir rapporte que le Prophète (ﷺ) a dit : « Que Dieu

1 *Hadîth* rapporté par Abû Dâwûd et At-Tirmidhî, et celui-ci le considère bon ; quant à Al-Hâkim, il dit qu'il est authentique selon les règles posées par Al-Bukhârî.

refuse à celui qui porte une amulette ou une coquille ce qu'il en attend ». Ce *hadîth* est rapporté par Ahmad et Al-Hâkim qui considère sa chaîne de transmission authentique. Les Arabes faisaient porter à leurs enfants des amulettes pour conjurer le mauvais œil et l'Islam a aboli cette pratique.

- Ibn Mas'ûd (ﷺ) rapporte qu'il entra un jour chez lui et trouva que sa femme portait quelque chose autour du cou. Il l'arracha, puis il dit : « La famille de 'Abd Allâh n'a plus besoin d'associer à Dieu ce qu'Il n'a point décrété », puis il ajouta : « J'ai entendu l'Envoyé de Dieu (ﷺ) affirmer : « Les incantations (*al-ruqâ*), les amulettes et les *tawla* sont des pratiques qui relèvent de l'associationnisme. » On l'interrogea : « Nous savons ce que sont les incantations et les amulettes, mais que sont les *tawla* ? – Quelque chose que les femmes confectionnent pour gagner l'amour de leurs époux. »[1]

- 'Imrân Ibn Husayn rapporte que le Prophète (ﷺ) aperçut au bras d'un homme un anneau – il me semble qu'il a dit : en cuivre –, alors il lui dit : « Malheur à toi, qu'est-ce que c'est ? – C'est pour conjurer la douleur que j'ai au bras », répondit l'homme. « Sache qu'elle ne fait qu'ajouter à ta douleur, reprit le Prophète. Débarrasse t'en, si tu venais à mourir en la portant, tu ne connaîtrais jamais le bonheur. » Ce *hadîth* est rapporté par Ahmad. Le Prophète considéra donc l'anneau porté au bras comme une amulette et le réprouva.

- Abû Dâwûd rapporte que 'Îsâ Ibn Hamza entra chez 'Abd Allâh Ibn Hakîm et le trouva tout rouge, alors il lui dit : « Pourquoi ne portes-tu pas une amulette ? – Auprès de Dieu nous nous réfugions contre de telles pratiques, répondit-il. Le Prophète (ﷺ) a dit : « Celui qui porte quelque chose (espérant qu'elle le guérisse) sera confié à cette chose. »

Est-il permis de porter sur soi des invocations attestées par le Coran et la Sunna ?

'Amr Ibn Shu'ayb rapporte d'après son père qui citait son grand-père 'Abd Allâh Ibn 'Amr Ibn Al-'Âs, que le Prophète (ﷺ) a dit : « Que celui d'entre vous qui se réveille d'un cauchemar dise : Je me réfugie auprès des propos sublimes de Dieu contre Son courroux, Son châtiment et contre le mal de Ses créatures et les influences de Satan. Ainsi, il en sera protégé. » 'Abd Allâh Ibn 'Umar apprenait ces invocations à cha-

1 Propos rapporté par Al-Hâkim et Ibn Hibbân qui l'ont authentifié.

cun de ses enfants ayant atteint l'âge de raison. Pour ceux qui étaient encore petits, il écrivait ces invocations et les leur accrochait au cou. Ce propos est rapporté par Abû Dâwûd, An-Nasâ'î et At-Tirmidhî. Ce *hadîth* est dit bon et rare ; Al-Hâkim dit que sa chaîne de transmission est bonne. C'est la position de 'Â'isha (رضي الله عنها), de Mâlik, de la majorité des shâfi'ites et un des deux avis d'Ahmad. En revanche, Ibn 'Abbâs, Ibn Mas'ûd, Hudhayfa, les hanafites, certains docteurs shâfi'ites et Ahmad selon le deuxième avis qu'on lui attribue, estiment qu'il n'est pas permis de porter de telles choses, compte tenu de l'interdiction d'ordre général mentionnée dans les *hadîth* cités ci-dessus.

L'interdiction au malade (atteint d'une maladie contagieuse) de cohabiter avec des gens sains

Il est permis d'interdire à celui qui est atteint d'une maladie contagieuse de cohabiter avec ceux qui sont sains, car le Prophète (ﷺ) a dit : « Que celui qui est malade ne se mette pas en contact avec celui qui est sain ». Il a ainsi ordonné à celui qui a des chameaux malades de ne pas mêler son troupeau à un autre dont les bêtes sont saines, et ce bien qu'il ait dit : « Nulle contagion et nul mauvais augure ». On rapporte que lorsqu'un lépreux vint lui prêter allégeance, le Prophète (ﷺ) lui envoya dire que son allégeance était acceptée, mais ne lui permit pas d'entrer à Médine.

L'interdiction de sortir d'une contrée frappée par une épidémie ou d'en sortir

Le Prophète (ﷺ) a interdit d'entrer dans une contrée frappée par une épidémie ou d'en sortir, pour éviter d'exposer davantage de gens au fléau, et pour limiter l'expansion du mal. C'est ce que l'on appelle : « la mise en quarantaine ». At-Tirmidhî rapporte – qualifiant ce *hadîth* de *hasan sahîh* – d'après Usâma Ibn Zayd, que le Prophète (ﷺ), ayant soulevé un jour la question de l'épidémie, a dit : « C'est ce qui subsiste d'un châtiment dont fut frappée une secte des Banû Isrâ'îl. Si elle frappe une contrée où vous vous trouvez, n'en sortez pas, et si elle en frappe une où vous n'êtes pas, évitez d'y aller ». Par ailleurs, Al-Bukhârî rapporte d'après Ibn 'Abbâs que 'Umar Ibn Al-Khattâb sortit pour la Syrie. Arrivé à Sirgh, les commandants des différentes armées, parmi lesquels Abû 'Ubayda Ibn Al-Jarrâh et ses compagnons, le rencontrèrent et l'informèrent qu'une épidémie frappait la Syrie. Ibn 'Abbâs rapporte : « 'Umar dit : Appelle-moi les premiers *Muhâjirûn* (ceux qui les premiers avaient émigré avec le Prophète), puis il les consulta. Mais leurs avis divergèrent. Certains dirent : « Nous sommes sortis pour une affaire qui ne saurait être reportée. » D'autres affirmèrent : « Il serait insensé d'exposer les gens et les Compagnons à un tel fléau ». 'Umar leur demanda de sortir, puis il me dit d'appeler les Ansâr (les Auxiliaires). Je les appelai et ils furent unanimes à lui déclarer : « Nous te conseillons de t'en retourner et de ne pas exposer les gens à ce fléau. » Alors, 'Umar fit proclamer parmi les rangs : « Demain je m'en retournerai, faites de même ». Abû 'Ubayda Ibn Al-Jarrâh s'exclama alors : « Fuir l'arrêt de Dieu ? – Si seulement quelqu'un d'autre que toi avait tenu ces propos, ô Abû 'Ubayda ! Oui, fuir l'arrêt de Dieu, pour l'arrêt de Dieu ! Vois-tu, si tu conduis un troupeau de chameaux dans une vallée à deux versants, l'un fertile et l'autre aride, n'est-ce pas selon l'arrêt de Dieu que tu le fais paître sur l'un ou l'autre versant ? ». 'Abd Ar-Rahmân Ibn 'Awf, qui était absent, arriva à cet instant et dit : « J'ai une réponse à ce sujet. J'ai entendu le Prophète (ﷺ) dire : « Si vous entendez que l'épidémie a frappé une contrée, n'y allez pas et si elle atteint une contrée où vous êtes, n'en sortez pas pour la fuir ». 'Umar rendit alors grâce à Dieu, puis il s'en alla.

Il est conseillé de se rappeler la mort et de s'y préparer en accomplissant des œuvres pies

Le Législateur (Dieu, s'entend) a vivement conseillé de se rappeler la mort et de s'y préparer en accomplissant des œuvres pies, et a considéré une telle conduite comme étant un signe de bien. A ce propos, Ibn 'Umar (رضي الله عنهما) a dit : J'allai voir le Prophète (ﷺ) et trouvai avec lui une dizaine de Compagnons. Alors un homme des Ansâr se leva et dit : « Ô Envoyé de Dieu, qui, parmi les gens, est le plus sagace et le plus à poigne ? – Les plus prompt à se rappeler la mort et à s'y préparer, ceux-là ont gagné la dignité ici-bas et l'honneur dans l'au-delà. » Ibn 'Umar rapporte également que le Prophète (ﷺ) a dit : « Rappelez-vous souvent le dévastateur des plaisirs (entendre, la mort) ». Les deux *hadîth* sont rapportés par At-Tabarânî ; ils sont assortis d'une bonne chaîne de transmission. Par ailleurs, Ibn Mas'ûd (رضي الله عنه) rapporte qu'à propos du verset : {*Dieu ouvre à l'Islam le cœur de celui qu'Il veut guider (*sur la bonne voie*)*}, le Prophète (ﷺ) a dit : « Lorsque le cœur de l'homme est illuminé, il s'épanouit et se réjouit ». Les Compagnons lui demandèrent si un tel état a des signes distinctifs, alors il répondit : « Se représenter instamment le séjour éternel, se détourner des plaisirs éphémères d'ici-bas et se préparer à la mort avant son terme. »[1]

---

1 *Hadîth* rapporté par Ibn Jarîr ; il présente d'autres versions complémentaires les

Il est réprouvable de souhaiter mourir

Il est réprouvable de souhaiter la mort en raison de la pauvreté, de la maladie ou d'un malheur. A ce propos, Al-Bukhârî, Muslim, Abû Dâwûd, At-Tirmidhî, An-Nasâ'î, Ibn Mâjah et Ahmad rapportent d'après Anas que le Prophète (ﷺ) a dit : « Que nul d'entre vous ne souhaite la mort à cause d'une adversité. S'il devait la souhaiter, alors qu'il dise : Seigneur ! accorde-moi la vie tant que cela est à mon avantage et rappelle-moi à Toi si la mort est meilleure pour moi ». La raison pour laquelle il est réprouvable de souhaiter la mort est explicitée dans le *hadîth* rapporté par Umm Al-Fadl. En effet, celle-ci déclare que le Prophète (ﷺ) entra chez Al-'Abbâs qui, souffrant se mit à souhaiter la mort. Alors, il lui dit : « Ô 'Abbâs ; ô oncle de l'Envoyé de Dieu, ne souhaite pas la mort, car si tu es un homme de bien, tu auras ainsi l'occasion d'accroître le bien à ton actif ; et si tu es un homme de mal, tu auras l'occasion de te repentir et d'échapper au courroux de Dieu, et c'est également un bien pour toi. Ne souhaite jamais la mort ! » Ce *hadîth* est rapporté par Ahmad et Al-Hâkim, lequel considère qu'il est authentique selon les règles posées par Muslim. Toutefois si un homme a peur de voir sa foi corrompue, il lui est permis de souhaiter la mort. A ce propos, le Prophète (ﷺ) disait : « Seigneur, je Te demande de m'exhorter au bien, de m'éloigner des mauvaises actions, de m'inspirer l'amour des pauvres, de m'absoudre, de m'accorder Miséricorde et si Tu décides de corrompre la foi de mon peuple, de me rappeler à Toi sans corrompre ma foi. Je Te demande de m'appeler à T'aimer, à aimer ceux qui T'aiment et à désirer toute action qui rapproche de Ton amour ». Ce *hadîth* est rapporté par At-Tirmidhî, lequel le juge *hasan sahîh*. Par ailleurs, Mâlik rapporte dans « *Al-Muwatta'* » que 'Umar (رضي الله عنه) invoqua Dieu en ces termes : « Seigneur ! mon âge est avancé, mes forces ont faibli, mon règne s'est étendu, rappelle-moi à toi avant que je faille à mes devoirs ».

Des mérites d'une longue vie assortie de bonnes actions

- 'Abd Ar-Rahmân Ibn Abî Bakra rapporte d'après son père qu'un homme demanda : « Ô Envoyé de Dieu, lequel parmi les gens est le meilleur ? – Celui qui, à une longue vie, allie de bonnes actions », lui répondit le Prophète (ﷺ). L'homme reprit : « Lequel est le pire ? – Celui qui, à une longue vie, allie de mauvaises actions ». Ce *hadîth* est rapporté par Ahmad et At-Tirmidhî, lequel le qualifie de *hasan sahîh*.

---

unes des autres.

- Abû Hurayra rapporte que le Prophète (ﷺ) a dit : « Voulez-vous que je vous informe qui est le meilleur d'entre vous ? – Certes, ô Envoyé de Dieu, répondirent-ils. – Les meilleurs parmi vous sont ceux qui, à une longue vie, allient de bonnes actions ». Ce *hadîth* est rapporté par Ahmad et par d'autres traditionnistes ; il est assorti d'une chaîne de transmission authentique.

Accomplir de bonnes œuvres avant la mort est le signe d'une fin salutaire

Ahmad, At-Tirmidhî, Al-Hâkim et Ibn Hibbân rapportent d'après Anas que le Prophète (ﷺ) a dit : « Lorsque Dieu décide d'accorder du bien à un homme, Il l'emploie. » Comme on s'enquerrait à quoi Il l'emploie, le Prophète répondit : « Il lui inspire d'accomplir une bonne action avant sa mort, puis le rappelle à Lui. »

De la recommandation d'avoir bonne foi en Dieu

Il est louable que le malade se représente la grandeur infinie de la Miséricorde divine et ait bonne foi en Dieu, conformément à ce que rapporte Muslim d'après Jâbir qui déclare avoir entendu le Prophète (ﷺ) dire, trois jours avant sa mort : « Gardez-vous de mourir sans avoir bonne foi en Dieu ». D'autres *hadîth* recommandent de cultiver l'espoir en la grâce divine afin de rencontrer Dieu dans l'état qu'Il agrée le plus, car Il est le Clément, le Miséricordieux, le Bienfaiteur par excellence, le Magnanime, Qui aime le Pardon et l'Espoir. » Dans le *hadîth* : « Chacun sera ressuscité selon la croyance qu'il avait au moment de mourir ». Anas a dit que le Prophète (ﷺ) alla visiter un jeune agonisant et lui demanda : « Comment te sens-tu ? – J'ai espoir en Dieu et je crains mes péchés », répondit le jeune homme. – Ces deux sentiments ne se trouvent pas réunis dans le cœur du serviteur sans que Dieu l'exauce et le préserve de ce qu'il craint. »[1]

De la recommandation d'invoquer Dieu pour l'agonisant

Il est louable que des gens pieux soient auprès de l'agonisant et invoquent Dieu pour lui.

- Ahmad, Muslim, Abû Dâwûd, At-Tirmidhî, An-Nasâ'î et Ibn Mâjah rapportent d'après Umm Salama que le Prophète (ﷺ) a dit : « Si vous

---

1 *Hadîth* rapporté par Ibn Mâjah et At-Tirmidhî ; il est assorti d'une chaîne de transmission authentique.

vous trouvez auprès d'un malade ou d'un mort, dites du bien, car les anges confirment vos dires, (en demandant à Dieu de les exaucer). » Umm Salama ajoute : « Lorsqu'Abû Salama décéda, j'allai trouver le Prophète (ﷺ) et l'en informai, alors il me recommanda : « Dis : Seigneur ! Pardonne-moi et pardonne-lui, et accorde-moi une bonne suite après lui. » Umm Salama continua : « J'observai cette invocation et Dieu m'accorda une meilleure issue : Mu<u>h</u>ammad (ﷺ) m'épousa ».

- Dans son « *<u>Sahîh</u>* », Muslim rapporte d'après Umm Salama, que le Prophète (ﷺ) entra chez Abû Salama et le trouva mort, les yeux ouverts. Lui fermant les yeux, il dit : « Lorsque l'âme est rendue, le mort la suit des yeux ». Comme certains membres de la famille du mort se mettait à crier, le Prophète (ﷺ) leur dit : « Ne demandez que du bien, car les anges consignent vos dires (en invoquant Dieu de les exaucer) ». Puis, il reprit : « Seigneur ! Pardonne à Abû Salama, élève son rang parmi les gens bien guidés, supplée-le auprès de sa progéniture, pardonne-nous et pardonne-lui, ô Maître de l'Univers ; rends spacieuse sa tombe et illumine-la ».

Les actes qu'il est recommandé de faire lors de l'agonie

1- Rappeler à l'agonisant la formule : « Il n'existe nulle divinité en dehors de Dieu ». A ce propos, Muslim, Abû Dâwûd et At-Tirmidhî rapportent d'après Abû Sa'îd Al-Khudrî (رضي الله عنه), que le Prophète (ﷺ) a dit : « Rappelez à vos agonisants : Il n'existe nulle divinité en dehors de Dieu ». Abû Dâwûd rapporte – ainsi qu'Al-<u>H</u>akim qui l'a authentifié – d'après Mu'âdh Ibn Jabal (رضي الله عنه), que le Prophète (ﷺ) a dit : « Toute personne dont le propos ultime sera : Il n'existe nulle divinité en dehors de Dieu, entrera au Paradis ». On ne rappellera l'agonisant que si l'on constate qu'il ne prononce pas l'attestation de foi, autrement le rappel n'aura aucune valeur. De même, on ne rappellera un agonisant que s'il est conscient et capable de parler, car l'agonisant distrait ne peut être inspiré et celui qui est incapable de parler ne peut en prononcer les termes. Les érudits font remarquer qu'il ne faut pas insister ni lui demander de prononcer la dite expression, de peur qu'il ne se fâche et ne profère des mots grossiers. Aussi, suffit-il de lui faire entendre la formule d'usage, l'incitant implicitement à la prononcer. S'il arrive à prononcer la formule, on ne devra pas l'inciter une nouvelle fois tant qu'il n'aura pas parlé d'autre chose, mais si tel est le cas, il faudra l'inspirer à nouveau de manière à ce que l'expression : « Il n'existe nulle divinité en dehors de Dieu », soit l'ultime propos qu'il aura prononcé. Par ailleurs, les doctes sont unanimes à soutenir que pour rappeler l'agonisant, on se limitera à la formule : « Il n'existe nulle divinité en dehors de Dieu ». Certains parmi les doctes estiment qu'il convient de lui inspirer l'attestation de foi, car le but de l'inspiration est de rappeler le principe de l'unicité, lequel principe est fondé sur l'attestation de foi.

2- Tourner l'agonisant sur son flanc droit en direction de la Ka'ba, conformément à ce que rapportent Al-Bayhaqî et Al-Ḥâkim – lequel l'a authentifié – d'après Abû Qatâda qui déclare que lorsque le Prophète (ﷺ) arriva à Médine, il s'enquit d'Al-Barâ' Ibn Ma'rûr et on l'informa qu'il était mort et qu'il lui avait légué par testament le tiers de ses biens. On l'informa aussi qu'il avait formulé le souhait d'être orienté en direction de la Ka'ba en état d'agonie. Alors, le Prophète (ﷺ) dit : « Il a opté pour la *fiṭra* (disposition naturelle), et je rends le tiers de ses biens à ses enfants ». Il alla ensuite prier sur sa tombe et dit : « Seigneur, pardonne-lui, accorde-lui Ta Miséricorde et fais-le entrer dans Ton Paradis, invocation que Tu as déjà exaucée. » Al-Ḥâkim a dit : « Je ne connais nul autre *ḥadîth* concernant l'orientation de l'agonisant vers la Ka'ba ». Par ailleurs, Aḥmad rapporte que lors de son agonie, Fâṭima, la fille du Prophète Muḥammad, s'orienta vers la Ka'ba et se servit de sa main droite en guise d'oreiller. C'est d'ailleurs la position que le Prophète (ﷺ) recommandait de prendre en dormant et que l'on fait prendre au mort dans sa tombe. Dans un avis attribué à Ash-Shâfi'î, il est dit : « L'agonisant sera étendu sur le dos, les pieds orientés vers la Ka'ba et la tête légèrement levée de façon à ce que sa figure regarde dans cette direction ».Toutefois, le point de vue adopté par la majorité des doctes s'avère plus pertinent.

3- La récitation de la sourate « Yâsîn », conformément à ce que rapportent Aḥmad, Abû Dâwûd, An-Nasâ'î, Al-Ḥâkim et Ibn Ḥibbân (ces deux derniers l'ayant authentifié) d'après Ma'qil Ibn Yasâr (ﷺ) : « Le Prophète (ﷺ) a dit : "Yâsîn est le cœur du Coran. Quiconque la récite pour l'amour de Dieu et le désir de l'Au-delà sera assurément absout. Récitez-là pour vos morts". » Ibn Ḥibbân ajouta : « Par *vos morts*, il voulait dire les mourants. » En témoigne la version d'Aḥmad dans son *Musnad,* rapportant d'après Ṣafwân (Ibn 'Îsâ) que les Sheikhs disaient : « Lorsque Yâsîn est récitée auprès d'un mourant, son agonie en est allégée. » L'auteur du « *Musnad Al-Firdaws* » l'attribue à Abû Ad-Dardâ' et à Abû Dharr, lesquels déclarent que le Prophète (ﷺ) a dit : « Dieu soulage les douleurs de l'agonisant auprès duquel on récite Yâsîn ».

4- Lui fermer les yeux après sa mort. Muslim rapporte que le Prophète (ﷺ) entra chez Abû Salama, le trouva mort, les yeux ouverts, alors il les lui ferma, puis il dit : « Lorsque l'âme est rendue, le mort la suit des yeux ».

5- Le couvrir d'un drap pour le dissimuler aux regards. Â'isha (رضي الله عنها) rapporte que lorsque le Prophète (ﷺ) décéda, on le couvrit d'un drap à bordures. » Ce *hadîth* est rapporté par Al-Bukhârî et Muslim. Par ailleurs, il est permis d'embrasser le mort, selon l'opinion de l'ensemble des doctes. De fait, le Prophète (ﷺ) embrassa 'Uthmân Ibn Madh'ûn lorsqu'il mourut, de même qu'Abû Bakr se pencha sur le Prophète (ﷺ) après sa mort et l'embrassa entre les yeux, disant : « Ô mon Prophète, ô mon ami sincère. »

6- Le préparer rapidement à l'enterrement après s'être assuré de sa mort (en consultant un médecin ou un spécialiste). Son tuteur doit hâter son lavage et son enterrement, de peur qu'il ne se décompose. Il doit de même lui accorder la prière du mort. A ce propos, Abû Dâwûd rapporte d'après Al-Husayn Ibn Wahwah que lorsque Talha Ibn Al-Barâ' se mit à souffrir, le Prophète (ﷺ) lui rendit visite et dit : « Je vois que Talha agonise, donnez-moi de ses nouvelles et hâtez-vous, car il ne sied pas à la dépouille d'un musulman de rester détenue parmi les siens. » L'enterrement ne doit être retardé que pour attendre l'arrivée du tuteur. Celui-ci peut être attendu tant qu'on ne craint pas que la dépouille se détériore. Ahmad et At-Tirmidhî rapportent d'après 'Alî (رضي الله عنه), que le Prophète (ﷺ) a dit : « Ô 'Alî, trois choses ne sauraient être retardées lorsqu'elles se présentent : la prière, les funérailles et le mariage d'une femme qui trouve un mari capable de l'entretenir ».

7- S'acquitter de ses dettes. Ahmad, Ibn Mâjah et At-Tirmidhî – qui le considère bon – rapportent d'après Abû Hurayra que le Prophète (ﷺ) a dit : « L'âme du musulman reste subordonnée à sa dette jusqu'à ce que l'on s'en acquitte pour lui ». C'est-à-dire que son cas reste suspendu, de sorte que nul jugement – qui l'innocente ou la condamne – n'est rendu à son égard tant que sa dette n'est pas payée. Telle est la situation de celui qui meurt en ayant légué des biens avec lesquels il est possible de rembourser ses dettes. Quant à celui qui meurt sans avoir laissé aucun bien mais qui, avant sa mort, avait conçu l'intention de s'acquitter de ses dettes, il a été rapporté de sources sûres que Dieu (عز وجل) « payera pour lui ». Il en est de même pour celui qui meurt en laissant de quoi rembourser ses dettes, mais dont les héritiers ne s'acquittent pas des dettes qu'il avait contractées. Al-Bukhârî rapporte d'après Abû Hurayra, que le Prophète (ﷺ) a dit : « Quiconque prend les biens d'autrui en nourrissant l'intention de les rembourser, Dieu remboursera pour lui, et quiconque prend les biens d'autrui avec l'intention de les dissiper, Dieu le détruira ». Aḥmad, Abû Naʿîm, Al-Bazzâr et Aṭ-Ṭabarânî rapportent que le Prophète (ﷺ) a dit : « Le Jour de la résurrection, on appellera celui qui a contracté une dette devant Dieu (ﷻ), qui lui demandera : « A quelle fin as-tu dépensé cette dette et à quelle fin as-tu dissipé les droits des gens ? » Il répondra : « Seigneur, Tu sais que j'ai pris ce bien, que je n'en ai ni mangé ni bu et que je ne l'ai point dissipé, mais que j'ai été victime d'un incendie, d'un vol ou d'un quelconque dommage. » Dieu dira alors : « Mon serviteur a dit vrai, Je suis plus digne de rembourser pour toi. » Dieu fera alors apporter quelque chose qu'Il mettra dans sa balance, laquelle penchera aussitôt du côté des bonnes œuvres. Ainsi, grâce à la Miséricorde divine, il entrera au Paradis. » Par ailleurs, on rapporte que le Prophète (ﷺ) refusait de prier sur un mort endetté. Cependant lorsque l'empire islamique s'étendit et que les biens abondèrent, il se mit à prier sur le mort endetté et à rembourser pour lui. A ce propos, Al-Bukhârî rapporte que le Prophète (ﷺ) a dit : « Je suis plus responsable des croyants qu'ils ne le sont d'eux-mêmes : si quelqu'un meurt endetté sans avoir laissé de quoi rembourser, nous le ferons pour lui ; et si quelqu'un meurt et lègue des biens, ceux-ci reviendront à ses héritiers. » Ce qui signifie que si quelqu'un meurt endetté, il est légitime que ses dettes soient remboursées sur la trésorerie de l'État, le montant devant être prélevé sur la somme réservée aux endettés – lesquels constituent une catégorie parmi ceux auxquels il est prescrit d'offrir la *zakat* –, sachant que le droit de cette catégorie à la *saka* n'est pas abrogé par la mort.

De la recommandation d'invoquer Dieu lors de la mort d'un proche et de répéter la formule : « Nous sommes à Dieu et à Lui nous retournons »

Il est louable que le croyant répète ladite formule et invoque Dieu lors de la mort de l'un de ses proches.

- A ce propos, Aḥmad et Muslim rapportent d'après Umm Salama (﵂), qu'elle entendit le Prophète (ﷺ) dire : «Tout serviteur (de Dieu) qui, frappé par une calamité, dit : « Nous sommes à Dieu et à Lui nous retournons ; Seigneur, accorde-moi Ta protection contre les méfaits de mon malheur et gratifie-moi d'une meilleure compensation »,

Dieu le protégera contre son malheur et le gratifiera d'une meilleure compensation ». « Lorsqu'Abû Salama décéda », rapporte Umm Salama, « je répétai ce que l'Envoyé de Dieu m'avait recommandé de dire. Dieu me gratifia alors d'un époux meilleur encore : l'Envoyé de Dieu (ﷺ). »

- At-Tirmidhî rapporte d'après Abû Mûsâ Al-Ash'arî, que le Prophète (ﷺ) a dit : « Lorsque l'enfant d'un serviteur est décédé, Dieu (عزّ وجلّ) dit à Ses anges : Vous avez fait mourir l'enfant de Mon serviteur ? – Oui, répondirent-ils. – Vous avez fait mourir l'être le plus cher à son cœur ? – Oui, répondirent-ils encore. – Qu'est-ce que Mon serviteur a dit ? – Il T'a loué et a proclamé : Nous sommes à Dieu et à Lui nous retournons. » Le Seigneur ordonne alors : « Construisez à Mon serviteur une demeure en Paradis et appelez-la « la Demeure de louange. »

- Al-Bukhârî rapporte d'après Abû Hurayra, que le Prophète (ﷺ) a dit : « Dieu (عزّ وجلّ) a dit : « Mon serviteur croyant n'aura d'autre récompense auprès de Moi que le Paradis si, lorsque je rappelle à Moi l'être qui lui est le plus cher ici-bas, il agrée, comptant sur Ma récompense. »

- A propos du verset : {*Ceux qui, atteints d'un malheur, disent : nous sommes à Dieu et à Lui nous retournerons, ceux-là reçoivent des bénédictions de leur Seigneur, ainsi que la miséricorde et ceux-là sont les bien guidés*} (S. 2, V. 156-157)[1], Ibn 'Abbâs a dit : « Dieu Tout Puissant révèle que lorsque le croyant se soumet à la volonté de Dieu, revient à Lui et proclame qu'il est à Dieu et qu'à Lui il retournera, on porte à son actif trois bonnes œuvres : la bénédiction divine, la miséricorde et la voie de la guidance. »

Il est louable d'informer les proches et les amis de la mort d'autrui

Les érudits estiment qu'il est louable d'informer les proches et les amis de la mort d'autrui afin qu'ils bénéficient de la récompense divine en participant à ses funérailles. A ce propos, Al-Bukhârî, Muslim, Abû Dâwûd, At-Tirmidhî, An-Nasâ'î, Ibn Mâjah et Ahmad rapportent, d'après Abû Hurayra, que le Prophète (ﷺ) annonça aux gens la mort du Négus le jour où celui-ci décéda, sortit avec eux au *Musallâ*, aligna ses Compagnons pour la prière du mort et proclama quatre *takbîra* à l'intention du

1 ﴿ٱلَّذِينَ إِذَآ أَصَٰبَتۡهُم مُّصِيبَةٞ قَالُوٓاْ إِنَّا لِلَّهِ وَإِنَّآ إِلَيۡهِ رَٰجِعُونَ أُوْلَٰٓئِكَ عَلَيۡهِمۡ صَلَوَٰتٞ مِّن رَّبِّهِمۡ وَرَحۡمَةٞۖ وَأُوْلَٰٓئِكَ هُمُ ٱلۡمُهۡتَدُونَ﴾

défunt. Par ailleurs, Ahmad et Al-Bukhârî rapportent d'après Anas que le Prophète (ﷺ) annonça la mort de Zayd, de Ja'far et d'Ibn Rawâha avant même que les nouvelles de leur mort fussent arrivées. At-Tirmidhî a dit : « Il sied que l'individu informe ses proches et ses amis de la mort de la personne décédée. » De son côté Al-Bayhaqî a dit : « Il m'est parvenu que Mâlik a dit : « Il ne convient pas que l'on publie à haute voix la mort d'un homme à la porte de la mosquée ; toutefois, il n'y a aucun mal à annoncer sa mort parmi le groupe des croyants rassemblés dans la mosquée. » Quant à la tradition prophétique que rapportent Ahmad et An-Nasâ'î – et que ce dernier a considéré bonne – d'après Hudhayfa, lequel a dit : « Lorsque je serai mort, n'en informe personne, car je crains que ce soit une pratique de la période antéislamique ; j'ai entendu le Prophète (ﷺ) déconseiller d'annoncer la mort de celui qui est décédé. De fait, à l'époque antéislamique, les gens avaient l'habitude, lorsqu'un noble parmi eux était mort, d'envoyer proclamer parmi les tribus : « Les Arabes ont péri avec la mort d'un tel », et les cris et les pleurs de commencer. »

Pleurer le mort

Les doctes sont unanimes à déclarer qu'il est permis de pleurer le mort, mais sans cris ni lamentations. Dans un *hadîth* authentique, on rapporte que le Prophète (ﷺ) a dit : « Dieu ne châtie pas pour les larmes aux yeux ni pour l'affliction au cœur, mais Il châtie ou accorde la Miséricorde pour cet organe.... (et, joignant le geste à la parole, il indiqua sa langue). » Le Prophète (ﷺ) pleura à la mort de son fils Ibrâhîm et dit : « Les yeux larmoient, le cœur s'afflige mais nous ne proférons que ce qui satisfait Dieu. La séparation d'avec toi nous attriste, ô Ibrâhîm ! » Il pleura de même à la mort de sa petite fille Umayma, enfant de sa fille Zaynab, et lorsque Sa'd Ibn 'Ubâda lui dit : « Tu pleures, ô Envoyé de Dieu ? », il lui répondit : « C'est une miséricorde que Dieu a placée dans les cœurs de ses serviteurs, et Dieu accorde Sa Miséricorde à ceux parmi Ses serviteurs qui sont miséricordieux. » At-Tabarânî rapporte que 'Abd Allâh Ibn Zayd a dit : « Il est permis de pleurer sans crier. Mais si les pleurs sont accompagnés de cris et de lamentations, cela fait souffrir le mort et le tourmente. » Ibn 'Umar rapporte que lorsque 'Umar fut poignardé, il s'évanouit et les gens se mirent à crier. Lorsqu'il reprit connaissance, il leur dit : « Ne savez-vous pas que le Prophète (ﷺ) a dit : « Le mort souffre des pleurs des siens » ? De son côté, Abû Mûsâ rapporte que lorsque 'Umar fut touché, Suhayb se mit à crier : Ô mon frère ! Alors 'Umar lui dit : « ô Suhayb ! ne sais-tu pas que le Prophète (ﷺ) a dit : « Crier en pleurant quelqu'un lui vaudra de subir le supplice pour les cris qui ont été lancés » ? Ces *hadîth* sont rapportés par Al-Bukhârî et Muslim et signifient que le mort souffre et que les cris des siens l'affligent, car il entend leurs pleurs et leurs actions sont exposées devant lui. En d'autres termes, le *hadîth* ne signifie nullement qu'il subit un quelconque supplice à cause des pleurs des siens, car aucune âme ne répond des fautes d'une autre âme. De fait, Ibn Jarîr rapporte qu'Abû Hurayra a dit : « Vos actions sont exposées devant vos proches qui sont morts : si elles sont bonnes, ils s'en réjouissent ; si elles sont mauvaises, ils s'en affligent. Par ailleurs, Ahmad et At-Tirmidhî rapportent d'après Anas que le Prophète (ﷺ) a dit : « Vos actions sont exposées devant vos proches et vos connaissances parmi les morts : si elles sont bonnes, ils s'en réjouissent ; si elles sont mauvaises, ils disent : Seigneur ! Garde-les en vie jusqu'à ce que Tu les mettes sur la voie de la Guidance comme Tu nous as guidés. » An-Nu'mân Ibn Bashîr rapporte : « 'Abd Allâh Ibn Rawâha s'était évanoui et sa sœur 'Amra se mit à pleurer : « Ô mon refuge ! ô ceci ! ô cela !...énumérant ses qualités. Lorsqu'il reprit connaissance, il lui dit sur un ton de reproche : « Chaque fois que tu disais quelque chose à mon sujet, on m'interrogeait : Es-tu tel qu'elle dit ? » Ce propos est rapporté par Al-Bukhârî.

Crier en pleurant

Les *hadîth* sont explicites quant à l'interdiction de crier en pleurant. A ce propos, Abû Mâlik Al-Ash'arî rapporte que le Prophète (ﷺ) a dit : « Quatre (conduites) dans ma Communauté sont les vestiges de l'époque antéislamique et les gens ne s'en débarrasseront point : la glorification infatuée des ancêtres, la diffamation des généalogies, l'invocation des étoiles pour attirer la pluie et les lamentations lors des funérailles. » Il a dit de même : « Si la pleureuse ne se repent pas avant sa mort, elle sera ressuscitée le Jour de la résurrection vêtue d'un habit de goudron et d'une cuirasse de gale ». Ce *hadîth* est rapporté par Ahmad et Muslim. Pour sa part, Umm 'Atiyya (رضي الله عنها) a dit : « Nous avons promis à l'Envoyé de Dieu (ﷺ) de ne pas crier en pleurant ». Ce *hadîth* est rapporté par Al-Bukhârî et Muslim. Par ailleurs, Al-Bazzâr rapporte, selon une chaîne de rapporteurs dignes de confiance, que le Prophète (ﷺ) a dit : « Deux sons sont maudits ici-bas et dans l'Au-delà : le son de flûte à l'occasion d'un bonheur et celui des lamentations lors d'un malheur. ». Par ailleurs, dans les deux « *Sahîh* », Abû Mûsâ a dit : « Je désavoue solennellement ceux que l'Envoyé de Dieu (ﷺ) a désavoué. Il a désavoué toute femme qui pousse des lamentations, qui se rase les cheveux ou déchire ses vêtements lors d'un malheur. » Aḥmad rapporte qu'Anas a dit : « Lorsque les femmes prêtèrent allégeance au Prophète (ﷺ), il prit d'elles l'engagement de ne pas se lamenter en pleurant les morts, alors elles lui dirent : « Des femmes nous ont soutenues dans nos pleurs pendant l'époque antéislamique, pouvons-nous les soutenir à notre tour ? – Nul soutien pour cela en Islam », répondit le Prophète (ﷺ).

Porter le deuil

Il est permis à une femme de porter le deuil pour un de ses proches si son époux le lui permet, mais il lui est interdit de le porter plus de trois jours, à moins qu'il s'agisse de son époux, auquel cas elle est tenue d'observer le deuil pendant un délai de viduité de quatre mois et dix jours. A ce propos, Al-Bukhârî, Muslim, Abû Dâwûd, An-Nasâ'î, Ibn Mâjah et Aḥmad rapportent d'après Umm 'Atiyya (﵂), que le Prophète (ﷺ) a dit : « Une femme n'a pas à observer le deuil pour un mort plus de trois jours, à moins qu'il s'agisse de son époux, auquel cas elle est tenue de l'observer pendant quatre mois et dix jours. » Elle devra s'abstenir de porter des vêtements ornés. Il lui est toutefois permis de porter des vêtements du genre *'aṣb* (robe longue yéménite). Il lui est de même interdit de se farder, de se parfumer, de se teindre les cheveux ou de se coiffer, à moins que ce ne soit après la grande ablution. Porter le deuil consiste à ce que la femme s'abstienne de s'orner, de se farder, de se parer de soie, de se parfumer, de se teindre les cheveux, et ce durant tout le délai de viduité, par respect pour l'âme du défunt et pour préserver ses droits.

Il est recommandé de préparer à manger pour la famille du défunt

'Abd Allâh Ibn Ja'far rapporte que le Prophète (ﷺ) a dit : « Préparez à manger pour la famille de Ja'far, car ils subissent une rude épreuve. »[1] Le Législateur (entendre Dieu) a loué une telle pratique, car elle relève de la bienfaisance et de la bienveillance envers les proches et les voisins. Ash-Shâfi'î a dit : « Il est louable que les proches préparent à manger pour la famille du défunt le jour et la nuit de la mort, car c'est une tradition et une pratique des gens de bien. Les érudits trouvent également louable de les engager avec insistance à manger pour les aider à dépasser leur retenue et leur émotion violente. Par ailleurs, il n'est

---

1 *Hadîth* rapporté par Abû Dâwûd, Ibn Mâjah et At-Tirmidhî, qui le considère *hasan ṣaḥîḥ*.

pas permis d'offrir à manger aux femmes si elles se mettent à crier en pleurant et à se lamenter, car cela reviendrait à les aider à persévérer dans leur forfait. »

Par ailleurs, les imâms sont unanimes à réprouver que la famille du défunt prépare à manger aux gens, car ce serait ajouter à leur affliction et les occuper davantage, outre qu'il s'agit d'une pratique antéislamique. A ce propos, Jarîr a dit : « Nous considérions que se rassembler chez la famille du défunt est une pratique apparentée aux pleurs et aux lamentations. » Plus encore, certains érudits l'estiment interdite. Ibn Qudâma soutient toutefois que si par nécessité elle s'impose, cette pratique est permise, tel le cas où des connaissances viendraient de loin pour assister aux funérailles et passeraient la nuit avec la famille du défunt, auquel cas, il est nécessaire de leur accorder l'hospitalité.

Il est permis de préparer son linceul et sa tombe avant de mourir

Al-Bukhârî explicite cela dans un chapitre intitulé : De celui qui, du temps du Prophète, a préparé son linceul et sa tombe sans que celui-ci réprouve son acte. Sahl (رضي الله عنه) rapporte : « Une femme apporta au Prophète (ﷺ) une pièce d'étoffe à bordures qu'elle avait tissée de ses propres mains. J'allai le trouver pour qu'il me la donne, mais comme le Prophète (ﷺ) en avait besoin, il la prit et la mit. Un tel la trouva si belle qu'il lui demanda de l'en habiller. Les gens l'interpellèrent : Tu as mal fait ; le Prophète (ﷺ) la portait par nécessité et tu as osé la lui demander en sachant qu'il ne refuse jamais ce qu'on lui demande ! Mais l'homme répondit : Je jure au nom de Dieu que je ne l'ai point demandée pour m'en habiller, mais pour en faire mon linceul ». Sahl ajoute : « Il en fit effectivement son linceul. »

Al-Hâfidh, commentant l'intitulé d'Al-Bukhârî, a dit : « Le Prophète (ﷺ) n'a pas réprouvé que l'homme en question conserve l'étoffe pour en faire un linceul. D'autre part, les Compagnons réprouvèrent que l'homme demandât la pièce, mais lorsqu'il se fut expliqué, ils ne réprouvèrent plus son acte. Il en ressort qu'il est permis de préparer son linceul de son vivant. » Puis Al-Hâfidh ajoute : « En est-il de même pour la tombe ? Autrement dit, est-il permis qu'une personne fasse creuser sa propre tombe de son vivant ? Ibn Battâl déclare qu'il est permis de la préparer avant son terme, car bien des hommes pieux ont creusé leur propre tombe avant leur mort. Toutefois, Az-Zayn Ibn Al-Munîr réplique qu'aucun des Compagnons n'y a procédé, et que si une telle pratique avait été louable, elle se serait répandue parmi eux. De son côté, Al-'Aynî a dit : « Qu'aucun des Compagnons n'y ait procédé ne signifie nullement que cette pratique soit interdite, car ce que les musulmans jugent bon est considéré tel auprès de Dieu, d'autant plus que des savants pieux y ont procédé. » Pour sa part, Aḥmad soutient qu'il n'y a aucun mal à ce que l'homme achète l'emplacement de sa tombe et ordonne qu'on l'y enterre. D'ailleurs, on rapporte que 'Uthmân, 'Â'isha et 'Umar Ibn 'Abd Al-'Azîz (🕮) ont procédé ainsi.

Il est louable d'implorer Dieu de mourir dans l'une des deux Mosquées sacrées, celle de La Mecque ou celle de Médine

Et ce, conformément à ce que rapporte Al-Bukhârî d'après Ḥafṣa, comme quoi 'Umar (🕮) a dit : « Seigneur ! gratifie-moi du martyre pour Ta cause et fais que ma mort survienne dans le pays de Ton Envoyé (🕮). » Ḥafṣa ajoute : « Comme je lui demandai : Et comment cela ? il me répondit : « Dieu me l'accordera, s'il plait à Dieu. » At-Tabarânî rapporte d'après Jâbir, que le Prophète (🕮) a dit : « Celui qui meurt dans l'une des deux Mosquées sacrées ressuscitera en toute sécurité le Jour de la résurrection. » Parmi les rapporteurs de ce *hadîth*, figure Mûsâ Ibn 'Abd Ar-Raḥmân qui est cité par Ibn Ḥibbân et 'Abd Allâh Ibn Al-Mu'ammal parmi les rapporteurs dignes de foi, et considéré faible par Aḥmad.

La mort subite

Abû Dâwûd rapporte, citant 'Ubayd Ibn Khâlid Al-Sulamî – un des Compagnons du Prophète –, tantôt d'après le Prophète (🕮) et tantôt d'après 'Ubayd : « La mort subite est une mort réprouvée. »[1]

La récompense réservée à celui qui perd un enfant

- Al-Bukhârî rapporte, citant Anas, que le Prophète (🕮) a dit : « A tout musulman qui perd trois enfants impubères, Dieu accordera le Pa-

---

1 Ce même *hadîth* a été rapporté par 'Abd Allâh Ibn Mas'ûd, Anas Ibn Mâlik, Abû Hurayra et 'Â'isha (🕮) et chacun de ces dires est sujet à controverse. Al-Azdî ajoute : « Ce *hadîth* a des variantes et aucune d'elles n'est attribuée au Prophète de façon authentique. La tradition rapportée par Abû Dâwûd d'après 'Ubayd est assortie d'une chaîne de transmission dont les rapporteurs sont dignes de confiance. Quant au fait qu'elle soit attribuée à un Compagnon (*mawqûf*), cela ne l'altère point si l'on sait que ce genre de propos ne peut être le fait d'une interprétation personnelle. A fortiori si l'on sait que cette tradition est attribuée au Prophète (🕮) selon une version.

radis grâce à Sa Miséricorde pour les jeunes défunts. »

- Al-Bukhârî et Muslim rapportent qu'Abû Saʿîd Al-Khudrî (رضي الله عنه) a dit : « Les femmes demandèrent au Prophète (صلى الله عليه وسلم) de leur réserver un jour pendant lequel elles puissent l'interroger sur les problèmes ayant trait à leur religion. Alors, il leur prodigua ses conseils et dit : « Pour toute femme qui perd trois enfants, ceux-ci constitueront un paravent qui la préservera de l'Enfer ». Une femme intervint alors : « Ou deux ? » et le Prophète approuva : « Ou deux ».

La longévité des musulmans

At-Tirmidhî rapporte d'après Abû Hurayra, que le Prophète (صلى الله عليه وسلم) a dit : « La longévité des membres de ma Communauté oscille entre soixante et soixante-dix ans ; rares sont ceux qui dépassent cet âge ».

La mort est un répit

Al-Bukhârî et Muslim rapportent d'après Abû Qatâda (رضي الله عنه), que le Prophète (صلى الله عليه وسلم) vit passer un convoi funèbre et dit : « Ou bien il est délivré, ou bien on est délivré de lui ». Les Compagnons lui demandèrent : « Que veulent dire ces propos ? » Il leur répondit : « La mort du serviteur croyant le délivre des affres de ce monde ; quant au serviteur corrompu, sa mort est une délivrance pour les gens, pour la nature et pour les animaux. »

La préparation du mort

Pour enterrer le mort, il faut le préparer en le lavant, en l'ensevelissant et en lui accordant la prière du mort.

Le lavage du mort

Le statut légal du lavage du mort

La majorité des doctes considère le lavage du mort comme une obligation dont tous les musulmans responsables sont exempts dès lors que l'un d'eux, ou certains d'entre eux, s'en acquitte.

Qui doit être lavé ?

Il est obligatoire de laver le musulman, sauf s'il est mort dans les combats contre les impies.

Le lavage d'une partie de la dépouille

Les jurisconsultes divergent concernant le lavage d'une partie du mort musulman. Ash-Shâfi'î, Ahmad et Ibn Hazm soutiennent qu'il faut la laver, l'ensevelir, lui accorder la prière et l'enterrer. Ash-Shâfi'î rapporte : « Il nous est parvenu qu'un rapace avait transporté la main d'un être humain jusqu'à La Mecque à l'époque de la bataille d'Al-Jamal (le chameau). On reconnut ladite main grâce à la bague qu'elle portait. On la lava, on lui accorda la prière du mort et on l'enterra en présence des Compagnons. » Ahmad a dit : « Abû Ayyûb a accordé la prière du mort à un pied, et 'Umar à des os. » Ibn Hazm ajoute : « On accordera la prière aux parties de la dépouille du musulman que l'on trouve, après les avoir lavées et ensevelies, à moins qu'il s'agisse d'un martyr. » Puis il dit : « En priant sur les parties trouvées, on concevra l'intention d'accorder la prière à la dépouille tout entière, ou plutôt, à sa dépouille et à son âme. » Abû Hanîfa et Mâlik soutiennent que si l'on trouve la moitié du corps, on procédera au lavage et à la prière ; sinon, on se passera du lavage et de la prière.

On ne lave pas le martyr

On ne lave pas le martyr tué au cours des combats contre les impies, quand bien même il serait en état d'impureté majeure. On l'ensevelira dans ses vêtements, tout en veillant à les adapter de sorte qu'ils répondent aux conditions du linceul requises par la Sunna. Il sera enterré dans son sang sans rien en laver. Ahmad rapporte que le Prophète (ﷺ) a dit : « Ne les lavez pas, car toute blessure, toute tache de sang exhalera du musc le Jour de la résurrection ». On rapporte également que le Prophète (ﷺ) ordonna d'enterrer les martyrs de Uhud dans leur sang sans les avoir lavés ni leur avoir accordé la prière du mort.

Ash-Shâfi'î a dit : « Il est probable que l'absence de lavage et de prière (pour les martyrs) soit motivée par le fait qu'il leur est préférable de rencontrer Dieu avec leurs blessures, étant donné que les taches de leur sang exhaleront le musc, tel que cela a été mentionné dans le *hadîth*. De même, il est probable que l'absence de prière sur leur dépouille réponde au fait que Dieu leur a accordé Sa gratification, outre que l'abstention de la prière allège le fardeau du reste des musulmans qui, après la guerre, sont blessés et se trouvent dans un climat psychologique tendu par crainte de voir l'ennemi ressurgir et sous l'effet de leur soucis pour leurs familles qui à leur tour s'inquiètent pour eux. On a dit aussi que la raison pour laquelle la prière n'est pas accordée au martyr résidait dans le fait que la prière est accordée au mort, or le martyr est vivant. On a dit également que la prière était une intercession, or le martyr n'en a nullement besoin, car il a lui-même le privilège de pouvoir intercéder en faveur des autres. »

Les martyrs auxquels on accorde le lavage et la prière du mort

Selon le Législateur, il existe d'autres martyrs que ceux qui ont trouvé leur mort sous l'épée de l'ennemi. A ceux-là on accordera le lavage et la prière du mort. De fait, le Prophète (ﷺ) lava ceux d'entre eux qui étaient décédés de son vivant. De même que les musulmans accordèrent, après lui, le lavage du mort à 'Umar, à 'Uthmân et à 'Alî qui étaient tous trois des martyrs. Les autres types de martyrs sont mentionnés dans les *hadîth* suivants :

- Jâbir Ibn 'Utayk rapporte que le Prophète (ﷺ) a dit : « Hormis le martyr pour la cause de Dieu, les martyrs sont au nombre de sept : la personne qui meurt victime d'une épidémie, d'une noyade, d'une pleurésie, d'une colique, d'une brûlure, sous les décombres et la femme qui meurt en couches. »[1]

- Abû Hurayra rapporte que le Prophète (ﷺ) demanda : « Qui prenez-vous pour martyr parmi vous ? – Ô Envoyé de Dieu, répondit-on, est martyr celui qui est tué pour la cause de Dieu. – Alors les martyrs de ma Communauté seraient bien peu nombreux !», répliqua-t-il. – Qui sont-ils alors, ô Envoyé de Dieu ? », s'enquirent-ils. – Celui, reprit le Prophète, qui est tué pour la cause de Dieu est martyr ; celui qui meurt dans l'obéissance à Dieu est martyr ; celui qui meurt de la peste est un martyr ; celui qui meurt du choléra[2] est un martyr ; celui qui meurt noyé est un martyr. » Ce *hadîth* est rapporté par Muslim.

- Sa'îd Ibn Zayd rapporte que le Prophète (ﷺ) a dit : « Celui qui est tué en défendant ses biens est un martyr ; celui qui est tué en défendant sa vie est un martyr ; celui qui est tué en défendant sa religion est un martyr ; celui qui est tué en défendant les siens est un martyr. » Ce *hadîth* est rapporté par Ahmad et At-Tirmidhî qui l'a authentifié.

---

1 *Hadîth* rapporté par Ahmad, Abû Dâwûd et An-Nasâ'î ; il est assorti d'un chaîne de transmission jugée bonne.

2 Le mot *mabtûn* désigne à l'origine celui qui a mal au ventre ; de là : celui qui est atteint du choléra, maladie très grave caractérisée par des selles fréquentes, des vomissements et des crampes.

On n'accorde pas de lavage à un impie

Le musulman n'est pas tenu de laver la dépouille d'un impie ; toutefois, certains docteurs de la Loi le permettent. Dans la doctrine des mâlikites et des <u>h</u>anbalites, le musulman n'est pas tenu de laver son voisin impie ni l'ensevelir, ni de l'enterrer, sauf s'il craint que sa dépouille ne se détériore, auquel cas il lui est permis de l'enterrer. A ce propos, A<u>h</u>mad, Abû Dâwûd, An-Nasâ'î et Al-Bayhaqî rapportent que 'Alî (ﷺ) a dit : « Je dis au Prophète (ﷺ) : Ton oncle, le vieil homme égaré, est décédé. Alors, il m'enjoignit : Va enterrer ton père et n'en dis pas mot avant d'être revenu me voir ». 'Alî ajouta : « Je partis donc, l'enterrai et revins le voir. Il m'ordonna de procéder à la grande ablution, puis il invoqua Dieu pour moi. » Ibn Al-Mundhir a dit : « Concernant le lavage du mort, il n'y a pas de tradition spécifique à suivre. »

Comment laver le mort

Pour le lavage du mort, il est obligatoire d'imprégner tout son corps d'eau une seule fois, quand bien même il serait en état d'impureté majeure ou, dans le cas d'une femme, en état de menstrues. Pour ce faire, il est préférable que la dépouille soit posée dans un endroit élevé, dévêtue, les parties intimes dissimulées, à moins qu'il s'agisse d'un petit enfant. Ne seront présents au lavage que ceux dont la présence est nécessaire. Celui qui procède au lavage devra être digne de confiance, fidèle et pieux de sorte qu'il divulgue les secrets agréables et taise les secrets désagréables qu'il pourrait découvrir. Ibn Mâjah rapporte que le Prophète (ﷺ) a dit : « Que vos morts soient lavés par ceux qui sont dignes de confiance ». Celui qui lave le mort doit en concevoir l'intention, puis il commencera par presser légèrement le ventre du mort, pour en dégager les matières qui pourraient subsister dans les intestins. Il nettoiera ensuite les éventuelles souillures dégagées, la main protégée par une pièce d'étoffe pour en essuyer les parties intimes, car les toucher directement est interdit. Il continuera le lavage en faisant au défunt les ablutions mineures, conformément aux propos du Prophète (ﷺ) : « Commence par les membres du côté droit à partir des endroits qu'on lave d'habitude quand on procède aux ablutions mineures.» En procédant ainsi, on ravive la caractéristique des croyants, qui consiste en l'estampille indélébile des ablutions, semblable à la marque blanche qu'un cheval de race porte au front et aux pieds.

Il procédera au lavage du corps trois fois avec de l'eau et du savon ou simplement avec de l'eau pure, commençant toujours par la droite.

S'il constate qu'il est nécessaire de le laver plus de trois fois, il y procédera cinq ou sept fois, conformément à ce qui a été rapporté dans un *hadîth* authentique où le Prophète (ﷺ) a dit : « Lavez-la un nombre de fois impair : trois, cinq, sept fois et plus, si cela est nécessaire. » Ibn Al-Mundhir a dit : « Le Prophète a laissé la liberté de décider du nombre de fois, sous réserve que ce soit un nombre de fois impair. » S'il s'agit d'une femme, il est conseillé de dénouer ses cheveux, de les laver, de les tresser et de les disposer derrière le dos. A ce propos, Umm 'Atiyya (رضي الله عنها) rapporte qu'elles disposèrent les cheveux de la fille du Prophète (ﷺ) en trois tresses. On l'interrogea pour s'assurer de ce fait et elle répondit : « Oui, elles dénouèrent ses cheveux puis les tressèrent en trois. » Dans la version de Muslim, il est dit : « Nous avons tressé ses cheveux en trois nattes : une de chaque côté de la tête et la troisième au milieu. » Dans le « *Sahîh* » d'Ibn Hibbân, il est dit qu'il est recommandé de les tresser, conformément au propos du Prophète (ﷺ) : « Disposez ses cheveux en trois tresses. » Une fois le lavage terminé, il essuiera la dépouille avec un morceau de tissu propre, pour éviter que le linceul ne se mouille, puis il la parfumera. Le Prophète (ﷺ) a dit : « Si vous encensez (la dépouille) faites-le un nombre de fois impair. » Ce *hadîth* est rapporté par Al-Bayhaqî, Al-Hâkim et Ibn Hibbân, ces deux derniers l'ayant authentifié. Par ailleurs, Abû Wâ'il rapporte : « 'Alî (رضي الله عنه) possédait du musc et il recommanda qu'on l'en encense après sa mort. Il ajouta : C'était le parfum préféré du Prophète (ﷺ). » D'autre part, la majorité des doctes est unanime à déclarer qu'il est réprouvable de rogner les ongles du mort, de prendre des poils de sa moustache, de ses aisselles ou de son pubis. Toutefois, Ibn Hazm estime qu'il est permis de le faire. Les doctes sont également unanimes à déclarer que si après son lavage et avant de l'ensevelir, la dépouille dégage une souillure, il est permis de l'en débarrasser, mais ils divergent concernant l'éventualité de procéder une autre fois au lavage de la dépouille. Certains disent que cela n'est pas nécessaire ; d'autres soutiennent qu'il convient de lui redonner les ablutions mineures ; d'autres encore estiment qu'il est obligatoire de recommencer la purification majeure.

Concernant la manière selon laquelle il faut procéder au lavage, la majorité des savants se réfère à ce qu'Al-Bukhârî, Muslim, Abû Dâwûd, At-Tirmidhî, An-Nasâ'î, Ibn Mâjah et Ahmad rapportent d'après Umm 'Atiyya (رضي الله عنها) : « Une de ses filles étant morte, le Prophète (ﷺ) se rendit chez nous et nous dit : « Lavez son corps trois fois, cinq fois ou même davantage si vous le jugez nécessaire, avec de l'eau et du lotus ; dans l'eau du dernier lavage, mettez du camphre – ou un peu de camphre.

Puis, quand vous aurez terminé, prévenez-moi. Lorsque nous eûmes achevé, nous le prévînmes ; il nous jeta alors son pagne en nous disant : Recouvrez-l'en. » Selon les savants, le camphre est conseillé pour l'odeur agréable qu'il exhale au moment où les anges sont présents auprès du mort, outre que c'est un produit d'une odeur vive et pénétrante qui contribue à conserver intacte la dépouille et à chasser les vermines. Si le camphre n'est pas disponible, on recourra à un autre produit qui a les mêmes caractéristiques.

Les ablutions sèches lorsqu'il est impossible d'utiliser l'eau

S'il n'y a pas d'eau, on accordera au mort les ablutions sèches, conformément au propos de Dieu : {*Si vous ne trouvez pas d'eau, procédez au tayammum (*ablutions sèches*)*} (S. 4, V. 43)[1], et à la tradition du Prophète (ﷺ) : « Toute la terre m'a été donnée comme oratoire (de prière) et la terre m'est aussi un moyen de purification ». On procédera donc aux ablutions sèches lorsqu'il est impossible d'utiliser de l'eau, tels les cas où le lavage provoquerait la décomposition de la dépouille, ou lorsqu'une femme vient à mourir parmi un groupe d'hommes étrangers, ou lorsqu'un homme vient à mourir parmi un groupe de femmes étrangères. Dans les deux cas, on accordera à la dépouille une purification au moyen des ablutions sèches. Dans son ouvrage « *Al-Marâsîl* », Abû Dâwûd rapporte, ainsi que Al-Bayhaqî, d'après Makhûl, que le Prophète (ﷺ) a dit : « Lorsqu'une femme est décédée parmi les hommes en l'absence de toute autre femme, ou qu'un homme meurt parmi des femmes en l'absence de tout autre homme, on accordera les ablutions sèches à leur dépouille et on l'enterrera, à l'instar du cas où il n'y a pas d'eau. »

Les ablutions sèches seront accordées à la femme par un proche parent qu'elle ne peut légalement épouser. S'il ne se trouve personne qui ait ce statut, il est permis qu'un étranger lui accorde les ablutions sèches tout en tenant sa main enveloppée dans une pièce d'étoffe. Telle est la doctrine d'Abû Hanîfa et d'Ahmad. Mâlik et Ash-Shâfi'î soutiennent que si un proche parent qui ne peut légalement l'épouser est présent, il lui est permis de la laver, car elle est pour lui tel un autre homme concernant tous les interdits. Dans « *Al-Musawwâ* » on rapporte que l'Imâm Mâlik a entendu les doctes dire : « Lorsqu'une femme vient à décéder et qu'il n'y a ni femme ni parent ni mari pour la laver, on

1 ﴿فَلَمْ تَجِدُواْ مَآءً فَتَيَمَّمُواْ﴾

lui accordera les ablutions sèches en essuyant son visage et ses deux mains. » Il ajoute : « Si un homme vient à décéder parmi des femmes, il est permis qu'elles lui accordent les ablutions sèches. »

L'un des deux conjoints procède au lavage de l'autre

Les jurisconsultes sont unanimes à dire qu'il est permis que la femme lave la dépouille de son époux. 'Â'isha (رضي الله عنها) a dit : « Si c'était à refaire, personne d'autre que ses femmes n'aurait lavé le Prophète (ﷺ). » Ce propos est rapporté par Ahmad, Abû Dâwûd et Al-Hâkim qui l'a authentifié. Les opinions des érudits ont divergé concernant la possibilité pour un époux de laver la dépouille de son épouse. La majorité des doctes le permet. A ce propos, on rapporte que 'Alî (رضي الله عنه) procéda lui-même au lavage de Fâtima (رضي الله عنها). Ce propos est rapporté par Ad-Dâraqutnî et Al-Bayhaqî, outre que le Prophète (ﷺ) dit à 'Â'isha (رضي الله عنها) : « S'il arrivait que tu meures avant moi, je te laverais et t'ensevelirais ». Ce *hadîth* est rapporté par Ibn Mâjah. Les hanafites soutiennent quant à eux qu'il n'est pas permis à l'homme de laver sa femme, et qu'au cas où il n'y aurait personne pour la laver, il lui accorderait les ablutions sèches. Toutefois les *hadîth* cités constituent une preuve contre eux.

Le lavage de l'enfant par une femme

Ibn Al-Mundhir a dit : « Tous les érudits de qui nous tenons notre science sont unanimes à déclarer qu'il est permis à la femme de laver le petit enfant.

Le statut légal du linceul

L'ensevelissement d'un mort est une obligation collective qui, lorsqu'elle est remplie par un musulman, en dispense les autres. Al-Bukhârî rapporte que Khabbâb (رضي الله عنه) a dit : « Nous avions émigré avec le Prophète (ﷺ) pour l'amour de Dieu et comptant sur Lui pour nous octroyer subsistance. Certains parmi nous moururent avant même d'en avoir mangé, tel Mus'ab Ibn 'Umayr, qui fut tué lors de la Bataille de Uhud. Nous ne trouvâmes pour l'ensevelir qu'une étoffe en guise de manteau court, de sorte que si on lui en couvrait la tête, les pieds restaient découverts et si on lui en enveloppait les pieds, la tête restait nue, alors le Prophète (ﷺ) nous ordonna de lui en couvrir la tête et de mettre sur ses pieds des feuilles d'une herbe appelée : *al-idhkhir* (jonc aromatique). »

Ce qui est louable en matière de linceul

- Qu'il soit neuf, propre, couvrant toute la dépouille, conformément à ce que rapporte Ibn Mâjah et At-Tirmidhî, lequel le considère *hasan* (bon), d'après Qatâda, comme quoi le Prophète (ﷺ) a dit : « Lorsque l'un de vous se charge des funérailles de son frère musulman, qu'il lui procure un linceul convenable ».

- Qu'il soit blanc, conformément à ce que rapporte Ahmad, Abû Dâwûd et At-Tirmidhî – qui l'a authentifié, d'après Ibn 'Abbâs : « Le Prophète (ﷺ) a dit : "Choisissez des vêtements blancs, car ce sont les meilleurs vêtements, et faites-en un linceul pour vos morts". »

- Qu'il soit encensé et parfumé, conformément à ce que rapporte Ahmad et Al-Hâkim, qui l'a authentifié, d'après Jâbir, comme quoi le Prophète (ﷺ) a dit : « Si vous encensez le linceul du mort, faites-le trois fois de suite. » Abû Sa'îd, Ibn 'Umar et Ibn 'Abbâs (رضي الله عنهم) ont recommandé aux leurs d'encenser leurs linceuls.

- Qu'il soit constitué de trois pièces enveloppantes pour l'homme, et de cinq pour la femme, conformément à ce que rapportent Al-Bukhârî, Muslim, Abû Dâwûd, At-Tirmidhî, An-Nasâ'î, Ibn Mâjah et Ahmad, d'après 'Â'isha (رضي الله عنها), laquelle déclare que le Prophète (ﷺ) fut enseveli dans trois pièces de tissu blanc en coton neuf, sans chemise ni turban. At-Tirmidhî a dit : « C'est ce que la majorité des érudits parmi les Compagnons du Prophète (ﷺ) et autres soutient. De son côté, Sufyân Ath-Thawrî a dit : « L'homme sera enseveli dans trois pièces de tissu, dont l'une sous forme de chemise, ou toutes les trois simplement enveloppantes. » Au cas où il serait impossible de se procurer deux pièces de tissu, une seule suffira, mais il est préférable d'en utiliser trois, comme l'affirment Ash-Shâfi'î, Ahmad et Ishâq. Ils déclarent également que la femme sera ensevelie dans cinq pièces de tissu enveloppantes. Umm 'Atiyya (رضي الله عنها) rapporte que pour ensevelir sa fille, le Prophète (ﷺ) lui donna un drap, un chemisier, un voile et deux pièces d'étoffe pour l'en envelopper. Ibn Al-Mundhir conclut : « La majorité des savants auxquels nous nous référons soutiennent qu'on ensevelit la femme dans cinq pièces de tissu. »

Le linceul de celui qui est en *ihrâm* (en état de sacralisation)

Lorsque celui qui est en état d'*ihrâm* vient à décéder, on le lave tel qu'on lave d'habitude les autres morts, mais on l'ensevelit dans son pagne, la tête découverte et sans le parfumer, car les conditions de l'*ihrâm* demeurent effectives, conformément à ce que rapportent Al-Bukhârî, Muslim, Abû Dâwûd, At-Tirmidhî, An-Nasâ'î, Ibn Mâjah et Ahmad, d'après Ibn 'Abbâs qui déclare : « Un homme était avec le Prophète (ﷺ) au Mont 'Arafa, lorsqu'il tomba de sa monture et se brisa le cou. On en informa le Prophète (ﷺ) qui ordonna : « Lavez-le avec de l'eau et du lotus et ensevelissez-le dans les deux pièces de son pagne, sans le parfumer ni couvrir sa tête, car il sera ressuscité le Jour de la résurrection proclamant la *talbiyya* (formule que les pèlerins répètent durant le pèlerinage) ». Les hanafites et les mâlikites soutiennent que si celui qui est en *ihrâm* vient à mourir, son *ihrâm* est interrompu et partant, il doit être enseveli tel un mort ordinaire : son linceul sera cousu de façon à couvrir sa tête, de même qu'il sera parfumé. Ils soutiennent que le cas de l'homme décédé à 'Arafa est spécifique et ne saurait être général. Or, le fait qu'il ressuscite le Jour de la résurrection proclamant la *talbiyya*, prouve que c'est là un cas qui concerne tout pèlerin en général du moment que nulle preuve tangible justifiant la spécificité du cas n'est alléguée.

Il est réprouvable d'exagérer le prix du linceul

Le linceul devra être convenable sans qu'il soit d'un prix exagéré. Ash-Sha'bî rapporte que 'Alî (رضي الله عنه) a dit : « N'exagère pas le prix de mon linceul, car j'ai entendu le Prophète (ﷺ) dire : « N'exagérez pas le prix du linceul, car il se détériore rapidement ». Ce *hadîth* est rapporté par Abû Dâwûd ; dans sa chaîne de transmission figure Abû Mâlik, lequel suscite des commentaires. Par ailleurs, Hudhayfa a dit : « N'exagérez pas le prix du linceul et achetez-moi deux pièces de tissu propres. » De son côté, Abû Bakr recommanda : « Lavez mon vêtement que voici, ajoutez-y deux autres pièces de tissu et utilisez-les pour m'ensevelir. » 'Â'isha (رضي الله عنها) lui dit : « Celui-là est vétuste. Alors il lui répondit : « Le vivant est plus en droit de porter du neuf ; le linceul est destiné à contenir le pus. »

Le linceul en soie

Il est interdit à l'homme d'être enseveli dans un tissu en soie, alors que c'est permis pour la femme et ce, conformément au propos du Prophète (ﷺ) concernant l'or et la soie : « Ils sont illicites aux hommes de ma Communauté, licites aux femmes.» Toutefois, un grand nombre d'érudits estime réprouvable d'ensevelir la femme dans un linceul de soie, en raison du gaspillage que son prix implique, d'autant qu'il est réprouvable d'exagérer le prix du linceul. Ils établissent une différence entre l'utilisation de la soie comme parure de la femme de son vivant et le fait de le prendre comme linceul pour couvrir sa dépouille. Ahmad a dit : « Je n'aime pas qu'une femme soit ensevelie dans un linceul de soie. » Al-Hasan, Ibn Al-Mubârak et Ishâq l'ont eux-mêmes réprouvé. Ibn Al-Mundhir ajoute : « Je n'ai point entendu d'opinion contraire à la leur. »

Les frais du linceul sont prélevés sur le capital légué

Lorsque le mort a légué un capital, les frais de son linceul sont prélevés dessus. Mais quand il n'a rien légué, ces frais incombent à celui qui assumait son entretien ; sinon, les frais seront assumés par la trésorerie de l'État ; sinon, ces frais incombent aux musulmans eux-mêmes, le cas de l'homme et celui de la femme étant en cela similaires. Ibn Hazm a dit : « Les frais du linceul et de l'enterrement de la femme seront prélevés sur son propre capital et n'incomberont en rien à son mari, car les biens des musulmans sont préservés, à moins d'une prescription coranique ou prophétique contraire. Le Prophète (ﷺ) a dit : « Le sang d'autrui et ses biens vous sont illicites ». Dieu (ﷻ) a prescrit à l'époux de s'acquitter des frais d'entretien de sa femme, de ses vêtements et de son habitation. Or ni le linceul ni les frais de préparation de la tombe ne figurent dans lesdites prescriptions divines incombant à l'époux. »

La prière du mort

Son statut légal

Les docteurs de la Loi sont unanimes à déclarer que la prière du mort est une obligation dont le reste de la Communauté est exempt dès lors qu'un groupe de musulmans s'en acquitte. De fait, le Prophète (ﷺ) a ordonné de s'en acquitter, et les musulmans l'assument depuis toujours. Al-Bukhârî et Muslim rapportent d'après Abû Hurayra que lorsqu'on apportait devant le Prophète (ﷺ) un mort endetté, il demandait s'il avait légué de quoi honorer sa dette. Si tel était le cas, il lui accordait lui-même la prière mortuaire ; sinon, il ordonnait aux musulmans : « Accordez la prière mortuaire à votre compagnon ».

Ses mérites

L'ensemble des doctes rapporte d'après Abû Hurayra que le Prophète (ﷺ) a dit : « Quiconque suit un convoi funèbre et accomplit la prière du mort, bénéficiera d'un *qîrâṯ* ; quiconque y participe jusqu'à la fin des funérailles bénéficiera de deux *qîrâṯ*, dont le plus petit est de la dimension de Uẖud – ou : dont l'un est de la dimension de Uẖud ». Muslim rapporte que Khabbâb (رضي الله عنه) a dit : « Ô 'Abd Allâh Ibn 'Umar, n'entends-tu pas ce que dit Abû Hurayra ? Il déclare avoir entendu le Prophète (ﷺ) dire : « Quiconque suit un convoi funèbre depuis le lieu du décès, participe à la prière accordée à la dépouille et la suit jusqu'à ce qu'elle ait été enterrée, bénéficiera en récompense de deux *qîrâṯ* dont chacun est de la dimension de Uẖud. Et quiconque participe à la prière accordée à la dépouille puis revient, bénéficiera d'une récompense de la dimension de Uẖud. » Ibn 'Umar (رضي الله عنهما) envoya Khabbâb à 'Â'isha (رضي الله عنها) pour s'enquérir des propos d'Abû Hurayra. Lorsque Khabbâb revint, il lui apprit : « 'Â'isha a affirmé qu'Abû Hurayra disait vrai ». Alors Ibn 'Umar dit : « Nous avons manqué, par négligence, bien des *qîrâṯ*. »

Les conditions inhérentes à la prière du mort

Toutes les conditions requises pour la prière prescrite sont nécessaires pour la prière mortuaire, c'est-à-dire : la purification de l'impureté majeure et mineure, l'orientation vers la Ka'ba et la dissimulation des parties intimes. Mâlik rapporte d'après Nâfi' que 'Abd Allâh Ibn 'Umar (رضي الله عنهما) disait : « L'homme ne doit participer à la prière mortuaire que s'il est purifié. » Cette prière diffère des prières prescrites du fait qu'elle n'a pas un temps d'exécution déterminé, mais s'accomplit à tout moment de la journée dès lors que la dépouille est préparée, même aux moments où il est habituellement déconseillé de procéder aux prières prescrites, selon les ẖanafites et les shâfi'ites. Aẖmad, Ibn Al-Mubârak et Isẖâq soutiennent qu'il est réprouvable d'y procéder au lever du soleil, au moment de la méridienne et au coucher du soleil, à moins que l'on craigne la détérioration de la dépouille.

Les actes obligatoires de la prière du mort

La prière mortuaire comprend des actes obligatoires sans lesquels elle ne saurait être valide :

1- L'intention, conformément au propos de Dieu – Gloire à Lui : {*On ne leur a ordonné que d'adorer Dieu en Lui vouant un culte exclusif*} (S.

98, V. 5)[1], et conformément au *hadîth* : « Les actes ne valent que par les intentions et à tout un chacun ce dont il a nourri l'intention ». Nous avons déjà défini l'intention et souligné qu'elle était intérieure et qu'il n'était pas demandé de la prononcer verbalement.

2- La station debout, pour celui qui en est capable. La majorité des doctes la considère obligatoire, car la prière mortuaire en position assise ou sur une monture n'est pas valide – pour celui qui procède ainsi sans raison valable. L'auteur du « *Al-Mughnî* » a dit : « Il n'est pas permis de procéder à la prière mortuaire en étant sur une monture, car la station debout est un acte obligatoire. Telle est la position soutenue par Abû Hanîfa, Ash-Shâfi'î et Abû Thawr, position que nul – à ma connaissance – n'a contesté. Il est également louable de poser la main droite sur la main gauche pendant la station debout, à l'instar de l'attitude observée lors des autres prières. Toutefois, certains soutiennent le contraire, mais ladite attitude est plus plausible.

3- Les quatre formules de la *takbîra* (Dieu est le plus Grand) à répéter quatre fois, conformément à ce que rapportent Al-Bukhârî et Muslim d'après Jâbir, lequel a dit que le Prophète (ﷺ) procéda à la prière sur le Négus et prononça quatre fois la *takbîra*. At-Tirmidhî ajoute que c'est l'opinion adoptée par la majorité des érudits parmi les Compagnons du Prophète (ﷺ) et autres. C'est aussi celle de Sufyân, Mâlik, Ibn Al-Mubârak, Ash-Shâfi'î, Ahmad et Ishâq.

4- Lever les mains au moment de la *takbîra*. La tradition stipule de ne lever les mains pendant la prière mortuaire qu'au moment de la première *takbîra*. Après avoir mentionné les divergences et commenté les différentes preuves alléguées par chaque partie, Ash-Shawkânî conclut : « En somme, à part la première *takbîra*, rien de plausible n'est confirmé prouvant que le Prophète (ﷺ) levait les mains dans les autres *takbîra*. De même que nulle preuve n'est attestée dans les actes et les propos des Compagnons à ce sujet. Aussi sied-t-il de ne lever les mains que lors de la première *takbîra*, du moment que le passage d'une *rak'a* à une autre – acte nécessitant de lever à nouveau les mains avec la *takbîra* – est un principe qui, à l'opposé des prières prescrites, n'existe pas dans la prière mortuaire. »

5- La récitation de la *fâtiha* et l'invocation de la paix et du salut sur le

---

1 ﴿وَمَآ أُمِرُوٓاْ إِلَّا لِيَعۡبُدُواْ ٱللَّهَ مُخۡلِصِينَ لَهُ ٱلدِّينَ﴾

Prophète, conformément à ce que rapporte Ash-Shâfi'î dans son « *Musnad* », d'après Abû Umâma Ibn Sahl, qui l'informa qu'un Compagnon du Prophète (ﷺ) lui avait appris que la tradition concernant la prière mortuaire consiste à ce que l'imâm prononce la *takbîra* puis récite la *fâtiha* en lui-même, prie sur le Prophète, invoque Dieu sincèrement pour le mort, sans rien réciter du Coran lors des autres *takbîra*, et enfin achève la prière en prononçant en lui-même le salut final. (la majorité des doctes soutient que l'imâm prononce haut la *takbîra* et le salut final pour en informer les gens qui sont derrière lui). L'auteur du « *Al-Fath* » (Ibn Hajar Al-'Asqalânî), déclare que la chaîne de transmission de ce propos est authentique. Par ailleurs, Al-Bukhârî rapporte que Talha Ibn 'Abd Allâh a dit : « J'assistai avec Ibn 'Abbâs à une prière mortuaire. Il y récita la *fâtiha* et déclara que c'était là une tradition. » At-Tirmidhî ajoute : « C'est la position de certains érudits parmi les Compagnons et autres, qui optent pour la récitation de la *fâtiha* après la première *takbîra*. C'est également la position d'Ash-Shâfi'î, Ahmad et Ishâq. » Toutefois certains soutiennent qu'il ne faut pas réciter de Coran lors de la prière mortuaire et qu'il suffit de rendre Gloire à Dieu Tout Puissant, de prier sur le Prophète (ﷺ) et d'invoquer Dieu pour le mort. Telle est la position d'Ath-Thawrî et autres doctes parmi les savants de Kûfa. Ceux qui soutiennent que la récitation de la *fâtiha* est obligatoire allèguent comme preuve que le Prophète (ﷺ) a appelé cette prière *salâ*, et ce lorsqu'il a dit : « Accordez la *salâ* à votre compagnon ». En outre, il a dit : « Nulle *salâ* n'est agréée sans la récitation de la *fâtiha* ».

La formule de la prière et du salut sur le Prophète et le moment de la réciter

La prière et le salut sur le Prophète (ﷺ) seront exprimés au moyen d'une formule quelconque, quand bien même on se limiterait à dire : « Seigneur, que la prière soit sur Muhammad. » Toutefois, se conformer à la tradition est préférable. Aussi, est-il louable de dire : « Seigneur, que la prière et le salut soient sur Muhammad et les siens comme ils le sont sur Ibrâhîm et les siens. Seigneur, que la bénédiction soit sur Muhammad et les siens comme elle l'est sur Ibrâhîm et les siens, bénis entre tous les hommes ; Tu es digne de tout éloge et de toute Glorification. » Après cela, on prononcera la deuxième *takbîra*, tel qu'il apparaît, même si rien n'a été rapporté concernant le moment de la réciter.

6- L'invocation. Les jurisconsultes sont unanimes à déclarer qu'elle constitue un acte obligatoire, et ce, conformément au propos du Prophète (ﷺ) suivant : « Si vous procédez à la prière mortuaire, invoquez sincèrement Dieu pour le défunt. » Ce *hadîth* est rapporté par Abû Dâwûd, Al-Bayhaqî, Ibn Mâjah et Ibn Hibbân, qui l'a authentifié. L'invocation se fera par une formule quelconque, aussi courte soit-elle. Toutefois, il est louable d'invoquer Dieu pour le mort conformément aux énoncés authentiques que voici :

- Abû Hurayra rapporte que le Prophète (ﷺ) invoqua Dieu lors d'une prière mortuaire et dit : « Seigneur, Tu es son Dieu ; c'est Toi Qui l'as créé ; c'est Toi Qui as pourvu à sa subsistance ; c'est Toi Qui l'as guidé sur la voie de l'Islam ; c'est Toi Qui as repris son âme et c'est Toi Qui connais ce qu'il cachait et ce qu'il publiait. Nous sommes venus intercéder en sa faveur. Pardonne-lui ses péchés. »

- Wâthila Ibn Al-Asqa' rapporte : « Le Prophète (ﷺ) accorda la prière mortuaire à un musulman décédé et je l'entendis dire : « Seigneur, untel, fils d'untel, est auprès de Toi et en Ta protection. Préserve-le des tourments de la tombe et du supplice de l'Enfer. Tu es digne de Toute Promesse et de Toute Équité. Seigneur, pardonne-lui et accorde-lui Ta Miséricorde. Tu es digne de Pardon et de Miséricorde ». Les deux *hadîth* sont rapportés par Ahmad et Abû Dâwûd.

- 'Awf Ibn Mâlik déclare avoir entendu le Prophète (ﷺ) dire, lors d'une prière mortuaire : « Seigneur, pardonne-lui. Accorde-lui Ta Miséricorde. Fais-lui grâce. Élargis la porte par laquelle il entrera. Lave-le avec l'eau, la neige et la grêle. Purifie-le des péchés comme on purifie le vêtement blanc de toute souillure. Accorde-lui une demeure qui soit meilleure que la sienne, une famille meilleure que la sienne, une épouse meilleure que la sienne et préserve-le des tourments de la tombe ainsi que du supplice de l'Enfer.» Ce *hadîth* est rapporté par Muslim.

- Abû Hurayra rapporte que le Prophète (ﷺ) procéda à une prière mortuaire et dit : « Seigneur, pardonne-nous tous, vivants et défunts, petits et grands, hommes et femmes, présents et absents. Seigneur, fais en sorte que celui que Tu gardes vivant observe la voie de l'Islam, et que celui que Tu rappelles à Toi meurt en ayant la foi. Seigneur, ne nous prive pas de sa récompense et ne nous égare pas après lui. » Ce *hadîth* est rapporté par Ahmad, Abû Dâwûd, At-Tirmidhî, An-Nasâ'î et Ibn Mâjah. Si le défunt est un enfant, il est louable de dire : « Seigneur, fais de lui notre précurseur au Paradis et notre trésor dans la balance des bonnes œuvres. » Ce *hadîth* est rapporté par Al-Bukhârî et Al-Bayhaqî, d'après des propos d'Al-Hasan. An-Nawawî a dit : « Si le défunt est un petit enfant (garçon ou fille), on se limitera au *hadîth* précité : « Seigneur, pardonne-nous tous, vivants et défunts, petits et grands... », auquel on ajoutera : « Seigneur, fais de lui le précurseur de ses parents au Paradis, leur trésor dans la balance des bonnes œuvres, un bon exemple pour eux, une leçon qui les exhorte au bien et un intercesseur en leur faveur. Seigneur, inspire-leur patience et endurance, ne les abandonne pas après lui à la tentation et ne les prive pas de sa récompense. »

Quand prononce-t-on ces invocations ?

Ash-Shawkânî a dit : « Rien ne nous est parvenu concernant le moment de proclamer ces invocations. Celui qui prie aura donc le choix entre réciter ce qu'il veut d'un trait après la première, la deuxième ou la troisième *takbîra*, et réciter une invocation après chacune des *takbîra* (ou après chaque couple), de manière à faire toutes les invocations rapportées d'après le Prophète (ﷺ). » Puis Ash-Shawkânî ajoute qu'il semble plus plausible de proclamer ces invocations au masculin, que le défunt soit du sexe masculin ou féminin, car le référent est toujours un : le mort.

7- L'invocation après la quatrième *takbîra*. Il est louable d'invoquer Dieu après la quatrième *takbîra*, quand bien même on l'aurait déjà fait après la troisième. De fait, Ahmad rapporte d'après 'Abd Allâh Ibn Abî Awfâ, que lorsque ce dernier perdit une fille, il proclama quatre fois de suite la *takbîra*, puis se mit à invoquer Dieu un moment. Il expliqua ensuite son geste en ces termes : « C'est ainsi que le Prophète (ﷺ) procédait lors de la prière du mort ». Ash-Shâfi'î ajoute : « Après cela, il dira : « Seigneur, ne nous prive pas de sa récompense et ne nous abandonne pas après lui à la tentation. » Abû Hurayra rapporte pour sa part que les Prédécesseurs disaient après la quatrième *takbîra* : « Seigneur, accorde-nous une bonne œuvre ici-bas et une bonne œuvre dans l'au-delà, et préserve-nous des supplices de l'Enfer. »

8- La salutation finale. La majorité des jurisconsultes est unanime à déclarer qu'elle est obligatoire. Quant à Abû Hanîfa, il soutient que les deux salutations à droite et à gauche sont recommandées, mais non obligatoires. La majorité des jurisconsultes allègue comme preuve du caractère obligatoire de la salutation finale que la prière mortuaire est une prière, et la salutation finale est l'acte qui libère de la prière. Par ailleurs, Ibn Mas'ûd a dit : « La salutation finale lors de la prière mortuaire et pendant la prière prescrite est un même acte. » Elle pourra se limiter à la formule : « Que la paix soit sur vous ». Ahmad estime que la tradition consiste à la prononcer une seule fois, que ce soit en tournant à droite ou en regardant face à soi, conformément à la conduite du Prophète (ﷺ) et à celle de ses Compagnons, lesquels prononçaient une seule fois la formule de salutation finale, sachant que personne à leur époque n'a contesté une telle conduite. Ash-Shâfi'î, quant à lui, estime louable de prononcer la formule deux fois, la première en se tournant à droite, et la seconde en se tournant à gauche. Ibn Hazm estime pour sa part que la deuxième salutation est un acte d'adoration et une œuvre pie.

Comment effectuer la prière mortuaire ?

Après avoir rempli les conditions requises pour la prière sur le défunt présent, celui qui procède à cette prière se tiendra en station debout, en concevra l'intention, puis lèvera les mains au moment de la *takbîra* d'ouverture, posera la main droite sur la main gauche et commencera à réciter la *fâtiha*. Après quoi, il prononcera la formule de la *takbîra*, priera sur le Prophète, formulera à nouveau la *takbîra*, invoquera Dieu pour le mort, formulera encore la *takbîra*, invoquera Dieu pour le mort et enfin, prononcera la salutation finale.

Où se tient l'imâm par rapport à la dépouille mortelle ?

Conformément à la tradition, l'imâm se tient debout près de la tête si la dépouille est celle d'un homme et au niveau de la taille si le défunt est une femme. A ce propos, On rapporte que Anas, procédant à la prière mortuaire en faveur d'un homme, se tint au niveau de la tête de la dépouille et lorsque celle-ci fut enlevée et que l'on apporta celle d'une femme, il se plaça au niveau de sa taille. Lorsqu'on lui demanda si le Prophète (ﷺ) s'était tenu ainsi, il répondit par l'affirmative. Ce propos est rapporté par Ahmad, Abû Dâwûd, Ibn Mâjah et At-Tirmidhî, qui le juge bon. Par ailleurs, At-Tahâwî ajoute : « C'est la position qui nous agrée le plus, car tout ce que nous avons rapporté d'après le Prophète (ﷺ) le confirme. »

La prière sur plus d'un défunt

S'il y a plus d'un mort, hommes ou femmes, ils seront disposés en rang devant l'imâm et en direction de la Ka'ba, le plus pieux en première position par rapport à la Ka'ba. De fait, Nâfi' rapporte qu'Ibn 'Umar procéda un jour à la prière en faveur de neuf défunts hommes et femmes, disposant les hommes du côté de l'imâm et les femmes du côté de la Ka'ba, tous formant un seul rang. Le jour où on procéda à la prière mortuaire accordée à Umm Kulthûm, fille de 'Alî et épouse de 'Umar, et à son enfant appelé Zayd, on disposa l'enfant du côté de l'imâm qui était Sa'îd Ibn Al 'Âs. Parmi les présents, il y avait Ibn 'Abbâs, Abû Hurayra, Abû Sa'îd et Abû Qatâda. On rapporte qu'un homme, trouvant indigne qu'on dispose l'enfant du côté de l'imâm, regarda Ibn 'Abbâs, Abû Hurayra, Abû Sa'îd et Abû Qatâda et s'enquit d'une telle conduite. Alors ils lui répondirent : « C'est la tradition. » Ce fait est rapporté par An-Nasâ'î et Al-Bayhaqî. Al-Hâfidh ajoute que sa chaîne de transmission est authentique. Dans un *hadîth*, on rapporte que si l'on procède à une prière mortuaire accordée à un enfant et à une femme, l'enfant sera disposé du côté de l'imâm, et la femme du côté de la Ka'ba. Au cas où il y aurait des hommes, des femmes et des enfants, on disposera du côté de l'imâm les hommes, suivis des enfants, et les femmes du côté de la Ka'ba.

Du caractère louable de se tenir debout et alignés en trois rangs

Il est louable que ceux qui assistent à la prière mortuaire soient disposés en trois rangs alignés, conformément à cette tradition rapportée par Mâlik Ibn Hubayra : « Le Prophète (ﷺ) a dit : "Tout croyant à la prière mortuaire duquel assiste un groupe de musulmans qui forment trois rangs, sera absout de ses péchés". » Aussi Mâlik Ibn Hubayra s'arrangeait-il, lorsque ceux qui assistaient à la prière mortuaire étaient peu nombreux, de les disposer en trois rangs. Ce propos est rapporté par Ahmad, Abû Dâwûd, Ibn Mâjah et At-Tirmidhî, qui le considère bon, de même qu'Al-Hâkim, qui l'a authentifié. Ahmad a dit : « Il est louable, si les orants sont peu nombreux, de les disposer en trois rangs ». On l'interrogea alors : « Et s'il n'y a que quatre personnes, comment doit-on les disposer ? – En deux rangs de deux hommes chacun », répondit-il, répugnant à les disposer en trois rangs d'un homme chacun.

Il est louable d'être nombreux à la prière mortuaire

A ce propos, 'Â'isha (رضي الله عنها) rapporte que le Prophète (ﷺ) a dit : « Tout croyant à la prière mortuaire duquel assiste un groupe de musulmans formant une centaine de personnes qui intercèdent tous en sa faveur, bénéficiera, auprès de Dieu, de leur intercession ». Ce *hadîth* est rapporté par Ahmad, Muslim et At-Tirmidhî. Par ailleurs, Ibn 'Abbâs rapporte avoir entendu le Prophète (ﷺ) dire : « Tout homme musulman à la prière mortuaire duquel assistent quarante hommes qui n'associent rien à Dieu, bénéficiera auprès de Dieu de leur intercession. » Ce *hadîth* est rapporté par Ahmad, Muslim et Abû Dâwûd.

De celui qui a été devancé lors de la prière mortuaire

Celui qui a été devancé par des formules de *takbîra* lors de la prière mortuaire, peut les formuler de suite, mais s'il ne les formule pas, sa prière sera valide. Ibn 'Umar, Al-Hasan, Ayyûb As-Sikhtiyyânî et Al-Awzâ'î soutiennent qu'il n'a pas à les formuler et peut prononcer la salutation finale avec l'imâm. De même, Ahmad affirme qu'il n'y a pas de blâme à ce qu'il ne les formule pas. L'auteur du « *Al-Mughnî* » (Ibn Qudâma) approuve également ce point de vue et dit : « Nous avons comme preuve le propos d'Ibn 'Umar, que personne parmi les Compagnons n'a contesté. Par ailleurs, on rapporte d'après 'Â'isha (رضي الله عنها) qu'elle a dit : « Ô Envoyé de Dieu, il m'arrive, en prenant part à la prière du mort, de ne pas entendre certaines *takbîra*. Alors il lui répondit : « Tu répéteras celles que tu auras entendues, sans te soucier de celles que tu auras manquées ». C'est là une réponse explicite. Par ailleurs, les *takbîra* se formulant à la suite, il n'est pas indispensable de formuler celles que l'on aura manquées, et ce, à l'instar des *takbîra* des deux fêtes. »

Ceux à qui on accorde la prière du mort et ceux à qui on ne l'accorde pas

Les jurisconsultes sont unanimes à dire qu'il faut obligatoirement procéder à la prière mortuaire pour le musulman, homme ou femme, grand ou petit. Ibn Al-Mundhir a dit : « Les érudits sont unanimes à soutenir que si la vie du nouveau-né a été attestée (par un cri ou un éternuement, par exemple), il est obligatoire de lui accorder la prière mortuaire. A ce propos, Al-Mughîra Ibn Shu'ba rapporte que le Prophète (ﷺ) a dit : « Celui qui est à dos de monture marchera derrière le convoi funèbre, le piéton devant, près de la dépouille, à sa droite ou à sa gauche ; l'avorton bénéficiera de la prière mortuaire, et pour ses parents, on invoquera le pardon et la miséricorde divines ». Ce *hadîth* est rapporté par Ahmad et Abû Dâwûd, qui ajoute : « Le piéton marche derrière la dépouille, devant elle, à sa droite ou à sa gauche, tout près d'elle. » Dans une autre version : « Celui qui est à dos de monture se placera derrière le convoi funèbre, et le piéton là où il veut ; le petit enfant bénéficiera de la prière mortuaire. » Cette version est rapportée par Ahmad, An-Nasâ'î et At-Tirmidhî, qui l'a authentifiée.

La prière mortuaire pour l'avorton

L'avorton qui n'a pas dépassé les quatre mois de grossesse ne nécessite ni lavage ni prière mortuaires. Il sera simplement enveloppé dans une pièce d'étoffe et inhumé, sans divergence entre la majorité des jurisconsultes. S'il a plus de quatre mois de grossesse et qu'il naisse vivant, on lui accordera le lavage et la prière mortuaires, à l'unanimité des jurisconsultes. S'il est mort-né, il ne bénéficiera pas de la prière, selon les hanafites, Mâlik, Al-Awzâ'î et Al-Hasan. A ce propos, At-Tirmidhî, An-Nasâ'î, Ibn Mâjah et Al-Bayhaqî rapportent, citant Jâbir, que le Prophète (ﷺ) a dit : « Si l'avorton est né vivant, il bénéficiera de la prière mortuaire et de la succession ». Le *hadîth* pose donc comme condition que l'avorton naisse vivant. Ahmad, Sa'îd, Ibn Sîrîn et Ishâq soutiennent qu'il faut laver l'avorton mort-né et lui accorder la prière mortuaire, conformément à ce qui a été rapporté dans un autre *hadîth* stipulant que le fœtus, dès quatre mois, est pourvu du souffle de la vie et mérite dès lors la prière mortuaire. Ainsi, les jurisconsultes constatent que le dernier *hadîth* se trouve opposé au précédent, lequel est plus plausible, et ne constitue donc pas une preuve tangible qui puisse être alléguée.

Le martyr et la prière mortuaire

Le martyr est celui qui a été tué lors d'un combat contre les impies. Des *hadîth* authentiques prouvent qu'on ne procède pas à la prière mortuaire pour le martyr.

Al-Bukhârî rapporte d'après Jâbir que le Prophète (ﷺ) ordonna d'inhumer les martyrs de Uhud dans leur sang, sans les laver ni leur accorder de prière mortuaire.

Ahmad, Abû Dâwûd et At-Tirmidhî rapportent d'après Anas que les martyrs de Uhud ne furent pas lavés, mais inhumés dans leur sang, sans prière mortuaire.

D'autres *hadîth* authentiques sont rapportés stipulant qu'on accorde la prière mortuaire aux martyrs :

Al-Bukhârî rapporte d'après 'Uqba Ibn 'Âmir, que le Prophète (ﷺ) sortit un jour et procéda à la prière mortuaire en faveur des morts de Uhud, tel qu'il procédait pour les autres morts, et ce, huit ans après cet événement. On aurait dit qu'il faisait ses adieux aux morts comme aux vivants.

Abû Mâlik Al-Ghifârî a dit : « On apporta neuf par neuf les martyrs de Uhud, Hamza étant chaque fois le dixième, et le Prophète (ﷺ) leur accorda de suite la prière mortuaire. » Ce propos est rapporté par Al-Bayhaqî qui le dit être le plus authentique du chapitre, sachant que c'est un *hadîth* relâché.

Les opinions des jurisconsultes divergent sur ces *hadîth*. Certains les adoptent tous ; d'autres privilégient certaines versions plutôt que d'autres. Parmi ceux qui les adoptent tous, citons Ibn Hazm, lequel considère qu'il est permis de procéder à la prière comme de ne pas y procéder, soulignant que l'accomplir est aussi bien que d'y renoncer. C'est là un des avis attribués à Ahmad. C'est aussi l'opinion qui obtient l'agrément d'Ibn Al-Qayyim, lequel a dit : « Le plus logique concernant cette question est la liberté de choix, étant donné que chacune des solutions est attestée par des traditions. C'est là une des versions attribuées à Ahmad, la plus conforme à sa doctrine. » Puis il ajoute : « Il apparaît qu'en ce qui concerne les martyrs de Uhud, la prière mortuaire ne leur a pas été accordée au moment de l'enterrement. Soixante-dix hommes avaient été tués à 'Uhud, et la prière mortuaire sur un nombre aussi important ne peut passer inaperçu. Le *hadîth* rapporté par Jâbir Ibn 'Abd Allâh mentionnant que la prière ne leur avait pas été accordée est authentique et explicite, d'autant que son père, 'Abd Allâh, figurait parmi les morts ce jour-là. Jâbir est donc plus en mesure d'en juger que tout autre. »

En revanche, Abû Hanîfa, Ath-Thawrî, Al-Hasan et Ibn Al-Musayyab privilégient les traditions qui mentionnent l'exécution de la prière et soutiennent qu'il est obligatoire d'accorder au martyr la prière mortuaire.

A l'opposé, Mâlik, Ash-Shâfi'î, Ishâq et Ahmad, d'après un de ses avis, privilégient l'opinion contraire et soutiennent qu'il ne faut pas procéder à la prière mortuaire dans le cas du martyr. Dans « *Al-Umm* », Ash-Shâfi'î déclare, défendant son opinion : « Des informations parvenant de multiples sources prouvent que le Prophète (ﷺ) n'a pas accordé la prière mortuaire aux défunts de Uhud. Les versions rapportant le contraire et affirmant qu'il a proclamé soixante-dix fois la *takbîra* en faveur de Hamza, ne sauraient être authentiques. Ceux qui allèguent de telles opinions, lesquelles vont à l'encontre des *hadîth* authentiques, devraient avoir honte d'eux-mêmes. » Puis il ajoute : « Quant au *hadîth* de 'Uqba Ibn 'Âmir, il mentionne que la prière des morts eut lieu huit ans après les combats et que le Prophète invoqua Dieu pour les martyrs de U<u>h</u>ud et sollicita pour eux la Miséricorde lorsqu'il sentit sa fin imminente, leur faisant ainsi ses adieux. Or, un tel comportement ne signifie en rien que le statut en vigueur ait été abrogé. »

Celui qui meurt de ses blessures après les combats

Celui qui, blessé pendant les combats, reste en vie un temps, puis meurt, bénéficie du lavage et de la prière mortuaire, même s'il est considéré comme un martyr, car le Prophète (ﷺ) lava Ibn Sa'd Ibn Mu'âdh et lui accorda la prière mortuaire après qu'il soit mort des suites d'une blessure provoquée par une flèche lui ayant sectionné la veine médiane. De fait, Sa'd fut transporté dans la mosquée où il demeura quelques jours avant que sa blessure ne s'ouvrît de nouveau et n'entraînât sa mort – que Dieu l'ait en Sa sainte Miséricorde. Si le blessé ne reste pas en vie un temps, tel, par exemple, celui qui arrive à parler, manger et boire puis meurt, on ne le lavera pas et on ne lui accordera pas la prière mortuaire. Dans « *Al-Mughnî* » ainsi que dans « *Futû<u>h</u> Ash-Shâm* », il est rapporté qu'un homme dit : « Je pris de l'eau, espérant en apaiser la soif de mon cousin si je le trouvais vivant. Je découvris Al-<u>H</u>ârith Ibn Hishâm. Comme je m'approchais de lui pour lui donner à boire, un homme lui adressa un regard. Il me fit alors signe de lui donner à boire en premier. Je m'approchais de ce dernier quand un autre homme lui adressa un regard. A son tour, il me fit signe d'aller lui donner à boire en premier. Or, ils moururent tous. Aucun d'entre eux ne bénéficia du lavage ni de la prière mortuaire, sachant qu'ils moururent après les combats. »

La prière sur celui à qui on a infligé une peine légale

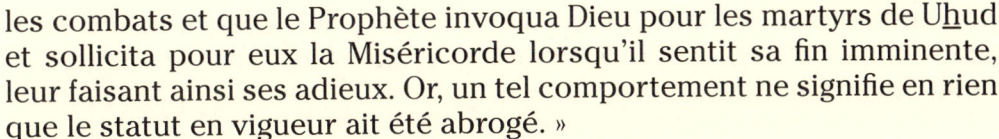

Celui qui meurt des suites de l'application d'une peine légale est lavé et bénéficie de la prière mortuaire. A ce propos, Al-Bukhârî rapporte d'après Jâbir qu'un homme de la tribu d'Aslam vint trouver le Prophète (ﷺ) et reconnut avoir commis l'adultère. Le Prophète (ﷺ) se détourna de lui jusqu'à ce que l'homme eût témoigné contre lui-même quatre fois de suite. Alors le Prophète (ﷺ) lui demanda : « Es-tu aliéné ? – Non, répondit l'homme. –Es-tu marié ? s'enquit le Prophète (ﷺ). – Oui, reprit encore l'homme. Alors le Prophète (ﷺ) ordonna qu'on le lapidât au Mu<u>s</u>allâ. Lorsqu'il fut accablé par les pierres, il voulut prendre la fuite. Mais on le rattrapa et on le lapida à mort. Le Prophète (ﷺ) le loua et lui accorda la prière mortuaire. A<u>h</u>mad commente : « A notre connaissance, le Prophète (ﷺ) ne négligea d'accorder la prière mortuaire qu'à celui qui s'approprie une part du butin avant le partage ou celui qui se suicide. »

La prière pour celui qui s'est approprié une part du butin avant le partage, pour celui qui s'est suicidé et pour les autres pécheurs

Pour la majorité des doctes, la prière mortuaire est accordée à celui qui s'est approprié une part du butin avant le partage, à celui qui s'est suicidé et aux autres pécheurs. An-Nawawî rapporte qu'Al-Qâdî 'Iyâd a dit : « La doctrine de l'ensemble des doctes est d'accorder la prière mortuaire à tout musulman, à tout condamné à mort pour une peine légale, à tout lapidé, à tout suicidé et à tout enfant adultérin. On rapporte toutefois que le Prophète (ﷺ) n'a pas accordé la prière mortuaire à celui qui s'est approprié une part du butin avant le partage et à celui qui s'est suicidé. Par ce refus, il visait sans doute à réprimer de tels actes. Il refusa de même de prier pour l'endetté, et ordonna aux musulmans de lui accorder la prière mortuaire. »

Par ailleurs, Ibn Hazm a dit : « On accorde la prière mortuaire à tout musulman, pieux ou libertin, tué pour une peine, pour hérésie ou pour adultère. De même que devraient assister à la prière l'imâm et autres. On l'accorde de même à l'auteur d'une innovation blâmable tant qu'il n'a pas atteint l'incroyance, au suicidé et à l'assassin. Bref on accorde la prière mortuaire à tout musulman, quand bien même il serait le plus vicieux parmi les gens, car la recommandation formulée par le Prophète (ﷺ) : « Accordez la prière mortuaire à votre compagnon » est globale, et tout musulman est notre compagnon. Dieu (عز وجل) a dit : {*Les croyants sont des frères les uns des autres*} (S. 49, V. 10).[1] De même, il a dit : {*Les croyants et les croyantes sont alliés les uns des autres*} (S. 9, V. 71).[2] Aussi, quiconque refuse la prière à un musulman, aura perpétré un acte incommensurable. De fait, le libertin a plus besoin des invocations de ses frères croyants que l'homme pieux qui bénéficie de la miséricorde divine. Par ailleurs, on rapporte de sources authentiques qu'un homme décéda à Khaybar et le Prophète (ﷺ) ordonna : « Procédez vous-mêmes à la prière mortuaire pour votre compagnon, car il

---

1 ﴿إِنَّمَا ٱلْمُؤْمِنُونَ إِخْوَةٌ﴾

2 ﴿وَٱلْمُؤْمِنُونَ وَٱلْمُؤْمِنَٰتُ بَعْضُهُمْ أَوْلِيَآءُ بَعْضٍ﴾

s'est approprié du butin gagné pour la cause de Dieu. » Lorsqu'ils fouillèrent ses effets, ils découvrirent une perle d'un collier qui ne valait pas deux dirhams. De sources authentiques, on rapporte également que 'Aṯâ' procédait à la prière pour l'enfant adultérin, pour la mère de ce dernier, pour les deux époux qui proclament la malédiction en cas de divorce, pour celui qui a été flagellé, pour celui qui a été lapidé et pour celui qui meurt en fuyant les combats pour la cause de Dieu. 'Aṯâ' a dit : « Je ne refuse point la prière mortuaire à qui proclame : « Il n'y a nulle divinité en dehors de Dieu. » Dieu (ﷻ) a dit : {...*une fois bien établi que ceux-là sont destinés à l'Enfer*} (S. 9, V. 113).[1] Par ailleurs, on rapporte de sources authentiques que Ibrâhîm An-Nakha'î a dit : « Ils ne refusaient la prière mortuaire à aucun des gens de la *qibla* (entendre, à aucun musulman) : on l'accordait au suicidé et au lapidé, ainsi qu'il ressort de la tradition. » On rapporte également de sources authentiques que Qatâda a dit : « Je ne connais personne parmi les savants qui ait refusé la prière mortuaire à quiconque proclame : « Il n'y a nulle divinité en dehors de Dieu ». De même Ibn Sîrîn a dit selon des sources authentiques : « De ma vie, je n'ai connu personne qui répugnât à accorder la prière mortuaire à aucun des gens de la *qibla*. De son côté, Abû Ghâlib rapporte avoir demandé à Abû Umâma Al-Bâhilî : « Accorde-t-on la prière mortuaire à celui qui consommait du vin ? – Oui, répondit-il, peut-être s'est-il allongé une fois sur un lit et a proclamé : Il n'y a nulle divinité en dehors de Dieu, et a procédé à la prière orienté vers la Ka'ba. La prière mortuaire sera une intercession en sa faveur. »

La prière mortuaire pour le mécréant

Il n'est pas permis à un musulman de procéder à la prière mortuaire pour un mécréant. A ce propos, Dieu (ﷻ) a dit : {*Ne célèbre jamais la prière du mort en faveur de quiconque parmi eux vient à mourir et ne te recueille jamais sur sa tombe, ils ont renié Dieu et son Prophète*} (S. 9, V. 84)[2] ; Il a dit aussi : {*Il ne sied ni au Prophète ni aux croyants d'invoquer le pardon de Dieu en faveur des polythéistes fussent-ils leurs proches une fois bien établi que ceux-ci sont destinés à l'Enfer. Ibrâhîm n'avait invoqué le pardon en faveur de son père qu'en raison d'une promesse qu'il lui avait jadis faite. Mais dès qu'il eut la certitude que son père était un*

---

1 ﴿مِنۢ بَعۡدِ مَا تَبَيَّنَ لَهُمۡ أَنَّهُمۡ أَصۡحَٰبُ ٱلۡجَحِيمِ﴾

2 ﴿وَلَا تُصَلِّ عَلَىٰٓ أَحَدٖ مِّنۡهُم مَّاتَ أَبَدٗا وَلَا تَقُمۡ عَلَىٰ قَبۡرِهِۦٓۖ إِنَّهُمۡ كَفَرُواْ بِٱللَّهِ وَرَسُولِهِۦ﴾

ennemi de Dieu, il le désavoua} (S. 9, V. 113).[1] On n'accorde pas non plus la prière mortuaire à leurs enfants, car ils ont le même statut que celui de leurs parents, à moins qu'on ait la certitude qu'ils se sont convertis à l'Islam, tel, par exemple, celui dont l'un des parents s'est converti à l'Islam ou vient à mourir, de sorte que l'enfant se trouve pris en otage, auquel cas on la lui accorde.

La prière du mort à proximité de la tombe

Il est permis de procéder à la prière du mort après l'inhumation et en toute occurrence, même si on y avait déjà procédé avant l'enterrement. A ce propos, nous avons déjà mentionné que le Prophète (ﷺ) avait célébré la prière du mort en faveur des martyrs de U<u>h</u>ud huit ans après leur inhumation. Zayd Ibn Thâbit rapporte : « Nous sortîmes avec le Prophète (ﷺ), et lorsque nous arrivâmes au Baqî‘ (cimetière de Médine), il constata qu'il y avait une nouvelle tombe et s'en enquit. On lui répondit que c'était la tombe d'une telle. Dès qu'il l'eut reconnu, il s'exclama : « Pourquoi ne m'en avez-vous pas informé ? – Ô Envoyé de Dieu, lui répondit-on, tu observais le jeûne et faisais la sieste, alors nous n'avons pas voulu te déranger. – Ne recommencez jamais cela, reprit le Prophète. Informez-moi de la mort de quiconque d'entre vous décédera tant que je suis parmi vous, car ma prière pour lui est une miséricorde ». Il s'approcha ensuite de la tombe, nous disposa en rangs et proclama quatre *takbîra*. Ce *<u>h</u>adîth* est rapporté par A<u>h</u>mad, An-Nasâ'î, Al-Bayhaqî, Al-<u>H</u>âkim et Ibn <u>H</u>ibbân, ces deux derniers l'ayant authentifié. At-Tirmidhî a dit : « C'est la position adoptée par la majorité des savants parmi les Compagnons et autres doctes. C'est aussi celle d'Ash-Shâfi'î, A<u>h</u>mad et Is<u>h</u>âq. Le Prophète (ﷺ) procéda donc à la prière du mort à proximité de la tombe après l'inhumation de la dépouille qui avait déjà bénéficié de la prière célébrée par les Compagnons avant l'enterrement. Par ailleurs, le fait que les Compagnons aient procédé avec lui à la prière prouve que cela n'est pas spécifique au Prophète (ﷺ).

Ibn Al-Qayyim a dit : « Ces traditions authentiques ont été rejetées en raison d'autres traditions aussi authentiques, tel le *<u>h</u>adîth* : « Ne vous asseyez pas sur les tombes et ne priez pas à proximité de celles-ci ».

---

1 ﴿مَا كَانَ لِلنَّبِيِّ وَٱلَّذِينَ ءَامَنُوٓاْ أَن يَسۡتَغۡفِرُواْ لِلۡمُشۡرِكِينَ وَلَوۡ كَانُوٓاْ أُوْلِي قُرۡبَىٰ مِنۢ بَعۡدِ مَا تَبَيَّنَ لَهُمۡ أَنَّهُمۡ أَصۡحَٰبُ ٱلۡجَحِيمِ وَمَا كَانَ ٱسۡتِغۡفَارُ إِبۡرَٰهِيمَ لِأَبِيهِ إِلَّا عَن مَّوۡعِدَةٖ وَعَدَهَآ إِيَّاهُ فَلَمَّا تَبَيَّنَ لَهُۥٓ أَنَّهُۥ عَدُوّٞ لِّلَّهِ تَبَرَّأَ مِنۡهُۚ﴾

Nous constatons donc que celui qui a procédé à la prière mortuaire à proximité de la tombe a recommandé de ne point y prier : acte et dire semblent donc se contredire ! Or, il n'en est rien, car, la prière déconseillée à proximité de la tombe n'est nullement du même genre que celle qu'il y avait accomplie. De fait, la prière du mort ne s'accomplit pas en un lieu déterminé. Plus encore, l'accomplir en dehors de la mosquée est bien meilleur. Ainsi, procéder à la prière du mort à proximité de sa tombe ou de son cercueil, la dépouille étant par terre ou dans la tombe, la prière est toujours adressée à l'intention du défunt, et où qu'il soit c'est lui qui est toujours concerné. En revanche, les autres prières n'ont jamais été prescrites pour être accomplies à proximité des tombes ni en leur direction, car cela aurait été un prétexte pour prendre ces endroits comme des lieux de prière. Alors que le Prophète (ﷺ) avait maudit ceux qui se comportent ainsi, prévenu contre de telles pratiques et déclaré que ceux qui s'y adonnent sont les plus mauvais : « Il est parmi les gens les plus mauvais, certains que l'avènement de la résurrection trouvera encore vivants, et ceux qui prennent les tombes pour mosquées. »

La prière de l'absent (ṣalât al-Ghâ'ib)

Il est permis de procéder à la prière pour un défunt absent dans un autre pays, proche ou lointain soit-il. Celui qui accomplit cette prière se dirigera vers la Ka'ba, même si le pays où se trouve le défunt absent n'est pas du côté de la Ka'ba, concevra l'intention de prier pour lui, proclamera la takbîra et procédera comme il le fait pour la prière du présent. A ce propos, Al-Bukhârî, Muslim, Abû Dâwûd, At-Tirmidhî, An-Nasâ'î, Ibn Mâjah et Aḥmad rapportent d'après Abû Hurayra, que le Prophète (ﷺ) annonça aux gens la mort du Négus le jour de son décès, sortit avec eux au Muṣallâ (lieu où se tiennent les prières des deux 'îd), disposa ses Compagnons en rangs et formula quatre takbîra. Ibn Ḥazm a dit : « On procède à la prière du mort absent à l'aide d'un imâm et un groupe de musulmans. Le Prophète (ﷺ) pria pour le Négus (﵁) alors que celui-ci était en Éthiopie, et les Compagnons prirent part à ladite prière, formant des rangs derrière le Prophète (ﷺ). Ceci atteste d'un consensus auquel on ne saurait déroger. Or, Mâlik et Abû Ḥanîfa ont à ce sujet une opinion divergente qui ne se fonde sur aucune preuve qui puisse étayer leurs propos. »

La prière mortuaire à la mosquée

Il est permis de procéder à la prière du mort dans la mosquée s'il n'y a pas de risque de la souiller. Muslim rapporte d'après 'Â'isha (ﷺ) que le Prophète (ﷺ) a célébré la prière du mort pour Suhayl Ibn Baydâ' dans la mosquée. De même, les Compagnons accordèrent la prière mortuaire à Abû Bakr et à 'Umar dans la mosquée, sans que personne n'ait jamais dénoncé ce fait, car c'est une prière comme toutes les autres. Quant au caractère réprouvable de cette prière, tel que le soutiennent Mâlik et Abû Hanîfa, alléguant le *hadîth* dans lequel le Prophète (ﷺ) dit : « Quiconque procède à la prière du mort à la mosquée ne bénéficiera d'aucune récompense », autant dire que c'est une position contraire à la conduite du Prophète (ﷺ) et de ses Compagnons, outre que le *hadîth* en question est faible. Ahmad Ibn Hanbal a dit : « C'est un *hadîth* faible qui n'est cité que par le seul Sâlih, client d'At-Taw'ama. Par ailleurs, ce *hadîth* a été authentifié par les traditionnistes, lesquels déclarent que le texte authentique attesté par les « *Sunan* » d'Abû Dâwûd mentionne : « ...n'a rien », au lieu de : « ...ne bénéficie de rien », c'est-à-dire : « ...n'a aucun péché à craindre ». De son côté, Ibn Al-Qayyim a dit : « Le Prophète (ﷺ) n'avait pas l'habitude de célébrer la prière du mort dans la mosquée mais en dehors, à moins que ce ne fût pour une raison déterminée. Il se peut qu'il ait parfois célébré la prière du mort à la mosquée tel que cela s'était passé avec Ibn Baydâ'. En tout état de cause, les deux possibilités sont permises, mais il est préférable d'y procéder en dehors de la mosquée. »

La prière mortuaire au milieu des tombes

La majorité des doctes désapprouve la prière mortuaire au cimetière et entre les tombes. Cette opinion est rapportée d'après 'Alî, 'Abd Allâh Ibn 'Umar et Ibn 'Abbâs. C'est aussi le point de vue adopté par 'Atâ', An-Nakha'î, Ash-Shâfi'î, Ishâq et Ibn Al-Mundhir, tous se référant au propos du Prophète (ﷺ) : « La terre tout entière est lieu de prière, hormis les cimetières et les salles de bain ». Toutefois, dans une version, Ahmad rapporte que cela est permis, car le Prophète (ﷺ) procéda à la prière sur une tombe alors qu'il était dans un cimetière. De même, Abû Hurayra procéda à la prière pour 'Â'isha (ﷺ) au milieu des tombes d'Al-Baqî', Ibn 'Umar ayant été présent. 'Umar Ibn 'Abd Al-'Azîz a également prié au milieu des tombes.

La prière des femmes en faveur du mort est permise

Il est permis à la femme comme à l'homme d'exécuter la prière du mort, qu'elle le fasse seule ou en groupe. De fait, 'Umar attendit Umm 'Abd Allâh pour qu'elle procède à la prière du mort sur 'Utba. De même, 'Â'isha (رضي الله عنها) ordonna qu'on amenât Sa'd Ibn Abî Waqqâs, et elle accorda la prière mortuaire à sa dépouille. An-Nawawî ajoute : « Il convient qu'on leur permette d'y procéder en groupe telles les autres prières. C'est ce que soutient Al-Hasan Ibn Sâlih, Sufyân Ath-Thawrî, Ahmad et les hanafites. Mais Mâlik soutient qu'elles doivent y procéder individuellement. »

Qui a la priorité pour présider la prière mortuaire ?

Les jurisconsultes divergent concernant celui qui a la priorité pour présider la prière du mort. Certains estiment que celui qui est plus en droit de le faire est le testataire, puis le prince, puis le père et son ascendance, puis le fils et sa descendance, puis le plus proche parent. Telle est l'opinion des mâlikites et des hanbalites. On a dit aussi que celui qui a priorité pour présider la prière du mort était le père, le grand-père, le fils, le petit fils, le frère, le neveu, l'oncle, le cousin, selon l'ordre des parents par les mâles (*al-'asaba*).Telle est la doctrine d'Ash-Shâfi'î et d'Abû Yûsuf. Abû Hanîfa et Muhammad Ibn Al-Hasan estiment quant à eux que le plus méritoire est le testataire s'il est présent, puis le juge, puis l'imâm de la région, puis le tuteur de la femme décédée et le plus proche parent selon l'ordre des parents par les mâles, sauf que le père a priorité sur le fils, s'ils sont tous les deux présents.

Le déplacement du convoi funèbre

Lors du déplacement du convoi funèbre, il est louable d'observer certaines pratiques que voici :

- Faire le tour du cercueil de façon à en porter chaque fois un côté : Ibn Mâjah, Al-Bayhaqî et Abû Dâwûd At-Tayâlisî rapportent qu'Ibn Mas'ûd a dit : « Que celui qui participe à un convoi funèbre porte le cercueil en en faisant le tour de façon à le supporter chaque fois d'un côté, car cela fait partie de la tradition, puis qu'il recommence s'il veut, ou s'abstienne. » De même, Abû Sa'îd rapporte que le Prophète (ﷺ) a dit : « Rendez visite au malade, et accompagnez le convoi funèbre, cela vous rappellera l'Au-delà. » Cette tradition est rapportée par Ahmad, et ses rapporteurs sont dignes de confiance.

- Hâter le pas, conformément à ce que rapportent Al-Bukhârî, Muslim, Abû Dâwûd, At-Tirmidhî, An-Nasâ'î, Ibn Mâjah et Ahmad, d'après Abû Hurayra : « Le Prophète (ﷺ) a dit : "Hâtez le pas en transportant le mort : s'il est pieux, c'est un bien pour lui ; sinon, c'est un mal dont vous vous débarrassez rapidement." » Par ailleurs, Ahmad, An-Nasâ'î et d'autres traditionnistes rapportent d'après Abû Bakra : « Je me souviens que du temps du Prophète (ﷺ), nous avancions avec la dépouille mortelle lestement et à pas rapides. » Pour sa part, Al-Bukhârî rapporte dans « *At-Târîkh* », que : « Le Prophète (ﷺ) hâta le pas le jour où Sa'd Ibn Mu'âdh mourut au point que nos sandales se déchirèrent. » De même, dans « *Al-Fath* », (Al-Hâfidh) déclare : « En somme, il est louable de hâter le pas en transportant la dépouille mortelle, mais sans violence qui aboutisse à la détérioration de la dépouille ou à l'accablement de ceux qui transportent le cercueil et ceux qui suivent le convoi funèbre. » Al-Qurtubî ajoute quant à lui : « La signification du *hadîth* est qu'il convient de ne pas retarder l'enterrement de la dépouille, afin d'éviter que le convoi ne tourne en pratique ostentatoire. »

- Marcher devant la dépouille, derrière elle, à sa droite ou à sa gauche, mais à proximité d'elle. Les savants divergent quant à la meilleure position à observer dans le convoi funèbre. La majorité des doctes et la plupart des savants optent pour marcher devant et estiment que cela est préférable, alléguant que le Prophète (ﷺ), Abû Bakr et 'Umar se comportèrent ainsi. Ce fait est rapporté par Ahmad, Abû Dâwûd, At-Tirmidhî, An-Nasâ'î et Ibn Mâjah. Cependant, les hanafites estiment qu'il est préférable de marcher derrière la dépouille, car tel est le sens de la recommandation du Prophète (ﷺ) lorsqu'il enjoignit de suivre la dépouille mortelle jusqu'à son inhumation. Anas Ibn Mâlik considère que toutes ces conduites s'équivalent, conformément au propos déjà cité du Prophète (ﷺ) : « « Celui qui est à dos de monture marchera derrière le convoi funèbre, le piéton derrière, devant, à droite ou à gauche, mais tout près de la dépouille mortelle. » Il semble donc que ce soit là un sujet où les divergences n'ont aucune incidence, d'autant que toutes ces opinions sont valides. De fait, 'Abd Ar-Rahmân Ibn Abzâ rapporte : « Abû Bakr et 'Umar marchaient devant la dépouille mortelle et 'Alî marchait derrière. Comme on interrogeait 'Alî sur ce point, il répondit : « Ils savent bien que marcher derrière la dépouille est meilleur que de marcher devant elle, de la même manière que la prière en commun est meilleure que la prière individuelle, mais ils sont accommodants et veulent faciliter la tâche aux gens. » Ce propos est rapporté par Al-Bayhaqî et Ibn Abî Shayba. Al-Hâfidh ajoute que sa chaîne de transmission est bonne. Par ailleurs, emprunter le dos d'une monture lors d'un convoi funèbre est une pratique réprouvée par la majorité des doctes, à moins que ce soit pour une raison valable. Toutefois, il est permis de revenir du cimetière à dos de monture, et ce, conformément au *hadîth* de Thawbân qui dit qu'on apporta au Prophète (ﷺ) une monture au moment où il était dans un convoi funèbre et il refusa de l'emprunter. Mais lorsqu'il fut de retour du cimetière, il monta à dos de monture. On s'en enquit auprès de lui et il répondit : « Les anges étaient en train de marcher, aussi ne convenait-il pas d'emprunter une monture pendant qu'ils marchaient. Mais lorsqu'ils partirent, j'ai emprunté la monture. » Ce *hadîth* est rapporté par Abû Dâwûd, Al-Bayhaqî et Al-Hâkim, qui le dit authentique selon les critères d'Al-Bukhârî et Muslim.

Par ailleurs, on rapporte que le Prophète (ﷺ) sortit à pied avec le convoi funèbre d'Ibn Ad-Dahdâh, et qu'il en revint à dos de cheval. Ce fait est rapporté par At-Tirmidhî qui le dit *hasan sahîh*. Le caractère réprouvable de la chose ne contredit pas pour autant le propos du Prophète (ﷺ) : « Celui qui est à dos de monture devrait marcher derrière la dépouille mortelle », car cela peut signifier que la chose est réprouvable, mais permise. Les hanafites estiment qu'il n'y a pas de mal à monter une bête, même s'il est préférable de marcher, à moins qu'un motif valable en empêche, la tradition voulant que celui qui emprunte une monture marche derrière la dépouille mortelle, conformément au *hadîth* déjà cité.

Les actes réprouvés lorsqu'on est dans un convoi funèbre

- Invoquer Dieu et réciter des formules d'adoration à haute voix. Ibn Al-Mundhir a dit : « Nous rapportons d'après Qays Ibn 'Abbâd que celui-ci a dit : Les Compagnons du Prophète (ﷺ) réprouvaient qu'on élève la voix en trois circonstances : lors des funérailles, lors du Rappel de Dieu et lors des combats. » Sur un autre plan, Sa'îd Ibn Al-Musayyab, Sa'îd Ibn Jubayr, Al-Hasan, An-Nakha'î, Ahmad et Ishâq réprouvaient qu'on dise derrière la dépouille : « Invoquez pour lui le pardon ». Al-Awzâ'î a dit que c'était une innovation blâmable. Fudayl Ibn 'Amr rapporte : « Pendant que Ibn 'Umar marchait dans un convoi funèbre, il entendit quelqu'un dire : « Invoquez pour lui le pardon ; que Dieu lui pardonne », alors il lui répondit : « Que Dieu ne t'accorde pas le pardon ». An-Nawawî ajoute : « Sache que la bonne conduite est celle qu'adoptaient les Pieux Anciens, lesquels observaient le silence en accompagnant le convoi funèbre, car c'est l'attitude la plus convenable en telle situation pour le recueillement, la méditation et la paix de l'âme. Quant aux pratiques instituées par les ignorants, telles les récitations et les invocations bruyantes, les doctes, à l'unanimité, les considèrent comme illicites. Dans une *fatwâ* à propos de la proclamation à voix haute des invocations et du Rappel de Dieu, le sheikh Mu<u>h</u>ammad 'Abduh a dit : « Quant au Rappel de Dieu à haute voix face à la dépouille mortelle, l'auteur du « *Al-Fat<u>h</u>* » souligne, au chapitre des funérailles, ce qui suit : Il est réprouvable pour celui qui marche devant la dépouille mortelle de proclamer à haute voix des formules d'adoration et d'invocation. S'il désire invoquer Dieu, qu'il le fasse silencieusement, car c'est là une innovation qui n'existait pas du temps du Prophète (ﷺ) ni de ses Compagnons ni de leurs Suivants ni des Suivants des Suivants. Aussi, est-il nécessaire de l'interdire. »

- Suivre la dépouille mortelle avec du feu, car c'est là une pratique antéislamique. Ibn Al-Mundhir a dit : « Tous les savants de qui nous tenons notre savoir réprouvent une telle pratique. » Al-Bayhaqî ajoute : « Dans les recommandations de 'Â'isha, de 'Ubâda Ibn A<u>s</u>-<u>S</u>âmit, d'Abû Hurayra, d'Abû Sa'îd Al-Khudrî, et de Asmâ' Bint Abî Bakr (رضي الله عنهم), on trouvait : « Qu'on ne suive pas mon cortège avec du feu ». Ibn Mâjah rapporte qu'Abû Mûsâ Al-Ash'arî recommanda, au moment de son agonie : « Ne me suivez pas avec un encensoir. » Ils l'interrogèrent alors : « As-tu entendu quelque chose à ce propos ? – Oui, répondit-il, je tiens cela du Prophète (ﷺ) ». Toutefois, si l'enterrement a lieu pendant la nuit et que l'on a besoin de lumière, il est permis de s'en procurer. At-Tirmidhî rapporte d'après Ibn 'Abbâs, que le Prophète (ﷺ) descendit de nuit dans une tombe et on lui alluma une lampe. Il ajoute que la version d'Ibn 'Abbâs est qualifiée de bonne.

- S'asseoir avant de déposer la dépouille par terre. Al-Bukhârî a dit : « Que celui qui suit le convoi d'une dépouille ne s'assoit pas tant ce que les hommes qui la transportent ne l'ont pas déposée à terre. Si quelqu'un s'assoit, on lui recommandera de se lever. » Puis il rapporte d'après Abû Sa'îd Al-Khudrî, que le Prophète (ﷺ) a dit : « Si vous voyez un convoi funèbre, levez-vous ; si vous le suivez, ne vous asseyez qu'une fois la dépouille mortelle déposée. » On rapporte d'après Sa'îd Al-Maqburî, qui le tient de son père : « Nous étions dans un convoi funèbre, quand Abû Hurayra prit la main de Marwân et les deux hommes s'assirent avant que la dépouille n'ait été déposée. Alors Abû Sa'îd (رضي الله عنه) vint, prit la main de Marwân et lui dit : « Lève-toi ! Je jure par Dieu que celui-ci sait bien que le Prophète (ﷺ) nous a déconseillé cela. » Abû Hurayra confirma alors : « Il a dit vrai.» Ce fait est rapporté par Al-<u>H</u>âkim qui ajoute que lorsqu'Abû Sa'îd demanda à Marwân de se lever, celui-ci se leva et l'interrogea : « Pourquoi me fais-tu lever ? », alors Abû Sa'îd lui rapporta le *hadîth* et Marwân s'adressa à Abû Hurayra : « Pourquoi ne m'en as-tu pas informé ? » Abû Hurayra répliqua : « Tu es imâm, alors en te voyant t'asseoir, j'ai fait de même. » Ne pas s'asseoir avant que la dépouille ait été déposée, telle est la doctrine de la plupart des Compagnons, des Suivants, des hanafites, des hanbalites, d'Al-Awzâ'î et d'Ishâq. Les shâfi'ites, quant à eux, soutiennent qu'il n'est pas réprouvable de s'asseoir avant de déposer la dépouille par terre ; ils s'accordent même à dire que celui qui a devancé le convoi funèbre peut s'asseoir en attendant que le convoi arrive à proximité. At-Tirmidhî explique qu'on rapporte d'après certains érudits parmi les Compagnons du Prophète (ﷺ) et autres doctes, qu'ils devançaient le convoi funèbre puis s'asseyaient jusqu'à ce qu'il arrivât à proximité d'eux. C'est l'opinion d'Ash-Shâfi'î : si la dépouille arrive alors qu'il est assis, il n'a pas à se lever. Ahmad ajoute : « S'il se lève, je ne le dénonce pas ; s'il s'assied, il n'y a rien à lui reprocher. »

- Se lever au moment où la dépouille passe. Ahmad rapporte que Wâqid Ibn 'Amr Ibn Sa'd Ibn Mu'âdh a dit : « Voyant un convoi funèbre chez les Banû Salama, je me levai. Mais lorsque Nâfi' Ibn Jubayr me dit : « Assieds-toi, je vais t'informer à ce sujet, preuve à l'appui : Mahmûd Ibn Al-Hâkim Az-Zuraqî m'a rapporté qu'il avait entendu 'Alî Ibn Abî Tâlib (رضي الله عنه) dire : « Le Prophète (ﷺ) nous ordonna de nous tenir debout en voyant un convoi funèbre. Puis, après cela, il demeurait assis et nous ordonnait de rester assis. » Dans une variante, Muslim rapporte le même *hadîth* en ces termes : « Nous vîmes le Prophète (ﷺ) se tenir debout, alors nous nous tînmes debout. Lorsque ensuite nous le vîmes s'asseoir, nous fîmes de même. » At-Tirmidhî ajoute : « Le propos de 'Alî est *hasan sahîh* ; dans sa chaîne de transmission, figurent quatre Suivants qui le rapportent l'un d'après l'autre ; c'est l'opinion adoptée par certains savants. » Pour sa part, Ash-Shâfi'î avance : « C'est la tradition la plus authentique de ce chapitre. Par ailleurs, ce *hadîth* vient abroger le précédent : « Si vous voyez un convoi funèbre, levez-vous… » Ahmad a dit : « Le fidèle est libre de se lever ou de rester assis », alléguant comme preuve que le Prophète (ﷺ) s'était levé, puis, après cela, demeurait assis et ne se levait plus. C'est aussi l'opinion d'Ishâq Ibn Ibrâhîm. La position d'Ahmad et d'Ishâq est également celle adoptée par les Mâlikites Ibn Habîb et Ibn Al-Mâjishûn. An-Nawawî et Al-Mukhtâr soutiennent que la position debout est louable, tout comme Al-Mutawallî et l'auteur du « *Al-Muhadhdhab* » (Abû Ishâq). Par ailleurs,

Ibn Hazm a dit : « Il est louable de se lever en voyant un convoi funèbre, quand bien même la dépouille serait celle d'un impie. Toutefois, ne pas se lever ne constitue pas un forfait. Ceux qui trouvent louable de se lever, allèguent comme preuve le *hadîth* rapporté par Al-Bukhârî, Muslim, Abû Dâwûd, At-Tirmidhî, An-Nasâ'î, Ibn Mâjah et Ahmad d'après Ibn 'Umar, qui cite 'Âmir Ibn Rabî'a : « Le Prophète (ﷺ) a dit : "Lorsque vous voyez un convoi funèbre, levez-vous jusqu'à ce qu'il passe ou que la dépouille mortelle soit déposée à terre." » De son côté, Ahmad a dit : « Lorsque Ibn 'Umar apercevait un convoi funèbre, il se levait jusqu'à ce que le convoi fût passé. » Par ailleurs, Al-Bukhârî et Muslim rapportent d'après Sahl Ibn Hunayf et Qays Ibn Sa'd qu'ils étaient assis à Al-Qâdisiyya, quand on passa devant eux avec une dépouille mortelle. Aussitôt ils se levèrent, mais on leur dit que c'était la dépouille d'un *dhimmî* (un tributaire). Ils répondirent que le Prophète aperçut un jour un convoi funèbre et se leva et on lui dit que c'était la dépouille d'un juif. Alors il répondit : « N'est-ce pas une âme ? ». Al-Bukhârî rapporte, par ailleurs, qu'Abû Laylâ a dit : « Ibn Mas'ûd et Qays avaient l'habitude de se lever en voyant passer un convoi funèbre ». La raison qui motive une telle pratique est explicitée dans un rapport d'Ahmad, d'Ibn Hibbân et d'Al-Hâkim, d'après un *hadîth* remontant à 'Abd Allâh Ibn 'Amr, lequel mentionne que le Prophète (ﷺ) a dit : « Vous vous lèverez par égard pour Celui Qui rappelle à Lui les âmes. » Dans une variante, Ibn Hibbân rapporte : « …par égard pour Dieu Tout Puissant Qui rappelle à Lui les âmes ». En somme, les savants divergent concernant cette question : certains estiment réprouvable de se lever pour le convoi funèbre, d'autres le trouvent louable et d'autres encore optent pour la liberté de choisir les deux options. Cela étant, chacun allègue ses propres preuves et justifications. Aussi convient-il, face à ces opinions divergentes, opter pour celle qui semble la plus probante, Dieu étant quoi qu'il en soit plus Savant.

- La participation des femmes au convoi funèbre. Umm 'Atiyya (رضي الله عنها) a dit : « Il nous a été déconseillé de suivre le convoi funèbre, mais sans insistance ». Ce propos est rapporté par Ahmad, Al-Bukhârî, Muslim et Ibn Mâjah. Par ailleurs, 'Abd Allâh Ibn 'Umar rapporte : « Pendant que nous marchions avec le Prophète (ﷺ), aperçut une femme qu'il semblait ne pas connaître. Lorsque nous approchâmes du chemin, il s'arrêta jusqu'à ce qu'elle arrivât. Nous découvrîmes que c'était Fâtima (رضي الله عنها). Alors, il lui demanda : « Qu'est-ce qui t'a fait sortir de ta maison, ô Fâtima ? – Je suis venue voir les habitants de cette maison, leur présenter mes condoléances et invoquer la Miséricorde de Dieu pour leur mort, lui répondit-elle. – Peut-être les as-tu accompagnés jusqu'au cimetière ? », lui demanda-t-il. – A Dieu ne plaise ! je ne saurais faire cela après ce que je t'ai entendu dire à ce sujet », reprit-elle. – Si tu t'y étais rendue, tu n'aurais jamais vu le Paradis, comme ton arrière-grand-père qui ne le verra jamais. » Ce propos est rapporté par Ahmad, Al-Hâkim, An-Nasâ'î et Al-Bayhaqî. Toutefois, les savants ont récusé ce *hadîth* et ont affirmé qu'il n'était pas authentique, car dans sa chaîne de transmission figure Rabî'a Ibn Sayf, or celui-ci est connu pour ses *hadîth* rejetés et faibles. Par ailleurs, Ibn Mâjah et Al-Hâkim rapportent d'après Muhammad Ibn Al-Hanafiyya, que 'Alî (ﷺ) a dit : « Le Prophète (ﷺ) sortit pendant que des femmes étaient assises et il leur demanda : « Pourquoi êtes-vous assises ici ? – Nous attendons un convoi funèbre », répondirent-elles. – Allez-vous laver (le mort) ? – Non, répondirent-elles. – Allez-vous le transporter ? – Non. – Allez-vous aider à descendre la dépouille mortelle dans sa tombe ? – Non. – Alors, retournez donc pécheresses et non bienfaitrices, conclut-il. » Dans la chaîne de transmission de ce *hadîth* figure Dînâr Ibn 'Umar ; Abû Hâtim a dit qu'il n'était pas connu (*mashhûr*); Al-Azdî soutient qu'il est délaissé (*matrûk*) ; Al-Khalîlî, dans « *Al-Irshâd* » avance qu'il est menteur. Telle est la doctrine d'Ibn Mas'ûd, Ibn 'Umar, Abû Umâma, 'Â'isha, Masrûq, Al-Hasan, An-Nakha'î, Al-Awzâ'î, Ishâq, les hanafites, les shâfi'ites et les hanbalites. Mâlik, quant à lui, estime qu'il n'est nullement réprouvable qu'une vieille femme participe au convoi funèbre, non plus qu'une jeune fille accablée par un grand malheur, mais à condition que sa sortie passe inaperçue et qu'elle n'attire pas les regards. Ibn Hazm estime que les preuves alléguées par la majorité des doctes ne sont pas authentiques et qu'il est permis aux femmes de suivre le convoi funèbre. Il dit à ce propos : « Nous ne réprouvons pas que les femmes suivent les convois funèbres ni ne les en empêchons. Certes certaines traditions sont venues déconseiller une telle pratique, mais aucune d'entre elles n'est digne d'authenticité, car étant soit relâchée, soit rapportée d'après un inconnu, soit rapportée d'après quelqu'un dont les propos ne constituent nullement une preuve de fiabilité. » Puis Ibn Hazm cite ensuite le *hadîth* d'Umm 'Atiyya (رضي الله عنها) déjà cité et dit de lui : « Quand bien même il serait authentique, il ne constitue pas une preuve valable, car il signifie seulement que la chose est réprouvable. Plus authentique est le *hadîth* que nous avons rapporté d'après Shu'ba, qui cite Wakî', qui le tient de Hishâm Ibn 'Urwa, qui se réfère à Wahb Ibn Kîsân, d'après Muhammad Ibn 'Amr Ibn 'Atâ', d'après Abû Hurayra, disant que le Prophète (ﷺ) était dans un cortège funèbre lorsque 'Umar, voyant une femme, l'interpella vivement. Le Prophète (ﷺ) lui dit alors : Laisse-la, ô ‘Umar, car les yeux sont larmoyants, l’âme affligée et le terme imminent. » Ibn Hazm ajouta que, selon des sources authentiques, Ibn ‘Abbâs ne réprouvait pas une telle pratique.

Quitter le convoi mortuaire en cas d’actes illicites

L’auteur du « *Al-Mughnî* » a dit : « Si, lors des funérailles, il se passe des choses illicites que l’on voit ou que l’on entend, il faut les dénoncer ou les faire cesser, si on en a la capacité. Au cas où on serait incapable d’arrêter de telles pratiques, deux solutions sont à envisager : ou bien on les dénonce tout en continuant à suivre le convoi, auquel cas l’obligation est annulée par la dénonciation, et on aura réprouvé l’illicite ; ou alors on quitte le convoi, car y rester conduit à entendre des choses illicites et à les voir, alors qu’il est possible d’éviter une telle situation. »

L’inhumation

Le statut légal de l’inhumation

Les musulmans sont unanimes à considérer que l’enterrement du mort et l’inhumation de sa dépouille sont une obligation qui, une fois accomplie par les uns, ne constitue plus un devoir pour les autres. Dieu tout Puissant a dit : {*N’avons-Nous pas fait de la terre un lieu propre à la accueillir tous, vivants et morts*}.

L’enterrement de nuit

La majorité des doctes estime qu’il est permis d’enterrer un mort de jour comme de nuit. En effet, le Prophète (ﷺ) a enterré de nuit l’homme qui récitait à haute voix les formules d’adoration et d’invocation la nuit. De même que ‘Alî a enterré de nuit Fâtima (رضي الله عنها). On également été enterrés de nuit, Abû Bakr, ‘Uthmân, ‘Â’isha et Ibn Mas‘ûd (رضي الله عنهم). Par ailleurs, Ibn ‘Abbâs rapporte que le Prophète (ﷺ) descendit dans une tombe la nuit et on lui alluma une lampe. Il prit la dépouille du côté de la Ka‘ba et lui dit : « Que Dieu t’accorde Sa Miséricorde, Tu craignais Dieu et récitait mélodieusement le Coran », puis il formula quatre fois la *takbîra*. Ce fait est rapporté par At-Tirmidhî qui le considère bon. Il ajoute : « La plupart des érudits ont autorisé l’enterrement de nuit. Cette pratique est permise lorsqu’elle ne porte pas préjudice aux droits du défunt ni à l’accomplissement parfait de sa prière mortuaire et de ses funérailles ; sinon, elle devient déconseillée et réprouvable ». Muslim rapporte que le Prophète (ﷺ) prononça un jour un discours et fit mention d'un homme parmi ses Compagnons, qui étant décédé, fut enseveli dans un linceul incommode et enterré de nuit. Le Prophète (ﷺ) déconseilla vivement qu'un mort soit enterré de nuit, à moins que ce ne soit par nécessité. Ibn Mâjah rapporte d'après Jâbir que le Prophète (ﷺ) a dit : « N'enterrez vos morts de nuit que si vous y êtes contraints ».

L'enterrement au lever du soleil, à midi et au coucher du soleil

Les savants sont unanimes à déclarer qu'il est permis d'inhumer la dépouille à ces moments de la journée si l'on craint qu'elle se détériore ; sinon, il est déconseillé de procéder à l'enterrement à ces moments. A ce propos, Ahmad, Muslim, Abû Dâwûd, At-Tirmidhî, An-Nasâ'î et Ibn Mâjah rapportent que 'Uqba a dit : « Le Prophète (ﷺ) nous déconseillait de procéder à la prière ou à l'enterrement de nos morts à trois moments de la journée : au lever du soleil, à midi et au coucher du soleil. » Les hanbalites affirment qu'il est réprouvable d'enterrer un mort à ces moments de la journée, conformément aux termes du *hadîth* cité.

Il est louable d'approfondir la tombe

L'intérêt de l'enterrement consiste à inhumer la dépouille mortelle dans une fosse qui empêche les exhalaisons fétides et la préserve des fauves et des rapaces. Aussi, de quelque façon que cet objectif ait été réalisé, l'obligation prescrite aura été accomplie. Toutefois, il est souhaitable que la tombe soit approfondie de la hauteur d'un homme, conformément à ce que rapportent An-Nasâ'î et At-Tirmidhî – qui l'a authentifié – d'après Hishâm Ibn 'Âmir, lequel a dit : « Nous nous plaignîmes auprès du Prophète (ﷺ) le jour de Uhud et dîmes : Ô Envoyé de Dieu, il nous est pénible de creuser une tombe pour chaque mort ». Le Prophète nous répondit : « Creusez et approfondissez en ayant soin de bien faire, puis inhumez deux ou trois personnes dans la même fosse.
– Qui mettrons-nous en premier, ô Envoyé de Dieu ? demandèrent-ils.
– Commencez par celui qui est le plus versé dans le Coran » répondit le Prophète. Le rapporteur ajouta : « Mon père était, ce jour-là, le troisième enterré dans la même tombe ». Ibn Abî Shayba et Ibn Al-Mundhir rapportent que 'Umar a dit : « Approfondissez les tombes de la hauteur d'une taille et davantage. » Abû Hanîfa et Ahmad soutiennent qu'il faut les approfondir de la hauteur de la moitié d'une taille, sachant que les approfondir plus encore est préférable.

L'aspect de la tombe : le *lahd* est préférable au *shaqq*

Le *lahd* consiste à pratiquer une excavation latérale dans la tombe, du côté de la Ka'ba, sur laquelle sont posées des briques de sorte qu'elles constituent une sorte de toit. Le *shaqq* est une fosse au milieu de la tombe dont les côtés sont construits en briques et sur laquelle on pratique une couverture en guise de toit. Les deux pratiques sont valables, toutefois la technique du *lahd* est préférable. Ahmad et Ibn Mâjah rapportent que Anas a dit : « Lorsque le Prophète (ﷺ) décéda, il y avait deux hommes qui creusaient les tombes, l'un pratiquait la technique du *lahd,* l'autre celle du *shiqq*. Les musulmans hésitèrent et ne surent lequel des deux appeler. Alors ils décidèrent de s'en rendre à Dieu et de les avertir tous les deux, de sorte que celui qui arriverait le premier serait chargé de creuser la tombe du Prophète (ﷺ). Celui qui pratiquait le *lahd* se présenta avant l'autre et sa technique fut adoptée. » Ce qui prouve que les deux pratiques sont aussi permises l'une que l'autre. Le *lahd* est toutefois privilégié, conformément au *hadîth* que rapportent Ahmad, Abû Dâwûd, At-Tirmidhî – lequel le considère bon (*hasan*) – et Ibn Mâjah d'après Ibn 'Abbâs, disant que le Prophète (ﷺ) a dit : « A nous le *lahd*, aux autres le *shaqq* ».

Comment déposer la dépouille mortelle dans la tombe

Conformément à la tradition, il faut si possible introduire la dépouille dans sa tombe par les pieds. A ce propos, Abû Dâwûd, Ibn Abî Shayba et Al-Bayhaqî rapportent d'après 'Abd Allâh Ibn Zayd, que celui-ci introduisit la dépouille d'un mort dans sa tombe par les pieds et dit : « Telle est la tradition ». Toutefois s'il n'est pas possible de l'introduire ainsi, on procédera de la façon qu'on veut. Ibn Hazm soutient quant à lui que la dépouille est déposée de quelque façon que ce soit : du côté de la Ka'ba, ou du côté inverse, du côté de la tête ou des pieds, étant donné qu'il n'y a pas de texte spécifique à ce sujet. Il est louable de disposer la dépouille dans sa tombe face à la Ka'ba, d'invoquer Dieu en sa faveur et de dénouer les liens de son linceul. La tradition adoptée par les érudits est de déposer la dépouille dans sa tombe sur le côté droit, face à la Ka'ba, et que celui qui la dépose dise : « Au nom de Dieu, et selon le dogme – ou la tradition – de l'Envoyé de Dieu », puis il dénouera les liens du linceul. A ce sujet, Ibn 'Umar rapporte que lorsque le Prophète (ﷺ) faisait déposer une dépouille dans la tombe, il disait : « Au Nom de Dieu et selon le dogme – ou la tradition – de l'Envoyé de Dieu. » Ce *hadîth* est rapporté par Ahmad, Abû Dâwûd, At-Tirmidhî et Ibn Mâjah. An-Nasâ'î le rapporte appuyé et remontant jusqu'au Prophète (ﷺ).

Il est réprouvable de déposer des effets (vêtement, oreiller...) dans la tombe

La majorité des jurisconsultes réprouve de déposer des effets (vêtement, oreiller...) dans la tombe. Toutefois, Ibn Hazm soutient qu'il n'y a aucun mal à ce que l'on étende une pièce d'étoffe sous le flanc de la dépouille. A ce sujet, Muslim rapporte qu'Ibn 'Abbâs a dit : « On étendit dans la tombe du Prophète (ﷺ) une couverture rouge. Ainsi, Dieu Tout Puissant ne réprouva point une telle pratique. Les hommes les plus pieux sur terre à cette époque y procédèrent aussi à l'unanimité. Par ailleurs, les érudits trouvent louable de disposer sous la tête de la dépouille et en guise d'oreiller une brique, une pierre ou de la terre, de sorte que sa joue, découverte, soit posée dessus. 'Umar recommanda : « Lorsque vous me déposerez dans la tombe, appliquez ma joue sur la terre ». De son côté, Ad-Dahhâk recommanda qu'on dénoue les liens de son linceul et qu'on découvre sa joue. Les savants trouvent également louable de soutenir la dépouille avec de la terre, avec une brique ou autre, derrière le dos, afin qu'elle ne se renverse pas sur la nuque. D'autre part, Abû Hanîfa, Mâlik et Ahmad estiment louable d'étendre une pièce d'étoffe sur la dépouille de la femme lors de son introduction dans la tombe (sans procéder de même pour l'homme). Les shâfi'ites le considèrent également louable pour l'homme.

Il est louable de jeter trois poignées de terre sur la tombe

Il est louable pour ceux qui sont présents à l'enterrement de jeter chacun trois poignées de terre dans la tombe du côté de la tête de la dépouille, conformément à ce que rapporte Ibn Mâjah, lequel déclare que le Prophète (ﷺ) procéda à la prière mortuaire, s'approcha de la tombe et jeta dedans trois poignées de sable du côté de la tête. Les savants soutiennent qu'il est louable de dire lors du premier jet : {*C'est de la terre que Nous vous avons créés*}, lors du deuxième : {*C'est à elle que Nous vous ferons retourner*} et lors du troisième : {*et c'est d'elle que Nous vous ferons à nouveau surgir*} (S. 20, V. 55).[1] De fait, on rapporte que le Prophète (ﷺ) procéda ainsi lorsque sa fille Umm Kulthûm fut déposée dans sa tombe. Ahmad a dit : « On ne récitera rien en jetant les trois poignées, car le *hadîth* cité est faible. »

---

1 ﴿مِنْهَا خَلَقْنَٰكُمْ وَفِيهَا نُعِيدُكُمْ وَمِنْهَا نُخْرِجُكُمْ تَارَةً أُخْرَىٰ﴾

Du caractère louable d'invoquer Dieu pour le mort après l'inhumation

Il est louable d'invoquer le pardon divin pour le mort après son inhumation, tout comme il est louable d'invoquer Dieu pour qu'Il lui accorde de l'assurance, car c'est à ce moment qu'il subit l'interrogatoire. 'Uthmân rapporte que lorsque le Prophète (ﷺ) achevait d'inhumer le mort, il se tenait près de la tombe et disait : « Invoquez Dieu pour qu'Il accorde le pardon et de l'assurance à votre frère, car il est en train de subir l'interrogatoire. » Ce *hadîth* est rapporté par Abû Dâwûd, Al-Hâkim – qui l'a authentifié – et Al-Bazzâr, lequel ajoute : « Il n'est rapporté d'après le Prophète (ﷺ) que sous cette forme. » Par ailleurs, Ruzayn rapporte que lorsque 'Alî achevait d'inhumer un mort, il disait : « Seigneur, voici Ton serviteur venu résider auprès de Toi – sachant que Tu es le plus digne des hôtes – ; pardonne-lui et élargis son entrée. » D'autre part, Ibn 'Abbâs estime louable de réciter, sur la tombe et après l'inhumation, les versets du début et de la fin de la sourate La Vache. Ce propos est rapporté par Al-Bayhaqî ; il est assorti d'une chaîne de transmission jugée bonne.

Le statut légal du rappel de l'attestation de foi au mort après son inhumation

Certains érudits, suivis en cela par Ash-Shâfi'î, estiment louable d'inspirer au mort la formule de l'attestation de foi après l'inhumation, conformément à ce que rapporte Sa'îd Ibn Mansûr, d'après Râshid Ibn Sa'd, Dumra Ibn Habîb et Hakîm Ibn 'Umayr, lesquels relatent : « Lorsque les travaux d'enterrement étaient achevés et que les gens s'en allaient, ils estimaient louable que quelqu'un adressât au mort les paroles suivantes avant de s'en retourner : « Ô Untel, dis : Il n'existe nulle divinité en dehors de Dieu (trois fois), ô Untel, dis : Dieu est mon Seigneur, l'Islam est ma religion, et mon Prophète est Muhammad (ﷺ). » Al-Hâfidh mentionne cette tradition dans « *At-Talkhîs* ». Par ailleurs, At-Tabarânî rapporte d'après Abû Umâma ce qui suit : « Lorsque l'un de vos frères meurt et que vous achevez de disposer de la terre sur sa tombe, que l'un d'entre vous se tienne près de la tête de la dépouille et dise : Ô untel, fils d'une telle ! – celui-ci l'entendra mais ne pourra répondre –, puis réitère : Ô untel, fils d'une telle ! – celui-ci se tiendra assis –, puis répète encore : ô untel, fils d'une telle ! Ensuite, il dira : Guide-nous, que Dieu t'accorde Sa Miséricorde, mais vous n'entendrez rien. Alors, qu'il lui dise : Proclame ce au nom de quoi tu as quitté le monde d'ici-bas : l'attestation qu'il n'existe nulle divinité en dehors de Dieu et que Mu<u>h</u>ammad est Son serviteur et Son Envoyé, que tu as agréé Dieu comme Seigneur, l'Islam comme religion et le Coran comme guide. A lui dire cela, Munkar et Nakîr (les deux anges qui viennent l'interroger), se prendront par la main et se diront : Allons-nous en, qu'avons-nous à faire auprès de celui à qui on inspire ses arguments ! ». Un homme s'exclama alors : « Ô Envoyé de Dieu, et si on ignore le nom de sa mère ? – Qu'on l'attribue à sa mère Eve en disant : Ô untel, fils d'Eve », répondit le Prophète. » Dans son ouvrage « *At-Talkhî<u>s</u>* », Al-<u>H</u>âfi<u>dh</u> dit que sa chaîne de transmission est valable (*<u>s</u>âli<u>h</u>*) et A<u>d</u>-<u>D</u>iyyâ' l'a confirmé dans son livre « *Al-A<u>h</u>kâm* ». Toutefois, dans sa chaîne de transmission figure 'Â<u>s</u>im Ibn 'Abd Allâh considéré comme faible. Après l'avoir cité, Al-Haythamî souligne : « Dans sa chaîne de transmission, figurait certains rapporteurs que je ne connais point. » Par ailleurs, An-Nawawî a dit : « Même si ce *<u>h</u>adîth* est faible, on peut s'en inspirer. » D'ailleurs, les savants parmi les rapporteurs et autres sont unanimes à être plus indulgents concernant les *<u>h</u>adîth* louant les actes méritoires, ceux exhortant au bien ou amplifiant le caractère redoutable des châtiments consécutifs aux péchés. A titre d'exemple citons le *<u>h</u>adîth* : « Invoquez Dieu pour qu'il lui accorde de l'assurance… » et la recommandation faite par 'Amr Ibn Al-'Â<u>s</u>, les deux dires étant authentiques. Les habitants du Shâm sont toujours sur la même doctrine. Quant à la majorité des mâlikites et à certains docteurs <u>h</u>anbalites, ils estiment que l'inspiration de l'attestation de foi est une pratique réprouvable. Al-Athram rapporte : « Je m'enquis auprès d'A<u>h</u>mad : « Cette pratique à laquelle ils s'adonnent après l'enterrement, lorsque l'un d'eux se tient près de la tombe et proclame : Ô untel, fils d'une telle… – Je n'ai vu personne y procéder hormis les gens du Shâm, répondit A<u>h</u>mad, lorsque mourut Abû Al-Mughîra. A ce sujet, on rapporte d'après Abû Bakr Ibn Abî Maryam, citant leurs sheikhs qu'ils s'adonnaient à cette pratique. De même, Ismâ'îl Ibn 'Ayyâsh le rapportait. » Il faisait allusion au *<u>h</u>adîth* d'Abû Umâma.

La construction des tombes et la tradition prophétique

Il est de tradition que la tombe soit élevée d'un empan, afin qu'on reconnaisse que c'est une tombe. Toutefois, il est illicite de l'élever davantage, et ce conformément à ce que rapporte Muslim et autres traditionnistes d'après Hârûn, comme quoi Thumâma Ibn Shufayy a dit : « Nous étions avec Fa<u>d</u>âla Ibn 'Ubayd au pays des Byzantins, à Rhodes, quand l'un de nos compagnons décéda. Alors Fa<u>d</u>âla Ibn 'Ubayd ordonna de niveler sa tombe, puis il dit : J'ai entendu le Prophète (ﷺ) ordonner

de niveler les tombes. Par ailleurs, Abû Al-Hayyâj Al-Asadî rapporte :
« 'Alî Ibn Abî Ṭâlib m'a dit : Veux-tu que je te recommande ce que le Prophète (ﷺ) m'a recommandé ?…de détruire toute statue et de niveler
toute tombe surélevée que tu verras. » At-Tirmidhî a dit : « C'est ainsi
qu'agissent certains savants. Ils réprouvent que la tombe soit élevée
au-dessus du niveau de la terre plus que ce qu'il faut pour savoir que
c'est une tombe et éviter ainsi de marcher ou de s'asseoir dessus. Les
wâlî (représentant du *khalîfa*) détruisaient les constructions qui, dans
les cimetières, dépassaient le niveau légal, conformément à la tradition
authentique. » Pour sa part, Ash-Shâfi'î ajoute : « Je n'approuve point
qu'on ajoute à l'emplacement de la tombe une quantité de terre prise
ailleurs et j'aime qu'elle ne soit élevée au-dessus du niveau de la terre
que d'un empan environ, de même que je n'approuve point qu'on en
élève la construction ou qu'on procède à son plâtrage, car c'est là une
pratique ostentatoire et ce n'en est pas le lieu. Je n'ai point vu enduites
de plâtre les tombes des *Muhâjirûn* (les Compagnons ayant émigré avec
le Prophète (ﷺ)) ni celles des 'Anṣâr (ceux qui l'ont reçu à Médine).
J'ai même vu certains *wâlî* (représentants du Khalife) détruire les
constructions élevées dans les cimetières, sans que personne parmi les
jurisconsultes ne réprouve leur conduite. » A ce propos, Ash-Shawkânî
ajoute : « Il apparaît donc que la construction de tombes de plus d'un
empan est illicite. C'est d'ailleurs ce que soutiennent explicitement les
disciples d'Aḥmad et un groupe de partisans d'Ash-Shâfi'î et de Mâlik.
Cela étant, prétendre qu'une telle pratique n'est pas prohibée du moment qu'elle a été adoptée par des Pieux ancêtres et des descendants,
sans que personne ne l'ait dénoncée – tel que l'affirment l'Imâm Yaḥyâ
et Al-Mahdî dans « *Al-Ghayth* » –, est une affirmation gratuite, car tout au
plus, on a gardé le silence concernant ces questions. Or, le silence lié aux
questions conjecturales ne constitue nullement une preuve, et le caractère illicite de la construction surélevée des tombes est conjectural. Ce
hadîth s'applique également aux tombeaux et à toutes les constructions
élevées en voûtes et aux décorations somptueuses sur les tombes, de
sorte que ces lieux sont pris pour des mosquées. Or, le Prophète (ﷺ) a
maudit quiconque procéderait ainsi. L'élévation d'édifices luxueux sur
les tombes a eu des conséquences fâcheuses sur la vie des musulmans,
car tel que le faisaient les polythéistes à l'égard des statues, les ignorants accordent à ces lieux un pouvoir surnaturel, les glorifient, les estiment capables de chasser le mal, de réaliser le bien, de satisfaire à toute
demande et d'assurer réussite et bonheur. Ils les implorent tel qu'on implore Dieu, recherchent refuge auprès d'eux et invoquent leur secours.

Face à toutes ces pratiques corrompues, personne ne prononce mot, ni ne réprouve de tels comportements destructeurs du dogme : doctes et disciples, princes, ministres et rois, aucun ne se lève pour dénoncer de telles aberrations. Or, ces adorateurs de tombeaux et de saints restent à court de réponses lorsqu'on leur rappelle la vérité éclatante, comme, par exemple, de jurer au nom de leur sheikh ou de leur saint plutôt que de jurer au nom de Dieu – Gloire à Lui. Preuve, s'il en faut, que leur polythéisme est encore pire que celui des partisans du dualisme et de la trinité. Aussi interpellons-nous, ô Doctes et rois de l'Islam !...Quelle calamité est plus désastreuse pour l'Islam que l'impiété et l'adoration d'entités que l'on associe à Dieu !... Quel malheur pour les musulmans est plus grand!...Quel acte blâmable mérite d'être dénoncé plus que ce polythéisme flagrant !... De telles évidences ne font aucun doute, mais hélas ! autant parler à un sourd. Les doctes ont par ailleurs édicté des *fatwa* recommandant de détruire les mosquées et les constructions élevées sur des tombes. Dans son ouvrage : « *Az-Zawâjir* », Ibn Hajar a dit : « Prendre l'initiative de détruire les mosquées et les édifices élevés sur des tombes est une obligation, car ils portent préjudice au dogme authentique, d'autant plus que leur construction déroge aux recommandations du Prophète (ﷺ) qui ordonna de détruire les tombes élevées de plus d'un empan. De même qu'il est interdit d'allumer un cierge sur une tombe, d'y consacrer un vœu ou un legs pieux. »

Les tombes au ras du sol ou surélevées d'un empan, en forme de bosse

Les jurisconsultes sont unanimes pour dire qu'il est permis d'aplanir une tombe au ras du sol ou de la surélever d'un empan, en forme de bosse. At-Tabarî a dit : « Je désapprouve que les tombe soient construites autrement qu'au ras du sol ou surélevées d'un empan, conformément à la norme en vigueur chez les musulmans. Toutefois, les jurisconsultes divergent concernant la meilleure des deux solutions. Al-Qâdî 'Iyâd rapporte d'après la majorité des érudits qu'il est préférable de l'élever d'un empan sous forme de bosse, car Sufyân An-Nammâr rapporte avoir vu la tombe du Prophète (ﷺ) ainsi faite. Ce propos est rapporté par Al-Bukhârî. C'est aussi la position adoptée par Abû Hanîfa, Mâlik, Ahmad, Al-Muzanî et un grand nombre de shâfi'ites. Toutefois, Ash-Shâfi'î estime qu'il est préférable d'aplanir les tombes au ras du sol, car le Prophète (ﷺ) avait ordonné de les aplanir ainsi.

Marquer une tombe

Il est permis de marquer une tombe en y disposant une pierre, un morceau de bois ou autre, pour pouvoir la reconnaître. A ce propos, Ibn Mâjah rapporte d'après Anas que le Prophète (ﷺ) avait marqué d'une pierre la tombe de 'Uthmân Ibn Madh'ûn. L'auteur d' « *Az-Zawâ'id* » rapporte qu'il s'agit d'un *hadîth* dont la chaîne de transmission est bonne. Il est également rapporté par Abû Dâwûd, d'après le *hadîth* d'Al-Muttalib Ibn Abî Wadâ'a, que le Prophète (ﷺ) avait transporté une pierre qu'il déposa sur la tombe, au niveau de la tête et dit : « Je reconnaîtrai grâce à elle la tombe de mon frère, auprès de laquelle j'enterrerai ceux des miens qui décéderont. » Dans un autre *hadîth,* il est rapporté qu'il est louable de rassembler les défunts d'une même famille dans un endroit où ils seront près les uns des autres, de façon à faciliter leur visite.

Se déchausser en entrant au cimetière

La plupart des érudits soutiennent qu'il est permis de marcher entre les tombes sans se déchausser. Jarîr Ibn Hâzim a dit : « J'ai vu Al-Hasan et Ibn Sîrîn marcher entre les tombes avec leurs chaussures. Par ailleurs, Al-Bukhârî, Muslim, Abû Dâwûd et An-Nasâ'î rapportent d'après Anas que le Prophète (ﷺ) a dit : « Lorsque le mort est déposé dans sa tombe et que les vivants le quittent, il entend le bruit de leurs chaussures. » Les érudits allèguent ce *hadîth* pour prouver qu'il est permis de marcher parmi les tombes, les chaussures aux pieds. Toutefois, l'Imâm Ahmad réprouve de marcher parmi les tombes en portant des sandales du type *sabtiyya* (dont le cuir est tanné aux feuilles d'acacia blond), et ce conformément à ce que rapporte Abû Dâwûd, An-Nasâ'î et Ibn Mâjah d'après Bashîr, un esclave affranchi du Prophète (ﷺ), comme quoi celui-ci adressa un regard à un homme qui marchait entre les tombes avec des sandales et l'interpella en ces termes : « Ô porteur de *sabtiyya*, malheur à toi ! enlève tes *sabtiyya.*» L'homme regarda son interlocuteur et dès qu'il reconnut le Prophète (ﷺ), il enleva ses deux sandales et les jeta au loin. Al-Khattabî commente : « Il se peut qu'il ait réprouvé ce type de sandales par crainte d'orgueil et de fatuité, car les *sabtiyya* n'étaient portées que par des gens opulents qui vivent dans le luxe et le bien-être. Aussi le Prophète (ﷺ) voulut-il que l'entrée au cimetière se fasse dans un esprit d'humilité et de recueillement. Pour Ahmad, le caractère réprouvable du port des sandales en entrant dans les cimetières est levé quand une raison valable autorise à ne pas les enlever, comme, par exemple, lorsque le passage est couvert d'épines, d'arbustes, de souillures, etc.

L'interdiction de couvrir les tombes

Il est illicite de couvrir les tombes, car de telles pratiques conduisent à gaspiller de l'argent dans un but illicite, d'autant plus qu'elles appellent les gens à des innovations aberrantes. Al-Bukhârî et Muslim rapportent d'après 'Â'isha (رضي الله عنها) que le Prophète (ﷺ) sortit en expédition, alors elle prit une couverture et en dissimula la porte de la maison. Lorsque le Prophète (ﷺ) revint, il aperçut la couverture et la tira si fort qu'il la déchira. Puis il dit : « Dieu ne nous a pas ordonné de vêtir les pierres et l'argile. »

L'interdiction de construire des mosquées sur les tombes et d'allumer des cierges sur elles

Des *hadîth* authentiques ont explicitement interdit la construction de mosquées et d'allumer des cierges sur elles :

- Al-Bukhârî et Muslim rapportent d'après Abû Hurayra que le Prophète (ﷺ) a dit : « Que Dieu maudisse les juifs, ils ont pris les tombes de leurs prophètes pour des lieux de culte. »

- Ahmad, Abû Dâwûd, At-Tirmidhî et An-Nasâ'î rapportent qu'Ibn 'Abbâs a dit : « Le Prophète (ﷺ) a maudit celles qui visitent les tombes et ceux qui y construisent des mosquées et allument des cierges sur elles ». Ce dire est authentifié par At-Tirmidhî.

- Dans son *Sahîh*, Muslim rapporte que 'Abd Allâh Al-Bujalî déclare avoir entendu le Prophète (ﷺ) dire, cinq jours avant sa mort : « Je nie devant Dieu avoir pris parmi vous un ami intime, car Dieu – Gloire et Puissance à Lui – a agréé mon amitié, tel qu'Il agréa l'amitié d'Ibrâhîm ; si j'avais eu à prendre un ami intime parmi vous, j'aurais choisi Abû Bakr ; par ailleurs, ceux qui étaient avant vous prenaient les tombes de leurs prophètes et de leurs saints pour des lieux de culte. Ne prenez pas les tombes pour des lieux de prière, je vous l'interdis ».

- Muslim rapporte également d'après Abû Hurayra que le Prophète (ﷺ) a dit : « Dieu maudisse les Juifs qui ont pris les tombes de leurs Prophètes pour oratoires. »

- Al-Bukhârî et Muslim rapportent d'après 'Â'isha (رضي الله عنها) qu'Umm Habîba et Umm Salama (رضي الله عنهما) évoquèrent devant le Prophète (ﷺ) le cas d'une église qu'elles avaient vue en Éthiopie, et qui contenait des statues. Alors le Prophète (ﷺ) leur dit : « Lorsqu'un saint personnage d'entre eux vient à mourir, ces gens-là bâtissent sur sa tombe un oratoire de prière et y peignent ensuite ces images. Ces gens-là sont les pires des créatures aux yeux de Dieu le Jour de la résurrection. » L'auteur du « *Al-Mughnî* » (Ibn Qudâma) ajoute : « Il n'est pas permis de construire une mosquée sur des tombes, car le Prophète (ﷺ) a dit : « Dieu a maudit celles qui visitent les tombes et ceux qui bâtissent sur elles des oratoires et allument des cierges ». Ce *hadîth* est rapporté par Abû Dâwûd et An-Nasâ'î selon cette variante : « Le Prophète (ﷺ) a maudit... ». Si une telle pratique était permise, le Prophète (ﷺ) n'aurait pas maudit celui qui l'adopte, d'autant plus que de telles constructions engendrent des dépenses inutiles, incitent à vénérer les tombes, comme étaient glorifiées les statues. Aussi, est-il interdit d'édifier des mosquées sur les tombes, d'autant que le Prophète (ﷺ) a dit : « Que Dieu maudisse les juifs : ils ont pris les tombes de leurs prophètes pour des lieux de culte. » Il faut donc se garder de les imiter. Ce *hadîth* est rapporté par Al-Bukhârî, Muslim, Abû Dâwûd, At-Tirmidhî, An-Nasâ'î, Ibn Mâjah et Ahmad. 'Âisha (رضي الله عنها) ajoute : « La tombe du Prophète (ﷺ) a été dissimulée afin qu'on ne la prenne pas pour lieu de culte. » Outre que procéder à la prière près des tombes est une pratique similaire à celle qui consistait à vénérer les statues et à leur présenter des offrandes. Or, nous avons déjà mentionné que la vénération des statues découle de la glorification des morts par les prières qu'on accorde à leurs représentations.

Du caractère réprouvable de l'immolation sur les tombes

Le Législateur a interdit que l'on immole une bête sur une tombe, pour éviter les pratiques de l'époque antéislamique, l'ostentation et la vantardise. Abû Dâwûd rapporte d'après Anas, que le Prophète (ﷺ) a dit : « Il n'y a pas d'immolation en Islam ». 'Abd ar-Razzâq a dit : « Les Arabes avaient l'habitude d'immoler une tête de bovin ou d'ovin sur la tombe. » Al-Khattâbî ajoute : « A l'époque antéislamique, les Arabes avaient l'habitude d'immoler un chameau sur la tombe de l'homme généreux, visant par-là à le récompenser pour la générosité dont il avait fait preuve de son vivant. Ils disaient à ce propos : Comme il a égorgé des chameaux et en a nourri ses invités, nous allons immoler auprès de sa tombe pour procurer de la nourriture aux fauves et aux rapaces. Ainsi, estimaient-ils, le défunt demeurera hospitalier après sa mort, comme il le fut de son vivant. Un poète a dit : « J'ai immolé ma chamelle sur la tombe du Négus. A être moi-même décédé avant lui, il aurait sacrifié volontiers toutes ses bêtes auprès de ma tombe. »

Il y en avait même certains parmi eux qui croyaient que si leur monture était immolée près de leur tombe, ils ressusciteraient le Jour de la résurrection à dos de monture ; tandis que si elle n'était pas immolée ainsi, ils ressusciteraient marchant à pied. C'était la doctrine de ceux qui, parmi eux, croyaient en la résurrection.

L'interdiction de s'asseoir sur une tombe, de s'appuyer contre elle et de marcher dessus

Il est interdit de s'asseoir sur une tombe, de s'appuyer contre elle ou de marcher dessus. A ce propos, 'Amr Ibn Hazm rapporte : « Le Prophète (ﷺ), me voyant appuyé contre une tombe, me dit : « Ne nuis pas à celui qui repose dans cette tombe – ou, ne lui nuis pas ». Ce *hadîth* est rapporté par Ahmad, assorti d'une chaîne de transmission authentique. Par ailleurs, Abû Hurayra rapporte que le Prophète (ﷺ) a dit : « Il vaut mieux que l'un de vous s'assoie sur une braise ardente qui brûle ses vêtements jusqu'à atteindre la peau plutôt que de s'asseoir sur une tombe. » Cette tradition est rapportée par Ahmad, Muslim, Abû Dâwûd, An-Nasâ'î et Ibn Mâjah. Pour sa part, Ibn Hazm considère cet acte illicite, vu les *hadîth* assortis de menaces de châtiments qui sont rapportés à ce sujet. Il ajoute que c'est là l'opinion d'un groupe de Pieux Anciens dont faisait partie Abû Hurayra. La majorité des doctes soutient qu'une telle pratique est réprouvable. A ce propos, An-Nawawî a dit : « Ash-Shâfi'î, dans son ouvrage « *Al-Umm* », ainsi que la majorité des doctes shâfi'ites, estiment que s'asseoir sur une tombe est une conduite réprouvable. C'est aussi l'opinion de la majorité des doctes dont An-Nakha'î, Al-Layth, Ahmad et Dâwûd. Est également réprouvable, ajoute-t-il, le fait de s'appuyer contre une tombe ou de s'y adosser. En revanche, Ibn 'Umar, l'honorable Compagnon, Abû Hanîfa et Mâlik soutiennent qu'il est permis de s'asseoir sur une tombe. En effet, dans « *Al-Muwattâ'* », Mâlik a dit : « A notre sens, il n'a été déconseillé de s'asseoir sur les tombes que pour celui qui désire satisfaire un besoin pressant. » Puis il allègue à ce propos un *hadîth* faible. Ahmad juge faible cette interprétation et la considère nulle et non avenue. » Puis An-Nawawî ajoute : « C'est là une interprétation faible ou erronée. » De même, Ibn Hazm la considère erronée à plus d'un titre. La divergence entre les doctes ne vaut que pour celui qui s'assied sur une tombe, s'appuie contre elle ou s'y adosse. Ils sont par contre unanimes à déclarer illicite le fait d'y satisfaire un besoin pressant. Ils sont de même unanimes à considérer qu'il est permis de marcher sur les tombes par nécessité, tel que de traverser le cimetière pour atteindre une tombe déterminée lorsqu'il est impossible d'y parvenir autrement.

L'interdiction de plâtrer une tombe ou d'écrire dessus

Jâbir rapporte que le Prophète (ﷺ) a interdit de plâtrer les tombes, de s'asseoir ou de construire dessus. Ce dire est rapporté par Aḥmad, Muslim, An-Nasâ'î, Abû Dâwûd et At-Tirmidhî, lequel l'a authentifié. Dans la variante qu'il rapporte il est dit : « Le Prophète (ﷺ) a déconseillé de plâtrer les tombes, d'y édifier des constructions ou de les fouler. » Dans une autre variante, An-Nasâ'î rapporte : « ...de construire sur une tombe, de la surélever, de la plâtrer ou d'écrire dessus. » La majorité des doctes interprète cette interdiction comme ayant le caractère de réprobation. Cependant, Ibn Ḥazm l'interprète comme ayant un caractère de prohibition. Par ailleurs, on a avancé que l'intérêt qui inspire une telle interdiction réside dans le fait que les tombes sont destinées à s'user, cependant que le plâtrage est un motif de décoration dont l'usage est destiné à la vie d'ici-bas, or le défunt n'en a nul besoin. D'autres encore soutiennent que ledit intérêt réside dans le fait que le plâtre est une matière qui est chauffée au feu. A ce propos, on rapporte que Zayd Ibn Arqam dit à celui qui voulait construire la tombe de son fils en la plâtrant : « Tu t'es trompé, rien de ce qui a été chauffé au feu ne doit en être approché. » Cependant, il n'y a aucun mal à appliquer de la boue sur la tombe. A ce propos, At-Tirmidhî a dit : « Certains, parmi les érudits – dont Al-Ḥasan Al-Baṣrî – ont autorisé l'application de boue sur les tombes. De même, Ash-Shâfi'î soutient qu'il n'y a pas de mal à ce que de la boue soit appliquée sur une tombe. Par ailleurs, Ja'far Ibn Muḥammad rapporte d'après son père que la tombe du Prophète (ﷺ) était élevée d'un empan, qu'on l'avait enduite de boue rouge apportée d'Al-'Arṣa et recouverte de gravier. Ce propos est rapporté par Abû Bakr An-Najjâd. Cependant, Al-Ḥâkim ne l'a pas commenté dans son « *At-Talkhîṣ* ». D'autre part, tout comme les savants réprouvent le plâtrage des tombes, ils réprouvent qu'on les construise avec des briques cuites au feu ou avec du bois, au même titre qu'ils réprouvent d'enterrer le mort dans un cercueil, et ce lorsque la terre n'est pas boueuse ou trop humide. Si par contre elle est boueuse ou trop humide, il devient permis de construire la tombe en briques ou en d'autres matières, tout comme il devient permis d'enterrer le mort dans un cercueil. A ce propos, Mughîra rapporte qu'Ibrâhîm a dit : « Ils préféraient le torchis et les roseaux et réprouvaient la brique cuite et le bois. » Le *hadîth* mentionne également qu'il est déconseillé d'écrire sur les tombes. A ce propos, il semble que la recommandation s'applique aussi bien à l'écriture du nom du défunt qu'à d'autres inscriptions. Al-Ḥâkim a dit : « La chaîne de transmission de ce *hadîth* est authentique, mais son application est sujette à caution, car les imâms à travers le monde islamique ont permis qu'on écrive sur leur tombe. Cette pratique s'est transmise d'une génération à une autre. » Pour sa part, Adh-Dhahabî estime que c'est une innovation adoptée par ceux qui ignoraient l'existence d'une interdiction à ce sujet. Les hanbalites quant à eux soutiennent que l'interdiction est à interpréter dans le sens de la réprobation, que l'inscription porte sur un verset coranique ou sur le nom du défunt. Les shâfi'ites, tout en approuvant cela, soutiennent que si le défunt est un érudit ou un homme pieux, il est permis d'inscrire son nom afin que l'on puisse le reconnaître. Les mâlikites estiment quant à eux que l'inscription de versets du Coran est illicite alors que l'inscription du nom du défunt ou de la date de son décès est réprouvable. Pour leur part, les hanafites soutiennent qu'il est interdit d'écrire sur une tombe, à moins que l'on craigne sa disparition totale. Ibn Hazm, quant à lui, a dit : « Si le nom est gravé sur une pierre, nous ne désapprouvons point une telle pratique. » Par ailleurs, il est déconseillé d'ajouter à la quantité de terre creusée à l'emplacement de la tombe une quantité de terre prise ailleurs. Al-Bayhaqî commente cela dans un chapitre intitulé : « On n'ajoute pas à la quantité de terre creusée dans l'emplacement de la tombe, afin qu'elle ne soit pas surélevée. » A ce propos, Ash-Shawkânî explique que la signification du mot *ajouter* est : « ajouter une quantité de terre autre que celle retirée en creusant. » Cependant, d'autres commentateurs estiment qu'*ajouter* devrait être interprété dans le sens d' : « enterrer une deuxième dépouille dans la même tombe ». Ash-Shâfi'î fait valoir la première interprétation et dit : « Il est préférable de ne pas ajouter à la quantité de terre retirée de la tombe, afin que celle-ci ne soit pas surélevée. » Toutefois, il ajoute : « Il n'y a pas de mal à le faire. »

Inhumer plus d'une dépouille mortelle dans une même tombe

La tradition des Pieux Anciens consiste à enterrer une seule dépouille mortelle dans une même tombe. Enterrer plus d'une dépouille dans une même tombe est une pratique réprouvable, à moins que ne ce soit par nécessité, lorsque par exemple les morts sont nombreux et que ceux qui œuvrent à leur inhumation sont peu nombreux où accablés par l'ampleur de l'ouvrage. A ce propos, Ahmad et At-Tirmidhî – qui l'a authentifié – rapportent que les 'Ansâr vinrent trouver le Prophète (ﷺ) le jour de Uhud et lui dirent : Ô Envoyé de Dieu ! nous souffrons de blessures et nous sommes accablés (par les travaux d'enterrement), que nous ordonnes-tu ? – Creusez, répondit le Prophète, élargissez et approfondissez, puis inhumez deux ou trois dépouilles dans la même fosse. – Qui mettrons-nous en premier, ô Envoyé de Dieu ? », lui demandèrent-ils. – Commencez par celui qui est le plus versé dans le Coran ». 'Abd Ar-Razzâq rapporte – assorti d'une chaîne de transmission jugée bonne – d'après Wâthila Ibn Al-Asqa', qu'on enterrait un homme et une femme dans la même tombe, en les disposant de sorte que l'homme était devant et la femme derrière lui.

Celui qui trouve la mort en mer

L'auteur du « *Al-Mughnî* » a dit : « Du défunt qui trouve la mort dans un navire au large, Aḥmad – que Dieu ait son âme – a dit : « A moins de craindre que la dépouille ne se détériore, on devra attendre un jour ou deux, dans l'espoir de trouver un lieu terrestre où l'inhumer. Au cas où on ne trouverait pas de lieu pour l'enterrer, on lui accordera la grande ablution, on le mettra dans un linceul, on le parfumera, on procédera à la prière du mort à l'intention de sa dépouille, puis on y attachera un objet lourd et on le jettera à la mer. Telle est l'opinion de 'Aṯâ' et d'Al-Ḥasan. Celui-ci explique : « On le laissera dans un couffin et on le jettera à l'eau. » Pour sa part, Ash-Shâfi'î soutient qu'il faut l'attacher entre deux planches afin que l'eau le transporte vers le rivage, peut-être l'inhumera-t-on après l'avoir découvert ; toutefois, si on le jette à la mer, celui qui y procède ne se chargera pas d'un péché. Cependant, la première solution s'avère plus commode car l'inhumation visée par l'enterrement en est réalisée. En outre, l'attacher entre deux planches expose la dépouille à la détérioration ou à parvenir au rivage dénudée ou à tomer entre les mains d'impies.

Déposer des feuilles de palmier sur la tombe

Il n'est pas permis de déposer des feuilles de palmier ou des fleurs sur les tombes. Toutefois, Al-Bukhârî et autres traditionnistes rapportent d'après Ibn 'Abbâs que le Prophète (ﷺ) passa devant deux tombes et dit : « Ces deux-là sont en train de subir le châtiment pour peu de choses : celui-ci ne se nettoyait pas après avoir uriné, et celui-là était un délateur. Puis il se fit apporter une palme encore fraîche qu'il fendit en deux, planta l'une dans la première tombe et l'autre dans la deuxième et dit : « Puissent-elles alléger leur souffrance tant qu'elles n'ont pas séché. » Toutefois Al-Khaṭṭâbî commente ce *hadîth* ainsi : « Le fait de planter une palme dans chaque tombe et de dire : « Puissent-elles alléger leur souffrance tant qu'elles n'ont pas séché », n'a d'effet que parce que c'est le Prophète (ﷺ) qui en est l'auteur ; et sa bénédiction profite donc aux deux morts tant que les deux palmes sont encore vertes, comme le Prophète (ﷺ) l'a demandé. Ce qui ne signifie nullement que les palmes vertes seraient dotées d'un quelconque pouvoir que les palmes sèches ne posséderaient pas. Or, dans plusieurs pays, on a pris l'habitude de disposer des palmes fraîches dans les tombes des morts : pratique qui n'est nullement justifiée. » De fait, le commentaire d'Al-Khattâbî est pertinent, car les Compagnons du Prophète (ﷺ) n'ont jamais déposé de palmes ni de fleurs sur une quelconque tombe, hormis Burayda Al-Aslamî qui recommanda qu'on mît dans sa tombe deux palmes. Ce fait est rapporté par Al-Bukhârî. Il est toutefois difficile d'admettre que le fait de poser des palmes dans la tombe soit légitime et que tous les Compagnons, hormis Burayda, l'auraient ignoré. Dans son ouvrage « *Al-Fath* », Al-Hâfidh a dit : « Il semble que Burayda ait attribué au *hadîth* une interprétation globale, alors qu'il est spécifique au cas de deux défunts bien déterminés. » Ibn Rashîd a dit : « Il semble, compte tenu de l'avis d'Al-Bukhârî, que le cas soit spécifique aux deux défunts précités. C'est pourquoi celui-ci le fait suivre du propos d'Ibn 'Umar qui, lorsqu'il vit une tente dressée sur la tombe de 'Abd Ar-Rahmân, ordonna à un serviteur : « Enlève-la, ce sont ses œuvres qui sont susceptibles de l'ombrager ». Des propos d'Ibn 'Umar, on déduit que ce qui est déposé sur une tombe n'a nul effet, et que ce sont plutôt les bonnes œuvres qui exercent leur effet.

Une femme qui meurt portant un fœtus vivant

Lorsqu'une femme meurt en portant un fœtus vivant, il faut obligatoirement procéder à une opération pour extraire le fœtus si l'on espère encore lui sauver la vie, décision qui revient aux médecins dignes de confiance. Par ailleurs, une femme des « gens du Livre » qui meurt enceinte d'un homme musulman devra être enterrée seule. De fait, Al-Bayhaqî rapporte d'après Wâthila Ibn Al-Asqa' qu'il avait enterré une femme chrétienne décédée portant un enfant musulman dans un cimetière en dehors de celui des musulmans et de celui des chrétiens. L'imâm Ahmad opte pour ce choix et le justifie comme suit : « Étant donné que la femme chrétienne décédée portant un fœtus est une impie, il ne faut pas l'enterrer dans un cimetière musulman, car les supplices de son châtiment leur nuirait. De même, il ne faut pas l'enterrer dans un cimetière impie, car les supplices de leur châtiment nuiraient à son enfant. »

De ce qu'il est préférable d'enterrer les morts dans les cimetières

Ibn Qudâma a dit : « Abû 'Abd Allâh (Ahmad, s'entend) préférait qu'on enterre les morts dans les cimetières plutôt que dans les maisons, car ainsi, les souffrances de la famille du défunt sont atténuées et les cimetières rappellent mieux la vie de l'Au-delà et ceux qui y sont enterrés bénéficient davantage des invocations et des prières en leur faveur. En effet, les Compagnons, leurs Suivants et les Suivants des Suivants n'ont jamais cessé d'enterrer leurs morts dans le désert. D'aucuns diraient que le Prophète (ﷺ) a été enterré dans sa maison et que ses deux Compagnons ont été enterrés auprès de lui. 'Â'isha (رضي الله عنها) répond à cela en disant que si l'on a procédé ainsi, c'est pour éviter que sa tombe ne soit prise pour un lieu de prière. Ce propos est rapporté par Al-Bukhârî. Par ailleurs, le Prophète (ﷺ) avait l'habitude d'enterrer ses Compagnons dans le cimetière d'Al-Baqî'. Ses Compagnons décidèrent de l'enterrer dans sa propre maison pour le distinguer du commun des mortels et pour se conformer au *hadîth* dans lequel il est rapporté que « Les prophètes sont enterrés là où ils meurent. » Comme on interrogeait Ahmad à propos de celui qui recommande qu'on l'enterre chez lui, il répondit qu'il devait être enterré dans un cimetière avec les autres musulmans.

L'interdiction d'injurier les morts

Il est illicite d'injurier les morts et de les calomnier. A ce propos, Al-Bukhârî rapporte d'après 'Â'isha (رضي الله عنها), que le Prophète (ﷺ) a dit : « N'injuriez pas les morts, car ils répondent désormais de leurs actes. » Abû Dâwûd et At-Tirmidhî rapportent – assorti d'une chaîne de transmission faible – d'après Ibn 'Umar, que le Prophète (ﷺ) a dit : « Évoquez les mérites de vos morts et abstenez-vous de parler de leurs vices. » Concernant les musulmans connus pour leur impiété, pour leurs innovations blâmables ou pour leurs actes corrompus, il est permis d'invoquer leurs vices si l'intérêt de la Communauté l'implique, tel que de prévenir contre leur conduite et leurs propos et empêcher les gens de suivre leur exemple. Mais si l'intérêt commun ne l'exige pas, il n'est pas permis de le faire. Al-Bukhârî et Muslim rapportent qu'Anas (رضي الله عنه) a dit : « Un convoi funèbre passa et ceux qui étaient présents dirent du bien du défunt, alors le Prophète (ﷺ) s'exclama : « Accordé ! » Peu après, un autre convoi funèbre passa et les présents ne dirent du défunt que du mal. Une nouvelle fois, le Prophète (ﷺ) s'exclama : « Accordé ! » 'Umar s'enquit alors : « Qu'est-ce qui est accordé ? – Vous avez dit du bien du premier et le Paradis lui a été accordé, et vous avez dit du mal du second et l'Enfer lui a été accordé : vous êtes les témoins de Dieu sur terre. »

Par contre, il est permis d'injurier les morts des impies et de les maudire. Dieu (ﷻ) a dit : {*Les renégats parmi les fils d'Israël ont été maudits*} (S. 5, V. 78).[1] Il a dit aussi : {*Périssent les mains d'Abû Lahab, et qu'il périsse lui-même*} (S. 111, V. 1).[2] Dieu Tout Puissant a également maudit Pharaon et ses semblables, et la malédiction coranique {*Que la malédiction de Dieu s'abatte sur les injustes*} (S. 11, V. 18)[3] est notoire.

La récitation du Coran auprès de la tombe

Les jurisconsultes divergent concernant la récitation du Coran auprès d'une tombe. Ash-Shâfi'î et Muhammad Ibn Al-Hasan soutiennent qu'elle est louable, car, disent-ils, la bénédiction qui en découle profite au mort. Al-Qâdî 'Iyâd et Al-Qarâfî, tous deux d'obédience mâlikite, les approuvent en cela. Pour sa part, Ahmad estime qu'elle est permise. En revanche, Mâlik et Abû Hanîfa la réprouvent, car, disent-ils, elle ne figure pas dans la tradition.

L'exhumation de la dépouille mortelle

Les érudits sont unanimes à déclarer que le lieu où un musulman est enterré lui appartient exclusivement tant qu'il subsiste encore des parties de sa dépouille, tels des os ou autres. Mais lorsqu'il ne subsiste plus que de la poussière, il est permis d'y enterrer une autre dépouille ou exploiter le lieu pour l'agriculture, la construction et autres fins utiles. S'il arrive au fossoyeur de creuser une tombe dans un lieu et d'y trouver des os, il doit immédiatement arrêter de creuser. Si, après avoir achevé de creuser, on découvre un os ou autre, on le mettra à côté de la tombe et on enterrera le nouveau mort dans la tombe creusée. Par ailleurs, si une dépouille a été déposée dans une tombe sans qu'elle ait bénéficié de la prière du mort, on la fera sortir de la tombe si elle n'a pas encore été enterrée et on lui accordera la prière mortuaire, puis on la redéposera dans la tombe. Si elle a déjà été enterrée, il est illicite

---

1 ﴿لُعِنَ ٱلَّذِينَ كَفَرُواْ مِنۢ بَنِىٓ إِسۡرَٰٓءِيلَ﴾

2 ﴿تَبَّتۡ يَدَآ أَبِي لَهَبٖ وَتَبَّ﴾

3 ﴿أَلَا لَعۡنَةُ ٱللَّهِ عَلَى ٱلظَّٰلِمِينَ﴾

de la déterrer, et on procédera alors à la prière en sa faveur même si elle est sous terre dans la tombe. Telle est la doctrine des hanafites, des shâfi'ites et d'Ahmad. Toutefois, d'après une opinion attribuée à Ahmad, on déterrera la dépouille en tel cas et on lui accordera la prière mortuaire.

En outre, les trois imâms considèrent qu'il permis de fouiller une tombe pour une raison valable, tel que de retirer un bien oublié dans la tombe ou d'orienter vers la Ka'ba une dépouille qu'on avait disposée autrement ou d'accorder la grande ablution à la dépouille qui n'en avait pas bénéficié ou de parfaire son ensevelissement. Toutefois si l'on craint que la dépouille se soit détériorée, on ne la déterrera pas. Les hanafites, eux, s'opposent au déterrement du mort pour lesdites raisons et le considèrent comme étant une profanation réprouvable. Ibn Qudâma explique : « C'est une profanation à l'encontre de la dépouille qui s'est détériorée. » Par ailleurs, si la dépouille a été enterrée sans linceul, deux cas de figure sont envisageables : ou bien on la laisse ainsi, car l'objectif assigné au linceul est de couvrir la dépouille, et dès lors qu'elle a été enterrée, elle se trouve dissimulée par la terre ; ou bien on la déterre et on la dépose dans un linceul, car c'est une obligation, à l'instar du lavage. Ahmad ajoute que si le fossoyeur a oublié sa pelle ou autre dans la tombe, il est permis de fouiller pour la retirer. Il en est de même pour tout objet qui a une certaine valeur et qui tombe dans la fosse, tel de l'argent ou une pioche, par exemple. On demanda a Ahmad : « Et si la famille du défunt rembourse l'objet oublié dans la tombe ? - Dans ce cas, le problème est résolu », répondit-il. A ce sujet, Al-Bukhârî rapporte d'après Jâbir, que le Prophète (ﷺ) alla trouver 'Abd Allâh Ibn Ubayy, après que ce dernier ait été déposé dans sa tombe. Il ordonna qu'on l'exhumât. On le fit sortir et il le posa sur ses genoux, souffla sur lui de sa salive et l'habilla d'un vêtement. On rapporte de même que Jâbir a dit : « On avait enterré un homme avec mon père ; alors, je n'ai retrouvé ma sérénité qu'après l'avoir exhumé et inhumé dans une tombe à part.

Al-Bukhârî a réservé un chapitre à ces deux *hadîth* et l'a intitulé : « Exhume-t-on une dépouille mortelle pour une raison quelconque ? ». Pour sa part, Abû Dâwûd rapporte d'après 'Abd Allâh Ibn 'Umar : « Nous étions sortis en direction d'At-Tâ'if. Comme nous passions devant une tombe, j'entendis le Prophète (ﷺ) dire : « C'est la tombe d'Abû Rughâl. Il était à l'abri en ce lieu sacré, mais dès qu'il en sortit, il subit le châtiment qui frappa son peuple en cet endroit même et y fut enterré. La preuve en est un rameau d'or qui fut enterré avec lui ; si vous fouillez la tombe, vous le trouverez ». Aussitôt, les gens se mirent à fouiller et ils découvrirent le rameau d'or. » Al-Khattâbî commente ce *hadîth* et dit : « C'est une preuve qu'il est permis de fouiller les tombes des impies si cela présente un intérêt pour les musulmans, et que leurs tombes ne sont pas sacrées comme celles des musulmans. »

Transporter la dépouille mortelle d'un lieu à un autre

Dans la doctrine shâfi'ite, il est illicite de transporter la dépouille mortelle d'un pays à un autre, à moins que ce soit d'un pays proche à destination de La Mecque, de Médine ou de Jérusalem vers lesquelles il est permis de transporter le mort, en raison des mérites de ces trois lieux et l'honneur dont ils jouissent. Si quelqu'un recommande d'être transporté après sa mort vers un autre pays que l'un de ces trois lieux, sa recommandation est nulle et non avenue, en raison du retard que le transport est susceptible d'accuser et par crainte d'exposer la dépouille à la détérioration. Il est également illicite de déplacer la dépouille d'une tombe vers une autre, à moins qu'une raison valable ne l'exige, telle, par exemple, une dépouille qui a été enterrée sans lavage de purification, ou qui n'a pas été orientée vers la Ka'ba, ou lorsque la tombe a été inondée ou exposée à l'humidité. Dans le « *Al-Minhâj* », (d'An-Nawawî) : « L'exhumation de la dépouille après son enterrement pour la déplacer ou pour d'autres fins, est illicite, à moins que ce ne soit par nécessité absolue, tel par exemple que d'avoir été enterrée sans lavage de purification, non orientée vers la Ka'ba ou dans une terre non convenable ou d'avoir été ensevelie dans un linceul usé, ou qu'un bien ait été oublié dans la tombe. »

Les mâlikites, quant à eux, estiment qu'il est permis de transporter la dépouille d'un lieu vers un autre avant son enterrement et après si un intérêt le dicte, tel par exemple de craindre que l'eau n'inonde la tombe ou que la dépouille soit dévorée par les fauves ou pour rendre facile à sa famille la tâche de lui rendre visite ou pour l'enterrer parmi les siens ou dans l'espoir de profiter de la bénédiction du lieu où il est transporté. Dans tous ces cas, le déplacement est permis, mais à condition que la dépouille soit à l'abri de toute profanation.

Les hanafites, quant à eux, réprouvent de transporter un mort d'un pays à un autre et considèrent louable d'enterrer chaque mort dans le cimetière de la contrée où il est décédé. Toutefois, il n'y a pas de mal, estiment-ils, à déplacer la dépouille mortelle avant son enterrement d'un lieu à un autre, dans un périmètre qui ne dépasse pas les deux miles. Après l'enterrement, le déplacement ne peut être effectué que pour les raisons citées ci-dessus. Ainsi, par exemple, si une femme qui aurait perdu un enfant qu'on aurait enterré en son absence dans un autre pays, décide de le déplacer, les responsables devront l'en empêcher.

Les hanbalites, pour leur part, soutiennent qu'il est louable d'enterrer le martyr là où il est décédé. Ahmad a dit : « Concernant les martyrs, on procèdera selon le *hadîth* rapporté par Jâbir d'après le Prophète (ﷺ) comme quoi celui-ci a dit : « Enterrez les martyrs là où ils ont trouvé la mort. » Par ailleurs, Ibn Mâjah rapporte que le Prophète (ﷺ) ordonna qu'on ramenât les martyrs de Uhud là où ils avaient trouvé la mort. Telle est la doctrine d'Al-Awzâ'î et d'Ibn Al-Mundhir. Pour sa part, 'Abd Allâh Ibn Mulayka rapporte que 'Abd Ar-Rahmân Ibn Abî Bakr décéda sous les drapeaux et on le transporta à La Mecque où il fut enterré. Lorsque 'Â'isha (رضي الله عنها) alla visiter sa tombe, elle dit : « Je jure au nom de Dieu que si j'avais été présente, je t'aurais inhumé là où tu as trouvé la mort et je ne t'aurais pas rendu visite. » Il est donc plus commode de l'enterrer sur le lieu de sa mort, car cela en atténue les charges et évite à la dépouille les risques de détérioration. Toutefois, si une raison valable existe, son déplacement est permis. Ahmad a dit : « Je ne vois aucun mal à transporter un mort d'un pays à un autre. » On interrogea Az-Zuhrî à ce propos et il répondit : « Sa'd Ibn Abî Waqqâs et Sa'îd Ibn Zayd ont été transportés d'Al-'Aqîq à Médine.

Les condoléances (*at-ta'ziya*)

En arabe, le terme *ta'ziya* désigne l'endurance et l'exhortation à endurer, en prodiguant des propos réconfortants qui atténuent la douleur de la personne affligée par la mort d'un proche.

Le statut légal des condoléances

Il est louable de présenter ses condoléances, quand bien même ce serait à un *dhimmî* (un tributaire non musulman), conformément à ce que rapportent Ibn Mâjah et Al-Bayhaqî, assorti d'une chaîne de transmission jugée bonne, d'après 'Amr, relatant que le Prophète (ﷺ) a dit : « Le Jour de la résurrection, Dieu couvrira d'une parure de dignité tout croyant qui présente ses condoléances à son frère frappé d'une calamité. » Toutefois, il est louable de n'y procéder qu'une seule fois. Il convient de même que les condoléances soient présentées à tous les membres de la famille et proches du défunt, grands, petits, hommes et femmes, avant ou après l'enterrement et dans la limite des trois jours qui suivent la mort, à moins que celui qui présente les condoléances ou celui auquel elles sont adressées ait été absent. Dans ce cas, il est permis de les présenter après ledit délai.

Les formules de condoléances

Les condoléances peuvent être exprimées par toute formule qui soulage, exhorte à l'endurance et console. Toutefois, il est préférable de les exprimer selon une formule consacrée par la tradition. Al-Bukhârî rapporte d'après Usâma Ibn Zayd (رضي الله عنهما), qu'une fille du Prophète (صلى الله عليه وسلم) lui envoya dire : « Un de mes enfants a rendu l'âme, viens donc nous voir ». Il renvoya le message assorti du salut d'usage, et ajouta : « A Dieu ce qu'Il a offert, et à Lui ce qu'Il a rappelé à Lui. A toute chose Il a assigné un terme déterminé. Qu'elle endure patiemment et qu'elle compte sur la récompense divine ». At-Tabarânî, Al-Hâkim et Ibn Mardawayh rapportent, selon une chaîne de transmission dans laquelle figure un homme dont le rapport est considéré faible, que lorsque Mu'âdh Ibn Jabal (رضي الله عنه) perdit un enfant, le Prophète (صلى الله عليه وسلم) lui écrivit une lettre dans laquelle il lui présentait ses condoléances en ces termes : « Au nom de Dieu, le Clément, le Miséricordieux. De Muhammad, l'Envoyé de Dieu à Mu'âdh Ibn Jabal. Paix sur toi ; j'agrée pour toi Dieu hormis Lequel il n'existe nulle divinité. Que Dieu magnifie ta récompense, t'inspire l'endurance et fasse que nous et toi reconnaissions Ses bienfaits, car nos âmes, nos biens, nos familles, ne sont autres que Ses dons généreusement offerts et Ses dépôts à nous confiés. Dieu t'en a rendu heureux puis te l'a retiré en échange d'une grande récompense : bénédiction, miséricorde et guidance. Si tu comptes sur la récompense divine, endure patiemment et garde-toi de laisser ton émotion aliéner ta récompense, car tu n'en retirerais que des regrets. Sache que l'emportement ne saurait ressusciter ton mort ni dissiper ton angoisse. En somme, ce qui doit advenir, arrive inexorablement. Paix sur toi. »

Par ailleurs, Ash-Shâfi'î rapporte dans son « *Musnad* » d'après Ja'far Ibn Muhammad, qui cite son père, que son grand-père a dit : « Lorsque le Prophète (صلى الله عليه وسلم) décéda et que le moment des condoléances fut arrivé, ils entendirent une voix proclamer : « En Dieu la consolation face à tout malheur, la compensation de tout défunt, et le dédommagement de toute chose manquée. Ayez donc confiance en Dieu et en Lui seul espérez, car il n'y a pas pire affligé que celui qui a été privé de la récompense divine. » Ce *hadîth* est assorti d'une chaîne de transmission jugée faible. D'autre part, les érudits ont dit : si les condoléances sont présentées à un musulman qui a perdu un autre musulman, il est d'usage de dire : « Que Dieu magnifie ta récompense, t'accorde bonne endurance et pardonne à ton défunt. » Si les condoléances sont présentées à un musulman au sujet d'un impie : « Que Dieu magnifie ta récompense et t'accorde bonne endurance. » Si elles sont présentées à un impie au sujet d'un musulman : « Que Dieu t'accorde bonne endurance et pardonne à ton défunt. » Si enfin elles sont présentées à un impie au sujet d'un autre impie : « Que Dieu te récompense ». La formule de réponse aux condoléances présentées se compose de l'expression « amen » suivie de : « Que Dieu te récompense ». Ahmad ajoute : « On est libre de serrer la main ou de ne pas le faire. » Par ailleurs, même si l'on voit quelqu'un se déchirer les habits – sous l'effet de l'emportement – il convient de lui présenter les condoléances, car on n'abandonne pas une pratique juste à cause d'une aberration. Quoi qu'il en soit, réprouver vivement une telle aberration est préférable. »

Est-il permis de s'asseoir lors des condoléances ?

La tradition consiste à présenter les condoléances à la famille du défunt et à ses proches, puis à vaquer à ses occupations sans s'asseoir. Telle est la voie des Pieux Anciens. Dans son ouvrage « Al-Umm », Ash-Shâfi'î a dit : « Je réprouve les rassemblements funèbres, même sans pleurs, car ils constituent une occasion de raviver la tristesse et impliquent des dépenses, or la tradition déconseille de telles pratiques. » An-Nawawî a dit : « Ash-Shâfi'î et ses disciples – que Dieu les ait en Sa sainte Miséricorde – estiment qu'il est réprouvable de s'asseoir après avoir présenté les condoléances, entendre, que la famille du défunt se rassemble dans une salle pour que les visiteurs viennent leur présenter les condoléances. Il convient plutôt qu'ils retournent de suite à leurs occupations. Le caractère réprouvable du fait de s'asseoir pour recevoir ou présenter les condoléances concerne aussi bien les hommes que les femmes. Al-Mahâmilî rapporte cela d'après un énoncé d'Ash-Shâfi'î (رحمه الله). C'est là un acte réprouvable si cette pratique n'est pas accompagnée d'une autre innovation blâmable. Si tel est le cas – comme il advient habituellement – cette pratique devient illicite. De fait, une tradition authentique proclame : « Toute innovation – en matière de pratique cultuelle – est une pratique blâmable, et toute pratique blâmable est égarement ». Ahmad, ainsi qu'un grand nombre de docteurs hanafites, adopte ce point de vue. Cependant les prédécesseurs parmi les hanafites soutiennent qu'il n'y a pas de mal à se rassembler, pendant trois jours, pour les condoléances dans un lieu autre que la mosquée, à condition de ne pas commettre d'acte illicite.

De nos jours, certains organisent des rassemblements à outrance pour les condoléances, dressant des tentes colossales, étendant des tapis de luxe et gaspillant des sommes inouïes, rivalisant en vantardise. Ce sont là des innovations blâmables et des pratiques illicites que les musulmans doivent éviter. D'autant plus qu'elles engendrent des conduites contraires aux prescriptions divines et à la tradition du Prophète (ﷺ) et s'apparentent aux coutumes de l'époque antéislamique, tel que de réciter le Coran en chantant, sans respect des règles de récitation ni d'écoute, outre la consommation de cigarettes et autres... Pire encore, les cérémonies des condoléances ne se limitent plus aux jours suivant la mort du défunt ; certains, voués à leurs passions, célèbrent le quarantième jour de la mort pour y reprendre leurs pratiques réprouvées. D'autres innovations tendent à célébrer annuellement une telle occasion, laissant ainsi libre cours à leurs pratiques absurdes.

La visite des tombes

La visite des tombes est louable pour les hommes, conformément à ce que rapportent Ahmad, Muslim, Abû Dâwûd, At-Tirmidhî, An-Nasâ'î et Ibn Mâjah d'après 'Abd Allâh Ibn Burayda qui cite son père : « Le Prophète (ﷺ) a dit : "Je vous avais déconseillé de visiter les tombes ; visitez-les désormais, car elles vous rappelleront l'Au-delà." » De fait, le Prophète leur avait déconseillé de les visiter à une époque où les souvenirs de l'ère antéislamique étaient encore vivants dans leurs esprits, et lorsque les gens n'étaient pas encore capable de se dominer et éviter les propos abominables et obscènes. Mais dès lors qu'ils rallièrent l'Islam et eurent pris conscience de ses principes, le Législateur leur permit de les visiter. Par ailleurs, Abû Hurayra rapporte que le Prophète (ﷺ) visita la tombe de sa mère et pleura tant que les présents se mirent à pleurer avec lui. Puis il dit : « J'ai demandé à mon Seigneur qu'Il m'autorise à invoquer pour elle le Pardon, mais Il me l'a refusé ; je Lui ai demandé de m'autoriser à visiter sa tombe et Il me l'a accordé ; visitez donc les tombes, car elles vous rappelleront la mort. » Ce *hadîth* est rapporté par Ahmad, Muslim, Abû Dâwûd, An-Nasâ'î et Ibn Mâjah. Or, le but assigné à la visite des tombes étant d'inciter à se rappeler l'Au-delà et à en tirer les conclusions nécessaires, on en conclut qu'il est permis de visiter les tombes des impies, la finalité étant la même. S'ils ont été des oppresseurs injustes que Dieu a châtiés pour leur injustice, il est louable, en passant près du lieu où ils ont péri, de pleurer et de manifester sa faiblesse et son besoin absolu de la grâce divine. A ce propos, Al-Bukhârî rapporte, citant Ibn 'Umar, que lorsque le Prophète (ﷺ) et ses Compagnons arrivèrent à Al-Hijr, la contrée de Thamûd, il dit : « N'entrez au pays de ces gens voués aux châtiments de l'Enfer qu'en pleurs ; si vous ne pouvez pleurer, n'y entrez pas, car vous risqueriez de subir leur sort. »

Comment visiter une tombe ?

Arrivé auprès de la tombe, le visiteur se mettra face au défunt, le saluera et invoquera Dieu pour lui. A ce propos, on rapporte :

- D'après Burayda, le Prophète (ﷺ) leur apprenait cette formule, lorsque quelqu'un parmi eux voulait visiter les tombes : « Que la paix soit sur vous, croyants et musulmans qui résidez dans ces demeures, nous vous rejoindrons quand Dieu le décidera. Vous êtes nos devanciers et nous sommes les suivants. Nous implorons Dieu qu'Il vous accorde la paix et la bénédiction, ainsi qu'à nous. » Ce *hadîth* est rapporté par Ahmad, Muslim et autres traditionnistes.

- Ibn 'Abbâs rapporte que le Prophète (ﷺ), passant près d'un cimetière à Médine, se mit face à lui et dit : « Que la paix soit sur vous, ô résidents des tombes ; que Dieu vous accorde Son Pardon, ainsi qu'à nous. Vous êtes nos devanciers et nous vous emboîtons le pas ». Ce *hadîth* est rapporté par At-Tirmidhî.

- 'Â'isha (رضي الله عنها) rapporte que chaque fois que le Prophète (ﷺ) passait la nuit auprès d'elle, il sortait avant l'aube au Baqî' et disait : « Que la paix soit sur vous, croyants qui résidez dans ces demeures, bientôt ce qui vous a été promis sera réalité ; nous vous rejoindrons quand Dieu le décidera ; Seigneur, pardonne aux résidents du Baqî' Al-Gharqad. »

- On rapporte de même que 'Â'isha (رضي الله عنها) s'enquit auprès du Prophète (ﷺ) : « Comment m'adresserai-je à eux, ô Envoyé de Dieu ? – Dis : Que la paix soit sur vous, croyants et musulmans qui résidez dans ces demeures ; que Dieu accorde Sa Miséricorde aux devanciers parmi nous et aux suivants ; nous vous rejoindrons quand Dieu le décidera. »

Quant aux pratiques adoptées par les ignorants, tel que de passer la main sur le tombeau, l'embrasser et tourner autour, ce sont là des innovations blâmables qu'il faut dénoncer, car étant illicites. Seule la Ka'ba est digne de telles pratiques et rien ne saurait lui être comparable, ni la tombe d'un prophète, ni le mausolée d'un saint. Tout le bien consiste à suivre l'exemple des Pieux Ancêtres, toute innovation n'étant que mal et égarement. Ibn Al-Qayyim rapporte que lorsque le Prophète (ﷺ) visitaient les tombes, il le faisait pour invoquer la Miséricorde de Dieu et Son Pardon en faveur des morts, alors que ceux qui donnent à Dieu des associés invoquent le mort pour le prendre comme intercesseur et lui demandent d'exaucer leurs vœux. Toutes ces pratiques vont à l'encontre de la tradition du Prophète (ﷺ) laquelle s'inscrit dans le cadre de l'Unicité et des bienfaits en faveur du défunt, cependant que les pratiques de ces ignorants rallient le polythéisme et les poussent à causer du tort à eux-mêmes ainsi qu'au défunt. Ces gens intègrent l'une des trois catégories suivantes : Ou bien ils invoquent le mort, ou bien ils le font intercéder, ou bien ils ne font qu'invoquer auprès de lui, soutenant que l'invocation en sa présence est plus à même d'être exaucée que dans les mosquées. A comparer leur voie à celle du Prophète (ﷺ) et de ses Compagnons, la différence apparaît de façon évidente. »

La visite des tombes par les femmes

Mâlik, certains doctes hanafites, Ahmad, selon une opinion qui lui est attribuée, ainsi que la majorité des érudits, autorisent aux femmes la visite des tombes, conformément au *hadîth* de 'Âisha (رضي الله عنها) : « Comment m'adresserai-je à eux, ô Envoyé de Dieu ?... » 'Abd Allâh Ibn Abî Mulayka rapporte : « 'Âisha revint un jour du cimetière et je lui demandai : « Ô Mère des croyants, d'où viens-tu ? – De la tombe de mon frère, 'Abd Ar-Rahmân », me répondit-elle. – Le Prophète (ﷺ) n'a-t-il pas interdit de visiter les tombes ? » m'enquis-je auprès d'elle. – Si, il l'avait interdit, mais il ordonna ensuite de les visiter », répliqua-t-elle. Ce dire est rapporté par Al-Hâkim et Al-Bayhaqî ; ce dernier déclare que ce *hadîth* a été rapporté exclusivement par Bisitâm Ibn Muslim Al-Basrî ; Adh-Dhahabî le juge authentique. Par ailleurs, on rapporte dans les deux « *Sahîh* » d'après Anas : « Un jour, le Prophète (ﷺ) passa auprès d'une femme qui pleurait sur une tombe : « Crains Dieu, dit-il, et fais montre de patience. » Mais celle-ci répliqua : « Éloigne-toi de moi ! Tu n'as jamais été frappé d'un malheur tel que celui qui me frappe. » Elle ne savait pas qu'elle s'adressait au Prophète (ﷺ). Aussitôt qu'on eût appris à cette femme que son interlocuteur était le Prophète (ﷺ), elle se rendit à sa porte. Personne ne la gardait. Elle (entra et) dit : « Je ne savais pas qui tu étais. – La (vraie) patience, se contenta-t-il de répondre, se manifeste au premier choc (de la douleur). »

L'intérêt du *ḫadîth* pour ce qui nous concerne est que le Prophète (ﷺ) vit une femme près d'une tombe et qu'il ne dénonça pas un tel acte. La visite des tombes revêt, par ailleurs, l'intérêt de rappeler l'Au-delà, or les femmes aussi bien que les hommes ont besoin de cela. Cependant, certains réprouvent que les femmes visitent les tombes car elles s'emportent facilement et ne dominent pas leur émotion, outre que le Prophète (ﷺ) a dit : « Que Dieu maudisse les visiteuses des tombes ». Ce *ḫadîth* est rapporté par Aḫmad, Ibn Mâjah et At-Tirmidhî, qui l'a authentifié. Commentant ce *ḫadîth*, Al-Qurṯubî a dit : « La malédiction formulée dans ce *ḫadîth* vise celles qui passent leur temps à visiter les tombes. De fait, l'expression arabe « *zawwârât* » employée par le Prophète (ﷺ) exprime l'excès. En effet, ces femmes faillissent aux droits de leur époux et sont constamment exposées aux regards des autres hommes...Toutefois, d'aucuns diront que si tous ces inconvénients sont évités, il n'y a pas de mal à leur autoriser de visiter les tombes, du moment que le rappel de la mort profite aussi bien à l'homme qu'à la femme. » Pour sa part, Ash-Shawkânî commente les propos d'Al-Qurṯubî et dit : « C'est le raisonnement qu'il convient d'adopter pour concilier les *ḫadîth* qui semblent apparemment contradictoires dans ce chapitre. »

Les actes qui profitent au mort

Les doctes sont unanimes à déclarer que le mort bénéficie des actes de piété qu'il aura accomplis dans sa vie. A ce propos, Muslim, Abû Dâwûd, At-Tirmidhî, An-Nasâ'î et Ibn Mâjah rapportent d'après Abû Hurayra que le Prophète (ﷺ) a dit : « Lorsque le fils d'Adam vient à mourir, tous ses actes sont interrompus, hormis trois choses : une aumône toujours en cours, une science dont les autres bénéficient et une progéniture pieuse qui invoque Dieu pour lui. » Par ailleurs, Ibn Mâjah rapporte que le Prophète (ﷺ) a dit : « Parmi les actes et les bonnes œuvres qui suivent le croyant après sa mort, il y a une science qu'il aura enseignée et divulguée, un enfant pieux qu'il aura laissé après lui, un Coran qu'il aura légué en héritage, une mosquée qu'il aura édifiée, une maison qu'il aura construite pour le voyageur démuni, une rivière qu'il aura aménagée au profit des autres et une aumône qu'il aura prélevée de ses biens étant encore vivant et en bonne santé. Toutes ces œuvres lui parviendront après sa mort. » Muslim rapporte d'après Jarîr Ibn 'Abd Allâh que le Prophète (ﷺ) a dit : « Quiconque aura institué en Islam un bon usage, bénéficiera de sa récompense et de celle de tous ceux qui l'auront adopté après lui, sans que cela diminue en rien leur récompense ; et quiconque aura institué en Islam un usage blâmable, se chargera d'un péché et du péché de tous ceux qui l'auront adopté après lui, sans que cela diminue en rien leurs péchés. » Quant aux actes d'autrui dont bénéficie le défunt, nous les exposerons comme suit :

- **Invoquer Dieu et implorer Son Pardon pour le défunt**, acte qui fait l'unanimité des légistes, conformément au propos de Dieu Tout Puissant : {*Ceux qui sont venus après eux disent : Seigneur, pardonne-nous ainsi qu'à nos frères qui nous ont précédés dans la foi et fais que nos cœurs n'aient jamais de haine contre les croyants, Seigneur, Tu es Tout Compatissant et Tout Miséricordieux*} (S. 59, V. 10).[1] A ce sujet, nous avons déjà évoqué le propos du Prophète (ﷺ) : « Si vous procédez à la prière mortuaire, invoquez sincèrement Dieu pour le défunt ». De même que, parmi les invocations du Prophète (ﷺ), on retient : « Seigneur, pardonne-nous tous, les vivants comme les morts ». Tout comme les Pieux Anciens, les Successeurs n'ont eu de cesse d'invoquer Dieu pour les morts, L'implorant de leur accorder Miséricorde et Pardon, sans que personne ait jamais dénoncé cette pratique.

- **Faire l'aumône**. An-Nawawî rapporte que les doctes sont unanimes à déclarer qu'une aumône peut être donnée à l'intention du défunt et que la récompense qui en découle lui parvient, qu'elle soit donnée par un enfant du défunt ou par quelqu'un d'autre. A ce propos, A<u>h</u>mad, Muslim et d'autres traditionnistes rapportent d'après Abû Hurayra qu'un homme dit au Prophète (ﷺ) : « Mon père est mort en ayant légué des biens mais sans testament, sera-t-il expié si je donne une aumône en son nom ? » et le Prophète, de lui répondre par la positive. Al-<u>H</u>asan rapporte que Sa'd Ibn 'Ubâda a dit : « Lorsque ma mère décéda, je dis au Prophète (ﷺ) : Ô Envoyé de Dieu, ma mère est décédée, puis-je faire l'aumône en son nom ? – Oui », répondit le Prophète. – Quelle aumône est la meilleure ? », m'enquis-je auprès de lui. – Offrir de l'eau à boire », me répondit-il. Al-<u>H</u>asan ajoute : « C'est ainsi que la famille de Sa'd s'occupa de la *siqâya* (d'offrir de l'eau à boire) à Médine. » Ce fait est rapporté par A<u>h</u>mad, An-Nasâ'î et par d'autres traditionnistes. Cependant il est déconseillé de commencer à donner ladite aumône dans le cimetière, tout comme il est réprouvé de la donner pendant les funérailles.

- **Jeûner**. A ce sujet, Al-Bukhârî et Muslim rapportent d'après Ibn 'Abbâs (رضي الله عنهما) qu'un homme vint trouver le Prophète (ﷺ) et lui dit : « Ô Envoyé

1 ﴿وَٱلَّذِينَ جَآءُو مِنۢ بَعۡدِهِمۡ يَقُولُونَ رَبَّنَا ٱغۡفِرۡ لَنَا وَلِإِخۡوَٰنِنَا ٱلَّذِينَ سَبَقُونَا بِٱلۡإِيمَٰنِ وَلَا تَجۡعَلۡ فِي قُلُوبِنَا غِلّٗا لِّلَّذِينَ ءَامَنُواْ رَبَّنَآ إِنَّكَ رَءُوفٞ رَّحِيمٌ﴾

de Dieu, ma mère est morte ayant à charge le jeûne (obligatoire) d'un mois, puis-je l'accomplir pour elle ? – Si ta mère avait contracté une dette, aurais-tu remboursé cette dette ? », lui demanda le Prophète. – Certes, répondit l'homme. – Eh bien ! sache que la dette qu'elle a envers Dieu est plus digne d'être remboursée », lui dit le Prophète.

- **Accomplir le pèlerinage**. Al-Bukhârî rapporte d'après Ibn 'Abbâs qu'une femme de Juhayna vint trouver le Prophète (ﷺ) et lui dit : « Ma mère avait conçu le vœu d'accomplir son pèlerinage à La Mecque, mais elle est morte avant de s'en acquitter, puis-je le faire pour elle ? – Oui, fais-le pour elle, répondit le Prophète. Vois-tu, si ta mère avait contracté une dette, l'aurais-tu remboursée pour elle ? Honorez vos dettes, car les dettes à l'égard de Dieu sont plus dignes d'être honorées.»

- **La prière**. Ad-Dâraqutnî rapporte qu'un homme dit au Prophète (ﷺ) : « Ô Envoyé de Dieu, j'avais un père et une mère envers lesquels j'étais bon de leur vivant ; comment être bon envers eux après leur mort ? – C'est être bon envers eux après leur mort que de prier à leur intention, et jeûner à leur intention », lui répondit le Prophète (ﷺ).

- **La récitation du Coran**. C'est le point de vue de la majorité des Sunnites. An-Nawawî a dit : « La doctrine d'Ash-Shâfi'î est que la récitation du Coran ne parvient pas au mort. Cependant, Ahmad Ibn Hanbal et un groupe de partisans d'Ash-Shâfi'î affirment le contraire. Il suffira seulement, disent-ils, que celui qui récite le Coran dise après avoir achevé sa récitation : Seigneur, fais que la récompense qui découle de ma récitation aille à Untel. » Dans « *Al-Mughnî* », Ibn Qudâma rapporte : « Ahmad Ibn Hanbal a dit : « Toute bonne œuvre parvient au défunt, conformément aux textes rapportés à ce sujet. » Par ailleurs, les musulmans se rassemblent partout où ils sont et récitent le Coran à l'intention de leurs morts, sans que personne n'ait jamais dénoncé une telle pratique. Autrement dit, la récitation du Coran pour un mort fait l'unanimité de la Communauté. Ceux qui soutiennent que la récompense découlant de la récitation du Coran parvient au défunt posent la condition que celui qui le récite ne soit pas payé. S'il perçoit une quelconque rémunération pour sa récitation, lui et celui qui paye commettent un acte illicite et nulle récompense ne parvient alors au défunt. A ce propos, Ahmad, At-Tabarânî et Al-Bayhaqî rapportent d'après 'Abd Ar-Rahmân Ibn Shibl, que le Prophète (ﷺ) a dit : « Récitez le Coran et appliquez ses règles. Ne vous en éloignez pas, n'exagérez pas et ne le prenez pas pour source de subsistance ou de richesse. » Ibn Al-Qayyim a dit : « Les pratiques cultuelles sont de deux sortes : matérielles et physiques : or, en faisant parvenir au mort le bénéfice d'une aumône, le Législateur témoigne que le bénéfice de toutes les autres pratiques cultuelles matérielles parvient au défunt. De même, en lui faisant parvenir le bénéfice qui découle d'un jeûne, le Législateur témoigne que la récompense relative aux autres pratiques cultuelles physiques parvient au défunt. Mieux encore, si la récompense découlant des pratiques cultuelles du pèlerinage – lesquelles sont soit matérielles soit physiques – parvient au défunt, cela implique que le bénéfice de toutes les autres pratiques cultuelles composées de physique et de matériel, parvient au mort. En somme, l'efficience des trois types de récompense est prouvée par les énoncés scripturaires et l'analogie. »

L'intention est nécessaire

Il est nécessaire de concevoir l'intention d'agir pour le défunt. Ibn 'Aqîl a dit : « Lorsque quelqu'un accomplit un acte d'adoration tels la prière, le jeûne, la récitation du Coran, et en offre la récompense à un défunt musulman, elle lui parvient et lui profite, à condition d'avoir, auparavant et pendant l'acte même, conçu l'intention d'offrir au défunt la récompense qui en découle.

Les meilleures actions à offrir au défunt

Ibn Al-Qayyim a dit : « Les meilleures actions sont celles qui lui sont les plus utiles. De fait, affranchir un esclave et faire l'aumône sont, par exemple, meilleurs que de jeûner pour lui. Cela étant, la meilleure aumône est celle qui répond à un besoin constant chez celui à qui on l'offre. C'est dans ce sens que le Prophète (ﷺ) a dit : « La meilleure aumône consiste à offrir de l'eau à boire », et ce dans un lieu où l'eau est rare de sorte que les gens souffrent de la soif. Quant à offrir à boire là où les sources et les rivières sont abondantes, cela n'est point meilleur que d'offrir à manger à ceux qui en ont besoin. De même que l'invocation sincère de Dieu et l'imploration de Son pardon avec humilité lors de la prière mortuaire sont des pratiques qui surpassent l'aumône offerte à l'intention du mort. Somme toute, l'affranchissement d'un esclave, l'aumône, l'invocation, l'imploration du pardon et l'accomplissement du pèlerinage pour le mort sont les meilleurs actes à offrir à l'intention du défunt. »

Offrir la récompense de son acte au Prophète (ﷺ)

Ibn Al-Qayyim a dit : « Certains jurisconsultes parmi les Successeurs le considèrent louable ; d'autres ne le voient pas ainsi et le prennent pour une innovation, car les Compagnons n'y procédèrent pas. Par ailleurs, le Prophète (ﷺ) bénéficie de la récompense découlant de toute bonne œuvre accomplie par les membres de sa Communauté, sans que cela diminue en rien leur part de ladite récompense, car c'est lui qui les a guidés à toutes les bonnes œuvres et les y a exhortés. Or, quiconque incite à une bonne voie bénéficie d'une récompense égale à celle de tous ceux qui, après lui, l'emprunteront, sachant que cela ne diminue en rien leur récompense. En somme, étant le précurseur et le guide de la Communauté en toute bonne voie et en toute science utile, le Prophète (ﷺ) bénéficie de la même récompense que celle de quiconque l'aura suivi en cela, qu'on la lui ait offerte ou non. »

Les enfants des musulmans et ceux des impies

Quiconque parmi les enfants des musulmans meurt avant d'atteindre la puberté, entrera au Paradis. A ce propos, Al-Bukhârî rapporte d'après 'Adî Ibn Thâbit qu'il entendit Al-Barâ' (ﷺ) dire : « Lorsque Ibrâhîm (ﷺ) décéda, le Prophète (ﷺ) dit : « Il a une nourrice au Paradis ». En rapportant ce *hadîth* dans ce chapitre, Al-Bukhârî vise à mettre en évidence qu'ils sont au Paradis. Par ailleurs, Anas Ibn Mâlik rapporte que le Prophète (ﷺ) a dit : « Dieu fera entrer au Paradis tout musulman qui aura perdu trois enfants non encore pubères, grâce à Sa Miséricorde pour eux. » Alléguer ce *hadîth*, signifie que celui grâce auquel on entre au Paradis en est bien plus digne, car étant la raison et la source de la miséricorde divine.

Quant aux enfants des impies, ils entreront au Paradis, au même titre que les enfants des musulmans. An-Nawawî souligne que c'est l'opinion authentique approuvée par tous les critiques, conformément au propos de Dieu : {*Nous n'avons jamais sévi avant d'avoir envoyé un messager*} (S. 17, V. 15).[1] En effet, si l'homme ayant atteint l'âge de la raison ne subit le châtiment divin que s'il a été averti, a fortiori celui qui n'a pas encore atteint cet âge ne saurait le subir. A ce sujet, Ahmad rapporte d'après Khansâ' Bent Mu'âwiya Ibn Suraym, que sa tante déclare avoir demandé au Prophète (ﷺ) : « Ô Envoyé de Dieu, qui est au Paradis ? –

---

1 ﴿وَمَا كُنَّا مُعَذِّبِينَ حَتَّىٰ نَبْعَثَ رَسُولًا﴾

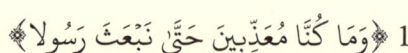

Le prophète est au Paradis, le martyr est au Paradis et le bébé est au Paradis », lui répondit-il. Al-<u>H</u>âfi<u>dh</u> a dit que sa chaîne de transmission était bonne.

L'interrogatoire dans la tombe

Les docteurs de la Loi sunnites sont unanimes à déclarer que tout homme subira un interrogatoire après sa mort, qu'il soit enterré ou non. Quand bien même il serait dévoré par les fauves, incinéré au point que de sa dépouille, il ne reste que des cendres emportées par le vent, ou noyé en pleine mer, il sera interrogé sur ses actes, récompensé pour le bien qu'il a fait et châtié pour le mal qu'il a fait. Ils sont aussi unanimes à déclarer que les délices et le supplice atteignent aussi bien l'âme que le corps. Ibn Al-Qayyim a dit : « La doctrine des Pieux Ancêtres et des Imâms de la Communauté est que le défunt, une fois mort, se trouve ou bien dans les délices ou bien dans le tourment, que cela s'applique à son âme autant qu'à son corps, qu'une fois séparée du corps, l'âme demeure dans le bonheur ou dans la tourmente et qu'elle rallie parfois le corps et éprouve avec lui bonheur ou malheur. Puis, le Jour de la résurrection, les âmes regagneront les corps et ressusciteront devant le Seigneur des Univers.

Par ailleurs, la résurrection des corps est un principe sur lequel musulmans et juifs sont unanimes. Al-Marwazî rapporte qu'Abû 'Abd Allâh – entendre, l'Imâm A<u>h</u>mad – a dit : « Le supplice de la tombe est une vérité que seuls renient ceux qui sont voués à l'erreur ou y exhortent les autres. » Pour sa part, <u>H</u>anbal rapporte qu'il interrogea Abû 'Abd Allâh à propos du supplice de la tombe, et que celui-ci lui répondit : « Ce sont-là des *hadîth* authentiques auxquels nous croyons et que nous reconnaissons, comme nous approuvons tout ce qui a été rapporté d'après le Prophète (ﷺ), dès lors qu'il est assorti d'une chaîne de transmission authentique, car si nous n'approuvions pas les propos du Prophète (ﷺ) et que nous les rejetions, nous désobéirions à l'ordre de Dieu, Lequel nous enjoint : {*Prenez ce que le Prophète vous donne et abstenez-vous de ce qu'il vous interdit*} (S. 59, V. 7).[1] » Puis <u>H</u>anbal ajouta : « Je lui demandai ensuite : « Et le supplice de la tombe, est-ce une vérité ? – C'est une vérité, reprit-il, les morts subissent le supplice dans la tombe. ». Il dit ailleurs : « J'ai entendu Abû 'Abd Allâh dire : « Nous croyons au supplice de la tombe, à Munkar et Nakîr et au

---

1 ﴿وَمَآ ءَاتَىٰكُمُ ٱلرَّسُولُ فَخُذُوهُ وَمَا نَهَىٰكُمْ عَنْهُ فَٱنتَهُواْ﴾

fait que l'homme subit l'interrogatoire dans sa tombe, de sorte qu'{*Il affermit les croyants par de fermes propos dans la vie présente et dans l'Au-delà* (dans la tombe, s'entend)} (S. 14, V. 27).[1] » Aḥmad Ibn Al-Qâsim rapporte : « Je demandai : « Ô Abû 'Abd Allâh, reconnais-tu Munkar et Nakîr, et ce que l'on rapporte à propos du supplice de la tombe ? – Gloire à Dieu ! Certes, nous reconnaissons cela et le proclamons », me répondit-il. – Faut-il parler de Munkar et Nakîr ou bien faut-il dire « les deux anges » ? demandai-je encore. – il faut parler de Munkar et Nakîr, répliqua-t-il. – Aucun *hadîth* ne mentionne Munkar et Nakîr, continuai-je. – Pourtant c'est ainsi (c'est-à-dire : Munkar et Nakîr) », conclut Aḥmad.

Dans son ouvrage « *Al-Fatḥ* », Al-Ḥâfidh rapporte : « Aḥmad, Ibn Ḥazm et Ibn Hubayra soutiennent que l'interrogatoire s'applique exclusivement à l'âme sans que cette dernière réintègre le corps pour subir l'interrogatoire. Cependant la majorité des doctes n'est pas d'accord avec eux et affirme que l'âme réintègre le corps ou du moins une partie du corps, tel que le confirme le *hadîth*, car à dire qu'il s'applique uniquement à l'âme, on omet toute spécificité du corps. En outre, que les organes de la dépouille mortelle soient dispersés n'empêche point que l'interrogatoire intéresse le corps, car Dieu Tout Puissant est à même de rendre la vie à une partie du corps à laquelle s'appliquerait l'interrogatoire, tout comme Il est capable (ﷻ) de restituer au corps toutes ses parties. Par ailleurs, ceux qui soutiennent que l'interrogatoire s'applique exclusivement à l'âme allèguent qu'on ne constate nul effet sur la dépouille dans sa tombe lors de l'interrogatoire, ni redressement, ni élargissement de la tombe ni exiguïté. Il en est de même de la dépouille non enterrée mais crucifiée, par exemple. Toutefois, nous répliquons à ces propos que cela n'est pas potentiellement impossible, car en témoignent des cas de la vie ordinaire tel celui du dormeur, lequel peut fort bien ressentir du plaisir ou de la douleur, alors que celui qui est éveillé auprès de lui n'éprouve rien. Plus encore, un homme éveillé peut ressentir des douleurs ou du plaisir en raison de ce qu'il entend ou de ce à quoi il réfléchit alors que quelqu'un d'autre assis à ses côtés ne perçoit rien. L'erreur consiste ici à juger d'une chose absente à partir d'une autre présente, à juger de l'état « post-mortuaire » à partir d'un autre état, « pré-mortuaire » celui-ci. Il apparaît que Dieu (ﷻ) a épargné à Ses serviteurs d'entendre et de voir de tels événements et qu'Il les leur a dissimulés. De fait, les facultés dont l'être humain est doté ici-bas

---

1 ﴿يُثَبِّتُ ٱللَّهُ ٱلَّذِينَ ءَامَنُوا۟ بِٱلْقَوْلِ ٱلثَّابِتِ فِى ٱلْحَيَوٰةِ ٱلدُّنْيَا وَفِى ٱلْءَاخِرَةِ﴾

ne sont pas de nature à percevoir les phénomènes du Royaume des cieux, à moins que le Très Haut le permette à celui parmi Ses serviteurs qu'il aura choisi.

L'opinion de la majorité des doctes trouve sa confirmation dans certains *hadîth* tels : « ...il entend le bruit de leurs pas », « ...ses côtes s'entrecroisent sous l'effet de pression de la tombe. », « ...on entend son cri lorsqu'il lui donne un coup de marteau », « il est frappé entre les oreilles », « ...ils le redressent de sorte à le faire asseoir ». Toutes ces actions impliquent l'existence d'un corps. Citons à présent certains *hadîth* authentiques rapportés à ce sujet :

- Muslim rapporte que Zayd Ibn Thâbit a dit : « Le Prophète (ﷺ) était à dos de monture dans un jardin appartenant aux Banû An-Najjâr, quand sa mule dévia au point de manquer de le jeter par terre : il y avait par-là les tombes de quatre, cinq ou six personnes. Le Prophète (ﷺ) demanda : « Qui sait à qui appartiennent ces tombes ? – Moi », répondit un homme. – Quand sont-ils morts ? » demanda le Prophète (ﷺ). – Pendant Al-Ashrât », répondit l'homme. Le Prophète (ﷺ) continua : « Les membres de cette communauté subissent une épreuve dans leur tombe. Si je ne craignais que vous vous absteniez de vous enterrer, j'invoquerais Dieu pour qu'Il vous fasse entendre des supplices de la tombe ce que j'en entends. » Puis il se retourna vers nous et dit : « Réfugiez-vous auprès de Dieu contre les tourments de l'Enfer. » Alors les présents invoquèrent : Nous nous réfugions auprès de Dieu contre les tourments de l'Enfer. – Réfugiez-vous auprès de Dieu contre le supplice de la tombe, reprit-il. – Nous nous réfugions auprès de Dieu contre le supplice de la tombe, dirent-ils. – Réfugiez-vous auprès de Dieu contre les tentations, apparentes soient-elles ou cachées, ordonna-t-il. – Nous nous réfugions auprès de Dieu contre les tentations, apparentes soient-elles ou bien cachées, reprirent-ils. – Réfugiez-vous auprès de Dieu contre la tentation de l'Antéchrist, leur dit-il enfin. – Nous nous réfugions auprès de Dieu contre la tentation de l'Antéchrist », invoquèrent-ils.

- Al-Bukhârî et Muslim rapportent d'après Qatâda qui cite Anas, que le Prophète (ﷺ) a dit : « Lorsque le mort est déposé dans sa tombe et que les vivants le quittent, – il entend à ce moment-là le bruit de leur pas – deux anges viennent le redresser, le font asseoir et lui disent : « Que disais-tu à propos de cet homme ? (entendre le Prophète Muhammad). Le croyant répondra : « J'atteste qu'il est l'adorateur de Dieu et Son

Envoyé. Alors, ils lui diront : « Regarde ton lieu de séjour en Enfer, Dieu te l'a échangé contre un séjour au Paradis. » Et il les verra tous deux. Quant à l'impie et à l'hypocrite, ils leur demanderont : « Que disais-tu à propos de cet homme ? – Je ne sais pas, répondront-ils, je disais ce que disaient les gens. » – Sois parmi les ignorants ! Et on lui assènera un coup à l'aide d'un marteau en fer, de sorte qu'il poussera un cri que toutes les créatures auprès de lui entendront, hormis les êtres humains et les *djinns*. »

- Al-Bukhârî, Muslim, Abû Dâwûd, At-Tirmidhî, An-Nasâ'î et Ibn Mâjah rapportent d'après Al-Barâ' Ibn 'Âzib que le Prophète (ﷺ) a dit : « lorsque le musulman est interrogé dans sa tombe et qu'il répond : J'atteste qu'il n'existe nulle divinité en dehors de Dieu, c'est la manifestation du propos de Dieu Tout Puissant : {*Dieu affermit les croyants par de fermes propos dans la vie présente et dans l'Au-delà*} (dans la tombe). » Dans une variante : « Ce verset a été révélé concernant le supplice de la tombe : le mort est interrogé : Qui est ton Seigneur ? Alors il répond : Dieu est mon Seigneur et Mu<u>h</u>ammad est mon Prophète ; telle est la manifestation du propos de Dieu : {*Dieu affermit les croyants par de fermes propos dans la vie présente et dans l'Au-delà*}. »

- L'imâm A<u>h</u>mad dans son « *Musnad* » et Abû <u>H</u>âtim dans son « *Sa<u>h</u>î<u>h</u>* » rapportent que le Prophète (ﷺ) a dit : « Lorsque le mort est déposé dans sa tombe, il entend les pas des vivants quand ils s'en vont et l'abandonnent. S'il est croyant, la prière vient se mettre au niveau de sa tête, le jeûne à sa droite, l'aumône légale à sa gauche et à ses pieds, les bonnes œuvres telles la charité, les liens du sang préservés par lui, le bien par lui ordonné et l'*i<u>h</u>sân* (bienfait). Lorsqu'on l'aborde au niveau de la tête, la prière dit : Il n'y a nul accès par ici. On l'aborde alors à sa droite, à sa gauche, puis du côté de ses pieds, et chaque fois, les pratiques et les œuvres qui sont autour de lui répondent respectivement qu'il n'y a nul accès. On demande alors au mort de s'asseoir et il s'exécute, le soleil lui apparaissant tendre au coucher. Puis, les deux anges l'interrogent : « Que dis-tu concernant cet homme qui était parmi vous ? Que témoignes-tu à son égard ? – Laissez-moi d'abord accomplir ma prière, répondra-t-il. – Tu l'accompliras après. Réponds à notre question, que dis-tu de cet homme qui était parmi vous, que témoignes-tu à son égard ? Alors, il répondra : Il s'agit de Mu<u>h</u>ammad ; j'atteste qu'il est l'Envoyé de Dieu et qu'il a transmis la vérité d'après Dieu. – Selon ce credo tu as vécu, selon ce credo tu es décédé, et selon ce credo tu ressusciteras, s'il plait à Dieu. Puis une porte donnant sur le

Paradis lui sera ouverte et on lui dira : Voici ton lieu de séjour et ce que Dieu t'y a préparé. Alors il s'en réjouira et sa joie augmentera. On élargira ensuite sa tombe d'environ soixante-dix coudées et on l'illuminera. Son corps retrouvera son état initial et son âme, celui d'une exhalaison suave : un oiseau perché aux arbres du Paradis. » Puis le Prophète (ﷺ) commenta : « Telle est la signification du verset suivant : {*Dieu affermit les croyants par de fermes propos dans la vie présente et dans l'Au-delà*}.[1] Concernant l'impie, il rapporte tout à fait le contraire, jusqu'à dire : « Puis sa tombe se rétrécira, le serrant au point que ses côtes s'entrecroiseront : telle est la vie pleine d'amertume dont Dieu (ﷻ) a parlé en ces termes : {*...il mènera une vie d'amertume, et Nous le ressusciterons frappé de cécité, le Jour de la résurrection*} (S. 20, V. 124).[2] »

- Dans son « Sahîh », Al-Bukhârî rapporte d'après Samura Ibn Jundub que le Prophète (ﷺ) s'adressait à nous après la prière et demandait : « Qui parmi vous a fait un songe cette nuit ? » Alors celui qui en avait fait un le racontait autant qu'il pouvait. Un jour, il nous demanda : « Y en a-t-il un parmi vous qui a fait un songe cette nuit ? » Nous répondîmes tous que non. « Quant à moi, reprit le Prophète, j'ai vu en songe cette nuit deux hommes qui sont venus me prendre par la main et m'ont conduit vers la terre sainte. Là, un homme se tenait assis et un autre debout, tenant à la main un crochet en fer qu'il lui introduisait dans la joue jusqu'au cou, puis faisait de même de l'autre joue pendant que la première retrouvait son état initial, et ainsi de suite. Je demandai ce que c'était et ils m'ordonnèrent de nous en aller. Nous partîmes jusqu'à ce que nous trouvions un homme étendu sur le dos, tandis qu'un autre se dressait près de sa tête tenant une pierre de la grosseur d'un poing, à l'aide de laquelle il lui fracassa la tête. Lorsqu'il le frappait, la pierre roulait et il partait la reprendre pendant que la tête de la victime se cicatrisait et redevenait telle qu'elle était, pour subir un autre coup, et ainsi de suite. Je m'en enquis et on me répondit de nous en aller. Nous partîmes jusqu'à ce que nous voyions un trou tel un four dont la partie supérieure était étroite, celle inférieure très large et sous lequel était allumé un feu. Je découvris qu'à l'intérieur il y avait des hommes et des femmes tous nus. Des flammes ardentes leur arrivaient d'en bas. Quand elles les atteignaient, ils montaient au point de sortir du gouffre, mais à peine les flammes apaisées, ils redescendaient, et ainsi de suite. Je

---

1 ﴿يُثَبِّتُ ٱللَّهُ ٱلَّذِينَ ءَامَنُوا۟ بِٱلْقَوْلِ ٱلثَّابِتِ فِى ٱلْحَيَوٰةِ ٱلدُّنْيَا وَفِى ٱلْءَاخِرَةِ﴾

2 ﴿فَإِنَّ لَهُۥ مَعِيشَةً ضَنكًا وَنَحْشُرُهُۥ يَوْمَ ٱلْقِيَٰمَةِ أَعْمَىٰ﴾

demandai ce que c'était et on me répondit de nous en aller. Nous repartîmes à nouveau jusqu'à atteindre une rivière de sang, où il y avait un homme, alors qu'un autre se dressait tout près, qui tenait des pierres à la main. Lorsque celui qui était dans la rivière tentait d'en sortir, celui qui était à proximité lui jetait une pierre à la bouche, de sorte qu'elle le renvoyait là où il était, et ainsi de suite. Je demandai à nouveau de quoi il s'agissait et on me répondit encore de nous en aller. Nous reprîmes notre chemin jusqu'à atteindre un jardin verdoyant où se dressait un grand arbre au pied duquel se trouvait un vieil homme et des enfants. Un autre homme se tenait près de l'arbre, qui alimentait un feu allumé devant lui. Ils me firent monter dans l'arbre et m'introduisirent dans une maison d'une beauté inouïe, où se trouvaient des vieux et des jeunes hommes. Ils me firent monter plus haut et m'introduisirent dans une autre maison encore plus belle. Je leur dis alors : Cette nuit, vous m'avez promené, éclairez-moi donc au sujet de tout ce que je viens de voir. Enfin, ils s'expliquèrent : L'homme auquel on fendait la joue est un menteur qui ne proférait que des mensonges, lesquels ont été transmis tous azimuts. Il sera traité ainsi jusqu'au Jour de la résurrection. Celui auquel on fracassait la tête est un homme auquel Dieu a appris le Coran mais qui l'a négligé la nuit et n'a pas appliqué ses principes le jour. Il sera traité ainsi jusqu'au Jour de la résurrection. Ceux qui étaient dans le gouffre sont des fornicateurs qui commettaient l'adultère ; celui qui était dans la rivière de sang est un usurier ; le vieil homme qui était au pied de l'arbre, c'est Ibrâhîm ; les enfants qui étaient autour de lui sont les enfants des hommes ; celui qui alimentait le feu, c'est Mâlik, le Gardien de l'Enfer ; la première maison est celle du commun des croyants ; celle-ci est celle des martyrs ; moi, dit l'un d'eux, je suis Gabriel et celui-là, c'est Michaël. Lève donc la tête ! Je la levai et aperçus un palais tel un nuage. Puis, ils me dirent : C'est ta demeure. Je leur demandai de me laisser y entrer et ils me répondirent : Tu as encore une vie à parachever. Lorsque tes jours seront épuisés, tu intégreras ta demeure. » Ibn Al-Qayyim a dit : « C'est là un texte relatant les châtiments dans le *barzakh* (lieu de séjour des âmes), car les songes des prophètes coïncident avec la réalité. »

- At-Tahâwî rapporte d'après Ibn Mas'ûd que le Prophète (ﷺ) a dit : « Il fut ordonné qu'on assenât cent coups de fouet à un homme dans sa tombe. Depuis, il n'eut de cesse d'implorer Dieu jusqu'à ce que les cents coups ne fussent plus qu'un seul. Sa tombe s'emplit alors de feu. Lorsqu'il en fut délivré, il reprit connaissance et dit : Pourquoi m'avez-vous fouetté ? – Tu avais prié une fois sans avoir procédé à la purification et tu étais un jour passé devant quelqu'un qui était victime d'une injustice sans le soutenir. »

- Anas rapporte que le Prophète (ﷺ) entendit une voix qui venait d'une tombe et il demanda : « Quand celui-ci est-il mort ? » On lui répondit qu'il était mort à l'époque antéislamique. Il s'en réjouit et dit : « Si je ne craignais que vous vous absteniez de vous vous enterrer, j'implorerais Dieu pour qu'Il vous fasse entendre les tourments que le mort subit dans sa tombe. » Ce *hadîth* est rapporté par An-Nasâ'î et Muslim.

- Ibn 'Umar rapporte que le Prophète (ﷺ) a dit : « Celui pour lequel le Trône a tremblé, pour lequel les portails des cieux se sont ouverts et aux funérailles duquel étaient présents soixante-dix mille anges, a été serré (par la tombe), puis il a été libéré. » Ce *hadîth* est rapporté par Al-Bukhârî, Muslim et An-Nasâ'î.

Le séjour des âmes

Ibn Al-Qayyim réserve un chapitre aux propos des érudits concernant le séjour des âmes, puis il mentionne le plus prépondérant et dit : « On rapporte que les âmes sont d'une grande inégalité concernant leur séjour dans le *barzakh*. Il en est qui sont au plus haut degré du Royaume Supérieur. Ce sont les âmes des prophètes (عليهم السلام). Mais, tel que le Prophète (ﷺ) l'avait constaté lors de son Ascension, ils ne sont pas tous logés à la même enseigne. D'autres âmes résident dans les jabots d'oiseaux verts qui voltigent librement au Paradis : ce sont les âmes de certains martyrs. Les âmes d'autres martyrs, sont empêchées d'entrer au Paradis car ceux-ci ont une dette à charge. A ce propos, l'auteur d' « *Al-Musnad* » (soit, l'Imâm Ahmad) rapporte d'après Muhammad Ibn 'Abd Allâh Ibn Jahsh, qu'un homme vint trouver le Prophète (ﷺ) et lui dit : « Ô Envoyé de Dieu, qu'obtiendrais-je si j'étais tué pour la cause de Dieu ? – Le Paradis, lui répondit le Prophète (ﷺ), et lorsque l'homme s'en alla, le Prophète (ﷺ) ajouta : « A moins d'avoir à charge une dette, Gabriel m'en avait déjà entretenu. »

« D'autres âmes encore restent retenues devant la porte du Paradis, comme l'indique le *hadîth* : « J'ai vu votre compagnon retenu devant la porte du Paradis. » D'autres âmes enfin sont retenues dans leur tombe, tel que le mentionne le *hadîth* rapporté au sujet de celui qui avait accaparé une toge du butin avant sa distribution, puis avait été tué. Les gens dirent : « Grand bien lui fasse son séjour au Paradis. Mais le Prophète (ﷺ) rétorqua : « Par Celui Qui détient mon âme, je jure que la toge qu'il a accaparée brûle maintenant sur lui dans sa tombe ». Certaines âmes résident à la porte du Paradis, tel que le rapporte Ibn 'Abbâs : « Les martyrs sont sur la rive d'un fleuve à la porte du Paradis dans une voûte verte et leur subsistance leur parvient matin et soir du Paradis ». Ce *hadîth* est rapporté par Ahmad. Toutefois, le cas de Ja'far Ibn Abî Tâlib est différent, car Dieu lui a donné en échange de ses deux mains, des ailes à l'aide desquelles il voltige là où il veut dans le Paradis. » Certains demeurent retenus sur terre et leur âme n'accède pas au Royaume des cieux car elle est terrestre, et les âmes terrestres ne rallient pas les âmes célestes, comme elles ne les rallient pas ici-bas. De fait, l'âme qui n'a pas acquis ici-bas la connaissance de son Seigneur ni son amour ni son adoration ni n'est familiarisée avec Lui ni rapprochée de Lui, est une âme terrestre qui, après s'être séparée de son corps ne peut séjourner que sur terre. »

« A l'opposé, l'âme qui, ici-bas, observait l'amour de Dieu, Son adoration et veillait à se rapprocher de Lui, réside, après s'être séparée du corps, avec les âmes célestes qui lui sont semblables. De fait, lors du séjour au *Barzakh*, et le Jour de la résurrection, chaque âme se trouvera avec celles pour lesquelles elle éprouve un penchant, et Dieu Tout puissant mariera alors les âmes les unes aux autres selon leurs affinités et Il fera en sorte que l'âme du croyant intègre la catégorie des bonnes âmes, car après s'être séparée du corps, chaque âme intègre la catégorie de ses semblables, avec lesquelles elle réside. Une autre catégorie d'âmes séjourne dans le four réservé aux fornicateurs et aux fornicatrices, une autre dans un fleuve de sang où elles nagent et avalent des pierres… Les âmes, heureuses et malheureuses, n'ont pas le même séjour : certaines sont au séjour supérieur du Royaume des cieux, d'autres demeurent au séjour terrestre. A considérer les traditions rapportées à ce sujet, on en comprend les raisons. Cela étant, il ne faut nullement croire qu'il y ait une quelconque contradiction entre les différents *hadîth* authentiques allégués par les différentes parties, car ils sont tous véridiques et se complètent les uns les autres. La question reste d'en saisir les significations et d'être bien au fait de la réalité de l'âme et de ses différents statuts, sachant qu'elle est régie par d'autres critères que ceux du corps. En effet, si elle est au Paradis, cela n'empêche point qu'elle soit dans les cieux, qu'elle soit liée à l'espace de la tombe et à la dépouille qui y est déposée. Elle est par ailleurs douée d'une rapidité inouïe, se déplace promptement en montant et descendant et est de plusieurs catégories : il en est qui sont libres ; d'autres qui sont tenues prisonnières dans un lieu ; d'autres qui sont célestes ; d'autres qui sont terrestres… »

« De même qu'après s'être séparée du corps, une âme peut contracter une maladie ou être en bonne santé, heureuse et jouissant des délices ou affligée plus qu'elle ne le fut lorsqu'elle était intégrée au corps. Elle peut être exposée à l'emprisonnement, à la souffrance, aux tourments, à la maladie ou à l'angoisse, tout comme elle peut jouir des délices, du repos, du bonheur et de la liberté. Intégrée au corps, son état est semblable à celui du fœtus dans le ventre de sa mère ; séparée de lui, sa condition est semblable à celle du bébé qui arrive au monde. A dire vrai, les âmes passent par quatre demeures, chacune plus vaste que celle qui la précède : l'utérus de la mère constitue la première demeure, exiguïté, angoisse et obscurité. La deuxième demeure est celle où l'on grandit, à laquelle on s'habitue et dans laquelle on acquiert le bien et le mal tout en y cultivant notre bonheur ou notre malheur éternel. Le *barzakh* (séjour des âmes) en est la troisième. Plus vaste que ce monde, elle est, proportionnellement à lui ce qu'il est par rapport à la première demeure constituée par l'utérus. La quatrième enfin est la demeure éternelle, qui, selon le cas, est le Paradis ou l'Enfer, demeures après lesquelles il n'y a nulle demeure. Dieu (ﷻ) faisant en sorte que l'âme se déplace de l'une vers l'autre de ces demeures, jusqu'à atteindre l'ultime résidence pour laquelle elle avait exclusivement été créée et pour laquelle elle œuvrait. Dans chacune de ces demeures, l'âme connaît une situation et vit des conditions autres que celles qui caractérisent la demeure précédente. Gloire à Celui Qui l'a créée, Qui la fait se développer, Qui la fait mourir, Qui la ressuscite, lui procure bonheur ou malheur, Celui Qui décréta que les âmes éprouvent inégalement bonheur et malheur, qu'elles accèdent chacune à un degré différent concernant la science, les actes, la force, l'éthique... Quiconque en a saisi l'essence, atteste qu'il n'existe nulle divinité en dehors de Dieu, l'Unique, qui n'a point d'associé, l'Omnipotent, le Tout Puissant, le Tout Sagesse, l'Absolu. Quiconque en a saisi la réalité, saisit la sienne propre et témoigne de la véridicité du message transmis par les prophètes et les envoyés de Dieu et reconnaît que tout principe qui s'y oppose n'est que déviation et erreur. – Que Dieu nous oriente sur la bonne voie. »

LE *DHIKR* (LE RAPPEL DE DIEU)

Le *dhikr* désigne tout propos qui, émanant du cœur, glorifie Dieu, le loue, lui rend grâce, le désigne par les Attributs de Perfection absolue, de Majesté et de Sublimité.

- Dieu a ordonné d'observer souvent le *dhikr* et a dit : {*Ô croyants, invoquez souvent le Nom de Dieu et glorifiez-Le matin et soir*} (S. 33, V. 41-42).[1]

- Il a fait savoir qu'Il n'oubliait pas celui qui se souvient de Lui : {*Souvenez-vous de Moi, Je Me souviendrais de vous*}. Par ailleurs, dans un *hadîth qudsî* rapporté par Al-Bukhârî et Muslim, Dieu a dit : « Je suis pour Mon serviteur tel qu'il M'estime, et Je suis auprès de lui quand il M'invoque. S'il M'invoque dans son for intérieur, Je l'invoquerai de même ; s'il M'invoque au sein d'une assemblée, Je l'invoquerai parmi une assemblée meilleure ; s'il se rapproche de Moi d'un empan, Je Me rapprocherai de lui d'une coudée ; s'il se rapproche de Moi d'une coudée, Je Me rapprocherai de lui d'une brasse ; et s'il vient à Moi en marchant, Je le recevrai à la hâte ».

- Dieu (ﷻ) a spécifiquement privilégié ceux qui pratiquent le *dhikr*. C'est ainsi que le Prophète (ﷺ) a dit : « L'Envoyé de Dieu (ﷺ) dit : « Les *mufarridûn*[2] ont devancé les autres et sont arrivés les premiers. » On lui demanda alors : « Et que sont les *mufarridûn*, ô Envoyé de Dieu ? – Ceux et celles qui pratiquent abondamment le Rappel de Dieu », répondit le Prophète (ﷺ). » Ce *hadîth* est rapporté par Muslim.

- Ceux qui rappellent Dieu sont ceux qui vivent dans la Vérité. A ce propos, Abû Mûsâ rapporte que le Prophète (ﷺ) a dit : « Celui qui se rappelle le Seigneur et celui qui ne Le rappelle pas sont à l'instar du vivant et du mort. »

---

1 ﴿يَـٰٓأَيُّهَا ٱلَّذِينَ ءَامَنُوا۟ ٱذْكُرُوا۟ ٱللَّهَ ذِكْرًا كَثِيرًا وَسَبِّحُوهُ بُكْرَةً وَأَصِيلًا﴾

2 Le verbe *farrada yufarridu tafrîdan* dont est tiré le participe actif *mufarrid*, signifie s'isoler, s'écarter ; le *mufarrid* serait donc celui qui s'isole du monde pour ne songer qu'à Dieu.

- Le *dhikr* est la pierre angulaire des actes de piété. Quiconque sera guidé à l'observer aura bénéficié d'un grand bien. Aussi, le Prophète (ﷺ) l'observait-il en toute occurrence, et lorsqu'un homme dit : « Ô Envoyé de Dieu, les lois[1] de l'Islâm me pèsent par leur nombre[2] ; enseigne-moi une chose à laquelle je m'attacherai et que je pratiquerai avec assiduité. » Le Prophète (ﷺ) lui répondit : « Fais en sorte que ta langue soit toujours imprégnée du Rappel de Dieu. » Il dit également à ses Compagnons : « Voulez-vous que je vous informe quelles sont les meilleures de vos actions, les plus agréées auprès de votre Seigneur, celles qui élèvent davantage votre rang, qui sont pour vous meilleures que d'offrir en aumône or et argent ou que d'affronter votre ennemi et le combattre ? – Mais si ! ô Envoyé de Dieu », répondirent-ils. – Le Rappel de Dieu » ajouta-t-il. Ce *hadîth* est rapporté par At-Tirmidhî, Ahmad et Al-Hâkim, lequel dit qu'il est assorti d'une chaîne authentique.

- Le *dhikr* est la voie du salut. Mu'âdh (رضي الله عنه) rapporte que le Prophète (ﷺ) a dit : « Nul n'a jamais accompli d'acte plus à même de le sauver du châtiment de Dieu que le Rappel du Seigneur – à Lui la Gloire et la Puissance. » Ce *hadîth* est rapporté par Ahmad.

- Ahmad rapporte que le Prophète (ﷺ) a dit : « Vos propos exaltant Dieu, Lui attribuant Omnipotence, Unicité, Majesté, Louange …tournent autour du Trône, évoquant leur auteur dans un bourdonnement tel celui des abeilles ; qui parmi vous ne désirerait pas avoir de quoi être évoqué ? »

Les limites du Rappel soutenu

Dieu Tout Puissant a ordonné d'être abondamment exalté. Il décrit ceux qui, perspicaces, tirent utilité de la méditation de ses preuves, comme suit : {*Ceux qui, debout, assis et couchés ne cessent d'exalter Dieu*} (S. 3, V. 191).[3] {*A ceux et à celles qui, souvent, exaltent Dieu, Il a réservé son pardon et une large récompense*} (S. 33, V. 35).[4] Mujâhid a dit : « On

1 Le mot *sharâ'i'*, pluriel de *sharî'a* désigne à l'origine la ligne droite, le chemin droit ; de là, les lois d'institution divine, et plus spécialement, les lois de l'Islâm.

2 Ou bien encore : me pèsent par leur nombre.

3 ﴿ٱلَّذِينَ يَذْكُرُونَ ٱللَّهَ قِيَـٰمًا وَقُعُودًا وَعَلَىٰ جُنُوبِهِمْ﴾

4 ﴿وَٱلذَّٰكِرِينَ ٱللَّهَ كَثِيرًا وَٱلذَّٰكِرَٰتِ أَعَدَّ ٱللَّهُ لَهُم مَّغْفِرَةً وَأَجْرًا عَظِيمًا﴾

accède au rang de ceux et celles qui rappellent abondamment Dieu en persistant dans Son Rappel, debout, assis, couché. » Par ailleurs, on interrogea Ibn As-Salâh sur le degré à atteindre pour accéder au rang de ceux et de celles qui rappellent abondamment Dieu et il répondit : « S'il se montre assidu au *dhikr* et à l'exaltation de Dieu par des formules attestées, matin et soir et dans les différentes situations du jour et de la nuit, il accédera au statut de ceux et de celles qui exaltent abondamment Dieu. » 'Alî Ibn Abî Talha rapporte qu'Ibn 'Abbâs a dit à propos de ces versets : « Dieu n'a émis nulle prescription à Son serviteur sans lui avoir défini une limite déterminée et s'être montré indulgent envers lui, en cas de motif qui l'empêche de l'observer. Le *dhikr* fait toutefois exception, car Dieu n'en a pas défini de limite et n'accepte nul prétexte pour s'en départir, à moins d'être infailliblement contraint. Aussi, nous enjoignit-Il de L'invoquer debout, assis et couchés, de jour comme de nuit, sur terre et sur mer, résidents ou en voyage, riches ou pauvres, malades ou en bonne santé, secrètement et en public, bref, dans toutes les situations. »

Le *dhikr* englobe toutes les pratiques d'adoration

Sa'îd Ibn Jubayr a dit : « Quiconque obéit à Dieu, se rappelle Dieu ». Toutefois certains parmi les prédécesseurs ont voulu spécifier et limiter le *dhikr* à certaines pratiques. Ainsi, 'Atâ' a dit : « Les assemblées du *dhikr* sont celles qui traitent du licite et de l'illicite, où l'on apprend comment vendre et acheter, comment accomplir sa prière, son jeûne, les règles et les prescriptions du mariage et du divorce, la pratique du pèlerinage... » Pour sa part, Al-Qurtubî a dit : « L'assemblée du *dhikr* est celle de la science et du Rappel, celle où l'on traite des propos de Dieu, de la tradition de Son Prophète, de la conduite des Pieux Anciens et de la sagesse des Saints exempts d'affectation, de toute innovation blâmable, de toute intention vicieuse et de toute convoitise. »

Les bons comportements en matière de *dhikr*

Le but du *dhikr* est la purification des âmes et des cœurs et la stimulation des consciences. C'est ce à quoi exhorte le verset : {*Accomplis la prière, car la prière préserve des turpitudes et des actes blâmables, nul acte n'égale celui de rappeler Dieu*} (S. 29, V. 45).[1] C'est-à-dire que le Rappel de Dieu qui consiste à réprouver les actes blâmables est plus

1 ﴿وَأَقِمِ ٱلصَّلَوٰةَ ۖ إِنَّ ٱلصَّلَوٰةَ تَنْهَىٰ عَنِ ٱلْفَحْشَآءِ وَٱلْمُنكَرِ ۗ وَلَذِكْرُ ٱللَّهِ أَكْبَرُ ۗ﴾

grand que l'accomplissement de la prière, car celui qui se rappelle Dieu et L'exalte, s'en trouvera assisté par Dieu Qui L'éclairera de sorte que sa foi et sa certitude en seront renforcées et son cœur se fiera à la Vérité et s'en trouvera rasséréné : {*Ceux qui croient et s'apaisent en se rappelant Dieu, c'est au souvenir de Dieu que les cœurs s'apaisent*} (S. 13, V. 28).[1] Ainsi, quand le cœur se fie à la vérité, il s'oriente vers l'idéal et le prend pour but sans s'en laisser détourner par les suppôts de la passion. De là, toute la grandeur du *dhikr* et son importance capitale dans la vie de l'individu. Aussi, de tels résultats ne sauraient être réalisés par la répétition de propos et de formules consacrées sans que le cœur s'en trouve profondément imprégné.

Aussi, Dieu a-t-Il prescrit certaines règles de bienséance à observer pendant le *dhikr* lorsqu'Il a dit : {*Invoque ton Seigneur au fond de toi-même avec humilité et crainte. Invoque-le à voix basse, matin et soir, sans jamais te laisser distraire*} (S. 7, V. 205).[2] Ce verset recommande que le *dhikr* soit fait en secret et sans élever la voix. De fait, le Prophète (ﷺ) entendit un jour un groupe d'hommes qui rappelaient Dieu à haute voix lors d'un voyage. Il leur dit : « Ô gens ! faites-le doucement, car vous ne rappelez ni un sourd ni quelqu'un qui est au loin ; celui que vous invoquez est Audient et plus proche de vous que ne l'est le cou de votre monture ». Le verset souligne aussi l'état d'humilité et de crainte qu'il convient d'observer en pratiquant le *dhikr*. Parmi les règles de bienséance du *dhikr*, il convient également de procéder à la purification de son corps, de porter des vêtements propres, de se parfumer – car cela stimule et procure du réconfort – et se mettre autant que possible en direction de la Ka'ba – car telle est la meilleure des positions.

Les cercles de *dhikr* sont louables

Il est louable de prendre part aux cercles de *dhikr*. A ce propos, on rapporte les *hadîth* suivants :

- Ibn 'Umar (رضي الله عنهما) rapporte que le Prophète (ﷺ) a dit : « Quand vous passez près des jardins du Paradis, profitez-en. » Les Compagnons s'enquirent : « Qu'est-ce que les jardins du Paradis, ô Envoyé de Dieu ? – Ce sont les cercles de *dhikr* ; il est des anges voyageurs qui partent à la recherche des cercles de *dhikr* et qui, quand ils les découvrent, les

---

1 ﴿ٱلَّذِينَ ءَامَنُوا۟ وَتَطْمَئِنُّ قُلُوبُهُم بِذِكْرِ ٱللَّهِ ۗ أَلَا بِذِكْرِ ٱللَّهِ تَطْمَئِنُّ ٱلْقُلُوبُ﴾

2 ﴿وَٱذْكُر رَّبَّكَ فِى نَفْسِكَ تَضَرُّعًا وَخِيفَةً وَدُونَ ٱلْجَهْرِ مِنَ ٱلْقَوْلِ بِٱلْغُدُوِّ وَٱلْآصَالِ وَلَا تَكُن مِّنَ ٱلْغَـٰفِلِينَ﴾

entourent. »

- Muslim rapporte que Mu'âwiya a dit : « Le Prophète (ﷺ) passa devant un cercle de Compagnons et leur demanda : « Que faites-vous là assis ? – Nous nous rappelons Dieu et le louons de nous avoir guidés à l'Islam et de nous en avoir gratifiés », lui répondirent-ils. – Jurez-moi que c'est uniquement pour cette raison que vous êtes assis ! Je ne doute point de votre sincérité en vous demandant de me le jurer, mais Gabriel est venu m'informer que Dieu (عَزَّ وَجَلَّ) Se glorifie de vous devant les anges. »

- On rapporte de même qu'Abû Sa'îd Al-Khudrî et Abû Hurayra (رضي الله عنهما) témoignent que le Prophète (ﷺ) a dit : « Toutes les fois que des individus se rassemblent pour se rappeler Dieu, les anges les entourent, la Miséricorde divine les couvre, la paix les imprègne et Dieu fait mention d'eux parmi ceux qui sont auprès de Lui. »

Des mérites de celui qui proclame sincèrement qu'il n'existe nulle divinité en dehors de Dieu

- Abû Hurayra rapporte que le Prophète (ﷺ) a dit : « A tout serviteur de Dieu qui proclame sincèrement qu'il n'existe nulle divinité en dehors de Dieu, les portes des cieux s'ouvriront jusqu'au Trône, tant qu'il évite les péchés majeurs ». Ce *hadîth* est rapporté par At-Tirmidhî qui le juge bon et singulier (*hasan gharîb*).

- At-Tirmidhî rapporte également que le Prophète (ﷺ) a dit : « Renouvelez votre foi ». On lui demanda alors : « Ô Envoyé de Dieu, comment renouveler notre foi ? – Proclamez très souvent : Il n'existe nulle divinité en dehors de Dieu, reprit le Prophète ». Ce *hadîth* est rapporté par Ahmad ; il est assorti d'une chaîne de transmission bonne.

- Jâbir rapporte que le Prophète (ﷺ) a dit : « La meilleure formule de *dhikr* est : Il n'existe nulle divinité en dehors de Dieu, et la meilleure des invocations est : Louange à Dieu. » Ce *hadîth* est rapporté par An-Nasâ'î, Ibn Mâjah et Al-Hâkim, qui le juge assorti d'une chaîne de transmission authentique.

Des mérites de certaines formules de glorification de Dieu

- Abû Hurayra (رضي الله عنه) rapporte que le Prophète (ﷺ) a dit : « Deux mots, légers au parler, lourds au peser, très chers au Clément : Gloire à Dieu et par Sa Louange ; Gloire à Dieu, le Majestueux ». Ce *hadîth* est rapporté par Al-Bukhârî, Muslim et At-Tirmidhî.

- Abû Hurayra rapporte que le Prophète (ﷺ) a dit : « Que je dise : Gloire à Dieu, Louange à Dieu, il n'est nulle divinité en dehors de Dieu, Dieu est le plus Grand, m'est plus cher que tout au monde ». Ce *hadîth* est rapporté par Muslim et At-Tirmidhî.

- Abû Dharr (رضي الله عنه) rapporte que le Prophète (ﷺ) a dit : « Voudrais-tu que je t'informe des propos les plus chers à Dieu ? – Indique-les moi, ô Envoyé de Dieu », répondis-je. – Les propos les plus chers à Dieu sont : Gloire à Dieu et par Sa Louange », reprit-il. Ce *hadîth* est rapporté par Muslim et At-Tirmidhî. Dans une variante, il est dit : « Les propos les plus chers à Dieu sont ceux qu'Il agréa pour Ses anges : Gloire à mon Seigneur et par Sa Louange ; Gloire à mon Seigneur et par Sa Louange ».

- Jâbir (رضي الله عنه) rapporte que le Prophète (ﷺ) a dit : « Pour quiconque dit : Gloire à Dieu le Majestueux et Louange à Lui, un palmier sera planté au Paradis ». Ce *hadîth* est rapporté et authentifié par At-Tirmidhî.

- Abû Sa'îd Al-Khudrî rapporte que le Prophète (ﷺ) a dit : « Accomplissez abondamment les œuvres pies qui perdurent. » On l'interrogea : « Quelles sont-elles ô Envoyé de Dieu ? – Dieu est le plus Grand ; il n'est nulle divinité en dehors de Dieu ; Gloire à Dieu ; Louange à Dieu ; il n'est de force et de puissance qu'en Dieu », répondit-il.[1]

- 'Abd Allâh (رضي الله عنه) rapporte que le Prophète (ﷺ) a dit : « J'ai rencontré Ibrâhîm la nuit de mon ascension et il m'a dit : ô Muhammad, salue ta Communauté de ma part et informe-les que le sol du Paradis est agréable, que son eau est douce, qu'il est sous forme de terrains plats et que ses plantations sont : Gloire à Dieu, Louange à Dieu, il n'est nulle divinité en dehors de Dieu, Dieu est le plus Grand. » Ce *hadîth* est rapporté par At-Tirmidhî et At-Tabarânî, qui rapporte cet ajout : « Il n'est de force et de puissance qu'en Dieu ».

- Muslim rapporte que le Prophète (ﷺ) a dit : « Les propos les plus chers à Dieu sont au nombre de quatre, peu importe par lequel tu commenceras : Gloire à Dieu, Louange à Dieu, il n'est nulle divinité en dehors de Dieu, Dieu est le plus Grand ».

- Ibn Mas'ûd (رضي الله عنه) rapporte que le Prophète (ﷺ) a dit : « Les deux derniers versets de la sourate La Vache suffiront une nuit à quiconque les aura récités. » Ce *hadîth* est rapporté par Al-Bukhârî et Muslim. C'est-

1 *Hadîth* rapporté par An-Nasâ'î et Al-Hâkim, qui le considère de transmission authentique.

à-dire qu'ils compensent les pratiques d'adoration qu'il serait amené à accomplir durant cette nuit-là. On dit de même que cela signifie que la récitation de ces deux versets le préserverait de tous les maux et calamités durant cette nuit-là. Pour sa part, Ibn Khuzayma le mentionne dans son « *Sahîh* » sous le chapitre intitulé : « Du minimum à réciter pour compenser l'adoration de nuit. »

- Abû Sa'îd Al-Khudrî rapporte que le Prophète (ﷺ) a dit : « Y en a-t-il parmi vous qui se montrerait incapable de réciter le tiers du Coran en une nuit ? » Les Compagnons trouvèrent la tâche pénible et dirent : « Qui parmi nous le supporterait, ô Envoyé de Dieu ? – {*Dieu, l'Unique, le Suprême*…}, constitue le tiers du Coran » Il faisait allusion à la sourate Le Dogme. Ce *hadîth* est rapporté par Al-Bukhârî, Muslim et An-Nasâ'î.

- Abû Hurayra rapporte que le Prophète (ﷺ) a dit : « Quiconque dit cent fois par jour : Il n'existe nulle divinité en dehors de Dieu, l'Unique, qui n'a point d'associé ; à Lui la Royauté et à Lui la Louange ; Il est Omnipotent, ces propos lui seront consignés comme l'équivalent de dix âmes affranchies, de cent bonnes œuvres portées à son actif, de cent mauvaises œuvres déduites de son passif, comme un rempart contre Satan durant toute la journée jusqu'au soir, et personne n'aura accompli d'action meilleure que la sienne, à moins qu'il n'en ait accompli davantage. » Ce *hadîth* est rapporté par Al-Bukhârî, Muslim, At-Tirmidhî, An-Nasâ'î et Ibn Mâjah. Dans leurs variantes, Muslim, At-Tirmidhî et An-Nasâ'î ajoutent : « et à quiconque dit cent fois par jour : Gloire à Dieu et par Sa Louange, ses péchés seront pardonnés, quand bien même ils seraient innombrables ».

Les mérites de la demande de pardon

Anas (رضي الله عنه) rapporte avoir entendu le Prophète (ﷺ) dire (dans un *hadîth qudsî*) : « Ô fils d'Adam, à m'invoquer en mettant ton espoir en Moi, Je te pardonnerais – en dépit de tes péchés – et n'en aurais cure. Ô fils d'Adam, quand bien même tes péchés auraient atteint les nuages et que tu me demandes pardon, Je te pardonnerais et n'en aurais cure. Ô fils d'Adam, à perpétrer autant de forfaits qu'ils empliraient la terre entière, et que tu Me trouves sans M'avoir jamais rien associé, Je t'accorderais autant de Miséricorde. » Ce *hadîth* est rapporté par At-Tirmidhî qui le considère bon et singulier (*hasan gharîb*). 'Abd Allâh Ibn 'Abbâs (رضي الله عنهما) a dit : « Quiconque invoque le pardon de Dieu, Dieu soulagera ses angoisses, lui ménagera une issue favorable à toutes ses difficultés et lui accordera Ses dons par des voies insoupçonnées. »¹

Le *dhikr* augmenté et ses formules concises

- Juwayriyya (رضي الله عنها) rapporte que le Prophète (ﷺ) sortit de chez elle, puis revint après avoir accompli la prière du *duhâ* (prière surérogatoire qui précède celle de midi). Comme il la trouvait assise (telle qu'il l'avait laissée), il lui dit : « Tu es encore telle que je t'avais laissée. – Oui, répondit-elle. – Depuis que je t'ai quittée, reprit le Prophète, j'ai répété trois fois quatre propos qui, à les comparer avec tout ce que tu as prononcé aujourd'hui, feraient pencher la balance : Gloire à Dieu et par Sa Louange autant que le nombre de Ses créatures, autant qu'Il en soit satisfait, autant que pèse Son Trône et autant d'encre à consigner Ses propos. » Ce *hadîth* est rapporté par Muslim et Abû Dâwûd.

- Le Prophète (ﷺ) entra chez une femme et trouva entre ses mains des cailloux à l'aide desquels elle comptait le nombre de glorifications qu'elle avait accomplies. Il lui dit : « Je vais t'indiquer une façon de faire plus simple et meilleure », puis il dit : « Gloire à Dieu autant qu'Il a créé dans le ciel, Gloire à Dieu autant qu'Il a créé sur terre, Gloire à Dieu autant qu'Il a créé entre les deux, Gloire à Dieu, autant qu'Il aura créé. Dieu est le plus Grand, autant que tout cela, Louange à Dieu autant que tout cela, il n'existe nulle divinité en dehors de Dieu, autant que tout cela, il n'est de force ni de puissance que par Dieu, autant que tout cela. »²

- Ibn 'Umar (رضي الله عنهما) rapporte que le Prophète (ﷺ) les avait informés qu'un adorateur de Dieu disait : « Seigneur ! Louange à Toi autant que cela est digne de Ta Majesté et de la Grandeur de Ton Règne. » Alors, les deux anges se trouvèrent incapables d'en consigner la récompense équivalente (tellement la valeur de l'expression leur était difficile à cerner). Ils remontèrent au ciel et dirent : « Seigneur, Ton adorateur a proclamé des propos que nous sommes incapables de consigner à leur juste valeur. » Dieu – étant parfaitement au fait de ce que Son adorateur avait exprimé – leur demanda : « Qu'a dit Mon adorateur ? – Seigneur, reprirent les deux anges, il a dit : Seigneur ! Louange à Toi autant que cela est digne de Ta Majesté et de la Grandeur de Ton Règne. » Dieu leur

---

1 Propos rapporté par Abû Dâwûd, An-Nasâ'î, Ibn Mâjah et Al-Hâkim qui le dit assorti d'une chaîne authentique.

2 *Hadîth* rapporté par Abû Dâwûd, At-Tirmidhî, An-Nasâ'î, Ibn Mâjah et Al-Hâkim, qui le dit authentique selon les règles posées par Muslim.

ordonna alors : « Transcrivez-la telle qu'il l'a proclamée, Je l'en récompenserai quand il reviendra à Moi ». Ce *hadîth* est rapporté par Ahmad et Ibn Mâjah.

Compter le nombre de formules du *dhikr* avec les doigts est meilleur que d'utiliser le chapelet

- Yusayra (ﷺ) rapporte que le Prophète (ﷺ) a dit : « Prononcez les formules de *dhikr* : Gloire à Dieu, Il n'existe nulle divinité en dehors de Dieu, Gloire au Parfait, au Suprême, et ne les négligez pas de sorte que vous oubliez la Miséricorde divine, et comptez avec les doigts, car ils seront interrogés et seront amenés à témoigner. » Ce *hadîth* est rapporté par Abû Dâwûd, At-Tirmidhî, An-Nasâ'î, Ibn Mâjah et Al-Hâkim ; il est assorti d'une chaîne de transmission authentique.

- 'Abd Allâh Ibn 'Umar (ﷺ) rapporte avoir vu le Prophète (ﷺ) compter le nombre de glorifications de sa main droite. Ce fait est rapporté par Abû Dâwûd, At-Tirmidhî, An-Nasâ'î et Ibn Mâjah.

De ce qu'il est déconseillé de se tenir dans une assemblée où Dieu n'est pas invoqué et où on n'adresse pas la prière et le salut à Son Prophète (ﷺ)

Abû Hurayra rapporte que le Prophète (ﷺ) a dit : « Il n'est pas de gens qui s'assoient à une place (dans une assemblée) en omettant d'y rappeler Dieu et d'y prier sur leur Prophète, sans que ce soit pour eux une cause de regrets le Jour de la résurrection ». Ce *hadîth* est rapporté par At-Tirmidhî, qui le juge bon. Dans une variante, Ahmad le rapporte ainsi : « Il n'est pas de gens qui s'assoient à une place (dans une assemblée) en omettant d'y rappeler Dieu, sans qu'ils commettent un manquement (envers Dieu) ; il n'est d'homme qui prenne un chemin en omettant de rappeler Dieu, sans qu'il commette un manquement (envers Dieu) ; il n'est pas d'homme qui regagne son lit en omettant de rappeler Dieu, sans qu'il commette un manquement (envers Dieu). » Dans une variante : « ...sans que ce soit pour eux une cause de regrets, quand bien même ils entreraient au Paradis. » Dans l'ouvrage « *Fath Al-'Allâm* », il est dit que ce *hadîth* est une preuve qui confirme l'obligation du *dhikr* et de la prière sur le Prophète (ﷺ) lors d'une assemblée, d'autant plus que ladite peine citée dans le *hadîth* est interprétée, selon certains doctes, comme désignant le Feu infernal et le châtiment, et le châtiment n'est effectif que lorsqu'on ne s'acquitte pas d'une obligation ou lorsqu'on commet un interdit. Il apparaît donc qu'il est obligatoire de se rappeler Dieu et d'adresser la prière et le salut au Prophète (ﷺ).

Le *dhikr* expie les fautes vénielles commises dans une assemblée

Abû Hurayra rapporte que le Prophète (ﷺ) a dit : « Celui qui, s'étant assis à une place[1], s'est répandu en paroles vaines[2] et qui, avant de se lever, dit : « Transcendance de Dieu, mon Seigneur, et par Ta louange ! J'atteste qu'il n'y a de dieu que Toi, j'implore Ton pardon et me repens en Toi », se verra pardonner ce qu'il a commis[3] à cette place. »

Ce que devrait dire celui qui a calomnié son frère musulman

On rapporte que le Prophète (ﷺ) a dit : « Expier le forfait de la calomnie consiste à implorer le pardon pour celui que tu as calomnié et dire : Seigneur, pardonne-nous, ainsi qu'à lui. » La solution pour laquelle optent les doctes afin d'expier le forfait de calomnie, est d'invoquer le pardon pour celui qu'on a calomnié et d'évoquer ses vertus, sans avoir besoin de l'en informer ni de s'excuser auprès de lui.

L'invocation (*ad-du'â'*)

Dieu a ordonné aux gens de L'invoquer et de Le supplier, et leur a promis d'exaucer leurs invocations et de réaliser leurs vœux.

- Aḥmad, Abû Dâwûd, At-Tirmidhî, An-Nasâ'î et Ibn Mâjah rapportent, citant An-Nu'mân Ibn Bashîr, que le Prophète (ﷺ) a dit : « L'adoration consiste en l'invocation », puis il récita le verset : {*Implorez-Moi, Je vous exaucerai, mais ceux que leur orgueil empêche de M'adorer, entreront, tête basse en Enfer*} (S. 40, V. 60).[4]

- 'Abd Ar-Razzâq rapporte, citant Al-Ḥasan, que les Compagnons demandèrent au Prophète (ﷺ) : « Où est notre Seigneur ? » Alors, Dieu révéla : {*Si Mes serviteurs t'interrogent à Mon sujet, dis-leur que Je suis tout près d'eux, toujours disposé à exaucer les vœux de celui qui M'in-*

---

1 Autre possibilité de traduction : « s'étant assis à une réunion ».

2 Le mot *laghaṭ* signifie à l'origine faire du vacarme, du bruit.

3 Les fautes (vénielles) qu'il a commises.

4 ﴿ٱدْعُونِىٓ أَسْتَجِبْ لَكُمْۚ إِنَّ ٱلَّذِينَ يَسْتَكْبِرُونَ عَنْ عِبَادَتِى سَيَدْخُلُونَ جَهَنَّمَ دَاخِرِينَ﴾

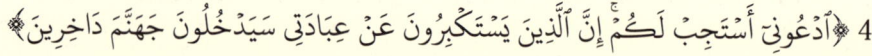

voque} (S. 2, V. 186).[1]

- At-Tirmidhî et Ibn Mâjah rapportent d'après Abû Hurayra que le Prophète (ﷺ) a dit : « Rien n'est plus digne auprès de Dieu que l'invocation ».

- At-Tirmidhî rapporte que le Prophète (ﷺ) a dit : « Que celui qui désire que Dieu (عزوجل) l'exauce dans les moments de calamités et de malheurs L'invoque abondamment dans les moments d'aisance. »

- Abû Ya'lâ rapporte, citant Anas, que le Prophète (ﷺ) rapporte d'après Son Seigneur – Gloire et Puissance à Lui : « Entre quatre vertus, il en est une qui M'appartient, une qui t'appartient, une qui nous appartient et la quatrième qui vous appartient toi et mes serviteurs : la Mienne consiste à ce que tu ne Me donnes nul associé ; la tienne, à ce que Je te récompense pour toute bonne œuvre que tu auras accomplie ; la nôtre, à ce que tu M'invoques et à ce que Je t'exauce ; et celle que tu partages avec Mes serviteurs consiste à ce que tu agrées pour eux ce que tu agrées pour toi-même. »

- On rapporte de sources authentiques que le Prophète (ﷺ) a dit : « Dieu S'indigne contre celui qui ne L'invoque pas ».

- 'Â'isha (رضي الله عنها) rapporte que le Prophète (ﷺ) a dit : « Nulle méfiance ne saurait préserver du destin, mais l'invocation protège de ce qui a été descendu et de ce qui ne l'est pas encore, tant il arrive qu'une épreuve descende et que l'invocation monte à sa rencontre, de sorte qu'ils luttent en se poussant l'un l'autre jusqu'au Jour de la résurrection. »[2]

- Salmân Al-Fârisî (رضي الله عنه) rapporte que le Prophète (ﷺ) a dit : « Ne repousse le destin que l'invocation ; Ne prolonge la vie que la piété. »[3]

- Abû 'Awâna et Ibn Hibbân rapportent que le Prophète (ﷺ) a dit : « Lorsque l'un de vous invoque Dieu, qu'il amplifie sa demande, car rien n'est impossible pour Dieu. »

---

1 ﴿وَإِذَا سَأَلَكَ عِبَادِى عَنِّى فَإِنِّى قَرِيبٌ أُجِيبُ دَعْوَةَ ٱلدَّاعِ إِذَا دَعَانِ فَلْيَسْتَجِيبُوا۟ لِى وَلْيُؤْمِنُوا۟ بِى لَعَلَّهُمْ يَرْشُدُونَ﴾

2 *Hadîth* rapporté par Al-Bazzâr, At-Tabarânî et Al-Hâkim, qui le dit assorti d'une chaîne de transmission authentique.

3 *Hadîth* rapporté par At-Tirmidhî qui le juge bon et singulier (*hasan gharîb*).

Les bienséances en matière d'invocation

L'invocation a des règles de bienséance qu'il convient d'observer, et dont nous citerons les suivantes :

1-La quête du licite : Al-Hâfidh Ibn Mardawayh rapporte qu'Ibn 'Abbâs a dit : « On récita en présence du Prophète (ﷺ) le verset suivant : {*Ô Gens, mangez de ce qui, sur terre, est licite et agréable*} (S. 2, V. 168)[1], alors Sa'd Ibn Abî Waqqâs se leva et dit : « Ô Envoyé de Dieu, invoque Dieu pour que mes invocations soient toujours exaucées. Et le Prophète (ﷺ) de lui répondre : « Ô Sa'd, que ta nourriture soit licite et tes invocations seront exaucées ; par Celui qui détient l'âme de Muhammad, je jure que quarante jours durant, rien n'est agréé de celui qui avale une bouchée de nourriture illicite, et que l'Enfer est le lieu privilégié auquel est destiné tout serviteur qui prend de l'embonpoint grâce à l'illicite et à l'usure. » Dans « *Al-Musnad* » de l'Imâm Ahmad et dans le « *Sahîh* » de Muslim, citant Abû Hurayra, il est rapporté que le Prophète (ﷺ) a dit : « Ô gens, Dieu est Bon et n'agrée que ce qui est bon. Dieu a recommandé aux croyants ce qu'Il a recommandé aux envoyés lorsqu'Il a dit : {*Ô prophètes, mangez de ce qui est licite et agréable et faites de bonnes œuvres car Je suis parfaitement au fait de tout ce que vous faites*} (S. 23, V. 51).[2] Puis Il a dit : {*Ô croyants, mangez des bonnes choses dont nous vous avons gratifiés*} (S. 2, V. 172).[3] Le Prophète mentionna ensuite le cas de celui qui voyage longtemps, hirsute et couvert de poussière, se nourrissant et s'habillant de l'illicite, puis tendant ses bras au ciel et invoquant : Ô Seigneur ! Ô Seigneur ! Comment serait-il exaucé ?

2- Se tenir face à la Ka'ba, quand cela est possible : de fait, le Prophète (ﷺ) sortit pour la prière des rogations, se mit face à la Ka'ba, invoqua Dieu et demanda la pluie.

3- Saisir les occasions et les situations favorables, tels le jour de 'Arafa, le mois de Ramadan, le jour du vendredi, le dernier tiers de la nuit, le moment qui précède l'aube, pendant la prosternation, au moment de la pluie bénéfique, entre l'appel à la prière et le début

---

1 ﴿يَٰٓأَيُّهَا ٱلنَّاسُ كُلُواْ مِمَّا فِي ٱلۡأَرۡضِ حَلَٰلٗا طَيِّبٗا﴾

2 ﴿يَٰٓأَيُّهَا ٱلرُّسُلُ كُلُواْ مِنَ ٱلطَّيِّبَٰتِ وَٱعۡمَلُواْ صَٰلِحًاۖ إِنِّي بِمَا تَعۡمَلُونَ عَلِيمٞ﴾

3 ﴿يَٰٓأَيُّهَا ٱلَّذِينَ ءَامَنُواْ كُلُواْ مِن طَيِّبَٰتِ مَا رَزَقۡنَٰكُمۡ﴾

de celle-ci, lors de la rencontre des deux armées au moment où l'on ressent l'appréhension de Dieu et de l'apitoiement. Abû Umâma rapporte qu'on demanda au Prophète (ﷺ) : « Quelle invocation est plus digne d'être entendue ? – Celle formulée dans le dernier tiers de la nuit et à la suite des prières prescrites. » Ce *hadîth* est rapporté par At-Tirmidhî ; il est assorti d'une chaîne de transmission jugée bonne. Abû Hurayra rapporte que le Prophète (ﷺ) a dit : « C'est pendant la prosternation que le serviteur est le plus près de son Seigneur ; invoquez Dieu abondamment lors de la prosternation, car il est fort probable que vous soyez exaucés à ce moment ». Ce *hadîth* est rapporté par Muslim. D'autres *hadîth* ont été rapportés à ce sujet.

4- Lever les mains au niveau des épaules, conformément à ce que rapporte Abû Dâwûd : Ibn 'Abbâs a dit : « En demandant quelque chose à Dieu, on lève les mains au niveau des épaules ; en invoquant Son pardon, on fait signe d'un seul doigt (l'index, dirigé vers le haut) ; en L'implorant, on tend les deux mains. » Par ailleurs, Mâlik Ibn Yasâr rapporte que le Prophète (ﷺ) a dit : « Si vous demandez quelque chose à Dieu, faites-le en tendant les paumes et non le dos des mains ». On rapporte également d'après Salmân que le Prophète (ﷺ) a dit : « Votre Seigneur – à Lui la Bénédiction et la Grandeur – est Pudique et Généreux. Lorsque l'un de Ses serviteurs lève les mains vers Lui, Sa pudeur L'empêche de le renvoyer bredouille. »

5- Commencer par louer Dieu, L'exalter et Lui rendre Grâce, puis prier pour le Prophète, conformément à ce que rapporte Abû Dâwûd, An-Nasâ'î et At-Tirmidhî – qui l'a authentifié – citant Fudâla Ibn 'Ubayd, comme quoi le Prophète (ﷺ) entendit un homme invoquer dans sa prière sans avoir exalté Dieu ni prié sur le Prophète. Il dit : « Celui-là s'est hâté », puis il l'appela et lui dit – ou dit à quelqu'un d'autre : « Lorsque l'un d'entre vous invoque, qu'il commence par exalter son Seigneur – à Lui la gloire et la Puissance – et par lui rendre grâce ; puis, qu'il prie sur le Prophète (ﷺ) et demande ce qu'il désire. »

6- Être présent d'esprit, manifester le besoin qu'on a de Dieu et Le supplier sans trop élever ni trop baisser la voix. Dieu a dit : {*N'élève pas trop la voix dans ta prière et ne prie pas non plus à voix trop basse, mais adopte le juste milieu*} (S. 17, V. 110).[1] Il a dit aussi : {*Invoquez votre Seigneur humblement et secrètement, Dieu n'aime pas les trans-*

---

1 ﴿وَلَا تَجْهَرْ بِصَلَاتِكَ وَلَا تُخَافِتْ بِهَا وَٱبْتَغِ بَيْنَ ذَٰلِكَ سَبِيلًا﴾

gresseurs} (S. 7, V. 55).[1] Ibn Jarîr commente : « *Humblement* signifie soumission et obéissance à Dieu, et *secrètement* signifie : avec humilité et certitude totale en l'Unicité et en la Suprématie de Dieu. » Dans les deux « *Sa<u>h</u>î<u>h</u>* », on rapporte d'après Abû Mûsâ que des gens élevèrent la voix en invoquant, alors le Prophète (ﷺ) leur dit : « Ô gens, faites doucement car vous n'invoquez ni un sourd ni quelqu'un qui est loin de vous, mais vous invoquez l'Audient, le Clairvoyant. Celui que vous invoquez est plus proche de l'un d'entre vous que ne l'est le cou de sa monture. Ô 'Abd Allâh Ibn Qays, voudrais-tu que je t'apprenne un propos comptant parmi les trésors du Paradis ? : Il n'y a de force et de puissance qu'en Dieu ». A<u>h</u>mad rapporte d'après 'Abd Allâh Ibn 'Umar que le Prophète (ﷺ) a dit : « Les cœurs sont comme des récipients : les uns sont plus conscients que les autres. Aussi, lorsque vous invoquez Dieu, ô gens, invoquez-le en ayant la certitude qu'Il vous exaucera, car Il n'exauce jamais un serviteur qui L'invoque le cœur distrait »

7- Ne pas invoquer pour un forfait ou une rupture des liens du sang. A ce propos, A<u>h</u>mad rapporte, citant Abû Sa'îd, que le Prophète (ﷺ) a dit : « A tout musulman qui invoque Dieu pour une faveur autre qu'un forfait ou une rupture des liens du sang, Dieu accordera une des trois issues suivantes : soit Il exauce instamment son vœux ; soit Il le lui réserve pour le Jour de la résurrection ; soit Il lui épargne un malheur équivalent. » Les Compagnons s'exclamèrent alors : « Nous allons donc y procéder abondamment ! – Dieu est plus Abondant », répliqua-t-il.

8- Ne pas juger l'exaucement lent à venir. A ce propos, Mâlik rapporte, citant Abû Hurayra, que le Prophète (ﷺ) a dit : « Tout un chacun parmi vous sera exaucé tant qu'il ne se montrera pas hâtif, disant : J'ai invoqué et mon vœux n'a pas été exaucé. »

9- Invoquer tout en ayant la certitude d'être exaucé. A ce propos, Abû Dâwûd rapporte d'après Abû Hurayra que le Prophète (ﷺ) a dit : « Que personne parmi vous ne dise : Seigneur, pardonne-moi si Tu le veux ; Seigneur, accorde-moi Ta Miséricorde si Tu le veux. Que celui qui invoque y croie fermement, car il n'y a rien qui puisse Le contraindre. »

10- Le choix de formules concises, telles : « Seigneur, accorde-nous

---

1 ﴿ٱدْعُوا۟ رَبَّكُمْ تَضَرُّعًا وَخُفْيَةً ۚ إِنَّهُۥ لَا يُحِبُّ ٱلْمُعْتَدِينَ﴾

une belle part ici-bas, une belle part dans l'Au-delà et épargne-nous les tourments de l'Enfer ». De fait, le Prophète (ﷺ) préférait les formules d'invocation concises et négligeait le reste. Dans ses « *Sunan* », Ibn Mâjah rapporte qu'un homme vint trouver le Prophète (ﷺ) et lui demanda : « Ô Envoyé de Dieu, quelle invocation est la meilleure ? – Demande à Ton Seigneur le pardon et la paix ici-bas et dans l'Au-delà. » Le jour suivant, l'homme revint et le troisième de même, posant toujours la même question et recevant la même réponse, puis le Prophète (ﷺ) ajouta : « Si tu es gratifié du pardon et de la paix ici-bas et dans l'Au-delà, tu seras un bienheureux. » Il est également rapporté que le Prophète (ﷺ) a dit : « Il n'est pas d'invocation à laquelle le serviteur recourt meilleure que celle qui consiste à dire : Seigneur, je Te demande de m'accorder la paix ici-bas et dans l'Au-delà. »

11- Éviter d'invoquer Dieu contre soi-même, contre les siens et contre ses propres biens. A ce propos, Jâbir rapporte que le Prophète (ﷺ) a dit : « N'invoquez pas Dieu contre vous-mêmes ni contre vos enfants ni contre vos serviteurs ni contre vos biens, car votre invocation risque de coïncider avec un moment où Dieu – Gloire et Grandeur à Lui – satisfait à toute demande et votre vœu serait ainsi exaucé. »

12- Réitérer l'invocation trois fois. De fait, 'Abd Allâh Ibn Mas'ûd rapporte que le Prophète (ﷺ) aimait à réitérer trois fois la même invocation et à invoquer le Pardon trois fois de suite. Ce dire est rapporté par Abû Dâwûd.

13- De commencer par soi-même en invoquant Dieu pour autrui : Dieu Tout Puissant a dit : {*Seigneur pardonne-nous ainsi qu'à nos frères qui nous ont précédés dans la foi*}. Par ailleurs, Ubayy Ibn Ka'b rapporte que lorsque le Prophète (ﷺ) invoquait Dieu pour quelqu'un d'autre, il commençait d'abord par L'invoquer pour lui-même. Ce propos est rapporté par At-Tirmidhî ; il est assorti d'une chaîne de transmission authentique.

14- S'essuyer la face avec les deux mains après l'invocation, louer Dieu, L'exalter et prier sur le Prophète (ﷺ). La pratique consistant à se passer les mains sur la figure pour l'essuyer a été rapportée dans différentes versions jugées faibles (*da'îf*). Mais Al-Hâfidh souligne que de par leur nombre, ces différentes versions faibles atteignent le degré de bonnes (*hasan*).

L'invocation du père, du jeûneur, du voyageur et de celui qui est victime d'une injustice

Ahmad, Abû Dâwûd et At-Tirmidhî rapportent, assorti d'une chaîne de transmission jugée bonne, que le Prophète (ﷺ) a dit : « Trois invocations sont, à n'en point douter, exaucées : celles du père, du voyageur et de la personne victime d'une injustice. » At-Tirmidhî rapporte, assorti d'une chaîne de transmission jugée bonne, que le Prophète (ﷺ) a dit : « Trois types d'invocation ne sont jamais refusées : celle du jeûneur tant qu'il n'a pas rompu son jeûne, celle de l'Imâm juste et celle de la personne victime d'une injustice. Dieu élève leur invocation au-dessus des nuages, lui ouvre les portes du ciel et dit : Par Ma puissance, Je t'assisterai quand bien même ce serait ultérieurement. »

L'invocation en faveur de son frère musulman absent

- Muslim et Abû Dâwûd rapportent que Safwân Ibn 'Abd Allâh (رضي الله عنه) a dit : « J'arrivai au Shâm et allai voir Abû Ad-Dardâ' chez lui mais ne l'y trouvai pas. Umm Ad-Dardâ', qui était là, me demanda : « Comptes-tu accomplir le pèlerinage cette année ? – Oui, lui répondis-je. – Alors invoque Dieu pour nous, reprit-elle, qu'Il nous accorde du bien, car le Prophète (ﷺ) a dit : « L'invocation du musulman pour son frère en son absence est exaucée ; un ange spécifiquement chargé d'une telle entreprise se trouve au niveau de sa tête : chaque fois que le musulman invoque du bien pour son frère, l'ange confirme : Amen et à toi de même ». Puis, Safwân ajouta : « Je sortis au marché et y rencontrai Abû Ad-Dardâ' qui me rapporta le même *hadîth* d'après le Prophète (ﷺ).

- Abû Dâwûd et At-Tirmidhî rapportent que le Prophète (ﷺ) a dit : « L'invocation la plus promptement exaucée est celle qu'un individu fait pour un autre en son absence. »

- Ils rapportent de même que 'Umar a dit : « Je demandai l'autorisation au Prophète (ﷺ) d'accomplir la 'Umra et il me l'accorda. Puis il m'enjoignit : « Ne nous oublie pas, ô frère, dans tes invocations ». Puis 'Umar ajouta : « Propos que je n'échangerais pour rien au monde. »

Quelques *hadîth* ayant trait aux formules par lesquelles on commence une invocation pour espérer que le vœu soit exaucé

- Burayda rapporte qu'en entendant un homme dire : « Seigneur, je T'adresse ma supplication en attestant que Tu es Dieu, que Tu n'as nul associé, que Tu es l'Unique et l'Impénétrable, Qui jamais n'a engendré ni ne fut engendré, Qui n'a nul égal et nul pareil », le Prophète (ﷺ) lui dit : « Tu as invoqué Dieu par Son Nom suprême, celui par lequel tous les vœux sont exaucés et toutes les prières satisfaites. »[1]

- Mu'âdh Ibn Jabal rapporte que le Prophète (ﷺ), ayant entendu un homme invoquer Dieu en ces termes : « Seigneur de la Majesté et de l'Honneur ! », lui dit : « Ton vœu sera exaucé : demande ce que tu veux ! » Ce *hadîth* est cité par At-Tirmidhî, qui le tient pour bon.

- Anas rapporte : « Le Prophète (ﷺ), ayant un jour entendu Abû 'Ayyash (*alias* Zayd Ibn As-Sâmit Az-Zuraqî) invoquer Dieu en ces termes : « Seigneur ! Je T'invoque, Toi Qui est digne de louange ! Il n'est nulle divinité en dehors de Toi, Seigneur de la Commisération et de la Générosité, Créateur des cieux et de la terre, Seigneur de la Majesté et de l'Honneur, Unique et Éternel ! », lui dit : « Tu as invoqué Dieu par Son Nom suprême, celui par lequel tous les vœux sont exaucés et toutes les prières satisfaites. »

- Mu'âwiya rapporte : « J'entendis le Prophète (ﷺ) dire : « Quiconque invoque Dieu par ces cinq expressions, verra tous ses vœux exaucés : il n'est nulle divinité en dehors de Dieu ; Dieu est plus Grand ; Dieu est Unique et Il n'a nul associé ; il est le Seigneur digne de louange et Omnipotent ; il n'est nulle divinité en dehors de Dieu, et il n'est de force et de puissance qu'en Lui. »[2]

Les invocations du matin et du soir

Les invocations du matin peuvent être faites de l'aube jusqu'au lever du soleil ; les invocations du soir peuvent être faites entre la prière de l'après-midi et le coucher du soleil.

- Muslim rapporte, citant Abû Hurayra, que le Prophète (ﷺ) a dit : « Quiconque, en se levant le matin et en rentrant chez lui le soir, répète à cent reprises : « Gloire et louanges à Dieu ! », se présentera au Jour du jugement dernier mieux nanti que quiconque, excepté ceux qui auront fait comme lui ou davantage. »

1 *Hadîth* cité par Abû Dâwûd et At-Tirmidhî, et authentifié par ce dernier. Al-Mundhirî commente : « Notre maître Abû Al-Hasan Al-Maqdisî a dit à propos de ce *hadîth* : La chaîne des rapporteurs est irréprochable ; nul autre *hadîth* à ce sujet n'est assorti d'une meilleure chaîne.

2 *Hadîth* cité par At-Tabarânî, assorti d'une chaîne de transmission jugée bonne.

- On rapporte également, citant Ibn Mas'ûd, que le Prophète (ﷺ) avait l'habitude de dire en fin de journée : « Voilà que la nuit est tombée, Royauté et Louange sont à Dieu, Lui, l'Unique, Qui n'a nul associé, Qui a la Royauté et la Louange, et Qui est Omnipotent. Seigneur, je Te prie de m'accorder le bien de cette nuit et de ce qui advient après elle, et de m'épargner le mal de cette nuit et de ce qui advient après elle ! Seigneur, auprès de Toi je me réfugie contre la paresse, l'orgueil, le feu de l'Enfer et le supplice de la tombe ! » En se levant le matin, il faisait la même invocation en commençant par : « Voilà que le jour s'est levé… »

- Abû Dâwûd rapporte, citant 'Abd Allâh Ibn Habîb : « Le Prophète (ﷺ) me dit un jour : « Invoque Dieu ! » Comme je répondais que je ne savais comment m'y prendre, il me dit : « Récite les sourates La Foi Pure, L'Aurore Éclatante et Les Humains à trois reprises en te levant le matin et en te couchant le soir : elles te suffiront de toute chose. » At-Tirmidhî commente : « Ce *hadîth* est *hasan sahîh* ».

-On rapporte également, citant Abû Hurayra, que le Prophète (ﷺ), lorsqu'il apprenait des invocations à ses Compagnons, leur disait : « En vous levant de votre couche le matin, dites : « Seigneur, par Ta Grâce nous nous levons et nous nous couchons ; par Ta Volonté nous vivons et nous mourons, et vers Toi nous serons ressuscités. » En vous couchant le soir, dites : « Seigneur, par Ta grâce nous nous couchons et nous nous levons ; par Ta Volonté nous mourons et vivons, et vers Toi est notre destin. » At-Tirmidhî commente : « Ce *hadîth* est *hasan sahîh* ».

- Al-Bukhârî rapporte dans son « *Sahîh* », citant Shaddâd Ibn Aws, que le Prophète (ﷺ) a dit : « Voici la meilleure invocation pour qui désire demander le pardon de Dieu : « Seigneur, Toi Qui es mon Dieu, Qui m'as créé et de Qui je suis l'esclave, je reste lié à Ton pacte autant que je peux. Auprès de Toi je me réfugie contre le mal que j'ai commis. Je reconnais les bienfaits dont Tu m'as comblé, tout comme je reconnais mes fautes dont je Te demande pardon, car nul autre que Toi ne pardonne les péchés. » Quiconque prononce ces mots en se couchant ira au Paradis s'il meurt durant la nuit qui suit ; quiconque les prononce en se levant ira au Paradis s'il meurt durant la journée qui suit. »

- At-Tirmidhî rapporte, citant Abû Hurayra, qu'Abû Bakr As-Siddîq demanda un jour au Prophète (ﷺ) de lui apprendre des invocations à prononcer en se levant le matin et en se couchant le soir. Le Prophète (ﷺ) lui répondit : « Dis : Seigneur, Toi Qui sais les secrets du Mystère et Qui créas les cieux et la terre ; Toi, le Seigneur et Roi de toute chose ; j'atteste qu'il n'est nulle divinité en dehors de Toi ; auprès de Toi je me réfugie contre le mal qui est en moi, contre Satan et ses tentations, contre tout acte qui puisse nous nuire ou nuire à un Musulman, où qu'il soit. » Répète cela quand tu te lèves le matin et quand tu retrouves ta couche le soir. » At-Tirmidhî commente : « Cette tradition est *hasan sahîh*. »

- At-Tirmidhî rapporte également, citant 'Uthmân Ibn 'Affân, que le Prophète (ﷺ) a dit : « Nul mal ne saurait atteindre un homme qui répète à trois reprises chaque matin et chaque soir : Au Nom de Dieu, dont le Nom protège de tout mal de la terre et du ciel, Lui Qui entend et Qui sait tout. »

- De même, At-Tirmidhî rapporte, citant Thawbân entre autres garants, que le Prophète (ﷺ) a dit : « Quiconque répète en se couchant et en se levant : « Je me satisfais de Dieu comme Seigneur, de l'Islam comme religion et de Muhammad comme Prophète » a le droit de voir ses vœux exaucés par Dieu. » At-Tirmidhî commente : « Cette tradition est *hasan sahîh* ».

- At-Tirmidhî rapporte également, citant Anas, que le Prophète (ﷺ) a dit : « Quiconque dit en se levant ou en se couchant : « Seigneur, je Te prends à témoin, et je prends à témoins les porteurs de Ton Trône, Tes Anges, ainsi que toutes Tes créatures, que Tu es le Dieu Unique, que Tu n'as nul associé, que Muhammad est Ton serviteur et Ton Envoyé », Dieu préservera du Feu le quart de son corps. La moitié de son corps sera sauvée du Feu s'il répète ces mots à deux reprises, les trois quarts s'il les répète à trois reprises, et son corps tout entier s'il les répète à quatre reprises. »

- Dans ses « *Sunan* », Abû Dâwûd rapporte, citant 'Abd Allâh Ibn Ghannâm, que le Prophète (ﷺ) a dit : « Quiconque dit en se levant le matin : "Seigneur, il n'est de bienfait – dont je serai gratifié ce jour ou dont sera gratifiée toute autre de Tes créatures – qui ne Te soit dû, Toi Qui n'as nul associé ; à Toi la Grâce et la Louange", aura pleinement rendu grâce des bienfaits dont il aura été gratifié durant la journée. Quiconque répète cette invocation le soir aura pleinement rendu grâce des bienfaits dont il aura été gratifié durant la nuit. »

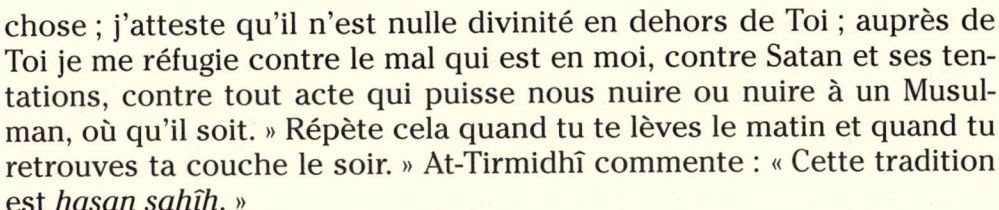

- Dans les « *Sunan* », ainsi que dans le « *Sahîh* » d'Al-Hâkim, on peut lire – citant 'Abd Allâh Ibn 'Umar – que le Prophète (ﷺ) ne manquait jamais, le soir et au lever du jour, de réciter ces mots : « Seigneur, de Toi j'implore la quiétude dans ce monde comme dans l'Au-delà ! Seigneur, auprès de Toi je cherche pardon et sérénité dans ma foi, ma vie, ma famille et mes biens ! Seigneur, préserve-moi de la calomnie et de la peur ! Seigneur, que Ta Protection m'entoure par-devant et par-derrière moi, à ma droite, à ma gauche et par-dessus moi ; je me réfugie auprès de Ta Grandeur contre tout mal qui pourrait me surprendre par-dessous-moi. » Concernant cette dernière invocation, Wakî' explique qu'elle a trait aux séismes et autres catastrophes liées au sol.

- 'Abd Ar-Rahmân Ibn Abî Bakra rapporte qu'il demanda un jour à son père pourquoi il l'entendait répéter à trois reprises tous les matins et tous les soirs : « Seigneur, de Toi j'implore la quiétude en mon corps, mon ouïe et ma vue ! Il n'est d'autre divinité en dehors de Toi. » Son père lui répondit : « C'est que j'ai entendu le Prophète (ﷺ) dire cette invocation, et que j'aime à le prendre pour exemple. » Ce propos est cité par Abû Dâwûd. Ibn As-Sunnî rapporte, citant Ibn 'Abbâs, que le Prophète (ﷺ) a dit : « Quiconque répète à trois reprises, en se levant et en se couchant : "Seigneur, par Ta grâce, je me lève et me couche en étant bien-portant, serein et préservé de tout mal ! Parfais donc tes bienfaits sur moi en ce monde comme dans l'Au-delà", aura acquis auprès de Dieu le droit de voir son vœu exaucé. » On rapporte également, citant Anas, que le Prophète (ﷺ) a dit : « Seriez-vous incapables de suivre l'exemple d'Abû Damdam ? » On demanda qui était Abû Damdam, et le Prophète (ﷺ) répondit : « C'est un homme qui, lorsqu'il se levait chaque matin, disait : « Seigneur, de moi-même et de mon honneur je te fais offrande. » Ayant dit cela, il ne rendait jamais ni injures ni injustices ni coups. » On rapporte également, citant Abû Ad-Dardâ', que le Prophète (ﷺ) a dit : « Quiconque répète à sept reprises, en se levant et en se couchant : « Je me suffis de Dieu et m'en remets à Lui, le Seigneur Majestueux du Trône », Dieu le préservera de tout ce qui peut le préoccuper en ce bas monde et dans l'Au-delà. »

- On rapporte enfin, citant Talq Ibn Habîb, qu'un homme vint un jour trouver Abû Ad-Dardâ' et lui dit : « Ta maison a brûlé ! » Abû Ad-Dardâ' répondit : « Non, elle n'a pas brûlé ! Dieu ne saurait le permettre, car je suis préservé de cela grâce à des mots que j'ai entendus du Prophète (ﷺ). Quiconque les répète en se levant se préserve contre tout mal durant la journée ; et quiconque les répète le soir en se couchant se prémunit contre tout mal durant la nuit : « Seigneur, Tu es mon Dieu et il n'est d'autre divinité en dehors de Toi ; à Toi je m'en remets, Toi, le Seigneur Majestueux du Trône. Ce que Dieu a décidé adviendra, et ce qu'Il n'a point décidé ne saurait advenir. Il n'est de force et de pouvoir qu'en Dieu, le Sublime, le Magnifique. J'atteste de ce que Dieu est Omnipotent et Omniscient. Seigneur, auprès de Toi je me réfugie contre le mal qui est en moi et contre le mal qui est dans toute créature dont Tu détiens la destinée. Le chemin de Dieu est le droit chemin. » D'autres versions ajoutent qu'après avoir dit cela, Abû Ad-Dardâ' se leva, suivi de ceux qui étaient avec lui. Parvenus devant chez lui, ils découvrirent que tout l'entourage avait été ravagé par le feu, sauf sa maison, laquelle avait été épargnée par les flammes.

Les invocations à prononcer au moment de se coucher

Al-Bukhârî rapporte, citant Hudhayfa et Abû Dharr (رضي الله عنهما), que le Prophète (ﷺ), après s'être couché, avait l'habitude de dire : « Par Ton Nom, Seigneur, je vis et je meurs. » En se réveillant, il disait : « La louange est à Dieu, Qui nous fait revivre après nous avoir fait mourir et vers Lequel nous retournerons. » Parmi les invocations qu'il faisait habituellement, il y a celle-ci qu'il répétait à trois reprises en appuyant sa joue droite sur la paume de la main : « Seigneur, préserve-moi de Ton supplice au Jour où Tu ressusciteras Tes créatures. » Puis : « Seigneur des cieux et de la terre, Seigneur Majestueux du Trône, notre Seigneur et le Seigneur de toute chose ; Toi Qui fends la graine et le noyau ; Toi Qui fis descendre la Torah, l'Évangile et le Coran ; auprès de Toi je me réfugie contre tout mal dont Tu détiens le commandement. Tu es le Premier non précédé et Tu es l'Ultime non suivi ; Tu es l'Apparent que rien ne dépasse et Tu es l'Inhérent que rien ne surpasse. Rachète nos dettes et préserve-nous du besoin ! » Il disait aussi : « La louange est à Dieu Qui nous donne à manger et à boire, Qui nous suffit et nous donne asile ; tant d'autres n'ont point le privilège d'avoir qui les nourrit et les héberge ! » En se mettant au lit le vendredi soir, il soufflait dans ses paumes, y récitait les sourates de La Foi Pure, L'Aurore Éclatante et Les Humains, puis les passait sur autant de parties de son corps qu'il pouvait, commençant par la tête et le visage, suivis du devant de son corps, répétant tout cela à trois reprises.

Par ailleurs, le Prophète (ﷺ) a recommandé que l'on répète en se mettant au lit : « En Ton Nom, Seigneur, je me couche sur le côté, et en Ton Nom je me relève ; si Tu retiens mon âme, alors sois miséricordieux envers elle, et si Tu la laisses aller, alors préserve-la comme Tu préserves ceux parmi Tes serviteurs qui sont des gens de bien. »

A Fâtima, le Prophète (ﷺ) recommanda : « Célèbre la Gloire de Dieu trente-trois fois par jour, rends la louange à Dieu trente-trois fois par jour et célèbre Sa Grandeur trente-quatre fois par jour. » Il recommandait également de réciter l'invocation « Seigneur des cieux et de la terre… » et de réciter le verset dit du Trône, affirmant que quiconque les récite restera sous la protection de Dieu.

Le Prophète (ﷺ) dit également à Al-Barâ' : « Quand tu t'apprêtes à t'allonger sur ta couche, procède à tes ablutions comme tu le ferais pour accomplir ta prière, puis mets-toi sur ton flanc droit et dis : « Seigneur, à Toi je recommande mon âme, vers Toi je tourne mon visage, à Toi je m'en remets en tout et à Toi je confie mes arrières, par amour pour Toi et par crainte de Toi. Nul refuge contre Toi si ce n'est auprès de Toi, et nul sauveur contre Toi si ce n'est Toi. Je crois au Livre que Tu as fait descendre et au Prophète que Tu as envoyé. » Puis il ajouta : « Si tu dis cela et que tu meurs dans ton sommeil, tu mourras sur la voie tracée par Dieu. Fais donc en sorte que ce soient là les dernières paroles que tu prononces. »

L'invocation à faire au moment du réveil

Le Prophète (ﷺ) recommandait de dire au moment de se lever : « La louange est à Dieu pour m'avoir rendu la vie, avoir préservé ma santé et m'avoir autorisé à glorifier Son saint Nom. »

En se levant, Le Prophète (ﷺ) avait l'habitude de dire : « Il n'est de divinité en dehors de Toi. Que Ton Nom soit glorifié ! Seigneur, j'implore Ton pardon et Ta miséricorde pour mes péchés. Seigneur, ajoute à mon savoir, n'égare point mon cœur après que Tu l'as guidé, et accorde-moi une part de Ta miséricorde, car nul en dehors de Toi ne saurait rien accorder. »

Le Prophète (ﷺ) a dit également dans un *ḫadîth* attesté : « Que celui qui se réveille au milieu de la nuit et éprouve des difficultés à se rendormir, dise : « Il n'est d'autre divinité en dehors de Dieu ; Il n'a nul associé ; Il a le Pouvoir suprême et la Louange, et Il est Omnipotent. La Louange est à Dieu ; que Son saint Nom soit glorifié ; il n'est nulle divinité en dehors de Dieu ; Dieu est le plus Grand ; il n'est de pouvoir et de force qu'en Dieu. » Si, ayant prononcé ces invocations, il implore le pardon de Dieu ou fait un vœu quelconque, son vœu sera exaucé. S'il procède ensuite à ses ablutions, puis accomplit une prière, cette prière sera agréée de Dieu. »

Les invocations à prononcer en cas de peur, d'insomnie ou d'angoisse

'Amr Ibn Shu'ayb rapporte, citant son propre père, qui à son tour cite son propre père, que le Prophète (ﷺ) a dit : « S'il vous arrive de vous réveiller effrayé pendant la nuit, dites : « Par les mots parfaits de Dieu, je me réfugie contre Sa colère, contre Son châtiment et contre le mal qui est en Ses créatures, ainsi que contre la tentation de tout démon. » Si vous répétez ces mots, nul mal ne saurait vous atteindre. » Puis 'Amr d'ajouter que 'Abd Allâh Ibn 'Umar prenait soin de les apprendre à ses enfants dès qu'ils en étaient capables ; en attendant, il les leur accrochait sur la poitrine, écrites sur un parchemin. La chaîne dont ce *hadîth* est assorti est jugée bonne.

Khâlid Ibn Al-Walîd (رضي الله عنه) rapporte qu'il souffrait d'insomnie. Comme il s'en plaignait au Prophète (ﷺ), celui-ci lui dit : « Je vais t'apprendre des mots qui, si tu les prononces, te rendront le sommeil. Dis : « Seigneur des cieux et de ce qu'ils surplombent, des terres et de ce qu'elles supportent, des démons et de ceux qu'ils égarent ; sois mon Protecteur contre les maux de toutes Tes créatures, et empêche que l'une d'elles puisse me nuire ou me faire du tort. Inviolable est Ta protection et immense est Ta louange ; il n'est nulle divinité en dehors de Toi. » Ce *hadîth* est cité par At-Tabarânî, assorti d'une chaîne de transmission jugée bonne. Al-Hâfidh Al-Mundhirî a dit : « 'Abd Ar-Rahmân Ibn Sâbit ne l'entendit cependant pas de Khâlid. »

At-Tabarânî et Ibn As-Sunnî rapportent, citant Al-Barâ' Ibn 'Âzib, qu'un homme étant venu se plaindre auprès du Prophète (ﷺ) de l'angoisse qui le tenaillait et l'empêchait de dormir, le Prophète (ﷺ) lui répondit : « Répète : Gloire à Toi, Seigneur, Roi sanctissime, Dieu des Anges et de l'Esprit ; les cieux et la terre rendent grâce à Ta grandeur et à Ta majesté. » À peine cet homme répéta-t-il ces mots que, par la grâce de Dieu, son angoisse disparut.

Les invocations à prononcer lorsqu'on se réveille d'un cauchemar

Jâbir (رضي الله عنه) rapporte que le Prophète (ﷺ) a dit : « Quand vous vous réveillez d'un cauchemar, crachez à trois reprises à votre gauche, réfugiez-vous auprès de Dieu contre Satan le Banni, puis tournez-vous de l'autre côté. » Ce *hadîth* est cité par Muslim, Abû Dâwûd, An-Nasâ'i et Ibn Mâjah.

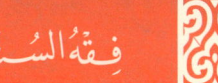

Abû Sa'îd Al-Khudrî rapporte qu'il entendit le Prophète (ﷺ) dire : « Si vous faites un bon rêve, sachez qu'il est de Dieu et rendez-Lui-en grâce. Si par contre vous faites un cauchemar, sachez que c'est Satan qui vous l'a inspiré. Dans ce cas, réfugiez-vous auprès de Dieu contre lui, et n'en dites rien à personne. Si vous faites ainsi, nul mal ne saurait vous atteindre. » Ce *hadîth* est cité par At-Tirmidhî, qui le tient pour *hasan sahîh*.

L'invocation à faire au moment de mettre ses vêtements

- Ibn As-Sunnî rapporte que le Prophète (ﷺ), au moment de mettre un vêtement, une cape ou un turban, répétait : « Seigneur, de Toi j'implore le bien qui est dans ce vêtement et le bien que l'on peut en tirer, et auprès de Toi je me réfugie du mal qui s'y trouve et du mal que l'on risque d'y trouver. »

- Mu'âdh Ibn Anas rapporte que le Prophète (ﷺ) a dit : « Quiconque, en mettant pour la première fois un vêtement, dit : « La louange est à Dieu Qui m'en a vêtu et Qui me l'a donné sans aucun mérite ni aucune force de ma part », se verra absout de tous ses péchés antérieurs. » Il est également recommandé de prononcer le saint nom de Dieu, car toute chose n'étant pas commencée ainsi reste imparfaite.

L'invocation à faire au moment de mettre un habit neuf

- Abû Sa'îd Al-Khudrî rapporte que le Prophète (ﷺ), lorsqu'il mettait un habit neuf, avait soin de répéter : « Seigneur, la louange est à Toi pour m'avoir pourvu de ce vêtement. De Toi j'implore le bien qui s'y trouve et le bien que l'on peut en tirer, et auprès de Toi je me réfugie du mal qui s'y trouve et du mal que l'on risque d'y trouver. » Ce *hadîth* est cité par Abû Dâwûd et At-Tirmidhî, qui le tient pour authentique.

- At-Tirmidhî rapporte, citant 'Umar, que le Prophète (ﷺ) a dit : « Quiconque, en mettant un habit neuf, dit : « La louange est à Dieu Qui m'a donné de quoi couvrir ma nudité et embellir mon apparence », puis fait aumône de l'ancien habit que le nouveau a remplacé, se met sous la protection de Dieu et se trouve sur le chemin de Dieu, qu'il meure ou qu'il vive. »

Ce que l'on dit à son ami qui porte un habit neuf

- Dans un *hadîth* tenu pour authentique, le Prophète (ﷺ), ayant offert une étoffe à Umm Khâlid, lui dit : « Puisses-tu (vivre jusqu'à) la râper et l'user. » Les Compagnons avaient par ailleurs l'habitude de dire : « Nous usons et Dieu remplace. »

- Le Prophète (ﷺ), ayant vu 'Umar qui portait une étoffe neuve, lui dit : « Puisses-tu porter du neuf, jouir de ton vivant de la considération et mourir en martyr bienheureux. » Cette tradition est citée par Ibn Mâjah et Ibn As-Sunnî.

L'invocation à prononcer au moment de se défaire de ses vêtements

Ibn As-Sunnî rapporte, citant Anas, que le Prophète (ﷺ) a dit : « C'est une protection contre les regards des *djinn* que de dire, en ôtant ses vêtements : Au Nom de Dieu, seul Seigneur du Monde. »

L'invocation à faire au moment de quitter son domicile

- Abû Dâwûd rapporte, citant Anas, que le Prophète (ﷺ) a dit : « Quiconque répète (en quittant son domicile) les mots suivants : « Au Nom de Dieu ; à Dieu je m'en remets ; il n'est de force et de pouvoir qu'en Dieu » s'entendra dire : « Te voilà satisfait, protégé et bien guidé ! » Le malin s'écartera de lui et dira à tel autre démon qui essaie de l'approcher : « Tu ne pourras rien contre un homme satisfait, protégé et bien guidé ! »

- L'imâm Ahmad rapporte dans son « *Musnad* », citant Anas, que la formule requise est : « Au Nom de Dieu ; en Dieu je crois ; auprès de Dieu je cherche refuge ; à Dieu je m'en remets ; il n'est de force et de pouvoir qu'en Dieu. » Ce *hadîth* est qualifié de bon.

- Abû Dâwûd, At-Tirmidhî, An-Nasâ'î et Ibn Mâjah rapportent qu'Umm Salama a dit : « Le Prophète (ﷺ) ne sortait jamais de chez moi sans répéter en levant les yeux vers le ciel : « Seigneur, auprès de Toi je cherche refuge contre le fait de m'égarer ou d'être égaré, de commettre une injustice ou d'en subir une, de faire du tort ou qu'on m'en fasse. » At-Tirmidhî commente : « Cette tradition est *hasan sahîh*. »

L'invocation à faire en regagnant son domicile

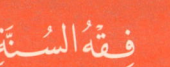

- Muslim rapporte dans son « *Sahîh* », citant Jâbir, que le Prophète (ﷺ) a dit : « Si, en entrant dans votre domicile et en vous préparant à manger, vous prononcez le saint Nom de Dieu, Satan dira aux siens : « N'espérez pas trouver gîte ici ! » Mais si en rentrant dans son domicile on omet d'invoquer le Nom de Dieu, Satan dira aux siens : « Vous voilà assurés d'être hébergés ! » Si en se préparant à manger on commet le même oubli, Satan dira aux siens : « Vous voilà assurés d'être logés et nourris ! »

- Abû Dâwûd rapporte dans ses « *Sunan* », citant Abû Mâlik Al-Ash'arî, que le Prophète (ﷺ) a dit : « En entrant chez vous, dites : « Seigneur, de Toi j'implore la meilleure des entrées et la meilleure des sorties. Au Nom de Dieu nous entrons et en Son Nom nous sortons, et à Dieu notre Seigneur nous nous en remettons », alors seulement, saluez votre famille. »

- At-Tirmidhî rapporte que Anas a dit : « Le Prophète (ﷺ) me dit : « Ô mon enfant, quand tu entres chez toi, prononce les formules de salutation ; bien vous en prendra, à toi et aux tiens. » At-Tirmidhî commente : « Cette tradition est *hasan sahîh*. »

L'invocation à prononcer lorsqu'on se sent satisfait de ce que l'on possède

Si, en considérant ses biens et ses possessions matérielles, on s'en trouve satisfait, il est recommandé de répéter : « C'est bien là la volonté de Dieu ; il n'est de force et de pouvoir qu'en Dieu. » Quiconque dit cela se trouvera protégé contre tout mal qui puisse atteindre ses biens. S'il y constate le moindre mal, qu'il dise : « La louange est due à Dieu en tout état de cause. » Dieu Tout-puissant a dit : {*N'eusses-tu dit, en entrant dans ton jardin : C'est bien là la volonté de Dieu ; il n'est de force que par Dieu !*} (S. 18, V. 39).[1] Ibn As-Sunnî rapporte, citant Anas, que le Prophète (ﷺ) a dit : « Aucun homme qui, pourvu par Dieu d'un bien, dit : « C'est bien là la volonté de Dieu ; il n'est de force qu'en Dieu » ne verra son bien frappé du moindre mal, et ce tant qu'il vivra. » On rapporte également que le Prophète (ﷺ) disait, lorsqu'il était satisfait de ce qui lui arrivait : « La louange est à Dieu par la volonté de Qui les bienfaits sont parfaits. » Quand, au contraire, advenait ce qui le contrariait, il répétait : « La louange est due à Dieu en tout état de cause. » Ce propos est cité par Ibn Mâjah. Al-Hâkim commente : « Ce *hadîth* est authentique. »

L'invocation à prononcer en se regardant dans la glace

Ibn As-Sunnî rapporte, citant 'Alî (رضي الله عنه), que le Prophète (ﷺ) avait l'habitude de dire, quand il se regardait dans la glace : « La louange est à Dieu. Seigneur, comme Tu as parfait mon corps, puisses-Tu parfaire mes mœurs ! » On rapporte également, citant Anas, que le Pro-

---

1 ﴿وَلَوْلَآ إِذْ دَخَلْتَ جَنَّتَكَ قُلْتَ مَا شَآءَ ٱللَّهُ لَا قُوَّةَ إِلَّا بِٱللَّهِ﴾

phète (ﷺ) avait l'habitude de dire, quand il se regardait dans la glace : « La louange est à Dieu Qui a parfait mon corps en le rendant harmonieux et mon image en la rendant agréable, et Qui m'a fait musulman. »

Ce qu'il convient de dire à la vue d'une personne éprouvée par un mal

At-Tirmidhî rapporte, en le qualifiant de bon, ce *hadîth* : « Le Prophète (ﷺ) a dit : Quiconque, en voyant un grand malade, dit : « La louange est à Dieu Qui m'a épargné de ce dont Il t'a frappé, et Qui m'a éminemment élevé au-dessus de nombre de Ses créatures » sera prémuni contre le mal dont cette personne est frappée. » An-Nawawî ajoute : « Les érudits sont d'avis que l'on doit dire ces paroles à part soi, de façon à éviter de blesser la sensibilité du malade, à moins que le mal dont ce dernier est atteint ne résulte de quelque mauvaise accoutumance, auquel cas il est permis de le lui faire entendre, pour peu que l'on ne craigne pas de causer du tort en agissant ainsi. »

Ce qu'il convient de dire en entendant le coq chanter, l'âne brailler et le chien aboyer

Al-Bukhârî et Muslim rapportent, citant Abû Hurayra (رضي الله عنه), que le Prophète (ﷺ) a dit : « Si vous entendez un âne brailler, réfugiez-vous auprès de Dieu contre Satan, car l'âne braille quand il voit un démon. Si par contre vous entendez chanter le coq, adressez vos vœux à Dieu, car le coq chante quand il voit un ange. » Abû Dâwûd ajoute : « Si vous entendez aboyer les chiens et brailler les ânes, réfugiez-vous auprès de Dieu, car ces bêtes voient ce que vous ne voyez point. »

Ce qu'il convient de dire quand le vent se lève

Abû Dâwûd rapporte – propos assortis d'une chaîne de transmission jugée bonne – qu'Abû Hurayra a dit : « J'entendis le Prophète (ﷺ) dire : « Le vent est un souffle de Dieu : il peut être signe de miséricorde, comme de châtiment. Ne le maudissez pas si vous le voyez souffler, mais implorez Dieu de vous accorder les bienfaits dont il est porteur et de vous épargner le mal qu'il recèle. »

Ce qu'il convient de dire lorsqu'on entend le grondement du tonnerre

At-Tirmidhî rapporte, citant Ibn 'Umar, que le Prophète (ﷺ) avait l'habitude de répéter, lorsqu'il entendait le grondement du tonnerre : « Seigneur, ne nous tues pas par Ta colère ; ne nous soumets pas à Ton châtiment ; pardonne-nous avant que de nous y soumettre. » La chaîne de transmission dont ce *hadîth* est assorti est faible.

L'invocation à faire quand on voit le croissant de lune

- At-Tabarânî rapporte, citant 'Abd Allâh Ibn 'Umar, que le Prophète (ﷺ) avait l'habitude de dire, quand il voyait le croissant de lune : « Dieu est le plus grand ! Seigneur, fais que ce croissant nous amène paix et foi, sécurité et Islam, et que nous soyons dirigés comme Tu voudrais que nous soyons. Dieu est notre Seigneur et le tien ! »

- Abû Dâwûd rapporte, citant Qatâda, que le Prophète (ﷺ) disait, lorsqu'il voyait poindre le croissant : « Croissant de bon augure et de bonne direction ; croissant de bon augure et de bonne direction ; j'atteste que je crois en Celui Qui t'a créé (à trois reprises). La louange est à Dieu qui a fait s'achever le mois précédent et commencer le mois présent.

Les invocations à faire en cas d'angoisse ou d'affliction

- Al-Bukhârî et Muslim rapportent, citant Ibn 'Abbâs, que le Prophète (ﷺ) avait l'habitude de répéter, quand il était angoissé : « Il n'est d'autre divinité en dehors de Dieu, le Majestueux et le Clément. Il n'est d'autre divinité en dehors de Dieu, le Seigneur Majestueux du Trône. Il n'est d'autre divinité en dehors de Dieu, le Seigneur des cieux et de la terre, et Seigneur Magnanime du Trône. »

- At-Tirmidhî rapporte, citant Anas, que le Prophète (ﷺ) avait l'habitude de dire, lorsqu'il était affligé par quelque événement : « Ô Éternel ! Toi qui veilles sur toute chose ! C'est auprès de Ta miséricorde, mon Seigneur, que je cherche refuge ! »

- At-Tirmidhî rapporte également, citant Abû Hurayra, que le Prophète (ﷺ) avait l'habitude, lorsque quelque événement l'affligeait, de lever les yeux au ciel et de répéter : « Gloire à Dieu, le Majestueux ! » Parfois, il ajoutait : « Ô Éternel ! Toi qui veilles sur toute chose ! »

- Dans ses « *Sunan* », Abû Dâwûd rapporte, citant Abû Bakra, que le Prophète (ﷺ) a dit : « Voici les invocations de l'angoissé : Seigneur, C'est Ta miséricorde que j'implore ! Ne me remets jamais à moi-même, ne serait-ce qu'un instant. Arrange ma vie et mes affaires ! Tu es l'Unique ; il n'est d'autre Dieu que Toi ! »

- Dans ses « *Sunan* », Abû Dâwûd rapporte également, citant Asmâ' Bint 'Umays, que le Prophète (ﷺ) dit à cette dernière : « Veux-tu que je t'apprenne des mots à prononcer quand tu te sens angoissée ? Dis : Dieu est mon Seigneur ; je ne Lui admets nul associé ! » Selon certaines versions, cette invocation est à répéter à sept reprises.

- At-Tirmidhî rapporte, citant Sa'd Ibn Abî Waqqâs, que le Prophète (ﷺ) a dit : « Voici l'invocation qu'a prononcé Dhû An-Nûn (Jonas) lorsqu'il était dans le ventre du monstre marin : Il n'est nul Dieu en dehors de Toi ; que Ton Nom soit glorifié ! J'étais bel et bien parmi les injustes ! » Ce sont là des mots que jamais un homme en difficulté ne prononce sans voir aussitôt son vœu de salut exaucé. » Dans une autre version rapportée également par Sa'd Ibn Abî Waqqâs, le Prophète (ﷺ) a dit : « Je connais des mots que jamais un homme en difficulté ne prononce sans voir aussitôt son vœu de salut exaucé : l'invocation de mon frère Yûnus (Jonas) (عليه السلام). »

- Ahmad et Ibn Hibbân rapportent, citant Ibn Mas'ûd, que le Prophète (ﷺ) a dit : « Quiconque, se trouvant angoissé ou affligé, dit : « Seigneur, je suis Ton adorateur, fils de Tes adorateurs ; mon destin est entre Tes mains ; Ta sentence est sans recours et Ton jugement infaillible. De tout Nom dont Tu t'es qualifié, ou que Tu as fait descendre dans Ton Livre, ou que Tu as appris à l'une de tes créatures, ou que Tu as gardé dans le domaine de Ta science occulte, je T'implore de faire du Coran l'épanouissement de mon cœur, la lumière de mon esprit ; fais qu'il console mon affliction et qu'il chasse mon angoisse ! » Dieu chassera son affliction et son angoisse, et les remplacera par de la joie. »

L'invocation à faire au moment de rencontrer l'ennemi ou par crainte d'un gouvernant

Abû Dâwûd et An-Nasâ'î rapportent, citant Abû Mûsâ, que le Prophète (ﷺ), lorsqu'il se trouvait dans une situation où il avait à craindre son ennemi, répétait : « Seigneur, de Toi nous faisons leur ennemi, et auprès de Toi nous nous réfugions contre tout mal qu'ils peuvent causer ! » On rapporte également que le Prophète (ﷺ) répétait, quand il lançait un raid contre l'ennemi : « Ô Roi du Jour du jugement dernier, c'est Toi que nous adorons et c'est de Toi que nous implorons aide et soutien ! » Anas commente : « Je vis bien des hommes tomber, frappés par les anges de devant et de derrière. » On rapporte également, citant Ibn 'Umar (رضي الله عنهما) que le Prophète (ﷺ) a dit : « Si vous vous trouvez dans une situation telle que vous craigniez les sévices d'un gouvernant ou de toute autre personne puissante, dites : « Il n'est de divinité en dehors de Dieu, le Magnanime, le Miséricordieux. Gloire à mon Seigneur ! Gloire à Dieu, Seigneur des cieux et de la terre et Seigneur Majestueux du Trône ! Il n'est nulle divinité en dehors de Toi ! Inviolable est Ta protection, et immense est Ta louange ! »

Al-Bukhârî rapporte qu'Ibn 'Abbâs a dit : {*Nous nous suffisons de Dieu, le meilleur soutien et le plus sûr recours*} (S. 3, V. 173)[1] sont les mots que prononça Ibrâhîm (عليه السلام) quand il fut jeté dans les flammes. Ce sont ces mêmes mots que prononça Mu<u>h</u>ammad (ﷺ) quand on vint lui dire : {*L'ennemi a rameuté les gens contre vous*} (S. 3, V. 173).[2] 'Awf Ibn Mâlik rapporte par ailleurs que le Prophète (ﷺ), ayant payé la dette d'un homme, entendit ce dernier dire : « Nous nous suffisons de Dieu, le meilleur soutien et le plus sûr recours ! » Alors il lui dit : « Sache que Dieu condamne la paresse. Travaille et fais de ton mieux ; si une tâche s'avère être au-dessus de tes forces, alors là seulement tu pourras dire : Je me suffis de Dieu, le meilleur soutien et le plus sûr recours. »

L'invocation à faire lorsqu'une tâche s'avère trop difficile

Ibn As-Sunnî rapporte, citant Anas, que le Prophète (ﷺ) a dit : « Seigneur, n'est facile que ce que Tu as rendu tel, Toi Qui rends faciles d'accès les terres les plus hostiles ! »

L'invocation à faire lorsque la vie devient difficile

Ibn As-Sunnî rapporte, citant Ibn 'Umar, que le Prophète (ﷺ) a dit : « Rien ne vous empêche, si les exigences de la vie viennent à dépasser ce dont vous êtes capables, de prononcer cette invocation en sortant de chez vous : Au Nom de Dieu je m'en remets pour moi-même, mes biens et ma foi. Seigneur, fais que je me réjouisse de Tes décisions et me satisfasse de Tes dons, afin que je n'en arrive point à souhaiter que soit avancé ce que Tu as décidé d'ajourner, ni ajourné ce que tu as décidé d'avancer. »

Les invocations à faire quand on est pressé par les dettes

- At-Tirmidhî cite, en le qualifiant de bon (*<u>h</u>asan*), ce *<u>h</u>adîth* rapporté

---

1 ﴿حَسْبُنَا ٱللَّهُ وَنِعْمَ ٱلْوَكِيلُ﴾

2 ﴿إِنَّ ٱلنَّاسَ قَدْ جَمَعُوا۟ لَكُمْ﴾

par 'Alî (ﵛ) : « Un jour, un homme, scribe de son état, vint trouver 'Alî et lui dit : « Je n'arrive plus à écrire assez bien pour gagner ma vie et payer mes dettes, et je viens demander ton aide ! » 'Alî lui répondit : « Je vais t'apprendre des mots que le Prophète (ﷺ) m'avait appris, et qui, par la volonté de Dieu, amortiront tes dettes et dissiperont tes soucis, fussent-ils de la taille d'une montagne ; dis : « Seigneur, de toi j'implore de m'accorder suffisamment de ce que Tu autorises pour me détourner de ce que Tu interdis, et suffisamment de Tes bienfaits pour que je n'aie jamais besoin de nul autre que Toi. »

- Abû Sa'îd rapporte que le Prophète (ﷺ), entrant un jour dans la mosquée, y trouva un homme des Ansâr dénommé Abû Umâma. Le Prophète (ﷺ) lui dit : « Que fais-tu dans la mosquée, ô Abû Umâma, alors qu'il n'est l'heure d'aucune prière prescrite ? » Abû Umâma répondit : « C'est à cause de quelques obligations que je n'ai pu honorer et de quelques soucis que je n'ai pu chasser, ô Envoyé de Dieu ! » Le Prophète (ﷺ) lui dit : « Veux-tu que je t'apprenne des mots qui, si tu les prononces, chasseront tes soucis par la volonté de Dieu et amortiront tes dettes ? Dis en te levant chaque matin et en te couchant chaque soir : « Seigneur, auprès de Toi je me réfugie contre les soucis et l'affliction, contre la mollesse et la paresse, contre la couardise et la lésine, contre l'incapacité à honorer les obligations et l'ignominie de devoir endurer la supériorité d'autrui. » Abû Umâma ajoute : « Je répétai ces mots, et Dieu fit disparaître mes soucis et amortir mes dettes.

L'invocation à faire en cas d'événement désagréable ou de tâche trop difficile à accomplir

Ibn As-Sunnî rapporte, citant Abû Hurayra, que le Prophète (ﷺ) a dit : « Prenez grand soin de répéter : « Nous sommes à Dieu et à Lui nous retournons » quand advient la moindre chose qui vous soit désagréable, ne serait-ce un lacet de chaussure qui se rompt. »

Muslim rapporte par ailleurs, citant Abû Hurayra, que le Prophète (ﷺ) a dit : « Le croyant fort est meilleur et mieux aimé de Dieu que le croyant faible. De toute bonne cause, tâche de t'assurer la part qui te soit profitable ; implore l'aide de Dieu et raffermis ta volonté. S'il t'arrive néanmoins ce qui te déplaît, ne te dis jamais : « Si j'avais fait ceci ou cela, il en aurait été autrement ! » mais dis : « Dieu en a décidé ainsi, et Dieu fait toujours ce qu'Il veut » car se livrer aux conjectures ouvre grande la voie devant Satan. »

L'invocation à faire lorsqu'on est assailli par le doute

- Al-Bukhârî et Muslim rapportent, citant Abû Hurayra, que le Prophète (ﷺ) a dit : « Satan ne manquera pas de venir vous souffler dans les oreilles, vous faisant vous demander qui a créé ceci et cela. Si vous en arrivez à vous demander qui a créé Dieu, alors réfugiez-vous contre cela auprès de Dieu et abstenez-vous de vous laisser entraîner plus loin. »

- Il est attesté que le Prophète (ﷺ) a dit : « Les gens pousseront leurs interrogations jusqu'à se dire : « Dieu a créé toutes les créatures ; mais qui a créé Dieu ? » Si une telle chose vous arrive, dites : « En Dieu je crois et en ses Messagers. »

L'invocation à faire en cas de colère

Al-Bukhârî et Muslim rapportent que Sulaymân Ibn Surd a dit : « J'étais en compagnie du Prophète (ﷺ) lorsque deux hommes se mirent à s'injurier mutuellement ; l'un avait le visage congestionné et les veines du cou gonflées de sang. Alors le Prophète (ﷺ) dit : « Je sais des mots qui, s'ils avaient été prononcés par cet homme, auraient atténué ce qu'il ressent : Je me réfugie auprès de Dieu contre Satan le Banni. »

Quelques invocations exhaustives attribuées au Prophète (ﷺ)

- Âisha rapporte que le Prophète (ﷺ) aimait à prononcer des invocations exhaustives, les préférant à tout autre genre d'invocation. Nous citerons celles qui nous paraissent indispensables. On rapporte, citant Anas (رضي الله عنه) que le Prophète (ﷺ) prononçait souvent l'invocation suivante : « Seigneur, accorde-nous un bien dans le monde d'ici-bas, un bien dans l'Au-delà et épargne-nous le Feu de l'Enfer. »

- Muslim rapporte que le Prophète (ﷺ), en rendant visite à un malade que le mal avait extrêmement amoindri, lui demanda : « Avais-tu l'habitude de faire quelque invocation à Dieu ou de L'implorer pour quelque chose ? » L'homme répondit : « Oui. Je disais : Seigneur, faites que je subisse ici-bas tout châtiment auquel je suis voué, au lieu de me le faire subir dans l'Au-delà ! » Alors le Prophète (ﷺ) lui dit : « Gloire à Dieu ! Mais tu ne l'aurais jamais supporté ! Dis plutôt : Seigneur, accorde-nous un bien dans le monde d'ici-bas, un bien dans l'Au-delà et épargne-nous le Feu de l'Enfer. »

- Ahmad et An-Nasâ'î rapportent que Sa'd, ayant entendu un de ses fils dire : « Seigneur, je Te demande le Paradis, ses vastes demeures, ses délices… et auprès de toi je me réfugie contre l'Enfer, contre ses chaînes, ses bourreaux et contre tous ses supplices ! » lui dit : « Tu as demandé beaucoup de bien à Dieu, et tu t'es réfugié auprès de lui contre beaucoup de mal. J'ai entendu le Prophète (ﷺ) dire : « Il viendra un temps où l'on cherchera à l'envie à se surpasser les uns les autres en invocations. Sache qu'il te suffit de dire : « Seigneur, je Te demande tout bien que je connaisse ou que j'ignore, et auprès de Toi je me réfugie contre tout mal que je connaisse ou que j'ignore. » Ahmad et An-Nasâ'î rapportent également, citant Ibn 'Abbâs, que le Prophète (ﷺ) prononçait souvent l'invocation suivante : « Seigneur, aide-moi et n'aide point contre moi ; sois mon allié et non l'allié de ceux qui se liguent contre moi ; aide-moi, facilite-moi la tâche et accorde-moi la victoire sur ceux qui m'ont offensé. Seigneur, fais que je sois reconnaissant vis-à-vis de Toi, que je Te glorifie, que je Te craigne, que je T'obéisse ; que je Te sois profondément dévoué et que je revienne à Toi. Seigneur, agrée mon repentir, lave-moi de mes péchés, exauce mes vœux, renforce mon argument, raffermis ma parole, guide mon cœur et ôte de moi toute trace de rancœur ! »

- Muslim rapporte que Zayd Ibn Arqam a dit : « Je ne saurais mieux vous dire que ce que le Prophète (ﷺ) a dit lui-même : « Seigneur, auprès de Toi je me réfugie contre la mollesse et la paresse, contre la couardise, la lésine et la sénilité et contre le supplice de la tombe. Seigneur, Tu es le Créateur de mon âme, son Sauveur – il n'est plus sûr sauveur que Toi –, son Maître et sa Destinée. Auprès de Toi, Seigneur, je me réfugie contre toute science inutile, tout cœur qui ne sait se repentir, toute âme qui ne sait se suffire, et tout vœu qui n'est pas exaucé ! » Al-Hâkim rapporte dans son « *Sahîh* » que le Prophète (ﷺ) demanda un jour à ses Compagnons : « Voudriez-vous, ô gens, que je vous apprenne une façon de bien invoquer le Seigneur ? » On répondit : « Certes, ô Envoyé de Dieu ! » Alors il leur dit : « Dites : Seigneur, nous te demandons de nous aider à glorifier Ton Nom, de Te rendre grâce et de T'adorer ainsi qu'il convient ! » Ahmad rapporte pour sa part que le Prophète (ﷺ) disait : « Prenez soin de ne jamais oublier de dire : Ô Seigneur, digne de la Majesté et de l'Honneur ! »

- Ahmad rapporte également que le Prophète (ﷺ) disait : « Seigneur, Toi qui fais virer les cœurs d'état en état, fais que le mien soit constant dans sa foi en Toi ! C'est Dieu Qui détient la destinée de tout homme : Il élève qui Il veut et rabaisse qui Il veut. » On rapporte également, citant 'Abd Allâh Ibn 'Umar (رضي الله عنهما), que le Prophète (ﷺ) disait : « Seigneur, auprès de Toi je me réfugie afin que jamais Tes bienfaits sur moi ne tarissent, que jamais Ta grâce ne m'abandonne et que jamais Ta colère ni Ta désapprobation ne me frappent ! » At-Tirmidhî rapporte que le Prophète (ﷺ) disait : « Seigneur, aide-moi à tirer parti de ce que Tu m'as appris, apprends-moi ce qui peut m'être profitable, et ajoute encore à mon savoir. La louange est à Dieu en tout état de cause, et auprès de Dieu je me réfugie contre ce qu'endurent les hôtes de l'Enfer. »

- Muslim rapporte que le Prophète (ﷺ) répondit à Fâṯima, laquelle venait lui demander la permission de prendre un domestique : Dis : « Seigneur des cieux et des terres ; Seigneur Majestueux du Trône ; notre Seigneur et Seigneur de toute chose ; Toi Qui fends la graine et le noyau ; Toi Qui fis descendre la Torah, l'Évangile et le Coran ; auprès de Toi je me réfugie contre tout mal dont Tu détiens le commandement. Tu es le Premier non précédé et Tu es l'Ultime non suivi ; Tu es l'Apparent que rien ne dépasse et Tu es l'Inhérent que rien ne surpasse. Rachète nos dettes et préserve-nous du besoin ! » On rapporte également que le Prophète (ﷺ) avait l'habitude de répéter : « Seigneur, je Te demande la bonne guidance, la crainte révérencielle, de me suffire de ce que j'ai et de ne jamais avoir besoin d'autrui. »

- At-Tirmidhî et Al-H̲âkim rapportent, le premier le qualifiant de bon, ce *h̲adîth* : « Le Prophète (ﷺ) prononçait souvent, en quittant ses Compagnons, l'invocation suivante : « Seigneur, accorde-nous de Te craindre suffisamment pour nous épargner de Te désobéir ; de T'obéir suffisamment pour mériter Ton Paradis, d'avoir suffisamment foi en Toi pour pouvoir endurer les déconvenues de l'existence. Accorde-nous, aussi longtemps que Tu nous feras vivre, d'avoir le plein usage de nos sens et de notre santé. Venge-nous si nous sommes offensés, et accorde-nous la victoire sur nos ennemis. Évite-nous d'être affligés dans notre foi, de ne nous préoccuper que du monde d'ici-bas et de n'avoir de science que celle s'y rapportant ; ne nous livre pas à qui n'aura point d'indulgence à notre égard ! »

Le sens de la bénédiction qu'il nous est ordonné d'invoquer sur le Prophète (ﷺ)

Dieu – que Son Nom soit glorifié – a dit : {*Dieu et Ses Anges bénissent le Prophète. Ô vous qui avez cru, invoquez pour lui sans cesse la bénédiction et le salut de Dieu !*} Les Coalisés ; 56.

Al-Bukhârî rapporte qu'Abû Al-'Âliya a dit : « La bénédiction de Dieu se traduit par les louanges qu'Il fait au Prophète devant les Anges ;

Quant à la bénédiction de Anges, elle se traduit par les invocations qu'ils font en sa faveur. » Abû 'Îsâ At-Tirmidhî, ainsi qu'un groupe de traditionnistes, rapportent d'après Sufyân Ath-Thawrî : « La bénédiction de Dieu est miséricorde, celle des anges est un appel au pardon. » Ibn Kathîr explique : « Le sens à donner à ce verset est que Dieu – que Son Nom soit glorifié – informe Ses serviteurs de la place privilégiée qu'Il accorde à Son Serviteur et Messager : Il le loue devant les Anges qui à leur tour le bénissent. Il informe ensuite les habitants du monde d'ici-bas de l'obligation qu'ils ont de le bénir à chaque fois qu'ils viennent à l'évoquer. Le but est d'assurer au Prophète (ﷺ) la bénédiction des habitants des deux mondes. »

Plusieurs *hadîth* corroborent cette interprétation. Citons-en quelques-uns :

- Muslim rapporte, citant 'Abd Allâh Ibn 'Amr Ibn Al-'Âs (رضي الله عنهما), qu'il entendit le Prophète (ﷺ) dire : « Quiconque me bénira une fois se verra en récompense béni dix fois par Dieu. »

- At-Tirmidhî rapporte, citant Ibn Mas'ûd (رضي الله عنه) que le Prophète (ﷺ) a dit : « Au Jour du jugement dernier, les gens qui seront le plus près de moi sont ceux qui m'auront le plus souvent béni de leur vivant. » At-Tirmidhî, qualifiant ce *hadîth* de bon, fait le commentaire suivant : « Cela signifie que ces gens-là auront le plus droit à l'intercession du Prophète (ﷺ) et à prendre place auprès de lui. »

- Abû Dâwûd rapporte également que le Prophète (ﷺ) a dit : « Ne faites point de ma tombe un lieu de rassemblement et de fête. Contentez-vous de me bénir, car votre bénédiction m'atteindra où que vous vous trouviez. »

- Abû Dâwûd et An-Nasâ'î rapportent, citant Aws (رضي الله عنه) que le Prophète (ﷺ) a dit : « Vendredi est le meilleur jour de la semaine pour vous. Prenez soin de me bénir ce jour-là à multiples reprises, et sachez que vos bénédictions me parviendront et que je les passerai en revue. » On demanda : « Comment cela se peut-il, ô Envoyé de Dieu, alors que tu ne seras plus qu'un tas d'ossement ? » et le Prophète (ﷺ) de répondre : « Sachez que Dieu a interdit à la terre de manger le corps des prophètes. »

- Abû Dâwûd rapporte, citant Abû Hurayra (رضي الله عنه), assorti d'une chaîne de rapporteurs bonne, que le Prophète (ﷺ) a dit : « Chaque fois que quelqu'un me bénit, Dieu me rend mon âme afin que je lui renvoie sa bénédiction. »

- Ahmad rapporte qu'Abû Talha Al-Ansârî a dit : « Un jour, le Prophète (ﷺ) nous apparut le visage rayonnant. Comme nous nous en montrâmes réjouis, il nous dit : « Oui, un émissaire m'est venu cette nuit de la part de mon Seigneur – gloire à Lui – pour me dire que quiconque dans ma Communauté me bénit, verra en récompense porter dix bonnes œuvres à son actif, effacer six mauvaises actions de son passif, hausser de dix places son rang, et sa bénédiction lui sera en plus renvoyée. » Ibn Kathîr commente : « La chaîne des transmetteurs de ce *hadîth* est bonne (*jayyid*) ».

- On rapporte, citant Abû Hurayra (رضي الله عنه) que le Prophète (ﷺ) a dit : « Que celui qui désire être le plus généreusement récompensé pour les bénédictions qu'il implore en notre faveur – les miens et moi-même –, dise : Seigneur, que Ta bénédiction soit sur Muhammad, le Prophète, sur ses femmes, les Mères des Croyants, sur ses enfants et sur tous les siens, comme elle l'est sur Ibrâhîm et sur les siens. Tu es Digne de tout honneur et de toute grandeur ! » Ce *hadîth* est cité par Abû Dâwûd et An-Nasâ'î.

- On rapporte, citant Ubayy Ibn Ka'b (رضي الله عنه) que le Prophète (ﷺ) avait l'habitude, quand les deux tiers de la nuit s'étaient écoulés, de se lever et de dire à ses Compagnons : « Ô gens, invoquez Dieu ! Invoquez le Seigneur ! Voici le premier coup de Cor qui bientôt retentira, aussitôt suivi du second ! Voici la mort qui arrive avec son cortège de malheurs ! Voici la mort qui arrive avec son cortège de malheurs ! » Un jour je lui dis : « Ô Envoyé de Dieu ! J'ai l'habitude de te bénir très souvent ; quelle part de mes bénédictions dois-je te dédier ? » Il me répondit : « Autant que tu voudras. » Je demandai : « Le quart ? », et il répondit : « Autant que tu voudras ; si tu en fais davantage, tu n'en tireras que du bien. » Je demandai encore : « Alors la moitié ? » et il répéta : « Autant que tu voudras ; si tu en fais davantage, ce sera un bien pour toi. » Je demandai encore : « Alors les deux tiers ? » et il répéta encore : « Autant que tu voudras ; si tu en fais davantage, tu n'en tireras que du bien. » Alors je demandai : « Je peux donc te dédier l'ensemble de mes bénédictions ? » et il répondit : « Si tu le fais, tes soucis seront allégés et tes péchés remis. » Ce *hadîth* est cité par At-Tirmidhî.

Est-il obligatoire d'invoquer la bénédiction de Dieu sur le Prophète (ﷺ) à chaque fois qu'on l'évoque ?

Un groupe de doctes, dont At-Tahâwî et Al-Halîmî, affirme que cette invocation est obligatoire. Pour étayer leur point de vue, ils citent ce *hadîth* rapporté par At-Tirmidhî qui le tient pour bon : « Le Prophète (ﷺ) dit : « Malheur à tout homme qui entend évoquer mon nom sans s'empresser d'invoquer sur moi la bénédiction de Dieu. Malheur à tout homme qui voit commencer le Ramadan puis le voit s'achever, sans qu'entre le début et la fin de ce mois ses péchés ne lui soient tous remis ; malheur à tout homme qui, ayant dû recueillir ses parents atteints de sénilité, ne les traite pas de manière à lui octroyer l'accès au Paradis ! » Ils citent également ce *hadîth* tenu d'Abû Dharr Al-Ghifârî attestant que le Prophète (ﷺ) a dit : « Il n'est homme plus mesquin que celui qui entend évoquer mon nom sans invoquer sur moi la bénédiction de Dieu. »

D'autres érudits considèrent qu'il est obligatoire de prononcer ces bénédictions au moins une fois durant chaque séance, après quoi il est recommandé, mais non obligatoire, de les prononcer à chaque fois que le Prophète (ﷺ) est évoqué. Ils citent pour étayer leurs dires ce *hadîth* d'Abû Hurayra : « Le Prophète (ﷺ) a dit : « A chaque fois qu'un groupe qui est réuni m'évoque sans me bénir, un défaut est porté à leur passif. Au Jour du jugement dernier, il reviendra à Dieu de châtier qui Il veut d'entre eux et de pardonner à qui Il veut. » Ce *hadîth* est cité par At-Tirmidhî, qui le tient pour bon.

De la recommandation de consigner la formule de bénédiction à chaque fois qu'on note le nom du Prophète (ﷺ)

Les érudits recommandent de le faire, mais il ne nous est parvenu aucun *hadîth* authentique qui puisse être cité comme argument à cet égard. Al-Khatîb Al-Baghdâdî rapporte qu'il avait lu des parchemins écrits de la main de l'Imâm Ahmad où le nom du Prophète (ﷺ) n'était pas toujours suivi de la formule de bénédiction, puis il ajoute : « J'ai été informé qu'il le bénissait quand il l'évoquait oralement. »

De la recommandation de joindre la paix à la bénédiction

An-Nawawî a dit à ce propos : « Il est recommandé de joindre la paix à la bénédiction (sur lui la bénédiction et la paix) et de ne point se suffire de l'une à l'exclusion de l'autre. »

De la recommandation de bénir les prophètes quand on vient à les évoquer

Il est recommandé de les bénir, et permis, comme en conviennent la plupart des érudits, de le faire pour chacun d'eux de manière individuelle. Quant aux autres personnes illustres qui ne sont pas des prophètes, il est admis de les bénir en bénissant le Prophète (nous avons vu en effet le *hadîth* : « Seigneur, que Ta bénédiction soit sur Muhammad, le Prophète, sur ses femmes, les Mères des croyants, etc. »), mais non de les bénir individuellement. Ainsi, ne dira-t-on pas : « 'Umar – que la bénédiction soit sur lui », mais on dira plutôt : « 'Umar (رضي الله عنه) ».

De la formule à adopter en invoquant la bénédiction de Dieu en faveur du Prophète (ﷺ)

Muslim rapporte, citant Abû Mas'ûd Al-Ansârî, que Bashîr Ibn Sa'd a dit : « Un jour, un homme demanda au Prophète (ﷺ) : « Ô Envoyé de Dieu ! Dieu nous ordonne de te bénir ; que devons-nous dire pour ce faire ? » Le Prophète (ﷺ) resta silencieux un long moment, au point que nous souhaitâmes qu'il ne lui eût jamais posé cette question. En fin de compte, il dit : « Dites : Seigneur, que Ta bénédiction soit sur Muhammad et sur les siens comme elle l'est sur la famille d'Ibrâhîm, et que Ta grâce soit sur Muhammad et sur les siens comme elle l'est sur la famille d'Ibrâhîm parmi les hommes ; Tu es le Seigneur Digne de toute louange et Digne de tout honneur ! »

Ibn Mâjah rapporte que 'Abd Allâh Ibn Mas'ûd (رضي الله عنه) a dit : « Lorsque vous bénissez le Prophète (ﷺ), faites-le aussi convenablement que vous le pouvez, car vous ne sauriez dire si ces bénédictions ne lui sont pas soumises. » On lui dit : « Alors apprends-nous à le faire ! » et il répondit : « Dites : Seigneur, que Ta bénédiction, Ta miséricorde et Ta grâce soient sur le Prince des Envoyés, l'Imâm des érudits et le Sceau des Prophètes, Muhammad, Ton serviteur et Ton Envoyé, Imâm du Bien et Prophète de la Miséricorde ! Seigneur, puisses-Tu, en le ressuscitant, lui accorder une place que lui envieront ses prédécesseurs ! Seigneur, que Ta bénédiction soit sur Muhammad et sur les siens comme elle l'est sur la famille d'Ibrâhîm, et que Ta grâce soit sur Muhammad et sur les siens comme elle l'est sur la famille d'Ibrâhîm parmi les hommes ; Tu es le Seigneur Digne de toute louange et Digne de tout honneur ! »

A propos des mérites du voyage

On rapporte, citant Abû Hurayra (ﷺ), que le Prophète (ﷺ) a dit : « Voyagez, vous recouvrirez votre santé ; partez à la quête des bienfaits de Dieu, Il vous en comblera. » Ce *ḫadîth* est rapporté par Aḫmad ; il a été authentifié par Al-Munâwî.

Sortir de chez soi en vue de l'agrément de Dieu

Abû Hurayra rapporte que le Prophète (ﷺ) a dit : « Il n'est d'homme qui ne quitte son domicile sans qu'il soit entouré de deux bannières, l'une portée par un ange, l'autre par un démon. Si le but pour lequel il est sorti est agréé par Dieu, il sera suivi de l'ange et sera sous sa bannière aussi longtemps qu'il restera hors de chez lui. Si par contre le but pour lequel il est sorti n'est point agréé par Dieu, c'est le démon qui le suivra : il sera sous sa bannière aussi longtemps qu'il restera hors de chez lui. »[1]

Il est recommandé de consulter et de demander avis avant de se décider à partir en voyage

Quand on conçoit l'intention de partir en voyage, il sied de demander l'avis des personnes reconnues comme étant des gens de bien et de bon conseil, car Dieu – gloire à Lui – a dit : {*Consulte-les en toute affaire*} (S. 3, V. 159).[2] Il a dit également : {*Leurs affaires sont objet de consultation entre eux*}.(S. 42, V. 38)[3] Qatâda précise : « Jamais un homme ayant consulté avant d'agir pour ce qui plaît à Dieu ne s'en est trouvé autrement que bien guidé. » Il importe par-dessus tout de s'en remettre à la volonté de Dieu en toute chose. Aḫmad rapporte à cet effet, citant Sa'd Ibn Abî Waqqâṣ (ﷺ) que le Prophète (ﷺ) a dit : « Il relève du bonheur de l'individu que de s'en remettre à la volonté de Dieu (*istikhâra*) et d'accepter ce que Dieu a décidé pour lui, et il est du malheur de l'individu que de se refuser à s'en remettre à la volonté de Dieu et de ne pas accepter ce que Dieu a décidé pour lui. » Ibn Taymiyya dit à ce sujet : « Jamais un homme qui, avant d'agir, s'en est remis à Dieu puis a consulté les gens, n'a eu à le regretter. »

1 *Ḫadîth* cité par Aḫmad et Aṯ-Ṯabarânî ; il est assorti d'une chaîne de transmission jugée bonne.

2 ﴿وَشَاوِرْهُمْ فِي الْأَمْرِ﴾

3 ﴿وَأَمْرُهُمْ شُورَىٰ بَيْنَهُمْ﴾

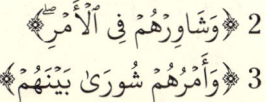

De la façon dont il convient de procéder à cette consultation

Il est recommandé d'exécuter auparavant deux cycles de prosternations autres que ceux des prières prescrites (mais qui peuvent être des *sunna* ou même les deux cycles de prière de salut de la mosquée) et que l'on peut exécuter de jour comme de nuit. On récitera la *fâtiha*, suivie de quelques versets du Coran, puis on adressera ses louanges à Dieu et ses bénédictions au Prophète (ﷺ), après quoi on prononcera l'invocation suivante rapportée par Al-Bukhârî d'après Jâbir (رضي الله عنه) : « Le Prophète (ﷺ) nous apprenait à consulter Dieu en toute chose, exactement comme il nous apprenait des versets du Coran. Il disait : « Lorsque vous vous décidez à agir en toute chose, accomplissez deux cycles de prière en dehors de la prière prescrite, puis dites : « Seigneur, je m'en remets à Toi pour guider mon cœur et raffermir ma volonté, Toi Qui détiens la Science et la Puissance ; Tu sais et j'ignore ; Tu es Omnipotent et je suis impotent. Seigneur, si Tu sais que de ce que je me prépare à faire résultera un bien pour ma foi, ma vie ici-bas et ma vie dans l'Au-delà, alors accorde-moi de le faire, facilite-m'en l'exécution et bénis-le pour moi. Si par contre tu sais que de ce que je me prépare à faire résultera un mal pour ma foi, ma vie ici-bas ou ma vie dans l'Au-delà, puisses-Tu m'en détourner et le détourner de moi ; accorde-moi le bien où qu'il soit et d'où qu'il provienne, et accorde-moi de m'en satisfaire. » Puis Jâbir ajoute : Au moment de dire : « … de ce que je me prépare à faire… », il faut nommer l'action qu'on a résolu d'entamer.

Il n'est pas spécifié qu'il faille réciter durant cette prière tel ou tel verset, ni qu'il soit recommandé de l'exécuter à plusieurs reprises. An-Nawawî précise à ce propos : « Il est important pour l'individu de procéder, après cette prière, à l'action qui lui paraît être agréable. Il ne faut point qu'il se fie au sentiment qu'il concevait avant d'avoir exécuté sa prière de consultation, lui fût-il agréable, car s'il ne s'en départit pas, il ne saurait être sincère dans sa consultation et ne se serait donc point démis comme il se doit de tout savoir et de tout pouvoir pour s'en remettre à ceux de Dieu. Si par contre il a été sincère, il pourra se fier sans hésiter au sentiment qu'il se sent éprouver à la fin de la prière. »

Il est recommandé de choisir le jeudi pour voyager

Al-Bukhârî rapporte que le Prophète (ﷺ) partait rarement en voyage un autre jour que le jeudi.

De la recommandation d'exécuter une prière chez soi avant de partir en voyage

Al-Mut'im Ibn Al-Miqdâm (ﷺ) rapporte que le Prophète (ﷺ) a dit : « Il n'est meilleure chose que l'on puisse laisser aux siens que deux cycles de prière qu'on exécute chez soi avant de partir en voyage. » Ce *hadîth* est cité par At-Tabarânî et Ibn 'Asâkir ; il est assorti d'une chaîne dite problématique (*mu'dal*) ou relâchée (*mursal*).

De la recommandation de se doter de compagnons

Ahmad rapporte, citant Ibn 'Umar (ﷺ) que le Prophète (ﷺ) déconseillait fortement de passer la nuit seul dans une maison et de voyager sans compagnie.

'Amr Ibn Shu'ayb rapporte, citant son propre père, qui à son tour citait son propre père, que le Prophète (ﷺ) a dit : « Un cavalier solitaire est un démon ; deux cavaliers allant ensemble sont deux démons ; trois cavaliers allant ensemble sont une compagnie. »

De la recommandation de faire ses adieux aux siens et de mander leurs bénédictions et leurs prières

- Ibn As-Sunnî et Ahmad rapportent, citant Abû Hurayra, que le Prophète (ﷺ) a dit : « Si vous partez en voyage, prenez soin de dire à ceux que vous laissez derrière vous : Je vous confie à Dieu. »

- Ahmad rapporte, citant 'Umar (ﷺ), que le Prophète (ﷺ) a dit : « Quoi que l'on confie à Dieu, Dieu saura le sauvegarder. »

- On rapporte également, citant Abû Hurayra, que le Prophète (ﷺ) a dit : « Si vous vous apprêtez à partir en voyage, prenez soin de faire des adieux à vos amis, car Dieu bénira toute invocation qu'ils feront en votre faveur. »

- La tradition veut que l'on emploie, en faisant ses adieux, la formule citée par Sâlim, comme quoi Ibn 'Umar (ﷺ) avait l'habitude, quand il voulait faire ses adieux à quelqu'un, de lui dire : Approche, que je te fasse mes adieux comme le Prophète (ﷺ) nous apprenait à le faire. Il disait : « A Dieu je confie ta foi, ce dont tu as la responsabilité, et l'aboutissement de tes actions. » Selon une autre version, le Prophète (ﷺ) lorsqu'il faisait des adieux à une personne, gardait sa main dans la sienne, ne la lâchant que si la personne en question lâchait d'elle-même sa main. Ce faisant, il récitait l'invocation que nous venons de citer. At-Tirmidhî tient ce *hadîth* pour bon.

- Abû Hurayra rapporte qu'un homme vint trouver le Prophète (ﷺ) et lui dit : « Ô Envoyé de Dieu, je compte partir en voyage ; pourvoie-moi donc de tes prières ! » Le Prophète (ﷺ) lui dit : « Puisse Dieu faire de la crainte révérencielle ta meilleure provision ! » L'homme lui demanda encore une prière et le Prophète (ﷺ) ajouta : « Qu'Il pardonne tes péchés. » L'homme demanda encore une autre prière et le Prophète (ﷺ) ajouta enfin : « Et qu'Il te rende aisé le bien là où tu puisses le trouver. » At-Tirmidhî tient ce *hadîth* pour bon.

- Abû Hurayra rapporte qu'un homme vint un jour trouver le Prophète (ﷺ) et lui dit : « Ô Envoyé de Dieu, je compte partir en voyage : donne-moi un conseil ! » Le Prophète (ﷺ) lui dit : « Je te conseille de craindre Dieu en toute chose et de glorifier Son Nom à chaque fois que tu passes par un lieu surélevé. » Puis, quand l'homme s'en fut allé, le Prophète (ﷺ) dit : « Seigneur, puisses-Tu raccourcir pour lui le chemin et lui en rendre aisées les péripéties ! » Ce *hadîth* est également tenu pour bon par At-Tirmidhî.

De la recommandation de demander ses prières au voyageur qui se rend en un lieu d'où l'on escompte le bien

'Umar (رضي الله عنه) a dit : « Comme je demandais au Prophète (ﷺ) de m'accorder la permission d'exécuter un petit pèlerinage, il me l'accorda et me dit : « N'oublie pas, mon frère, d'invoquer pour nous la bénédiction de Dieu quand tu seras parvenu à destination. » 'Umar ajoute : « Ce furent là des paroles que je n'aurais pas échangé contre tous les biens de la terre ! » Ce propos est cité par Abû Dâwûd et At-Tirmidhî, qui commente : « cette tradition est *hasan sahîh* ».

Les invocations du voyageur

Ce qu'il est recommandé de dire en quittant son domicile

« Au Nom de Dieu ; à Dieu je m'en remets pour toute chose ; il n'est de force et de pouvoir qu'en Dieu. Seigneur, auprès de Toi je me réfugie afin que je ne m'égare ni ne sois égaré, que je ne commette d'injustice ni n'en sois victime, que je ne cause nul tort et que nul tort ne me sois fait ! » Il sied ensuite de prononcer celles que l'on veut parmi les invocations retenues par la tradition, et dont nous citons celles-ci :

- ‘Abd Allâh Ibn ‘Abbâs (رضي الله عنهما) a dit : « Le Prophète (ﷺ) avait coutume, lorsqu'il partait en voyage, de répéter : « Seigneur, Tu es le Compagnon de mon chemin et le Dépositaire à Qui je confie les miens. Seigneur, auprès de toi je me réfugie afin que nulle mauvaise compagnie ne partage mon chemin et que nulle déception ne ternisse mon retour. Seigneur, puisses-Tu raccourcir pour nous le chemin et nous en rendre aisées les péripéties ! » Quand il s'en retournait, il disait : « Notre retour, notre adoration et nos louanges sont à Dieu. » Enfin, en regagnant son domicile, il disait : « A Dieu nous retournons, et de Lui nous implorons qu'Il nous agrée et qu'Il ne laisse de pardonner aucun de nos péchés. » Ce propos est cité par Ahmad, At-Tabarânî et Al-Bazzâr ; il est assorti d'une chaîne de transmission dont les rapporteurs successifs sont tous des rapporteurs de *hadîth* authentiques.

- ‘Abd Allâh Ibn Sarjas rapporte que le Prophète (ﷺ) avait coutume, lorsqu'il partait en voyage, de répéter : « Seigneur, auprès de toi je me réfugie contre la fatigue du voyage, la déception au retour et la déchéance après l'élévation ! Auprès de Toi je me réfugie afin de n'être jamais l'objet de quelque imprécation lancée par une personne victime d'une injustice, et de ne jamais voir quiconque frapper mes biens ni ma famille. » En rentrant de voyage, il répétait la même invocation, sauf qu'il disait à la fin : « … et de ne voir aucun mal frapper ma famille ni mes biens », commençant par la famille. Ce dire est cité par Ahmad et Muslim.

L'invocation à prononcer au moment de monter sur une bête

‘Alî Ibn Rabî‘a rapporte : « Je vis un jour qu'on présentait une bête à ‘Alî (رضي الله عنه). Au moment de la monter, il dit : « La louange est à Dieu. {*Gloire à Dieu qui nous rendit docile cette créature que nous-mêmes aurions été bien incapables de dompter. C'est vers notre Seigneur que se fera notre retour*} (S. 43, V. 13).[1] Ensuite, il loua Dieu et glorifia Son Nom à trois reprises, puis il dit : « Gloire à Toi ! Il n'est d'autre Dieu en dehors de Toi ! J'ai été injuste envers moi-même ; pardonne-moi, car nul en dehors de Toi n'est à même de pardonner les péchés. » Quand il eut dit cela, il sourit, et je demandai : « Pourquoi souris-tu, ô Commandeur des croyants ? » Alors il répondit : « Ayant moi-même vu le Prophète (ﷺ) dire ce que je viens de dire et sourire, je lui en demandai la raison et il me répondit : « C'est qu'il plaît à Dieu d'entendre Ses serviteurs implo-

---

1 ﴿سُبۡحَٰنَ ٱلَّذِي سَخَّرَ لَنَا هَٰذَا وَمَا كُنَّا لَهُۥ مُقۡرِنِينَ وَإِنَّآ إِلَىٰ رَبِّنَا لَمُنقَلِبُونَ﴾

rer Son pardon. En S'entendant ainsi implorer, Il dit : « Voilà que mon serviteur reconnaît que nul en dehors de Moi ne pardonne les péchés ! » Ce *hadîth* est cité par Ahmad, Ibn Hibbân et Al-Hâkim, qui commente : « Ce *hadîth* est authentique selon les critères adoptés par Muslim. »

Par ailleurs, Al-Azdî rapporte que 'Abd Allâh Ibn 'Umar (رضي الله عنهما) lui apprit que le Prophète (ﷺ) avait l'habitude, lorsqu'il était monté sur sa chamelle et prêt à entamer un voyage, de glorifier à trois reprises le Nom de Dieu, avant de dire : « {*Gloire à Dieu qui nous rendit docile cette créature que nous-mêmes aurions été bien incapables de dompter. C'est vers notre Seigneur que se fera notre retour*}. Seigneur, nous t'implorons de nous accorder de Te plaire et de Te craindre durant ce voyage que nous entreprenons, et de n'agir que pour T'être agréable ; rends-nous aisées les péripéties du voyage, et raccourcis-en pour nous les distances ! Seigneur, Tu es le meilleur Compagnon de voyage, et le meilleur Dépositaire à qui je confie les miens. Seigneur, auprès de Toi je me réfugie contre la fatigue du voyage, la déception au retour, et contre tout mal qui puisse frapper ma famille ou mes biens. » Au retour, il répétait la même invocation, en y ajoutant : « Notre retour, notre adoration et nos louanges sont à Dieu. » Ce *hadîth* est cité par Ahmad et Muslim.

L'invocation du voyageur qui voit tomber la nuit

'Abd Allâh Ibn 'Umar (رضي الله عنهما) rapporte que le Prophète (ﷺ) avait l'habitude de répéter, lorsque la nuit tombait alors qu'il était en campagne ou en voyage : « Ô terre ! Dieu est Mon Seigneur et Ton Seigneur ! Auprès de Lui je me réfugie contre le mal qui est en toi ou en toute bête née dans tes entrailles ou rampant sur ta face ! Auprès de Dieu je me réfugie contre toute bête féroce, tout serpent et tout scorpion venimeux, contre le mal qui est dans les habitants de cette contrée, et contre le mal qui est dans toute créature et dans ce qu'elle engendre ! » Ce propos est cité par Ahmad et Abû Dâwûd.

L'invocation du voyageur qui fait une escale

Khawla Bint Hakîm As-Sulamiyya rapporte que le Prophète (ﷺ) a dit : « Quiconque, en s'arrêtant pour se reposer au cours d'un voyage, dit : « Je me réfugie auprès de Dieu, au nom de tous Ses Mots parfaits, contre le mal qui est dans ce qu'Il a créé » est assuré de n'avoir rien à craindre jusqu'à ce qu'il ait quitté cet endroit-là. » Ce *hadîth* est cité par Muslim, At-Tirmidhî, An-Nasâ'î et Ibn Mâjah et Ahmad.

L'invocation du voyageur qui s'apprête à entrer dans une ville ou à pénétrer dans un lieu

'Aṯâ' Ibn Abî Marwân rapporte, citant son propre père, que Ka'b lui avait raconté, prenant Dieu à Témoin, que S̲uhayb lui avait affirmé, que le Prophète (ﷺ), à chaque fois qu'il arrivait en vue d'une ville où il voulait pénétrer, répétait : « Ô Seigneur des sept cieux et de ce qu'ils surplombent, des sept terres et de ce qu'elles contiennent, des démons et de ceux qu'ils ont pu égarer, des vents et de ce qu'ils peuvent porter, je T'implore de m'accorder le bien qu'il y a dans cette ville, dans ses habitants et dans tout ce qu'elle abrite, et de m'épargner le mal qu'il y a dans cette ville, dans ses habitants et dans tout ce qu'elle abrite. » Ce *h̲adîth* est cité par An-Nasâ'î et authentifié par Ibn H̲ibbân et Al-H̲âkim.

'Abd Allâh Ibn 'Umar (رضي الله عنهما) rapporte : « Quand nous étions en voyage en compagnie du Prophète (ﷺ), celui-ci répétait, chaque fois qu'il s'apprêtait à entrer dans une ville : « Seigneur, bénis notre entrée dans cette ville ! Seigneur, nous T'implorons de nous accorder le bien qu'il y a en elle, de nous rendre aimables à ses habitants et de rendre aimables à nous les meilleurs d'entre eux. » Ce *h̲adîth* est cité par At̲-T̲abarânî ; il est assorti d'une chaîne de transmission bonne. Par ailleurs, on rapporte, citant 'Â'isha (رضي الله عنها), que le Prophète (ﷺ) avait l'habitude de répéter, chaque fois qu'il s'apprêtait à entrer dans une ville : « Seigneur, de Toi j'implore le bien qu'il y a dans cette ville et dans toutes les créatures que Tu y as réunies, et me réfugie auprès de Toi contre le mal qu'il y a dans cette ville et dans toutes les créatures que Tu y as réunies. Rends-nous aimables à ses habitants et rends aimables à nous les meilleurs d'entre eux. » Ce *h̲adîth* est cité par Ibn As-Sunnî.

L'invocation du voyageur au moment de l'aurore

Abû Hurayra rapporte que le Prophète (ﷺ) avait l'habitude de répéter, quand il s'arrêtait avant l'aube pour faire escale : « Que toute créature qui nous entende témoigne que nous rendons grâce au Seigneur de tous ses bienfaits sur nous. Seigneur, sois notre Compagnon et notre Bienfaiteur ! Auprès de Dieu je me réfugie contre le Feu de l'Enfer. » Ce *h̲adîth* est cité par Muslim.

L'invocation du voyageur qui parvient à un lieu surélevé, qui descend vers une vallée ou qui est sur le chemin du retour

Al-Bukhârî rapporte, citant 'Abd Allâh Ibn 'Umar (رضي الله عنه) : « En rentrant du grand et du petit pèlerinage – ou de campagne –, le Prophète (ﷺ), chaque fois qu'il parvenait à un col montagneux ou un passage élevé et difficile d'accès, glorifiait à trois reprises le Nom de Dieu, puis disait : « Il n'est d'autre divinité en dehors de Dieu, Qui n'a nul associé. Le Royaume et la louange sont à Lui, et Il est Omnipotent. A Dieu est notre retour, et à Lui sont nos louanges, notre adoration et nos prosternations. Mon Seigneur a honoré Sa promesse, donné la victoire à Son serviteur et vaincu à Lui seul les coalisés. »

L'invocation du voyageur qui monte dans une embarcation

Al-Bukhârî rapporte que Jâbir (رضي الله عنه) a dit : « Nous glorifiions le Nom de Dieu en embarquant et en débarquant. » Ibn As-Sunnî rapporte qu'Al-Husayn Ibn 'Alî (رضي الله عنهما) a dit : « Le Prophète (ﷺ) a dit : « Le gage des membres de ma Communauté contre la noyade – lorsqu'ils montent dans une embarcation – sera de réciter : {*Au Nom de Dieu elle navigue et accoste ; mon Seigneur est parfaitement Miséricordieux et Absoluteur*} (S. 11, V. 41)[1] ; {*Ils n'ont point apprécié Dieu à Sa juste Valeur, alors que la terre tout entière est dans Sa Main au jour de la résurrection, et que les cieux sont enroulés dans Sa Droite, gloire à Lui Qui est bien au-dessus des associés qu'ils Lui donnent*} (S. 39, V. 67).[2]

L'invocation à faire lorsque la mer est agitée

Il est fortement déconseillé de prendre la mer quand elle est agitée. Abû 'Imrân Al-Jawnî rapporte à ce sujet que certains des Compagnons du Prophète (ﷺ) l'informèrent que celui-ci avait dit : « Quiconque passe la nuit sur un mur qu'il sait non consolidé, qui fait une chute et en meurt, est exclu de la protection que lui confère notre pacte ; quiconque prend la mer en la sachant agitée et est noyé, est exclu de la protection que lui confère notre pacte. » Ce propos est cité par Ahmad ; il est assorti d'une bonne chaîne de transmetteurs.

---

1 ﴿بِسۡمِ ٱللَّهِ مَجۡرٜىٰهَا وَمُرۡسَىٰهَآۚ إِنَّ رَبِّي لَغَفُورٞ رَّحِيمٞ﴾

2 ﴿وَمَا قَدَرُواْ ٱللَّهَ حَقَّ قَدۡرِهِۦ وَٱلۡأَرۡضُ جَمِيعٗا قَبۡضَتُهُۥ يَوۡمَ ٱلۡقِيَٰمَةِ وَٱلسَّمَٰوَٰتُ مَطۡوِيَّٰتُۢ بِيَمِينِهِۦۚ سُبۡحَٰنَهُۥ وَتَعَٰلَىٰ عَمَّا يُشۡرِكُونَ﴾

LE PÈLERINAGE

Dieu – que Son Nom soit glorifié – a dit : {*La première Maison à avoir été construite pour les gens est bien celle qui est à Bekka* (La Mecque)*, lieu béni et source de bonne guidance pour tous les habitants de l'univers. Là sont des signes évidents et là est le lieu de prière d'Ibrâhîm. Quiconque y entre est en sûreté. Les gens sont tenus à l'égard de Dieu de se rendre à la Maison en pèlerinage, pour ceux qui en ont l'aptitude. Quant à ceux qui renient, Dieu n'a nul besoin d'aucun des habitants de l'univers*} (S. 3, V. 95-96).[1]

Accomplir le pèlerinage revient à se rendre à La Mecque, durant une période déterminée, avec l'intention d'accomplir les rites des circumambulations autour de la Maison sacrée, des séries de parcours entre as-Safâ et al-Marwa, de 'Arafât, ainsi que les autres rites, dans le seul but de plaire à Dieu et de se plier à Ses commandements. Le pèlerinage est un des cinq piliers de l'Islam et une obligation notoire qui découle de la religion ; lui renier ce caractère équivaudrait à un acte d'apostasie. La majorité des érudits s'accorde à admettre, d'après un *hadîth* cité par At-Tabarânî et assorti d'une chaîne de transmission authentique, qu'il a été rendu obligatoire la sixième année de l'Hégire, car c'est en cette année que fut révélé le verset : {*Accomplissez le pèlerinage et la 'umra pour Dieu*}. Ibn Al-Qayyim tend pour sa part à penser que le pèlerinage n'a été rendu obligatoire qu'à partir de la neuvième ou la dixième année de l'Hégire.

Les mérites inhérents au pèlerinage

La tradition prophétique nous rapporte de nombreux *hadîth* attestant des mérites inhérents à cette pratique d'adoration. Nous en citerons quelques-uns en ce lieu.

---

1 ﴿إِنَّ أَوَّلَ بَيْتٍ وُضِعَ لِلنَّاسِ لَلَّذِي بِبَكَّةَ مُبَارَكًا وَهُدًى لِّلْعَٰلَمِينَ فِيهِ ءَايَٰتٌ بَيِّنَٰتٌ مَّقَامُ إِبْرَٰهِيمَ ۖ وَمَن دَخَلَهُ كَانَ ءَامِنًا ۗ وَلِلَّهِ عَلَى ٱلنَّاسِ حِجُّ ٱلْبَيْتِ مَنِ ٱسْتَطَاعَ إِلَيْهِ سَبِيلًا ۚ وَمَن كَفَرَ فَإِنَّ ٱللَّهَ غَنِيٌّ عَنِ ٱلْعَٰلَمِينَ﴾

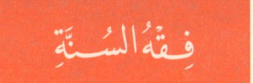

Les *hadîth* attestant de ce que le pèlerinage figure parmi les meilleures œuvres

Abû Hurayra rapporte qu'on demanda un jour au Prophète (ﷺ) quelle était la meilleure des œuvres. Il répondit : « C'est de croire en Dieu et en Son Messager. » On demanda alors quelle œuvre venait après celle-là, et il répondit : « Partir au *Jihâd* pour la cause de Dieu. » On demanda encore quelle œuvre venait après, et il répondit : « Accomplir un pèlerinage agréé. » Par pèlerinage agréé, on entend un pèlerinage que nul péché, si infime soit-il, ne vient ternir. Al-Hasan précise : « Il faut qu'en s'en retournant, on soit complètement détourné des biens d'ici-bas pour ne plus aspirer qu'à ceux de l'Au-delà. » On rapporte également, dans un *hadîth* remontant jusqu'au Prophète (ﷺ) et assorti d'une chaîne de transmission dite bonne (*hasan*), qu'il s'agit surtout de se montrer généreux et de s'abstenir, durant le pèlerinage, de prononcer la moindre parole déplaisante.

Les *hadîth* attestant de ce que le pèlerinage est une forme de *Jihâd*

- Al-Hasan Ibn 'Alî (رضي الله عنهما) rapporte qu'un homme vint trouver le Prophète (ﷺ) et lui dit : « Je suis faible et je me sais lâche ! » Alors le Prophète (ﷺ) lui répondit : « Accomplis donc un *Jihâd* où tu n'auras nullement à croiser le fer : accomplis le pèlerinage ! » Cette tradition est citée par 'Abd Ar-Razzâq et At-Tabarânî, assortie d'une chaîne de transmission dont les rapporteurs sont tous parfaitement crédibles.

- Abû Hurayra rapporte que le Prophète (ﷺ) a dit : « Le pèlerinage est le *Jihâd* du vieillard, du faible et de la femme. » Ce *hadîth* est cité par An-Nasâ'î, assorti d'une chaîne de transmetteurs jugée bonne.

- 'Â'isha (رضي الله عنها) rapporte qu'elle dit un jour au Prophète (ﷺ) : « Tu dis que le *Jihâd* est la meilleure des œuvres ; ne devons-nous pas (nous les femmes) partir aussi au *Jihâd* ? » Alors le Prophète (ﷺ) lui répondit : « Voici le meilleur *Jihâd* pour vous : un pèlerinage agréé. » Ce *hadîth* est cité par Al-Bukhârî et Muslim.

- De même, Al-Bukhârî et Muslim rapportent, citant également 'Â'isha (رضي الله عنها), qu'elle demanda un jour au Prophète (ﷺ) : « Ô Envoyé de Dieu, ne devons-nous pas (nous les femmes) partir au *Jihâd* avec vous ? » Le Prophète (ﷺ) lui répondit : « Il n'est meilleur ni plus beau *Jihâd* qu'un pèlerinage agréé. » Puis 'Â'isha (رضي الله عنها) commente : « Depuis lors, j'ai pris soin de ne plus manquer aucun pèlerinage. »

Les *hadîth* attestant de ce que le pèlerinage absout les péchés l'ayant précédé

- Abû Hurayra rapporte que le Prophète (ﷺ) a dit : « Quiconque accomplit un pèlerinage durant lequel il ne se rend coupable de nul acte condamnable, retournera chez lui aussi lavé de ses péchés qu'il l'était en venant au monde. » Ce *hadîth* est cité par Al-Bukhârî et Muslim.

- 'Amr Ibn Al-'Âs rapporte : « Lorsque Dieu voulut que j'embrasse l'Islam, je me rendis auprès du Prophète (ﷺ) et lui dis : « Tends-moi la main, que je te fasse acte d'allégeance ! » Il me tendit la main mais je m'empressai de retirer la mienne. Alors il me dit : « Qu'as-tu donc, 'Amr ? » Je répondis : « J'ai une condition à poser avant cela ! » Il me demanda : « Quelle condition ? » Je répondis : « Je veux que mes péchés me soient remis. » Alors il me répondit : « Ne sais-tu pas, reprit le Prophète, que la conversion à l'Islam, l'émigration et le pèlerinage annulent tous les péchés qui les précèdent ? » Ce *hadîth* est cité par Muslim.

- 'Abd Allâh Ibn Mas'ûd (رضي الله عنه) rapporte que le Prophète (ﷺ) a dit : « Joignez le pèlerinage à la *'umra* de la même année, car ils éliminent besoin et péchés comme le feu de la forge élimine les impuretés des métaux. Un pèlerinage agréé n'a d'autre récompense que le Paradis. » Ce *hadîth* est cité par An-Nasâ'î et authentifié par At-Tirmidhî.

Les *hadîth* attestant de ce que les pèlerins sont les hôtes de Dieu

Abû Hurayra rapporte que le Prophète (ﷺ) a dit : « Les pèlerins sont les hôtes de Dieu ; s'ils L'invoquent, Il leur répond, et s'ils L'implorent, Il exauce leurs vœux. » Ce *hadîth* est cité par An-Nasâ'î et Ibn Mâjah, ainsi que par Ibn Khuzayma et Ibn Hibbân dans leurs « *Sahîh* », la version que ces deux derniers adoptent étant toutefois la suivante : « Le pèlerin qui accomplit un pèlerinage ou une *'umra*, et le combattant qui part au combat pour la cause de Dieu … »

De ce que la récompense du pèlerinage est le Paradis

- Al-Bukhârî et Muslim rapportent, citant Abû Hurayra, que le Prophète (ﷺ) a dit : « Une *'umra* absout les péchés commis entre elle et celle qui la précède, et un pèlerinage agréé n'a d'autre récompense que le Paradis. »

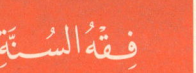

- Ibn Jurayj rapporte, assorti d'une bonne chaîne de transmetteurs, le *hadîth* suivant, qu'il tient de Jâbir (ﷺ) : Le Prophète (ﷺ) a dit : « Cette Maison est le pilier de l'Islam. Quiconque part de chez lui en escomptant s'y rendre pour un pèlerinage ou une *'umra*, a acquis auprès de Dieu le droit, s'Il le fait mourir en chemin, de l'admettre parmi les hôtes du Paradis, et s'Il le laisse vivre, de lui accorder récompense et gain. »

Des mérites des dépenses faites au cours du pèlerinage

Burayda rapporte que le Prophète (ﷺ) a dit : « Ce que l'on dépense durant le pèlerinage est aussi généreusement récompensé que ce que l'on dépense pour la cause de Dieu : à chaque somme dépensée correspond une récompense sept cents fois supérieure. » Ce *hadîth* est cité par Ibn Abî Shayba, Ahmad, At-Tabarânî et Al-Bayhaqî, assorti d'une chaîne de transmission bonne.

De ce que le pèlerinage est obligatoire une seule fois

Les érudits s'accordent à dire que le pèlerinage n'est pas un rite répétitif et qu'il n'est obligatoire qu'une seule fois, à moins qu'on ait fait le vœu de s'y rendre ou que l'on veuille l'accomplir de manière volontaire. Abû Hurayra rapporte en effet à ce sujet : « Un jour que le Prophète (ﷺ) nous sermonnait, il dit : « Ô gens ! Dieu vous a prescrit d'effectuer le pèlerinage ; accomplissez Sa volonté ! » Un homme de l'assistance demanda alors : « Devons-nous le faire chaque année, ô Envoyé de Dieu ? » Le Prophète s'abstint de lui répondre, jusqu'à ce qu'il eût répété à trois reprises sa question. Là, le Prophète (ﷺ) lui dit : « Si j'avais répondu à ta question par l'affirmative, cela vous aurait été prescrit, et vous auriez alors été incapables d'honorer cette prescription ! » Puis il poursuivit, s'adressant à l'assistance : « Épargnez-vous vos questions tant que je m'abstiendrai d'en susciter dans vos esprits. Sachez que vos prédécesseurs ont été détruits en raison de leur excès de scepticisme et leurs désaccords avec leurs prophètes. Aussi, contentez-vous d'exécuter ce que je vous ordonne et d'éviter ce que je vous interdis. » Ce *hadîth* est cité par Al-Bukhârî et Muslim. Par ailleurs, 'Abd Allâh Ibn 'Abbâs (رضي الله عنهما) rapporte : « Comme le Prophète (ﷺ) nous sermonnait, il nous dit : « Ô gens ! Dieu vous a prescrit d'accomplir le pèlerinage ! » Al-Aqra' Ibn Hâbis se leva alors et dit : « Ô Messager de Dieu ! est-il prescrit que nous le fassions chaque année ? » Le Prophète (ﷺ) lui répondit : « Si je répondais par l'affirmative, il en serait ainsi, et s'il en était ainsi, vous seriez bien incapables d'honorer cette prescription ! Le pèlerinage est obligatoire une seule fois ; qui désire en faire davantage le fera à titre volontaire. » Ce *hadîth* est cité par Ahmad, Abû Dâwûd, An-Nasâ'î et Al-Hâkim, qui l'a authentifié.

Est-il nécessaire de s'empresser d'accomplir le devoir du pèlerinage, ou bien est-il permis de le retarder ?

Ash-Shâfi'î, Ath-Thawrî et Al-Awzâ'î s'accordent à dire que le pèlerinage est une obligation dont l'accomplissement peut être ajourné jusqu'au moment de son choix, sans que cet ajournement n'entraîne la moindre charge, à moins que l'on meure avant de s'en être acquitté. Le Prophète (ﷺ) avait en effet lui-même ajourné son propre pèlerinage, ne l'ayant accompli qu'au cours de la dixième année de l'Hégire, de même que ses femmes et nombre de ses Compagnons ; sachant que ce devoir avait été prescrit dès la sixième année de l'Hégire. Ash-Shâfi'î commente : « Nous en concluons que le pèlerinage n'est obligatoire qu'une seule fois et que la période durant laquelle il peut être exécuté commence à la puberté et s'étale sur le restant de la vie. »

Abû Hanîfa, Mâlik, Ahmad et certains disciples de Ash-Shâfi'î penchent au contraire pour la nécessité de l'accomplir aussi tôt que possible. Ils étayent cette opinion par le *hadîth* rapporté par 'Abd Al-lâh Ibn 'Abbâs (رضي الله عنهما) selon lequel le Prophète (ﷺ) a dit : « Que ceux qui escomptent accomplir leur pèlerinage le fassent aussitôt qu'ils le peuvent, car nul n'est sûr d'avoir à jamais la santé et les moyens de le faire. » Ce *hadîth* est cité par Ahmad, Al-Bayhaqî, At-Tahâwî et Ibn Mâjah. On rapporte également que le Prophète (ﷺ) a dit : « N'ajournez pas votre pèlerinage, car nul ne sait ce qui peut advenir et risque de l'en empêcher. » Ce *hadîth* est cité par Ahmad et Al-Bayhaqî. Les érudits considèrent que c'est là une exhortation à éviter d'ajourner trop longtemps le pèlerinage, plutôt qu'une obligation.

Les conditions qui rendent le pèlerinage obligatoire

Les érudits s'accordent à dire que ces conditions sont au nombre de cinq : il faut être musulman, adulte, saint d'esprit, libre et avoir la capacité physique et matérielle nécessaire. Quiconque ne réunit pas ces cinq conditions est dispensé de l'obligation du pèlerinage. En effet, il faut être musulman, adulte et saint d'esprit pour que l'on ait l'obligation d'accomplir toute pratique religieuse. On se réfère à ce propos au *hadîth* suivant : « Le Prophète (ﷺ) a dit : « Nul grief n'est à faire à ces trois personnes : l'endormi tant qu'il ne se sera pas éveillé ; l'enfant tant qu'il n'aura pas atteint l'âge adulte ; et l'individu atteint de démence tant qu'il n'aura pas recouvré la raison. ». Enfin la capacité est requise, en vertu du verset : {*Les gens sont tenus à l'égard de Dieu de se rendre à la Maison en pèlerinage, pour ceux qui en ont l'aptitude*}.

Quand peut-on se considérer comme ayant légalement la capacité de se rendre en pèlerinage ?

Il faut pour cela :

1- Être en bonne santé physique. Celui qui se trouve atteint de sénilité ou d'un mal incurable est dans l'obligation, s'il en a les moyens matériels, d'envoyer autrui accomplir le pèlerinage pour lui. Nous y reviendrons dans le chapitre intitulé « Le pèlerinage par procuration ».

2- Avoir la certitude de ne courir aucun danger en chemin. Si l'on craint de se faire attaquer par des brigands ou d'être victime de quelque épidémie, on est considéré comme n'ayant pas la capacité requise, et on est alors dispensé de ce devoir. Les opinions des érudits divergent en ce qui concerne les péages sur la route et autres droits de passage. Pour Ash-Shâfi'î, entre autres érudits, les péages, si minimes que soient les sommes perçues, annulent l'obligation du pèlerinage. Pour les mâlikites par contre, les péages ne sont considérés comme étant une difficulté majeure dispensant de l'obligation du pèlerinage que si le montant (du droit de passage) en est exorbitant.

3- Être en possession de provisions nécessaires et d'un moyen de transport adéquat. Par « provisions », il faut entendre une quantité de nourriture et d'argent suffisante pour pourvoir aux besoins du pèlerin durant son voyage et jusqu'à ce qu'il soit de retour dans son pays. Concernant le moyen de transport, il faut que ce soit un moyen garantissant l'aller et le retour, quelle que soit la voie – terrestre, maritime ou arienne – que le pèlerin emprunte pour se rendre dans les Lieux sacrés et en revenir. Cela vaut évidemment pour les personnes habitant loin de La Mecque. Si par contre on se trouve à une distance assez proche pour pouvoir s'y rendre à pied, cette condition n'est évidemment pas de mise. On rapporte à ce propos que le Prophète (ﷺ), à qui on demandait ce que signifiait le mot « chemin » dans le Coran, répondit : « C'est la provision de route et le moyen de transport. » Ce dire est cité par Ad-Dâraqutnî, qui l'a authentifié. Pour Al-Hâfidh, il s'agit là d'un *hadîth* dont la chaîne de transmission est relâchée (*mursal*). At-Tirmidhî le rapporte pour sa part, citant Ibn 'Umar, assorti d'une chaîne de transmission faible (*da'îf*). 'Abd Al-Haqq considère que toutes les chaînes de transmission par le biais desquelles ce *hadîth* est rapporté sont faibles. Enfin, Ibn Al-Mundhir juge que l'on ne saurait qualifier de continue (*musnad*) la chaîne de ce *hadîth*, et que la version relâchée rapportée par Al-Hasan est plus crédible.

On rapporte, citant 'Alî (رضي الله عنه), que le Prophète (ﷺ) a dit : « Quiconque possède provisions et moyens nécessaires pour se rendre vers la Maison de Dieu et n'accomplit pas son pèlerinage, peu importe qu'il meure juif ou chrétien ! », car Dieu a dit : {*Les gens sont tenus à l'égard de Dieu de se rendre à la Maison en pèlerinage, pour ceux qui en ont l'aptitude*}. Ce *hadîth* est cité par At-Tirmidhî, assorti d'une chaîne où figure un inconnu dénommé Hilâl, ainsi qu'un certain Al-Hârith, taxé de mensonge par Ash-Sha'bî et par d'autres critiques du *hadîth*.

Malgré le caractère faible des chaînes de transmission par le biais desquelles ces *hadîth* ont été transmis, les érudits s'accordent en général à admettre que les provisions et le moyen de transport sont des conditions nécessaires pour que le pèlerinage devienne obligatoire. Quiconque ne répond pas à l'une ou l'autre de ces conditions, est dispensé de cette obligation. Ibn Taymiyya commente : « Ces *hadîth* – qu'ils soient transmis par une chaîne continue, relâchée ou aboutissant seulement à un seul Compagnon – s'accordent tous à considérer les provisions et le moyen de transport comme étant des conditions sans lesquelles nul ne saurait être astreint au pèlerinage. Dieu a dit à propos de cette obligation : {... *pour ceux qui en ont l'aptitude*}. Par cela, on peut entendre l'aptitude requise pour toutes les autres formes d'adoration – telle la capacité physique à accomplir la prière ou le jeûne, ou celle, matérielle, à s'acquitter de l'aumône légale – comme on peut entendre une aptitude spécifique. Or, une telle condition n'étant expressément signifiée pour nulle autre forme d'adoration, il en résulte qu'une capacité supplémentaire est requise, qui ne peut être que matérielle. Par ailleurs, le pèlerinage étant un acte d'adoration qui nécessite un déplacement, il ne saurait être obligatoire pour qui ne possède point de moyen de transport susceptible de le mener à destination. Il en va du pèlerinage comme du *Jihâd*. Dieu a dit : {*Nul grief n'est à faire ... ni à ceux qui ne trouvent de quoi dépenser... ni à ceux qui, étant venus à toi te demander de les pourvoir de montures, s'entendirent répondre : Je n'ai rien sur quoi je puisse vous porter*} (S. 9, V. 91-92).[1] »

1 ﴿لَّيۡسَ عَلَى ٱلضُّعَفَآءِ وَلَا عَلَى ٱلۡمَرۡضَىٰ وَلَا عَلَى ٱلَّذِينَ لَا يَجِدُونَ مَا يُنفِقُونَ حَرَجٌ إِذَا نَصَحُواْ لِلَّهِ وَرَسُولِهِۦۚ

On peut lire dans « *Al-Muhadhhab* » (d'Ash-Shîrâzî) : « Même si l'on trouve de quoi se procurer provision et monture, le pèlerinage n'est pas obligatoire si l'on a besoin de cet argent pour payer une dette contractée à courte ou à longue échéance. En effet, s'il s'agit d'une dette à courte échéance, elle prime sur le pèlerinage dont l'échéance est comme on le sait à long terme. Si la dette est à longue échéance, on risque, en dépensant l'argent pour le pèlerinage, de ne plus être à même de l'honorer au retour ; il en résulte que là encore, le pèlerinage n'est pas obligatoire. Il en va de même, commente Abû Al-'Abbâs Ibn Sarîh, de celui qui a besoin de cet argent pour acquérir un domicile, se marier ou monter un commerce pour vivre, tous ces besoins étant plus urgents que le pèlerinage. »

Dans *Al-Mughnî*, (d'Ibn Qudâma) on peut lire : « Si l'on est endetté, mais certain d'être à même d'honorer sa dette, le pèlerinage est obligatoire. Si par contre on craint, en l'accomplissant, de ne plus pouvoir s'acquitter de ses dettes, il n'est plus obligatoire. »

Pour les shâfi'ites, un homme qui se fait offrir une monture n'est pas tenu de l'accepter pour accomplir le pèlerinage, étant donné qu'en agissant ainsi il se rend redevable à celui qui la lui a offerte, sachant qu'il ne sied point de se donner une telle peine pour accomplir un devoir religieux. En revanche, si c'est son propre fils qui lui fait don de la monture, il doit l'utiliser pour accomplir le pèlerinage qui dès lors devient obligatoire pour lui, étant donné qu'il n'en est pas redevable à son fils.

Pour les hanbalites par contre, nul n'est tenu d'accomplir le pèlerinage en utilisant une monture ou une provision offerte par autrui, dût-il s'agir du propre enfant de la personne en question.

4- Être sûr de n'encourir ni danger en chemin ni représailles au retour

Le pèlerinage de l'enfant

Il n'est pas tenu d'accomplir le pèlerinage. S'il le fait, il est agréé de lui, mais ne le dispense pas du pèlerinage légal dont il doit s'acquitter dès qu'il s'impose à lui. 'Abd Allâh Ibn 'Abbâs (رضي الله عنهما) rapporte à ce propos que le Prophète (ﷺ) a dit : « Tout individu ayant accompli un pèlerinage étant enfant doit en accomplir un autre quand il arrive à l'âge adulte.

مَا عَلَى ٱلْمُحْسِنِينَ مِن سَبِيلٍۚ وَٱللَّهُ غَفُورٌ رَّحِيمٌ وَلَا عَلَى ٱلَّذِينَ إِذَا مَآ أَتَوْكَ لِتَحْمِلَهُمْ قُلْتَ لَآ أَجِدُ مَآ أَحْمِلُكُمْ عَلَيْهِ﴾

Tout esclave ayant accompli un pèlerinage dans cette condition doit en accomplir un nouveau s'il recouvre la liberté. » Ce *hadîth* est cité par At-Tabarânî, assorti d'une chaîne de transmission bonne. As-Sâ'ib Ibn Yazîd rapporte pour sa part : « Mon père accomplit le pèlerinage de l'Adieu en compagnie du Prophète (ﷺ) ; j'étais avec lui, et j'avais sept ans à cette époque. » Ce propos est cité par Ahmad, Al-Bukhârî et At-Tirmidhî, qui commente : « Les érudits s'accordent à dire que l'enfant qui a accompli un pèlerinage avant l'âge adulte est tenu d'accomplir le pèlerinage légal quand il arrive à cet âge, de même que l'esclave qui a accompli le pèlerinage en étant dans cette condition est tenu de l'accomplir à nouveau s'il recouvre sa liberté et qu'il en acquiert les moyens. »

'Abd Allâh Ibn 'Abbâs (رضي الله عنهما) rapporte qu'une femme présenta un jour son enfant au Prophète (ﷺ) et lui demanda : « Cet enfant peut-il espérer que son pèlerinage soit agréé ? » Le Prophète (ﷺ) lui répondit : « Oui, et tu seras toi-même récompensée pour l'y avoir conduit. » Jâbir (رضي الله عنه) rapporte par ailleurs : « Nous accomplîmes le pèlerinage, accompagnés de nos femmes et de nos enfants. Nous prononçâmes les formules rituelles pour ces derniers et accomplîmes pour eux les autres actes d'adoration rattachés au pèlerinage. » Ce propos est cité par Ahmad et Ibn Mâjah. De même, si l'enfant est assez âgé pour se vêtir de l'habit légal et accomplir lui-même les pratiques rituelles, il peut le faire. S'il atteint l'âge adulte avant ou pendant 'Arafât, le pèlerinage lui est compté comme étant un pèlerinage légal. Mâlik et Ibn Al-Mundhir jugent par contre que cela ne le dispense point du pèlerinage légal, étant donné que l'*ihrâm* (l'entrée en état de sacralisation) a été fait de manière volontaire et ne saurait, partant, être converti en devoir.

Le pèlerinage de la femme

La femme est tenue, au même titre que l'homme, de s'acquitter du devoir du pèlerinage, dès lors qu'elle remplit les conditions citées plus haut, auxquelles s'ajoute celle d'être accompagnée par son mari ou par un homme qu'il lui est légalement interdit d'épouser. 'Abd Allâh Ibn 'Abbâs (رضي الله عنهما) rapporte à ce propos : « J'entendis le Prophète (ﷺ) dire : « Que nul homme ne se retrouve jamais en seul à seul avec une femme sans la présence d'un homme à qui il soit interdit d'épouser la femme en question. » Un homme de l'assistance se leva alors et dit : « Ô Envoyé de Dieu, ma femme compte partir en pèlerinage, et moi j'ai souscrit pour telle campagne militaire ! Que dois-je faire ? » Le Prophète (ﷺ) lui répondit : « Va en pèlerinage avec ta femme ! » Ce *hadîth* est cité par Al-

Bukhârî et Muslim, les termes étant de ce dernier. Par ailleurs, Yahyâ Ibn 'Abbâd rapporte : « Une femme habitant Ar-Rayy écrivit à Ibrâhîm An-Nakha'î, lui disant : « Je ne me suis pas acquittée du pèlerinage légal alors que je suis aisée. Le fait est que je n'ai nul homme à disposition avec lequel il me soit interdit de me marier afin que je le prenne pour compagnon de voyage. » Ibrâhîm An-Nakha'î lui répondit : « Vous êtes de ceux que Dieu a frappé d'incapacité. Vous n'êtes donc pas tenus d'accomplir le pèlerinage. » C'est vers ce même avis que tendent Abû Hanîfa et ses disciples, ainsi qu'Al-Hasan, Ath-Thawrî, Ahmad et Ishâq.

Al-Hâfidh commente : « Pour les shâfi'ites, la présence du mari, d'un homme interdit à la femme ou d'un groupe de femmes dignes de confiance, est requise pour la validité du pèlerinage. Certains sont d'avis que la compagnie d'une seule femme digne de confiance peut suffire. Selon une opinion citée par Al-Karâbîsî, une femme peut même partir seule en pèlerinage si la route est sûre. Cela vaut aussi bien pour le pèlerinage que pour la *'umra*. »

Dans le « *Subul As-Salâm* » (d'As-San'ânî), on peut lire : « De nombreux érudits sont d'avis que la femme âgée peut voyager sans compagnie. » Pour étayer leur opinion, ils citent ce *hadîth* rapporté par Al-Bukhârî, d'après 'Adî Ibn Hâtim, qui dit : « J'étais en compagnie du Prophète (ﷺ) lorsqu'un homme vint se plaindre à lui de sa pauvreté, suivi d'un autre qui se plaignit de ce que les chemins n'étaient pas sûrs. Le Prophète (ﷺ) se tourna alors vers moi et me demanda : « Ô 'Adî ! As-tu déjà été à Hîra ? » Je répondis que je n'y avais jamais été mais que j'en avais entendu parler, alors il me dit : « Si tu vis assez longtemps, tu verras venir des jours où une femme dans une litière portée à dos de chameau pourra partir de Hîra et venir accomplir des circumambulations autour de la Ka'ba sans avoir à craindre un autre que Dieu. »

Ils citent également, pour étayer ce point de vue, le fait que les épouses du Prophète (ﷺ) accomplirent le pèlerinage sur autorisation de 'Umar, alors calife, qui envoya avec elles 'Uthmân Ibn 'Affân et 'Abd Allâh Ibn 'Awf les escorter. En chemin, 'Uthmân criait aux gens de ne pas regarder vers la litière où elles étaient installées. Par ailleurs, le pèlerinage d'une femme qui part sans compagnie légale est valide. Il est rapporté dans le « *Subul As-Salâm* » qu'Ibn Taymiyya a dit : « Est agréé, le pèlerinage de la femme sans compagnie légale et de la personne qui n'en a pas la capacité mais qui s'y rend malgré tout. Il en ressort que le pèlerinage des personnes n'ayant pas la capacité légale de le faire

– tels le malade, le nécessiteux, l'invalide, le voyageur craignant de se faire agresser en route, la femme n'ayant pas de compagnie légale etc. – s'ils s'imposent la peine de se rendre dans les Lieux saints, est agréé. D'autre part, il en est certains parmi eux qui auront bien accompli leur acte, tel celui qui s'y rend à pieds, et d'autres qui l'auront moins parfaitement accompli, tel celui qui mendie pour se procurer l'argent nécessaire, ou celle qui s'y rend sans compagnie légale. Leur pèlerinage est valide, étant donné qu'ils réunissent tous les conditions légales, et que si quelque acte condamnable peut être retenu, il aura été commis en chemin et non sur les lieux mêmes où s'accomplit le pèlerinage. »

On peut lire également dans « *Al-Mughnî* » : « Si, n'ayant pas la capacité légale (d'accomplir le pèlerinage), on prend néanmoins sur soi de partir sans provisions ni moyen de transport, le pèlerinage est valide. »

L'autorisation de l'époux

Il est recommandé à la femme d'obtenir l'autorisation de son mari avant de se rendre en pèlerinage légal. Ceci dit, elle pourra s'y rendre, qu'il la lui accorde ou non, car le mari n'a pas le droit de refuser à sa femme l'autorisation d'accomplir un devoir religieux, la règle voulant que nulle obéissance n'est due à une créature, si elle doit conduire à désobéir au Créateur. Elle est également allouée à s'acquitter de ce devoir aussitôt qu'elle le voudra, de même qu'elle est en droit d'accomplir ses prières à temps, sans que son mari puisse l'en empêcher.

Il en va de même du pèlerinage votif, car il est obligatoire, au même titre que le pèlerinage légal. Par contre, son mari pourra lui refuser l'autorisation d'accomplir un pèlerinage volontaire, comme le prouve ce *hadîth* cité par Ad-Dâraqutnî d'après 'Abd Allâh Ibn 'Umar (رضي الله عنهما), qui rapporte que le Prophète (ﷺ), à qui l'on parlait d'une femme de condition aisée, désireuse d'accomplir un pèlerinage volontaire, répondit : « Elle n'y est pas allouée si son époux ne le lui permet pas. »

De la personne qui décède avant d'avoir accompli le pèlerinage légal ou un pèlerinage votif

Dans ce cas, il revient à l'héritier le plus proche de la personne décédée de l'accomplir pour elle ou d'envoyer quelqu'un le faire pour son compte, tout comme il a la charge de payer toute dette éventuellement contractée par le défunt. 'Abd Allâh Ibn 'Abbâs (رضي الله عنهما) rapporte à ce sujet qu'une femme de la tribu de Juhayna vint un jour trouver le Prophète (ﷺ)

et lui dit : « Ma mère avait fait le vœu d'accomplir un pèlerinage, mais elle est décédée avant d'avoir pu s'en acquitter. Dois-je le faire pour elle ? » Le Prophète (ﷺ) lui répondit : « Oui tu dois le faire pour elle. N'aurais-tu pas payé ses dettes si elle en avait laissées ? Les dettes contractées envers Dieu méritent d'être réglées plus prestement que celles contractées envers les humains. » Ce *hadîth* est cité par Al-Bukhârî.

C'est là une preuve de l'obligation d'accomplir le pèlerinage légal pour la personne qui décède avant de l'avoir elle-même accompli, qu'elle en ait ou non fait la demande avant de décéder. La règle veut en effet que les dettes doivent être honorées, de même que tous les engagements matériels, tels les arriérés de l'aumône légale ou encore les œuvres votives. C'est l'opinion adoptée par Ibn 'Abbâs, Zayd Ibn Thâbit, Abû Hurayra et Ash-Shâfi'î, qui tous s'accordent à dire que les sommes nécessaires doivent être prélevées sur le capital. Il est évident que si les sommes laissées par le défunt ne suffisent pas à honorer les dettes et à financer le pèlerinage, celui-ci passe avant toute dette contractée envers les humains, en vertu du *hadîth* que nous venons de citer.

Mâlik tend pour sa part à penser que l'on ne doit effectuer le pèlerinage pour la personne décédée que si elle en a fait expressément la demande, car, explique-t-il, le pèlerinage est un acte d'adoration physique, qui ne saurait être fait par procuration. Par contre, ajoute-t-il, si la demande en est faite, les frais du pèlerinage doivent être prélevés sur le tiers des fonds légués, sans le dépasser.

Du pèlerinage par procuration

Celui qui a les moyens matériels requis pour accomplir le pèlerinage, mais qui se trouve incapable de s'en acquitter soi-même pour cause de maladie ou de sénilité, doit charger quelqu'un d'autre de le faire pour lui. En effet, étant désespéré de pouvoir lui-même remplir cette obligation, il est à cet égard assimilable à un mort, et est donc autorisé à charger autrui de le remplacer pour l'accomplir. On cite à ce propos le *hadîth* suivant, rapporté par Al-Fadl Ibn 'Abbâs : « Une femme de Khath'am vint un jour trouver le Prophète (ﷺ) et lui dit : « Ô Envoyé de Dieu ! Dieu a prescrit à Ses serviteurs d'accomplir le pèlerinage. Or, il se trouve que mon père est un homme âgé, ne pouvant plus se tenir sur une monture : dois-je accomplir le pèlerinage pour lui ? » Le Prophète (ﷺ) lui répondit : « Oui. » C'était durant le pèlerinage de l'Adieu. Ce propos est rapporté par Abû Dâwûd, At-Tirmidhî, An-Nasâ'î, Ibn Mâjah et Ahmad ; At-Tirmidhî le tient pour *hasan sahîh* et ajoute : « On rapporte de nombreux *hadîth* authentiques à ce propos. »

Les érudits, Compagnons du Prophète (ﷺ) et autres, s'accordent par ailleurs sur l'obligation des héritiers d'accomplir le pèlerinage pour la personne étant décédé avant d'avoir pu le faire elle-même. C'est l'opinion adoptée par Ath-Thawrî, Ibn Al-Mubârak, Ash-Shâfi'î, Ahmad et Ishâq. Mâlik précise pour sa part : « Si la personne en question en a formulé la demande avant son décès, il devient obligatoire de le faire pour elle. » Certains doctes autorisent que l'on accomplisse le pèlerinage également pour une personne encore en vie mais incapable – pour cause de maladie ou de sénilité – de le faire par elle-même. C'est l'opinion adoptée par Ibn Al-Mubârak et Ash-Shâfi'î. Le *hadîth* indique également que la femme peut effectuer le pèlerinage pour une autre femme ou pour un homme, de même que l'homme peut le faire pour l'un et l'autre. Nul texte indiquant le contraire ne nous est parvenu.

De ce qui advient si le grabataire recouvre la santé

Si, après s'être fait remplacer par une autre personne, un grand malade recouvre la santé, il n'est plus tenu d'effectuer lui-même le pèlerinage légal, car le lui imposer reviendrait à rendre obligatoires deux pèlerinages au lieu d'un seul. C'est là l'opinion avancée par Ahmad. Mais la majorité des érudits est d'un avis contraire, étant donné que l'on ne saurait dire que le malade en question était désespéré d'accomplir par lui-même son devoir en tel cas. Ibn Hazm (le dhâhirite), adoptant la première opinion, a dit : « Si le Prophète (ﷺ) a ordonné que l'on accomplisse le pèlerinage pour la personne qui ne peut le faire par elle-même, et informé que la dette envers Dieu est ainsi honorée, il va de soi qu'elle ne saurait être à nouveau redevable, à moins qu'un texte explicite l'ait spécifié ; or, nul texte le spécifiant ne nous est parvenu. Si cela devait être le cas, le Prophète (ﷺ) l'aurait sans aucun doute explicitement indiqué, étant donné que l'on sait très bien que le vieillard sénile peut retrouver assez de forces pour monter une bête et prendre la route. Le Prophète (ﷺ) ne l'ayant pas clairement ordonné, l'obligation ne saurait être reconduite après que la dette a été honorée. »

La condition nécessaire pour accomplir le pèlerinage par procuration

La personne qui accomplit le pèlerinage pour une autre n'est allouée à le faire que si elle l'a déjà accompli pour elle-même. 'Abd Allâh Ibn 'Abbâs (رضي الله عنهما) rapporte à ce propos que le Prophète (ﷺ), entendant un homme dire pendant le pèlerinage : « Je réponds à Ton appel, Seigneur, au nom de Shubruma ! » l'interpella et lui demanda : « As-tu déjà accompli ton propre pèlerinage ? » Comme l'homme répondait par la négative, le Prophète (ﷺ) lui dit : « Accomplis donc ton propre devoir avant de le faire pour Shubruma ! » Ce *hadîth* est cité par Abû Dâwûd et Ibn Mâjah. Al-Bayhaqî tient pour authentique la chaîne de ce *hadîth*. Ibn Taymiyya commente pour sa part : « Ahmad juge – d'après ce que son fils Sâlih rapporte de lui – qu'il s'agit là d'un *hadîth* remontant jusqu'au Prophète (ﷺ), sachant que même s'il n'est rapporté que d'après un seul Compagnon, Ibn 'Abbâs en l'occurrence, nul autre *hadîth* ne vient le contredire. Aussi, les érudits s'accordent-ils à dire que l'on n'est pas autorisé à accomplir le pèlerinage pour autrui si on ne l'a pas auparavant accompli pour soi. De plus, le Prophète (ﷺ) n'ayant pas spécifié que l'on doive avoir la capacité de le faire, le jugement englobe toute personne, qu'elle soit capable ou non d'effectuer le pèlerinage pour elle-même.

Du pèlerinage votif effectué avant le pèlerinage légal

Ibn 'Abbâs et 'Ikrima sont d'avis qu'en effectuant un pèlerinage votif, on est par-là même déchargé du pèlerinage légal. Ibn 'Umar et 'Atâ' soutiennent par contre qu'il faut d'abord s'acquitter du pèlerinage légal avant de procéder au pèlerinage votif.

Nulle abstinence en Islam

Ibn 'Abbâs rapporte que le Prophète (ﷺ) a dit : « Nulle abstinence en Islam. » Par « abstinent » il faut entendre ici « celui qui s'est volontairement abstenu d'accomplir le pèlerinage. » Il en ressort que la norme est que toute personne ayant la capacité requise pour effectuer le pèlerinage doit s'en acquitter, afin qu'il n'y ait nul abstinent en Islam. On peut arguer de cela que l'abstinent ne saurait effectuer le pèlerinage pour autrui, étant donné que s'il le faisait, le pèlerinage serait compté comme étant sien, conformément à la prescription édictée par le Prophète (ﷺ). C'est l'opinion adoptée par Al-Awzâ'î, Ash-Shâfi'î, Ahmad et Ishâq. Mâlik et Ath-Thawrî pensent plutôt que le pèlerinage sera compté selon l'intention conçue par l'intéressé. Cette opinion est partagée par la plupart des érudits, de même qu'Al-Hasan Al-Basrî, 'Atâ' et An-Nakha'î.

S'endetter pour accomplir le pèlerinage

'Abd Allâh Ibn Abî Awfâ rapporte : « Je demandai au Prophète (ﷺ) si on a le droit d'emprunter les sommes nécessaires pour accomplir le pèlerinage. Il me répondit que non. Ce *hadîth* est cité par Al-Bayhaqî.

Du pèlerinage effectué avec un argent illicitement gagné

Pour la plupart des érudits, un tel pèlerinage est valide, mais il est entaché d'un péché. Pour Ahmad, par contre, il n'est pas valide. C'est l'opinion qui semble être la plus plausible, car conforme à l'esprit du *hadîth* authentique selon lequel le Prophète (ﷺ) a dit : « Dieu est Bon : Il n'agrée que du bon. » On rapporte par ailleurs, citant Abû Hurayra, que le Prophète (ﷺ) a dit : « Quand celui qui part pour le pèlerinage avec un argent licitement gagné, dit en prenant le chemin : « Je réponds à Ton appel, Seigneur ! », il s'entend répondre du ciel : « Ton pèlerinage est agréé et ta récompense assurée, car tu as licitement gagné l'argent que tu dépenses pour te rendre à Ma Maison. » Mais si l'argent est illicitement gagné, l'homme s'entendra répondre : « Ton pèlerinage n'est point agréé ; il te sera au contraire compté comme un péché, car tu n'as point gagné licitement l'argent que tu dépenses pour te rendre à Ma Maison. » Al-Mundhirî commente : « Ce *hadîth* est rapporté par At-Tabarânî dans « *Al-Awsat* », et par Al-Asbahânî, d'après Aslam, esclave affranchi de 'Umar Ibn Al-Khattâb, interrompu et résumé. »

A pieds ou à dos de monture : laquelle de ces deux manières est la plus recommandée pour se rendre en pèlerinage ?

Dans « *Al-Fath* » d'Al-Hâfidh, on lit : « Ibn Al-Mundhir rapporte : La majorité des érudits sont d'avis qu'il vaut mieux s'y rendre sur une monture, vu que c'est ce que faisait le Prophète (ﷺ), et qu'en étant ainsi, on est mieux à même de se concentrer sur ses prières et ses invocations. » Ishâq Ibn Râhawayh, en revanche, est d'avis contraire : pour lui, il vaut mieux marcher, car cela entraîne davantage de fatigue, et appelle donc une meilleure récompense. On admet également que cela dépend de l'état de la personne et des conditions où elle se trouve. Al-Bukhârî rapporte à ce propos, citant Anas (رضي الله عنه) que le Prophète (ﷺ), voyant un jour un homme traîner les pieds, appuyé sur ses deux fils, demanda : « Qu'a-t-il donc celui-là ? » On lui répondit qu'il avait fait vœu de se rendre à pieds en pèlerinage. Alors le Prophète (ﷺ) dit : « Dieu n'a nullement besoin de la souffrance que cet homme s'inflige ! » Puis il lui ordonna d'enfourcher une bête.

Est-il permis de se livrer au commerce durant le pèlerinage ou la *'umra* ?

Le pèlerin qui accomplit un pèlerinage ou une *'umra* est autorisé à négocier des affaires, contracter des engagements et gagner de l'argent tout en s'acquittant des rites d'usage. Ibn 'Abbâs rapporte à ce propos : « Au début, les gens procédaient à des opérations de négoce tout en accomplissant le pèlerinage. Puis ils s'en abstinrent, de crainte de pécher en agissant ainsi durant la période de sacralisation. Alors Dieu révéla le verset suivant : {*Nul grief ne saurait vous être fait d'avoir recherché quelque bienfait de votre Seigneur*} (S. 2, V. 198).[1] Entendre : durant la période du pèlerinage. Ce propos est cité par Al-Bukhârî, Muslim et An-Nasâ'î. On rapporte aussi d'après Ibn 'Abbâs, à propos du même verset, que c'était là une autorisation à s'adonner au commerce après avoir accompli le rite de 'Arafât. Sachant que c'est là une autorisation et non une recommandation, car il va de soi que le mieux est de s'en abstenir. Ce dire est cité par Abû Dâwûd. On rapporte également qu'Abû Umâma At-Taymî dit un jour à 'Umar : « J'ai pour habitude de louer des montures aux gens durant le pèlerinage. Or on me dit que mon propre pèlerinage n'est pas agréé. Est-ce vrai ? » 'Umar lui demanda : « As-tu accompli les rites d'usage ? » Comme l'homme répondait par l'affirmative, 'Umar lui dit : « Alors ton pèlerinage est valide : un jour, un homme était venu poser la même question au Prophète (ﷺ), qui s'abstint de lui répondre, jusqu'à ce que fut révélé le verset suivant : {*Nul grief ne saurait vous être fait d'avoir recherché quelque bienfait de votre Seigneur*}. Là, le Prophète (ﷺ) envoya chercher l'homme, lui récita le verset et lui dit : « Ton pèlerinage est agréé. » Ce dire est cité par Abû Dâwûd et Sa'îd Ibn Mansûr.

Al-Hâfidh Al-Mundhirî commente : « Abû Umâma est un inconnu. » 'Abd Allâh Ibn 'Abbâs (رضي الله عنهما) rapporte par ailleurs qu'un homme lui dit un jour : « Je loue mes services à ces gens et j'en profite pour accomplir en leur compagnie les pratiques rituelles. Puis-je en espérer une récompense ? » Ibn 'Abbâs lui répondit : « Oui, car Dieu dit : {*Ceux-là auront une part de ce qu'ils auront acquis ; Dieu est bien prompt à récompenser comme à châtier*} (S. 2, V. 202).[2] Ce propos est cité par Al-Bayhaqî et Ad-Dâraqutnî.

---

1 ﴿لَيْسَ عَلَيْكُمْ جُنَاحٌ أَن تَبْتَغُواْ فَضْلًا مِّن رَّبِّكُمْ﴾

2 ﴿أُوْلَٰٓئِكَ لَهُمْ نَصِيبٌ مِّمَّا كَسَبُواْ وَٱللَّهُ سَرِيعُ ٱلْحِسَابِ﴾

Le pèlerinage du Prophète (ﷺ)

Muslim rapporte, citant Abû Bakr Ibn Abî Shayba et Is<u>h</u>âq Ibn Ibrâhîm, d'après <u>H</u>âtim Ibn Ismâ'îl Al-Madanî, d'après Ja'far Ibn Mu<u>h</u>ammad, d'après le propre père de ce dernier : « Nous rendîmes un jour visite à Jâbir Ibn 'Abd Allâh (رضي الله عنه). Comme il avait perdu la vue à cette époque, il nous demanda de nous présenter. Lorsque ce fut mon tour et qu'il apprit que j'étais Mu<u>h</u>ammad Ibn 'Alî Ibn Al-<u>H</u>usayn, il me dit d'approcher, tendit la main, la posa sur ma poitrine et me dit : « Bienvenue à toi, ô enfant de mon frère ! Pose-moi les questions que tu voudras », ce que je fis. Quand ce fut l'heure de la prière, il se leva – couvert d'un drap si court qu'il lui découvrait les jambes chaque fois qu'il en jetait le pan sur les épaules – et présida à la prière. Lorsque nous eûmes fini, je lui demandai : « Raconte-moi le pèlerinage du Prophète (ﷺ). » Il dit en indiquant le chiffre avec ses doigts : « Le Prophète (ﷺ) attendit neuf ans, avant d'appeler au pèlerinage la dixième année. Quand on apprit la nouvelle, nombreux furent ceux qui vinrent à Médine, aspirant à être avec le Prophète (ﷺ) afin de l'imiter en toute chose.

« Nous prîmes donc le chemin de La Mecque. A hauteur du lieudit Dhû Al-<u>H</u>ulayfa, Asmâ' Bint 'Umays, épouse d'Abû Bakr, accoucha de son fils Mu<u>h</u>ammad. Elle envoya alors demander au Prophète (ﷺ) ce qu'elle devait faire. Le Prophète (ﷺ) lui fit répondre : « Fais la grande ablution, entoure-toi le bas du corps d'un bout de drap et mets-toi en habit de sacralisation. » Après la prière, le Prophète (ﷺ) reprit la route sur sa chamelle, et nous le suivîmes. Quand nous fûmes dans le désert, je constatai que les gens qui nous accompagnaient étaient si nombreux qu'ils emplissaient l'espace autour de nous à perte de vue. Au centre, il y avait le Prophète (ﷺ), à qui le Coran était révélé, et qui était à même mieux que quiconque d'en interpréter le sens ; nous l'imitions en toute chose. Il entama alors l'invocation rituelle : « Seigneur, me voici, répondant à Ton appel, Toi Qui n'as nul associé ! La louange, le bienfait et le Royaume sont à Toi, sans nul associé ! » Certains entonnèrent les invocations qu'ils désiraient et il ne leur fit aucune remarque, s'en tenant cependant à sa façon de faire à lui. Nous escomptions bien évidemment un pèlerinage, non une '*umra*. Quand nous parvînmes à la Ka'ba, le Prophète (ﷺ) toucha la Pierre noire de ses paumes, accomplit sept circumambulations, dont trois en foulées rapides et quatre à pas normal. Puis il alla au Maqâm (station de prière) d'Ibrâhîm et récita : {*Prenez la station d'Ibrâhîm pour lieu de prière*} (S. 2, V. 125).[1]

« Se mettant ensuite de façon à ce que le Maqâm soit entre lui et la Ka'ba, il accomplit une prière de deux cycles, récitant respectivement, après la *fâtiha*, les sourates La Foi Pure et Les Mécréants. Revenant à la Pierre noire, il passa une nouvelle fois les mains dessus, puis sortit par la porte menant à as-Safâ. Quand il s'en fut approché, il récita : {*as-Safâ et al-Marwa sont bien des rites prescrits par Dieu*} (S. 2, V. 158)[2], en enchaînant : « Je commence par là où Dieu a commencé. » Puis, montant sur la colline d'as-Safâ jusqu'à être en vue de la Ka'ba, il glorifia le Nom de Dieu, puis il dit : « Il n'est de divinité en dehors de Dieu, sans nul associé. Le Royaume et la louange sont à Lui ; Il est Omnipotent sur toute chose. Il n'est de divinité en dehors de Dieu Qui honora Sa promesse, donna la victoire à Son serviteur et vainquit à Lui seul les coalisés. » Il répéta cette invocation à trois reprises, adressant entre elles des supplications à Dieu, avant de se diriger vers la colline de Marwa. Parvenu au milieu de la dépression séparant les deux collines, il hâta le pas puis reprit un rythme normal quand nous parvînmes à la montée. Parvenu en haut de la colline de Marwa, il répéta les mêmes invocations qu'il avait prononcées sur as-Safâ. Quand il eut fini, il dit : « Si j'avais su en partant ce que je sais maintenant, je n'aurais jamais conduit de bête destinée au sacrifice, et aurais converti ce pèlerinage en '*umra* ! Que ceux d'entre vous qui ne disposent pas de bête pour l'offrande se défassent de leur sacralisation et qu'ils convertissent en '*umra* leur pèlerinage ! »

« Surâqa Ibn Mâlik Ibn Jush'am se leva alors et dit : « Ô Envoyé de Dieu ! Cela concerne-t-il uniquement cette année-ci, ou bien devrons-nous le faire chaque année ? » Le Prophète (ﷺ) croisa alors les doigts et dit : « La '*umra* aura, à deux reprises, croisé le pèlerinage ! Qu'il en soit donc ainsi ! Ce sera pour chaque année ! Oui, ce sera pour chaque année ! »

« 'Alî nous rejoignit par la suite, conduisant des bêtes destinées au sacrifice qu'il présenta au Prophète (ﷺ). Comme il constatait que Fâtima (رضي الله عنها) comptait parmi ceux qui s'étaient défaits de leur sacralisation, il en fut mécontent. Alors elle lui dit : « C'est mon père qui l'a ordonné. »

---

1 ﴿وَٱتَّخِذُواْ مِن مَّقَامِ إِبْرَٰهِـۧمَ مُصَلًّى﴾

2 ﴿إِنَّ ٱلصَّفَا وَٱلْمَرْوَةَ مِن شَعَآئِرِ ٱللَّهِ﴾

'Alî raconta plus tard, alors qu'il était en Iraq : « Mécontent, j'allai trouver le Prophète (ﷺ) et lui fit part de ce que Fâtima avait fait, lui signifiant que je n'avais point admis qu'elle le fisse. Il me répondit : « Elle a dit vrai. Mais dis-moi, qu'as-tu dit quand tu as conçu l'intention d'entrer en sacralisation ? » Je répondis : « J'ai dit : Seigneur, j'entame mon pèlerinage en T'invoquant de la manière dont T'invoque Ton Messager ! » Alors le Prophète (ﷺ) me dit : « J'ai à présent à ma disposition des bêtes pour le sacrifice ; alors ne nous défaisons pas de notre sacralisation. » Comme le nombre des bêtes venues avec la caravane du Yémen n'excédait pas une centaine de têtes, les gens se défirent tous de leur sacralisation et se taillèrent les cheveux, à l'exception du Prophète (ﷺ) et de ceux qui disposaient de bêtes de sacrifice. Quand ce fut le jour de la *tarwiya* (huitième jour de Dhû Al-Hijja), ils s'en furent vers Minâ, où ils entamèrent le rituel du pèlerinage, à la suite de quoi le Prophète (ﷺ) les présida pour les cinq prières de ce jour. »

« Après la prière de l'aube, il attendit que le soleil se fût levé, puis ordonna qu'une tente fût dressée à son intention à Namira. Quand il partit, les Qurayshites crurent qu'il allait s'arrêter au Mash'ar, lieu où ils avaient l'habitude de s'arrêter avant l'Islam. Mais il dépassa ce lieu, ne s'arrêtant qu'une fois parvenu à 'Arafât, où sa tente avait été dressée. Il y descendit et y resta jusqu'à ce que le soleil se fût incliné ; là, il ordonna qu'on préparât sa chamelle, qu'il monta pour se rendre dans la vallée de 'Arafât, où il tint un discours aux gens dans lequel il dit : « Sachez que la vie de chacun d'entre vous, ses biens et son honneur, vous sont interdits comme l'est votre jour que voici, en votre année que voici, en votre cité que voici. De là où je suis, je déclare abolies toutes les pratiques et toutes les dettes de sang héritées de la Gentilité. De ces dettes, je commence par déclarer abolie l'une des nôtres, celle du sang de Rabî'a Ibn Al-Hârith, qui, adopté par les Banû Sa'd, fut tué par les gens de Hudhayl. Des dettes contractées auprès des usuriers, je commence par déclarer nulles les nôtres, celles d'Al-'Abbâs Ibn 'Abd Al-Muttalib, ainsi que toute dette semblable. »

« Craignez Dieu et observez Ses ordres concernant votre conduite envers vos épouses, car elles sont mises sous votre tutelle. Elles vous doivent de n'introduire personne dans vos demeures que vous n'aimiez y voir entrer. Si elles y dérogent, corrigez-les, sans toutefois user de violence au point de les blesser. Vous leur devez en contrepartie nourriture et vêtements dans la limite de vos capacités. Je vous lègue un guide qui, si vous savez le suivre, vous prémunira à jamais contre l'égarement :

le Livre de Dieu. Vous serez interrogés sur mon compte : que répondrez-vous ? » On cria de partout : « Nous attestons que tu as transmis le Message et accompli la Mission. » Alors, les entendant dire cela, le Prophète (ﷺ) répéta à trois reprises, en montrant la foule du doigt et en le levant vers le ciel : « Seigneur, puisses-Tu en être Témoin ! »

« Il fit ensuite appeler à la prière, présida l'office de midi, puis celui de l'après-midi sans accomplir aucune prière volontaire entre les deux. Montant ensuite sur sa chamelle, il se dirigea vers le lieu de stationnement, où il se tint, se tournant vers la *qibla*. Il resta là jusqu'à ce que le disque solaire ait disparu à l'horizon, puis prenant Usâma en croupe, il conduisit la chamelle parmi les gens en leur répétant : « Restez calmes et dignes ! » Parvenu à Muzdalifa, il y accomplit les prières du coucher du soleil et du soir avec un seul appel et deux annonces de début de prière. Il s'allongea ensuite et s'endormit pour se lever à l'appel de la prière de l'aube. Alors, il monta sur sa bête et se rendit à nouveau au Mash'ar où il resta à glorifier le Nom du Seigneur jusqu'à ce que la clarté du jour se fît. »

« Il quitta sa place avant le lever du soleil. Al-Fadl Ibn 'Abbâs, qui était bel homme, rapporte qu'en voyant à ce moment des femmes qui passaient par là en courant, il se mit à les regarder. Le Prophète (ﷺ) lui mit la main sur le côté du visage pour qu'il détourne son regard. Il regarda de l'autre côté et encore une fois le Prophète (ﷺ) lui mit la main sur l'autre côté du visage pour qu'il détourne son regard, jusqu'à ce que les femmes se fussent éloignées. Au lieudit Batn Muhassar, le Prophète (ﷺ) poussa sa monture, accéléra le pas et emprunta le chemin médian qui aboutit à la grande *jamra*. Parvenu à la *jamra* près de l'arbre, il lui jeta sept pierres en glorifiant le Nom du Seigneur à chaque lancer. Il fit cela en se tenant de manière à avoir Minâ, 'Arafât et Muzdalifa à sa droite, et La Mecque à sa gauche. Se dirigeant ensuite vers le lieu du sacrifice, il immola de ses propres mains soixante-trois bêtes, et laissa 'Alî immoler le reste, lui faisant ainsi partager ses offrandes. Il ordonna ensuite que l'on prélevât de chaque bête un morceau, et que l'on mît à cuire les morceaux ainsi recueillis. Quand le repas fut prêt, ils mangèrent, 'Alî et lui mangèrent un peu de chair et burent quelques gorgées de soupe. Montant à nouveau sa chamelle, le Prophète (ﷺ) s'en retourna vers la Ka'ba où il accomplit les circumambulations de l'*ifâda*, ainsi que la prière de midi. Parvenu à Zam-Zam, il y trouva les Banû 'Abd Al-Muttalib qui y puisaient de l'eau pour les gens. Alors il leur dit : « Puisez, ô Banû 'Abd Al-Muttalib ! Si je ne craignais que les gens se bousculent ici en me voyant faire, j'aurais puisé avec vous ! » On lui tendit une seille pleine d'eau et il en but à grandes gorgées. »

Les érudits s'accordent à dire que c'est là un *hadîth* précieux, qui renferme un ensemble de règles à suivre pour parfaire le pèlerinage. Al-Qâdî 'Iyâd commente à ce propos : « Les érudits on en déduit de nombreuses règles ; c'est, entre autre, le cas d'Abû Bakr Ibn Al-Mundhir, qui en cite plus de cent cinquante, sachant que l'on pourrait en déduire au moins autant d'autres. » Parmi les règles jurisprudentielles que l'on peut citer et qui sont déduites de ce *hadîth*, citons celles-ci : il est recommandé à la femme parturiente ou en menstrues – et donc à plus forte raison pour autrui – de faire la grande ablution avant de se mettre en sacralisation. Il est recommandé de se mettre en état de sacralisation à la suite d'une prière obligatoire ou volontaire, de hausser la voix en glorifiant le Nom du Seigneur et en Lui adressant ses supplications. A ce propos, on recommande de s'en tenir aux invocations prononcées par le Prophète (ﷺ) lui-même. On peut également en ajouter d'autres, comme le fit 'Umar Ibn Al-Khattâb, qui ajouta : « Je réponds à Ton appel, ô Toi, Seigneur de la bienfaisance ! Je réponds à Ton appel par crainte et par amour de Toi ! » Il est par ailleurs fortement recommandé que le pèlerin commence par effectuer les circumambulations d'ouverture, en passant auparavant les mains sur la Pierre noire. Il doit également effectuer en foulées rapides trois des sept tours d'usage, en s'abstenant toutefois de le faire en passant devant le mur sud de la Ka'ba. Après avoir effectué les quatre tours restants à pas normal, il se dirigera vers le Maqâm d'Ibrâhîm, le mettra entre lui et la Ka'ba et accomplira deux cycles de prière en récitant respectivement, après la *fâtiha*, les sourates La Foi Pure et Les Mécréants. Il est indiqué également que le pèlerin passe encore une fois les mains sur la pierre noire avant de quitter l'Enceinte, comme il l'avait fait en y entrant.

Les érudits s'accordent toutefois à dire que le fait de passer les mains sur la Pierre est une recommandation, non une obligation. Après les circumambulations, le pèlerin doit accomplir les parcours rituels entre as-Safâ et al-Marwa, en commençant par as-Safâ, sur laquelle il convient qu'il monte pour glorifier le Nom du Seigneur, comme le fit le Prophète (ﷺ), avant d'en faire de même sur Marwa, et en prenant soin de presser le pas en arrivant, dans sa course, à la dépression entre les deux collines, et ce durant chacune des sept allées et venues, et non seulement en trois d'entre elles comme ce fut le cas pour les circumambulations d'ouverture. Là, s'accomplit la '*umra* ; le pèlerin qui en effectue une peut à ce stade se raser les cheveux ou se les tailler, se défaisant ainsi de sa sacralisation. C'est ce que firent les Compagnons auxquels le Prophète (ﷺ) avait ordonné de convertir leur pèlerinage en *'umra*. Par contre, si l'on escompte effectuer un *qirân* réunissant *'umra* et pèlerinage, on se gardera de se faire tailler ou couper les cheveux, afin de rester en état de sacralisation. Au jour de la *tarwiya* (huitième jour de Dhû Al-Hijja), ceux qui avaient mis fin à la première sacralisation pourront se remettre à nouveau dans cet état et partir – en compagnie de ceux qui, réunissant *'umra* et pèlerinage, ne s'en étaient pas défaits – pour se rendre ensemble à Minâ, où il est recommandé d'accomplir les cinq prières de la journée et passer la nuit du huitième et neuvième jour de Dhû Al-Hijja.

Il est également recommandé de ne quitter Minâ qu'après le lever du soleil du jour de 'Arafât, et de ne faire son entrée dans 'Arafât que dans l'après-midi de ce même jour, après la prière de midi et celle de l'après-midi, car le Prophète (ﷺ) descendit à Namira, lieu situé hors de 'Arafât, et n'entra dans 'Arafât qu'après avoir accompli ces deux prières. On recommande également d'accomplir une prière entre les deux, au début de laquelle l'imâm donne un discours (c'est l'un des quatre discours recommandés durant le pèlerinage, les trois autres étant ceux donnés respectivement au septième jour de Dhû Al-Hijja, près de la Ka'ba, après la prière de midi, au jour de l'offrande et au jour du premier retour de Minâ vers La Mecque.)

Parmi les traditions à retenir également dans ce *hadîth*, il y a la recommandation de quitter la station de 'Arafât après avoir accompli les prières de midi et de l'après-midi, d'être monté sur une bête au moment de se tenir sur le Mont 'Arafât, de se tenir aussi près que possible des Rochers, là où le Prophète (ﷺ) s'était tenu, de tourner la face vers la *qibla*, et de rester là jusqu'au coucher du soleil. Durant cette station, on glorifiera le Nom du Seigneur, on Lui adressera louanges et prières, en maintenant les paumes des mains posées à plat sur la poitrine. Après s'être assuré que le soleil s'est bien couché, on descendra en conservant son calme et sa dignité, et en ordonnant aux gens d'en faire autant si l'on se sait obéi. Parvenu à Muzdalifa, le pèlerin accomplira conjointement les prières du coucher du soleil et du soir, avec un seul appel et deux annonces, sans les séparer par aucune prière volontaire. Cette réunion des deux prières est recommandée par l'ensemble des érudits, dont les opinions divergent cependant, s'agissant de la raison de cette recommandation. Pour les uns, c'est là un rite du pèlerinage ; pour d'autres, c'est une forme d'allégement accordée aux pèlerins, étant donné qu'ils se trouvent en état de voyage.

Il est également recommandé de passer la nuit à Muzdalifa (les érudits s'accordent à dire que c'est là un rite du pèlerinage, tout en divergeant sur la question de savoir s'il s'agit d'une obligation ou seulement d'une recommandation), et d'y accomplir la prière de l'aube, avant de se diriger vers le Mash'ar et de s'y tenir, invoquant le Seigneur et Lui adressant ses supplications.

Cette étape de Muzdalifa fait partie des rites du pèlerinage. On quitte ce lieu quand les lueurs de l'aube se font nettes. Parvenu en bas de la vallée de Mu<u>h</u>assar, il faut presser le pas, car c'est à cet endroit que Dieu frappa de Sa colère l'armée de l'Éléphant. Une fois arrivé à la *jamra* – celle de 'Aqaba – on jettera les sept pierres en glorifiant le Nom du Seigneur à chaque jet. Vient ensuite l'étape de l'offrande, après laquelle on se fera raser les cheveux, avant de retourner à La Mecque pour les circumambulations dites de l'*ifâ<u>d</u>a* (ou encore « de la visite »). Dès que ces dernières auront été effectuées, le pèlerin se défera de son état de sacralisation : tout ce qui lui était prohibé durant le pèlerinage lui deviendra dès lors licite. Telle est la tradition retenue du Prophète (ﷺ) durant son pèlerinage, tradition que chacun a le devoir d'observer et d'imiter pour être assuré de la validité de son propre pèlerinage, car le Prophète (ﷺ) a dit : « Apprenez de moi les rites du pèlerinage. »

Voici à présent le détail de ces rites et les points de vue des érudits à ce propos.

Les repères (*al-mawâqît*)

Il s'agit en fait de repères dans l'espace et dans le temps.

Les repères temporels

Il s'agit de l'intervalle de temps en dehors duquel nul pèlerinage ne saurait être valide. Dieu dit en effet : {*Ils t'interrogent à propos des lunaisons. Dis : ce sont des repères pour les gens et pour le pèlerinage*} La Vache ; 189, et également : {*Le pèlerinage s'effectue en des mois bien déterminés*} La Vache ; 197. Ceci indique que le pèlerinage doit se faire dans un intervalle de temps déterminé. Les érudits s'accordent à dire que cet intervalle comprend les mois de Shawwâl et de Dhû Al-Qa'da, mais ils divergent quant la question de savoir si le mois de Dhû Al-<u>H</u>ijja en fait entièrement partie ou si ce sont seulement les dix premiers jours de ce mois qui y sont compris. Cette deuxième opinion est celle adoptée par Ibn 'Umar, Ibn 'Abbâs, Ibn Mas'ûd, les hanafites, Ash-Shâfi'î et Ahmad.

Mâlik adopte pour sa part pour la première opinion, suivi en cela par Ibn Hazm qui commente : « L'expression *des mois* ne peut désigner (en arabe) un couple de mois ni une période de deux mois et quelques jours. De plus, le jet des pierres – un des rites du pèlerinage – se fait jusqu'au treizième jour de Dhû Al-Hijja, tandis que les circumambulations de l'*ifâda* – autre rite du pèlerinage – peuvent se faire, de l'avis de tous, en n'importe quel jour de ce même mois. Il en ressort que l'intervalle en question comprend la totalité des trois mois. »

Par ailleurs, de l'opinion que l'on adopte dépend la suite des rites accomplis après l'offrande : si l'on inclut Dhû Al-Hijja tout entier dans l'intervalle, on n'est pas tenu de faire d'offrande pour racheter le retard, mais si l'on considère que seuls les dix premiers jours du mois font partie de l'intervalle, l'offrande de rachat devient obligatoire pour tout rite accompli après l'offrande du pèlerinage.

De la sacralisation hors des mois du pèlerinage

Ibn 'Abbâs, Ibn 'Umar, Jâbir et Ash-Shâfi'î s'accordent à dire que la sacralisation n'est pas valide en dehors des mois du pèlerinage. Al-Bukhârî ajoute à ce propos : « Ibn 'Umar (رضي الله عنهما) a dit : La période du pèlerinage s'étale sur trois mois : Shawwâl, Dhû Al-Qa'da et les dix premiers jours de Dhû Al-Hijja. » De même, Ibn 'Abbâs (رضي الله عنهما) a dit : « Il est de l'ordre de la tradition de se mettre en état de sacralisation durant la période légale du pèlerinage. »

Pour les hanafites, de même que pour Mâlik et Ahmad, la sacralisation en dehors de cette période est valide, mais déconseillée. Ash-Shawkânî, tendant pour la première opinion, commente : « Ce qui semble renforcer l'interdiction de se mettre en état de sacralisation hors de la période légale est que Dieu – que Son Nom soit glorifié – indique qu'il s'agit de mois bien déterminés. Or, la sacralisation étant un rite rattaché au pèlerinage, quiconque prétend qu'elle est valide en dehors de cette période est tenu de prouver ce qu'il avance. »

Les repères spatiaux

Il s'agit des limites au-delà desquelles toute personne escomptant effectuer le pèlerinage ne peut aller sans se mettre en habits de sacralisation. Ces endroits sont les suivants, comme l'a indiqué le Prophète (ﷺ) lui-même : pour les habitants de Médine, il s'agit du lieudit Dhû Al-Hulayfa (450 km au nord de La Mecque). Pour les gens venant du Shâm (Syrie), c'est le lieudit Al-Juhfa (187 km au nord-ouest de La Mecque), non loin de Râbigh (204 km au nord-ouest de La Mecque), repère adopté par les gens de Syrie depuis la disparition des vestiges de Juhfa. Pour les gens du Nadjd, il s'agit du lieudit Qarn Al-Manâzil (mont situé à 94 km à l'est de La Mecque, en regard du Mont 'Arafât). Pour les gens du Yémen, c'est le lieudit Yalamlam (montagne à 54 km au sud de La Mecque). Enfin, pour les gens d'Iraq, il s'agit du lieudit Dhât 'Irq (à 94 km au nord-est de La Mecque).

Ces repères fixés par le Prophète (ﷺ) sont valables pour les gens des pays indiqués ainsi que pour toute personne qui y passe sur son chemin vers La Mecque. Le Prophète (ﷺ) a dit à ce propos : « Ces lieux sont des repères respectifs pour les habitants des pays indiqués, ainsi que pour toute personne venant d'ailleurs, qui les traverserait en se rendant à La Mecque pour le pèlerinage ou la *'umra.* »

Pour les habitants de La Mecque, le repère spatial est défini par les faubourgs de la Cité sacrée. Si l'un de ses habitants décide d'accomplir une *'umra*, il doit se rendre en-dehors de la Cité, se mettre en état de sacralisation puis y rentrer. Si par contre il habite entre un repère et La Mecque, il prendra pour repère sa propre demeure. Ibn Hazm précise enfin que si le chemin que l'on emprunte ne passe par aucun de ces repères, on est libre de fixer soi-même un point pour se mettre en état de sacralisation.

De la sacralisation hors de l'espace délimité par les repères

Ibn Al-Mundhir rapporte : « Les érudits confirment la validité de la sacralisation hors de l'espace délimité par les repères, mais ils s'accordent à dire qu'il est déconseillé de le faire, car le Prophète (ﷺ) ayant défini les repères spatiaux précisément, toute augmentation ou diminution de l'espace ainsi défini est nécessairement déconseillée, sinon prohibée. »

La sacralisation

Elle consiste à concevoir l'intention d'accomplir un pèlerinage ou une *'umra*. La sacralisation est une condition sans laquelle aucune de ces deux formes d'adoration ne saurait être valable. Dieu a dit en effet : {*Il ne leur a pourtant été demandé que d'adorer Dieu en Lui consacrant l'entièreté de leur dévotion*} (S. 98, V. 5).[1] De même, le Prophète (ﷺ) a dit : « Tout acte sera jugé selon l'intention qui l'a déterminé, et tout homme selon l'intention qu'il a conçue. »

Nous avons déjà évoqué les règles inhérentes à l'intention dans cet ouvrage. Concernant la manière dont elle doit être formulée, Al-Kamâl Ibn Al-Humâm rapporte : « Il ne nous est parvenu aucun *hadîth* à ce propos. » Un seul rapporteur dit avoir entendu le Prophète (ﷺ) dire : « J'ai conçu l'intention d'accomplir la *'umra* », ou : « J'ai conçu l'intention d'accomplir le pèlerinage. »

L'éthique de la sacralisation

Voici les règles de bienséance qu'il convient d'observer pour se mettre en état de sacralisation :

1- Etre propre : se couper les ongles, raccourcir ses moustaches, s'épiler les aisselles, se raser le pubis, procéder à la petite ablution – à défaut de pouvoir faire la grande, ce qui est préférable – et se peigner les cheveux et la barbe. Ibn 'Umar (رضي الله عنهما) a dit à ce propos : « Il est de tradition que le pèlerin fasse la grande ablution avant de se mettre en état de sacralisation et avant d'entrer dans La Mecque. » Ce propos est cité par Al-Bazzâr, Ad-Dâraqutnî et Al-Hâkim, qui l'a authentifié. On rapporte également, citant Ibn 'Abbâs (رضي الله عنهما), que le Prophète (ﷺ) a dit : « La femme en couches et la femme en état de menstrues peuvent, après avoir fait la grande ablution, s'acquitter de tous les rites du pèlerinage, à l'exception des circumambulations rituelles autour de la Ka'ba : elles ne pourront les effectuer qu'après disparition de tout saignement. » Ce *hadîth* est cité par Ahmad, Abû Dâwûd et At-Tirmidhî, qui l'a authentifié.

2- Ôter ses vêtements profanes et enfiler les habits de sacralisation : il s'agit de deux étoffes sans couture, dont l'une sert de pagne et dont l'autre est utilisée pour couvrir la partie supérieure du corps, sans toutefois couvrir la tête. Les deux étoffes doivent être blanches, le blanc étant la couleur privilégiée de Dieu – que Son Nom soit glorifié. 'Abd Allâh Ibn 'Abbâs (رضي الله عنهما) rapporte : « Le Prophète (ﷺ), après s'être peigné, enduit et couvert le corps d'une étoffe et d'un pagne, entama son pèlerinage. » Cette tradition prophétique est citée par Al-Bukhârî.

3- Se parfumer le corps et les vêtements, même si des traces de

---

1 ﴿وَمَآ أُمِرُوٓاْ إِلَّا لِيَعۡبُدُواْ ٱللَّهَ مُخۡلِصِينَ لَهُ ٱلدِّينَ﴾

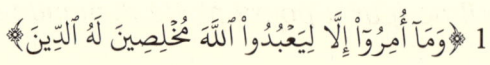

parfum restent après être entré en sacralisation. On rapporte que 'Â'isha (رضي الله عنها) a dit : « Je me souviens, comme si je le voyais maintenant, du musc qui scintillait le long de la raie séparant les cheveux du Prophète (ﷺ), alors qu'il était en état de sacralisation. » Ce propos est cité par Al-Bukhârî et Muslim, qui rapportent qu'elle a dit également : « J'ai parfumé le Prophète (ﷺ) alors qu'il était sur le point d'entrer en sacralisation et lorsqu'il voulut s'en défaire pour exécuter les circumambulations rituelles. » Elle a dit également : « Quand nous (les épouses du Prophète) nous rendions avec le Prophète (ﷺ) à La Mecque, nous nous parfumions avec du musc, que nous nous appliquions sur le front au moment de nous mettre en sacralisation. Si l'une de nous venait à transpirer, le musc lui coulait sur le visage. Or le Prophète (ﷺ) voyait cela et jamais il ne nous fit la moindre remarque à ce propos. » Ce dire est cité par Ahmad et Abû Dâwûd.

4- Accomplir deux cycles de prière avant de formuler l'intention de se mettre en sacralisation, en y récitant respectivement les sourates Les Mécréants et La Foi Pure. Ibn 'Umar (رضي الله عنهما) rapporte à ce propos : « Le Prophète (ﷺ) accomplit deux cycles de prière en arrivant à Dhû Al-Hulayfa. » Ce propos est cité par Muslim. Cependant si la prière a été annoncée, elle dispense des deux cycles de prière au même titre qu'elle dispense de la prière d'entrée dans la mosquée.

Les différents types de sacralisation

Ils sont au nombre de trois : le pèlerinage dit *qirân*, celui dit *tamattu'* et celui dit *ifrâd*. Les érudits s'accordent pour dire que chacune de ces formes de pèlerinage est valide.

On rapporte que 'Â'isha (رضي الله عنها) a dit : « Nous accompagnâmes le Prophète (ﷺ) dans son pèlerinage d'Adieu. Les uns escomptaient accomplir seulement une '*umra*, d'autres un pèlerinage et une '*umra*, d'autres encore – parmi lesquels figurait le Prophète (ﷺ) – uniquement un pèlerinage. Les premiers se défirent de la sacralisation à leur arrivée, tandis que les autres restèrent en état de sacralisation jusqu'au jour du Sacrifice. » Ce propos est cité par Ahmad, Al-Bukhârî, Muslim et Mâlik.

Le *qirân* (littéralement : adjonction)

En arrivant au repère spatial qui le concerne, le pèlerin se met en état de sacralisation en concevant l'intention d'accomplir conjointement le pèlerinage et la '*umra*. En prononçant la formule rituelle de la *talbiya*, il dira : « Seigneur, me voici répondant à ton appel, pour un pèlerinage et une '*umra.* » Ceci implique qu'il ne pourra se défaire de l'état de sacralisation qu'après avoir achevé tous les rites de la '*umra* et du pèlerinage, à moins qu'il se mette en état de sacralisation pour la '*umra* et y joigne le pèlerinage avant d'accomplir les circumambulations.

Le *tamattu'* (littéralement : délectation)

Le pèlerin qui escompte accomplir un *tamattu'* accomplira une '*umra* durant les mois de pèlerinage, puis accomplira le pèlerinage dans la même année, sans être rentré entre-temps dans son pays. Le mot *tamattu'* découle du fait que la personne qui l'accomplit a le privilège d'accomplir conjointement les deux rites, sachant qu'entre les deux il lui est permis de se vêtir normalement, se parfumer, etc., au même titre que celui qui n'est pas encore entré en sacralisation.

Le pèlerin escomptant un *tamattu'* se mettra en sacralisation en formulant l'intention d'accomplir une '*umra.* Dans sa *talbiya*, il dira : « Seigneur, me voici répondant à Ton appel, pour une '*umra.* » Ceci implique que le pèlerin reste en état de sacralisation jusqu'à son arrivée à La Mecque, où il accomplit les circumambulations, puis le parcours entre as-Safâ et al-Marwa, puis se rase ou se coupe les cheveux. Là, il se défait de la sacralisation, et tout ce que cet état lui interdisait lui devient licite, et ce jusqu'au jour de la *tarwiya* (huitième jour de Dhû Al-Hijja), où il se remet à nouveau en état de sacralisation pour un pèlerinage au sein même de La Mecque. Dans « *Al-Fath* », on peut lire : « La majorité des érudits s'accorde à dire que le *tamattu'* revient à réunir pèlerinage et '*umra* en un seul voyage durant les mois de pèlerinage d'une même année, à condition de commencer par la '*umra* et d'être à La Mecque pour la sacralisation. Le *tamattu'* n'est plus valide si une seule de ces conditions n'est pas remplie. »

L'*ifrâd*

En cas d'*ifrâd*, le pèlerin escompte accomplir uniquement le pèlerinage. Dans sa *talbiya* il doit dire : « Seigneur, me voici répondant à Ton appel, pour un pèlerinage. » Ceci implique qu'il doit rester en état de sacralisation jusqu'à l'achèvement des rites du pèlerinage, après quoi il peut accomplir une '*umra*, s'il le désire.

Laquelle de ces trois formes de pèlerinage est la meilleure ?

Les érudits divergent sur ce point. Pour les shâfi'ites, l'*ifrâd* et le *tamattu'* sont meilleurs que le *qirân*, étant donné que celui qui procède à l'un ou l'autre achève entièrement chacun des deux rites (pèlerinage et '*umra*), tandis que l'on n'accomplit que le pèlerinage lorsqu'on procède à un *qirân*. Entre le *tamattu'* et l'*ifrâd*, les opinions divergent, les uns préférant le premier et les autres le second. Pour les hanafites, le *qirân* est meilleur que le *tamattu'*, tandis que *l'ifrâd* et le *tamattu'* sont meilleurs que le *seul ifrâd*. Les mâlikites jugent au contraire que l'*ifrâd* est meilleur que le *tamattu'* et le *qirân*, tandis que les hanbalites considèrent que le *tamattu'* est meilleur que les deux autres formes de pèlerinage. Cette dernière opinion est la plus plausible, car elle est celle qui entraîne le moins de peine pour les gens. C'est d'ailleurs ce que le Prophète (ﷺ) a souhaité pour lui-même et ce qu'il a ordonné à ses Compagnons.

Muslim rapporte en effet, citant 'Atâ', que Jâbir Ibn 'Abd Allâh a dit : « Nous, les Compagnons de Muhammad (ﷺ), conçûmes l'intention d'accomplir uniquement le pèlerinage. Au matin du quatrième jour de Dhû Al-Hijja, le Prophète (ﷺ) vint nous trouver et nous ordonna de nous défaire de notre sacralisation, nous informant qu'il nous était dès lors permis de fréquenter nos femmes. Comme nous étions descendus non loin de 'Arafât, nous arrivâmes au Mont le corps encore frémissant des effets de nos ébats. Le Prophète (ﷺ) nous dit : « Vous savez bien que je crains Dieu et Le vénère plus qu'aucun d'entre vous : sachez que si ce n'était l'offrande que j'ai conçu l'intention de sacrifier, je me serais désacralisé comme je vous ai ordonné de le faire. Si j'avais su, en partant, ce que je sais maintenant, je n'aurais jamais conduit de bête destinée au sacrifice. Désacralisez-vous donc ! » Nous lui obéîmes et nous nous défîmes de notre sacralisation. »

De la validité de la sacralisation non spécifiée

Si une personne désireuse d'obéir à l'ordre de Dieu, mais ne maîtrisant pas tous ces détails, se met en état de sacralisation sans spécifier le genre de pèlerinage qu'elle désire accomplir, sa sacralisation est valide, tout autant que son pèlerinage. Les érudits ajoutent que son pèlerinage est valide même si, en formulant l'intention de l'accomplir, la personne concernée ne précise pas la façon dont elle compte l'entreprendre.

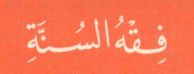

Des circumambulations prescrites pour qui accomplit un *qirân* ou un *tamattu*‘, et de ce que les Mecquois n'ont d'autre choix que l'*ifrâd*

On rapporte que ‘Abd Allâh Ibn ‘Abbâs (رضي الله عنهما), auprès de qui on s'enquit du *tamattu*‘, répondit : « Émigrés, Auxiliaires et épouses du Prophète (ﷺ) se préparèrent tous à accomplir le pèlerinage (c'était celui de l'Adieu). Quand nous parvînmes à La Mecque, le Prophète (ﷺ) nous dit : « Convertissez en ‘*umra* votre pèlerinage, à l'exception de ceux qui ont déjà désigné une bête à sacrifier. » Nous nous défîmes donc de notre sacralisation, fîmes le parcours entre as-Safâ et al-Marwa, fréquentâmes nos femmes et nous vêtîmes normalement. Le Prophète (ﷺ) ajouta : « Quant à ceux qui ont déjà désigné une bête pour le sacrifice, ils ne sauraient se défaire de leur sacralisation avant que l'offrande ne soit parvenue à la Maison sacrée. » A la veille du jour de la *tarwiya*, il nous ordonna d'entamer les rites du pèlerinage, d'exécuter ensuite les circumambulations, le parcours entre as-Safâ et al-Marwa, acte par lequel notre pèlerinage s'achevait, seule l'offrande nous étant alors imposée, car Dieu dit : {*Il incombe à ceux qui se sont délectés des avantages de la ‘umra, en attendant de procéder au pèlerinage, de faire offrande selon leurs moyens. Ceux qui s'en trouvent incapables doivent jeûner trois jours pendant le pèlerinage et sept à leur retour dans leur pays*} (S. 2, V. 196).[1] »

« Cela signifie que l'on peut faire offrande d'une agnelle et qu'il est permis de réunir les deux formes de pèlerinage dans une seule année, étant donné que le Livre de Dieu, comme la tradition de Son Prophète (ﷺ), y autorisent les croyants, à l'exception des Mecquois, car Dieu dit : {*Cela est permis à ceux dont le famille ne réside pas aux alentours de la Mosquée sacrée*} (S. 2, V. 196).[2] Les mois du pèlerinage définis par Dieu étant Shawwâl, Dhû Al-Qa‘da et Dhû Al-Hijja, quiconque se délecte des avantages de la ‘*umra* est de ce fait tenu de faire un sacrifice animal ou de jeûner en compensation. » Ce propos est cité par Al-Bukhârî.

Il ressort de ce *hadîth* que les Mecquois ne sont pas autorisés à accomplir un *qirân*, mais uniquement à procéder à un pèlerinage ou une ‘*umra*. C'est l'opinion adoptée par Ibn ‘Abbâs et Abû Hanîfa, étant

---

1 ﴿فَمَن تَمَتَّعَ بِٱلْعُمْرَةِ إِلَى ٱلْحَجِّ فَمَا ٱسْتَيْسَرَ مِنَ ٱلْهَدْيِ فَمَن لَّمْ يَجِدْ فَصِيَامُ ثَلَٰثَةِ أَيَّامٍ فِى ٱلْحَجِّ وَسَبْعَةٍ إِذَا رَجَعْتُمْ﴾

2 ﴿ذَٰلِكَ لِمَن لَّمْ يَكُنْ أَهْلُهُۥ حَاضِرِى ٱلْمَسْجِدِ ٱلْحَرَامِ﴾

donné que Dieu dit du *qirân* : {*Cela est permis à ceux dont la famille ne réside pas aux alentours de la Mosquée sacrée*}. Les opinions divergent cependant concernant les gens désignés comme résidant aux alentours de la Mosquée sacrée. Pour Mâlik, ce sont les habitants mêmes de La Mecque, opinion adoptée par Al-A'raj et At-Tahâwî. Pour Ibn 'Abbâs et un groupe d'érudits, ce sont plutôt les habitants de toute la zone de sacralisation, opinion qu'Al-Hâfidh désigne comme étant la plus conforme aux termes du texte. Pour Ash-Shâfi'î par contre, les personnes concernées sont celles dont la famille habite à une distance de La Mecque en deçà de celle qui autorise le voyageur à raccourcir et réunir les prières prescrites, opinion adoptée par Ibn Jarîr. Pour les hanafites enfin, il s'agit de toute personne dont la famille réside en deçà des repères spatiaux, le critère en cela étant le lieu de résidence, non le lieu de naissance.

Il en ressort que le pèlerin qui accomplit un *tamattu'* doit commencer par exécuter les circumambulations et les parcours entre as-Safâ et al-Marwa avec l'intention de la *'umra* – ce qui le dispense des circumambulations de l'arrivée (dites aussi de *salutation*) – pour répéter les mêmes rites après la station de 'Arafât. Par contre, celui qui accomplit un *qirân* se contente, selon de nombreux érudits, d'accomplir les rites du seul pèlerinage, avec une seule série de circumambulations et une seule série de parcours entre as-Safâ et al-Marwa, et ce pour le pèlerinage et la *'umra* réunis, au même titre que celui qui accomplit un *ifrâd*, la seule différence entre eux étant l'intention que chacun aura formulée au moment de se mettre en sacralisation. En effet :

Jâbir (رضي الله عنه) dit, dans un *hadîth* cité et tenu pour bon par At-Tirmidhî : « Le Prophète (ﷺ) accomplit un *qirân* : il exécuta une seule série de circumambulations et de parcours entre as-Safâ et al-Marwa pour les deux rites réunis. »

Ibn 'Umar rapporte que le Prophète (ﷺ) a dit : « Si on a formulé l'intention d'accomplir un pèlerinage et une *'umra* réunis, on se suffit d'une seule série de circumambulations et de parcours entre as-Safâ et al-Marwa pour les deux rites réunis. » Ce *hadîth* est cité par At-Tirmidhî qui commente : « Ce *hadîth* est bon (*hasan*), mais insolite (*gharîb*, c'est-à-dire dont la chaîne de transmission est restreinte, à un moment donné, à un seul rapporteur). Ad-Dâraqutnî le cite également, sa version comprenant cependant cette fin : « Dans ce cas-là, on ne se désacralise qu'une fois les deux rites achevés. »

Muslim rapporte par ailleurs que le Prophète (ﷺ) dit à 'Â'isha (رضي الله عنها) : « Tes circumambulations et tes parcours entre as-Safâ et al-Marwa te suffisent pour la *'umra* et le pèlerinage réunis. » Abû Hanîfa maintient que deux séries sont nécessaires pour les deux rites, mais la première opinion paraît être la plus plausible, au vu des multiples preuves qui l'étayent.

Il ressort également du *hadîth* que celui qui accomplit un *tamattu'* ou un *qirân* est tenu de faire offrande d'un sacrifice animal, à défaut de quoi il doit jeûner durant trois jours en pèlerinage, et sept jours quand il sera de retour dans son pays. Il est recommandé que le jeûne des trois jours en question se fasse durant les dix jours de Dhû Al-Hijja qui précèdent 'Arafât. Pour certains érudits cependant – dont Tâwûs et Mujâhid – il est permis de les jeûner dès le début de Shawwâl. Ibn 'Umar (رضي الله عنهما) pense pour sa part que ces jours doivent être jeûnés respectivement la veille de la *tarwiya*, le jour de la *tarwiya* et le jour de 'Arafât, et qu'à défaut, on est alloué à jeûner durant les jours de *tashrîq*. Il cite à ce propos 'Â'isha (رضي الله عنها), qui a dit : « Nul n'est autorisé à jeûner durant les jours de *tashrîq*, à l'exception de ceux qui se trouvent dans l'incapacité de faire un sacrifice animal. » Si toutefois le pèlerin, pour une raison ou une autre, ne parvient pas à jeûner ces trois jours pendant le pèlerinage, il sera tenu de les compenser quand il le pourra. Concernant les sept autres jours, les opinions divergent : pour les uns, le pèlerin doit les jeûner quand il sera de retour chez lui ; pour d'autres, il peut les commencer dès qu'il reprendra la route du retour, opinion qu'adoptent Mujâhid et 'Atâ'. Ces dix jours ne doivent pas nécessairement être jeûnés de manière consécutive.

D'autre part, quand le pèlerin a formulé son intention, puis endossé ses habits de sacralisation, il doit prononcer la *talbiya*.

La *talbiya*

Les érudits s'accordent à considérer la *talbiya* comme étant une obligation. On rapporte qu'Umm Salama (رضي الله عنها) a dit : J'ai entendu le Prophète (ﷺ) dire : « Ô famille de Muhammad ! Si vous accomplissez un pèlerinage, prenez soin de prononcer la *talbiya*. » Ce *hadîth* est cité par Ahmad et Ibn Hibbân. Les opinions divergent cependant quant au statut de la *talbiya*, au moment où on la prononce et aux conséquences qu'assume celui qui tarde à la prononcer.

Pour Ash-Shâfi'î et Ahmad, c'est là une tradition qu'il est recommandé de rattacher à la sacralisation. Ainsi, le pèlerinage est valide même si l'on ne prononce pas la formule de la *talbiya*, étant donné que la sacralisation est valide dès qu'on en a conçu l'intention.

Pour les hanafites par contre, la *talbiya* – au même titre que tous les autres rituels assimilables, tel le sacrifice animal, ou encore la glorification du Nom du Seigneur – est une condition de validité de la sacralisation. La sacralisation est de ce fait invalide si une seule de ces conditions n'est pas vérifiée, étant donné que la sacralisation se bâtit sur l'intention et sur les actes qui y sont rattachés. Celui qui néglige la *talbiya* est tenu, en compensation, de faire un sacrifice animal.

Pour Mâlik enfin, la *talbiya* est une obligation dont la négligence – ou même le retardement – entraîne un sacrifice animal en guise de compensation.

La formule de la *talbiya*

Mâlik rapporte, citant Nâfi', qu'Ibn 'Umar (رضي الله عنهما) a dit : « Voici la formule de *talbiya* que prononçait le Prophète (ﷺ) : « Seigneur, me voici, répondant à Ton appel, Toi Qui n'as nul associé ! La louange, les bienfaits et le Royaume sont à Toi, sans nul associé ! » Nâfi' ajoute qu'Ibn 'Umar avait l'habitude de dire à la suite de cela : « Me voici répondant à Ton appel et demandant ton aide en toute chose. Tu détiens tout le bien et vers Toi toute bonne action est dirigée. »

Les érudits recommandent toutefois de s'en tenir à la seule formule prononcée par le Prophète (ﷺ). Les opinions divergent concernant l'adjonction d'invocations personnelles, la majorité jugeant qu'il n'y a aucun mal à le faire, étant donné que le Prophète (ﷺ) entendit Ibn 'Umar et d'autres Compagnons ajouter des supplications et des glorifications, sans qu'il leur en fît le moindre reproche. Pour Mâlik et Abû Yûsuf par contre, il vaut mieux ne rien ajouter à la *talbiya* du Prophète (ﷺ).

Des mérites liés à la *talbiya*

- Ibn Mâjah rapporte d'après Jâbir (رضي الله عنه) que le Prophète (ﷺ) a dit : « Tout pèlerin qui, s'étant mis en état de sacralisation, passe la journée à prononcer la *talbiya* jusqu'à ce que le soleil ait disparu, verra ses péchés disparaître jusqu'à ce qu'il redevienne aussi pur qu'au jour de sa naissance. »

- Abû Hurayra rapporte que le Prophète (ﷺ) a dit : « Il n'est de pèlerin qui prononce la *talbiyya* sans que la bonne nouvelle ne lui soit portée, ni de pèlerin qui glorifie le Nom du Seigneur sans que la bonne nouvelle ne lui soit portée. » On demanda : « Est-ce la nouvelle de son admission au Paradis ? » et le Prophète (ﷺ) de répondre par la positive. » Ce *hadîth* est cité par At-Tabarânî et Sa'îd Ibn Mansûr.

- Sahl Ibn Sa'd rapporte que le Prophète (ﷺ) a dit : « Il n'est de musulman qui prononce la *talbiya* sans que la prononce à sa suite tout rocher, tout arbre et tout caillou, sur sa droite et sur sa gauche, aussi loin que s'étend la terre. » Ce *hadîth* est rapporté par Ibn Mâjah, Al-Bayhaqî, At-Tirmidhî et Al-Hâkim, qui l'a authentifié.

De la recommandation de prononcer la *talbiya* à haute voix

- Zayd Ibn Khâlid rapporte que le Prophète (ﷺ) a dit : « Jibrîl est venu me trouver pour me dire : Ordonne à tes Compagnons de hausser la voix en prononçant la *talbiya*, car c'est là un rite du pèlerinage. » Cette tradition est citée par Ibn Mâjah, Ahmad, Ibn Khuzayma et Al-Hâkim, qui précise que la chaîne dont elle est assortie est authentique.

- Abû Bakr (رضي الله عنه) rapporte que le Prophète (ﷺ), auprès de qui l'on s'enquit de la meilleure manière d'accomplir le pèlerinage, répondit : « Élever la voix lors des invocations, et faire l'offrande. »

- Abû Hâzim rapporte : « Lorsque les Compagnons du Prophète (ﷺ) se mettaient en sacralisation, ils ne parvenaient pas au lieudit Ar-Rawhâ' sans avoir perdu la voix, ou peu s'en fallait, à force d'entonner la *talbiya*. »

C'est en vertu de ces *hadîth* que la majorité des érudits recommande d'élever la voix en prononçant la *talbiya*. Mâlik précise : « Le pèlerin ne doit pas trop élever la voix dans les mosquées où s'accomplissent les prières, exception faite de la mosquée de Minâ et la Mosquée sacrée, où il est recommandé de le faire. Concernant la femme, elle doit élever la voix de façon à ce que ses voisines puissent l'entendre, mais guère davantage. » Pour 'Atâ', les hommes doivent élever la voix, contrairement aux femmes, à qui il suffit qu'elles s'entendent elles-mêmes.

Les lieux où la *talbiya* est particulièrement recommandée

Il est recommandé de prononcer la *talbiya* en montant une bête, en mettant pied à terre, à chaque fois que l'on parvient en haut d'un mont ou au fond d'une vallée, en rencontrant des gens, après avoir accom-

pli les prières prescrites, ainsi qu'avant l'aube. Ash-Shâfi'î commente :
« Nous la recommandons à tout moment et en toute situation. »

Le pèlerin commence par prononcer la *talbiya* dès qu'il se met en
état de sacralisation, et continue à le faire jusqu'au jour du Sacrifice, au
moment de jeter les pierres de 'Aqaba. Il prononcera alors la *talbiya* une
dernière fois en jetant la première pierre, puis ne la prononcera plus.
C'est la version rapportée par les doctes, et l'opinion adoptée par Ath-
Thawrî, les hanafites, Ash-Shâfi'î et la majorité des érudits. Pour Aḥmad
et Isḥâq, le pèlerin continuera à prononcer la *talbiya* jusqu'à ce qu'il
ait fini de jeter les sept pierres. Mâlik précise de son côté : « Celui qui
accomplit le pèlerinage continuera à prononcer la *talbiya* jusqu'au coucher du soleil du jour de 'Arafât ; pour celui qui accomplit une *'umra*
par contre, la *talbiya* s'arrête au moment où l'on a touché la Pierre
noire. Ibn 'Abbâs rapporte en effet que lorsqu'il effectuait une *'umra*, le
Prophète (ﷺ) cessait de prononcer la *talbiya* dès qu'il avait touché la
Pierre noire. » Ce propos est cité par At-Tirmidhî qui commente : « Cette
tradition est _hasan ṣaḥîḥ_ ; elle est adoptée par la majorité des érudits ».

De ce qu'il est recommandé d'invoquer la bénédiction de Dieu sur le Prophète (ﷺ) avant d'adresser des invocations à Dieu

On rapporte qu'Al-Qâsim Ibn Muḥammad Ibn Abî Bakr a dit : « Il est
recommandé, après avoir achevé de prononcer la *talbiya*, d'invoquer
la bénédiction de Dieu sur le Prophète (ﷺ) qui, lorsqu'il avait fini de
prononcer la *talbiya*, implorait la bénédiction et le pardon de Dieu et se
réfugiait auprès de Lui contre les gens. » Ce propos est cité par At-Tabarânî, entre autres traditionnistes.

Ce que l'on est autorisé à faire en état de sacralisation

1- Se laver et changer de vêtements. On rapporte que Ibrâhîm An-
Nakha'î a dit : « Nos compagnons avaient l'habitude, quand ils parvenaient à hauteur du point d'eau dit Bi'r Maymûn, de se laver et mettre
leurs plus beaux habits. » On rapporte également qu'Ibn 'Abbâs entra
un jour dans un bain à Juḥfa alors qu'il était en état de sacralisation.
Comme il vit que les gens s'en étonnaient, il dit : « Dieu n'a que faire de
nos saletés ! » De même, on rapporte que Jâbir a dit : « Il est permis pour
celui qui est en état de sacralisation de se laver le corps et de laver ses
vêtements. » 'Abd Allâh Ibn Ḥunayn rapporte pour sa part : « Ibn 'Abbâs
et Al-Miswar Ibn Makhrama tombèrent en désaccord un jour que nous
étions au lieudit Al-Abwâ'. Le premier affirmait qu'il était permis de se

laver la tête en étant en sacralisation, le second soutenant le contraire. Ibn 'Abbâs m'envoya alors demander l'avis d'Abû Ayyûb Al-Ansârî. Je le trouvai qui se lavait non loin du puits, le corps dissimulé derrière un drap. Sentant mon approche, il demanda qui était là, et je répondis : « Je suis 'Abd Allâh Ibn Hunayn ; Ibn 'Abbâs m'a envoyé m'enquérir auprès de toi de la façon dont le Prophète (ﷺ) se lavait lorsqu'il était en état de sacralisation. » Abû Ayyûb tendit la main et abaissa le drap, laissant apparaître son visage, puis il demanda à la personne qui le servait de lui verser de l'eau dessus. Alors, des deux paumes, il se frotta la tête sous le jet d'eau en allant et venant, puis me dit : « C'est ainsi que je vis faire le Prophète (ﷺ). » Ce *hadîth* est cité par Al-Bukhârî, Muslim, Abû Dâwûd, Ibn Mâjah et Ahmad. Dans la version rapportée par Al-Bukhârî, on peut lire : « Je revins ensuite les trouver et les mis au courant de ce que je venais d'apprendre, Al-Maysûr dit à Ibn 'Abbâs : « Jamais plus je ne contesterai ce que tu dis ! » Ash-Shawkânî commente : « Il ressort de ce *hadîth* qu'il est permis de se laver en état en sacralisation en se couvrant la tête avec les mains. Ibn Al-Mundhir commente quant à lui : « Les érudits s'accordent à dire que la grande ablution est obligatoire – quand on est en état de sacralisation – si l'on se retrouve souillé par des pollutions nocturnes. Leurs opinions divergent cependant concernant les autres cas. Mâlik rapporte dans son *Muwatta'*, citant Nâfi', qu'Ibn 'Umar (رضي الله عنهما), ne se lavait la tête, lorsqu'il se trouvait en état de sacralisation, que s'il se trouvait souillé par des pollutions nocturnes. On rapporte également que Mâlik a dit : « Il est recommandé, quand on est en état de sacralisation, de se couvrir la tête d'eau. »

Il est par ailleurs permis d'utiliser du savon ou toute autre matière connue pour son pouvoir nettoyant. Les shâfi'ites et les hanbalites autorisent même l'emploi de nettoyants odorants. Il est également permis de se défaire les cheveux et de les peigner. Le Prophète (ﷺ) a ordonné en effet à 'Â'isha (رضي الله عنها) : « Défais tes cheveux et peigne-les. » Ce *hadîth* est cité par Muslim. Quant à An-Nawawî, il a dit : « Il est permis de défaire ses cheveux et de les peigner en état de sacralisation, à condition de veiller à ne pas arracher de cheveux en le faisant. C'est pourquoi il est déconseillé de se peigner sans nécessité. Il est également permis de porter ses bagages sur la tête. »

2- Porter des sous-vêtements : Al-Bukhârî et Sa'îd Ibn Mansûr rapportent que 'Â'isha (رضي الله عنها) ne voyait aucun mal à ce que le pèlerin en état de sacralisation porte un sous-vêtement.

3- Se couvrir le visage : Ash-Shâfi'î et Sa'îd Ibn Mansûr rapportent qu'Al-Qâsim a dit : « 'Uthmân Ibn 'Affân, Zayd Ibn Thâbit et Marwân Ibn Al-Hakam se voilaient le visage en étant en sacralisation. » Ils rapportent également, citant Tâwûs, qu'il est permis, en état de sacralisation, de se couvrir le visage pour se protéger de la poussière. Ils rapportent enfin, citant Mujâhid, que lorsqu'ils étaient en sacralisation, les Compagnons avaient l'habitude, quand le vent soufflait, de se voiler le visage pour se protéger. »

4- Chausser des mules (pour la femme) : Abû Dâwûd et Ash-Shâfi'î rapportent, citant 'Â'isha (رضي الله عنها), que le Prophète (ﷺ) avait permis aux femmes de chausser des mules.

5- Se couvrir la tête par mégarde : Pour les shâfi'ites, nulle compensation n'est exigée de celui qui, par mégarde, se couvre la tête ou met un vêtement cousu. Pour 'Atâ', il lui suffit d'en demander pardon à Dieu. Les hanafites jugent par contre qu'il est tenu de faire le sacrifice d'une victime à titre de compensation. Les opinions divergent également en ce qui concerne celui qui se parfume par mégarde ou par ignorance. Quant aux shâfi'îtes, la règle qu'ils adoptent en tout état de cause est que l'ignorance et l'oubli dispensent de toute compensation consécutive à une dérogation légère n'entraînant pas de dommage réel, tel le cas de la chasse par exemple. Ce jugement englobe pour eux d'autres actes prohibés mais jugés sans gravité, comme de se raser ou se couper les ongles. Nous y reviendrons plus loin.

6- Se faire faire une saignée, vider un furoncle, arracher une dent ou pratiquer une incision : Il est établi que le Prophète (ﷺ) s'est fait faire une saignée alors qu'il était en état de sacralisation. Mâlik dit à ce sujet qu'il n'y a aucun mal, pour qui est en état de sacralisation, à vider un furoncle, à panser une plaie ou à se faire inciser, si nécessaire. Par ailleurs, selon Ibn 'Abbâs (رضي الله عنهما), il est permis, quand on est en état de sacralisation, de se faire arracher une dent comme de vider un furoncle. An-Nawawî précise cependant que la saignée est totalement prohibée sans nécessité si elle implique de devoir raser une partie des cheveux. Les érudits tolèrent pour la plupart une saignée n'entraînant pas de rasage, à l'exception de Mâlik qui la déconseille. Selon Al-Hasan, elle entraîne un sacrifice animal en compensation, même s'il n'y a pas nécessité de raser ; si par contre elle s'avère nécessaire, le sacrifice de compensation ne sera exigé que si la saignée entraîne un rasage. Les dhâhirites relient quant à eux le sacrifice de compensation au rasage des cheveux, que la saignée soit nécessaire ou qu'elle soit pratiquée facultativement.

7- Se gratter la tête et les cheveux : On rapporte que 'Â'isha (رضي الله عنها), interrogée à ce sujet, répondit : « Oui, on est libre de le faire. » Ce *hadîth* est cité par Al-Bukhârî et Muslim, ainsi que par Mâlik, qui poursuit : « … Même si mes mains étaient attachées, je me gratterais avec les orteils, si nécessaire ! » On rapporte par ailleurs des *hadîth* similaires d'après Ibn 'Abbâs, Jâbir, Sa'îd Ibn Jubayr, 'Atâ' et Ibrâhîm An-Nakha'î.

8- Se regarder dans une glace et humer du parfum : Al-Bukhârî rapporte qu'Ibn 'Abbâs (رضي الله عنهما) a dit : « Il est permis, quand on est en état de sacralisation, de se regarder dans une glace, de humer un parfum et de consommer, pour des raisons diététiques ou médicinales, de l'huile ou du beurre rance. » On rapporte également que 'Umar Ibn 'Abd Al-'Azîz se regardait dans une glace et se frottait les dents et les gencives avec une écorce de noyer tout en étant en état de sacralisation. Ibn Al-Mundhir rapporte pour sa part que la majorité des érudits s'accorde à autoriser la consommation d'huile, de graisse et de beurre rance durant la sacralisation, et à défendre l'usage de parfum en tout endroit du corps. Les hanafites déconseillent même de rester dans un endroit sentant le parfum, que l'on veuille soi-même le humer ou non. Pour les hanbalites et les shâfi'ites par contre, la prohibition ne concerne que l'intention de humer du parfum. Pour ces derniers, une prohibition rigoureuse serait trop restrictive, sans oublier que l'on peut très bien être amené à entrer dans la boutique d'un herboriste sans avoir pour autant l'intention de humer les parfums qui s'en dégagent.

Il est en somme recommandé d'éviter cela, à moins que l'endroit parfumé soit un endroit sacré, telle la Ka'ba au moment où elle est parfumée aux encensoirs. Il est par ailleurs permis au pèlerin d'emporter du parfum dans un flacon ou un mouchoir imbibé de parfum, sans que cela entraîne de sacrifice de compensation.

9- Porter autour de la taille une ceinture contenant son argent ou l'argent dont on a la charge et porter une bague : Ibn 'Abbâs dit à ce propos que le pèlerin en état de sacralisation est autorisé à porter une ceinture contenant son argent, ainsi que sa bague.

10- S'appliquer du khôl sur les paupières : Ibn 'Abbâs (رضي الله عنهما) a dit : « Le pèlerin en état de sacralisation peut s'appliquer du khôl s'il souffre d'un mal nécessitant d'en appliquer, à condition que le khôl ne soit mêlé à aucune matière parfumée. » Les érudits s'accordent à autoriser le khôl, mais seulement à titre thérapeutique, non en tant que cosmétique.

11- S'abriter du soleil à l'aide d'une ombrelle, sous une tente ou sous un toit : 'Abd Allâh Ibn 'Âmir a dit : « Je partis un jour avec 'Umar Ibn Al-Khattâb (ﷺ) ; il jeta un bout de drap sur les branches d'un arbre et s'abrita à son ombre. » Ce *hadîth* est cité par Ibn Abî Shayba. Pour sa part, Umm Al-Husayn (ﷺ) rapporte : « Comme j'accompagnais le Prophète (ﷺ) lors du Pèlerinage de l'Adieu, je vis Usâma Ibn Zayd et Bilâl, l'un tenant les rênes de la chamelle du Prophète (ﷺ), l'autre tendant son habit par-dessus sa tête pour le protéger du soleil, jusqu'à ce qu'il eût fini de jeter les pierres d'Al-'Aqaba. » Ce propos est cité par Ahmad et Muslim. Pour 'Âta' également, le pèlerin se trouvant en état de sacralisation est autorisé à se protéger du soleil, comme de la pluie et du vent. Ibrâhîm An-Nakha'î rapporte par ailleurs qu'Al-Aswad Ibn Yazîd, en état de sacralisation, se protégea de la pluie à l'aide d'un drap qu'il jeta sur sa tête.

12- Se teindre avec du henné : Pour les hanbalites, le pèlerin en état de sacralisation est autorisé à teindre avec du henné toute les parties du corps, à l'exception de la tête. Pour les shâfi'ites, l'homme peut se teindre toute les parties du corps, à l'exception des mains et des pieds, qu'il ne peut teindre que si une prescription médicale l'y oblige ; de même, il ne doit pas se couvrir la tête d'une couche épaisse de henné. Pour la femme, il est déconseillé de se teindre au henné, à moins qu'elle soit en période de viduité légale. Quant à la teinture cosmétique, elle lui est prohibée, même en période de viduité. Pour les hanafites et les mâlikites, il est formellement interdit au pèlerin en état de sacralisation de se teindre avec du henné, cosmétique assimilable au parfum, lequel lui est interdit. Khawla Bint Hakîm rapporte en effet, citant sa mère, que le Prophète (ﷺ) dit à Umm Salama : « Ne te parfume pas en étant en sacralisation, et évite de toucher le henné, car c'est également un parfum. » Ce propos est cité par At-Tabarânî dans « *Al-Kabîr* », par Al-Bayhaqî dans « *Al-Ma'rifa* » et par Ibn 'Abd Al-Barr dans « *At-Tamhîd* ».

13- Punir son domestique : Asmâ' Bint Abî Bakr rapporte : « Comme nous étions en pèlerinage en compagnie du Prophète (ﷺ), nous descendîmes en chemin, 'Â'isha (ﷺ) s'installant près du Prophète – et moi à côté d'Abû Bakr. Les provisions du Prophète (ﷺ) et celles de mon père étaient réunies sur un seul chameau dont ils avaient confié la garde à un domestique au service d'Abû Bakr, et qui nous rejoignit seul sans la bête. Comme Abû Bakr lui demandait où était cette dernière, il répondit qu'il l'avait égarée la veille dans le désert. Alors Abû Bakr se leva et se mit à le rudoyer, tandis que le Prophète (ﷺ) le regardait et répétait en souriant : « Regardez-moi ce que fait ce pèlerin en état de sacralisation ! » Ce qu'il ne cessa de répéter sans que le sourire le quittât. Ce *hadîth* est cité par Ahmad, Abû Dâwûd et Ibn Mâjah.

14- Tuer la vermine : On rapporte que 'Atâ', auquel un homme demandait ce que l'on doit faire si l'on sent une puce ou quelque autre insecte ramper sur sa peau, répondit : « Débarrasse-toi de ce qui n'est point de toi ! » Selon 'Abd Allâh Ibn 'Abbâs (رضي الله عنهما), le pèlerin en état de sacralisation est autorisé à tuer la vermine nuisible, et même à en débarrasser sa monture. 'Ikrima rapporte à ce propos qu'Ibn 'Abbâs lui demanda, un jour qu'ils étaient en sacralisation, de débarrasser un chameau de sa vermine. Comme 'Ikrima s'y refusait, Ibn 'Abbâs lui demanda d'immoler la bête, ce qu'il s'empressa de faire. Alors Ibn 'Abbâs lui dit : « Sais-tu combien de petites bêtes tu viens de tuer en même temps que ce chameau ? »

15- Tuer les cinq *fawâsiq*, ainsi que toute autre bête nuisible : On rapporte, citant 'Â'isha (رضي الله عنها), que le Prophète (ﷺ) a dit : « Il est cinq bêtes nuisibles que le pèlerin en état de sacralisation est autorisé à tuer : le milan, le corbeau, le scorpion, le rat et la bête sauvage. » Ce *hadîth* est cité par Muslim et Al-Bukhârî, qui y ajoute le serpent. Les érudits s'accordent cependant à excepter la corneille. Par « bête sauvage », il faut entendre toute bête qui effraie les gens et risque de les attaquer, tels le lion, le tigre ou le loup. Pour les hanafites cependant, seul le chien enragé et le loup sont concernés. Ibn Taymiyya commente pour sa part : « Le pèlerin en état de sacralisation est autorisé à tuer toute bête qui est de nature à nuire aux gens, comme à éloigner de lui toute personne voulant lui causer du tort, dût-il pour cela lui livrer bataille, car le Prophète (ﷺ) a dit : Est martyr quiconque meurt en défendant son bien, sa vie, sa foi ou son honneur. »

« De manière générale, ajoute-t-il, on est autorisé à tuer puces et poux qui piquent la peau, ou encore les jeter au loin, cette dernière solution étant préférable, car sans cruauté. De même, il vaut mieux éviter de tuer toute bête que l'on rencontre, fût-elle sauvage et non consommable. En tuer une n'appelle toutefois nulle compensation. Il est également déconseillé de s'épouiller pour le seul plaisir de le faire ou pour tuer le temps, car cela est un luxe que le pèlerin n'est pas alloué à se permettre ; s'il le fait cependant, nulle compensation ne sera exigée de lui. »

Les interdits pour le pèlerin en état de sacralisation

Le Législateur a interdit au pèlerin en état de sacralisation un ensemble d'actes que voici :

1- Accomplir l'acte charnel ou s'adonner à tout préliminaire y conduisant, comme d'embrasser sa femme, la toucher avec une intention sensuelle ou encore lui tenir des propos lascifs.

2- Se rendre coupable de quelque acte réprouvé que ce soit.

3- S'engager dans des disputes verbales avec ses compagnons, ses domestiques ou toute autre personne. Ces interdits sont déduits du verset : {*Pour qui s'astreint à accomplir le pèlerinage, point d'acte charnel, ni d'immoralité, ni de dispute durant le pèlerinage*} (S. 2, V. 197).[1] Al-Bukhârî et Muslim rapportent par ailleurs, citant Abû Hurayra, que le Prophète (ﷺ) a dit : « Quiconque accomplit un pèlerinage durant lequel il ne se rend coupable d'aucun acte prohibé, en reviendra aussi lavé de ses péchés qu'il l'était à sa naissance. »

4- Porter un vêtement cousu, porter un couvre-chef cousu, un drap parfumé ou teint, et mettre des chaussures cousues : Ibn 'Umar (رضي الله عنهما) rapporte que le Prophète (ﷺ) a dit : « Il est interdit au pèlerin en état de sacralisation de porter chemise, turban, cape et pantalon. Comme il est interdit de porter un drap parfumé ou teint, de même que de porter des chaussures, à moins que ce soient des mules qui ne montent pas plus haut que le bas des chevilles. » Ce propos est cité par Al-Bukhârî et Muslim. Les érudits s'accordent cependant à considérer que ces interdits ne concernent que l'homme, la femme étant autorisée à porter ce qu'elle veut, à l'exception du tissu teint ou parfumé, des gants et du voile qui cache le visage. Ibn 'Umar rapporte en effet que le Prophète (ﷺ) interdit aux femmes en état de sacralisation de porter des gants, un voile qui cache leur visage, ainsi que des vêtements parfumés, mais les autorisa à porter tout ce qu'elles désirent en dehors de cela, y compris les bijoux et les chaussures.[2]

---

1 ﴿فَمَن فَرَضَ فِيهِنَّ ٱلْحَجَّ فَلَا رَفَثَ وَلَا فُسُوقَ وَلَا جِدَالَ فِي ٱلْحَجِّ﴾

2 Propos cité par Abû Dâwûd, Al-Bayhaqî et Al-Hâkim, assorti d'une chaîne de

Al-Bukhârî commente : « 'Â'isha (رضي الله عنها) porta des vêtements teints au safran en état en sacralisation. Elle a dit : « Sont exclus, le voile couvrant la totalité du visage et les vêtements teints à l'aide d'une matière parfumée. » Jâbir commente : « Pour moi, le vêtement teint au safran n'est pas un luxe prohibé. » 'Â'isha (رضي الله عنها) juge par ailleurs que la femme en état de sacralisation peut librement porter bijoux, vêtements noirs, flacon à khôl et chaussures. Al-Bukhârî rapporte, de même que Ahmad qui le cite, que le Prophète (ﷺ) a dit : « La femme en état de sacralisation ne doit porter ni voile lui couvrant le visage ni gants. » Il en ressort que le visage et les mains de la femme doivent rester découverts quand elle est en état de sacralisation. Les érudits ne voient cependant aucun mal à ce qu'elle dissimule son visage derrière une ombrelle, si elle craint la provocation. 'Â'isha (رضي الله عنها) rapporte à ce propos : « Lorsque nous étions en état de sacralisation en compagnie du Prophète (ﷺ), et que des gens nous croisaient ou nous dépassaient, nous nous couvrions le visage du bout de notre drap jusqu'à ce qu'ils se fussent éloignés. » Ce *hadîth* est cité par Abû Dâwûd et Ibn Mâjah. Par ailleurs, 'Atâ', Mâlik, Ath-Thawrî, Ash-Shâfi'î, Ahmad et Ishâq s'accordent tous à autoriser la femme en état de sacralisation à porter un vêtement cousu.

Que faire si l'on n'a pas les moyens de s'offrir pagne et sandales ?

En tel cas, on met ce qu'on trouve. 'Abd Allâh Ibn 'Abbâs (رضي الله عنهما) rapporte que le Prophète (ﷺ) a dit : « Quiconque ne peut s'offrir le pagne ou les sandales de sacralisation est autorisé à porter pantalon et chaussons. » Ce *hadîth* est cité par Ahmad, Al-Bukhârî et Muslim. Ahmad rapporte par ailleurs, citant 'Amr Ibn Dînâr, qui citait Abû Ash-Sha'thâ', qu'Ibn 'Abbâs a dit : « Le Prophète (ﷺ) dit : « Qui ne peut s'offrir le pagne ou les sandales de sacralisation est autorisé à porter pantalon et chaussons. » Je demandai alors : « Il n'a pas dit qu'il fallait découper les chaussures jusqu'à les rendre plus basses que les chevilles ? » Il répondit : « Non ». C'est également l'opinion adoptée par Ahmad, qui cite ce *hadîth* d'Ibn 'Abbâs pour en déduire qu'aucun sacrifice de compensation n'est alors exigé du pèlerin.

La majorité des érudits s'accorde cependant sur la nécessité de découper les chaussons jusqu'à ce qu'ils soient plus bas que les chevilles, ce qui les rend assimilables à des sandales. Les hanafites jugent par ail-

---

transmission parfaite.

leurs que le pèlerin qui est obligé de mettre un pantalon doit en défaire les coutures, à défaut de quoi il est tenu de faire un sacrifice animal de compensation. Pour Mâlik et Ash-Shâfi'î par contre, il peut porter son pantalon tel quel, sans en défaire les coutures, et sans pour autant être tenu de faire un sacrifice. Ils citent à ce propos le *hadîth* rapporté par Ibn 'Abbâs, où le Prophète (ﷺ) a dit : « Quiconque ne peut s'offrir le pagne ou les sandales de sacralisation est autorisé à porter pantalon et chaussons, à condition cependant de découper ces derniers jusqu'à les rendre plus bas que les chevilles. » Ce *hadîth* est cité par An-Nasâ'î ; il est assorti d'une chaîne de transmission authentique. Si toutefois l'on acquiert par la suite un pagne, on est tenu de le porter sans plus tarder et d'enlever le pantalon. Par contre, la partie supérieure du corps doit rester découverte si l'on ne trouve pas de drap nécessaire pour la couvrir, le port de la chemise étant rigoureusement prohibé.

5- Contracter un mariage, pour soi ou pour autrui : L'acte ainsi conclu est légalement nul et sans effet, étant donné que le Prophète (ﷺ) a dit, dans un *hadîth* rapporté par 'Uthmân Ibn 'Affân et cité par Muslim, entre autres traditionnistes : « Le pèlerin en état de sacralisation n'est autorisé ni à se marier ni à donner autrui en mariage ni à conclure des fiançailles. » Muslim commente : « Cette tradition est *hasan sahîh*. » C'est l'opinion adoptée par des Compagnons du Prophète (ﷺ), ainsi que par Mâlik, Ash-Shâfi'î, Ahmad et Ishâq. Pour eux, le pèlerin en état de sacralisation n'est pas autorisé à contracter mariage : tout acte de ce genre est donc nul et est sans effet. Quant à la version selon laquelle le Prophète (ﷺ) aurait conclu mariage avec Maymûna (رضي الله عنها) alors qu'il était en état de sacralisation, elle est infirmée par celle rapportée par Muslim, selon laquelle il conclut cet acte en n'étant plus en état de sacralisation. At-Tirmidhî rapporte : « Les érudits divergent en ce qui concerne le mariage du Prophète (ﷺ) avec Maymûna, étant donné que c'est un fait établi qu'il l'a épousée sur le chemin reliant La Mecque à Médine. L'opinion la plus répandue est qu'il l'a épousée avant d'entrer en sacralisation, et que la nouvelle ne fut connue que lorsqu'ils furent tous en état de sacralisation, le mariage étant ensuite consommé sur le chemin du retour.

Pour les hanafites cependant, l'acte de mariage conclu en état de sacralisation est parfaitement valide, étant donné que c'est l'acte charnel qui est interdit au pèlerin en état de sacralisation et non la conclusion de l'acte juridique, quel qu'il soit.

6- Se couper les ongles et écourter ses cheveux en les rasant, en les taillant, ou par n'importe quel autre moyen, qu'il s'agisse des cheveux de la tête ou des poils de toute autre partie du corps. L'interdiction découle du verset : {*Ne vous coupez pas les cheveux jusqu'à ce que la bête destinée au sacrifice soit parvenue au lieu de son immolation*} (S. 2, V. 196).[1] De même, les érudits s'accordent sur l'interdiction pour le pèlerin en état de sacralisation de se couper les ongles sans raison valable, sauf si l'ongle vient à casser, auquel cas on peut le couper sans que cela entraîne de sacrifice de compensation. Si toutefois le pèlerin est atteint d'une maladie qui lui impose de se couper les cheveux, il les coupera, mais il sera alors tenu de faire un sacrifice de compensation, à l'exception des poils des cils, que l'on peut enlever s'ils causent un mal ou une gêne, sans que cela appelle de sacrifice. Dieu a dit en effet : {*Pour ceux d'entre vous qui se trouvent être malades ou qui craignent que les cheveux leur causent quelque mal, une compensation sous forme de jeûne, d'aumône ou de sacrifice animal*} (S. 2, V. 196).[2]

7- Se parfumer le corps ou les vêtements, autant pour l'homme que pour la femme : On rapporte, citant Ibn 'Umar (رضي الله عنهما), que 'Umar, sentant un jour la fragrance d'un parfum se dégager de Mu'âwiyya alors que ce dernier était en état de sacralisation, lui dit : « Retourne sur tes pas et lave-toi de ce parfum, car j'ai entendu le Prophète (ﷺ) dire : « Le pèlerin véritable est un homme hirsute. » On rapporte à ce propos que le Prophète (ﷺ) a dit à trois reprises : « Quant à ce parfum qui se dégage de toi, nettoie-le de ton corps. » De même, on ne doit parfumer ni le corps ni le linceul d'une personne décédée en étant en sacralisation, car le Prophète (ﷺ) a dit à son sujet : « Ne lui couvrez pas la tête et ne lui parfumez pas le corps, car au Jour du jugement dernier, il ressuscitera dans son état, prononçant la *talbiya*. » Il est par contre permis de humer tout fruit odorant dont l'essence n'est pas utilisée en parfumerie, telles les pommes et les poires. Concernant le pèlerin qui reçoit sur son habit ou sur une partie de son corps un peu de l'encens utilisé pour parfumer la Ka'ba, Sa'îd Ibn Mansûr rapporte que Sâlih Ibn Kaysân lui dit : « Je vis Anas Ibn Mâlik qui, en état de sacralisation, reçut sur son habit un peu de l'encens de la Ka'ba : il ne lava pas l'endroit touché. » On rapporte également que 'Atâ' adopte la même opinion. Pour les shâfi'ites par contre, une compensation est exigée si l'on néglige de laver

---

1 ﴿وَلَا تَحْلِقُوا۟ رُءُوسَكُمْ حَتَّىٰ يَبْلُغَ ٱلْهَدْىُ مَحِلَّهُۥ﴾

2 ﴿فَمَن كَانَ مِنكُم مَّرِيضًا أَوْ بِهِۦٓ أَذًى مِّن رَّأْسِهِۦ فَفِدْيَةٌ مِّن صِيَامٍ أَوْ صَدَقَةٍ أَوْ نُسُكٍ﴾

la trace d'encens en étant capable de le faire.

8- Porter un tissu odorant : Les érudits s'accordent sur l'interdiction pour le pèlerin en sacralisation de porter un tel tissu, à moins de le laver jusqu'à faire disparaître toute odeur. Nâfi' rapporte en effet, citant Ibn 'Umar (رضي الله عنهما), que le Prophète (ﷺ) a dit : « Ne portez jamais (en état de sacralisation) un tissu odorant, à moins qu'il ait été maintes fois lavé. » Ce *hadîth* est cité par Ibn 'Abd Al-Barr et At-Tahâwî. S'il s'agit d'une personne que les gens risquent d'imiter, il lui est formellement déconseillé de porter un tel vêtement, même lavé, afin de ne pas induire les autres en erreur. Nâfi' rapporte en effet à ce propos que 'Umar, voyant un jour Talha Ibn 'Ubayd Allâh arborer un tissu peint en état de sacralisation, l'interpella, lui demandant : « Qu'est-ce donc que ce tissu peint que tu portes, ô Talha ? » Celui-ci répondit : « Ô Commandeur des croyants ; ce n'est qu'un tissu peint de pourpre ! » Alors 'Umar lui dit : « Vous êtes l'élite de la société et les gens risquent de vous imiter. Que penses-tu de ceux qui, te voyant, risquent d'aller dire partout qu'ils ont vu Talha Ibn 'Ubayd Allâh porter un tissu peint en état de sacralisation ? Évitez donc de donner le mauvais exemple aux gens. »

Concernant les condiments odorants et les colorants, il n'y a aucun mal à consommer des aliments qui en contiennent, pour peu que l'odeur caractéristique du condiment ne soit plus différenciée. Si par contre c'est le cas, une compensation est exigée selon les shâfi'ites, contrairement aux hanafites, qui jugent que le pèlerin ne saurait être considéré comme ayant recherché le parfum en soi.

9- S'adonner à la chasse : Le pèlerin en état de sacralisation peut s'adonner à la pêche, y prendre part activement ou indiquer un banc de poissons aux pêcheurs. Il est également autorisé à consommer le fruit de la pêche. Par contre, il lui est formellement interdit de s'adonner à la chasse d'animaux terrestres, de lever le gibier comme de l'indiquer au chasseur. Il lui est également interdit de saccager un nid contenant des œufs, de vendre et d'acheter un animal sauvage, comme de boire de son lait. Cette interdiction découle du verset : {*Vous êtes autorisés à pêcher en mer et à consommer le produit de votre pêche : c'est là une jouissance pour vous et pour tout itinérant. Mais le gibier de la terre vous est interdit tant que vous êtes en état de sacralisation*} (S. 5, V. 96).[1]

1 ﴿أُحِلَّ لَكُمْ صَيْدُ ٱلْبَحْرِ وَطَعَامُهُۥ مَتَٰعًا لَّكُمْ وَلِلسَّيَّارَةِ ۖ وَحُرِّمَ عَلَيْكُمْ صَيْدُ ٱلْبَرِّ مَا دُمْتُمْ حُرُمًا ۗ﴾

10- Consommer le produit de la chasse : Il est interdit au pèlerin en état de sacralisation de consommer un gibier ayant été attrapé pour lui ou qu'il aura lui-même aidé à attraper. Al-Bukhârî et Muslim rapportent en effet, citant Abû Qatâda : « Le Prophète (ﷺ) partit un jour en pèlerinage avec un groupe de Compagnons. En prenant la route, il ordonna à quelques-uns d'entre eux de prendre par la côte pour le rejoindre plus au nord. Ils partirent donc, se mettant tous en état de sacralisation, à l'exception d'Abû Qatâda. En chemin, ils rencontrèrent une bande d'onagres, dont Abû Qatâda tua une femelle. Ils mirent alors pied à terre et se mirent à manger. Au bout d'un certain temps, ils se dirent : « Mais avons-nous le droit de manger du gibier alors que nous sommes en état de sacralisation ? » Emportant alors les restes de l'animal, ils reprirent la route. Lorsque, retrouvant le Prophète (ﷺ), ils lui racontèrent ce qui leur était arrivé, il leur demanda : « Avez-vous, de quelque façon que ce soit, suggéré à Abû Qatâda de tuer cet animal ou aidé à le faire ? » Ils répondirent qu'il n'en était rien, et le Prophète (ﷺ) de dire : « Mangez donc ce qu'il en reste. » Le pèlerin est autorisé à consommer le gibier qui n'aura pas été attrapé pour lui, et qu'il n'aura pas lui-même désigné ni aidé à attraper. Al-Muttalib rapporte en effet, citant Jâbir, que le Prophète (ﷺ) a dit : « Il vous est licite de consommer le gibier en état de sacralisation, à condition que vous ne l'ayez pas vous-mêmes tué et qu'il n'ait pas été tué à votre intention. » Ce *hadîth* est cité par Ahmad et At-Tirmidhî, qui commente : « Le *hadîth* de Jâbir est de nature explicative ; de plus, il ne nous en est parvenu nul autre qu'Al-Muttalib rapporte d'après Jâbir. » Cela dit, la majorité des érudits adopte l'opinion selon laquelle le pèlerin en état de sacralisation est autorisé à consommer tout gibier qu'il n'aura pas lui-même tué et qui n'aura pas été tué pour lui être offert ou vendu. Ash-Shâfi'î commente : « C'est là le meilleur et le plus vraisemblable des *hadîth* cités à ce propos. » C'est également l'opinion adoptée par Ahmad et Ishâq.

Pour leur part, Mâlik et la majorité des érudits s'accordent à dire que la consommation du gibier est prohibée si c'est le pèlerin lui-même qui l'a tué ou si quelqu'un d'autre l'a tué pour lui. Si par contre une personne qui n'est pas en état de sacralisation tue un gibier pour elle-même, puis en offre ou en vend une partie à un pèlerin en état de sacralisation, ce dernier est autorisé à le consommer. On rapporte en effet que 'Abd Ar-Rahmân At-Taymî a dit : « Nous sortîmes un jour dans le désert avec Talha Ibn 'Ubayd Allâh, en état de sacralisation. On vint lui offrir du gibier. Comme il était endormi, certains d'entre nous mangèrent de cette nourriture, alors que d'autres s'en abstinrent. Quand Talha se réveilla et que nous l'en informâmes, il approuva ceux qui avaient mangé et nous dit : « Nous en avons consommé en compagnie du Prophète (ﷺ). » Ce *hadîth* est cité par Ahmad et Muslim. Quant au *hadîth* selon lequel le Prophète (ﷺ) aurait, un jour qu'il était en état de sacralisation, refusé d'accepter un gibier qu'on lui offrait, il est à prendre dans le sens de l'interdiction touchant le gibier pris ou tué dans l'intention d'être offert ou vendu au pèlerin. Ibn 'Abd Al-Barr commente à ce propos : « Ce qui prouve que c'est là l'opinion la plus plausible, c'est qu'elle ne va pas à l'encontre des autres *hadîth*. La règle veut en effet que les traditions ne puissent se contredire réellement les unes les autres. » Ibn Al-Qayyim, adoptant lui aussi cette opinion, commente : « Tout ce qui nous est parvenu sur le comportement des Compagnons le prouve. »

Du pèlerin qui se rend coupable d'un interdit

Si une raison majeure oblige le pèlerin en état de sacralisation à enfreindre un interdit – exception faite de l'acte charnel – tel que se raser les cheveux ou porter un vêtement cousu à cause des rigueurs du climat, il est tenu, en compensation, d'immoler un ovin, de donner à manger à six pauvres ou de jeûner trois jours. Il a le choix entre ces trois formes de compensation. Par ailleurs, enfreindre ces interdits n'invalide pas le pèlerinage, exception faite de l'acte charnel. On rapporte en effet, d'après 'Abd Ar-Rahmân Ibn Abî Laylâ, qui citait Ka'b Ibn 'Ujra, que le Prophète (ﷺ) dit un jour à ce dernier, alors qu'il était en sacralisation à l'époque de Hudaybiyya : « Tu m'as l'air de souffrir des poux que tu as dans les cheveux ! » Comme l'homme lui répondait par l'affirmative, le Prophète lui dit : « Rase-toi, puis tu as le choix entre immoler une bête, jeûner trois jours ou donner à manger à six pauvres. » Ce *hadîth* est cité par Al-Bukhârî, Muslim et Abû Dâwûd. Selon une autre version, Ka'b Ibn 'Ujra dit : « Comme je partais en pèlerinage en compagnie du Prophète (ﷺ) l'année du pacte de Hudaybiyya, les poux élurent domicile dans ma chevelure, me gênant au point que je craignis pour mes yeux. C'est alors que fut révélé le verset : {*Pour ceux d'entre vous qui se trouvent être malades ou qui craignent que les cheveux leur causent quelque mal, une compensation sous forme de jeûne, d'aumône ou de sacrifice animal*} (S. 2, V. 196).[1] Le Prophète (ﷺ) m'appela alors à lui et me dit : « Rase-toi, puis jeûne trois jours, donne à manger à six pauvres ou immole une brebis. » Je me rasai et immolai une bête. » Ash-Shâfi'î assimile pour sa part l'action d'enfreindre un interdit sans ex-

---

1 ﴿فَمَن كَانَ مِنكُم مَّرِيضًا أَوْ بِهِۦٓ أَذًى مِّن رَّأْسِهِۦ فَفِدْيَةٌ مِّن صِيَامٍ أَوْ صَدَقَةٍ أَوْ نُسُكٍ﴾

cuse valable à celle dictée par une raison majeure : pour lui, toutes deux nécessitent une offrande de compensation. Pour Abû Hanîfa par contre, la présence d'une raison majeure dispense de l'offrande toute personne n'ayant pas les moyens d'en faire.

Du pèlerin qui se coupe une partie des cheveux

D'après 'Atâ', une compensation est exigée dès que l'on s'est arraché ou coupé plus de trois cheveux. Ce propos est cité par Sa'îd Ibn Mansûr. Ash-Shâfi'î rapporte par ailleurs, citant toujours 'Atâ', qu'un cheveu arraché appelle une compensation d'une poignée (de dattes), et deux cheveux deux poignées, un sacrifice animal étant exigé comme compensation à partir du troisième.

Du pèlerin qui s'oint de graisse

On peut lire, dans le « *Musawwâ* » : « Pour Abû Hanîfa, l'onction à l'aide de graisse ou d'huile purs appelle compensation, quel que soit l'organe oint. Pour les shâfi'îtes, une compensation n'est exigée que si l'on s'est oint les cheveux et la barbe, l'onction du reste du corps étant autorisée et n'appelant aucune compensation. »

Nul grief n'est à faire au pèlerin en état de sacralisation qui, par oubli ou par ignorance, se parfume ou porte des vêtements cousus

Aucune compensation n'est exigée en tel cas. On rapporte en effet, citant Ya'lâ Ibn Umayya, qu'un homme vint un jour trouver le Prophète (ﷺ) à al-Ji'râna, portant une chemise, ayant les cheveux et la barbe teints au safran, et lui dit : « Ô Envoyé de Dieu ; je me suis mis en état de sacralisation avec l'intention d'effectuer une '*umra*, or, je suis dans l'état que tu vois ! » Le Prophète (ﷺ) lui dit : « Lave le safran et enlève cette chemise, puis fais pour ta '*umra* ce que tu as fait pour ton pèlerinage. » Ce *hadîth* est cité par Al-Bukhârî, Muslim, Abû Dâwûd, At-Tirmidhî, An-Nasâ'î et Ahmad.

Pour 'Atâ', nulle compensation n'est exigée de celui qui, par oubli ou par ignorance, se parfume ou porte un vêtement cousu. Ce propos est cité par Al-Bukhârî. Il en va autrement de celui qui, par oubli ou par ignorance, tue un gibier : une compensation est exigée de lui, en raison du dommage réel causé, dommage que ni l'ignorance ni l'oubli ne sauraient excuser.

De ce que le rapport charnel invalide le pèlerinage

'Alî, 'Umar et Abû Hurayra (رضي الله عنهم), consultés au sujet d'un homme qui, en état de sacralisation, avait eu un rapport charnel avec sa femme, furent tous d'avis que les deux époux devaient continuer leur pèlerinage comme à l'ordinaire, mais qu'un nouveau pèlerinage était exigé d'eux, flanqué du sacrifice d'un animal. At-Tabarî commente : « L'acte charnel commis avant la première désacralisation annule complètement le pèlerinage, que cet acte advienne avant ou après 'Arafât. Celui qui s'en rend coupable doit achever normalement son pèlerinage, mais est tenu de faire l'offrande d'une chamelle adulte, et de refaire plus tard son pèlerinage. Quant à la femme, elle achève son pèlerinage et doit en effectuer un autre plus tard, mais aucune offrande de compensation n'est exigée d'elle. » 'Atâ', ainsi que d'autres érudits, sont d'avis qu'une seule offrande est exigible du couple. Dans son « *Sharh As-Sunna* » Al-Baghawî rapporte que c'est là également l'opinion adoptée par Ash-Shâfi'î. L'homme est tenu de faire une offrande de compensation, exactement comme s'il avait commis cet acte un jour de Ramadan. Lorsque les deux époux refont leur pèlerinage, ils doivent se tenir à l'écart l'un de l'autre, de peur de retomber dans la même faute. Si l'homme se trouve dans l'impossibilité de faire offrande d'une chamelle, il pourra la remplacer par une génisse ou sept ovins, à défaut de quoi il devra distribuer aux pauvres l'équivalent du prix d'une chamelle, à raison d'un *mudd* par individu. S'il se trouve dans l'incapacité matérielle de le faire, il sera tenu de jeûner un jour pour chaque *mudd* de l'équivalent du prix de la chamelle.

Pour les tenants de de l'opinion personnelle[1] (*ashâb ar-Ra'y*), si l'acte charnel advient avant 'Arafât, le pèlerinage est annulé et la compensation exigée est d'une brebis ou le septième du prix d'une chamelle ; si par contre l'acte advient après 'Arafât, le pèlerinage est valide, mais une compensation de la valeur d'une chamelle est alors exigée. Si le pèlerin en question accomplit un *qirân*, il est tenu de la même compensation et celle-ci ne saurait le dispenser de l'offrande rituelle exigée de qui accomplit un *qirân* comme lui. La majorité des érudits tend à considérer que l'acte charnel qui est intervenu après la première désacralisation n'annule pas le pèlerinage et n'appelle aucune compensation. En revanche, pour certains, dont Ibn 'Umar, Al-Hasan et Ibrâhîm, il est nécessaire de refaire le pèlerinage en pareil cas, comme de faire une

1 Entendre Abû Hanîfa et ses disciples. (NDT)

offrande de compensation, dont la valeur sera d'une chamelle pour les uns, et d'une simple brebis pour les autres. Ainsi, Ibn 'Abbâs et 'Aṯâ' considèrent que l'offrande doit être d'une chamelle, opinion adoptée aussi par 'Ikrima et Ash-Shâfi'î. D'autres, dont Mâlik, jugent par contre qu'il suffit d'une brebis.

Les pollutions nocturnes, les pensées ou le regard suivis d'éjaculation n'appellent aucune compensation selon les shâfi'ites. Par contre, le toucher avec intention sensuelle, tout comme le baiser, déterminent une compensation de la valeur d'une brebis, qu'il y ait eu ou non éjaculation. C'est également l'opinion adoptée par Ibn 'Abbâs. Mujâhid rapporte à ce sujet qu'un homme vint trouver Ibn 'Abbâs et lui dit : « Après que je me sois mis en état de sacralisation, telle femme est venue me trouver ; elle était tellement belle que je n'ai pu me retenir (d'éjaculer) en la voyant. » Alors Ibn 'Abbâs rit longtemps avant de répondre : « Tu es bien concupiscent ! Mais ne t'en fais pas : fais offrande d'une bête et ton pèlerinage sera accompli. » Ce propos est cité par Sa'îd Ibn Manṣûr.

De la compensation exigée du pèlerin qui tue du gibier en état de sacralisation

Dieu – que Son Nom soit glorifié – a dit : {*Ô vous qui avez cru ! Ne tuez point de gibier lorsque vous êtes en état de sacralisation. De celui d'entre vous qui en aura tué à dessein, une offrande sera exigée, d'une valeur équivalente à celle de la bête tuée, que fixeront deux personnes dignes de foi parmi vous, et qui sera conduite jusqu'à la Ka'ba. A défaut, il devra nourrir quelques pauvres de l'équivalent de la valeur de la bête tuée, ou alors jeûner un nombre de jours équivalent à sa valeur, afin qu'il goûte à la conséquence de son mauvais acte. Dieu a pardonné ce qui est passé. Mais Il se vengera de ceux qui récidivent ; Dieu est puissant et Vengeur*} (S. 5, V. 95).[1]

Ibn Kathîr commente : « La majorité des érudits s'accorde à dire que l'oubli ne dispense pas de l'offrande celui qui tue le gibier à dessein. » Az-Zuhrî commente : « Le Coran impose une compensation à celui qui le fait à dessein, tandis que la tradition prophétique l'exige de celui qui

---

1 ﴿يَـٰٓأَيُّهَا ٱلَّذِينَ ءَامَنُوا۟ لَا تَقْتُلُوا۟ ٱلصَّيْدَ وَأَنتُمْ حُرُمٌ ۚ وَمَن قَتَلَهُۥ مِنكُم مُّتَعَمِّدًا فَجَزَآءٌ مِّثْلُ مَا قَتَلَ مِنَ ٱلنَّعَمِ يَحْكُمُ بِهِۦ ذَوَا عَدْلٍ مِّنكُمْ هَدْيًۢا بَـٰلِغَ ٱلْكَعْبَةِ أَوْ كَفَّـٰرَةٌ طَعَامُ مَسَـٰكِينَ أَوْ عَدْلُ ذَٰلِكَ صِيَامًا لِّيَذُوقَ وَبَالَ أَمْرِهِۦ ۗ عَفَا ٱللَّهُ عَمَّا سَلَفَ ۚ وَمَنْ عَادَ فَيَنتَقِمُ ٱللَّهُ مِنْهُ ۗ وَٱللَّهُ عَزِيزٌ ذُو ٱنتِقَامٍ﴾

le fait par oubli. Le Coran a en effet été clair en ce qui concerne le premier, tandis que la tradition retenue du Prophète (ﷺ) et de ses Compagnons indique que le second est également tenu de faire une offrande de compensation. Cela s'explique par le fait que dans un cas comme dans l'autre le dommage est réel, la seule différence étant que celui qui tue le gibier à dessein en assume également la charge morale, ce qui n'est pas le cas de celui qui le fait par oubli.

Des jugements de 'Umar et des opinions adoptées par les Anciens

On rapporte, citant 'Abd Al-Malik Ibn Qarîb, qui citait Muhammad Ibn Sîrîn, qu'un homme vint un jour trouver 'Umar Ibn Al-Khattâb – alors calife – et lui dit : « Comme nous faisions, un ami et moi, galoper nos chevaux, nous tuâmes une antilope alors que nous étions en état de sacralisation. Que devons-nous faire ? » Alors 'Umar appela un homme de l'assistance et lui dit : « Viens auprès de moi, que nous en jugions toi et moi. » Après concertation, ils décrétèrent qu'il devait faire offrande d'une chèvre. L'homme s'en alla alors en répétant : « Tiens ! Le calife est donc si faible d'opinion qu'il a besoin d'un homme pour l'aider en une si futile affaire ! » L'entendant dire cela, 'Umar le rappela à lui et lui demanda : « Connais-tu la sourate La Vache ? » Comme l'homme répondait par la négative, 'Umar lui demanda encore : « Sais-tu qui est l'homme qui m'a aidé à fixer la valeur de ton offrande ? » L'homme répondit encore par la négative, et 'Umar de conclure : « Si tu m'avais répondu que tu connais la sourate La Vache, je t'aurais bien corrigé ! Sache que Dieu a dit : {*une offrande sera exigée, d'une valeur équivalente à celle de la bête tuée, que fixeront deux personnes dignes de foi parmi vous, et qui sera conduite jusqu'à la Ka'ba*} Quant à cet homme que tu vois là, c'est 'Abd Ar-Rahmân Ibn 'Awf. »

Par ailleurs, la tradition nous apprend que l'autruche est évaluée à une chamelle adulte ; l'onagre, le bœuf sauvage, l'élan et la daine, à une génisse ; la colombe, la caille, la perdrix et les passereaux, à une brebis ; la hyène à un mouton ; l'antilope à une chèvre adulte ; le lièvre à une chèvre de plus de quatre mois ; le renard à un bouc ; et enfin la gerboise à une chèvre de quatre mois.

Ce qu'il faut faire quand on ne peut pas s'acquitter de l'offrande de compensation

Sa'îd Ibn Mansûr rapporte qu'Ibn 'Abbâs (رضي الله عنهما), commentant le verset : {*une offrande sera exigée, d'une valeur équivalente à celle de la bête tuée*}, dit : « Si le pèlerin en état de sacralisation tue un gibier, une compensation sera exigée de lui. S'il est en possession de la bête destinée à cette offrande, il doit l'immoler et offrir sa chair aux pauvres. Sinon, il doit évaluer le prix de la bête et offrir l'équivalent du prix en nourriture aux pauvres. S'il n'en a pas les moyens, la quantité de nourriture évaluée sera convertie en jours de jeûne, à raison d'un jour pour chaque *mudd* de nourriture. Ainsi, celui qui tue une antilope sera tenu de faire l'offrande d'une chèvre (à immoler à La Mecque), de nourrir six pauvres ou de jeûner trois jours. Pour un élan ou une bête équivalente, il devra immoler une génisse, nourrir vingt pauvres ou jeûner vingt jours. Pour une autruche ou une bête équivalente, il devra immoler une chamelle adulte, nourrir trente pauvres ou jeûner trente jours. » Ce propos est cité par Ibn Abî Hâtim et Ibn Jarîr.

De la façon dont il faut procéder pour nourrir les pauvres ou jeûner

Mâlik a dit à ce sujet : « Le mieux est que la personne qui a tué du gibier en état de sacralisation évalue le gibier qu'elle a tué et en offre le prix en nourriture aux pauvres, ou, si elle en est incapable, qu'elle évalue le nombre de pauvres que cette valeur convertie en nourriture aurait suffi à alimenter et jeûne un nombre de jours équivalent au nombre des pauvres ainsi calculé, même si ce nombre équivaut à soixante personnes. »

De la chasse collective

Si des pèlerins tuent ensemble un gibier, ils ne sont redevables que d'une seule offrande en compensation, étant donné que Dieu a dit : {… *une offrande sera exigée, d'une valeur équivalente à celle de la bête tuée*}. Ibn 'Umar, à qui des hommes vinrent dire qu'ils avaient tué ensemble une hyène alors qu'ils étaient en sacralisation, leur répondit : « Faites offrande d'un mouton. » Ils demandèrent si chacun d'eux était tenu de le faire, et il répondit : « Non, un seul mouton suffira pour vous tous. »

De la faune et de la flore contenues dans l'espace de sacralisation

Il est interdit aux personnes se trouvant en état de sacralisation, comme aux autres d'ailleurs, de chasser les bêtes vivant dans cet espace, de couper les arbres qui s'y trouvent et qui n'ont pas été plantés par l'homme à des fins de consommation, et de couper ses herbes, y compris les ronces, exception faite des herbes à usage domestique ou médicinal qu'il est permis de couper et de déraciner, en cas de besoin. Al-Bukhârî rapporte à ce sujet, citant Ibn 'Abbâs (رضي الله عنهما) que le Prophète (ﷺ) a dit au jour de la conquête de La Mecque : « Cette terre est sacrée, nul ne doit y tailler un buisson ni couper une herbe ni lever du gibier ni même ramasser une épave dont il ignore qui en est le propriétaire. »

Par ailleurs, les opinions qui concordent sur l'interdiction de couper des arbres sauvages divergent quant aux arbres plantés par l'homme. Pour la plupart des érudits, il est permis de les couper ; pour Ash-Shâfi'î, une compensation est exigée dans les deux cas, opinion retenue par Ibn Qudâma. Les érudits divergent également en ce qui concerne la partie coupée de l'arbre sauvage. Pour Mâlik, une compensation n'est pas exigée, mais l'acte entraîne une charge morale ; pour 'Atâ', il suffit d'en demander pardon à Dieu ; pour Abû Hanîfa, on évalue le dommage causé et on fait offrande d'une bête d'une valeur équivalente ; pour Ash-Shâfi'î enfin, il faut immoler une génisse pour chaque grand arbre coupé, et une brebis pour tout ce qui est en dessous. On excepte de cela les arbres sauvages arrachés par la nature, de même que les branches et les feuillages arrachés par le vent. Les érudits s'accordent par ailleurs à autoriser que l'on arrache ou fasse paître ses bêtes dans les herbes plantées par l'homme. Dans « *Ar-Rawda An-Nadiyya* » (d'As-San'ânî le zaydite), on peut lire : « Pour une personne n'étant pas en état de sacralisation, chasser ou arracher des plantes à l'intérieur de l'espace sacré n'entraîne aucune compensation, quoiqu'il en découle une charge morale, contrairement au pèlerin en état de sacralisation, de qui une compensation est exigée s'il tue une bête, mais qui n'est tenu à aucune compensation s'il coupe un arbre ou de l'herbe, étant donné que nul texte n'en atteste l'obligation. Quant au *hadîth* selon lequel le Prophète (ﷺ) aurait dit : « Quiconque coupe un grand arbre à la racine est tenu d'immoler une génisse », il n'a pu être authentifié. » Puis l'auteur de conclure : « Il en ressort qu'il n'y a point lieu d'établir un lien quelconque entre l'interdiction de tuer du gibier et celle de couper des plantes et la compensation qui doit s'ensuivre, étant donné que le seul texte ayant valeur de preuve est ce que Dieu a dit à ce sujet : {*Ne tuez point de gibier lorsque vous êtes en état de sacralisation*} (S. 5, V. 95).[1] »

---

1 ﴿يَـٰٓأَيُّهَا ٱلَّذِينَ ءَامَنُواْ لَا تَقْتُلُواْ ٱلصَّيْدَ وَأَنتُمْ حُرُمٌۚ﴾

Les frontières de la terre sacrée de La Mecque

Elles sont marquées par des enseignes placées à cinq points autour de la Cité sacrée, sous forme de blocs de pierre élevés d'un mètre environ au-dessus du niveau du sol. Du côté nord, l'enseigne est placée à At-Tan'îm, à six kilomètres de La Mecque ; du côté sud, elle est à Adâh, à 12 kilomètres ; du côté est, à Al-Ji'râna, à 16 kilomètres ; du côté nord-est, à Wâdî Nakhla, à 14 kilomètres ; du côté ouest enfin, à Ash-Shamîsî (anciennement Al-Hudaybiyya), à 15 kilomètres de la Cité sacrée.

Muhibb Ad-Dîn At-Tabarî rapporte, d'après Az-Zuhrî, que 'Ubayd Allâh Ibn 'Abd Allâh Ibn 'Utba a dit : « Le premier à poser les bornes de la terre sacrée fut Ibrâhîm (Abraham), selon les indications de Gibrîl (Gabriel) (ﷺ). Elles restèrent telles quelles jusqu'à ce que Qusay, arrière-grand-père du Prophète (ﷺ) les renouvelât. Elles restèrent ensuite telles quelles jusqu'à ce que le Prophète (ﷺ) envoyât, l'année de la conquête de La Mecque, Tamîm Ibn Usayd Al-Khuzâ'î, qui les renouvela. Elles restèrent ensuite telles quelles jusqu'à ce que 'Umar, devenu calife, envoyât quatre hommes de Quraysh les renouveler. Mu'âwiyya, puis 'Abd Al-Malik, les renouvelèrent par la suite à leur avènement.

La terre sacrée autour de Médine

De même que celles de la terre sacrée de La Mecque, la faune et la flore de la terre sacrée autour de Médine sont interdites. On rapporte en effet, citant Jâbir Ibn 'Abd Allâh (رضي الله عنه), que le Prophète (ﷺ) a dit : « Tout comme Ibrâhîm a rendu sacrée la terre de La Mecque, je rends sacrée celle de Médine d'une entrée de la ville à l'autre : il est interdit à quiconque d'y tailler un buisson ou d'y tuer un gibier. » Ce *hadîth* est cité par Muslim. Par ailleurs, Ahmad et Abû Dâwûd rapportent, citant 'Alî (رضي الله عنه), que le Prophète (ﷺ) a dit, en parlant de Médine : « Nulle herbe ne doit y être coupée, nul gibier levé et nul objet ramassé, à moins d'élever la voix pour savoir qui en est le propriétaire. Il ne sied à aucun homme de porter une arme en cette terre avec l'intention de livrer bataille ni d'y couper un arbre ni d'y laisser paître sa monture. » Dans un autre *hadîth* rapporté par Al-Bukhârî et Muslim, le Prophète (ﷺ) a dit : « Médine est une terre sacrée, depuis 'Ayr jusqu'à Thawr. » On rapporte également qu'Abû Hurayra a dit : « Le Prophète (ﷺ) a rendu sacrée la terre qui se trouve autour de Médine dans un diamètre de douze milles. » En revanche, le Prophète (ﷺ) permit aux habitants de Médine de couper du bois des arbres de leur pays pour fabriquer des outils agricoles, des pièces de harnais etc., et de couper de l'herbe pour nourrir leurs bêtes. Ahmad rapporte en effet à ce sujet, citant Jâbir (ﷺ) que le Prophète (ﷺ) a dit : « C'est une terre interdite ; interdit également est son alentour : nulle herbe ne doit y être coupée, à moins que ce ne soit à des fins de fourrage. » Cette exception relève de ce que les Médinois, contrairement aux Mecquois, n'ont d'autres ressources que celles de leur propre terre.

Ceci dit, tuer un gibier à l'intérieur de la terre interdite de Médine ou couper de l'herbe ou du bois sur cette terre, n'appelle pas de compensation, contrairement à ce qu'il en est de La Mecque ; seul un péché s'ensuit. Al-Bukhârî rapporte, citant Anas (ﷺ) que le Prophète (ﷺ) a dit : « Médine est une terre interdite depuis tel endroit jusqu'à tel autre ; nul arbre de cette terre ne doit être coupé et nul endroit souillé ; quiconque souille cette terre est maudit de Dieu, des Anges et des humains ! » Par contre, il est permis de prendre le bois que l'on trouve coupé ou arraché par le vent. On rapporte en effet que Sa'd Ibn Abî Waqqâs (ﷺ), se rendant un jour dans sa demeure dite Al-'Aqîq, surprit un esclave entrain de couper un arbre ou de l'abattre, et il n'hésita pas à le lui confisquer. Quand Sa'd fut de retour chez lui, les maîtres du garçon vinrent lui demander de rendre ce qu'il lui avait confisqué, mais Sa'd s'y refusa, leur répondant : « A Dieu ne plaise que j'abandonne un bien que le Prophète (ﷺ) m'a rendu licite ! » Ce propos est cité par Muslim. Par ailleurs, Abû Dâwûd et Al-Hâkim rapportent tous deux – ce dernier l'ayant authentifié – que le Prophète (ﷺ) a dit : « Il vous est permis de dépouiller quiconque vous surprendrez en train de chasser du gibier sur cette terre. »

Existe-t-il au monde d'autres lieux interdits ?

A ce propos, Ibn Taymiyya a dit : « Il n'existe nul autre lieu interdit de par le monde. Ni Jérusalem ni aucun autre lieu ne doit être nommé *terre sainte* comme les gens incultes le disent souvent. La seule terre sainte est celle de La Mecque, sachant que Médine l'est également, de l'avis des érudits qui citent à ce propos des *hadîth* retenus du Prophète (ﷺ). Leurs avis ne diffèrent qu'à propos d'un seul lieu, la vallée allant de Wujâ' à At-Tâ'if, que certains considèrent également comme une terre sainte, tandis que la majorité lui refuse cette qualité. »

De la précellence de La Mecque par rapport à Médine

La majorité des érudits s'accorde sur cette précellence, citant à ce propos le *hadîth* rapporté par Ahmad, Ibn Mâjah et At-Tirmidhî – qui l'a authentifié – d'après 'Abd Allâh Ibn 'Adiyy Ibn Al-Hamrâ', qui mentionne avoir entendu le Prophète (ﷺ) dire à propos de La Mecque : « Dieu en témoigne, tu es la meilleure des terres, et tu es, de toute les terres de Dieu, celle qui Lui est la plus chère ! Si je n'y avais été contraint, jamais je ne t'aurais quittée ! » Par ailleurs, At-Tirmidhî cite, en l'authentifiant, ce *hadîth* rapporté par 'Abd Allâh Ibn 'Abbâs (رضي الله عنهما), qui dit : « Le Prophète (ﷺ) dit en parlant de La Mecque : « Quel bon pays tu es, et combien tu es cher à mon cœur ! Si les miens ne m'y avaient contraint, jamais je ne t'aurais quitté ni n'aurais habité une autre terre ! »

Est-il permis d'entrer dans la terre interdite de La Mecque sans s'être, auparavant, mis en état de sacralisation ?

Entrer dans la terre sacrée sans s'être auparavant mis en état de sacralisation est permis quand on ne projette pas d'accomplir un pèlerinage ni une *'umra*, que l'on y entre pour un besoin répété – tel le cas du bûcheron, du glaneur, du porteur d'eau, du chasseur, etc. – ou pour un passage unique – en tant que commerçant ou visiteur – indépendamment du fait que l'on soit en sûreté ou en danger. Selon un *hadîth* rapporté par Muslim, le Prophète (ﷺ) entra dans La Mecque coiffé d'un turban noir, sans être en état de sacralisation. De même, Ibn 'Umar (رضي الله عنهما) rapporte que le Prophète (ﷺ), rebroussant une fois son chemin, rentra dans La Mecque sans s'être mis en état de sacralisation. Ibn Shihâb considère pour sa part qu'il n'y a aucun mal à entrer dans la terre sacrée de La Mecque sans s'être auparavant mis en sacralisation. C'est également l'opinion adoptée par Ibn Hazm. En effet, en indiquant les repères spatiaux de sacralisation, le Prophète (ﷺ) a spécifié qu'ils concernaient les personnes ayant conçu l'intention d'accomplir un pèlerinage ou une *'umra*. Ni Dieu ni Son Prophète (ﷺ) n'ont spécifié que l'entrée de la terre sacrée de La Mecque fût interdite à qui n'est pas en état de sacralisation. Contraindre à la sacralisation celui qui ne projette point de pèlerinage reviendrait à imposer ce que la Loi révélée n'impose point.

De ce qu'il est recommandé de faire en entrant dans La Mecque et dans la terre sacrée

Il convient à celui qui entre dans La Mecque d'observer les recommandations suivantes :

- Procéder à la grande ablution : On rapporte en effet qu'Ibn 'Umar (رضي الله عنهما) prenait soin d'y procéder chaque fois qu'il entrait dans la terre sainte de La Mecque.

- Passer la nuit à Dhû Ṯuwâ du côté d'Az-Zâhir. Le Prophète (ﷺ) y passa lui-même la nuit. Nâfi' précise qu'Ibn 'Umar le faisait également. Ce fait est cité par Al-Bukhârî et Muslim.

- Y entrer par la colline supérieure, dite colline de Kudâ', le Prophète y étant lui-même entré, du côté d'Al-Mi'lât. Cependant, si l'on se trouve dans l'impossibilité de le faire, on est libre d'entrer par l'endroit que l'on peut.

- S'empresser, après avoir déposé ses bagages dans un lieu sûr, de se rendre à la Ka'ba, où l'on entrera par le Portail des Banû Shayba (ou Portail de la Paix), et prononcer en toute humilité l'invocation suivante : « Auprès de Dieu, de Sa Magnificence et de Sa Puissance, je me réfugie contre Satan le Proscrit. Au Nom de Dieu ; que la bénédiction soit sur Muẖammad et sur les siens. Seigneur, remets mes péchés et ouvre-moi les portes de Ta Miséricorde ! »

- En levant les yeux sur la Ka'ba, le pèlerin dira : « Seigneur, puisses-Tu investir cette Maison d'honneurs et de grandeur et en investir toute personne qui s'y rend en pèlerinage ou en '*umra* ! Seigneur, Tu es la Paix et de Toi vient la Paix ; puisses-Tu nous saluer par la Paix ! »

- Se diriger ensuite vers la Pierre noire et l'embrasser dignement et silencieusement ; à défaut de pouvoir le faire, on se suffira de la toucher de la main ou même de la désigner de loin.

- Commencer les cycles de circumambulation à partir de la Pierre noire.

- Ne pas exécuter de prière de salut, les circumambulations faisant office de prière de salut pour la Maison sacrée. Par contre, on accomplira d'abord la prière prescrite si, en arrivant dans la Maison sacrée, on trouve que l'imâm l'a entamée, ou que l'on craigne de la manquer, le Prophète (ﷺ) ayant dit : « Lorsque l'appel à la prière dit *iqâma* est fait, il n'y a lieu d'accomplir que la prière prescrite. »

Les circumambulations rituelles

Les modalités

1- Le pèlerin doit commencer ses circumambulations à partir de la Pierre noire. Après avoir embrassé, touché ou même désigné cette dernière de la main, il prend le départ, la Ka'ba à sa gauche, et prononce cette invocation : « Au Nom du Seigneur ; Dieu est le plus Grand. Seigneur, je me rends dans Ta Maison par foi en Toi et en Ton Livre, par fidélité à Ton pacte et par conformité à la tradition de Ton Prophète (ﷺ). »

2- Il est recommandé au pèlerin, en entreprenant les circumambulations, d'exécuter en foulées rapides les trois premiers tours, en se tenant aussi près que possible de la Ka'ba, puis de marcher à pas normal durant les quatre tours restants. Si la foule l'empêche de faire des foulées rapides ou de s'approcher de la Ka'ba, il fera comme il peut. Il lui est également recommandé de toucher l'angle sud de la Ka'ba et de toucher la Pierre noire au début de chaque nouveau tour.

3- Il lui est recommandé de prononcer autant d'invocations qu'il pourra, en prenant soin de choisir celles qui lui conviennent le mieux, sans se soucier de répéter ce que les autres disent. Aucun texte ne nous est en effet parvenu qui oblige le pèlerin à prononcer telle invocation plutôt que telle autre. Le pèlerin peut invoquer pour lui-même ou pour ses proches les bienfaits et la bénédiction de Dieu en ce bas monde comme dans l'Au-delà. Voici quelques exemples des invocations que l'on peut dire selon son choix et ses propres circonstances :

- En se mettant devant la Pierre noire : « Seigneur, je me rends dans Ta Maison par foi en Toi et en Ton Livre, par fidélité à Ton pacte et par conformité à la tradition de Ton Prophète (ﷺ). »

- En accomplissant les circumambulations : « La gloire et la louange sont à Dieu ; il n'est d'autre divinité en dehors de Dieu ; Dieu est le plus Grand ; il n'est de force et de puissance qu'en Dieu. »

- En arrivant à hauteur de l'angle sud de la Ka'ba : {*Seigneur, accorde-nous un bien en ce monde et un bien dans l'Au-delà, et préserve-nous du supplice de l'Enfer*} (S. 2, V. 201).[1] Ce propos est cité par Abû Dâwûd et Ash-Shâfi'î, d'après le Prophète (ﷺ).

Les conditions de validité des circumambulations

1- Être purifié de l'impureté légale et matérielle. 'Abd Allâh Ibn 'Abbâs (رضي الله عنهما) rapporte en effet que le Prophète (ﷺ) a dit : « La circumambulation est une prière, sauf que l'on est autorisé à parler en l'accom-

---

1 ﴿رَبَّنَآ ءَاتِنَا فِى ٱلدُّنْيَا حَسَنَةً وَفِى ٱلْآخِرَةِ حَسَنَةً وَقِنَا عَذَابَ ٱلنَّارِ﴾

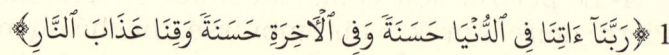

plissant. Aussi, si vous parlez pendant vos circumambulations, ne proférez que de bonnes paroles. » Ce *hadîth* est cité par At-Tirmidhî et Ad-Dâraqutnî, et authentifié par Al-Hâkim, Ibn Khuzayma et Ibn As-Sakan. On rapporte par ailleurs, citant 'Â'isha (رضي الله عنها), que le Prophète (ﷺ), trouvant un jour cette dernière en train de pleurer (ils étaient en pèlerinage), lui demanda si c'était à cause des menstrues. Comme elle répondait par l'affirmative, il lui dit : « C'est là une chose que Dieu a prescrite pour toutes les filles d'Adam. Acquitte-toi donc de tous les rites du pèlerinage, mais abstiens-toi d'accomplir les circumambulations avant de t'être purifiée. » Ce *hadîth* est cité par Muslim. On rapporte également, citant toujours 'Â'isha (رضي الله عنها), que le Prophète (ﷺ), en entrant dans La Mecque, commença par procéder à la petite ablution avant d'accomplir les circumambulations. Ce propos est cité par Al-Bukhârî et Muslim. Cependant, si l'on souffre d'un mal incurable qui empêche la purification ou qui l'interrompt fréquemment (tel le cas des malades atteints d'énurésie ou des femmes victimes de ménorragie), on est autorisé, de l'avis de tous les érudits, à effectuer les circumambulations, car la prière en ce lieu est mille fois meilleure qu'elle n'est en toute autre mosquée. Mâlik rapporte en effet qu'une femme vint trouver Ibn 'Umar, lui disant : « J'étais venue effectuer les circumambulations autour de la Maison sacrée. Mais comme je m'en approchais, je sentis que je saignais. Je rebroussai chemin et allai me purifier, puis revins vers la Maison sacrée ; mais comme je m'en approchais, je sentis à nouveau que je saignais, et à nouveau je dus rebrousser chemin. Que dois-je faire ? » Ibn 'Umar lui répondit : « Ce n'est là que ruse de Satan ! Purifie-toi, drape-toi le bas du corps et accomplis tes circumambulations. »

2- Être décemment couvert. Abû Hurayra rapporte à ce sujet : « L'année où le Prophète (ﷺ) l'avait chargé de présider au pèlerinage, un an avant celui de l'Adieu, Abû Bakr As-Siddîq m'envoya à la tête d'un groupe d'hommes, avec ordre de crier parmi les gens au jour du Sacrifice : « Dorénavant, nul associant ne sera plus admis à accomplir un pèlerinage et nulle personne nue ne sera plus autorisée à accomplir les circumambulations ! » Ce *hadîth* est cité par Al-Bukhârî et Muslim.

3- Accomplir sept tours entiers. Un seul pas manquant suffit à invalider les circumambulations. Si l'on doute de son calcul, il faut achever le compte par excès. Mais si l'on ne conçoit un doute qu'après avoir accompli les circumambulations, il n'en résulte ni invalidation du pèlerinage ni péché.

4- Commencer et finir les circumambulations à hauteur de la Pierre noire.

5- Accomplir les circumambulations en ayant la Ka'ba sur sa gauche (tourner dans le sens contraire des aiguilles d'une montre). Les circumambulations effectuées dans le sens contraire ne sont pas valides. Jâbir (مَعَاللهُ) rapporte à ce propos que le Prophète (صلى الله عليه وسلم), en arrivant à la Maison sacrée, commença par toucher la Pierre noire avant d'accomplir – en ayant la Ka'ba sur sa gauche – sept tours, dont les trois premiers en foulées rapides. Ce propos est cité par Muslim.

6- Accomplir les circumambulations en se tenant en dehors de l'enceinte de la Maison sacrée. Des circumambulations accomplies en deçà du Maqâm d'Ibrâhîm ou du Shâdhrawân (angle où l'on accroche les mailles tendant la couverture de la Ka'ba) ne sont pas valides. Dieu a en effet ordonné d'accomplir les circumambulations autour de la Maison sacrée et non en dedans : {*Et qu'ils accomplissent les sept tours rituels autour de la Maison antique*} Le Pèlerinage, 29. Il est recommandé de se rapprocher de la Maison autant que possible.

7- Accomplir les tours rituels les uns après les autres, sans interruption. C'est là l'avis de Mâlik et d'Ahmad. Une courte interruption sans excuse légale, de même qu'une longue interruption avec excuse légale n'entraînent toutefois pas l'annulation des circumambulations. Pour les hanafites et les shâfi'ites par contre, ce n'est là qu'un acte recommandé, le pèlerin ayant libre choix d'interrompre ses circumambulations quand il le désire, et de les reprendre plus tard en faisant le cumul des tours accomplis. Sa'îd Ibn Mansûr rapporte en effet que Humayd Ibn Zayd a dit : « Je vis 'Abd Allâh Ibn 'Umar (رضي الله عنهما) qui, ayant accompli trois ou quatre circumambulations, s'assit pour prendre du repos, tandis que son domestique l'éventait, puis il se releva et accomplit les tours restants. Pour les shâfi'ites et les hanafites, un pèlerin qui perd son ablution pendant les circumambulations doit se retirer, se purifier et reprendre là où il s'était arrêté, même si l'interruption a été longue. On rapporte également que 'Abd Allâh Ibn 'Umar (رضي الله عنهما), en entendant appeler à la prière alors qu'il effectuait des circumambulations, interrompit ses tours, accomplit la prière avec les orants, puis il reprit ses circumambulations là où il les avait interrompues. Pour 'Atâ, le pèlerin est même alloué à interrompre ses circumambulations afin de prendre part à une prière des morts, et les reprendre plus tard là où il les avait interrompues.

Les actes recommandés lors des circumambulations

Voici les traditions qu'il est recommandé au pèlerin d'observer pendant les circumambulations :

1- Se mettre face à la Pierre Noire pour commencer les circumambulations et prendre soin de prononcer autant d'invocations que possible, sans oublier de glorifier le Nom du Seigneur. Le fidèle lèvera les paumes des mains comme dans la prière, les posera sur la Pierre noire et embrassera silencieusement cette dernière ; il posera la joue droite dessus si c'est possible, ou, à défaut, la touchera de la main, puis embrassera sa main, ou la touchera à l'aide d'un objet qu'il tient dans la main, puis embrassera l'objet en question, ou alors la désignera de loin de la main ou avec un bâton ou tout autre objet que l'on tient. Des *hadîth* nous sont parvenus en ce sens, dont ceux-ci : 'Abd Allâh Ibn 'Umar (رضي الله عنهما) a dit : « Le Prophète (ﷺ) se mit face à la Pierre noire, posa les paumes dessus et pleura longuement. 'Umar, qui était à ses côtés, pleura également. Alors le Prophète (ﷺ) se tourna vers lui et dit : « Oui, 'Umar ! C'est en ce lieu qu'il sied de laisser couler ses larmes ! » Ce *hadîth* est cité par Al-Hâkim, qui tient pour authentique la chaîne de transmission dont il est assorti. On rapporte, citant également Ibn 'Umar, que 'Umar se pencha un jour sur la Pierre noire et dit : « Je sais pertinemment que tu n'es qu'une pierre. Par Dieu, si je n'avais vu mon bien-aimé (ﷺ) te toucher et t'embrasser, jamais je ne l'aurais fait ! Puis il récita : {*Vous avez en le Messager de Dieu le meilleur des exemples*} ». Ce propos est cité par Ahmad, ainsi que par d'autres traditionnistes, selon différentes versions. Nâfi' rapporte quant à lui : « Je vis 'Abd Allâh Ibn 'Umar (رضي الله عنهما) toucher la Pierre noire de la main et embrasser sa main, et je l'ai entendu dire : Jamais je n'ai cessé de faire cela depuis que j'ai vu le Prophète (ﷺ) le faire. » Ce *hadîth* est cité par Al-Bukhârî et Muslim.

Suwayd Ibn Ghafala rapporte pour sa part : « Je vis 'Umar (رضي الله عنه) embrasser la Pierre noire, la tenir dans ses bras et dire : « C'est que j'ai vu combien le Prophète (ﷺ) te donnait d'importance. » Ce *hadîth* est cité par Muslim. On rapporte, citant 'Abd Allâh Ibn 'Umar (رضي الله عنهما) que le Prophète (ﷺ), en arrivant à la Maison sacrée, commençait par poser les paumes sur la Pierre noire en répétant : « Au Nom de Dieu ; Dieu est le plus Grand. » Ce *hadîth* est cité par Ahmad. Par ailleurs, Muslim rapporte qu'Abû At-Tufayl a dit : « Je vis le Prophète (ﷺ) accomplir les circumambulations, toucher la Pierre noire avec un bâton qu'il tenait à la main, puis embrasser ce dernier. » Al-Bukhârî, Muslim et Abû Dâwûd rapportent par ailleurs que ‘Umar (ﷺ) toucha la Pierre de la main et l’embrassa, puis il dit : « Je sais pertinemment que tu n’es qu’une pierre incapable de faire le moindre bien comme de faire le moindre mal. Si je n’avais vu le Prophète (ﷺ) le faire, jamais je ne t’aurais embrassée ! » Al-Kha<u>tt</u>âbî commente : « Il en ressort que ces traditions doivent être suivies et appliquées, même si l’on n’en saisit pas le sens, et que toute personne qui en est informée doit s’y conformer. »

On conçoit toutefois que le fait d’embrasser la Pierre soit un signe de vénération et de respect. Dieu a en effet accordé la précellence à certaines pierres sur d’autres et il est du devoir de chacun de respecter cet état de fait. Il nous est parvenu par ailleurs un certain nombre de *<u>h</u>adîth* à ce propos, qui donnent une explication à cela tout à fait plausible, dont celui-ci : « La Pierre noire est la dextre de Dieu tendue sur terre. » L’embrasser reviendrait donc à conclure un pacte avec le Seigneur, exactement comme on serre la main d’un roi en signe d’obédience ou comme le domestique baise celle de son maître en signe de soumission. Al-Muhallab juge cependant que les paroles de ‘Umar rapportées plus haut prouvent que de telles assertions sont infondées : on ne saurait en effet attribuer de membres à Dieu. L’ordre d’embrasser la Pierre est donc à prendre dans le sens d’un acte que Dieu nous impose pour éprouver notre obéissance et notre foi, exactement comme Il avait ordonné à Satan de se prosterner devant Adam. Du reste, la Pierre noire est, à notre connaissance, la seule qui demeure de celles avec lesquelles Ibrâhîm avait bâti la Maison antique.

De la bousculade autour de la Pierre noire

Il est permis de bousculer pour toucher la Pierre noire, à condition de ne causer de tort à personne. ‘Abd Allâh Ibn ‘Umar (ﷺ) bousculait jusqu’à saigner du nez en essayant de toucher la Pierre. Le Prophète (ﷺ) dit un jour à ‘Umar à ce propos : « Ô Abû <u>H</u>af<u>s</u> ! Tu es un homme de forte carrure. Ne bouscule donc pas les gens autour de la Pierre, car tu risquerais de léser les plus faibles. Aussi, si tu trouves un passage libre, touche la Pierre et embrasse-la ; sinon, glorifie le Nom du Seigneur et poursuis tes circumambulations. » Ce *<u>h</u>adîth* est cité par Ash-Shâfi‘î dans ses « *Sunan* ».

2- Il est également recommandé de se mettre le drap de sacralisation en bandoulière en le passant sous l’aisselle droite, les pans rejetés sur l’épaule gauche. Ibn ‘Abbâs rapporte en effet que le Prophète (ﷺ) et ses Compagnons firent ainsi alors qu’ils étaient en route pour la '*umra*. Ce propos est cité par Ah̲mad et Abû Dâwûd. C'est aussi l'avis de la majorité des érudits, qui s'accorde à considérer que cela aide à effectuer les trois premiers tours en foulées rapides. Pour Mâlik, c'est au contraire déconseillé, étant donné que c'est une pratique non reconnue selon lui, à laquelle nulle personne fiable ne s'est jamais livrée. Par ailleurs, les érudits s'accordent à le déconseiller au cours de la prière qui précède les circumambulations.

3- Les trois premiers tours doivent être effectués en foulées rapides, les quatre autres tours à pas normal. 'Abd Allâh Ibn 'Umar (ﷺ) rapporte en effet que le Prophète (ﷺ) effectua les trois premiers tours en foulées rapides et accomplit les quatre autres en marchant. » Ce propos est cité par Ah̲mad et Muslim. Ce précepte est à observer scrupuleusement : l'on ne saurait intervertir cet ordre. Par ailleurs, la façon de mettre le drap, ainsi que les tours en foulées rapides, sont deux pratiques réservées aux mâles et applicables seulement lors des circumambulations de la '*umra* et du pèlerinage qui sont suivies des parcours entre as̲-S̲afâ et al-Marwa. Pour les shâfi'ites, le pèlerin n'est plus obligé de mettre son drap en bandoulière ni d'exécuter les trois premiers tours en foulées rapides durant les circumambulations de l'*ifâd̲a* (dites également *de visite*) s'il l'a fait à l'arrivée et en le faisant suivre par la série des parcours entre as̲-S̲afâ et al-Marwa. Par contre, s'il a retardé cette série jusqu'aux circumambulations de l'*ifâd̲a*, les deux modalités en question doivent être également retardées. Quant aux femmes, elles en sont exemptes par pudeur. Al-Bayhaqî rapporte en effet, citant Ibn 'Umar, que les femmes ne sont tenues de faire des foulées rapides ni en exécutant les tours rituels ni en effectuant la séries de parcours entre as̲-S̲afâ et al-Marwa.

De la finalité des foulées rapides

Ibn 'Abbâs rapporte à ce sujet : « A leur arrivée à La Mecque pour le premier pèlerinage et avant la conquête de celle-ci, le Prophète (ﷺ) et ses Compagnons souffrirent tous de la fièvre de Médine, qui les avait affaiblis. Ayant eu vent de leur état de santé, les Associants mecquois se dirent : « Il vous vient des gens que la fièvre a diminués ! » Informé par Dieu de ces propos, le Prophète (ﷺ) ordonna à ses Compagnons d'accomplir les trois premiers tours en foulées rapides et de marcher entre les angles est et sud de la Ka'ba. Les voyant faire, les Associants dirent : « Voici donc ceux que vous disiez diminués par la fièvre ! Ne sont-ils pas mieux portants que nous le sommes nous-mêmes ? » 'Abd

Allâh Ibn ‘Abbâs (رضي الله عنهما) ajoute : « S’il n’avait craint de les forcer, il leur aurait certainement ordonné d’exécuter toute la série de circumambulations en foulées rapides. » Ce dire est cité par Al-Bukhârî, Muslim et Abû Dâwûd, les termes étant de ce dernier.

Du reste, quand il devint calife, ‘Umar (رضي الله عنه) pensa d’abord à annuler cette modalité, les raisons pour lesquelles le Prophète (ﷺ) l’avait instaurée ayant disparu. Il finit cependant par se raviser, jugeant sans doute qu’il valait mieux garder cette tradition afin de la laisser vive dans l’esprit des générations futures. Muhibb Ad-Dîn At-Tabarî dit à ce propos qu’une prescription religieuse peut très bien être dictée pour une raison déterminée : « La finalité escomptée par la prescription peut persister même après disparition de la raison l’ayant directement déterminée. » Zayd Ibn Aslam rapporte en effet que son père a dit : « J’entendis ‘Umar Ibn Al-Khattâb (رضي الله عنه) dire : Il est évident que nous n’avons plus aucune raison de hâter le pas ni de découvrir nos épaules à présent que Dieu a définitivement consolidé l’Islam et défait les mécréants. Toutefois, nous préférons ne point nous abstenir d’une chose que nous faisions du temps du Prophète (ﷺ). »

4-Toucher de la main l’angle sud de la Ka‘ba. ‘Abd Allâh Ibn ‘Umar (رضي الله عنهما) a dit à ce propos : « Je n’ai vu le Prophète (ﷺ) toucher des mains que les côtés est (où est placée la Pierre noire) et sud de la Ka‘ba. Depuis que je l’ai vu faire, je n’ai jamais cessé de l’imiter en cela. » Ce propos est cité par Al-Bukhârî et Muslim. De fait, l’angle où est logée la Pierre noire mérite cet égard au moins pour deux raisons : la première est qu’il marque l’emplacement exact de l’un des angles originaux de la première Maison bâtie par Ibrâhîm ; la deuxième est que les cycles de circumambulations y prennent leur départ. Quant à l’angle sud (dit également angle yéménite), il marque aussi l’emplacement d’un des angles originaux de la Maison antique. Abû Dâwûd rapporte, concernant les deux autres angles, qu’on vint un jour dire à Ibn ‘Umar que ‘Â’isha (رضي الله عنها) avait dit : « Le Hijr fait partie intégrante de la Maison sacrée. » Alors Ibn ‘Umar dit : « Par Dieu, je pense bien que ‘Â’isha a entendu cela du Prophète (ﷺ) et je conçois bien que le Prophète (ﷺ) n’a pas touché des mains les deux autres angles (ceux constituant le côté qui fait face au Hijr) parce qu’il savait bien qu’ils ne marquent pas l’emplacement des deux angles originaux de la Maison antique. C’est d’ailleurs pour la même raison que le cercle décrit par les circumambulations doit contenir le Hijr. » Par ailleurs, les érudits de la Communauté s’accordent à dire que le pèlerin est appelé à toucher les deux angles sud et est, mais non les deux autres. Ibn Hibbân rapporte dans son « *Sahîh* » que le Prophète (ﷺ) a dit : « L'angle de la Pierre noire et l'angle yéménite déchargent le pèlerin de ses péchés. »

5- Accomplir une prière de deux cycles à la fin des circumambulations : Il est recommandé au pèlerin d'exécuter une prière de deux cycles à la suite de chaque série de circumambulations, que la série soit obligatoire ou surérogatoire. Cette prière peut s'accomplir au niveau du Maqâm ou en n'importe quel autre lieu de la Mosquée sacrée. On rapporte en effet, citant Jâbir (رضي الله عنه), que le Prophète (ﷺ), en entrant dans La Mecque, effectua sept circumambulations autour de la Maison sacrée. Il se rendit ensuite au Maqâm d'Ibrâhîm, récita : {*Prenez la station d'Ibrâhîm pour lieu de prière*} (S. 2, V. 125)[1], accomplit une prière devant ce lieu, puis s'approcha de la Pierre noire et la toucha des mains. Ce propos est cité par At-Tirmidhî, qui le tient pour une tradition *hasan sahîh*. Il est également recommandé de réciter pendant cette prière, après la *fâtiha*, les sourates Les Mécréants dans le premier cycle et La Foi Pure dans le deuxième, comme cela a été rapporté d'après le Prophète (ﷺ).

Par ailleurs, cette prière peut être accomplie à tout moment, même durant les temps au cours desquels la prière est habituellement interdite. Jubayr Ibn Mut'im rapporte en effet que le Prophète (ﷺ) a dit : « Ô Banû 'Abd Manâf ! N'empêchez jamais aucun croyant d'effectuer des circumambulations ni d'accomplir une prière dans cette Maison, quelle que soit l'heure du jour ou de la nuit ! » Ce *hadîth* est cité par Ahmad, Abû Dâwûd et At-Tirmidhî, qui le tient pour authentique. C'est également l'opinion adoptée par Ash-Shâfi'î et Ahmad. De même, et tout comme il est recommandé d'exécuter la prière accomplie après les circumambulations dans l'enceinte même de la Mosquée, il est possible de l'accomplir à l'extérieur. Al-Bukhârî rapporte en effet qu'Umm Salama (رضي الله عنها), ayant accompli les circumambulations à dos de monture, n'accomplit la prière qu'une fois sortie de l'enceinte de la Mosquée. De même, Mâlik rapporte que 'Umar (رضي الله عنه) n'exécuta cette prière qu'à Dhû Tuwâ, et Al-Bukhârî rapporte que 'Umar accomplit la prière hors de l'enceinte de la Mosquée. D'autre part, l'exécution d'une prière obligatoire dispense de cette prière. C'est là l'avis adopté par Ash-Shâfi'î et Ahmad, mais non par Mâlik et les hanafites, pour qui nulle autre prière ne saurait en dispenser.

---

1 ﴿وَاتَّخِذُوا مِن مَّقَامِ إِبْرَاهِيمَ مُصَلًّى وَعَهِدْنَا إِلَىٰ إِبْرَاهِيمَ﴾

Est-il permis de passer devant une personne qui accomplit une prière au sein de la Mosquée de La Mecque ?

Il est tout à fait permis de le faire sans qu'il s'ensuive le moindre péché. C'est là une des caractéristiques de la Mosquée sacrée. Kathîr Ibn Kathîr Ibn Al-Muttalib Ibn Wadâ'a rapporte, citant une parente, qui citait son arrière-grand-père, que ce dernier dit avoir vu le Prophète (ﷺ) accomplir la prière au sein de la Mosquée sacrée, du côté des Banû Sahm, tandis que les gens passaient devant lui, sans que nul objet ni obstacle ne les séparât ». Sufyân Ibn 'Uyayna précise également que le Prophète (ﷺ) accomplissait cette prière : « Sans que nul objet ne le séparât de (l'espace traversé par les gens qui passaient entre lui et) la Ka'ba. » Ce propos est cité par Abû Dâwûd, An-Nasâ'î et Ibn Mâjah.

Est-il permis aux femmes d'effectuer les circumambulations avec les hommes ?

Al-Bukhârî rapporte, citant Ibn Jurayj, qui dit avoir été informé par 'Atâ' : « Lorsque Ibn Hishâm voulut interdire aux femmes d'accomplir les circumambulations en même temps que les hommes, je lui dis : Comment peux-tu interdire cela alors que les épouses du Prophète (ﷺ) le faisaient ! Il demanda : « Les épouses du Prophète (ﷺ) ont-elles vraiment fait ainsi ? » Ibn Jurayj ajoute : « Alors je demandai : « Etait-ce avant ou après la prescription sommant les épouses du Prophète (ﷺ) d'éviter tout contact direct avec les hommes ? » Il répondit : « Je les ai vues qui le faisaient après cette prescription. » Je rétorquai : « Comment peux-tu dire cela alors qu'elles ne se mêlaient plus aux hommes ! 'Â'isha (رضي الله عنها) prenait soin, en accomplissant les circumambulations, de se tenir à l'écart des hommes. Un jour, une femme lui dit : « Allons toucher la Pierre noire, ô Mère des Croyants ! » 'Â'isha (رضي الله عنها), s'y refusant, lui répondit : « Vas-y toi-même si tu le veux ! » Elles se mêlaient aux hommes seulement le soir et en masquant leur identité. Quand elles étaient dans l'enceinte de la Maison sacrée, elles se tenaient à l'écart et attendaient que les hommes eussent vidé les lieux pour aller toucher la Pierre noire des paumes des mains. La femme est en effet autorisée à toucher la Pierre sacrée si elle est sûre de ne pas se bousculer avec les hommes en essayant de l'approcher. On rapporte en effet que 'Â'isha (رضي الله عنها) dit un jour à une femme : « Ne bouscule personne pour aller toucher la Pierre noire : si tu trouves une opportunité de l'approcher sans bousculer personne, tant mieux ; mais s'il y a foule, contente-toi de glorifier le Nom du Seigneur en passant à sa hauteur, et abstiens-toi de causer du tort aux gens. »

Peut-on effectuer les circumambulations à dos de monture ?

Le pèlerin est autorisé à effectuer les circumambulations à dos de monture – même lorsqu'il est capable de marcher – s'il a une raison valable pour le faire. 'Abd Allâh Ibn 'Abbâs (رضي الله عنهما) rapporte en effet que le Prophète (ﷺ), durant le pèlerinage de l'Adieu, effectua les circumambulations à dos de chameau, en touchant la Pierre noire à chaque tour à l'aide d'un bâton qu'il tenait à la main. Ce *hadîth* est cité par Al-Bukhârî et Muslim. On rapporte de même, citant Jâbir (رضي الله عنه), que durant le pèlerinage de l'Adieu, le Prophète (ﷺ) effectua à dos de chameau les circumambulations et la série de parcours entre as-Safâ et al-Marwa, afin que les gens pussent le voir et s'enquérir auprès de lui de ce qu'ils désiraient savoir. Autrement, la foule l'aurait certainement englouti.

De la recommandation pour les personnes atteintes d'un mal contagieux, d'éviter de se mêler aux gens pendant les circumambulations

Mâlik rapporte, citant Ibn Abî Mulayka, que le calife 'Umar Ibn Al-Khattâb (رضي الله عنه), ayant aperçu une femme souffrant de la lèpre effectuer les circumambulations au milieu des gens, l'appela et lui dit : « Ô esclave de Dieu ! Évite de nuire aux gens et reste chez-toi ! » La femme s'exécuta et s'abstint de ce jour de sortir de chez elle. Ibn Abî Mulayka ajoute qu'en passant devant la maison de cette femme après le décès de 'Umar, il s'arrêta et lui dit : « Celui qui t'avait interdit de sortir de chez toi n'est plus. Tu peux sortir à présent si tu le veux ! » Alors la femme lui répondit : « Comment oserais-je lui désobéir après sa mort en ce en quoi je lui avais obéi de son vivant ! »

De la recommandation de se désaltérer à l'eau du puits de Zam-Zam

Il est recommandé au pèlerin, quand il a accompli ses circumambulations et exécuté les deux cycles de prière rituels devant le Maqâm, de se désaltérer à l'eau de Zam-Zam. Al-Bukhârî et Muslim rapportent en effet tous deux dans leurs « *Sahîh* » que le Prophète (ﷺ) en but et dit : « C'est là une eau bénie, un aliment qui nourrit et un remède qui guérit ! » Il est également établi que l'Archange Jibrîl utilisa l'eau de ce puits pour laver le cœur du Prophète (ﷺ) lors du Voyage céleste. De même, At-Tabarânî – dans « *Al-Kabîr* » – et Ibn Hibbân rapportent, citant 'Abd Allâh Ibn 'Abbâs (رضي الله عنهما), que le Prophète (ﷺ) a dit : « La meilleure eau sur terre est celle de Zam-Zam : c'est un aliment qui nourrit et un remède qui guérit ! » Al-Mundhirî commente : « Les rapporteurs de ce *hadîth* sont tous dignes de confiance. »

Des bons comportements à observer en buvant de l'eau de Zam-Zam

Il est recommandé de concevoir, au moment de boire de l'eau de Zam-Zam, un vœu que l'on désire voir exaucé, comme la guérison, ou tout autre bien en ce monde et dans l'Au-delà. Le Prophète (ﷺ) a dit en effet : « L'eau de Zam-Zam sera utile à ce à quoi, en la buvant, on aura escompté qu'elle soit. » Suwayd Ibn Sa'îd dit à ce sujet : « Je vis 'Abd Allâh Ibn Al-Mubârak qui, parvenant au puits de Zam-Zam, en puisa une gorgée, se tourna vers la Ka'ba et dit : « Seigneur, Ibn Abî Al-Mawâlî nous a appris, citant Muhammad Ibn Al-Munkadir, que Jâbir a dit, que le Prophète (ﷺ) a dit : « L'eau de Zam-Zam sera utile à ce à quoi, en la buvant, on aura escompté qu'elle soit. » Seigneur, je bois cette gorgée pour qu'elle me préserve de la soif du Jour du jugement dernier ! » Puis il but la gorgée. » Ce propos est cité par Ahmad et Al-Bayhaqî, assorti d'une chaîne authentique. On rapporte de même, citant 'Abd Allâh Ibn 'Abbâs (رضي الله عنهما), que le Prophète (ﷺ) a dit : « L'eau de Zam-Zam sera utile à ce à quoi, en la buvant, on aura escompté qu'elle soit. Si tu la bois en concevant le vœu d'être guéri, Dieu te guérira ; si tu la bois en concevant le vœu d'être nourri, Dieu te nourrira ; si tu la bois en concevant le vœu d'être désaltéré, Dieu te désaltérera. C'est là le puits creusé par l'Archange Jibrîl, pour accomplir la volonté de Dieu de désaltérer Ismâ'îl. » Ce *hadîth* est cité par Ad-Dâraqutnî et Al-Hâkim, qui ajoute cette suite : « et si tu la bois en concevant le vœu d'être protégé, Dieu te protégera. »

Il est par ailleurs recommandé de boire en trois longues gorgées, de le faire en se tournant vers la *qibla*, de boire en quantité et d'adresser des louanges à Dieu tout en répétant l'invocation retenue d'Ibn 'Abbâs. On rapporte en effet, citant Abû Mulayka, qu'Ibn 'Abbâs, voyant arriver un homme, lui demanda d'où il venait. L'homme répondit qu'il venait de se désaltérer à l'eau de Zam-Zam. Alors Ibn 'Abbâs lui demanda : « As-tu bu comme il convient ? » Comme l'homme demandait comment il fallait s'y prendre, Ibn 'Abbâs lui répondit : « Quand tu veux boire de cette eau, tourne-toi vers la *qibla*, invoque Dieu et glorifie Son Nom, bois en trois longues gorgées jusqu'à ce que tu sois complètement désaltéré, puis adresse tes louanges à Dieu. Le Prophète (ﷺ) a dit en effet : « Un des signes qui nous distinguent des hypocrites est que ces derniers ne boivent jamais de Zam-Zam jusqu'à se désaltérer. » ce propos est cité par Ibn Mâjah, Ad-Dâraqutnî et Al-Hâkim. On rapporte également qu'Ibn 'Abbâs avait l'habitude de répéter, lorsqu'il buvait de Zam-Zam : « Seigneur, accorde-moi un savoir utile, une subsistance généreuse et guéris-moi de tout mal ! »

Des origines du puits de Zam-Zam

Al-Bukhârî rapporte, citant 'Abd Allâh Ibn 'Abbâs (رضي الله عنهما), que Hâjar, la mère d'Ismâ'îl, parvenant à la colline de Marwa en quête d'une quantité d'eau suffisante pour son fils et pour elle-même, entendit une voix. Se sachant parfaitement seule dans le désert, elle crut d'abord que c'était sa propre voix qu'elle venait d'entendre. Mais comme le mystérieux son se répétait une nouvelle fois, elle dit : « Je vous ai entendu. Seriez-vous de quelque secours ? » Alors l'Archange lui apparut, se tenant à l'emplacement actuel du puits. De l'aile, il frappa le sol, faisant jaillir une source d'eau claire. Voyant cela, Hâjar accourut et des deux mains s'empressa de border le précieux liquide avant d'en puiser pour remplir sa gourde, l'eau jaillissant à mesure qu'elle en prenait. 'Abd Allâh Ibn 'Abbâs (رضي الله عنهما) rapporte que le Prophète (ﷺ) a dit : « Dieu ait en Sa Miséricorde la mère d'Ismâ'îl. Si elle n'en avait pas puisé de la sorte, le puits de Zam-Zam aurait été une source à fleur de terre ! » Elle se désaltéra donc et fit boire son enfant, puis l'Archange lui dit : « Vous n'avez rien à craindre. C'est là l'emplacement de la Maison de Dieu, que bâtiront cet enfant et son père. Or, Dieu ne saurait nuire aux hôtes de Sa Maison. »

L'emplacement de l'actuelle Ka'ba était à cette époque un promontoire que les torrents d'hiver cernaient de droite et de gauche sans jamais le couvrir.

De la recommandation d'adresser des supplications à Dieu en se tenant à Al-Multazam

Il est recommandé, après s'être désaltéré à l'eau de Zam-Zam, de se tenir à l'endroit dit Al-Multazam, situé entre l'angle de la Pierre noire et le portail de la Ka'ba, et d'adresser ses supplications à Dieu. Al-Bayhaqî rapporte en effet qu'Ibn 'Abbâs, qui avait l'habitude de le faire, disait : « C'est entre l'angle (de la Pierre noire) et le portail qu'il faut se tenir pour invoquer Dieu, car Dieu ne saurait refuser d'exaucer un vœu qui Lui est adressé en cet endroit. » Al-Bayhaqî rapporte également à ce propos, citant 'Amr Ibn Shu'ayb, d'après le père de ce dernier, que son grand-père a dit : « Je vis le Prophète (ﷺ) se tenir à Al-Multazam et coller la face et la poitrine contre le mur de la Ka‘ba. » Par ailleurs, Al-Ḥatîm et Al-Multazam sont, de l'avis de certains, les deux noms d'un même lieu. Al-Bukhârî tend par contre à considérer qu'Al-Ḥatîm est le Ḥijr d'Ismâ‘îl lui-même, citant, pour étayer son opinion, le *hadîth* du Voyage nocturne, où le Prophète dit : « Pendant que je dormais dans Al-Ḥatîm… »

De la recommandation de pénétrer à l'intérieur de la Ka‘ba et dans le Ḥijr d'Ismâ‘îl

Al-Bukhârî et Muslim rapportent, citant ‘Abd Allâh Ibn ‘Abbâs (ﷺ) : « Le Prophète (ﷺ), Usâma Ibn Zayd et ‘Uthmân Ibn Ṭalḥa pénétrèrent dans la Ka‘ba et s'enfermèrent dedans. Quand ils en ressortirent, Bilâl m'informa que le Prophète (ﷺ) y avait accompli une prière, en se plaçant entre les deux colonnes marquant les angles est et sud de l'édifice. » Les érudits y voient une preuve de la recommandation pour le pèlerin d'accomplir une prière à l'intérieur de la Ka‘ba. Cependant, précisent-ils, il ne s'agit point là d'une obligation, mais d'une simple tradition. Pour preuve, ce *hadîth* rapporté par Al-Ḥâkim, assorti d'une chaîne authentique : « Ibn ‘Abbâs dit : « Ô gens ! Pénétrer à l'intérieur de la Ka‘ba ne fait point partie des rites du pèlerinage ! »

Si on ne parvient pas à pénétrer à l'intérieur de l'édifice, on se contentera d'accomplir une prière dans le Ḥijr, étant donné qu'il fait partie de l'édifice antique. Aḥmad rapporte par le biais d'une chaîne de transmission bonne, citant Sa‘îd Ibn Jubayr : « ‘Â'isha (ﷺ) dit un jour au Prophète (ﷺ) : « Ô Envoyé de Dieu, tous les tiens ont pu pénétrer à l'intérieur de la Maison sacrée sauf moi-même ! » Le Prophète (ﷺ) lui dit d'envoyer dire à Shayba de lui ouvrir la porte de l'édifice. Informé de sa requête, ce dernier répondit que jamais la Maison n'avait été ouverte de nuit ni sous la gentilité (*al-jâhiliyya*) ni après l'avènement de l'Islam. Quand ‘Â'isha (ﷺ) rapporta cela au Prophète (ﷺ), il lui dit : « Accomplis ta prière dans le Ḥijr, car il aurait bel et bien fait partie de l'édifice si les tiens n'avaient lésiné en reconstruisant ce dernier. »

La série des parcours entre aṣ-Ṣafâ et al-Marwa

De l'origine de ce rite

Al-Bukhârî rapporte, citant ‘Abd Allâh Ibn ‘Abbâs (ﷺ) : « Lorsque Ibrâhîm (ﷺ) conduisit Hâjar et son fils Ismâ‘îl – alors nourrisson – dans le pays du Ḥijâz, il les abandonna sous un arbre sur les hauteurs de

Zam-Zam. L'emplacement actuel de La Mecque était alors un désert aride, que nul cours d'eau ne sillonnait, à l'exception des rares torrents d'orage. Il déposa auprès de la mère et de son enfant un sac rempli de dattes et une cruche d'eau, puis s'en retourna, rebroussant chemin. Le voyant faire, Hâjar le poursuivit en répétant : « Ô Ibrâhîm ! Comment peux-tu nous abandonner seuls dans cette vallée déserte et inhospitalière ? » Comme il poursuivait sa marche sans se retourner, elle lui demanda : « Est-ce Dieu Qui t'a ordonné d'agir ainsi ? » Il lui répondit par l'affirmative ; alors elle lui dit : « Continue donc ton chemin ; jamais Dieu ne nous abandonnera ! » Selon une autre version, elle demanda : « A qui nous abandonnes-tu ? » Comme Ibrâhîm répondait : « Je vous abandonne à Dieu », elle lui dit : « Nous nous suffisons de Dieu comme Protecteur », et s'en retourna auprès de son enfant. Quant à Ibrâhîm, il attendit d'être parvenu à la dépression entre les deux collines – d'où sa femme et son enfant ne pouvaient plus le voir – pour se tourner vers l'emplacement de la Ka'ba et prononcer l'invocation suivante : {*Seigneur, j'ai installé une partie de ma progéniture dans une vallée aride auprès de Ta Maison sacrée, afin, Seigneur, qu'ils accomplissent convenablement la prière. Seigneur, fais donc que les cœurs de certains d'entre les humains penchent vers eux, et accorde-leur une part des fruits de la terre ; peut-être se montreront-ils reconnaissants*} (S. 14, V. 37).[1]

Après le départ de son époux, Hâjar demeura sur place, se nourrissant des dattes laissées par Ibrâhîm, s'abreuvant à l'eau de la cruche et allaitant son enfant. Mais l'eau vint à s'épuiser, ses seins à tarir et la soif à s'installer. Ne pouvant plus regarder son bébé qui dépérissait à vue d'œil, Hâjar s'éloigna, escalada la colline s'élevant non loin de là – celle de as-Safâ – et scruta l'horizon, dans l'espoir de découvrir quelque trace de vie. Comme elle ne voyait que le désert à perte de vue, sans âme qui vive, elle redescendit la pente, et se retrouva dans la dépression entre as-Safâ et al-Marwa. Là, relevant le pan de sa robe, elle avança à pas hâtés, la démarche fatiguée que l'on peut aisément imaginer en telles circonstances, jusqu'à ce qu'elle fût parvenue à la colline de Marwa, qu'elle escalada également pour scruter l'horizon. Comme elle ne voyait pas non plus la moindre trace de vie en cet endroit, elle redescendit encore une fois dans la vallée, courut et remonta sur as-Safâ, d'où elle scruta à nouveau l'horizon. Elle répéta cette course à

---

1 ﴿رَّبَّنَآ إِنِّيٓ أَسۡكَنتُ مِن ذُرِّيَّتِي بِوَادٍ غَيۡرِ ذِي زَرۡعٍ عِندَ بَيۡتِكَ ٱلۡمُحَرَّمِ رَبَّنَا لِيُقِيمُواْ ٱلصَّلَوٰةَ فَٱجۡعَلۡ أَفۡـِٔدَةٗ مِّنَ ٱلنَّاسِ تَهۡوِيٓ إِلَيۡهِمۡ وَٱرۡزُقۡهُم مِّنَ ٱلثَّمَرَٰتِ لَعَلَّهُمۡ يَشۡكُرُونَ﴾

sept reprises. » ‘Abd Allâh Ibn ‘Abbâs (رضي الله عنهما) rapporte à ce propos : « Le Prophète (ﷺ) a dit : « C’est pourquoi il a été prescrit aux gens d’accomplir cette série de parcours. »

Du statut légal des parcours

Les érudits divergent à ce propos. Trois opinions sont à retenir :

1- Ibn ‘Umar, Jâbir et ‘Â’isha – parmi les Compagnons (رضي الله عنهم) ainsi que Mâlik, Ash-Shâfi‘î et Ahmad, dans l’une des deux versions rapportées d’après ce dernier, jugent que les parcours font partie intégrante des rites du pèlerinage : les négliger annule celui-ci et aucune compensation ne saurait y remédier. Pour étayer leur opinion, ils citent les *hadîth* que voici :

- Al-Bukhârî rapporte, citant Az-Zuhrî, que ‘Urwa a dit : « Je dis un jour à ‘Â’isha (رضي الله عنها) : « Considère avec moi le verset : {*as-Safâ et al-Marwa font partie des rites de Dieu ; ceux qui accomplissent un pèlerinage n’encourent nul péché s’ils accomplissent les sept parcours rituels entre ces deux endroits*} (S. 2, V. 158).[1] Pour moi, cela signifie que l’on n’encourt aucun péché à délaisser l’accomplissement de ces parcours. » Elle me répondit alors : « C’est une bien mauvaise interprétation que tu fais là, ô fils de mon frère ! En effet, s’il en était ainsi, nul n’encourrait de péché à délaisser ces parcours. Sauf que ce verset fut révélé à propos des Ansâr (Auxiliaires) qui avaient pour habitude – avant qu’ils n’embrassent l’Islam – de chanter la gloire de Manât, la divinité qu’ils adoraient, à hauteur du Mushallil, entre as-Safâ et al-Marwa, et furent gênés d’accomplir ses parcours qui leur rappelaient leur passé païen. Comme ils s’en plaignirent au Prophète (ﷺ), Dieu fit descendre ce verset. » Puis ‘A’isha d’ajouter : « Le Prophète (ﷺ) a instauré l’accomplissement de ces parcours : nul n’est alloué à les délaisser. »

- Muslim rapporte que ‘Â’isha (رضي الله عنها) a dit : « Le Prophète (ﷺ) et les musulmans accomplirent ces parcours. Cela en fait une tradition : Dieu n’agréera jamais le pèlerinage de celui qui aura négligé de les imiter. »

- On rapporte que Habîba Bint Abî Tijrât (dame de la Maison des ‘Abd Ad-Dâr) dit : « J’assistai, en compagnie de quelques dames de Quraysh de la Maison d’Abû Husayn, à la course du Prophète (ﷺ) entre as-Safâ et al-Marwa. Son pagne lui glissait autour de la taille tellement il

---

1 ﴿إِنَّ ٱلصَّفَا وَٱلۡمَرۡوَةَ مِن شَعَآئِرِ ٱللَّهِۖ فَمَنۡ حَجَّ ٱلۡبَيۡتَ أَوِ ٱعۡتَمَرَ فَلَا جُنَاحَ عَلَيۡهِ أَن يَطَّوَّفَ بِهِمَاۚ﴾

pressait le pas. Je voyais presque ses genoux apparaître de dessous le bord du pagne. Je l'entendis dire : « Accomplissez le parcours, car Dieu vous a prescrit de le faire. » Ce *hadîth* est cité par Ibn Mâjah, Ahmad et Ash-Shâfi'î.

- Ces parcours, en pèlerinage comme en *'umra*, constituent un rite essentiel, au même titre que les circumambulations rituelles.

2- Ibn 'Abbâs, Anas, Ibn Az-Zubayr et Ibn Sîrîn, de même que Ahmad dans la deuxième version qui est rapportée d'après lui, tendent par contre à penser que ces parcours ne sont qu'une tradition dont l'omission n'entraîne nulle compensation. Pour étayer leur point de vue, ils citent les arguments que voici :

- Dieu a dit : {*ceux qui accomplissent un pèlerinage n'encourent nul péché s'ils accomplissent les sept parcours rituels*}. Il s'agit donc d'un acte dont l'accomplissement n'entraîne nul péché et dont l'omission n'entraîne aucun péché non plus. Recommandation indiscutable, étant donné que Dieu dit : {*As-Safâ et al-Marwa font partie des rites de Dieu*}, elle n'est pas pour autant une obligation. On rapporte d'ailleurs que l'on pouvait lire, dans le recueil coranique de Ubayy et dans celui de 'Ibn Mas'ûd : « *ceux qui accomplissent un pèlerinage n'encourent nul péché s'ils* n'*accomplissent pas les sept parcours rituels* », lecture qui, pour n'être pas du Coran, n'en est pas moins une interprétation parfaitement admissible.

- Comme il s'agit d'un rite défini par un nombre, mais ne se rapportant pas à la Maison sacrée, il ne saurait être pris pour un rite essentiel, comme l'est par exemple le jet de pierres de 'Aqaba.

3- Abû Hanîfa, Ath-Thawrî et Al-Hasan jugent enfin que c'est là une obligation, mais non un rite essentiel. Délaisser l'accomplissement de ces parcours n'invalide pas le pèlerinage, mais appelle une offrande de compensation. L'auteur du « *Al-Mughnî* » adopte également cette opinion, qu'il étaie des arguments que voici :

« - C'est l'opinion la plus vraisemblable, étant donné que la preuve citée par ceux qui en font un rite essentiel indique une obligation générale, non une spécification dont pourrait découler une invalidation en cas d'omission.

- L'opinion avancée par 'Â'isha (رضي الله عنها) à ce propos est récusable, eu égard aux opinions contraires retenues d'après d'autres Compagnons.

- Concernant le *hadîth* rapporté d'après Habîba Bint Abî Tijrât, Ibn Al-Mundhir a dit en le commentant que la chaîne de ses rapporteurs comportait la mention de 'Abd Allâh Ibn Al-Mu'ammal, dont la crédibilité est mise en doute par les traditionnistes. De plus, même pris tel quel, le *hadîth* n'indique qu'une obligation, non un rite essentiel.

- Concernant le verset que l'on cite à ce propos, il est établi qu'il fut révélé à l'intention de gens qui, ayant adoré à l'époque antéislamique deux idoles dont les statues étaient placées entre les deux collines, éprouvaient de la gêne à accomplir au même endroit un rite islamique. »

Les conditions de validité des parcours entre as-Safâ et al-Marwa

Pour que ces parcours soient valides, certaines conditions sont requises :

1- Qu'ils soient accomplis à la suite d'une série de circumambulations ;

2- Qu'ils soient accomplis à sept reprises consécutives ;

3- Que l'on commence par la colline de as-Safâ ;

Que le parcours se fasse suivant l'itinéraire connu sous le nom de Mas'â, qui relie entre elles les deux collines, étant donné que le Prophète (ﷺ) fit ainsi et qu'il dit : « Apprenez de moi les rites du pèlerinage. » Aussi, est considéré comme nul et invalide, tout parcours qui a été accompli avant les circumambulations ou qui a été commencé par Marwa au lieu de as-Safâ ou qui a été accompli en dehors du chemin indiqué.

Est-il nécessaire d'escalader les collines de as-Safâ et d'al-Marwa ?

Escalader les collines de as-Safâ et de al-Marwa n'est pas une condition nécessaire à la validité du parcours. Il est cependant impératif de toucher du pied l'une et l'autre de ces deux collines à la fin de chaque parcours. A défaut, on s'efforcera de le faire durant le parcours suivant.

Est-il obligatoire d'accomplir successivement les sept parcours ?

Il n'est pas nécessaire d'accomplir les sept parcours l'un après l'autre. Si un empêchement quelconque – ou un appel à la prière – interpelle le pèlerin, celui-ci est alloué à interrompre ses parcours pour les reprendre là où il les avait interrompus dès qu'il aura fini sa prière. On rapporte en effet que, pressé par un besoin naturel pendant qu'il accomplissait la série de parcours, 'Abd Allâh Ibn 'Umar (رضي الله عنهما) s'écarta, se fit apporter de l'eau pour ses ablutions, puis repris son parcours là où il l'avait interrompu. Ce fait est cité par Sa'îd Ibn Mansûr. De même, il n'est pas nécessaire d'accomplir successivement les circumambulations autour de la Ka'ba et les parcours entre as-Safâ et al-Marwa.

On peut lire en effet, dans le *Mughnî* : « Selon Ahmad, il n'y a aucun mal à retarder les parcours jusqu'à ce que l'on se soit reposé, ou même jusqu'à ce que le soleil ait décliné. » 'Atâ' et Al-Hasan jugeaient également qu'il n'y a aucun mal, quand on a accompli les circumambulations de bon matin, d'attendre le soir pour accomplir les parcours entre as-Safâ et al-Marwa. C'est ce que firent Al-Qâsim et Sa'îd Ibn Jubayr, à juste titre d'ailleurs, car si la succession immédiate n'est pas imposée pour un même rite, elle a encore moins raison de l'être pour deux rites différents. Sa'îd Ibn Mansûr rapporte à ce propos que Sawda, épouse de 'Urwa Ibn Az-Zubayr, qui était obèse, accomplit ses sept parcours en trois jours.

Est-il nécessaire d'être en état de pureté légale pour accomplir les parcours entre as-Safâ et al-Marwa ?

La majorité des érudits s'accorde à considérer que la pureté légale n'est pas une condition nécessaire pour accomplir les parcours entre as-Safâ et al-Marwa, étant donné que le Prophète dit à 'Âisha (رضي الله عنها), lorsqu'elle fut en état de menstrues durant le pèlerinage : « Acquitte-toi donc de tous les rites du pèlerinage, mais abstiens-toi d'accomplir les circumambulations avant de t'être purifiée. » Ce propos est cité par Muslim. 'Âisha et Umm Salama (رضي الله عنها) précisent : « Il est permis à la femme qui, ayant accompli les circumambulations et les cycles de prière rituels, se trouve en état de menstruations, d'accomplir les parcours entre as-Safâ et al-Marwa. » Ce propos est également cité par Sa'îd Ibn Mansûr. Cela dit, il est recommandé au pèlerin d'être en état de pureté rituelle en accomplissant tous les rites, étant donné que l'état de pureté est recommandé pour le croyant quelles que soient les circonstances.

Faut-il accomplir les parcours en étant monté ou en étant à pied ?

Il est permis d'accomplir les parcours en étant monté, sachant qu'il vaut mieux les faire à pied. Du *hadîth* rapporté par 'Abd Allâh Ibn 'Abbâs (رضي الله عنهما) et cité plus haut, il ressort que le Prophète (ﷺ) ne monta sur une bête que lorsqu'il fut submergé par la foule, et qu'il ne le fit que pour permettre aux gens de mieux le reconnaître et s'enquérir auprès de lui de ce qu'ils désiraient savoir. Abû At-Tufayl demanda en effet à 'Abd Allâh Ibn 'Abbâs (ﷺ) : « Renseigne-moi à propos des parcours entre as-Safâ et al-Marwa accomplis à dos de monture, car les tiens prétendent qu'il s'agit là d'une tradition. » 'Abd Allâh lui répondit : « En disant cela, ils ont à la fois tort et raison. » Comme Abû At-Tufayl s'enquérait du sens de ce propos, Ibn 'Abbâs lui dit : « Lorsque le Prophète (ﷺ) accomplit ses parcours, les gens s'amassèrent autour de lui, criant : Voilà Muhammad ! Voilà Muhammad ! au point que les pucelles sortirent de leurs maisons pour le regarder. Comme le Prophète (ﷺ) répugnait à chasser les gens devant lui, il préféra monter sur une bête afin d'être visible à tous sans les obliger à se bousculer. »

Il n'en demeure pas moins que la marche à pieds et à foulées rapides entre les deux collines est recommandée. Il est permis d'accomplir les parcours en étant monté, mais cela est déconseillé. At-Tirmidhî rapporte à ce propos : « Certains d'entre les érudits s'accordent à considérer qu'il est déconseillé d'accomplir les parcours entre as-Safâ et al-Marwa en étant monté, à moins d'avoir une excuse valable. C'est également l'opinion adoptée par Ash-Shâfi'î. Pour les mâlikites, le pèlerin qui accomplit les parcours en étant monté sans raison valable, doit les refaire à pieds s'il en a encore le temps. Sinon, une offrande de compensation sera exigée de lui. C'est aussi l'opinion d'Abû Hanîfa qui juge que la bousculade qui s'était faite autour du Prophète (ﷺ) constituait une raison valable pour monter sur une bête.

De la recommandation de forcer la marche au fond de la vallée

Il est recommandé de forcer le pas en traversant la dépression entre les deux promontoires et de parcourir à un rythme normal le reste de la distance. Nous avons vu le *hadîth* de Habîba Bint Abî Tijrât décrivant la course du Prophète (ﷺ) entre les deux promontoires, de même que le *hadîth* d'Ibn 'Abbâs recommandant de presser le pas entre les deux pentes et de parcourir à un rythme normal le reste de la distance. Cependant, il est permis d'effectuer entièrement les parcours à marche normale. On rapporte en effet que Sa'îd Ibn Jubayr (ﷺ) a dit : « Je vis 'Abd Allâh Ibn 'Umar (ﷺ) qui après avoir parcouru à un rythme normal la distance entre as-Safâ et al-Marwa, dit : « Quel que soit le rythme auquel je vais, j'ai vu le Prophète (ﷺ) le faire. De plus, je suis à présent un homme âgé. » Ce propos est cité par Abû Dâwûd et At-Tirmidhî.

Sachant que cette recommandation s'adresse aux seuls hommes, les femmes n'étant pas tenues de forcer la marche. Ash-Shâfi'î rapporte en effet que 'Â'isha (رضي الله عنها), voyant un groupe de femmes effectuer les parcours à marche forcée, les interpella et leur dit : « Ne sommes-nous pas censées vous servir d'exemple ? Nulle marche forcée n'est exigée de vous ! »

De la recommandation d'escalader les deux collines et d'adresser ses supplications à Dieu en se tournant vers la Maison sacrée

Il est recommandé d'escalader les deux collines et de demander à Dieu tous les bienfaits en ce monde et dans l'Au-delà en se tournant vers la Maison sacrée. C'est ce que fit le Prophète (ﷺ) qui, étant sorti par le portail d'aṣ-Ṣafâ, récita : {*Aṣ-Ṣafâ et al-Marwa font partie des rites de Dieu*} puis dit : « Je commence par là où Dieu a commencé. » Escaladant ensuite la colline de aṣ-Ṣafâ jusqu'à être en vue de la Maison sacrée, il se tourna vers la *qibla*, glorifia le saint Nom du Seigneur et Lui rendit grâce à trois reprises, puis il dit : « Il n'est nulle divinité en dehors de Dieu, Qui n'a point d'associé. Le Royaume et la louange sont à Lui. Il fait vivre et mourir, et est capable de toute chose. Il n'est nulle divinité en dehors de Dieu, Qui honora Sa promesse, accorda la victoire à Son serviteur et triompha à Lui seul des coalisés ! » Il adressa ensuite des supplications à Dieu et répéta tout cela à trois reprises. Redescendant alors, il se dirigea vers la colline de Marwa et refit la même chose.

Nâfi' rapporte qu'il entendit 'Abd Allâh Ibn 'Umar (رضي الله عنهما) dire, alors qu'il était sur la colline de aṣ-Ṣafâ : « Seigneur, Tu as dit : {*Invoquez-Moi ; J'exaucerai vos vœux*} et je sais que jamais Tu ne manques à Tes promesses. Seigneur, tout comme Tu m'as guidé vers l'Islam, je T'implore de ne jamais m'en écarter, jusqu'à ce que Tu me rappelles à Toi en tant que musulman ! »

Des invocations recommandées durant le parcours entre aṣ-Ṣafâ et al-Marwa

Il est recommandé au pèlerin d'invoquer Dieu et de réciter le Coran en effectuant ses parcours. On rapporte que le Prophète (ﷺ) répétait, en parcourant la distance entre les deux promontoires : « Seigneur, pardonne mes fautes ; accorde-moi Ta miséricorde et guide-moi vers la meilleure des directions. » et aussi : « Seigneur, pardonne mes fautes et accorde-moi Ta miséricorde ; Tu es le plus Glorieux et le plus Magnanime. »

Une fois les parcours accomplis, le pèlerin effectuant une '*umra* se sera acquitté de son devoir. Celui qui effectue un *tamattu*ʿ pourra se défaire de la sacralisation en se rasant ou en se taillant les cheveux. Par contre, le pèlerin qui effectue un *qirân* restera en état de sacralisation, dont il ne se défera qu'au jour du Sacrifice, sachant que ces parcours le dispensent de ceux qu'il aurait dû effectuer après les circumambulations prescrites. Si par contre il effectue un *tamattu*ʿ et qu'il reste à La Mecque jusqu'au jour de la *tarwiya*, il devra effectuer les parcours à nouveau après les circumambulations de l'*ifâda*.

L'étape de Minâ

Il est de tradition de se rendre à Minâ au jour de la *tarwiya*. Le pèlerin effectuant un *qirân* ou un *ifrâd* doit y aller en étant toujours en sacralisation. Celui qui effectue un *tamattu*ʿ se mettra quant à lui en sacralisation de pèlerinage, exactement comme il l'avait fait à son arrivée, en passant la borne délimitant l'espace de la terre sacrée. La tradition veut que l'on se mette en état de sacralisation à l'endroit même où l'on est descendu, que ce soit à l'intérieur ou à l'extérieur de la Cité sacrée. Le Prophète (ﷺ) a dit en effet : « Chacun doit se mettre en état de sacralisation à l'endroit où il est descendu, que ce soit en dehors ou à l'intérieur de La Mecque. » Il est par ailleurs recommandé d'invoquer Dieu, répéter la *talbiya* en se rendant à Minâ, y accomplir les prières de midi, de l'après-midi, du coucher et du soir, et d'y passer la nuit pour ne quitter les lieux qu'au lever du soleil du neuvième jour de Dhû-Al-Hijja, suivant en cela l'exemple du Prophète (ﷺ). Celui qui délaisse tout ou partie de cette étape se sera démarqué de la tradition, mais il ne s'ensuivra aucun péché pour lui. Âʾisha (رضي الله عنها) ne quitta en effet La Mecque pour Minâ que passé le tiers de la nuit de la *tarwiya* (huitième jour). Ce fait est cité par Ibn Al-Mundhir.

Est-il permis de se rendre à Minâ avant le jour de la *tarwiya* ?

Saʿîd Ibn Mansûr rapporte qu'Al-Hasan avait l'habitude de quitter La Mecque pour Minâ un jour ou deux avant la *tarwiya*. Mâlik déconseille de le faire, comme il déconseille de s'attarder à La Mecque jusqu'au soir de la *tarwiya*, à moins qu'il s'agisse d'un vendredi, auquel cas il faudra attendre la fin de la prière.

L'étape de ʿArafât

Il est de tradition de se rendre à ʿArafât après le lever du soleil du neuvième jour, par le chemin de Dabb, en glorifiant le Nom du Seigneur, en Lui rendant grâce et en répétant la *talbiya*. Mu<u>h</u>ammad Ibn Abî Bakr Ath-Thaqafî rapporte qu'il demanda un jour à Anas Ibn Mâlik, alors qu'ils se rendaient tous deux à 'Arafât, comment ils s'y prenaient du temps du Prophète (ﷺ). Anas lui répondit : « Chacun rendait grâce au Seigneur et répétait la *talbiya* à sa guise, nul d'entre nous ne reprochant rien à l'autre. » Ce propos est cité par Al-Bukhârî, entre autres traditionnistes. Il est également recommandé de faire escale à Namira et y procéder à des ablutions majeures avant de se rendre sur le mont 'Arafât, qu'il est recommandé d'atteindre en début d'après-midi.

La station de 'Arafât

Des mérites du jour de 'Arafât

On rapporte, citant Jâbir (رضي الله عنه), que le Prophète (ﷺ) a dit : « Il n'est de journées qui soient meilleures auprès de Dieu que les dix premiers jours de Dhû Al-<u>H</u>ijja. » Un homme demanda alors : « Sont-ils meilleurs que dix jours passés au *Jihâd* ? » et le Prophète (ﷺ) de répondre : « Certes, et la meilleure de ces journées est celle de 'Arafât. En ce jour, Dieu – que Son Nom soit glorifié – descend au ciel inférieur pour dire aux habitants du ciel : « Regardez Mes serviteurs venus répondre à Mon appel ! Les voilà qui arrivent des endroits les plus éloignés, poussiéreux et hirsutes. Ils espèrent Ma miséricorde bien qu'ils n'aient jamais éprouvé Mon châtiment ! » Nul autre jour de l'année ne voit autant de gens obtenir le pardon de Dieu et échapper au supplice de l'Enfer. » Al-Mundhirî commente : « Ce *<u>h</u>adîth* est rapporté par Abû Ya'lâ, Al-Bazzâr, Ibn Khuzayma et Ibn <u>H</u>ibbân, les termes étant de ce dernier.

Par ailleurs, Ibn Al-Mubârak rapporte, citant Sufyân Ath-Thawrî, d'après Az-Zubayr Ibn 'Alî, d'après Anas Ibn Mâlik (رضي الله عنه) : « Comme le Prophète (ﷺ) se tenait à 'Arafât alors que le soleil déclinait vers l'horizon, il interpella Bilâl : « Fais taire les gens, ô Bilâl ; je veux leur parler. » Lorsque le silence fut fait, le Prophète (ﷺ) dit : « L'Archange Jibrîl vient de me rendre visite. Il m'a transmis la bénédiction de mon Seigneur et m'a informé que Dieu pardonne leurs péchés aux gens de 'Arafât et du Mash'ar sacré, et les décharge de tout ce qui s'ensuit. » 'Umar Ibn Al-Kha<u>tt</u>âb se leva alors et demanda : « Ô Envoyé de Dieu, cela vaut-il seulement pour les gens ici présents ? » Le Prophète (ﷺ) lui répondit : « Cela vaut pour vous et pour tous ceux qui suivront votre exemple jusqu'au Jour du jugement dernier. » Alors 'Umar dit : « Comme les bienfaits de Dieu sont innombrables ! »

Par ailleurs, Muslim, ainsi que d'autres traditionnistes, rapportent, citant 'Â'isha (ﷺ), que le Prophète (ﷺ) a dit : « Nulle journée n'est plus propice à voir des gens se faire pardonner par Dieu et être sauvés du supplice de l'Enfer que celle de 'Arafât. En ce jour, Dieu – que Son Nom soit glorifié – s'approche davantage de Ses serviteurs, qu'Il montre aux Anges, disant : « Que veulent-ils d'autres ! » Abû Ad-Dardâ' rapporte pour sa part que le Prophète (ﷺ) a dit : « Nul autre jour de l'année Satan n'est plus humilié ni plus contrarié qu'il ne l'est au jour de 'Arafât, tant il voit descendre la miséricorde de Dieu et pardonner les péchés des croyants. Il n'a vu pire journée qu'au jour de la bataille de Badr. » On demanda : « Qu'a-t-il donc vu au jour de Badr, ô Messager de Dieu ? » Le Prophète (ﷺ) répondit : « Il a vu l'Archange Jibrîl conduire l'armée des Anges. » Ce *hadîth* est cité par Mâlik, assorti d'une chaîne interrompue, et par Al-Hâkim, assorti d'une chaîne ininterrompue.

Le statut légal de l'étape de 'Arafât

Les érudits s'accordent à considérer que l'étape de 'Arafât est l'étape principale du pèlerinage. En effet, Ahmad, Abû Dâwûd, At-Tirmidhî, An-Nasâ'î et Ibn Mâjah rapportent, citant 'Abd Ar-Rahmân Ibn Ya'mur, que le Prophète (ﷺ) fit dire aux gens : « 'Arafât est le pèlerinage. Quiconque parvient à se tenir sur le mont avant le lever du jour aura accompli son pèlerinage. »

L'intervalle temporel de la station de 'Arafât

La majorité des érudits s'accorde à considérer que cet intervalle se situe entre le neuvième jour de Dhû Al-Hijja à midi et le lever de l'aube du jour suivant, et qu'il suffit au pèlerin de se tenir en n'importe quel endroit de 'Arafât pendant cet intervalle. Cependant, si on s'y tient durant le jour, il faut y rester jusqu'à la tombée de la nuit (pour Ash-Shâfi'î, il ne s'agit là que d'une tradition recommandée). Par contre, si on y arrive le soir, on est libre de s'y tenir seulement quelques instants, si on le désire.

Quelle station peut-on adopter en se tenant sur le Mont 'Arafât ?

Se tenir à 'Arafât, c'est être présent en n'importe quel endroit du Mont, en marchant, en se tenant debout, assis ou allongé, à dos de monture, éveillé ou endormi, en étant ou non en état de pureté (sont donc autorisés à le faire, les femmes en état de menstrues ou en couches, les personnes souillées par suite d'un rapport sexuel, etc.) Les érudits divergent toutefois concernant le pèlerin qui perd connaissance avant d'être transporté sur le Mont et qui ne reprend ses esprits qu'après en être redescendu. Pour Abû Hanîfa et Mâlik, le pèlerinage d'une telle personne est valide. Par contre, Ash-Shâfi'î, Ahmad, Al-Hasan, Abû Thawr, Ishâq et Ibn Al-Mundhir jugent qu'il n'est pas valide. Pour eux, le rite de la station de 'Arafât étant un rite essentiel du pèlerinage, il ne saurait – au même titre que les autres rites – être admis d'une personne ne disposant pas de tous ses moyens. Après avoir cité le *hadîth* d'Ibn Ya'mur évoqué plus haut, At-Tirmidhî commente : « Sufyân Ath-Thawrî a dit : Les érudits, Compagnons du Prophète (ﷺ) et autres, s'accordent à adopter le *hadîth* d'Ibn Ya'mur : quiconque ne se tient pas sur le mont 'Arafât avant le lever de l'aube du lendemain aura manqué son pèlerinage. » Comme nulle compensation ne saurait y remédier, le pèlerin à qui cela arrive n'a plus qu'à convertir en *'umra* son pèlerinage et en accomplir un autre dès qu'il le pourra. C'est l'opinion adoptée par Ahmad et Ash-Shâfi'î, entre autres érudits.

De la recommandation de se tenir près des Rochers (*as-sakhrât*)

Le pèlerin est libre de se tenir en n'importe quel endroit de 'Arafât, à l'exception de la vallée se trouvant à l'ouest du Mont, et connue sous le nom de Batn 'Arafât, endroit qui, de l'avis de tous, ne fait pas partie de l'espace légal de 'Arafât. Il est en revanche recommandé de se tenir aussi près que possible des Rochers. Le Prophète s'y tint en effet et dit : « Je me tiens ici, mais tout 'Arafât est station. » Ce *hadîth* est cité par Ahmad, Muslim et Abû Dâwûd, d'après Jâbir. Quant à l'idée selon laquelle le Mont dit Jabal Ar-Rahma serait un endroit privilégié, elle est complètement fausse et ne fait point partie de la tradition.

De la recommandation de faire la grande ablution avant de se tenir sur 'Arafât

Il est recommandé pour le pèlerin de se purifier avant de stationner à 'Arafât. 'Abd Allâh Ibn 'Umar (رضي الله عنهما) avait l'habitude de se purifier la veille de 'Arafât. Ce propos est cité par Mâlik. De même, on rapporte que 'Umar (رضي الله عنه) se purifia à 'Arafât alors qu'il était en état de sacralisation.

Des règles à observer durant les stations et pour les invocations

Il est recommandé d'être en état de pureté complète, de se tenir face à la *qibla*, d'implorer le pardon de Dieu et de glorifier Son Nom en Lui adressant des vœux ayant trait à ce monde et à l'Au-delà, pour soi-même et pour autrui. Ce faisant, il faut observer la plus totale humilité, en se tournant de tout son cœur vers Dieu et en levant les bras vers le ciel. Usâma Ibn Zayd rapporte en effet : « J'étais monté en croupe derrière le Prophète (ﷺ), et je le vis qui levait les bras au ciel pour invoquer Dieu. » Ce propos est cité par An-Nasâ'î. Par ailleurs, on rapporte, citant 'Amr Ibn Shu'ayb, d'après son père, d'après le père de ce dernier, que l'invocation la plus souvent formulée par le Prophète (ﷺ) était la suivante : « Il n'est d'autre divinité en dehors de Dieu, sans nul associé. Le Royaume et la louange sont à Lui, et Il est capable de toute chose. » Ce *hadîth* est cité par Ahmad et At-Tirmidhî selon les termes que voici : « Le Prophète (ﷺ) a dit : « La meilleure des invocations est celle qui est faite le jour de 'Arafât ; quant à la meilleure invocation à faire ce jour-là, la meilleure de toutes celles que je fis moi-même et que firent les prophètes avant moi, c'est celle-ci : Il n'est d'autre divinité en dehors de Dieu, sans nul associé. Le Royaume et la louange sont à Lui et Il est Omnipotent. »

On rapporte également qu'Al-Husayn Ibn Al-Hasan Al-Marwazî a dit : « Je demandai un jour à Sufyân Ibn 'Uyayna quelle était la meilleure des invocations et il me répondit : « Il n'est d'autre divinité en dehors de Dieu, sans nul associé. » Étonné, je dis : « Mais c'est là une glorification, non une invocation ! » Alors il me demanda : « Tu ne connais donc pas le *hadîth* rapporté par Mâlik Ibn Al-Hârith ? C'est qu'il explique ce que je te dis là ! » Je répondis : « Apprends-le moi donc toi-même ! » Alors il dit : « Mansûr Ibn Al-Hârith nous informa, citant Mâlik Ibn Al-Hârith, que Dieu a dit : « A Mes serviteurs qui, en M'adressant des louanges, oublient de M'adresser des vœux, Je donnerai le meilleur de ce que tous les autres quêteurs reçoivent. » C'est là l'explication de ce que dit le Prophète (ﷺ). » Puis il ajouta : « Ne sais-tu pas non plus ce qu'a dit Umayya Ibn Abî As-Salt lorsqu'il demanda une requête à 'Abd Allâh Ibn Jad'ân ? » Comme je répondais encore par la négative, il me dit : « Alors écoute ce que Umayya lui dit : « Dois-je dire ma requête ou devrais-je me satisfaire de ta pudeur, sachant que celle-ci – En plus du savoir-faire – est ta qualité majeure ; toi, qui est de noble naissance ; toi, dont les louanges constituent à elles seules la meilleure des récompenses pour celui qui te loue ! » Puis Sufyân me dit : « Vois-tu Husayn, c'est là une créature qui se suffit des louanges en guise de requête ; que dire alors du Créateur ? »

Par ailleurs, Al-Bayhaqî rapporte, citant 'Alî (ﷺ), que le Prophète (ﷺ)

a dit : « La meilleure invocation, pour moi-même autant que pour les prophètes qui m'ont précédé, est la suivante : Il n'est d'autre divinité en dehors de Dieu, sans nul associé. Le Royaume et la louange sont à Lui, et Il est Omnipotent ! Seigneur, je T'implore d'illuminer ma vue, mon ouïe et mon cœur. Seigneur, ouvre au bien mon cœur et rends aisée ma tâche ! Seigneur, auprès de Toi je me réfugie contre la tentation intérieure, la dispersion de l'esprit, le supplice de la tombe, contre le mal qui réside en ce qui entre dans le jour et ce qui entre dans la nuit, le mal que porte le vent, et des fléaux qu'apportent les jours ! » De même, At-Tirmidhî rapporte que l'invocation que le Prophète (ﷺ) répétait le plus souvent le jour de 'Arafât était la suivante : « Seigneur, à Toi la louange comme nous savons le dire, et mieux que nous ne savons le dire. Seigneur, vers Toi vont ma prière et mon offrande ; à Toi appartiennent ma vie et ma mort ; vers Toi se fera mon retour et à Toi, Seigneur, échoiront mes biens. Seigneur, auprès de Toi je me réfugie contre le supplice de la tombe, la tentation intérieure et la dispersion de l'esprit ! Seigneur, auprès de Toi je me réfugie contre tout le mal que le vent peut porter ! »

De ce que la station de 'Arafât est une tradition de Ibrâhîm (عليه السلام)

On rapporte, citant Mirba' Al-Ansârî, que le Prophète (ﷺ) a dit : « Observez les rites qui vous sont prescrits, car c'est là un héritage retenu de Ibrâhîm. » Ce propos est cité par At-Tirmidhî, qui le tient pour bon.

Du jeûne au jour de 'Arafât

Il est établi que le Prophète (ﷺ) ne jeûna pas le jour de 'Arafât, et qu'il dit : « Le jour de 'Arafât, celui du Sacrifice, ainsi que les jours de *tashrîq* sont, pour nous les Musulmans, des jours de fête, pendant lesquels il sied de se nourrir et se désaltérer. » Il est également établi que le Prophète (ﷺ) déconseilla formellement de jeûner en ce jour si l'on est à 'Arafât. Les érudits en déduisent qu'il s'agit là d'une recommandation pour le pèlerin de s'abstenir de jeûner, afin d'être mieux à même d'invoquer Dieu et de Le louer. Quant aux recommandations relatives au jeûne de ce jour, elles concernent uniquement les gens qui ne se trouvent pas sur le Mont en pèlerinage.

De l'autorisation de réunir les prières de midi et de l'après-midi le jour de 'Arafât

Selon un *hadîth* authentique, le Prophète (ﷺ) accomplit simultanément ces deux prières à 'Arafât. Il fit annoncer la prière, l'accomplit, fit ensuite annoncer celle de l'après-midi, qu'il accomplit également. On rapporte aussi, citant Al-Aswad et 'Alqama, que c'est parfaire le pèlerinage que d'accomplir ces deux prières derrière l'imâm à 'Arafât. Ibn Al-Mundhir précise à ce sujet : « Les érudits s'accordent à considérer que l'imâm est autorisé à accomplir simultanément les deux prières, de même que ceux qui prient derrière lui. » Il est par ailleurs permis de les réunir même si l'on ne prie pas derrière l'imâm. En outre, on rapporte que 'Abd Allâh Ibn 'Umar (رضي الله عنهما), qui résidait à La Mecque, avait l'habitude, lorsqu'il se rendait à Minâ, de raccourcir ses prières. 'Amr Ibn Dînâr rapporte pour sa part : « Jâbir Ibn Zayd me dit : « Raccourcis tes prières quand tu es à 'Arafât. » Ce propos est cité par Sa'îd Ibn Mansûr.

De la manière dont il sied de quitter 'Arafât après s'y être recueilli

Il est de tradition de quitter 'Arafât après le coucher du soleil en conservant sa dignité et son calme. En quittant 'Arafât, le Prophète (ﷺ) s'astreignait à la plus totale dignité, tirant sur les rênes de sa chamelle – pour l'inciter à ralentir – jusqu'à ce que la tête de la bête lui touchât les jambes, en répétant : « Ô gens ! Conservez votre dignité et sachez que l'on n'est pas plus pieux à se montrer empressé ! » Ce *hadîth* est cité par Al-Bukhârî et Muslim. En avançant, le Prophète (ﷺ) prenait soin d'aller doucement, afin de ne point bousculer les gens. S'il entrevoyait un espace dans la foule, il laissait aller sa chamelle. Ce dire est également cité par Al-Bukhârî et Muslim.

Il est par ailleurs recommandé de ne point cesser de répéter la *talbiya* et de glorifier le Nom du Seigneur. Il est établi en effet que le Prophète (ﷺ) ne cessa pas de le faire jusqu'à ce qu'il eût jeté les pierres de 'Aqaba. On rapporte également, citant Ash'ath Ibn Sulaym, que le père de ce dernier a dit : « Je parcourus le chemin entre 'Arafât et Muzdalifa en compagnie de 'Abd Allâh Ibn 'Umar (رضي الله عنه) : il ne cessa de glorifier le Nom du Seigneur jusqu'à ce que nous fussions parvenus à Muzdalifa. » Ce propos est cité par Abû Dâwûd.

De l'autorisation de réunir les prières du coucher du soleil et du soir à Muzdalifa

Une fois parvenu à Muzdalifa, le pèlerin accomplit simultanément les deux prières du coucher du soleil et du soir, sans exécuter aucune prière surérogatoire entre les deux. Dans un *hadîth* rapporté par Muslim, le Prophète (ﷺ), parvenu à Muzdalifa, réunit les deux prières avec un seul appel dit *adhân* et deux appels dit *iqâma*, sans accomplir aucune prière surérogatoire entre les deux. Cette façon de faire emporte l'unanimité des érudits. En revanche, ils divergent concernant la possibilité de les accomplir séparément, chacune en son temps prescrit. La majorité d'entre eux tient cela pour permis, considérant que le Prophète (ﷺ) ne le fit que par égard à la priorité relative aux obligations. Pour Ath-Thawrî et les docteurs de l'école du *ra'y*, le pèlerin est tenu de refaire la prière du coucher du soleil s'il l'a accomplie avant d'être parvenu à Muzdalifa. Ils autorisent par ailleurs à accomplir les prières de midi et de l'après-midi chacune en son temps, mais tout en déconseillant de le faire.

Passer la nuit à Muzdalifa et s'y tenir au matin

Selon un *ḥadîth* rapporté par Jâbir (ﷺ), le Prophète (ﷺ), une fois parvenu à Muzdalifa, y accomplit les prières du coucher du soleil et du soir avec un seul appel dit *adhân* et deux appels dit *iqâma*. Il s'allongea ensuite et s'endormit pour se lever à l'appel de la prière de l'aube. Là, il monta sa chamelle et se rendit à nouveau au Mash'ar, où il resta à glorifier le Nom du Seigneur jusqu'à ce que la clarté du jour se fît. Il n'est pas attesté qu'il ait passé cette nuit à prier. C'est là la tradition retenue concernant l'obligation de passer la nuit à Muzdalifa et de s'y tenir.

Pour Aḥmad, les bergers et porteurs d'eau sont exempts de l'obligation d'y passer la nuit. Pour les autres imâms du *ḥadîth*, seule la présence à Muzdalifa est obligatoire, sachant que cette présence signifie seulement se tenir un moment à cet endroit, que l'on soit debout, assis ou couché.

Pour les ḥanafites, on est seulement tenu d'être présent à Muzdalifa avant l'aube du jour du Sacrifice. Y faillir appelle une offrande de compensation, à moins que l'on ait une excuse valable, auquel cas nulle compensation n'est exigée.

Pour les mâlikites, on a seulement l'obligation de faire escale à Muzdalifa dans la nuit et avant l'aube, le temps de déposer ses bagages en se rendant de 'Arafât à Minâ. Cependant, l'on n'est pas obligé de faire cette escale si on a une excuse valable.

Pour les shâfi'îtes, le pèlerin doit être présent à Muzdalifa durant la deuxième moitié de la nuit précédant la journée des Sacrifices (le dixième jour de Dhû Al-Ḥijja), après avoir accompli l'étape de 'Arafât. Il n'est pas nécessaire de s'y arrêter ni même de savoir que c'est là Muzdalifa : il suffit de traverser le lieu en un moment donné de l'intervalle défini plus haut.

La tradition est d'accomplir la prière de l'aube dès que l'heure de cette dernière est annoncée, puis de se diriger vers le Mash'ar sacré et de s'y tenir jusqu'à ce que la clarté du jour se fasse – mais avant que le soleil se lève – en invoquant Dieu et en Lui adressant ses vœux. Dieu a dit en effet : {*Dès que vous quittez 'Arafât, évoquez Dieu auprès du Mash'ar sacré – évoquez-Le comme Il vous a guidés, alors que vous étiez auparavant parmi les égarés. Descendez ensuite par où les gens sont descendus, et implorez le pardon de Dieu. Dieu est Absoluteur et Miséricordieux*} (S. 2, V. 198).[1]

Enfin, un peu avant le lever du soleil, le pèlerin doit quitter Muzdalifa pour Minâ. Parvenu à la vallée de Muhassar, il doit presser le pas sur une centaine de mètres.

Où doit-on se tenir à Muzdalifa ?

On peut se tenir en n'importe quel endroit de Muzdalifa, à l'exception de la vallée de Muhassar, laquelle est située entre Muzdalifa et Minâ. Jubayr Ibn Mut'im rapporte en effet que le Prophète (ﷺ) a dit : « Tenez-vous là où vous le voulez à Muzdalifa, mais évitez Muhassar. » Ce *hadîth* est cité par Ahmad, assorti d'une chaîne de rapporteurs tous parfaitement crédibles. Cela dit, il est recommandé de se tenir sur le Mont Quzah ; en effet, selon un *hadîth* rapporté par 'Alî (رضي الله عنه), le Prophète (ﷺ), parvenu au petit matin à Muzdalifa, s'y tint un moment et dit : « Ici, c'est Quzah ; c'est un des lieux de stationnement de Muzdalifa ; sachant que tout Muzdalifa est lieu de stationnement valable. » Ce *hadîth* est cité par Abû Dâwûd et At-Tirmidhî, qui le tient pour *hasan sahîh*.

Les œuvres du Jour du sacrifice (*yawm an-nahr*)

Voici ces œuvres dans l'ordre : jeter les pierres rituelles, immoler la bête de l'offrande, se raser et enfin effectuer les circumambulations rituelles autour de la Ka'ba. Cependant, pour la plupart des érudits (dont Ash-Shâfi'î), cet ordre est seulement une tradition : on peut choisir l'ordre que l'on veut, selon les circonstances particulières et les

---

1 ﴿فَإِذَآ أَفَضۡتُم مِّنۡ عَرَفَٰتٖ فَٱذۡكُرُواْ ٱللَّهَ عِندَ ٱلۡمَشۡعَرِ ٱلۡحَرَامِۖ وَٱذۡكُرُوهُ كَمَا هَدَىٰكُمۡ وَإِن كُنتُم مِّن قَبۡلِهِۦ لَمِنَ ٱلضَّآلِّينَ ثُمَّ أَفِيضُواْ مِنۡ حَيۡثُ أَفَاضَ ٱلنَّاسُ وَٱسۡتَغۡفِرُواْ ٱللَّهَۚ إِنَّ ٱللَّهَ غَفُورٞ رَّحِيمٞ﴾

contraintes de chacun. 'Abd Allâh Ibn 'Amr rapporte en effet que lors du pèlerinage de l'Adieu, le Prophète (ﷺ), se tenant à la disposition des gens pour répondre à leurs questions, fut abordé par un homme qui lui dit : « Ô Envoyé de Dieu, dans un moment de distraction, je me suis rasé les cheveux alors que je n'avais pas encore procédé au sacrifice. Que dois-je faire ? » Le Prophète (ﷺ) lui répondit : « Il n'y a aucun mal à cela ; tu peux procéder maintenant au sacrifice. » Peu après, un deuxième homme se présenta, lui disant : « Ô Envoyé de Dieu, dans un moment de distraction, j'ai procédé au sacrifice avant d'avoir jeté les pierres rituelles. Que dois-je faire maintenant ? » Le Prophète (ﷺ) lui répondit : « Il n'y a aucun mal à cela ; tu peux aller à présent jeter les pierres. » Ce fut là la réponse qu'il donna à tous ceux qui venaient se plaindre à lui d'avoir avancé l'accomplissement de tel rite ou retardé celui de tel autre. Cependant, Abû Hanîfa tend à penser que le pèlerin qui change ainsi l'ordre des rites est tenu de faire un sacrifice animal à titre de compensation. Pour lui, le sens à donner à « Il n'y a aucun mal à cela » est que nul péché ne s'ensuit et que le pèlerin est tenu à la seule compensation.

La première et la deuxième désacralisation

Lorsque le pèlerin a fini de jeter les pierres rituelles et de raser ou couper ses cheveux, tout ce qui lui était défendu en état de sacralisation (comme de se parfumer ou de porter des vêtements cousus) lui devient licite, à l'exception de l'acte charnel, qui lui reste interdit : c'est la première désacralisation. Quand enfin il a accompli les circumambulations de l'*ifâda*, tout lui devient licite, y compris l'acte charnel : c'est la seconde et dernière désacralisation.

Le jet des pierres rituelles

De l'origine de cette prescription

Al-Bayhaqî rapporte, citant Sâlim Ibn Al-Ja'd, d'après 'Abd Allâh Ibn 'Abbâs (رضي الله عنهما), que le Prophète (ﷺ) a dit : « Lorsque Ibrâhîm voulut entreprendre les rites du pèlerinage, Satan se manifesta à lui à hauteur de la Jamra d'Al-'Aqaba ; Ibrâhîm lui jeta sept pierres, jusqu'à ce qu'il se fût enfoncé dans le sol. Il se manifesta à lui encore une fois à hauteur de la troisième Jamra, et là encore, Ibrâhîm lui jeta sept pierres, jusqu'à ce qu'il se fût enfoncé dans le sol. » 'Abd Allâh Ibn 'Abbâs (رضي الله عنهما) a dit à ce propos : « C'est bien Satan que vous lapidez là, et c'est bien la tradition de votre père (Ibrâhîm) que vous suivez ! Ce propos est cité par

Al-Mundhirî, ainsi que par Ibn Khuzayma dans son « *Sahîh* », de même qu'Al-Hâkim, qui le tient pour authentique selon les conditions posées par Al-Bukhârî et Muslim.

La finalité du jet des pierres

Dans l'« *Ihyâ' 'Ulûm Ad-Dîn* » d'Abû Hâmid Al-Ghazâlî, on peut lire : « Le jet des pierres a pour but de montrer l'obéissance du fidèle à une prescription de Dieu : une obéissance d'adorateur, qui cherche plus à plaire à son Maître qu'à comprendre les raisons profondes de l'ordre qu'il reçoit de Lui. Un autre but de ce rite est d'imiter l'exemple d'Ibrâhîm (ﷺ) qui, intercepté en cet endroit par Satan – lequel escomptait ternir le pèlerinage du Prophète ou le soumettre à quelque tentation – reçut de Dieu l'ordre de lapider le Proscrit afin de la chasser loin de son chemin et de le faire désespérer de lui. Aussi, si tu viens à te dire : « C'est à Ibrâhîm que Satan s'est manifesté, et Ibrâhîm a bien fait de lapider le Proscrit, mais pourquoi l'imiterais-je après tant d'années ? » dois-tu te rappeler que c'est justement le Malin qui t'insuffle de telles idées, afin de te dissuader de le lapider, te faisant croire que c'est là un acte frisant le jeu d'enfants auquel il ne sied point de se livrer. Raffermis alors ta volonté et jette vigoureusement les pierres : le Malin n'en sera que plus humilié. Sache que ce n'est qu'en apparence que tu jettes les pierres à 'Aqaba, car en fait c'est à la face de Satan que tu les jettes, l'humiliant et l'avilissant. Il sera davantage humilié et avili si tu t'exécutes dans la seule intention de plaire à Dieu et d'accomplir Sa Volonté, sans te soucier aucunement des raisons profondes de cet ordre.

Le statut légal du jet des pierres

La majorité des érudits s'accorde à considérer que le jet des pierres est un devoir du pèlerin, mais non point un rite essentiel : y faillir n'invalide pas le pèlerinage, mais appelle un sacrifice animal de compensation. Ahmad, Muslim et An-Nasâ'î rapportent en effet que Jâbir (رضي الله عنه) a dit : « Je vis le Prophète (ﷺ) au Jour du sacrifice : il jetait les pierres monté sur sa chamelle et répétait : « Apprenez de moi vos rites, car je ne sais si je vivrai assez longtemps pour accomplir un pèlerinage autre que celui-ci. »

'Abd Ar-Rahmân At-Taymî a dit pour sa part : « Le Prophète (ﷺ) nous ordonna de jeter de petites pierres dont la taille n'excède pas celle des cailloux qu'on utilise d'habitude pour la fronde. » Ce *hadîth* est cité par At-Tabarânî dans son « *Al-Kabîr* », assorti d'une chaîne de rapporteurs tous parfaitement crédibles.

De quelle taille les pierres doivent-elles être ?

Nous venons de voir dans le *hadîth* précédent que la taille de ces pierres ne doit pas excéder celle des cailloux habituellement utilisés pour la fronde, ce qui signifie qu'elles doivent être plus grosses qu'un grain de pois chiche et plus petites qu'une noix. Si toutefois le pèlerin utilise des pierres plus grosses, il aura accompli son devoir, mais il aura fait quelque chose de réprouvable, de l'avis de la majorité des érudits. Pour Ahmad par contre, le pèlerin doit obligatoirement utiliser des pierres de la taille de celles que le Prophète (ﷺ) avait lui-même utilisées, vu qu'il avait déconseillé d'en utiliser de plus grosses.

On rapporte en effet d'après Sulaymân Ibn 'Amr Ibn Al-Ahwas Al-Azdî, que sa mère dit : « J'entendis le Prophète (ﷺ) dire au fond de la vallée : « Ô gens ! Ne vous tuez pas les uns les autres ! Quand vous jetez les pierres, utilisez de petits cailloux ! » Ce *hadîth* est cité par Abû Dâwûd.

On rapporte également que 'Abd Allâh Ibn 'Abbâs (رضي الله عنهما) a dit : « Le Prophète (ﷺ) me demanda de lui ramasser des pierres pour le jet. Comme je lui apportais des pierres à peines plus grosses qu'un grain de pois chiche et que je les lui mettais dans la main, il me dit : « C'est là la taille requise. Gardez-vous de l'excès en religion et sachez que c'est l'excès en religion qui a été fatal à ceux qui vous ont précédés ! » Ce *hadîth* est cité par Ahmad et An-Nasâ'î, assorti d'une bonne chaîne de rapporteurs.

Les érudits, qui considèrent qu'il ne s'agit là que d'une recommandation, s'accordent en revanche à dire que le jet n'est valide que si le pèlerin utilise des pierres : les objets en fer, plomb ou toute autre matière sont à proscrire.

Toutefois, les hanafites se montrent moins rigoureux sur ce point, autorisant le pèlerin à utiliser pour ses jets tout objet d'essence terrestre, ce qui englobe les briques, les mottes de terre et les objets en poterie. Pour étayer leur opinion, ils rappellent que les *hadîth* concernant le jet ne spécifient aucunement la matière des objets utilisés pour la lapidation et que le choix du Prophète (ﷺ) et de ses Compagnons est certes le meilleur, mais non le seul à être permis.

Par ailleurs, les premiers considèrent qu'étant donné que le Prophète (ﷺ) jeta des pierres et qu'il n'en spécifia que la taille, le pèlerin est autorisé à utiliser toutes sortes de cailloux pourvu qu'ils ne dépassent pas la taille requise.

Où doit-on ramasser les pierres ?

'Abd Allâh Ibn 'Umar (رضي الله عنهما) ramassait ses pierres à Muzdalifa. Sa'îd Ibn Jubayr fit de même et dit : « C'est ici qu'ils ramassaient leurs pierres. » C'est également l'opinion privilégiée par Ash-Shâfi'î. Pour Ahmad par contre, le pèlerin peut ramasser ses pierres là où il en trouve, opinion également adoptée par 'Atâ' et Ibn Al-Mundhir. Ils citent, pour étayer leur opinion, le *hadîth* rapporté ci-dessus par Ibn 'Abbâs, relatant ce qui advint quand le Prophète (ﷺ) lui demanda de ramasser pour lui des pierres destinées au jet, sans préciser l'endroit où il devait les ramasser.

Il est par ailleurs permis de ramasser ces pierres sur les lieux mêmes du jet, option déconseillée par Abû Hanîfa, Ash-Shâfi'î et Ahmad. Ibn Hazm considère pour sa part qu'il est permis de le faire et que cela n'est pas réprouvable. Il dit à ce propos : « Il est tout à fait loisible au pèlerin de ramasser pour son propre usage des pierres déjà utilisées par d'autres pèlerins – étant donné que ni le Coran ni la Sunna ne l'interdisent ni ne le déconseillent – tout comme il lui est loisible de les jeter en étant à dos de monture. » Puis il ajoute : « A qui argue de ce que l'on rapporte d'après 'Abd Allâh Ibn 'Abbâs (رضي الله عنهما) que les pierres du jet qui sont agréées sont élevées au ciel tandis que les autres restent au sol – et qu'autrement les pierres auraient formé des collines à fermer l'horizon – nous répondons : N'en découle-t-il pas que telle pierre, n'étant pas agréée de la part d'untel, le sera de la part d'un autre ? N'est-il pas vrai que l'aumône faite sur un bien qu'untel possède peut ne pas être agréée, alors qu'elle le sera de la part d'un autre à qui le même bien revient après lui ? »

« Concernant le fait de jeter les pierres en étant à dos de monture, il nous paraît être autorisé sur la foi du *hadîth* cité d'après Qudâma Ibn 'Abd Allâh, lequel a dit : « Je vis le Prophète (ﷺ) qui, monté sur sa chamelle, jetait les pierres de 'Aqaba le Jour du sacrifice : il n'y avait nulle bousculade ni cohue autour de lui. »

Du nombre requis de pierres

Il faut jeter soixante-dix pierres, ou en jeter quarante-neuf, réparties comme suit :

- Sept pierres au jour du Sacrifice, à la Jamra d'Al-'Aqaba ;

- Vingt-et-une pierres au onzième jour de Dhû Al-Hijja, réparties sur les trois Jamra à raison de sept pour chacune ;

- Vingt-et-une pierres au douzième jour, réparties de la même manière entre les trois Jamra ;

- Vingt-et-une pierres au treizième jour, également réparties de la même manière.

De la sorte, le pèlerin totalisera le jet de soixante-dix pierres. Il est cependant alloué à ne jeter que les pierres des trois premiers jours, en en totalisant seulement quarante-neuf.

Par ailleurs, Ahmad juge que le pèlerin peut se suffire de cinq pierres au lieu de sept, opinion adoptée également par 'Atâ', alors que Mujâhid juge que six pierres peuvent également suffire.

On rapporte par ailleurs que Sa'îd Ibn Mâlik a dit : « Comme nous rentrions de pèlerinage en compagnie du Prophète (ﷺ), nous nous racontâmes notre voyage. Un tel disait qu'il avait jeté six pierres, tel autre qu'il en avait jeté sept, sans que l'un ne reprochât rien à l'autre.

Les jours du jet des pierres

Ils sont au nombre de trois ou quatre : le Jour du sacrifice, suivi des deux ou trois jours de *tashrîq* (11e, 12e et 13e jours de Dhû Al-Hijja). Dieu a dit : {*Évoquez Dieu en des jours comptés. Celui qui précipite son retour en deux jours ne commet aucun péché, pas plus que n'en commet celui qui retarde. Cela vaut pour qui craint Dieu*} (S. 2, V. 203).[1]

Quel est le moment privilégié pour jeter les pierres ?

Le moment privilégié pour cela est le petit matin, juste après le lever du soleil du Jour du sacrifice, car il est établi que le Prophète (ﷺ) le fit à ce moment. On rapporte par ailleurs, d'après 'Abd Allâh Ibn 'Abbâs (رضي الله عنهما), que le Prophète (ﷺ), donnant la priorité aux plus faibles d'entre les siens, dit : « Ne jetez les pierres de 'Aqaba qu'après le lever du soleil. » Ce *hadîth* est cité par At-Tirmidhî, qui le tient pour authentique.

---

1 ﴿وَٱذْكُرُواْ ٱللَّهَ فِىٓ أَيَّامٍ مَّعْدُودَٰتٍ ۚ فَمَن تَعَجَّلَ فِى يَوْمَيْنِ فَلَآ إِثْمَ عَلَيْهِ وَمَن تَأَخَّرَ فَلَآ إِثْمَ عَلَيْهِ ۚ لِمَنِ ٱتَّقَىٰ ۗ﴾

Il est cependant permis au pèlerin de retarder le jet jusqu'à la fin de la journée s'il le désire. Ibn 'Abd Al-Barr a dit en effet : « Les érudits s'accordent à considérer que quiconque jette les pierres avant le coucher du soleil du Jour du sacrifice, se sera acquitté de son devoir, même s'il vaut mieux le faire aussitôt que possible dans la journée. »

'Abd Allâh Ibn 'Abbâs (رضي الله عنهما) rapporte que le Prophète (ﷺ), répondant aux questions des gens le Jour du sacrifice à Minâ, fut abordé par un homme qui lui dit : « Je n'ai jeté les pierres qu'après la tombée de la nuit ! » le Prophète (ﷺ) lui répondit : « Il n'y a aucun mal à cela. » Ce propos est cité par Al-Bukhârî.

Est-il permis de retarder le jet jusqu'à la tombée de la nuit ?

Si une raison valable empêche le pèlerin de procéder de jour au jet des pierres, il lui sera permis d'attendre la nuit pour le faire. Mâlik rapporte à ce sujet qu'une fille de Safiyya, l'épouse d'Ibn 'Umar, ayant accouché à Muzdalifa, s'attarda avec sa mère, de sorte qu'elles ne parvinrent à Minâ qu'après la tombée de la nuit du Jour du sacrifice. Quand il les vit arriver, Ibn 'Umar leur ordonna de jeter les pierres, n'y voyant aucun inconvénient.

Par contre, le pèlerin n'ayant nulle raison valable de retarder le jet doit s'empresser de le faire aussitôt qu'il le peut. Nulle compensation ne sera cependant exigée de lui s'il retarde le jet jusqu'à la nuit tombée, comme s'accordent à l'admettre les hanafites, les shâfi'ites et Mâlik (dans une version rapportée d'après lui), tous appuyant leur jugement sur le *hadîth* d'Ibn 'Abbâs que nous venons de citer.

Pour Ahmad cependant, le jet doit nécessairement se faire durant la Journée du sacrifice et avant la tombée de la nuit, à défaut de quoi le pèlerin devra attendre le lendemain pour s'acquitter de son devoir dans l'après-midi.

L'autorisation pour les personnes faibles ou handicapées de retarder le jet jusqu'au milieu de la nuit suivant le jour du Sacrifice

Nul n'est alloué à procéder au jet des pierres passé le milieu de la nuit du Jour du sacrifice, excepté les femmes, les enfants, les personnes âgées, faibles ou handicapées, ainsi que les bergers qui gardent les troupeaux. 'Âisha (رضي الله عنها) rapporte à ce sujet que le Prophète (ﷺ) - envoya Umm Salama jeter les pierres avant l'aube, après quoi elle quitta

'Aqaba. Ce propos est cité par Abû Dâwûd, qui commente : « La chaîne de transmission de ce *hadîth* est authentique ».

On rapporte également, citant Ibn 'Abbâs, que le Prophète (ﷺ) autorisa les surveillants des troupeaux de chameaux à procéder de nuit au jet des pierres. Ce propos est cité par Al-Bazzâr ; il est assorti d'une chaîne de transmission dans laquelle figure Muslim Ibn Khâlid Az-Zinjî, considéré comme faible.

On rapporte aussi, citant 'Urwa, que le Prophète (ﷺ) ordonna le Jour du sacrifice à Umm Salama (رضي الله عنها) – dont il désirait se faire accompagner – de précipiter son départ de Minâ afin d'être à La Mecque pour la prière du matin. Ce fait est cité par Ash-Shâfi'î et Al-Bayhaqî.

On rapporte que 'Atâ' a dit : « On m'informa que Asmâ' avait procédé de nuit au jet des pierres. Quand on lui en fit la remarque, elle répondit : « Nous faisions cela du temps du Prophète (ﷺ). » Ce propos est cité par Abû Dâwûd.

At-Tabarî commente : « Ash-Shâfi'î déduit des *hadîth* d'Umm Salama et Asmâ' qu'il est permis de quitter Minâ après le milieu de la nuit. Pour Ibn Hazm, cette autorisation concerne seulement les femmes à l'exclusion des hommes, indépendamment de leur condition physique. »

De ce *hadîth*, on déduit que le jet de nuit est permis à toute personne ayant une raison valable de le faire.

Ibn Al-Mundhir commente : « La tradition est de ne pas entreprendre le jet avant le lever du soleil, suivant l'exemple du Prophète (ﷺ). Il n'est pas permis de l'entreprendre avant le lever, car cela va à l'encontre de la tradition. Cependant, qui le fait n'est pas tenu de le refaire, car aucun savant n'a dit, à notre connaissance, qu'un tel jet était considéré comme nul. »

Peut-on jeter les pierres par-dessus la Jamra ?

Al-Aswad a dit : « Je vis 'Umar (رضي الله عنه) qui jetait les pierres d'Al-'Aqaba par-dessus le site. » De même, interrogé à ce sujet, 'Atâ' répondit : « Il n'y a pas de mal à cela. » les deux *hadîth* sont cités par Sa'îd Ibn Mansûr.

Du jet durant les trois autres jours

L'intervalle pour procéder à la lapidation durant les trois jours suivants (le Jour du sacrifice) est situé entre midi et le coucher du soleil.

On rapporte en effet, citant ‘Abd Allâh Ibn ‘Abbâs (ﷺ), que le Prophète (ﷺ) procéda au jet des pierres à midi ou peu après. Ce fait est cité par A<u>h</u>mad, Ibn Mâjah et At-Tirmidhî, qui le tient pour bon.

De même, Al-Bayhaqî rapporte, citant Nâfi‘, que ‘Abd Allâh Ibn ‘Umar (ﷺ) a dit : « Nous n’entreprenions le jet durant les trois jours que dans l’après-midi. »

Il est déconseillé d’y procéder le soir, mais si l’on n’a pas la possibilité d’agir autrement, il est permis de le faire jusqu’au lever du soleil du jour suivant.

Ces dispositions font l’unanimité des érudits, à l’exception d’Abû <u>H</u>anîfa, pour qui il est permis d’entreprendre le jet avant midi au troisième jour. Il appuie cette opinion sur un *<u>h</u>adîth* faible rapporté d’après ‘Abd Allâh Ibn ‘Abbâs (ﷺ), qui aurait dit : « Quand se lève le soleil du dernier jour du *nafr* (séjour à Minâ) il est permis de jeter les pierres et de quitter Minâ. »

De la recommandation de prendre le temps, à la fin de chaque lapidation, d’invoquer Dieu et de Lui adresser ses vœux

Il est recommandé au pèlerin qui vient de finir un jet, de se tenir tourné vers la *qibla*, de glorifier le Nom du Seigneur et d’implorer Son pardon pour lui et pour ses frères les croyants.

En effet, A<u>h</u>mad et Al-Bukhârî rapportent, citant Sâlim Ibn ‘Abd Allâh Ibn ‘Umar, qui citait son père ‘Abd Allâh, que lorsque le Prophète (ﷺ) procédait au jet des pierres de la première Jamra, celle qui est au-delà de la mosquée, il utilisait sept pierres, glorifiait le Nom du Seigneur à chaque jet, puis prenait sur sa gauche jusqu’au fond de la vallée, où il se tenait, tourné vers la *qibla*, et levait les bras au ciel en invoquant Dieu. Il restait longuement à invoquer ainsi, puis se dirigeait vers la deuxième Jamra, où il jetait également sept pierres en glorifiant Dieu à chaque jet, puis prenait à nouveau sur sa gauche jusqu’à parvenir au fond de la vallée, où il se tenait comme précédemment, tourné vers la *qibla*, pour invoquer Dieu longuement, les bras levés au ciel. Il se dirigeait enfin vers la troisième et dernière Jamra, celle se trouvant à Al-‘Aqaba, où il jetait également sept pierres, puis s’en allait sans plus s’arrêter.

On en déduit qu’il convient de s’arrêter pour invoquer Dieu après les deux premières Jamra, mais non après celle d’Al-‘Aqaba. Les érudits en déduisent la règle suivante : il convient d’invoquer après chaque jet qui est suivi d'un autre jet ayant lieu le même jour.

De même, Ibn Mâjah rapporte, citant 'Abd Allâh Ibn 'Abbâs (رضي الله عنهما), que le Prophète (ﷺ), ayant accompli le jet de pierres à Al-'Aqaba, s'en alla sans plus s'arrêter.

De l'ordre à observer en matière de jets

Il est établi que le Prophète (ﷺ) commença par la première Jamra, celle se trouvant du côté de Minâ, au-delà de la mosquée, qu'il fit suivre de la Médiane, pour finir par celle de Al-'Aqaba. Il est également établi qu'il a dit : « Apprenez de moi les rites qui vous sont prescrits. »

Pour trois des quatre Imâms, il en découle que cet ordre est à observer, afin de se conformer à l'exemple du Prophète (ﷺ). Pour les hanafites par contre, ce n'est là qu'une tradition, non une obligation.

De la recommandation de glorifier le Nom du Seigneur et de L'invoquer à chaque jet, et de tenir la pierre entre les doigts pour la jeter

On rapporte que 'Abd Allâh Ibn Mas'ûd et 'Abd Allâh Ibn 'Umar (رضي الله عنهم) avaient l'habitude de dire en jetant les pierres à Al-'Aqaba : « Seigneur, puisses-Tu faire que mon pèlerinage soit agréé et mes péchés pardonnés ! » On rapporte également, d'après Ibrâhîm, qu'il est recommandé au pèlerin de répéter en jetant les pierres : « Seigneur, puisses-Tu faire que mon pèlerinage soit agréé et mes péchés pardonnés ! » Quand on demanda à Ibrâhîm si l'on devait répéter cela à chaque Jamra, il répondit que oui. On rapporte aussi que 'Atâ' a dit : « Quand tu procèdes au jet, glorifie le Nom du Seigneur en jetant une pierre et refais-le après l'avoir jetée. » Ce *hadîth* est cité par Sa'îd Ibn Mansûr. Selon le *hadîth* rapporté par Jâbir (رضي الله عنه), le Prophète (ﷺ) glorifiait le Nom du Seigneur à chaque jet. Cependant, les érudits s'accordent à considérer que nul reproche n'est à faire à qui omet la glorification.

On rapporte par ailleurs d'après Salmân Ibn Al-Ahwas que la mère de ce dernier a dit : « Je vis le Prophète (ﷺ) qui, parvenu à la Jamra d'Al-'Aqaba sur sa chamelle, tenait une pierre entre ses doigts. Il jeta la pierre et les gens l'imitèrent. » Ce fait est rapporté par Abû Dâwûd.

De l'autorisation de se faire remplacer pour le jet des pierres

Le pèlerin qui, en raison d'un empêchement – maladie ou autre –, se trouve incapable de s’acquitter lui-même du devoir de la lapidation rituelle, est autorisé à charger autrui de le faire à sa place. Jâbir (رضي الله عنه) a dit en effet : « Comme nous accomplissions le pèlerinage avec le Prophète (ﷺ) accompagnés de nos femmes et nos enfants, nous remplaçâmes ces derniers pour la *talbiya* et le jet des pierres. » Ce propos est cité par Ibn Mâjah.

Des nuits à passer obligatoirement à Minâ

Le pèlerin est tenu de passer à Minâ les trois nuits qui suivent le Jour du sacrifice. Pour les trois Imâms, l’obligation ne concerne que les nuits du onzième et du douzième jour de Dhû Al-H̲ijja. Pour les h̲anafites, il ne s’agit là que d’une tradition et non d’une obligation.

On rapporte en effet que ‘Abd Allâh Ibn ‘Abbâs (رضي الله عنهما) a dit : « Si vous avez fini de jeter les pierres, libre à vous de passer la nuit où vous le désirez. » Ce propos est cité par Ibn Abî Shayba.

On rapporte également que Mujâhid a dit : « Il n’y a aucun mal à se trouver au début de la nuit à La Mecque et à la fin de celles-ci à Minâ, ou au contraire d’être au soir à Minâ et à l’aube à La Mecque. »

Pour Ibn H̲azm, c’est mal agir que de ne pas passer la nuit à La Mecque, mais aucune charge ne s’ensuit. Les érudits s’accordent cependant à considérer que les gens ayant une raison valable, tels les bergers, les porteurs d’eau, etc., sont dispensés de passer la nuit à Minâ.

On rapporte également qu’Al-‘Abbâs demanda au Prophète (ﷺ) de l’autoriser à passer quelques nuits à La Mecque afin de s’acquitter de la distribution d’eau aux pèlerins, ce qu’il l’autorisa à faire. Ce propos est cité par Al-Bukhârî, entre autres traditionnistes.

On rapporte aussi, citant ‘Âs̲im Ibn ‘Udayy, que le Prophète (ﷺ) dispensa les bergers de passer la nuit à Minâ. Ce propos est cité par Abû Dâwûd, At-Tirmidhî, An-Nasâ’î et Ibn Mâjah ; il est tenu pour authentique par At-Tirmidhî.

Quand doit-on s’en retourner de Minâ ?

Pour les trois Imâms, le pèlerin doit être de retour à La Mecque avant le coucher du soleil du douzième jour de Dhû Al-H̲ijja après le jet des pierres. En revanche, les h̲anafites repoussent ce délai jusqu’avant l’aube du treizième jour. Il est cependant déconseillé de rester à Minâ après le coucher du soleil du douzième jour, étant donné que ce n'est pas conforme à la tradition. Le pèlerin qui le fait ne s'en trouve toutefois nullement chargé d'un péché.

L'offrande

Il s'agit des sacrifices animaux que l'on fait pour plaire à Dieu. Dieu a dit en effet : {*Les bêtes de grande taille, Nous vous en avons fait des occasions de vous rapprocher de Dieu. Il y a en ces bêtes un grand bien pour vous. Prononcez donc sur elles le Nom de Dieu tant qu'elles sont sur pattes. Lorsqu'elles ont le flanc à terre, mangez-en et donnez-en à manger au pauvre qui tait sa pauvreté comme à celui qui la manifeste. C'est ainsi que Nous vous les avons soumises ; peut-être vous montrerez-vous reconnaissants. Jamais leur viande ni leur sang ne parviendront à Dieu : seule votre piété Lui parviendra*} (S. 22, V. 36-37).[1]

'Umar (ﷺ) a dit : « Faites des offrandes, car cela plaît à Dieu. » Le Prophète (ﷺ) fit quant à lui offrande volontaire de cent chameaux.

Quelle est la meilleure des offrandes ?

Les érudits s'accordent à considérer que les bêtes dont on peut faire offrande sont exclusivement les chameaux, les bovins, les ovins et les caprins, dans cet ordre, étant donné que plus importante est la taille de l'animal, plus grand sera le nombre des pauvres à qui sa viande profitera.

Les érudits divergent cependant concernant le pèlerin qui est seul : doit-il faire offrande du septième d'un chameau, du septième d'une vache ou d'une brebis entière ? Il paraît que le mieux est ce qui est meilleur pour les pauvres.

Y a-t-il un minimum et un maximum légal en matière d'offrande ?

Il n'y a point de plafond maximum pour l'offrande. Nous avons vu que le Prophète (ﷺ) immola cent chameaux en offrande volontaire. Quant au plancher minimum dont le pèlerin doit s'acquitter, il est d'une brebis, un septième de vache ou un septième de chameau, étant donné

1 ﴿وَٱلْبُدْنَ جَعَلْنَٰهَا لَكُم مِّن شَعَٰٓئِرِ ٱللَّهِ لَكُمْ فِيهَا خَيْرٌ ۖ فَٱذْكُرُوا۟ ٱسْمَ ٱللَّهِ عَلَيْهَا صَوَآفَّ ۖ فَإِذَا وَجَبَتْ جُنُوبُهَا فَكُلُوا۟ مِنْهَا وَأَطْعِمُوا۟ ٱلْقَانِعَ وَٱلْمُعْتَرَّ ۚ كَذَٰلِكَ سَخَّرْنَٰهَا لَكُمْ لَعَلَّكُمْ تَشْكُرُونَ لَن يَنَالَ ٱللَّهَ لُحُومُهَا وَلَا دِمَآؤُهَا وَلَٰكِن يَنَالُهُ ٱلتَّقْوَىٰ مِنكُمْ ۚ﴾

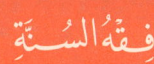

que chacun de ces deux derniers animaux suffit comme offrande pour sept personnes. Jâbir (ﷺ) a dit en effet : « Lors du pèlerinage que nous accomplîmes en compagnie du Prophète (ﷺ), chaque groupe de sept personnes immola un chameau ou une vache. »

Par ailleurs, il n'est pas nécessaire que les personnes ayant procédé à une immolation en commun aient toutes l'intention de faire offrande à Dieu : il est permis que les unes veuillent faire une offrande tandis que les autres ne veulent que la viande de la bête sacrifiée. Seuls les ḥanafites posent comme condition que tous les partenaires aient conçu l'intention de faire offrande à Dieu.

Quand devient-il nécessaire de faire offrande d'une grande bête (chameau ou vache) ?

Le sacrifice d'un chameau est exigé de toute personne ayant effectué les circumambulations de visite (*ifâḍa*) en étant souillée des suites d'un rapport sexuel, et de toute femme l'ayant fait en étant en couches ou en état de menstrues. Est également astreinte au même sacrifice, toute personne ayant eu un rapport sexuel entre l'étape de 'Arafât et celle du rasage ou ayant fait le vœu d'offrir une telle bête. Si l'on ne peut trouver la bête en question, on est autorisé à la remplacer par sept ovins. On rapporte en effet, citant 'Abd Allâh Ibn 'Abbâs (﵁), qu'un homme vint trouver le Prophète (ﷺ) et lui dit : « Je suis redevable d'une grande bête et j'ai les moyens d'en payer le prix, mais je n'en trouve aucune à vendre. » Le Prophète (ﷺ) lui ordonna alors d'acheter sept brebis et de les sacrifier. Ce dire est cité par Aḥmad et Ibn Mâjah, assorti d'une chaîne authentique.

Les différentes sortes d'offrande

L'offrande est de deux sortes : elle peut être ou recommandée ou obligatoire. Elle est recommandée au pèlerin qui accomplit un *ifrâd* (pèlerinage ou '*umra* uniquement). Elle est obligatoire pour tout pèlerin :

- Qui effectue un *qirân* ou un *tamattu*' ;

- Qui néglige d'accomplir une des obligations du pèlerinage, tels le jet des pierres, l'entrée en état de sacralisation à partir de la borne indiquée, l'obligation de passer une partie de la journée et une partie de la nuit à 'Arafât, de passer la nuit à Muzdalifa ou à Minâ, ou les circumambulations de l'Adieu ;

- Qui enfreint un des interdits de la sacralisation – à l'exception de l'acte charnel – comme de se parfumer ou de se raser ;

- Qui commet un acte interdit en Terre sacrée, en y tuant une bête sauvage ou en y coupant une plante, comme c'est explicité plus haut.

Les conditions de validité des offrandes

1- La bête à offrir en sacrifice doit remplir deux conditions :

Elle doit avoir au moins six mois pour les ovins, un an pour les caprins, deux ans pour les bovins et cinq ans pour les camelins ;

2- Elle doit être en parfaite condition : les bêtes borgnes, boiteuses, galeuses ou maigres ne sont pas admises. Toutefois, on rapporte, citant Al-Hasan, que si un pèlerin, ayant acquis pour son offrande une bête en parfait état, la voit, pour une raison quelconque, devenir borgne ou boiteuse ou présenter quelque autre défaut susnommé, il est alloué à l'utiliser pour son sacrifice. Ce propos est cité par Sa'îd Ibn Mansûr.

De la recommandation de bien choisir la bête dont on désire faire offrande

On rapporte, citant Mâlik Ibn Hishâm, que son père disait à ses fils : « Ô mes enfants, ne faites jamais offrande à Dieu d'une bête que vous ne voudriez pas offrir à la personne qui vous est la plus chère, car Dieu est le plus cher d'entre tous, et c'est Dieu qui mérite le meilleur de toute chose. » De même, Sa'îd Ibn Mansûr rapporte que 'Abd Allâh Ibn 'Umar (رضي الله عنهما), montait une chamelle en se rendant à La Mecque. Comme la chamelle lui plut, il descendit de son dos, la déclara destinée au sacrifice et en fit offrande.

Déclarer que la bête est destinée au sacrifice et l'orner d'un signe qui l'indique

Pour déclarer qu'une bête est destinée au sacrifice, on pratiquera une minuscule incision sur le côté de la bosse de l'animal qui en a une, de façon à faire couler quelques gouttes de sang qui, en séchant, laissent leur marque. La bête ainsi marquée ne pourra plus alors être utilisée à une autre fin que le sacrifice.

Quant à l'ornement, il consiste à accrocher au cou de la bête une liane de cuir ou tout autre objet distinctif qui indique qu'il s'agit d'un animal destiné au sacrifice. Il est établi que le Prophète (ﷺ) orna les ovins qu'il envoya avec Abû Bakr (ؓ) quand celui-ci effectua le pèlerinage en l'an neuf de l'Hégire. Il est également établi que le Prophète (ﷺ) marqua ses offrandes et les orna pour les déclarer destinées au sacrifice avant de se mettre en état de sacralisation pour le pèlerinage qu'il projetait d'effectuer en l'année de Hudaybiyya. Tous les érudits conseillent de faire de même, à l'exception d'Abû Hanîfa.

De la finalité de la déclaration et de l'ornement

Ils visent à exprimer la vénération que l'on a pour les rites de Dieu, à montrer cela aux gens et à leur indiquer que ce sont là des bêtes destinées à être conduites dans la Maison de Dieu, afin d'y être sacrifiées pour Lui plaire.

Est-il permis de monter une bête destinée au sacrifice ?

Il est permis de le faire et même de tirer profit de ce qu'elle donne (laine, lait), car Dieu a dit : {*Vous y avez des profits dans un délai déterminé, au bout duquel elles doivent être conduites dans la Maison antique afin d'être immolées*} (S. 22, V. 33).[1]

Selon Ad-Dahhâk et 'Atâ', le pèlerin est autorisé, au besoin, à monter la bête destinée au sacrifice, à boire son lait et à tondre sa laine. Quant au délai, il échoit évidemment au moment où l'on marque la bête et où on l'orne pour la déclarer destinée au sacrifice qui doit avoir lieu à Minâ, comme on l'a vu plus haut. On rapporte en effet, citant Abû Hurayra, que le Prophète (ﷺ), voyant un homme conduire un chameau, lui dit : « Monte dessus ! » Comme l'homme répondait qu'il n'osait pas, car la bête était destinée au sacrifice, le Prophète (ﷺ) lui dit à deux ou trois reprises : « Malheur à toi, monte dessus ! ». Ce *hadîth* est cité par Al-Bukhârî, Muslim, Abû Dâwûd et An-Nasâ'î, opinion adoptée également par Ahmad, Ishâq, ainsi que par Mâlik, selon les dires les plus crédibles. Pour Ash-Shâfi'î, le pèlerin peut monter la bête destinée à l'offrande seulement s'il n'a pas d'autre choix.

Quand procéder à l'immolation ?

Les érudits divergent concernant le moment où il sied de procéder à l'immolation. Pour Ash-Shâfi'î, le pèlerin est libre d'y procéder à partir

---

1 ﴿لَكُمْ فِيهَا مَنَٰفِعُ إِلَىٰٓ أَجَلٍ مُّسَمًّى ثُمَّ مَحِلُّهَآ إِلَى ٱلْبَيْتِ ٱلْعَتِيقِ﴾

du Jour du sacrifice et durant les trois jours de *tashrîq* (10e, 11e et 12e jours de Dhû Al-Hijja), étant donné que le Prophète (ﷺ) a dit : « et tous les jours du *tashrîq* sont des jours d'immolation. » Ce *hadîth* est cité par Ahmad.

Passé ce délai, le pèlerin immolera la bête à titre de compensation. Pour Mâlik et Ahmad, l'intervalle durant lequel on peut procéder à l'immolation – qu'elle soit obligatoire ou volontaire – s'étale sur toute la période des Jours du sacrifice. C'est l'opinion adoptée par les hanafites concernant le pèlerin qui accomplit un *tamattu*' ou un *qirân*, les autres genres d'immolation (volontaire, votive ou de compensation) pouvant se faire à n'importe quel moment. On rapporte aussi, citant Abû Salama Ibn 'Abd Ar-Rahmân et An-Nakha'î, que cet intervalle s'étend du Jour du sacrifice jusqu'à la fin du mois de Dhû Al-Hijja.

Où doit-on procéder à l'immolation ?

Toutes les sortes d'immolation doivent avoir lieu à l'intérieur des limites du Territoire sacré. Jâbir (رضي الله عنه) rapporte en effet que le Prophète (ﷺ) a dit : « Tout Minâ est un lieu d'immolation, tout Muzdalifa est un lieu de halte et tous les cols de La Mecque sont des chemins et des lieux d'immolation. » Ce *hadîth* est cité par Abû Dâwûd et Ibn Mâjah.

Cela dit, il sied de procéder à l'immolation à Minâ si l'on accomplit un pèlerinage, et près de Marwa si l'on accomplit une '*umra*, le lieu d'immolation étant dans un cas comme dans l'autre un lieu de désacralisation. Mâlik dit en effet avoir été informé que le Prophète (ﷺ) a dit : « Tout Minâ est propice à l'immolation, de même que Marwa – pour qui accomplit une '*umra* – ainsi que tous les cols et tous les chemins de La Mecque. »

De la recommandation d'immoler les chameaux debout en leur attachant la patte avant gauche et d'immoler les autres bêtes couchées sur le flanc

Il est recommandé de procéder de cette façon en considération des *hadîth* suivants :

- Muslim rapporte, citant Ziyâd Ibn Jubayr, que 'Abd Allâh Ibn 'Umar (رضي الله عنهما), voyant un homme égorger un chameau en le tenant accroupi, les pattes repliées, lui dit : « Immolez vos bêtes de sacrifice en les faisant tenir sur leurs pattes et en leur attachant la patte avant gauche : c'est la tradition de votre Prophète (ﷺ). »

- De même, on rapporte, citant Jâbir (رضي الله عنه), que le Prophète (ﷺ) et ses Compagnons avaient l'habitude d'égorger les chameaux en les faisant tenir debout, la patte avant gauche repliée et attachée. Ce *hadîth* est cité par Abû Dâwûd.

- On rapporte, d'après 'Abd Allâh Ibn 'Abbâs, en explication du passage : {*Prononcez donc sur elles le Nom de Dieu tant qu'elles sont sur pattes*}[1] qu'il faut que les bêtes soient sur trois pattes. Ce propos est cité par Al-Hâkim

Quant aux ovins, bovins et caprins, il est recommandé de les coucher sur le flanc pour les égorger, tout comme il est déconseillé – selon certains – d'immoler les chameaux couchés ou les autres bêtes sur pattes. Il est de même recommandé de procéder soi-même à l'immolation, ou, à défaut, d'être présent lors du déroulement de l'opération.

Le salaire du boucher qui procède à l'immolation

Ce salaire ne doit pas être prélevé sur la viande de la bête immolée, ceci dit on peut donner de la viande au boucher à titre d'aumône. En effet, 'Alî (رضي الله عنه) rapporte : « Le Prophète (ﷺ) m'ordonna de surveiller l'immolation des bêtes qu'il offrait en sacrifice et de superviser la distribution des viandes et des peaux. Or, il ne m'interdit pas d'en donner au boucher, disant : « Nous lui donnerons une part de ce que nous réservons à notre propre consommation. » Ce *hadîth* est cité par Al-Bukhârî, Muslim, Abû Dâwûd, At-Tirmidhî, An-Nasâ'î, Ibn Mâjah et Ahmad.

Il découle de ce *hadîth* que le pèlerin peut se faire remplacer par autrui pour l'immolation des bêtes d'offrande et pour la distribution de leurs viandes et de leurs peaux, et qu'il est prohibé d'en donner au boucher en guise de salaire. En revanche, ce dernier doit recevoir un salaire, comme l'atteste la précision du Prophète (ﷺ) : « Nous lui donnerons une part de ce que nous réservons à notre propre consommation. » On rapporte par ailleurs, d'après Al-Hasan, qu'il est permis de lui donner la peau de la bête immolée.

Peut-on manger de la viande des bêtes qu'on a immolées ?

Dieu a ordonné d'en manger : {*Mangez-en et donnez-en à manger au*

---

1 ﴿فَٱذۡكُرُواْ ٱسۡمَ ٱللَّهِ عَلَيۡهَا صَوَآفَّۖ﴾

pauvre nécessiteux} (S. 22, V. 28).[1] Cet ordre englobe vraisemblablement les offrandes obligatoires et celle faites à titre volontaire. Les érudits divergent cependant à ce propos.

Pour Abû H̠anîfa et Ah̠mad, la consommation de la viande des bêtes sacrifiées est permise au pèlerin qui effectue un *tamattu'* ou un *qirân*, de même que celle des bêtes sacrifiées à titre volontaire.

Pour Mâlik, on peut consommer de la viande de toutes les bêtes que l'on sacrifie, à l'exception de celles qui sont sacrifiées à titre de compensation suite à un dommage causé (ou une bête sauvage tuée) à l'intérieur du Territoire sacré, celles que l'on a fait vœu d'offrir aux pauvres ou celles sacrifiées à titre volontaire, si elles sont atteintes d'un mal avant d'être parvenues au lieu du sacrifice.

Pour Ash-Shâfi'î enfin, on est seulement autorisé à consommer la viande des bêtes que l'on sacrifie volontairement, celles des bêtes sacrifiées par obligation, à titre de compensation ou à titre votif, étant prohibées.

Quelle quantité de viande est-on autorisé à consommer ?

Le pèlerin peut en principe manger autant de viande qu'il voudra, sans aucune limitation de quantité, et en donner autant qu'il le désire, à titre d'offrande ou d'aumône. Selon certaines opinions, il est autorisé à en garder la moitié et en à donner l'autre moitié en aumône ; selon d'autres, on peut partager la viande en trois parties : on gardera la première partie et donnera les deux autres en offrande et en aumône.

Du rasage et de la taille des cheveux

Le rasage et la taille des cheveux sont un devoir qui incombe au pèlerin, et qui a été établi par le Coran, la Sunna et le consensus des érudits. Dieu a dit en effet : {*Dieu a bien révélé, à travers le songe, la vérité éclatante à Son Messager : « Vous entrerez sûrement dans la Mosquée sacrée, avec la permission de Dieu, les cheveux rasés ou taillés, sans ressentir nulle crainte}* (S. 48, V. 27).[2] Par ailleurs, Al-Bukhârî et Muslim rapportent que le Prophète (ﷺ) a dit : « Puisse Dieu accorder Sa miséricorde à ceux qui se rasent les cheveux ! » On demanda : « Et qu'en est-il de ceux qui se

---

1 ﴿فَكُلُواْ مِنْهَا وَأَطْعِمُواْ ٱلْبَآئِسَ ٱلْفَقِيرَ﴾

2 ﴿لَّقَدْ صَدَقَ ٱللَّهُ رَسُولَهُ ٱلرُّءْيَا بِٱلْحَقِّ لَتَدْخُلُنَّ ٱلْمَسْجِدَ ٱلْحَرَامَ إِن شَآءَ ٱللَّهُ ءَامِنِينَ﴾

les taillent, ô Envoyé de Dieu ? » Le Prophète (ﷺ) répéta : « Puisse Dieu accorder Sa miséricorde à ceux qui se rasent les cheveux ! » On demanda encore : « Et qu'en est-il de ceux qui se les taillent, ô Envoyé de Dieu ? » et le Prophète (ﷺ) de conclure : « Puisse Dieu accorder Sa miséricorde à ceux qui se rasent les cheveux et à ceux qui se les taillent ! »

Al-Bukhârî et Muslim rapportent également que le Prophète (ﷺ) se rasa les cheveux, imité en cela par un groupe de ses Compagnons, tandis que les autres se contentèrent de les tailler. Se raser les cheveux revient à enlever les cheveux de la tête à l'aide d'une lame effilée, ou encore à en arracher au moins trois. Les tailler revient à les écourter. Les érudits divergent concernant le statut du rasage et de la taille. Pour la majorité d'entre eux, il s'agit d'une obligation dont la négligence doit être réparée par un sacrifice de compensation. Pour les shâfi'ites par contre, c'est là un rite essentiel, dont la négligence entraîne l'annulation du pèlerinage.

Quand faut-il procéder au rasage ou à la taille ?

Les personnes qui effectuent un pèlerinage doivent procéder au rasage ou à la taille le Jour du sacrifice. Si on compte faire une offrande, on y procédera après l'immolation. On rapporte, en effet, citant Ma'mar Ibn 'Abd Allâh, qu'après avoir procédé à l'immolation des bêtes dont il faisait offrande, le Prophète (ﷺ) dit : « Il m'a été ordonné de me raser la tête. » ce *hadîth* est cité par Ahmad et At-Tabarânî.

Les pèlerins qui accomplissent une *'umra* doivent, quant à eux, procéder au rasage après avoir accompli la série des parcours entre as-Safâ et al-Marwa ou après l'immolation s'ils comptent faire une offrande.

Selon Abû Hanîfa, Mâlik et Ahmad, en vertu du *hadîth* cité plus haut, le rasage ou la taille doivent avoir lieu à l'intérieur du Territoire sacré durant les jours du sacrifice.

Selon Ash-Shâfi'î, Muhammad Ibn Al-Hasan et la version la plus plausible d'Ahmad, le rasage ou la taille doivent se faire à l'intérieur du Territoire sacré, et de préférence avant les jours du sacrifice, sans qu'aucune charge n'incombe à celui qui attend la fin de ces jours pour y procéder.

Quelques recommandations relatives à la manière dont il sied de procéder au rasage ou à la taille

Il est recommandé de commencer le rasage ou la taille par le côté droit de la tête, en se tournant vers la *qibla*, de glorifier le Nom du Seigneur en le faisant et d'accomplir une prière de deux cycles après avoir fini. Wakî' rapporte qu'Abû Hanîfa a dit : « Je commis, en accomplissant le rite du rasage, cinq erreurs qu'un barbier corrigea. Me présentant devant son stand, je lui demandai : « Quel prix demandez-vous pour me raser ? » Il me demanda en retour : « Tu es irakien, n'est-ce pas ? » Comme je répondais par l'affirmative, il me dit : « On ne discute pas le prix à payer pour accomplir un acte d'offrande. Assieds-toi donc ! » Je m'assis, mais en négligeant de tourner ma face vers la *qibla*. Alors il me dit : « Tourne ta face vers la *qibla* ! » Je m'exécutai, mais lui présentai le côté gauche de ma tête. Alors il me dit à nouveau : « C'est par le côté droit qu'il faut commencer ! » Je m'exécutai encore, et puis restai silencieux en attendant qu'il finisse son travail ; mais il me dit : « Glorifie donc le Nom du Seigneur ! » Je m'exécutai encore une fois. Quand il eut achevé de me raser, je le payai et voulus m'en aller, mais il me cria : « Où vas-tu donc ? » Comme je répondais que je me rendais là où j'avais laissé mes bagages, il me dit : « Tu devrais accomplir une prière de deux cycles avant d'y aller ! » Me disant alors qu'un simple barbier ne pouvait avoir autant de science, je lui demandai à mon tour : « D'où tiens-tu donc tout ce que tu viens de me commander ? » Il répondit : « Je vis 'Atâ' Ibn Rabâh le faire. » Ce propos est cité par Al-Muhibb At-Tabarî.

De la recommandation, pour les personnes chauves, de se passer symboliquement une lame sur la peau du crâne

La majorité des érudits s'accorde à recommander aux personnes complètement chauves de passer une lame sur la peau du crâne. Ibn Al-Mundhir a dit en effet : « Tous les maîtres dont nous tenons notre savoir s'accordent à considérer qu'il convient à la personne chauve de se passer une lame sur la peau du crâne. » Pour Abû Hanîfa, c'est là un devoir qui incombe du pèlerin, et dont la négligence appelle compensation.

De la recommandation de se couper les ongles et de se tailler les moustaches

Après s'être rasé ou taillé les cheveux, il est recommandé au pèlerin de se tailler également les moustaches et se couper les ongles. C'est ce que faisait 'Abd Allâh Ibn 'Umar lorsqu'il accomplissait un pèlerinage ou une '*umra*. Ibn Al-Mundhir a dit par ailleurs : « Il est établi que le Prophète (ﷺ), après s'être rasé, se coupa les ongles. »

Concernant les femmes, Abû Dâwûd rapporte, entre autres traditionnistes, citant 'Abd Allâh Ibn 'Abbâs (ﷺ), que le Prophète (ﷺ) a dit : « Les femmes ne sont pas tenues de se raser les cheveux, mais uniquement de se les tailler. » Ce *hadîth* est tenu pour bon par Al-Hâfidh. Ibn Al-Mundhir commente : « Les érudits s'accordent tous là-dessus, étant donné qu'il ne sied point d'exiger d'une femme de raser ses cheveux qui font partie de son esthétique naturelle. »

De combien la femme doit-elle raccourcir ses cheveux ?

On rapporte que 'Abd Allâh Ibn 'Umar (ﷺ) a dit : « Pour se tailler les cheveux, la femme doit les rejeter sur le devant de sa tête, puis en couper un petit bout. » Pour 'Atâ', elle coupera des mèches courtes ou longues. Ce propos est cité par Sa'îd Ibn Mansûr. Selon d'autres opinions, aucune limite n'est fixée pour la taille. Selon les shâfi'ites, il lui suffit de tailler un minimum de trois cheveux, l'important étant de faire acte d'obéissance à Dieu, non de tailler telle ou telle quantité de cheveux.

Les circumambulations de l'*ifâda*

Les érudits s'accordent à considérer que les circumambulations de l'*ifâda* constituent un rite essentiel dont la négligence entraîne l'invalidation du pèlerinage, car Dieu a dit : {*Qu'ils accomplissent les circumambulations rituelles autour de la Maison antique*} (S. 22, V. 29).[1]

Pour Ahmad, il est nécessaire de concevoir l'intention de les accomplir. Pour les trois autres Imâms, la seule intention d'accomplir le pèlerinage suffit et englobe ce rite comme tous les autres. Par ailleurs, la majorité des érudits considère que ces circumambulations doivent obligatoirement être au nombre de sept. Pour Abû Hanîfa par contre, seuls les trois premiers tours sont un rite essentiel dont la négligence entraîne l'annulation du pèlerinage, les quatre tours restants étant une obligation dont l'omission peut être réparée par un sacrifice de compensation.

Quand faut-il les accomplir ?

Pour Ash-Shâfi'î, on peut accomplir les circumambulations de l'*ifâda* dès le milieu de la nuit qui précède le premier Jour du sacrifice (soit, le 10 de Dhû Al-Hijja), et aucune limite ne marque la fin de cet intervalle,

---

1 ﴿ثُمَّ لْيَقْضُوا۟ تَفَثَهُمْ وَلْيُوفُوا۟ نُذُورَهُمْ وَلْيَطَّوَّفُوا۟ بِٱلْبَيْتِ ٱلْعَتِيقِ﴾

mais le pèlerin ne peut accomplir l'acte charnel que s'il s'acquitte de ce pilier du pèlerinage. S'il tarde à le faire jusqu'aux jours de *tashrîq*, aucune charge ne sera retenue contre lui et aucune compensation ne sera exigée de lui, mais il lui est déconseillé de le faire. Cela dit, le meilleur moment pour exécuter ces circumambulations reste le matin du Jour du sacrifice.

Pour Abû Hanîfa et Mâlik, on peut les exécuter dès l'aube de ce jour, mais les deux Imâms divergent concernant le délai dont on dispose pour le faire. Pour le premier, il faut les accomplir avant la fin des jours du sacrifice, faute de quoi un sacrifice de compensation sera exigé. Pour le deuxième, le pèlerin peut attendre la fin des jours de *tashrîq* pour les accomplir – quoiqu'il lui soit recommandé de le faire aussitôt que possible –, l'intervalle s'étendant de fait jusqu'à la fin de Dhû Al-Hijja. Passé les jours de *tashrîq*, le pèlerin sera tenu à un sacrifice de compensation, mais son pèlerinage restera valide, étant donné que le mois de Dhû Al-Hijja fait partie des mois du pèlerinage.

De la recommandation, pour les femmes, de hâter l'exécution des circumambulations de l'*ifâda*

Il est recommandé aux femmes de le faire si elles craignent de se retrouver en état de menstrues. 'Â'isha (رضي الله عنها) pressait en effet les femmes d'accomplir les circumambulations de l'*ifâda* le Jour du Sacrifice, afin d'éviter qu'elles se retrouvent en état de menstrues. Selon 'Atâ', la femme qui craint d'être surprise par les menstrues peut même accomplir les circumambulations de l'*ifâda* avant de jeter les pierres, et même avant l'immolation des bêtes du sacrifice.

Il lui est également permis de prendre des pilules qui retardent l'arrivée des menstrues jusqu'à ce qu'elle ait fini d'accomplir l'*ifâda*. Sa'îd Ibn Mansûr rapporte en effet que 'Abd Allâh Ibn 'Umar (رضي الله عنهما), interrogé à ce sujet, jugea qu'il n'y avait aucun mal à le faire. Muhibb Ad-Dîn At-Tabarî a fait le commentaire suivant : « Il en découle qu'il est permis d'agir ainsi dans des situations similaires, y compris celle se rapportant à la vacuité légale. Il en va de même, par analogie, pour les médicaments servant à anticiper l'apparition des menstrues. »

De l'escale à Muhassab (dit aussi *Al-Abtah*)

Il est établi que le Prophète (ﷺ), en se rendant de La Mecque à Minâ, fit escale à la vallée de Muhassab, où il accomplit les prières de midi, de l'après-midi, du coucher du soleil et du soir, avant de s'y reposer. Il est également établi qu'Ibn 'Umar faisait de même. Les érudits divergent cependant concernant la recommandation de le faire. En effet, 'Â'isha (رضي الله عنها) a dit : « Si le Prophète (ﷺ) fit escale en ce lieu, c'est uniquement parce qu'il lui était facile d'en repartir. Ce n'est point là une tradition ; libre à qui le désire d'en faire autant ou de ne pas le faire. »

Al-Khattâbî dit à ce propos : « C'était là une coutume que l'on observait et que l'on a fini par abandonner. » At-Tirmidhî fait, pour sa part, ce commentaire : « Certains d'entre les érudits s'accordent à recommander cette escale à Al-Abtah pour qui le désire, mais sans y voir pour autant une obligation. »

La finalité morale de cette escale consiste à rendre grâce à Dieu pour avoir accordé la victoire à Son Envoyé, qui en faisant escale à cet endroit précis montrait l'avantage qu'il prenait sur ses ennemis, qui y avaient contracté le pacte en vertu duquel ils s'étaient engagés à ne plus conclure d'affaire ni d'alliance avec les Banû 'Abd Al-Muttalib tant que ces derniers ne leur livreraient pas Muhammad (ﷺ).

Ibn Al-Qayyim fait ce commentaire : « En faisant cela, le Prophète (ﷺ) visait à célébrer la foi de l'Islam à l'endroit même où ses ennemis avaient célébré leur négation de la foi et leur animosité à l'égard de Dieu et de Son Envoyé. C'était d'ailleurs une habitude du Prophète (ﷺ) que de célébrer les rites de la foi islamique aux endroits mêmes où les mécréants célébraient auparavant leurs rites païens. C'est dans cet esprit-là qu'il ordonna d'élever une mosquée à at-Tâ'if, à l'endroit même où se tenaient les idoles d'Al-Lât et Al-'Uzza. »

LA ‘*UMRA*

Étymologiquement, ce mot signifie « visite ». Il s’agit en effet de rendre visite aux Lieux saints, d’accomplir les circumambulations rituelles autour de la Ka‘ba et les parcours entre as-Safâ et al-Marwa, avant de se tailler les cheveux. Les érudits s’accordent à dire que c’est là une prescription divine. On rapporte, d’après ‘Abd Allâh Ibn ‘Abbâs (رضي الله عنهما), que le Prophète (ﷺ) a dit : « Une ‘*umra* pendant Ramadan vaut un pèlerinage. » Ce *hadîth* est cité par Ahmad et Ibn Mâjah. On rapporte également, citant Abû Hurayra, que le Prophète (ﷺ) a dit : « Une ‘*umra* rachète les péchés commis entre elle et celle qui la précède. Quant au pèlerinage agréé, il n’a d’autre récompense que le Paradis. » Ce *hadîth* est cité par Ahmad, Al-Bukhârî et Muslim. Nous avons par ailleurs cité le *hadîth* : « Joignez le pèlerinage à la ‘*umra* de la même année, car ils éliminent besoin et péchés comme le feu de la forge élimine l’impureté des métaux. »

De la ‘*umra* répétée

Nâfi‘ a dit : « ‘Abd Allâh Ibn ‘Umar (رضي الله عنهما) accomplit la ‘*umra* – sous ‘Abd Allâh Ibn Az-Zubayr – des années durant, à raison de deux ‘*umra* par an. »

Al-Qâsim a dit : « ‘Â’isha (رضي الله عنها) accomplit la ‘*umra* trois fois la même année. » Comme on lui demandait si personne ne le lui avait reproché, il répondit : « Mais que dites-vous là ! C’est de la Mère des Croyants qu’il s’agit ! » C’est l’opinion adoptée par la majorité des érudits. Mâlik déconseille cependant de la faire plus d’une fois par an.

Est-il permis d’accomplir la ‘*umra* avant et durant les mois du pèlerinage ?

Il est permis de le faire, tout comme il est permis d’accomplir la ‘*umra* avant de s’acquitter du pèlerinage légal, comme le fit ‘Umar (رضي الله عنهما). Tâwûs a dit à ce propos : « Du temps de la Gentilité, les païens tenaient cela pour le plus grave des sacrilèges. Ils répétaient : « La ‘*umra* ne devient licite qu’une fois que le mois de Safar s’est écoulé, que la bête (qui a servi de monture au pèlerin) s’est reposée et que les traces (laissées par les pèlerins sur les routes menant à la Territoire sacré) se sont effacées. » Mais à l'avènement de l'Islam, il a été ordonné aux gens d'accomplir la *'umra* durant les mois du pèlerinage ; il en sera ainsi jusqu'au Jour de la résurrection. »

Combien de fois le Prophète (ﷺ) a-t-il accompli la *'umra* ?

On rapporte, d'après 'Abd Allâh Ibn 'Abbâs (رضي الله عنهما), que le Prophète (ﷺ) accomplit quatre *'umra* : celle d'Al-Hudaybiyya, celle de la Compensation, celle où il prit le départ d'Al-Ji'râna et celle qu'il accomplit en même temps que le pèlerinage.[1]

Le statut légal de la *'umra*

Pour les hanafites et pour Mâlik, il s'agit d'une tradition. Jâbir (رضي الله عنه) rapporte en effet dans une tradition *hasan sahîh* que le Prophète (ﷺ), à qui on demandait si la *'umra* était obligatoire, répondit par la négative.

Pour les shâfi'îtes et pour Ahmad par contre, elle est obligatoire, car le verset : {*Accomplissez le pèlerinage et la 'umra pour Dieu*} laisse entendre que les deux sont obligatoires. La première opinion semble être la plus plausible. On peut lire en effet dans « *Fath Al-'Allâm* » : « On cite à propos (du caractère obligatoire de la *'umra*) des *hadîth* qui ne sauraient constituer une preuve. » Par ailleurs, At-Tirmidhî rapporte qu'Ash-Shâfi'î a dit : « Rien dans la *'umra* n'est obligatoire ; ce n'est qu'un acte volontaire ».

Quand doit-on effectuer la *'umra* ?

La majorité des érudits s'accorde à considérer que l'on peut accomplir la *'umra* en n'importe quelle période de l'année. Pour Abû Hanîfa, elle est déconseillée durant cinq jours de l'année : le jour de 'Arafât, le Jour du sacrifice et les trois jours de *tashrîq*. Pour Abû Yûsuf, elle est déconseillée seulement le jour de 'Arafât et durant les trois jours qui suivent. Tous s'accordent cependant à l'autoriser durant les mois du pèlerinage.

Al-Bukhârî rapporte que 'Ikrima Ibn Khâlid a dit : « Je m'enquis auprès de 'Abd Allâh Ibn 'Umar (رضي الله عنهما) au sujet de la *'umra* que l'on accomplit avant le pèlerinage prescrit. Il me répondit : « Il n'y a aucun mal à

---

1 Ce propos est cité par Ahmad, Abû Dâwûd et Ibn Mâjah ; il est assorti d'une chaîne de rapporteurs tous parfaitement crédibles.

accomplir une '*umra* avant le pèlerinage, le Prophète (ﷺ) l'ayant lui-même fait. »

On rapporte, citant Jâbir (رضي الله عنه) que 'Â'isha (رضي الله عنها), s'étant trouvée en état de menstrues pendant le pèlerinage, accomplit tous les rites, sauf les circumambulations rituelles. Quand enfin elle se fut purifiée et qu'elle eut accompli les circumambulations, elle dit au Prophète (ﷺ) : « Ô Envoyé de Dieu, vous rentrez tous en ayant accompli un pèlerinage et une '*umra*, alors que moi je n'ai accompli que le seul pèlerinage ! » Alors le Prophète (ﷺ) ordonna à 'Abd Ar-Rahmân, frère de 'Â'isha (رضي الله عنها), de la conduire à Tan'îm, localité située hors de La Mecque, où elle put se remettre en état de sacralisation et accomplir la '*umra* après le pèlerinage, durant le deuxième moitié de Dhû Al-Hijja. Cela dit, la meilleure période pour accomplir la '*umra* reste le mois de Ramadan, comme nous l'avons vu plus haut.

Où faut-il se mettre en état de sacralisation pour la '*umra* ?

Si le pèlerin désireux d'accomplir une '*umra* en conçoit l'intention avant d'entrer dans le Territoire sacré, il est en devoir de le faire avant de passer les bornes spatiales indiquées. En effet, Al-Bukhârî rapporte que Zayd Ibn Jubayr vint un jour trouver 'Abd Allâh Ibn 'Umar et lui demanda à partir de quel point il devait se mettre en état de sacralisation pour la '*umra* : Ibn 'Umar lui répondit : « Le Prophète (ﷺ) a fixé, pour les gens de Nadjd, le lieudit Qarn ; pour ceux de Médine, le lieudit Dhû Al-Hulayfa et pour ceux du Shâm, le lieudit Al-Juhfa. »

Par contre, si le pèlerin se trouve déjà à l'intérieur du Territoire sacré, il se mettra en état de sacralisation pour la '*umra* au lieu même où il s'est désacralisé du pèlerinage. On a vu en effet comment, sur l'ordre du Prophète (ﷺ), 'Â'isha (رضي الله عنها) se rendit à Tan'îm (en dehors de La Mecque) où elle se désacralisa du pèlerinage pour se mettre en sacralisation en vue d'une '*umra*.

Les circumambulations dites d'adieu (*tawâf al-wadâ'*)

Elles sont ainsi nommées car on les accomplit en signe d'adieu à la Maison antique avant de quitter le Territoire sacré à la fin du pèlerinage. Pendant ces circumambulations, tous les tours se font à pas égal, sans foulées rapides. C'est le dernier rite à accomplir pour le pèlerin non résidant à La Mecque. Mâlik rapporte en effet, dans son « *Muwatta'* », que 'Umar (رضي الله عنه) a dit : « Les circumambulations (d'adieu) sont l'ultime rite que le pèlerin doit accomplir. »

Les personnes résidant à La Mecque et les femmes en état de menstrues sont cependant exemptes de ce devoir, et aucune compensation n'est exigée d'elles pour ne pas l'avoir accompli. On rapporte en effet que 'Abd Allâh Ibn 'Abbâs (﵁) a dit : « Il a été permis de quitter le Territoire sacré à toute femme se trouvant en état de menstrues. » Ce propos est cité par Al-Bukhârî et Muslim. Selon une autre version, il a dit : « Il a été ordonné aux gens que leur dernier acte rituel soit l'accomplissement des circumambulations. La femme en état de menstrues est cependant exempte de cette obligation. »

Al-Bukhârî et Muslim rapportent également que Safiyya, l'épouse du Prophète (ﷺ) s'étant retrouvée en état de menstrues, on en informa le Prophète (ﷺ) qui demanda si elle ne s'était pas encore désacralisée. Comme on répondit qu'elle avait déjà accompli les circumambulations de l'*ifâda*, il dit : « Elle a bien fait. »

Le statut légal des circumambulations d'adieu

Les érudits s'accordent à considérer que c'est là une institution divine. Muslim et Abû Dâwûd rapportent en effet que 'Abd Allâh Ibn 'Abbâs (﵁) a dit : « Comme les gens allaient se disperser dans tous les sens à la fin du pèlerinage, chacun agissant à sa guise, le Prophète (ﷺ) leur dit : « En quittant les Lieux sacrés, faites en sorte que le dernier endroit que vous visitiez soit la Maison antique. »

Est-on tenu de quelque compensation en cas d'omission ?

Les érudits divergent à ce sujet. Pour Mâlik, Dâwûd et Ibn Al-Mundhir, c'est là une tradition dont l'omission n'appelle aucune compensation. C'est également l'opinion adoptée par Ash-Shâfi'î. Pour les hanafites et les hanbalites, et selon une opinion attribuée à Ash-Shâfi'î également, c'est une obligation dont la négligence appelle un sacrifice de compensation.

Quand faut-il accomplir les circumambulations d'adieu ?

On les fait quand on a fini d'accomplir tous les autres rites et que l'on est prêt à prendre le chemin du retour, afin que le dernier endroit que l'on visite au sein du Territoire sacré soit la Maison antique, comme le recommande le *hadîth* cité plus haut. Quand on a fini d'accomplir les circumambulations d'adieu, il faut prendre la route sans plus tarder, et surtout sans plus rien acheter ni vendre, et sans s'attarder plus longtemps que nécessaire. Si on enfreint cette règle, il convient de refaire les circumambulations.

Le pèlerin est cependant autorisé à acquérir les produits nécessaires à sa subsistance durant le voyage de retour avoir accompli les circumambulations d'adieu. Il lui est également recommandé de prononcer, en quittant pour la dernière fois la Maison antique, l'invocation rapportée par 'Abd Allâh Ibn 'Abbâs (رضي الله عنهما) : « Seigneur, je suis Ton serviteur et le fils de Ton serviteur et de Ta servante ! Tu m'as porté sur celles d'entre Tes créatures que Tu as mises à mon service ; Tu m'as pris sous Ta protection tandis que je traversais Ton pays, jusqu'à me faire parvenir – par Ta grâce – auprès de Ta Maison, et Tu m'as aidé à m'acquitter de mes devoirs rituels. Si Tu es content de moi, puisses-Tu l'être davantage ; sinon, puisses-Tu m'admettre dans Ta Grâce avant que j'aie quitté Ta Maison. Il est temps pour moi de m'en retourner dans mon pays – si Tu me le permets – sans que j'aie l'envie de quitter Ta Maison ni l'intention de me fier à nul être en dehors de Toi. Puisses-Tu, Seigneur, préserver ma santé, ma foi et mon bien-être, m'accorder de T'obéir aussi longtemps que Tu me feras vivre, et me donner le bien en ce bas monde comme dans l'Au-delà ; Tu es certes Omnipotent. » Ash-Shâfi'î fait le commentaire suivant : « Il est recommandé de se tenir au Multazam, entre l'angle de la Pierre noire et le portail de la Ka'ba, pour prononcer cette invocation. »

Récapitulatif

Il est recommandé au pèlerin, à l'approche de la borne spatiale, de se tailler les moustaches et les cheveux, se couper les ongles, se laver ou procéder à des ablutions, se parfumer et mettre son habit de sacralisation. Arrivé à la borne, il lui est recommandé d'accomplir une prière de deux cycles et de concevoir l'intention d'accomplir un pèlerinage, une '*umra* ou un *qirân*. Le fait de concevoir cette intention est un rite essentiel, sans lequel le pèlerinage ne saurait être valide. Le pèlerin n'est cependant pas tenu de préciser le genre de pèlerinage qu'il compte accomplir : il lui suffit de concevoir l'intention de se rendre dans la Maison antique ; libre à lui ensuite de décider du genre de pèlerinage qu'il désire accomplir.

Ayant vêtu son habit de sacralisation, il entamera la *talbiya*, qu'il entonnera à haute voix chaque fois qu'il escalade un mont, qu'il descend dans une vallée ou qu'il rencontre un passant ou un groupe de passants, de même qu'à l'aube de chaque jour et à la fin de chaque prière. Il doit s'abstenir de s'adonner à l'acte charnel et à ses prémices, de s'engager dans des disputes ou des polémiques, tant avec ses compagnons qu'avec les autres pèlerins, de se marier et de marier autrui. Il doit également éviter de porter des vêtements cousus et des chaussures montant au-dessus des chevilles, de se couvrir la tête, de se parfumer, de se raser, de se couper les ongles, de s'adonner à la chasse et de couper des arbres ou de l'herbe se trouvant sur le Territoire sacré.

En arrivant à La Mecque, il lui est recommandé d'y pénétrer, s'il le peut, par le côté nord, après avoir fait escale et s'être lavé au point d'eau dit Dhû Ṯuwâ. Il se rendra ensuite directement à la Ka'ba, y pénétrera par Bâb As-Salâm (« Portail de la Paix »), en répétant la *talbiya* et les invocations requises, et en observant la plus totale humilité. Quand ses yeux se poseront sur la Ka'ba, il lèvera les bras au ciel et implorera les bienfaits de Dieu, en répétant les invocations adéquates. Puis il se dirigera vers la Pierre noire, l'embrassera s'il le peut silencieusement, ou alors la touchera de la main, ou, à défaut, la désignera de la main ou à l'aide d'un objet quelconque. Il se tiendra ensuite à hauteur de la Pierre, répétera les invocations requises en observant la plus parfaite humilité, puis il entamera ses premières circumambulations dont trois à foulées rapides, en rejetant sur ses épaules les pans de son habit. Il est également de tradition de toucher l'angle yéménite de la Ka'ba et d'embrasser la Pierre noire à la fin de chaque tour. Quand il aura fini d'accomplir les circumambulations, il se dirigera vers le *Maqâm* en récitant : {*Ils firent du Maqâm d'Ibrâhîm un lieu de prière*}, y accomplira une prière de deux cycles, avant d'aller au puits de Zam-Zam, où il se désaltérera. Vient ensuite le tour du Multazam, où le pèlerin se tiendra pour implorer de Dieu tous les biens de ce bas monde et de l'Au-delà. Puis, il se dirigera à nouveau vers la Pierre, la touchera et l'embrassera.

Après quoi il sortira par le Portail de as-Safâ pour se diriger vers la colline du même nom, conformément à la prescription de Dieu : {*as-Safâ et al-Marwa sont parmi les rites de Dieu*}. Monté sur la colline, il se tournera vers la Ka'ba, répétera les invocations adéquates, puis il descendra pour se diriger vers la colline d'Al-Marwa. Parvenu à la dépression entre les deux collines, il pressera le pas, puis reprendra un rythme normal avant d'arriver à Al-Marwa. Monté sur cette colline, il se tournera à nouveau vers la Ka'ba et prononcera les invocations recommandées par la Tradition. A ce stade, le fidèle aura accompli un des sept parcours qu'il est tenu d'effectuer entre les deux collines : c'est là une obligation : la négliger en totalité ou en partie implique un sacrifice de compensation. Pour le pèlerin qui accomplit un *tamattu*', la '*umra* s'achève ici : il se désacralisera donc et tout ce qui lui était prohibé, du fait de la sacralisation, redeviendra licite pour lui, y compris l'acte charnel. Quant au pèlerin qui accomplit un *ifrâd* ou un *qirân*, il reste en état de sacralisation.

Au huitième jour de Dhû Al-Hijja, le pèlerin qui accomplit un *tamattu*' se remettra en état de sacralisation et se dirigera – à l'instar de ceux qui accomplissent un *ifrâd* ou un *qirân* (et qui entre-temps étaient restés en état de sacralisation) – vers Minâ où tous passeront la nuit. Puis ils se rendront au lever du jour sur le Mont 'Arafât, feront escale à la mosquée Namira, y accompliront, derrière l'imâm, simultanément, en les anticipant et en les raccourcissant, les prières de midi et de l'après-midi. Si le fidèle ne parvient pas à la mosquée assez tôt pour prier derrière l'imâm, il pourra accomplir seul les deux prières, simultanément et en les raccourcissant.

Ensuite, le pèlerin se présentera à 'Arafât après le milieu du jour, s'y tiendra aussi près qu'il le peut des Rochers, c'est-à-dire là où se tint le Prophète (ﷺ). 'Arafât, on l'a dit, est le rite principal du pèlerinage. Il n'est pas recommandé d'escalader *Jabal Ar-Rahma* (« le Mont de la Miséricorde »). Le pèlerin restera à 'Arafât, invoquant le Seigneur, glorifiant Son Nom et implorant Ses bienfaits jusqu'à la tombée de la nuit. Là, il se rendra à Muzdalifa, où il accomplira simultanément et en différé les prières du coucher du soleil et du soir, avant d'y passer la nuit. A l'aube du jour suivant, il se rendra au Mash'ar, où il se tiendra, invoquant Dieu et implorant Sa miséricorde, jusqu'au lever du jour. Il se munira alors des pierres destinées à la lapidation des stèles et s'en retournera à Minâ. L'étape du Mash'ar est une obligation dont l'omission nécessite un sacrifice de compensation.

Après le lever du soleil, il effectuera le jet des pierres en utilisant sept cailloux à chaque Jamra, procédera à l'immolation rituelle s'il compte le faire, puis se rasera ou se taillera les cheveux, acte après lequel tout ce qui lui était prohibé par la sacralisation lui redevient licite, à l'exception de l'acte charnel.

De retour à La Mecque, il accomplira les circumambulations de l'*ifâda*, et effectuera ensuite les parcours entre as-Safâ et al-Marwa s'il accomplit un *tamattu*'. Lorsqu'il aura accompli ces rites, tout ce qui lui était prohibé lui redeviendra licite, y compris l'acte charnel.

Il retournera ensuite à Minâ, où il passera la nuit (rite obligatoire, dont l'omission exige un sacrifice de compensation).

Au début de l'après-midi du onzième jour de Dhû Al-Hijja, il accomplira le rite du jet des pierres aux trois *Jamra*, en commençant par celle qui se trouve le plus près de Minâ et en finissant par celle d'Al-'Aqaba. Après les deux premiers jets, il marquera une pause pour glorifier le Nom du Seigneur et implorer Ses bienfaits. Il devra jeter sept pierres à chaque Jamra et tous les jets devront être effectués avant le coucher du soleil. Au douzième jour, il répétera le même rite, après quoi il aura le choix : soit il retourne à La Mecque avant le coucher du douzième jour, soit il reste sur place, passe une nouvelle nuit à Minâ et refait le rite du jet au treizième jour. Le jet des pierres est une obligation dont la négligence appelle un sacrifice de compensation.

Enfin, et avant de s'en retourner dans son pays, le pèlerin accomplira les circumambulations d'adieu, qui sont aussi une obligation : le pèlerin ayant négligé ou oublié de le faire devra retourner à La Mecque pour s'en acquitter. Mais s'il a passé la borne spatiale, il devra immoler un mouton en compensation.

En somme, les rites communs au pèlerinage et à la '*umra* sont : la sacralisation, les circumambulations, les parcours entre as-Safâ et al-Marwa et le rasage ou la taille des cheveux. Ayant fait cela, le pèlerin qui accomplit une '*umra* se sera acquitté de son devoir. Quant à celui qui accomplit un pèlerinage, il devra en plus se rendre à 'Arafât, effectuer les jets de pierres, accomplir les circumambulations de l'*ifâda*, passer la nuit à Minâ, procéder à l'immolation des bêtes de sacrifice et enfin se raser ou se tailler les cheveux.

De la recommandation de s'empresser de retourner chez soi dès l'accomplissement des rites

On rapporte, citant Abû Hurayra, que le Prophète (ﷺ) a dit : « Le voyage est une rude épreuve durant laquelle même les habitudes alimentaires se trouvent bouleversées. Aussi, dès vous aurez fini d'assouvir votre soif des Lieux sacrés, empressez-vous de retourner auprès de vos familles. »[1]

1 *Hadîth* cité par Al-Bukhârî et Muslim.

On rapporte aussi, citant 'Â'isha (رضي الله عنها), que le Prophète (ﷺ) a dit : « Si vous avez fini d'accomplir le pèlerinage, empressez-vous de rejoindre vos familles : votre récompense n'en sera que plus grande. » Ce *hadîth* est cité par Ad-Dâraqutnî.

Muslim rapporte par ailleurs, citant Al-'Alâ' Al-Hadramî, que le Prophète (ﷺ) a dit : « Après avoir accompli ses rites, le pèlerin non résidant à La Mecque dispose de trois jours pour quitter le Territoire sacré. »

L'*ihsâr* (l'empêchement)

Le pèlerin peut se retrouver empêché, pour une raison ou une autre, d'accomplir convenablement ses rites. Dieu a dit, lorsque les associants s'opposèrent au pèlerinage du Prophète (ﷺ) et de ses Compagnons l'année du pacte d'Al-Hudaybiyya : {*Si vous avez quelque empêchement, faites offrande de ce que vous pouvez comme bêtes de sacrifice*} (S. 2, V. 196).[1]

On considère qu'il y a empêchement lorsque le pèlerin est empêché d'accomplir les circumambulations (pour celui qui effectue une '*umra*), de se tenir à 'Arafât ou d'accomplir les circumambulations de l'*ifâda* (pour celui qui accomplit un pèlerinage). Les érudits divergent cependant concernant la validité de l'état d'empêchement.

Pour Mâlik et Ash-Shâfi'î, est considéré comme étant légalement empêché, le pèlerin auquel un ennemi barre la route des Lieux sacrés, car le verset en question fut révélé lorsque les ennemis du Prophète (ﷺ) l'empêchèrent d'entrer dans La Mecque pour accomplir le pèlerinage. C'est également l'opinion adoptée par Ibn 'Abbâs.

La majorité des érudits – dont Ahmad et les hanafites – tendent en revanche à considérer que tout obstacle interdisant au pèlerin l'accès aux lieux des rites est un empêchement légal, qu'il soit causé par un ennemi ou une maladie que le déplacement peut aggraver, par la peur, la perte de l'argent du voyage, la mort de l'accompagnateur (*mahram*)[2] lorsque le pèlerin est une femme ou tout autre cause qui empêche le pèlerin d'accomplir son devoir. Ibn Mas'ûd allait même jusqu'à autoriser un homme piqué par un serpent à se considérer comme ayant un empêchement. Les partisans de cette opinion – la plus plausible à notre

---

1 ﴿فَإِنْ أُحْصِرْتُمْ فَمَا ٱسْتَيْسَرَ مِنَ ٱلْهَدْيِ﴾

2 Il s'agit de son mari ou d'un homme qu'il lui est légalement interdit d'épouser.

sens – rappellent pour étayer leur propos que si le verset en question fut révélé au sujet de l'empêchement que constituèrent les ennemis du Prophète (ﷺ), le jugement qui en découle reste général, valant pour tout autre genre d'empêchement.

Par ailleurs, le pèlerin se trouvant en état d'empêchement doit immoler au minimum un mouton, car le verset précise clairement que l'on doit immoler ce que l'on peut comme offrande. On rapporte, citant 'Abd Allâh Ibn 'Abbâs (رضي الله عنهما), que le Prophète (ﷺ), ayant été empêché d'accomplir le pèlerinage, se rasa les cheveux, immola ses bêtes d'offrande et fréquenta ses épouses. Il reporta sa '*umra* à l'année suivante. Ce propos est cité par Al-Bukhârî.

Les érudits en déduisent que le pèlerin se retrouvant en pareil cas doit immoler un mouton, une vache ou un chameau, selon ses moyens. Pour Mâlik, cela n'est pas une obligation. On peut lire dans « *Fath Al-'Allâm* » : « Mâlik a raison, étant donné que les personnes se trouvant empêchées de parvenir aux Lieux saints n'ont pas nécessairement à leur disposition des bêtes pour l'immolation, la plupart des pèlerins préférant attendre d'être sur place pour en acquérir. Quant aux bêtes que le Prophète (ﷺ) immola cette année-là, il les avait conduites avec lui depuis Médine. C'est le sens à donner au verset : {*Ce sont eux qui ont mécru et qui vous ont repoussés loin de la Mosquée sacrée, empêchant les bêtes de sacrifice – que vous aviez conduites – de parvenir à leur lieu d'immolation*} (S. 48, V. 25).[1] Comme on le voit, le verset ne signifie pas l'obligation de faire offrande lorsque l'on ne peut pas à parvenir jusqu'à la Maison sacrée. »

Où faut-il procéder à l'immolation si on a un empêchement ?

On peut lire, dans « *Fath Al-'Allâm* » : « Les érudits divergent concernant l'endroit où le Prophète (ﷺ) procéda à l'immolation le jour d'Al-Hudaybiyya : était-ce à l'intérieur ou à l'extérieur du Territoire sacré ? » Du verset précédent, on déduit qu'il y procéda hors des frontières du Territoire sacré. Cependant on retient trois opinions à ce propos. Pour la majorité des érudits, l'immolation peut se faire à l'intérieur comme à l'extérieur du Territoire sacré. Pour les hanafites, elle doit nécessairement avoir lieu à l'intérieur des frontières du Territoire sacré. Pour Ibn 'Abbâs et un groupe d'érudits, les bêtes d'offrande

---

1 ﴿هُمُ ٱلَّذِينَ كَفَرُواْ وَصَدُّوكُمۡ عَنِ ٱلۡمَسۡجِدِ ٱلۡحَرَامِ وَٱلۡهَدۡيَ مَعۡكُوفًا أَن يَبۡلُغَ مَحِلَّهُۥۚ﴾

doivent, si possible, être envoyées pour être immolées à Minâ. Sauf lorsque cela s'avère impossible, l'immolation n'est valide qu'au lieu indiqué pour l'accomplissement de ce rite. Mais s'il lui est impossible d'envoyer ses bêtes, le pèlerin pourra les immoler à l'endroit où il sera parvenu.

Le pèlerin qui a été empêché d'aller sur les Lieux saints n'est pas tenu de refaire son pèlerinage s'il s'agit d'un pèlerinage volontaire. Ibn 'Abbâs a dit en effet que le sens à donner au verset : {*Si vous avez quelque empêchement, faites offrande de ce que vous pouvez comme bêtes de sacrifice*} (S. 2, V. 196)[1], est que le pèlerin qui compte effectuer une '*umra* ou un pèlerinage volontaires, mais qui se trouve empêché de parvenir jusqu'aux Lieux saints, n'est tenu que d'un sacrifice animal (un mouton au moins). Par contre, s'il comptait effectuer le pèlerinage prescrit, il est tenu de le refaire quand il le pourra. Mâlik rapporte en effet que le Prophète (ﷺ) et ses Compagnons, parvenus à Al-Hudaybiyya, mais empêchés d'aller plus loin, immolèrent leurs bêtes d'offrande, se rasèrent et se désacralisèrent avant d'avoir effectué les circumambulations et avant même que les offrandes parviennent jusqu'à la Maison sacrée. Qui plus est, le Prophète (ﷺ) n'a pas ordonné à ses Compagnons de refaire les rites ni de revenir plus tard pour s'en acquitter, alors qu'on sait qu'Al-Hudaybiyya est situé hors du Territoire sacré. Ce propos est cité par Al-Bukhârî.

Pour Ash-Shâfi'î, le pèlerin doit procéder à l'immolation à l'endroit où il a eu un empêchement. Il n'est pas tenu de refaire son pèlerinage, car Dieu ne l'a point spécifié. Ash-Shâfi'î ajoute : « Par ailleurs, nous pouvons établir, à partir des *hadîth* concordants qui nous sont parvenus, qu'il y avait lors du pèlerinage d'Al-Hudaybiyya des hommes connus : les uns refirent plus tard une '*umra* pour racheter le pèlerinage manqué, alors que les autres, sans en être aucunement empêchés, ne la refirent pas. Si cela avait été nécessaire, le Prophète (ﷺ) leur aurait ordonné de l'effectuer.

De la possibilité, pour le pèlerin, d'escompter se défaire de son état de sacralisation s'il tombe malade ou s'il a quelque autre empêchement majeur

Pour la plupart des érudits, il est permis au pèlerin d'escompter se

1 ﴿فَإِنۡ أُحۡصِرۡتُمۡ فَمَا ٱسۡتَيۡسَرَ مِنَ ٱلۡهَدۡيِۖ﴾

défaire de son état de sacralisation s'il tombe malade avant d'avoir fini d'accomplir les rites du pèlerinage. Muslim rapporte en effet, citant 'Abd Allâh Ibn 'Abbâs (رضي الله عنهما), que le Prophète (ﷺ) a dit à Dubâ'a : « Pars en pèlerinage, mais en concevant l'intention, au cas où tu serais empêchée d'aller plus loin, de te défaire de ta sacralisation là où Dieu aura décidé que tu t'arrêtes. » Le pèlerin qui aura conçu cette intention sera libre de se défaire de sa sacralisation en cas d'empêchement majeur, sans qu'il soit tenu d'aucune compensation.

La tenture de la Ka'ba

Couvrir la Ka'ba d'une tenture est une coutume qui remonte au temps de la Gentilité, et que l'Islam a approuvée et conservée. Al-Wâqidî rapporte en effet, citant Ismâ'îl Ibn Ibrâhîm Ibn Abî Habîba, que le père de ce dernier a dit : « Durant la Gentilité, la Maison sacrée était habituellement couverte de peaux tannées. Le Prophète (ﷺ) la fit couvrir de tissus fins du Yémen ; les califes 'Umar et 'Uthmân la couvrirent d'une fine étoffe copte ; depuis, les pèlerins la couvrent d'un tissu de soie. On raconte que le premier qui la couvrit fut As'ad le Himyarite, qui n'est autre que le célèbre Tubba'. 'Abd Allâh Ibn 'Umar (رضي الله عنهما) avait, quant à lui, l'habitude de charger ses chameaux de tissus fins et de tapis, qu'il envoyait à La Mecque pour en faire la tenture de la Ka'ba. De même, Al-Wâqidî rapporte, citant Ishâq Ibn Abî 'Abd Ibn Abî Ja'far Muhammad Ibn 'Alî, que les gens avaient l'habitude de faire offrande à la Ka'ba de tissus fins, dont on la couvrait. A son avènement, Yazîd Ibn Mu'âwiyya la couvrit de soie ; il fut suivi en cela par Ibn Az-Zubayr, qui la faisait couvrir d'une tenture neuve tous les ans à 'Âshûrâ'. Pour sa part, Sa'îd Ibn Mansûr rapporte que 'Umar Ibn Al-Khattâb avait l'habitude de partager chaque année l'ancienne tenture parmi les pèlerins, qui s'en servaient pour se faire de l'ombre à La Mecque.

Parfumer la Ka'ba

On rapporte que 'Â'isha (رضي الله عنها) a dit : « Prenez soin de parfumer la Ka'ba, car c'est là une purification pour ce lieu. » Ibn Az-Zubayr parfumait pour sa part l'intérieur de la Ka'ba. Il y brûlait une livre de santal par jour, et deux livres le vendredi.

De la recommandation de prendre soin d'éviter tout acte blasphématoire pendant le pèlerinage

Dieu a dit à propos du pèlerinage : {*Celui qui y commet volontairement un acte blasphématoire, Nous lui ferons goûter un douloureux supplice*} (S. 22, V. 25).[1]

Abû Dâwûd rapporte que Mûsâ Ibn Bâdhân a dit : « J'allai un jour retrouver Ya'lâ Ibn Umayya ; il me dit que le Prophète (ﷺ) lui avait dit : « S'accaparer le monopole de la nourriture à l'intérieur des frontières du Territoire sacré est un acte blasphématoire. »

Dans « *At-Târîkh Al-Kabîr* » d'Al-Bukhârî, on peut lire que Ya'lâ Ibn Umayya dit avoir entendu 'Umar Ibn Al-Khattâb dire : « Accaparer le monopole de la nourriture est un acte blasphématoire. »

Ahmad rapporte que 'Abd Allâh Ibn 'Umar (رضي الله عنهما) vint retrouver Ibn Az-Zubayr qui était assis au Maqâm et lui dit : « Ô Ibn Az-Zubayr ! Garde-toi de commettre quelque acte prohibé en ces lieux ! Sache que j'ai entendu le Prophète (ﷺ) dire : « Cet acte sera commis par un Qurayshite ! » Selon une autre version, il lui dit : « J'ai entendu le Prophète (ﷺ) dire : "Un Qurayshite commettra ici un acte blasphématoire ; sa charge en sera plus lourde que celles de tous les humains et les djinns réunis !" Tâche de ne pas être cet homme-là ! » Mujâhid a dit pour sa part : « Le châtiment consécutif aux mauvaises actions commises au sein de La Mecque est décuplé exactement comme l'est la récompense des bonnes actions. »

Ahmad, à qui l'on demandait quand le châtiment consécutif aux mauvais actes est décuplé, répondit : « Jamais, sauf si ces actes sont commis à La Mecque, à cause du statut particulier de cette Cité sacrée. »

De l'invasion dont La Mecque fera l'objet

Al-Bukhârî et Muslim rapportent que 'Â'isha (رضي الله عنها) a dit : « J'entendis le Prophète (ﷺ) dire : « Une armée envahira La Mecque. Lorsque les soldats seront en plein désert, la terre les engloutira du premier au dernier. » Je m'exclamai : « Comment se peut-il, alors qu'il y a parmi eux des commerçants, des civils et bien d'autres gens qui n'ont aucun lien avec l'invasion ? » Le Prophète (ﷺ) me répondit : « La terre les englou-

---

1 ﴿وَمَن يُرِدْ فِيهِ بِإِلْحَادٍ بِظُلْمٍ نُّذِقْهُ مِنْ عَذَابٍ أَلِيمٍ﴾

tira tous, puis, quand ils seront ressuscités, ils le seront chacun selon son cas et son intention. »

De la recommandation de supporter la peine du voyage pour se rendre aux trois Mosquées

Sa'îd Ibn Al-Musayyab rapporte, citant Abû Hurayra, que le Prophète (ﷺ) a dit : « Seules trois mosquées au monde méritent que l'on assume les peines du voyage pour s'y rendre et y prier : la Mosquée sacrée, ma Mosquée que voici et celle de Ilyâ (Jérusalem). » Ce *hadîth* est cité par Al-Bukhârî, Muslim et Abû Dâwûd. Selon une autre version, il dit : « Seules trois mosquée au monde méritent que l'on prenne la peine de s'y rendre : la Mosquée sacrée, ma Mosquée que voici et celle de Ilyâ. »

On rapporte qu'Abû Dharr (رضي الله عنه) a dit : « Je demandai au Prophète (ﷺ) : Ô Envoyé de Dieu, laquelle des mosquées sur terre a été bâtie en premier ? Il répondit : « La Mosquée sacrée. » Je demandai : « Et après ? » Il répondit : « La Mosquée d'Al-Aqsâ. » Je demandai encore : « Combien d'années ont séparé leur construction ? » Il répondit : « Quarante ans. » Puis il ajouta : « Où que tu te trouves au moment de la prière, prie. »

De fait, partir en voyage pour accomplir la prière en ces trois Mosquées est recommandé, eu égard au privilège dont elles jouissent à l'exclusion de tout autre lieu de prière au monde. En effet, Jâbir (رضي الله عنه) rapporte que le Prophète (ﷺ) a dit : « Une prière au sein de ma mosquée que voici vaut mille prières accomplies en toute autre mosquée, à l'exception de la Mosquée sacrée. Une prière au sein de cette dernière vaut cent mille prières accomplies en toute autre mosquée de la terre. »[1] On rapporte également, citant Anas Ibn Mâlik, que le Prophète (ﷺ) a dit : « Quiconque accomplit, au sein de ma Mosquée que voici, quarante prières successives sans en manquer aucune, sera prémuni contre le Feu de l'Enfer et contre le supplice, et sera purifié de l'hypocrisie. »[2]

D'autres *hadîth* affirment par ailleurs qu'une prière au sein de la Mosquée Al-Aqsâ vaut cinq cents prières accomplies en toute autre mosquée de la terre, exception faite de la Mosquée sacrée et de celle de Médine.

---

1 *Hadîth* cité par Ahmad ; il est assorti d'une chaîne de transmission authentique.

2 *Hadîth* cité par Ahmad et At-Tabarânî ; il est assorti d'une chaîne de transmission authentique.

Des règles à observer en visitant la Mosquée de Médine

- Il est recommandé d'observer un recueillement total en entrant dans la Mosquée du Prophète (ﷺ) à Médine. Il est également recommandé d'être propre et parfumé, et de porter ses plus beaux vêtements. Il convient d'y entrer avec le pied droit, et de répéter l'invocation suivante : « Auprès de Dieu le Majestueux, de Sa noble Face et de Son éternel Pouvoir, je me réfugie contre Satan le lapidé. Au Nom de Dieu. Seigneur, que Ta bénédiction et Ta paix soient sur Muhammad et sur les siens ! Seigneur, puisses-Tu pardonner mes péchés et m'ouvrir les portes de Ta miséricorde ! »

- Il convient également de commencer par la Rawda honorée, pour y accomplir en toute humilité une prière de salutation.

- Cette prière accomplie, il convient de se diriger vers la sainte Tombe, la face tournée vers elle et le dos vers la *qibla*, et prononcer à l'adresse du Prophète (ﷺ) les salutations suivantes : « Paix sur toi, ô Messager de Dieu ! Paix sur toi, ô Prophète de Dieu ! Paix sur toi, qui est la meilleure créature auprès de Dieu ! Paix sur toi, ô seigneur des Envoyés ! Paix sur toi, ô Envoyé du Seigneur des mondes ! Paix sur toi, ô guide des *ghurr muhajjalîn*[1] ! J'atteste qu'il n'est de dieu que Dieu et que tu es Son Envoyé, et la meilleure de Ses créatures. J'atteste que tu as transmis le Message, accompli la Mission, bien guidé la Communauté et que tu as fourni, sur le chemin de Dieu, l'effort qu'il te seyait de fournir. »

- Se reculer ensuite d'un pas pour saluer Abû Bakr As-Siddîq (رضي الله عنه), puis d'un autre encore pour saluer 'Umar Ibn Al-Khattâb (رضي الله عنه).

- Se tourner enfin vers la *qibla* et invoquer les bienfaits de Dieu pour soi-même, pour les siens et pour l'ensemble des musulmans avant de quitter les lieux.

- Prendre soin, durant la visite, de ne pas élever la voix plus qu'il ne faut pour s'entendre soi-même. Les responsables des lieux doivent veiller à cela et, si nécessaire, en faire discrètement la remarque aux visiteurs. Il est en effet établi que 'Umar (رضي الله عنه), entendant deux hommes parler à haute voix au sein de la Mosquée du Prophète (ﷺ), les fit venir et leur dit : « Si vous étiez du pays, je vous aurais douloureusement châtiés ! »

---

1 Les membres de la communauté de Muhammad (ﷺ) seront lors du Jugement Dernier parés d'une lumière provenant de leurs mains et de leurs pieds ; une telle distinction témoigne de leurs ablutions.

- Éviter de se frotter aux murs de la chambre funéraire et d'embrasser la tombe, car le Prophète (ﷺ) l'a fortement déconseillé. Abû Dâwûd rapporte en effet, citant Abû Hurayra, que le Prophète (ﷺ) a dit : « Ne transformez pas vos demeures en tombes (entendre : accomplissez-y parfois la prière), et ne faites pas de ma tombe un lieu de rassemblement et de fête. Contentez-vous d'invoquer sur moi la bénédiction de Dieu : elle me parviendra où que vous vous trouviez. » Voyant un homme se rendre fréquemment devant la tombe du Prophète (ﷺ) pour y invoquer Dieu, 'Abd Allâh Ibn Al-Hasan lui dit : « Écoute, le Prophète (ﷺ) a dit : « Ne faites pas de ma tombe un lieu de fête. Contentez-vous d'invoquer sur moi la bénédiction de Dieu : elle me parviendra où que vous vous trouviez. » Tu n'es donc en rien meilleur qu'untel qui prie en Andalousie. »

De la recommandation de prier longuement dans la Rawda

Al-Bukhârî rapporte, citant Abû Hurayra, que le Prophète (ﷺ) a dit : « L'espace entre ma demeure et mon *minbar* est un jardin du Paradis. Mon *minbar* se trouve à l'emplacement du Bassin où j'abreuverai les croyants. »

De la recommandation de se rendre dans la Mosquée de Qubâ' et d'y accomplir une prière

Le Prophète (ﷺ) s'y rendait tous les -samedis, à pieds ou à dos de monture, pour y accomplir une prière de deux cycles. Il recommandait aux gens de suivre son exemple et disait à ce propos : « Quiconque se purifie chez soi puis se rend dans cette mosquée pour y accomplir une prière, aura une récompense égale à celle d'une '*umra*. »[1]

Des vertus de Médine

Al-Bukhârî rapporte, citant Abû Hurayra (رضي الله عنه), que le Prophète (ﷺ) a dit : « La foi se rassemble à Médine comme le serpent se replie dans son trou. » De même, At-Tabarânî rapporte que le Prophète (ﷺ) a dit : « Médine est la coupole de l'Islam, la maison de la foi, la terre d'immigration et le lieu où le licite se distingue le mieux de l'illicite. »[2]

---

1 *Hadîth* cité par Ahmad, An-Nasâ'î, Ibn Mâjah et Al-Hâkim ; il est assorti d'une chaîne authentique.

2 *Hadîth* assorti d'une chaîne de transmission acceptable.

Par ailleurs, on rapporte, citant ‘Umar (رضي الله عنهما) : « Il y eut une disette à Médine ; les prix flambèrent et les gens souffrirent de privation. Alors le Prophète (ﷺ) dit : « Patientez et réjouissez-vous, car je viens de bénir tout ce que vous utilisez pour peser et transporter votre nourriture. Mangez en groupes et sachez que la nourriture d’une personne peut suffire à deux, celle de deux à quatre, et celle de quatre à cinq ou six. La bénédiction est dans le groupe. Celui qui endure l’adversité et la difficulté [à Médine] j’intercéderai et témoignerai en sa faveur le jour de la résurrection. Quiconque s’en éloigne et refuse d’y demeurer, Dieu le fera fondre comme le sel fond dans l’eau. »[1]

Des mérites de ceux qui décèdent à Médine

At-Tabarânî rapporte, d’après une orpheline de Thaqîf qui vivait chez le Prophète (ﷺ), que celui-ci a dit : « Si vous pouvez passer la fin de votre vie à Médine, faites-le, car au Jour de la résurrection, j'intercéderai en faveur de tous les morts de cette Cité. »[2] C’est pourquoi ‘Umar (رضي الله عنه) implorait Dieu de le faire mourir à Médine. Al-Bukhârî rapporte en effet, citant Zayd Ibn Aslam, d’après le père de ce dernier, que ‘Umar avait l’habitude de dire : « Seigneur, puisses-Tu m’accorder de mourir pour Ta cause, et de mourir au sein de la Cité sacrée de Ton Prophète (ﷺ). »

Avec l’aide de Dieu Tout-puissant, s’achève ici le premier volume de notre ouvrage « *Fiqh As-Sunna* ». Le deuxième suivra, commençant par le chapitre du mariage.

1 *Hadîth* cité par Al-Bazzâr ; il est assorti d’une chaîne de transmission bonne.

2 *Hadîth* assorti d’une chaîne de transmission satisfaisante.

INDEX DES NOMS PROPRES

A

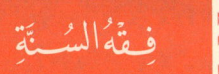

B

C

D

F

G

H

I

J

K

L

M

N

Q

R

S

T

U

W

Y

Z

TABLE DES MATIÈRES

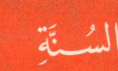